LA

LITTÉRATURE FRANÇAISE

CONTEMPORAINE.

XIXe SIÈCLE.

RENFERMANT :

1° Par ordre alphabétique de noms d'auteurs, l'indication chronologique des publications originales des écrivains français, régnicoles et étrangers, et celle des éditions et traductions françaises des ouvrages des auteurs étrangers, vivants, imprimés en France pour la première fois depuis le commencement de ce siècle ; 2° Une table des livres anonymes et polyonymes, qui, par leurs publications, appartiennent à cette époque ; 3° Une table des sujets.

Le tout accompagné de Notes Biographiques et Littéraires.

PAR J.-M. QUÉRARD,

AUTEUR DE *LA FRANCE LITTÉRAIRE.*

TOME PREMIER.

PARIS.

DAGUIN FR[illegible]S, ÉDITEURS.

QUAI [illegible]AQUAI[illegible] 7.

[illegible]842.

LA
LITTÉRATURE FRANÇAISE
CONTEMPORAINE.

PARIS. IMPRIMÉ PAR BÉTHUNE ET PLON.

PRÉFACE.

Dans la littérature proprement dite, il peut être aussi flatteur qu'avantageux d'obtenir pour son premier ouvrage un de ces succès qualifiés d'*estime*, parce qu'avec un talent plus exercé, on peut, dans une prochaine composition, triompher de l'indifférence des lecteurs jusqu'alors difficiles, et obtenir un succès complet; mais, pour un ouvrage de littérature scientifique, destiné à un petit nombre d'hommes spéciaux, le succès d'estime devrait servir d'avertissement à l'auteur de s'en tenir là; parce qu'en persévérant, il met en jeu un avenir qui pourrait être rempli plus fructueusement. Quand même l'approbation lui serait acquise par suite de ses nouveaux efforts, elle sera toujours relative au petit nombre de gens spéciaux qui pourront s'y intéresser.

Je faisais ces réflexions avant que *la France littéraire*, travail de plus de vingt années et de sacrifices au-dessus de mes forces, fût achevée; mais il n'est pas facile de résister à ses goûts, à ses passions, et je suis rentré dans l'arène avec *la Littérature française contemporaine*. Seul, j'ai conçu le plan de *la France littéraire*, et seul j'ai eu l'honneur de conduire ce livre à bonne fin; mais justement en raison de mon isolement, son impression a duré quinze ans; en sorte que, n'étant pas même encore achevé, ce livre était incomplet, et très-incomplet, par suite du grand mouvement intellectuel qui s'est opéré en France depuis 1826, époque où s'arrête mon premier travail. Il avait donc besoin d'être continué, et, malgré le peu d'encouragements que j'ai retiré de la bibliographie jusqu'à ce jour, j'ai entrepris cette nouvelle, lourde et ingrate tâche, poussé par le fanatisme qui m'avait précédemment inspiré : celui d'être utile aux personnes qui, à notre époque, s'occupent encore d'histoire littéraire et de bibliographie. Ainsi qu'on le voit, mon nouveau livre, pas plus que l'ancien, ne s'adresse aux masses.

Mais donnant une continuation à *la France littéraire*, je me suis davantage efforcé de justifier l'opinion du savant honorable dont nous avons à déplorer la perte récente, le respectable M. Daunou, qui, en parlant du premier ouvrage, disait : « Ce recueil âtteste le progrès de la science bibliographique en France (*). »

La bibliographie n'est plus, comme au XVIIIe siècle, la description sèche du composé des feuillets d'un livre, de sa condition, à laquelle on ajoutait sa valeur vénale. On indiquait aussi quelquefois les raisons qui devaient faire préférer l'édition d'un livre à une autre. Cette science, si science il y a, a dû suivre la marche progressive de toutes les autres. La bibliographie, surtout celle nationale, telle que plusieurs personnes l'ont faite, est aujourd'hui un travail mixte qui tient de la bibliographie traditionnelle et de la biographie : elle est devenue le canevas de l'histoire littéraire d'un pays. On veut au XIXe siècle plus que des titres de livres ; on veut des renseignements sur les auteurs de ces livres ; on veut savoir où ils sont nés, ce qu'ils sont ou ce qu'ils ont été. On aime aussi à trouver groupée l'indication des apologies et des réfutations qui existent de ces mêmes livres ; celle des notices historiques, des éloges, voire même des pamphlets dont les auteurs dont on parle ont été le sujet. Il faut à un ouvrage de bibliographie un peu de piquant pour diminuer la sécheresse naturelle de ce genre de publications ; de la critique, des révélations, des anecdotes littéraires, etc. C'est ainsi qu'on doit traiter aujourd'hui de la bibliographie pour qu'elle puisse offrir une utilité réelle ; aussi trouvera-t-on dans le nouveau livre que j'offre au public beaucoup de particularités sur les productions littéraires de ce siècle et sur leurs auteurs.

Le bibliographe n'est plus aussi cet espèce de crétin, aux dépens duquel s'est amusé l'un de nos plus spirituels et de nos plus érudits critiques, M. Old Nick, ne voyant que le matériel d'un livre, indifférent sur sa valeur littéraire, que du reste il ne saurait apprécier ; indifférent aux apostasies politiques de son auteur, « qui lui paraissent de légers » délits qu'il juge froidement du haut de son insouciance philosophi- » que (**) ». Cet arrêt peut s'appliquer aux catalogographes ; aussi laissé-je passer, quant à eux, la justice du critique ; mais pour ce qui est des bibliographes, sans remonter plus haut que ce siècle, on peut

(*) *Journal des savants*, octobre 1834.

(**) *National*, 23 juin 1842.

nommer des hommes d'esprit et d'érudition qui, parmi nous, ont honoré la bibliographie : MM. Amanton, Beuchot, Breghot du Lut et A. Péricaud, Daunou, Arth. Dinaux, Duthillœul, A. Leroy, Ch. Nodier, Gabr. Peignot, Ch. Weiss, presque tous membres de l'Institut ou académiciens; et, parmi les plus jeunes, MM. Aubenas et Miller, G. Brunet, de Bordeaux; P. Colomb de Batines, J.-Mar. Guichard, chargé des incunables à la Bibliothèque du roi, et beaucoup d'autres qui marchent avec plus ou moins de bonheur sur les traces des maîtres en cette spécialité; M. Ch. Brunet, auteur du « Manuel du libraire et de l'amateur de livres », ouvrage qui n'a son semblable, pour le mérite, ni en France, ni chez l'étranger, mais aussi ouvrage à part de ceux des auteurs que je viens de citer; chez nos voisins, quelques hommes de mérite appartenant presque à la France par leurs écrits et par leurs relations, tels que MM. le baron Fr. de Reiffenberg, Voisin, etc., le rédacteur du « Bulletin littéraire », M. A. Cherbuliez, de Genève. Depuis que l'heure des solides études a sonné chez nous, il n'est pas étonnant que beaucoup de jeunes hommes se soient occupés de bibliographie, puisqu'elle est le *cicerone* destiné à conduire à travers les innombrables spécialités des produits de l'esprit humain. Tous ces hommes peuvent donc faire la « diffé- » rence entre la bonne foi naïve et modeste de Corneille, de La Fon- » taine et les effrontées vanteries de ces messieurs et de ces dames (*), » ce que M. Old Nick conteste aux catalogographes. — Quant aux apostasies qu'il reproche aux bibliographes de ne point flétrir, quel est celui d'entre les écrivains de l'époque qui oserait, aujourd'hui qu'elles sont à l'ordre du jour, jeter une pierre à l'autre. Il n'appartenait guère, du reste, à la bibliographie faite comme au siècle précédent de les signaler; mais à notre époque, où nos impressions sur les affaires publiques nous forcent à glisser des réflexions politiques même dans ce qui en comporte le moins, il était presque impossible qu'il ne s'en trouvât pas un peu dans un livre consacré aux contemporanéités de la France et surtout dans une bio-bibliographie. Homme nouveau, sans engagement avec aucun parti, j'ai pu quelquefois me permettre le blâme. Toutefois la rédaction de mon livre n'est point celle d'un homme politique.

Qu'il me soit permis, pendant que je suis encore sur le chapitre de la

(*) *National*, 23 juin 1842.

bibliographie, de rappeler quelles ont été mes vues en traitant cette partie dans mon nouveau livre, et l'on verra qu'elle diffère essentiellement des travaux de ce genre que le XVIIIe siècle nous a légués. Reproduire non-seulement l'indication des ouvrages annoncés dans le Journal de la librairie, mais encore ceux qui, par incurie (comme l'a dit le savant rédacteur du journal précité), ne sont point, conformément au vœu de la loi, déposés à la direction de l'imprimerie; celle des livres français, originaux, publiés dans toute l'Europe; dévoiler les auteurs des livres anonymes et pseudonymes; attacher le plus grand soin à indiquer, par des notes brèves, quoique substantielles, le contenu des livres dont le titre n'en donnait pas une connaissance précise; désigner aussi avec exactitude les différentes pièces renfermées dans les recueils intitulés : Archives, Bibliothèques, Collections, OEuvres, etc., les diverses Dissertations et Mémoires écrits en français, et imprimés dans les principaux recueils académiques de l'Europe, dans les journaux, dans les revues scientifiques et littéraires. Voilà la bibliographie proprement dite, telle que je l'ai entendue.

Déjà, dans la « France littéraire », j'ai essayé des améliorations dont je viens de parler plus haut, et elles ont obtenu les suffrages de quelques rares appréciateurs de ce genre de travaux. Pourtant dans un ouvrage qui devait renfermer la nomenclature de trente-deux mille écrivains de tous les temps et de tous les lieux, j'ai dû beaucoup me restreindre sous peine d'être trop volumineux, et, tout en étant souvent d'une sécheresse désespérante, j'ai néanmoins fait dix volumes! La *Littérature française contemporaine* n'embrassant pas une époque d'une aussi grande étendue, il m'a été possible de donner plus d'informations.

Les améliorations signalées précédemment suffisaient-elles pour justifier le titre tant soit peu ambitieux de *la Littérature française contemporaine*? Oui, pour quelques personnes, mais pour le plus grand nombre, non. Je suis bientôt devenu fantasque comme un poëte, ou, pour parler plus exactement, plus difficile pour mon travail, et je l'ai amélioré dès la troisième livraison.

Non-seulement le fond a été modifié, mais encore la forme a été changée. J'avais d'abord voulu publier une continuation pure et simple de la *France littéraire*, et sur le même plan, depuis 1827, époque où elle s'arrête, jusqu'en 1838 : le prospectus l'avait annoncé ainsi; mais ayant réfléchi qu'outre la sécheresse que je reproche à ce premier ouvrage, celui-ci eût présenté plusieurs inconvénients : d'une part, de n'être complet même pour les écrivains vivants qu'au moyen de nombreux renvois au précédent livre, ce qui forcerait à se procurer deux ouvrages au lieu d'un; d'autre part, voulant donner des biographies littéraires, il eût été impraticable de renvoyer à la « France littéraire » pour la partie des publications antérieures à 1827, et donner la partie postérieure dans la « Littérature contemporaine ». J'ai donc pris la détermination de faire un livre complet par lui-même, indépendant du précédent, plus littéraire et plus utile, parce qu'il est sur une échelle plus large, et il en est résulté une bio-bibliographie des littérateurs français, nationaux et étrangers vivants, et de ceux morts depuis 1827 (*). Comme un très-grand nombre des savants, des historiens et des littérateurs vivants que j'ai mentionnés écrivaient déjà vers 1800, j'ai été conduit à faire la Biographie littéraire du XIXe siècle, en France.

Ce dix-neuvième siècle, non encore révolu, est déjà digne de prendre place à côté des quatre grands siècles dont l'histoire nous a conservé les noms. Quels que soient les hommes que la providence nous tienne en réserve pour le terminer, la plus belle part en restera à Napoléon. Louis XIV, cet héritier trop vanté du trône de Louis XIII, ce prince qui fut aussi frénétique philogyne que l'avaient été François Ier et Henri IV, et que l'a été Louis XV après lui, ne dut, en partie, l'éclat de son siècle qu'à d'habiles généraux, dont il fut jaloux, et aux grands génies dans les arts comme dans la littérature, assez courtisans pour aduler un prince présomptueux au point de croire que la France était personnifiée en lui ! Napoléon a tout fait pour son siècle; aussi la littérature n'a que peu à se glorifier de son influence sur son temps. Sa valeur personnelle parlait assez haut pour que des familiers plumitifs n'y pussent rien ajouter. Napoléon honorait le savant et l'homme de talent en littérature, il l'a noblement prouvé bien des fois; mais il ne les favorisait qu'autant qu'ils contribuaient à l'honneur et à la prospérité de la France. Il savait que l'homme de lettres est trop souvent le charançon du trésor de l'État. Le nom de Louis XIV ne nous rappelle que les grands hommes de son temps : celui de Napoléon, l'élu du peuple, nous rappelle l'honneur de la France et sa prépondérance sur les nations européennes.

(*) La *France littéraire* donne de courtes nécrologies sur les écrivains morts jusqu'en 1826.

La *Littérature française contemporaine* est la remémoratrice fidèle de tous les grands événements et des grandes folies qui se sont accomplis au dix-neuvième siècle ; de la part que les hommes y ont prise ; de la marche des sciences et de la littérature. Le Consulat avec ses brillantes victoires ; l'Empire avec son chef et ses merveilleux faits ; les deux Restaurations et les Cent-Jours sont des textes qui ont exercé bien des plumes. Ajoutons que depuis 1827 toutes les doctrines politiques, religieuses, littéraires, scientifiques, industrielles, toutes les questions d'intérêt social enfin ont été agitées. Une révolution populaire a donné naissance à un nouveau droit public ; l'enseignement a reçu des améliorations importantes ; les sciences, l'industrie ont fait d'immenses progrès. Aujourd'hui donc que l'imprimerie est devenue l'interprète de la pensée, que tout s'écrit, *la Littérature française contemporaine* est, je puis l'affirmer, le procès-verbal le plus complet de l'histoire de notre temps.

On concevra que, voulant donner un aperçu complet de la littérature et des littérateurs, j'aie été obligé, moi aussi, de faire de la biographie contemporaine, matière épineuse, dont chaque parti politique a usé et étrangement mésusé pour dénigrer ses adversaires.

La biographie occupe donc une grande place dans ce nouveau livre. « Nous félicitons M. Quérard, a dit un de mes critiques (*), » d'avoir réuni la biographie et la bibliographie, deux choses qui, quoi » qu'on dise, sont inséparables : c'est ainsi que travaillaient nos maî- » tres du XVIe siècle, les La Croix du Maine et les Duverdier. » Les jugements des critiques et des savants les plus accrédités sur la plus grande partie des ouvrages que j'ai cités sont parfois indiqués et le plus souvent rapportés textuellement, pour éviter d'avoir recours aux nombreux ouvrages que j'ai consultés.

J'aurais voulu que ce livre fût en quelque sorte le nobiliaire des illustrations littéraires de la France au XIXe siècle, dans lequel les efforts de la civilisation par l'intelligence eussent remplacé les faits de la civilisation obtenus par les armes. Mais, hélas ! à notre époque, où des milliers d'écrivains sans talent se pressent chez les libraires ; où l'homme de quelque valeur, qui pourrait rendre d'utiles et d'honorables services à la société, n'aspire que trop souvent au moment de vendre sa plume à l'une ou l'autre des factions qui poussent la France à sa perte, et à sa-

(*) M. J.-Marie Guichard, dans le « Bulletin du bibliophile », mars et avril 1841, p. 523.

crifier au culte du veau d'or ; à notre époque, où la littérature est devenue métier et marchandises, où donc découvrir des hommes comprenant bien la noble mission d'écrivain, dont la vie publique et privée ne hurle pas avec leurs écrits, où trouver enfin de réelles illustrations parmi les littérateurs? Le nombre en est si petit! Il en est pourtant encore, mais ceux-là leurs frères en Apollon en rient ; les journaux ne révèlent point leur existence au public, et le pouvoir, qui n'a pas à craindre de diatribes de leur part, les laisse abandonnés à eux-mêmes. La camaraderie à soufflé jusque sur les hommes de fortes études, les hommes de science. Partout l'observateur moraliste trouve des motifs d'indignation.

Ce ne sera pas alors à moi, rapporteur consciencieux, qu'il faudra s'en prendre si j'ai raconté sur quelques-uns de nos *grands maréchaux littéraires*, tout en ne fouillant point dans la vie privée, des faits aussi scandaleux que ceux qui amenèrent l'élévation de grandes familles aristocratiques : de tout temps, à ce qu'il paraît, le savoir-faire a conduit, non à la considération véritable, mais aux honneurs et à la fortune. Souvent en écrivant mes notices j'ai cru faire de l'histoire ancienne, tant il y a de similitude entre les hommes du passé, nobles par la naissance, et ceux d'aujourd'hui dont la noblesse vient de l'intelligence. La véritable noblesse ne découle pas toujours de la haute naissance, ni de l'esprit, mais seulement du cœur.

Parmi le grand nombre de morceaux bien pensés, dus à la plume tour à tour spirituelle et savante, toujours souple et facile de M. Ch. Nodier, il en est un que peu de personnes ont jugé digne d'être recueilli, parce qu'il n'est qu'une simple Introduction (*); mais il renferme une historique et des considérations générales très-élevées sur le genre biographie : je vais en donner quelques passages, cet écrit m'ayant fourni des préceptes dont plusieurs m'ont paru sages à suivre.

« La Biographie, dans le sens collectif où ce mot se prend maintenant, est d'invention moderne. Son utilité devait se faire vivement sentir à une époque où l'histoire chargée de faits est, pour ainsi dire, obligée à se résumer en tables de matières. Toutes les idées, à force de se disséminer en expressions diverses qui sont plus ou moins confuses, ont fini par se représenter sous des noms d'hommes. De notre

(*) Celle de la *Biographie contemporaine*, commencée par M. Jules Favre, avocat (Paris, Babeuf, 1837), mais dont il n'a paru que deux livraisons, ensemble de quatre feuilles. J'avais été chargé de la révision de la partie bibliographique de ce livre.

temps surtout, quand les grandes théories sociales qui animaient les compositions des Thucydide et des Tite-Live, des Froissart et des de Thou, semblent s'être écroulées sans espoir de se relever jamais; l'histoire offre l'aspect de ces constructions cyclopéennes qui se bâtissaient par le seul artifice de la juxtà-position, et qui n'avaient point de ciment. Les notices biographiques, ce sont les pierres de l'édifice. Finira Babel qui pourra.

» Il en était autrement chez les anciens où le fait moral de la société prévalait sur toutes les considérations particulières. Dans notre civilisation matérialisée, c'est le nom de l'homme qui fait la valeur de l'action. Dans la civilisation grecque et romaine, un service rendu au pays absorbait ce nom individuel. Quand on nommait Capitolinus et Coriolan, on rappelait plutôt un acte qu'une personne. Le vieux Caton avait fait une histoire de la République où il ne se trouvait pas un nom propre. Il disait simplement : « Le consul fit adopter telle loi; le général gagna telle bataille. » Cela est touchant et sublime, à la vérité; mais ce n'était pas à Paris que cela se faisait : c'était à Rome. On n'obtiendrait pas chez nous, à ce prix, la plus légère manifestation de la moindre des vertus civiles.

» C'est le sentiment du fatal égoïsme des peuples usés qui a donné naissance aux biographies. Il fallait des stimulants flatteurs à l'amour même de la patrie; il fallait des terreurs salutaires aux mauvaises passions qui en prennent le masque; la presse dut se faire rémunératrice et vengeresse quand elle eut dénié ses titres à la Providence. Les biographies à venir seront le Panthéon, le Tartare et l'Élysée des nations athées. C'est là ce qu'on appelle le progrès.

» Malheureusement la presse est un instrument passif au service de toutes les opinions. Un recueil de Notices biographiques, formé sous la direction des partis, est un registre de mensonges. L'histoire impartiale et consciencieuse sera un jour fort embarrassée de choisir, entre ces haines contradictoires qui font horreur, et ces apothéoses contradictoires qui font pitié. Cependant presque toutes les pages des biographies nouvelles ont dû être écrites sous cette déplorable inspiration, et les plus honnêtes gens ne sont pas exempts d'une pareille faiblesse, car il y a d'honnêtes gens dans tous les partis; mais quelle probité est exempte d'erreur et d'aveuglement dans les questions où se trouve intéressée cette conscience factice qu'on appelle l'opinion?

Où est le livre équitable qui s'est amassé ligne à ligne sous la main patiente d'un sage, à la fin des grandes discordes civiles? Ce n'est pas même celui de Tacite, qui affichait pourtant une présomptueuse indépendance, et qui n'est guère plus impartial que Procope, le plus vil des adulateurs dans ses histoires, et le plus effronté des libellistes dans ses anecdotes. Ce ne sont pas, hélas! nos biographies. »

Après avoir signalé les raisons qui rendent la biographie du passé si difficile à écrire avec impartialité, M. Nodier prouve qu'il existe encore plus de difficultés pour écrire la biographie contemporaine. « De quel courage ne faut-il pas être soutenu pour fouler d'un pied sûr ces cendres qui fument encore, pour sonder d'un doigt hardi ces plaies qui saignent toujours? Un contemporain même qui est mort, n'est jamais mort tout entier. Il reste des veines où coule son sang, des cœurs que son nom fait palpiter, des sympathies qui pleurent et qui crient quand on offense sa mémoire. Un des écrivains les plus ingénieux de notre époque a spirituellement comparé ce travail à celui de l'habitant des pays volcanisés, qui fait des meubles ou des bijoux avec les laves, et qui les ramasse toutes brûlantes. »

Et pourtant je trouve fausse la maxime que la Biographie universelle a prise pour épigraphe : *On doit des égards aux vivants ; on ne doit aux morts que la vérité* (Voltaire, première Lettre sur OEdipe). N'en déplaise à Voltaire, j'aime mieux l'inverse. Nous n'avons rien à craindre des morts, tandis que dans nos temps de passions nous avons tout à redouter des vivants : corrigeons donc les derniers par un blâme juste, et, s'ils sont incorrigibles, stigmatisons-les ; la leçon profitera à ceux qui viendront après eux, et la société ne pourra qu'y gagner.

« Je ne dis pas pour cela, ajoute M. Nodier, qu'il ne faut point écrire la biographie contemporaine. Ce scrupule est d'abord un peu raffiné pour le siècle où nous vivons; et puis il serait préjudiciable aux intérêts de l'Histoire, qui a besoin, avant tout, du témoignage de l'oreille et des yeux. Si la tradition écrite est nécessairement suspecte, elle l'est moins toutefois que la tradition orale qui ne vit que d'exagération. La plume a plus de retenue et plus de pudeur que la parole. La conversation est ardente et passionnée; la méditation l'est rarement. L'homme qui parle est sujet à se laisser entraîner au-delà des bornes par le torrent de la dispute ; l'homme qui écrit et qui est digne d'écrire, est du moins libre d'influences extérieures, exempt d'irritation et d'entraînement; il est placé en face de lui-même; il n'a de témoin et de juge que sa conscience.

» D'ailleurs, cette question n'est plus à mettre en question; la biographie des contemporains a été faite; elle l'a été plusieurs fois, elle l'a été dans des sens différents, dans des acceptions d'idées opposées. »

Soit qu'elle ait été générale, particulière, professionnelle ou locale, car elle a pris toutes les formes, elle a presque toujours failli par la partialité. Au XVIIIe siècle, la biographie était grave, mais juste, tant qu'elle n'avait point à s'occuper des philosophes et des encyclopédistes de ce temps-là; nos événements politiques l'ont rendue passionnée; plus tard elle a servi de diplômes à la camaraderie; aujourd'hui c'est une vénalité. Voyez toutes les biographies en cours de publication : en est-il beaucoup où, comme dans la quatrième page des feuilles quotidiennes, on ne puisse acheter une célébrité factice, et proportionnée à l'étendue que l'on paye, ou au nombre d'exemplaires tirés à part que l'on déclare vouloir prendre!

« Je n'ai rien dit jusqu'ici, continue M. Nodier, d'une partie de la biographie contemporaine, dont les difficultés sont peut-être plus multipliées et plus embarrassantes encore que les difficultés de la biographie politique : je parle de la biographie littéraire. Heureusement elles ont beaucoup moins d'importance dans le fond, et on jugera d'autant mieux de leur importance qu'on leur en accordera moins. Pour juger de ce que valent mille sottes vanités d'écrivains qui se disputent le premier rang, il suffit de se rappeler que cinq ou six noms d'écrivains tout au plus échappent, à chaque siècle, au dédain des siècles suivants, et que notre siècle, distrait par tant de préoccupations sérieuses, est loin de l'emporter sur les autres en productions durables. Sous l'empire, ou, pour mieux s'exprimer, sous le monopole de la presse, un auteur, habile à exploiter la valeur commerciale de son nom, peut arracher, à force de publicité, une mention au biographe; mais on se gardera soigneusement d'aller plus loin, sous peine d'apprêter à rire aux générations futures. Si la biographie contemporaine avait été en honneur au dix-septième siècle, vous apprendriez avec étonnement dans ses pages admiratives, ce que valaient le style ardent et coloré de M. de Hervèze, le talent d'observation si subtil et si fin de M. Brémond, la critique si délicate et si judicieuse de M. Baudeau de Somaize ou de M. Visé, l'accablante universalité de M. d'Aubignac. Vous y verriez que le sceptre de la poésie élégiaque et morale était aux mains de M. Frénicle, quand il lui fut disputé par M. Godeau, et que M. Pradon lui seul a retrouvé le secret d'Euripide (*). Il n'en faudrait pas davantage pour imprimer une tache indélébile au plus bel âge des lettres françaises ; une pareille biographie ne serait plus bonne qu'à enrichir d'inépuisables railleries le répertoire des mauvais plaisants. Ces formules triviales d'une complaisance peu scrupuleuse ne sont à leur place que dans les feuilles fugitives de la presse quotidienne, qui vendent la gloire ou la prêtent à la petite semaine. On doit être plus sobre d'éloges dans un livre sévère, écrit sous la dictée de la conscience.

» Il est presque inutile de dire que l'esprit de parti s'était introduit d'ailleurs dans la critique des biographies comme dans leur histoire. Elles auraient pu adopter mutuellement, pour épigraphe, ce vers malignement naïf :

Nul n'aura de l'esprit, hors nous et nos amis.

» Le talent d'écrire était compté pour peu de chose dans la notice d'un écrivain. On ne lui savait gré que de sa manière de penser, ou de faire croire qu'il pensait. Un Cotin royaliste était un Fénelon pour son biographe, un Chapelain libéral était un Homère pour le sien ; et je suis obligé de recourir, pour les désigner, à des comparaisons tirées de loin, car leur nom même n'existe plus. Aujourd'hui, les égards dus à la vérité paraissent avoir repris quelque place dans nos mœurs politiques et littéraires. On a vu ce que valaient, chez un peuple spirituel, au bout de dix ans, et quelquefois au bout de dix jours, les adulations menteuses et les dénigrements imposteurs. Un livre souillé de ces turpitudes resterait chez le libraire. »

» Malheureusement ce sont des hommes de lettres qui font les biographies, et les hommes de lettres ne sont pas plus exempts qu'autrefois de l'esprit de personnalité et de l'esprit de coterie. C'est, avec l'esprit de parti, presque tout l'esprit qu'on y a trouvé, et c'est trop de beaucoup dans un genre d'ouvrage où il ne faut pas faire d'esprit. On aura soin ici d'éviter ces articles obséquieux qu'échange une complaisance intéressée; et on se flatte de pourvoir à cet inconvénient qui fait monter le rouge au front, en les réduisant aux faits avérés qui

(1) Voy. sur tous ces auteurs nommés ma « France littéraire ».

appartiennent de droit à l'histoire contemporaine, quand ils valent la peine d'être recueillis. Les talents vivants ne peuvent point être jugés tant qu'ils vivent; et dans un livre de jugement et de probité qui aspire à vivre, on se gardera bien de ces anticipations hasardeuses. Ce qu'on doit aux écrivains dans une biographie contemporaine, c'est de dire ce qu'ils ont écrit, et tout au plus de constater leur succès quand il n'a pas été factice, parce que cette faveur spontanée de l'opinion est aussi un des traits caractéristiques du génie d'une époque. En littérature la justice définitive n'est que pour les morts. »

La biographie occupant une grande place dans *la Littérature française contemporaine*, je n'ai pas été fâché de m'appuyer de l'opinion de l'un des hommes d'érudition et de goût les plus distingués de la littérature actuelle; et puis, je dois l'avouer, elle m'a presque constamment guidé tant que je n'ai pas eu à m'élever contre la bannière d'un parti qui ne portait pas pour devise : *Tout pour la France*.

Il me reste à parler de la partie biographique de *la Littérature française contemporaine* : je le ferai avec franchise. Et d'abord tous les articles ne sont pas de moi. J'ai souvent reproduit des notices littéraires qui avaient trouvé place ailleurs, et sans me permettre d'y rien changer quand elles m'ont semblé exactes : sources et auteurs sont indiqués. Dans d'autres, au contraire, j'ai châtié, corrigé et ajouté au point qu'on ne puisse reconnaître les articles primitifs. Dans un grand nombre de ces articles, dont le fond ne m'appartient pas, je me suis partout attaché à compléter la partie littéraire, traitée presque toujours d'une manière désespérante, si l'on n'en excepte les Biographies « universelle » et « des hommes vivants, » publiées par les frères Michaud, par la raison que dans les dictionnaires historiques auxquels ces notices étaient destinées, les hommes littéraires ont été considérés, sauf quelques grands noms, comme des remplissages, et l'indication complète de leurs écrits comme chose de peu d'importance. Il ne pouvait en être ainsi dans une biographie exclusivement littéraire. Néanmoins un nombre considérable d'articles nouveaux m'appartient : ce sont ceux des écrivains français, régnicoles et étrangers, qui, par suite d'omissions ou qui étant trop nouveaux, n'ont point d'articles dans nos dictionnaires historiques; la vie littéraire se résume, pour quelques-uns d'entr'eux, à la simple nomenclature de leurs écrits. — Je suis arrivé ainsi à remplir beaucoup de lacunes de biographies générales, professionnelles et locales.

Dans aucune de ces notices refaites ou nouvelles, je n'ai point perdu de vue le précepte que donne M. Ch. Nodier au biographe des contemporains, à l'historien des hommes du siècle.

« Je ne demanderais au biographe des contemporains, dit-il, qu'une conscience droite, une âme douce et tolérante, ce qu'il faut de méthode pour classer les faits avec exactitude, ce qu'il faut de talent et de style pour les raconter avec simplicité. Je n'exigerais de lui ni l'éloquence ambitieuse qui relève les actions par les mots, la vérité n'en a pas besoin; ni les prétentions philosophiques de l'observateur, qui recherche curieusement un mobile à chaque caractère, une cause à chaque effet; l'histoire s'en passera. J'en attendrais seulement le vrai, dépouillé des exagérations du romancier, des controverses du publiciste, et surtout de la morgue du juge; les personnages dont il s'occupe n'auront de juge que le temps. Il ne serait pas absolument nécessaire qu'il n'eût jamais appartenu plus ou moins à quelqu'une des opinions en litige, pourvu qu'il eût assez vécu ou assez réfléchi pour les apprécier. »

Je ne terminerai point sans exprimer ma reconnaissance envers un petit nombre de personnes qui, au milieu de cette indifférence presque générale parmi nous pour l'histoire littéraire, ont bien voulu faire d'honorables exceptions, en prenant intérêt à cette publication : je dois à ces personnes des communications d'autant plus précieuses qu'elles ont le mérite d'être très-exactes. Ce sont MM. *Angliviel*, bibliothécaire du dépôt de la marine, qui m'a fourni des notices sur les travaux d'ingénieurs hydrographes et de navigateurs, et sur des écrivains de sa province; *Bréghot du Lut* et *Ant. Péricaud*, non moins distingués par leur érudition philologique que par leurs connaissances dans l'histoire littéraire de leur province : je dois à ces deux savants des matériaux de toute nature sur les hommes littéraires du Lyonnais; *P. Colomb de Batines*, zélé bibliophile, qui a mis à ma disposition toutes les notes qu'il a recueillies pour son « Catalogue des Dauphinois dignes de mémoire »; *C.-J. De Mat*, libraire de Bruxelles, des documents sur les écrivains français de la Belgique et de la Hollande; *Garnier*, imprimeur-libraire de Chartres, sur les Chartrains; *Grille*, bibliothécaire d'Angers, sur les Angevins; *Huet de Froberville*, des notices sur les écrivains français de l'île Maurice; feu *Lerouge*, ancien chef au trésor, beaucoup de notes sur les pamphlétaires historiques, et surtout sur une spécialité assez piquante : les francs-maçons et leurs écrits, qui formaient la principale richesse de sa bibliothèque; *Massuau*, huissier à Vervins, qui s'occupe beaucoup d'histoire littéraire, et qui, ainsi que M. De Mat, m'a fourni beaucoup de notes sur les nouveaux hommes littéraires de la Belgique et de la Hollande; *de Saint-Georges*, aujourd'hui attaché à l'administration municipale de Nantes, correspondant auquel A.-A. Barbier a dû beaucoup de notes, et qui m'a fourni plusieurs notices nouvelles sur des écrivains bretons de ces derniers temps. D'autres personnes venant, par de nouvelles communications, contribuer à l'amélioration de mon livre, j'aurai le soin de mettre leurs noms au bas de leurs articles.

La Littérature française contemporaine, qui embrasse déjà tant de choses, laisserait pourtant encore à désirer, si je ne la terminais par deux parties purement bibliographiques, mais qui en feront une encyclopédie littéraire bien complète pour ce siècle : une table des ouvrages anonymes et polyonymes de la littérature française, depuis plus de quarante ans; et une seconde table formant la contre-partie de l'ouvrage, c'est-à-dire une minutieuse table des sujets, renvoyant aux auteurs qui en ont traité.

LA

LITTÉRATURE FRANÇAISE

CONTEMPORAINE.

XIX SIÈCLE.

ABADIE [Théodore]. — I. Épîtres et Poésies mêlées, suivies d'une Nouvelle et de quelques morceaux de prose. Toulouse, de l'impr. de Bénichet. — Paris, L. Janet, sans date [1834], in-12 de 156 pag.

II. Jalousie et repentir, ou la Distribution des prix, comédie mêlée d'ariettes, en trois actes. Lyon, place du Plâtre, n° 14, 1834, in-12.

Extr. de l'Abeille française, journal mensuel.

ABAUTRET.—Guérison de la goutte, de la gravelle, des rhumatismes, par des moyens simples et d'un usage facile. Paris, de l'impr. de Le Normant, 1841, in-8 de 20 pages.

ABBADIE [A.-Th. d']. — Avec M. *J.-Aug. Chaho*, de Navarre : Études grammaticales sur la langue euskarienne. Paris, Arthus Bertrand, 1836, in-8 [7 fr. 50 c.].

ABBEMA, pseudon. Voy. Nic. **CHATELAIN**.

ABBOTT [Jacob], de Boston [Amérique].

I. Jeune [le] chrétien, ou Explication familière des principes des devoirs du chrétien. Trad. de l'angl. [par M. le past. *Vivien*]. Paris, Risler, 1834, in-12 [3 fr. 50 c.].

II. Famille [la], ou les Devoirs et les joies de la piété domestique. Trad. de l'angl. [par M. le past. *Vivien*]. Paris, Risler, 1826, in-18 [1 fr. 25 c.].

ABBOTT [le révér. John-S.-C.], de Worcester [Amérique].

I. Mère [la] de famille, ou Exposition familière des principes qui doivent diriger une mère dans l'éducation de ses enfants ; trad. de l'angl. [par M. le past. *Vivien*]. Paris, Risler, 1833, et 1836, in-18, avec une pl. de musique [1 fr.].

II. Enfant [l'] de la maison paternelle, ou Exposition familière des devoirs des enfants ; tr. de l'angl. [par une dame]. Paris, Risler, 1833, in-18 [1 fr.].

ABEL.— I. Barcinonis, Gallorum devotiones medicæ, carmen. Parisiis, typis Rignoux, 1821, in-8 de 10 pag.

A la suite est une traduction française en prose, intitulée *le Dévouement des médecins français à Barcelonne.*

II. Societati, pro levandis extraneis, londinensi carmen. Paris., ex typis Fain, 1828, in-8 de 20 pag.

En regard du texte de cette ode est une traduction française en prose.

III. Parisiorum triumphus, mense julio, anno 1830. Paris, ex typis Fain, 1830, in-8 de 8 pag.

Une traduction française en prose accompagne cette pièce de vers.

ABERCROMBIE [John], médecin anglais.

— Recherches pathologiques et pratiques sur les maladies de l'encéphale et de la moëlle épinière. Sec. édit. Traduites de l'angl. et augmentées de notes très-nombreuses, par *A.-N. Gendrin*. Paris, Baillière, 1832, in-8 [8 fr.].

Les mots « seconde édition » s'appliquent à l'original, car nous ne connaissons point d'édition de cette traduction antérieure à celle que nous citons.

Cette traduction a été reproduite deux ans plus tard sous le titre suivant :

Des Maladies de l'encéphale et de la moëlle épinière, par J. ABERCROMBIE ; ouvrage traduit de l'angl., augm. de notes très-nombreuses, par A.-N. GENDRIN. Deuxième édition, rev. et augm. d'additions adressées par l'auteur, et de nouvelles notes du traducteur. Paris, Baillière, 1834, in-8 [7 fr.].

ABICH [H.]. — Vues illustratives de quelques phénomènes géologiques, prises sur le Vésuve et l'Etna, pendant les années 1833 et 1834. Paris, Levrault, 1836, in-fol. de 12 pag., plus 10 pl. [28 fr.].

ABRANTÈS [le conseiller]. — Lettre du conseiller *Abrantès* à sir William A'Court sur la régence du Portugal, etc., fidèlement traduite de l'original portugais publié à Londres. Paris, Mongie, 1827, in-8 de 52 pag.

ABRANTÈS [la duchesse d']. Voy. JUNOT.

ABRANTÈS [Napoléon d'], fils de la précédente. Voy. JUNOT.

ABRIA. — Méthode de lecture sans épellation. Valenciennes, l'Auteur, 1835, in-32 de 32 pag. — Nouv. édit. Paris, Langlois et Leclercq, 1841, in-16 de 32 pag.

ACARRY. — I. Héroïde de Sapho à Phaon, imitée de l'ode. Paris, les marchands de nouv., 1827, in-8 de 24 pag. 16 pag.

II. Épître au roi, suivie de l'Héroïde de Sapho à Phaon, imitée de l'ode. Paris, les marchands de nouv., 1827, in-8 de 24 pag.

Tirée à 100 exemplaires.

ACART. — I. Aquarelle-gouache, peinture orientale, procédé de M. *Acart*, aide-mémoire à l'usage des élèves. Paris, Delarue, 1829, in-18 de 56 pag. [1 fr. 50 c.].

Cet écrit se trouve encore dans le Manuel du peintre en miniature, par M. L***. 1829.

II. Fleury-Madlenn [le] des amateurs de peinture de fantaisie, ou Traité élémentaire de la peinture orientale perfectionnée. Paris, de l'impr. de Brun, 1836, in-4 de 16 pag.

ACCARAIN [A.], docteur en médecine, à Mons.

En société avec M. de Coutray, il a publié quelques *articles* sur l'homœopathie dans l'Encyclographie des sciences médicales, » première série, nos 25, 27 et 31. On lui doit aussi plusieurs *observations* de médecine pratique, insérées dans le même recueil, deuxième série, n° 7.

(*Dict. des hommes de lettres, etc., de la Belgique*).

ACCURSE [Alix], poëte.

I. Méditations religieuses. Avignon, de l'impr. d'Aubanel, 1827, in-18 de 42 pag.

Ces Méditations, imprimées à 100 exemplaires, n'ont pas été mises dans le commerce.

II. Harmonies sociales. [Poésies]. Marseille, Olive ; et Paris, Hivert, 1838, in-8.

ACHARD [Honoré]. — Avec M. *H. Nicolle :* Cours pratique d'études toutes françaises. Paris, Baudouin, 1829, in-12.

Cet ouvrage avait été promis en six volumes qui devaient paraitre en trente-six livraisons : la première seule, formant 60 pag., a été publiée.

ACHARD DE PEATIEUX. — I. Ami [l'] des habitants de la campagne. Strasbourg, Levrault, 1827, in-18 [3 fr.]. — Supplément à cet ouvrage. Strasbourg, de l'impr. de Mme Silbermann, 1827, in-12 de 48 pag.

II. Almanach du bon cultivateur, pour l'année 1830. Première année. Saint-Étienne, 1830, in-8 [75 c.].

ACHARD-JAMES [J.-M.]. [Voy. *la France littér.*, tom. Ier, pag. 7.].

I. Histoire de l'hospice de l'Antiquaille de Lyon. Lyon, Perrin ; Maire, 1834, in-8, avec une pl.

II. Rapport présenté à l'Académie royale des sciences, belles-lettres et arts de Lyon, dans sa séance du 15 mars 1836, au nom du conseil de perfectionnement institué près de l'école de la Martinière. Lyon, de l'impr. de Gabr. Rossary, 1836, in-8 de 64 pag.

ACHILLE, auteur dramatique. Voy. Ach. DARTOIS.

ACHINTRE [J.], grammairien.

I. Epitome historiæ sacræ [de *Lhomond*], modifié d'après une nouvelle méthode de latinité. Aix, Pontier, 1835, in-18.

II. Cours de thèmes, à l'usage des commençants, d'après une nouvelle méthode de latinité. Aix, Pontier, 1835, in-12.

III. Grammaire latine [de *Lhomond*], d'après une nouvelle méthode de latinité. Aix, Pontier, 1835, in-8. — Autre édition, sous ce titre : Grammaire latine de Lhomond, rédigée d'après une nouvelle méthode de latinité. Aix, Pontier, 1835, in-12.

ACKERMAN, chirurgien-major de la marine.

— Histoire des révolutions de Madagascar, depuis 1642 jusqu'à nos jours. Paris, Gide, 1833 in-8 [6 fr.]

ACKERMANN [Paul], lexicographe ; né à Altkirch [Haut-Rhin], le 20 avril 1812.

I.* Dictionnaire biographique universel et pittoresque, contenant 3,000 articles environ de plus que la plus complète des biographies publiées jusqu'à ce jour. Paris, Aimé-André [* Philippe], 1833 et ann. suivantes, 4 vol. grand in-8. impr. à deux colonnes, ornés d'un grand nombre de portraits, gravés sur bois, intercalés dans le texte.

Ce Dictionnaire a paru par livraisons de 40 pages.

II. Avec M. *Ch. Nodier* : Vocabulaire de la langue française, extrait de la dernière édition du Dictionnaire de l'Académie, publié en 1835. Tous les mots donnés par l'Académie ont été conservés : on y a ajouté les étymologies, la prononciation et un vocabulaire géographique. Paris, F. Didot; Hachette, 1836, in-8 de xij et 1142 pag. [7 fr. 50 c.].

Les xii pages d'introduction sont le seul travail que M. Nodier ait fourni pour ce Vocabulaire.

III. Essai sur l'analyse physique des langues, ou de la Formation et de l'usage d'un alphabet méthodique. Paris, Terzuolo; Ve Dondey-Dupré, 1838, in-8, de xvj et 45 pag. J. R-L.

ACLAND [James]. — Statement of marshal count *Clausel*, ex-governor general of the province of Algiers, member of the chamber of deputies, etc., etc., in answer to the accusations of malversation, incompetence and oppression in the government of Algiers and conduct of the Constantine expedition; translated from the french. [1837]. Voy. CLAUSEL.

A-COSTA [Arnold d']. Voy. DA COSTA.

ADAM (Alb.]. — Voyage pittoresque et militaire de Willenberg en Prusse jusqu'à Moscou, fait en 1812, pris sur le terrain même et lithogr. Munich, 1827, in-fol. de 12 pag., avec 4 planch. [12 fr.]

ADAM [B.-L.]. — Lettres à Élisa sur l'Arithmétique. Paris, Renard ; et Troyes, Ve Bouquot, 1828, in-18 [2 fr.]

ADAM [Léonce]. — Des chambres, de la charte et de l'hérédité de la pairie. Paris, de l'imp. d'Auguste Auffray, 1830, in-8, de 12 pag.

ADAM [le rév. Thomas], recteur de Wintrigham.

— Pensées extraites du journal du rév. Th. Adam..., trad. de l'angl., par le traducteur d'Omicron et de Cardiphonia [par une dame]. Paris, J.-J. Risler; et Genève, S. Guers, 1833, in-18, de 410 pag. [2 fr. 50 c.].

ADAM, substitut, etc. — I. Guide-pratique de l'officier de l'état civil. Paris, Charles Hingray; et Nancy, Grimblot, 1834, in-18. [2 fr.]

II. Appendice au Code pénal, ou Recueil des lois, décrets et dispositions légales les plus fréquemment appliqués en matières correctionnelles et criminelles. Mis en ordre et annotés par M. *Adam*, substitut, etc. Nancy, Grimblot; Paris, Aimé André; Alex-Gobelet, 1836, in-8 [2 fr. 50 c.]

ADAM-CHEVALIER [P.-E.]. — Méditations religieuses. [En vers]. Paris, Dentu, 1835, in-8 [6 fr.]

ADDENET [R.-F.], propriétaire à Paris.

I. Considérations rapides sur les cimetières de la capitale. Paris, Dondey-Dupré, 1834, in-8, de 16 pag.

II. Une Préface sur les tombeaux, suivie de Stances à Mlle Jacquier. Paris, de l'imprimerie de Ve Dondey-Dupré, 1837, in-8, de 48 pag.

C'est une dissertation littéraire.

ADDISON [William]. — Avec *M. Eugène Moreau* : la Peau de singe, drame en deux actes, mêlé de chants et de danse. Paris, Breauté, 1833, in-8.

ADÉLAIDE [Madame], pseudonyme.

— Chemins [les] de fer, récit moral.

Paris, Denaix, 1838, in-12 de 60 pag. [2 fr.]

ADELON [N.-P.], professeur à la Faculté de médecine de Paris, membre de l'Académie royale de médecine, et secrétaire de la section de médecine. [Voy. la *France littér.*, tom. I, pag. 11].

— Discours prononcé sur la tombe de M. Chaussier, le samedi 21 juin 1828. Paris, de l'imp. de Rignoux, 1828, in-4, de 4 pages.

Depuis dix ans M. le prof. Adelon n'a publié aucun ouvrage nouveau; mais il écrit beaucoup dans les recueils consacrés à son art. Aux recueils cités par la « France littéraire » il faut encore ajouter les Annales d'hygiène publique et de médecine légale, qui ont commencé à paraître en 1829.

Les libraires Ebrard et Angé ayant eu l'idée de faire recueillir par des sténographes les leçons professées dans les diverses facultés de la capitale, le *Cours de médecine légale* de M. Adelon, semestre d'été, année scholaire 1835-36, a été commencée d'imprimer; mais les professeurs ayant devant les tribunaux formé opposition à cette spéculation qui nuisait à leurs intérêts, leurs cours sont restés inachevés : il n'a été imprimé de celui de M. Adelon que les 120 premières pages contenant treize leçons et le commencement de la quatorzième.

ADELSON CASTIAU [ ], membre du conseil provincial du Hainaut, à Mons.

— De la suppression des jurys d'examen et de l'émancipation des professions libérales, sur la réforme électorale...

[*Dictionn. des hommes de lettres, etc., de la Belgique.*]

ADER [Jean-Joseph]. [Voy. la *France littér.*, t. I, pag. 11.] A la liste de ses ouvrages ajoutez :

* I. Napoléon devant ses contemporains. Paris, Baudouin frères, 1826, in-8 [7 fr.]. — Seconde édition, revue et corr. Paris, les mêmes, 1826, in-8 [7 fr.].

* Le même ouvrage, en espagnol, sous ce titre : Napoléon à la faz de sus contemporaneos. Traducido libremente del frances por *J. Nagual*. Burdeos, de la empr. de Faye hijo, 1826, in-12.

* Autre traduction, sous ce titre : Napoleon ante sus contemporaneos. Por*** ; traduccion al castellano por D. *Domingo Fern. de Angulo*. Paris, de la empr. de Gaultier-Laguionie, 1827, 2 vol. in-32.

II. Histoire de l'expédition d'Égypte et de Syrie, etc. Troisième édition. Paris, A. Dupont et comp., 1827 in-18, [3 fr. 75.].

III. Avec M. *Em. Brousse* : les Suites d'un coup d'épée, comédie en un acte. Paris, Barba, 1828, in-8 [1 fr. 50 c.]

IV. Plutarque des Pays-Bas, ou Vies des hommes illustres de ce royaume; précédé d'une Introduction historique [Avec des portraits lithogr. par Jobard]. Bruxelles, Laurent frères, 1828 et ann. suivantes, in-8.

Trois volumes de texte, à raison de 6 fr. 34 c. paraissaient au commencement de 1829, ainsi que six livraisons de portraits, chacune de quatre portr., et au prix de 2 fr. 11 c.

V. Avec M. *Fontan* : la Bossue, ou le Jour de la majorité, com. en un acte et en vers. Paris, Barba, 1829, in-8 [1 fr. 50 c.]

VI. Avec MM. *Fontan* et *Ch. Desnoyers* : Gillette de Narbonne, ou le Mari malgré lui, anecdocte du XVe siècle; com.-vaud. en 3 actes. Paris, Riga, 1829, in-8 [2 fr.]; ou Paris, Marchant, 1835, in-8, de 20 pages à 2 colonn. [15 c.].

VII. Avec MM. *Fontan* et *Dupeuty* : le Barbier du roi d'Aragon, drame en 3 actes, en prose. Paris, Ambr. Dupont, 1832, in-8 [2 fr. 50 c.]; ou Paris, Marchant, 1836, in-8, de 20 pag. à 2 colon. [15 c.].

VIII. Angelus [l'], opéra-comique en un acte. Paris, Marchant, 1834, in-8 [15 c.]

M. Ader est, en outre, l'un des auteurs du « Paris révolutionnaire » (1833 et années suiv).

ADER-VERDEAU. — Paris en 1880, allégori-comico-vaudeville en un acte. Paris, de l'impr. de Tastu, 1828, in-8.

ADET DE ROSEVILLE [E.]. — Avec mad. *J. Mercier* : Traité complet des manœuvres de tous les accouchements, avec 180 aphorismes sur les soins que réclament la mère et l'enfant pendant le travail, immédiatement après le travail, et pendant les neuf premiers jours qui suivent la parturition. Paris, Deville-Cavelin, 1836, in-18 [3 fr. 50 c.].

ADHÉMAR [Joseph-Alphonse], professeur particulier de mathématiques, à Paris; né dans cette ville, en février 1797.

I. Cours de mathématiques, à l'usage

de l'ingénieur civil. Paris, Bachelier; Carilian-Gœury; l'Auteur, 1832 et années suivantes : 1° Arithmétique. 1832, in-8. [2 fr.]; 2° Géométrie descriptive. 1834, in-8, de 216 pag., et Atlas de 50 pl. in fol. [20 fr.]; 3° Coupe des pierres. 1837, in-8, et Atlas in-fol. de 50 planches [20 fr.]; 4° Traité de perspective, à l'usage des artistes. 1838, in-8, et Atlas in-fol. de 62 planches [20 fr.].

Quelques parties de ce Cours ont été publiées par livraisons: les trois premières de la Géométrie descriptive ont paru d'abord sous le titre de *Questions de géométrie descriptive pour le cours de Mathématiques de M. Adhémar.*

II. Traité complet d'arithmétique. Paris, au bur. de la Biblioth. popul., 1834, 2 vol. in-18 [60 c.].

III. Traité élémentaire de géométrie descriptive. Paris, au bur. de la Bibl. popul., 1834, et 1835, in-18, avec une planche [30 c.].

Ces ouvrages font partie de la « Bibliothèque populaire. »

ADHÉMAR [Madame la comtesse d'], pseudon. Voy. LAMOTHE-LANGON.

ADHÉMAR [madame d'].—I. Célénie, ou le Modèle des pensionnaires. Paris, Lavigne, 1836, in-12 avec 4 grav. [3 fr.].

II. Jeune [la] et parfaite demoiselle. Manuel de conduite, de morale et de religion. Paris, Maumus, 1836, in-12 avec 4 grav. [3 fr.].

III. Palmyre, ou les Soirées d'Auteuil. Nouveaux Contes. Paris, de l'impr. de Boudon, 1837, in-12 avec 4 grav. [3 fr.].

IV. Cours complet de mythologie. Paris, Masson et Duprey, 1838, in-12, orné de grav. [3 fr.].

ADMIRAULT. — Avec M. *Guyot* : Mémoire sur le siége du goût chez l'Homme. Paris, de l'impr. de Decourchant, 1830, in-8, de 12 pag.

ADOLFE [B.]. — Trois [les] mondes, ou la Fin des disputes philosophiques sur le beau, le laid, le bien, le mal, le vrai, le faux. Paris, Sétier; Delaunay, 1834, in-8 [5 fr.].

ADOLPHE [J.], professeur de langues, à Paris.

I. Manuel anglais. Traduction interlinéaire, sur un nouveau plan, des chefs-d'œuvre de la littérature anglaise ancienne et moderne. Mazeppa, poëme de lord *Byron*, trad. interlinéaire. Paris, Mme Lardière; l'Auteur, 1830, in-12.

II. Grande [la] semaine. Récit des événements de Paris, avec des considérations morales et politiques [par *Charles Stuart Cochrane*]. Trad. de l'angl. Paris, mad. Lardière; Amyot, 1830, in-8 de 64 pag.

III. French [the] verbs reduced to one conjugation. Paris, l'Auteur; Galignani, 1831, in-4, de 12 pag. et 2 tabl. [5 fr.].

ADOLPHE, nom littéraire commun à plusieurs auteurs dramatiques. Voy. Ph. d'ENNERY, LEUVEN.

ADRIEN [A.], D. M. P., à Crécy-sur-Morin [Seine-et-Marne].

— Choléra-morbus. Relation historique et médicale de l'épidémie de Crécy et des villages circonvoisins. Paris, de l'impr. de Guiraudet, 1832, in-8, de 24 pages.

ADRIEN. — Principes d'un vrai républicain. Réception de plusieurs membres dans la Société des droits de l'homme. Discours. Lyon, de l'impr. de Charvin, 1834, in-8, de 4 pag.

ADRIEN P., auteur dramatique. Voy. PAYN.

ADRIEN PAUL, un des petits-fils du bibliophile Jacob, pseudonyme.

— Hégésiaques [les]. Paris, l'Éditeur, rue de Cléry, n° 31, 1838, in-8 [6 fr.].

Le bibliophile Jacob (M. Paul Lacroix), étan né en 1806, ne peut-être grand-père; par conséquent la qualité de petit-fils de ce littérateur qu'a pris l'auteur des «Hégésiaques» n'est qu'une imposture littéraire.

AELBROECK [J.-L. Van], membre des États-Provinciaux, et secrétaire de la commission royale d'agriculture de la Flandre orientale, membre du conseil municipal de Gand.

— Agriculture pratique de la Flandre. Paris, Madame Huzard, 1830, in-8 avec 16 pl. [7 fr. 50 c.].

AERTS [Henri-Charles], médecin à Anvers, ancien chirurgien interne du grand hôpital civil, et prosecteur à l'École de médecine de la même ville, membre de plusieurs sociétés de médecine.

— Mémoire et Observations sur le traitement des tumeurs squirrheuses et cancéreuses du sein. 1831.

(Dictionnaire des hommes de lettres, etc. de la Belgique.)

AFFRE [l'abbé Denis-Auguste], chanoine et vicaire-général de Paris; né à Saint-Rome de Tarn [Aveyron], le 28 septembre 1793, après avoir professé la philosophie pendant les années 1817 et 1818, fut appelé à professer la théologie au séminaire de Saint-Sulpice; il a été depuis grand vicaire de Luçon, en 1821, d'Amiens en 1823, de Paris en 1834. On lui doit les ouvrages suivants :

I. Traité [nouv.] des écoles primaires, ou Manuel des instituteurs et institutrices. Amiens, Caron-Vitet, et Paris, Moronval, 1826, in-18 [1 fr. 50 c.].

Voici le jugement que porta de ce livre composé pour l'usage du diocèse d'Amiens, l'Ami de la religion [tome XLVII, page 337] : « Si les meilleurs livres sont ceux qui sont à la portée des esprits les plus simples et qui contiennent le plus de choses d'une utilité pratique et journalière, ce nouveau Traité des écoles primaires est un des livres les plus dignes d'être recommandés aux instituteurs.... c'est de lui qu'on peut dire : *in tenui labor et tenuis non gloria.*»

II. Traité abrégé des fabriques. Amiens, Caron-Vitet, 1826, in-8.

Ouvrage qui n'a pas été annoncé par le Journal de la librairie.

III. Traité de l'administration temporelle des paroisses, suivi d'une Table chronologique, qui renferme le texte des principales lois et d'un grand nombre de décrets et d'avis du conseil d'état, avec l'analyse ou l'indication d'autres documents moins importants. Paris, Adr. Leclère, 1827, in-8, [6 fr.] — IIIe édit., revue et considér. augm. Paris, le même, 1835, in-8 [5 fr. 50 c.].

Cet ouvrage renferme le précédent. La première édition tirée à 3,000 exemplaires fut rapidement enlevée. L'auteur en publia une seconde, en 1829, avec des additions considérables et une introduction. La dernière édition de 1835, est encore beaucoup plus complète que la précédente. Cette dernière édition, tirée à 3,000 exemplaires, comme celles qui l'avaient précédée, est presque épuisée. L'auteur publia simultanément un abrégé à l'usage des marguilliers des églises rurales et des élèves des séminaires.

La jurisprudence a depuis quatre ans donné de grands développements à cette partie de notre législation; elle est également devenue l'objet de consultations et de discussions plus fréquentes que dans les temps antérieurs; l'auteur a été engagé par ces circonstances favorables à profiter dans une 4e édition de ces divers moyens de compléter son ouvrage : il doit en conséquence lui donner de plus grands perfectionnements que dans aucune des éditions précédentes. Le *Traité de l'administration temporelle des paroisses* n'a été annoncé que dans un seul journal, mais il a été accueilli avec un grand empressement par le clergé, ainsi que le prouve son rapide débit. La plupart des évêques en ont conseillé l'usage.

IV. Le même ouvrage. Édition abrégée. Paris, Adr. Leclère, 1835, in-8, de 250 pag. [2 fr. 50 c.]

V. Essai historique et critique sur la suprématie temporelle du Pape et de l'Église, etc. Amiens, Caron-Vitet, 1829, in-8 [6 fr.].

Cet ouvrage fut destiné à combattre le système alors ultramontain de M. de la Mennais. M. Affre y trace l'histoire complète de l'opinion si répandue dans le moyen âge du pouvoir du Pape de déposer les rois, et il mêle continuellement à sa controverse le récit et la critique des faits. Il a préféré la forme de réfutation à une polémique théologique fort inutile pour repousser une opinion surannée. Engagé à composer cet ouvrage par plusieurs prélats, il en reçut une approbation non équivoque. L'Ami de la religion [tome LX, page 117] en porte le jugement suivant : « Le grand nombre de faits qu'embrasse l'auteur, les discussions qu'il y mêle, le soin qu'il prend de réfuter ce qu'il y a de plus important et de plus spécieux dans les écrits de ses adversaires, ses jugements sur les hommes et les choses, tout annonce une marche ferme, de vastes recherches et l'habitude de traiter ces sortes de matières. L'auteur venge l'Église de France d'une injuste agression : il a même au milieu de ses raisonnements des morceaux écrits avec chaleur. Enfin, dans un poscriptum plein de force, il résume les contradictions, les inconséquences et les méprises de l'auteur qu'il avait à combattre ». L'ouvrage reçut un accueil bien différent du parti, alors fort exalté, auquel il était adressé : Le Mémorial catholique l'attaqua avec une grande violence.

VI. Essai [nouvel] sur les hiéroglyphes égyptiens, d'après la critique de M. Klaproth, sur les travaux de M. Champollion jeune. Paris, Adr. Leclère, 1834, in-8, de 36 pag. [1 fr.].

L'auteur y examine la valeur des découvertes de M. Champollion et les juge moins brillantes et moins utiles qu'on ne l'avait cru d'abord. « Ce curieux écrit, dit le journal déjà cité [tome LXXVIII, page 515] est surtout remarquable par la précision et la clarté avec laquelle le judicieux auteur explique les matières arides et abstraites ».

VII. Traité de la propriété des biens ecclésiastiques. Paris, Adr. Leclère; Méquignon junior, 1837, in-8 [5 fr.].

Plusieurs journaux, entre autres l'Ami du Roi, la Gazette de France, l'Univers religieux, la Quotidienne, les Annales de philosophie chrétienne, ont loué cet écrit, et sans restriction. Le Journal des conseils de fabrique est le seul qui ait mêlé quelques critiques à ses éloges:

il ne partage point, en tout, l'opinion de l'auteur : il conclut cependant en disant que « c'est un ouvrage utile et consciencieux appelé à prendre place dans les bibliothèques de tous les ecclésiastiques, de tous les administrateurs et de tous les légistes qui s'occupent de droit administratif et de jurisprudence civile et ecclésiastique. [tom. IV, page 48.]

M. Affre s'occupe depuis un grand nombre d'années de l'étude des *lois civiles dans leurs rapports avec les lois de l'Église :* il espère pouvoir publier dans quelques années un traité sur ces matières. Il a aussi commencé une *Histoire complète des lois portées par les souverains chrétiens depuis Constantin jusqu'à notre époque.* Ces deux ouvrages, beaucoup plus étendus et plus importants que ceux qu'il a publiés jusqu'ici, exigent de la part de l'auteur de grandes recherches et un temps fort considérable.

M. Affre, chargé pendant onze ans de l'administration d'un vaste diocèse dont le plus grand poids retombait sur lui, se livre depuis quatre ans, d'une manière presque exclusive, à des travaux considérables sur la partie la plus négligée de la science du droit.

Outre les divers ouvrages dont nous venons de parler, M. Affre a fourni à différents journaux un grand nombre d'articles de critique sur des ouvrages historiques, philosophiques et théologiques.

Comme éditeur M. Affre a revu et corrigé la troisième édition des Instructions sur le rituel de Langres de M. le card. de La Luzerne (1835). On cite aussi comme ayant été imprimé sous sa direction, un Livre d'heures complet, en latin et en français, à l'usage de Paris et des diocèses qui suivent le rit parisien, contenant l'office de tous les dimanches et fêtes de l'année, avec des explications historiques et morales qui en font connaître le but et l'institution. Paris, Hetzel et Paulin, 1837, in-18 [12 fr.] V. A. S.

AG...., docteur-médecin, professeur d'hygiène et de médecine pratique, membre de plusieurs sociétés scientifiques et médicales.

— Médecin [le] des campagnes. Traité des maladies que l'on peut guérir soi-même, de celles que l'on doit traiter avant l'arrivée du médecin, de tous les accidents qui exigent de prompts secours, et de la désinfectation par le chlore. Paris, Crochard; Audot, 1831, in-12, de xij et 335 pag. [3 fr.].

AGARDH [C.-A.], naturaliste suédois, professeur d'histoire naturelle à Lund, en Suède.

I. Observations sur la germination des prêles, avec une planche.

Imprimées dans le tome IX des Mémoires du Muséum d'hist. natur. de Paris, en 1822.

II. Icones Algarum europæarum. — Représentation d'Algues européennes, suivie de celles des espèces exotiques les plus remarquables récemment découvertes. Livr. I-III. Leipzig, Voss, 1828 et ann. suiv., in-8 avec 30 figures coloriées [18 fr.]

Cet ouvrage se publie par livraisons de 10 planches à raison de 6 fr. chacune.

III. Essai de [pour] réduire la physiologie végétale à des principes fondamentaux. Lund, 1829, in-8, de 64 pag. [2 fr.].

IV. Essai sur le développement intérieur des plantes. Lund, 1829, in-8, de 96 pag. [2 fr.].

AGASSIZ [Louis], naturaliste suisse; né dans le canton de Vaud, d'une famille qui s'y est fait un nom dans les sciences et les lettres.

— Recherches sur les poissons fossiles, comprenant la description de 500 espèces qui n'existent plus, l'exposition des lois de la succession et du développement organique des poissons durant toutes les métamorphoses du globe terrestre, une classification de ces animaux exprimant leurs rapports avec la série des formations, enfin des considérations géologiques générales tirées de l'étude de ce fossile. Neufchâtel, 1833 et ann. suiv., in-4 et atlas.

Cet ouvrage doit former 2 vol. in-4 avec un atlas de 250 planches, qui doivent être publiées en douze livraisons. Neuf seulement ont vu le jour. Prix de chaque livraison, 36 fr.

AGNANT [Alphonse], professeur de rhétorique au collége royal de Bourges.

— Orateur [l'] de *Cicéron.* Traduction nouvelle.

Imprimé dans le tome V (1835) des Œuvres complètes de Cicéron, lat. et franç., édit. publiée par Panckoucke.

AGNÈS [J.-A.]. — De l'élection. Essai philosophique. Guingamp, Jollivet, 1837, in-8.

AGNIEL [H.]. — Fables nouvelles. Paris, F. Didot, 1829, in-18 [4 f.].

AGOUB [Joseph], orientaliste. [Voy. la *France littéraire*, tom. Ier, pag. 15.] Mort à Marseille, le 3 octobre 1832.

I. Lyre [la] brisée, dithyrambe de M. Agoub, traduit en vers arabes [par le cheyk *Réfaha*]. Paris, Dondey-Dupré, 1827, in-8 de 44 pag. [5 fr.]

II. Mélanges de littérature orientale et française, avec une Notice sur l'auteur, par M. de *Pongerville.* Paris,

Werdet, 1835, in-8, de xiij et 358 pag. [7 fr. 50 c.].

Ce volume, précurseur du grand travail d'Agoub sur Bidpaï, contient la traduction des *Maouals arabes* dont une grande partie était inédite; *le Sage Heycar, conte arabe; le Discours sur l'Égypte*, l'un des premiers titres littéraires de l'auteur; un *Coup-d'œil sur l'Égypte ancienne, ou Analyse raisonnée du grand ouvrage sur l'Égypte*, morceau qui remplit 130 pages et que l'auteur avait d'abord publié successivement dans la « Revue encyclopédique; » quelques *poésies*, qui sont *l'Égypte, dithyrambe; la Lyre brisée, dithyrambe; les Derniers moments, élégie; l'Étrangère; l'Avénement de Louis-Philippe I;* enfin des articles de critique qui ont obtenu beaucoup de succès. La Notice sur l'auteur remplit six pages.

AGUADO [D.], professeur de guitare à Paris.

— Nouvelle Méthode de guitare. Paris, l'Auteur, 1835, gr. in-4 [15 fr.].

M. Aguado a composé un assez grand nombre de morceaux de musique pour l'enseignement de la guitare. Dès le commencement de 1835 son œuvre s'élevait déjà à 14 pièces.

AGUILLON [Camille], à Toulon.

I. Calendrier horticultural toulonnais, ou Description de toutes les opérations d'agriculture, floriculture, arboriculture, à exécuter durant le cours de l'année. Toulon, de l'impr. de Duplessis-Olivaut, 1832, in-8, de 80 pag.

II. Dahlia [le] : son origine, sa culture, sa propagation en Provence. Toulon, de l'impr. de Duplessis-Olivaut, 1832, in-8, de 16 pag.

AHASVERUS, pseudon. Voy. Did. Roth.

AHRENS [Henri], né dans le royaume de Hanovre, en 1808, docteur en philosophie et en droit de l'université de Gœttingue, dans laquelle il professa comme agrégé; obligé de s'expatrier par suite du mouvement politique de Gœttingue en 1831, il vint à Paris, où il séjourna trois ans, s'occupant de philosophie et de belles-lettres. Pendant ce temps il fit un cours gratuit de philosophie, dont les leçons ont été imprimées en 1837, et fournit, en 1831 et 1832, à la Revue encyclopédique, alors dirigée par MM. Carnot et Leroux, ainsi qu'à la lettre B du Dictionnaire de la conversation et de la lecture, des articles remarquables sur la philosophie et le droit de l'Allemagne. M. Ahrens est maintenant professeur de philosophie et de droit naturel à l'université libre de Bruxelles, et membre du conseil d'administration. On a de lui:

I. Cours de psychologie, fait à Paris sous les auspices du gouvernement. Paris, Mercklein [*Brockhaus et Avenarius], 1837-38, 2 vol. in-8 [12 fr.].

Ce Cours est destiné à faire connaître dans un ordre systématique les doctrines des principaux philosophes de l'Allemagne sur les matières philosophiques les plus importantes; mais l'auteur s'appuie principalement sur la doctrine de Krause, philosophe encore peu connu en France, mais estimé en Allemagne comme un des plus profonds penseurs.

Le premier volume de ce Cours, contient l'antropologie générale, et le second la psychologie proprement dite et la métaphysique.

Trois ans auparavant l'auteur avait déjà publié sous le même titre, une brochure de 8 pages in-8, qui n'est autre que le programme de son cours.

II. Cours de droit naturel, ou Philosophie du droit, fait d'après l'état de cette science en Allemagne. Bruxelles, Soc. typogr., et Paris, Brockhaus et Avenarius, 1838, gr. in-8.

Ce cours doit être composé de deux parties; la première qui vient de paraître [de xiij et 300 pag.] contient le droit naturel privé; la seconde comprendra l'exposition des principes du droit public. V. A. S.

AI [Philippe]. — Art [l'] d'aimer d'*Ovide*, traduction en vers, avec des remarques. Paris, de l'imp. de Carpentier-Méricourt, 1829, in-18.

Le texte est en regard.

AIGNAN [J.]. — I. Croyances [les] et le pouvoir. Paris, Desrivaux, 1835, in-8 de 112 pag. [2 fr.].

II. Derniers [les] ministres de la Restauration. Paris, Hivert, 1836, in-12 de 108 pag. [1 fr. 50 c.]

AIGRE [Henri-Barthélemy], né à Angoulême, le 23 mai 1799, s'est livré, comme disciple de Jacotot, à l'enseignement universel, d'abord à Boulogne ensuite à Strasbourg. M. Aigre est aujourd'hui libraire à Paris, et le propriétaire du « Moniteur des villes et des campagnes. » On a de lui :

I. * Enseignement (l') universel, mis à la portée de tous les pères de famille, par un disciple de J. Jacotot. Première partie : lecture, écriture, langue maternelle, in-8 de 100 pag. — Deuxième partie : langues étrangères, peinture, droit, danse, émancipation intellectuelle, in-8 de 80 pag. — Troisième partie : musique, mathématiques, théologie, exercice militaire, histoire, géographie, égalité des intelligences, in-8 de 80 pag. Boulogne, de l'impr. de Birlé. — Paris, P. Dupont, 1829-30, 3 part. in-8 [4 fr. 50 c.].

La seconde édition, publiée en 1830, a paru sous le nom de Henri A*** de B***, disciple de Jacotot. Boulogne, de l'impr. de Birlé.— Paris, P. Dupont, in-8. La troisième porte le nom de l'auteur.

M. Aigre lui-même a fait une traduction de cet ouvrage, qui a été imprimée.

II. Réforme à faire dans la manière d'écrire la musique au moyen de laquelle les commençants n'éprouveront plus de difficultés, soit dans la lecture, soit même dans l'exécution. Par un ignorant qui frissonne au seul nom de bémol. Paris, Ladvocat, 1830, in-8 de 16 pag. avec une planche. [1 fr. 50 c.]

III. Discours sur l'enseignement universel, prononcé... Exposition générale de la méthode. Paris, Langlois, 1831, in-8, de 28 pag. [1 fr.].

IV. Précis de l'histoire de la littérature en France, depuis les temps les plus reculés jusqu'à la Restauration. Paris, Dupont, 1835, in-18, de 268 pag. [2 fr.].

V. Nouvelles chrétiennes et morales. Paris, rue Cassette, n° 20, 1837, in-32 de 121 pag. [30 c.].

VI. Entretiens sur la botanique. Paris, rue Cassette, n° 20, 1832, in-32 de 128 pag. avec une pl. [30 c.].

Ce petit volume fait partie d'une collection intitulée : « Veillées du presbytère, ou Entretiens sur les sciences. »

AIGUEBELLE [Ad.]. — Quelques observations à MM. les capitalistes sur les divers modes de placement des capitaux, et, par suite, à MM. les notaires, dont la coopération est indispensable pour les placements par hypothèque. Toulouse, de l'imp. de Corne, 1837, in-8 de 28 pag.

AIGUEMORTE [Germaine d']. — Secret de femme, nouvelle.

Imprimée dans le 4ᵉ vol. *du Livre rose. Récits et causeries de jeunes femmes* (1834).

AIGUE PERSE [P.-G.]. — Biographie, ou Dictionnaire historique des personnages d'Auvergne, illustres ou fameux par leurs écrits, leurs exploits, leurs vertus, leurs erreurs, leurs crimes ou leurs rangs. Avec portraits [lithogr.]. Clermont-Ferrand, Thibaut-Landriot; et Paris, Treuttel et Wurtz; Legrand et Bergounioux, 1835-36, 2 vol. in-8 [12 fr.].

A la fin du dernier volume on trouve une nomenclature des Auvergnats illustres vivants.

AIGUILLÉ [C.], ancien chancelier du consulat de Malte.

—Au public, contre le ministère des affaires étrangères et M. Miège, consul de France à Naples. Paris, les marchands de nouveautés, 1829, in-8.

AIKIN [Lucy]. — I. Mémoires sur la Cour d'Élisabeth, reine d'Angleterre, trad. de l'anglais par madame *Alexandrine Aragon*, avec des notes sur le texte, et une Notice sur Lucy Aikin, par M. *Albert Montémont*. Paris, Sautelet; Charles-Béchet, 1827, 3 vol. in-8, avec une grav. [18 fr.].

II. Juvenile correspondance, or Letters, designed as examples of epistolary style, for children of both sexes. A new edition. Paris, Truchy, 1837, in-18 [2 fr.].

AIKIN [le doct.]. — Avec Mistr. *Barbauld* : the Travels of an Ant, from Evenings at home. Paris, Truchy, 1835, in-32 de 32 pag. [50 c.].

II. Avec *la même* : the Kid capriole : show and use, or the two Presents, from Evenings at home. Paris, Truchy, 1835, in-32 de 34 pag. [50 c.].

III. Avec *la même* : George Cornish, or a Friend in need, from Evenings at home. Paris, Truchy, 1835, in-32 de 32 pag. [50 c.].

Il existe en français une traduction complète de *the Evenings at home*, par le doct. Aikin et sa sœur mistr. Barbauld. Cette traduction a été imprimée sous le titre des *Soirées au logis, ou Portefeuille de la jeunesse*. Genève, 1798, et 1826, 6 vol. in-12.

AILLAUD [l'abbé Pierre-Toussaint]. [Voy. la *France littér.*, t. Iᵉʳ, p. 19]. — Poésies. Montauban, Rethoré l'aîné, 1837, in-8, de 287 pag.

L'avis de l'éditeur contient une Notice sur Pierre-Toussaint Aillaud, né à Montpellier, le 1ᵉʳ novembre 1759 ; mais elle ne donne pas la date de sa mort. L'abbé Aillaud est mort à la fin de 1826.

AILLAUD père [Louis-Maxime]. — Véritable [le] amour, ou les Noces de village, comédie pastorale en 3 actes et en vers libres; suivie d'un divertissement composé de chants et de danses. Marseille, de l'imp. de Régnier, 1835, in-12.

AILLAUD [Marius], ancien avocat. — Pétition présentée à la chambre des pairs. Digne, de l'imp. de madame Guichard, 1834, in-4 de 4 pag.

Le pétitionnaire demande l'annulation de l'arrêt du 21 décembre 1830 contre les ex-ministres de Charles X.

AILLAUD [J.-P.], libraire à Paris. — Diccionario [novo] portatil das linguas portugueza e ingleza em duas partes, resumido do diccionario de *Vieyra*. Nova ediçao, revista e consideramente augmentada por J.-P. Aillaud. Paris, Aillaud, 1837, 2 vol. in-18 [16 fr.].

AILLAUD [Honoré]. — Observations et réflexions sur les brûlures faites par le gaz hydrogène carbonné auxquelles sont sujets les ouvriers employés dans les mines de houille. Montpellier, de l'imp. de Bœhm, 1838, in-8 de 48 pag.

AILLY [le comte d']. — Aux rentiers : Treize ans de sécurité à l'État, économie de 24 millions de rentes. Paris, F. Didot, 1838, in-8 de 24 pag. [50 c.].

AIMÉ [G.]. — I. Nouvelle compilation didactique, produite sur la demande faite à l'auteur par plusieurs de ses anciens élèves de leur rappeler les notions qu'il leur a données autrefois sur la syntaxe des participes, etc. Auxerre, de l'imp. de Perriquet, 1829, in-8 de 32 pages [75 c.].

II. Avec M. *Bouchardat* : Manuel complet du baccalauréat ès-sciences physiques et mathématiques, rédigé d'après le programme de l'université. Paris, Germer-Baillière ; Poilleux, 1837, in-18, avec 6 planch. [6 fr.].

AIMÉ [J.], de Saint-Florent. —Essai poétique. Niort, de l'imp. de Morisset, 1837, in-8 de 12 pag.

AIMÉ-MARTIN. Voy. A. MARTIN.

AIMON [Léopold]. — Abécédaire musical, principes élémentaires à l'usage des jeunes élèves. Paris, Hachette ; Duverger père, 1831, in-12, avec une planch. [1 fr. 80 c.].

AINSWORTH. Voy. W. HARISSON.

AJASSON, vicomte de **GRANDSAGNE** [J.-B.-François-Étienne], savant et littérateur ; né à la Châtre [Indre], en 1802.

I. Leçons élémentaires de physique et d'astronomie. Paris, Thomine, 1827, in-12, avec 3 planch. [4 fr.].

II. Description et usage des instruments météorologiques de M. S. Leslie, trad. de l'anglais. Paris, A. Belin, 1828, in-4 de 56 pag.

Extrait des Mémoires du Muséum d'histoire naturelle.

III. Avec M. *J.-M.-L. Fouché* : Nouveau manuel complet de chimie générale et appliquée à la médecine. Paris, Compère jeune ; Papinot, 1828, in-18, avec 2 planch. [6 fr.].

IV. Avec M. *J.-M.-L. Fouché* : Nouveau manuel complet de physique et de météorologie. Paris, Compère jeune ; Papinot, 1828, in-18, avec 6 planch. [6 fr.]. — Sec. édit., revue et augm. Paris, Just Rouvier et E. Lebouvier, 1834, in-18, avec 6 planches [6 fr.].

V. Notice sur la vie et les ouvrages de Pline l'ancien, extraite de la traduction de l'Histoire naturelle de Pline, par Ajasson de Grandsagne. Paris, de l'imp. de Panckoucke, 1829, in-8 de 88 pag.

VI. Histoire naturelle de *Pline*, traduction nouvelle, annotée par divers savants. Paris, 1829-33, 20 vol. in-8.

C'est la traduction qui fait partie de la Bibliothèque latine-française de Panckoucke. Nous avons dit dans notre France littéraire, article Pline, que cette traduction imprimée sous le nom de M. Ajasson de Grandsagne est due à MM. Val. PARISOT et L. LISKENNE.

VII. Notice littéraire et bibliographique sur Lucrèce [1829].

Imprimée en tête de la traduction [en prose] de cet auteur, par M. de Pongerville, qui fait partie de la Bibliothèque latine-française de Panckoucke.

VIII. Résumé d'Icthyologie, ou Histoire naturelle des poissons. Paris, au bureau de l'Encyclopédie portative, 1829, in-32 [3 fr. 50 c.]. — Iconographie des poissons, ou Collection de figures représentant les poissons qui peuvent servir de types pour chaque famille et pour chaque degré d'organisation et de forme, dessinée sur pierres par M. Raymond ; accompagnée d'une explication des planches, et faisant le complément du Résumé d'Icthyologie par M. Ajasson de Grandsagne. Paris, au Bureau de l'Encyclop. portativ., 1829, in-32, avec 48 pl.

Ces deux vol. font partie de l'Encyclopédie portative.

IX. Avec M. *Aug. de Laveleye* : Nécessité et moyen d'occuper les ouvriers qui manquent d'ouvrage en France. Mémoire présenté au roi et aux chambres. Paris, de l'imp. de Decourchant, 1831, in-8 de 64 pag., et une planche.

X. Mort [la] d'un orphelin. [En vers]. Paris, de l'imp. de Selligue, 1831, in-8 de 8 pag.

XI. Mort [la] d'une jeune villageoise. [En vers]. Paris, de l'imp. de Selligue, 1831, in-8 de 16 pag.

XII. Exposé du système physique d'Épicure [1832].

Imprimé à la suite des OEuvres de Lucrèce, de la traduction, en prose, de M. de Pongerville, et qui fait partie de la Bibliothèque latine-française de Panckoucke.

XIII. Questions naturelles de *Sénèque* le philosophe, traduction nouvelle [1833].

Imprimées dans les OEuvres complètes de Sénèque, qui font partie de la Bibliothèque latine-française de Panckoucke.

XIV. Éléments de Géométrie d'après les Éléments de *Clairaut*, suivis de l'usage de quelques instruments de mathématiques : équerre, rapporteur, compas de proportion, etc. Paris, au bureau de la Bibliothèque popul., 1833, 2 vol. in-18 [60 c.].

Ces Éléments qui font partie de la Bibliothèque populaire, ont été réimprimés dans la même année.

XV. Notions générales servant d'introduction à la collection [de la Biblioth. popul.] Paris, au bureau de la Bibliothèque popul., 1834, in-18 [30 c.].

Volume qui fait partie de la Bibliothèque populaire.

XVI. Avec M. *Thirion* : Traité élémentaire d'Astronomie, renfermant un extrait de l'article sur les comètes, et un article sur la lune rousse, par M. *Arago*. Paris, au bureau de la Biblioth. popul., 1834, in-18, avec 2 pl. [30 c.].

Faisant partie de la Bibliothèque populaire. Ce volume a été réimprimé en 1835.

XVII. Uranographie, ou Description du ciel, renfermant un Abrégé de Géographie mathématique et un Traité du Calendrier, d'après Arago, Biot, Bouvard, Flamsteed, Francœur, Herschel, S.-F. Lacroix, etc., suivie d'un article sur les étoiles doubles, par M. *Arago*. Paris, au bureau de la Bibliothèque populaire, 1834, 3 vol. in-18, avec pl. [90 c.]

Faisant partie de la Bibliothèque populaire.

XVIII. Journal de l'instruction populaire, feuille mensuelle non politique. Paris, au bureau de la Biblioth. popul., 1834, in-4.

Il n'a été publié que deux ou trois numéros de ce journal.

XIX. Avec M. *Val. Parisot* : Notions sur l'industrie. Paris, au bureau de la Biblioth. popul., 1836, 1 vol. in-18 [en 2 parties] [1 fr.].

Volume qui fait partie du Complément de la Bibliothèque populaire.

XX. Avec M. *V. P.* [*Valentin Parisot*] : * Philosophie des sciences. Paris, au bureau de la Biblioth. popul., 1836, in-18 [50 c.].

Faisant partie du Complément de la Bibliothèque populaire.

XXI. Avec M. *V. P.* [*Val. Parisot*] : * Nouveau Discours sur les révolutions du globe; suivi d'un article sur les changements de température du globe depuis les temps historiques, par M. *F. Arago*. Paris, au bureau de la Biblioth. popul., 1836, 2 vol in-18, avec une carte et 10 grav. [1 fr.].

Ces deux petits volumes font partie du Complément de la Bibliothèque populaire.

XXII. Instruction [l'] sans maîtres. Journal non politique, publié par les rédacteurs et fondateurs de la Bibliothèque populaire. Première année. Paris, au bureau de la Biblioth. populaire, 1er mars 1836, in-4 de 8 pag.

Il n'a paru que quelques numéros de ce journal.

XXIII. Avec MM. *Marc-Ant. Julien* [de Paris], *Val. Parisot* et *Aug. Savagner* : Art d'étudier avec fruit. Prem. partie : Emploi du temps. Paris, au bureau de la Biblioth. popul., 1836, in-18 [50 c.].

Faisant partie du Complément de la Bibliothèque populaire.

XXIV. Phénomènes d'*Aratus*; — Fragments des poèmes de *Cicéron*, traduction nouvelle [1837.]

Imprimés dans les OEuvres de Cicéron qui font partie de la Bibliothèque latine-française publiée par Panckoucke.

On cite encore de ce laborieux écrivain des articles *sur les tribus Mongoles* d'après Pallas et Benj. Bergmann, impr. dans les Mémoires du Muséum d'histoire naturelle.

M. Ajasson de Grandsagne, en outre, a été le collaborateur de G. Cuvier pour le Commentaire zoologique des OEuvres de Pline le naturaliste qui font partie de la *Bibliotheca classica latina* de N.-E. Lemaire.

Il a été le réviseur d'un roman intitulé: Crac! Pchcht!! Baounhd!!!, ou le Manteau d'un sous-lieutenant [par M*** et M. PIROLLE fils, 1832], et d'un second qui a pour titre: Poïata, ou la Lithuanie au XIVe siècle, imité du polonais, et publié sous le nom de A. G. P. François LETOURNEUR [1833, 2 vol. in-8].

On dit que M. Ajasson de Grandsagne fait imprimer actuellement l'Histoire des animaux *d'Elien*, traduite pour la première fois, laquelle formera 4 vol. in-8, et qu'il s'occupe de la traduction de la partie scientifique *d'Aristote*, dont la plus grande partie n'a jamais été traduite en français, et qui formerait 12 à 15 volumes.

ALADINE, écrivain russe.

On trouve une ou plusieurs nouvelles traduites de cet auteur dans les « Conteurs russes,» (1833, 2 vol. in-8).

ALARD [le docteur]. [Voy. la *France littér.*, tom. I, p. 20].

— Compliment adressé à Mgr. le duc de Bordeaux. [En quinze vers]. Paris, de l'impr. de Pinard, 1829, in-8 de 2 pages.

ALARY. — De la synthèse et de l'analyse. Discours de *Paul Costa*, trad. de l'ital. Moulins, Place-Bujon; Paris, Grimbert et Dorez, 1835, in-8 de 16 pages.

ALAUX [Th.]. — Nouveau mode d'emprunt sans jamais rien rendre, au moyen d'un fonds d'amortissement basé sur de l'eau bénite de cour, découvert au 19e siècle, par M. de Germiny, comte, pair de France, etc., qui a fait plus d'une découverte en ce genre, avec l'espoir [l'exposé] des moyens simples à mettre en usage pour la réussite, et le fac simile du procédé. Paris, de l'impr. de Béthune, 1834, in-8 de 4 pages.

ALAUZE [J.]. — Leçons d'arithmétique commerciale, professées dans les salons de la Société philomatique. Applications. Bordeaux, de l'impr. de Lavigne jeune, 1837, in-8 de 292 pag.

L'auteur avait fait imprimer d'abord, et dans la même année, une première leçon formant 24 pages.

ALBANE [A.-P. d']. — Première lettre sur l'Éducation publique. Paris, de l'impr. d'Éverat, 1831, in-8 de 18 pag.

Cette lettre est précédée d'une dédicace à MM. les étudiants, et d'une préface.

AL-BEHIMAI. — Keepsake oriental: légendes poétiques. Paris, Hivert; Versailles, Egron, 1837, in-18 de 144 p. [1 fr. 50 c.].

ALBENAS [Mademoiselle Clémence-Isaure d'], de la famille des deux d'Albenas mentionnés dans le tom. Ier de la France littéraire.

— Boabdil, ou les Abencerrages, tragédie en cinq actes et en vers, dédiée à la reine d'Angleterre. Paris, de l'imp. de Gœtschy.—Ledoyen, 1832, in-8 [2 fr.].

ALBERT [Charles]. Voy. BRUNTON.

ALBERT. Homme [l'] en place, vaudeville en deux actes. Montpellier, 1831, in-8.

Avec M. Laurent.

ALBERT [ ], auteur dramatique.

I. Avec MM. *F. Labrousse* et *A. Brot*: Juliette, drame en trois actes et en six tableaux. Paris, Marchant, 1834, gr. in-8 de 32 pag. à deux col. [30 c.].

Cette pièce a été réimpr. dans la même année.

II. Avec M. *F. Labrousse*: Prêtez-moi cinq francs, drame en trois actes. Paris, Marchant, 1834, gr. in-8 de 24 pag. à deux col. [30 c.].

III. Avec *le même*: Fleurette, ou le premier Amour de Henri IV, drame en trois actes. Paris, Marchant, 1835, gr. in-8 de 24 pag. à deux col. [40 c.].

IV. Avec *le même*: Toniotto, ou le Retour de Sibérie, drame en quatre actes. Paris, Marchant, 1835, gr. in-8 de 28 pag. à col. [30 c.].

V. Avec *le même*: le Corsaire noir, drame en quatre actes. Paris, Nobis, 1837, gr. in-8 de 44 pag. à deux col. [40 c.].

VI. Avec *le même*: le Chevalier du Temple, drame en cinq actes. Paris, Barba, Delloye, Bezou, 1838, gr. in-8 de 28 pag. à deux col. [60 c.].

Cette pièce fait partie de la France dramatique au XIXe siècle.

ALBERT. — Art [l'] de danser à la ville et à la cour, ou nouvelle Méthode des vrais principes de la danse française et étrangère. Manuel à l'usage des maîtres à danser, des mères de famille et maîtresses de pension ; contenant des préceptes sur la manière de se conduire aux bals de la cour, de la toilette, etc., etc. Dédié à la jeune France, par *Albert*. Rédigé par une société d'artistes et amateurs, et les plus habiles professeurs de danse de la capitale. Paris, l'Éditeur, rue de la Harpe, n. 20 ; Collinet, 1834, in-18 avec une grav. et 4 pl. [3 fr., et fig. color., 5 fr.].

ALBERT [le docteur Charles]. — I. Médecin [le] des maladies secrètes, ou Art de les guérir soi-même. IVe édit. Paris, l'Auteur, 1835, in-18 de 54 pag. [1 fr.]. — V^e édit. Paris, même adresse, 1837, in-32 [50 c.].

Nous ne connaisons pas les trois premières éditions.

Des éditions postérieures de cet opuscule ont paru sous les titres suivants : *Instruction sur la conduite à tenir dans le traitement des maladies secrètes*. VIIe édit. Paris, 1837, *in*-18 de 48 pag.; et *Description des maladies secrètes, et du régime qu'il convient de suivre dans le traitement de ces maladies*. VIIIe édit. Paris, l'Auteur, 1837, in-18 de 36 pag.

— Doctor [the] for secret disorders, or the Art of curing one self. The Vth edit. Paris, the Author, 1837, in-18 de 60 pag. [50 c.].

— Medico [o] das molestias secretas, ou Arte de as curar so. Vertido em portugez da quinta ediçao. Pariz, Ch. Albert, 1837, in-18 de 60 pag. [60 c.].

— Medico [el] de las enfermedades venereas, o Arte de curarlas por si mismo. Sexta edicion. Paris, el Autor, 1837, in-18 de 72 pag. [75 c.].

II. Notice sur les poursuites dirigées contre lui, relativement au bol d'Arménie purifié et dulcifié et au vin de salsepareille, qu'il a introduits dans le traitement des maladies secrètes. Paris, de l'impr. de Wittersheim, 1837, in-4 de 28 pag., avec une grav.

III. Coalition de 79 pharmaciens de Paris contre le docteur Ch. Albert. Extrait de la notice présentée aux magistrats par le doct. Ch. Albert, en réponse aux calomnies et aux dénonciations dont il a été l'objet. Paris, de l'impr. de Wittersheim, 1837, in-4 de 8 pages.

ALBERT [Philippe], chirurgien-major en retraite.

I. Mémoire sur les maladies vénériennes, tendant à détruire quelques préjugés répandus dans la société. Bordeaux, l'Auteur, 1836, in-8 de 60 pag. avec un tableau.

ALBERT [auteur des Cent et une charades de M. Delignolle], pseudon. Voy. M. BENARD.

ALBERT-MAURIN [L.], poëte.

I. Feuilles [les] de printemps, poésies. Marseille, Camoin ; Masvert, 1835, in-18 [3 fr. 50 c.].

II. Poëme. Le Frappement du rocher. Paris, Hivert, 1837, in-8 de 24 pag.

ALBERTE. — Secrets et recettes indispensables, recueillis et mis en ordre par M. Alberte. Paris, Pesron, 1832, in-18 [60 c.].

ALBERTIN, directeur de la scène près le Théâtre-Français.

— Indications générales pour la mise en scène de Henri III et sa cour, drame historique en cinq actes et en prose de M. Alexandre Dumas. Paris, Vézard, 1829, in-8 de 40 pag.

ALBUS, pseudon. — Épître philosophique à mon ami B., sur les tortillements de la gent orgueilleuse, avide et bigote. Sec. édit. Paris, Levavasseur ; Mongie, 1829, in-8 de 40 pag.

ALBITES [Achilles-C.], gradué en lettres et en droit ; né à Rome, en 1808. — Notice sur la vie et les ouvrages de Kessels, sculpteur belge ; suivie du Catalogue de ses ouvrages dans l'ordre de l'exposition de l'église des Augustins, à Bruxelles. Bruxelles, de l'impr. de Vandooren fr., 1837, in-18 de 31 pag.

En 1834 M. Albites commença la publication d'un ouvrage intitulé : *les Siècles*, ou Histoire générale pittoresque des temps primitifs de l'antiquité, du moyen âge et des temps modernes, présentant le tableau des révolutions de la terre et de l'humanité considérées dans tous les aspects, etc., etc. rédigée d'après les sources authentiques et les meilleures autorités, par une société de gens de lettres, sous la direction de M. A. C. Albites. Un mauvais arrangement de la partie matérielle et financière fut cause de la discontinuation de cet ouvrage dont il n'a paru que les deux premières livraisons, ensemble de 32 pag. in-8, avec 4 planches. Ce qui en a paru valut d'honorables suffrages à l'auteur, entre autres celui de M. Michelet. Aujourd'hui M. Albites met la dernière main à un ouvrage qu'il ne doit pas tarder à livrer à l'impression et qui est intitulé : *le Temps passé de la France*, développé dans une suite liée, suivie, chronologique de récits, d'esquisses, de tableaux, de restropections, de scènes dramatiques vraies, en prose et en vers, présentant d'une manière variée, méthodique et animée l'histoire des Français depuis le commencement de la monarchie jusqu'au temps actuel. Cet ouvrage formera 3 vol. in-8.

M. Albites a donné une édition espagnole de la comédie de Moratin, intitulée « el Si de los ninos », à laquelle il a joint une vie de l'auteur et des notes [1836, in-18].

ALBITES [Félix-C.], frère du précédent; né à Rome.

—Bussola [la] per lo studio pratico della lingua italiana. Londra, 1832, in-12.

M. F.-C. Albites a traduit plusieurs comédies du comte GIRAUD pour le « Répertoire Italien, » en franç. et en ital. publié par le libraire Truchy [1834, in-18]. Sous le titre de *Magasin italien de la littérature, des sciences et des beaux arts*, il s'était proposé de publier un journal en langue italienne; mais ce projet n'a pas reçu d'exécution, et il n'y a eu que le prospectus d'imprimé [1834].

ALBITTE [Gustave], littérateur.

I. Une vie d'homme. Croquis. Paris, Ch. Gosselin, 1831, in-8. — Sec. édit. Paris, le même, 1832, in-8 [7 fr. 50 c.].

II. Un clair de lune. Rêverie. Paris, Renduel, 1832, in-8 avec une vignette [7 fr. 50 c.].

III. Cours de législation gouvernementale, et Études scientifiques sur les gouvernements de la France, depuis 1789 jusqu'à nos jours. Paris, Levrault, 1835, in-8 [6 fr.].

THÉATRE.

IV. Avec M. *Merville* : le Septuagénaire, ou les Deux naissances, drame en quatre actes. Paris, Marchant, 1834, gr. in-8 à deux col. [30 c.].

V. Avec M. *Simonnin* : le Musicien de Valence. Com.-vaud. en un acte. Paris, Quoy, 1834, in-8.

VI. Avec M. *Lubize* : les Misères d'un timballier. Vaud. en un acte. Paris, Marchant, 1836, in-8 [20 c.].

VII. Avec MM. *Théaulon* et *Lubize*: Spectacle à la cour. Com.-vaud. en deux actes. Paris, Marchant, 1837, in-8 [40 c.]

M. G. Albites a fourni des morceaux de littérature à quelques recueils, et, entre autres à l'Album de la mode.

ALBOIZE DE PUJOL [Édouard], auteur dramatique.

I. Avec M. *Dulac* : Shylock, drame en trois actes, imité de *Shakespeare*. Paris, Bezou, 1830, in-8 [2 fr.].

II. Avec MM. *Brazier* et *Dulac* : Une nuit de Marion Delorme. Vaud. en deux actes. Paris, Barba, 1831, in-8 [1 fr. 50 c.].

III. Avec M. *Ch. Desnoyer* : le Russe, ou Un conseil de guerre. [Épisode de novembre 1831]. Drame en deux actes, mêlé de couplets. Paris, Malaisie; Barba, 1832, in-8 [1 fr. 50 c.].

IV. [Avec M. de *Mallian*] : la Jolie fille de Parme. Drame en trois actes et en sept tableaux, précédé d'un prologue. Paris, Marchant, 1832, in-8 avec une fig. lithogr. [2 fr.].

V. Avec M. *Ch. Desnoyer* : l'Ile d'amour, ou le Bal et la Mort, drame en trois actes, mêlé de couplets, précédé d'un prologue. Paris, Marchant, 1832, in-8 [2 fr.].

VI. Avec M. *Ernest Desprez*, [c'est-à-dire M. *Vaulabelle*] : la Tireuse de cartes, mélodrame en trois actes. Paris, Barba, 1833, in-8 [2 fr.].

VII. Avec M. *Ch. Desnoyer* : le Mariage par ordre. Épisode de l'histoire de Russie. Drame-vaudeville en deux actes. Paris, Barba, 1833, in-8 [2 fr.].

VIII. Avec M. *Ch. Desnoyer* : Caravage [1599]. Drame en trois actes. Paris, Barba, 1834, in-8 de 60 pages [1 fr. 50 c.].

Cette pièce a été insérée la même année dans le «Théâtre parisien» et il en a été fait deux éditions. Paris Barba, in-8 de 24 pag. 30 c.

IX. Avec M. *Em. Vanderburch* : la Nappe et le torchon, drame-vaud. en trois actes. Paris, Marchant, 1834, in-8 de 48 pag. [1 fr.].

La même année le libraire en a publié une édition populaire, in-8 de 24 p. 30 c.

X. Avec M. *Ferd. Langlé* : le Testament de Piron, comédie-vaudeville en un acte. Paris, Barba, 1835, in-8 [20 c.].

XI. Avec M. *Jaime* [*Rousseau*] : Rigolletti, ou le Dernier des fous, vaudev. en un acte. Paris, Barba; Bezou; Pollet, 1836, gr. in-8 à 2 colonnes. [30 c.].

Cette pièce fait partie de la « France dramatique. »

XII. Avec M. *Ferd. Langlé* : le Réveil d'une grisette, comédie-vaud. en deux actes. Paris, Barba, 1836, in-8 de 24 pag. [60 c.].

XIII. Avec M. *Paul Foucher* : Christiern de Danemarck, ou les Masques noirs. Drame en trois actes. Paris, Marchant, 1836, in-8 de 24 pag. [40 c.].

XIV. Avec M. *Paul Foucher* : el Gitano, ou Villes et Montagnes. Drame en cinq actes. Paris, Marchant, 1836, in-8 de 32 pag. [40 c.].

XV. Avec MM. *Théaulon* et *Harel*: la Guerre des servantes, drame en cinq actes et en cinq tableaux. Paris, Barba, 1837, et 1838, in-8 [75 c.].

XVI. Avec M. *Chabot de Bouin*: le Matelot à terre. Croquis de marine en un acte. Paris, Marchant, 1837, in-8 [20 c.].

XVII. Avec M. *Paul Foucher*: l'Officier bleu. Drame en trois actes et en deux époques [1785-1792]. Paris, Marchant, 1837, in-8 [40 c.].

XVIII. Avec M. *Antony Béraud*: Lélia. Drame en trois actes, en prose, précédé d'un prologue et d'un épilogue. Paris, Marchant, 1838, in-8 [40 c.].

XIX. Idiote [l'], drame en trois actes et en prose, précédé d'un prologue. Paris, Barba, Delloye, et Bezou, 1838, gr. in-8 de 36 pag. [60 c.].

XX. Céline la créole, ou l'Opinion, drame en cinq actes et en prose. Paris, Barba, Delloye, Bezou, 1838, gr. in-8, de 50 pag. à deux col. [60 c.].

Les deux dernières pièces font partie de la France dramatique au XIXe siècle.

En société avec M. Ch. Desnoyer, M. Alboize est encore auteur de *la Traite des Noirs*, drame en cinq actes, représenté sur le théâtre de Franconi en 1835, mais dont il n'a été imprimé que le programme [1835, in-8 de 4 pag].

Sous le numéro 185 de son nouveau Recueil d'ouvrages anonymes, M. Demanne attribue à M. Alboize le roman intitulé *Cazilda*, impr. en 1832, avec le nom. de M. E.-M. de Saint-Hilaire [5 vol. in-12]. De notre côté nous avons entendu attribuer le roman en question à M. Jules Sandeau.

ALBOUYS [F.], ancien juge à Cahors.

I. Dictionnaire critique des erreurs du XIXe siècle, ou Réfutation des erreurs professées dans l'Encyclopédie moderne en matières de religion, de politique, de jurisprudence, d'histoire et de philosophie. Tom. I et II [A-DEP]. Paris, Bricon; et Toulouse, 1829-37, 2 vol. in-8 [13 fr.].

Le second volume vient jusqu'à la fin du neuvième volume de l'Encyclopédie moderne qui en a vingt-quatre.

II. Nécessité [de la] de la révolution pour ramener l'Europe à la religion et à l'ordre par la liberté. Paris, Bricon, 1831, in-8 de 32 pag. [75 c.].

ALBRECHT [F.-H.-J.].

Il a publié en 1835 une édition latine de *Phèdre* avec des remarques grammaticales et philologiques, à l'usage des colléges et de ceux qui aspirent à l'agrégation. [Paris, F. Didot; Hachette], in-8.

ALBRECHTS BERGER [J.-Geo.]. [Voy. la *France. littér.*, tom. I, p. 23]. — Méthodes d'harmonie et de composition, à l'aide desquelles on peut apprendre soi-même à accompagner la base chiffrée et à composer toute espèce de musique. Nouv. édit., mise en ordre et considérablement augm. d'après l'enseignement de l'auteur, par M. le chev. de *Seyfried*, maître de chapelle; trad. de l'allem., avec des notes par M. *Choron*. Paris, Bachelier, 1830, 2 vol. in-8 [16 fr.].

La première édition de cette traduction fut publiée à Paris, en 1814, sous un titre un peu différent.

ALBREST [Albert].—Art [l'] de l'ébéniste, d'après des notes et des instructions fournies par plusieurs des meilleurs fabricants de la capitale, et particulièrement par M. Albert Albrest. Paris, Malher et Comp., 1828, in-12 avec 2 pl. [4 fr.].

ALBRET [d']. Voy. D'ALBRET.

ALBY [Ernest].—Catherine de Navarre. Histoire de la réforme, 1520-1604. Paris, Desessart, 1838, 2 vol. in-8. [15 fr.].

ALCIATOR [Bernard], de Marseille.

I. Fatime et Zoroé, conte arabe. Paris, Léop. Collin, 1807, 2 vol. in-12.

II. Épître à mon curé sur cette question: L'homme est immortel; mais peut-il trouver son salut hors de l'église catholique et romaine? Lyon, l'Auteur; Paris, les libraires du Palais-Royal, 1835, in-8 de 8 pag.

III. Traduction nouv. en vers français de l'Art poétique d'*Horace*, avec le texte en regard, de nombreuses notes puisées dans les meilleurs écrivains et quelques essais poétiques; suivis d'une lettre de M. de *Châteaubriand* à l'auteur. Paris, Hachette; Marseille, Mossy, 1837, in-18 [3 fr. 50 c.].

ALDEBERT [d'], pasteur d'Orpierre, président du consistoire.

— Réponse à l'écrit intitulé: Lettre de M. d'Aldebert, juge au tribunal de Nîmes, né et élevé dans la religion protestante, sur son retour au centre de l'unité catholique. Épinal, de l'impr. de George, 1827, in-8 de 40 pag.

ALDEGUIER [J.-B.-Auguste d'], ex-archiviste de l'hôtel de ville de Toulouse; né à Toulouse.

I. Réponse à Chénier, au nom de Voltaire. Paris, Lacourière, 1806, in-8 de 8 pag.

II. *Rêveries [les] académiques. Toulouse, ..., br. in-8.

Écrit dirigé contre l'Académie des Jeux floraux.

III. *Flaneur [le], galerie pittoresque, philosophique et morale de tout ce que Paris offre de curieux et de remarquable dans tous les genres, etc.; par un habitué du boulevard de Gand. Première partie. Paris, les march. de nouv., 1826, in-12.

IV. Histoire de la ville de Toulouse, depuis la conquête des Romains jusqu'à nos jours. Toulouse, J.-B. Paya, 1834-35, 4 vol. in-8 [24 fr.].

Le prospectus de l'ouvrage, imprimé dès 1828, promettait un atlas composé de 24 à 28 feuilles qui n'a pas été publié.

M. d'Aldéguier a participé pendant quelque temps à la rédaction de la Revue méridionale, journal quotidien, qui se publiait à Toulouse.

ALDINI [le chev. Jean]. [Voy. *la France littér.*, tom. Ier, p. 24].

I. Art de se préserver de l'action de la flamme, appliqué aux pompiers et à la conservation des personnes exposées au feu, avec une série des expériences faites en Italie, à Genève et à Paris. Paris, mad. Huzard, 1830, in-8, avec 4 pl. [5 fr. 50 c.], et sur gr. pap. raisin [8 fr.].

II. Expériences faites à Londres pour perfectionner et faire connaître généralement l'art de se préserver de l'action des flammes. Paris, de l'impr. de mad. Huzard, 1830, in-8 de 28 pag.

ALEA [Don Joseph-Michel d']. [Voy. *la France littér.*, tom. I, p. 24.]

I. Juventud [la] ilustrada, o las virtudes y los vicios, obra trad. del francès de Mma *Dufresnoy*; seguida de algunas Fabulas de *Yriarte*. Lyon, Cormon y Blanc, 1827, in-18 [3 fr.].

II. Nouveau Cours analytique de langue espagnole. Lettres de Maroc, écrites en espagnol par le colonel don *Joseph Cadalso*. Édit. corr. des erreurs typographiques, et même des contre-sens dont fourmillent les réimpressions faites de cet ouvrage à Perpignan, Avignon, Toulouse, etc.; augm. d'un grand volume de poésies castillanes des meilleurs auteurs et de morceaux choisis de prose, extraits de Don Quichotte de Cervantès, avec un discours préliminaire critique et littéraire. Paris, Treuttel et Würtz; Marseille, Camoin, 1831, in-8 de 32 p.

Cett brochure ne renferme que le discours préliminaire de l'éditeur.

ALEM-ROUSSEAU, avocat à Auch.

— Demande à M. le bâtonnier. Auch, de l'impr. de Portes, 1829, in-8 de 24 pages.

ALERME [P.-E.], de l'Académie royale de musique.

— De la danse, considérée sous le rapport de l'éducation physique. Paris, les marchands de nouveautés, 1829, in-8 de 114 pag.

ALÉTHOPHILE, pseudonyme.

— Éphéméride, ou Coup-d'œil d'un jour. Paris, de l'impr. de Pillet aîné, 1831, in-8 de 8 pag.

ALEXANDRE [C.], d'abord professeur de rhétorique au collége royal de Saint-Louis, aujourd'hui proviseur du collége de Bourbon. [Voy. *la France littér.*, t. I, p. 28].

I. Avec MM. *Planche* et *Defauconpret* : Dictionnaire français-grec, composé sur le plan des meilleurs dictionnaires français-latins, enrichi d'un Vocabulaire de noms propres et d'une Table très-complète de tous les verbes irréguliers. Paris, Belin-Mandar et Devaux, 1827, in-8.

Un IVe tirage de ce dictionnaire a été fait en 1828.

II. Dictionnaire grec-français, composé sur un nouveau plan, où sont réunis et coordonnés les travaux de de Henri Estienne, de Schneider, de Passow et des meilleurs lexicographes et grammairiens anciens et modernes; augmenté de l'explication d'un grand nombre de formes difficiles, et suivi de plusieurs tables nécessaires pour l'intelligence des auteurs. Paris, Hachette, 1830, in-8 [15 fr.]. — Ve édit. [ou tirage]. Paris, Hachette, 1836, gr. in-8 de 1500 p. rel. en toile [15 fr.].

III. Abrégé du Dictionnaire grec-français, contenant tous les mots indistinctement et toutes les formes difficiles de la Bible, de l'Iliade et de la plupart des auteurs qu'on y explique dans les classes inférieures, et en outre tous les mots d'un emploi fréquent dans la prose attique; suivi de plusieurs tables simplifiées pour l'intelligence des auteurs. Paris, Hachette, 1831, 1838, gr. in-8 de 750 pag., rel. en toile [6 fr. 50 c.].

M. Alexandre a été, en outre, l'éditeur de la partie de l'histoire naturelle de *Pline* qui traite de la cosmologie, dans l'édition qui fait partie de la « Bibliotheca classica latina » publiée par E. Lemaire. La partie soignée par M. Alexandre forme un vol. qui a été imprimé en 1827.

ALEXANDRE, auteur dramatique. Voy. A. BASSET.

ALEXANDRE [J.], de Morlaix.

I. Avec M. *A. Pommier* : Du monopole du tabac. A MM. les députés de la France. Session de 1835. Paris, de l'impr. de mad. Poussin, 1835, in-8 de 48 pages.

II. De la nécessité d'approprier de nouveaux ports sur la côte de la Manche, au service de la marine militaire, et désavantage que Morlaix présente pour cette destination. Morlaix, de l'impr. de Guilmer, 1837, in-4, de 18 pages.

ALEXANDRE [A.]. — Encyclopédie des échecs, ou Résumé comparatif en tableaux synoptiques des meilleurs ouvrages écrits sur ce jeu par les auteurs français et étrangers, tant anciens que modernes, mis à l'usage de toutes les nations par le langage universel des chiffres (*). Paris, Urtubie; Causette, 1837, in-fol. de 8 pag. et 52 tableaux [30 fr.].

ALEXANDRE DE Q.... [le comte]. Voy. QUERELLES.

ALEXIS [l'abbé]. — Abrégé de l'Histoire sainte, par demandes et par réponses. Avignon, de l'impr. de Rastoul, 1835, in-18 avec 4 grav.

ALEXIS, auteur dramatique. Voy. A. de COMBEROUSSE.

ALFARO [Nicolas-Aquilin-Michel], né à Carthagène.

— Académie de Paris; concours général de 1828, classe de philosophie. Sujet proposé par le ministre de l'instruction publique : Qu'avons-nous appris en philosophie? Premier prix. Paris, de l'imp. de Duverger, 1828, in-8 de 24 pag.

A la suite de la dissertation française est une dissertation latine.

(*) En citant ici un ouvrage récent sur les échecs, qu'il nous soit permis de parler d'une collection d'ouvrages ayant trait à ce jeu, formée avec patience par un amateur, et l'on verra que les ignorants dans l'art de faire manœuvrer les rois, les reines, les dames et cavaliers, ont de plus grandes ressources pour devenir très-savants joueurs qu'ils pourraient le penser communément.

Un magistrat de l'Ardèche, M. Fréd. ALLIEY, amateur de ce jeu, ayant occupé, depuis près de trente ans, ses instants de loisirs à la recherche de tout ce qui a été écrit sur les échecs, est parvenu à former une collection curieuse, et bien certainement unique dans son genre, sur les échecs : elle est composée de plus de cent vingt traités spéciaux, imprimés en toutes langues, dont la majeure partie des plus rares, ainsi que de nombreuses traductions, et autres livres y ayant trait, mais d'une façon moins directe. M. Alliey destine cette collection, ainsi que ses manuscrits, à une bibliothèque publique; il se propose d'en publier un catalogue raisonné, et voici le titre sous lequel il paraîtrait :

Bibliographie sur le jeu des échecs, ou Recueil complet analytique et raisonné de tous les ouvrages qui ont paru dans tous les pays sur le jeu des échecs.

Cette bibliographie renferme : 1° la nomenclature exacte de trois cent douze traités spéciaux, originaux, imprimés dans les langues latine, espagnole, italienne, française, allemande, anglaise, polonaise et russe, et de cent douze traductions de quelques-uns d'eux; 2° l'analyse de tous ceux de ces quatre cent douze ouvrages qui ont quelque importance, qu'à l'exception d'une quarantaine, l'auteur de cette curieuse bibliographie affirme avoir tous vus et consultés. M. Alliey fait connaître les diverses éditions de ces ouvrages, traductions, commentaires, paginations et ornements, etc., de telle sorte que tous les lecteurs puissent ainsi se faire une idée précise de ce qu'ils renferment. Une seconde bibliographie, pour ainsi dire complémentaire de la première, et composée des titres et citations d'environ trois cent vingt-six auteurs, qui dans leurs ouvrages ont parlé des échecs, complète le travail de M. Alliey.

L'auteur, pendant un récent séjour à Paris, nous ayant communiqué son manuscrit, nous avons résumé les chapitres et le nombre des articles qui les composent, et nous avons trouvé le résultat suivant : Théorie pratique, 120 ouvr.; — Poésie, 30; — Bibliographie, 5; — Morale, philosophie, 8; — Origine, invention, histoire, 25; — Esprit, éloges, règles, 30; — Manuscrits importants, 20; — Sur le Problème du cavalier, 12; — Sur l'Automate joueur d'échecs, 30; — Jeux d'échecs modifiés en grand, 25; — Recueil de jeux, académies, encyclopédies, 17; — Traductions imprimées, 86; — Traductions manuscrites, 26; — Citations, 326.

Il serait à regretter que cet intéressant travail, aujourd'hui entièrement terminé, qui pourrait former 16 feuilles d'impression, ne fût pas publié. Mais comme l'auteur ne l'a fait que dans ses instants de loisirs, et par simple amusement, nous pensons que si un éditeur se présentait il consentirait à le lui livrer.

ALFRED [auteur dramat.], pseudon. Voy. Const. MÉNISSIER.

ALHOY [Philadelphe-Maurice], littérateur.

THÉATRE.

I. Avec M. *Maréchalle* : la Vieille femme colère, ou la Correction conjugale, folie en un acte, mêlée de couplets. Paris, Quoy, 1823, in-8 [1 fr.].

II. Avec M. *Ludwig* [Isnard de Sainte-Lorette] : les Visites au Louvre, pièce en un acte, mêlée de couplets. Paris, Quoy; Barba, 1823, in-8 [1 fr.].

III. Avec MM. *Jouslin de Lasalle* et *Chavange* : l'Avocat et le Médecin, comédie en un acte, mêlée de vaudevilles. Paris, Quoy; Barba, 1824, in-8 [1 fr.].

IV. Avec MM. *F. de Villeneuve* et *Ch. Dupeuty* : le Tableau de Teniers, ou l'Artiste et l'ouvrier, vaudeville en un acte. Paris, Quoy; Barba, 1824, in-8 [1 fr. 50 c.].

VI. Avec MM. *Jouslin de Lasalle* et *Chavange* : la Famille du charlatan, folie-vaudeville en un acte. Paris, Pollet, 1824, in-8 [75 c.].

M. Maurice Alhoy n'est designé sur ces cinq pièces que sous les prénoms de *Philadelphe* et de *Philadelphe Maurice*.

VII. Avec MM. *Merle* et *Daubigny* [Baudouin] : l'Agent de change, ou une Fin de mois, drame en trois actes, imité de Beaumarchais. Paris, Pollet, 1825, in-8 [1 fr. 50 c.].

VIII. Avec M. *Jouslin de Lasalle* : la Mauvaise langue de village, com.-vaudeville en un acte. Paris, Pollet, 1825, in-8 [1 fr. 25 c.].

IX. Avec MM. *Francis* [baron d'Allarde] et *Jouslin de Lasalle* : les Acteurs à l'auberge, comédie en un acte, mêlée de couplets. Paris, Bezou, 1825, in-8 [1 fr. 25 c.].

X. Avec *les mêmes* : la Vogue, vaudeville à grand spectacle. Paris, Bezou, 1825, in-8 [1 fr. 50 c.].

XI. Avec M. *Jouslin de Lasalle* : la Corbeille de mariage, ou les Étrennes du futur, vaudeville en un acte. Paris, Bezou, 1826, in-8 [1 fr. 50 c.].

XII. Avec M. *Francis* [baron d'Allarde] : les Employés, com.-vaudev. en un acte. Paris, Bezou, 1828, in-8 [1 fr. 50 c.].

M. Alhoy n'est désigné sur le titre de cette pièce que sous le prénom de *Maurice*.

XIII. Napoléon à Brienne, pronostic en trois tableaux, mêlé de couplets. Paris, Breauté, 1832, in-18 [1 fr.].

Pièce du théâtre de Comte. Elle a été imprimée sous le pseudonyme de *Deponchartrain* : M. *Maréchalle* y a eu part.

Sous le même pseudonyme M. Alhoy avait donné auparavant plusieurs autres pièces au théâtre de M. Comte. Trois d'entre elles ont été imprimées dans le « Répertoire dramatique de l'enfance, » publié par le libraire Bréauté. Ces trois pièces sont :

1° Avec M. *Paulin* : les Deux mousses, drame en trois tableaux [en prose], mêlés de chants.

2° Le Jeune Grec, ou les Six couronnes, tableau anecdotique [en un acte, en prose], mêlé de couplets, 1828.

3° Avec M. Paul G*** [*Combault*] : Un jour d'audience, vaudeville en un acte et en prose, 1829.

XIV. Avec M. *Et. Arago* : les Chemins en fer, vaudeville-revue composé à la mécanique, avec des couplets faits à la vapeur. Paris, Dupont, 1833, in-8 [1 fr. 50 c.].

XV. Avec MM. *Fontan* et *Ch. Dupeuty* : Bergami et la reine d'Angleterre, drame en cinq actes et en six parties. Paris, Barba, 1833, in-8 [3 fr.].

XVI. Avec MM. *Ch. Dupeuty* et *F. de Courcy* : Magasin pittoresque, revue en 15 livraisons. Paris, Marchant, 1834, in-8 de 32 pag. [1 fr. 50 c.]; ou gr. in-8 de 16 pag. à deux colonnes [15 c.].

VARIA.

XVII. * Grande Biographie dramatique, ou Silhouette des acteurs, actrices, chanteurs, cantatrices, danseurs, danseuses, etc., de Paris et des départements. Par l'ermite du Luxembourg. Paris, chez les march. de nouv. [Audin], 1824, in-18, avec un frontispice gravé. — Supplément, suivi des adresses des acteurs et actrices. Paris, au Palais-Royal, 1824, in-18.

XVIII. * Philantrope [le], journal hebdomadaire du bien public. Paris, Guyot de Fère, 1er avril 1825 — 1er août 1828, in-8.

Ce journal paraissait trois fois par mois et l'abonnement était de huit francs par trimestre. Sur le prospectus de ce journal, imprimé en mars 1825, on lisait ces mots : *publié par M. Guyot de Fère*. Mais il parait que M. Guyot de Fère n'en était que le distributeur, car il n'a point compris le Philantrope dans la liste de ses ouvrages insérée dans sa Statistique des gens de lettres et des savants, et au contraire il l'a mentionné dans la liste des productions de M. Maur. Alhoy.

XIX. Bagnes [les] : Rochefort. Paris, Amb. Dupont, 1829, in-8 avec une pl. [6 fr.].

XX. Sous le froc. Le Chartreux. Paris, Werdet, 1836, 2 vol. in-8 [15 fr.].

M. Alhoy, a en outre, participé à la rédaction de plusieurs journaux : il a coopéré aussi à la composition de quelques-uns des recueils polynymes publiés dans ces derniers temps : c'est ainsi qu'il a fourni : au tome Ier de « Paris révolutionnaire » [1833], un morceau dialogué, intitulé : *le Luxembourg en 1815, ou la dernière nuit du maréchal Ney ;* au « Nouveau Tableau de Paris au XIXe siècle : *les Réverbères ; — le Doyen des allumeurs* [tom. Ier, 1833] ;— *les Prisonniers pour dettes* [tom. II, 1834] ; — *les Hôpitaux et hospices* [tom. IV, 1834], et à divers autres recueils.

Le libraire Werdet annonce comme étant sous presse un roman de ce littérateur intitulé: *Une filleule de madame du Barry*, 2 vol. in-8.

ALIBERT [le baron J.-L.], mort à Paris, le 4 novembre 1837. [Voy. *la Fr. littér.*, t. Ier, p. 31.]

I. Clinique de l'hôpital Saint-Louis, ou Traité complet des maladies de la peau, contenant la description de ces maladies et leurs meilleurs modes de traitement. [Nouv. édit., entièrement refondue]. Orné de 63 planches gravées au burin, parfaitement coloriées et retouchées au pinceau. Paris, Cormon et Blanc, 1832-34, 12 livr. formant un vol. gr. in-fol. [300 fr.].

La première édition de cet ouvrage parut de 1806 à 1826, sous le titre de *Description des maladies de la peau, observées à l'Hôpital Saint-Louis, etc.* Quoique publiée aussi en douze livraisons, cette première édition est moins ample que la nouvelle, pour laquelle l'auteur a fait des additions tant dans le texte que dans les planches. Les possesseurs de la première édition peuvent se procurer séparément, pour se compléter, tout le texte nouveau et sept planches nouvelles, au prix de 82 fr.

II. Monographie des dermatoses, ou Précis historique et pratique des maladies de la peau. Paris, Janet; Roux, 1832, in-4 avec 15 pl. color. [36 fr.]; ou 2 vol. in-8 avec une pl.—Sec. édit., rev., corr. et augm. de plusieurs planches coloriées représentant environ 30 espèces ou variétés de maladies. Paris, Germer-Baillière, 1835, 2 vol. gr. in-8 avec 3 pl. [20 fr.].

Cet ouvrage est le résumé de ce qu'il y a de plus important dans le précédent. Aussi le libraire Cormon, à qui la publication de la *Clinique* avait nécessité de grands sacrifices, poursuivit-il le baron Alibert comme contrefacteur par-devant les tribunaux ; pourtant le libraire perdit sa cause.

ALIÈS.—Épître à M. de Charmettes sur l'état de la poésie française en 1830. Coulommiers, de l'impr. de Brodard, 1830, in-8 de 16 pag.

ALIÈS [B.]. — Rapport fait au conseil municipal de la ville de Luxeuil, le 20 novembre 1830, sur l'état des bains et sur les réparations et améliorations dont ils étaient susceptibles. Besançon, Outhenin-Chalandre, 1833, in-8 de 44 pag. [25 c.].

ALISON [Archibald]. — Histoire de l'Europe, pendant la Révolution française et l'Empire. Traduite de l'angl. sur la 2e édition, par M. *Paquis.* Paris, Beauvais, 1838, 2 vol. in-8 [14 fr.].

ALISSAN DE CHAZET. Voyez CHAZET.

ALIX [Alexandre-Louis-Félix], anc. chef de bureau au ministère de l'instruction publique, membre de l'Institut historique. [Voy. la *Fr. littér.*, t. Ier, pag. 31.]

Depuis la publication de deux ouvrages cités par la France littéraire, M. Alix n'a rien fait imprimer, si ce n'est quelques morceaux dans le Journal de l'Institut historique, où l'on trouve de lui: 1° l'*Angleterre et le Japon, parallèle entre ces deux pays insulaires* [numéro de déc. 1836]; 2° Discours sur cette question : *Déterminer les causes qui ont arrêté ou faussé la civilisation des peuples de l'antiquité* [numéros de sept. et d'oct. 1837]; 3° Discours sur cette question : *Déterminer les causes du réveil de l'esprit humain, de la renaissance et des progrès de la civilisation en Europe* [numéro de mars 1838]. Ces deux discours ont été prononcés dans les deuxième et onzième séances du Congrès historique de 1837. V. A. S.

ALLAN-DORVAL [mad. Gabrielle]. — Marianne, nouvelle. [Imprimée dans le tome Ier du Livre rose, récits et causeries de jeunes femmes. Paris, Urbain-Canel ; Guyot, 1833, in-8].

La plupart des nouvelles renfermées dans le Livre rose ayant été écrites par des hommes, sous des noms de dames, nous avons lieu de penser que Marianne est de M. Merle, mari de madame Allan-Dorval, ou peut-être de M. Soulié, l'un des conservateurs de la bibliothèque de l'Arsenal, leur ami commun.

ALLARD [Antoine-Eugène], avocat à la Cour royale de Lyon et membre du cercle littéraire de la même ville ; né vers 1796, à Lyon, où il est mort, le 13 février 1830.

Il a été l'un des principaux rédacteurs du recueil périodique intitulé *Jurisprudence de la Cour royale de Lyon, etc.*, qui a paru depuis janvier 1823 jusques et y compris le septième mois de 1828.

ALLARD [l'abbé Joseph-Félix], anc. professeur de rhétorique au petit séminaire de Marseille, sa patrie; mort à Paris, le 20 octobre 1831.

— Apologétique de *Tertullien*. Nouv. traduction, précédée de l'examen des traductions antérieures, d'une introduction où l'on tâche de développer le génie de Tertullien en le comparant aux grands orateurs d'Athènes et de Rome, accompagnée du texte en regard, revu sur les meilleures éditions; suivie de variantes et de commentaires. Paris, Dondey-Dupré fils, 1827, in-8 [6 fr.].

ALLARD [Maurice], peut-être le même que M. Maurice Allart, plus bas.

I. * Considérations sur la situation politique de l'Europe et sur les résultats probables d'une occupation du Bosphore par les Russes. Par M. A. Paris, de l'impr. de Tastu, 1828, in-8, de 80 pag.

II. Considérations sur la difficulté de coloniser la régence d'Alger et sur les résultats probables de cette colonisation. Paris, de l'impr. de Selligue, 1830, in-8, de 80 pag.

ALLARD [Nicolas], capitaine du génie, député du département des Deux-Sèvres, depuis 1837, anc. aide de camp du général Valazé.

Le capitaine Allard est, depuis 1831, au nombre des rédacteurs du « Spectateur militaire » [1826 et ann. suiv.]; il y a fourni plusieurs articles, entre autres 1° une *Relation du siége de Douai en* 1710, insérée au tome XVI; 2° des notices sur les *Tours maximiliennes*, insérées aux tomes XVIII et XIX; 3° *Sur les fusées à la Congrève;* 4° *Sur les changements apportés par Vauban dans l'art de l'attaque et de la défense des places;* 5° *Examen de la brochure du général Chambray sur les fortifications de Paris.* Ces trois derniers articles sont insérés au tome XVIII du même recueil.

ALLARDE [Marie-François-Denis-Thérésa LE ROY, baron d'], fécond vaudevilliste, connu au théâtre sous le nom de *Francis*. [Voy. *la Fr. littér.*, t. Ier. p. 33.]

I. Avec MM. *Théaulon* et *Dartois* : Clara-Wendel, ou la Demoiselle brigand, com.-vaud. en deux actes. Paris, Barba, 1827, in-8 [1 fr. 50 c.].

II. Avec MM. *Armand* [*Dartois*] et *Ach. Dartois* : l'Homme de paille, comédie en un acte, mêlée de vaudev. Paris, Barba, 1827, in-8 [1 fr. 50 c.].

III. Avec MM. *Arm.* et *Ach. Dartois* : les Forgerons, com.-vaud. en deux actes. Paris, Barba, 1827, in-8 [1 fr. 50 c.].

IV. Avec MM. [*Armand*] *Dartois* et *Théaulon* : les deux Matelots, ou le Père malgré lui, com.-vaud. en un acte. Paris, Barba, 1827, in-8 [1 f. 50 c.].

V. Avec MM. *Théaulon* et [*Armand*] *Dartois* : les Trois faubourgs, ou le Samedi, le Dimanche et le Lundi, com.-vaud. en trois actes. Paris, Barba, 1827, in-8 [1 fr. 50 c.].

VI. Avec MM. [*Armand*] *Dartois* et [*Nombret*] *Saint-Laurent* : la Halle au blé, ou l'Amour et la Morale, tableau grivois en un acte. Paris, Barba, 1827, in-8 [1 fr. 50 c.].

VII. Avec M. [*Armand*] *Dartois* : Jean Pacot, ou Cinq ans d'un conscrit, vaudeville en cinq actes. Paris, Barba, 1828, in-8 [2 fr.].

Cette pièce a eu une seconde édition dans la même année.

VIII. Avec M. *Maurice* [*Alhoy*] : les Employés, com.-vaud. en un acte. Paris, Bezou, 1828, in-8 [1 fr. 50 c.].

IX. Avec MM. [*Arm.*] *Dartois* et *Ach. D.* [*Dartois*] : la Veille et le Lendemain, ou Il faut bien aimer son mari, com.-vaud. en deux actes. Paris, Barba, 1828, in-8 [1 fr. 50 c.].

ALLART [mademoiselle Hortense], connue aussi sous le nom de madame *Allart de Therase*, fille de Marguerite-Aimé-Louis Allart, successivement professeur en droit à Poitiers, député à l'Assemblée législative, membre du tribunal criminel du département de la Vienne, mort sur l'échafaud révolutionnaire, en février 1794, et de Mary Gay, dame Allart, citée tome Ier, pag. 36 de *la France littér.*

I. * Conjuration d'Amboise. Par mademoiselle H. A. Paris, Marc, 1821, in-12 [3 fr.].

Roman historique, où l'on rencontre des pages admirablement écrites et qui décèlent l'étude que l'auteur a faite de la manière et du style de nos deux plus grands écrivains modernes : Voltaire et J.-J. Rousseau.

II. Lettres sur les ouvrages de mad.

de Staël. Paris, Bossange père; Bossange frères, 1824, in-8 [3 fr.].

III. Gertrude. Florence, Jacq. Ciardetti, 1827, 3 part. in-12; ou Paris, Ambr. Dupont, 1828, 4 vol. in-12 [12 fr.].

Il a été fait de l'édition parisienne un second tirage dans la même année 1828.

IV. Sextus, ou le Romain des Marennes; suivi d'Essais détachés sur l'Italie. Paris, Heideloff et Campe; Urb. Canel, 1832, in-8 [7 fr. 50 c.].

V. Indienne [l']. Paris, Vimont, 1832, in-8 [7 fr. 50 c.].

VI. Femme [la] et la démocratie de nos temps. Paris, Delaunay; Pinard, 1836, in-8 de 122 pag. [2 fr.].

VII. Settimia. Paris, Arthus-Bertrand, 1836, 2 vol. in-8 [15 fr.].

VIII. Histoire de la république de Florence. Première partie. Moyen âge. Paris, Moutardier, 1837, in-8 [7 f. 50 c.].

Mademoiselle Hortense Allart a de plus contribué à divers recueils littéraires. On trouve d'elle dans le Salmigondis : *Cirillo* (tom. II). *Lorenzo de Médicis* (tom. III), et *le Batelier* (tom. IX) trois nouvelles; dans les Heures du soir, la *Vie de Colas de Rienzo* (tom. II, 1833); dans le Livre rose, l'*Italie*, (tom. Ier, 1833), etc. etc.

On trouve dix-sept lignes sur mademoiselle Hort. Allart dans le tome Ier de la Biographie univ. et port. des contemporains, en 5 vol. in-8.

ALLART [Maurice], peut-être le même que M. Maurice Allard, ci-dessus.

Il a publié la troisième édition du Dictionnaire géographique historique de l'empire de Russie, etc. Par le chev. *N. S. Vsevolojski*, qu'il a augmentée d'un supplément [Saint-Pétersbourg, 1833, 2 vol. in-8.]

ALLÈGRE [D.]. — De la pêche dans le bassin et sur les côtes d'Arcachon. Moyen de la pratiquer sans danger et avec profit. Bordeaux, de l'impr. de Suwerinck, 1836, in-8 de 24 pag.

ALLEMAND [le comte Zach.-Jacq.-Théod.] [Voy. *la France littér.*, t. Ier, pag. 36]. Ajoutez : mort à Toulon, le 2 mars 1826.

ALLEMAND, avocat à Riom.

I. Discours de réception, lu le 28 décembre 1830, en séance publique de l'Académie des sciences, belles-lettres et arts de Clermont-Ferrand. Clermont-Ferrand, de l'impr. de Thibaud-Landriot, 1831, in-8 de 40 pag.

II. Essai sur Domat, discours prononcé à la séance particulière de l'Académie des sciences, belles-lettres et arts de Clermont. Clermont-Ferrand, de l'impr. de Thibaud-Landriot, 1837, in-8 de 44 pag.

III. Examen du régime hypothécaire, établi par le code civil, et des améliorations dont il est susceptible. Riom, Thibaud, 1837, in-8 de 160 pag.

ALLEN [John]. — Recherches sur l'origine et l'accroissement de la prérogative royale en Angleterre; précédées du jugement qu'en a porté lord Brougham, et du compte qui en a été rendu à l'Académie des sciences morales et politiques de l'Institut de France, par M. Bérenger, membre de cette académie, trad. de l'angl. par *Paul Guillot*. Paris, Legrand et Bergounioux, 1834, in-8 [7 fr.].

ALLEN [William]. — Observations succinctes sur l'état charnel et spirituel de l'Homme, avec quelques remarques sur la nature du véritable culte et du ministère évangélique. Trad. de l'angl. Paris, de l'impr. de Duverger, 1838, in-12 de 24 pag.

ALLENT [le chev. P.-Alex.-J.], anc. chef de bataillon du corps du génie (*), [nommé le 7 août 1800], secrétaire du comité du génie, maître des requêtes au conseil d'État, section de la guerre [8 février 1810] et en même temps attaché au comité du contentieux dont il devint plus tard, après la Restauration, le président; chef d'état-major, lieutenant général des gardes nationales, en 1814, avec le grade d'aide-major de cette milice civique, ensuite inspecteur-général et membre du comité des inspecteurs-généraux des gardes-nationales de France, président d'un comité des gardes nationales de France, comité où il fut encore appelé en 1832; député du Pas-de-Calais, en 1816, et de nouveau en 1828; sous-secrétaire d'État au département de la guerre [de 1817 à 1819]; pair de France [11 octobre 1832]. Né à Saint-Omer [Pas-de-Calais], le 2, ou d'après M. de Gérando, le 9 août 1772, mort le 3 juillet 1837.

Ce que le chev. Allent a fait imprimer de-

(*) C'est par erreur que dans la *France littéraire* nous avons donné au chev. Allent le titre de général; il ne l'a été que de la garde nationale parisienne, en 1814.

puis la publication de la notice qui le concerne dans le premier volume de notre « France littéraire » se réduit à deux *notices*, à la vérité d'un grand intérêt dans leur brièveté ; elles se trouvent dans le tome XIV du « Spectateur militaire » [1832] : l'une est *Sur la défense de Lisbonne en* 1810, l'autre *Sur la défense de Paris* en 1814 et 1815. Dans la première, en rendant compte de l'ouvrage remarquable du colonel Paul Jones, il rectifie les vues de l'auteur anglais sur les causes de l'influence que les lignes de Torès-Vedras et de Maffra ont eue sur les destinées de l'Europe. Dans la deuxième, il donne des détails du plus grand intérêt sur la grande scène de l'histoire dans laquelle il avait joué un rôle important, et en révèle quelques circonstances inconnues.

L'*Essai sur les reconnaissances militaires*, cité à son article dans la « France littéraire, » a été réimprimé, avec des améliorations, dans la nouvelle édition du « Mémorial de la guerre. » Le général Vallongue, ami du chevalier Allent, et sur l'invitation duquel ce dernier avait rédigé cet Essai, a joint lui-même à cette réimpression un discours préliminaire, dans lequel il a apprécié le mérite de ce travail, et tiré des exemples des guerres anciennes et modernes, les preuves de l'utilité des reconnaissances militaires. Son *Précis de l'histoire des arts et des institutions militaires en France, depuis les Romains*, imprimé en 1808, à la tête de « l'État du corps du génie » a été réimprimé en 1836, avec une nouvelle édition de ce dernier ouvrage [Paris, Ladrange, in-12].

« Le talent de M. Allent, comme écrivain, « était, dit M. le bar. de Gérando, son biographe, « éminemment celui des sujets qu'il était appelé à traiter. Son style réunit toujours une « extrême concision à une netteté parfaite ; il « n'est point dépourvu d'élégance ; il a surtout « celle qui appartient à la clarté ; il est simple, « mais nerveux, ferme, empreint de relief, « animé tour à tour par le sentiment de l'importance de la matière, par la conviction de « l'auteur ; on y reconnaît la double influence « d'une observation assidue des faits et des habitudes géométriques. Jamais il ne vise à « l'effet, jamais il ne dit un mot de trop. »

Aux ouvrages cités par la « France littéraire, » il faut encore ajouter que le chev. Allent a rédigé un grand nombre de *rapports*, de *projets de loi*, de *règlements*, rédigés dans ses diverses fonctions. Il a pris surtout, comme président de la commission chargée de rédiger le Code judiciaire pour l'armée de terre, une part essentielle à la préparation du Code pénal militaire ; il n'est pas resté plus étranger aux lois sur la garde nationale, sur le recrutement de l'armée, sur les servitudes défensives et tous les autres éléments de notre nouvelle législation militaire. On lui doit aussi quelques discours aux chambres, recueillis par les journaux. On connaît le mémorable *rapport* qu'il prononça à la chambre des pairs, en 1833, *sur le projet de loi relatif à l'état de siége*.

Le chev. Allent avait rassemblé beaucoup de matériaux pour terminer un bel ouvrage, son plus important : l'*Histoire du corps du génie* ; cependant on a trouvé dans ses papiers qu'un manuscrit qui porte pour titre : *Esquisse de la deuxième partie de l'Histoire du corps impérial du génie, depuis Louis XIV jusqu'à la guerre de la Révolution*. Ce n'est que le plan développé d'un ouvrage qui aurait fait suite à celui publié en 1805. On présume que ce plan avait déjà reçu son exécution, et il avait même été question de livrer à l'impression, en 1830, la deuxième partie de l'*Histoire du corps du génie*, en réimprimant la première. Mais le manuscrit n'a point été retrouvé. Toutefois les nombreux matériaux qu'avait rassemblés le chev. Allent ne seront pas perdus pour l'État et pour la France. M. le lieutenant général Rogniat, président du comité des fortifications, s'est empressé de faire réunir et examiner ces matériaux ; il en a proposé l'acquisition. On a trouvé aussi, dans les papiers du chev. Allent, un *Précis historique des événements de* 1813 *et* 1814, accompagné de pièces justificatives, avec la copie des ordres du jour et prescriptions de l'empereur Napoléon et du gouvernement, relativement aux opérations militaires aux environs de Paris, manuscrit précieux qui a servi à M. Kock [voy. ce nom] pour son « Histoire de la campagne de 1814. »

Une très-bonne Notice biographique sur M. le chev. Allent, par le baron *de Gérando*, pair de France, a été imprimée dans le Moniteur du 20 octobre 1838 : elle forme cinq colonnes pleines. Nous y avons puisé les renseignements que l'on vient de lire : pourtant nous avons fait la remarque que tous les ouvrages de cet écrivain n'y sont pas mentionnés.

ALLÉON [A.].— Catalogue des livres de la Société de lecture et de ceux de la ville d'Annonay, et précédé d'un historique de la Société de lecture, de son réglement, et de la liste des sociétaires, et d'un avant-propos sur le catalogue ; suivi de la table des auteurs dont les ouvrages sont compris dans ce catalogue. Lyon, Perrin, 1836, in-8.

ALLETZ [P.-Edouard]. [Voy. la *Fr. littér.*, tom. Ier, pag. 38]. Il a publié depuis :

I. Essai sur l'Homme, ou Accord de la philosophie et de la religion. Paris, Adr. Leclère, 1826, 1 vol. in-8 ; ou 1829, et 1835, 2 vol. in-8 [10 fr.].

La seconde édition a eu un second tirage en 1833.

II. Esquisses de la souffrance morale. Paris, Adr. Leclère, 1828-31, 2 vol. in-8 [12 fr.] — Sec. édit., rev. et augm. Paris, Ch. Gosselin, 1836, 2 vol. in-8 [15 fr.].

On trouve dans le premier volume un espèce de drame en dix scènes, intitulé : *la Douleur maternelle*, et le second volume, renferme un drame en cinq actes et en prose, qui a pour titre : *la Proscription*.

III. Nouvelle [la] Messiade, poëme [en XVI chants]. Paris, Rusand ; Delaunay, 1830, in-8 [7 fr. 50 c.].

IV. Études poétiques du cœur humain. Paris, Ch. Vimont, 1832, in-8 [7 fr. 50 c.].

V. *Tableau de l'histoire générale de l'Europe, depuis 1814 jusqu'en 1830. Paris, Vimont; Rey et Gravier; Treuttel et Wurtz, 1834, 3 vol. in-8 [22 fr. 50 c.].

Deux ans plus tard il a été fait de nouveaux titres, au nom de l'auteur, portant : seconde édition, et pour adresse de vendeur celle de Ch. Gosselin.

VI. Caractères poétiques. [En vers]. Paris, rue des Grands-Augustins, nº 20; Delaunay; Vimont, 1834, in-8 [7 fr. 50 c.].

VII. Maladies du siècle. Paris, Ch. Gosselin, 1835, et 1836, in-8 [7 f. 50 c.].

VIII. Lettre à M. de Lamartine sur la vérité du christianisme, envisagé dans ses rapports avec les passions. Paris, Adr. Leclère; Delaunay, 1835, in-8 de 60 pag. [1 fr. 25 c.].

IX. Démocratie [de la] nouvelle, ou des Mœurs et de la puissance des classes moyennes en France. Paris, Lequien, 1837, 2 vol. in-8 [15 fr.].

L'Académie française, dans sa séance d'août 1838, a décerné un prix de 4000 fr. à M. Alletz pour cet ouvrage.

X. * Aventures d'Alphonse Doria. [Roman]. Paris, Amyot, 1838, 2 vol. in-8 [15 fr.].

ALLEWEIRELDT [J.], docteur en médecine.

— Description de la grotte de Hansur Lesse, ornée de 27 planches. Bruxelles, Aug. Wahlen, 1829, in-4.

ALLIBERT. — I. Vie de sainte Catherine de Sienne, trad. de l'ital. Lyon, et Paris, Périsse, 1835, in-12.

II. Missionnaire [le]. Vie du B. F. de Jérôme, de la compagnie de Jésus, béatifié par Pie VII, l'année 1806. Ouvrage trad. de l'ital. Paris, Jeanthon; Lyon, Giberton et Brun, 1835, in-18 avec une grav. [1 fr. 25 c.].

III. Nègre [le] fils de l'esclave, canonisé par Pie VII, le 24 mai 1807, ou Vie de saint Benoît, dit le Maure. Ouvrage trad. littéralement de l'ital. du sieur Joseph *Carletti*, prêtre de Rome. Paris, Jeanthon, 1835, in-18 [75 c.].

IV. Manuel du chrétien contemplant Jésus crucifié, ou Méditations sur la passion, pour tous les jours du mois. Trad. de l'ital. Lyon, Lambert-Gentot, 1838, in-18.

V. Manuel de la confrérie de Notre-Dame des sept douleurs. Lyon, Lambert-Gentot, 1838, in-18, avec une grav.

VI. Manuel du chrétien, contemplant les douleurs de Marie. Lyon, Lambert-Gentot, 1838, in-32.

ALLIER [Achille], artiste; mort à Bourbon l'Archambault, le 15 avril 1836, à l'âge de 29 ans.

I. Esquisses Bourbonnaises. Moulins, Dérosiers; et Paris, Chamerot, 1832, in-4, de 82 pag. et 13 lithogr. [8 fr.].

II. Ancien [l'] Bourbonnais [Histoire, Monuments, Mœurs, Statistique], par *Achille Allier*; et continué depuis sa mort par MM. *Ad. Michel* et *L. Batissier*. Gravé et lithographié sous la direction de M. Aimé Chenavard, d'après les dessins et documents de M. *Dufour*, par une société d'artistes. Moulins, Dérosiers; et Paris, Chamerot; F. Didot; Treuttel et Wurtz, 1833-37, 2 vol. gr. in-fol., et atlas de 125 planch., demi-rel. dos en maroquin [205 fr.], et avec les épr. sur pap. de Chine.

Cet ouvrage, qui a mérité à son éditeur une des deux médailles qui ont été accordées à la typographie française à l'exposition en 1834, est un des plus beaux monuments que les arts aient élevés pour la réédification de l'ancienne France. Il se compose de 2 volumes grand in-folio de texte, ornés de têtes de pages, fleurons, culs-de-lampes, *fac-simile* d'un manuscrit du 15e siècle, etc., dessinés et gravés sur bois par les premiers artistes de France; d'un atlas de 125 planches in-folio sur papier Jésus, représentant les monuments les plus importants du Bourbonnais, et tous ceux qui ont été détruits depuis 1793, etc.

L'*Ancien Bourbonnais* a paru par livraisons au nombre de 21, chacune composée d'au moins quatre feuilles de texte et de 5 planches. Le prix de la livraison était de 6 fr.

III. Jolie [la] fille de la garde, ballade bourbonnaise, gravée à l'eau-forte par *Célestin Nanteuil*. 1836. [En noir, 6 fr.; coloriée, 20 fr.].

On trouve tome Ier, pag. 221 de « l'Art en province, » une courte notice sur Ach. Allier, signée *H. Huot*.

ALLIER DE HAUTEROCHE [le chev. L.]. (Voy. *la France littér.*, tom. I, pag. 41). Ajoutez : mort à Paris, le 17 novembre 1827.

ALLIEY [Frédéric]. Voy. A. ALEXANDRE.

ALLIOT [François], d'abord prêtre, professeur de rhétorique et de philosophie dans un séminaire de province, ensuite curé d'Orme, aujourd'hui médecin à Montagny-Sainte-Félicité, canton de Nanteuil-le-Haudoin [Oise]; né en 1799, à Gibeaumeix, petit village de Lorraine, au département de la Meurthe.

I. Philosophie des adolescents, ou Catéchisme de la première communion. Nanci, Hissette, 1826, in-12.

Il existe des exemplaires sous la même date qui ne portent que le premier titre.

II. Philosophie [la] des sciences. Première partie : Évidenticisme, nouvelle doctrine philosophique. Paris, Ve Charles-Béchet; Froment-Pernet, 1833-34, 2 vol. in-8 [13 fr.].

Le premier volume, imprimé le dernier, sort des presses d'Everat, et le second de celles de F. Didot.

Ces deux volumes sont le commencement d'un grand ouvrage qui en eût formé dix, mais dont la publication a été discontinuée par suite de la révolution de juillet. Dans la seconde partie restée inédite, l'auteur passait en revue, d'après les lois de la nouvelle philosophie, toutes les sciences qui sont du domaine de l'Homme : connaissances physiques, littéraires, morales, religieuses, comparées sous le rapport de leur certitude scientifique, ou de la haute probabilité qui motive la croyance ou la foi, de leurs théories, de leurs superstitions ou admissions irréfléchies et erronées ; sous le rapport de la beauté, de la grandeur, et de l'ensemble des doctrines; de leur influence sur le perfectionnement moral de l'homme, et sur les destinées des sociétés, etc.

Depuis que M. Alliot s'est donné exclusivement à la médecine, il a publié sur l'art de guérir divers mémoires qui ont paru dans les journaux. Nous connaissons de lui : 1° un Mémoire intitulé *Optique animale*, où il réfute Buffon sur de prétendues illusions natives de la vue que le toucher rectifierait dans la suite de l'éducation chez l'homme. Ce mémoire a été imprimé, en 1827, ainsi qu'un article *sur un cas d'affection nerveuse*, dans le journal de médecine de la Meurthe. Ce sont les premiers travaux de M. Alliot en médecine. Depuis il a publié en 1834, dans la Gazette médicale de Paris, un article *sur un cas d'affection cancéreuse de la matrice, guérie par un traitement nouveau ;* un autre *sur une fistule urétrale opérée par un nouveau procédé de rhinoplastie*. En 1835, il a livré aux colonnes de la même feuille, l'*Exposition d'un nouvel instrument propre à extraire sans danger de déchirure tous les corps étrangers fixés ou implantés dans l'œsophage*. En 1836, il a publié dans la même feuille un mémoire intitulé : *Nouvelles Ventouses à pompe et à feu, sangsues artificielles*, ainsi qu'un autre mémoire sur un instrument, à l'aide duquel, l'auteur réduit seul et avec la plus grande facilité toutes les luxations et les fractures.

Parmi plusieurs ouvrages inédits de ce médecin on cite, comme étant remarquables : un *Cours d'observations cliniques*, qui pourrait former 2 vol. in-8, et un *Traité de l'influence de l'éducation physique et morale* sur la production des maladies dépendant de la sensibilité nerveuse, un vol. in-8. V. A. S.

ALLIX [Jacques-Alexandre-François], lieutenant général. [Voy. la *France littér.*, tom. I, pag. 42.]. Mort à son château de Basarnes, commune de Courcelles (Nièvre), le 26 janvier 1836.

I. Système d'artillerie de campagne, du lieutenant général Allix, comparé avec les systèmes du comité d'artillerie de France, de Gribeauval, et de l'an XI. Paris, Anselin et Pochard, 1827, in-8, de xvj et 315 pages [5 fr.].

II. Bataille de Paris, en juillet 1830. Paris, Corréard jeune, 1830, in-8 de 40 pag, avec une grav. [1 fr.].

III. Pamphlet électoral pour la justification de Me Dupin, ou Lettre du lieutenant général Allix à son ami Victor, maréchal-des-logis au 10e régiment de chasseurs à cheval, en garnison à Villefranche. Paris, Delaunay; l'Auteur, 1831, in-8, de 28 pag. [50 c.].

IV. Pétition de sept habitants de la commune de Courcelles, canton de Varzy, département de la Nièvre, adressée à MM. les président et membres de la chambre des députés par J.-A.-F. Allix, fondé de pouvoir desdits sept individus. Paris, de l'imp. de Herhan, 1831, in-8, de 36 pag.

V. Allix, lieutenant général d'artillerie, à MM. les membres de la chambre des députés. Paris, de l'imp. de Guiraudet, 1831, in-8, de 4 pag.—Supplément à la pétition de J.-A.-F. Allix, adressée à MM. le président et les membres de la chambre des députés, relativement à la solde arriérée du 1er août 1815 au 1er avril 1820. Paris, de l'imp. de Pihan Delaforest-Morinval, 1831, in-8, de 8 pag.

VI. De la Tyrannie, par *Alfiéri*; traduit de l'ital. par J.-A.-F. Allix, etc. Paris, Leclair, 1831, in-8 [3 fr. 50 c.]; ou avec un nouveau titre. Paris, Le Bailly, 1834.

VII. Lieutenant général [le] Allix à MM. les députés. Paris, de l'imp. de Dupont, 1831, in-8, de 4 pag.

VIII. Lettre du lieutenant général Allix au ministre de la guerre. Paris, de l'imp. de Dondey-Dupré, 1833, in-4, de 8 pag.

IX. Pétition du lieutenant général Allix aux deux chambres. Paris, de l'imp. de Dondey-Dupré, 1834, in-4, de 32 pag.

Le général Allix a fourni quelques articles au « Spectateur militaire » : nous en connaissons un intitulé : *Définition de la tactique et de la stratégie,* inséré au tome XI.

ALLOM [Thomas], peintre de S. M. la reine d'Angleterre.

— Empire [l'] ottoman illustré. Constantinople ancienne et moderne, comprenant aussi les sept églises de l'Asie Mineure, le Bosphore, les gorges et les défilés du Balkan, la mer Marmara, l'Hellespont, le mont Olympe, Broussa, les plaines de Troie, les rives du Méandre, Sardis, Éphèse, Pergame, Thyatire, Laodicée, Philadelphie, Smyrne, etc., illustrés par 96 grav. sur acier, d'après les dessins pris sur les lieux durant une résidence de neuf mois, par *Thomas Allom;* précédées d'un Essai historique sur Constantinople et la Description des monuments de Constantinople et des sept églises de l'Asie Mineure, par M. *Léon Galibert*...., rédigé d'après les documents recueillis par MM. Allom, Rob. Walsh, Adolphus Slade, et enrichis de notes et d'observations sur Constantinople, par [tirées de] Ville-Hardouin, Volney, Melling, Châteaubriand, Andréossy, v. Hammer, Lamartine, Brayer, Alph. Royer, Michaud, Urquart, etc. Londres, et Paris, Fischer fils et comp., 1838, in-4, fig.

Cet ouvrage, dont le texte est imprimé en Angleterre, aussi bien que les gravures qui y sont exécutées, se publie par livraisons composées de 6 à 8 pages de texte et de deux gravures sur acier. Les cinq premières livraisons ont paru. Prix de chaque 1 fr. 25 c.

ALLONEAU [Adolphe], de Nantes, membre de la Société des Antiquaires de l'Ouest.

I. Pastiche. Nantes, de l'imp. de Mellinet-Malassis, 1834, in-8.

Pièces de vers.

II. Puissance des vicomtes de Thouars pendant la durée de l'occupation du Poitou par les Anglais, et prise de Thouars par Duguesclin en 1372. Poitiers, Saurin fr., 1837, in-8 [2 fr.].

Extrait du tome II des Mémoires de la Société royale des antiquaires de l'Ouest.

ALLONVILLE [le comte Armand-François d'], ancien colonel d'infanterie (*), chevalier des ordres de Saint-Louis et de Saint-Jean de Jérusalem, membre de l'Institut historique; né le 15 décembre 1764, au château de la Roche, commune de Verdelet [Seine-et Marne].

I. * Mémoires tirés des papiers d'un homme d'État, sur les causes qui ont déterminé la politique secrète des cabinets dans les guerres de la révolution. Paris, Michaud, 1831-37, 13 vol. in-8 [101 fr.].

Les deux premiers volumes avaient déjà eu une première édition, publiée en 1828 par le libraire Ponthieu.

Les deux premiers volumes, sans contredit les plus intéressants, réimprimés en 1831 avec des corrections et des additions essentielles, et accompagnés d'une carte pour la campagne de 1792, révèlent les causes secrètes de la coalition contre la France, ainsi que les résultats des trois premières campagnes jusqu'aux préludes de la pacification de Bâle. La seconde livraison, qui se compose des troisième et quatrième volumes, renferme toute l'histoire occulte de la politique de l'Europe, à partir de la paix de Bâle jusqu'à celle de Campo-Formio. Cette époque de l'histoire contemporaine est aussi variée que fertile en opérations militaires, en révolutions politiques et en négociations du premier ordre. Les cinquième et sixième volumes, non moins importants, arrivent jusqu'à l'évacuation de Rome par les Français, et à l'occupation de Livourne par les flottes anglaise et napolitaine [novembre 1798]. Le septième volume offre les secrets mobiles de la grande coalition de 1799, ceux du congrès de Rastadt et de la catastrophe qui le termina, enfin les causes, les moyens plus importants encore de l'avènement de Bonaparte au pouvoir, jusqu'à l'espèce de trève qui suivit la bataille de Marengo. Le huitième volume présente tous les événements postérieurs à cette bataille jusqu'à celle d'Austerlitz, intervalle de cinq années qui comprend les deux paix de Lunéville et d'Amiens, ainsi que la dernière lutte de Pitt avec Napoléon. On trouve dans le neuvième volume les immenses résultats de la bataille d'Austerlitz. Les tomes XI et XII renferment le précis des grands événements de 1807 à 1815. Le tome XIII est composé de *Notes et éclaircissements complémentaires* et d'une *Table générale, méthodique et analytique,* laquelle remplit les pages 341 à 484, c'est-à-dire le reste du volume.

Le nom de l'auteur de ces Mémoires a été longtemps un mystère.

Un an auparavant qu'on ne les publiât, on

(*) Nous donnons ici à M. le comte d'Allonville, d'après une note, le titre d'ancien colonel; mais nous craignons que ce ne soit une erreur. Avant la révolution on ne pouvait être colonel avant l'âge de 28 ans, et après avoir été deux ans major; or le comte d'Allonville n'avait pas l'âge requis lorsque la révolution éclata. Pendant l'émigration le comte d'Allonville fut secrétaire du duc de Serra-Capriolo, ambassadeur du roi des Deux-Siciles près la cour de Saint-Pétersbourg; mais il rentra de bonne heure en France.

avait annoncé des *Mémoires d'un homme d'État prussien*, qui ne devaient former que trois volumes. Des personnes qui eurent connaissance des dix premières feuilles de cet ouvrage crurent qu'on avait l'intention de l'offrir comme les Mémoires du prince de Hardenberg, ministre de Prusse : elles en avertirent Fr. Schœll, Strasbourgeois, devenu conseiller intime de Prusse; celui-ci se hâta de réclamer, avant même que les deux premiers volumes de ces Mémoires ne parussent, contre la fausse attribution qui pourrait être faite. Sa réclamation est imprimée dans le Journal de la librairie, année 1827, pag. 543.

Aujourd'hui un nom d'auteur des *Mémoires tirés des papiers d'un homme d'État* est connu de tout le monde, depuis que sur l'ouvrage publié en 1838, par le comte d'Allonville, cet écrivain s'en est avoué le père; mais il n'est pas le seul qui ait travaillé à la composition de ce livre. La première idée appartient à Alphonse de Beauchamp, qui avait recueilli des matériaux pour la valeur de trois volumes in-8 qu'il proposa à la maison Ponthieu, comme des Mémoires du prince de Hardenberg. Alex. Schubart, l'un des successeurs de Ponthieu, homme de goût et écrivain, examina le manuscrit de Beauchamp, et ne trouva rien qui put justifier le titre que le compilateur voulait donner à son livre. Nonobstant cela, les Mémoires offrant de l'intérêt, et ce genre de publication étant de mode, l'impression en fut arrêtée. A. Schubart s'engagea à augmenter le travail d'un nombre de pièces tirées des archives du ministère des affaires étrangères, engagement qu'il remplit. Pendant qu'on imprimait à Paris la première livraison des *Mémoires d'un homme d'État prussien*, un libraire de Berlin, qui avait traité avec les successeurs de Ponthieu, faisait imprimer simultanément une version allemande. Schœll eut connaissance de cette version, c'est alors qu'il signala l'abus qu'on voulait faire du nom du prince de Hardenberg, et c'est par suite de sa réclamation, dont nous avons parlé plus haut, que les auteurs et libraires se déterminèrent à modifier le titre de leurs Mémoires en publiant les deux premiers volumes, en 1828. Ces deux volumes sont de Beauchamp et de Schubart. Ces deux messieurs, quelques temps après, ne s'étant plus entendus, Beauchamp laboura seul; mais survint sa mort, et le libraire Michaud ayant acquit ses manuscrits, chargea Schubart de la publication des volumes III à V. A Schubart succéda M. le comte d'Allonville qui utilisa encore les matériaux laissés par Beauchamp, et en compila de nouveaux pour la publication des tomes VI à X, dont il est par conséquent le rédacteur. Alph. de Beauchamp est auteur du dixième volume. Une personne très-bien informée [M. Beuchot, bibliothécaire de la chambre des députés], nous a assuré que le manuscrit de ce volume a été trouvé parmi les papiers laissés par cet historien, et acheté de son héritière au prix de mille francs, par le libraire-éditeur. Les XI à XIII volumes sont encore du comte d'Allonville.

Quant à la valeur historique que présente cette publication, il nous suffira de dire que ces Mémoires compilés dans les ouvrages que les émigrés et les *chouaneurs* ont écrit sur la révolution française, ouvrages remplis de bourdes, reproduisent les mêmes mensonges.

Un honorable écrivain digne à plus d'un titre d'apprécier le mérite des « Mémoires tirés des papiers d'un homme d'État », qu'il a lus avec beaucoup d'attention, M. de Montvéran (voy. ce nom), va publier prochainement un ouvrage en 4 vol. in-8 sous le titre de « *Souvenirs de mon temps* », dans lequel il fait connaître toutes les sources ou les deux principaux rédacteurs des Mémoires tirés des papiers d'un homme d'État ont puisé; et le peu de confiance que les rédacteurs de ces Mémoires auraient dû mettre dans le récit de faits par tel ou tel écrivain royaliste, qu'on ne pouvait admettre sans une scrupuleuse vérification, parce qu'ils n'étaient présentés que par des hommes éloignés, la plupart, du théâtre des événements, et qui n'écrivaient que d'après des gazettes organes de leur parti. Le livre que nous promet M. de Montvéran sera un bon correctif aux Mémoires tirés des papiers d'un homme d'État, parce que l'auteur ne parle que de ce qu'il a vu; il a un avantage immense sur les auteurs de bien des Mémoires : c'est d'avoir beaucoup vu, et surtout bien vu.

II. Mémoires secrets, de 1770 à 1830. Tom. I et II. Paris, Werdet, 1838, 2 vol. in-8 [15 fr.].

L'auteur a rassemblé pour ce dernier ouvrage les matériaux qui, de 1770 à 1830, offrent le tableau des événements les moins connus, durant les soixante dernières années de notre histoire. On ne sait encore combien les *Mémoires secrets* formeront de volumes.

La même manière de faire a présidé à la composition de ces nouveaux Mémoires. M. de Montvéran dans les « *Souvenirs de son temps*, » a déjà relevé bien des erreurs échappées à M. le comte d'Allonville dans ces deux premiers volumes.

Le comte d'Allonville fit imprimer à Nanci, dès 1788, une brochure qui ne porte point son nom, intitulée : *De la constitution française et des moyens de la raffermir*, in-8, où il annonçait que les troubles qui se préparaient enfanteraient une foule de crimes, qu'un pouvoir absolu ferait cesser. Porté à la députation par le bailliage de Château-Thierry, en 1789, il ne put être nommé, n'ayant pas atteint sa vingt-cinquième année accomplie, mais il fut prié de rédiger le cahier de la noblesse du bailliage. En 1792 il fit paraître une nouvelle brochure, intitulée : *Lettre d'un royaliste à M. Malouet;* il signalait l'approche de la république, à laquelle presque personne ne songeait alors. Sous le Directoire et le Consulat, il fournit quelques articles politiques et littéraires aux journaux suivants : le Thé, de Clément de Dijon ; l'Historien et le Journal d'opposition littéraire, de Colnet. Le comte d'Allonville a depuis participé à la rédaction de plusieurs autres journaux et recueils littéraires, et entre autres à celui intitulé « la Bagatelle, » dans lequel ses articles ont paru sous le titre de *Souvenirs* et sans signature; au Livre des cent-et-un : le comte d'Allonville a fourni à ce dernier recueil un morceau intitulé : *les Maisons du jeu*, inséré au tome V [1832] ; au supplément à la Biographie universelle, au Dictionnaire de la conversation et au Journal de l'Institut historique. Il a été choisi pour être rédacteur du Journal de l'Armée.

Le comte d'Allonville possède les mémoires inédits du feld-maréchal ...., du comte Serge et du comte Antoine Munich, père, aïeul et bisaïeul de feu son épouse.

ALLONVILLE [le comte Alexandre-Louis d'], archéologue, frère puîné du précédent, né à Paris, en 1774, successivement membre de l'expédition d'Égypte, préfet de la Somme et ensuite du Puy-de-Dôme, conseiller d'État. —Dissertation sur les camps romains du département de la Somme; suivie d'éclaircissements sur la situation des villes gauloises de Samarobrive et Bratuspance, et sur l'époque de la construction des quatre camps romains de la Somme. Clermont-Ferrand, de l'imp. de Thibaud-Landriot, 1828, in-4, de xxxvj et 188 pag., avec 12 planches [15 fr.].

Cet ouvrage valut à son auteur la grande médaille d'or de l'Institut.

Le comte d'Allonville a aussi adressé à l'Académie royale des inscriptions, *sur des pierres légionnaires trouvées en Lorraine*, une Dissertation qui a obtenu une mention honorable de ce corps savant : elle sert à éclaircir quelques faits précédemment obscurs, dans l'Histoire de la guerre de Civilis.

ALLOTTE [P.-V.]. — Leçons de géométrie élémentaire. Limoges, de l'imp. de Dard, 1836, in-8 avec planches.

ALLOU [Charles-Nicolas], archéologue, ingénieur en chef au corps royal des mines, ancien élève de l'École polytechnique, membre de plusieurs sociétés savantes françaises et étrangères, et notamment de la Société des antiquaires de France, de la Société des antiquaires de Normandie, de l'Académie de Bordeaux, de la Société de l'Histoire de France, etc.; né à Paris, le 18 novembre 1787.

I. Description des monuments des différents âges, observés dans le département de la Haute-Vienne, avec un Précis des annales de ce pays. Limoges, Chapoulaud, 1821, in-4 [12 fr.].

L'Académie des inscriptions et belles-lettres décerna, en 1832, une médaille d'or à l'auteur de cette Description.

II. Essai sur l'universalité de la langue française, ses causes, ses effets, et les motifs qui pourront contribuer à la rendre durable; lu à l'Académie des inscriptions le 15 septembre 1826. Paris, F. Didot; et le Mans, Belon, 1828, in-8 [7 fr.].

Cet ouvrage a reçu des encouragements de l'Académie des inscriptions, et l'Académie française en a fait acheter 36 exemplaires sur ses fonds particuliers.

III. Études sur les casques du moyen âge. Extrait d'un ouvrage inédit, sur les armes et les armures du moyen âge. Première et deuxième parties. In-8, avec deux planches et leur explication.

Imprimées de 1834 à 1836, en trois articles, dans les tomes X à XII des « Mémoires de la Société royale des antiquaires de France » ; mais l'auteur, ainsi que cela se pratique ordinairement, en a fait tirer un petit nombre séparément. Ces trois articles forment le commencement d'un travail complet sur les armes et armures du moyen âge, dont l'auteur s'occupe depuis dix ans.

IV. Description de l'église de l'ancien prieuré de Solesme, près de Sablé, département de la Sarthe, et particulièrement des monuments de sculpture qu'elle renferme et qu'on désigne sous le nom de « saints de Solesme ».

Imprimée en 1836 dans le XIIe volume du recueil précité.

V. Sur les manuscrits conservés au séminaire et à l'hôtel de ville de Limoges. Paris, de l'impr. de Crapelet, 1837 in-18, de 18 pag.

Extrait de « l'Annuaire de la Société de l'histoire de France » pour l'année 1837.

On a en outre de M. Allou plusieurs *Mémoires* imprimés dans le Journal et les Annales des mines; de nombreux articles plus ou moins étendus dans l'ancienne Revue encyclopédique; dans l'Encyclopédie des gens du monde, où il a fourni entre autres articles ceux : *chevalier, chevalerie, costumes, carrières sous Paris, combat singulier, combat judiciaire*, etc.; dans l'Annuaire de la Société de l'Histoire de France; enfin deux *Rapports* sur les travaux de la Société des antiquaires de France, pendant les années 1831 et 1834, insérés dans le recueil des Mémoires de cette société. V. A. S.

ALLOUARD [Jean-Baptiste].—Traité complet des droits d'entrée et d'octroi de la ville de Paris, ou nouveau Manuel des employés de cette partie, divisé en trois livres. Senlis, Regnier; Beauvais, l'Auteur, 1834, in-12 [2 fr.].

ALMEIDA CARVALHAES [Henrique-Eduardo d'], officier de cavalerie portugais.

— Reflexoes sobre a reforma e organisaçao de exercito portuguez. Pariz, de la impr. de Goetschy, 1831, in-12, de 36 pag.

ALOUVRY, chanoine de Beauvais.

I. Tableau synoptique de chronologie et d'histoire, universel, civil et ecclésiastique de J. C. à 1835. Beauvais, de l'impr. de Desjardins, 1835, in-plano de deux feuilles.

II. Atlas synoptique, chronologique et historique de tous les peuples connus jusqu'à Jésus-Christ. Paris, Ad. Leclère; Bricon, 1836, in-fol. oblong de 7 demi-feuilles, ou in-8 oblong [6 fr.].

ALOY [Jean-Baptiste-Bertin], né à Hesdin, le 5 septembre 1773, mort le 26 août 1836.

— Opuscules [ses]. Boulogne, de l'imp. de Birlé, 1837, in-8, avec une pag. de musique.

On trouve dans ce volume trois pièces de théâtre, chacune en un acte : *Une bonne action, etc.*, *l'Heureuse méprise*, *Une scène de café*, et en tête une Notice sur l'auteur par M. François *Morand*.

ALPHEN [Jérémie van]. — Petits Poëmes, à l'usage de l'enfance, trad. du hollandais par *Aug. Clavareau*. Lausanne, Benj. Corbaz, 1835, in-12, de 120 pag.

ALPHÉRAN, avocat à la cour royale d'Aix.

— Dixième procès de la Gazette du Midi; Plaidoyers de MM[es] *Alphéran* et *de Laboulie*, affaire Rostand. Marseille, de l'imp. d'Olive, 1832, in-8, de 56 pag.

ALPUENTE [Juan-Romero]. — Discurso sobre lo que con la muerte do Fernando VII sucedera à la España. Bordeaux, de l'imp. de Villeneuve, 1834, in-8, de 16 pag. — Sec. impres., correg. y aument. Paris, Rosa, 1834, in-12.

ALSTEIN [van], orientaliste, à Gand.

On lui doit la continuation de l'Alphabet de Champollion : de 60 découvertes qu'il renferme, il l'a porté à 260 ; le résultat de ses travaux est consigné dans plusieurs manuscrits inédits. [*Dictionnaire des hommes de lettres, des savants, etc. de la Belgique*].

ALTAROCHE [Durand-Marie-Michel], journaliste de l'opinion républicaine, écrivain spirituel, et surtout poëte, né à Issoire (Puy-de-Dôme), le 18 avril 1811.

I. Chambre [la] et les écoles. [En vers]. Paris, Terry, 1831, in-8, de 16 pag.

II. Société des droits de l'homme et du citoyen : Du gouvernement. Paris, de l'imp. d'Herhan, 1833, in-8, de 4 pag.

III. Société des droits de l'homme et du citoyen : 6 juin! Deuil! Paris, de l'imp. d'Herhan, 1833, in-8, de 2 pages.

Deux Discours tirés des journaux républicains de l'époque, où plusieurs autres prononcés dans les sociétés populaires par M. Altaroche ont été insérés.

IV. Peste contre peste, ou la France au XVIe siècle. Mars 1547.

Étude historique sur le règne de François Ier, formant 124 pag., imprimée dans le tom. II de « Paris révolutionnaire » [1834]. L'auteur se propose de réimprimer plus tard cette Étude avec deux autres, encore inédites, sur les règnes de Louis IX et Henri IV.

V. Chansons et vers politiques. Paris, Pagnerre, 1835, in-32 [1 fr. 25 c.].

— Chansons politiques. [T. II]. Paris, le même, 1838, in-32 [1 fr. 25 c].

Chacun de ces volumes a eu deux éditions.

VI. Avec M. *Laurencin* [Chapelle] : Lestocq, ou le Retour de Sibérie, comédie-vaud. anecdotique en un acte. Paris, Marchant, 1836, gr. in-8 à deux colonnes.

Pièce représentée sur le théâtre de la Porte Saint-Martin, le 14 août 1836.

M. Altaroche s'est caché sous le pseudonyme de *Dupuy*.

VII. Contes démocratiques, Dialogues et Mélanges. Paris, Pagnerre, 1837, in-32 [1 fr. 25 c.].

Ces Contes, qui ont obtenus trois éditions, avaient été pour la plupart imprimés dans les journaux auxquels a travaillé M. Altaroche, et plus particulièrement dans le Journal du peuple, et le Populaire.

VIII. Aventures de Victor Augerol, racontées par lui-même, recueillies et mises en ordre par Altaroche. Paris, Desessart, 1838, 2 vol. in-8 [15 fr.].

M. Altaroche a participé à la rédaction d'un grand nombre des journaux de l'opinion républicaine, tels que le Courrier des électeurs, la Révolution de 1830, le Diable boiteux, fondé par le colonel Lennox ; la Tribune, le National, le Populaire, le Journal du peuple, la Caricature, le Charivari, fondé en décembre 1832, et dont il est, avec L. Desnoyer, le principal rédacteur ; le Siècle, pour le feuilleton. M. Altaroche est aussi l'un des auteurs du « Nouveau Tableau de Paris au XIXe siècle, dans lequel on trouve de lui : *l'Avoué de Paris*, [tom. II, 1834], et *les Commissaires de police*, [tom. VI, 1835], et de « l'Almanach populaire » auquel il a fourni depuis son origine, en 1836, un morceau chaque année.

ALTENHEIM [Madame Gabrielle B. d'], ou Daltenheim, l'un de nos poëtes féminins les plus distingués de l'époque, Fille de M. Alex. Soumet, de l'Académie française ; née le 17 mars 1814 à Paris.

I. Cloche [la] de Saint-Bruno, nouvelle.

Imprimée dans le IIIe volume du « Livre rose » [1834].

II. Filiales [les]. Paris, Allardin, 1836, in-8 [7 fr. 50 c.].

III. Vers à M. de Monmerqué, éditeur des Lettres de madame de Sévigné. Paris, de l'imp. de F. Didot, 1837, in-8, de 4 pag.

IV. Un mariage à Saint-Germain l'Auxerrois, le 30 mai 1837. [En vers]. Paris, de l'imp. de F. Didot, 1837, in-8, de 12 pag.

V. Nouvelles Filiales. Paris, H. Barba, Molard et comp., 1838, in-12, orné de 4 gr. [2 fr.].

On trouve une Notice biogr. et littéraire sur Madame B. d'Altenheim, par M. *E. Deschamps*, dans la « Biographie des femmes auteurs contemporaines françaises, » publ. sous la direction de M. Alf. de Montferrand, p. 337 à 356.

ALTMAYER [N.], cultivateur à Saint-Avold, etc.
— Éloge du maréchal Fabert. Ouvrage qui a obtenu de l'Académie royale de Metz une mention honorable au concours de l'année 1837. Metz, les principaux libraires, 1838, in-8, de 48 pag.

ALTMEYER [Jean-Jacques], docteur en droit et en lettres, professeur d'Histoire à l'Université libre de Belgique; né à Luxembourg.

I. Manuel de l'histoire ancienne.

II. Manuel de l'histoire du moyen âge.

III. Philosophie de l'Histoire. [Ouvrage sous presse].

M. Altmeyer écrit dans les recueils littéraires de la Belgique : il a donné entre autres au « Recueil encyclopédique » des morceaux intitulés *Grégoire VII*, *les Templiers*, *Machiavel*, *Démosthène*, *Jeanne d'Arc*, *Wallenstein et Annibal*, et à la Revue militaire, différents articles sur les lois militaires.

[*Dictionnaire des hommes de lettres, etc., de la Belgique*].

ALVARADO [don Santiago]. — Novisimo devocionario que comprende cuantas oraciones forman el mas completo ejercicio cotidiano. Paris, Rosa, 1837, in-24.

ALVIMAR [le comte d']. [Voy. la *France littér.*, tom. I, pag 44.]

I. De l'Analogie qui existe entre la peinture et la poésie. Paris, Dentu, 1833, in-8, de 28 pag.

II. Notice des tableaux et des aquarelles du gén. d'Alvimar, que le jury à refusés pour l'exposition du Musée royal, et que le public peut voir au musée Colbert. Paris, de l'imp. de Dentu, 1833, in-12, de 24 pag.

On trouve à la suite une fable intitulée : *Le Villageois, son fils et l'âne*, même sujet que la fable de la Fontaine.

III. Salon de 1834. Analyse de ses productions les plus remarquables. Paris, Dentu, 1834, in-8, de 24 pag.

ALVIN [Louis-Joseph], à Bruxelles, secrétaire de l'administration de l'instruction publique de la Belgique; né à Cambrai, le 18 mars 1806.

I. Sardanapale, tragédie [en 5 actes et en vers], imitée de *Byron*. Bruxelles, Gambier, 1834, in-12.

II. Folliculaire [le] anonyme, comédie en 3 actes et en vers. Bruxelles, P.-J. Voglet, 1835, in-12.

Indépendamment de ces pièces, M. L. J. Alvin est auteur d'un grand nombre de poésies dans les journaux et recueils littéraires du pays; d'articles sur les expositions des beaux-arts qui ont eu lieu depuis l'année 1833; d'une foule d'articles littéraires. Il a été l'un des fondateurs et des principaux rédacteurs du « Recueil encyclopédique belge ». Il a commencé la publication d'*Etudes analytiques sur les ouvrages de Pierre-Paul Rubens*. Ces études sont destinées à servir de texte à l'ouvrage que publie M. Dewasme-Pletinckx, sous le titre d'OEuvres de Rubens.

[*Dictionnaire des hommes de lettres, etc., de la Belgique.*]

ALVIN-MOREAU [F.-R.-Ant.-Jos.]. [Voy. la *France littér.*, tom. I, pag. 44.]

I. Essai sur le courage civil; discours qui a été mentionné honorablement dans le rapport de la commission chargée d'examiner les ouvrages envoyés au concours ouvert en 1827 par la Société de la morale chrétienne. Lille, Castiaux; et Paris, Delarue, 1828, in-8 [1 fr. 50 c.].

II. Enseignement [l'] mutuel, poëme en IV chants. Avesnes, l'Auteur; et Valenciennes, Lemaître, 1828, in-12 [1 fr. 50 c.].

AMADIEU [F.]. — Notions élémentaires de géométrie descriptive, exigées pour l'admission aux diverses écoles du gouvernement. Paris, Bachelier, 1838, in-8, avec 5 pl. [2 fr. 50 c.].

AMANTON [Claude-Nicolas], d'abord avocat au parlement de Bourgogne, ensuite maire d'Auxonne, plus tard conseiller de préfecture du départ. de la Côte-d'Or, enfin juge suppléant au tribunal de première instance de Dijon; mort au palais de Meudon, le 28 septembre 1835. Depuis l'impression de notre premier volume de la France littéraire(*), il a publié :

I *. Observations sur l'Histoire de Napoléon d'après lui-même, publiée par Léonard Gallois. IIIe édit. Paris, de l'imp. de Trouvé, 1827, in-8, de 24 pag.

Extrait des « Annales de la littérature et des arts. »

L'auteur s'est attaché à relever des erreurs échappées à M. Gallois, sur les premiers temps de Bonaparte, sur sa fortune quand il était lieutenant d'artillerie, sur etc.; MM. Amanton et Girault, d'Auxonne, ont connu le jeune lieutenant quand il était en garnison dans cette ville, et certes il était bien éloigné de briller par la fortune.

II. Annuaire du départ. de la Côte-d'Or pour l'année 1828. Dijon, Lagier; Bonnefond-Dumoulin, *1828*, in-12 [*3 fr.*].

L'auteur a terminé ce volume par une nouvelle édition de la « Dissertation sur le roi qui boit, » par *J. B. Bullet*, avec des notes ou additions de l'éditeur. Cent exemplaires de la Dissertation ont été tirés à part.

III. Notice sur M. François Chaussier. [Extr. du Journ. de la Côte-d'Or]. Dijon, 1828, in-8, de 12 pag.

Cette Notice a été tirée à cent exemplaires. Il y a un supplément qui rectifie quelques erreurs de date et du prénom.

IV. Notice sur M. le comte de Gassendi, anc. général d'artillerie. [Extr. du Journal de la Côte-d'Or]. Dijon, Odobé, 1828, in-8.

(*) *La France littéraire* a omis de citer quelques brochures de circonstance d'Amanton. A l'époque où s'imprimait le premier volume de notre ouvrage bibliographique, il n'eût pas été prudent de rappeler aux investigateurs de faits accomplis depuis longtemps, qu'un fonctionnaire, encore en place, avait prononcé, en public, l'apologie de celui que les *restauratistes* n'appelaient alors que l'*usurpateur;* par respect pour la tranquillité d'Amanton, qui était notre collaborateur, nous supprimâmes l'indication inopportune de ces brochures. Aujourd'hui que les circonstances sont changées, et que d'avoir été administrateur sous Napoléon est devenu un titre de gloire au lieu d'être un crime, comme après 1814, nous sommes étonnés que M. Peignot, dans sa Notice sur Amanton, n'ait pas cité les opuscules en question. Voici leurs titres : I. *Discours prononcé par le maire de la ville d'Auxonne, le jour de la fête nuptiale, célébrée à l'occasion du mariage de S. M. l'empereur et roi.* [Paris, Pillet, 1810, in-8]. II. *Discours prononcé ..... le jour de l'anniversaire du couronnement de S. M. l'empereur.* [Dijon, Frantin, 1811, in-8]. III. *Discours prononcé ....*, le 9 juin 1811. [Dijon, Frantin, 1811, in-8].

V. Notice sur M. de Boisville, évêque de Dijon. [Extr. du Journal de la Côte-d'Or]. Dijon, de l'imp. d'Odobé, 1829 in-8, de 8 pag.

Tirée à 60 exemplaires, dont 10 sur papier violet.

VI. Vauban. [Extr. du Journ. de la Côte-d'Or]. Dijon, de l'imp. d'Odobé, 1829, in-8, de 4 pag.

Tiré à 50 exemplaires. C'est une notice sur le lieu et la date de naissance de cet homme célèbre, sur lesquels on a toujours été incertain.

VII. Notices sur M. Châtillon et sur M. Torombert. [Extr. du Journ. de la Côte-d'Or]. Dijon, de l'imp. de Frantin, 1830, in-8, de 20 pag.

Tirées à 100 exemplaires.

VIII. Paraibôle de l'Anfan prôdigue et le livrô de Ruth, revirai po lai premeire foi an borguignon, par ein haibitan de lai rue Sain-Felebar, ai Dijon. — Parabole de l'Enfant prodigue et le livre de Ruth, traduits pour la première fois en patois bourguignon, par un habitant de la rue Saint-Philibert, à Dijon [*C.-N. Amanton*]. Dijon, de l'imp. de Frantin, 1831, in-8, de 32 pag.

Tiré à 60 exemplaires dont 4 sur papier citron, un sur papier rose, et un sur papier chamois.

Les seize pages préliminaires de cet opuscule sont consacrés aux recherches sur les diverses traductions de la parabole de l'Enfant prodigue dans les différents patois de la France, etc., et sur d'autres pièces en patois bourguignon. Ensuite vient la traduction de cette parabole et celle du livre de Ruth, dans ce patois. On peut les regarder comme un chef-d'œuvre dans ce genre; c'est la simplicité, la naïveté et la finesse d'expression de ce patois, l'un des plus agréables et des plus expressifs qui existent; mais il faut le connaître pour l'apprécier à sa juste valeur. M. Amanton excellait dans cette partie.

« Une seconde édition de ce curieux opuscule, corrigée et augmentée, a paru à Dijon, au mois de septembre de la même année 1831, in-8 de 38 pag., également tirée à 60 exemplaires ; cette édition est fort belle.

IX. Notice sur le feu marq. de Thiard, membre honoraire de l'Académie des sciences, arts et belles-lettres de Dijon, lue à la séance particulière du 16 novembre 1831. Dijon, de l'imp. de Frantin, 1832, in-8, de 26 pag.

Extraite des Mémoires de l'Académie de Dijon et tirée à 150 exemplaires.

X. * Catalogue d'une partie de mes livres, comprenant ce qu'il y a de plus curieux et de plus intéressant dans mon cabinet. Dijon, V. Lagier, 1832, in-8, de 75 pag.

C'est un catalogue de vente rédigé par le propriétaire même de la bibliothèque. Ce catalogue est bon à conserver à cause des notes qui accompagnent une grande partie des titres qui y sont donnés.

XI. Notice sur madame Gardel. [Extraite du Journal de la Côte-D'or]. Dijon, de l'impr. de Frantin, 1835, in-8, de 12 pag.

XII. Éloge de M. le marquis de Courtivron, associé honoraire de l'Académie de Dijon. Dijon, de l'impr. de Frantin, 1835, in-8, de 32 pag.

XIII. Révélations sur les deux Crébillon. Paris, Ch. Malo, 1836, in-8, de 48 pag.

Extraites de *la France littér.*, IVe année, 44e livraison, août 1835.

L'auteur y bat en brèche l'illustration nobiliaire dont on a voulu environner le berceau de Crébillon.

XIV. Galerie auxonnaise, ou Revue générale des Auxonnais dignes de mémoire, comprenant la réimpression des biographies de Maillard du Mesle, intendant des îles de France et de Bourbon, et de madame Gardel, première danseuse de l'Académie royale de musique. Auxonne, X.-T. Saunié, 1835, in-8, de 128 pag., avec une grav. et deux planches.

Tirée à 100 exempl.

« M. Amanton est mort au moment où l'on terminait l'impression de cet ouvrage, dernier tribut de son zèle pour la gloire de la Bourgogne, et particulièrement de ses compatriotes. »

On doit aussi à M. Amanton la publication d'une édition de *Virgile* virai an borguignon, avec sommaires et notes [Dijon, 1831, in-8].

M. Gabr. Peignot a lu, en 1836, à l'Académie des sciences, arts et belles-lettres de Dijon, une Notice sur la vie et les ouvrages de M. Amanton, qui a été imprimée la même année dans les Mémoires de cette académie. Il y a eu des exempl. de cette Notice tirés à part [Dijon, de l'impr. de E. Frantin, 1837, in-8 de 23 pag. avec un portr]. C'est de cette notice que nous avons extrait les notules de cet article.

M. Amanton était l'un de nos collaborateurs, et la France littéraire lui doit plusieurs notices bibliographiques sur des Bourguignons littéraires contemporains, indication que M. Peignot a jugée trop peu importante pour être mentionnée.

AMAR (*), connu aussi sous le nom d'AMAR DU RIVIER [Jean-Augustin]. [Voy. *la France littér.*, tom. I, p. 46], inspecteur honoraire de l'Académie de Paris; mort le 25 janvier 1837.

I. Fables choisies, tirées des Métamorphoses d'*Ovide*, latin-français. Sec. édit. Paris, J. Delalain, 1836, in-12 [3 fr.].

Ce volume, dont la première édition parut en 1808, n'est point cité dans la France littéraire à l'article de son éditeur (*).

II. Avec M. *Ch. Héguin de Guerle*: les Bucoliques et les Géorgiques de *Virgile*, trad. nouv. [avec le texte en regard]. Paris, Aug. Delalain, 1827, in-8 [9 fr.].

III. Rhéteurs [les] latins, ou Analyse raisonnée et Morceaux choisis des ouvrages de *Cicéron*, de *Quintilien* et de *Tacite*, sur l'art oratoire, à l'usage des classes de seconde et de rhétorique. Paris, Charl. Gosselin, 1829, in-12 [4 fr.].

IV. Narrationes poeticæ latinæ. Narrations extraites des meilleurs poëtes latins: *Horace, Virgile, Ovide, Lucain, Pétrone, Sénèque, Stace, Silius Italicus, Valérius Flaccus, Claudien*; précédées de sommaires, à l'usage de la classe de seconde. Texte et trad. en regard. Paris, Aug. Delalain, 1834, 2 vol. in-12 [10 fr.]; — ou sans la traduction. Paris, Aug. Delalain, 1834, 1 vol. in-12 [3 fr.].

Amar, de plus, a pris part à la traduction de trois auteurs latins qui font partie de la Bibliothèque latine-française publiée par le libraire Panckoucke, et ces trois auteurs sont, *Térence* (1830), *Horace* (1831) et *Virgile*. Il a été l'éditeur du vol. intitulé *Marci Annæi Lucani* Pharsalia, recognovit J. A. Amar, addidit *T. Petronii* specimen belli Civilis. Paris, 1834, in-18 [2 fr.].

AMARO [R.-P.]. — Chicote [o], poemeto. Paris, de la impr. de Tastu, 1829, in-8, de 16 pag.

AMAROU. — Anthologie érotique. Texte sanscrit, traduction, notes et gloses, par A.-L. Apudy [masque du

(*) D'après un acte de l'état civil, le véritable nom de ce philologue n'était pas Amar, mais bien *Amare*.

(*) *La France littéraire* ne donne pas non plus les titres de deux opuscules d'Amar, qui ont pourtant été imprimés avec le nom de leur auteur : I. *Chant guerrier aux soldats de la république*. Sans lieu d'impression, ni date, in-8, de 8 pages. Cet opuscule, et c'est peut-être le seul, porte le véritable nom de son auteur : *A. D. Amare*. II. *Recens orto Romæ regi, Genethliacon canebat Joh. Aug. Amar.....* — La Naissance du roi de Rome, trad. par *C.-L. Mollevault*. Paris, de l'impr. de Fain, sans date [1811], in-4, de 15 pag. J. R-L.

prof. *Chezy*]. Paris, Dondey-Dupré, 1831, in-8, de 112 pag. [7 fr.].

Le texte précède la traduction.

AMAT [Hilarion], manufacturier à Marseille.

— * Réflexions sur les causes primitives des événements de Lyon. Marseille, de l'impr. de Feissat, 1834, in-4, de 16 pag.

AMAT [don Felix-Torres]. — Sagrada [la] Biblia, nuevamente traducida al español, è illustrada con notas. Edicion reimpresa de la segunda de Madrid. Paris, V. Salvà, 1835-1836, 17 vol. in-18 [50 fr.].

AMBEL [Ch.-H. d'], pseudon. Voy. F. de SAINT-GÉNIÈS.

AMBERT [Joachim], capitaine au 10e régiment de dragons.

I. Esquisses historiques et pittoresques des différents corps qui composent l'armée française, par *J. Ambert...*; lithographies par *Ch. Aubry*. Saumur, Degouy, 1835, in-folio, de 248 pag., avec 13 planches [45 fr.].

II. Le même ouvrage, sous ce titre: Esquisses historiques, psycologiques et critiques de l'armée française, par *J. Ambert;* lithographies et vignettes sur bois, de *Ch. Aubry* et de *Karl Lœillot.* Seconde édition, revue et augm. par l'auteur. Paris, de l'impr. de Crapelet. — Saumur, Degouy, 1837, 2 vol. in-8, avec 16 pl., vign. et un fac-simile. [En noir 15 fr., et fig. color., 25 fr.]

M. Ambert écrit dans le «Spectateur militaire» où nous avons remarqué de lui les articles suivants: 1° Du corps royal d'état-major [tome XIV]; 2° De l'armée française après la révolution de 1830 [tome XV]; ces deux articles ne portent que les initiales de leur auteur; 3° De l'armée française en 1836; 4° Considérations sur la position des vétérinaires militaires [tom. XXI]; 5° Des duels et des combats à outrance [tom. XXIV].

M. Ambert s'occupe d'un nouvel ouvrage. Un fragment, intitulé *la Vivandière,* en a été imprimé en janvier 1837, dans la «Revue du Breton.»

AMBRAINE [L.-J.-A.-Amand d']. — Aux Laonnois, sur la destruction de la tour du Bourg, dite de Louis d'Outre-Mer. Laon, Lecomte, sans date [1832], in-8, de 24 pag. [75 c.].

AMBROSSE [Bertie], esq. — Flowers [the] of Chaumont. Calais, printed by Leleux, 1832, in-18, de 72 pag.

AMBS, et plus tard AMBS-DALÈS [J.-B.].

I. Amours et intrigues des grisettes de Paris, ou Revue des belles, dites de la petite vertu, contenant, etc. Paris, Roy-Terry, 1828, in-18, avec une grav. — Sec. édit. Paris, Roy-Terry, 1829, in-18, avec une grav. — Troisième édit., sous ce titre: Amours et intrigues des grisettes de Paris, ou Revue des belles dites de la petite vertu, contenant: 1° des anecdotes galantes sur ces demoiselles; 2° un exposé de leurs mœurs, coutumes et usages, d'après les différents quartiers qu'elles habitent; 3° une nomenclature des jardins et endroits publics où elles se réunissent le plus fréquemment; 4° une correspondance romantico-philosophique entre une lingère et une modiste. Le tout rédigé d'après les renseignements donnés par une grisette sur le retour, et publié par *J.-B. Ambs-Dalès.* Troisième édit. Paris, Roy-Terry, 1830, in-18, avec une grav. [1 fr. 50.].

La première édition a paru sous le nom de *J. B. Ambs.*

II. Amour [l'] à l'encan, ou la Tactique secrète de la galanterie dévoilée, revue semi-morale, semi-folâtre des sérails patentés de la capitale, par une nymphe retraitée. Sec. édit., revue par J.-B. Ambs. Paris, Terry, 1829, in-18, avec une grav. [1 fr. 50 c.].

III. Liberté [la] reconquise, ou Histoire complète et détaillée de la révolution de juillet 1830, contenant une relation exacte de tous les événements, avec le nom des victimes. Paris, Terry, 1830, in-18, avec une grav. [2 fr.].

Ce volume a obtenu trois autres éditions dans la même année.

IV. Révolutions des départements, ou Histoire complète et détaillée des troubles qui ont éclaté dans les départements, et des événements qui ont eu lieu dans chaque ville en particulier pendant et depuis l'insurrection de la capitale, etc.; précédée d'une relation exacte de tout ce qui s'est passé à Paris depuis le 29 juillet jusqu'à ce jour. Paris, Terry, 1831, in-18, avec 2 grav. [2 fr.].

V. Dés [les] sanglants. Paris, rue de Chabrol-Poissonnière, n° 24, 1834, in-32 [20 c.].

VI. Histoire de Debureau. Troisième

édit., augmentée de son procès devant la cour d'assises. Paris, Bourdin, 1836, in-18, de 36 pag. [20 c.].

Les deux premières éditions, qui ont vraisemblablement été publiées dans la même année, ne nous sont pas connues.

AMÉDÉE, auteur dramatique, pseudon. Voy. PHILIPPE.

AMELIN [J.-M.], professeur de dessin à l'école royale du génie de Montpellier.

— Guide du voyageur dans le département de l'Hérault, ou Esquisse d'un tableau historique, pittoresque, statistique et commercial de ce département. Paris, et Montpellier, Gabon, 1829, in-18, avec une carte [7 fr.].

AMIC [C.-G.], D. M., membre de la Société d'instruction médicale de Paris.

I. Dissertation sur la fièvre jaune, observée à la Guadeloupe. Paris, de l'impr. de Didot jeune, 1819, in-4, de 40 pag. avec une planche.

Thèse pour le doctorat en médecine.

II. Considérations médico-topographiques sur la ville de Brignolles, accompagnées de réflexions critiques sur la plupart de ses établissements publics, suivies d'une table chronologique des hommes distingués dans tous les genres qu'elle a fournis à la société, et d'une nomenclature synonymique-botanique française, provençale et latine, à l'usage des médecins et habitants des communes rurales. Brignolles, de l'impr. de Perreymond-Durfort, 1838, in-8, de 66 pag.

AMIC [Auguste], né à Orange [Vaucluse], en 1798.

I. Romuald, ou le Libérateur de l'Ausonie. Paris, Moreau, 1820, in-12 [2 fr.].

II. Avec M. *Eliçagaray*: *l'Homme à la longue barbe: précis sur la vie et les aventures de Chodruc-Duclos, suivi de ses lettres; orné du portrait de ce personnage mystérieux et d'un fac-simile de son écriture, par MM. *E.* et *A.* Paris, les march. de nouv. [Tenon], 1829, in-8, de 72 pag. — Seconde édit. Paris, les mêmes, 1829, in-8, de 80 pag., avec un portr. et un fac-simile.

Cet écrit fut condamné en police correctionnelle, pour un passage qui blessait les la Rochejacquelin.

III. Méridionales [les]. Paris, Garnier, 1829, in-18.

M. Amic est ou a été le rédacteur-gérant de « l'Encyclopédie des connaissances utiles. »

AMICE [J.-F.], du Morbihan.

I. Elementa philosophiæ metaphysicæ, excerpta præcipuè è scriptis DD. *Frayssinous*, *Laromiguière*, *de Bonald*, *etc.*, *etc.*, ad usum studiosæ juventutis. Lugduni et Parisiis, Rusand, 1827, in-12, de 68 pag.

Cet opuscule a été publié sous le nom d'*Amice Dupontgant.*

II. Manuel de philosophie expérimentale, ou Recueil de dissertations sur les questions fondamentales de la métaphysique, extraites de *Locke*, *Condillac*, *Destutt-Tracy*. Paris, Roret, 1829, in-18 [3 fr. 50 c.].

III. Croix [la] et les souvenirs qu'elle rappelle, stances. Nogent-le-Rotrou, 1829, in-12, de 16 pag.

AMIEL [L.-J.-V.].— Grammaire [la] latine, expliquée par la grammaire générale, à l'usage de l'institut de Chevreuse. Paris, l'Auteur; Cormon et Blanc, 1836, in-12 [3 fr.].

AMIOT [A.-P.-J.]. — Panorama militaire, ou Précis de l'histoire des troupes françaises, depuis la fondation de la monarchie jusqu'à nos jours; divisé en dix tableaux, et contenant l'exposition par périodes de tous les changements importants survenus dans la composition et l'organisation de l'armée, ainsi que des détails sur les principales opérations auxquelles elle a été successivement employée. Paris, Corby; Anselin, 1830, in-8 [7 fr.].

AMIOT [B.], ancien élève de l'École normale, agrégé pour les classes des sciences, professeur de mathématiques au collége royal de Rouen.

— Traité de géométrie élémentaire. Paris, Germer Baillière, 1838, in-8, avec fig. [3 fr. 50 c.].

Voyez aussi AMYOT.

AMONDIEU [J.-L.-A.], secrétaire général de la Société royale académique de Nantes.

I. Études des « Études de la nature », de J.-H.-B. de Saint-Pierre, servant à éclaircir quelques objections que cet auteur a faites aux sciences naturelles.

Avignon, de l'impr. de Chaillot, 1821, in-18.

II. Minéralogie [la] enseignée en XXIV leçons. Paris, Audin; Naudin; Charles-Béchet; Verdière, 1826, in-12, avec 4 planches [7 fr.].

III. Essai d'un cours élémentaire d'optique, contenant les deux théories de la lumière dans les systèmes des ondulations et de l'émission. Paris, Verdière, 1826, in-18 [3 fr. 50 c.].

IV. Méthode Jacotot. Son origine, son esprit et son véritable mode. Discours lu à la Société académique de la Loire-Inférieure, le 5 novembre 1829. Nantes, de l'impr. de Mellinet-Malassis, 1829, in-8, de 24 pag.

V. Compte rendu des travaux de la Société royale académique de Nantes, pendant l'année 1834. Nantes, de l'imp. de Mellinet, 1835, in-8, de 40 pag.

VI. Cours de mathématiques. Arithmétique. Nantes, l'Auteur, 1836, in-8.

AMOROS Y ONDEANO [don Francisco]. [Voy. *la France littér.*, tom. Ier, pag. 50].

I. Observations du colonel Amoros sur l'ouvrage du docteur Lachaise, ayant pour titre: Précis physiologique sur les courbures de la colonne vertébrale. Paris, madem. Delaunay, 1827, in-8, de 48 pag.

II * Gymnase normal, militaire et civil: continuation de l'Histoire de cet établissement depuis la publication des derniers Mémoires jusqu'au mois d'avril 1828: État actuel de cette institution, etc. Paris, Roret, 1828, in-8, de 128 pag., plus un tableau.

Des personnes qui paraissent bien informées, affirment qu'une partie des écrits sur le Gymnase Amoros a été rédigée sur les notes du propriétaire, par *J.-P. Brès*, et que c'est aussi ce dernier qui a rédigé les divers « Manuels » qui ont été imprimés sous le nom de M. Amoros. Cela soit dit sans méchanceté, car on ne doit pas perdre de vue que M. Amoros est espagnol.

III. Discours prononcé à l'ouverture du cours pour MM. les officiers qui ont été destinés, en octobre 1829, à le suivre, afin de répandre la méthode gymnastique. Séance du mercredi, 14 octobre 1829. Paris, de l'imp. de Crapelet, 1829, in-8, de 8 pages.

IV. Manuel d'éducation physique et morale. Paris, Roret, 1830, 2 vol. in-18 et un atlas in-8, de 50 planches [10 fr. 50 c.].

C'est, selon toute apparence, une nouvelle édition du Manuel que nous venons de citer, qui a été publiée, en 1838, sous ce titre: *Nouveau Manuel d'éducation physique, gymnastique et morale.* Paris, Roret, 2 vol. in-18, avec un Atlas in-8 de 50 planches [10 fr. 50 c.].

V. Mémoire contre le comte Cormier du Médic, capitaine du 8e régiment de l'ex-garde royale. Paris, de l'imp. de Crapelet, 1830, in-8, de 24 pages.

VI. Pétition à la Chambre des députés, suivie de Réflexions pour la défense du gymnase normal militaire et civil. Paris, de l'imp. de Crapelet, 1821, in-8, de 16 pages.

VII. * Quelques mots sur le gymnase normal militaire et civil, et sur les contrariétés que son fondateur éprouve. Paris, de l'imp. d'Éverat, 1837, in-8, de 16 pages.

VIII. Pièces et documents relatifs à l'histoire du gymnase normal militaire et civil, exposant plus particulièrement les persécutions éprouvées par le fondateur en 1836. Paris, de l'imp. d'Éverat, 1837, in-8, de 112 pages.

IX. Lettre du colonel Amoros sur le gymnase normal militaire, sur les contrariétés qu'il éprouve, et invitation pour que l'on vienne voir les établissements qu'il dirige. Paris, de l'imp. de Dupont, 1838, in-8, de 16 pages.

On trouve une Notice sur le colonel Amoros, dans la « Biographie des hommes du jour, » publiée par MM. G. Sarrut et B. Saint-Edme, tome III, 2e partie, pages 120 et suiv.

AMOUROUX [L.], soldat au 48e de ligne.

I. Poëme en deux chants. Orthez, de l'imp. de Breillat, 1837, in-8, de 24 pages.

II. Poésies diverses. Dax, Ducos, 1837, in-8, de 16 pages; — ou Bordeaux, Lafargue, 1838, in-8 de 16 pages.

AMPÈRE [André-Marie] [voy. la *France littér.*, tom. I, pag. 50], le premier et le plus profond mathématicien de son siècle, inspecteur de l'Université, membre de l'Institut [Académie des sciences], etc.; mort à Marseille, le 10 juin 1836. Aux ouvrages cités par la *France littér.* (*) il faut ajouter les suivants :

I. Mémoire sur l'action mutuelle d'un conducteur voltaïque et d'un aimant, présenté à la séance du 28 octobre 1826, suivi d'une lettre au doct. Gherardi, servant de supplément à ce Mémoire. Bruxelles, M. Hayez [1827], in-4, de 88 pag. et 3 planches.

Extrait du IVe vol. des « Nouveaux Mémoires de l'Académie de Bruxelles » [1827], et réimpr. à Paris, sous le titre de *Note*, etc. Bachelier, 1828, in-8 de 32 pages, avec une pl. [1 fr. 50 c].

II. Mémoire sur la détermination de la surface courbe des ondes lumineuses dans un milieu dont l'élasticité est différente, suivant les trois directions principales, etc. Paris, Bachelier, 1829, in-8, de 36 pag., avec une planche [1 fr. 50 c.].

III. Essai sur la philosophie des sciences, ou Exposition analytique d'une classification naturelle de toutes les connaissances humaines. Paris, Bachelier, 1834. — Sec. édit. Paris, le même, 1838, 2 part., in-8 [10 fr.].

On trouve une courte Notice sur ce savant dans la Biographie universelle et portative des contemporains, tom. V, pag. 13 et 14. M. BREDIN, de l'Académie de Lyon, a prononcé dans la séance publique tenue par cette compagnie au mois d'août 1837, l'éloge historique d'André-Marie Ampère. M. de SAINTE-BEUVE a inséré dans le tome IX de la IVe série de la Revue des deux mondes, une Notice intéressante sur Ampère, sa jeunesse, ses études diverses, ses idées métaphysiques, etc. [pages 399-422], à laquelle M. E. LITTRÉ a fait une addition, sur les services rendus à la physique par Ampère [id., pages 422-39]. Enfin le fils de ce célèbre mathématicien, M. J. J. Ampère, professeur au collége de France, a fourni au tome XXIV du dernier recueil cité, une pièce de vers, d'assez d'étendue, intitulée « Contemplation, » qui a été inspirée par « l'Essai sur la philosophie des sciences, » à laquelle elle a trait.

(*) La France littér. ne donne pas l'indication de trois mémoires d'Ampère, qui sont consignés dans le Journal de l'École polytechnique. Ces trois mémoires sont : 1° *Recherches sur quelques points de la théorie des fonctions dérivées* qui conduisent à une nouvelle démonstration de la série de Taylor, et à l'expression finie des termes qu'on néglige lorsqu'on arrête cette série à un terme quelconque [tome VI, 1806]; 2° *Mémoire sur les avantages qu'on peut retirer dans la théorie des courbes*, de la considération des paraboles osculatrices, avec des Réflexions sur les fonctions différentielles dont la valeur ne change pas lors de la transformation des axes [tome VII, 1808]; — 3° *Considérations générales sur les intégrales des équations aux différences partielles* [tome X, 1815.]

AMPÈRE [Jean-Jacques], fils du précédent, professeur d'histoire de la littérature française au Collége de France; né à Lyon, le 12 août 1800.

I. De l'histoire de la poésie. Discours prononcé à l'Athénée de Marseille pour l'ouverture du cours de littérature. Marseille, de l'imp. de Feissat aîné, 1830, in-8, de 52 pages.

II. Littérature et Voyages. Allemagne et Scandinavie. Paris, Paulin, 1833, in-8 [8 fr.].

Une partie des morceaux dont se compose ce volume a paru d'abord dans la « Revue des deux mondes. »

Ce volume et le Discours cité précédemment sont tout ce qui a été imprimé séparément de M. J. J. Ampère; mais ce n'est pas tout ce qu'on a de lui. M. Ampère a participé à la rédaction de la « Revue française, » fondée par M. Guizot [1828-30], à celle du « National; » aujourd'hui il écrit dans la « Revue des deux mondes; » et ce recueil, depuis son origine, renferme déjà une série de morceaux, dans le nombre desquels plusieurs importants et très-remarquables. Voici la liste de ceux qui y ont été insérés jusqu'à ce jour [nov. 1838] : 1° *De l'ancienne littérature scandinave* [prem. série, tom. II, 1832]; — 2° *Essai sur la vie et les écrits d'Holberg* [tom. III, 1832]; — 3° *Sigurd*, tradition épique, selon l'Edda et les Niebelungs, en deux parties [tom. III, 1832]; — 4° *De la Chine et des travaux de M. Abel Remusat*, en deux parties [tom. IV et V, 1832-33]; — 5° *De la littérature française dans ses rapports avec les littératures étrangères au moyen âge* [sec. série, tom. Ier, 1833]; — 6° *Histoire des lois par les mœurs*, en deux parties, la première ayant pour objet l'Orient et la Grèce, et la seconde, Rome [id., tom. II, 1833]; — 7° Ancienne poésie scandinave : *la Volupsa, la Havemal, le Chant de Rig* [IIIe série, t. III, 1833]; — 8° *De l'Histoire de la littérature française*, discours prononcé au Collége royal de France, le 14 février 1834 [ibid., tom. IV, 1834]; 9° *Naufrage d'un bateau à vapeur* [IVe série, tom. I, 1835]; — 10° *Contemplation*. A mon père. Pièce de vers à l'occasion de l'Essai sur la philosophie des sciences du père de l'auteur [voy. l'article précédent]. [IIIe série, tom. IV, 1835]; — 11° *Portraits de Rome à différents âges*, en deux parties [IVe série, tom. III, 1835]; — 12° *Histoire littéraire de la France* [*pendant l'époque latine*] *avant le XIIe siècle*; première leçon d'un cours professé par l'auteur [IV série, tom. VI, 1836]; — 13° *Des Bardes chez les Gaulois et les autres nations celtiques* [IVe série, tom. VII, 1836]; — 14° Littérature orientale : *Antiquités de la Perse. Travaux de M. E. Burnouf* [IVe série, tom. VIII, 1836]; — 15° *Littérature païenne et chrétienne du IVe siècle. Ausone et S. Paulin*. I. Ausone. [IVe série, tom. XI, 1837]; — II. S. Paulin [id., tom. XII, 1837]; 16° *De la chevalerie*, en deux parties [ibid., tom. XIII, 1838); 17° *du Théâtre chinois* [ibid., tom. XV, 1838.]

AMUSSAT [Jean-Zuléma], docteur en chirurgie de la Faculté de Paris, membre de l'Académie royale de médecine, de la Société de phrénologie, etc.; né à Saint-Maixent [Deux-Sèvres], le 21 novembre 1796.

I. Communication faite à l'Académie royale de médecine (dans sa séance du 27 décembre 1827). Paris, de l'imp. de Thuau, 1828, in-8, de 16 pages.

Sur l'extraction des pierres de la vessie.

II. Communication faite à l'Académie royale de médecine dans sa séance du 27 décembre 1827. Paris, de l'imp. de Thuau, 1828, in-8, de 8 pages.

Sur le broiement de la pierre dans la vessie.

III. Leçons du docteur Amussat sur les rétentions d'urine, causées par les rétrécissements du canal de l'urètre, et sur les maladies de la prostate; publiées sous ses yeux par *A. Petit* (de l'île de Ré). Paris, Germer Baillière; l'Auteur, 1832, in-8 [4 fr. 50 c.].

IV. Lithotripsie ou cystotomie hypogastrique, ou mieux postéro-pubienne. Paris, de l'imp. royale, 1832, in-4, de 48 pages.

V. Table synoptique de la lithotripsie et de la cystotomie hypogastrique, ou mieux postéro-pubienne. Paris, Germer Baillière, 1832, in-4, fig. [3 fr. 50 c.].

Même ouvrage que le précédent, mais disposé autrement.

VI. Concrétions urinaires de l'espèce humaine, classées sous le double rapport de leur volume et de leur forme, pour servir à indiquer les difficultés que l'on peut rencontrer en pratiquant la lithotripsie et la cystotomie. Paris, Germer Baillière, 1832, in-plano d'une feuille, avec 78 fig. [2 fr. 50 c.].

VII. Observation sur une opération d'anus artificiel, pratiquée avec succès par un nouveau procédé à la région anale d'un enfant nouveau-né, dans un cas d'absence congéniale du rectum; suivie de quelques réflexions sur les obturations du gros intestin. Lue à l'Institut dans la séance du 2 novembre 1835. [Paris, Germer Baillière, 1835], in-8, de 16 pag. [1 fr. 25 c.].

Extrait de la « Gazette médicale. »

VIII. Spasme [du] de l'urètre et des obstacles véritables qu'on peut rencontrer en introduisant des instruments dans ce canal. Mémoire lu à l'Institut le 8 février 1836. [Paris, Germer Baillière, 1836], in-8, de 28 pag. [1 fr. 25 c.].

Extrait de la « Gazette médicale. »

IX. Nouvelles Recherches expérimentales sur les hémorrhagies traumatiques, suivies de quelques Considérations sur l'importance des vivisections pour former des chirurgiens-opérateurs....

Mémoire imprimé dans le tome V de la collection de l'Académie royale de médecine, pag. 68 à 91, volume imprimé en 1836.

On trouve une Notice sur M. le doct. Amussat dans la «Biographie des hommes du jour», publiée par MM. G. Sarrut et B. Saint-Edme, tome III, 2e partie, pages 314 à 321.

AMY [J.-C.]. — I. Bataille [la] de Navarin, ode, suivie d'une Épître à mes rochers. Paris, de l'imp. de Boucher, 1828, in-8, de 16 pages.

II. Poëme sur le choléra-morbus: ses progrès, depuis les Indes jusqu'à Paris, au fort de son intensité. Paris, His, 1832, in-8, de 32 pages [1 fr. 50 c.].

III. Arc [l'] de triomphe de l'Étoile et l'Obélisque. Poëmes historiques en six chants, suivis d'un Barde du Jura au dix-neuvième siècle, et d'autres poésies. Paris, *Terry*, 1837, *in-18* [2 f.].

AMYOT, ou AMIOT, avocat.

I. Mémoire sur les domaines de l'État, sur les ressources qu'ils ont procurées et qu'ils peuvent procurer encore. Paris, de l'imp. de Lanoë [1819], in-4, de 36 pages.

II. Mémoire sur la police et la juridiction des bâtiments à Paris, pour MM. les entrepreneurs de maçonnerie, de charpenterie, de couverture et bâtiments, et paveurs de la ville de Paris. Paris, rue Vivienne, n° 16, 1829, in-8, de 40 pages.

III. Mémoire à la Chambre des députés à l'appui d'un projet de loi tendant à obtenir, pour les communes qui possèdent des terres incultes soumises à l'usage de la dépaissance de tous les bestiaux, l'autorisation de défricher ces terres et de les exploiter suivant le mode le mieux approprié à leurs intérêts. Paris, de l'imp. de Saintin, 1836, in-4, de 16 pag. — Second Mémoire sur le même sujet. Paris, de l'imp. du même, 1837, in-4, de 16 pages.

AMYOT. — Histoire du gouvernement représentatif en France, depuis la Restauration. Première époque. 1814-1816. Paris, rue des Grands-Augustins, n° 18, 1830, in-18, de 180 pages.

AMYOT [Charles-Jean-Baptiste], avocat à la cour royale de Paris; né à Vendeuvre (Aube), le 23 septembre 1799.

I. Sur une nouvelle organisation judiciaire en France. Paris, de l'imp. de Tastu, 1830, in-8, de 16 pages.

II. Épître [en vers alexandrins. 20 avril 1833]. Paris, de l'imp. de Dupuy, 1833, in-8, de 8 pages.

L'auteur était alors détenu à Charenton.

III. Institutes ou Principes des lois civiles, avec les changements, corrections et améliorations dont les Codes civil et de commerce paraissent susceptibles. Paris, rue Neuve-Saint-Roch, n° 24, 1833, in-8, de 256 pag. [8 fr.].

IV. * Poëme de l'histoire de France racontée dans les villages et à la Courtille par un pauvre barde. Paris, de l'imp. de Dupuy, 1835, in-8, de 32 pag. [50 c.].

V. Livre universel de lecture, pour les écoles primaires, ou Histoire universelle et Encyclopédie. Paris, Lavigne, 1838, in-12, avec une grav. [1 fr. 50 c.].

M. Amyot a en portefeuille une *Histoire de la Restauration, depuis* 1814 *jusqu'en* 1824, ouvrage terminé depuis quatre ans et qui pourrait former 3 vol. in-8. Il s'occupe d'une *Grammaire d'une langue philosophique et universelle*, fondée sur les mathématiques, et type primitif de toutes les autres langues du monde, avec un dictionnaire des racines de cette langue nouvelle, etc. V. A. S.

ANAGNOSTI [Michel]. — Valachie [la] et la Moldavie. Paris, de l'imp. de Fournier, 1837, in-8, de 44 pages.

ANCELOT [Jacques-Arsène-Polycarpe-François], littérateur distingué, né le 9 février 1794, au Hâvre, d'un père greffier du tribunal de commerce de cette ville, et grand admirateur de Racine; M. Ancelot commença ses études au collége du Hâvre et les termina à celui de Rouen : il fut d'abord employé au service de la marine, employé de troisième classe à la préfecture maritime de Rochefort, où son oncle était préfet [1813], employé au ministère de la marine [janvier 1815]. Les succès qu'il avait obtenus pour ses tragédies de « Louis IX » et du « Maire du palais », le firent nommer chevalier de la Légion d'honneur [1823], conservateur honoraire de la Bibliothèque de l'Arsenal [1825], et enfin bibliothécaire de Charles X. La révolution de juillet fut fatale à M. Ancelot, car il perdit tout à la fois place et pension, et c'est alors, que se voyant privé de ses traitements, il cessa de travailler pour la gloire, fit des pièces pour les théâtres secondaires, et de la littérature marchande, non par goût, mais par nécessité.

LITTÉRATURE.

Comédies-vaudevilles et drames-vaudevilles.

I. * Avec M. B. Saintine [*Xav. Boniface*] : les Brigands des Alpes, com.-vaud. en un acte, par MM. Paris, Barba, 1818, in-8 [1 fr. 25 c.].

II. * Avec M. *Carmouche :* le Roi de village, com. en un acte et en prose, mêlée de vaudevilles. Par MM. Paris, mad. Huet-Masson, 1819, in-8 [1 fr. 25 c.].

Ces deux vaudevilles, et un autre non imprimé, intitulé : *le Comédien des Andelys*, furent les débuts de M. Ancelot dans la carrière littéraire : ces vaudevilles eurent peu de succès : son talent l'appelait vers un genre plus élevé, et presque aussitôt il abandonna Thalie pour Melpomène. Ce ne fut qu'après la révolution de juillet qu'il revint au genre qu'il avait cultivé primitivement.

Toutefois, si *les Brigands des Alpes* et *le Roi de village* sont les premières pièces imprimées de M. Ancelot, ce ne sont pas les premières composées par lui. « La Galerie de la presse » raconte qu'à peine âgé de dix-sept ans, M. Ancelot, étant alors au service de la marine, composa une comédie en trois actes et en vers, ayant pour titre *l'Eau bénite de cour;* mais dans une traversée qu'il faisait à cette époque, ce premier essai dramatique, littéralement tomba dans l'eau. *L'Eau bénite de cour* est devenue une comédie sous-marine, que nos arrière-neveux trouveront un jour au milieu d'un banc d'huîtres ou de madrépores; écrite de nouveau, le manuscrit en fut jeté au feu par un oncle de l'auteur. Deux ans plus tard, il composa une tragédie en cinq actes et en vers, intitulée : *Warbeck*, mais pour que cette nouvelle production ne finit pas, comme la précédente, par une noyade ou un auto-da-fé, il la composa toute de mémoire, pas un vers ne fut confié au papier. *Warbeck* fut récité par l'auteur au comité du Théâtre-Français, le 19 mars 1816, et le comité accueillit la pièce avec faveur; sur l'entrefaite, M. Ancelot, qui travaillait avec ardeur à sa tragédie de Louis IX, devint plus sévère pour son premier ouvrage, et le jugea indigne de la représentation. Le jour de la réception de *Louis IX*, le pauvre *Warbeck* fut oublié.

III. Avec M. *Ét. Arago* : Madame Du Barry, comédie en trois actes, mêlée de couplets. Paris, Bezou, 1831, in-8 [2 fr. 50 c.]. — Autre édit. Paris, de l'imp. de J. Didot aîné, 1837, in-8, impr. à 2 colonnes.

La dernière édition fait partie de la « France dramatique au dix-neuvième siècle. »

Pièce qui obtint un très-grand succès, et qui ouvrit la marche à tous ces vaudevilles-régence, à toutes ces pièces pailletées et poudrées, qui par la suite inondèrent tous les petits théâtres. Une voie nouvelle était frayée, et les imitateurs ne manquèrent pas de s'y précipiter.

IV. Léontine, drame en trois actes, mêlé de couplets. Paris, Barba, 1831, in-8 [2 f. 50 c.]. — Autre édition. Paris, de l'imp. de J. Didot aîné, 1834, grand in-8 à 2 colonnes.

La dernière édition fait partie de la «France dramatique au dix-neuvième siècle. »

V. Un Divorce, drame en un acte, mêlé de chants. Paris, Barba, 1831, in-8 [1 fr. 50 c.].

Cette pièce est tirée de « Jacques le fataliste », roman de Diderot.

VI. Château [le] de Saint-Bris, drame en deux actes, mêlé de chants. Paris, Barba, 1831, in-8 [1 fr. 50 c.].

VII. Favori [le], ou la Cour de Catherine II, comédie en trois actes, mêlée de couplets. Paris, Barba, 1831, in-8 [2 fr. 50 c.].

VIII. Deux jours, ou la nouvelle Mariée, comédie en trois actes, mêlée de couplets. Paris, Barba, 1831, in-8 [2 fr. 50 c.].

IX. Régent [le], comédie en trois actes, mêlée de couplets. Paris, Barba, 1832, in-8 [2 fr. 50 c.].

X. Avec M. *Alexis* [*de Combe-rousse*] : la Nuit d'avant, vaudeville en deux actes. Paris, Barba, 1832, in-8 [1 fr. 50 c.].

XI. Avec M. *Gustave* [*Hequet*] : Madame du Châtelet, ou Point de lendemain, comédie en un acte, mêlée de couplets. Paris, Barba, 1832, in-8 [1 fr. 50 c.].

Cette pièce a été représentée d'abord sous le titre de *Point de lendemain.*

XII. Avec M. *Xavier* [*Boniface*] : Un Caprice de grande dame, comédie en deux actes, mêlée de couplets. Paris, Barba, 1832, in-8 [2 fr.].

XIII. Anna, comédie en un acte, mêlée de couplets. Paris, Barba, 1832, in-8 [1 fr. 50 c.].

XIV. Avec M. [*Hipp.*] *Auger* : Une Séduction, drame en deux actes, mêlé de couplets. Paris, Barba, 1832, in-8 [2 fr.].

XV. Avec M. *Léon* [*Bucquet*] : le Dandy, comédie en deux actes, mêlée de chants. Paris, Dondey-Dupré; Marchant, 1832, in-8 [2 fr.].

XVI. Avec M. *Alexis de Comberousse* : la Fille du soldat, comédie-vaudeville en deux actes. Paris, Marchant, 1832, in-8 [1 fr. 50 c.].

XVII. Reine, cardinal et page, comédie en un acte, mêlée de chants. Paris, Dondey-Dupré, 1832, in-8 [1 fr. 50 c.]. — Autre édit. Paris, Marchant, 1835, gr. in 8, de 16 pages.

D'après M. L. Huart, l'un des auteurs de la « Galerie de la presse, » cette pièce est de madame Ancelot. [Voy. l'article suivant].

XVIII. Escroc [l'] du grand monde, comédie en trois actes, mêlée de chants. Paris, Marchant; Barba, 1833, in-8 [2 fr. 50 c.].

Cette pièce, arrangée en drame, a été réimprimée en 1838 [Voy. plus bas le n° LXIII].

XIX. Avec M. *Alexis de Comberousse* : Madame d'Egmont, ou Sont-elles deux ? comédie en trois actes, mêlée de chants. Paris, Marchant; Barba, 1833, in-8 [2 fr. 50 c.].

XX. Avec *le même* : la Consigne, comédie-vaudeville en un acte. Paris, Marchant; Barba, 1833, in-8 [1 fr. 50 c.]. — Autre édit. Paris, Marchant; Barba, 1835, gr. in-8, de 16 pages [20 c.].

XXI. Avec M. *Léon* [*Bucquet*] : la Robe de chambre, ou les Mœurs de ce temps-là, comédie en un acte, mêlée de chants. Paris, Marchant; Barba, 1833, in-8 [1 fr. 50 c.].

XXII. Avec M. *Xavier* [*Boniface*] : Têtes rondes et Cavaliers, drame historique en trois actes, mêlé de chants. Paris, Barba, 1833, in-8 [2 fr. 50 c.].

XXIII. Avec M. *L. Lurine* : Richelieu à quatre-vingts ans, comédie en un acte, mêlée de chants. Paris, Barba, 1833, in-8 [1 fr. 50 c.].

XXIV. Avec M. *Anicet Bourgeois* : Père et parrain, com.-vaud. en deux actes. Paris, Marchant; Barba, 1833, in-8 [2 fr.]. — Autre édit. Paris, Marchant, 1833, gr. in-8, de 24 pag. [40 c.].

XXV. Avec M. *L. Lurine* : la Peur du mal, comédie en un acte, mêlée de chants. Paris, Marchant; Barba, 1833, in-8 [1 fr. 50 c.].

XXVI. Avec M. *Jacq. Arago* : les Papillotes, comédie en un acte, mêlée de chants. Paris, Marchant, 1834, in-8 [1 fr. 50 c.].

XXVII. Avec M. *Hipp. Raimbault* : le Fils de Ninon, drame en trois actes, mêlé de chants. Paris, Marchant, 1834, in-8, de 72 pag. [2 fr.]. — Autre édit. Paris, le même, 1836, gr. in-8, de 32 pag. [30 c.].

XXVIII. Avec M. *Alexis de Comberousse* : le Domino rose, comédie-vaudev.-anecdote en deux actes. Paris, Marchant, 1834, in-8, de 44 pag. [1 fr. 50 c.]. — Autre édit. Paris, le même, 1834, 1835, gr. in-8, de 16 pag. [15 c.].

XXIX. Avec M. *Xavier* [*Boniface*] : les Liaisons dangereuses, drame en trois actes, mêlé de chants. Paris, Marchant; Barba, 1834, in-8 [2 fr.]. — Autre édit. Paris, les mêmes, 1834, gr. in-8, de 32 pag. [30 c.].

XXX. Avec M. Paulin [*Paul Duport*] : Une Dame de l'Empire, coméd.-vaudev. en un acte. Paris, Marchant, 1834, in-8, de 48 pag. [1 fr. 50 c.]. — Autre édit. Paris, les mêmes, 1834, gr. in-8, de 16 pag. [15 c.].

XXXI. Avec M. *Alexis de Comberousse* : le Dernier de la famille, comédie-vaudeville en un acte. Paris, Marchant, 1834, in-8, de 44 pag. [1 fr. 50 c.]. — Autre édit. Paris, le même, 1834, gr. in-8, de 16 pag. [15 c.].

XXXII. Robe [la] déchirée, com.-vaudev. en un acte. Paris, Marchant; Barba, 1834, in-8, de 32 pag. [1 fr.]. — Autre édit. Paris, les mêmes, 1834, gr. in-8 [15 c.].

XXXIII. Avec M. *Alexis de Comberousse* : l'Ami Grandet, comédie en trois actes, mêlée de couplets. Paris, Marchant; Barba, 1834, in-8, de 80 pag. [2 fr., 50 c.]. — Autre édit. Paris, les mêmes, 1834, gr. in-8, de 32 pag. [30 c.].

Tirée de la nouvelle de M. de Balzac, intitulée « Ne touchez pas à la hache ».

XXXIV. Avec *le même* : le Tapissier, comédie en trois actes, mêlée de chants. Paris, Marchant, Barba, 1835, in-8, de 52 pag. [2 fr.]. — Autre édit. Paris, les mêmes, 1835, gr. in-8, de 32 pag. [40 c.].

XXXV. Avec M. *Paul Duport* : Un Mariage sous l'Empire, comédie en deux actes, mêlée de couplets. Paris, Marchant, 1835, gr. in-8, de 24 pag. [40 c.].

XXXVI. Avec M. *Jules Cordier* : Clémentine, comédie-vaudeville en un acte. Paris, Marchant, 1836, gr. in-8, de 16 pages [20 c.].

XXXVII. Laide [la], com.-vaudev. en trois actes. Paris, Marchant, 1836, gr. in-8, de 28 pages [40 c.].

XXXVIII. Avec M. *Paul Duport* : D'Aubigné, comédie en deux actes, mêlée de couplets. Paris, Marchant, 1836, gr. in-8, de 24 pages [40 c.].

XXXIX. Roi [le] malgré lui, comédie en deux actes, mêlée de couplets. Paris, Marchant, 1836, gr. in-8, de 24 pages [40 c.].

XL. Avec M. *Paul Foucher* : Une Rivale, drame en trois actes, mêlé de couplets. Paris, Barba, 1836, in-8, de 32 pages [1 fr.].

XLI. Avec M. *Paul Duport* : la Champmeslé, comédie anecdotique en deux actes et mêlée de chants. Paris, Marchant, 1837, gr. in-8, de 20 pag. [40 c.].

XLII. Avec M. *Leroux* : Trop heureuse, ou Un jeune ménage, comédie en un acte, mêlée de chants. Paris, Marchant, 1837, gr. in-8, de 16 pages [20 c.].

XLIII. Avec M. *Alexis de Comberousse* : Vouloir c'est pouvoir, coméd. en deux actes, mêlée de chants. Paris, Marchant, 1837, gr. in-8, de 24 pag. [40 c.].

XLIV. Avec M. *Paul Duport* : la Petite maison, comédie en deux actes, mêlée de chants. Paris, Marchant, 1838, gr. in-8, de 24 pages [40 c.].

Toutes les pièces citées dans cette liste, comme imprimées sur grand in-8, font partie du « Magasin théâtral », et par conséquent sont à deux colonnes.

La « Galerie de la presse » dit que depuis 1830, M. Ancelot a donné, à différents théâtres, plus de soixante vaudevilles. Ce chiffre dépasse de beaucoup le nôtre, qui se réduit à quarante-deux. « Du reste, c'est si peu par « goût que M. Ancelot s'est adonné à cette litté- « rature de détail, que depuis deux ans il ne « signe plus ses vaudevilles, et cependant tout « récemment encore, plusieurs des ouvrages « auxquels il a coopéré ont obtenu de véritables « succès. »

Tragédies.

XLV. Louis IX, tragédie en cinq actes. Paris, mad. Huet, 1819, in-8 [3 fr., et sur pap. vél., 6 fr.].

Premier ouvrage auquel M. Ancelot ait attaché son nom. *Louis IX*, joué pour la première fois sur le Théâtre-Français, le 5 novembre 1819, obtint un brillant succès. Cette pièce, où l'on remarque de beaux vers, est encore ce que l'auteur a fait de mieux, et lui assure un rang distingué parmi nos poëtes dramatiques : elle eut quarante représentations consécutives, a été reprise deux fois, et est restée au courant du répertoire. L'auteur n'avait pas encore atteint l'âge de vingt-six ans lors de la représentation de cette tragédie ; ce n'était pourtant pas son coup d'essai, puisque sous le n° II nous avons parlé d'une autre tragédie composée dès 1813.

Louis XVIII accorda une pension de 2000 fr., sur sa cassette particulière, au jeune commis de la marine qui venait de débuter si brillamment dans la carrière littéraire.

D'après une Biographie provinciale *Louis IX* est arrivé promptement à sa troisième édition : pourtant, on ne trouve dans la « Bibliographie de la France, » de M. Beuchot, aucune trace de deuxième, encore moins de troisième édition.

XLVI. Maire [le] du palais, tragédie en cinq actes. Paris, Ponthieu, 1823, in-8 [3 fr. 50 c., et sur pap. vélin, 7 fr.].

Peu de jours après l'apparition de cette pièce, Louis XVIII nomma son auteur chevalier de la Légion d'honneur.

XLVII. Fiesque, tragédie en cinq actes et en vers, précédée d'une Épître à M. X. B. Saintine [*Xav. Boniface*]. Paris, Urbain Canel; Audin, 1824. — IIIe édit. Paris, les mêmes, 1826, in-8 [4 fr., et sur papier vélin, 8 fr.].

Fiesque, joué le 5 novembre 1824, sur le théâtre royal de l'Odéon, obtint encore un succès éclatant. Transporté sur le premier Théâtre-Français, après quarante représentations à l'Odéon, il ne réussit pas moins, et il est resté au courant du répertoire.

XLVIII. Olga, ou l'Orpheline moscovite, tragédie en cinq actes et en vers. Paris, Breauté, 1828, in-8 [4 fr.].

XLIX. Élisabeth d'Angleterre, tragédie en cinq actes. Paris, Breauté, 1829, in-8 [4 fr.].

L. Roi [le] fainéant, tragédie en cinq actes et en vers.

Cette pièce jouée sur le second Théâtre-Français, le 26 août 1830, tomba à la première représentation : elle ne fut pas alors imprimée; mais l'auteur l'a insérée dans ses OEuvres, publiées en 1837.

« C'est le sort des hommes qui se distinguent de la foule, d'être en butte aux attaques des cotteries littéraires et de l'esprit de parti, ce fut celui de M. Ancelot. Resté fidèle aux règles du goût et de la raison dans ses grandes pièces dramatiques, il dut voir se tourner contre lui les traits de ceux qui affectent de les méconnaître. Il est vrai qu'en politique M. Ancelot a paru partager des doctrines qui ne sont pas celles de la majorité; mais nous croyons qu'il les a professées de bonne foi, et dès lors il avait le droit d'être combattu avec politesse et sincérité. »

LI. Maria Padilla, tragédie en cinq actes et en vers. Paris, Marchant, 1838, in-8, de 80 pag. [3 fr. 50 c.]; ou gr. in-8 [40 c.].

Tragédie dont de très-beaux vers rappellent le *Louis IX* de l'auteur.

Opéras-Comiques.

LII.* Avec M. B. Saintine [*Xav. Boniface*] : la Grille du parc, ou le Premier parti, opéra-comique en un acte, paroles de MM. Paris, Barba, 1820, in-8 [1 fr. 25 c.].

LIII. Avec M. *Paul Duport* : les Pontons de Cadix, opéra-comique en un acte. Paris, Marchant, 1836, gr. in-8, de 16 pag. [20 c.].

Opéra.

LIV. Avec MM. *Guiraud* et *A. Soumet* : Pharamond [tragédie lyrique, en trois actes]. Paris, Baudouin frères; Urb. Canel, 1825, in-8 [3 fr.].

Opéra composé à l'occasion du sacre de Charles X. M. Ancelot est auteur du premier acte.

Drames en vers et en prose.

LV. Avec M. X. B. Saintine [*Xav. Boniface*] : l'Homme du monde, drame en cinq actes. Paris, A. Dupont, 1827, in-8 [3 fr.]. — Autre édit. Paris, Marchant, 1835, gr. in-8, de 32 pag. [40 c.].

Ce drame est tiré du roman de M. Ancelot, portant le même titre [voyez plus bas] : il obtint un très-prompt succès, que justifient la hardiesse des situations et l'intérêt puissant qui règnent dans la pièce.

LVI. Marie de Brabant, drame historique en cinq actes et en vers. Paris, Breauté, 1828, in-8 [4 fr.].

LVII. Avec M. *Mazères* : l'Espion, drame en cinq actes et en prose. Paris, Breauté, 1829, in-8 [4 fr.].

LVIII. Un an, ou le Mariage d'amour, drame en trois actes, en prose. Paris, Breauté, 1830, in-8 [3 fr. 50 c.].

LIX. Avec M. *Léon Bucquet* : la Morte, ou Départ et retour, drame en quatre parties. Paris, Barba, 1831, in-8 [2 fr.].

LX. Charlotte, ou un Mariage d'amour, drame en quatre actes. Paris, Marchant; Barba, 1832, in-8 [2 fr.]

LXI. Avec M. *Alexis de Comberousse* : Un Secret de famille, drame en quatre actes. Paris, Marchant; Barba, 1834, in-8, de 48 pag. [1 fr. 50 c.]. — Autre édit. Paris, les mêmes, 1834, gr. in 8, de 16 pag. [20 c.].

LXII. Lord Byron à Venise, drame en trois actes, en prose. Paris, Marchant, 1834, in-8, de 80 pag. [2 fr. 50 c.]. — Autre édit. Paris, le même, 1834, gr. in-8, de 32 pag. [40 c.].

LXIII. Escroc [l'] du grand monde, drame en trois actes, mêlé de chants. Paris, Marchant, 1838, gr. in-8, de 24 pag. à 2 col. [40 c.].

Même pièce, sauf quelques changements, que le n° XVIII.

LXIV. Comtesse [la] de Chamilly, drame en 4 actes. Paris, Marchant, 1838, gr. in-8, de 32 pag. à 2 colonnes [40 c.].

Comédies en vers et en prose.

LXV. Important [l'], comédie en trois actes. Paris, Ponthieu, 1827, in-8. [3 fr.].

LXVI. Avec M. *Anatole Laborie* : Heureuse comme une princesse, comédie en deux actes. Paris, Marchant; Barba, 1834, in-8, de 60 pag. [1 fr. 50 c.]. — Autre édit. Paris, les mêmes, 1834, gr. in-8, de 24 pag. [40 c.].

Poésies.

LXVII. Épître à M. X.-B. Saintine, [Xav. Boniface]. 1824.

Imprimée à la tête de Fiesque, tragédie de l'auteur.

LXVIII. Marie de Brabant, poëme en VI chants. Paris, Urb. Canel; Ponthieu, 1825, in-8 [4 fr.]. — IVe édit., précédée d'une Épître à M. Parceval-Grand-Maison. Paris, les mêmes, 1825, in-18 [4 fr.].

Il existe de la première édition des exemplaires tirés sur format in-4.

Cet ouvrage, dans lequel l'auteur, par une innovation que le succès a justifiée, introduisit les formes de la tragédie dans l'épopée, fut considéré par tous les critiques comme un des meilleurs ouvrages du jeune poëte. *Marie de Brabant* est arrivée en peu de mois à sa quatrième édition, dont une partie a été présentée au public comme la cinquième et la sixième édition; « supercherie commerciale indigne « des libraires, que les hommes de lettres ne « devraient jamais permettre, et que la direc- « tion générale de la librairie devrait pouvoir « punir. »

LXIX. Épître à M. Casimir Bonjour, sur sa convalescence. Paris, de l'imp. de Rignoux, 1825, in-12, de 12 pag.

Opuscule tiré à 60 exempl. pour l'auteur et ses amis.

Les deux Épîtres à MM. Saintine et Cas. Bonjour, ainsi que celle à M. Parceval Grand-Maison, impr. d'abord en tête de la IVe édition de « Marie de Brabant », ont été réimprimées dans les Œuvres de l'auteur.

LXX. Ode sur le couronnement de S. M. l'empereur Nicolas Ier, autocrate de toutes les Russies. Moscou, de l'imp. de Semen, août 1826, in-8, de 7 pag.

Pièce fort médiocre, ce qui prouve que le couronnement de l'autocrate de toutes les Russies n'a pas beaucoup inspiré le poëte. L'auteur ne l'a pas jugée digne de la reproduire dans ses Œuvres.

Cette *Ode* est composée de seize strophes, de six vers chacune. Voici la première strophe.

La mort, multipliant ses pompes solennelles,
Sur les trônes du monde a secoué ses ailes;
Partout l'autel en deuil a voilé ses flambeaux!
Des monarques chrétiens demeures sépulcrales,
Jamais en moins de jours, plus de cendres royales
Ont-elles peuplé vos tombeaux?

En voici l'avant-dernière:

Oui! loin du temple ouvert à la pompe sacrée,
Déployant les couleurs de son aile azurée,
Du Caucase à l'Ilmenn l'espérance à volé!
De l'erreur à genoux elle a séché les larmes;
Sous l'égide des lois le pauvre est sans alarmes,
Et le malheur est consolé.

Le vers *De l'erreur à genoux elle a séché les larmes* n'est-il pas du genre que Boileau eût appelé *galimatias?*

Quoique le nom et les titres de l'auteur se trouvent sur le titre de cette ode, il a cru cependant nécessaire de les répéter encore à la fin, et de signer, afin qu'on ne s'y trompât point: « Ancelot, chevalier de la Légion d'hon- « neur, bibliothécaire de S. M. le roi de « France, auteur de Louis IX, du Maire du « Palais, tragédies; et de Marie de Brabant, « poëme. »

Plusieurs recueils de poésies contiennent des *Épîtres* de M. Ancelot: l'auteur se proposait il y a quelques années de les réunir en un volume auquel il eût joint ses poésies diverses.

Romans et Nouvelles.

LXXI. Homme [l'] du monde. Paris, A. Dupont, 1827, 4 vol. in-12 [12 fr.].

Cet ouvrage a eu dans la même année une seconde édition ou tirage.

Ce roman annonce une grande connaissance du cœur humain; on y remarque des caractères fortement tracés, et de piquantes observations sur la société actuelle. L'auteur, en société avec son ami Saintine [Xav. Boniface], en a tiré un drame que nous avons cité plus haut.

LXXII. Emprunts [les] aux salons de Paris. Nouvelles. Paris, Allardin, 1834, in-8, de XIV et 390 pag. [7 fr. 50 c.].

Ce volume renferme quatre nouvelles qui avaient déjà été imprimées dans des recueils et des journaux: 1° *Trois époques* [Francesca, la Jeune Femme, et le Marquis de Lancry]; — 2° *Charlotte de Leymon;* 3° *Que lui manquait-il?* 4° *Une demoiselle de compagnie.*

Dans un prologue, l'auteur a mis en scène une Madame de G*** qui émet le paradoxe qu'il n'y a point de maladies: qu'on ne meurt que de vieillesse ou de chagrin. Les nouvelles que renferme ce volume sont l'appui de cette singulière proposition.

Le libraire Ambr. Dupont annonce sur ses catalogues, pour paraître prochainement, un ouvrage intitulé *Mémoires de mon domestique*, par Franc. LADGÉ, 2 vol. in-8. Si nous n'avons pas été induit en erreur, M. Ancelot est le secrétaire intime de ce domestique bel-esprit.

HISTOIRE.

LXXIII. Six mois en Russie : Lettres [en prose et en vers] écrites à M. X. B. Saintine [Xav. Boniface], en 1826, à l'époque du couronnement de S. M. l'empereur. Paris, Dondey-Dupré; Ponthieu, 1827, in-8, de IV et 426 pages [7 fr.].

Cet ouvrage a eu dans la même année une seconde édition ou plutôt tirage.

« Cet ouvrage, composé en effet pendant le séjour de M. Ancelot en Russie, a obtenu du succès, et deux éditions [ou peut-être mieux tirages] ont été épuisées en deux mois. On y a surtout remarqué deux chants dithyrambiques, l'un : *le Champ de bataille de Lutzen*, et l'autre : *la Montagne des moineaux*. » Il est honorable pour M. Ancelot d'avoir fait entendre sur sa lyre, dans une cour étrangère, des accents consacrés à la gloire de cette belle armée française, si digne d'un meilleur sort, et dont les drapeaux victorieux avaient flotté sur les bords de la Moskowa et sur le palais des czars.

« Comme peinture de mœurs et de l'état politique de la Russie, ces lettres sont loin d'être suffisantes ».

Un Russe a publié contre cet ouvrage :

Six mois suffisent-ils pour connaître un pays? ou Observations sur l'ouvrage de M. Ancelot, intitulé : « Six mois en Russie. » Par J. T.....y [J. TOLSTOY]. Paris, Ledoyen, 1837, in-8, de 32 pag.

Outre les ouvrages que nous venons de citer, M. Ancelot a fourni plusieurs articles de littérature, signés de lui, aux Annales de la littérature et des arts qui parurent de 1820 à 1823. Il s'était associé, en 1822 et 1823, année où il reçut la décoration de la Légion d'honneur, à la rédaction d'un journal politique fondé, en 1820, par MM. Cyprien Bérard et Arm. Dartois, intitulé : « La Foudre. » M. Ancelot a aussi rédigé « Le Réveil, » feuille qui, avec les mêmes intentions, eut moins de vigueur et de durée que la précédente. On regrette qu'un homme du talent de M. Ancelot ait prêté son appui à des journaux aussi violents. Il a participé à la composition de quelques-uns des recueils de contes publiés dans ces dernières années, entre autres au «Livre des conteurs », dans lequel on trouve de lui un conte, intitulé : *une Demoiselle de compagnie*, inséré au tome II, et un autre qui a pour titre : *un Jour de coquetterie*, inséré au tome III. Le premier de ces contes a été réimprimé dans les « Emprunts aux salons » de l'auteur. Enfin, M. Ancelot a mis en cinq actes, et cela d'après les matériaux laissés dans ce but par son auteur, la tragédie d'Abufar, ou la Famille arabe, de *Ducis*, telle qu'elle a été représentée au Théâtre-Français en février 1818 et imprimée dans la même année.

OEUVRES.

LXXIV. OEuvres complètes de M. Ancelot, précédées d'une Notice sur sa vie et ses ouvrages, par M. X.-B. Saintine [*Xav.-Boniface*]. Paris, Delloye; Lecou, 1837, gr. in-8 [12 fr.].

Cette édition des OEuvres de M. Ancelot est improprement dite complète, car elle est loin de contenir tout ce que l'on doit à la plume de M. Ancelot, et l'indication suivante de ce qu'elle renferme en convaincra. THÉATRE. [Louis IX, trag., suivie d'un Examen critique, par M. *Duviquet;* le Maire du palais, trag.; Fiesque, trag., suivie d'un Examen critique, par M. *Sauvo;* l'Important, com.; Olga, trag., suivie d'un Examen critique, par M. *Duviquet;* Élisabeth d'Angleterre, trag., suivie d'un Examen de M. *Duviquet;* un Mariage d'amour, com.; le Roi fainéant, trag.; Lord Byron à Venise, drame; Léontine, drame; l'Escroc du grand monde]. POÉSIES. [Marie de Brabant, poëme; trois Épîtres : à MM. Saintine, Parceval Grand-Maison, et Cas. Bonjour; le Chant de bataille de Lutzen, dithyrambe, et la Montagne des moineaux]. SIX MOIS EN RUSSIE, et L'HOMME DU MONDE.

Nous connaissons, indépendamment de la notice placée en tête de ce volume, trois autres notices sur M. Ancelot : la première dans la « Biographie du Havre, » par M. J. B. Levée, suppl. page 51-54 [1828]; la seconde dans le tome V ou supplément de la « Biographie universelle et portative des contemporains, » page 14 [1836]; et la troisième dans « la Galerie de la presse » [1838].

ANCELOT [Marguerite (*) CHARDON, dame], épouse du précédent, peintre et auteur dramatique; née à Dijon [Côte-d'Or], le 15 mars 1792.

I. Reine, cardinal et page, comédie en un acte, mêlée de chants. Paris, Dondey-Dupré, 1832, in-8 [1 fr. 50 c.]. —Autre édition. Paris, Marchant, 1835, gr. in-8, de 16 pag. [20 c.].

Dans une lettre, dont nous allons parler tout à l'heure, aux auteurs de « la Galerie de la presse, » madame Ancelot ne cite, comme lui appartenant en propre, que les comédies représentées au Théâtre-Français, et pourtant, disent les auteurs de la Biographie mentionnée, « ses véritables débuts littéraires, sans la collaboration de son mari [voy. la note finale « de cette notice], remontent à un très-joli « vaudeville représenté, il y a trois ou quatre « ans, au théâtre de la rue de Chartres, sous le « titre de : *Reine, cardinal et page*. La pièce « fut jouée [et imprimée] sous le nom de M. Ancelot; mais des indiscrets de coulisses trahirent le secret de la comédie, et c'est à partir « de cette époque que madame Ancelot surmonta sa frayeur et consentit à laisser paraître son nom sur l'affiche : depuis lors, les

(*) Nous donnons à madame Ancelot un autre prénom que celui de *Virginie* pris par cette dame. Cette substitution est justifiée par un acte de l'état civil que nous avons eu sous les yeux.

« applaudissements du public ont dû dissiper « entièrement les craintes du trop timide au- « teur. »

II. Un Mariage raisonnable, comédie en un acte, en prose. Paris, Marchant, 1835, in-8, de 44 pages [2 fr.]. — Autre édit. Paris, le même, 1835, gr. in-8, de 18 pag. [20 c.].

C'est encore une pièce imprimée sous le nom de M. Ancelot, et que sa femme, dans sa lettre à l'un des auteurs de « la Galerie de la presse, » revendique comme étant d'elle.

III. Marie, ou Trois époques, comédie en trois actes, en prose. Paris, Marchant, 1836, in-8, de 96 pag. [3 fr. 50 c.]. — Autre édit. Paris, le même, 1836, in-8, de 32 pag. [40 c.]

IV. Château [le] de ma nièce. Comédie en un acte, en prose. Paris, Marchant, 1837, in-8 de 52 pag. [2 fr. 50 c.]. — Autre édition. Paris, le même, 1837, gr. in-8 de 16 pag. [20 c.]

V. Isabelle, ou Deux jours d'expérience. Comédie en trois actes et en prose. Paris, Marchant, 1838, in-8 de 72 pag. [2 fr. 50 c.].—Autre édit. Paris, le même, 1838, gr. in-8, de 28 pag. [40 c.]

VI. Juana, ou le Projet de vengeance. Comédie en deux actes, mêlée de chant. Paris, Marchant, 1838, gr. in-8, de 28 pag. [40 c.]

Les éditions de ces six pièces, imprimées sur format grand in-8, sont à deux colonnes et font partie du « Magasin théâtral. »

« Les pièces de Mad. Ancelot réunissent au « plus haut degré les mérites que l'on rencon- « tre d'ordinaire dans tous les ouvrages dus à « des plumes féminines, c'est-à-dire beaucoup « de finesse et d'esprit, et l'accueil flatteur que « *Marie* et les autres pièces du même auteur « ont reçu dans toutes les villes de province « où elles ont été représentées prouve bien que « le succès de ces charmantes comédies n'était « pas dû seulement au talent si parfait de Ma- « demoiselle Mars. Cependant si tout récem- « ment *Isabelle* n'a pas obtenu un aussi grand « succès que *Marie*, c'est que malheureusement « le principal rôle avait été confié au talent si « contestable et si contesté de Mademoiselle « Plessis.... » [*Gal. de la presse*].

Madame Ancelot est-elle véritablement l'auteur des pièces que nous venons de citer, et ne l'est-elle seulement que de celles-là? Voilà deux questions auxquelles il nous serait difficile de répondre soit affirmativement, soit négativement.

Voici ce que dit Mad. Ancelot elle-même dans une lettre adressée à l'un des auteurs de « la Galerie de la presse, » lettre qui, reproduite textuellement, forme, sauf une courte addition, la Notice consacrée à cette dame, dans cette nouvelle biographie :

« Il y a six ou sept ans, quand M. Ancelot se mit à faire des ouvrages pour les théâtres secondaires, je commençai à m'amuser à arranger avec lui quelques petites pièces : je travaillai bientôt à des pièces plus importantes, et j'en fis quelques-unes moi seule; mais, comme je ne cherchais que le plaisir d'exprimer mes idées, je craignais beaucoup de voir mon nom livré à la publicité, et je mettais autant de soin à le cacher qu'on en prend d'ordinaire ici pour le mettre en évidence. Depuis, cela est devenu impossible, et je n'ai eu qu'à me louer de la bonté qui a protégé un nom de femme; la presse ne m'a pas été hostile, et des hommes d'un grand talent m'ont été favorables, etc. (*).

ANCEST. — Code des commissaires de police : Manuel général et portatif contenant sommairement et par ordre alphabétique la réunion de tous les faits réputés, suivant leur nature, délits ou contraventions, etc., contenant en outre la jurisprudence de la Cour de cassation. Paris, Charles-Béchet, 1829, in-8 [7 fr. 50 c.].

ANCEY [Antonin]. — I. Essai sur la première éducation de l'enfance, ou l'Éducation paternelle, source des bonnes mœurs, du bonheur des individus et des familles. Paris, Ladvocat; Ledentu, 1827, in-12.

II. Arc [l'] de triomphe de Marseille, en 1829, ou le Canal de Provence. Marseille, de l'impr. de Feissat, 1831, in-8, de 20 pages.

ANCIAUX, de Glimes [Belgique], auteur de plusieurs articles sur l'amélioration des races de chevaux en Belgique, insérés dans le « Journal des haras », publ. à Bruxelles.

ANCILLON [Jean-Pierre-Frédéric], successivement conseiller d'État, directeur de la section de politique au ministère des affaires étrangères de Prusse, enfin ministre de ce département, puis secrétaire perpétuel de l'Académie des sciences et belles-lettres de Berlin; né, le 30 avril 1766, à Berlin, où il

(*) Nous souhaitons que cette explication donnée par Mad. Ancelot, elle-même, persuade un assez grand nombre d'incrédules qui, tout en reconnaissant beaucoup d'esprit à Madame Ancelot, n'en considèrent pas moins les productions dramatiques jouées et imprimées sous son nom, comme étant de son mari. Ainsi le premier type de *Marie, ou Trois époques*, son meilleur ouvrage, se trouve dans la nouvelle de M. Ancelot, intitulée : *Charlotte de Leymon*, imprimée deux ou trois ans avant la représentation de la comédie de *Marie*. Les contradicteurs à la gloire littéraire de notre spirituelle artiste, ne disent point que M. Ancelot ait mis la main aux charmants tableaux de Madame Ancelot qu'on a admirés aux expositions de peinture.

est mort, en 1838. [Voy. *la France littér.* t. Ier p. 54.] (*).

— Pensées sur l'Homme, ses rapports et ses intérêts. Berlin, Duncker et Humblot, 1828, 2 vol. in-12 [8 fr.].

(*) La France littéraire ne devait pas relater l'indication des ouvrages fort remarquables publiés en allemand par cet homme distingué; mais elle a omis un certain nombre de morceaux écrits en français qu'on doit à ce publiciste, et qui insérés dans le recueil de l'Académie de Berlin, n'ont été reproduits ni dans les « Mélanges de littérature et de philosophie » de l'auteur, ni dans ses « Essais philosophiques, » ni dans ses nouveaux Essais de politique et de philosophie [Voy. la *France littéraire*]. Ces morceaux sont: 1° Considérations sur l'état de la nature [Mém. de l'Acad. de Berlin, année 1792]; 2° Réflexions sur les rapports de la synthèse psychologique et de la synthèse morale (ann. 1793); 3° Observation psychologique sur l'effet des ouvrages sur le génie [ann. 1796]; 4° Essai d'une théorie de la sensibilité [ibid.]; 5° Mémoire sur la certitude, et en particulier sur la nature de la certitude humaine [ann. 1798]; 6° Doutes sur les bases du calcul des probabilités [ann. 1799]; Considérations sur le principe de la pensée, ou Examen du passage de Locke sur ce sujet [ibid.]; 7° Dialogue entre Berkeley et Hume [ibid.]; 8° Essai ontologique sur l'âme [ibid.]; 9° Mémoire sur les pressentiments [ann. 1800]; 10° Considérations sur la différence de nos idées [ann. 1803]; 11° Mémoire sur les fondements de la métaphysique [ibid.]; 12° Considérations sur l'analyse des principes dans les sciences [ann. 1804]; 13° Pensées philosophiques et morales, 49 pag. [ibid.]; 14° Examen de la métaphysique des Grecs dans les questions relatives au monde [ibid.]; 15° Suite des Pensées philosophiques et morales [ibid.]; 16° Recherches sur le déterminisme et ses deux extrêmes [ann. 1807]; 17° Considérations sur l'idée et le sentiment de l'infini [ibid.]; 18° Recherches critiques et philosophiques sur l'entéléchie d'Aristote, mémoire de 78 p. [ann. 1815]; 19° Essai sur l'esprit du leibnitzianisme [ann. 1816]; 20° Suite du mémoire intitulé : Examen de la métaphysique des Grecs dans les questions relatives au monde, en deux parties [ibid.]; 21° Aphorismes politiques [ibid.]; 22° Considérations sur les théories et les méthodes exclusives, mém. de 16 pag. [ann. 1818]; 23° Sur la législation de la presse, mém. de 24 pages [ann. 1819]. Plusieurs de ces Dissertations ont été tirées à part, et nous avons trouvé à Paris le Dialogue entre Berkeley et Hume [Berlin, 1799, in-4, de 108 pag.], et le Mémoire sur les fondements de la métaphysique [Berlin, 1803, in-4, de 55 pag.].

Le discours de réception de F. Ancillon, imprimé dans le même recueil, année 1805, a été réimprimé en 1824, dans les « Nouveaux Essais de politique et de philosophie » de l'auteur, et son Éloge de J. B. Mérian, impr. dans le vol. de 1804-11, a été réimprimé à part en 1810, in-8 (1).

(1) Le « Discours sur la question : Quels sont, outre l'inspiration, les caractères qui assurent aux livres saints la supériorité sur les livres profanes » cité dans la France littéraire n'est pas de lui : ce Discours a pour auteur Louis-Frédéric Ancillon, pasteur de l'église française de Berlin.

ANDALE [Prosper]. — Ma première Épître en réponse à la trente-neuvième de M. Viennet : Paris, Guillaumin; Perrotin, 1834, in-8, de 24 pag.

ANDELLE [A.], ancien courtier de commerce à Paris.

I. Considérations sur l'essor à donner en France aux chemins de fer, avantages qu'ils présentent; suivies des détails des dépenses et produits du chemin de fer de Liverpool à Manchester, depuis son ouverture. Paris, de l'impr. de Migneret, 1833, in-4, de 36 pag.

II. Chemins de fer. Le gouvernement doit construire les grandes lignes de chemins de fer en France. Considérations. Paris, de l'impr. de madame Delacombe, 1837, in-4, de 32 pages.

ANDERS [Gottfried-Engelbert], littérateur musicien, né sur les bords du Rhin, aux environs de Coblence, en 1795, a fait de bonnes études, dont il fait un usage utile dans des recherches philologiques sur l'histoire littéraire de la musique. Établi à Paris depuis 1829, M. Anders a été, en novembre 1832, admis à la bibliothèque du roi, comme employé, chargé de la partie musicale.

I. Amicissimo Ludovico de Sinner summis in philosophiâ honoribus ornato gratulantur : Chr. Walz, Ferd. Hauthal, G. E. Anders. Paris, de l'impr. de F. Didot, 1830, in-8, de 12 pages.

Cette brochure contient deux pièces de M. G. E. Anders : elle n'a été imprimée que pour les amis des auteurs.

II. Nicolo Paganini. Sa vie, sa personne, et quelques mots sur son secret. Paris, Delaunay, 1831, in-8, de 44 pages [2 fr.]

Ces deux brochures sont tout ce que nous connaissons de M. Anders, imprimé séparément; mais cet écrivain est auteur d'un certain nombre d'articles de littérature musicale, insérés dans des recueils consacrés aux beaux-arts et spécialement à la musique, et entre autres : 1° dans la Gazette musicale de Leipzig; 2° dans le recueil périodique allemand intitulé « Cæcilia; » le numéro 56 du dernier recueil cité, contient de lui un morceau intéressant sur l'Histoire du violon; 3° dans la Revue musicale, publiée par M. Fétis [1831-35]; 4° dans la Gazette musicale [1834-38]. L'Encyclopédie des gens du monde renferme plusieurs autres articles de M. Anders, soit sur la théorie et l'histoire de la musique, soit sur des musiciens célèbres.

M. Anders s'occupe depuis plusieurs années d'une *Bibliographie musicale*, plus complète que les deux seules qui existent : celles de J. Nic. Forkel et de P. Lichtenthal. « Si l'on « peut préjuger de ce travail par plusieurs frag- « ments de littérature musicale publiés par cet « auteur, on croira sans peine qu'un travail de « ce genre sera recommandable de tout point, « et que personne, plus que M. Anders, n'est « capable de le conduire à bonne fin. » [Choron et de Lafage, Manuel de musique, 1838, t. III, p. 120].

On trouve une courte notice sur M. Anders, dans la Biographie des musiciens, par M. Fétis, tom. Ier, p. 72.

ANDERSON.—*Avec MM. Twamby, Desmaretz et autres :* Art de faire le beurre et les meilleurs fromages. Sec. édit. Paris, de l'impr. de madame Huzard, 1833, in-8, avec 7 planches [4 fr. 50 c.].

ANDERSON. — Exposé de quelques principes républicains à l'occasion de la réception de plusieurs membres dans une section de la Société des droits de l'Homme. Paris, Adolphe Rion, 1833, in-8, de 4 pages.

ANDIGNÉ DE LA BLANCHAYE [le marquis Paul-Marie-Céleste d'], député de Maine-et-Loire, en 1827, et de nouveau en 1830, pair de France par ordonnance du 3 octobre 1837; né le 5 mai 1763, à Angers, d'une ancienne famille de l'Anjou.

— Discours prononcé au banquet constitutionnel de Maine-et-Loire, le 13 juin 1830. Angers, de l'impr. de Lesourd, 1830, in-8, de 8 pages (*).

On trouve une courte notice sur M. le marq. d'Andigné, dans la «Biographie des hommes du jour,» publiée par M. G. Sarrut et B. Saint-Edme, tome III, 2e part., pag. 272.

ANDOUARD [A.]. — Principes de grammaire latine, puisés dans les meilleurs auteurs, et mis dans un ordre simple et méthodique. Paris, Chamerot, 1838, in-12 [1 fr. 50 c.].

ANDRADA [Francisco-Ladislao-Alvares d']. — Abella [a], ou Collecçao de conhecimentos os mais agradaveis, instructivos, necessarios, etc.; journal portuguez publicado mensalmente em Paris. N° I. Junho de 1330. Paris, de la impr. de F. Didot, 1830, in-8, de 60 pages.

(*) Un M. d'Andigné, associé correspondant de la Société d'agriculture de Paris, peut-être le même que celui dont nous nous occupons, a publié au commencement de ce siècle des *Mélanges en vers et en prose*. Paris, Déterville, 1803, in-18 de 66 pag. [60 c.].

ANDRADE [Joaquim-Maria d'], professeur de la faculté de mathématiques à l'université de Coïmbre, directeur de l'observatoire de la même université, correspondant de l'Académie royale des sciences de Lisbonne, etc.

— Essai de trigonométrie sphérique, traitée d'après un nouveau plan; trad. du port. par *G.-J.-A.-D. Pegado.* Brest, de l'impr. de Rozais, sept. 1833, petit in-4 de IV et 32 pag., avec une planche.

ANDRAL fils [Gabriel], D. M. [Voy. *la Fr. littér.*]. Ajoutez : professeur à la Faculté de médecine, et membre de l'Académie royale de médecine.

I. Précis d'anatomie pathologique. Paris, et Montpellier, Gabon, 1829, 3 vol. in-8 [18 fr.].

II. Cours de pathologie interne, professé à la Faculté de médecine, recueilli et rédigé par *Amédée Latour.* Paris, Just Rouvier et Lebouvier, 1836, 3 vol. in-8 [24 fr.].

III. Avec M. *Meriadec Laennec :* Notes et Additions au Traité de l'auscultation médiate de Laennec. Paris, Chaudé, 1837, in-8, avec 2 pl. [6 fr.].

Ces Notes et Observations extraites à 100 exempl. de la IVe édit. du « Traité de l'auscultation médiate », servent, dit M. Beuchot [N° 5694 de 1836], de complément à la seconde édition de l'ouvrage de Laennec. La troisième édition de ce dernier ouvrage, publiée en 1831, est augmentée de notes étendues, mais qui ont M. Mer. Laennec, seul, pour auteur : elles ont été conservées par M. Andral, dans les Notes et Additions de 1837.

Aux recueils auxquels le docteur Andral a coopéré, cités par la France littéraire, il faut ajouter le Dictionnaire de médecine et de chirurgie pratiques, les Annales d'hygiène publique, et le Journal hebdomadaire de médecine.

On doit à M. G. Andral un assez grand nombre de *rapports* qui ont échappé à nos investigations : nous nous bornerons à en citer deux : l'un à l'Académie de médecine sur un écrit intitulé : Projet d'un Essai sur la vitalité, par M. Roquet, imprimé en 1835, en tête de cet écrit ; l'autre, *Rapport* fait au nom d'une commission *sur la fièvre typhoïde*, imprimé dans le premier volume du Bulletin de l'Académie royale de médecine, page 482 et suiv.

ANDRAUD, l'un des augmentateurs du « Dictionnaire du commerce » de *Mac-culloch* [Voy. ce nom].

ANDRAUD. — Philippe III, tragédie en cinq actes. Paris, Marchant, 1838, in-8, de 100 pages [3 fr.]; ou gr. in-8 de 28 pages à 2 colonn. [40 c.].

ANDRÉ [Émile], capitaine de génie; mort à Dijon, en 1828.

— *Chef [le] du Mont, ou les Contemporains de Brunehaut. Roman historique du VIe siècle. Par M. Émile***. *Paris, Ch. Gosselin*, 1828, 4 vol. in-12 [12 fr.].

ANDREANI [F.-X.]. — Mes prisons. Mémoires de *Silvio Pellico*, trad. de l'ital. Paris, Audin, 1835, in-18 [1 fr. 50 c.].

ANDRÉE [le baron Eugène d'], membre de la Société philotechnique [Voy. *la France littér.*, tom. I, p. 59.].

— Observations à M. de La Mennais et son école, et, à cette occasion, quelques mots sur la noble nation polonaise. Paris, de l'impr. de Mie, 1831, in-8, de 16 pages.

M. Guyot de Fère, dans sa « Statistique des gens de lettres, etc. », cite du bar. d'Andrée, 1° des *Lettres sur les expositions de tableaux au Louvre* de 1806 à 1808; 2° des *Réflexions sur le beau;* 3° des *Réflexions musicales;* mais le statisticien nommé ne dit point dans quels recueils ces écrits ont été insérés. D'après la même autorité, le baron d'Andrée a communiqué à l'Institut des *Observations sur le caractère des ouvrages du Poussin.*

ANDREOLETTI, Italien. — Cabinet [le] des sciences, ou les Secrets dévoilés avec clarté et précision. Toulouse, de l'impr. de Corne, 1827, in-12, de 12 pages.

ANDRÉOSSY [le comte F.], lieutenant général d'artillerie, ancien ambassadeur de France à Londres, à Vienne, à Constantinople, etc. [Voy. *la France littér.*, tom. Ier, pag. 59, 60].

— Constantinople et le Bosphore de Thrace pendant les années 1812, 1813 et 1814, et pendant l'année 1826, avec un Atlas composé de 6 planches gravées, et de 4 paysages lithographiés. Paris, Théoph. Barrois père; Merlin, 1828, in-8, avec 10 pl. [15 fr.].

Dix ans auparavant, le général Andréossy avait déjà publié un *Voyage à l'embouchure de la mer Noire, ou Essai sur le Bosphore et la partie du Delta de Thrace, comprenant le système des eaux qui abreuvent Constantinople.* Voyez la *France littér.*

ANDREU [J.]. — Journal grammatical et littéraire de la langue espagnole. N° Ier. Janvier 1829. Perpignan, Alzine, 1829, in-8, de 16 pages.

On promettait 2 numéros par mois; nous ignorons s'il en a paru plus que ce premier numéro.

ANDRIEU [P.]. — Projet de réforme de la condition publique des soies de Lyon. Lyon, de l'impr. de Perrin, 1831, in-8, de 40 pages.

ANDRIEU [B.]. — Où donc est le bonheur? poëme. Le Havre, Morlent, 1836, in-8, de 24 pages [1 fr.].

ANDRIEUX [François-Guillaume-Jean-Stanislas], membre de l'Académie française, élu son secrétaire perpétuel, le 22 janvier 1829, en remplacement de L. S. Auger; mort à Paris, le 10 mai 1833. [Voy. la *France littér.*, tom. Ier, p. 61].

I. Lettre à M.***, au sujet d'un article de la Gazette universelle de Lyon. Paris, de l'impr. de Duverger, 1828, in-8, de 20 pages.

II. Lucius Junius Brutus, tragédie en cinq actes. Paris, Madame de Bréville, 1830, in-8 [5 fr. 50 c.].

III. Prix [les] Monthyon....

Morceau imprimé dans le tome III du «Livre des cent-et-un» [1833].

IV. Lettre sur Madem. Cotte......

Imprimée avec deux autres lettres de MM. Casimir Delavigne et de Châteaubriand sur la même personne, dans le tome X du Livre des cent-et-un, publié en 1833.

Aux ouvrages auxquels cet académicien a coopéré, cités par la France littéraire, il faut ajouter qu'il a pris part à la traduction de deux auteurs latins qui font partie de la Bibliothèque latine-française publiée par le libraire Panckoucke, et ces deux auteurs sont *Cicéron* [Andrieux en a traduit les «Dialogues de l'orateur]» et *Horace.*

ANDRIEUX [Mathieu], successivement professeur agrégé pour les classes d'humanités au lycée imp. de Toulouse; professeur de seconde au collége roy. d'Avignon; professeur de rhétorique à celui de Limoges [1817], enfin, inspecteur à l'Académie de la même ville, membre de l'Académie des sciences, inscriptions et belles-Lettres de Toulouse, de l'Athénée de Vaucluse, de la Société d'agriculture, etc. de la Haute-Vienne; né à Tournon [Lot-et Garonne], le 6 avril 1784 (*).

I. Éloge de Blaise Pascal, discours présenté à l'Académie des Jeux floraux, en 1813. Toulouse, Douladoure, 1813, in-8, de 72 pag.

Cet *Éloge* est accompagné d'un *Précis sur les travaux scientifiques de Pascal.* L'auteur

(*) Article présenté incomplétement dans la *France littéraire*, et refait ici.

dut à cet écrit son admission à l'Académie des sciences de Toulouse.

II. Notice biographique sur Pétrarque.....

Notice qui ne nous est connue que par la mention qu'en ont faite les auteurs de la «Biographie des hommes du jour :» elle renferme, d'après eux, des aperçus neufs et intéressants, qui font le plus grand honneur à M. Andrieux : elle fit recevoir son auteur à l'Athénée de Vaucluse.

III. Discours sur l'étude des Anciens, et particulièrement sur celle de l'Écriture-Sainte. Limoges, 1821, in-4.

IV. Rhétorique française, extraite des meilleurs auteurs anciens et modernes. Paris, Brunot-Labbe, 1825, in-8 [7 fr.].

Ouvrage rédigé pour les élèves de l'auteur. Il a été réimprimé, en 1837, sous ce titre : *Préceptes d'éloquence, extraits des meilleurs auteurs anciens et modernes, et appropriés à l'esprit, aux mœurs et aux usages du XIXe siècle*. Deuxième édition, entièrement refondue [et considérablement augmentée]. Paris, Didier; Hachette, in-8 [7 fr.].

C'est vraisemblablement l'ouvrage cité par les auteurs de la « Biographie des hommes du jour, » sous le titre de « Traité élémentaire sur l'art de parler et d'écrire. »

La notice consacrée à M. Math. Andrieux par MM. G. Sarrut et B. Saint-Edme dans leur Biographie des hommes du jour, est insérée au tome II, 2e partie, pag. 40.

ANDRIEUX [Émile], D. M., médecin en chef de l'hospice des Quinze-Vingts, membre de l'Athénée de médecine; né le 30 mars 1797, à Paris.

I. Essai sur l'air atmosphérique et ses influences sur l'économie animale. Paris, de l'impr. de Didot jeune, 1820, in-4, de 27 pag.

Thèse pour le doctorat.

II. Emploi [de l'] du galvanisme dans le traitement de la gastrite chronique. Mémoire lu à l'Académie royale de médecine, en février 1833. Paris, de l'imp. de Bourgogne, 1835, in-8, de 16 pag.

M. Guyot de Fère, dans sa « Statistique des gens de lettres, etc., de la France, » dit qu'on doit à ce médecin des *mémoires* sur l'électricité et le galvanisme [imprimés vraisemblablement dans les journaux scientifiques] et un *Cours sur l'électricité et le galvanisme appliqués à la médecine* [professé, selon toute apparence, mais non imprimé].

ANDRYANE [A.]. — Mémoires d'un prisonnier d'État au Spielberg, compagnon de captivité de l'illustre comte Confalonieri. Paris, Ladvocat, 1837-38, 4 vol. in-8, avec un portr. [32 fr.].

ANGEL [ ], auteur dramatique.

I. Avec M. *Xavier* [*Boniface*] : Julia, ou les Dangers d'un bon mot. Coméd.-vaudev. en deux actes. Paris, Pesron, 1836, in-18 [75 c.].

II. Bébé, ou le Nain du roi Stanislas. Comédie historique en un acte, mêlée de couplets. Paris, Pesron, 1837, in-18 [75 c.].

III. Avec MM. *Mélesville* et *Gabriel*; Un colonel d'autrefois, comédie-vaud. en un acte. Paris, Nobis, 1837, in-8 [40 c.].

IV. Avec M. *Veyrat* : l'Oncle d'Afrique. Vaudev. en un acte. Paris, Morain, 1837, in-8 [30 c.].

V. Avec M. *Gabriel* : la Dot de Cécile, coméd.-vaudev. en deux actes. Paris, Michaud, 1837, in-8 [40 c.].

VI. Filles [les] savantes, comédie-vaudev. en un acte. Paris, Michaud, 1838, in-8, de 24 pages [20 c.].

Les trois dernières pièces font partie d'une collection intitulée « Musée dramatique. »

VII. Avec M. *Veyrat* : les Commères de Bercy, vaudev. en un acte. Paris, Morain, 1838, in-8 [30 c.].

VIII. Un premier bal, esquisse en un acte, mêlée de couplets. Paris, Morain, 1838, in-8 [30 c.].

ANGELIN [J.-P.]. — Expédition du Louxor, ou Relation de la campagne faite dans la Thébaïde, pour en rapporter l'obélisque occidental de Thèbes. Paris, Thomine, 1833, in-8, de 120 pages et 3 planches [2 fr. 50 c.].

ANGELINI [Edmond], de Venise.

I. Saggio di poesie italiane. Parigi, dai torchi di Selligue, 1828, in-12, de 24 pages.

II. Mort [la] de Napoléon, ode, trad. de l'italien, d'*Alex. Manzoni* [avec le texte en regard]. Paris, les marchands de nouveautés, 1830, in-8, de 8 pag.; — ou Paris, 1831, in-18, de 18 pag.

III. Saggio di poesie italiane alcune volgarizzate in francese. Parigi, dai torchi di Ducessois, 1837, in-12, de 72 pages.

ANGELOT [Victor-Firmin], avocat à Paris; né le 2 mai 1806, à Paris.

—Sommaire des législations des États du Nord, Danemarck, Norwège, Suède, Finlande et Russie, pour servir à l'étude de la législation comparée, avec des notes. Paris, Cotillon, 1834 in-8 [8 fr.].

Ce livre n'a été tiré qu'à 100 exemplaires, dont 50 seulement ont été mis dans le commerce.

M. Angelot fournit des articles à la « Revue étrangère et française de législation et d'économie politique », publ. par M. Foelix [1833-38] : et il en a fourni d'autres à la « Revue du Nord ».

ANGELSTOWN [D***]. — Nouvel Examen des aurores boréales. Paris, Bachelier; Delaunay, 1836, in-8, de 32 pages avec une planche [1 fr. 25 c.].

ANGERVILLE [P.-B. d']. — Avec M. *C. Lavocat* : Nouveau Barême universel. Manuel complet de tous les comptes faits, contenant trente-six tables d'intérêts calculés pour toutes les sommes et pour tous les taux, etc., etc., avec un texte explicatif sur chaque matière, indiquant les lois qui les régissent. Paris, Lavocat; d'Urtubie et Worms, 1837, in-4, de 176 pages [5 fr.].

ANGEVILLE [le comte Adolphe d'], anc. officier de marine, aujourd'hui député de l'Ain; né à Lompnes [Ain], le 1er prairial an IV [20 mai 1796].

I. Aperçu sur nos colonies et notre marine militaire, pour appuyer une pétition faite à la Chambre le 24 janv. 1832. Lyon, Babeuf; Bourg, Dufour, 1832, in-8, de 44 pages.

II. Essai sur la statistique de la population française, considérée sous quelques-uns de ses rapports physiques et moraux. Paris, Delloye, 1836, in-4, de 392 pag. et 15 cartes [15 fr.].

ANGEVILLE [d'], l'un des auteurs de l'*Art de faire le beurre et les meilleurs fromages* [1833]. Voy. ce titre à la table des ouvrages anon. et polynymes.

ANGIBERT [mad.]. — Notices sur la philosophie de l'Histoire.

Imprimées dans la « France littéraire», recueil publié sous la direction de M. Ch. Malo.

ANGLADA [J.], médecin.

I. Mémoires pour servir à l'histoire générale des eaux minérales sulfureuses et des eaux thermales. Paris, Gabon, 1827-28, 2 vol. in-8 [13 fr.].

II. Traité des eaux minérales et des établissements thermaux du département des Pyrénées Orientales. Montpellier, et Paris, J.-B. Baillière, 1833, 2 vol. in-8, avec une carte et 6 lithographies [13 fr.].

III. Traité de toxicologie générale envisagée dans ses rapports avec la physiologie, la pathologie, la thérapeutique et la médecine légale, revu et publié par *Charles Anglada*. Paris, J.-B. Baillière; Montpellier, Sevalle, 1835, in-8, avec un tableau [5 fr. 50 c.].

On peut se procurer séparément le *Tableau toxicologique servant à la recherche analytique des poisons*, in-fol. [1 fr. 50 c.]

ANGLADA [Charles], réviseur et éditeur du « Traité de toxicologie générale » de *J. Anglada* (1835). [Voy. l'article précédent].

ANGLADE [Aug. d'], colon de Saint-Domingue.

— Pétition présentée aux Chambres sur les monuments expiatoires, suivie d'un rapport de M. le duc de Brissac à la Chambre des pairs sur cette pétition. Paris, de l'imp. de Trouvé, 1828, in-4, de 12 pages.

Cette pétition est de 1821.

ANGLARS [C.-Victor d'], professeur de belles-lettres à Rouen.

I. Regrets, espérances et consolations d'une âme chrétienne. Rouen, Remillet; Legrand, 1836, in-18 [1 fr. 25 c.].

II. Homme [l'] du monde aux pieds de Marie. Rouen, Remillet; Legrand, 1836, in-18 [1 fr. 25 c.].

III. Prédicateur [le] des familles. Rouen, de l'imp. de Brière, 1836, in-18 [3 fr. 50 c.].

IV. Couronne poétique des élèves de Mme Perrier-Vallée. Rhétorique franç. Rouen, de l'imp. de Brière, 1836, in-8, de 56 pages, avec une lithographie.

C'est un recueil de morceaux en prose et en vers, publié, seulement, par M. d'Anglars.

V. Heures royales, dédiées à S. M. la reine des Français. Paris, Belin-Mandar, 1838, in-18, orné d'une grav. et d'un frontispice gravé [3 fr.].

VI. Problèmes [les] de la nature expliqués aux femmes. Rouen, Legrand; et Paris, Le Normant, 1838, in-18.

ANGLEMONT [Édouard-Hubert-Scipion d']. [Voy. la *France littér.*, t. Ier, pag. 64].

I. Berthe et Robert, poëme en quatre chants, suivi de notes. Paris, place de l'École de médecine, nº1, 1827, in-8 de 86 pages.

II. [Avec M. *P.-J. Lesguillon*] : « le Cachemire, com. en un acte et en vers. Paris, G. Brunet, 1827, in-8 [1 fr. 50 c.].

III. [Avec *le même*] : Tancrède, opéra en trois actes. Paris, Duvernois, 1827, in-8 [2 fr.].

IV. Légendes françaises. Paris, Dureuil; Moreau-Rosier, 1829, in-8. — Sec. édit. Paris, les mêmes, 1829, in-8 [7 fr.].

V. Dix-huit octobre. [En vers]. Au peuple de Paris. Paris, de l'imp. de Tastu, 1830, in-8, de 8 pages.

VI. Avec M. *Théod. Muret* : Paul Ier, drame historique en trois actes et en prose. Paris, Barba, 1832, in-8 [1 fr. 50 c.].

VII. Duc [le] d'Enghien, histoire drame. Paris, Mame-Delaunay, 1832, in-8 [7 fr. 50 c.].

La préface de cet ouvrage est de M. Ch.-Ph.-Alfr. d'*Assailly*.

VIII. Ouverture [l'] de la chasse aux environs de Paris....

Morceau imprimé dans le tome VIII du « Livre des cent-et-un » [1832].

IX. Nouvelles Légendes françaises. [En vers]. Paris, Mame-Delaunay, 1833, in-8 [8 fr.]. — Sec. édit. Paris, le même, 1833, in-18 [4 fr.].

X. Pèlerinages. [En vers]. Paris, Renduel, 1835, in-8 [7 fr. 50 c.].

ANGLÈS [G.]. — Almanach général du commerce de Reims et du département de la Marne. Années 1835-37. Reims, Luton; et Paris, Pougin, 1835-37, 3 vol. in-18 [1 fr. 75 c. le vol.].

ANGLETERRE [B. d'], capit.-adjud. de place.

— Catéchisme, ou Recueil des lois pénales, précédé des crimes et délits commis dans les édifices ou sur les objets consacrés à la religion catholique ou aux autres cultes légalement établis en France, et de quelques délits et peines militaires maritimes; par demandes et par réponses. Navarreins, l'Auteur, 1827, in-8, de 120 pages.

ANGOSSE [Claude-Alexandre-Casimir d'], député des Basses-Pyrénées; né à Paris, le 14 mai 1779, mort à Pau, le 13 septembre 1838.

— Observations relatives à l'impôt sur les vins et eaux-de-vie. Paris, de l'imp. de Guiraudet, 1829, in-8, de 40 pag.

ANGOT [J.], huissier à Brest.

— Observations sur le projet de loi relatif aux justices de paix, projet adopté [on peut le dire sans discussion] par la Chambre des députés, dans sa séance du 17 avril 1837, et pareillement adopté, mais avec amendement, par la Chambre des pairs, *le 5 février 1838*. Brest, l'Auteur, et Paris, Berquet et Pétion, 1838, in-8, de 92 pages.

ANGULO [Domin.-Fern. de]. Voy. ADER.

ANICET, auteur dramatique. Voy. A. BOURGEOIS.

ANIEL [ ], maître de ballets, d'abord à Bordeaux, ensuite à Paris, et aujourd'hui au grand théâtre de Lyon.

I. Apollon et Clytie, ou l'Amour protecteur, ballet en deux actes. Bordeaux, Coudert, 1819, in-8.

II. * Marchandes [les] de modes, ou Une soirée de carnaval, pantomime-folie en deux actes, mêlée de danses. Paris, Bezou, 1825, in-8 [30 c.].

C'est un ancien ballet rajeuni et remis au théâtre par M. Aniel.

III. *Scaramouche, ou la Statue du commandeur, pantomime en deux actes, à grand spectacle. Paris, Quoy, 1826, in-8 [30 c.].

IV. Fleurette, ou les Premières amours de Henri, ballet-pantomime en deux actes. Lyon, Chambet, 1830, in-8, de 16 pages; — Bordeaux, de l'imprimerie de Duviella, 1833, in-8, de 16 pages.

V. Avec M. *Coraly*: la Fiancée de Sarnen, ou le Retour au chalet, ballet-pantomime en trois tableaux. Lyon, Chambet, 1831, in-8, de 16 pages.

VI. Obéron, ou Un moment d'oubli, ballet-pantomime-féerie en trois actes. Lyon, de l'impr. de Barret, 1831, in-8, de 16 pages.

ANIME, curé. — Souvenirs chrétiens. Lyon, Guyot, 1831, in-18.

ANISSON - DUPERRON [le comte Alexandre-Jacques-Laurent], prédécesseur de M. de Villebois dans la direction de l'imprim. royale, aujourd'hui membre de la commission du sceau, député de la Seine-Inférieure; né à Paris, le 26 octobre 1776.

I. De l'affranchissement du commerce et de l'industrie. Paris, Mongie aîné, 1829, in-8, de 54 pages.

II. De l'enquête sur les fers, ou Application des principes généraux. La question de la taxe sur les fers étrangers. Paris, F. Didot; Mongie aîné, 1829, in-8, de 72 pages.

III. Examen de l'enquête commerciale sur les sucres en 1829, précédé de l'Examen de l'enquête sur les fers, sec. édition. Paris, F. Didot; Mongie aîné, 1829, in-8, de 128 pag.

ANNA-MARIE, pseudon. Voy. la comtesse d'HAUTEFEUILLE.

ANNE [Théodore], littérateur, ancien garde du corps de la compagnie de Noailles (*).

LITTÉRATURE.

Théâtre.

I. Avec MM. *Décour* et *Ch. Hubert*: le Coq de village, tableau-vaudeville en un acte de *Favart*, remis au théâtre avec des changements. Paris, Duvernois; madame Sédille, 1822, in-8 [1 fr. 50 c.].

II. Avec M. *Ach. Dartois*: Alfred, ou la Bonne tête!! vaudeville en un acte. Paris, Quoy; Barba, 1824, in-8 [1 fr. 50 c.].

III. Avec MM. *Ach.* et *Th. Dartois*: les Deux officiers, vaudeville en un acte. Paris, Quoy, 1824, in-8 [1 fr. 50 c.].

IV. Blanche et Isolier, vaudev. en un acte. Paris, Quoy, 1824, in-8 [1 fr. 50 c.].

V. Avec M.*** [MM. *Vulpian et Lassagne*]: la Rue du Carrousel, ou le Musée en boutique, vaudev. en un acte. Paris, Quoy; Barba, 1824, in-8 [1 fr. 50 c.].

VI. Avec MM. [*Ach.* et *Th.*] *Dartois*: les Châtelaines, ou les Nouvelles Amazones, vaudeville en un acte. Paris, Barba, 1825, in-8 [1 fr. 50 c.].

VII. Avec MM. *Ach. Dartois* et *de Tully*: l'Exilé, vaudev. en deux actes, tiré des « Puritains d'Écosse, » de sir W. Scott. Paris, Duvernois, 1825, in-8 [1 fr. 50 c.].

VIII. Avec M. *Désaugiers*: l'Intendant et le garde-chasse, vaudeville représenté au palais des Tuileries. Paris, de l'impr. de Dondey-Dupré, 1825, in-8, de 52 pages.

IX. Avec M. *Ad. Jadin*: le Pari, vaudev. en un acte. Paris, Duvernois, 1826, in-8 [1 fr. 50 c.].

X. Avec MM. *Théaulon* et *Gondelier*: le Dilettante, ou le Siége de l'Opéra, folie-vaudev. en cinq actes, à propos du « Siége de Corinthe ». Paris, Duvernois, 1826, in-8 [1 fr. 50 c.]

XI. Avec MM. *Théaulon* et *Gondelier*: le Courrier des théâtres, ou la Revue à franc étrier, folie-vaudev. en cinq relais. Paris, Barba, 1827, in-8 [1 fr. 50 c.].

XII. Avec M. *de Tully*: l'Orpheline et l'héritière, comédie-vaudeville en deux actes. Paris, Barba, 1827, in-8 [1 fr. 50 c.].

XIII. Avec MM. *Théaulon* et *Gondelier*: la Girafe, ou Une journée au Jardin du Roi, tableau à-propos en vaudevilles. Paris, Barba, 1827, in-8 [1 fr. 50 c.].

XIV. Avec M. *Théaulon*: Lidda, ou la Servante, comédie-vaudeville en un acte. Paris, Barba, 1828, in-8 [1 fr. 50 c.].

XV. Avec M. Émile [*de Rougemont*]: la Fille de la veuve, comédie-vaudev. en deux actes. Paris, Quoy, 1829, in-8 [2 fr.].

XVI. Avec M. *Théaulon*: le Barbier châtelain, ou la Loterie de Francfort, comédie-vaudeville en trois actes. Paris, Barba, 1829, et 1830, in-8 [1 fr. 50 c.].

XVII. Avec MM. *Ad. Jadin* et *** [*Théaulon*]: le Vieux marin, ou une Campagne imaginaire, vaudev. en deux actes. Paris, Barba, 1829, in-8 [1 fr. 50 c.].

XVIII. Avec MM. *Théaulon* et *Gabriel*: Jovial en prison, coméd.-vaud. en deux actes. Paris, Riga, 1829, in-8 [4 fr.].

Le titre de la pièce n'indique point la participation de M. Théod. Anne.

XIX. Avec MM. *Théaulon* et [*Nombret*] *Saint-Laurent*: le Bandit, pièce

* Ce que M. Théodore Anne a fait imprimer antérieurement à 1827 étant présenté dans notre France littéraire sous une forme vicieuse et sans exactitude, nous donnons ici, dans un meilleur ordre, la liste complète des productions de l'écrivain qui fait le sujet de cet article.

en deux actes, mêlée de chants. Paris, Riga, 1829, in-8 [1 fr. 50 c.].

M. Théod. Anne a caché sous son prénom sa coopération à cette pièce.

XX. Avec M. *René* [*Périn*]: le Noble et l'artisan, ou le Parent de tout le monde, coméd.-vaudev. en deux actes. Paris, Riga, 1831, in-8 [1 fr. 50 c.].

XXI. Avec M. *René* [*Périn*]: Sophie et Mirabeau, ou 1773 et 1789, coméd.-vaudev. en deux actes. Paris, Barba, 1831, in-8 [2 fr.].

Romans.

XXII. Éloge historique de S. A. R. Mgr. le duc de Berry. Sedan, de l'impr. de C. Morin, 24 mars 1820, in-8, de 28 pag.

Écrit qui n'a pas été déposé à la direction de l'imprimerie et de la librairie, et qui par conséquent ne se trouve point annoncé dans le Journal de la librairie.

XXIII. Édith Mac-Donald, histoire jacobite de 1715. Paris, veuve Charles-Béchet, 1832, 4 vol. in-12 [12 fr.].

XXIV. Avec M. James *Rousseau*: la Baronne et le prince. Paris, Dentu; Lecointe et Pougin; Pigoreau, 1832, 4 vol. in-12 [12 fr.].

Ce roman a été reproduit sous le titre: *Un de plus.*

HISTOIRE.

XXV. *Relation fidèle du voyage du roi Charles X, depuis son départ de Saint-Cloud jusqu'à son embarquement. Par un garde du corps. Paris, Dentu, 1830, in-8, de 56 pag. [2 fr.]. — Sec. édit. Paris, le même, 1838, in-8, de 44 pag. [2 fr.].

XXVI. Journal de S.-Cloud à Cherbourg, ou Récit de ce qui s'est passé à la suite du roi Charles X, du 26 juillet au 16 août 1830. Paris, Urb. Canel; Ladvocat, 1830, in-8, de 108 pages [4 fr.].

XXVII. Mémoires, souvenirs et anecdotes sur l'intérieur du palais de Charles X, et les événements de 1815 à 1830. Paris, Werdet; Levavasseur, 1831, 2 vol. in-8 [15 fr.].

XXVIII. Prisonnière [la] de Blaye. Paris, Charpentier, 1832, in-18 [3 fr.].

ANNECOU. — Difficultés de la langue française. Marseille, de l'impr. d'Achard, 1830, in-12, de 60 pag.

ANNÉE [Antoine]. [Voy. la *France littér.*, tom. Ier, p. 65]. Ajoutez: sous-intendant militaire, aujourd'hui maître des requêtes; né à Avremesnil [Seine-Inférieure], le 22 août 1770 (*).

I. *Empereur [l'] Napoléon et M. le duc de Rovigo, ou le Revers des médailles. Par le S.-I.-M. A*** [le sous-intendant militaire *Année*]. Paris, Mongie aîné, 1828, in-8, de 108 pag.

II. Livre [le] noir de messieurs Delavau et Franchet, au Répertoire alphabétique de la police politique sous le ministère déplorable. Ouvrage rédigé d'après les registres de l'administration, précédé d'une Introduction par M. Année. Paris, Moutardier, 1829, 4 vol. in-8 [26 fr.].

D'après une note des auteurs de la « Biographie universelle et portative des contemporains », on est porté à croire que M. Année n'est l'auteur que de l'*Essai historique sur l'inquisition politique* qui sert d'introduction à cet ouvrage.

On trouve des notices sur M. Année dans toutes les biographies des contemporains, y compris celle publiée par MM. Aucher-Éloy, Boisjolin, etc.

ANNEQUAND-BRAME [Charles], à Mons.

— Betterave [de la] à sucre. Mons, Leroux...., in-8.

ANNET [Alfred]. — Avec *Henri Trianon*: Examen critique du salon de 1833. Paris, Delaunay, 1833, in-8, de 192 pag. [3 fr. 50 c.].

ANNET REBOUL [Jacques], avocat.

— Remords [les], Nouvelle ardéchoise. Valence, de l'impr. de Borel, 1830, in-12, de 60 pages.

ANOT [Cyprien], connu aussi sous le nom d'*Anot de Maizières*, né à Saint-Germainmont, près de Rethel (Ardennes), le 27 avril 1792. Après avoir fait ses études au collége de Reims, il y régenta à l'âge de dix-huit ans. Il y occupait la chaire de rhétorique en 1825, lorsqu'on lui donna celle d'histoire au collége royal de Versailles. Depuis 1826 il y professe l'éloquence. On a de lui:

I. Discours sur ce sujet: Démontrer que les intérêts des Français de toutes les classes sont attachés au maintien

(*) Les indications de lieu et de date de naissance de M. Année, dans la France littéraire, sont l'une et l'autre fausses.

de la Charte constitutionnelle. [Couronné par l'Académie de Châlons, en 1819]. Châlons, de l'imp. de J. Martin, 1819, in-8, de 143 pag. [2 fr. 50 c.].

II. Élégies rémoises, suivies de Fragments dramatiques et d'un Essai sur les nouvelles théories littéraires. Paris, Amyot, 1825, in-8, de 204 pages [4 fr.].

Les Fragments dramatiques qui font partie de ce volume sont ceux d'une tragédie en vers, intitulée : *Charles I, roi d'Angleterre.*

III. * Lettres d'Icilius sur l'état actuel des choses. Versailles, des imp. d'Allois et de Marlin, 1828-34, in-8.

Ces lettres sont au nombre de treize : elles ont paru successivement par cahiers de 16, 20, 24, 32 et 36 pag. La réunion peut former en tout 208 pag.

IV. Code sacré, ou Exposé comparatif de toutes les religions de la terre, considérées dans leurs dogmes, dans leur morale et dans leur culte, et mises en présence les unes des autres par le rapprochement successif et textuel des diverses parties de leurs systèmes. Extrait des livres originaux qui servent de bases aux différentes croyances, tels que le Pentateuque, les quatre Évangiles, le Coran, les Veidams, le Chou-King, le Zend-Avesta, l'Edda, la Volupsa, etc. Paris, Angé; et Versailles, Angé, 1836, in-folio [55 fr.].

Ce volume a été publié en dix livraisons et une dixième *bis* : le prix de chacune était de 5 fr.

ANOT [Aug.]. — De l'instruction et de l'éducation dans une monarchie constitutionnelle. Mémoire couronné par l'Académie royale de Lyon, sur cette question : Quel est le meilleur système d'instruction et d'éducation dans une monarchie constitutionnelle? Paris, Hachette; Bordeaux, mad. Laplace, 1836, in-8, de 88 pages [2 fr.].

ANOT DE MAIZIÈRES. Voy. Cypr. Anot.

ANQUETIL [Jean-Pierre], ancien officier; né le 25 octobre 1771 au Tanu, arrondissement d'Avranches [Manche].

— Questions sur l'Astronomie, suivies de la proposition d'un nouveau système. Paris, Dondey-Dupré; l'Auteur, 1833, in-8, de 116 pag. avec 2 planch. [3 fr.].

Une seconde édition, augmentée d'un mémoire remis à l'Académie des sciences, a été publiée en 1835.

— Le même ouvrage, en anglais, sous ce titre : Questions on Astronomy, and a new system proposed, with two illustrative plates. Paris, the Author, 1833, in-8, de 84 pag. [3 fr.].

Les hypothèses synthétiques de l'auteur sont basées sur l'analogie ; elles démontrent la formation et les causes secondaires du mouvement des astres, qui tous dépendent d'un centre général. L'unité, la conformité parfaite lient toutes les parties de ce nouveau système, sans la participation du vide de l'espace ni de l'attraction.
Quoique ayant exigé beaucoup d'études et de persévérantes observations, l'ouvrage ne traite pas de la cause *initiale*, mais seulement des causes *secondaires*, lesquelles ne peuvent nullement changer l'effet ou le résultat du mouvement des astres, maintenant observés avec tant de précision ; aussi l'ouvrage, qui ne contient qu'un peu plus de cent pages, renvoie-t-il pour l'analyse de cette partie de l'astronomie aux traités les plus récents.
V. A. S.

ANQUETIN [N.-P.], docteur médecin.

I. Avis aux personnes menacées de phthisie pulmonaire. Paris, l'Auteur; Baillière, 1828, in-8, de 64 pages [1 fr. 50 c.].

II. Chemin de fer de Paris à Versailles. Quelques mots sur cette question : L'administration des ponts et chaussées peut-elle s'approprier les travaux qu'elle est appelée à juger? Paris, de l'imp. de Bellemain, 1836, in-4, de 12 pages.

ANSALDI [le rév. G.-B.-C.]. — Elogio funebre del molto reverendo Luc' Antonio Odiandi, ex-curato di santa Riparata. Bastia, dai torchi di Fabiani, 1828, in-8, de 36 pages.

ANSART [Charles-Boniface-Félix], professeur d'histoire au collége royal de Saint-Louis, membre de la Société de l'histoire de France. [Voy. *la France littér.* tom. I, pag. 68].

I. Atlas de géographie ancienne et moderne, dressé pour l'usage des colléges. Paris, Maire-Nyon, 1827, gr. in-4 de 17 cartes [10 fr.].

On peut se procurer séparément de cet Atlas : *Atlas ancien* [5 fr. 50 c.]; — *Atlas moderne* [5 fr. 50 c.]. Il en existe aussi un extrait, sous le titre de : *Atlas élémentaire à l'usage des colléges*, in-8, de 8 cartes [2 fr.].

II. Géographie [petite], à l'usage des écoles primaires. Paris, Hachette, 1829, in-18 [75 c.]. —VIIIe édit., augm.

d'une table de tous les noms contenus dans l'ouvrage. Paris, le même, 1839, in-18 [75 c.].

La septième édition, publiée en 1838 chez le même libraire, a paru sous le titre de *Petite Géographie moderne*.

III. Géographie [petite] de la France, à l'usage des écoles primaires. Paris, Hachette, 1830, in-18 [25 c.].

IV. Essai de géographie historique ancienne, à l'usage des classes de sixième, de cinquième et de quatrième. Paris, Maire-Nyon, 1832, in-12. — Supplément à l'Essai de géographie ancienne. Paris, Maire-Nyon, 1834, in-12. — IIIe édit. [L'Essai et son Supplément réunis.) Paris, Maire-Nyon, 1837, in-8 [5 fr. 50 c.].

V. Avec M. *Ph. Lebas* : Atlas historique des États européens, composé d'une suite de cartes et de tableaux; par *Chr.* et *Fr. Kruse*, trad. de l'allemand, revu, corrigé et continué jusqu'à l'année 1834, pour le texte, par Ph. Lebas; pour les cartes, par F. Ansart. Paris, Hachette, 1836, in-fol. de 73 cartes géogr. et tableaux hist. et généalog. [32 fr., et sur pap. gr. raisin vél., dem. rel. en mar., 54 fr.].

VI. Atlas historique ancien et moderne, dressé pour l'usage des colléges, et renfermant toutes les cartes anciennes, du moyen âge et modernes, nécessaires pour suivre un Cours complet d'études historiques et géographiques. Paris, Hachette, ... in-fol., composé de 33 cartes [24 fr., rel.].

On peut se procurer séparément de cet Atlas, des parties ainsi divisées :

1° *Atlas de géographie ancienne*, composé de 9 cartes : Monde ancien, Palestine, Égypte, empire des Perses, Grèce, empire d'Alexandre, Italie, Gaule, Empire romain. In-fol., cart. [5 fr. 50 c.].

2° *Atlas historique du moyen âge*, composé de 12 cartes. In-fol., cart. [10 fr.].

3° *Atlas historique des temps modernes*, composé de 12 cartes. In-fol., cart. [10 fr.].

Ces trois Atlas existent aussi avec un texte offrant la chronologie et le résumé sommaire des faits principaux de l'histoire de ces trois âges, et de plus, pour les deux derniers, les généalogies des principales maisons souveraines. Prix de ces Atlas avec texte : le premier, 8 fr., et les deux autres 15 fr. chaque.

VII. Précis de la géographie historique du moyen âge, rédigé d'après les questions du programme prescrit par le Conseil royal de l'instruction publique. Paris, Maire-Nyon, 1834, in-8 [2 fr. 50 c.].

VIII. Histoire [petite] sainte, à l'usage des écoles primaires. Paris, Delloye, 1836, in-18. — V^{e} édit. Paris, le même, 1838, in-18 [75 c.].

IX. Vie de N. S. Jésus-Christ, contenant les Évangiles de tous les dimanches et des fêtes principales de l'année, à l'usage des écoles primaires, etc. Paris, Delloye, 1836, gr. in-18 cart. [75 c.].

X. Histoire [petite] de France, à l'usage des écoles primaires. Paris, Maire-Nyon, 1836, in-18 [75 c.]. — Sec. édit., revue et corrigée par l'auteur. Paris, Delloye, 1838, in-18 [75 c.].

Adoptée par le Conseil royal de l'instruction publique.

XI. Cahiers de géographie historique, extraits du Précis de géographie historique, adopté par le Conseil royal de l'instruction publique. Paris, veuve Maire-Nyon, 1838, 6 cahiers in-8.

Ces six cahiers, accompagnés chacun de 4 cartes, composés ainsi qu'il suit, peuvent être acquis séparément.

Premier cahier. Cours de sixième. *Géographie ancienne*. Première partie. 1838, in-8 [1 fr. 25 c.].

Deuxième cahier. Cours de cinquième. *Géographie ancienne*. Deuxième partie. 1838, in-8, de 48 pag. [1 fr. 25 c.].

Troisième cahier. Cours de quatrième. *Géographie historique romaine*. In-8, de 64 pag. [1 fr. 25 c.].

Quatrième cahier. Cours de troisième. *Géographie historique du moyen âge*. In-8, de 56 pag. [1 fr. 25 c.].

Cinquième cahier. Cours de seconde. *Temps modernes*. In-8 [1 fr. 25 c.].

Sixième cahier. Cours de rhétorique. *France*. In-8 [1 fr. 25 c.].

ANSELIN, curé de Lenzeux, dans le diocèse d'Arras.

— Soirées [les] d'un sage avec un paysan, ou la nouvelle Apologie de la religion. Boulogne, Leroy-Berger, 1828, in-12.

ANSELM [F.-J.], curé de Soultz [Haut-Rhin].

— Discours prononcé sur la tombe de Marie-Thierenbach, trad. de l'allemand. Strasbourg, Heitz; Paris, Treuttel et Wurtz, 1831, in-8, de 16 pag.

— Le même Discours, en allemand. Mulhausen, de l'imp. de mad. Risler, 1831, in-8, de 12 pages.

ANSIAUX-DELAVREUX, docteur en médecine et en chirurgie, peut-être le même que *N. Ansiaux fils*, cité dans la France littéraire.

— Manuel des bandages et appareils. Liége, Desoer, 1827, in-8 [2 fr. 50 c.].

M. Ansiaux-Delavreux a en outre fourni des articles à «l'Observateur médical,» publié à Bruxelles, dont il est l'un des principaux rédacteurs.

ANTELME [Adrien]. — Galerie zoologique, ou Exposé analytique et synthétique de l'histoire des animaux, publ. sous la direction de M. Geoffroy-Saint-Hilaire. Paris, rue Saint-Antoine, n° 76, 1837-38, 2 vol. in-12, avec 16 planch. [5 fr. 50 c.].

ANTHONY R.... [mad.]. Voyez A. ROUXEL.

ANTHOUARD [le comte d'], lieutenant général, inspecteur général d'artillerie, à l'Arsenal.

Le nom du comte d'Anthouard se lit dans la liste des rédacteurs du «Spectateur militaire» [1826 et ann. suiv]; mais nous n'avons rien vu signé de lui dans ce recueil.

ANTIBOUL [le comte Honoré d'], ancien commissaire de police.

I. Pétition à la Chambre des pairs. Paris, La Chevardière fils, 1827, in-8, de 31 pages.

II. Sultane [la] Caihicaihia, nouvelle orientale. Paris, Mongie, 1828, in-12 [3 fr.].

C'est, sous le voile de l'allégorie, l'histoire de madame du Cayla, dernière maîtresse de Louis XVIII.

III. Perroquet [le]. Paris, de l'imp. de Pihan-Delaforest [M.], 1835, in-8, de 28 pages.

ANTIER [Benjamin], et non ANTIÉ, comme on l'a imprimé par erreur dans le tome Ier de la France littéraire, fécond auteur dramatique, connu longtemps au théâtre sous le nom de *Benjamin*. La France littéraire donne les titres de vingt pièces de M. Antier, imprimées jusqu'à la fin de 1826 (*). Cet auteur a depuis fait jouer et imprimer les suivantes :

Drames et mélodrames.

I. Avec M. *Théodore N.* [*Nezel*] : Poulailler, mélodrame en neuf petits actes. Paris, Quoy, 1827, in-8 [1 fr. 50 c.].

II. Avec M. *Ét. Arago* : Mandrin, mélodrame en trois actes, à grand spectacle. Paris, Bezou, 1827, in-8 [1 fr. 50 c.].

III. Avec M. Ruben [*Naigeon*] : Antonia, ou Milan et Grenoble, mélod. en trois journées, etc. Paris, Quoy, 1827, in-8 [1 fr. 50 c.].

IV. Avec M. *Théodore N.* [*Nezel*] : le Chasseur Noir, mélodrame en trois actes, à spectacle. Paris, Bezou, 1828, in-8 [1 fr. 50 c.].

V. Muette [la] de la forêt, mélod. en un acte, tiré du roman intitulé : Sœur Anne [de C.-P. de Koch]. Paris, Barba, 1828, in-8 [1 fr. 50 c.].

VI. Avec M. *R.-C. Guilbert de Pixérécourt* : Guillaume Tell, mélod. en six parties, imité de *Schiller*. Paris, Barba, 1828, in-8, de 28 pag. [50 c.]. — Sec. édit. Paris, le même, 1828, in-8, de 96 pag. [1 fr.].

VII. Avec MM. *Henri* [*Villemot*] et *Théodore N.* [*Nezel*] : Bisson, mélod. en deux actes et en cinq parties. Paris, Barba, 1828, in-8 [60 c.].

VIII. Avec MM. Saint-Amand [*Amand Lacoste*] et *Henri* [*Villemot*] : le Remplaçant, mélodrame en trois actes et à spectacle. Paris, Quoy ; Bouquin de la Souche, 1828, in-8 [1 fr.].

IX. Bugg, ou les Javanais, mélodrame en trois actes et à grand spectacle. Paris, Quoy, 1828, in-8 [1 f. 50 c.].

X. Avec MM. *Théodore N.* [*Nezel*] et *Francis* [*Cornu*] : Isaure, drame en trois actes, mêlé de chants. Paris, Breauté, 1829, in-8 [2 fr. 50 c.].

XI. Avec M. *Théodore N.* [*Nezel*] : Rochester, drame en trois actes et en six parties. Paris, Bezou, 1829, in-8 [2 fr.].

XII. Avec M. *Alexis* [*de Comberousse*] : le Fils de Louison, mélodrame en trois actes. Paris, Quoy, 1830, in-8 [2 fr.].

XIII. Avec M. *Théodore N.* [*Nezel*]. les Massacres, fièvre cérébrale en trois actes et en vers carrés, précédée de : «le Diable au spectacle.» Paris, Quoy, 1830, in-8 [1 fr. 50 c.].

XIV. Jeffries, ou le Grand Juge, mélodrame en trois actes. Paris, Quoy, 1830, in-8 [2 fr.].

(*) Dans ce nombre n'est pas comprise une pièce imprimée sous le nom de FÉLIX, *le Nouvelliste, ou le Plan de campagne*, com.-vaud. en un acte, attribuée à M. Antier, en société avec M. Martin Deslandes. [Paris, Bezou, 1826, in-8.]

XV. Avec MM. *Théodore N**** [*Nezel*] et *Alexis* [*de Comberousse*] : Joachim Murat, drame historique en quatre actes et neuf tableaux. Paris, Quoy, 1831, in-8 [2 fr.].

XVI. Avec M. *Alexis* [*de Comberousse*] : l'Incendiaire, ou la Cure et l'Archevêché, drame en trois actes, à grand spectacle. Paris, Barba; Bezou, 1831, in-8 [2 fr.]. — Autre édition. Paris, de l'imp. de J. Didot aîné, 1834, in-8 [60 c.].

La dernière édition fait partie de « la France dramatique au XIXe siècle. »

XVII. Avec M. *Aug. Lagrange* : Mademoiselle de la Vallière et Madame de Montespan, drame historique en trois actes, suiv. d'un épilogue, ou Dix-huit ans après. Paris, Riga; Barba, 1831, in-8 [2 fr.].

XVIII. Avec MM. *Armand Ov**** [*Overnay*] et *Adrien* [*Payn*] : le Watchmann, drame en trois actes et en six tableaux. Paris, Quoy; J. N. Barba, 1831, in-8 [2 fr.].

XIX. Avec M. *Théodore N**** [*Nezel*] : les Six degrés du crime, mélod. en trois actes. Paris, Barba, 1831, in-8 [1 fr. 50 c.].

XX. Avec MM. *Alexis* [*de Comberousse*] et *Brienne* : l'Abolition de la peine de mort, drame en trois actes et en six tableaux. Paris, Riga, 1832, in-8 [1 fr. 50 c.].

XXI. Avec MM. *Théodore* [*Nezel*] et *Hyacinthe* [ ] : le Suicide d'une jeune fille, drame en trois actes, imité de l'allem. Paris, Marchant; Hardy, 1832, in-8 [1 f. 50 c.].

XXII. Cinquième [le] acte, drame-vaudeville en trois actes. Paris, Barba, 1833, in-8 [1 fr. 50 c.].

XXIII. Avec M. *Alexis de Comberousse* : les Tours de Notre-Dame, anecdote du temps de Charles VII. Paris, Marchant; Barba, 1834, in-8, de 32 pag. [1 fr. 50 c.], et gr. in-8, de 16 pages, imprimé à deux colonnes [15 c.].

XXIV. Avec MM. Saint-Amand [*Amand Lacoste*] et Fréd. Lemaître [*Ph.-Maur. Alhoy*] : Robert Macaire, pièce en quatre actes et en six tableaux. Paris, Barba; Bezou; Pollet, 1836, in-8, de 28 pag. impr. à 2 colonnes [60 c.].

Cette pièce fait partie de « la France dramatique au XIXe siècle, » elle parait même n'avoir été imprimée que pour cette collection.

XXV. Avec M. *Rochefort* : l'Homme des rochers, ou les Islandais, mélodrame en trois actes, à grand spectacle. Paris, Marchant, 1837, gr. in-8, de 24 pag. [60 c.].

XXVI. Agrafe [l'], drame en trois actes. Paris, Marchant, 1837, gr. in-8, de 28 pag. [40 c.].

XXVII. Chiens [les] du mont Saint-Bernard, mélodrame en cinq actes. Paris, Marchant, 1838, gr. in-8 à 2 colonnes [40 c.].

Comédies en prose.

XXVIII. Avec M. *Anicet* [*Bourgeois*] : le Jeune Médecin, comédie en un acte. Paris, Pollet, 1829, in-8. [1 fr. 50 c.].

XXIX. Avec M. *Simonnin* : l'Enragée de Chaumont, comédie en un acte. Paris, au bur. du Moniteur des théâtres, 1829, in-8 [1 fr. 50 c.].

XXX. Avec MM. *Simonnin* et *Théodore N.* [*Nezel*] : le Pâtissier usurpateur, pièce historique en cinq petits actes. Paris, Henry, 1831, in-8 [1 fr. 50 c.].

Vaudevilles.

XXXI. Avec MM. *Théodore N.* [*Nezel*], *Armand O....* [*Overnay*] et *E. F. Varez* : les Lanciers et les marchandes de modes, pièce en un acte, mêlée de couplets. Paris, Rémond, 1828, in-8 [1 fr. 50 c.].

XXXII. Avec MM. *Simonnin* et *Théodore N.* [*Nezel*] : Napoléon en Paradis, vaudeville en un acte. Paris, Hardy, 1829, in-8 [1 fr. 50 c.].

XXXIII. Irlandais [l'], ou l'Esprit national, com.-vaud. en deux actes, trad. de l'angl. par M. Benjamin. Paris, Quoy, 1831, in-8 [2 fr.].

XXXIV. Avec M. *Alexis de Comberousse* : la Salle de bains, vaudev. en deux actes. Paris, Marchant; Barba, 1833, in-8 [1 fr. 50 c.].

XXXV. Avec MM. *Mélesville* et *A. de Comberousse* : le Capitaine de vaisseau, ou la Salamandre, vaudev. nautique en deux actes, précédé de la Carotte d'or, prologue. Paris, Marchant; Barba, 1834, in-8, de 64 pag. [2 fr.], ou gr. in-8, de 32 pages à 2 colonnes [30 c.].

Cette pièce est la première sur laquelle l'auteur ait mis son nom de famille.

XXXVI. Beignets [les] à la cour, comédie en deux actes, mêlée de chants. Paris, Marchant, 1835, gr. in-8, de 20 pag. [20 c.].

Seconde pièce imprimée sous le nom de famille de l'auteur; celles qui ont paru postérieurement portent toutes le nom d'ANTIER.

XXXVII. Avec M. *Alexis de Comberousse* : la Reine d'un jour, chronique mauresque en deux actes, mêlée de chants. Paris, Marchant, 1836, gr. in-8, de 20 pages [20 c.].

XXXVIII. Avec *le même* : le Colleur, coméd.-vaudev. en un acte. Paris, Barba, 1836, in-8 [2 fr.].

XXXIX. Avec MM. *de Rougemont* et *Dupeuty* : Pierre le Rouge, coméd. en trois actes, mêlée de chants. Paris, Marchant, 1836, grand in-8, de 32 pages [40 c.].

XL. Avec M. *Sandrin* : A quoi ça tient ! coméd.-vaud. en un acte. Paris, Morain, 1837, in-8 [30 c.].

XLI. Avec M. *L. Couailhac* : Plock le pêcheur, vaud. en un acte, Paris, Marchant, 1838, gr. in-8 à 2 col.

ANTOINE [A.], compilateur, attaché à la police sous la Restauration; né en 1776, mort à Paris le 21 octobre 1836. [Voy. la *France littér.* tom. I, p. 72.] Plus tard il a pris sur ses livres le nom d'*Antoine de Saint-Gervais*.

I. Histoire des émigrés français depuis 1789 jusqu'en 1828. Paris, Hivert, 1828, 3 vol. in-8 [15 fr.].

II. Petits [les] artisans devenus hommes célèbres. Ouvrage fait pour inspirer des sentiments d'élévation aux jeunes gens des deux sexes. Paris, Denn, 1829, in-12 avec 4 grav. — Sec. édit., rev. corr. et augm. Paris, Denn, 1835, in-12, fig. [3 fr.].

III. Merveilles [les] de la nature humaine, ou Description des êtres phénomènes les plus curieux, les plus remarquables qui ont paru sur la surface du globe depuis le commencement du monde jusqu'à ce jour, comme géants, nains, etc., avec des notes de M. *Demerson.* Paris, Germain Mathiot, 1829, in-12, avec 6 grav. [3 fr.].

IV. Mythologie [la] enseignée par tableaux, ou Collection de jolies gravures représentant les actions les plus mémorables des dieux, demi-dieux et des héros de la Fable. Paris, L. Janet; P. Blanchard, 1830, in-8 avec 20 grav. [7 fr.].

V. Bonne [la] mère, ou Histoire d'une femme vertueuse, pour servir de modèle aux mères chrétiennes. Paris, rue du Petit-Bourbon, n° 18, 1830, in-18 [1 fr. 25 c.].

VI. Preuves authentiques de la mort du jeune Louis XVII; détails sur ses derniers moments; pièces justificatives, documents inédits et réfutation des Mémoires du soi-disant duc de Normandie, fils de Louis XVI. Paris, Hivert, 1831, in-8, de 48 pages [1 fr. 25 c.]. — Sec. édit., rev. et augm. de documents nouveaux. Paris, Hivert, 1831, in-8, de 68 pages [1 fr. 50 c.].

VII. Destinées [les] futures de la France, d'après les révélations prophétiques des personnes inspirées du ciel, suivies d'une Lettre à Louis-Philippe Ier sur le seul moyen efficace de ramener la paix et le bonheur en France par un prompt retour à la légitimité. Paris, Levavasseur, 1832, in-8, de 56 pages [1 fr. 75 c.].

VIII. Lettre à Louis-Philippe Ier sur le seul moyen efficace de ramener la paix et le bonheur en France par un prompt retour à la légitimité. Paris, Levavasseur, 1832, in-8, de 8 pages.

IX. Petite Histoire contemporaine, ou Récit d'un précepteur à ses élèves sur les événements principaux survenus en France depuis le commencement du règne de Louis XVI, jusqu'à l'élection de Louis-Philippe; suivi de détails intéressants sur le jeune Henri, depuis son séjour à Holy-Rood. Paris, Levasseur, 1832, in-12 [3 fr.].

X. Jeunes [les] chrétiens, histoires exemplaires de divers enfants contemporains des deux sexes qui se sont distingués par une conduite digne de servir de modèle à la jeunesse, recueillies et publiées par A. Antoine. Paris, Levasseur, 1832, in-18 [1 fr. 25 c.].

XI. Petites beautés de la Russie, contenant ce qu'il y a de plus curieux, de plus intéressant à connaître dans l'histoire de ce vaste empire, depuis son origine jusqu'à ce jour. Paris, Peltier et Langlumé, 1833, in-32 oblong, avec une carte et 9 gravures [cart.] 1 fr. 35 c. et avec les fig. col. [1 fr. 75 c.].

XII. Jeune [le] âge de Napoléon, ou Traits caractéristiques des premières années de ce grand homme, qui s'est élevé, par son propre mérite, à la suprême dignité d'empereur des Français; suivi d'un abrégé de sa vie politique et militaire, et de ses derniers moments à l'île de Sainte-Hélène. Paris, Denn, 1834, in-12, avec 4 grav. [3 fr.].

XIII. * Beaux traits de l'Histoire des naufrages, ou Récits des aventures les plus curieuses des marins et des voyageurs célèbres. Par M. A. Paris, J. Langlumé et Peltier, 1834, 1836, in-12, avec 4 figures et un titre gravé [3 fr. 50 c.].

XIV. Nouvel Album des peuples, ou Collection de tableaux représentant les usages et les cérémonies les plus remarquables des diverses nations du monde. Paris, Langlumé et Peltier, 1835, gr. in-8, sur pap. vél., avec 20 grav. [en noir, 5 fr., et col., 9 fr.].

XV. Moraliste [le] du jeune âge, ou Historiettes instructives et amusantes. Paris, Langlumé et Peltier, 1835, in-18 [1 fr. 50 c.].

XVI. École [l'] de la vertu, récits de belles actions contemporaines. Paris, Denn, 1836, in-12 [3 fr. 50 c.].

XVII. Civilité en action, historiettes amusantes. Paris, Caillot, 1837, in-8 oblong.

Des divers ouvrages que nous venons de citer, les deux derniers sont les seuls qui portent le nom primitif de leur auteur, A. ANTOINE.

Ce laborieux compilateur doit encore avoir publié quelques autres petits ouvrages pour la jeunesse sans y avoir attaché son nom.

M. A. Antoine (*), de plus, a été le réviseur de la 4e édition de la traduction du Cabinet du jeune naturaliste, de *Th. Smith.*

ANTOINE [Auguste-Marie]. — Esquisses poétiques. Metz, Juge, 1830, in-8, de 98 pages.

ANTOINE. — Natchez [les], ou la Tribu du serpent, mélodr. en trois actes, tiré de l'ouvrage de M. de Châteaubriand. Paris, Quoy, 1827, in-8 [1 fr. 50 c.].

(*) Cet homme de lettres avait un fils, *Émile Antoine*, mort fort jeune, en 1832, l'une des premières victimes du choléra; ce fils avait aussi compilé, pour le compte des libraires, quelques livres élémentaires et quelques livres de morale pour la jeunesse. Il a dû laisser un *Abrégé de la vie des philosophes modernes*, pour servir de suite à l'ouvrage attribué à Fénélon : nous avons eu entre les mains ce manuscrit terminé.

ANTOINE DE BEAUTERNE. Voy. A. de BEAUTERNE.

ANTOINE DE SAINT-GERVAIS. Voy. A. ANTOINE.

ANTOMMARCHI [le docteur F.]. Voy. la *France littér.*, tom. Ier, p. [73] mort en 1836.

I. Mémoires sur la non-existence de communication normale des vaisseaux lymphatiques et des veines, suivis du rapport fait à l'Académie des sciences, pour le prix de physiologie expérimentale, décerné à M. Lippi. Paris, de l'imp. de Didot, 1829, in-8, de 24 pages.

Cette brochure renferme deux Mémoires.

II. Mémoire et observations sur le choléra-morbus régnant à Varsovie. Paris, Barrois l'aîné, 1831, in-8, de 36 pages [1 fr. 50 c.].

ANTONELLE [Fr. d']. — Avec M. H. Arnaud [mad. *Reybaud*] : Élys de Sault, ou la Cour des papes au milieu du quatorzième siècle. Paris, mad. Charles-Béchet; Legrand et Bergounioux, 1834, 2 vol. in-8 [12 fr.].

Nous connaissons encore de M. F. d'Antonelle, dans le « Nouveau Tableau de Paris au XIXe siècle », un morceau intitulé : *le Marché aux vieux linges* [tom. I, 1834].

ANTONI PAJOT. Voy. A. PAJOT.

ANTONY, auteur dramatique. Voy. A. BÉRAUD.

ANTONY [Claudius] et ANTONY CLAUDIUS, pseudonymes. Voy. Cl. BILLIET.

ANTONIO [le P. Francesco], minore osservante.

— Semplice [la] narrativa dell'opera di nostra salute. Bastia, dai torchi di Fabiani, 1827, in-8, de 104 pag.

APCHER, de Saint-Flour. — Jéhovah [le] de Moïse, ou la Divinité méconnue. Ouvrage philosophique. Bordeaux, de l'impr. de Lavigne, 1830, in-8.

APEL [Auguste]. — Jugement dernier, oratorio. Trad. française. Strasbourg, de l'impr. de mad. Silbermann, 1830, in-8, de 16 pag.

APICIUS FRISSGERN, pseudon. Voy. SHALER.

APORTI [l'abbé Ferrante]. — Des écoles et des salles d'asile d'Italie en 1834, trad. de l'italien sur les publications de l'abbé Ferrante Aporti et de l'abbé R. Lambruschini. Paris, Risler; Delalain, 1835, in-8, de 88 pag. [1 fr.].

APPERLIN [Charles-James]. — Nemrod, ou l'Amateur des chevaux de courses. Observations sur les méthodes les plus nouvelles de propager, d'élever, de dresser et de monter les chevaux de courses. Paris, Arth. Bertrand, 1838, in-8, de 260 pag. [20 fr.].

APPERT [Charles], ancien confiseur et distillateur, élève de la bouche de la maison ducale de Christian IV, et depuis propriétaire à Massy [Seine-et-Oise].

I. Livre [le] de tous les ménages, ou l'Art de conserver pendant plusieurs années toutes les substances animales et végétales. IVe édition, revue et augmentée de procédés nouveaux, d'expériences et d'observations nouvelles. Paris, Barrois l'aîné, 1831, in-8, avec 4 planches [5 fr.].

La première édition est de 1810 : elle a paru sous le dernier de ces deux titres.

II. Esprit [de l'] du subjonctif dans la langue française, ou Analyse logique, grammaticale et philosophique de ce mode, comparé à l'indicatif. Paris, Barrois l'aîné, 1823, in-8 [3 fr. 75 c.].

III. Notice sur la dépuration de la gélatine des os et rendue propre à la clarification des vins, eaux-de-vie, liqueurs, etc. Paris, de l'impr. d'Éverat, 1827, in-12, de 48 pag.

APPERT [B.].[Voy. *la France littér.*, tom. Ier, pag. 77].

I. Journal des prisons, hospices, écoles primaires et établissements philanthropiques. Années 1825 à 1828. Paris, B. Appert, 1825-28, in-8.

Il en paraissait douze numéros par an, dont le prix était de 15 fr.

II. Ministère [du] de la guerre, des sous-officiers et des écoles régimentaires d'enseignement mutuel. Paris, l'Auteur; Moutardier, 1827, in-8, de 12 pag. [1 fr.].

Cet opuscule s'est vendu au profit de l'ex-concierge Rousselot.

III. Observations sur les prisons, hospices, écoles des départements et des pays étrangers. Toul, de l'impr. de Carez, 1827, in-8, de 44 pag.

IV. Lettre aux abonnés au Journal des prisons, sur la censure. Paris, de l'impr. de Lachevardière, 1827, in-8, de 8 pag.

V. Voyage aux bagnes de Brest, Lorient et Rochefort, extrait du «Journal des prisons.» Paris, Guilbert, 1828, in-8, de 92 pag. [3 fr.].

VI. Phrénologie [de la] appliquée à l'amélioration des criminels. Note lue à la séance annuelle de la société phrénologique de Paris, le 23 août 1832. Paris, de l'impr. de Pihan Delaforest Morinval, 1832, in-8, de 8 pag.

VII. Rapport fait à l'assemblée annuelle de la Société de la morale chrétienne, à l'Hôtel-de-ville, le 3 mai 1835. Paris, de l'impr. de Decourchant, 1835, in-8, de 12 pag.

VIII. Bagnes, prisons et criminels. Paris, Guilbert; Roux, 1836, 4 vol. in-8, avec deux fac-simile et une grav. [30 fr.].

M. Appert a ajouté des notes au livre de M. R. Fresnel, intitulé « Considérations qui démontrent la nécessité de fonder des maisons de refuge » [1831, in-8]; d'autres à un opuscule de M. Eug. G. de Monglave, publié en 1832.

On trouve dans le tome V [ou supplément] de la Biographie univ. et portative des contemporains une Notice sur M. B. Appert.

APUDY [A.-L.], pseudon. Voy. CHEZY.

ARAGO [Dominique-François-Jean], l'un des plus savants astronomes du XIXe siècle, et physicien, en même temps qu'orateur politique distingué, astronome du bureau des longitudes à l'Observatoire, professeur d'analyse, de géodésie et d'arithmétique sociale à l'École polytechnique, et d'astronomie à l'Observatoire, membre de l'Institut de France [section d'astronomie], en 1809, à la mort de Jér. de Lalande; de la Société royale de Londres, laquelle, en 1825, dans la séance anniversaire de sa fondation lui décerna la médaille d'honneur appelée « Copley medal » ; secrétaire perpétuel de la classe des sciences mathématiques de l'Institut de France, en 1830, à la mort de Fourier, membre de plusieurs académies et sociétés savantes, françaises et étrangères; député des Pyrénées-

Orientales; né à Estagel, près de Perpignan, le 26 février 1786 (*).

SCIENCES.

Physique et Astronomie.

I. Avec M. *Biot :* Mémoire sur les affinités des corps pour la lumière, et particulièrement sur les forces refringentes des différents gaz, lu à l'Institut, le 24 mars 1806. Paris, Baudouin, 1806, in-4, avec une planche.

Extrait du recueil de l'Institut national, classe des sciences mathématiques et de physique, t. VII, p. 300 à 386 [1806].

Ce Mémoire est le premier ouvrage imprimé de M. Arago que nous ayons trouvé; il ne doit pas être néanmoins le plus ancien travail de notre savant; car dès 1809 il n'eût pas succédé à Jér. de Lalande à l'Académie des sciences, si des travaux antérieurs ne l'avaient recommandé au corps illustre auquel il se présentait: il est vraisemblable que de précédents Mémoires ont été insérés dans des recueils scientifiques et qu'ils ont échappé à nos investigations.

II. Mémoire sur une modification remarquable qu'éprouvent les rayons lumineux dans leur passage à travers certains corps diaphanes, et sur quelques autres nouveaux phénomènes d'optique.

Mémoire imprimé dans le recueil précité, t. XII, p. [1811].

L'Institut accorde à chacun de ses membres l'autorisation de faire tirer à part cent exemplaires des mémoires dont il a décidé l'impression dans les recueils qu'il publie : il y a par conséquent des exemplaires tirés à part des deux Mémoires de M. Arago que nous venons de citer.

III. Avec M. *Petit :* Sur les puissances réfractives de certains liquides, et des vapeurs qu'ils forment, lu à l'Académie des sciences, le 11 décembre 1811 [Impr. dans les Ann. de physiq. et de chim., t. Ier, 1816].

IV. Note sur un phénomène remarquable qui s'observe dans la diffraction de la lumière [Ibid., p. 199].

V. Avec M. *Fresnel :* Mémoire sur l'action que les rayons de lumière polarisés exercent les uns sur les autres [Ibid., t. X, 1819, p. 288 et suiv.].

VI. Rapport fait par M. Arago à l'Académie des sciences, au nom de la commission qui était chargée d'examiner les mémoires envoyés au concours pour le prix de la diffraction [Ibid., t. XI, 1819, p. 5].

VII. Rapport fait à l'Académie des sciences par M. Arago, le lundi 4 juin 1821, sur un Mémoire de M. Fresnel relatif aux couleurs des lames cristallisées douées de la double réfraction [Ibid., t. XVII, 1821, p. 80]. — Le même volume renferme des Remarques de M. Biot sur ce Rapport, et un *Examen des Remarques de M. Biot*, par M. Arago.

VIII. Avec M. *Biot :* Recueil d'observations géodésiques, astronomiques et physiques, exécutées par ordre du bureau des longitudes de France en Espagne, en France, en Angleterre et en Ecosse, pour déterminer la variation de la pesanteur et des degrés terrestres sur le prolongement du méridien de Paris; faisant suite au troisième volume de la « Base du système métrique. » Paris, Courcier, 1821, in-4, avec 2 planches [21 fr.].

Les « Bases du système métrique décimal, etc., » rédigées par Delambre, ont été publiées de 1806 à 1810, en 3 vol. in-4.

IX. Sur le retour de la comète à courte période [Annuaire du bur. des longitudes, ann. 1824, p. 148 et suiv.].

M. Arago concourt depuis sa nomination au bureau des longitudes à la rédaction de l'Annuaire que publie ce bureau; mais à partir de 1824, M. Arago y a ajouté, sous forme d'appendice, une suite de *Notices scientifiques*, qui pourraient former aujourd'hui plusieurs volumes. C'est de ces diverses Notices que nous allons donner ici l'énumération.

X. Sur les pendules de MM. Breguet père et fils [Ibid., p. 152].

XI. Sur les chronomètres [Ibid., p. 155].

XII. Sur les quantités de pluie qui tombent à diverses hauteurs au-dessus du sol; pluie moyenne à Paris; pluies des tropiques [Ibid., p. 159].

XIII. Liste des volcans actuellement enflammés [Ibid., p. 167-89].

XIV. Sur l'état thermométrique du

(*) En suivant la marche tracée par les bibliographes qui nous ont devancé dans la carrière, c'est tout au plus si nous devrions enregistrer ici le nom d'un des savants les plus distingués de la France; M. Arago n'ayant, à proprement parler, publié, seul, aucun livre. Ce serait à nos yeux une grave omission; et loin de partager cette méthode de passer sous silence les noms d'hommes qui, par des écrits, même exigus, ont fait faire, par la substance qu'ils renferment, plus de progrès aux sciences que bon nombre d'auteurs d'ouvrages très-volumineux, nous regretterons plutôt de ne pouvoir donner au monde savant que l'indication des principaux écrits de M. Arago.

globe terrestre [Ibid., ann. 1825, pag. 155-64].

XV. Table des températures extrêmes observées à Paris et dans d'autres lieux du globe [Ibid., p. 164-79].

XVI. Maxima de température de l'atmosphère, observés en pleine mer, loin des continents; — Maxima de température de la mer à sa surface [Ibid., p. 179-86].

XVII. Sur la température moyenne du pôle Nord [Ibid., p. 186-89].

XVIII. Sur la forme singulière qu'a eue, pendant quelques jours, la comète découverte en décembre 1823 [Ibid., p. 190].

XIX. Sur la lune rousse [Ibid., ann. 1827, p. 162.]

XX. De la Rosée : des circonstances qui ont quelque influence sur la production du phénomène; — Du froid qu'on observe pendant la formation de la Rosée; — Théorie de la Rosée; — Détails historiques [Ibid., p. 165-98].

XXI. Température des différentes espèces d'animaux [Ibid., p. 198-207].

XXII. Nouveaux volcans dans les îles de Sandwich [Ibid., p. 208].

XXIII. Sur le rayonnement nocturne [Ibid., année 1828, p. 145-52].

XXIV. De la Rosée : des circonstances qui ont quelque influence sur la production du phénomène; — Théorie de la Rosée [Ibid., p. 153-62] (*).

XXV. Sur la formation artificielle de la glace au Bengale [Ibid., p. 162].

XXVI. Sur l'utilité des nattes dont les jardiniers couvrent les plantes durant la nuit [Ibid., p. 165].

XXVII. Sur les brouillards qui se forment après le coucher du soleil, quand le temps est calme et serein, au bord des lacs et des rivières [Ibid., p. 168].

XXVIII. Comment la neige empêche la gelée de descendre profondément dans la terre qu'elle recouvre [Ibid., p. 172].

(*) Déjà, dans ce siècle, ce sujet avait été traité par un médecin anglais, M. W. Ch. Wells, membre des soc. roy. de Londres et d'Édimbourg, et son ouvrage a été traduit en français sous le titre de « Essai sur la Rosée et sur divers phénomènes qui ont des rapports avec elle; » trad. sur la 2e édit. par Aug. J. Tordeux. Paris, Crochard, 1817, in-8, de 144 pages.

XXIX. De la congélation des rivières. [Ibid., p. 174].

XXX. Sur la lune rousse [Ibid., p. 177].

XXXI. Sur la grêle [Ibid., p. 180-97].

XXXII. Des paragrêles [Ibid., p. 197].

XXXIII. Sur la comète périodique de trois ans, 3 [Ibid., p. 205].

XXXIV. Rapport fait à l'Académie des sciences, par M. Arago, sur les travaux relatifs aux sciences mathématiques qui ont été exécutés pendant le voyage de la « Chevrette » [Ann. de phys. et de chim., t. XLI, 1829, p. 112].

XXXV. [Notice historique] sur les machines à vapeur [Ann. du bur. des longitudes, ann. 1829, p. 143-233; et dans le même recueil pour l'ann. 1837, p. 221-309].

XXXVI. Sur les explosions de machines à vapeur [Ibid., ann. 1830, p. 137-202].

XXXVII. Sur l'ancienneté relative des différentes chaînes de montagnes de l'Europe [Ibid., ann. 1830, p. 202-26].

XXXVIII. Sur la hauteur absolue des cimes les plus remarquables de la Cordillère des Andes au Pérou [Ibid., ann. 1830, p. 426-42].

XXXIX. Sur la polarisation de la lumière [Ibid., ann. 1831, p. 151-63].

XL. Sur les interférences [Ibid., p. 163-71].

XLI. Sur les phares [Ibid., p. 171-84].

XLII. Sur l'écriture hiéroglyphique égyptienne. Fragment de l'éloge historique du doct. Thomas Young; lu à l'Académie des sciences, dans sa séance publique du mois de novembre 1832. Paris, de l'impr. de F. Didot, 1833, in-8, de 16 pag.

XLIII. Comètes [des] en général, et en particulier de celles qui doivent reparaître en 1832 [et dont la révolution est de 6 ans 3/4], et [de celle de] 1836. IIIe édit. Paris, Bachelier, 1834, in-18 [2 fr.].

Les deux premières éditions sont insérées dans l'Annuaire du bureau des longitudes pour l'an 1832.

XLIV. La lune exerce-t-elle sur notre atmosphère une influence appréciable [Ann. du bur. des longitudes, ann. 1833, pag. 157-243].

XLV. Sur les glaçons que les rivières charrient en hiver [Ibid., p. 244-68].

XVLI. Sur les soulèvements des terrains [Ibid., p. 268-73].

XLVII. Sur l'état thermométrique du globe terrestre [Ibid., ann. 1834, p. 171-240].

XLVIII. Sur les étoiles multiples [Ibid., p. 241-310].

XLIX. Notice historique sur la pile voltaïque [Ibid., p. 311-330].

L'auteur prévient que la première partie de cette Notice est tirée textuellement de l'Éloge historique de Volta, lu par lui à l'Académie des sciences, le 26 juillet 1831.

L. Leçons d'astronomie, professées à l'Observatoire royal. Paris, Just Rouvier et E. Lebouvier, 1834, in-18, avec 5 planches [4 fr. 50 c.]. — Nouv. édit., augmentée des dernières leçons du professeur. Paris, les mêmes, 1835, in-18, avec 5 planches [2 fr. 50 c.].

Le professeur est resté étranger à la publication de ce volume, aussi l'a-t-il désavoué. Le monde savant attend encore le Cours d'astronomie de M. Arago, ainsi qu'un Mémoire très-remarquable *sur la polarisation de la lumière*.

LI. Instructions concernant la physique du globe, rédigées pour le voyage de la «Bonite» [Impr. dans les Comptes rendus hebdomadaires des séances de l'Acad. des sciences, pour 1835, pag. 380-410].

LII. Sur les puits forés, connus sous le nom de puits artésiens, de fontaines artésiennes, ou de fontaines jaillissantes [Ann. du bur. des longitudes, ann. 1835, pag. 181-258].

LIII. Sur la comète qui doit passer au périhélie en novembre 1835 [Ibid., p. 259-63].

LIV. Sur la dernière apparition de la comète de Halley [Ibid., ann. 1836, p. 189-237].

LV. Des hiéroglyphes égyptiens. Histoire de la première interprétation exacte qui en ait été donnée [Ibid., p. 235-51].

LVI. Questions à résoudre concernant la météorologie, l'hydrographie et l'art nautique [Ibid., p. 252 et suiv.].

LVII. Examen des observations critiques dont la Notice sur les machines à vapeur a été l'objet [Ibid., p. 310-37].

LVIII. Sur le tonnerre [Ann. 1838, p. 221-618].

LIX. Système d'expériences à l'aide duquel la théorie de l'émission et celle des ondes seront soumises à des épreuves décisives [Extr. des Comptes rendus des séances de l'Acad. des sciences, séance du 3 déc. 1838]. Paris, Bachelier, 1839 [1838], in-4, de 12 pag.

Ce que nous venons de citer de ce savant n'est que la moindre partie de ses travaux : les autres, bien plus nombreux, sont consignés dans quelques recueils spéciaux; ceux où l'on en trouve davantage, sont : les « Annales de physique et de chimie » fondées en 1816, par MM. Gay-Lussac et Arago, et dont la publication s'est continuée jusqu'à ce jour sans interruption; la Connaissance des temps et l'Annuaire du bureau des longitudes; les Comptes rendus hebdomadaires des séances de l'Académie des sciences, publiés conformément à une décision de l'Académie en date du 13 juillet 1835, par MM. les secrétaires perpétuels, et dont le recueil forme annuellement deux volumes in-4. Sauf l'Annuaire du bureau des longitudes, depuis 1824, les recueils que nous venons de citer renferment peu de Mémoires et de Notices de M. Arago, mais des *analyses* d'écrits de savants français et étrangers; des *rapports* sur des ouvrages scientifiques; des *communications* faites à l'Académie; des *observations météorologiques*; des *notes*, etc., qui, quoique de peu d'étendue, n'en ont pas moins une grande importance pour la science.

Plusieurs des Notices scientifiques de M. Arago qui forment l'appendice de l'Annuaire du bureau des longitudes, ont été reproduites dans des ouvrages, et, entre autres, dans la « Bibliothèque populaire », publiée par M. Ajasson de Grandsagne.

Politique.

LX. Lettre à MM. les électeurs de l'arrondissement de Perpignan. Paris, de l'impr. de Tastu, 1831, in-4, de 4 pag.

Dans la même année, ce savant a fait imprimer une seconde lettre sur un incident d'une séance de la Chambre des députés, datée du 27 octobre 1831; in-4, de 2 pag.

LXI. Lettre sur les forts détachés. 17 juillet 1833.

Imprimée dans le National. Réimp. dans une brochure intitulée : les Électeurs constitutionnels du 6e arrondissement de Paris à M. Arago. [1833, in-8, de 16 pag.)

LXII. Lettre de M. Arago sur l'embastillement de Paris. Paris, de l'impr. d'Auffray, 1833, in-8, de 16 pag.

Extrait du National du 21 juillet.

M. Arago doit écrire dans les journaux politiques; et selon toute apparence il n'a pas fourni au « National » que les deux articles réimprimés à part, que nous venons de citer.

Comme député, M. Arago a prononcé à la Chambre un grand nombre de *Discours* très-remarquables. Disséminés jusqu'à ce jour dans les feuilles quotidiennes, il serait à désirer qu'on recueillit ces discours, afin qu'il fût loisible d'apprécier aussi bien le patriotisme de M. Arago que sa science.

HISTOIRE.

Éloges et Notices.

LXIII. Éloge historique d'Alexandre Volta, lu à la séance publique du 26 juillet 1831.

Imprimé dans le XIIe volume des Mémoires de l'Académie royale des sciences [p. lvij à civ] 1833.

Cet Éloge a été aussi imprimé dans le t. LIV des « Annales de physique et de chimie » [1833].

LXIV. Éloge historique du docteur Thomas Young, lu à l'Académie des sciences, le 26 novembre 1832.

Imprimé dans le t. XIII du même recueil, p. lvij à cv [1835].

Cet Éloge a été aussi impr. dans le 26e vol. de la « Revue des deux mondes », comme le commencement d'une série « d'Illustrations scientifiques de la France et des pays étrangers. »

LXV. Éloge historique de Fourier, secrétaire-perpétuel de l'Académie des sciences, lu à la séance publique du 18 novembre 1833.

Imprimé dans le tome XIV du même recueil, pag. lxix à cxxxviij [1838].

LXVI. Éloge historique de James Watt, ingénieur-mécanicien.

Imprimé dans l'un des recueils de l'Institut, mais où nous ne l'avons pu découvrir.

Ce James Watt est celui à qui l'on attribue l'invention des machines à vapeur, invention que M. Arago revendique en l'honneur de Papin, Français.

Il y a de ces quatre Éloges une centaine d'exemplaires tirés à part.

LXVII. Notice sur la vie et les ouvrages de M. John Brinkley, correspondant de l'Acad. des sciences [Comptes rendus de l'Acad. des sciences, ann. 1835, pag. 212-25].

LXVIII. Notice sur [J.-B.] Lislet-Geoffroy, correspondant de l'Acad. des sciences pour la section de géographie et de navigation [Comptes rendus, 1836, tom. III, 97-101]. — Le même volume renferme un supplément à cette notice, tiré d'une lettre de M. Lislet-Geoffroy à M. de Zach [pag. 206-208].

LXIX. Notice sur M. [Jean-Fél.-Ad.] Gambart, correspondant de l'Institut pour la section d'astronomie, directeur de l'Observatoire de Marseille [Ibid., pag. 101-106].

LXX. Éloge historique de Lazare-Nicolas-Marguerite Carnot, lu dans la séance publique de l'Acad. des sciences du lundi 21 août 1837.

Cet Éloge est encore inédit jusqu'à ce jour. Savant et homme politique, M. Arago a dû envisager Carnot sous ce double rapport : l'Académie des sciences n'a point osé le faire imprimer dans ses Mémoires, et encore moins depuis qu'elle a su qu'on se proposait de le reproduire, en petit format, à 20,000 exempl.

LXXI. Funérailles de M. Dulong, le 20 juillet 1838. Discours de MM. *Arago, Chrevreul, Thénard, Espéronnier*, etc., etc. Paris, de l'impr. de F. Didot frères, 1838, in-4 de 14 pag.

Le Discours de M. Arago remplit les quatre premières pages.

Nous ne connaissons qu'une seule Notice sur M. Arago, encore est-elle insignifiante et inexacte, c'est celle de la Biographie univ. et port. des contemp., t. Ier, p. 127.

ARAGO [Emmanuel], fils du précédent, avocat distingué du barreau de Paris, et littérateur.

I. Avec M. *Ed. Monnais* : la Demande en mariage, ou le Jésuite retourné, com.-vaud. en un acte. Paris, Riga, 1830, in-8 [1 fr. 50 c.].

II. Avec M. *Rochefort* : la Nuit de Noël, ou les Superstitions. Tradition allemande en un acte. Paris, Barba, 1832, in-8 [1 fr. 50 c.].

III. Vers. Paris, Paulin, 1832, in-8, de 224 pag. [6 fr.].

IV. Avec M. *Mar. Aycard* : Mademoiselle Aïssé. Comédie-vaudeville en un acte. Paris, Dondey-Dupré ; Marchant, 1832, in-8 [2 fr.].

V. Avec *le même* : un Pont-Neuf. Com.-vaud. en un acte. Paris, Barba ; Bezou, 1833, in-8 [2 fr.].

VI. Avec *le même* : un Antécédent. Com.-vaud. en un acte. Paris, Barba, 1834, in-8, de 28 pag. [1 fr. 50 c.], ou gr. in-8, de 16 pag. à 2 col. [20 c.].

VII. Avec M. *N. Fournier* : un Grand Orateur. Com. en un acte, mêlée de couplets. Paris, Marchant, 1837, gr. in-8, de 16 pag. à 2 col. [20 c.].

Toutes les pièces de théâtre de M. Arago fils ne portent que son prénom d'*Emmanuel*.

ARAGO [Jean], frère de l'académicien ; né en 1789, mort en 1836, général en chef des armées républicaines du Mexique.

Il a laissé une *Histoire du Mexique*, en espagnol, qu'on dit imprimée.

ARAGO [Jacques-Étienne-Victor], frère du précédent, voyageur et littérateur, né à Estagel, en mars 1790, fut attaché comme dessinateur à l'expédition commandée par M. Freycinet de 1817 à 1820. De retour en France M. Arago habita successivement Bordeaux [de 1823-28] et Toulouse [1829], s'y occupa de littérature et y fonda des journaux. En 1835 il obtint, en société avec M. L. Walter, la direction des théâtres de Rouen, mais en 1837 M. Arago fut forcé de l'abandonner par suite de la cécité qui lui survint cette année (*).

LITTÉRATURE.

Ouvrages dramatiques.

I. Proverbes et bons mots mis en action d'après les mœurs populaires, composés et lithographiés par MM. Pigal, Pajon et J. Arago, avec le texte explicatif, redigé par J. Arago. Paris, Noël et Dauty; Leblanc, 1822-24, in-4, orné de 48 pl., [32 fr. figures en noir, ou 40 fr. fig. coloriées].

Ce volume a été publié en 8 livraisons.

II. Avec M. *Théaulon :* le Compagnon d'infortune, ou les Prisonniers, coméd.-vaud. en un acte et en prose. Paris, Duvernois, 1825, in-8 [1 f. 50 c.].

III. Avec M. *L. Lurine :* Chabert. Histoire contemporaine en deux actes, mêlée de chants. Paris, Barba, 1832, in-8 [1 fr. 50 c.].

Tiré d'une nouvelle de M. de Balzac.

IV. Avec *le même :* le Duc de Reichstadt, drame en deux actes, mêlé de couplets. Paris, Barba, 1832, in-8 [1 fr. 50 c.].

V. Avec M. *Ancelot :* les Papillotes, comédie en un acte, mêlée de chants. Paris, Marchant; Barba, 1834, in-8 [1 fr. 50 c.].

VI. Un Noviciat diplomatique, comédie en un acte, mêlée de chants. Paris, Barba; Bezou; Quoy, 1834, gr. in-8, de 16 pag. [20 c.].

VII. Avec M. *Léon Bucquet :* le Cadet de Gascogne, coméd.-vaud. en un acte. Paris, Courty, 1836, in-8 [1 fr. 50 c.].

VIII. Avec MM. *Paul Duport* et *A. Deforge :* Un Élève de Rome, comédie en un acte, mêlée de chants. Paris, Laisné, 1837, in-8, de 16 pag. [20 c.].

Cette pièce forme la première livraison d'une collection intitulée : Bibliothèque dramatique ancienne et moderne.

IX. Avec M. Duplessy [*Berthaud*] : Un Mois à Naples, com.-vaud. en un acte. Paris, de l'impr. de Belin, 1837, in-8, de 16 pag. [35 c.].

X. Avec M. *L. Walter :* Quelques Considérations à l'appui de la demande d'une indemnité faite à MM. les membres du conseil municipal par les directeurs des théâtres de Rouen. Paris, Brière, 1837, in-4, de 48 pag.

XI. Mademoiselle d'Aloigny, lieutenant de dragons, vaud. en un acte. Paris, Barba; Delloye; Bezou, 1838, gr. in-8, de 16 pag. à 2 colon. [30 c.].

Cette pièce fait partie de « la France dramatique au XIXe siècle. »

On doit à M. Jacq. Arago plus de pièces que nous n'en citons, et l'on nous assure même qu'il y en a beaucoup plus d'imprimées; mais plusieurs d'entre elles l'ayant été à Bordeaux et dans d'autres villes de nos départements, auraient échappé à nos investigations : dans cette catégorie se trouveraient les suivantes. Pièces jouées et imprimées à Bordeaux : *Le Cabaret des braves, ou le Calembourg séditieux ; les Ferrailleurs*, com. en un acte et en vers ; *l'Homme aux actions*, vaud. ; *le Séducteur de Sixfours* (lieu près de Toulon) ; *le Tête à tête forcé ; Zipéa, ou la Fuite précipitée.* Plusieurs autres, jouées à Paris plus récemment, ont dû aussi être imprimées, bien que le « Journal de la librairie » ne nous ait pas fait connaître leur existence, et de ce nombre seraient les suivantes : *les Deux sœurs* (avec M. Deslandes); — *Beckri Moustapha* (avec M. Boucher); — *André Chénier*, drame en 4 actes ; — *David Rizzio* (avec M. Léon Bucquet); — *Clément Marot à Genève* (avec Hégésippe Moreau]. Ces deux dernières pièces ont été jouées en 1838. Nous craignons bien que la mémoire de la personne de qui nous tenons ces derniers renseignements ne lui ait été infidèle, et qu'aucune de ces pièces n'ait été imprimée.

Poésies.

XII. Aux jeunes poëtes de l'époque. Paris, Ladvocat; Ponthieu, 1824, in-8 de 24 pag. [1 fr. 50 c.].

XIII. Avec M. *Kermel :* Insomnies. Paris, Guillaumin ; Landois, 1832, in-8 [7 fr. 50 c.].

Volume réimprimé l'année suivante, ou peut-être seulement reproduit comme une seconde édition.

M. J. Arago, en outre, a fourni des *poésies légères* et des *romances* à beaucoup de journaux de la capitale.

M. Jacq. Arago fonda, en 1825, *le Kaléidoscope*, journal de littérature, des modes et des théâtres. Ce journal s'imprimait à Bordeaux : l'administration locale ayant fait subir des tri-

(*) Les trois frères Arago ont place dans « la France littéraire; » mais l'indication de leurs productions est présentée d'une manière si informe, qu'un complément ou un errata ne suffirait point pour rendre meilleures les notices bibliographiques qui leur sont consacrées. Nous donnons ici les trois articles refaits, avec les additions nécessitées par le temps qui s'est écoulé.

bulations à M. Arago pour le fait de cette publication, le rédacteur l'abandonna en 1828. Il en a paru, d'après le Journal de la librairie, en tout cent soixante-six numéros, formant 4 gros volumes. Pendant son séjour à Toulouse, en 1829 et 1830, il fit paraître un autre journal intitulé *la Bombe;* enfin, lors de sa direction des théâtres de Rouen, il publia dans cette ville le *Qui vive!* La rédaction principale de ces trois journaux n'a pas empêché M. Arago de prendre une part active à plusieurs journaux de la capitale, et entre autres de la Gazette des théâtres, du Monde dramatique, du Dilettante, etc., etc. Il n'est pas d'année où, soit pour un journal ou pour un autre, M. Arago n'ait rendu compte des expositions des beaux-arts au Louvre. Dans ces derniers temps, M. Arago a fourni des articles de mœurs à divers recueils, et nous connaissons de lui : I. Dans « le Livre des Cent-et-un » : *Une Maison de fous* [t. IV, 1832]; — *Chevaliers d'industrie* [t. X, 1833]; — *l'Amateur d'exécutions* [t. XI, 1834]. — II. Dans « Paris révolutionnaire, » un morceau intitulé *la Morgue après les trois jours* [27, 28 et 29 juillet 1830] [t. II, 1834]. — III. Dans le nouveau Tableau de Paris au XIXe siècle : *les Feuilletonistes* [t. VII, 1835]. M. Arago travaille dans ce moment au journal «le Siècle,» auquel il fournit, pour le feuilleton, des fragments de Voyages.

M. J. Arago a été l'éditeur du vol. intitulé : « Lacenaire après sa condamnation, ses conversations intimes, ses poésies, sa correspondance, un drame en trois actes [et en vers]. » Paris, Marchant, 1836, in-8 [7 fr. 50 c.]. Le drame a pour titre *l'Aigle de la Selléide.*

Deux *romans* de ce littérateur doivent être mis prochainement sous presse.

HISTOIRE.

Voyages.

XIV. Promenade autour du monde, pendant les années 1817-1820, sur les corvettes du roi, l'Uranie et la Physicienne, commandées par M. Freycinet. Paris, Leblanc, 1822, 2 vol. in-8 et Atlas in-fol. de 26 planches [30 fr.].

XV. Promenades historiques, philosophiques et pittoresques dans le département de la Gironde. Bordeaux, l'Auteur, 1829, in-8, et Atlas in-fol. de 16 planches [12 fr.].

Cet ouvrage a été publié en 4 livraisons de 4 planches avec texte, formant ensemble douze feuilles et demie et 16 planches.

XVI. Souvenirs d'un aveugle. Voyage autour du monde [en 1820]. Enrichi de 60 délicieux dessins et de notes scientifiques [par M. *Arago*, de l'Institut]. Paris, Hortet et Ozanne, 1838 et ann. suiv., 2 vol. gr. in-8 [32 fr.].

Ce Voyage se publie par livraisons de 48 pages, à 50 c. De nombreux fragments ont paru d'abord dans le feuilleton du « Siècle » : le XXIIe est imprimé dans le numéro du 23 décembre 1838 de ce journal, et l'auteur promettait d'y donner une suite.

ARAGO [Étienne], cinquième frère de l'académicien et député, auteur dramatique, l'un des directeurs du théâtre du Vaudeville; né à Perpignan.

I. Avec M. *Lepoitevin de Saint-Alme:* Stanislas, ou la Suite de Michel et Christine, coméd.-vaudev. en un acte. Paris, Bezou, 1823, 1824, in-8 [1 fr.].

II. Avec *le même :* Un jour d'embarras, comédie en un acte, mêlée de couplets. Paris, de l'impr. de Carpentier-Méricourt, 1824, in-8 [30 c.].

Cette pièce a obtenu une seconde édition dans la même année.

III. Avec MM. *Cuvelier* et Desvergers [*Chapeau*] : le Pont de Kehl, ou les faux Témoins, mélodrame en trois actes. Paris, mad. Huet; Barba, 1824, in-8 [75 c.].

IV. Avec M. Desvergers [*Chapeau*] : l'Anneau de Gygès, coméd.-vaudev. en un acte. Paris, les mêmes, 1824, in-8 [1 fr. 50 c.].

V. Avec M. *Vict. Desnoyers :* l'Amour et la guerre, vaudeville en un acte. Paris, Quoy, 1825, in-8 [1 fr. 50 c.].

VI. Avec M. Desvergers [*Chapeau*]: Lia, ou une Nuit d'absence, drame-vaudev. en deux actes. Paris, les marchands de nouveautés, 1826, in-8 [1 fr. 50 c.].

VII. Avec *le même :* C'est demain le treize, ou le Sentiment et l'almanach, comédie en un acte, mêlée de couplets. Paris, Bezou, 1826, in-8 [1 fr. 50 c.].

VIII. Avec M. *Ferd. de Villeneuve:* Gérard et Marie, comédie-vaudev. en un acte, mêlée de couplets. Paris, Quoy, 1827, in-8 [1 fr. 50 c.].

IX. Avec M. *Anicet* [*Bourgeois*] : la Fille du portier, drame en trois actes. Paris, Quoy, 1827, in-8 [1 fr. 50 c.].

X. Avec M. *Benjamin A.* [*Antier*]: Mandrin, mélodrame en trois actes, à grand spectacle. Paris, Bezou, 1827, in-8 [1 fr. 50 c.].

XI. Avec M. *Anicet* [*Bourgeois*]: les Quatre artistes, ou les Lettres et les portraits, coméd.-vaudev. en un acte. Paris, Bezou, 1827, in-8 [1 fr. 50 c.].

XII. Avec M. Desvergers [*Chapeau*]: l'Avocat, mélodrame en trois actes et à spectacle. Paris, Quoy, 1827, in-8 [1 fr. 50 c.].

XIII. Avec M. *Ferd. de Villeneuve :*

la Fleuriste, com.-vaud. en un acte. Paris, Quoy, 1827, in-8 [1 fr. 50 c.].

XIV. Avec MM. Desvergers [*Chapeau*] et *Victor* [*Desnoyers*] : Départ, séjour et retour, roman-vaudev. en trois époques. Paris, Quoy, 1827, in-8 [1 fr. 50 c.].

XV. Avec M. *Ferd. de Villeneuve* : le Pauvre Arondel, ou les Trois talismans, vaudev.-féerie en deux actes. Paris, Bezou, 1828, in-8 [1 fr. 50 c.].

XVI. Avec MM. Émile [*de Rougemont*] et *Alexandre* [*Basset*] : le Cousin Frédéric, ou la Correspondance, coméd.-vaudev. en un acte. Paris, Bezou, 1829, in-8 [1 fr. 50 c.].

XVII. Avec M. *F. Duvert* : 27, 28 et 29 juillet, tableau épisodique des 3 journées. Paris, Barba, 1830, in-8 [2 fr.].

XVIII. Avec M. *Ancelot* : Madame Dubarry, comédie en trois actes, mêlée de couplets. Paris, Bezou, 1831, in-8 [2 fr. 50 c.]. — Autre édit. Paris, de l'impr. de J. Didot aîné, 1837, gr. in-8 à 2 colonnes.

La dernière édition fait partie de « la France dramatique au XIXe siècle. »

XIX. Avec M. *Dupeuty* : la Vie de Molière, comédie historique en trois actes, mêlée de couplets. Paris, Bezou, 1831, in-8 [2 fr. 50 c.].

XX. Avec M. *Maur. Alhoy* : les Chemins de fer, vaudev.-revue composé à la mécanique, avec des couplets faits à la vapeur. Paris, Amb. Dupont; Barba, 1833, in-8 [1 fr. 50 c.].

XXI. Prix [le] de folie, vaudeville en un acte. Paris, Duvernois, 1834, in-8 [1 fr. 50 c.].

XXII. Avec MM. *Varin* et Desvergers [*Chapeau*] : les Malheurs d'un joli garçon, vaudeville en un acte. Paris, Bezou; Barba, 1834, in-8. — Autre édit. Paris, de l'impr. de J. Didot l'aîné, 1837, gr. in-8 à deux col.

La dernière édition fait partie de « la France dramatique. »

XXIII. Avec *les mêmes* : Théophile, ou ma Vocation, coméd.-vaud. en un acte. Paris, Marchant; Barba, 1834, in-8, de 40 pages [1 fr. 50 c.], et gr. in-8, de 16 pag. [15 c.].

XXIV. Avec *les mêmes* : les Pages de Bassompierre, comédie en un acte, mêlée de couplets. Paris, Marchant, 1835, gr. in-8, de 16 pages [20 c.].

XXV. Avec MM. *de Rougemont* et *Dupeuty* : Paris dans la comète, revue-vaudeville en un acte. Paris, Marchant, 1836, gr. in-8 de 16 pag. [20 c.].

XXVI. Avec M. *Bayard* : le Démon de la nuit, comédie-vaud. en deux actes. Paris, Marchant, 1836, in-8, de 64 pag. [2 fr. 50 c.], ou gr. in-8 de 24 pag. [40 c.]

XXVII. Avec MM. *Varin* et Desvergers [*Chapeau*] : Casanova au fort Saint-André, comédie en trois actes, mêlée de couplets. Paris, Marchant, 1836, gr. in-8, de 32 pag. [40 c.].

XXVIII. Avec M. *Lubize* : Arriver à propos, comédie-vaudeville en un acte. Paris, Marchant, 1836, gr. in-8, de 16 pages [20 c.].

XXIX. Avec M. Jaime [*Rousseau*] : le Cabaret de Lustucru, comédie-vaud. en un acte. Paris, Marchant, 1838, gr. in-8, de 16 pag. [20 c.].

M. Ét. Arago a travaillé à plusieurs petits journaux et en a fondé lui-même quelques-uns et entre autres la Nouveauté, la Lorgnette, le Figaro, etc.

Le nom de M. Étienne Arago se lit dans la nomenclature des rédacteurs de « Paris révolutionnaire » : il y a effectivement fourni au t. Ier, un morceau intitulé : *le Théâtre considéré comme moyen révolutionnaire* [1833]. Il est actuellement au nombre des rédacteurs du « Siècle », auquel, sous le pseudonyme de Jules FERNEY, il fournit des nouvelles.

ARAGON [J.-C.]. — Tontine nationale fondée sur immeubles à Paris. Paris, de l'impr. de Lebègue, 1831, in-fol., de 4 pages.

ARAGON [Madame Anne-Alexandrine] (*). [Voy. la *France littéraire*, tom. Ier, p. 79].

I. Mémoires sur la cour d'Élisabeth, reine d'Angleterre, par *Lucy Aikin*; trad. de l'anglais. Paris, Paulin, 1827, 3 vol. in-8 [21 fr.].

II. Épicurien [l'], ou la Vierge de Memphis; trad. de l'angl. de *Thomas Moore*. Paris, Selligue; Charles-Béchet, 1827, in-12 [3 fr.].

(*) Madame Anne-Alexandrine Aragon, née à Paris, le 4 février 1798, est fille de madame Goux, dont on ne saurait trop honorer la mémoire à cause de sa fondation du bel établissement de Sainte-Périne de Chaillot; devenu l'asile de tant de personnes recommandables.

On trouve une notice sur madame A. A. Aragon, par M. *Bouilly*, dans la « Biographie des femmes auteurs contemporaines françaises, » p. 250 à 258.

III. Dictionnaire universel de géographie moderne, ou Description physique, politique et historique de toutes les contrées et de tous les lieux remarquables de la terre. Ouvrage entièrement neuf, augmenté d'un grand nombre de lieux omis dans les dictionnaires publiés jusqu'à ce jour et accompagné d'un atlas de 60 cartes. Paris, Delloye; Houdaille, 1834, 2 vol. in-4 [18 fr.]

Quoique le titre de ce Dictionnaire porte : Par madame Aragon et A. M. Perrot, madame Aragon est seule auteur du texte; M. A. M. Perrot n'a dressé ou copié que les cartes.

ARAMON [le marquis d'], pair de France.

— Opinion [son] prononcée dans la séance de la chambre des pairs du mardi 27 décembre 1831, dans la discussion de l'article destiné à remplacer l'art. 23 de la Charte constitutionnelle, et sur la question de l'hérédité de la pairie. Paris, de l'imprim. de Decourchant, 1832, in-8, de 8 pag.

ARANDAS [Georges]. — I. Combat en champ clos de Gérard de Stavayé et d'Othon de Grandson à Bourg en Bresse, le 7 août 1398. Bourg, de l'impr. de Bottier, 1835, in-8, de 24 pag.

II. Agnès Visconti. [Traduct. du récit de *L. Cibrario*]. Paris, de l'impr. de Bailly, 1836, in-8, de 40 pag.

III. Serment [le] de Grutly. [En vers]. Lyon, de l'impr. de Boitel, 1836, in-8, de 8 pag.

IV. A madame Manine Turinetti Cibrario. Ode. Imitation de *F. Romani*. [En vers]. Belley, de l'impr. de Verpillon, 1836, in-4, de 16 pag.

ARBANÈRE [Étienne-Gabriel], littérateur, ancien maire de Tonneins (du 17 mars 1824 jusqu'au commencement de 1831), membre de la Société d'agriculture, sciences et arts d'Agen, de la Société française de statistique universelle et de la cinquième classe de l'Institut (Académie des sciences morales et politiques); né à Cette [Hérault], le 6 juin 1784.

I. Épîtres. Agen, de l'impr. de Noubel, 1818, in-8, de 80 pag.

II. Tableau des Pyrénées françaises, contenant une description complète de cette chaîne de montagnes et de ses principales vallées, depuis la Méditerranée jusqu'à l'Océan, accompagnée d'observations sur le caractère, les mœurs et les idiomes des peuples des Pyrénées, etc., etc. Paris, de l'impr. de F. Didot. — Treuttel et Wurtz, 1828, 2 vol. in-8 [14 fr.].

III. Analyse de l'histoire asiatique et de l'histoire grecque. Paris, de l'imp. royale. — Arth. Bertrand, 1835, 2 vol. in-8 [14 fr.].

M. Arbanère avait, en 1834, déposé son manuscrit à la Chancellerie, avec une demande d'impression aux frais de l'État ; le garde des sceaux ayant fait examiner ce travail le jugea digne des presses royales, et bientôt il sortit tout confectionné de l'imprimerie du gouvernement. Dans la séance de l'Académie des sciences morales et politiques du 14 février 1835, M. Naudet fit un rapport favorable sur cet ouvrage, que M. Poujoulat a loué en ces termes : « C'est une belle étude critique et philosophique de l'Asie et de la Grèce. »

IV. Vellina, ou les Scènes et l'esprit des salons. Paris, Arth. Bertrand, 1835, 2 vol. in-8 [15 fr.].

V. Chants [les] du printemps. Paris, Arthus Bertrand, etc., 1836, in-8 [5 fr.].

On trouve une Notice sur M. Arbanère dans la « Biographie des hommes du jour, » par MM. B. G. Sarrut et Saint-Edme, t. III, 2e partie, p. 155.

ARBAUD [François-Ant.], d'abord vicaire général de Digne, plus tard, en 1823, évêque de Gap (Hautes-Alpes); né à Manosque, le 2 juin 1768; mort à Gap, le 27 mars 1836.

— Complément de la circulaire du 26 décembre 1826, relative aux conférences ecclésiastiques de la ville de Gap. Gap, J. Allier, 1828, in-4, de 36 pages.

Cet opuscule signé GAILLARD, prêtre, secrétaire, est réellement l'œuvre de M. Arbaud. Il est divisé en deux parties. Dans la première, l'auteur réfute, en dix propositions, la brochure de M. Lamennais, intitulée : Doctrine du sens commun. La seconde partie a pour titre : Courtes observations sur l'écrit intitulé : Des progrès de la révolution. M. de Lamennais y a répondu, je crois, dans « l'Ami de la Religion. » [*Note de feu M. Lerouge.*]

On trouve une courte Notice sur ce respectable prélat dans la « Biographie des Basses-Alpes », pag. 26 [1829, in-8], et une autre dans le tome LXXXIX de l'Ami de la religion [1836].

ARBAUD [Philippe d']. — Gallus. Églogue dixième des Bucoliques de *Virgile*. Traduct. en vers. Marseille, de l'imp. de Mar. Olive, 1838, in-8, de 8 pag.

ARBAUD-JOUQUES [le marq. Jos.-

Ch.-And. d']. [Voy. *la France littér.*, tom. I, pag. 80] (*).

— Lettre écrite à la Chambre du commerce de Marseille. Marseille, de l'imp. de Marius Olive, 1830, in-4, de 8 pages.

La Notice la plus récente que nous connaissons sur M. le marq. d'Arbaud-Jouques, est celle de la Biographie univ. et port. des contemporains, t. Ier, p. 128.

ARBEL [H.-A. d'] aîné. — I. Cours complet d'écriture théorique et pratique, ou Moyen facile et prompt d'apprendre à écrire sans maître. Paris, A. Pihan Delaforest, 1829, 2 parties in-4 [5 fr.].

II. Guide pratique pour l'enseignement de la géographie. Paris, l'Auteur; Audin, 1829, in-18, avec trois cartes.

ARBUS [Edmond]. — Odes patriotiques, dédiées aux défenseurs de nos libertés civiles, les braves Parisiens. Paris, de l'impr. de Sétier, 1831, in-8, de 32 pages.

ARCELIN, instituteur à Azay-le-Rideau.

— Ébauche de l'instruction primaire, comprenant l'alphabet, l'épellation des exercices propres à faciliter graduellement la lecture, divisée en dix leçons, et des notions d'arithmétique et de géographie. Tours, de l'impr. de Mame, 1833, 2 vol. in-12.

ARCET [d'] Voy. D'ARCET.

ARCHANGE [le père]. Voy. Michel DESGRANGES.

ARCHIAC [Étienne-Jules-Adolphe DEXMIER DE SAINT-SIMON, vicomte d']; né à Reims (Marne), en 1802, d'abord élève de l'École militaire, ensuite officier de cavalerie en 1821. Les événements politiques de 1830 lui ayant fait quitter le service, il s'est livré plus spécialement à l'étude des sciences naturelles. Aujourd'hui littérateur et géologue, professeur de géologie à la Société des méthodes d'enseignement et secrétaire de la Société géologique de France.

I. Zizim et les chevaliers de Rhodes, roman historique du XVe siècle. Paris, Bridelle, 1828, 3 vol. in-12 [10 fr.].

II. Influence [de l'] du gouvernement représentatif depuis quinze ans en France sur la littérature et les mœurs. Lyon, de l'impr. d'Idt, 1830, in-8, de 60 pages.

III. Discours sur l'imitation de la littérature française, adressé à l'Académie des jeux floraux....

Comme géologue, M. le vicomte d'Archiac a lu à la Société philomatique, ainsi qu'à la Société géologique de France, plusieurs Mémoires qui ont été imprimés successivement dans les recueils publiés par ces deux sociétés savantes. Ces Mémoires sont: 1° Mémoire sur la géologie du départ. de l'Aisne et les dépôts de lignites du nord de la France (impr. dans le rec. de la Société philomatique); — 2° Note sur le puits artésien de Laon; — 3° Résumé d'un Mémoire sur les terrains tertiaires inférieurs du nord de la France, avec une planche; — 4° Note sur la position du calcaire de Château-Landon; — 5° Note sur la présence d'un ban de calcaire grossier dans la colline de Meudon, entre l'argile plastique et la craie; — 6° Mémoire sur l'étage des sables et grès moyens tertiaires dans le nord de la France et de l'Angleterre. Ces cinq derniers Mémoires sont insérés dans le Bulletin de la Société géologique. — 7° Mémoire sur la formation crétacée du sud-ouest de la France, avec planches [impr. dans les Mémoires de la même société]. M. le vicomte d'Archiac doit publier incessamment un travail *Sur la relation et la disposition générale des terrains tertiaires dans le nord-ouest de l'Europe*, et la carte géologique du départ. de l'Aisne. V. A. S.

ARCHIAS, fils de Philopatris, pseud. Voy. NICOLOPOULO.

ARÇON BRENEZ [mad. d']. [Voy. *la France littér.*, tom. I, pag. 83].

— A Sa Majesté François Ier, roi de Naples et des Deux-Siciles. (En vers). Saint-Denis, de l'impr. de Constant-Chantpie, 1830, in-8, de 4 pages.

ARDANT [aîné], ancien secrétaire général de la préfecture de la Haute-Vienne, membre de plusieurs sociétés savantes et secrétaire de la Société d'agriculture, sciences et arts de la Haute-Vienne; né à Limoges, vers 1792.

(*) Avant d'être préfet de la Côte-d'Or, M. le marq. d'Arbaud-Jouques avait été successivement sous-préfet d'Aix et préfet des Hautes-Pyrénées, sous l'Empire. Après la seconde restauration il avait eu la préfecture de la Charente-Inférieure, ensuite celle du Gard. On assure que M. d'Arbaud-Jouques est rentré dans la carrière militaire, et qu'il est aujourd'hui maréchal de camp en activité de service.

Les pièces de poésie fournies par cet anc. administrateur aux Mémoires de l'Académie de Marseille, dont la France littéraire ne donne pas les titres, sont: deux *Fables* [tome II]; — *Daphnis*; le *Lever du soleil* [tom. III]; — une *Anecdote arabe*; la *Rose et le buisson*, fable, et l'*Échelle des êtres* [tom. V].

Il a publié quelques *poésies* remarquables : il travaille à plusieurs journaux. M. Ardant était un des rédacteurs de la « Revue du centre » qui a cessé de paraître.

ARDANT [Maurice], conservateur des monuments historiques de la Haute-Vienne, membre de la Société d'agriculture, des sciences et arts du même département; né à Limoges, vers 1796.

Il a publié plusieurs documents précieux sur le Limousin, et s'occupe activement d'archéologie.

ARDANT [Louis], membre de l'Institut historique; né à Limoges, en 1806.

I. Histoire de Napoléon. Détails sur sa famille, sa naissance, son éducation, son mariage, ses conquêtes, ses généraux, son exil et sa mort : IIIe édit., augmentée d'une Notice historique sur le duc de Reichstadt. Limoges, Ardant, 1833, in-12, avec un portr. [3 fr.]. — IXe édit. Paris, Lebigre frères, 1837, in-12 [1 fr. 50 c.].

La première édition, publiée en 1829 sous l'initiale A***, ne formait qu'un vol. in-18. Il y a déjà des exemplaires de la troisième édition avec des titres faits à Paris qui portent le nom des frères Lebigre.

II. Crozat [c'est-à-dire l'abbé *Le François*]. Nouvelle Géographie de l'univers. Édition entièrement refondue, mise au niveau des connaissances géographiques actuelles, contenant, etc. Par *L. Ardant*. Limoges, Ardant; Paris, Lebailly, 1834, in-12, avec 6 pl. [4 fr.].

Cette Géographie a obtenu une sixième édition en 1837 [Paris, Lebigre frères, in-12].

III. *Le Ragois*. Nouvelle Histoire de France, entièrement refondue et continuée jusqu'au règne de S. M. Louis-Philippe Ier; suivie d'un Abrégé de l'histoire romaine, ancienne, etc., etc., et enrichie de traits détachés sur l'histoire de France. Par L.... A.... Limoges, Ardant, 1831, in-12, avec un portrait [2 fr.]. — XIIIe édit. Paris, Lebigre frères, 1836, in-12 [4 fr.].

IV. Histoire des animaux, des végétaux et des minéraux, ou Instructions amusantes sur ce qui les concerne. Recueillie et mise en ordre par L. Ardant. Limoges, Ardant; et Paris, Didier, 1835, in-12, avec 20 grav. [3 fr. 50 c.].

On doit encore à M. L. Ardant une nouvelle édition, revue et augmentée, de l'Abrégé des sciences et des arts, etc., de D. *Blair*, traduit par G. *Hesse* [1835, in-12].

ARDENNI [Ph.], caminologiste et poêlier-fumiste.

— Manuel du poêlier-fumiste, ou Traité complet et simplifié. Paris, Roret, 1827, in-18, avec 4 planches. — Sec. édit., avec M. *Julia Fontenelle*. Paris, le même, 1835, in-18, avec 4 planches [3 fr.].

ARDEVAL [don Jaime]. — Apuntes acerca la cardite intertropical, llamada vulgarmente fiebre amarilla, y vomito negro de los españoles, con indicacion de los principales incidentes que procedieren a la ultima epidemia de Gilbraltar. Paris, Germer Baillière; l'Auteur, 1833, in-8 [8 fr.].

ARD'HUIN [A.-L.], professeur de langues à Bruxelles.

— Histoire de Guillaume de Nassau, premier prince d'Orange. Bruxelles, Tircher, 1828, in-12, avec un portrait [3 fr.].

ARDILLIER [P.], imprimeur-libraire, à Limoges.

— Histoire de Napoléon, augmentée de son testament original, de l'inauguration de sa statue sur la colonne Vendôme, et de la vie du duc de Reichstadt. VIIIe édit. Limoges, Ardillier, 1837, in-12, avec un portrait [2 fr. 50 c.].

Cette Histoire n'est autre que celle publiée par Louis Ardant, laquelle P. Ardillier aurait augmentée du testament original et de l'inauguration, etc., etc.

ARDOIN. — Du port de Saint-Ouen, considéré comme localité la plus convenable à l'entrepôt de Paris. 22 mai 1832. Paris, de l'impr. de Dezauche, 1832, in-4, de 16 pages et deux plans.

ARELLANO [don V.-R. de]. — Poesias. Paris, de la impr. de Pillet aîné, 1837, in-18.

AREMBERG [le prince d'], pair de France.

— Discours [son] prononcé à l'occasion du décès de M. le prince duc de Chalais, à la Chambre des pairs dans la séance du 2 mars 1829. Paris, Goëtschy, 1829, in-8, de 16 pag.

ARGELLIÈS [J.], professeur au collége du Vigan.

— Guide aérostatique, ou Méthode facile pour construire et lancer des ballons de forme ronde, ovale, carrée, et autres, telles qu'en buste, en clepsydre, etc. Au Vigan, l'Auteur, 1833, in-8, de 40 pages et une planche [1 fr. 25 c.].

ARGENSON [René DE VOYER, marquis d'], né à Paris, en 1771, d'une famille qu'ont illustrée depuis longtemps les armes et la magistrature, auxquelles de grands talents et des vertus qui semblent héréditaires ajoutent encore un nouvel éclat. A l'époque de la révolution, M. d'Argenson fut aide de camp du général Wittgenstein et ensuite de la Fayette. Il vécut dans la retraite après les événements du 10 août 1792, et ne reparut sur la scène qu'en 1804, époque à laquelle il accepta la préfecture des Deux-Nèthes, dont il se démit quelques années plus tard pour ne pas avoir à exécuter une mesure illégale qui lui avait été ordonnée. L'arrondissement de Béfort [Haut-Rhin] envoya M. d'Argenson à la chambre des représentants pendant les cent jours. Depuis 1815 jusqu'à 1824, M. d'Argenson a été constamment le mandataire de ce département à la chambre des députés; mais, après la révolution de 1830, il a été nommé par le Bas-Rhin.

I. Notice sur la vie et les ouvrages de René-Louis de Voyer, marquis d'Argenson, ministre sous Louis XV.

Imprimée en tête des Mémoires de cet ancien ministre, publiés par M. d'Argenson, député. [Paris, Baudouin, 1824, in-8].

II. Sur la loi des céréales. Paris, de l'impr. de Duverger, 1831, in-8, de 4 pages.

III. Quelques observations à l'occasion de la loi des entrepôts. Paris, de l'impr. de Duverger, 1831, in-8, de 12 pages.

IV. Discours énergiques des citoyens d'*Argenson* et *Audry de Puyraveau*, en réponse aux attaques du ministère de Louis-Philippe. Paris, de l'impr. d'Herhan, 1834, in-8, de 8 pages.

De 1815 à 1824 et postérieurement à 1830, M. d'Argenson a prononcé à la chambre des députés des discours, très-remarquables de patriotisme : ils ont été imprimés dans les feuilles quotidiennes.

Les auteurs de la « Biographie univ. et port. des contemporains », ont consacré une Notice à l'honorable député qui fait le sujet de cet article, tom. I, p. 133.

ARISTOPHANE, citoyen de Paris, pseud. Voy. Scip. MARIN.

ARLATAN-LAURIS [d'], membre de la Société roy. académique d'Aix.

Nous connaissons de M. d'Arlatan-Lauris, imprimés dans le recueil de la société dont il est membre, les trois morceaux suivants : 1° *Essai historique sur la chute du gouvernement de Venise*; — 2° *Quelques réflexions sur les romans* [t. I, 182..]; — 3° *Notice sur Rambaud de Vacqueiras*, troubadour [t. III, 1827].

ARLENS [d']. — Souvenirs de la Suisse. Essai romantique. Paris, les marchands de nouveautés, 1832, in-8, de 16 pages.

ARLINCOURT [le vicomte Victor d']. [Voyez *la France littér.*, tom. Ier, p. 90].

I. Triomphe [le] de la religion sur l'athéisme, ou Discours d'Agobar et d'Ézilda, extraits du « Renégat » de M. d'Arlincourt, mis en vers par un ermite de Metz, auteur des « Deux lions, » conte moral [avec les morceaux en prose de M. d'Arlincourt en regard]. Metz, de l'impr. de Verronnais, 1828, in-8, de 18 pag.

II. Ismalie, ou la Mort et l'Amour, roman-poëme [en vers libres]. Paris, Ponthieu, 1827, 2 part. in-8 [10 fr.]. — Seconde édit. Paris, le même, 1827, 2 part. in-12 [6 fr.].

Imprimé une troisième fois en 1828, 2 vol. in-12.

III. Rebelles [les] sous Charles V. Paris, r. des Saints-Pères, n° 26; Levavasseur, 1832, 3 vol. in-8 [22 fr. 50 c.]. — Sec. édit. Paris, les mêmes, 1832, 6 vol. in-12 [18 fr.].

IV. Bannissement et retour de Charles VII. Paris, de l'impr. de Herhan, 1832, in-8, de 8 pages.

Fragment d'un ouvrage inédit de l'auteur.

V. Écorcheurs [les], ou l'Usurpation et la peste. Fragments historiques. 1418. Paris, Eug. Renduel, 1833, 2 vol. in-8, avec vignettes [15 fr.]. — IIIe édit. Paris, le même, 1833, 3 vol. in-12 [9 fr.].

Les deuxième et quatrième éditions, publiées aussi en 1833, sont en 2 vol. in-8.

VI. Brasseur-Roi [le]; chronique flamande du XIVe siècle. Paris, Ambr. Dupont, 1833, 1834, 1835, 2 vol. in-8, ornés de deux vignettes de Jules David, gravées par Lacoste frères, [15 fr.] —

IVe édit. Paris, le même, 1835, 4 vol. in-12 [10 fr.].

VII. Double [le] règne, chronique du XIIIe siècle. Paris, Ambr. Dupont, 1836, 2 vol. in-8 [15 fr.].

VIII. Herbagère [l']. Paris, le même, 1837, 2 vol. in-8 [7 fr.].

On trouve une Notice sur M. le vic. d'Arlincourt dans la « Biographie univ. et port. des contemp. », t. Ier, p. 136.

ARMAND, auteur dramatique. Voy. A. DARTOIS.

ARMAND. — Mémoire et révélation des demoiselles Armand, sœurs de Louis Armand, condamné à mort par la cour d'assises séante à Douai, le 12 novembre 1832, et exéc. à Dunkerque, le 9 février suivant. Paris, madame Leneveux, 1833, in-8, de 80 pag.

ARMAND aîné. — Réflexions sur les ventes de marchandises neuves à l'encan. Grenoble, de l'impr. d'Allier, 1833, in-4, de 12 pag.

ARMAND GILLE. Voy. A. GILLE.

ARMAND O. et Ov.... Voy. A. OVERNAY.

ARMANDI [le général]. — Ma part aux événements importants de l'Italie centrale en 1831. Paris, Delaunay; Dentu, 1831, in-8, de 76 pag.

ARMANDI [le colonel]. — Notice sur la vie du prince Eugène de Leuchtenberg. Paris, Treuttel et Wurtz, 1838, in-18.

Extraite du tome X de « l'Encyclopédie des gens du monde. »

ARMENGAUD frères [l'aîné et Charles].

— Industrie [l'] des chemins de fer, ou Dessins et descriptions des principales machines locomotives, des fourgons d'approvisionnement, etc. Première livraison. Paris, Mathias, 1838, in-fol., de 24 pag. de texte et 6 planches [12 fr.].

ARMONVILLE père. — Instruction à l'usage des personnes qui possèdent ou qui veulent obtenir en France des brevets pour des découvertes industrielles, tirée des lois des 7 janvier et 25 mai 1791, 20 septembre 1792, et de divers décrets et arrêtés relatifs aux propriétés des auteurs de découvertes en tous genres d'industrie. Paris, l'Auteur, au Conservatoire des arts, 1831, in-8, de 16 pages [1 fr.].

ARMONVILLE [J.-R.], secrétaire au Conservatoire des arts et métiers [Voy. la *France littér.*, tom. Ier, pag. 91].

— Réflexions sur la manière de procéder aux expertises concernant les discussions en matière de brevets pour des découvertes industrielles. Paris, de l'impr. de Selligue, 1828, in-8, de 16 pag. [50 c.].

ARMSTRONG, major général anglais. — Observations upon corporal punishments in the british army: together with a plan to provide seamen for the navy without impressment. Paris, printed by Pihan Delaforest (M.), 1834, in-8, de 24 pag.

ARNAL [le doct.], l'un des rédacteurs du « Journal universel et hebdomadaire de médecine et de chirurgie pratiques et des Institutions médicales» [Paris, J.-B. Baillière, 1er oct. 1828 à déc. 1833].

ARNAL [Étienne], célèbre acteur comique, favori du public parisien, d'abord acteur du théâtre des Variétés, et ensuite du Vaudeville [depuis 1827]; né à Paris, le 31 décembre 1798.

I. Épître à M. Odry [1829].

Imprimée en tête de : « Les bons Gendarmes, poëme épice de M. Odry.»

II. Acteurs [les] et les prêtres, boutade en vers, suivie de notes. Paris, les marchands de nouveautés, 1831, in-8, de 40 pag. [1 fr. 25 c.].

Ces deux pièces de vers ne sont pas les seules qu'on doive à ce délicieux comique : il est encore auteur d'un conte érotique intitulé : *la Planche à bouteilles*, et d'une *Épître à Bouffé*, dont les auteurs de la « Galerie de la presse » ont donné deux fragments.

On assure que M. Arnal est auteur d'un écrit en réponse à l'ouvrage intitulé : la Rampe et les coulisses. Esquisses biographiques de tous les directeurs et acteurs des théâtres de Paris.» Par Léonard de Geréon [c'est-à-dire M. Eug. Ronteix]. Paris, Breauté, 1832, in-8.

On trouve une Notice sur M. Arnal dans la Galerie de la presse, elle est signée L. H. (*L. Huart*).

ARNATI [A.]. — Des devoirs des hommes. Discours à un jeune homme. Trad. en français de *Silvio Pellico*. Paris, veuve Maire-Nyon, 1834, in-12 [2 fr. 50 c.].

ARNAUD [J.]. — Mémoire à consulter sur le choléra-morbus, la peste, la pustule maligne, suivi de quelques réflexions sur ce qui a été dit et écrit par les anciens et les modernes sur la nature et les caractères de ces maladies, sur les symptômes qu'on leur assigne, les qualifications différentes qui leur ont été données, et les remèdes que chaque médecin a employés ou proposés, et ceux que nous soumettons aujourd'hui comme inusités; adressé à MM. les membres composant toutes les académies, facultés, sociétés de médecine de l'Europe, etc., pour donner leur avis. Moulins, Desrosiers; et Paris, Chamerot, 1831, in-8, de 64 pag. [1 fr. 50 c.].

ARNAUD [V.], ex-professeur en chef à l'École royale primaire normale de Bruxelles.

— Nouvelle Méthode de lecture, pour apprendre à lire en très-peu de temps. Angers, et Paris, L. Hachette, 1832, in-12, de 38 pag. fig. [50 c.].

* Non annoncée par le Journal de la librairie.

ARNAUD [mademoiselle Henriette]. Voy. mad. REYBAUD.

ARNAUD, avocat à la cour royale de Paris.

— Quelques observations relatives au prêt sur nantissement fait par le gouvernement à la librairie (en exécution de la loi du 17 octobre 1830). Paris, de l'impr. de Pinard, 1834, in-8, de 16 pages.

ARNAUD [mad. Angélique].— I. Une correspondance d'enfants. Gannat, de l'impr. de Gonin Faure, 1835, in-12.

II. Comtesse [la] de Servy. Paris, Charpentier, 1837, 2 vol. in-8 [15 fr.].

ARNAUD [A.-F.], peintre. — Voyage archéologique et pittoresque dans le département de l'Aube et dans l'ancien diocèse de Troyes. Publié sous la direction de A. F. Arnaud... Troyes, Laloy, et Paris, Lange; Girardon, 1837 et ann. suiv., in-4.

Cet ouvrage a été promis en 36 livraisons à 1 fr. 25 c. chacune; mais, dans le cours de l'année 1837, il n'en a été publié que la première livraison, composée de 12 pages de texte et de 4 lithogr., et depuis plus rien.

ARNAULD [Victor], prêtre, ancien professeur d'humanités.

— Cours de rhétorique sacrée, ou Choix de préceptes et d'exemples sacrés tirés des meilleurs auteurs tant anciens que modernes. Montpellier, Virenque, 1831, in-12 [2 fr. 25 c.].

ARNAULD [Alphonse]. — Lettre au président du conseil sur la nécessité absolue d'ouvrir la prison de Blaye, et réflexions sur le rapport de MM. Orfila et Auvity. Clermont-Ferrand, de l'imp. de Thibaud-Landriot, 1833, in-8, de 28 pages [1 fr.].

ARNAULT [A.-V.], secrétaire perpétuel de l'Académie française, mort à Goderville, près du Havre, le 16 sept. 1834 [Voy. la *France littér.*, tom. Ier, p. 96].

I. Proscrit [le], ou les Guelfes et les Gibelins, tragédie en cinq actes et en vers. Paris, Ladvocat, 1828, in-8 [3 fr. 50 c.].

II. * Souvenirs [les] et les regrets du vieil auteur dramatique, ou Lettres d'un oncle à son neveu sur l'ancien théâtre Français depuis Bellecour, le Kain, Brizard, etc., jusqu'à Molé, Larive, Monvel, etc. Paris, Froment; Nepveu, 1829, 2 vol. gr. in-18, ornés de 36 portraits en pied [12 fr.].

On avait annoncé comme devant faire suite à cet ouvrage, *les Souvenirs et les jouissances du jeune auteur dramatique, ou Lettres sur les théâtres de Paris, depuis Larive, Talma, Molé, etc.*, aussi avec des portraits en pied. Ce dernier ouvrage n'a point paru.

III. Discours prononcés dans la séance publique tenue par l'Académie française pour la réception de M. Arnault, le 24 décembre 1829. Paris, de l'impr. de F. Didot, 1829, in-8 [2 fr.].

IV. Dissertation sur l'apologue en action. Paris, de l'impr. de F. Didot, 1832, in-4.

Cette Dissertation, quoique ayant sa pagination particulière, a été publiée brochée à la suite des : Discours prononcés dans la séance publique tenue par l'Académie française pour la réception de M. Dupin aîné [1832].

V. Souvenirs d'un sexagénaire. Tomes I à IV. Paris, Dufey, 1833, 4 vol. in-8 [30 fr.].

Ces Souvenirs avaient été promis en 8 vol., mais la mort de l'auteur n'a pas permis qu'ils fussent achevés.

VI. Fables nouvelles. Paris, F. Didot, 1834, in-18 [3 fr.].

A.-V. Arnault, en outre, est l'un des traducteurs des OEuvres d'*Horace* (œuvres lyriques), qui font partie de la Bibliothèque latine-française publiée par M. Panckoucke, et l'un des auteurs des Éphémérides universelles [Paris, Corby, 1828 et ann. suiv. 13 vol. in-8].

ARNAULT [Lucien-Émile], fils du précédent, préfet de la Meurthe [Voy. la *France littér.*, tom. Ier, p. 97].

I. Dernier [le] jour de Tibère, tragédie en cinq actes et en vers. Paris, Ladvocat; Delaunay, 1828, in-8 [3 fr. 50 c.]

II. Catherine de Médicis aux états de Blois, drame historique en cinq actes. Paris, au Palais-Royal, galerie de Chartres; Mongie aîné, 1829, in-8 [4 fr.].

III. Gustave-Adolphe, ou la Bataille de Lutzen, tragédie en cinq actes. Paris, au Palais-Royal, galerie de Chartres, 1830, in-8 [3 fr. 50 c.].

ARNAULT [Pierre-Marie]. — Pierre-Marie Arnault à ses concitoyens. Dijon, de l'impr. de Noëllat, 1835, in-4, de 72 pag.

ARNAULT [l'abbé]. — Vie de N. S. Jésus-Christ, ou Concordance des quatre évangélistes. Trad. du texte sacré, avec des notes littérales pour en faciliter l'intelligence. Paris, Rouge; Denaix, 1836, in-12 [2 fr.].

L'abbé Arnault a revu et corrigé une nouv. édition de la Pratique de la perfection chrétienne du R. P. *Rodriquez*, ouvr. traduit de l'esp. par l'abbé *Regnier Desmarais* [1837].

ARNAULT. — Nouvelle recherche. De quelques vérités sur la morale et la politique. Paris, de l'impr. de Moquet, 1837, in-8, de 16 pag.

ARNAULT-ROBERT, compilateur.

I. Dictionnaire historique universel, contenant les chronologies de tous les peuples depuis l'antiquité la plus reculée jusqu'à nos jours, avec une esquisse de leurs différents cultes; la chronologie de l'Ancien Testament; celle des papes, des anti-papes, des conciles, des schismes; celle des hommes célèbres de tous les siècles dans les arts et dans les sciences; enfin, celle des inventions et découvertes et des institutions françaises les plus importantes. VIe édit. Paris, l'Auteur, 1830, in-18, de 270 pag. [2 fr. 50 c.].

Cette édition, malgré son numérotage, n'en est pas moins la première.

Le même Dictionnaire, IXe édition (lisez IIe). Paris, l'Auteur, 1834, in-18, de 264 pag. [2 fr. 50 c.].

II. Chronologie de l'histoire générale des peuples et de leurs cultes depuis la plus haute antiquité jusqu'à nos jours. IIe édit. (lisez Ire). Paris, l'Auteur, 1830, une feuille in-plano. — IVe édit. (lisez IIe). Paris, l'Auteur, 1832, une feuille in-plano, col. [5 fr.].

III. Explication du tableau chronologique de l'histoire générale des peuples et de leurs cultes, au moyen de laquelle on peut classer dans la mémoire, en quelques heures, l'origine des principaux peuples du monde et les révolutions qui ont eu lieu dans leur histoire politique et dans leur histoire sacrée, exposées l'une en regard de l'autre. IIIe édit. Lyon, de l'impr. de Charvin, 1831, in-8, de 16 pag.

Les deux premières éditions nous sont inconnues.

IV. Atlas historique et statistique de la révolution française, contenant la série chronologique des événements politiques, militaires et scientifiques, depuis la première assemblée des notables jusqu'à l'an 1833; complété chaque année par un tableau annuaire publié le 15 janvier. Paris, l'Auteur, 1833, in-fol. de 10 pages, 14 tableaux et une carte, rel., dos en maroq. [40 fr.].

Cet Atlas, en grand format in-fol., dit jésus [dimension de celui de Lesage], tiré sur papier vélin satiné, colorié avec soin, contient la matière de 5 vol. in-8 en caractère cicéro. [*Note du libraire*].

V. Histoire de France depuis le commencement de la révolution de 1789 jusqu'à l'an 1834. Paris, l'Auteur, 1834, une feuille in-plano, col. [5 fr.].

Ce tableau, tiré sur grand aigle, est extrait de l'Atlas précédent.

La même, jusqu'à l'an 1837. Paris, l'Auteur, 1837, une feuille in-plano.

VI. Histoire et Statistique de la France ancienne et moderne [depuis le temps des Gaulois jusqu'à nos jours]. Extrait des ouvrages chronologiques et statistiques de M. Arnault-Robert. Paris, l'Auteur, 1834, ou 1837, une feuille in-plano, color. [5 fr.].

Le libraire Roret, dépositaire des ouvrages de M. Arnault-Robert, porte sur son catalogue plusieurs autres tableaux que nous n'avons pas trouvé annoncés dans le Journal de la librairie, et ces tableaux sont les suivants, tous tirés sur pap. gr. aigle, et coloriés :

VII. Tableau historique et statistique de l'Église [5 fr.].

VIII. Tableau historique et statistique de l'Allemagne [5 fr.].

IX. Tableau des fastes militaires de la nation française [5 fr.].

X. Tableau pittoresque et littéraire de l'histoire de la médecine, superbe gravure sur gr. aigle [40 fr.].

ARNAY [le baron d'], anc. secrétaire intime d'Eugène, vice-roi d'Italie, conseiller d'État, etc.

—*Notice historique sur S. A. R. le prince Eugène, vice-roi d'Italie, duc de Leuchtenberg, prince d'Eichstadt. Paris, David, 1830, in-8 [D. M.]

Non annoncée dans le Journal de la librairie.

ARND [Jean]. —De la Régénération, ou Nouvelle naissance. Trad. de l'allem. [par un anonyme]. Strasbourg, Scheurer, 1838, in-18, de 24 pag.

ARNICHAND [J.-L.], instituteur primaire du premier degré, professeur de mathématiques au collége de Saint-Girons [Ariège], et membre de la Société d'agriculture et des arts du département de l'Ariège.

—Grammaire française-pratique, ou nouveau Cours d'orthographe usuelle. Lyon, Périsse frères, et Saint-Girons, l'Auteur, 1831, in-12, de 235 pages [2 fr. 50 c.].

Non annoncée par le Journal de la librairie.

ARNOLLET, ancien ingénieur en chef de la Côte-d'Or.

I. Lettre à MM. les membres composant la chambre des députés [sur l'entretien des routes]. Paris, A. Guyot, 2 mars 1831, in-8, de 16 pag.

II. Projet de formation d'une société pour l'établissement d'un chemin de fer entre Paris et Lyon, par Troyes et Dijon, avec un embranchement remontant la vallée de la Saône, de St-Jean de Losne à Gray; proposé par Arnollet, pour former avec le chemin projeté entre Marseille et Lyon, et avec celui qui déjà est également projeté entre le Hâvre et Paris, la grande communication de l'Océan à la Méditerranée. Dijon, de l'impr. de Carion, 1833, in-8, de 96 pag.

III. Tableaux de la locomotion sur les chemins de fer, indiquant, pour une position moyenne de la France, les frais de traction calculés dans toutes les hypothèses de force motrice, de vitesse, de pente des chemins, et de résistance des frottements, jusqu'à la pente de 50 millimètres par mètre, précédés d'une Notice explicative sur la formation de ces tableaux, et des diverses applications desdits tableaux et des principes de leur rédaction aux questions les plus importantes qui peuvent encore être agitées concernant l'établissement des chemins de fer, et particulièrement de la grande ligne de Marseille au Havre. Paris, Carilian-Gœury, 1835, in-4, de 60 pag. [3 fr.].

IV. Ce que doivent être les chemins de fer en France, et tableaux de la locomotion sur les chemins de fer, précédés d'une Notice explicative sur leur formation, et de diverses applications desdits tableaux et des principes de leur rédaction aux questions les plus importantes qui peuvent encore être agitées concernant l'établissement des chemins de fer, et particulièrement de la grande ligne de Marseille au Havre. Paris, Carilian-Gœury, 1835, in-8 [6 fr. 50 c.].

V. Pétition relative aux projets de loi sur la navigation intérieure et les chemins de fer. A MM. les membres composant la chambre des députés. Paris, de l'impr. de Gaultier-Laguionie, 1838, in-8 de 16 pag.

ARNOTT [Neil]. Voy. Neil.

ARNOUL [Marie-Honoré], appelé aussi quelquefois *Arnoul Dandrehan*, homme de lettres, membre de l'Institut historique et de plusieurs autres sociétés savantes, né le 25 septembre 1810, à Limoges [Haute-Vienne], fit ses études au collége du Dorat, où il obtint les plus brillants succès. Il a débuté fort jeune dans les lettres. Pendant quatre ans il fut le rédacteur en chef d'un journal littéraire publié à Limoges, sous le titre de *Revue limogienne* [septembre 1834-1er janvier 1837]. Le 5 janvier 1837, il fonda *l'Annonciateur de la Haute-Vienne*(*)

(*) Ni l'un ni l'autre de ces deux recueils n'ayant été annoncé par le Journal de la librairie, il nous eût été impossible d'indiquer la durée de leur existence sans le secours de renseignements particuliers.

que des malheurs de famille, arrivés coup sur coup, le forcèrent d'abandonner bientôt [11 janv. 1838], pour venir se fixer à Paris près d'un ami, M. Émile Girardin. M. H. Arnoul a continué d'écrire pour plusieurs journaux, et particulièrement pour « la Presse» et le «Bon génie» [1838]. Il est aussi auteur de petits *ouvrages d'éducation*, publiés sous le voile de l'anonyme, et de quelques *poésies* où l'on trouve de l'âme et beaucoup de sensibilité, poésies qui ont été imprimées dans divers recueils sous le pseudonyme de Williams BERTHOLD. Outre les diverses productions que nous venons de citer de M. H. Arnoul, on a encore de lui :

I. Annuaire statistique des départements de la Haute-Vienne, de la Creuse et de la Corrèze, ressort de la cour royale de Limoges, pour les années 1835-1837. Limoges, Bargeas, 1835-37, 3 vol. in-12.

Les trois années que nous citons de cet Annuaire semblent être les premières qui aient été rédigées par M. H. Arnoul; mais il parait depuis 1803.

II. Avec M. *Ach. Leymarie* : le Limousin historique, ou Histoire générale de l'ancienne province du Limousin. Limoges, juillet 1837 et ann. suiv., in-8.

Cet ouvrage n'a point été annoncé par le Journal de la librairie. Ce n'est point une histoire proprement dite, mais des matériaux recueillis sur l'histoire de cette province. Cette publication a valu à ses fondateurs les éloges les plus flatteurs.

Le *Limousin historique* parait par livraisons mensuelles, depuis juillet 1837.

III. Dictionnaire portatif de la langue française. Limoges, 1838, in-32.

V. A. S.

ARNOULD [Sophie], pseudon. Voy. LAMOTHE-LANGON.

ARNOULD [D.], inspecteur de l'université de Gand, etc.

I. Avantages et inconvénients des banques de prêts connues sous le nom de monts-de-piété. Namur, Gérard.

II. Notice sur l'instruction primaire dans la province de Namur, et en général sur l'état de l'instruction dans les différentes provinces des Pays-Bas; adressée à la Société d'instruction élémentaire de Paris.

ARNOULD [Nicolas-François], auteur dramatique lyrique; né à Auteuil, le 24 octobre 1795, mort à Paris, le 24 avril 1830.

Il est auteur, pour sa part, de trois opéras reçus à l'Académie royale de musique, *Pygmalion, Érostrate, Atala*. Ces ouvrages, dont le premier fut mis en répétition il y a quelques années, paraîtront sans doute un jour sur la scène, et ils témoigneront d'un talent facile, élégant, gracieux, qui eût pu s'élever à des compositions d'un autre ordre, et auquel ont manqué la confiance et le temps. Les lettres n'ont été pour Arnould que le délassement des affaires, la distraction des jours de loisir, la consolation des souffrances qui ont prématurément interrompu une vie paisible et fortunée. Il est permis d'espérer qu'elles ajouteront plus tard quelque lustre à sa mémoire, qu'elles apporteront quelques adoucissements aux vifs et justes regrets de sa famille et de ses amis. » [*Revue encycl.*, t. XLVII. 1830].

ARNOULD [Auguste-Jean-François], littérateur; né à Paris, le 29 avril 1803.

Compositions dramatiques.

I. Avec M. *Fournier* : la Vieille fille et la Jeune veuve, com. en un acte et en vers. Paris, Barba, 1829, in-8 [1 fr. 50 c.].

II. Avec *le même* : les Secrets de Cour, coméd. anecdotique en un acte et en prose. Paris, Riga, 1831, in-8 [2 fr.].

III. Avec *le même* : la Poupée, ou l'Écolier en bonne fortune, comédie mêlée de couplets. Paris, Barba, 1831, in-8 [1 fr. 50].

Cette pièce a été réimpr. en 1836 pour la «France dramatique au XIXe siècle» [in-8 de 20 pages à deux colonnes].

IV. Avec *le même* : l'Homme au masque de fer, drame en cinq parties et en prose. Paris, J.-N. Barba, 1831, in-8 [3 fr.]. — Autre édition. Paris, Barba; Bezou; Pollet, 1834, in-8 [60 c.].

La dernière édition fait partie de la « France dramatique au XIXe siècle. »

V. Avec *le même* : la Sœur cadette, com. en un acte et en vers. Paris, Barba, 1831, in-8 [2 fr. 50 c.].

VI. Avec M. *Lockroy* : Catherine II, com. en trois actes et en prose. Paris, Barba, 1831, in-8 [3 fr.].

VII. Avec MM. *Lockroy* et *Fournier*: Un mariage corse, com.-vaud. en un acte. Paris, Barba, 1832, in-8 [1 fr. 50 c.].

VIII. Avec M. *Fournier* : la Rente viagère, com.-vaud. en un acte. Paris, Barba, 1832, in-8 [1 fr. 50 c.].

IX. Avec M. *Lockroy* : les Jours

gras sous Charles IX, drame historique en trois actes. Paris, Dondey-Dupré; Marchant, 1832, in-8 [2 fr. 50 c.].

Cette pièce a été réimprimée en 1836 dans le «Magasin théâtral» [gr. in-8 de 28 pag. impr. à deux colonnes].

X. Avec M. *Lockroy*: C'est encore du bonheur, ou le Prédestiné, com.-vaud. en trois actes, avec un épilogue. Paris, Dupont, 1834, in-8 [3 fr.]; ou Paris, de l'impr. de J. Didot aîné, 1837, gr. in-8, impr. à 2 col. [60 c.].

La dernière édition, qui fait partie de « la France dramatique au XIXe siècle », est intitulée *le Prédestiné*.

XI. Avec M. *Fournier* : Un mariage à rompre, com.-vaud. en un acte. Paris, Barba, 1834, in-8 [1 fr. 50 c.].

XII. Avec *le même* : l'Interprète, com.-vaud. en un acte. Paris, Marchant, 1834, in-8 [1 fr. 50 c.].

Cette pièce a été imprimée aussi gr. in-8 à deux colonnes pour le « Magasin théâtral ».

XIII. Avec M. *Frédéric Soulié* : les Deux reines, opéra-comique en un acte. Paris, Marchant, 1835, gr. in-8 impr. à deux col. [20 c.].

XIV. Avec M. *Lockroy* : le Frère de Piron, com.-vaud. en un acte. Paris, Marchant, 1836, gr. in-8 à 2 col. [20 c.].

XV. Avec M. *N. Fournier* : Huit ans de plus, drame en trois actes. Paris, Marchant, 1837, gr. in-8, de 28 pag., à 2 col. [40 c.].

Pièce impr. dans le «Magasin théâtral».

XVI. Avec M. *Lockroy* : la Vieillesse d'un grand roi, drame en trois actes et en prose. Paris, Marchant, 1837, in-8, de 108 pag. [3 fr. 50 c.], ou gr. in-8 de 32 pag. à 2 col. [40 c.].

La dernière édition fait partie du « Magasin théâtral ».

XVII. Avec M. *Fournier* : les Suites d'une faute, drame en cinq actes, en prose. Paris, Marchant, 1838, gr. in-8 à 2 col. [40 c.]; ou 1838, in-8, de 60 pages [3 fr.].

La première édition fait partie du « Magasin théâtral. »

Romans.

XVIII. Avec M. *Fournier* : Struensée, ou la Reine et le Favori, histoire danoise de 1769. Paris, Ambr. Dupont, 1833, 2 vol. in-8 ornés de 2 vign. — IVe édit. Paris, le même, 1834, 2 vol. in-8 avec vign. [15 fr.].

XIX. Avec *le même* : Alexis Pétrowitch [histoire russe de 1715 à 1718]. Paris, A. Dupont, 1835, 2 vol. in-8 [15 fr.].

XX. A la Belle Étoile. Paris, Ambr. Dupont, 1838, 2 vol. in-8 [15 fr.].

XXI. Avec M. *Alex. de Lavergne* : les Trois Aveugles. Paris, Ambr. Dupont, 1838, in-8 [7 fr. 50 c.].

M. Arnould fournit des feuilletons au « Siècle », et nous y avons lu, dans les premiers jours de décembre de 1838, *la Mère-Folle, histoire tragique*, qui remplit six feuilletons.

ARNOULD [Edmond]. — I. Révolution [la] de 1830, poëme. Paris, Denain, 1830, in-8 de 24 pag. [1 fr. 50 c.].

II. Paul Guy l'ouvrier. Première série des Contes de l'Enfer. Paris, Abel Ledoux, 1833, 3 vol. in-12 [10 fr.].

ARNOULD FREMY. Voy. A. FREMY.

ARNOULT [Alexis-Étienne-Pierre-Henri], littérateur, plus connu sous les noms de *Stephen Arnoult*, écuyer, propriétaire à Corpeau [Saône-et-Loire], et ancien maire, petit-fils du conseiller des États de la province de Bourgogne de ce nom, cité au tome Ier de la « France littéraire (*); » né à Paris, le 22 février 1782.

Romans, Contes et Nouvelles.

I. *Roi [le] et le Confident, nouvelle historique. Paris, de l'impr. de Fournier, 1803, in-18 de 120 pag. [1 fr.] (**).

II. * Zirza, histoire orientale, tirée des annales de la Perse, suivie du Malheureux imaginaire, histoire récente [et de pièces détachées]. Paris, Fréchet, 1807, in-12 [2 fr.].

Extrait d'un journal littéraire qui paraissait alors.

III. * Catherine de Bourbon, Elzina, les Amants du Marais et Marguerite de Valois, nouvelles historiques, par l'auteur de « Zirza » et du « Malheureux

(*) Mort doyen de l'université de Dijon, en 1782. La correspondance de Voltaire, édition de Beaumarchais, contient plusieurs lettres que Voltaire lui a écrites.

(**) Trompé par un faux renseignement, A. A. Barbier, sous le n° 16650 de son « Dictionnaire des ouvrages anonymes», a attribué cette nouvelle à la célèbre actrice Sophie Arnould, morte en 1802 : cette erreur a été copiée dans la France littéraire.

imaginaire. » Paris, Fréchet, 1807, 2 vol. in-12 [3 fr.](*).

C'est la réunion des nouvelles que l'auteur avait insérées, de 1804 à 1806, dans la «Bibliothèque des romans», à laquelle travaillaient Mad. de Genlis, MM. Fiévée, de Kératry. Les *Amants du Marais* ont fourni le sujet de l'opéra de « Jadis et Aujourd'hui », de M. Sewrin, et peut-être depuis celui du « Vieux marin », de M. Scribe.

IV. Six Nouvelles [Isabeau de Bavière, le Pauvre Riche, les deux Émigrés, la Conversation, Gentil Hussard et le Conscrit]. Paris, Rosa, 1821, 2 vol. in-12 [6 fr.].

Quelques idées de la nouvelle *la Conversation* ont été prises par M. de Laville de Mirmont pour sa charmante comédie « le Roman.»

V. * Comte [le] de Charny, dédié aux Bourguignons. Paris, Delaunay; Audin, 1829, in-8 [3 fr.].

Théâtre et Poésies.

VI. Amour et Mauvaise Tête, ou la Réputation, comédie en trois actes, mêlée d'ariettes. Paris, Fréchet, 1808, in-8 [1 fr. 50 c.].

Cette pièce, jouée à Feydeau dans la même année, est imprimée sous le nom d'*Alexis*.

Trois ans auparavant, M. Arnoult avait fait représenter à l'Opéra-Comique, qui jouait alors momentanément à la rue Chantereine, une pièce en un acte, intitulée : l'*Amoureux par surprise;* mais, jouée sans succès, elle ne fut pas imprimée.

VII. *Tyran [le] municipal, ou la Journée d'un maire, scènes rurales, à l'imitation des « Soirées de Neuilly, » accompagnées de notes et observations, à l'usage de tous ceux qui s'occupent de l'organisation municipale. Paris, Delaunay; Audin, 1829, in-8 de 96 pag. [3 fr.].

VIII. Proverbes anecdotiques. Paris, Hipp. Souverain, 1835, in-8 [7 fr. 50 c.].

Ce volume contient cinq proverbes : 1° *Oui, noir n'est pas si diable*, ou *les Français en Calabre*, en quatre tableaux; — 2° *le Bien vient en dormant*, ou *les Épluchés;* — 3° *le Beau crapaud*, ou *Tout ce qui reluit n'est pas or.* Proverbe historique [1833]; — 4° *A quelque chose malheur est bon*, ou *la Princesse de Wurtemberg.* Proverbe historique [1806]; — 5° *Il ne faut point parler corde devant un pendu.* Épisode de Saint-Cloud. Proverbe anecdotique [1806].

Nous savons de source certaine que parmi les ouvrages inédits de M. Arnoult se trouvent six *Proverbes historiques* auxquels il ne manque plus qu'un éditeur pour voir le jour.

IX. Avec M. *Théaulon :* Un Ange au sixième étage, coméd.-vaud. en un acte. Paris, Barba; Delloye; Bezou, 1838, in-8 à deux colonn. [30 c.].

M. Arnoult, qui n'est désigné sur la pièce que par le nom de Stephen A***, en est pourtant le principal auteur : il l'avait présentée au Gymnase sous le titre du *Dix août.*

Cette comédie n'a été imprimée que dans la « France dramatique au XIX° siècle. »

Comme poëte, M. Arnoult a cultivé plus particulièrement la poésie lyrique, aussi lui doit-on un grand nombre de romances et de chansons : le Chansonnier des Grâces, depuis 1804, en contient beaucoup qui sont imprimées sous les initiales S. A. Une d'entre elles produisit de la sensation lorsqu'elle parut : *le Tombeau de Louis XVI* [1805]. A diverses époques des romances de M. Arnoult, détachées, ont été mises en musique et publiées, entre autres, *le Dernier chant de Corinne*, qui lui valut une lettre très-aimable de Mad. de Staël; *les Petits ramoneurs*, mis en musique par Plantade et Pacini, et qui ont fourni le sujet d'un tableau; *le Chant du duc de Bordeaux; le Chant de Missolonghi*, dédié aux Grecs, et vendu à leur profit, et diverses autres romances dont plusieurs compositeurs se sont emparés.

M. Arnoult, enfin, a participé à quelques journaux : plusieurs articles signés de ses initiales ont été imprimés dans le « Journal général de France », pendant les derniers mois de 1814 et quelques-uns des premiers de 1815 : il a été le collaborateur persévérant du journal « l'Ami des campagnes » [fondé par Mad. Sophie de Maraise, en 1816], jusqu'à sa suppression par M. Decazes, en 1822. Plusieurs couplets, romances et pièces de vers signés de M. Arnoult, ont été insérés dans le « Journal du Bourbonnais ». V. A. S.

ARNOULT [Gatien], professeur de philosophie à la faculté des lettres de Toulouse.

I. * Ministère [le] expliqué et justifié. Paris, les libraires du Palais-Royal, 1830, in-8 de vij et 104 pag.

Long et fastidieux factum, sous forme syllogistique en faveur du ministère Polignac. L'auteur a reçu de l'avancement depuis la révolution de juillet.

II. Programme d'un cours de philosophie, à l'usage des colléges et des autres établissements d'instruction publique. Seconde édition, augm. d'un Abrégé de l'histoire de la philosophie, et des

(*) M. Pigoreau, ancien libraire de Paris, auteur de la «Petite Bibliographie biographico-romancière» [Paris, oct. 1821, in-8], a été très-souvent notre autorité pour le genre roman, parce que, ayant exploité lui-même ce genre près de 50 ans, nous nous plaisions à croire que son livre était celui de l'homme qui devait le mieux connaître les romans et les romanciers : il n'en est pas toujours ainsi. *Catherine de Bourbon*, etc., est un livre qu'il a compris dans la liste des ouvrages de la trop féconde romancière Madame de Saint-Venant, morte en 1816, et cette erreur se trouve reproduite dans la « France littéraire », à l'article de cette dame.

réponses aux questions philosophiques proposées pour l'admission au grade de bachelier ès-lettres. Toulouse, Paya, 1834, in-8 [6 fr.]. — IIIe édit., augm. d'un Supplément spécial. Paris, rue de Lille, n° 31 *bis*; et Toulouse, Paya, 1837, in-8 [6 fr.].

Nous ignorons quand a paru la première édition. Le *Supplément spécial* de la troisième édition se trouve déjà dans la seconde : ce sont les réponses aux «Questions philosophiq., etc.».

III. Doctrine philosophique de Gatien Arnoult. Toulouse, Paya; et Paris, Hachette, 1835, in-8 [7 fr. 50 c.].

Non annoncée par le Journal de la librairie.

IV. Cours de lectures philosophiques, ou Dissertations et Fragments sur les principales questions de philosophie élémentaire. Tome Ier. Toulouse, Paya; et Paris, rue de Seine, n° 6 *bis*, 1838, in-8 [6 fr.].

ARNOULT [Eugène], directeur du journal l'*Institut*.

ARNOUT [Émile]. — Qu'est-ce que la question de la pairie? Paris, Delaunay, 1831, in-8 de 40 pages.

ARNOUX [J.-B.-D.]. — Poésies diverses. Avignon, de l'impr. de madame veuve Guichard, 1830, in-8 de 96 pag.

ARNOUX [Claude]. — Système de voitures pour chemins de fer de toute courbure. Paris, Bachelier, 1838, in-4 de 24 pages avec une planche [1 fr. 50 c.].

AROSNI [Henri-Auguste]. — Ministère [le] du 8 août 1829, ou Précis de sa conjuration contre nos libertés, suivi de son rapport au roi, des ordonnances qui en ont été la suite, du récit des 26, 27, 28 et 29 juillet 1830. Sec. édition. Paris, Lecointe, 1831, in-8, de 92 pag. [2 fr.].

AROUX [Eugène], avocat, ancien député de la Seine-Inférieure; né à Rouen, le 21 octobre 1793.

I. Amours [les] des anges, poëme de *Thomas Moore*, trad. en vers français. Paris, Alex. Mesnier, 1829, in-18 [3 fr.].

II. Paradis [le] perdu, poëme en six chants, trad. de l'anglais en vers français : Études sur Milton. Paris, Alex. Mesnier, 1830, in-18 [3 fr.].

III. A MM. les électeurs du deuxième arrondissement électoral du Havre. Rouen, de l'impr. de Brière, 1831, in-8, de 4 pag.

IV. A MM. les électeurs du second collége. Rouen, de l'impr. de Brière, 1831, in-8, de 8 pag.

V. Au rédacteur de l'Indépendant. Rouen, de l'impr. de Brière, 1831, in-8, de 4 pag.

VI. Avec MM. *Desjobert*, *Gillon* et *Mallet*, députés: Chambre des députés. Session de 1834. Projet de loi sur les chemins cantonnaux et communaux, soumis à la chambre des députés le 20 janvier 1834. Paris, de l'impr. de Lachevardière, 1834, in-8, de 16 pag.

ARRAGON [J.-B.], avocat à la Cour royale de Paris.

— Dissertation sur le sénatus-consulte Trébellien, Pandectes, livre XXXVI, et sur les priviléges et hypothèques, Code civil, livre III, titre 18, présentée à la Faculté de droit de Paris, et soutenue le 29 août 1828, pour obtenir le grade de docteur en droit. Paris, de l'impr. de Herhan, 1828, in-8, de 256 pag.

ARRAMBIDE [J.-B.], doct.-méd.

— Explication des symptômes du choléra-morbus, des apparences cadavériques, et de ses méthodes curatives, par des données physiologiques; trad. de l'espagnol par l'auteur sur le manuscrit qu'il a présenté à la censure [espagnole]. Paris, Ab. Ledoux, 1832, in-8, de 50 pag. [1 fr. 25 c.].

ARRATA [le chev.]. — Recueil et choix des meilleures recettes applicables à l'économie domestique. Découvertes chimiques et médicales. Perpignan, les principaux libraires, 1837, in-12, de 36 pag.

Réimprimé l'année suivante sous cet autre titre :

Recueil de procédés chimiques applicables à l'économie domestique, à la médecine et aux arts. Bordeaux, Lanefranque, 1838, in-8 de 64 pages [2 fr.].

ARRIGHI, avocat. — Compte rendu de la troisième session du Jury en Corse. Année 1834. Bastia, de l'impr. de Fabiani, 1834, in-8, de 64 pag.

ARRIGHI (*) [le chev. Jean-Paul-Louis d'].

(*) Le nom d'Arrighi est celui d'une famille distinguée de la Corse : trois de ses membres

— Odes et Sonnets choisis de *Pétrarque*, traduits en franç. [avec le texte en regard]. Paris, impasse du Doyenné, n. 5, 1838, in-18, de 108 pag.

ARRIVABENE [le comte Jean], publiciste, à Bruxelles ; né à Lugano.

I. Sur les colonies agricoles de la Belgique et de la Hollande. Bruxelles, 1830.

II. Sur les moyens d'améliorer le sort des ouvriers. Bruxelles, 1832.

III. Lettre à M. Senior, sur la condition des paysans de Gaesbeek.

IV. Principes fondamentaux de l'économie politique, tirés des leçons édites et inédites de M. *N. W. Senior*, professeur émérite d'économie politique à l'université d'Oxford. Paris, Aillaud, 1835, in-8 [7 fr. 50 c.].

Une édition italienne a été imprimée la même année à Lugano.

Le comte Arrivabene a encore publié, mais en italien : Des diverses sociétés et institutions de bienfaisance à Londres [Lugano, 1828 et 1832] ; — Une traduction italienne des Éléments d'économie politique de Mill [Lugano].

ARRONSSOHN [J.-L.]. — Mémoires et Observations de médecine et de chirurgie pratiques. Premier fascicule. Strasbourg et Paris, Levrault, 1836, in-8, de 124 pag. [3 fr. 50 c.].

ARSÈNE [Louis-Charles], peintre d'histoire ; né à Paris, le 23 déc. 1780.

I. Manuel du peintre et du sculpteur. Ouvrage dans lequel on a traité de la philosophie de l'art et des moyens pratiques, par *L.-C. Arsène* ; avec une Notice sur les manuscrits à miniatures de l'Orient et du moyen âge, et sur les voyages à figures, dans leurs rapports avec la peinture moderne, par *Ferd. Denis*. Paris, Roret, 1833, 2 vol. in-18 [6 fr.].

Cet ouvrage, d'un caractère philosophique peut-être trop élevé pour la collection de « Manuels » dont il fait partie, recevra plus tard de grands développements.

II. Intervention [de l'] du gouvernement dans les beaux-arts. Paris, d'Ocagne, 1830, in-8, de 16 pages [1 fr.].

M. Arsène avait composé pour la « Bibliothèque populaire » une *Méthode pour apprendre le dessin sans maître*, avec figures ; mais ce volume n'a pas été publié.

ARSÈNE DE C. Voy. CHAIZE.

ARSÈNE DE PALMYRE [le P.], moine du Liban.

— Manifeste aux chrétiens sur la détresse de l'Orient et sur la nécessité d'une croisade, trad. du grec moderne par le comte *Maxime de Buxtorf*. Paris, Delaforest, 1828, in-8, de 20 pag. [1 fr.].

ARTAUD [le chevalier Alexis-François], littérateur aussi élégant qu'historien fidèle, ancien diplomate, chevalier de l'ordre de Charles IV d'Espagne, membre de l'Académie royale des inscriptions et belles-lettres, nommé quelquefois *Artaud de Montor* (*) pour le distinguer de ses nombreux homonymes et de son frère M. Fr. Artaud-Soulange mentionné par la France littéraire, est né à Paris, le 31 juillet 1772. Les biographies contemporaines ne nous apprennent rien

étaient cousins-germains par alliance de Madame Lætitia Bonaparte, mère de Napoléon. Aussi sous l'Empire occupèrent-ils, soit dans la magistrature, soit dans les ordres religieux et militaires, un rang très-élevé. L'un d'eux [Jean-Thomas Arrighi di Casanova] fut fait général par Napoléon sur le champ de bataille de Friedland, et élevé, peu de temps après, à la dignité de duc de Padoue. Les biographies contemporaines font connaître cinq personnes éminentes du nom d'Arrighi, mais aucune ne dit si c'est à l'une de ces cinq, ou à une autre que l'on doit un ouvrage qui n'est pas très-commun en France, bien qu'il ait été traduit en français et que sa traduction soit imprimée à Paris. Cet ouvrage est intitulé : *Voyage de Lycomède* [..... Arrighi] *en Corse, et sa Relation historique et philosophique sur les mœurs anciennes et actuelles des Corses, à un de ses amis. Dédié à S. A. I. Mgr le prince Louis, connétable de l'Empire.* [*En italien et en français de la traduction de* M. Lafresnaye]. Paris, Lerouge, 1806, 2 vol. in-8, de v-307 et 219 pag. Dans la Dédicace au prince Louis, l'auteur dit : « J'ai voulu venger la nation Corse des reproches de quelques écrivains superficiels, de quelques voyageurs abusés ».

(*) Nous ne connaissons qu'un seul endroit où l'on ait donné ce surnom à M. Artaud : c'est dans l'Annuaire de l'Institut. Cet académicien n'a pourtant jamais pris, sur les livres publiés avec son nom, que celui de *chevalier Artaud*.

M. le chevalier Artaud a été quelquefois confondu avec un de ses homonymes, directeur du Musée et de l'École royale des beaux-arts de Lyon, aussi académicien libre de l'Académie des inscriptions et belles-lettres [voy. l'article suivant], et les journaux en annonçant cette année la mort du dernier ont prolongé cette erreur. Les lettres n'ont point à regretter la perte de l'ancien chargé d'affaires de France en Italie.

sur M. Artaud, parce que ce littérateur a toujours éprouvé une répugnance insurmontable à causer ou écrire de lui. On ne sait aucun fait de la vie publique de cet académicien antérieurement à la Révolution : on sait seulement qu'il émigra, fut chargé par les princes de missions près du saint-siége, et qu'il fit la campagne de Champagne dans l'armée de Condé. Rentré en France, M. Artaud embrassa la carrière diplomatique, et fut nommé secrétaire de la légation française envoyée près du saint-siége par le premier consul, et qui reconnaissait pour chef M. Cacault, qui avait précédemment résidé à Rome, comme ministre de la République au temps du Directoire. M. Artaud arriva à Rome l'année même où Barnabas Chiaramonti, évêque d'Imola, venait d'être élu au suprême pontificat, sous le nom de Pie VII, ce pape politique dont il devait être un jour l'historien. Il entra dans les affaires au moment où il devait prendre les affaires dans son Histoire. M. Artaud se trouva à Rome lors des négociations pour le concordat, et y resta jusqu'à l'époque où Napoléon remplaça M. Cacault par le cardinal Fesch, qui amenait à sa suite M. le vicomte de Châteaubriand, comme secrétaire de la légation. L'absence de M. Artaud ne fut pas longue. M. de Châteaubriand ayant donné sa démission lors de la mort du duc d'Enghien, et son successeur comme secrétaire de légation étant mort, M. Artaud, qu'un attrait secret ramenait toujours vers Rome, alla reprendre ses fonctions dans la légation française auprès du saint-siége. Ce fut ainsi qu'il se trouva en Italie au moment où se noua la négociation qui avait pour but de déterminer le pape à venir sacrer Napoléon à Paris. En 1805 M. Artaud fut envoyé comme chargé d'affaires de France à Florence. A l'époque où Napoléon songeait à expulser la reine d'Étrurie de ses possessions pour les donner à sa sœur Éliza, M. Artaud fut soupçonné d'avoir donné des conseils officieux à la reine, et fut rappelé en France, en décembre 1807. On reconnut bientôt qu'on avait été mal informé; néanmoins M. Artaud resta sans autre mission; et il fut alors nommé censeur impérial, fonctions qu'il remplit encore dans les premiers temps de la Restauration. Plus tard, le gouvernement royal l'envoya comme secrétaire de légation, d'abord à Vienne, et de nouveau à Rome, où il fut premier secrétaire. En 1830, il rentra dans la vie privée, après vingt-neuf années employées dans les affaires publiques, pour ne plus s'occuper désormais que de la culture des lettres. Le 17 décembre de la même année, M. Artaud fut admis à l'Académie des inscriptions et belles-lettres, comme académicien libre, en remplacement de M. Laurent, marquis de Villedeuil; il était déjà membre de la Société royale de Gottingue. Bibliophile très-distingué, M. Artaud a fait partie de la Société des bibliophiles français, qui s'était formée à Paris, mais qui n'a existé que quelques années. On a de cet académicien les ouvrages suivants :

I. * Histoire de l'assassinat de Gustave III, roi de Suède. Par un officier polonais, témoin oculaire. Paris, Cl. Forget, 1797, in-8, de 182 pag.

Cet ouvrage a été imprimé sur le manuscrit de M. Artaud, mais l'éditeur y a fait non-seulement des changements, mais encore des additions qui lui sont propres. L'*Histoire de l'assassinat de Gustave III*, est assez rare, parce que le duc de Sundermanie, dont il était parlé désavantageusement dans l'ouvrage, en a fait détruire un grand nombre d'exemplaires.

II. * Considérations sur l'état de la peinture en Italie, dans les quatre siècles qui ont précédé celui de Raphaël; par un membre de l'Académie de Cortonne. Ouvrage servant de catalogue raisonné à une collection de tableaux des XIIe, XIIIe, XIVe et XVe siècles. Paris, P. Mongie aîné, 1808, in-8 de 43 pag. [1 fr.] — Sec. édit. [considérablement augmentée]. Paris, Schœll, 1811, in-8 [5 fr.].

La seconde édition renferme des « Observations sur le coloris et sur la peinture encaustique », par M. J.-Nic. PAILLOT DE MONTABERT.

III. * Voyage dans les catacombes de Rome, par un membre de l'Académie de Cortonne. Paris, Schœll, 1810, in-8 [4 fr.].

Cet ouvrage est considéré comme le meilleur composé sur ce sujet depuis la « Rome souterraine » de Bosio.

IV. Divine [la] comédie du *Dante* [l'Enfer, le Purgatoire et le Paradis], traduite de l'italien, par un membre de la Société colombaire de Florence. Paris, Smith [* J.-J. Blaise aîné], 1811-

13, 3 vol. in-8, fig. [18 fr., et sur pap. vélin, 36 fr.].

Cette traduction française, « la seule française, des œuvres du Dante, l'intraduisible poëte » enrichie de notes curieuses et de faits historiques, est justement estimée. Le « Paradis » est précédé d'une Introduction et de la Vie du poëte, suivi [ainsi que les deux autres poëmes] de notes explicatives pour chaque chant; et d'un Catalogue de 80 éditions de la « Divine comédie ».

— Le même ouvrage, sous ce titre : la Divina comedia : l'Enfer, le Purgatoire et le Paradis, avec la traduction française en regard, et un commentaire extrait des meilleurs critiques. Paris, Firmin Didot, 1828-30, 9 vol. in-32, sur pap. vélin [30 fr.].

V. Machiavel, son génie et ses erreurs, avec cette épigraphe: « Ure, seca partes aliquas, reliquum collige, ama. » Paris, F. Didot, 1833, 2 vol. gr. in-8, sur pap. vélin, ornés d'un portrait de Machiavel, d'un fac-simile de son écriture, d'un autographe de François Ier, etc. [30 fr.].

Travail tout neuf sur un sujet si vieux, commentaire plein de découvertes sur un texte épuisé.

M. le chevalier Artaud a été historien fidèle des négociations et des compositions du secrétaire florentin, qui se trouvent examinées avec impartialité. Après un travail réfléchi pendant plus de douze ans, rédigé sur les lieux mêmes qu'habita Machiavel, M. Artaud a loué, admiré dans son sujet ce qui était honnête et noble; il a blâmé et repoussé ce qui était inique et vicieux. Les négociations suivies par Machiavel en France, à Rome, en Allemagne, auprès de Louis XII, de Jules II, de Maximilien Ier; les compositions de ce génie fécond, commentateur de Platon, d'Aristote, de Tite-Live, de Tacite, de Salluste et de saint Thomas; publiciste universel, poëte tour à tour satirique et érotique, conteur joyeux, historien sublime et demeuré sans rival; le stratége le plus pénétrant qui ait enseigné l'art de la guerre depuis l'invention de l'artillerie; ces négociations et ces compositions sans nombre sont décrites, analysées une à une, et divisées pour la première fois dans un ordre chronologique. On y voit le talent de l'écrivain, l'audace naissante de ses maximes, la persistance dans ses préceptes salutaires, la rétractation de ses doctrines pernicieuses, enfin le résumé des opinions définitivement arrêtées lors de la mort de cet homme illustre qui dirigea la politique de Rome et de Florence pendant les dernières années de sa vie.

Cette vie complète de Machiavel, qui contient incidemment l'histoire de presque toute l'Europe de 1478 à 1527, qui renferme des notes explicatives de mille faits restés obscurs, et qui présente une foule de documents inédits, est si peu conforme à tout ce qu'on a publié jusqu'ici, que, sans la gravité du style et la matérialité des faits, on prendrait pour un roman la série des événements de cette existence aventureuse.

En tête de ces deux volumes est un portrait authentique de Machiavel, gravé par M. Rulhière, d'après Toschi, sur un portrait peint par Sainti Titi, qui appartient aux héritiers de sa famille.

VI. Italie [l']. Paris, F. Didot, 1834, in-8, de 384 pag., impr. à 2 colonnes, orné de 96 grav. et de 2 cartes.

Cet ouvrage qui fait partie de « l'Univers pittoresque » est, quoique résumée, une Histoire et description complète de l'Italie; ce n'est point ici le travail d'un compilateur, mais bien le résultat des observations faites sur les lieux mêmes par un érudit et judicieux historien.

L'*Italie* de M. ARTAUD se vend réunie à la *Sicile* de M. DE LASALLE. Prix du volume 6 fr.

« L'Histoire de l'Italie n'avait été envisagée par aucun auteur français dans l'ensemble des faits glorieux dont elle se compose; cette patrie des arts et des sciences n'avait point rencontré d'historien dans notre langue. M. Artaud a comblé ce vide. Artiste par le cœur et le goût, érudit par ses loisirs, politique par ses occupations, il a écrit une Histoire complète de l'Italie depuis Constantin jusqu'à nos jours. Et M. Artaud n'a point, en histoire, de ces distractions que M. de Talleyrand recommande en diplomatie, car il n'a pas même oublié, dans ses annales, la république de Saint-Marin et la principauté de Monaco. Le savant diplomate et le curieux chercheur de documents inédits se retrouvent aussi dans ce livre. L'auteur a donné sur Venise des pièces inconnues au comte Daru, qui semblait avoir épuisé ces matières, et il a le premier jeté la lumière sur ce tissu de faits obscurs et d'événements embrouillés qu'on appelle la conjuration de Bedmar. »

VII. Histoire du pape Pie VII. Paris, Adr. Leclerc, 1836, ou 1837, 2 vol. in-8 [15 fr.].

Ouvrage de conscience et de talent, digne de son beau succès constaté par deux éditions françaises, publiées en deux ans, [sans compter une contrefaçon faite à Louvain, en 1836], et quatre traductions [dont l'une italienne, est due au chev. ROVIDA, professeur de mathématiques à Milan], qu'on peut regarder comme les témoignages vivants d'une popularité européenne, ouvrage qui a trompé l'indifférence universelle de notre siècle, en voilant ce qu'il y a de plus grave en matière de religion, de politique et de droit public, sous la forme d'un drame peuplé des acteurs les plus illustres de l'histoire contemporaine, et dont les portraits sont tous ressemblants parce que les personnages ont tous posé devant le peintre.»

Cette Vie de Pie VII est rédigée sur un plan tout-à-fait nouveau. M. le chevalier Artaud est parvenu, comme on le cherchait depuis tant d'années, à faire entrer la *vérité* dans l'histoire. Les récits qu'il présente sont basés sur des pièces officielles de choix et incontestables. L'Italie a lu ce livre avec avidité. Au milieu de tant de singuliers motifs d'intérêt qu'offre cet ouvrage, on remarque un document absolument inédit du temps de Charlemagne, relatif à Adrien Ier, et que l'auteur oppose aux invectives que Napoléon adressait au pape Pie VII. L'avantage n'est pas du côté de la civilisation moderne. Il y a lieu aussi d'observer les détails inconnus jusqu'ici des derniers moments de Napoléon et les sentiments de ferveur avec lesquels il demanda les secours de la religion. Quel spectacle que celui de ce terrible ennemi du saint-siége expirant avec le calme d'une conscience tranquille, après avoir reçu la paternelle bénédiction apostolique, par ordre du même pontife qu'il avait si obstinément persécuté! Ce livre renferme de hautes leçons de morale, et sans contredit il est un de ceux qui peuvent le plus contribuer à ramener les bonnes mœurs et à propager des idées de concorde parmi les nations. La première édition fut promptement épuisée.

Lors de la publication de la seconde édition de ce bel ouvrage, M. Nettement en fit un examen approfondi, très-honorable pour M. Artaud, dans la « Gazette de France, » numéros des 22 et 29 décembre 1837, et 6 janvier 1838. Cet examen, qui fait partie d'une suite « d'Etudes historiques » de M. Nettement, a été réimprimé à part en trois demi-feuilles in-8. Paris, de l'impr. de Sapia (*).

VIII. Arioste. [Extrait de la Gazette de France du 15 avril 1838]. Paris, de l'impr. de Sapia, s. d., in-8 de 14 pag.

Ce sont des « Souvenirs de divers entretiens sur l'Arioste avec un grand nombre de savants et d'hommes de lettres de l'Italie ; » ces études sur l'Arioste ont même été imprimées sous ce dernier titre dans la « Gazette de France. »

IX. Histoire de la vie et des travaux politiques du comte d'Hauterive, comprenant une grande partie des actes de la diplomatie française, depuis 1784 jusqu'en 1830. Paris, de l'impr. d'A. Leclère, 1839, gr. in-8 de 147 pag. — Sec. édition [avec des changements et additions]. Paris, Ad. Leclère, 1839, in-8 [7 fr. 50 c.].

Dans l'introduction que l'auteur a placée à la tête de la seconde édition, il a donné de cette publication le court historique que voici :

« La première édition de cet ouvrage a été tirée à vingt-cinq exemplaires sur papier de Chine, et à un exemplaire sur papier couleur de chair. Cette édition, qui comprend 147 pages grand in-8, d'une justification très-serrée, d'un caractère très-fin, et formant à peu près vingt-cinq feuilles de l'in-8 offert aujourd'hui au public, n'a pas été mise en vente ; mais le dépôt en a été fait conformément à la loi. J'ai extrait de cette première édition plusieurs passages assez considérables dont se compose l'article d'Hauterive, inséré dans le LXVIe volume de la « Biographie universelle de M. Michaud. »

« Je me plais à déclarer ici que j'ai des obligations véritables à M. de Hoffmanns, publiciste distingué, membre de l'Académie Stanislas de Nanci, connu par ses travaux sur la diplomatie, et à qui nous devons, entre autres ouvrages, d'excellentes éditions du *Droit des Gens*, de Vattel, et du *Guide diplomatique*. M. de Hoffmanns, avec une amitié empressée, m'a aidé à rassembler tous les ouvrages nécessaires pour compléter mes informations.

« Quant au motif que j'ai eu pour entreprendre cette histoire, c'est au lecteur à juger si les faits, les préceptes, les secrets de tout genre qui sont divulgués dans mon livre, peuvent exciter l'attention de quiconque se voue à la carrière des affaires étrangères : il m'a paru d'ailleurs que la vie d'un honnête homme, savant et modeste, d'un politique profond observateur, d'un sage qui *s'est cultivé lui-même*, pourrait être racontée avec fruit; surtout parce que l'intervention des premiers personnages qui ont figuré depuis quarante-six ans dans les affaires de l'Europe, souverains et ministres, devait assurer à cette vie un intérêt durable, et répandait sur les travaux d'un écrivain fécond, qui fait honneur à la France, un éclat, je dirai plus, une splendeur, que peu de noms politiques verront attachée à leur mémoire. »

Outre les ouvrages que nous venons de citer, on doit encore à M. le chevalier Artaud un assez grand nombre de notices dans la « Biographie universelle » de Michaud, et particulièrement celles sur les peintres des écoles milanaise, parmesane et vénitienne, et conséquemment sur *Corrège*, *Dominiquin*, *Carrache*, *Paul Veronèse*, etc.; la notice sur *Machiavel*, très-remarquable, dont les données ont été depuis généralement adoptées. M. le chevalier Artaud continue à enrichir le recueil biographique que nous venons de citer, et il a déjà fourni au supplément à cet ouvrage plusieurs notices; entre autres celles de *Canova*, châtrée maladroitement par le libraire Michaud; de *Denon*, de la duchesse Elis. *Devonshire*; de *Fabre*, le peintre; du comte d'*Hauterive*, conseiller d'Etat, et, pendant longues années, garde des archives du ministère des relations extérieures; cette notice est d'autant plus importante, que l'auteur a eu à sa disposition tous les papiers de d'Hauterive, qui lui ont été confiés par la famille de ce conseiller d'Etat, mort en juillet 1830; etc., etc. M. le chev. Artaud a aussi fourni à « l'Universel » deux ou trois articles sur le « Traité complet de peinture » de M. Paillot de Montabert. Il est le seul qui ait rendu compte de cet ouvrage, qui ne méritait pourtant pas tant d'indifférence de la part de nos écrivains artistiques. M. Artaud a encore fourni au « Moniteur » deux articles sur le « Voyage en Italie » de M. Valery. Il serait à désirer que ces diverses notices et articles, ayant trait à des artistes et à des hommes politiques, deux sortes d'hommes que l'auteur sait si bien, fussent réunis, avec le morceau sur Arioste, en un corps d'ouvrage, sous le titre de « Mélanges, » le public en saurait gré à M. le chev. Artaud. Ce littérateur est aussi l'éditeur de quelques-uns des opuscules qui font partie des « Mélanges » publiés par la Société des Bibliophiles; mais c'est à tort que des bibliographes ont présenté M. Artaud comme l'éditeur d'une nouvelle édition des « Lettres de la marq. du Deffand à Hor. Walpole. » [Paris, 1812, 4 vol. in-8]. M. Artaud a pourtant le mérite d'avoir triomphé, sur un rapport à Napoléon, des scrupules de la censure impériale, qui s'opposait à cette réimpression.

M. le chev. Artaud travaille à ses *Mémoires*

(*) L'Histoire du pape Pie VII, couronnée par l'Académie française (prix Montyon), a déjà obtenu une troisième édition en 1839. Paris, Ad. Leclère, 3 vol. in-12 [9 fr.].

ce ne peut être qu'un livre aussi instructif qu'intéressant, et le public l'accueillera avec d'autant plus de plaisir que l'auteur, ayant été occupé d'affaires publiques pendant vingt-neuf ans, doit avoir de piquantes révélations à faire; ensuite, vingt-trois ans tout entiers passés à Rome lui permettront de nous faire faire connaissance avec les personnages de cette cour; puis viendront quelques particularités sur les hommes et les choses de la Toscane, et de la capitale de l'Autriche.

Nous ne connaissons qu'une seule notice sur M. le chev. Artaud : c'est celle de la « Biographie Boisjolin » [tom. Ier, p. 146], notice insignifiante, qui remplit treize lignes. Plus récemment, M. Nettement a fait paraître, dans la « Gazette de France, » du 10 mars 1838, des « Etudes sur la vie et les ouvrages de l'auteur de l'Histoire de Pie VII: » ce morceau intéressant n'est point à proprement parler une notice biographique, il n'offre même aucune date; néanmoins, les biographes à venir de M. Artaud ne doivent pas le négliger, et nous en avons nous-mêmes profité. Il a été tiré à part un certain nombre d'exemplaires de ce morceau [in-8 de 8 pag.] (*).

ARTAUD [Marie-François], antiquaire, etc. [Voy. la *France littér.*, tom. Ier, p. 100]. Ajoutez : né à Avignon, le 8 avril 1767, mort à Orange, le 27 mars 1838. Artaud avait été élu à l'Académie des inscriptions et belles-lettres le 20 novembre 1835, en remplacement de l'abbé de La Rue, de Caen.

ARTAUD [Nicolas-Louis], littérateur. [Voy. la *France littér.*, tom. Ier, p. 101]. Ajoutez : aujourd'hui inspecteur-général des Etudes.

I. Tragédies de *Sophocle*, traduites du grec. Paris, Brissot-Thivars; A. André, 1827, 3 vol. in-32, avec un port. [10 fr. 50 c.].

II. Mémoires de *Jules César*, traduction nouvelle [avec le texte en regard]. Paris, Panckoucke, 1828, ou 1832, 3 vol. in-8 [21 fr.].

Cette traduction, qui fait partie de la « Bibliothèque latine-française » publiée par le même libraire, a été de nouveau réimprimée en 1839.

III. Comédies d'*Aristophane*, traduites du grec. Paris, Brissot-Thivars; A. André, 1830, 6 vol. in-32, avec un port. [21 fr.]

(*) L'homme distingué qui fait le sujet de cette notice ne s'est fait connaître en littérature, jusqu'à son « Histoire de la vie et des travaux politiques du comte d'Hauterive, » exclusivement que sous le nom du chevalier *Artaud*; mais son véritable nom est *Artaud de Montor*, aussi bien que son frère, qui se nommait Artaud de Soulange. La prudence décida M. Artaud, à l'époque de la tourmente révolutionnaire, à dissimuler la partie de son nom qui pouvait rappeler la féodalité.

M. Artaud a fourni et fournit encore des articles de philologie et de critique littéraire à divers recueils et journaux. Il est aussi l'un des sept auteurs de l'article « France » de « l'Encyclopédie des gens du monde, » pour lequel il a écrit le chapitre *Langue française* [Aperçu historique].

ARTAUD. — Canaux [des] exécutés par le gouvernement depuis 1821 et 1822. Paris, de l'impr. de Barthélemy, 1828, in-8 de 52 pag.

ARTAUD DE MONTOR. Voy. le chev. A.-F. ARTAUD.

ARTHAUD [F.-Octavien]. — Jérusalem délivrée, traduite [du *Tasse*], en vers français. Paris, Malteste, 1836, 2 vol. in-8 [15 fr.].

Cette traduction est celle publiée dès 1818, sous ce titre : *La Jérusalem délivrée, traduite en vers, et dédiée à l'éternelle prospérité de la France ;* par M. OCTAVIEN. Paris, de l'impr. de Crapelet; — A.-A. Renouard, 2 vol. in-8.

ARTHAUD [E.], romancier. — I. Inesilla. Madrid, Paris et Vienne en 1808. Paris, Leroux, 1830, 4 vol. in-12 [12 fr.].

II. Jules, ou le Fils adultérin. Roman historique et de mœurs du XIXe siècle. Paris, Lecointe et Pougin, 1830, 4 vol. in-12 [12 fr.].

III. M. Noël, ou les Cancans. Roman de mœurs. Paris, Lecointe et Pougin, 1832, 4 vol. in-12 [12 fr.].

IV. Borne [la]. Roman de mœurs. Paris, Ménard, 1833, 2 vol. in-8 [15 fr.].

V. Avec M. *Poujol :* le Cimetière d'Ivry, ou le Cadavre. Paris, Silvestre; Barba, 1833, 2 vol. in-8 [15 fr.].

VI. Angèle, ou la Tombe de Gentilly. Roman historique. Paris, Bourdin, 1836, 2 vol. in-8 [15 fr.].

VII. Fils [le] du banqueroutier. Esquisses de mœurs. Paris, Desforges, 1837, 2 vol. in-8 [15 fr.].

VIII. Baron (le) de Trenck, ou le Latude prussien. Paris, l'Editeur, rue de Cléry, n. 28, 1837, in-18 de 108 pag.

En 1834 a paru une première livraison d'un ouvrage intitulé l'*Argus français. Biographie pittoresque, morale et générale des fonctionnaires civils, militaires et de l'ordre judiciaire, employés sous le gouvernement actuel;* par une Société d'hommes de lettres, sous la direction de M. Arthaud. Cet ouvrage était promis en 4 vol. in-8; mais il n'en a été publié que la première feuille.

ARTIGUES [d']. [Voy. la *France littér.*, tom. Ier, p. 101].

I. Balancier hydraulique, construit aux cristalleries de Baccarat; avantages que peut produire cette machine, bien appliquée. Paris, Mme Huzard, 1829, in-8 de 16 pag. et une planche.

II. Four à chaux perpétuel, construit à la manufacture royale de Vonêche. Paris, de l'impr. de Mme Huzard, 1829, in-8 de 8 pag. et deux planches.

ARTIN HINDOGLOU. — Grammaire théorique et pratique de la langue turque, telle qu'elle est parlée à Constantinople. Paris, Dondey-Dupré, 1834, in-8 de 192 pag. [15 fr.].

ARTUR [J.-F.], professeur de mathématiques et de navigation. [Voy. la *France littér.*, tom. Ier, p. 101].

I. Instruction théorique, et Application de la règle logarithmique ou à calculs. Paris, Carilian-Gœury; l'Auteur, 1827, in-8 avec 5 tableaux et une planche [3 fr.].

II. Mémoire sur la détermination des deux points d'où partent les droites, par rapport auxquelles tous les moments d'inertie de la terre sont égaux en eux Paris, Carilian-Gœury, 1834, in-4 de 18 pag. avec une planche [2 fr.].

Thèse de mécanique soutenue à Dijon.

III. Mémoire sur la loi relative à la densité des couches intérieures de la terre et sur son aplatissement. Paris, Carilian-Gœury, 1834, in-4 de 48 pag. et une planche [3 fr.].

Thèse d'astronomie soutenue à Dijon.

ARTOIS [d']. Voy. D'ARTOIS.

ARVERS [Félix], poète et auteur dramatique.

I. Mes heures perdues, poésies. Paris, Fournier, 1833, in-8.

Ces poésies sont précédées de : *La Mort de François Ier*, drame en trois actes et en vers, et de *Plus de peur que de mal*, comédie en un acte et en vers.

II. Avec MM. *Bayard* et *P. Foucher:* En attendant, coméd.-vaudev. en deux actes. Paris, de l'impr. de Mevrel, 1836, in-8 à deux colonnes. — La même, édit. à longues lignes. Paris, Marchant, 1837, in-8 [1 fr. 50 c.].

III. Deux maîtresses, vaudev. en un acte. Paris, Barba, 1836, in-8 [2 fr.].

IV. Avec M. *Scribe :* les Dames patronesses, ou A quelque chose malheur est bon. Proverbe mêlé de couplets, en un acte. Paris, Barba, 1837, in-8 [2 fr.].

V. Rose et Blanche, vaudev. en un acte. Paris, Marchant, 1837, in-8.

VI. Avec M. *Davrecour :* les Parents de la fille, com. en un acte et en prose. Paris, Marchant, 1838, in-8 de 16 pag. à deux colonnes [30 c.].

VII. Course [la] au clocher, com. en trois actes et en vers. Paris, Barba, 1839, in-8 [ ].

ARVISENET [l'abbé Claude]. [Voy. la *France littér.*, tom. Ier, pag. 101]. Ajoutez : Mort à Gray, dans la nuit du 16 au 17 février 1830, dans sa soixante-seizième année. On trouve une Notice sur cet ecclésiastique dans « l'Ami de la religion, » no 2,156; elle a été reproduite par M. Henrion, dans l'Annuaire biographique qu'il a publié.

ARYS [J.-B.], à Bruxelles. — Grammaire [nouv.] élémentaire, française et allemande, d'après *Desroches*. Bruxelles, 1832.

ARZAC, conseiller municipal de la ville de Toulouse.

I. Proposition de M. Arzac oncle, conseiller municipal, pendant la session du mois de février 1834. Séance du 10. Toulouse, de l'impr. de Corne, 1834, in-4 de 12 pag.

II. Rapprochement des plans de la place du Capitole, accompagné des observations publiées par M. Arzac oncle, pour démontrer les mauvais effets que produisait l'angle rentrant que présente le plan de la minorité, et pour faire ressortir l'irrégularité qui résulterait du morcellement de la façade et de l'exiguité de l'édifice qui serait érigé vis-à-vis le majestueux monument de la mairie. Toulouse, de l'impr. de Froment, 1836, in-4 de 8 pag. et une planche.

ASBORNE DE CHASTELAIN. — Dialogues familiers français-anglais, précédés d'un Vocabulaire des mots les plus usuels. Paris, Truchy, 1838, in-32 [2 fr. 50 c.]

Édition diamant.

ASDA [le baron A. d']. — Paix et Médiation! Mémoire en défense de la nation espagnole, adressé à S. M. le roi des Français et aux Chambres françaises. Paris, Bohaire, 1839, in-8 de 124 pag. [1 fr.].

ASENSIO [Remigio]. — Tratado de la educacion de las hijas. Traduc. del francès de *Fénélon*. Bordeaux, de l'impr. de P. Beaume, 1828, in-12.

ASFELD [L.-T. d']. — Haslam-Ghéraï, sultan de Crimée, ou Voyages et Souvenirs du duc de Richelieu, président du conseil des ministres, recueillis sur des témoignages authentiques, où l'on a mêlé plusieurs fragments des Mémoires inédits de cet homme célèbre. Paris, Pélicier; l'Auteur, 1827, in-12 [4 fr.]. — Sec. édit., sous le titre de «Voyages et Souvenirs du duc de Richelieu.» Paris, Pélicier; Ladvocat, 1827, in-12 [4 fr.].

En 1830, M. d'Asfeld a fait imprimer le prospectus d'un ouvrage intitulé : *les Templiers de 1830, ou Exposition des doctrines religieuses, morales et politiques des chrétiens primitifs ou joannites connus sous le nom de Templiers, avec un Précis historique de cette secte considérée comme société religieuse, association politique et comme ordre de chevalerie.* Cet ouvrage, qui devait former un vol. in-8, n'a pas vu le jour.

ASH [d'], ou **DASH** [Mme la comtesse], pseudon. Voy. la vicomtesse de SAINT-MARS.

ASLIN [Alphonse], auteur dramatique.

I. Avec M. *de Berruyer :* le Salon dans la Mansarde, vaudeville en un acte. Paris, Michaud, 1839, in-8 [20 c.].

II. Avec M. *Hertal :* Un Cœur et 30,000 livres de rente, vaudeville en un acte. Paris, Gallet, 1839, in-8 [15 c.].

III. Avec M. *Guionnet :* Une Nièce d'Amérique, vaudeville en un acte. Paris, Gallet, 1839, in-8 [15 c.].

Ces trois pièces font partie d'une Collection, intitulée : «Paris dramatique.»

ASSAILLY [Charles-Philippe-Alfred d'] ; né à Paris, le 30 mars 1804.

Nous ne connaissons de lui que la préface d'un ouvrage de M. Ed. d'Anglemont, intitulé : *le duc d'Enghien, histoire-drame* [1832, in-8].

ASSE [J. d']. — I. Grammaire allemande, à l'usage des collèges et des maisons d'éducation, etc. Aix-la-Chapelle, 1837, in-12.

II. Arithmétique, à l'usage des écoles primaires et des maisons d'éducation. Aix-la-Chapelle, Hensen et Cie, 1838, in-12 de 84 pag.

ASSELAN RICHE. — Scharkan, conte arabe ; suivi de quelques anecdotes curieuses. Traduit de l'arabe. Paris, Dondey-Dupré. — Marseille, Camoin, 1829, in-12.

ASSELIN [Aug.]. — I. Notice sur la découverte des restes d'une habitation romaine dans la Mielle de Cherbourg et sur d'autres antiquités trouvées de nos jours dans les arrondissements de Valogne et de Cherbourg, lue à la Société des antiquaires de Normandie, séance publique de 1829. Cherbourg, de l'impr. de Boulanger, 1831, in-8 de 52 pag.

II. Biographie de l'abbé de Tourlaville. Saint-Lô, de l'impr. d'Elie, 1831, in-8 de 16 pag.

ASSELINEAU [Jean-Baptiste-Elisabeth]. — Vie [sa], écrite par lui-même. Précis de l'acte d'accusation, résumé des débats et plaidoirie de Me Gechtes, suivis de l'arrêt de la cour royale de Paris, du 26 mai 1827, qui condamne Asselineau à la peine de mort. Paris, Palais-Royal, 1827, in-8 de 32 pag

ASTAIX [Emile], de Manzat [Puy-de-Dôme], employé à la banque de Bordeaux. — Essais en versification. Bordeaux, Brossier, 1827, ou 1828, in-8 de 42 pag. [1 fr.].

ASTIER [Ch.-Ben.], pharmacien principal en retraite. [Voy. la *France littér.*, tom. Ier, p. 104].

I. Notice sur les paragrêles à pointes; projet de paragrêles à flammes, et expériences comparatives du pouvoir électrique des flammes et des pointes. Toulouse, de l'impr. de Douladoure, 1829, in-8 de 20 pag.

II. Lettre à la Société royale de médecine de Toulouse, sur le choléra-morbus et la phthisie pulmonaire. Toulouse, de l'impr. de Douladoure, 1832, in-8 de 8 pag.

III. Des ferments et des virus, à propos des urinoires publics de Toulouse : première partie. Toulouse, de l'impr. de Douladoure, 1834, in-8 de 64 pag.

ASTIER [F.-J.], sténographe. [Voy. la *France littér.*, tom. Ier, p. 105].

I. Sténographie d'Astier, nouveau système imité de l'écriture usuelle et propre sans changement aux langues française et latine, comparé avec la sténographie de Taylor et celle de M. Conen de Prépéan, à l'aide desquelles on suit aujourd'hui la parole. Paris, l'Auteur; Mme Huzard, 1827, in-8 de 50 p. avec 12 planches [5 fr.].

II. Nouvelle sténographie d'Astier. Paris, l'Auteur, 1830, in-plano d'une feuille lithographiée.

III. Ecriture populaire, ou Simplification des lettres usuelles abrégeant l'écriture de trois cinquièmes. Paris, l'Auteur, 1832, in-8 de 12 pag. lithographiées.

IV. Sténographie rationnelle. Paris, de l'impr. lithogr. de Montézon, 1836, in-8 de 10 pag.; ou Paris, de l'impr. d'Herhan, 1838, in-folio de 2 pag.

ASTIER [P.], pasteur de l'église réformée. [Voy. la *France littér.*, tom. Ier, p. 105].

I. Sermons nouveaux sur des sujets très-intéressants. Valence, Marc-Aurèle, 1828, in-12.

II. Réveil [le] des gens de bien (Si ceux-ci se taisent, les pierres même crieront. Luc, 19), ou le Cri de la sublime vérité contre les faux pasteurs. Valence, de l'impr. de Marc-Aurèle, 1833, in-12 de 60 pag.

ASTOIN [Léon], traducteur, ancien garde-du-corps,

M. L. Astoin a traduit de l'allemand les divers ouvrages suivants: 1° les Invisibles, ou les Ruines du château des bois, par *Aug. Lafontaine* [1820, 2 vol. in-12]; 2° les Enfants de deux lits, ou la Belle-Sœur, par *le même* [1822, 4 vol. in-12]; 3° la Prison d'Etat, ou la Jeunesse de Gustave, par *le même* [1822, 4 vol. in-12]; 4° Voyage en Grèce et dans les îles Ioniennes, etc., par *Chr. Muller* [1822, in-8]; 5° Rodolphe et Pauline, ou les Fiancés, par *Gust. Schilling* [1823, 3 vol. in-12]; 6° Wlaska, ou les Amazones de Bohême, par *Van der Velde* [1826, 1 vol. in-12]. Ces six traductions ont été imprimées sous le nom de Léon A***. 7° Nouvelles de *Hauff*, la Mendiante du pont des Arts, et le Portrait de l'Empereur [1834, 2 vol. in-8]. M. L. Astoin n'ayant point attaché son nom aux traductions qu'il a données, sauf à la dernière, nous ne garantissons point que cette liste soit complète.

ASTLEY COOPER. Voy. COOPER.

ASTRIÉ [G]. — Trois [les] médecines. Toulouse, de l'impr. de Guirail, 1838, in-8 de 64 pag.

ASTROS [Paul-Thérèse David d'], aujourd'hui archevêque de Toulouse et de Narbonne, ne doit sa haute position dans la hiérarchie ecclésiastique qu'à un fait grave, à un de ces actes importants qui ont eu de l'influence sur les destinées de la France, en créant au milieu du patriotisme de l'Empire une coterie ultramontaine dont les principes ont, depuis trente ans, jeté tant de troubles dans notre société. M. d'Astros naquit à Tourves [Var], le 15 octobre 1772. Son père était avocat et avait épousé la sœur de Portalis, qui fut ministre des cultes. M. d'Astros, dès sa plus tendre enfance, se fit remarquer par une extrême dévotion qui se fortifia depuis à un tel point qu'elle remplissait son imagination de manière à en exclure toute autre idée que celle de religion. Aussitôt qu'il put entrer dans les ordres, M. d'Astros courut se ranger à côté du petit nombre d'ecclésiastiques qui, à cette époque de trouble et d'anarchie, soutenaient encore avec courage la cause chancelante du clergé. Le jeune prêtre qui ambitionnait la palme du martyre, n'épargna rien, par son fanatisme, pour la mériter; mais il n'y parvint point : ses jours furent respectés. En 1798, M. Portalis, déjà très-influent, appela l'abbé d'Astros, son neveu, près de lui, en qualité de secrétaire, et quelques années plus tard le fit nommer vicaire-général de la métropole. L'abbé d'Astros acquitta la dette de reconnaissance envers Napoléon par son *Discours sur le rétablissement de la religion en France*, qu'il prononça, le 15 août 1807, à Notre-Dame, et dans lequel, traitant du rétablissement de la religion en France, il prodigua, au restaurateur du culte, au héros de la France, les expressions de la plus basse adulation; mais Pie VII s'étant détaché de la cause de celui sur le front duquel il avait fait couler l'huile sainte, et étant entré dans la coalition des rois de l'Europe contre l'élu des Français, M. d'Astros, infidèle à son serment et à tous les sentiments de gratitude et de patriotisme, ne rougit pas de devenir un des agents occultes de la cour de Rome, et de faire circuler clandestinement ces écrits incendiaires par lesquels le pape encourageait le clergé français à la désobéissance envers le chef de l'Etat, et organisait en France cette puissance mystérieuse qui, vingt ans plus tard, compromit à jamais la royauté du droit divin, et poussa Charles X à jouer le va-tout de la couronne de saint Louis. L'abbé d'Astros conserva sa place de vicaire-général de la métropole jusqu'à la mort du cardinal de Belloy, archevêque de Paris; ensuite il administra le siége vacant jusqu'à l'avènement du cardinal Maury. Emporté par un zèle imprudent, l'abbé d'Astros protesta hautement contre la promotion du nouvel archevêque, et poussa la témérité jusqu'à remplir la mission qu'il avait acceptée du pape, de remettre, en décembre 1809, au cardinal Maury, alors archevêque titulaire de la métropole, un bref qui lui enjoignait de retourner à son évêché de Montefiascone, et qui était arrivé avec la bulle d'excommunication, fulminée par le saint-siége contre l'Empereur. Cette affaire tourna mal pour l'abbé d'Astros : la police de Fouché avait pénétré toutes les menées de la cour de Rome; Napoléon avait eu la faiblesse de paraître les ignorer; et, probablement, il n'eût jamais sévi contre M. d'Astros, si celui-ci ne se fût présenté, le 1er janvier 1810, pour *complimenter* l'empereur, à la tête du clergé. Napoléon dut considérer cette démarche comme une injure; et, après avoir reçu ses félicitations, il le fit arrêter. Toutefois, cette affaire ne fut jamais soumise aux tribunaux; car Napoléon ne voulut point avoir à punir du crime de conspiration contre l'Etat et de lèse-majesté un haut dignitaire de l'Eglise; il aima mieux faire un acte arbitraire, qui n'eut d'autre retentissement que l'expulsion du conseil d'Etat de M. Portalis fils, à qui Napoléon adressa les plus vifs reproches. L'abbé d'Astros resta prisonnier à Vincennes jusqu'en 1814. Quand il eut recouvré sa liberté, surpris et mécontent de ce qu'on ne l'avait pas immédiatement réintégré dans ses fonctions de vicaire-général, il publia sa brochure fameuse *des Appels comme d'abus en matière de religion*. Retiré à Gand pendant les Cent-Jours, il revint avec les Bourbons qui, d'abord, lui rendirent sa place et, plus tard, acquittèrent envers lui la dette de reconnaissance de la cour de Rome, en l'appelant à l'évêché de Bayonne, où il ne tarda pas à s'entourer de prédicateurs nomades que Montrouge expédiait dans tous les diocèses confiés à ses élus. Il refusa, en 1829, l'archevêché de Besançon, et ce refus était encore un résultat de sa dévote exaltation : il se croyait *lié* pour toujours au siége de Bayonne. C'est toujours par le même zèle irréfléchi qu'il s'éleva, en 1828, contre les ordonnances du 18 juin, relatives aux petits séminaires. L'archevêché de Toulouse et Narbonne étant devenu vacant par la mort du cardinal de Clermont-Tonnerre, M. d'Astros fut nommé à la direction de ce diocèse, le 16 mars 1830; il s'est montré constamment digne de succéder à ce prince de l'Eglise, qui fut en toute circonstance l'un des plus intrépides défenseurs de la cour de Rome. Toutefois, M. d'Astros s'est rallié à la dynastie d'août, comme son cousin, le comte Portalis. On assure qu'il a, de la cour de Rome, la promesse d'un chapeau rouge, s'il peut parvenir à se faire présenter par la cour des Tuileries. M. Portalis est chargé d'aplanir les difficultés. Nous connaissons de M. d'Astros :

I. Admission [de l'] de l'élu.

M. Adr. Leclère fils se rappelle bien qu'au commencement de l'Empire son père imprima un livre de d'Astros, sous ce titre : pourtant, M. Picot, très-versé dans l'histoire littéraire ecclésiastique, assure que ce sujet ne fut traité que dans le n° IV.

II. Discours sur le rétablissement de la religion en France. Paris, 1807, in-8.

III. Des Evêques nommés et de leur envoi dans les églises vacantes pour en prendre possession. Paris, 1811, in-8.

IV. Des Appels comme d'abus en matière de religion. Paris, 1814, in-8.

Selon M. Picot, ce livre n'est point de M. d'Astros, bien que toutes les courtes notices qui le concernent le lui attribuent.

La Bibliothèque du Roi ne possède aucun des quatre ouvrages ou opuscules que nous venons de citer.

V. Des Abus de cette maxime, que l'usage abroge la loi, où l'on traite 1° du pouvoir des évêques nommés; 2° des administrations capitulaires des évêques nommés; 3° de la révocabilité des vicaires capitulaires. Paris, Ad. Leclère, 1814, in-8 de 121 p.— Le même ouvrage, sous ce titre : du Pouvoir prétendu des sujets nommés dans l'administration des diocèses. Toulouse, Douladoure, 1839, in-8 de 160 pag.

VI. Catéchisme des sourds-muets qui ne savent pas lire. Paris, Bricon, 1830, in-4 de 82 pag. — Sec. édit. Toulouse, Douladoure. — Paris, Jeanthon, 1839, in-4, avec 35 grav. [20 fr.].

VII. * Vérité [la] catholique démontrée, ou Lettres de Mgr l'évêque de Bayonne, actuellement archevêque de Toulouse, aux protestants d'Orthez. Toulouse, de l'impr. de Douladoure, 1833, 2 vol. in-8.

Ces lettres sont au nombre de trois : dans les deux premières, dit l'Auteur, dans l'avis placé en tête du volume, nous réfutons les réponses que M. Pyt, ministre réformé, avait faites à la première et à la seconde.

Les réponses de M. Pyt ont dû paraître dans les recueils religieux des protestants; car nous n'avons trouvé dans la Bibliographie de la France aucune indication de leur impression.

Les ministres protestants n'ont pas laissé sans répliques les attaques dirigées contre leurs co-religionnaires par M. l'archevêque de Toulouse. Non-seulement les journaux consacrés aux dogmes de leur religion en ont donné plusieurs; quelques autres ont été imprimées séparément, et entre autres les suivantes : 1° Réponse par les ministres d'Orthez; 2° Lettre à l'archevêque de Toulouse, suivie d'un Examen impartial du fameux passage : Tu es pierre, et sur cette pierre j'édifierai mon église, S. Mathieu, XVI, 18; par *A. Bost*, ministre du saint évangile, à Genève. Valence, Marc-Aurel. — Paris, Risler, 1839, in-12 de 54 pag.

VIII. *Censure de cinquante-six propositions extraites de divers écrits de M. de La Mennais et de ses disciples, par plusieurs évêques de France, et Lettres des mêmes évêques au souverain pontife Grégoire XV. Le tout précédé d'une préface où l'on donne une Notice historique de cette censure et des pièces justificatives. Toulouse, Douladoure, 1835, in-8 de 215 pag., plus 18 pag. de pièces justificatives.

IX. Mandement de Mgr l'archevêque de Toulouse, pour le carême de l'an de grâce 1838. Toulouse, Aug. Manavit.

Cette pièce pastorale donna lieu à une polémique bien plus vive que pour l'ouvrage précédent. Nous connaissons, comme ayant été publiées dans cette occasion : 1° Réponse de quelques membres de l'Eglise chrétienne réformée au mandement de Mgr l'archevêque de Toulouse. Toulouse, K. Cadaux, 1838, in-12 de 44 pag. — Autre édition, précédée de nouveaux Arguments contre l'Eglise romaine, fournis par un de ses défenseurs. V^e édition, avec des notes, réponses. Toulouse, le même, 1838, in-8 de XXXIJ et 286 pag. — 2° Réplique à la réponse faite par quelques membres de l'Eglise réformée au mandement de Mgr l'archevêque de Toulouse pour le carême de l'an de grâce 1838. Toulouse, de l'impr. de Manavit, 1838, in-12 de 48 pag. — 3° Réponse d'un catholique à quelques membres de l'Eglise réformée. Toulouse, Ph. Montaubin, 1838.

M. d'Astros, lui-même, prit part à la querelle qu'il avait suscitée, et publia les deux écrits suivants :

X. Lettre de Mgr l'archevêque de Toulouse aux protestants de son diocèse, ou Réfutation de la réponse faite à son mandement du carême par quelques membres de l'Eglise chrétienne réformée. Toulouse, A. Manavit, 1838, in-8 de 80 et 18 pag. [de pièces justificatives].

XI. Lettre pastorale de Mgr l'archevêque de Toulouse et de Narbonne au clergé et aux fidèles de son diocèse. Toulouse, Aug. Manavit, 1838.

M. d'Astros, en outre, a fait un grand nombre de *mandements* pour les diocèses de Paris, de Bayonne et de Toulouse. Il est aussi monté plus d'une fois dans la chaire; mais ses sermons n'ont jamais produit une grande impression, à cause de l'accent méridional et du peu de moyens physiques de l'orateur.

ASTROS [d'], frère du précédent, docteur en médecine à Aix, membre de la Société royale académique de cette ville; né à Tourves [Var].

Nous connaissons de M. d'Astros, imprimés dans le tome II du Recueil de la Société académique d'Aix, l'*Histoire d'une plante de blé*, et quelques *Fables* de LA FONTAINE, traduites en vers provençaux; et, dans le troisième volume du même recueil, publié en 1827, l'*Histoire d'une anasarque, guérie par la diète sèche*, et quatre *Fables* [en vers patois]. Il est impossible, disent les auteurs d'une Biographie, celle du Var, de rendre avec plus de bonheur le tour gracieux, simple et facile que ne l'a fait M. d'Astros dans sa version provençale des Fables de La Fontaine. Le traducteur ne doit pas seulement son succès à l'antique et naïf idiome qu'il a employé, il le doit surtout à son talent.

ASTRUC. — Aux électeurs de l'arrondissement. Troyes, de l'impr. de Sainton, 1834, in-8 de 20 pag.

ATHENAS [P.-L.], ex-directeur de la monnaie de Nantes. [Voy. la *France littér.*, tom. Ier, p. 107]. Ajoutez : Mort à Nantes, le 22 mars 1829, à l'âge de quatre-vingts ans.

— Mémoire sur les différentes époques de construction de l'église cathédrale de Nantes, et sur ce qui reste de ses premiers édifices. [Mém. posth.]. Nantes, de l'impr. de Forest, 1839, in-8 de 16 pag.

Le « Lycée armoricain » d'avril 1829, n. 76, p. 297-300, contient une Notice sur Athenas, et donne la liste des articles qu'il a fournis au « Lycée. »

ATH-JER, pseudon. Voy. Ath. GARNIER.

ATTEL DE LUTANGE [Jean-François-Didier d'], littérateur, membre de la Société royale des Antiquaires de France, depuis le 29 mars 1829; né à Verdun-sur-Meuse, le 3 septembre 1787.

I. Epouse [l'], ou Mystère et fatalité. Avec cette épigraphe :

Ah! si du vieux castel vous lisiez les chroniques,
Vraiment vous y verriez maints tours diaboliques;
Des apparitions, des morts, des revenants
Dans l'ombre de la nuit, des lutins, lutinants;

Vous y verriez..... mais non, je ne veux pas tout dire,
Là-bas la vérité ne fait pas toujours rire :
Puis, Iselle, Odoald et le bon Chapelain
Diraient que j'ai jeté la pierre en leur jardin.
(Le..... poème, ch. I, oct. 1.)

Paris, Le Normant père; Renduel, 1829, 2 vol. in-12, avec 2 lithogr. [8 fr.].

Il a été tiré de ce roman quelques exemplaires sur papier vélin.

Ce roman de mœurs se rattache à une des plus brillantes époques de notre histoire, la naissance presque miraculeuse et le règne de Philippe-Auguste. Le noble faubourg a accueilli avec faveur un ouvrage dans lequel il voyait plus d'une allusion.

Ce livre est accompagné de notes et d'un « Aperçu sur le romantisme. »

II. Odes d'Anacréon, traduites en vers, avec le texte grec en regard. Paris, Eberhart; Bossange père, 1835, grand in-4.

Edition imprimée avec luxe sur beau papier.

La traduction de M. d'Attel de Lutange est suivie de cinq traductions, aussi en vers, des mêmes odes, et par divers auteurs, dans les langues latine, italienne, espagnole, anglaise et allemande, de notes biographiques et critiques, etc., et ornées d'un fac-simile lithographié complet en 16 pages, extrait du manuscrit du Vatican, et d'un portrait lithogr. par Maurin.

Le fac-simile qui accompagne cette traduction, reproduit, avec une grande fidélité, le célèbre manuscrit du Vatican que les désastres de 1815 ont enlevé à la bibliothèque du roi.

III. Un Page de Charles-le-Téméraire. Chronique du XVe siècle. Paris, Girard, 1838, 2 vol. in-8 [15 fr.].

M. d'Attel de Lutange est en outre l'auteur de deux ouvrages inédits jusqu'à ce jour, et que les amis de la science doivent désirer de voir bientôt publiés : l'un est intitulé : *Véritable prononciation de la langue grecque*, prouvée non par des raisonnements, mais par des faits incontestables, etc., 1 vol. L'auteur démontre dans cet ouvrage que les Grecs modernes ont conservé, à très-peu de chose près, la vraie prononciation, et que celle en usage dans les classes est une pure invention du moyen-âge. Cet opuscule est cité dans la traduction d'Anacréon, p. 195. L'autre ouvrage est un *Dictionnaire de numismatique ancienne*, etc. Cet ouvrage, fruit de longues recherches, et qui a été refondu plusieurs fois, offre maintenant la matière de 4 très-gros vol. in-8, à deux colonnes et en petit texte. Le manuscrit est terminé.

Le besoin d'un Dictionnaire pour la numismatique se fait sentir tous les jours; ce livre n'existe pas; car le Dictionnaire de Rache n'est plus au pair de la science, et, de plus, est très-cher et fort rare. Par une rédaction qui lui est propre, l'auteur est parvenu à rendre son livre plus complet que les ouvrages les plus modernes qui sont beaucoup plus volumineux et d'un usage bien moins facile, et de plus, rares et très-chers. L'ouvrage de M. d'Attel de Lutange offre la nomenclature complète, avec les prix, de toutes les médailles connues, etc., etc. V. A. S.

ATTOMYR [le doct.]. Voy. BUCKERT.

AUBANEL, membre de la Société des Antiquaires de France, cité au tom. Ier de la *France littér.*, p. 108.

M. Gaëtan Delmas, dans sa « Galerie des poëtes populaires de la France, » insérée dans le tome V de la seconde série de la « Revue du XIXe siècle, » a consacré une Notice à M. Aubanel, pag. 516-518.

AUBANEL [L.]. — Mémoire sur le système pénitentiaire, adressé en 1837 à M. le ministre de l'intérieur de France. Accompagné de plans et de devis de prisons, d'après le système panoptique, par M. *Vaucher-Cremieux*, et suivi d'une Notice sur l'œuvre du patronage des détenus libérés. Genève, 1837, in-8, avec planc. [4 fr. 50 c.].

AUBÉ [Charles], pharmacien, médecin et entomologiste, à Paris, membre de la Société entomologique de France et de celle de Londres; né à Paris, le 8 mai 1802.

I. Monographia Pselaphiorum. Parisiis, Lequien, 1834, in-8.

II. Considérations sur la gale et l'insecte qui la produit. Paris, 1836, in-4.

III. Iconographie des coléoptères d'Europe; tome V [de l'ouvrage de M. le comte Dejean et le doct. Boisduval]. Paris, Méquignon père et fils, 1836, in-8, avec figures coloriées.

Les quatre premiers volumes de l'Iconographie des coléoptères ont paru de 1829 à 1835.

IV. Species général des hydrocanthares et cyriniens, pour faire suite au « Species général des coléoptères » de la collection de M. le comte Dejean. Paris, Méquignon père et fils, 1838, in-8 [15 fr].

Le « Species général des coléoptères » de M. le comte Dejean a paru de 1825 à 1831, et forme 5 tomes en 6 vol. in-8, qui valent, chez l'éditeur, 51 fr. Le volume publié par M. le docteur Aubé est alors le tome VI de la collection.

V. Essai sur le genre Monotoma.

Imprimé dans le tome VI des « Annales de la Société entomologique de France, » pag. 453 et suivantes.

AUBÉ [Ph.], à Longwi.

I. Brahmane [le]. Première et deuxième publications. Strasbourg, de l'impr. de Levrault, 1837-39, deux livraisons in-8, formant ensemble 224 p.

Ouvrage de philosophie. La première publication ou livraison contient une *Discussion des opinions émises par M. Pierre Leroux sur la conscience et le consentement*, dans « l'Encyclopédie nouvelle. »

II. * Lettre du Brahmane à MM. les

archeyêques et évêques de France ; suivie de Notices sur la lumière : examen de la profession de foi de Broussais. Extraits de la 2e publication du Brahmane. Paris, les marchands de nouv., 1838, in-8 de 40 pag.

AUBEL. — De l'importance de la question d'Afrique et du choix d'un système de colonisation. Paris, Delaunay, 1837, in-8 de 60 pag.

AUBENAS [Adolphe].— I. Notice sur la ville et le canton de Valréas [Vaucluse]. Paris, Mme Porthmann, 1838, in-18 de 166 pag.

II. Lettre [première] sur Jacques de Guyse, annaliste du Hainaut, à M. le baron de Stassart, gouverneur du Brabant, directeur de l'Académie de Bruxelles. Paris, l'Auteur, 1839, in-8 de 32 p. — Seconde Lettre sur Jacques de Guyse, etc. Paris, l'Auteur, 1839, in-8 de 48 pag.

M. Aubenas n'a pas connu toutes les sources où il pouvait puiser. Il paraît qu'il se propose d'établir la véracité de de Guyse, en ce qui concerne les traditions troyennes. Nous doutons qu'il en vienne à bout en respectant les règles d'une sage critique. Au reste, il se surfait beaucoup le mérite de cet annaliste. [Compte rendu des séances de la commission royale d'histoire naturelle de Bruxelles, t. III, p. 138].

AUBER. [Voy. la *France littéraire* à ROUILLON-PETIT].

AUBER [Théophile-Edouard], D. M.

I. Un mot sur l'état morbide. Paris, de l'impr. de Fournier, 1834, in-8 de 16 pag.

II. Coup-d'œil sur la médecine, envisagée sous le point de vue philosophique. Paris, Lecouvey, 1835, in-8 de 168 pag. [5 fr.].

AUBER [l'abbé Charles], chanoine honoraire, directeur de l'école cléricale de Poitiers.

I. Adolphe et Mélanie, ou de la Persévérance après la première communion. Paris, Th. Leclerc, 1835, in-18, avec une grav. [2 fr.].

II. Trois [les] vocations. Lettres publiées et dédiées aux mères de famille. Paris, Gaume frères. — Poitiers, Fradet, 1837, in-12, avec 2 grav. [2 fr. 50 c.].

III. Vingt examens particuliers sur les principaux exercices de la perfection chrétienne, suivis de quelques aspirations pour la communion. Poitiers, Fradet, 1837, in-32 de 128 pag.

IV. Maria, ou le Danger des mauvaises lectures. Histoire morale, extraite d'Adolphe et Mélanie. Poitiers, Saurin, 1838, in-18 de 36 pag.

V. Consolations du sanctuaire, ou Méditations avant et après la première communion. Lyon et Paris, Périsse frères, 1839, 2 vol. in-18 [3 fr. 50 c.].

VI. Un Martyr, ou le Sacerdoce catholique à la Chine ; poème en cinq chants, tiré des annales des missions étrangères. Paris, Périsse, 1839, in-18.

Le héros du poème est Jean-Charles Cornay, prêtre du diocèse de Poitiers, né à Loudun, le 27 février 1809, décapité pour la foi, au Tong-King, le 20 septembre 1837.

On doit en outre à M. l'abbé Ch. Auber, la publication d'une édition des « Aventures de Télémaque, » par Fénélon, édition classique, réimprimée sur les plus correctes qui ont paru jusqu'à ce jour, à l'usage des colléges, séminaires et pensionnats des deux sexes, avec un Discours sur l'usage de ce livre dans les classes ; des Notes sur l'histoire, la mythologie, la géographie comparée, la distinction en caractères italiques des maximes les plus importantes du texte ; une Table des discours, descriptions, narrations et portraits qui peuvent servir de modèles de compositions françaises, et un Résumé, au commencement de chaque livre, des principes moraux qui en découlent. Paris, Périsse frères, 1839, in-12 [3 fr.].

AUBER [T.-C.-E.-Edouard].— Traité de philosophie médicale, ou Exposition des vérités générales et fondamentales de la médecine. Paris, Germer-Baillière, 1839, in-8 [6 fr.].

AUBERGIER, pharmacien-chimiste à Clermont-Ferrand. [Voy. la *France littér.*, tom. Ier, p. 108].

— Mémoire sur la fermentation acéteuse. Paris, de l'impr. de Fain, 1832, in-8 de 20 pag.

AUBERNON [Joseph], d'abord préfet de l'Hérault, aujourd'hui de Seine-et-Oise, et pair de France.

I. * Considérations historiques et politiques sur la Russie, l'Autriche et la Prusse, et sur les rapports de ces trois puissances avec la France et les autres États de l'Europe. Paris, Ponthieu, 1827, in-8 de 160 pag. [3 fr. 50 c.]. — IIIe édit. [portant le nom de l'auteur]. Paris, le même, 1827, in-8 de 200 pag. [4 fr.].

La seconde et la troisième édition ont le même nombre de pages.

II. Démocratie [de la] dans la monarchie constitutionnelle, ou Essai sur l'organisation municipale et départementale, et sur la formation des notabilités politiques en France. Paris, Ponthieu; Sautelet, 1828, in-8 de 158 pag.

III. Examen des projets de loi sur l'organisation municipale et départementale. Paris, F. Didot; Mesnier, 1829, in-8 de 84 pag.

Sous le titre de *Joseph Aubernon, ex-préfet*, il a été imprimé, en 1827, une Notice sur l'auteur de ces ouvrages. Paris, F. Didot, in-8 de 4 pag.

AUBERT [l'abbé Hilaire], prédicateur de retraites et de stations.

I. * Association de prières en l'honneur du saint-sacrement, pour demander la conservation et l'augmentation de la foi en France, etc.; par un missionnaire de France. Paris, de l'impr. d'Egron, 1822, in-12 de 8 pag. — IIIe édit., rev., corr. et augm. d'un Supplément. Lyon et Paris, Rusand, 1823, in-18.

Une IVe édition a été publiée en 1828, sous le titre d'*Instructions sur l'association*, etc. Lyon et Paris, Périsse frères, in-18.

II. Mois [le] eucharistique proposé aux prêtres et aux ordinants, spécialement à ceux des diocèses de Beauvais, d'Amiens et de Nanci. Paris, Ad. Leclère, 1836, in-18.

III. Mois [le] eucharistique proposé aux personnes pieuses, spécialement à celles de Paris, de Toulouse, de Lisieux, etc. Paris, Ad. Leclère, 1836, in-18 [1 fr.].

AUBERT [l'abbé Marius], ancien missionnaire, aujourd'hui aumônier du collége de Pont-le-Voye.

I. Notice sur le jubilé de saint Remi. Avignon, de l'impr. d'Aubanel, 1827, in-12 de 24 pag.

II. Manuel de la jeunesse, ou Nouvelle conduite pour acquérir et conserver la piété chrétienne. Au Puy, Jacquet, 1831, in-18.

III. Manuel de tous les âges et de toutes les conditions, ou Instructions pour sanctifier tous les temps et toutes les actions de la vie. Lyon, Rusand, 1832, in-18.

IV. Manuel des congréganistes, à l'usage des congrégations de la sainte Vierge, des associations religieuses et des confréries. Nouv. édit. Lyon, Rusand, 1832, in-18. — Nouv. édit., sous ce titre : Mentor des enfants de Marie, ou Instructions sur les congrégations de la sainte Vierge. Lyon, Rusand; Paris, Poussielgue-Rusand, 1836, in-18 [1 fr.].

V. Mentors chrétiens pour les différents âges de la vie. Paris, Périsse frères, 1836-39, 11 vol. in-18.

Mentors du premier âge.

1° Mentor du premier âge, ou Instructions pour inspirer aux jeunes enfants l'horreur du péché. Lyon, Rusand; Paris, Poussielgue-Rusand, 1836, in-18 [1 fr. 25 c.].

2° Mentor du premier âge, ou Instructions pour porter les jeunes enfants à l'amour et à l'imitation de Jésus-Christ. Paris, Périsse frères, 1837, in-18 [95 c.].

3° Mentor du premier âge, ou Instructions pour donner aux jeunes enfants la connaissance de la doctrine chrétienne, avec des histoires édifiantes. Paris, Périsse frères, 1838, in-18 [1 fr. 25 c.].

4° Mentor du premier âge, ou Instructions pour inspirer aux jeunes enfants l'amour et la crainte de Dieu, avec des histoires édifiantes. Paris, Périsse frères, 1838, in-18 [1 fr. 10 c.].

5° Instructions pour porter les jeunes enfants au palais et à la galerie de l'amour divin. Paris, Périsse frères, ... in-18 [95 c.].

Mentors de l'adolescence.

1° Mentor de l'adolescence, ou Instructions pour prémunir les jeunes gens contre les dangers du monde. Lyon, Rusand; Paris, Poussielgue-Rusand, 1836, in-18 [1 fr. 25 c.].

2° Mentor de l'adolescence, ou Instructions pour prémunir les jeunes gens contre les vices et l'endurcissement du cœur. Paris, rue du Pot-de-Fer, n. 8, 1837, in-18 [85 c.].

On annonce, pour paraître sous peu, quatre nouveaux volumes, pour compléter cette série : 1° Instructions pour préparer les jeunes gens à recevoir avec fruit le sacrement de pénitence; — 2° Instructions pour disposer les jeunes gens à s'approcher dignement du sacrement de l'eucharistie; — 3° Instructions pour aider les jeunes gens à assister avec piété au saint sacrifice de la messe; 4° Instructions pour exercer les jeunes gens aux principales dévotions du Christianisme.

Mentors de la jeunesse.

1° Mentor de la jeunesse, ou Conférences sur les preuves de la Religion. Première partie : Existence de Dieu, dignité de l'homme. Lyon et Paris, Périsse frères, 1839, in-18 [1 fr. 10 c.].

2° Conférences sur les preuves de

la Religion. Deuxième partie : Nécessité de la Religion ; authenticité des livres saints. Paris, les mêmes, 1839, in-8 [1 fr. 10 c.].

Cette série doit être augmentée de plusieurs parties qui ne doivent pas tarder à paraître, et ce sont les suivantes : IIIe partie [de l'ouvrage précédent] : Divinité de Jésus-Christ ; — Vérité de la religion chrétienne. — IVe partie : Autorité de l'Eglise ; — Privilége du pape ; — Instructions pour régler la conduite des jeunes gens au milieu du monde ; — Instructions pour diriger les jeunes gens dans le choix d'un état de vie.

Mentors de la vieillesse.

1° Mentor de la vieillesse, ou Instructions pour se préparer à la mort. Lyon, Rusand ; Paris, Poussielgue-Rusand, 1836, in-18 [1 fr. 25 c.].

2° Mentor de la vieillesse et de tous les âges, ou Instructions pour engager les fidèles à méditer les fins dernières de l'homme. Paris, Périsse frères, 1837, in-18 [1 fr. 50 c.].

VI. Mentor de la piété chrétienne, ou Recueil de prières pour les exercices les plus ordinaires et les plus importants de la religion, pouvant servir de supplément à tous les Mentors. Paris, Périsse frères, 1837, in-18 [55 c.].

AUBERT [P.-F.-Olivier]. — Histoire abrégée de la musique ancienne et moderne, ou Réflexions sur ce qu'il y a de plus probable dans les écrits qui ont traité ce sujet. Paris, l'Auteur, 1827, in-12 de 48 pag. [1 fr. 50 c.].

AUBERT. — Pétition à messieurs de la Chambre des Députés des départements. Paris, de l'impr. de Demonville, 1828, in-8 de 24 pag.

AUBERT [Henry]. — Avis d'un citoyen sur la nécessité de la guerre, dédié à la nation. Paris, de l'impr. de veuve Delaguette, 1830, in-8 de 16 p. — Sec. édit., sous ce titre : En avant, marche !..... ou Réflexions d'un prolétaire sur la position politique de la France ; suivies de quelques considérations sur le système gouvernemental, dédiées à la nation. Lyon et Paris, les principaux libraires, 1832, in-8 de 16 p. [30 c.]. — IIIe édit. Aix, de l'impr. de Gaudibert, 1833, in-8 de 16 pag.

AUBERT [D.-M.-J.]. — Avec son fils M. *A.-N. Aubert* : Nouvelle grammaire française du second âge ou des adolescents, sur un nouveau plan d'enseignement, divisée, quant aux mots considérés comme signes de nos pensées, en deux parties. Arbois, Javel ; Neuvilley, les Auteurs, 1833, in-12 [3 fr.]

AUBERT [M.-A.-N.]. Avec son père *D.-M.-J.* : Nouvelle grammaire française du second âge ou des adolescents, etc. [1833]. Voy. l'article précédent.

AUBERT, alors député de la Gironde. — Opinion [son] sur l'impôt relatif aux boissons. Paris, de l'impr. de Didot, 1834, in-8 de 32 pag.

AUBERT [P.-A.]. — Traité raisonné d'équitation, d'après les principes de l'école française. Paris, Anselin et Gaultier-Laguionie ; l'Auteur, 1836, in-4, et Atlas in-fol. de 38 planch. [30 fr.].

AUBERT [Mme Constance].

Cette dame a participé à la rédaction de divers recueils littéraires de ces derniers temps, tels que l'Opale, le Selam, le Salmigondis, où l'on trouve d'elle une nouvelle, intitulée *Dévouement* (dans le tome IV), et autres recueils. Elle rédige le Bulletin des modes pour le journal le « Temps. »

AUBERT DE LINSOLAS. Voy. A. de LINSOLAS.

AUBERT DE VITRY [François-Jean-Philibert], aujourd'hui l'un des doyens des littérateurs français, ancien chef de bureau au ministère de l'intérieur, ancien fonctionnaire de l'ordre administratif dans les départements, et pays alliés, pendant vingt-six ans ; né à Paris, le 2 avril 1765 (*).

I. * Quatre [les] cris des patriotes. Paris, Volland, 1789, in-8. — * Encore quatre cris, ou Sermon d'un patriote à prononcer, par l'abbé [Fauchet], dans la chaire de quelques districts. Paris, Volland, 1789, in-8.

II. * Jean-Jacques Rousseau à l'Assemblée nationale. Paris, Garnery, 1789, in-8 de 308 pag.

III * Essais de philosophie, de morale et de politique.

Les critiques du temps en parlèrent avec éloge, et citèrent surtout la Notice qui se trouve sur Bernardin de Saint-Pierre et ses ouvrages. Ces Essais furent attribués à plusieurs écrivains connus, entre autres à Antoine La Salle.

IV. Aristomène et Aristocrate, anecdote tirée de l'histoire grecque. Paris, Garnery, 1789, in-8.

V. Etudes sur l'éducation. Paris, de

(*) Cet article a été donné dans la *France littér.*, mais incomplet et tronqué.

l'impr. des amis de l'ordre, 1792, in-8 de 122 pag.

VI. * Recherches sur les vraies causes de la misère et de la félicité publiques, ou de la Population et des subsistances; par un ancien administrateur. Paris, Picard-Dubois, 1815, in-8 de 212 pag. [3 fr. 50 c.]

Cité dans le « Quarterly Review » [nov. 1817], comme ayant engagé M. Malthus à expliquer et même à modifier quelques-unes de ses idées.

VII. Campagnes des Français, en Saxe. Traduit de l'allem. du baron d'*Odleben*. Paris, Plancher, 1817, 2 vol. in-8 [10 fr.].

VIII. Nouveaux Contes moraux. Traduits de l'anglais de mistriss *Opie*. Paris, Arthus-Bertrand, 1818, 5 vol. in-12 [12 fr.].

IX. Traité d'économie rurale et domestique. Traduit de l'anglais. Paris, Eymery, 1818, in-8.

Non annoncé dans la « Bibliographie de la France. »

X. * Lettres sur la Palestine, la Syrie et l'Egypte, ou Voyage en Galilée et en Judée, avec une Relation sur la mer Morte, et sur l'état présent de Jérusalem; par T.-R.-J. [*T.-R. Jolliffe*]. Traduites de l'anglais sur la seconde édit.; ornées d'une carte géographique et de 5 grav. Paris, Picard-Dubois; Rey et Gravier, etc., 1820, in-8 [6 fr. 50 c.].

XI. Mémoires de *Gœthe*. Traduits de l'allemand. [Précédés d'une Introduction, contenant un Essai critique et historique sur la littérature allemande et sur l'art dramatique, et suivis de Notices sur les hommes célèbres mentionnés dans ces Mémoires; par le traducteur]. Paris, Rapilly, 1823, 2 vol. in-8 [12 fr.]

Ce travail fut promptement retraduit en anglais.

XII. * Journal de Christine [trad. de l'allem. de M. *Ph.-Jos. Schalbacher*, libraire de Vienne en Autriche, avec une Conclusion, par M. *Ad. Bossange*]. Paris, Bossange frères, 1825, in-8 oblong, orné de grav. [10 fr.].

Voyez sur l'auteur de ce petit livre notre *France littér.*, à qui nous l'avons dédiée.

XIII. Notice sur Gœthe.

Imprimée en tête des poésies de Gœthe, traduites sous le nom de Mme Ernestine Panckoucke. Paris, Ch. Panckoucke, 1825, in-16. Nous avons dit, dans notre *France littér.*, que, bien que Mme Panckoucke soit née à Stuttgard, nous ne pensions pas qu'elle ait pu rendre en français les poésies de Gœthe, si difficiles à traduire.

XIV. * Jeune (le) voyageur en Egypte et en Nubie. [Trad. de l'angl.]. Paris, Bossange frères, 1826, in-12, avec 25 *grav.* [5 fr.].

C'est un abrégé du Voyage de Belzoni, arrangé en forme de dialogue.

XV. * Londres et l'Angleterre. Ouvrage élémentaire à l'usage de la jeunesse. [Trad. de l'angl.]. Paris, Bossange frères, 1826, in-12, avec grav. [5 fr.].

XVI. Mémoires de *Casanova de Seingalt*. Trad. de l'allem. [par M. *Jung*, pour les trois premiers volumes, et par M. Aubert de Vitry pour les sept derniers]. Paris, Tournachon-Molin, 1826 à 1829, 10 vol. in-12.

Traduction purgée des obscénités de l'original. [Voy. sur l'historique de ce livre notre article CASANOVA dans la *France littér.*, tom. II, pag. 68 et 69].

XVII. Essai sur les colonies militaires de la Russie. Paris, de l'impr. de Tastu, 1826, broch. in-8.

XVIII. Essais d'économie politique et sociale.

Imprimés dans la « Revue mensuelle d'économie politique, » éditée par M. Théodore Fix, numéros I, V-VII, X-XII.

XIX. Essai sur l'Algérie, considérée comme colonie, et sous le rapport de la politique intérieure et extérieure de la France.

Imprimé dans le même recueil.

XX. Essai sur la vie et les ouvrages du chancelier Bacon.

Imprimé dans le « Moniteur, » n° du 17 février 1837.

XXI. Essai sur Voltaire, sa vie, ses ouvrages et son influence au XVIIIe siècle.

Imprimé dans le « Moniteur, » n^{os} des 22 et 27 novembre 1837.

Les ouvrages que nous venons de citer ne sont pas les seuls produits de la laborieuse vie littéraire de M. Aubert de Vitry; une partie plus considérable et non moins importante se trouve consignée dans plusieurs journaux, recueils périodiques et Dictionnaires auxquels il a coopéré activement. Ainsi, depuis 1816, M. Aubert de Vitry est l'un des rédacteurs littéraires du « Moniteur universel, » auquel, parmi les articles les plus récents, il a fourni les articles suivants, qui ont fait sensation : 1° *Etudes sur Molière*, deux articles à l'occasion des œuvres de ce philosophe dramatique, publiées par M. Aimé Martin [n^{os} des 5, 8 et 22 mai 1837]; — 2° un *Essai sur la philosophie de l'histoire*, premier article sur l'Histoire de

France de M. Michelet [n° du 7 mai 1838]. De 1816 à 1819, M. Aubert de Vitry a été l'un des rédacteurs littéraires du « Constitutionnel » et du « Journal de Paris, » où l'on distingua surtout, dans la première de ces feuilles, ses quatre articles *sur les Harmonies de la nature*, de Bernardin de Saint-Pierre. Il publia dans « l'Indépendant, » réuni ensuite au « Courrier français, des *Lettres sur J.-J. Rousseau*, insérées, par M. Musset, au 2ᵉ volume de son Histoire de la vie et des ouvrages du célèbre philosophe. Il a coopéré, pendant la durée de l'entreprise [de 1823 et années suivantes], à « l'Encyclopédie moderne » de feu Courtin, à laquelle, entre autres articles, il a fourni les mots : *Agraires* [lois], *Barreau*, *Capitulaires*, *Election*, *Eloquence*, *Parlements*, *Priviléges*, *Propriété*, *Théophilantropie*, *Vénalité*, etc. De 1824 à 1830, ce littérateur a été le principal rédacteur de la 6ᵉ section du « Bulletin universel des sciences et de l'industrie, » qui embrassait la géographie, la statistique, l'économie politique et les voyages. C'est dans ce recueil qu'il a fait connaître, en France, et le premier, les découvertes en Afrique des trois voyageurs anglais : Oudney, Denham et Clapperton ; les colonies militaires de la Russie, et l'important ouvrage de Ritter sur la géographie de l'Afrique.

Il a aussi publié un fragment sur les Girondins, sous le titre de *Souvenirs d'un proscrit* [dans la « Chronique de Paris, » in-4, n° du 29 mars 1835] ; une *Notice sur Sacchini*, célèbre compositeur [dans le même recueil, 17 septembre 1837], et des *Particularités sur Talma* [dans « l'Artiste, » du 30 juillet 1837, et dans le supplément au « Constitutionnel » du 10 février 1839]. Enfin, il a été, depuis la lettre C, l'un des coopérateurs assidus du « Dictionnaire de la conversation et de la lecture ; » on a cité entre autres ses articles : *Concordat*, *Culte*, *Division des propriétés*, *Division du travail*, *Economie politique*, *Economistes*, *Elisabeth d'Angleterre*, *Eloges*, *Empereurs*, *Empire*, *Encyclopédie*, *Esprit humain* [progrès de l'], *Fédératif* [système], *Fontenelle*, *Gellert*, *Gessner*, *Ginguené*, *Orateurs sacrés*, *Oratoire* [art], *Péron*, *Quesnay*, le P. *Quesnel*, *Rapin de Toyras*, J.-B. *Say*, Ludovic et François *Sforce*, Adam *Smith*, *Sully*, *Talma*, *Turgot*, *Yzard-Valady*, *Voltaire*, etc. V. A. S.

AUBERT DU PETIT-THOUARS [L.-M. Aubert], botaniste, etc. A son article dans la *France littér.*, tom. Iᵉʳ, p. 111, ajoutez : mort à Paris, le 11 mai 1831.

La *France littér.* a omis l'indication de quelques opuscules scientifiques de cet académicien, et nous réparons ici cette omission en citant ses *Recherches sur le cachou*, une *Comparaison spécifique du* passiflora mauritiana *avec les* passiflora alata *et* quadrangularis, avec une planche. Ces deux Mémoires sont impr. dans le tome VI des « Annales du Muséum d'histoire naturelle » [1805], et le Plan d'un ouvrage sur la culture des arbres fruitiers, intitulé : *le Verger français, ou Traité général de la culture des arbres fruitiers qui croissent en pleine terre dans les environs de Paris.* S. D., in-8 de 41 pag., écrit qui a paru sous le voile de l'anonyme. *Le Verger français*, etc., a été imprimé en 1817.

Le baron Silvestre a prononcé, le 13 mai 1831, sur la tombe de Aubert du Petit-Thouars, une Notice nécrologique qui a été imprimée. Cette Notice établit que le défunt académicien était né en 1756 ; mais nous tenions de lui-même la date consignée dans la *France littér.*, et elle dit *en novembre* 1758.

AUBERT DU PETIT-THOUARS [le chev. Aristide], frère du précédent, capitaine de vaisseau ; né au château de Boumoi, près de Saumur, en 1760, tué au combat naval d'Aboukir (*).

— Mémoires et Voyages du chev. Aristide Aubert du Petit-Thouars, ou Recueil des écrits qu'il a laissés, composant l'histoire de sa vie, jusqu'au moment où il s'est enseveli sous les débris du vaisseau le Tonnant, qu'il commandait au combat d'Aboukir ; précédés d'un Précis de la guerre que la France a soutenue contre l'Angleterre, de 1778 à 1783 ; appuyés de Notes biographiques sur les principaux personnages cités, et géographiques sur les lieux les plus remarquables, auxquels sont joints des fac-simile, des plans et des gravures. Tome Iᵉʳ. Paris, Dentu ; Arthus Bertrand, 1822, in-8 [6 fr.]

Ce volume, publié par le frère et la sœur de l'auteur, contient une longue lettre sur la guerre de 1778 à 1783, adressée au commandant Dolomieu, par du Petit-Thouars, en mars 1785. On y reconnaît le capitaine instruit, l'ingénieux écrivain, l'homme avide d'enrichir les sciences de connaissances nouvelles, et enfin le véritable ami des hommes. Deux autres volumes devaient accompagner le premier ; ils n'ont pas paru ; ils auraient été sans doute formés des matériaux variés et curieux qui n'ont pas été mis en ordre du vivant de l'auteur.

AUBERT DU PETIT-THOUARS [G.], cousin des deux précédents [Voy. la *France littér.*, tom. Iᵉʳ, p. 112].

Aux ouvrages cités à son nom, dans la *France littér.*, ajoutez l'opuscule suivant : Plan d'une égale répartition de l'impôt foncier entre les départements, les arrondissements, les communes et les contribuables, et Moyen de reconnaître le revenu territorial de la France et la quotité de l'impôt relativement à ce revenu. 1802, in-8 [1 fr. 20 c.].

AUBERT-HIX, chef d'institution à Paris.

I. Atlas grammatical de la langue latine et de la langue grecque, ou Suite de tableaux. Paris, l'Auteur ; Hachette, 1828, in-folio de 8 tableaux in-plano [12 fr. 75 c.].

On peut se procurer séparément : l'Atlas de la langue grecque, en 4 tableaux [6 fr. 75 c.], et celui de la langue latine, en 4 tableaux [6 fr.].

(*) Article omis par la *France littéraire.*

II. Atlas grammatical de la langue française. Paris, l'Auteur; Hachette, in-folio de 6 feuil. in-plano [9 fr.].

AUBERVAL [d']. Voy. BEAUFORT D'AUBERVAL.

AUBÉRY DU BOULLEY [P.-L.]. — I. Grammaire musicale, ou Méthode analytique et raisonnée pour apprendre et enseigner la lecture de la musique; suivie d'observations sur les erreurs, préjugés et fausses opinions concernant la musique. Paris, Richault, 1830, in-8 [12 fr.].

II. Des Associations musicales en France et de la Société philarmonique de l'Eure, de l'Orne et d'Eure-et-Loire, fondée par P.-L. Aubéry du Boulley. Versailles, Mme Lainé, 1839, in-8 de 8 pag.

AUBÉRY [F.-Félix]. — Éléments de la théorie musicale, ou Méthode propre à en abréger l'étude. Sec. édit. Paris, Gibus, 1835, in-4 [6 fr.].

AUBIGNOSC [L.-P.-B. d'], ex-directeur de la police à Hambourg pour le nord de l'Empire, et ex-membre de la commission du gouvernement d'Alger.

I. Haute [la] police, ou Police d'état sous le régime constitutionnel; son application spéciale aux départements de l'ouest et du midi de la France, et à la nouvelle possession d'Alger. Appréciation, par un seul fait, de la véracité des Mémoires publiés par M. de Bourrienne, ex-ministre d'état sous la Restauration. Paris, Ferra, 1832, in-8 de 176 p.

Peu de personnes savent que les Mémoires de M. de Bourrienne, à commencer de la feuille neuvième du premier volume, ont été rédigés entièrement par M. de Villemarest qui n'avait pas eu à sa disposition la valeur de trois volumes de notes de M. de Bourrienne.

II. Pétition à la chambre des députés, tendant à provoquer la mise en accusation de MM. le maréchal Soult et le comte de Montalivet. Paris, de l'imp. de Ducessois, 1833, in-4 de 8 pag.

III. Développement de la pétition déposée à la chambre des députés, sous le nº 81, tendant à provoquer la mise en accusation de MM. le maréchal Soult et le comte de Montalivet. Paris, de l'impr. de Ducessois, 1833, in-8 de 80 pag.

IV. Alger. Nouveau système d'occupation et d'exploitation, réduction des dépenses d'Alger pour 1836, à 15,000,000, et de l'effectif des hommes à 14,000. Paris, de l'impr. de Ducessois, 1835, in-4 de 20 pag.

V. Lettre sur Alger, sa détresse, et l'urgence d'un remaniement total dans son régime administratif. A MM. les députés. Paris, de l'impr. de Ducessois, 1836, in-4 de 20 pag.

VI. Alger. De son occupation depuis la conquête, en 1830, jusqu'au moment actuel. Appel au public impartial. Paris, Delaunay, 1836, in-8 de 92 pag. [2 fr.].

VII. Turquie [la] nouvelle jugée au point où l'ont amenée les réformes du sultan Mahmoud. Paris, Delloye, 1839, 2 vol. in-8 [15 fr.].

Quatre longs fragments de cet ouvrage ont d'abord paru dans le « Constitutionnel » en avril et mai de la même année.

AUBIGNY [d'], auteur dramatique. Voy. BAUDOUIN D'AUBIGNY.

AUBIN ROUCOU [J.]. — Récréations d'un jeune poëte. Toulouse, de l'impr. de Vieusseux, 1827, in-8 de 80 pag.

AUBOIN [Stéphane], docteur en médecine de la Faculté de Paris.

I. Exposition d'une nouvelle méthode descriptive pour faciliter l'étude de l'anatomie appliquée spécialement à l'ostéologie, et coordonnée suivant les préceptes des auteurs classiques les plus modernes, ouvrage lu à la Société philomatique de Paris, le 9 juillet 1825. Paris, Béchet jeune, 1825, in-8 de 28 pag.

Cette brochure n'a pas été destinée au commerce.

II. Dictionnaire [nouv.] portatif des termes techniques et usuels de médecine et de chirurgie, auxquels on a joint tous les termes employés dans les sciences accessoires, et spécialement ceux de physique, de chimie, d'histoire naturelle, de botanique, d'anatomie et de médecine vétérinaire; contenant la définition, l'étymologie, les diverses acceptions, l'origine ou la source de chaque mot, les synonymies latine et grecque, avec la description succincte des principaux sujets scientifiques qui s'y rattachent; ouvrage publié sur le plan des Dictionnaires publiés par MM. Nysten, Béclard, Chomel, Cloquet, Orfila, Bégin, Boisseau, Jourdan, etc., d'après l'état actuel de ces sciences et leurs progrès récents. Paris, Vieilh de Boisjolin, 1831, 2 vol. in-16 [6 fr.]; ou, avec un nouveau titre, Paris, Méquignon-Marvis, 1832, in-16, impr. sur pap. coquille collé [7 fr. 50 c.].

III. Faune des enfants. Paris, Masson et Yonnet, 1831, 5 vol. in-18, avec 20 planches.

Ces cinq volumes sont ainsi distribués :

Tome Ier : *Mammalogie*, ou Traité des mammifères, contenant leur classification méthodique, leurs caractères, leurs mœurs, la description des familles, des genres et des principales espèces, précédé d'une Introduction à l'histoire des animaux et d'une Exposition générale de la classe des mammifères. Un vol., avec 4 planches.

Tome II : *Ornithologie*, ou Traité des oiseaux, etc., etc. Un vol., avec 4 planches.

Tome III : *Erpétologie* et *Ichtiologie*, ou Traité des reptiles et des poissons, etc., etc. Un vol., avec 4 planches.

Tomes IV et V : *Entomologie*, ou Traité des insectes, etc., etc. 2 vol. in-18, avec 8 planches.

AUBOIN [Isid.]. — Bella-Union; Destruction récente des Indiens Guaranis et Charruas. [Revue des Deux-Mondes, tom. XX, 1834].

AUBRÉ [ ], ancien employé des finances.

— * Economies dans l'administration. Remplacement des droits sur les boissons, et Suppression des receveurs généraux; par M. A***. Paris, de l'impr. d'Everat, 1830, in-8 de 88 pag.

AUBRY [J.-F.], ex-oratorien. — Méthode pour l'enseignement des langues, appliquée à la langue latine. Versailles, de l'impr. de Vitry, 1827, in-8 de 12 p.

AUBRY [C.]. — Observations sur l'abrogation des articles 12 et 13, section III, titre 1er du décret du 12 mai 1793. Strasbourg, Levrault, 1828, in-8 de 20 pag.

M. C. Aubry est aussi, en société avec M. Rau, le réviseur et l'augmentateur de la traduction du Cours du droit civil français de M. *E.-S. Zacharie*, professeur à l'université d'Heidelberg [1838].

AUBRY [François-Dominique]. — Festin [le] du parrain, ou l'Ombre de maître Adam chez l'auteur du Délassement de la forge. Nîmes, de l'impr. de veuve Gaude, 1829, in-12, avec 1 grav.

AUBRY [Ch.], professeur de dessin à l'école royale de cavalerie de Saumur.

— Histoire pittoresque de l'équitation ancienne et moderne. Paris, Motte, 1834, in-fol. de 4 pag. et 22 lithographies [48 fr.].

M. Aubry est aussi l'auteur des dessins des « Esquisses historiques et pittoresques de l'armée française », par J. Ambert [Voy. ce nom], de Chasses pittoresques, et autres suites de dessins; mais qui, n'étant point accompagnés de texte, ne peuvent point être indiqués par nous.

AUBRY [B.]. — Fragments épiques. Étude. Paris, Vimont; Melun, Thomas, 1835, in-8 de 32 pag.

Les sujets de ces fragments sont : *Ruines d'un temple; — César; — Abeilard; — les Normands; — Messire Bertrand Du Guesclin; — Tombeaux des braves.*

AUBRY, géomètre en chef du cadastre du département de Tarn-et-Garonne.

I. Notes sur quelques questions relatives à la conservation cadastrale et sur les améliorations à apporter dans la levée des plans. Montauban, de l'impr. de Crosilhes, 1837, in-8 de 34 pag.

II. De la révision et de la conservation de l'opération cadastrale. Montauban, de l'impr. de Lapie-Fontanel, 1839, in-8 de 28 pag.

AUBUISSON DE VOISINS [J.-F. d'], ingénieur en chef au corps royal des mines. [Voy. la *France littér.*, tom. Ier, p. 116].

I. Traité de géognosie, ou Exposé des connaissances actuelles sur la constitution physique et minérale du globe terrestre. Sec. édit., continuée par M. *Améd. Burat*. Strasbourg et Paris, Levrault, 1828, 3 vol. in-8 [25 fr.].

Le premier volume de cette édition a été publié par M. d'Aubuisson de Voisins, et les deux autres par M. Burat. La première édition du « Traité de géognosie, » publiée en 1819, ne forme que 2 vol.

II. Traité du mouvement de l'eau dans les tuyaux de conduite. Strasbourg, Levrault, 1827, in-8 de 52 pag. — Sec. édit., revue et augm. Strasbourg et Paris, Levrault, 1837, in-8 de 72 pag. [1 fr. 50 c.].

III. Traité d'hydraulique, à l'usage des ingénieurs. Strasbourg et Paris, Levrault, 1834, in-8, avec 4 planches [9 fr.].

AUBURTIN [J.-D.-V.], de Sainte-Barbe, ancien capitaine quartier-maître.

I. * Epître à la chambre des députés de 1829; par A***, de Sainte-Barbe. Paris, Breauté, 1829, in-8 de 16 pag.

II. * Carillon (le) patriotique. Aux électeurs de France. [En vers]. Paris, de l'impr. de Lacrampe, 1830, in-8 de 24 pag.

III. * Ode, à la députation de la garde nationale de Metz, allant à Paris pour recevoir les drapeaux des mains du Roi.....

IV. Bertrands [les] à Paris, ou les Marrons tirés du feu. Metz, Juge, 1832, in-8 de 16 pag.

Dialogue en vers, publié sous le pseudon. de RATON DE SAINTE-BARBE.

V. Fragments sur une nouvelle théorie de l'univers. [En vers et en prose]. Paris, les march. de nouv., 1835, in-8 de 61 pag. [2 fr.].

A la fin d'un des opuscules que nous venons de citer, on trouve une liste des ouvrages inédits de l'auteur, qui se composent de tragédies, drames, opéras, comédies [au nombre de six], de poëmes, odes, satires, épigrammes et madrigaux. Ces divers ouvrages sont 1° en théâtre : *Pierre-le-Grand, ou la Mort du prince Alexis*, tragédie en 5 actes et en vers; *la Mort de Louis XVI*, drame en 5 actes et en vers; *Giaffard le Barmécide*, opéra en 3 actes; *le Salon de Larive*, comédie en un acte et en vers; *la Vente judiciaire, ou Me Bourguignon*, comédie en 5 actes et en vers; — 2° En poésie: *le Palais de la chicane, ou Malplaquet*, poëme burlo-satiri-calembouri-héroï-comique en XII chants; *les Funérailles du duc de Larochefoucauld-Liancourt*, pair de France; *le Ministère suisse, ou la Sainte-Alliance; le Masque jeté*, satire politique; *les Missionnaires*, satire; *la Loge du triple accord*, satire; *Ode*, à Bourmont; *l'Hercule français, ou les Barricades de Juillet* 1830; *Samos*, ode, dédiée aux Hellènes; *le Soldat qui se venge d'un ministre; Epigrammes et madrigaux; Essai sur l'honneur*, aux députés de 1832.

AUBUSSON [d']. Voy. LA FEUILLADE D'AUBUSSON.

AUCEL [l'abbé]. — Recueil des circulaires, mandements, etc., de Mgr *Arbaud*, évêque, etc., précédé d'un Aperçu sur les traditions religieuses de cette église [de Sisteron], et d'une Notice sur chacun des évêques qui l'ont gouvernée jusqu'à ce jour. Gap, Allier, 1839, in-8 de 424 p., avec un portrait.

AUDEBEZ [J.-Joel], pasteur à Paris, ancien pasteur de l'église réformée de Nérac. [Voy. la *France littér.*, tom. Ier, p. 119].

I. Jésus le conseiller, sermon. Paris, Risler, 1833, in-8 de 24 pag. [60 c.]

II. Jésus l'admirable, sermon sur Esaïe, IX, 5. Paris, Risler, 1833, in-8 de 24 pag.

Réimprimé, dans la même année, sous le titre de *Jésus l'admirable*.

Ces trois sermons ont encore été imprimés dans le volume intitulé l'*Enfant de la prophétie*.

III. Jésus le Dieu fort et puissant, sermon sur Esaïe. IX, 5. Paris, J.-J. Risler. — Genève, Mme Suz. Guers, 1833, in-8 de 24 pag. [60 c.].

Cet opuscule est paginé de 49 à 72, comme continuant la pagination des deux sermons précédents.

IV. Cène [la] du Seigneur. Deux sermons sur Ire aux Corinth. XI, 23-29, prêchés, le premier le 7, le second le 21 décembre 1834, à l'occasion de la communion célébrée, pour la première fois, dans la chapelle Taitbout, à Paris. Paris, Risler, 1835, in-8 de 40 pag.

V. Enfant [l'] de la prophétie, ou l'Agneau de Dieu qui ôte le péché du monde. Six sermons : cinq sur Esaïe, IX, 5; un sur Jean, I, 29. Paris, Risler. — Genève, Mme S. Guers, 1837, in-8 de 140 pag. [2 fr. 50 c.]

VI. Sermons sur divers textes de l'ancien et du nouveau Testament, dédiés à l'église chrétienne réformée de Nérac. Paris, J.-J. Risler. — Genève, Suz. Guers, 1837, in-8 de 383 pag. [5 fr.].

VII. Lettre à M. Pouget, curé de Nérac, vicaire-général et chanoine d'Agen, en réponse à sa seconde lettre, adressée aux fidèles de son arrondissement. Agen et Nérac, l'Auteur, 1826, in-8 de 64 pag. [75 c.].

Cette lettre traite particulièrement, 1° de l'interprétation de l'Ecriture sainte, ou opposition au système de l'église romaine; de la vocation, de l'ordination et de la mission des pasteurs protestants, contre les prétentions de la même église.

AUDEBRAND [Philibert], littérateur.

C'est la liste des membres de la Société des gens de lettres qui nous fait connaître le nom de ce littérateur. Du reste l'on n'a jusqu'à ce jour aucun livre de M. Audebrand. Sous les pseudonymes d'*Eugène Daverнay*, de *Jules Manzoni* et d'*Evariste de Saint-Amand*, il a fourni et fournit encore des feuilletons littéraires à plusieurs journaux de la capitale; tôt ou tard, nous en verrons paraître si non la réunion au moins un choix.

AUDENELLE [Jean], préposé des douanes, né à Thionville, le 10 février 1797.

— Essai statistique sur les frontières nord-est de la France. Metz, Hadamard, 1827, in-8 de 366 pag. [6 fr. 50 c.].

L'Auteur a coopéré au « Journal des sciences militaires des armées de terre et de mer.»

AUDIBERT. [Voy. la *France littér.*, pag. 119].

— Eloge du duc d'Enghien, discours qui a obtenu un prix d'éloquence à la

Société royale des bonnes-lettres, séance du 31 mai 1827. Paris, Trouvé, 1827, in-8 de 60 pag.

AUDIBERT [Maxime-Joseph-Jérôme], directeur des écoles d'industrie de la Société de bienfaisance de Marseille, ancien maître de pension.

I. Syllabaire français. Marseille, de l'impr. de feue veuve Bertrand, 1828, in-16 de 32 pag.

II. Alphabet des alphabets, ou nouvelle Méthode de lecture simplifiée, contenant les vrais principes de la lecture et de la prononciation, puisés dans les auteurs les plus estimés; applicable à tous les modes d'enseignement. Marseille, rue Neuve, nº 22; l'Auteur, rue de Berri, nº 1, 1831, in-8 de 120 pag. — Deuxième édit., augmentée de notes, sous ce titre : Alphabet des alphabets, ou, etc.; suivi du Livre de lecture pour la première enfance, ou Choix de pièces de lecture propres à amuser et à instruire les enfants, et à former leur cœur à la vertu; méthode applicable à tous les modes d'enseignement, et mise en usage dans un grand nombre d'établissements. Paris, L. Hachette; L. Colas; et Marseille, aux écoles d'industrie, déc. 1832, in-8.

III. Livre de Lecture pour la première enfance, ou Choix de pièces de lecture propres à amuser et à instruire les enfants et à former leur cœur à la vertu, tirées de Berquin et autres auteurs; précédé d'un petit Traité sur la liaison des mots; à l'usage de toutes les écoles, quelle que soit la méthode de lecture qu'on y suive. Marseille, 1831, gr. in-8 [60 c.]. — IVᵉ édit., revue et augm. Marseille, l'Auteur; et Paris, Hachette; L. Colas, 1838, in-12 de 72 pag.

IV. Abrégé de l'Alphabet des alphabets, ou nouvelle Méthode de lecture simplifiée, contenant les vrais principes de la lecture et la partie la plus essentielle du Traité de prononciation; suivi du Livre de lecture pour la première enfance, ou Choix de pièces de lecture propres à amuser et à instruire les enfants et à former leur cœur à la vertu; méthode applicable à tous les modes d'enseignement et mise en usage dans un grand nombre d'établissements. Paris, L. Hachette; L. Colas, nov. 1832, in-8 de 80 pag. [60 c.].

V. Tableaux [douze) élémentaires de lecture, contenant les vrais principes de la lecture et la partie la plus essentielle du Traité de prononciation, adoptés par le comité d'instruction primaire du premier arrondissement des Bouches-du-Rhône pour l'école-modèle de Marseille, et mis en usage dans un grand nombre d'autres établissements. Marseille, in-fol. [3 fr.].

VI. Traité de mnémotechnie générale, ou l'Art d'aider la mémoire, appliqué à toutes les sciences. Deuxième édition. Paris, Ebrard, 1839, in-18, avec 8 planch. [5 fr. 50 c.].

AUDIBERT [Auguste], littérateur; mort poitrinaire, et jeune, vers 1835.

I. Papillotes [les], scènes de tête, de cœur et d'épigastre. Paris, Hip. Souverain, 1831, in-8, avec portrait [7 fr. 50 c.].

Publiées sous le pseudonyme de JEAN-LOUIS.

C'est la réunion d'assez courts, mais nombreux morceaux de littérature qui avaient paru dans la « Caricature » et peut-être ailleurs. L'auteur les a classés en neuf sections : I. Mœurs de convention. II. Mœurs politiques. III. Battements de cœur. IV. Fatalités. V. Mœurs ecclésiastiques. VI. Mœurs d'artistes. VII. Mœurs populaires. VIII. Silhouettes. IX. Florentine.

II. Histoire et Roman. Paris, Dufey, 1834, in-8.

Ce volume, qui renferme d'excellentes choses, n'a pourtant obtenu qu'un très-médiocre succès; et cela, parce que, ainsi que les « Papillotes » que nous venons de citer, c'est la réunion d'articles qu'on connaissait déjà. Il a été reproduit, en 1838, sous le titre suivant : *Mélanges de littérature et d'histoire*. Paris, Proux; Bohaire.

Les journalistes, induits en erreur par le nouveau frontispice, ont considéré ce volume comme une publication de quatre années plus récente qu'elle ne l'est de fait, et ont parlé du livre de feu Audibert.

M. Louis Alloury a, dans le feuilleton du « Journal des Débats » des 20 et 21 mai 1839, rendu compte de cet ouvrage : il fait l'éloge de deux morceaux historiques qui se trouvent dans ce volume : le premier, intitulé *le Cardinal de Retz*, et le second *sur le Règne de Louis XI*.

M. A. Leclerc, dans des Études littéraires qu'il publie dans la « Revue du XIXᵉ siècle, » a rendu compte, dans le t. V de la seconde série de ce recueil, du volume de feu Audibert, et voici le résumé qu'il en fait :

« M. Audibert s'est fait l'historien de deux des plus grandes figures de nos annales : le cardinal de Retz et Louis XI. Sous l'apparence modeste d'un simple portrait historique, l'auteur, dans le *Cardinal de Retz*, a écrit l'histoire complète, animée de la Fronde et de tous les personnages qui y prirent une part. Ce n'est pas seulement l'étude et l'appréciation d'un simple caractère, c'est la peinture de toute une époque, époque souvent embrouillée et confuse, même avec les Mémoires que nous a laissés le cardinal. Le caractère de Louis XI, si souvent entrepris par les historiens et si souvent mal fait, il faut le dire, nous a semblé sous la plume de M. Audibert une page historique des plus intéressantes, faite avec une grande conscience et largement écrite. Les faits de la vie de Louis XI nous apparaissent sous un jour plus vrai que celui qu'on s'est plu constamment à nous montrer, depuis l'Écossais Walter-Scott, jusqu'au romancier Victor Hugo. C'est ainsi qu'on a toujours représenté Louis XI comme un prince burlesquement cruel, jouant une hypocrite comédie en faisant tomber des têtes, portant à son bonnet l'image en plomb de la Vierge *sa petite maîtresse*, toujours un genou en terre, balbutiant des *Pater noster*, ou la main dans celle de son Tristan, en conversation familière d'arrêts de mort et d'exécutions avec son compère. Tout ceci n'est qu'un coin du tableau, que le côté grotesque du portrait; il y a encore dans Louis XI un autre homme, il y a encore le Dauphin, le preux chevalier, le prince lettré, le beau soldat, le profond diplomate, en même temps qu'il y a le mauvais fils, le hardi rebelle, le fauteur de troubles; et c'est sous cette double face que l'a envisagé M. Audibert.

« La seconde partie des Mélanges de littérature et d'histoire contient les entretiens de l'auteur avec Talma. On sait que l'illustre tragédien, pour se reposer des soins et des fatigues du théâtre, s'amusait à relever l'ancien château des marquis de Brunoy, et passait son temps à aligner des allées d'arbres ou à refaire la symétrie de son parc. C'est sous ces arbres et dans ces occupations que l'auteur le trouvait quand il allait le visiter; et alors, sous les ombrages de Brunoy, commençait entre eux un de ces entretiens si amusants, si variés, si spirituels, que M. Audibert nous a transmis. Talma n'avait rien de caché pour son interlocuteur, il l'initiait à toutes ses pensées sur l'art dramatique, à toutes les réformes qu'il méditait pour l'art du comédien et à toutes celles qu'il avait déjà introduites. Cette partie des entretiens de Talma est un traité spécial et complet à l'usage de MM. les comédiens. Une autre fois, il lui racontait ces piquantes anecdotes sur l'Empereur, qui fut toujours un héros pour Talma, lors même qu'il a pu, comme son valet de chambre, le voir en déshabillé; d'autres fois enfin l'entretien roulait sur lui-même, sur ses goûts, sur ses désirs, sur toutes les mille petites choses qui composaient l'intérieur de sa vie, et ces causeries promptes, originales, s'élançaient en spirituelles saillies, ou, tombant dans le cœur d'un ami comme de douces et naïves confidences, faisaient admirablement connaître le caractère, la bonté et toutes les qualités du cœur et de l'esprit de Talma.

« Quelques traductions terminent le volume: le *Prisonnier de Chillon*, et le quatrième chant de la *Jérusalem délivrée*, nous semblent traduits avec un grand bonheur. Mais le plaisir que nous a fait cette lecture ne nous a pas empêché de regretter que l'auteur consacrât son talent à des œuvres de si courte haleine; car nous nous sommes dit, et tout le monde le dira comme nous, que l'auteur du *Cardinal de Retz* et de *Louis XI*, du jour où il voudra se donner à écrire l'histoire, peut prétendre à une des premières places parmi nos historiens; que l'auteur de l'*Officier de Culloden*, du *Divorce* et du *Marchand de Zamora* peut, quand il voudra faire des romans, disputer la première place à nos plus illustres romanciers (*); et enfin que celui qui a traduit les fragments du Tasse, de Byron et de Tacite que nous trouvons dans *les Mélanges de littérature et d'histoire*, peut devenir un de nos plus habiles et de nos plus heureux traducteurs. M. Audibert n'a qu'à choisir. »

Aug. Audibert a été, après Balzac, le rédacteur en chef du journal la « Caricature; » plus tard il fonda la « Silhouette. »

AUDIBERT, de Vins [Var]. — Description du forceps indicateur, ou l'Instrument mousse, présentant sur ses branches, d'une manière claire et précise, un petit manuel d'accouchement anormal. Paris, Just Rouvier, 1835, in-8 de 56 pag., avec 2 planches [1 fr. 50 c.].

AUDIBERT [Nestor]. — Table des heures de pleine mer à Calais, établie pour le matin et le soir de chaque jour de 1836. Calais, Leleux, 1836, in-12 de 12 pag. — Idem, pour l'année 1838. [En français et en anglais]. Calais, Leleux, 1838, in-12 de 12 pag.

AUDIBERT-CAILLE [le doct. J.-M.], ex-médecin à Brignolles. [Voy. la *France littér.*, tom. Ier, p. 120].

I. Lettre de félicitation sur l'opération de la pierre, d'après le procédé de l'immortel Civiale, adressée à M. Nestor Ruy, docteur en médecine à Belgentier [Var]. Brignolles, de l'impr. de Perreymond-Dufort, 1830, in-4 de 4 pag.

II. Notice biographique sur M. E. Perrolle, doct. en médecine, etc. Grasse, de l'impr. de Dufort aîné, 1831, in-8 de 24 pag.

AUDIBERT-LEDUC [Louis-Charles], aujourd'hui capitaine au 56e régiment d'infanterie de ligne.

(*) M. Eusèbe G***** [Girault, de Saint-Fargeau], dans sa « Revue des romans » parle de plusieurs autres nouvelles qui font partie de ce volume que nous n'avons pu voir. Ainsi, dit-il, dans *la Bataille d'Hongues-Down*, M. Audibert décrit la victoire remportée sur les Danois par Egbert, fondateur du royaume d'Angleterre; les événements qui précédèrent la bataille et qui en furent le résultat sont racontés avec précision. — *Bed-Kaudir* est un conte oriental plein de couleur et de sensibilité. — Dans l'*Ormeau*, l'auteur a retracé une de ces luttes de galanterie si fréquentes au moyen-âge. Henri III, en présence de la reine Marguerite, a décoché une épigramme contre la fidélité des femmes, à laquelle Marguerite a répondu par la contre-partie de cette épigramme. Les deux adversaires consentent à porter ce combat tout poétique dans la réalité: une aventure propice s'est offerte, et son dénoûment apprendra lequel de Henri ou de Marguerite sera vainqueur. C'est Marguerite qui l'emporte.

I. Huningue. Ode [sur l'héroïque défense de cette forteresse, pendant l'invasion de 1814], offerte aux braves Alsaciens par un soldat de l'ex-garde impériale, suivie de Notes historiques et du Chansonnier des camps]. Belfort, de l'impr. de Clerc, 1832, in-8 de 64 p. [1 fr. 50 c.].

Ce que nous donnons entre parenthèses se lit sur la couverture en plus que sur le titre. En tête de l'Ode est une notice biographique sur l'Auteur, qui ne donne ni le lieu ni la date de sa naissance.

II. Ordonnance anticipée. [Facétie]. Belfort, de l'impr. de Clerc, 1832, in-8 de 4 pag.

III. Communication au gouvernement français d'une missive adressée au sieur Gisquet, député, ex-préfet de police de la Seine. Bayonne, de l'impr. de Duhart-Fauvet, 1838, in-8 de 48 p.

En prose. Est suivie d'une *Épître* [en vers] à *S. M. Louis-Philippe, roi des Français, à l'occasion de démonstrations captieuses portées par la police contre les officiers de la garnison.*

IV. Réfutation des imputations de trahison portées contre le lieutenant-général Raphaël Maroto, ou Réponse préalable aux chimères et aux calomnies débitées, tant par les ojalateros que par le fourbe jésuite Casares, contre le chef de l'armée et les hommes de l'armée généreux qui ont participé à la pacification des provinces basques. Bayonne, de l'impr. de Lamaignière, 1839, in-8 de 48 pag.

L'Auteur a pris sur cet écrit le titre de soldat philantrope, spectateur des événements.

AUDIBRAN [Joseph], chirurgien-dentiste, à Paris. [Voy. la *France littér.*, tom. Ier, p. 121].

— Un Mot sur la réfutation du sieur Dubois-Chemant, dentiste, au sujet de quelques réflexions qui furent publiées lors du procès qu'il perdit contre le lord comte de Bridgewater. Paris, le concierge de l'Auteur, 1827, in-4 de 8 pag.

AUDIERNE [l'abbé]. — Notice historique sur la cathédrale de Saint-Front de Périgueux. Paris, de l'impr. de Dupont, 1839, in-8 de 20 pag., avec une planche.

AUDIFFRET [Pierre-Hyacinthe-Jacq.-J.-B.]. [Voy. la *France littér.*, t. Ier, p. 120].

— Saint-Charles [la] et la Saint-Louis, dissertation historique et critique qui peut-être n'en est pas une; enrichie de notes, etc.; par *H. Feutardif*, membre obscur de plusieurs académies, collaborateur de... etc., et de... etc., auteur de plusieurs ouvrages qui n'ont jamais vu le jour. Paris, Delaforest, 1825, in-8 de 32 pag. [1 fr.].

Feutardif, anagramme du nom Audiffret, est le masque sous lequel l'auteur s'est caché.

Cet opuscule n'est point une adulation fade pour la fête de Charles X, mais une critique du caractère léger des Français qui fêtent et négligent tour à tour les saints comme les rois.

A la liste des ouvrages auxquels M. Audiffret a coopéré, cités par la *France littéraire*, il faut ajouter encore : I. Le Dictionnaire de la conversation dont il a été, dès l'origine, l'un des principaux auteurs, et auquel il a fourni un très-grand nombre d'articles relatifs à l'histoire des théâtres en France, à la biographie et à l'histoire orientale, et d'articles de genre, tels que : *Académie royale de Musique*, *Arlequin*, *Aureng-Zeyb*, *Avignon*, *Bagdad*, *Bureau d'esprit*, *Chaussée-d'Antin*, *Clairon*, *Comédie italienne*, *Dehly*, *Dekkan*, *Duchesnois*, *Dumesnil*, *Théâtres Feydeau* et *de la Foire*, *Remusat* [Abel], *Silvestre de Sacy*, *les Vestris*, *Wahabis*. II. L'Encyclopédie des gens du monde, pour laquelle il a écrit entre autres articles, les suivants : *Egypte moderne*, *Elleviou*, *Gazneride*s, *Géorgie*; *etc.* III. L'Encyclopédie catholique, à laquelle il a fourni les articles : *Abbassides*, *Afrique* [histoire] et *Agiotage*. IV. Enfin, le Supplément à la Biographie universelle de Michaud, dans lequel on a déjà remarqué de M. Audiffret les Notices sur *Abdallah*, dernier prince des Wahabis; *Cailhava*, *Candeille* [Simons], *Hussein pacha*, grand-amiral sous Selim III. V. A. S.

AUDIFFRET [le vicomte d']. — Examen des revenus publics. Paris, de l'impr. de Crapelet. — Dufart, 1839, in-8 de 148 pag., plus un tableau [3 fr.].

AUDIGANNE, avocat. — * M. Guizot. Paris, typogr. de F. Didot frères, 1838, in-8 de 23 pag. [1 fr. 50 c.].

Brochure apologétique.

M. Audiganne est l'un des rédacteurs de la « Revue administrative; » le tome II de ce recueil renferme de lui deux articles sur l'ouvrage de M. de Gérando, intitulé : « De la Bienfaisance publique. »

AUDIGER [G.]. — Souvenirs et Anecdotes sur les comités révolutionnaires [1793-1795]. Paris, rue du Coq, n° 11; Delaunay, 1831, in-8.

Reproduit l'année suivante avec un nouveau titre, portant : *Sec. édit.*

AUDIGNIER. — Coup-d'œil sur l'influence de la cuisine et sur les ouvrages de M. Carême. Paris, Levavasseur, 1830, in-8 de 24 pag. [1 fr.].

AUDIN [J.-M.-V.], homme de lettres et libraire. [Voy. la *France littér.*, tom. Ier, p. 121].

M. Audin, sous le nom de *Richard*, a été l'arrangeur et l'augmentateur de la plus grande partie des «Guides des voyageurs» dans toutes les parties de l'Europe, et entre autres de ceux de l'Allemand Reichard, dont il a francisé le nom par celui de Richard, pour mieux cacher ses contrefaçons, et de ceux de Mariana Starke et autres auteurs.

— Histoire de la vie, des écrits et des doctrines de Martin Luther. Paris, Maison; Vaton, 1839, 2 vol. in-8, avec deux portraits [15 fr.].

Depuis quelques années, Martin Luther est en France le sujet d'études historiques. En 1834, il a paru des « Mémoires de Luther écrits par lui-même, » traduits et mis en ordre par M. Michelet, précédés d'un Essai sur l'histoire de la religion, et suivis des biographies de Wicleff, Jean Huss, Erasme, Mélanchton, Hutten, et autres prédécesseurs et contemporains de Luther. [Paris, Hachette, 3 vol. in-8]. Dans le mois de mars dernier M. Barginet nous a donné, sous le titre de *Martin Luther*, 1505-1546 [Paris, J. Laisné, 2 vol. in-8], un roman plus ou moins historique. Voici venir à présent M. J.-M.-V. Audin, anc. libraire, écrivain très-monarchique, auteur de plusieurs ouvrages, de genres bien opposés, et entre autres d'une Histoire de la Saint-Barthélemy.

Le livre de M. Audin « n'est point un roman, « mais une histoire catholique, c'est-à-dire « impartiale, du réformateur. L'écrivain, pour « en rassembler les matériaux, a compulsé les « archives du Vatican, les Bibliothèques de Flo- « rence et de Bologne, les collections de Stras- « bourg, Lyon, Mayence, Cologne, Wittemberg, « et les pamphlets du temps, allemands et la- « tins. C'est le tableau des causes, des progrès, « des influences de la réforme ; la vie réelle de « Luther, ses combats de parole, son duel avec « l'autorité, ses luttes contre la papauté, ses « écrits théologiques et littéraires, ses amitiés « et ses colères, et jusqu'à son intérieur de « ménage que l'auteur s'est attaché à repro- « duire. Ses autorités sont indiquées scrupu- « leusement, et les textes dont il appuie ses « opinions, cités dans la langue originale. La « réforme ne se joua pas seulement en Alle- « magne, mais en Italie, et l'historien a voulu « décrire le mouvement intellectuel des deux « nations à cette époque. » Cette note, nous le garantissons, est de M. Audin ; ainsi vous savez, lecteurs, qu'aux yeux de l'auteur de ce livre, le grand événement de la réformation ne fut qu'un jeu. [*Revue bibliogr.*, 15 juin 1839.]

L'ouvrage de M. Audin doit être lu avec beaucoup de précaution. Outre que sa manière d'écrire offre le vice de l'époque [le genre romantique], on y trouve des citations de la nature la plus indécente, des jugements hasardés, des faits démentis par l'histoire, etc. [*Journ. hist. et littér. de Liége*, février 1840.]

AUDIN-ROUVIÈRE [Joseph-Marie], médecin. [Voy. la *France littér.*, t. Ier, p. 121]. Ajoutez : Mort à Paris, le 21 avril 1832.

AUDINET [E.], à Poitiers. — I. Prosodie latine, ou Règles de la quantité et de la versification. Poitiers, Fradet, 1838, in-12 de 96 pag.

II. Prosodie latine élémentaire, ou Règles de la quantité et de la versification latines. Poitiers, Fradet, 1838, in-12 de 60 pag.

III. Quantité latine, ou Règles de la quantité des voyelles et des syllabes latines. Poitiers, Fradet, 1838, in-12 de 36 pag.

AUDINET-SERVILLE [J.-G.], naturaliste, membre des sociétés entomologique et d'histoire naturelle de Paris, et de celle des naturalistes de Moscou.

— Histoire naturelle des insectes. Orthoptères. Paris, Roret, 1838, in-8, avec un cahier de 14 planches in-8, fig. noires [9 fr. 50 c.], et avec les fig. color. [12 fr. 50 c.].

On a encore de M. Audinet-Serville des *Notices* dans divers recueils scientifiques, et des *Mémoires* dans les Annales de la Société entomologique.

AUDOIR. — Géométrie pratique, suivie de l'Art du lever des plans et du nivellement, d'après les méthodes employées dans les opérations cadastrales, etc., etc. Argenteuil, Berrier, 1837, in-8 avec 12 planches [5 fr.].

AUDOT [Louis-Eustache], libraire, à Paris. [Voy. la *France littér.*, tom. Ier, p. 122]. Lisez : Né le 26 février 1783, au lieu de 1782.

— Sur les projets de loi relatifs à la poste aux lettres et à la liberté de la presse. Paris, de l'impr. de Pihan-Delaforest, 1827, in-8 de 4 pag.

La *Cuisinière de la campagne et de la ville*, etc., citée par la *France littér.*, a obtenu une 23e édition en 1835.

Cet éditeur laborieux a publié plus de 150 ouvrages [la plupart sur les sciences usuelles] pour lesquels il a fort souvent réuni les matériaux et indiqué le plan. Il s'est distingué par la publication de beaux ouvrages à figures, et c'est lui qui, le premier, les a mis à des prix inférieurs. M. Audot a visité l'Italie en amateur; rien de ce que contient d'intéressant ce pays des souvenirs et de la plus riche nature n'a échappé à son investigation. Il a recueilli plus de trois mille gravures inconnues en France, de vues et de scènes de mœurs; il en a fait dessiner beaucoup, et de là est résulté l'ouvrage qu'il a publié sous le titre de l'*Italie, la Sicile et les îles Eoliennes*, etc., en 7 vol. in-4. Cet ouvrage a été rédigé d'après l'ordre qu'il a indiqué et les nombreuses notes et corrections qu'il a fournies. D'immenses recherches l'ont mis à même de donner l'ensemble nécessaire au *Musée de peinture et de sculpture*, dont la rédaction est due à M. Duchesne aîné, et la gravure à M. Réveil. C'est encore lui qui a fait toutes les recherches sur l'Histoire des monuments de sculpture de Jean Goujon dont il a publié l'œuvre. Le *Langage des fleurs*, publié sous le pseudonyme de Mme Charlotte de la Tour, lui doit de longues recherches historiques et littéraires.

il rédige depuis 1837 la *Revue horticole*. Le *Bon jardinier* doit chaque année à son zèle actif de nombreuses améliorations. Sous la désignation d'un *Amateur des jardins*, il a rédigé la Ve édition du *Traité de la composition et de l'ornement des jardins*. Les plans des jardins sont de lui. Son goût pour l'horticulture lui donne les moyens de faire un bon choix de plantes pour la IIe série de l'*Herbier de l'amateur*, qu'il publie, et d'indiquer souvent leur histoire et leur culture.

AUDOUARD [Math.-F.-Maxence], D. M. [Voy. la *France littér.*, tom. Ier, p. 122.]

I. Discours sur la fièvre jaune, à l'occasion des documents de M. le docteur Chervin sur cette maladie, et du rapport auquel ils ont donné lieu à l'Académie royale de médecine de Paris, le 15 mai 1827. Paris, de l'impr. de Crapelet, 1827, in-8 de 40 pag.

Extrait du « Journal général de médecine. »

II. Histoire du cholera-morbus qui a régné dans l'armée française au nord de l'Afrique et parmi les autres habitants de cette contrée, en 1834 et en 1835. Paris, de l'impr. de Dezauche, 1836, in-8 de 88 pag.

Nous connaissons deux Notices sur le docteur Audouard : celle de la « Biographie universelle et portative des contemporains, » et celle de la « Biographie des hommes du jour, » par MM. Sarrut et Saint-Edme, tome IIIe, 2e partie, pag. 371.

AUDOUIN [Jean-Victor], D. M. [Voy. la *France littér.*, tom. Ier, p. 123]. Ajoutez : Aujourd'hui professeur-administrateur au Muséum d'histoire naturelle, membre de l'Institut [académie des sciences].

I. Avec M. *Milne Edwards* : Résumé d'entomologie ou d'histoire naturelle des animaux articulés ; précédé d'une Introduction historique, et suivi d'une Biographie, d'une Bibliographie et d'un Vocabulaire ; complété par une Iconographie de 48 planches ; par M. H. Milne Edwards. Paris, Bachelier, 1828-29, 2 vol. gr. in-32 [7 fr.], et avec l'Iconographie [10 fr. 50 c.].

Ce petit ouvrage fait partie de « l'Encyclopédie portative. » Le premier volume renferme l'histoire naturelle des annélides, crustacés et arachnides, et le second, l'histoire naturelle des insectes. Cette partie a été imprimée aussi dans le format in-8.

II. Avec *le même* : Recherches pour servir à l'histoire naturelle du littoral de la France, ou Recueil de mémoires sur l'anatomie, la physiologie, la classification et les mœurs des animaux de nos côtes. Voyage à Granville, aux îles Chansey et à Saint-Malo. Tome Ier. Introduction. Paris, Crochard, 1832, grand in-8, avec une carte et 5 planches [17 fr.].

Cet ouvrage devait former 3 vol. grand in-8 qui étaient promis en six livraisons chacune de dix feuilles de texte, et de 7 ou 8 planches gravées et coloriées avec le plus grand soin ; mais il n'en a paru que le volume que nous venons de citer.

III. Histoire naturelle des insectes, traitant de leur organisation et de leurs mœurs en général ; par M. *V. Audouin*, et comprenant leur classification et la description des espèces ; par M. *A. Brullé*. Paris, Pillot, 1834 et années suiv., in-8 [ ]. — Planches, 7 livraisons, chacune de 8 grav.

Cette *Histoire naturelle des insectes* est promise en douze volumes, accompagnés de 240 planches au moins ; sur ce nombre ont été publiés les tomes IV, V, VI [Coléoptères, volumes 1 à 3 ; cette partie doit avoir cinq volumes] et IX [Orthoptères et Hémiptères]. Ces quatre volumes ont été rédigés par M. A. Brullé, d'abord aide-naturaliste au Muséum d'histoire naturelle, aujourd'hui professeur à Dijon. M. Audouin s'est chargé de la partie traitant de l'organisation et des mœurs des insectes, qui doit former les trois premiers vol., mais dont rien n'a paru jusqu'à ce jour. Les planches ont été gravées sur les dessins faits d'après nature par Madame Clémence Pillot, peintre d'histoire naturelle, et femme du libraire-éditeur de cet ouvrage.

Prix de chaque volume de texte, paraissant en deux livraisons [3 fr. 50 c.], et de chaque livraison de planche, en noir [2 fr.], et coloriée [3 fr. 75 c.].

IV. Notice sur les ravages causés dans quelques cantons du Maconnais par la pyrale de la vigne, et sur les moyens qui ont été jugés les plus convenables pour arrêter ce fléau. Paris, de l'impr. de Renouard, 1837, in-8 de 16 p.

V. Considérations nouvelles sur les dégâts occasionés par la pyrale de la vigne, particulièrement dans la commune d'Argenteuil. Paris, de l'impr. de Renouard, 1837, in-8 de 20 pag.

VI. Notice sur les recherches d'entomologie agricole de M. V. Audouin, suivie de la Notice analytique de ses travaux anatomiques, physiologiques et zoologiques [1818-1838]. Paris, de l'impr. de Bachelier, 1838, in-4 de 21 et 22 pag.

AUDOUIN DE GÉRONVAL [Maurice-Ernest]. [Voy. la *France littér.*, t. Ier, p. 124]. Ajoutez : mort à Paris, en 1839.

I. Céline. Paris, Lecointe ; Ladvocat, 1828, in-12 [2 fr. 50 c.]

II. Page [le] du paladin, conte fantastique [1830].

Cité par M. Guyot de Fère, dans sa « Statistique des gens de lettres. » C'est vraisemblablement une nouvelle imprimée dans un journal ou un recueil littéraire.

III. Fille [la] du condamné, Villanelle, à madame Danjou, fille de l'infortuné Lesurques. Paris, de l'impr. de Chassaignon, 1833, in-8 de 4 pag.

AUDRY DE PUYRAVEAU [ ], député de Rochefort.

I. Discours contre la pairie, prononcé à la chambre des députés le 2 octobre 1831. Paris, de l'imp. de Doyen, 1831, in-8 de 8 pag.

II. Lettre, et Discours prononcé le 17 janvier 1832, à l'occasion du budget. Paris, de l'impr. de Mie, 1832, in-8 de 8 pag.

III. Lettre aux rédacteurs de la « Tribune » et du « Courrier français. » Paris, de l'impr. de Mie, 1832, in-8 de 2 pag.

IV. Opinion prononcée, sur le budget des finances, le 26 février 1833. Paris, de l'impr. de Mie, 1833, in-8 de 12 pag.

V. Discours énergiques des citoyens d'Argenson et Audry de Puyraveau, en réponse aux attaques du ministère de Louis-Philippe. Paris, de l'impr. d'Herhan, 1834, in-8 de 8 pag.

Publication du « Populaire. »

VI. Réponse à MM. Branger et Perreau [de Fontenay]. Paris, de l'impr. de Grégoire, 1836, in-4 de 16 pag.

On trouve une Notice sur M. Audry de Puyraveau dans la « Biographie des hommes du jour, » de MM. Sarrut et Saint-Edme, t. II, 1re partie, p. 310.

AUFAUVRE jeune [J.-B.]—Poule [la] au pot de Henri IV, ou le Trésor du petit cultivateur, traité de petite culture pratique, raisonnée et perfectionnée, etc. Clermont-Ferrand, de l'impr. de Thibaud-Landriot, 1829, in-12. — Addition à la Poule au pot de Henri IV, ou Assolements du spéculateur, pour servir de complément à cet ouvrage. Clermont-Ferrand, Thibaud-Landriot, 1829, in-12.

AUFSCHLAGER [Jean-Frédéric], licencié ès-lettres et professeur de littérature latine au Gymnase protestant de Strasbourg; né le 3 décembre 1766 à Kunheim, village du département du Haut-Rhin (*).

I. Dissertatio de theologia Socratis et Xenophontis. Argentorati, Heitz, 1785, in-4.

II. Avec M. *Jonas Boeckel :* Anleitung zur Rechenkunst [Arithmétique usuelle; suivie de Notions élémentaires de géométrie; à l'usage des artisans]. Strasbourg, Heitz, 1810. — IIIe édit. Strasbourg, le même, 1829, in-8.

III. Lectures françaises instructives et amusantes, à l'usage de la jeunesse. Strasbourg, Heitz, 1810. — Ve édit. Ibid., 1834, 2 part. en un vol. in-12.

M. Fréd.-Guill. Edel a publié un petit Dictionnaire français-allemand, contenant les mots les plus usités, et particulièrement ceux qui se trouvent dans les « Lectures françaises, instructives et amusantes, etc. » Sec. édit., rev. et augm. Strasbourg, Heitz, 1821, in-12 de 96 pag.

IV. Principes de la grammaire française, à l'usage des Allemands. IVe édit. [suivie d'un Cours de thèmes d'après les règles grammaticales]. Strasbourg, J.-H. Heitz, 1829, 2 part. in-12.

V. Kurz Abriss der neuesten Erdbeschreibung. [Précis de géographie moderne]. Strasbourg, Heitz, 1816, in-12 de 64 pag.

VI. Lesestücke. [Lectures allemandes en prose, etc.]. Strasbourg, Heitz, 1821, in-12.

VII. Alsace [l']. Nouvelle description historique et topographique des deux départements du Rhin. Strasbourg, Heitz, 1825, 2 vol. in-8, avec cartes et grav. [12 fr.]. — Le même ouvrage, en allemand. Ibid, 1825, 2 v. in-8 [12 fr.].

VIII. Eléments de la grammaire latine. Strasbourg, Heitz, 1826, in-12.

IX. Cours de thèmes latins [en allemand]. Premier et second cours. Strasbourg, Heitz, sans date.

X. Angenehme und lehrreiche ubungsstücke zum ubersetzen aus dem deutschen ins franzosische und zur erlernung einer guter schreibart nach dem besten franzœsicher mustern. [Recueil de thèmes à traduire de l'allemand en français, tirés des classiques français]. Strasbourg, Heitz, in-12.—Nouv. édit. Strasbourg, le même, 1838, in-12.

XI. Auserwæhlte muster der deutschen Literatur. Sammlung aus den

(*) Article de la *France littéraire* refait et complété.

besten deutschen prosaïkern und dichtern zur Bildung des Geistes und Herzens. [Cours de littérature allemande]. Sec. édit. Strasbourg, Heitz, 1826-27, 2 vol. in-12.

XII. Anfangsgründe der Dichterkunst zum gebrauch junger leute, welche Dichter mit verstand und geschmack zu lesen wünschen. [Eléments de la poétique]. Strasbourg, sans date, in-8.

Appendice de l'ouvrage précédent.

XIII. Petit [le] traducteur du français en allemand, ou Choix d'exercices destinés à familiariser les commençants avec l'application des règles grammaticales des deux langues. Strasbourg, 1828, in-12.

Après la révolution de 1830, les ouvrages élémentaires cités dans ces douze numéros ont été adoptés dans un grand nombre d'écoles des deux départements du Rhin, et ont particulièrement contribué à améliorer l'enseignement primaire et à inspirer aux Alsaciens allemands le goût pour l'étude de la langue française, comme ils ont aussi facilité aux jeunes Français l'étude de la langue allemande.

XIV. *Leben Heinrichs IV [Vie de Henri IV]. Strasbourg, Heitz.

XV. Guide des voyageurs le long du Rhin, etc.; par *Aloyse Schreiber*, trad. de l'allemand en français. Heidelberg, Jos. Engelmann, 1831, in-18, avec cartes.

XVI. Texte français, ou Recueil de thèmes à traduire de l'allemand en français. Strasbourg, Heitz, 1837, in-12.

M. Aufschager a, en outre, fourni plusieurs petites dissertations philosophiques au Recueil périodique allemand qui a paru à Strasbourg, en 1821, sous le titre de « Thimotheus, » 4 vol.
V.-A. S.

AUGÉ [Lazare]. Voy. AUGER.

AUGÉ FLEURY. — Quelques observations sur le projet de loi relatif à la police de la presse, en ce qui concerne le libre usage du droit de pétition aux deux chambres. Paris, de l'impr. de F. Didot, 1827, in-8 de 44 pag. [75 c.]. — Premier Supplément à la brochure, intitulée : Quelques observations sur le projet de loi relatif à la police de la presse. Paris, de l'impr. de F. Didot, 1827, in-8 de 8 pag. — Second Supplément à la brochure, intitulée : Quelques observations sur le projet de loi relatif à la police de la presse. Paris, de l'impr. de F. Didot, 1827, in-8 de 32 pag.

AUGER [Louis-Simon], membre de l'Académie française [Voy. la *France littér.*, tom. Ier, pag. 127]. Ajoutez : Auger disparut dans la nuit du 2 au 3 janvier 1829, et ne fut retrouvé que le 15 février suivant à Meulan, noyé : il a été remplacé, comme secrétaire perpétuel de l'Académie française, le 22 janvier de la même année, par M. Andrieux, et, comme académicien, le 20 avril, par M. Etienne.

I. Discours sur la comédie, et Vie de Molière, extraits de l'édition des OEuvres de Molière [1819-25, 9 vol. in-8], avec commentaires. Paris, de l'impr. de F. Didot, 1827, in-8 de 145 pag.

Ce volume, paginé en chiffres arabes, est extrait du Molière publié par L.-S. Auger : il n'a été tiré qu'à un petit nombre d'exemplaires qui n'ont pas été destinés au commerce.

II. Mélanges philosophiques et littéraires. Paris, Ladvocat, 1828, 2 vol. in-8 [15 fr.].

Sous ce titre, l'éditeur de ces deux volumes s'était proposé de publier la « Collection de ce qu'a produit sur l'étude des principes et des chefs-d'œuvre littéraires, sur l'ensemble des théories et des applications de l'art de penser et d'écrire, un homme consciencieux et docte, que la critique compta vingt ans parmi ses maîtres, et que l'Académie française a choisi pour son principal organe. » [*Avis de l'Editeur*].

Les « Mélanges philosophiques et littéraires » devaient donc être la réunion 1° des articles de critique fournis par Auger aux divers recueils périodiques et journaux auxquels il a travaillé tels que la « Décade » et « Revue philosophique, » le « Mercure, » le « Journal de l'Empire, » le « Journal des Débats, » le « Journal général de France, » etc.; 2° des éloges couronnés par l'Institut; 3° des Notices sur les auteurs des livres édités par lui et qui sont en assez grand nombre; 4° enfin, les Notices biographiques écrites d'un style sévère et remplies de recherches profondes qu'il a fournies à la « Biographie universelle » de Michaud, indépendamment de la préface dont il est aussi l'auteur.

Les mauvaises affaires du libraire n'ont pas permis à l'éditeur de donner à cette publication l'étendue qu'elle devait avoir. Le tome II ne la termine pas. Nous lisons dans l'Avis de l'Editeur : « Il convenait de n'attacher qu'au « dernier volume de cette collection l'analyse « et le jugement de cette espèce de supplément « à tous les traités et à tous les cours de litté« rature. Comme cet ouvrage *est un livre de « bonne foi*, on a pensé que les lecteurs n'a« vaient pas besoin de la recommandation « d'un prospectus qui eût pu contraster avec « la franchise de l'honorable académicien. A « la fin du recueil, au contraire, la Notice, « qui est utile à l'ouvrage, n'aura pas l'air « d'être nécessaire à l'écrivain dont elle résu« mera les travaux; et elle sera plus facilement « ce qu'elle doit être en effet, l'expression de « l'opinion publique, et point le commentaire « officieux d'un amour-propre ou d'un in« térêt. »

Ce qui prouve que cette publication devait être composée de plus de deux volumes, c'est qu'on ne trouve pas *la Notice*, *qui est utile à l'ouvrage*, dont il vient d'être parlé.

Voici au résultat la distribution et la composition des deux volumes que nous citons.

Tome 1er. PHILOSOPHIE : *Morale.—Education.* 1° Du libre arbitre. Examen de cette question. — Jugement sur un ouvrage du chevalier de Boufflers, où elle est agitée ; — 2° Du Bonheur. Des écrivains anciens et modernes qui en ont traité, et particulièrement de M. Joseph Droz [à l'occasion de l'Essai sur l'art d'être heureux, de ce dernier] ; — 3° De l'Amitié des femmes entre elles, comparée à l'amitié des hommes entre eux. Différence de ces deux amitiés, et causes de cette différence ; — 4° De l'Enseignement mutuel, son origine, ses avantages, ses procédés ; — 5° Influence des principes religieux et monarchiques sur le génie des lettres et des arts ; — 6° Sénèque. Jugements contradictoires et extrêmes portés sur lui. Doutes sur plusieurs des reproches qui lui ont été faits ; — 7° Duclos, sa vie, son caractère, sa philosophie, ses écrits ; — 8° Mme de Lambert, ses ouvrages, sa société, sa personne. — SCIENCES ET ARTS. Médecine. 9° Origine et histoire de cette science. — Examen des sentiments opposés dont elle est l'objet. — Hippocrate ; — 10° Du Physique et du moral de la femme. Ouvrage du docteur Roussel sur ce sujet ; — 11° Buffon, son génie, ses ouvrages, son style, sa personne ; — 12° Réflexions sur la partie du système de Lavater, qui a pour objet la connaissance du caractère des hommes d'après leur écriture ; — 13° Physionomie nationale des différents peuples. Rapport des traits de leur visage avec leur caractère et leurs mœurs ; — 14° Du Beau dans les arts. Revue des différents systèmes anciens et modernes sur la nature du Beau : Examen et jugement de l'ouvrage de M. Jos. Droz sur ce sujet ; — 15° Recherche des causes qui ont fait fleurir les arts dans la Grèce, et ont empêché leurs progrès dans d'autres contrées non moins favorisées de la nature ; à l'occasion du « Musée des antiques » par M. Bouillon. Idée et jugement de cet ouvrage, — 16° Examen du projet formé par M. Lemercier [dans son Atlantiade], de substituer à l'antique mythologie des Grecs et des Romains une théogonie nouvelle, fondée sur les principes de la théorie newtonienne ; — 17° Utilité d'une histoire de Paris, ancienne et moderne. Jugement sur un ouvrage intitulé « Tableau historique et pittoresque de Paris, » depuis les Gaulois jusqu'à nos jours [de B. de St-Victor]. Revue des divers historiens de Paris ; — 18° Le caractère du parisien vengé de plusieurs imputations fausses, contenues dans un livre intitulé « Paris dans le XIXe siècle » [de M. P. Jouhaud, avocat] ; — 19° Catacombes de Rome. Origine et description de ces lieux-souterrains, leurs différentes destinations ; les lumières qu'en peuvent tirer l'archéologie, la philologie, et l'histoire des arts du dessin [à l'occasion du « Voyage dans les Catacombes, » du chev. Artaud]. — LITTÉRATURE : *Grammaire.* — *Philologie.* 20° Onomatopées françaises comment formées, et quels genres de mots elles embrassent, leur explication moins utile que celle des auteurs des autres étymologies [à l'occasion du livre de M. Ch. Nodier] ; — 21° Archéologue universel, ou Nomenclature des sons radicaux communs à toutes les langues mortes et vivantes. Projet d'une langue universelle ; et réflexions à ce sujet. Apologie de la langue française à l'occasion du livre de M. Ch. Nodier] ; — 22° Dictionnaire de l'Académie française. Justes et utiles censures auxquelles il pourrait donner lieu ; — Critique insensée et injurieuse qui en a été faite. — Réfutation de cette critique de l'abbé Morellet ; — 23° Dictionnaire des ouvrages anonymes et pseudonymes [d'A. A. Barbier]. Utilité et agrément dont il doit être. Objections morales qu'on peut faire contre ce travail. Réponse à ces objections ; — 24° Examen de cette question : existe-t-il dans tous les mots de notre langue un accent tonique, qui puisse être distribué régulièrement dans nos vers comme dans les vers italiens ? Nécessité de placer cet accent dans nos vers lyriques, de manière qu'il réponde aux divisions du rhythme musical [à l'occasion d'un ouvrage de M. Scoppa]. — 25° Prix fondé par Louis Bonaparte, pour le meilleur ouvrage sur cette question : la poésie française est-elle susceptible du même système de versification que celle des Grecs et des Latins. Examen de la question. Jugement sur le rapport fait à ce sujet, par M. le comte Daru ; — 26° Différence intellectuelle entre le sourd-muet et l'homme entendant et parlant. Difficulté de faire entrer dans l'esprit du premier des idées métaphysiques. Moyens employés par l'abbé Sicard pour résoudre ce problème [à l'occasion de la Théorie des signes, de l'abbé Sicard] ; — 27° Utilité, agrément et facilité de l'étude de la langue et de la littérature italiennes. Coup-d'œil sur les différentes périodes de la littérature en Italie. — *Eloquence profane et sacrée.* 28° Cicéron. Le plus difficile à traduire de tous les auteurs latins. Revue de ses divers traducteurs. Ses deux Verrines, intitulées « des Statues et des Supplices. » Traduction nouvelle de ces deux harangues ; — 29° Bossuet. Des livres formés des pensées d'un auteur célèbre, et intitulés « Esprit, » à propos d'une compilation ayant pour titre « le Génie de Bossuet. » Bossuet comparé à Pascal ; — 30° Fénélon. Difficulté, inutilité de faire aujourd'hui son éloge. Tendresse de son âme. Ses Lettres spirituelles, ses Entretiens affectifs et sa correspondance avec ses amis ; — 31° Massillon. Sa défense contre les critiques du cardinal Maury ; caractère de son éloquence ; son rang parmi les grands orateurs de la chaire ; — 32° Bourdaloue. Jugé diversement par les littérateurs, souvent comparé à Massillon, comme Démosthène à Cicéron, ou Corneille à Racine. Ce qu'il y a de juste dans ce parallèle ; — 33° Comparaison des prédicateurs catholiques et des prédicateurs protestants. Cause de la supériorité reconnue des premiers sur les seconds [à l'occasion d'un ouvrage de M. Caillot] ; — 34° Pellisson. Ses plaidoyers pour Fouquet. Caractère de ses écrits, examen du jugement que Voltaire en a porté ; projet d'une Encylopédie conçue par Pellisson ; — 35° Guibert. Ses éloges de Catinat, de l'Hôpital de Thomas, et de Mlle de l'Espinasse. — *Polygraphes.* 36° Voltaire. Sa vie, ses ouvrages en vers, ses écrits en prose, définition de son talent dans les deux genres ; ses opinions, son caractère. [Reproduction de l'article Voltaire, de la Biographie universelle] ; — 37° Variétés morales et littéraires.

Tome II. Littérature : *Poésie.* 38 à 45. Poésie latine [Virgile, Ovide, Juvenal, Perse, Jean Second], huit morceaux à l'occasion de nouvelles traductions françaises des ouvrages de ces poètes ; — 46° Le Dante. Jugement sur la Divine Comédie, et principalement sur l'Enfer. Comparaison des différentes traductions de ce dernier poème [à l'occasion de la traduction de M. le chev. Artaud]. Poésie française.— 47° Charles d'Orléans, sa vie et sa personne, ses poésies; discussion au sujet des prétendues poésies de Clotilde de Surville; — 48° Boileau. [C'est l'éloge couronné par l'Institut en décembre 1804]; — 49° La Fontaine, sa vie, son caractère; ce qu'il faut penser de ses distractions; ses habitudes et ses goûts; ses liaisons; travaillait-il aussi peu ses vers que quelques-uns l'ont pensé? Son portrait physique et son portrait moral; —50° J.-B. Rousseau, son caractère, sa lutte avec Lamotte; conjectures au sujet des fameux couplets qui lui ont été attribués; ses malheurs, ses torts, ses ouvrages; — 51° Gresset. Son talent consiste principalement à reproduire avec fidélité les impressions qu'il a reçues des diverses circonstances où il a été placé. Revue de ses ouvrages considérés sous cet aspect. Sa manière comme versificateur. — 52° Bernard. Critique d'un Essai sur sa vie et ses ouvrages, placé en tête d'une nouvelle édition de ses œuvres. Quelques détails peu connus sur sa personne. Jugement sur quelques-uns de ses ouvrages posthumes; — 53° Bertin. Comparé à Parny. Jugement sur ses élégies et quelques autres opuscules. Détails sur ses derniers instants; — 54° Pezai. Ecole de Dorat. Pezai, son disciple le plus fidèle. Anecdotes sur sa personne. Jugement sur ses ouvrages; — 55° Saint-Marc, autre disciple de Dorat, etc.; — 56° Venance, capucin et poète; — 57° Lebrun. [Art. du Journal des Débats, de 1814, et qui y fut inséré pour venger Lebrun de la critique dure et outrée que M. Dussault, un des rédacteurs de ce journal, y avait faite de ses odes];—58° Réponse à quelques récriminations de M. Dussault, contre l'apologie qui précède; — 59° M. Campenon. Caractère général de son talent. Jugement sur son poème de la « Maison des champs » [écrit en 1809]; — 60° Millevoye. Histoire abrégée de l'élégie chez les anciens et les modernes. Génie et mérite particulier des élégies de Millevoye; — 61° M. Baour de Lormian. Vogue extraordinaire qu'ont eue « les Nuits » d'Young. Jugement sur cet ouvrage plusieurs fois traduit en vers français. Imitation abrégée qu'en a faite M. de Lormian; — 62° M. Creuzé de Lesser. Révolution opérée dans notre littérature et principalement dans notre poésie. La chevalerie considérée dans sa réalité et sous son point de vue idéal. Avantages des fictions chevaleresques. *Romans de chevalerie*. Jugement sur le poème des « Chevaliers de la Table Ronde; » — 63° *Chansonniers*. Pils. Despréaux, Désaugiers. — 64° *Origine du Roman*. 65 à 74, comprenant une suite de dix articles sur les livres et les auteurs de romans dont les titres et les noms suivent : les Amours de Psyché et de Cupidon, les Mille et une Nuits, Rabelais, Cervantès, Robinson Crusoé, Séthos, Agathoclès, de Mme Pichler; Mme de Maintenon, par Mme de Genlis; Corinne, par Mme de Staël; Matilde, par Mme Cottin.

AUGER [Hippolyte-Nicolas-Just], très-estimable littérateur, qui s'est fait quelquefois connaître sous les pseudonymes d'*Auger Saint-Hippolyte* et de *Gérau*, né le 25 mai 1797, à Auxerre, d'une famille nombreuse (son père eut onze enfans). M. H. Auger fut confié, pour son éducation, aux soins de M. Robert, ancien bénédictin fort érudit et fort lettré, qui tenait un pensionnat à Auxerre. Dans l'incertitude où l'on était alors sur l'avenir d'un jeune homme, M. Auger fut placé, en 1812, dans une maison de commerce à Paris. Son goût pour la littérature, qui s'était manifesté de bonne heure, se développa par le contact des gens d'esprit avec lesquels il se trouva bientôt en rapport; et, sous le pseudonyme de *Saint-Hippolyte*, il commença ses premiers essais. Pendant l'occupation étrangère de Paris, en 1814, M. Auger se lia avec quelques jeunes officiers russes. A cette époque, le besoin de voir et de connaître le monde se fit sentir, et, pour le satisfaire, il demanda et obtint la permission d'entrer au service de la Russie. Présenté à l'empereur Alexandre qui accueillit sa demande, il fut incorporé, comme sous-officier des gardes, dans le régiment d'Ismaïlowsky où il resta trois années. En 1815, lorsque les gardes quittèrent St-Pétersbourg pour marcher de nouveau contre Napoléon, M. Auger sollicita de rester à Varsovie. Son régiment ne passa point Wilna, et cette circonstance fut l'occasion des impressions qui dès-lors fécondèrent sa pensée : « Mon premier séjour à l'étranger, au moment où l'esprit se forme, a-t-il écrit quelque part, développa vivement en moi le sentiment de la patrie; l'esclavage me fit comprendre la liberté, la Russie me fit chérir la France. » De retour à Paris, en 1817, M. Auger s'est exclusivement consacré à la littérature, ainsi qu'on le voit par la date de ses publications. Pendant les années 1820, 1821 et 1822, il fut chargé par sir William Drummond, ami de lord Byron, ancien ambassadeur d'Angleterre en Sicile, à Constantinople et en Danemarck, du soin de revoir les ouvrages de philosophie que ce savant orientaliste avait écrits en français; il essaya aussi une traduction du poème d'*Odin*, dont le baronnet a publié la première partie. Ce fut pour M. Auger l'occasion d'un séjour en Italie et en Angleterre. La vie laborieuse de cet écrivain, encore jeune, présente une amélioration successive dans le style et dans la pensée de ses ouvrages : la *Physiologie du théâtre* est d'un esprit sérieux et plein d'avenir.

Romans.

I. Marpha, ou Novgorod conquise; nouvelle historique, traduite du russe de M. *de Karamsin*. Paris, Delaunay, 1818, in-12.

Cette traduction a été imprimée sous le nom d'*A. Saint-Hippolyte*.

II. Boris, nouvelle. Paris, les march. de nouv., 1819, in-12 [2 fr.].

III. Gabriel Venance. Paris, Ponthieu, 1820, 2 vol. in-12 [5 fr.].

IV. Ivan VI, ou la Forteresse de Schlusselbourg. Paris, Marc, 1824, 5 v. in-12 [9 fr.].

V. Rienzi. Londres, et Paris, Marc; Ponthieu, 1825, 3 vol. in-8 [21 fr.].

Le premier volume de cet ouvrage a été imprimé à Londres, et les deux autres à Paris.

VI. Une Nuit de Carnaval. Paris, les march. de nouv., 1826, in-12 [3 fr.].

Ce volume s'est vendu au profit des Grecs.

VII. Avec M. *Hipp. Carnot :* * le Gymnase, recueil de morale et de littérature. Paris, de l'impr. de Balzac, 1828, 4 vol. in-12 [16 fr.].

Chaque volume a été publié en trois cahiers. L'imprimeur de cet ouvrage est le littérateur qui s'est fait connaître quelques années plus tard, et si avantageusement, sous le nom de Honoré de Balzac.

VIII. Prince [le] de Machiavel, ou la Romagne en 1502. Paris, Guillaumin, 1833, 2 vol. in-8 [15 fr.].

IX. Moralités. Paris, l'Auteur, 1834, 2 vol. in-8 [15 fr.].

X. Femme [la] du monde et la Femme artiste. Paris, A. Dupont, 1837, 2 vol. in-8 [15 fr.].

XI. Tout pour de l'or. Paris, A. Dupont, 1839, 2 vol. in-8 [15 fr.].

Théâtre.

XII. Mœurs [les] et la Loi, drame en cinq actes, en prose. Paris, Paulin, 1832, in-8 [5 fr.].

Non représenté.

XIII. Avec M. *Ancelot :* Une Séduction, drame en deux actes, mêlé de couplets. Paris, Barba, 1832, in-8 [2 fr.].

XIV. Du Monopole, et de la Concurrence des théâtres. Paris, de l'impr. d'Everat, 1832, in-8 de 32 pag.

XV. Avec M. *Ch. Desnoyer :* La Folle, drame en trois actes. Paris, de l'impr. de Dondey-Dupré, 1836, in-8 de 24 pag. [40 c.]

XVI. Avec *le même:* Pierre-le-Grand, drame en cinq actes. Paris, Barba, 1836, in-8 [2 fr. 50 c.].

XVII. Avec M. *P. Tournemine :* Treize à table, ou un Pique-nique. Collation accompagnée de couplets, en un acte. Paris, Nobis, 1837, in-8 de 20 p. [20 c.].

M. Auger a caché sa coopération à ces trois dernières pièces sous le pseudonyme de *Gérau*.

XVIII. Corrégidor [le] de Séville, mélodrame-comique en trois actes et en quatre tableaux. Paris, Marchant, 1837, in-8 de 20 pag. à 2 colonn. [40 c.].

XIX. Avec M. *Francis Cornu :* Pauvre mère! drame en cinq actes. Paris, Marchant, 1837, in-8 de 80 pag. [3 fr.], ou in-8 de 40 pag. à 2 colonn. [60 c.].

XX. Marcel, ou l'Intérieur d'un ménage, drame en quatre actes. Paris, de l'impr. de Dondey-Dupré, 1838, in-8 de 24 pag. à 2 colonn. [60 c.].

XXI. Mademoiselle Bernard, ou l'Autorité paternelle, comédie-vaudeville en un acte. Paris, Barba; Delloye; Bezou, 1838, in-8 de 12 pag. à 2 colonn. [50 c.].

XXII. Précepteur à vingt ans, comédie en deux actes et en prose. Paris, les mêmes, 1838, in-8 de 18 pag. à 2 colonn. [60 c.].

Ces deux dernières pièces font partie de la « France dramatique au XIXe siècle » : Théâtre du Gymnase.

M. H. Auger a composé un plus grand nombre de pièces; mais nous n'avons cité que les pièces imprimées; les autres sont : 1° *Plus de peur que de mal*, comédie en un acte, représentée sur le Théâtre-Français, en 1833; 2° *Un Dévouement*, drame en un acte, représenté sur le même théâtre, en 1834; 3° *Robin Gray*, vaudeville, en 1837; 4° les *Huguenots*, drame en quatre actes, représenté sur le théâtre Saint-Antoine, en 1837; 5° et, en société avec M. Lubize : *Un Ami qu'on ne connaît pas*, comédie-vaudeville, représentée sur le théâtre du Palais-Royal.

XXIII. Physiologie du Théâtre. Tom. I-IV. Paris, F. Didot, 1839, 4 vol. in-8 [30 fr.].

La *Physiologie du Théâtre* doit être composée de 5 à 6 volumes.

Cet ouvrage important est divisé en cinq sections : la première est consacrée à la partie littéraire, esthétique et critique; la seconde comprend l'examen des localités, et du public, et l'historique des théâtres de Paris; la troisième traite de leur organisation intérieure et du personnel, directeurs et acteurs; la quatrième offre les rapports des auteurs avec les directeurs, et avec les acteurs et leurs relations entre eux; enfin la cinquième envisage le théâtre au point de vue politique, vis-à-vis du pouvoir et relativement à la législation.

Histoire.

XXIV. Essai historique sur la république de San Marino. Paris, Delaforest, 1827, in-8 [5 fr.].

L'Auteur s'est beaucoup aidé de l'ouvrage italien de *Delfico*.

Politique.

XXV. Lettre au duc d'Orléans, prince royal. Paris, de l'impr. de Goetschy, 1830, in-8 de 20 pag.

L'Auteur a pris sur le frontispice de cet écrit la qualification de membre de la Société des « Amis du Peuple. »

M. H. Auger a contribué à la rédaction de la « Mode, » en 1829 et 1830; il a fondé, au commencement de 1830, avec MM. de Balzac et Emile de Girardin, le journal intitulé : le « Feuilleton des journaux politiques; » et, en 1831, avec MM. Buchez, Boulland, de Boislecomte et autres, « l'Européen, » journal des sciences morales et politiques. Il a fourni, en 1832, de nombreux articles au « Journal officiel de l'Instruction publique; » et, en 1835, il a publié « la Vérité, » journal non politique paraissant deux fois par semaine. La nouvelle direction de la « France littéraire, » publiée primitivement par M. Ch. Malo, s'est empressée d'accueillir un morceau d'histoire littéraire de M. Hipp. Auger, écrit avec conscience. Ce morceau a paru dans le tome Ier de la nouvelle série, sous ce titre : *De l'Etat actuel de la littérature en France.*

M. H. Auger, en outre, est l'un des auteurs de « Paris révolutionnaire, » dans lequel il a fourni un article intitulé : *le Drame dans la rue* [tome Ier, 1833]. V. A. S.

AUGER, ou AUGÉ (*) [Lazare], frère du précédent ; né à Auxerre, en 1798.

I. Cacodémonisme [le] fondé subjectivement et objectivement, dans l'homme et dans le monde, pour servir à l'Histoire de l'esprit humain et à l'intelligence de certains faits historiques. Dissertation philosophique. Paris, Treuttel et Wurtz, 1837, in-8 de 56 pag.

II. Tableau dichotomique de l'histoire ancienne fondée sur les lois philosophiques de l'Histoire. Paris, Garnier, 1839, in-4 de 32 pag.

AUGER [L.-F.], greffier du tribunal de commerce de Montargis ; mort vers 1839.

I. Traité élémentaire de procédure civile. Paris, Pichon-Béchet, 1827, 2 part. un vol. in-8 [11 fr.].

II. Manuel abrégé des tribunaux de commerce. Paris, Pichon ; Didier, 1839, in-12 de 72 pag.

AUGER [l'abbé], curé de St-Antoine de Compiègne.

(*) Par une contradiction que rien ne motive, M. Laz. Auger, frère de l'auteur de la « Physiologie du Théâtre, » signe *Augé.*

— Notice sur les carmélites de Compiègne. Annales du monastère de l'Annonciation des carmélites de Compiègne. Paris, Méquignon junior, 1835, in-8 de 48 pag.

AUGER [J.]. — Suétone [le] de la jeunesse. Histoire des douze Césars, suivie d'un Précis de l'histoire romaine jusqu'à Jules-César ; par *J. Auger,* et mis à la portée des jeunes gens, par *T. Igonette.* Paris, D. Belin, 1836, in-12, fig. [3 fr. 50 c.].

AUGEREAU [le maréchal], commandant en chef l'armée de Lyon et les 7e et 19e divisions militaires, en 1814 ; né à Paris, en 1757, mort le 12 juin 1816.

— Récit de la bataille de Castiglione.

Imprimé dans le tome IIe des Mémoires de tous. Paris, Lévavasseur, 1834, in-8.

On doit au général F. Andréossy l'histoire de la Campagne sur le Mein et la Rednitz de l'armée gallo-batave, aux ordres du général Augereau, en l'an IX. Paris, 1802, in-8.

AUGEREAU [Madame], de Saintes.

— Poésies. Paris, de l'impr. de F. Didot, 1837, in-8 de 32 pag.

AUGEROL [Victor], pseudon. Voy. ALTAROCHE.

AUGICOUR [le comte J.-H.-P. POLIGNY D']. — I. Résumé des principales questions agitées depuis la fin du XVIIIe siècle. Paris, Egron, 1823, in-8 [5 fr.].

II. Prêtre [le] marié, précédé d'une Préface de M. *Charles Nodier.* Paris, Urbain Canel, 1833, in-8 [7 fr.].

AUGIER [Victor], avocat, gendre de Pigault-Lebrun. [Voy. la *France littér.*, tom. I, p. 128.]

I. Avec *Pigault-Lebrun :* Voyage dans le midi de la France. [En prose et en vers]. Paris, Barba ; Dupont, 1827, in-8 [6 fr.].

Ouvrage dans le genre de celui de Chapelle et Bachaumont.

II. Juge [le] de paix. Recueil de jurisprud[illegible] civile et de police. Tome Ier. Paris, rue de Vaugirard, no 15, 1838, in-8.

Cet ouvrage a été primitivement livré par cahiers.

III. Encyclopédie des juges de paix, ou Traités, par ordre alphabétique, sur toutes les matières qui entrent dans leurs attributions. Paris, rue de Vaugirard, no 15, 1833-1835, 5 vol. in-8 [35 fr.]

AUGIER [J.-M.-L.]. — Liberté [la] ranimant les cendres de Guillaume Tell sur les monts helvétiens. Poème. Lyon, de l'impr. de Perret, 1832, in-8 de 32 p.

AUGIER [Joanny], auteur dramatique.

I. Avec M. *Labie :* Jeune fille et roi, comédie en un acte, mêlée de chants, tirée d'une Nouvelle de Mme Desbordes-Valmore. Paris, Marchant, 1836, in-32 [15 c.].

II. Cauchemar [le], Revue lyonnaise de 1836, vaudeville épisodique. Lyon, de l'impr. de Boitel, 1837, in-8 de 16 p.

III. Micaela, ou la Folle de Marie de Bourgogne, drame en trois actes, mêlé de chants. Lyon, Boitel, 1837, in-8 à deux colonnes.

Troisième livraison du Répertoire lyonnais.

IV. Avec MM. *Lubize* et *Salvat :* le Mauvais sujet, vaudeville en un acte. Paris, Gallet, 1839, in-8 [15 c.].

Cette pièce fait partie de la collection, intitulée : « Paris dramatique. »

AUGIER LA SAUZAYE [Philippe], ancien membre de l'Assemblée constituante, et du Corps législatif, l'un des signataires du jeu de paume; né à Saint-Jean-d'Angély [Charente], le 23 mars 1758.

— Mémoire sur la possibilité de mettre les établissements français de la côte septentrionale de l'Afrique en rapport avec ceux de la côte occidentale, en leur donnant, pour point de raccord, la ville centrale et commerciale de Tumbuctou. Paris, de l'impr. de Porthmann, 1839, in-8 de 60 pag.

Reproduit dans la même année avec une Préface, signée de l'Auteur, qui, d'abord, ne s'était pas fait connaître.

En 1826, de concert avec B. Saint-Edme, M. Augier La Sauzaye se proposa de publier une *Histoire des sociétés secrètes, pactes, fédérations et associations aristocratiques, populaires et patriotiques.* Cet ouvrage devait former 3 vol. in-8; mais il n'en a paru que le prospectus.

On trouve une Notice sur M. Augier La Sauzaye, dans la « Biographie des hommes du jour, » de MM. G. Sarrut et B. Saint-Edme, tome II, 1re partie, pag. 296 et suivantes.

AUGOYAT [Antoine-Marie], chef de bataillon du génie. [Voy. la *France littér.*, tom. Ier, p. 128].

I. Notice sur Cormontaigne [1825].

Imprimée en tête de la seconde édition, publiée par M. Augoyat, du « Mémorial pour l'attaque des places, de Cormontaigne, » dont il a publié les œuvres primitives et posthumes.

II. Précis des campagnes et des siéges d'Espagne et de Portugal de 1807 à 1814, d'après l'ouvrage de M. *Belmas*, intitulé : « Journaux des siéges faits et soutenus par les Français dans la Péninsule; » les dépêches du duc de Wellington et autres ouvrages. Accompagné d'une carte militaire de la Péninsule. Paris, Leneveu, 1839, in-8 [12 fr.].

III. Notice historique sur le lieutenant-général Lapara de Fieux [tué en 1706 au siége de Barcelonne], et sur les siéges dont il a dirigé en chef les attaques, et particulièrement sur celui de Barcelonne, en 1697, avec un plan des attaques. Paris, Gaultier-Laguionie et Anselin, 1839, in-8 de 120 pag., avec une planche [2 fr. 25 c.].

IV. Abrégé des services du maréchal de *Vauban*, fait par lui en 1703, publié par M. Augoyat. Paris, Anselin; Gaultier-Laguionie, 1839, in-8 de 32 pag. [75 c.].

La *France littéraire* a omis de mentionner, à l'article de M. Augoyat, la part qu'il a prise, de 1824 à 1831, à la rédaction du « Bulletin universel » de Férussac : il s'était chargé spécialement des 5e, 6e et 8e sections. Depuis 1830, M. Augoyat est au nombre des rédacteurs du « Spectateur militaire, » dans lequel il a fourni un assez grand nombre d'articles.

Il a donné une nouvelle édition du « Traité des siéges et de l'attaque des places, » du maréchal Vauban, entièrement conforme au manuscrit présenté par l'auteur au duc de Bourgogne. [1829, in-8].

AUGUIS [P.-R.], homme de lettres et député. [Voy. la *France littér.*, tom. 1er, p. 129].

— * Napoléon et la grande armée, précédé d'une Introduction historique sur l'origine et les principaux événements de la Révolution française jusqu'à l'époque où Bonaparte prit le commandement en chef de l'armée d'Italie; par un officier supérieur. Paris, Dalibon, 1821, 2 vol. in-8 [15 fr.].

Ouvrage dont la citation a été omise par la *France littéraire.*

Depuis l'impression de la Notice qui le concerne, M. Auguis a donné une nouvelle édition de l'Origine de tous les cultes, ou Religion universelle, de Dupuis; soigneusement revue et corrigée d'après l'édition publiée sous les yeux de l'auteur, augmentée de ses Observations sur le zodiaque de Denderah, etc. [Paris, Rosier, 1835, in-8]; — il a été le réviseur et continuateur d'une Histoire de la Révolution française, depuis 1814 jusqu'en 1830, ouvrage imprimé sous le nom de J.-A. Dulaure; — il est l'un des auteurs du Dictionnaire politique, encyclopédie abrégée du langage et de la science politique, dont la première livraison a paru en septembre 1839.

Ces renseignements nous sont fournis par

les publications même qui portent le nom d'Auguis. Nous les compléterons, en ajoutant que la nouvelle édition du livre de Dupuis avait été préparée par un autre homme de lettres, et que ce fut par suite de contestations entre le libraire et ce dernier que M. Auguis fut chargé de revoir les épreuves des volumes qui restaient à publier lors de la contestation. L'introduction en tête de l'ouvrage, contenant une Notice sur la vie et les ouvrages de Dupuis, est du devancier de M. Auguis, et ce devancier est M. B. SAINT-EDME. Quant à la révision et la continuation de l'ouvrage apocryphe de Dulaure [voy. ce nom], M. Auguis s'en est fort peu ou point du tout occupé : on nomme un M. FLOTTARD, comme ayant donné ses soins à cette publication.

La « Biographie des hommes du jour, » publiée par MM. Sarrut et B. Saint-Edme, renferme [tome Ier, 2e partie, pag. 341 et suiv.] une Notice sur M. Auguis; le soin avec lequel est dressée la liste chronologique des amendements proposés par cet écrivain à la Chambre, et adoptés ou rejetés, doit la faire considérer comme un morceau biographique écrit par le député lui-même.

AUGUSTE, auteur dramatique. Voy. GOMBAULT.

AUGUSTIN, auteur dramatique. Voy. HAPDÉ.

AULAGNIER [Alexis-François], ancien médecin en chef des hôpitaux militaires. [Voy. la *France littér.*, t. Ier, p. 132].

I. Dictionnaire des substances alimentaires indigènes et exotiques, et de leurs propriétés. Ouvrage utile à ceux qui désirent connaître l'origine, la nature, le caractère spécifique, l'analyse, les falsifications et les moyens de les reconnaître, ainsi que les usages des aliments qui conviennent aux divers tempéraments. Paris, Pillet aîné, 1830, 2 vol. in-8 [12 fr.].

— Le même ouvrage, sous ce titre : Dictionnaire des aliments et des boissons de tous les peuples; contenant l'histoire naturelle, les principes constitutifs, les propriétés de chaque substance alimentaire selon les tempéraments et l'hygiène, ou les règles à suivre pour conserver la santé; par *Aulagnier*; précédé de Considérations générales sur la nourriture de l'homme [par M. *Grimaud*, de Caux]; extrait du Dictionnaire pittoresque d'histoire naturelle. Paris, Cosson; Cousin, 1839, in-8 sur pap. vélin satiné [10 fr.].

Cette édition a été publiée en dix livraisons.

AULAGNIER [François]. — I. Réflexions sur les avantages accordés aux adjudicataires des emprunts pour les canaux, relativement aux actions de jouissance. Paris, de l'impr. de David, 1833, in-8 de 12 pag.

II. Adresse à MM. les Actionnaires du canal de Bourgogne, au sujet de l'assemblée générale, convoquée pour le 19 mai 1835. Paris, de l'impr. de Mme Lacombe, 1835, in-4 de 8 pag.

III. Opinion émise par Fr. Aulagnier à l'assemblée des actionnaires du canal de Bourgogne, réunie le 19 mai 1835. Paris, de l'imp. de Mme Lacombe, 1835, in-4 de 16 pag.

IV. Sur la nécessité de l'amélioration de la navigation sur la Haute-Seine, l'Yonne et la Saône. Paris, de l'impr. de Mme Lacombe, 1836, in-4 de 16 pag. et un tableau.

V. Développement d'une proposition qui sera faite par F. Aulagnier à l'assemblée extraordinaire des actionnaires du canal de Bourgogne, convoquée pour le 26 avril 1836. Paris, de l'impr. de Mme Delacombe, 1836, in-4 de 8 pag.

VI. Observations sur les tarifs, l'administration et la confection de nos canaux. Paris, de l'impr. de Mme Delacombe, 1837, in-4 de 32 pag. — Supplément à un écrit sur le régime des canaux, publié le 20 novembre 1837. Paris, de l'impr. de Mme Delacombe, 1838, in-4 de 24 pag.

AULANIER [A.], avocat à St-Brieuc.

I. Traité du domaine congéable. Saint-Brieuc, et Paris, Warée oncle, 1824, in-8 [5 fr. 50 c.].

II. Traité des actions possessoires. Nantes, de l'impr. de Malassis, 1829, in-8 [5 fr.].

AULNAY [Mlle Louise d']. — I. Mémoires d'une poupée, contes dédiés aux petites filles. Paris, Ebrard, 1838, in-18, avec une vignette. — Deuxième édition. Paris, le même, 1839, in-18, avec six gravures [2 fr. 50 c.].

II. Semaine [la] d'une petite fille. Paris, Debécourt, 1839, in-18, avec fig. [1 fr. 50 c.].

AULNETTE [J.-M.]. — Nouveau Système de chemin de fer, et bitume applicable sur toutes les routes et à toutes espèces de voitures. Paris, de l'impr. de Mme Delacombe, 1839, in-8 de 8 pag.

AULNOIS [le chevalier Augustin d'], lieutenant-colonel. [Voy. la *France littér.*, tom. Ier, p. 132].

— Précis des véritables causes de la défaveur qu'a encourue le gouvernement de la Restauration; suivi d'une Protestation contre les électeurs de 1830. Paris, de l'impr. de Le Normant fils, 1830, in-8 de 44 pag.

AULT-DUMESNIL [E. d'], officier d'ordonnance du maréchal Bourmont.

— De l'Expédition d'Afrique en 1830, Paris, l'Editeur; Delaunay, 1832, in-8 de 144 pag.

AULTEROCHE [l'abbé J.-C.-Émile d']. — I. Jeune [le] prêtre, considérations politiques et religieuses. Paris, de l'impr. de Béthune, 1828, in-8 de 40 p.

II. Sur le Massacre des prêtres aux Carmes, le 2 septembre 1792. Discours prononcé dans l'église des Carmes, le 2 septembre 1828. Paris, Béthune, 1828, in-8 de 16 pag.

III. Considérations politiques et religieuses sur les élections de 1830. Paris, de l'impr. de Stahl, 1830, in-8 de 32 pag.

IV. Heures nouvelles à l'usage des gens du monde, ou Pensées de saint J. Chrysostôme et de saint François de Sales, suivies de la Prière du matin et du soir; par *Fénelon*, etc., etc. Paris, Delaunay, 1836, in-18.

V. Pensées de saint Jean Chrysostôme et de saint François de Sales. Paris, Delaunay, 1836, in-18.

C'est une partie de l'ouvrage précédent.

AUMASSIP. — Considérations sur les causes de la non-reproduction des chevaux en France. Paris, de l'impr. de Gaultier-Laguionie, 1830, in-8 de 16 p.

AUMER, ancien chef des ballets de l'Académie royale de Musique. [Voy. la *France littér.*, tom. Ier, p. 132]. Ajoutez : Mort en 1832. Il avait succédé à Milon.

I. Astolphe et Joconde, ou les Coureurs d'aventures, ballet-pantomime en deux actes. Paris, Cour-des-Fontaines, no 7, 1827, in-8 [1 fr. 50 c.]. — Sec. édit. Paris, même adresse, 1827, in-8.

II. Avec M. ** [*Scribe*] : Somnambule [la], ou l'Arrivée d'un nouveau seigneur, ballet-pantomime en trois actes. Paris, Cour-des-Fontaines, no 7, 1827, in-8. — Sec. édit. Paris, même adresse, 1827, in-8.

Cette seconde édition porte le nom de M. Scribe.

III. Belle [la] au bois dormant, ballet-pantomime féerie en quatre actes. Paris, Bezou, 1829, in-8. — Le même ballet, en trois actes, danse et mise en scène par M. *Bartholomin*. Lyon, Bertaud, et Paris, Bezou, 1839, in-8 [50 c.].

AUMÉTAYER fils [A]. — Mémoire de M. *Aumétayer-Lacombres* père, propriétaire de La Durandière, à Montreuil-Bellay [Maine-et-Loire], sur l'art précieux de prévenir les accidents fâcheux qui résultent de la morsure des êtres hydrophobes et des reptiles en général, du charbon noir, des coliques, des dartres, des cancers, des plaies et des coupures. Rédigé par M. A. Aumétayer fils. No I. Montpellier, Raht, 1836, in-8 de 24 pag. — Deuxième édition. Angers, de l'impr. de Launay-Gagnot, 1837, in-8 de 44 pag.

AUMETAYER [ ], de Louzy [Deux-Sèvres]; né le 19 août 1817.

I. Poésies. Toulon, Aurel; Monge et Villamus, 1837, in-18 [6 fr.].

II. Récit de famille. Quinze ans de peines à l'âge de vingt-un ans, ou le Mystère de mon existence dévoilé. Paris, de l'impr. de Cosson, 1838, in-8 de 16 pag.

AUNIER. — I. Notice sur M. B. Vaivolet, membre-correspondant de la Société linnéenne de Lyon. Lyon, de l'impr. de Louis Perrin, 1829, in-8 de 4 pag.

II. Notice sur un voyage botanique dans le Languedoc, fait en avril et en mai 1827, lue à la Société linnéenne de Lyon, le 26 novembre. Lyon, de l'impr. de Perrin, 1829, in-8 de 8 pag.

AUNIET. — Canal de Berry. Rapport sur les portes en fonte de fer de M. Acollas. Paris, Carilian-Gœury, 1833, in-8 de 24 pages.

Extrait des Annales des ponts-et-chaussées.

AUPHANT [J.-H.-F.], membre de l'Université.

— Traité du participe passé. Orange, de l'impr. de Raphel, 1827, in-8 de 20 pag.

AURADOU. — Principes de musique. Suivis d'un petit Abrégé sur l'harmonie et le discours mélodique, divisés en deux parties. Moulins, de l'impr. de Desroziers, 1837, in-8 de 88 pag. de texte et 40 de musique.

AURE [le vicomte d']. — I. Projet relatif aux chevaux. Versailles, de l'imprim. d'Allais, 1829, in-8 de 28 pag.

II. Projet relatif aux chevaux et aux écoles d'équitation [décembre 1828]. Paris, de l'impr. de Locquin, 1835, in-8 de 40 pag.

III. Situation chevaline de la France [25 mars 1835]. Paris, de l'impr. de Locquin, 1835, in-8 de 16 pag.

IV. De l'amélioration du cheval en France. Paris, de l'impr. de Locquin, 1837, in-8 de 32 pag.

V. Traité d'équitation; par M. le vicomte d'Aure. Ouvrage orné de 27 planches et vignettes dessinées par M. Ledieu, élève d'Horace Vernet. Paris, Mme Leclère, avenue de Neuilly, n° 26; Anselin, 1834, in-4 de 360 pag. et 27 planches [30 fr.].

VI. A Messieurs les membres de la Société anonyme pour l'amélioration des chevaux en France, et à Messieurs les membres du cercle d'équitation. Paris, de l'impr. lithogr. de Delarue, 1839, petit in-folio de 12 pag. lithogr.

VII. Industrie [de l'] chevaline en France, et des moyens pratiques d'en assurer sa prospérité. Paris, Leautey et Lecointe, 1840, in-8 [5 fr.].

Après avoir tracé un résumé historique des phases qu'a subies l'éducation du cheval en France, et être arrivé ainsi à montrer l'abandon complet de nos races dans le commerce; M. d'Aure expose les vices de nos systèmes d'encouragement et de production, et l'insuffisance de nos moyens de débouché. Il établit, sur les données statistiques les plus exactes, les prix de revient de chaque cheval, suivant les localités et suivant les espèces. Partant des bases rigoureuses qu'il trouve dans ces calculs, il en déduit une organisation qui mérite au plus haut degré de fixer l'attention du gouvernement et du pays, puisqu'elle conduit, sans augmenter les dépenses du budget, à réaliser toutes les améliorations réclamées à la fois par les éleveurs, par le commerce et par la cavalerie. Les haras, les courses, les primes, la remonte des officiers et des troupes à cheval, l'école de Saumur, la gendarmerie, sont tour à tour l'objet d'un examen judicieux et approfondi. Quelques chapitres, consacrés aux manéges, au croisement des espèces, à l'éducation et au dressage des jeunes chevaux, aux postes royales, etc., font, du livre que nous annonçons, un traité complet sur l'ensemble des sujets qui se rapportent à l'industrie chevaline.

La forme adoptée par M. d'Aure a l'avantage de rendre ses idées familières, même aux personnes les plus étrangères au sujet qu'il traite. Son livre sera désormais la base sur laquelle s'établiront toutes les discussions sur la question du cheval en France. Les vues entièrement neuves, les renseignements, jusqu'à ce jour inconnus, qu'il renferme, lui assurent une place dans la bibliothèque des hommes d'État, comme dans celle des officiers de cavalerie, des propriétaires de nos pays d'élèves, et de tous les amateurs de chevaux. Quelques notes curieuses sur l'industrie étrangère ajouteront beaucoup d'intérêt à la lecture de cet ouvrage, le seul où se trouvent réunies les connaissances indispensables à toute personne qui élève, vend ou achète des chevaux, quelle que soit sa position.

AUREVILLY [Léon-Louis-Frédéric BARBEY d'], littérateur, ancien rédacteur en chef du « Momus normand »; né à St-Sauveur-le-Vicomte [Manche], le 28 septembre 1809.

I. Amour et haine. Poésies politiques et autres. Paris, Dentu, 1833, in-8 [6 fr.].

II. * Sonnets. Caen, de l'impr. de Pagny, 1836, in-18 de 72 pag.

Outre le « Momus normand » qu'il rédigeait en chef, M. d'Aurevilly avait pris part à la rédaction du journal intitulé : « l'Ami de la Vérité, » qui s'imprime à Caen.

Après avoir cultivé la poésie, non sans quelque succès, ce littérateur a été poussé par une grande tendance religieuse à embrasser l'état ecclésiastique. Ordonné prêtre, en mai 1838, il est aujourd'hui humble missionnaire du diocèse de Coutances.

AURIOL [le chev. Balthazar-Louis d'], né à Paris, au Palais-Royal, le 17 juin 1789, d'une famille ancienne et distinguée (*); fut, avant la Révolution, introducteur des ambassadeurs et des princes étrangers près du comte d'Artois, charge qu'il remplit encore lorsque ce prince monta sur le trône sous le nom de Charles X, jusqu'à la chute de ce dernier, en 1830; chevalier de la Légion-d'Honneur, etc.

I. Observations sur le régime actuel des contributions indirectes, et sur la nécessité d'y faire des changements. Paris, Renard, 1825, in-8 de 16 pag. [1 fr.].

II. Fleurette, nouvelle historique. Paris, Ponthieu, 1825, in-12 [2 fr. 50 c.].

Episode sur la jeunesse et les premiers amours de Henri IV, en 1564, 1565 et 1566. Ce volume renferme le précis de trois règnes,

(*) Un ancêtre de M. le chev. d'Auriol, Blaise d'Auriol, florissait sous François Ier; il fut fait chevalier des mains de ce prince, en 1533. Blaise d'Auriol cultivait la poésie : Voltaire s'est moqué de ses productions. Le père de l'auteur que cette note concerne, mort le 5e jour complémentaire de l'an V, était, avant la Révolution, conseiller à la Cour des Monnaies de Lyon, introducteur des ambassadeurs et des princes étrangers près du comte d'Artois, chevalier de Saint-Michel, chef de bataillon, commandant la garde nationale de Pierrefitte, près Saint-Denis,

une Notice très-curieuse sur les fastes domestiques de la maison d'Albret et les projets secrets de la Saint-Barthélemy entre Ferdinand d'Alvarès, le duc d'Albe, ministre de Philippe; Catherine de Médicis, Elisabeth, reine d'Espagne; et Charles IX, roi de France, son frère.

Cet ouvrage a eu deux éditions dans la même année.

III. Anecdotes françaises et étrangères au XIXe siècle. Paris, Ledoyen, 1830 et 1838, 5 vol. in-12 [6 fr.].

Ouvrage ayant pour but de comparer les mœurs étrangères aux mœurs françaises et souvent à l'avantage des Français. Le premier volume, composé de trois anecdotes, est consacré à constater l'influence de la Révolution, de l'Empire et de la Restauration sur nos mœurs. Chaque anecdote est véritable et devient le type de chaque époque. Les autres volumes sont composés de trois anecdotes dont deux étrangères prises chez deux nations différentes, et une anecdote française par comparaison, en sorte que les mœurs russes, anglaises, danoises, suédoises, suisses, hollandaises, allemandes, polonaises, portugaises, espagnoles, italiennes, grecques, turques, etc., sont mises en parallèle avec l'état de notre civilisation. La clef des caractères n'est point donnée: l'auteur seul la possède.

IV. De la Responsabilité des ministres et des agents du pouvoir en présence de la souveraineté du peuple. Paris, Dentu, 1831, in-8 de 24 pag. [1 fr.].

Cet ouvrage destiné à relever toutes les erreurs commises aux yeux de l'auteur, dans la Charte de 1830, a été écrit pour les hommes d'Etat seuls capables d'apprécier les hautes questions d'administration, et le chevalier d'Auriol l'a présenté comme pendant à l'ouvrage de Benjamin Constant, sur la Charte de 1814.

V. Pétition de M. le chevalier d'Auriol, sur le séquestre définitif apposé, au nom de l'Etat, sur l'usufruit des 600,000 francs de rente appartenant à S. M. Charles X, en vertu de la loi du 8 novembre 1814, et sur la liquidation qui doit s'en suivre. Paris, de l'impr. de Dentu, 1834, in-8 de 16 pag.

Le rapport de cette pétition, divisée en deux parties, la partie politique, et la partie financière, a été fait à la Chambre des députés par M. Dusséré et occupe une colonne du supplément du Moniteur du 13 avril 1834. La chambre au lieu de faire respecter l'application de la loi sur l'ancienne liste civile, qui veut le retour des biens du prince montant sur le trône au profit de l'Etat, et le charger de payer les dettes du prince en nommant une commission, a passé à l'ordre du jour, et a privé les officiers de la maison de Charles X du traitement dont ils jouissaient sur ce revenu de 600,000 fr. La partie politique de cette pétition en faveur de Charles X, conquérant d'Alger, a été amèrement critiquée par M. Dusséré, qui, à cette occasion, a fait une belle protestation de son dévouement à la révolution de juillet et que le Moniteur du 13 avril 1834 a reproduite.

VI. Cours élémentaire de langue anglaise, en six leçons; avec la prononciation figurée d'après Walker, etc. Paris, Girard frères, 1838, in-18 de 72 pag. [1 fr.].

VII. Traits remarquables de l'histoire universelle; par *L.-M. Stretch;* 24e édition, revue et corrigée par *J. Turner;* traduits pour la première fois, précédés du Tableau de la littérature en France, avant et depuis 1830 [et de l'influence de la littérature anglaise]. Paris, Girard frères; Hachette; Périsse; Ledoyen; veuve Maire-Nyon, 1839, in-8 de 400 pag. [4 fr.].

Cet ouvrage est généralement adopté dans les pensions et les universités d'Angleterre. Il offre la morale la plus saine et la plus utile pour la jeunesse.

M. le chevalier d'Auriol possède, en manuscrit, un *Album poétique.*

Cet écrivain n'a point la prétention de l'être: ses travaux, il les a publiés dans le but d'être utile à notre nouvelle génération, aux hommes appelés à constituer la Société pour la conduire dans le chemin de l'honneur et de la vertu, et cela sans désirer le moindrement que son nom soit cité, ni vanté, pour quelques services, que, selon lui, tout homme instruit doit rendre à l'humanité. V. A. S.

AUSONE, pseudon. Voy. CHANCEL.

AUSSEUR [J.-J.], toiseur-vérificateur.

I. Traité de la coupe de bois, ou Art du trait du menuisier en bâtiment. Paris, F. Didot, 1819, in-4, avec 36 pl. [10 fr.].

II. Tableaux détaillés de la menuiserie, prix de marchandage, façon et pose. Paris, l'Auteur; Carillan-Gœury, 1829, in-12.

III. Tableaux des prix en règlements de la menuiserie, suivis de la manière d'en mesurer et classer ses nombreux articles. Paris, l'Auteur, 1839, in-8 de 68 pag.

AUSTAUT [A.-J.]. — Réflexions sur l'état politique et moral en France, au XIXe siècle. Strasbourg, Février, 1833, in-8 de 28 pag.

AUSTIN [Sarah]. — Story [the] without an end; little tales for little heads and little hearts. Paris, Baudry, 1837, in-18.

AUTHIER SAINT-SAUVEUR. — Mémoire sur l'éducation morale et physique des enfants. Aux pères, aux mères et aux instituteurs. Au Puy, de l'impr. de Pasquet, 1832, in-8 de 12 pag.

AUTIER [Victor], de Nouzon, près Charleville [Ardennes], D. M. et professeur de zoologie, à Amiens.

I. Opuscule sur les maladies vénériennes et sur quelques traitements qui leur sont applicables. Amiens, de l'imp. de Ledieu, 1835, in-8 de 52 pag.

II. Traité du cerveau, de ses fonctions, des causes, des symptômes, du diagnostic, du pronostic et du traitement de ses maladies. Prem. part. Paris, Crochard, 1837, in-8 [6 fr.].

AUTRAN [Joseph]. — I. Départ [le] pour l'Orient. Ode à M. Alphonse de Lamartine. Marseille, de l'impr. de Bousquet, 1832, in-8 de 16 pag.

II. Mer [la]. Poésies. Paris, Dentu; Pinard, 1835, in-8 [7 fr. 50 c.].

III. Ludibria Ventis. Poésies nouvelles. Paris, Rossignol, 1838, in-8 [7 fr. 50 c.].

AUTRAN [Paul], membre de l'Académie de Marseille.

I. Discours sur le retour de l'Astrolabe en France, prononcé dans la séance publique de l'Académie de Marseille. Marseille, de l'impr. de Feissat, 1829, in-8 de 28 pag.

II. Rapport fait au conseil municipal, dans sa séance du 12 août 1836, sur le chemin de fer projeté de Lyon à Marseille. Marseille, de l'impr. d'Olive, 1836, in-8 de 16 pag.

AUTRAND [A.-F.]. — Statilégie mise à la portée de tout le monde, ou Méthode pour enseigner à lire la langue française en fort peu de temps. Orange, Raphel, 1829, in-12.

AUVERGNE [L.-A.-G.], de Morestel [Auvergne].

— Proposition de réforme dans l'institution des huissiers. Paris, de l'impr. de Dezauche, 1835, in-8 de 16 pag.

AUVORT. — Couleurs [les] nationales, chant patriotique. Paris, Garnier, 1831, in-16 de 8 pag.

AUVRAY [Louis-Marie], ancien administrateur civil. [Voy. la *France littér.*, tom. Ier, p. 137]. Ajoutez : Auvray entra au service comme capitaine de la garde nationale parisienne, et passa dans l'armée active. Chef de bataillon dans le 104e régiment, il devint bientôt colonel du 40e régiment de ligne, et quitta, quelques années après, la carrière militaire. Nommé, après le 18 brumaire, préfet de la Sarthe, il se montra bon administrateur, refusa la place de membre du Corps-Législatif, et resta préfet jusqu'en 1814. C'est pendant son administration qu'il publia la *Statistique du département de la Sarthe*, ouvrage estimé, cité par la *France littéraire*. En 1814 il rentra au service, devint maréchal-de-camp, et fut nommé chevalier de Saint-Louis le 13 août 1814. Auvray est mort près de Tours, le 12 novembre 1833.

AUVRY. — Épître [en vers] aux républicains. Paris, Levavasseur, 1832, in-8 de 32 pag. [2 fr.].

AUZIÈRE [Gabriel]. — I. Arbitrages [les] de banque de l'Europe, calculés dans toutes leurs combinaisons. Paris, l'Auteur, 1829, in-fol. de 16 pag., avec un Atlas de 16 tableaux in-fol. plano.

II. Arbitrages [les] de banque de Paris, tout calculés d'après un nouveau système. Paris, l'Auteur, 1830, in-fol. lithographié.

AUZOU [Louis-Napoléon], l'un des fondateurs de l'église catholique française, curé de Clichy, par élection du peuple, plus tard président de la même église française; né à Versailles, le 1er janvier 1806.

I. Discours en réfutation des Mandements de plusieurs évêques de France au sujet du choléra, prononcé le dimanche 6 mai 1832, en l'église paroissiale de Clichy. Clichy et Paris, Ledoyen, 1832, in-8 de 24 pag. [50 c.].

II. Observations sur la lettre de M. l'abbé Châtel, en date du 11 mai présent mois, et distribuée par son ordre. Paris, de l'impr. de Bellemain, 1832, in-8 de 4 pag.

III. Discours sur les usurpations sacerdotales, prononcé..... le 12 août 1832. Paris, Ledoyen, 1832, in-8 de 20 pag. [50 c.].

IV. Oraison funèbre de Napoléon II, duc de Reichstadt, prononcée..... le 23 août 1832. Clichy et Paris, 1832, in-8 de 16 pag. [50 c.]. — IIIe édition, corrigée et augmentée. Paris, à l'Eglise française, 1835, in-8 de 16 pag.

V. Profession de foi de l'Eglise française catholique et apostolique de Clichy, 15 janvier 1833. Paris, rue Basse, Porte-St-Denis, n° 20, 1833, in-8 de 8 p.

VI. Réponse de l'Eglise française aux attaques de l'Eglise romaine. Chartres, de l'impr. de Garnier, 1833, in-8 de 28 pag.

VII. Oraison funèbre de l'empereur Napoléon. Paris, au Secrétariat de l'Eglise française, 1834, in-8 de 80 pag.

VIII. Discours sur les plaisirs populaires, les bals et les spectacles, prononcé dans l'Eglise française, etc. Paris, boulevart St-Denis, n° 10, 1834, in-8 de 32 pag. [75 c.].

IX. Réfutation de la doctrine de M. l'archevêque de Paris, sur l'obéissance. Discours. Paris, même adresse, 1836, in-8 de 24 pages.

X. Réponse à M. l'archevêque de Paris, sur la religion de la Croix. Discours, par M. l'abbé Auzou, suivi d'un Extrait de la conférence faite par l'abbé Auzou et M. l'abbé *** sur la forme et le dispositif du mandement. Paris, même adresse; Charon, 1836, in-8 de 36 pag.

XI. Lettre pastorale, pour le temps de l'avent. Paris, de l'impr. de Thomas, 1836, in-4 de 4 pag.

XII. Lettre pastorale, pour le temps du carême 1837. Paris, de l'impr. de Chassaignon, 1837, in-4 de 4 pag.

XIII. Conférences sur les Jésuites. Pour les Jésuites..... M. *Hulot:* contre les Jésuites..... M. *Auzou.* Paris, boulevard St-Denis, n° 10, 1837, in-8 de 32 pag.

Sur l'Eglise française et MM. Châtel et Auzou, Voy. l'article G. GOGUEL.

On trouve une Notice sur l'abbé Auzou, dans la « Biographie des hommes du jour, » par MM. Sarrut et Saint-Edme, tome III, 1re partie, pag. 35 et suiv.

AUZOUX [L.], professeur particulier d'anatomie et de physiologie, à Paris; né à Saint-Aubin-d'Écroville [Eure].

I. Notice sur les préparations artificielles. Paris, l'Auteur, 1825, in-8.

II. Table synoptique d'une pièce d'anatomie artificielle, du doct. Auzoux. Paris, l'Auteur, 1830, in-8 de 48 pag. [1 fr.]....

III. Du choléra-morbus, son siége, sa nature et son traitement. Paris, J.-B. Baillière, 1832, in-8 de 32 pag.

IV. Leçons élémentaires d'anatomie et de physiologie, ou Description succincte des phénomènes physiques de la vie dans l'homme et les différentes classes des animaux, à l'aide de l'anatomie clastique. Paris, Baillière, 1839, in-8 [4 fr].

On trouve une Notice sur le doct. Auzoux, dans la « Biographie des hommes du jour, » de MM. Sarrut et Saint-Edme, tome Ier, 1re partie, pag. 127 et suiv.

AVENEL, journaliste, à Paris.

M. Avenel a participé à la rédaction du Lycée français, du Journal du Commerce, de la Revue encyclopédique, de la France littéraire, publiée par M. Ch. Malo, etc. Il est l'auteur, en société avec M. Amédée Pichot, d'une petite brochure, intitulée : *l'Indépendant, à M. le comte Decazes.*

AVENEL [.], D. M. P., membre de l'Académie des sciences, belles-lettres et arts de Rouen.

I. Quelques réflexions sur la rage. Rouen, de l'impr. de Baudry, 1838, in-8 de 20 pages.

II. Discours de réception à l'Académie de Rouen. Rouen, de l'impr. de Baudry, 1839, in-8 de 20 pag.

AVEZAC [Marie-Armand-Pascal d'], secrétaire général de la Société de géographie, membre de la Société asiatique, de celle des Antiquaires de France, de l'Institut historique, de l'Union encyclopédique, des académies royales de Toulouse, Bordeaux, Orléans, Dijon, Vaucluse, etc.; né à Bagnères-de-Bigorre.

I. Essais historiques sur le Bigorre, accompagnés de Remarques critiques, de Pièces justificatives, de Notices chronologiques et généalogiques. Bagnères, 1823, 2 vol. in-8, avec une carte [12 fr.].

II. Notice sur l'apparition nouvelle d'un prophète musulman en Afrique. 1829, in-8.

III. Réponse aux objections élevées en Angleterre contre l'authenticité du voyage de Caillé à Ten-Boktoue. 1830, in-8.

IV. Examen et rectification des positions astronomiques déterminées en Afrique par Mungo-Parck. 1834, in-8.

V. Etudes [des] géographiques en France et à l'étranger.

Imprimé dans la « Revue des Deux-Mondes, » IIIe série, tome II [1834], quatorzième de la collection.

VI. Itinéraires dans l'intérieur de l'Afrique septentrionale, et Discussion d'un nouveau canevas géodésique de cette région. 1835, in-8.

VII. Etudes de géographie critique sur une partie de l'Afrique septentrionale, itinéraires de Hhaggy Ebn-el-Dyn el Aghouathy, avec des Annotations et remarques géographiques, une Notice sur la construction d'une carte de cette région, et un Appendice sur l'emploi de quelques nouveaux documents pour la rectification du tracé géodésique des mêmes contrées. Paris, Arthus-Bertrand, 1836, in-8 de 192 pag., avec une carte [5 fr.].

VIII. Notice des travaux de la Société de géographie de Paris et du progrès des sciences géographiques pendant l'année 1836, lue à l'assemblée générale tenue à l'Hôtel-de-Ville, le 2 décembre 1836. Paris, de l'impr. de Bourgogne, 1837, in-8 de 48 pag.

IX. Esquisse générale de l'Afrique. Aspect et constitution physique, histoire naturelle, ethnologie, linguistique, état social, histoire, explorations et géographie. Paris, Dondey-Dupré, 1837, in-12 de 144 pag.

X. Notice sur les anciens voyages de Tartarie en général, et sur celui de Jean Du Plan de Carpin en particulier.

Imprimée en tête de la « Relation des Mongols ou Tartares, » du frère J. Du Plan de Carpin, publiée par M. d'Avezac pour le compte de la Société de géographie [Paris, A. Bertrand, 1839, in-4].

Outre les ouvrages que nous venons de citer, on doit encore à M. d'Avezac : des Notices annuelles sur les progrès des sciences géographiques; — divers Mémoires de géographie, critique spéciale, d'ethnographie, de linguistique et d'histoire, communiqués à l'Académie des sciences, au Bureau des longitudes, aux Sociétés asiatique, de géographie, etc., et insérés dans différents recueils, notamment la Connaissance des temps, le Bulletin de la Société de géographie, le Kritischer-Wegweiser, la Revue encyclopédique, l'Asiatic journal, le Globe, la Revue des Deux-Mondes, etc.; l'Encyclopédie des gens du monde, à laquelle M. d'Avezac a fourni, entre autres articles, celui de *Cartes géographiques*; l'Encyclopédie pittoresque, où l'on trouve de lui, parmi de plus nombreux articles, ceux-ci : *Afrique, Alger, Andalousie, Aquitaine, Basques, Berbers*, etc.

M. d'Avezac a en portefeuille de nombreux travaux concernant la géographie, les langues et l'histoire d'Afrique, l'histoire spéciale des Maures d'Espagne, et celle de Gascogne.

AVEZE [le marquis d']. Voy. J.-B. MAZADE D'A.

AVIRANETA [don Eugenio de]. — Apendice a la vindication publicada, en 20 de junio 1838. Bayonne, de la impr. de Lemaignère, 1839, in-8 de 20 pag.

AVOGADORO [le chevalier], membre de l'Académie royale des sciences de Turin.

Nous connaissons deux recueils auxquels le chevalier Avogadoro a fourni beaucoup de *Mémoires* écrits en français : l'un est le Recueil de l'Académie, dont il est membre ; l'autre, les Annales de physique et de chimie, publiées par MM. Gay-Lussac et Arago. Dans le premier de ces recueils on trouve de lui les Mémoires suivants : Nouvelles considérations sur la théorie des proportions déterminées dans les combinaisons, et sur la détermination des masses des molécules des corps. Mémoire de 162 pag. [tom. XXVI, 1821]. — Mémoire sur la manière de ramener les composés organiques aux lois ordinaires des proportions déterminées, de 72 pag. [Idem]. — Mémoire sur la construction d'un voltimètre multiplicateur, et sur son application à la détermination de l'ordre des métaux relativement à leur électricité par contact, avec une planche [tom. XXVII, 1823]. — Sur l'affinité des corps pour le calorique, et sur les rapports d'affinités qui en résultent entre eux. En deux Mém. [tom. XXVIII et XXIX, 1824-25]. Pour les Mémoires imprimés dans le second des recueils cités, consultez les deux tables qui ont été publiées.

AVRECOURT [d']. Voy. DAVRECOURT.

AVRIGNEY [Mme J. d']. — Abrégé de l'Histoire sainte, comprenant l'ancien et le nouveau Testament, avec l'explication des figures et des notes géographiques. Reims, Luton, 1837, in-18.

AVRIGNY [d']. Voy. DAVRIGNY.

AVRIL [A.-L.]. — De la conservation des propriétés foncières, considérées sous le double rapport de propriété et de gage hypothécaire. Paris, de l'impr. de Belin, 1830, in-8 de 88 pag.

AVRIL [Ch.-Fr.]. — Chant de deuil national, dédié à la 8e légion de Paris [28 juillet 1835]. St-Denis, de l'impr. de Prévot, 1835, in-8 de 8 pag.

AVRILLON [Mlle], première femme de chambre de l'impératrice Joséphine; pseudon. Voy. Ch.-Max. de VILLEMAREST.

AXINGER [l'abbé Joseph]. — I. Précis de l'histoire ancienne. Colmar, de l'impr. de la veuve Decker, 1830, in-8 de 48 pag.

II. Lettre adressée à M. Anselme, curé de Soultz, sur le Sermon qu'il a prêché à Thierenbach le 22 novembre 1830. Strasbourg, de l'impr. de Levrault, 1831, in-8 de 24 pag.

III. Leben Casimirs von Rathsamhausen, Fürst-Abtes der vereinten Ritter-Stifte Murbach und Lüders, im Rufe der Heiligkeit gestorben, den 1sten Janner 1786. Aus dem lateinischen übersetzt, und mit Anmerkungen beleuchtet. Ein Beitrag zur Kirchengeschichte des Elsasses. Strasburg, gebr. bey Levrault, 1836, in-8 de 82 pag. [1 fr.].

AYALA [Hermancia de]. — Princesa [la] de Amalfi por el conde Fedor Golowkin ; traducida al espanol. Paris, de la impr. de David, 1830, in-32 [5 fr.].

AYALA Y LOZANO [Rafael de]. — Teoria de los gobernios, o Simple exposicion de la manera en que se pueda organizarlos y conservarlos en el estado de civilizacion presente; por el baron *de Beaujour*. Version del frances al castellano. Paris, de la impr. de Bruneau, 1839, 2 vol. in-18 [10 fr.].

AYCARD [Marie], littérateur, né à Marseille [Bouches-du-Rhône], le 9 novembre 1794, débuta dans la carrière littéraire par quelques *poésies* qu'il a fournies à l'Alcyon, ouvrage périodique publié alors à Marseille, et dont l'existence a été de courte durée. On trouve quatre ou cinq pièces de lui dans le volume intitulé : les Roses provençales [Marseille, 1824, in-18]; entre autres *Aux Mânes de Chénier*, *élégie*, qui avait déjà été imprimée séparément dans la même ville, en 1821, mais à petit nombre et pour les amis de l'Auteur. M. Aycard vint à Paris en....., pour s'y fixer, et s'attacha à la rédaction de journaux qui paraissaient alors, tels que le Constitutionnel des Dames, dont l'existence fut éphémère ; la Pandore, la Lorgnette, le Pilote, dans lequel il fournit les articles de théâtre. Presque dans le même temps il donna au «Répertoire des théâtres étrangers,» publié par M. Brissot-Thivars, la traduction, de l'espagnol, des *Comédies de Gorostiza*. S'étant lié avec M. Auguste Ricard, il devint l'un des quatre auteurs de nombreux romans qui ont été publiés sous la raison d'Auguste Ricard. Il composa aussi plusieurs brochures politiques sous le voile de l'anonyme. Riche de son propre fonds d'imagination, M. Aycard se décida à marcher seul, publia plus tard plusieurs romans qui ont obtenu du succès, travailla pour le théâtre, et fournit des feuilletons littéraires au Courrier français ; chaque jour on en lit encore de lui dans ce journal. Les ouvrages principaux de M. Aycard, sont :

Romans.

I. Dina, ou la Fiancée, trad. de l'hébreu de *Sam. Danson*. Paris, Sanson; Lecointe et Durey, 1824, 2 vol. in-12 [5 fr.].

II. Flora. Paris, A. Leroux, 1824, in-12 [2 fr. 50 c.].

III. Avec M. *Eug. de Monglave :* * Parchemins [les] et la livrée ; par l'auteur de « Mon parrain Nicolas. » Paris, Tenon, 1825, 2 vol. in-12 [5 fr.].

Ce roman fut saisi, et M. de Monglave, traduit devant les tribunaux, se vit condamné à un emprisonnement.

IV. Ballades et Chants populaires de la Provence. Paris, Laisné, 1826, in-18 [4 fr.].

V. Sire [le] de Moret, page du roi [histoire de 1679]. Paris, Lecointe; Corbet, 1829, 4 vol. in-12 [12 fr.].

VI. Marie de Mancini [histoire de 1659]. Paris, les mêmes, 1830, 4 vol. in-12 [9 fr.].

VII. Avec M. *Aug. Ricard:* l'Actrice et le faubourien, roman de mœurs. Paris, Lecointe et Pougin; Corbet, 1833, 4 vol. in-12 [12 fr.].

VIII. Comte [le] de Horn [1720]. Paris, les mêmes, 1834, 4 vol. in-12 [12 fr.].

IX. Comme on gâte sa vie : esquisses de mœurs. Paris, Lachapelle, 1835, 5 vol. in-12 [15 fr.].

X. Julienne Petit, ou le Voleur et la grisette. Paris, Lachapelle, 1836, 2 vol. in-8 [15 fr.].

XI. Une femme de chambre. 2 vol. in-8 [15 fr.].

Théâtre.

XII. Avec M. *Emmanuel Arago :* Mademoiselle Aissé, comédie-vaudeville en un acte. Paris, Marchant, 1832, in-8 [2 fr.].

XIII. Avec *le même :* Un Pont-Neuf, comédie-vaudeville en un acte. Paris, Barba; Bezou, 1833, in-8.

XIV. Avec *le même :* Un Antécédent, comédie-vaudeville en un acte. Paris, Barba, 1834, in-8 de 28 pag. [1 fr. 50 c.], ou in-8 de 16 pag. à 2 colonn. [20 c.].

XV. Avec M. *Vanderburch :* Mademoiselle des Garcins, ou la Troisième représentation d'Othello, comédie-vaudeville en un acte. Paris, Barba; Bezou, 1839, in-8.

Varia.

XVI. [Avec M. *Eug. de Monglave*]: * Faubourg [le] Saint-Germain et le Faubourg Saint-Antoine. [Correspondance politique de deux jeunes personnes]. Paris, de l'impr. de Guiraudet, 1824, in-8 de 24 pag.

XVII. [Avec *le même*] : * Lettre à Mgr l'archevêque de Paris, à propos de son Mandement sur les élections. Paris, 1824, in-8.

XVIII. Avec M. *Ferd. Floccon* : Salon de 1824. Paris, A. Leroux, 1824, in-8.

Il n'a paru de ce Salon que deux livraisons formant ensemble 64 pages, avec deux planches.

AYLIES, avocat à la Cour royale de Paris.

— Du système pénitentiaire et de ses conditions fondamentales. Paris, Ch. Gosselin, 1837, in-8.

En société avec M. Clair, autre avocat à la Cour royale de Paris, M. Aylies a été l'éditeur du « Barreau français. » Annales de l'éloquence judiciaire en France. [Paris, Panckoucke].

AYMÉRICH [A]. — Aux électeurs de l'arrondissement de Perpignan. Perpignan, de l'impr. d'Alzine, 1831, in-8 de 16 pag.

AYNÈS. [Voy. la *France littér.*, tom. Ier, pag. 141]. Ajoutez : [François-David], principal au collége de Villefranche, puis chef d'une maison d'éducation à Lyon ; né dans cette dernière ville en 1766, mort en décembre 1827.

AYZAC [C.-L. d'], jurisconsulte, ancien juge, à Aix [Bouches-du-Rhône].

I. Analyse du projet du Code criminel. Aix et Paris, 1804, in-8.

II. De l'Epuration et de la recomposition de la magistrature en France. Paris, Le Normant, 1807, in-8 de 43 pag. [1 fr. 20 c.].

III. Démonstration de la seule époque à laquelle dut être tracé le zodiaque Tentyris [Denderah], déposé au Musée royal à Paris, etc. Paris, de l'impr. de Le Normant, 1822, in-8.

IV. Démonstration de l'inconvenance de discuter et de l'impossibilité d'admettre, quant à présent, la proposition d'abolir la peine de mort. Paris, les marchands de nouveautés, 1830, in-8 de 8 pag.

En 1821, M. d'Ayzac a publié le prospectus d'un ouvrage intitulé : *le Régulateur universel de la chronologie*, ou *le Rectificateur des faits et des dates erronés qui ont obscurci et dénaturé l'histoire sacrée et profane depuis l'origine du genre humain jusqu'à Charlemagne*, contenant : 1° de nombreux développements des causes de la divergence des systèmes chronologiques ; 2° les seuls moyens de mettre ces systèmes en harmonie, et de faire disparaître les milliers d'anachronismes mis en évidence et qui ont été répandus, par les mutilateurs de temps et même par l'incurie des copistes et des typographes, dans les productions historiques de tous les siècles ; avec une table régulatrice de toutes les dates post-diluviennes, résultantes du rapprochement des calendriers des peuples les plus célèbres, du synchronisme des dépositaires de l'autorité publique, et de celui des événements corrélatifs jusqu'à nos jours.—L'ouvrage aurait formé 3 vol. in-4 qui eussent été publiés en 21 ou 24 livraisons de 48 à 60 pages ; mais il n'en a rien paru.

AYZAC [Mlle Félicie d'], fille du précédent ; née à Paris, en 1801.

I. Odes d'*Horace*. Traduction française, avec des notes explicatives. Paris, Égron, 1822, in-8 [5 fr.].

II. Soupirs poétiques. Paris, Delaunay, 1832, in-18, avec 3 lithographies [4 fr.].

AZAIS [P.-Hyacinte]. [Voy. la *France littér.*, tom. Ier, p. 142] (*).

I. Discours prononcé par M. Azaïs, dans son jardin, en terminant ses conférences philosophiques. Paris, de l'imprim. de Pochard, 1827, in-8 de 8 pag.

II. Explication universelle. Tom. III et IV. Paris, l'Auteur, 1827, 2 vol. in-8 [6 fr.].

III. Principes de morale et de politique. Application au gouvernement du peuple français et aux conditions politiques de sa situation actuelle. Paris, Boulland, 1829, in-8 de 104 pag.

IV. Vérité [la] entière sur la Charte et la crise actuelle. Paris, Boulland, 1830, in-8 de 16 pag. [25 c.].

V. Lettres au Roi sur les questions politiques de première importance.

(*) La *France littéraire* a omis de citer, à l'article de M. Azaïs, deux opuscules dont voici les titres : 1. *Discours prononcé à l'ouverture de la fédération lorraine*, le 11 juin 1815. Nanci, Guivard, 1815, in-8 de 16 pag. Ce Discours est suivi d'un pacte et de deux pièces de vers, dont l'une, intitulée : *Hymne des Lorrains*, est de Mme Azaïs ; — II. *H. Azaïs, à M. le vicomte de Châteaubriand*, pair de France. Paris, Béchet aîné, 1818, in-8 de 28 pag. Cet écrit ne fait point partie de la Correspondance philosophique de l'auteur. — Cette Correspondance n'est point composée de six lettres, comme le dit la *France littéraire*, mais de quatre : la quatrième est adressée à M. Benjamin Constant.

Paris, Boulland, 1830, in-8 de 40 pag. [50 c.].

VI. Application de la loi des compensations à la révolution de 1789, à la restauration de 1814 et à la révolution de 1830. Paris, Boulland, 1830, in-8 de 64 pag. [1 fr.].

VII. Constitution [de la] sociale aujourd'hui convenable au peuple français. Paris, l'Auteur, 1831, in-8 de 16 pag. [50 c.].

VIII. Deux [les] frères de lait, ou l'Éducation mutuelle. Paris, Béchet aîné, 1832, in-12 [2 fr.]. — Sec. édit. Paris, Payen, 1836, in-12 [5 fr.]

IX. Cours d'explication universelle. Première année. Paris, Levrault, 1833, in-8.

Ce Cours, fait en douze séances, a été publié en autant de livraisons, formant ensemble environ 31 feuilles d'impression. La première livraison porte pour titre : *Ecole de la Vérité. Cours d'explication*, etc.

Sous le même titre, l'Auteur a entrepris, l'année suivante, la publication d'un ouvrage formant la seconde partie du précédent, qui devait se composer de 50 à 60 livraisons de 40 à 50 pag.; mais il n'en a été publié que la première livraison. Paris, Eug. Renduel ; l'Auteur, 1834, in-8 de 60 pag.

X. De la Maçonnerie, son origine, son histoire générale, sa destination actuelle. Discours prononcé en loge le 3 octobre 1834. Paris, de l'impr. de Fain, 1834, in-8 de 16 pag.

XI. Idée précise de la vérité première, et de ses conséquences générales. Partie fondamentale du Cours d'explication universelle. Paris, Allardin, 1834, in-8 [5 fr.].

XII. Vraie [de la] médecine et de la vraie morale; leur influence sur le bonheur. Paris, l'Auteur, 1835, in-8 de 88 pag.

XIII. Physiologie du bien et du mal, de la vie et de la mort, du passé, du présent, de l'avenir. Troisième livraison du « Cours d'explication universelle. » Paris, Desforges, 1836, in-8 [5 fr.].

XIV. Notice sur Mme la baronne de Carlowitz.

Imprimée dans la « Biographie des femmes auteurs contemporaines françaises. » Tom. Ier, p. 89 [1836].

XV. Question politique de première importance. Quelle est aujourd'hui la forme du gouvernement vers laquelle marchent le peuple français et tous les peuples européens? Réponse. Paris, Desforges; Ledoyen, 1837, in-8 de 36 pag. [1 fr.].

XVI. Jeunesse, maturité, religion, philosophie. Paris, Cluzel; Desforges, 1837, in-8 [5 fr.].

XVII. De la phrénologie, du magnétisme et de la folie. Ouvrage dédié à la mémoire de Broussais. Paris, Dessessart, 1839, 2 vol. in-8 [15 fr.].

XVIII. Constitution de l'univers, ses conséquences philosophiques. Paris, Desessart, 1839, in-8 [7 fr. 50 c.].

M. Azaïs a faits en 1831, à la Société de civilisation, un Cours d'explication universelle.

Les Leçons de ce professeur ont été imprimées dans le Journal des cours et conférences à l'école philosophique de la Société [1831, in-4].

AZANZA [Michel-Joseph], ministre d'Espagne sous Joseph Napoléon [Voy. la *France littér.*, tom. Ier, p. 143]. Ajoutez : né à Aoys, dans le royaume de Navarre, en 1746, mort à Bordeaux, le 20 juin 1826.

AZAOLA [don Gr.-Gonzalez]. — Hornaguera y hierro, verdadero recurso poderoso [y quizas unico!] que la queda a Espana para recuperarse de tantas perdidas como ha sufrido en estos ultimos 200 anos. Paris, de la impr. de David, 1829, in-8 de 104 pag.

AZEGLIO [Maxime d'], gendre de Manzoni.

— Ettore Fieramosca, o la Disfida de Barletta. [Nova ediz.]. Parigi, Baudry, 1835, o 1836, in-12 [4 fr. 50 c.].

— Hector Fieramosca, ou le Défi de Barlette. Roman historique, traduit de l'italien par MM. *G*..... et *S*..... Paris, Fournier jeune, 1833, 2 vol. in-8 [15 fr.].

— Le même roman, traduit de l'italien, avec une Notice sur ces deux écrivains [Manzoni et Azeglio], par *A.-L. Blanchard;* précédé d'un Essai sur les romans historiques et du moyen-âge, par *Paulin Pâris*. Paris, Hipp. Souverain, 1839, 2 vol. in-8 [7 fr. 50 c.].

AZÉMA [Étienne], de l'île Bourbon.

— Fables et Poésies diverses. Paris, Dondey-Dupré, 1832, in-12.

AZEMAR [César], de Paulhan.

— Livre [le] du peuple. Tome Ier, Histoire [jusqu'en 1789]. In-8 de 615 pages.— Tome IIe, Philosophie. Montpellier, de l'impr. de la veuve Ricard, 1836-39, 2 vol. in-8.

Le second volume n'a pas encore été publié entièrement.

AZÉMAR [Léopold d']. — Observations sur les modifications apportées à l'ordonnance du 6 décembre 1829, en ce qui concerne le maniement des armes pour les lanciers. Provins, de l'impr. de Lebeau, 1837, in-8 de 24 pag.

AZEVEDO [P.-S.-S.].—Portugais [le] reconnaissant à la France et aux habitants de Brest. Ode. Brest, de l'impr. de Lefournier, 1832, in-4 de 16 pag.

Le texte portugais est en regard.

AZEVEDO COUTINHO [C.-M.]. — Reflexoens sobre o nosso systema monetario e indicaçoens das melhores maneiras de retirar o papel. Pariz, de la impr. de Beaulé, 1837, in-18 de 48 pag.

AZONVILLE [Narcisse-Eléonore d'], — Rêve d'un ermite du Jura au XIXe siècle, ou Sujets de haute politique, de littérature, des sciences, des arts, etc., etc. Paris, Schwartz et Gagnot, 1838, in-8.

AZUR [J.-A.]. — I. Almanach des fabricants travaillant en matière d'or, argent et autres métaux. Paris, quai de la Mégisserie; no 24, 1827, in-12 [3 fr. 50 c.].

Cet Almanach paraît depuis le commencement de ce siècle.

II. Almanach de la fabrique de Paris, suite de l'Almanach des fabricants travaillant en matière d'or, d'argent et autres métaux. Paris, quai de la Mégisserie, in-12 [6 fr.].

La XXXIVe année de ce dernier almanach a paru en 1838.

B

BAADER [Joseph de], conseiller de la direction provinciale de Bavière, membre du bureau intime des mines et salines, ingénieur en chef des constructions hydrauliques des mines et salines de S. M. le roi de Bavière, membre de l'Académie royale des sciences de Munich, de la Société minéralogique de Iéna, etc.

I. Projet d'une nouvelle machine hydraulique pour remplacer l'ancienne machine de Marly, suivi de l'Aperçu d'un autre moyen de fournir des eaux à la ville et aux jardins de Versailles, sans employer la force motrice de la rivière. Paris, Ant.-Aug. Renouard, 1806, in-4 de vij et 58 pag. [4 fr. 50 c.].

II. Sur l'avantage de substituer des chemins de fer d'une construction améliorée à plusieurs canaux navigables projetés en France. Paris, Bachelier, 1829, in-8 de 160 pag. [3 fr.].

J. de Baader est auteur de beaucoup d'autres ouvrages, mais tous écrits en allemand. Le XXVIe volume du «Journal des mines» renferme une analyse assez étendue d'un ouvrage de ce savant, intitulé : *Description et Théorie des soufflets cylindriques anglais.*

BABAUD-LARIBIÈRE [L.]. — De l'Extinction de la mendicité ; projet lu à la loge de la vraie-harmonie de Poitiers. Poitiers, de l'impr. de Saurin, 1839, in-8 de 16 pag.

BABAULT. — Dictionnaire français, encyclopédique, contenant, outre tous les mots de la langue française, des sciences et des arts, la nomenclature de toutes les communes de France ; l'indication des principaux établissements publics, préfectures, sous-préfectures, cours, tribunaux, bibliothèques, musées, bureaux d'enregistrement et de poste, etc., etc., et celle non moins intéressante du genre de production et du commerce de chaque localité. Tome Ier, première livraison. [A-Ain]. Paris, Regnoult ; l'Auteur, 1839, in-8 de 48 pag. [50 c.].

BABBAGE [Ch.], professeur à l'université de Cambridge.

— Traité sur l'économie des machines et des manufactures ; traduit de l'anglais sur la troisième édition, par *Ed. Biot.* Paris, Bachelier, 1833, in-8 [7 fr. 50 c.].

— Le même ouvrage, sous ce titre : Science économique des manufactures ; trad. de l'angl. sur la troisième édit. ; par M. *Isoard.* Paris, Dondey-Dupré, 1834, in-8 [6 fr.]

BABEUF [Émile], ancien libraire à Paris.

I. Procès des ex-ministres, précédé de Notions historiques, contenant des faits inédits sur MM. de Polignac, de Peyronnet, Chantelauze et de Guernon de Ranville. Paris, Hocquart jeune, 1831, 3 vol. in-18 avec portraits.

II. Procès de la conspiration, dite républicaine, de décembre 1830, contenant des Pièces inédites et des Notices biographiques sur les principaux accusés. Paris, Hocquart ; Audin, 1831, in-18.

BABEY, l'un des anciens rédacteurs de la « Revue encyclopédique. »

BABIN [Alfred]. — I. Avec M. *E.-F. Lenoir :* Manuel complet pour le baccalauréat ès-sciences, contenant l'arithmétique, les quatre premiers livres de géométrie, la physique, la chimie et la botanique. Paris, Compère jeune, 1827, in-18 avec planches [5 fr. 60 c.]. — Questions dépendantes du Manuel pour le baccalauréat ès-sciences, sur l'arithmétique, la géométrie, la physique, la chimie et la botanique. Paris, Compère jeune, 1828, in-18 de 96 p. [1 fr. 25 c.].

II. Avec M. *P.-M. D*** :* Manuel pratique de procédure civile, contenant..... Paris, Crochard ; J.-P. Roret, 1828, in-8 [7 fr. 50 c.].

BABIN [A.-V.]. — I. Études sur la langue française, ou Exercices sur toutes les difficultés d'orthographe, de ponctuation, de langage et de style que présente notre langue. Paris, Aug. Delalain, 1832, in-12 [2 fr.].

II. Corrigé des «Études sur la langue française,» contenant la solution de toutes les difficultés d'orthographe, de ponctuation, de langage et de style que présente notre langue. Paris, Aug. Delalain, 1832, in-12 [3 fr.].

Sur le frontispice du premier de ces livres, M. Babin rappelle qu'il est auteur de plusieurs ouvrages d'éducation. Ils ont échappé à nos recherches : peut-être ont-ils paru sans son nom.

BABINET, professeur de physique à Paris, membre de l'Institut [Académie des sciences]. [Voy. la *France littér.*, tom. Ier, p. 145].

— Expériences pour vérifier celles de M. Trevelyan sur la vibration des métaux échauffés [1833].

BABINET. — Vie de saint Léger, évêque d'Autun. Episode de l'histoire de 660 à 681. Poitiers, de l'impr. de Saurin, 1835, in-8 de 32 pag.

BABOIN DE LA BARROLIÈRE. [Voy. la *France littér.*, tom. Ier, p. 146]. Ajoutez : [Romain], ancien négociant à Lyon; né à Saint-Romain, dans le département de la Drôme, en 1765, mort à Lyon, le 16 août 1837.

BABOIS [Mme Marguerite-Victoire], poëte élégiaque. [Voy. la *France littér.*, tom. Ier, p. 146]. Ajoutez : Née le 8 octobre 1760, à Versailles, d'une famille respectable de commerçants; morte le 8 mars 1839. Mme Babois était, par alliance, la nièce de Ducis.

I. Epître aux romantiques. Paris, de l'impr. de Dezauche, 1834, in-18 de 18 pag.

II. A ma Muse. Epilogue.

Pièce de 94 vers avec laquelle Mlle Sophie Ulliac Tremadeure a clos la Notice qu'elle a consacrée à Mme Babois, dans la «Biographie des femmes auteurs contemporaines françaises,» publiée sous la direction de M. A. de Chesnel [Paris, 1836, in-8], pages 119 à 132. Mme Babois y fait à sa muse des adieux, qui n'ont pas été sans retour, dit Mlle Ulliac.

BABOUC. — Plumitif, comédie indienne en un acte [en six scènes]. Perpignan, de l'impr. de Mlle Tastu, 1839, in-fol. de 2 pag.

BABRON [le chevalier J.-B.-A.]. [Voy. la *France littér.*, tom. Ier, p. 146].

— Il faut garder Alger, l'honneur français l'ordonne. Nécessité politique de conserver cette position maritime militaire; détails exacts sur le climat, la fertilité et les ressources de ce beau pays. Réflexions sur l'impuissance actuelle de l'Angleterre pour s'opposer à toute colonisation française du royaume d'Alger. Alliance désirable entre la France et la Russie. Paris, les marchands de nouv., 1830, in-8 de 16 pag.

BABUT [A.]. — Des systèmes politiques et des besoins spéciaux depuis 1830. Paris, Bohaire, 1837, in-8 de 60 pag.

BACCARAT [le baron de]. — Routes [les] de France. Route de Paris à Dijon par Melun, Sens, Joigny, Auxerre et Rouvray, et aussi par Époisses et Semur. Paris, Delaunay; Simoneau, 1828, in-8 de 116 pag., avec une carte [2 fr. 50 c.]. — Route de Paris à Troyes par Provins et Nogent-sur-Seine. Paris, Delaunay; Simoneau, 1828, in-8 de 60 pag. et une carte [2 fr.].

BACHARACH [Heinrich]. Voy. A. Spiers.

BACHASSON DE MONTALIVET. Voy. Montalivet.

BACH [Samuel], pseudonyme. Voy. Théop. de Ferrière.

BACHE [Paul-Eugène]. — I. Aux mânes de Charles Villeneuve. Branche de cyprès. [En vers]. Paris, de l'impr. de Mocquet, 1836, in-8 de 4 pag.

II. Epingle [l'], bluet. [En vers]. Paris, de l'impr. de Thomassin, 1837, in-8 de 16 pag.

BACHELET [L.-P.]. — Psaumes et Cantiques en faux bourdon, recueillis par L.-P. Bachelet. Rouen, Fleury fils aîné; l'Auteur, 1837, in-8 de 16 pag.

BACHELOT DE LA PYLAIE [A.-J.-M.], naturaliste-voyageur et antiquaire, à Vitré [Ille-et-Vilaine], membre et correspondant de diverses sociétés savantes et entre autres de la Société royale des antiquaires de France; né à Fougères [Ille-et-Vilaine], le 25 mai 1786.

I. * Flore de Terre-Neuve et des îles Saint-Pierre et Miquelon, avec figures dessinées, par l'Auteur, sur la plante vivante. Première livraison [et unique]. Paris, de l'impr. de F. Didot, 1829, in-4 de 128 pag.

interrompue depuis plus de dix ans, cette publication n'aura, selon toute apparence, aucune continuation.

II. Traité des algues marines. Paris, de l'impr. d'A. Belin, 1829, in-8.

III. Manuel de conchyologie. Paris, Baudouin frères, vers 1828, in-18.

Ouvrage cité par M. Girault de St-Fargeau, dans son « Guide pittoresque en France, » Ille-et-Vilaine, p. 19. M. Girault dit que ce livre de M. de La Pylaie est le premier qui ait été publié sur ce sujet.

Outre les ouvrages que nous venons de citer, nous connaissons encore de M. Bachelot de La Pylaie, comme antiquaire, les deux Notices suivantes, imprimées dans le Recueil de la société des Antiquaires de France : 1° *Notice sur la ville de Sainte-Suzanne, sur les débris des fortifications vitrifiées de son ancien château, et sur les dolmans situés dans son voisinage* [tome VIII, 1829]; — 2° *La Roche aux Fées* [tome XII].

M. Bachelot de La Pylaie a donné généreusement, au Muséum de Paris, les belles collections en histoire naturelle qu'il avait composées dans de nombreux voyages entrepris à ses frais.

BACHELU [Gilbert-Désiré-Joseph], lieutenant-général, député du Jura; né à Salins [Jura], le 9 février 1777.

I. * Sur la situation de la France. Opinion d'un député. Paris, les marchands de nouveautés, 1831, in-8 de 28 pag. — Reproduit sous ce titre : Opinion du général Bachelu sur la situation de la France. Lyon, de l'impr. de Boursy, 1831, in-8 de 16 pag.

II. Compte-rendu à ses commettants par le lieutenant-général Bachelu. Paris, de l'impr. de Dupont, 1831, in-8 de 60 pag.

On trouve une Notice sur le général Bachelu dans la « Biographie des hommes du jour, » tom. IIe, 2e partie, pag. 356 et suiv.

BACHMETEFF [T. de]. — I. Avec *T. Rapou* : Essai d'une théorie homœopathique des fièvres intermittentes; traduit de l'allemand de *Bonninghausen*. Paris, Baillière; et Lyon, Bohaire, 1833, in-8 de 104 pag.

II. Avec *le même* : Tableau de la principale sphère d'action et des propriétés caractéristiques des remèdes antipsoriques; traduit de l'allemand du docteur *Bonninghausen*; précédé d'un Mémoire sur la répétition des doses du docteur Hering; trad. de l'allem. par *T. de Bachmeteff*, et de quelques Considérations générales sur les remèdes homœopathiques, par *T. Rapou*. Paris, Baillière; et Lyon, Bohaire, 1834, in-8 [5 fr. 50 c.].

BACHOUÉ DE LOUSTALOT [J.-P.], D.-M., à Paris.

I. Nouvelle Théorie de la vie dans l'homme et les animaux, ou nouvelle Interprétation philosophique des phénomènes dynamiques, sains ou morbides, manifestés par la matière organique animale. Paris, Mansut, 1829, in-8 de 168 pag.

Sur le frontispice de ce volume, l'Auteur a laissé imprimer son nom *J.-P. de Loustalot-Bachoué*.

II. Cause [la] des épidémies dévoilée, ou Expériences tout-à-fait concluantes sur l'art d'assainir les hôpitaux, les camps, les prisons, les palais, les vaisseaux, les habitations particulières à la ville et à la campagne, les voitures publiques, etc., et de préserver infailliblement les nations du choléra-morbus, de la peste, de la fièvre jaune, et généralement de tout fléau épidémique. Travail confirmatif de la découverte de la médecine phusy-dynamique, et destiné à renverser les sophismes de l'école dite physiologique ou d'irritation, et de la physique actuelle, sur les attributs de la matière de l'homme et de la matière universelle. Paris, l'Auteur, 1831, in-8 de 120 pag.

— Le même ouvrage, sous ce titre : des Causes de la vie, ou de l'Action nerveuse, et des moyens de connaître, de se préserver et de guérir, 1° les maladies des nerfs, telles que spasmes, vapeurs, convulsions, crampes, tremblements, sciatique, tic douloureux, éblouissements, apoplexies, paralysies, palpitations, toux, asthmes, coliques nerveuses, etc.; 2° les maladies aiguës ou chroniques appelées inflammations; 3° enfin les maladies qui dépendent d'une matière organique étrangère à la matière naturelle de l'homme, telles que le choléra-morbus, peste, fièvre jaune, pustule maligne, variole, rougeole, scarlatine, dartres, syphilis, cancer, scrophules, phthisie pulmonaire, hydatides, vers intestinaux, etc. Travail entièrement neuf, tout-à-fait concluant, tiré des bases de la médecine phusy-dynamique, et contenant les expériences directes demandées à l'Auteur par l'Académie royale de médecine dans son rapport du 24 juin 1828. IIe édition, précédée du Rapport de l'Académie et de la Réponse à ce rapport; suivis de la Réfutation des sophismes de MM. Broussais, Rostan, Adelon, Biot, Pouillet, etc., sur les attributs de la matière de l'homme et de la matière universelle. Paris, l'Auteur, 1831, in-8 [7 fr.].

BACK [le capitaine], officier de la marine royale.

— Narrative of the arctic land expedition to the mouth of the great fish river and along the shares of the arctic Ocean in the years 1833, 1834 and 1835. Paris, Baudry; Amyot, 1836, in-8 [5 fr.].

Cette édition fait partie de la *Collection of ancient and modern british authors*. Des exemplaires portent un titre au nom de Galignani.

— Voyage dans les régions arctiques, à la recherche du capitaine Ross, en 1834 et 1835, et Reconnaissance du Rhlwee-Choh, maintenant grande rivière Back; trad. de l'angl. par *P. Cazeaux*. Paris, Arth. Bertrand, 1836, 2 vol. in-8 [15 fr.].

BACQUA [Napoléon]. — I. Codes de la législation française, ouvrage contenant, etc. Paris, 1839, rue des Poulies-St-Honoré, nº 9, petit in-8 [6 fr.].

II. Codes usuels. Nouvelle édition, collationnée avec soin sur les textes officiels, contenant la Charte constitutionnelle, les cinq Codes ordinaires, onze Codes particuliers, etc. Prem. et deuxième parties. Paris, 1839, rue des Poulies-St-Honoré, nº 9, 2 vol. in-32 [3 fr.].

BACQUEVILLE DE LA VASSERIE. — Docteur [le] et la Dame, dialogue [en vers], dédié aux Broussaistes. Dunkerque, Lancel; Olivier, 1829, in-8 de 8 pag.

BACRE [Mme L.-R.*** de]. Voy. LEROY DE BACRE.

BADENIER [P.]. — I. Orpheline [l'] du Loiret, ou le Célibataire malgré lui. Episode de 1815, mêlé de couplets. Paris, Barba; Heuguet. 1832, in-18.

II. Complot [le] de famille, comédie en vers. Paris, Perron, 1836, in-18, [50 c.].

BADHAM [David]. — Question [the] concerning the sensibility, intelligence, and instinctive actions of insects. Paris, printed by Belin, 1837, in-8 de 60 pag.

BADICHE [Marie-Léandre]. — Notice sur le diocèse de Rennes. Paris, Jeanthon, 1836, in-8 de 16 pag.

BADIN, avocat agréé au tribunal de commerce de Paris.

— De la nécessité d'interpréter, par amendement, les dispositions de l'article 627 du Code de commerce. Paris, de l'impr. de Dupont, 1838, in-4 de 12 pag.

BADOER [Angelo de]. — Avec M. *P.-C.-M. Cochet de Savigny :* Mémorial de la gendarmerie, collection annotée des lois, ordonnances, décisions et circulaires relatives au service de l'arme, de l'an VI à 1836, avec une table chronologique et analytique. Paris, Troussel, 1836 et ann. suiv., in-8.

Cet ouvrage aura dix volumes environ : chaque volume paraît distribué en huit livraisons à 1 fr. 50 c. l'une. Il en a paru jusqu'à ce jour 24 livraisons formant 3 volumes.

BADON [Edmond], littérateur.

I. Avec M. *Lockroy :* Un duel sous le cardinal de Richelieu, drame en trois actes, mêlé de couplets. Paris, Barba, 1832, in-8 [2 fr. 50 c.].

Cette pièce a été réimprimée dans la « France dramatique » [1834].

II. Avec M. *Fr. Soulié :* Une aventure sous Charles IX, comédie en trois actes. Paris, Marchant, 1834, in-8 impr. à deux colonn. [50 c.], ou in 8 impr. à longues lignes [1 fr. 50 c.].

III. Montbrun, ou les Huguenots en Dauphiné. Paris, Prudhomme, 1838, 2 vol. in-8 [15 fr.].

BAGAY [V.], professeur d'hydrographie.

I. Nouvelles tables astronomiques et hydrographiques, contenant un traité abrégé des cercles de la sphère; la description des instruments à réflexions; diverses méthodes pour obtenir les latitudes et les longitudes terrestres; une nouvelle table des logarithmes, des sinus, cosinus, tangentes et cotangentes de seconde en seconde pour les quatre-vingt-dix degrés du quart de cercle. Edition stéréotype. Paris, F. Didot, 1830, in-4 avec 5 planches [25 fr.]

II. Gisement des côtes de France, de pointe en pointe depuis Bayonne jusqu'à Dunkerque; de toutes les côtes d'Espagne et de Portugal, depuis Bayonne jusqu'à Collioure, et des côtes de France, de Collioure à Toulon.

Paris, Aug. Delalain, 1832, in-8 de 20 pag. — IIIe édition. Paris, le même, 1836, in-8 [1 fr. 25 c.].

M. V. Bagay a, en outre, donné une nouvelle édition des Leçons de navigation de Dulague [1832].

BAGET [Jules].— I. Avec Mesdames *Valmore, Tastu* et *de Bradi :* la Couronne de Flore, ou Mélange de poésie et de prose. Paris, Fleury Chavaut, 1837, in-18 avec 4 gravures.

II. Appel à tous. La réforme. Discours en vers. Paris, Mme Goulet, 1838, in-8 de 20 pag. [30 c.].

BAGET [J.-J.]. — Avec M. *A. Lecointe :* Dictionnaire des communes du département de l'Aisne, précédé d'un Aperçu statistique. Laon, Lecointe, 1837, in-12 [5 fr.]

BAGNY, médecin à Dijon.

— Méthode de l'équilibre appliquée à l'analyse des OEuvres de M. Broussais. Dijon, Decailly, 1833, broch. in-8 [1 fr. 50 c.].

BAGUE. — I. Tablettes séricoles, ou Guide facile et certain de l'amateur du mûrier et du ver à soie; précédées d'un coup-d'œil historique sur l'origine et la propagation de cette industrie. Sec. édit. Bayonne, de l'impr. de Lamaignière, 1838, in-8 de 32 pag.

II. Album grammatical, ou Tablettes pittoresques de l'amateur des langues, et spécialement de la langue française, contenant, etc. Bayonne, de l'impr. de Lamaignière, 1839, in-8 [2 fr. 50 c.].

BAGUET [P.-P.]. — Éléments d'orthographe, dédiés au peuple. Chez les principaux libraires du département de Saône-et-Loire, 1837, in-12 de 36 pag.

BAIGNOUX [P.-Ph.], ancien deputé d'Indre-et-Loire. [Voy. la *France littér.*, tom. Ier, pag. 152].

I. Histoire philosophique de la réformation de l'état social en France dans ses rapports avec l'inégalité des conditions, la propriété, les lois, les mœurs et l'esprit général de la nation. Paris, Fournier jeune; Charles Béchet, 1829, in-8 [6 fr.].

II. Sanche-Oriello, prince de Viana, ou les Maures en Espagne. Tours, Mame; et Paris, Corbet, 1835, 2 vol. in-8 [15 fr.].

Le *Traité de la sphère*, du même, publié pour la première fois en 1784, a été réimprimé en 1836. Tours, in-8 avec 3 planches.

BAILLARD [Joseph], ancien professeur de rhétorique au collége de Toul; né à Nanci [Meurthe], le 15 mars 1799.

— Délivrance [la] de Nanci par René II, poëme. Nanci, 1824, in-8.

M. Baillard a, en outre, traduit l'ouvrage intitulé : *De la Colère*, de SÉNÈQUE, traduction qui a été imprimée dans l'édition des OEuvres du philosophe latin, qui fait partie de la Bibliothèque latine-française publiée par M. Panckoucke. M. Baillard a traduit aussi plusieurs autres opuscules et ouvrages du même auteur, pour la «Collection d'auteurs latins, avec la traduction en français», publiée sous la direction de M. Nisard. Les ouvrages de Sénèque, traduits par M. Baillard, pour cette dernière Collection, sont : les petites Pièces de vers, les Questions naturelles, des Fragments tirés de Lactance, et d'autres tirés de S. Jérôme.

BAILLARD [Maurice]. — Bon [le] père de Mattaincourt. Vie du bienheureux Pierre Fourier, curé de Mattaincourt. Paris, Jeanthon; Meyer, 1834, 2 vol. in-12.

BAILLE, de Foix [Arriége].

— Plaidoyers en vers, dédiés à MM. les président et conseillers près la cour royale de Toulouse. Foix, de l'impr. de Pomiès, 1839, in-4 de 8 pag.

BAILLEHACHE [Alphonse], avocat à la Cour royale de Paris.

I. Discours prononcé à la reprise des conférences de l'ordre des avocats. Paris, de l'impr. de Guiraudet, 1832, in-8 de 36 pag.

II. Conférence de droit public. Extrait du rapport fait au nom de la commission chargée de l'examen de l'organisation municipale et départementale, dans les séances des 2 et 16 janvier 1833. Paris, de l'impr. de Guiraudet, 1833, in-8 de 16 pag.

BAILLET [Eugène], mort en 1836.

— Guide intellectuel et moral de l'étudiant en droit, contenant une introduction à l'étude du droit, une méthode générale d'étudier les sciences et les arts, et une poésie du devoir. Paris, Froment-Pernet, 1835, in-18 [4 f. 50 c.].

BAILLEUL [Jacques-Charles]. [Voy. la *France littér.*, tom. Ier, p. 154]. Ajoutez : Ancien député de la Seine-Inférieure, pour le Hâvre, et membre du conseil général du département. Depuis l'impression de l'article qui lui est consacré dans la *France littéraire*, M. Bailleul a publié :

I. Avec M. *Vivien* : Bibliomappe annuel, feuille périodique de géographie; tome Ier. Paris, Renard, 1827, in-4.

Il en a paru en 1827 trois numéros, chacun de deux feuilles.

II. Avec *le même* : Bibliomappe du premier âge : géographie de la jeunesse, contenant.... précédé d'un exposé analytique du plan des bibliomappes. Paris, Renard, 1827, in-8 avec 9 cartes.

III. A MM. les électeurs du département de la Seine-Inférieure, J.-Ch. Bailleul, ancien député de ce département, sur les circulaires électorales de M. le préfet de Vanssay. Paris, Renard, 1828, in-8 de 8 pag.

IV. Bibliomappe des classes, cours de géographie composé des cartes du bibliomappe avec les bulletins, et divisé en cinq sections, pour mettre les élèves à même de suivre les leçons faites d'après le grand ouvrage. Première section. Premier degré. Paris, Renard, 1828, in-4.

V. Histoire de Napoléon : Études sur les causes de son élévation et de sa chute. Paris, Renard, 1829-1839, 4 vol. in-8 [20 fr.].

Le premier volume avait déjà été publié en 1828, sous le titre de : *Etudes sur l'histoire de Napoléon.*

VI. Avec M. *Vivien* : Lettre à S. Exc. le ministre de l'instruction publique sur la nécessité de réformer ou plutôt de fonder l'enseignement de la géographie et de la chronologie dans l'Université. Paris, Renard, 1829, in-8 de 16 pag.

VII. Bibliomappe annuel. Bureau central de géographie : travaux géographiques dirigés et exécutés d'après les principes du bibliomappe. Paris, de l'impr. de Decourchant, 1830, in-4 de 16 pag.

VIII. Lettre contre toute espèce de remboursement de la rente autre que le rachat par la caisse d'amortissement, adressée à M. M***, membre de la Chambre des députés. Paris, Renard, 15 mars 1830, in-8 de 24 pag.

IX. Lettre sur les vices de l'amortissement avant et après la loi de 1825, avec l'indication du principe qui doit en régler la marche et l'emploi, adressée, etc. Paris, Renard, 1830, in-8 de 32 p. — Deuxième Lettre sur les vices de l'amortissement. Paris, le même, 1830, in-8 de 40 pag.

X. Petites Lettres sur de grandes questions :

Lettre n° 3. Contre les différents taux attribués au capital nominal des rentes sur l'Etat. Paris, Renard, 1830, in-8 de 16 pag.

Lettre n° 4. Nécessité d'éclairer les classes ouvrières sur leurs véritables intérêts par la connaissance de leur position sociale. Paris, Renard, 1830, in-8 de 16 pag.

Lettre n° 5. Des contributions indirectes; de l'impôt sur les boissons; en général, des vices qui se sont introduits dans les discussions de finances. Paris, Renard, novembre 1830, in-8 de 48 p.

Lettre n° 6. Des différences caractéristiques entre la Monarchie dite légitime ou despotique, et la Monarchie constitutionnelle ou légale; des obstacles qui se sont opposés à l'affermissement du gouvernement constitutionnel; des fausses interprétations données au mot *liberté*; des associations politiques délibérantes, ou clubs, etc., etc. Paris, Renard, décembre 1830, in-8 de 48 pag.

Lettre n° 7. Projet d'une banque de garantie pour l'escompte des effets de commerce. Encore un mot sur l'amortissement des rentes sur l'Etat, et sur le projet adopté par la Chambre des députés. Paris, Renard, janvier 1831, in-8 de 16 pag.

Lettre n° 8. Hérédité de la Pairie (1re lettre). De la connaissance des votes et des engagements exigés d'avance des candidats par les électeurs. Paris, Renard, juin 1831, in-8 de 24 pag.

Lettre n° 9. Hérédité de la Pairie (2e lettre). Circonstances dans lesquelles se présente la question de l'hérédité de la pairie. Paris, Renard, août 1831, in-8 de 48 pag.

Lettre n° 10. Hérédité de la Pairie (3e lettre). De l'hérédité et de la non-hérédité de la pairie. Paris, Renard, août 1831, in-8 de 64 pag.

Les deux premiers numéros de cette série de lettres sont formés du n° VIII, pour le premier, et de la réunion des deux lettres du n° IX pour le deuxième.

XI. Candidature pour l'élection d'un député au Hâvre au 1er octobre. Quelques explications apologétiques adressées à MM. les électeurs de l'arrondissement électoral, et, en général, aux citoyens de la ville du Hâvre. Paris, de l'impr. de Decourchant, 1831, in-4 de 4 pag.

XII. Avec M. *Vivien* : Bibliomappe. Géographie physique et administrative de la France, appuyée sur les lignes de partage et sur le cours des eaux, et présentant, sous le rapport des divers objets, soit naturels, soit civils et politiques, une nomenclature complète pour chacun des quatre-vingt-six départements du royaume. Paris, Renard, 1832, in-8 [7 fr.].

XIII. J.-Ch. Bailleul, ancien député de la Seine-Inférieure pour le Hâvre, membre du conseil général du département, à ceux de MM. les électeurs de l'arrondissement électoral du Hâvre qui l'ont honoré de leurs suffrages, lors de la dernière élection [5 février 1834]. In-8 de 16 pag.

XIV. Idées anarchiques. — Que les idées anarchiques sont répandues dans toutes les classes de la société, parmi les membres les plus recommandables des Chambres, jusqu'au sein du ministère, et plus particulièrement dans les écrits de toute sorte, ou Vues sur la nécessité d'un complément d'organisation sociale. Paris, Renard, 1835, in-8 de 200 pag. [5 fr.].

XV. Rentes dites cinq pour cent sur l'Etat, remboursement, conversions, retranchements. — Observations sur le rapport de M. Lacave-Laplagne. Paris, Renard, 1836, broch. in-8 de 52 pag.

XVI. Gouvernement, selon la Charte de 1830. Gouvernement représentatif des majorités. Sont-ce là deux gouvernements? Dans ce cas, auquel des deux convient-il de donner la préférence? Paris, Renard, 1836, in-8 de 52 pag.

XVII. Quelques Maximes politiques extraites de divers écrits de M. Bailleul [Ch.], ancien député. Paris, de l'impr. de Pollet, 1839, in-8 de 4 pag.

BAILLEUL [Antoine], frère du précédent, ancien imprimeur-libraire à Paris, et fondateur du « Journal du Commerce » ; né à Breteville [Seine-Inférieure], le 8 janvier 1762. Elevé dans le notariat, M. A. Bailleul devint, par circonstance, imprimeur-libraire. Aussitôt qu'eut cessé la Terreur, M. A. Bailleul créa [vers la fin de 1794] le « Journal du Commerce », feuille remarquable par son sage patriotisme, par son dévouement aux intérêts bien compris du pays, par la bonne direction tracée au mouvement du commerce et de l'industrie. Le fondateur, élevé dans la pratique du droit, y traitait des questions de droit commercial avec un succès tel que chaque jour des négociants avaient recours à lui dans leurs discussions litigieuses, et acceptaient, comme une sorte d'arbitrage, les solutions données dans son journal. En 1811, cette feuille fut, par décret impérial, amalgamée avec six autres dans le « Journal de Paris. » M. A. Bailleul, qui en fut conservé l'un des administrateurs participant dans les bénéfices, obtint de l'autorité de publier une feuille supplémentaire sous le nom de « Bulletin de Commerce », qu'il était chargé de rédiger, ce qui conserva à cette entreprise tous ses anciens abonnés. Sa propriété lui ayant été rendue sous la Restauration, il reprit la publication de son « Journal du Commerce, » le 1er janvier 1815, et la continua jusqu'en 1817. A cette époque, le « Constitutionnel » presque naissant fut supprimé par autorité supérieure, et ne put reparaître que sous le manteau d'un autre journal déjà existant. Une association eut lieu avec M. A. Bailleul, et de ce moment le « Constitutionnel » reprit son cours sous le nom de *Journal du Commerce, de politique et de littérature,* titre qu'il conserva jusqu'à un changement survenu, environ deux ans après, dans la législation des journaux et à la faveur duquel le « Constitutionnel » put reprendre son ancien titre qu'il n'a plus quitté. M. A. Bailleul, devenu l'un des propriétaires de ce journal, ainsi que son frère, M. Ch. Bailleul, s'étant spécialement chargé de la rédaction de la partie commerciale, y attacha de nouveau une feuille consacrée aux matières de commerce, dans laquelle il traitait, comme par le passé, des questions de droit. On doit bien se garder de confondre cet ancien « Journal du Commerce, » fondu dans le « Constitutionnel, » avec le « Journal du Commerce » actuel, auquel M. Bailleul n'a jamais eu aucune participation, dont la création est postérieure à l'association de sa feuille avec le « Constitutionnel, » et qui s'est indûment emparé de ce titre appartenant évidemment à M. Bailleul, mais dont celui-ci ne jugea pas à propos de réclamer la possession exclusive. Nous connaissons de M. A. Bailleul les ouvrages suivants :

I. *Année [l'] du négociant et du manufacturier, ou Recueil, par ordre des matières, des traités, lois, arrêtés et réglements concernant le commerce, les manufactures, les colonies et la marine, depuis le 18 brumaire an VIII. Paris, A. Bailleul, an XI [1803], deux part. in-8 [10 fr.].

Chaque partie est précédée des tables analytiques des lois, arrêtés et messages publiés depuis 1789. Cet ouvrage contient en outre la législation sur les finances ; la nomination des agents de change et courtiers de toutes nos places de commerce ; les brevets d'invention et l'historique des événements, qui, dans le cours de la même période, ont intéressé le commerce et l'industrie.

II. * Panorama de Paris, ou Paris vu dans son ensemble et dans ses détails ; son origine, la description de ses monuments avec l'indication des jours où le public y est admis ; l'état de son industrie, de son commerce, des arts et manufactures qu'il renferme. Le tout enrichi de notes curieuses et historiques. Paris, an XIII [1805], 2 vol. in-12.

Dans cet ouvrage, l'Auteur s'est appliqué particulièrement à tracer le tableau des sources et du mouvement de l'industrie parisienne. La description et l'historique des principaux monuments de la capitale en était une partie nécessaire. Il y encadra aussi l'origine et les progrès du Théâtre-Français et des autres spectacles parisiens.

III. Crata Repoa, ou Initiations aux anciens mystères des prêtres d'Égypte; traduit de l'allemand [de *Kœppen*]. Paris, Bailleul ; Renard, 1821, in-8 de 128 pag. [2 fr.].

Le faux-titre de ce volume porte : *Recueil de pièces relatives aux anciens mystères et à la maç.·. moderne en Amérique, en Allemagne et en France.*

IV. Mémoire sur la question proposée à l'Académie des sciences morales et politiques par feu M. l'abbé Grégoire, évêque de Blois : « Pourquoi les peuples avancent-ils plus vite dans les « sciences que dans la morale pratique? « Quels sont les moyens de remédier à « cette inégalité? » Envoyé à cette académie par M. Ant. Bailleul. Paris, de l'impr. de Pollet, 1839, in-8 de 16 pag.

On doit au même quelques écrits de circonstance, et des articles dans les journaux et recueils.

M. Ant. Bailleul s'occupe depuis nombre d'années d'un grand travail sur les Croyances et les Préjugés des peuples de l'antiquité, où il se propose de présenter le tableau de l'esprit humain dans ces temps reculés. Mais cet ouvrage, déjà fort avancé, est de longue haleine et exige des recherches multipliées ; on ne saurait prévoir encore à quelle époque il sera prêt pour la publicité.

BAILLEUL [Charles-Henri], fils du précédent, inspecteur de la librairie et bibliothécaire de la Société asiatique.

— Appel à la souveraineté nationale sur une question qui touche la gloire et les intérêts nationaux du peuple français ; suivi d'un Projet de pétition au Roi des Français. Paris, l'Auteur ; Levavasseur, 1830, in-8 de 60 pag. — Sec. édit. Paris, l'Auteur ; Levavasseur, 1830, in-8 de 76 pag.

BAILLEUL [Mme Clémence], femme du précédent.

Auteur de l'*Anglais*, impr. dans le tome II du « Livre rose, » et de quelques articles insérés dans des recueils littéraires.

BAILLIE [Miss]. — Un Mariage du grand monde ; traduit de l'anglais, par Mme *** (la comtesse *Molé*, ou plutôt par M. *Alfr. Fayot*). Paris, Barbezat, 1830, 4 vol. in-12 [12 fr.].

BAILLIOT, député de Seine-et-Marne, et maire de Tournan.

— Allocution à la garde nationale de Tournan réunie sous les armes à l'occasion de l'anniversaire de la révolution de juillet. Paris, de l'impr. de Porthmann, 1832, in-8 de 4 pag.

BAILLOT DE SAINT-MARTIN. [Voy. la *France littér.*, tom. Ier, p. 156].

I. Bibliographie universelle, ou Analyse critique de toutes les productions et des ouvrages nouveaux concernant les sciences et les arts, l'agronomie et l'horticulture, par une Société de savants français et étrangers, dirigée par M. Tollabi. Première livraison [et unique]. Paris, A. Poilleux, 1830, in-8 de 120 pag.

Tollabi est le nom sous lequel M. Baillot s'est caché.

II. Nouvelle Méthode de culture générale par l'assolement quinquennal et la culture alterne sans jachère, d'industrie agricole, d'horticulture et de silvæ-culture ; suivie d'un Traité complet sur la manière de soigner, de nourrir, de panser et de guérir tous les animaux, d'un Traité d'arpentage et de la manière de tenir la comptabilité agricole. Argenteuil, de l'impr. de Berrier, 1836, in-8 de 32 pag.

III. Tableau synoptique des verbes irréguliers, en usage dans la langue française. Paris, l'Auteur, rue du Pot-de-Fer, n° 14, 1839, in-plano d'une feuille.

Ce personnage a comparu, en 1835, devant les tribunaux, et a été condamné pour escroquerie. Voir la «Gazette des Tribunaux» du 11 février 1835.

BAILLOUD [E.]. — Sur la Circulaire du vénérable archevêque de Bordeaux, repoussant victorieusement l'infâme bruit d'empoisonnement des vivres destinés aux pauvres. [En vers]. Bordeaux, de l'impr. de Peletingeas, 1832, in-8 de 8 pag.

BAILLY [Joseph], d'abord pharmacien aux armées, plus tard pharmacien principal de l'hôpital militaire de Besançon, membre de la Société d'agriculture et de l'Académie des sciences de la même ville, où il était né, le 25 juin 1779, et où il est mort, le 12 décembre 1832.

— Essai géologique et physique sur la possibilité d'obtenir des eaux jaillissantes dans le département du Doubs, au moyen des puits artésiens, lu à la Société d'agriculture et arts, le 10 avril 1830. Besançon, de l'impr. de Deis, 1830, in-8 de 24 pag.

C'est le seul écrit dont Bailly ait fait une publication spéciale : les autres sont imprimés 1° dans le Recueil de la Société d'agriculture de Besançon, où l'on trouve de lui : des *Essais sur l'agriculture dans ses rapports avec les arts industriels, sur la culture du lin dans les montagnes du Jura, sur le froment locular*; 2° dans le Recueil de l'Académie des sciences de Besançon, un *Discours de réception*, une *Notice sur Saint-Domingue*; des *Souvenirs d'un voyage en Grenade*, *Burgos et la Vieille-Castille*, *Valence et ses environs*; un *Discours sur les moyens de détruire la mendicité*, qui avait obtenu l'accessit à l'Académie de Macon.

Le style de cet estimable écrivain avait, sous bien des rapports, de la ressemblance avec celui de Bernardin de Saint-Pierre.

M. Weiss, bibliothécaire de Besançon, et correspondant de l'Institut, a fait «l'Eloge de M. Bailly,» inséré dans le Recueil de l'Académie de Besançon, de l'année 1834.

BAILLY [Charles-François], de Merlieux [Aisne]. [Voy. la *France littér.*, tom. Ier, p. 157]. M. Bailly était avocat à la Cour royale de Paris; mais le conseil de l'ordre l'a rayé du tableau, alléguant que le métier de libraire était inconciliable avec l'honorable profession d'avocat.

I. Coup-d'œil sur les progrès et les acquisitions de la physique durant ces dernières années, et jusqu'à la fin de 1826. Paris, rue du Jardinet-St-André, n° 8, 1827, in-8 de 20 pag.

II. Résumé complet de météorologie, contenant, après des notions générales sur l'atmosphère, l'explication des météores aériens, aqueux, ignés, électriques, magnétiques, lumineux et autres; suivi de Notions étendues sur les instruments, observations, signes et prognostics météorologiques; précédé d'une Introduction historique, et accompagné d'une Biographie, d'une Bibliographie et d'un Vocabulaire. Paris, rue du Jardinet-St-André, n° 8, 1829, in-32 avec 2 planches [3 fr. 50 c.].

Faisant partie de «l'Encyclopédie portative.»

Les *Manuels du jardinier* et *de physique*, cités par la «France littéraire,» ont été réimprimés plusieurs fois depuis 1827 : le premier est parvenu à sa VIIIe édition, et le second à la VIIe dans la même année.

M. Ch.-Fr. Bailly est, en outre, le fondateur de plusieurs recueils scientifiques, et le rédacteur principal de quelques-uns d'entre eux. Ainsi il dirige l'*Encyclopédie portative*, collection de traités méthodiques sur chacune des branches des connaissances humaines; il est le rédacteur en chef du *Mémorial encyclopédique*, ou *Revue mensuelle des progrès, inventions, découvertes et acquisitions de l'esprit humain, etc.* Cette Revue, qui est le dépouillement de tous les ouvrages et journaux français et étrangers, a été fondée par M. Bailly, en 18..., et se soutient toujours; il est l'un des principaux rédacteurs de l'*Encyclopédie de l'agriculture-pratique* [1834], de celle d'*Horticulture* [1837], et, enfin, de la *Maison rustique du XIXe siècle*.

BAILLY [E.-M.], de Blois, D. M. [Voy. la *France littér.*, tom. Ier, p. 157].

I. Manuel d'astronomie, ou Traité élémentaire de cette science d'après l'état actuel de nos connaissances, etc. Deuxième édition, revue, corrigée et augmentée. Paris, Roret, 1827, in-18, avec 4 planches [2 fr. 50 c.].

Attribué, par erreur, à M. Bailly, de Merlieux, par la *France littéraire*.

II. Documents relatifs à l'état présent de la Grèce, publiés d'après les communications du comité philhellénique de Paris. Rapport à MM. les membres du comité philhellénique de Paris. Paris, de l'impr. de F. Didot, 1831, in-8 de 36 pag.

BAILLY [J.-Louis-Amand], alors sous-bibliothécaire de la ville de Paris, depuis conservateur de la bibliothèque de la Société royale et centrale d'agriculture, bibliothèque toute spéciale, formée et organisée par M. Bailly, en 1827.

I. Notices historiques sur les bibliothèques anciennes et modernes; suivies d'un Tableau comparatif des produits de la presse de 1812 à 1825, et d'un Recueil de lois et ordonnances concernant les bibliothèques. Paris, Rousselon, 1827, in-8.

Ce volume ne renferme pas un tableau comparatif des produits de la presse de 1812 à 1825, mais un tableau pour l'année 1812, et un autre pour l'année 1825; encore ces deux tableaux sont-ils extraits des *Notions statistiques sur la librairie*, par M. le comte Daru.

Il ne renferme pas non plus un recueil de lois et ordonnances concernant les bibliothèques, mais seulement une Liste chronologique de ces lois et ordonnances. En compensation, on y trouve imprimé textuellement et presque en entier l'*Essai historique sur la bibliothèque du Roi* [par N.-Th. Leprince], sans, toutefois, que M. Bailly en prévienne le lecteur; ce qui lui a valu le titre de plagiaire dont l'a qualifié le « Bulletin universel des sciences, » année 1828.

M. Guyot de Fère, dans sa « Statistique des gens de lettres et des savants, » nous apprend qu'une seconde édition, augmentée de plus du double de la première, était disposée pour être imprimée; mais le temps ayant manqué à l'auteur, il a abandonné le manuscrit à la Société de statistique universelle, qui lui a décerné une médaille pour ce travail.

II. Notice historique sur l'Hôtel-de-Ville de Paris, sa juridiction, ses fêtes et les principaux personnages qui se rattachent à son histoire [1612 à 1839]. Paris, de l'impr. de Beaulé, 1839, in-8 de 108 pag., avec 5 grav. et un plan.

BAILLY [A.], inspecteur-général des finances; né à Paris, le 20 novembre 1780.

I. Histoire financière de la France, depuis l'origine de la monarchie jusqu'à la fin de 1786, avec un tableau général des anciennes impositions et un état des recettes et des dépenses du trésor royal à la même époque. Paris, Moutardier; F. Didot, 1830, 2 vol. in-8 [12 fr.].

II. Exposé de l'administration générale des finances du royaume-uni de la Grande-Bretagne et d'Irlande, contenant des documents sur l'échiquier, la dette nationale, les banques, la navigation, les consommations, etc., sur le produit et l'emploi des contributions, droits, taxes, péages et émoluments perçus par l'Etat, le clergé, la magistrature, les comtés, les paroisses, les corporations, les titulaires d'offices. Paris, F. Didot, 1837, 2 vol. in-8 [12 fr.].

Ce nouvel ouvrage de l'auteur de l'*Histoire financière de la France* est le résultat d'un long séjour dans la Grande-Bretagne et de deux années de recherches et d'études. Le tableau de l'administration des finances du royaume-uni eût été incomplet s'il se fût borné à l'historique des impôts et des dépenses publics, et de l'état du commerce, de l'industrie, de l'agriculture et des consommations qui les alimentent. Dans un pays où le pouvoir d'imposer et de lever des tributs est exercé par tant de mains, l'histoire des finances devait traiter non-seulement de l'administration générale, mais encore de l'organisation civile, ecclésiastique, judiciaire, des ponts-et-chaussées, des canaux et de la navigation maritime dans chacun des trois royaumes. Tel est le plan de cet ouvrage, qui n'est autre chose qu'une statistique générale actuelle des institutions du royaume-uni, justifiée et animée par les faits intéressants qui ont été constatés dans les enquêtes auxquelles ont procédé jusqu'en 1836 les commissions nommées par la couronne et les comités des deux membres du parlement.

BAILLY, D. M. — I. Hygiène militaire, ou Traité de l'art de conserver la santé aux troupes de terre. Paris, Gabon; et Lyon, l'Auteur, 1832, in-8 de 48 pag.

II. Notice sur les inconvénients de l'organisation du service de santé des hôpitaux militaires et des armées; suivie d'un Projet d'organisation nouvelle. Nanci, de l'impr. de Richard Durupt, 1834, in-8 de 28 pag.

III. Souvenirs poétiques. Lyon, l'Auteur; et Paris, tous les libr., 1838, in-8 de 128 pag.

BAILLY [Ch.]. — Nouvelle Clé d'Homère, ou Analyse de tous les mots contenus dans le premier chant de l'Iliade, avec l'indication des paragraphes de la grammaire de M. Burnouf qui peuvent servir à l'intelligence de l'auteur; précédé du texte revu sur l'édition de M. Boissonade. Paris, Hachette, 1838, in-12 [1 fr. 50 c.].

BAILLY [Fr.]. — Roche-sur-Yon [la] [Napoléon, Bourbon-Vendée], poëme latin en huit chants, avec la traduction française. [En prose]. Nantes, de l'imprim. de Mellinet, 1839, in-18.

BAILY [Francis]. — Théorie des annuités viagères et des assurances sur la vie, suivie d'une collection de tables relatives à ces matières. Trad. de l'angl.

par *Alfred de Courcy*, et publiée par la compagnie d'assurances générales sur la vie. Paris, Bachelier, 1836, 2 vol. in-8 [10 fr.].

BAIRD [R.]. — Histoire des Sociétés de tempérance des États-Unis d'Amérique, avec quelques détails sur celles de l'Angleterre, de la Suède et autres contrées. Dédiée à la Société de tempérance d'Amiens. Paris, Hachette; Risler, 1836, in-8 de 272 pag. [2 fr. 50 c.].

BAÏSSAS [René]. — Cinq mois aux États-Unis de l'Amérique du nord, depuis le 29 avril jusqu'au 23 septembre 1835. Journal de voyage de M. *Ramon de la Sagra*. Trad. de l'espagnol, par M. René Baïssas. Paris, Levrault, 1837, in-8, avec 4 lithographies [7 fr. 50 c.].

BAÏSSAS [Jér.]. — Agonie des pouvoirs, ou Situation sociale et politique de la France. Paris, Chamerot; les march. de nouv., 1839, in-8 de 16 pag. [50 c.].

L'un de ces deux écrivains s'était chargé de diriger, en 1837, une nouvelle édition de « l'Encyclopédie moderne, » de Courtin, entreprise par M. Moutardier; mais cette publication a été suspendue au Xe volume, par suite des mauvaises affaires du libraire.

BAISSIÈRES [Faber]. — Nouvelle Méthode simplifiée pour le cornet à piston, contenant les principes élémentaires de cet instrument. Paris, Petit, éditeur de musique, 1839, in-4, gravé [9 fr.].

BAJAT [B.] — Nouvelles tables d'intérêt pour tous les taux, où l'on trouve tous les capitaux jusqu'à 100 millions de francs, avec leurs intérêts correspondants, calculés par ans et par jours, comme au Trésor royal et chez les banquiers, pour tout nombre d'années et jours qu'on désire, depuis un jour jusqu'à cinq ans inclusivement; précédées d'autres tables d'un genre nouveau qui donnent au premier coup-d'œil le temps qu'a couru un intérêt entre deux dates connues, et d'une instruction sur la manière de se servir de ces deux espèces de tables, contenant divers modèles, etc. Paris, Renard; Delaunay, 1829, in-4 oblong [8 fr.].

BAJET [J.-J.]. — Abrégé des Leçons élémentaires d'arithmétique raisonnée. Paris, Pitois-Levrault, 1839, in-12 de 120 pag.

BAJOT [Louis-Marin], né à Paris, le 9 septembre 1775, commissaire de marine, chef du bureau des lois au ministère, chargé de la surveillance générale des bibliothèques du département de la marine et des colonies, chevalier de la Légion-d'Honneur, membre-fondateur de la Société de géographie de Paris, correspondant de la Société royale de navigation de Londres, des sociétés d'agriculture, de commerce et des arts de Calais, de littérature, sciences et arts de Rochefort, de médecine et de littérature de Toulon, de la Société philotechnique de Bourbon.

I. Revue de la marine française, depuis son origine jusqu'à nos jours, par le cit. B****, ancien commis de marine, avec cette épigraphe :

Res navalis! hoc opus, hic labor est.

Paris, Aug. Lottin, an IX [1800], in-8 de 72 pag.

II. Paume [la], poëme [en quatre chants], avec cette épigraphe :

Nos quoque novimus esse nihil.

Paris. de l'impr. de Lottin, an IX [1800], in-16 de 16 pag.

Cette bluette de 100 vers, divisés en quatre chants, et résultat d'un défi de présenter la paume poétiquement et sous un point de vue utile, a été, six ans après, réimprimée sur un plan plus large, et intitulée :

III. Éloge de la Paume, et de ses avantages sous le rapport de la santé et du développement des facultés physiques, avec cette épigraphe :

Pars in gramineis exercens membra palestris,
Contendunt ludo et fulvâ luctantur arenâ.

Paris, Didot jeune, 1806, in-8 de 136 pag.

Le poëme est précédé d'un Discours préliminaire [formant 92 pag.] et suivi de notes où l'on cite les auteurs qui ont décrit la sphéristique ancienne et moderne.

Le poëme seulement a été réimprimé en 1824 par Firmin Didot, sur très-beau papier. [Bachelier; Nepveu, gr. in-8 de 27 pag.]

IV. Discours sur les questions suivantes, proposées par l'Académie de La Rochelle : Quel est le genre d'éducation le plus propre à former un administrateur? Jusqu'à quel degré les lettres et les sciences lui sont-elles nécessaires? Quel secours l'administrateur et l'homme de lettres peuvent-ils et doivent-ils se prêter? Paris, Clerc, 1810, in-8 de 55 pag.

V. Répertoire de l'administrateur de marine, ou Tables alphabétiques, par ordre de dates et de matières, des principales lois relatives à la marine et aux colonies, depuis leur origine jusqu'à ce jour. On y a joint l'indication des principaux traités de paix depuis 1356. Avec cette épigraphe :

Leges anchoræ sunt reipublicæ.
BACON.

Paris, Firmin Didot, 1814, in-8 de xxij et 396 pag. [6 fr.].

VI. Annales maritimes et coloniales, recueil qui paraît une fois par mois, dont la première partie est consacrée à la législation navale, et la seconde aux sciences et aux arts de la marine. Paris, de l'impr. royale, 1816 à 1839, 70 forts vol. in-8, avec des cartes et des plans gravés ou lithographiés.

En 1834, M. Bajot s'est adjoint M. Poirré, son gendre, sous-chef de bureau au ministère de la marine.

Cet important recueil se continue. Les deux premiers volumes, publiés en 1818, établissent son point de départ à 1809, et renferment cette année et les suivantes jusques à 1815 inclus. Le prix de chaque année expirée est de 30 fr., et l'année courante de 25 fr.

VII. Abrégé historique et chronologique des principaux voyages de découvertes par mer, depuis l'an 2000 avant J.-C. jusqu'au commencement du XIXe siècle. Paris, de l'impr. royale; Arth. Bertrand; Bachelier, 1829 et 1835, in-8 de 136 pag., orné d'une belle mappemonde gravée au dépôt de la marine [3 fr. 50 c.].

Dans une note qui termine ce volume, on lit : « A partir du XIXe siècle, c'est-à-dire depuis trente-cinq ans, les relations de toutes les expéditions lointaines ordonnées par les gouvernements de France, d'Angleterre, de Russie, de Hollande, d'Espagne, de Suède, de Danemarck et des Etats-Unis, ainsi que de toutes celles qui ont été faites par les bâtiments de commerce de ces différentes nations, se trouvent dans les « Annales maritimes et coloniales. »

VIII. Chronologie ministérielle de trois siècles, ou Liste nominative, par ordre chronologique, de tous les ministres, depuis la création de chaque ministère. Paris, de l'impr. royale; Bachelier, 1836, in-8. — Sec. édition. In-8 de 49 pag. [2 fr.].

La seconde édition est extraite des « Annales maritimes et coloniales. »

IX. Catalogue général des livres composant les bibliothèques du département de la marine et des colonies. Paris, de l'impr. royale, 1839-40, in-8.

Les bibliothèques dépendant du ministère de la marine et des colonies sont au nombre de dix-sept, dont six pour les colonies [Martinique, Guadeloupe, Guyane française, Sénégal, Bourbon, Pondichéry], qui seront l'objet d'un travail particulier. Des onze bibliothèques continentales deux sont à Paris [l'une à l'Hôtel du ministère, l'autre au Dépôt général des cartes et plans]; deux à Cherbourg [celle du port et celle de l'hôpital]; deux à Brest [celle du port et celle de l'hôpital]; une à Lorient; deux à Rochefort [celle du port et celle de l'hôpital]; deux à Toulon [celle du port et celle de l'hôpital].

Le Catalogue général de ces onze bibliothèques, qui a une seule série de numéros, et aussi une série particulière à chaque port, formera plus de 5 volumes in-8. Les deux premiers ont paru, le troisième est sous presse, et le quatrième paraîtra à la fin de l'année.

Le plan de cet ouvrage, d'une forme nouvelle, puisque seul il sert à onze bibliothèques, et les préfaces, appartiennent à M. Bajot. Le classement des matières, la révision et la correction des articles sont dus à M. Levot, conservateur de la Bibliothèque du port à Brest, pour les deux premiers volumes, et à M. Solvet, ancien libraire, pour les autres.

BAJOT, ex-employé des jeux.

— Pétition tendante à une restitution de 1,150,000 fr. par le fermier des jeux envers la ville de Paris. Paris, Tétot frères, 1836, in-8 de 16 pag.

BAKOWSKI [le comte J. Nep. Jaxa]. — Reproduction des forêts, en utilisant les espaces vides et ombragés des bois; trad. de l'allemand. Paris, de l'impr. d'Appert, 1839, in-12 de 30 pag.

BAL [François de]. — Notice sur M. le chevalier de Comeyras, fils unique de M. de Comeyras, autrefois premier gouverneur de S. A. R. Mme la comtesse d'Artois, mort dans l'émigration. Paris, de l'impr. de Guiraudet, 1830, in-8 de 24 pag.

BALANSA [Joseph]. — I. Polonaise [la]. [En vers.] Toulouse, de l'impr. de Bénichet aîné, 1831, in-8 de 2 pag.

II. Toulousaine [la]. Toulouse, de l'impr. de Bénichet aîné, 1831, in-8 de 2 pag.

BALARD [ ], l'un des auteurs du « Répertoire de Chimie, etc., » publié à Bruxelles.

BALASSA [Constantin], capitaine de cavalerie autrichien.

— Traité de la ferrure sans contrainte, ou Moyens de ferrer les chevaux les plus vicieux en moins d'une heure et de les corriger pour toujours de leurs défauts; système puisé dans les principes de la physiologie du cheval. Paris, Anselin, 1828, in-8 de 60 pag. [2 fr. 50 c.].

BALBI [Adrien], géographe. [Voy. *la France littér.*, tom. Ier, p. 160].

I. Avec *Adr. Brué :* Carte générale de la Perse et des contrées limitrophes. Paris, Brué, 1827, in-fol. plano.

Cette carte est entourée d'un texte.

II. Balance politique du Globe en 1828, ou Essai sur la statistique générale de la terre, d'après ses divisions politiques actuelles et les découvertes les plus récentes. Paris, au bur. de la Revue encyclopédique; Renouard, 1828, in-plano d'une feuille [6 fr.].

III. Monarchie [la] française, comparée aux principaux états du Globe, ou Essai sur la statistique de la France, considérée sous les rapports géographique, moral et politique, offrant, dans un seul tableau, le maximum, le minimum et le terme moyen de la population, de la richesse, de l'industrie, du commerce, de l'instruction et de la moralité de ses habitants, comparés à leurs corrélatifs dans plusieurs pays de l'ancien et du nouveau monde. Paris, Jules Renouard, 1828, in-plano d'une feuille [6 fr.].

IV. Avec M. *A.-M. Guerry :* Statistique comparée de l'instruction et du nombre de crimes dans les divers arrondissements des académies et des cours royales de France. Paris, J. Renouard, 1829, une feuille in-plano [6 fr.].

V. Empire [l'] russe comparé aux principaux états du monde, ou Essai sur la statistique de la Russie considérée sous les rapports géographique, moral et politique, précédé de la chronologie de ses souverains, de ses agrandissements, etc. Paris, Rey et Gravier; Renouard, 1829, une feuille in-pl. [6 fr.].

VI. World [the] compared with the british empire. Paris, Renouard, 1830, in-plano d'une feuille [6 fr].

VII. Avec MM. *Larenaudière* et *Huot* : Continuation et publication du « Traité élémentaire de géographie de *Malte-Brun* ». [1830.]

VIII. Avec M. *de La Raquette :* Essai historique, géographique et statistique sur le royaume des Pays-Bas. Paris, Renouard, 1831, in-plano d'une feuille [6 fr.].

Les plus anciens habitants des contrées qui portaient le nom de royaume des Pays-Bas ont été les *Frisii* au nord et les *Belges* au midi. Des Battæ ou Batavi, venus des bords de l'Adrana, aujourd'hui l'Elder, se joignirent à eux : ces différents peuples, dont le territoire était compris en grande partie dans la Gaule-Belgique, servirent glorieusement près des aigles romaines; mais leur esprit d'indépendance ne leur permit pas de vivre long-temps en paix avec leurs maîtres.

Vers l'an 70 de l'ère vulgaire ils secouèrent le joug de Rome, sous le commandement de Civilis, dont le nom commence cette longue suite de révoltes où brillèrent successivement Artevelle; Guillaume, duc de Bavière; Guillaume de Nassau, prince d'Orange; le comte d'Egmont; le comte de Horn; Barneveldt; Guillaume III, qui s'empara plus tard de la couronne d'Angleterre.

IX. Abrégé de géographie, rédigé sur un nouveau plan d'après les derniers traités de paix et les découvertes les plus récentes; précédé d'un examen raisonné de l'état actuel des connaissances géographiques et des difficultés qu'offre la description de la terre; d'un aperçu sur la géographie astronomique, physique et politique; des définitions les plus importantes; d'observations critiques sur la population actuelle du globe; de la classification de ses habitants d'après les langues, les religions et la civilisation; offrant, pour chaque partie du monde, les principaux faits de la géographie physique et politique, la description de tous les états de l'Europe et d'Amérique et des principaux états de l'Asie, de l'Afrique et de l'Océanie, et de leurs villes principales; les divisions politiques de 1789 comparées aux divisions politiques actuelles; l'indication des religions et des langues différentes, des forces, des ressources de chaque état, des principaux articles de leur industrie et de leur commerce, leurs divisions administratives actuelles; et, pour leurs villes principales, l'indication des établissements littéraires et scientifiques les plus importants, des monuments et édifices les plus remarquables, des antiquités, du nombre des habitants, etc.; suivi d'un tableau comparatif des monnaies et des poids et mesures, anciens et modernes, des principaux pays et des principales villes du globe; ouvrage destiné à la jeunesse française et à tous ceux qui s'occupent de politique et de recherches historiques. Paris, J. Renouard, 1833, in-8 [15 fr.]. — Table alphabétique des noms géographiques, noms d'hommes et objets remarquables mentionnés dans l'Abrégé de géographie d'Adrien Balbi. [Edit. de 1833]. Paris, J. Renouard,

1834, in-8 de 72 pag. [1 fr. 25 c.].

Cet ouvrage a obtenu, l'année suivante, un second tirage auquel est joint la *Table alphabétique, etc.*

— Le même ouvrage. IIIe édit., revue et considérablement augmentée par l'auteur et accompagnée de 24 cartes et plans. Paris, J. Renouard, 1837-38, in-8 à deux colonnes [21 fr.].

Cette édition a été publiée en douze livraisons. A l'aide de titres *ad hoc*, on peut diviser le volume en deux tomes, dont le premier renferme alors la géographie de l'Europe. Elle diffère beaucoup de la première par de grandes suppressions faites dans l'introduction.

— Le même ouvrage, en portugais, sous ce titre : Tractado de geographia universal, physica, historica e politica, redigido segundo hum novo plano e conforme aos ultimos tractados de paz; por Adr. Balbi, com addicionamentos, etc., por huma Sociedade de litteratoros portuguezes. Paris, Aillaud, 1838, 2 vol. in-8 et Atlas in-4 de 9 cartes [40 fr.].

X. Essai statistique sur les bibliothègues de Vienne, précédé de la statistique de la bibliothèque impériale comparée aux plus grands établissements de ce genre, anciens et modernes, et suivi d'un Appendice offrant la statistique des archives de Venise et de la collection technologique formée par S. M. l'empereur Ferdinand Ier, un coup-d'œil sur les progrès de la civilisation, de l'industrie, du commerce et de la population dans la monarchie autrichienne; terminé par le tableau statistique de ses grandes divisions administratives, rédigé d'après les derniers recensements. Vienne [Autriche]; et Paris, J. Renouard, 1835, in-8 [5 fr. 50 c.].

Pages 202 et suivantes se trouve la liste des œuvres de Balbi.

Des Études littéraires sur M. Adr. Balbi, par M. L. Reybaud, ont paru dans la «Revue des Deux-Mondes» [IVe série, tome XVII, 1839].

BALBI [Spiridion], de Missolonghi.

— Grèce [la] régénérée, ou Description topographique du nouvel état indépendant de la Grèce et des frontières qui lui conviennent, suivie de notes justificatives et historiques. Paris, de l'impr. de F. Didot, 1833, in-8 de 106 pag. [2 fr. 50 c.].

BALBIS [Jean-Baptiste], D. M., savant naturaliste, d'abord professeur de médecine et de botanique et membre de l'Académie royale des sciences de Turin, plus tard, de 1820 à 1829, directeur du Jardin des plantes à Lyon, et membre de l'Académie des sciences, belles-lettres et arts de la même ville; né à Moretta, dans le Piémont, le 17 novembre 1765, mort à Turin, le 13 février 1831.

I. Observations sur les œillets, avec la description de trois nouvelles espèces de diantus, avec 3 planches.

II. Sur trois nouvelles espèces d'hépatique à ajouter à la flore du Piémont, avec 2 planches.

Ces deux Mémoires sont imprimés dans le tome XII du recueil de l'Académie des sciences de Turin [1804].

III. Compte-rendu des travaux de l'Académie des sciences, belles-lettres et arts de Lyon, pendant l'année 1826, lu dans la séance publique du 30 août 1826. Lyon, de l'impr. de Coque, 1827, in-8 de 12 pag.

IV. Flore lyonnaise, ou Description des plantes qui croissent dans les environs de Lyon et sur le Mont-Pilat. Lyon, de l'impr. d'Ayné, 1827-28, 2 vol. in-8. — Supplément à la Flore lyonnaise publiée par le docteur J.-B. Balbis en 1827 et 1828, ou Description des plantes phanérogames et cryptogames découvertes depuis la publication de cet ouvrage; suivi d'un tableau général contenant la nomenclature méthodique des espèces agames décrites dans la Flore lyonnaise, conjointement avec celles qui ont été trouvées depuis la même époque dans les environs de Lyon. Lyon, de l'impr. de Perrin, 1835, in-8 de 92 pag.

On doit à Balbis plusieurs ouvrages importants, mais comme ils sont écrits en latin et en italien, et imprimés hors de France, leur nomenclature serait ici déplacée.

L'Annuaire biographique de M. Henrion contient un article sur Balbis.

BALDASSARI [l'abbé]. — Histoire de l'enlèvement et de la captivité de Pie VI; trad. de l'italien et augm. d'un Précis historique des vingt-une premières années du Pontificat, par l'abbé *de Lacouture*. Paris, Ad. Leclère, 1839, in-8 [6 fr.].

BALDWIN [E.]. — Short history of England, for the use of children from 4 to 8 years of age. A new edit. Paris, Truchy, 1836, in-32.

BALDY [A.-G.], régent de rhétorique au collége de Beauvais.

— Protidas, ou Fondation de Marseille par les Phocéens. Paris, Hachette, 1832, in-8 [6 fr.].

BALENCIE [Antoine], D. M., à Paris; né à Arrens [Hautes-Pyrénées], en 1792, auteur de divers travaux de science médicale.

BALIGER [P.-Stephen], D. M., éditeur d'un opuscule intitulé : D'une pugnition divinement envoyée aux hommes et aux femmes pour leurs paillardises et incontinences désordonnées [en 1493], avec notes amples, fructueuses et très-congruantes au sujet, par P. Stephen Baliger, D. M. Naples et France; Paris, Techener, 1836, in-8 de 76 pag. [3 fr. 50 c.], papier vélin, tiré à 15 exempl. [6 fr.].

BALLAINVILLIERS [le baron de], ancien intendant de Languedoc, depuis conseiller d'état; né en 1760, mort le 24 septembre 1833.

I. * Traduction des Odes et de l'Art poétique d'*Horace*, en vers français; par M. de ***. Paris, Migneret, 1812, in-12.

II. * Montaigne aux Champs-Élysées, dialogue en vers, et les Soirées de campagne, conte en vers. Paris, Delaunay, 1822, in-8.

III. * Discours sur Jacques-Auguste de Thou, conseiller d'état. Paris; de l'impr. de Gratiot, sans date [1824], in-4 de 36 pag.

IV. OEuvres [ses] diverses, précédées d'une Notice sur l'auteur. Paris, de l'impr. de Proux, 1837, in-8.

Ce volume contient des traductions en vers de divers écrits d'Horace; huit dialogues en vers, et deux écrits en prose.

BALLANCHE [Pierre-Simon], philosophe moraliste, écrivain très-distingué de ce siècle, membre de l'Académie de Lyon, né le 4 août 1776, dans la ville de Lyon. Après avoir fait d'excellentes études, il y dirigea une maison de librairie et une imprimerie qu'il tenait de sa famille. Un journal, le « Bulletin de Lyon, » dont il était éditeur-propriétaire, recevait en même temps de lui divers articles de littérature; mais son goût pour les arts et les lettres lui fit désirer une indépendance nécessaire d'ailleurs pour les travaux auxquels il se sentait appelé. Il céda d'abord son journal, puis, en 1813, il renonça entièrement aux affaires commerciales. Il fit alors un premier voyage en Italie, d'où il se rendit à Paris. En 1814, après avoir visité rapidement la Suisse, il franchit de nouveau les Alpes, et ne revint que la troisième année. Il revit encore l'Italie en 1823, mais se fixa ensuite à Paris. On suppose naturellement que les habitudes d'un écrivain, et ses voyages surtout, influent sur sa pensée. Nul doute que le séjour de M. Ballanche au milieu des anciens monuments de la grandeur romaine, et des pompes modernes d'un culte dont les fêtes ont captivé tant d'imaginations, n'ait puissamment contribué à donner à ses ouvrages cette élévation de pensée, ces formes antiques, cette féconde exaltation religieuse qui les caractérisent. Dès sa jeunesse, il avait commencé une sorte d'épopée sur l'insurrection lyonnaise, en 1793 : il supposait chez la postérité un homme curieux de recueillir, en visitant les ruines futures de la ville du Rhône, quelques-unes de ces vieilles traditions encore passionnées peut-être, mais confuses ou incertaines, dont tous les systèmes s'arrangent, et dont les poëtes savent ordinairement tirer de grands avantages. Il a composé plus tard une réfutation des principes du « Contrat Social » de Rousseau, et une nouvelle dont Inès de Castro était le sujet. Ces divers essais sont restés inédits, et le plan d'un poëme de *Jeanne d'Arc* n'a pas reçu d'exécution. M. Ballanche a publié :

I. Du sentiment considéré dans ses rapports avec la littérature et les arts. Lyon, 1801, in-8 [5 fr.].

Ce livre fit avantageusement connaître l'auteur, et lui valut, l'année suivante, d'être admis à l'Académie de sa ville natale; mais il n'a pas cru l'ouvrage digne de la réimpression.

II. Antigone. Paris, 1814, in-8. — Sec. édit. Paris, A.-A. Renouard, 1819, in-8, orné de 6 gravures [10 fr.]; sur pap. vélin, figures avant la lettre [20 fr.]; et sur gr. raisin, dont il n'a été tiré que peu d'exemplaires [40 fr.].

Il s'en faisait aussi une édition à Lyon; les événements de 1814 l'ont interrompue.

Antigone est une épopée en prose, divisée en six livres. L'idée dominante de cette production est la fatalité, la loi secrète et inexorable, telle que, d'après les orientaux, la Grèce l'admettait, du moins au théâtre. Les Grecs, si ingénieux dans le choix de leurs emblèmes, ne connaissaient eux-mêmes que par tradition la fable plus sévère développée dans Antigone. L'énigme du sphinx est devinée, la destinée générale de l'humanité est accomplie par OEdipe. Dans le cercle étroit de sa famille est comprise la trilogie mystérieuse, l'épreuve, l'initiation, l'expiation. Tous les maux accablent OEdipe, et la peine du crime qui l'atteignit s'attache à ses descendants; mais la tendre Antigone le suit dans l'exil, et, afin de satisfaire à la vengeance divine, elle voue au supplice sa tête innocente.

III. Essai sur les institutions sociales dans leur rapport avec les idées nouvelles. Paris, A.-A. Renouard, 1818, in-8 [6 fr.].

C'est une sorte d'introduction au grand ouvrage de l'auteur.

IV. * Fragments. Paris, le même, 1819, in-18 [2 fr.].

Tirés à 100 exemplaires seulement, ils ne sont connus que d'un très-petit nombre de lecteurs : l'un de ces fragments avait été inséré dans le « Keepsake français » publié dans la même année.

Ces morceaux sont relatifs à diverses circonstances de la vie de l'auteur : il y a un *Voyage à la Grande-Chartreuse*, en 1804 ; des *Adieux à Rome*, en 1813, etc.

V. Vieillard [le] et le Jeune homme. Paris, Renouard, 1819, in-8 [2 fr.].

VI. Homme [l'] sans nom. Épisode de 1793. Paris, de l'impr. de Didot aîné, 1820, et 1827, in-8.— Autre édition [IVe]. Paris, Le Normant, 1832, 2 vol. in-12 [7 fr.].

Ce n'est point ici la fatalité des anciens, mais une pensée analogue. Tout un peuple a été livré aux suites redoutables des desseins de la Providence; et de royales victimes ont accompli naguère les mystères du dévouement. Un acteur de ce drame sombre, l'Homme sans nom, en raconte la plus terrible scène, et il a lui-même trempé sa main dans le sang du sacrifice. Les douleurs de la conscience ne sauraient être exprimées avec une énergie plus déchirante : c'est une grande verve d'amertume et une forte conviction religieuse qui serait plus entraînante encore si l'écueil naturel, l'emphase du style, avait été évité avec plus de bonheur.

VII. Élégie. [En prose]. Paris, vers 1822, broch. in-8.

Cette pièce, inspirée par l'assassinat du duc de Berri, et publiée vers cette époque, a été réimprimée, en 1827, avec une préface.

VIII. Éloge de Camille Jordan. 1826.

En tête des Discours de cet orateur, publiés dans la même année et réimprimés dans les œuvres de l'auteur, au moins dans celles de format in-18.

IX. Essais de Palingénésie sociale. Tomes I et II. Paris, 1827-28, 2 v. in-8.

Ces deux volumes, qui n'ont été tirés qu'à un très-petit nombre d'exemplaires et qui ne furent point destinés au public, renferment les Prolégomènes de l'ouvrage, et Orphée, livres VI à IX. Ils forment dans la collection des œuvres de l'auteur les tomes III et IV.

Cet ouvrage est dédié à une femme célèbre par sa beauté et les grâces de son esprit : l'auteur ne la nomme pas, mais on la devine aisément.

L'idée d'*Orphée* a été inspirée, en premier lieu, par le souvenir «de l'Atlantide» de Platon, et c'est sous ce titre même que l'auteur voulait d'abord écrire une épopée des temps antérieurs à l'histoire. Il suffit de lire ce second volume de la Palingénésie sociale pour sentir tout ce que supposent de connaissances acquises, de pénétration et d'idées généreuses ou philosophiques les travaux de M. Ballanche, tous liés d'ailleurs, et formant un grand ensemble.

X. Notice sur Mme Mennessier-Nodier [Marie-Antoinette-Elisabeth], née à Quintigny [Jura], le 22 avril 1811.

Notice de six pages, impr. dans la « Biographie des femmes auteurs contemporaines françaises, etc. » [1836, in-8].

Cet écrivain, ainsi que nous l'avons dit plus haut, a fourni un assez grand nombre d'articles au « Bulletin de Lyon », journal dont il a été propriétaire. Dans ces derniers temps, il s'est fait l'éditeur des Lettres écrites en 1786 et 1787 par la princesse Louise-Adélaïde de Bourbon [1834, in-8], de l'ouvrage intitulé : Emilie Plater, sa vie et sa mort, par Jos. Straszewicz, auquel il a joint une préface [1834, in-8], et des Chants du psalmiste, odes, hymnes et poëmes, par Séb. Rhéal, qu'il a fait précéder d'une introduction de sa composition [1839, in-8].

XI. OEuvres [ses]. Tomes I à IV. Paris, Barbezat, 1830 et ann. suiv., 4 vol. gr. in-8, pap. vélin [36 fr.].

Cette édition devait former neuf volumes; mais les mauvaises affaires du libraire suspendirent cette remarquable publication à la mise en vente du quatrième. Les quatre volumes qui ont paru renferment les ouvrages suivants :

Tome 1er, *Antigone*; — l'*Homme sans nom*; — *Elégie*; — *Fragments*.

En tête de ce premier volume, l'auteur a placé une *Préface générale*, dans laquelle il a fait entrer le commencement de l'ouvrage qui devait être intitulé : la *Foi promise aux Gentils*, et dont le but avait été de peindre l'état social, à l'époque de l'établissement du christianisme. Aux *Fragments*, M. Ballanche a ajouté un morceau de haute politique sur le ministère du 8 août, considéré comme contraire à la sûreté de la monarchie. Les événements ont assez justifié l'opinion de l'auteur.

Tome II. *Essai sur les institutions sociales*; — le *Vieillard et le jeune homme*. L'auteur n'a rien changé à ces deux ouvrages : seulement il les a fait précéder de considérations générales.

Tomes III et IV. *Essais de palingénésie sociale*; tome I et II contenant, le premier, les *Prolégomènes*, le second, *Orphée*, livres VI à IX, et *Réflexions diverses*.

Les ouvrages compris dans ces quatre volumes n'avaient pas, pour la plupart, été mis dans le commerce, quoique imprimés. Le prospectus des OEuvres de M. Ballanche nous apprend qu'en 1827 et 1828 l'auteur fit imprimer, à petit nombre, et sans les livrer non plus au public, les deux premiers volumes de la *Palingénésie sociale*. Le dépôt n'en fut point fait à la direction de l'imprimerie et de la librairie, car nous en avons en vain cherché l'annonce dans le Journal de M. Beuchot.

Les cinq autres volumes, qui n'ont point été imprimés, devaient être ainsi composés :

Tome V. *Palingénésie sociale*. Tome III. *Formule générale de l'histoire de tous les peuples, appliquée à l'Histoire du peuple romain*. Volume entièrement inédit. Quelques fragments de la *Formule générale* ont paru dans la « Revue de Paris. » Le tableau de la première sécession plébéienne y a été inséré tout en entier.

Tomes VI et VII. *Palingénésie sociale*. Tomes IV et V. La *Ville des expiations ; — Élégie générale ; — Dernier Épilogue*. Trois ouvrages inédits.

Tomes VIII et IX. *Preuves*. Sous le titre général de *Preuves*, sont comprises des recherches et des remarques de tous genres. L'auteur traite, dans ces deux volumes, des questions de philosophie, de philologie, d'histoire et même de haute littérature, auxquelles donnent lieu les sept volumes précédents.

Ces *Preuves*, qui sont quelquefois des dissertations, quelquefois des textes importants, quelquefois des indications d'analogies lumineuses, sont donc un complément nécessaire. Elles s'appliquent, le plus souvent, à toutes les compositions. Des préfaces particulières pour chacune d'elles auraient été insuffisantes. Ainsi, par exemple, si, dans la Préface d'*Antigone*, l'auteur eût voulu traiter la question de la fatalité chez les anciens, il n'aurait pu le faire qu'en appuyant sur des faits contenus dans les volumes suivants. Ainsi le Tirésias de l'*Antigone* ne pouvait être développé que dans l'*Orphée*. Ainsi la fondation des villes primitives, considérées comme l'hiéroglyphe des institutions, ne devait être parfaitement expliquée qu'après l'*Orphée* et la *Formule générale*. Ainsi l'OEdipe devinant, sur le mont Sphingius, l'énigme de l'humanité, deviendra Junius Brutus devinant l'énigme aristocratique du Capitole ; et, dans l'*Orphée*, nous aurons entendu cette même énigme présentée comme celle des races royales. Ainsi l'Erigone d'*Orphée* et la Virginie du *mont Sacré* sont deux personnages identiques. Ainsi l'*Essai sur les Institutions* est une introduction à la *Palingénésie*, comme l'*Homme sans nom* est une introduction à la *Ville des expiations*. Ainsi l'*Orphée* est toute palingénésie primitive, et la *Formule générale* toute palingénésie historique. Ainsi enfin l'*Antigone* est une épopée domestique et l'*Orphée* une épopée générale ; et ces deux épopées sont identiques, en ce sens que l'homme collectif et l'homme individuel sont identiques.

Il résulte de tout cela que ces deux volumes de *Preuves* feront sentir aussi combien toutes les compositions de M. Ballanche sont en harmonie entre elles, et se rappellent toutes les unes les autres.

— Les mêmes. Tomes I-VI. Paris, au bureau de l'Encyclopédie des connaissances usuelles, 1832 et ann. suiv., 6 vol. gr. in-8 [18 fr.].

Ces six volumes renferment la matière des quatre in-8 : seulement, dans le tome II, on retrouve l'*Eloge de Camille Jordan*, cité précédemment, lequel, si nous ne nous trompons, n'est point dans l'édition in-8.

XII. Vision d'Hébal, chef d'un clan écossais, épisode tiré de la « Ville des expiations. » Paris, de l'impr. de Jules Didot, 1831, in-8 de 124 p. [2 fr. 50 c.].

Cet épisode devant reprendre sa place dans l'ouvrage dont l'auteur le détache pour le moment, sur papier et format différents, *ne doit point*, dit un avertissement, *être à la charge des souscripteurs aux OEuvres de M. Ballanche*, qui recevront cet opuscule sans avoir rien à payer.

XIII. Ville [la] des expiations : trois épisodes. Paris, de l'impr. de Pinard, 1832, in-8 de 24 pag.

Extrait de la IVe livraison de la *France littéraire*, recueil publié alors par M. Ch. Malo.

La réunion de ces deux derniers opuscules peut former un cinquième volume provisoire des OEuvres de M. Ballanche.

Le tome V de la « Biographie universelle et portative des contemporains, » de Rabbe, Boisjolin et Sainte-Preuve, renferme une Notice sur M. Ballanche : cette Notice, qui est terminée par une appréciation impartiale de la Palingénésie sociale, a été mise à profit par nous pour cet article.

BALLARD [J.-G.-J.], D. M. [Voy. *la France littér.*, tome Ier, p. 162.]

I. Précis sur les eaux thermales de Bourbonne-les-Bains, département de la Haute-Marne. Bourbonne-les-Bains, Leclerc ; et Paris, Lecointe et Pougin, 1831, in-8.

II. Essai sur les eaux thermales de Baréges. Paris, Levrault, 1834, in-8 avec une carte [4 fr.].

BALLARI [Gustave], alors imprimeur-compositeur, et depuis comédien.

— * France [la] jugée par les ordonnances, ou Esprit des conseils-d'état sur les principaux règnes des rois de France. Par Gustave B***... Paris, Chaigneau fils aîné, 1831, in-8 de 102 pag. [D. M.]

BALLET [Jean], jurisconsulte, mort à Limoges le 30 avril 1832, était avocat avant la révolution. Nommé, en 1791, juge au tribunal civil d'Evreux, il fut bientôt député à l'Assemblée législative, où il fit partie du comité des finances. Décoré, sous l'Empire, de la croix de la Légion-d'Honneur ; fait, en 1805, procureur-général près la cour d'assises de Limoges, il devint, en 1811, avocat général près la cour d'appel de la même ville, et conserva cette place sous la Restauration. Ballet, élu membre de la chambre des représentants en 1815, termina à cette époque sa vie politique.

Ballet est l'auteur des *Conférences sur les ordonnances,etc.*[1788, in-8], citées par la *France littéraire*. C'est vraisemblablement cet ouvrage qu'une note biographique, celle de M. Henrion, cite sous le titre de *Nouveau Salviat*. Il paraît aussi que Ballet a rédigé la Table raisonnée de l'immense ouvrage de Merlin.

BALLET-PETIT. — Essai sur la plantation et la culture des arbres verts dans les plaines crayeuses de la Champagne. Paris, Rousselon, 1837, in-8 de 32 pag.

BALLIN [A.-G.]. — I. Notice sur l'asile des aliénés de Rouen, lue à l'Académie royale des sciences, belles-lettres et arts de la même ville le 25 avril 1828, et insérée dans son Précis analytique. Rouen, de l'impr. de Nicétas Périaux, 1829, in-8 de 16 pag.

II. Petit Traité d'arithmétique décimale. Rouen, Périaux, 1837, in-8 de 48 pag. [1 fr.]. — Deuxième édition, corrigée avec soin et augm. de plusieurs tables. Rouen, Legrand, et Paris, Chamerot, 1838, in-8 de 76 pag., plus un tableau et une planche [1 fr.].

BALLOCHI [J.-L.]. [Voy. la *France littér.*, tome Ier, p. 163.] Ajoutez : né vers 1790, mort à Paris, le 15 avril 1832.

La *France littéraire*, tom. Ier, p. 163, donne la liste des ouvrages qu'il avouait ; mais elle ne cite point les *libretti*, composés par lui pour le Théâtre Italien. A la suite des ouvrages de Ballochi, il faut ajouter la traduction de l'opéra de *Robert-le-Diable*, pour l'Opéra-Italien de Londres.

BALLY [Victor]. [Voy. la *France littér.*, tom. Ier, p. 164]. Ajoutez : membre de l'Académie royale de médecine.

— Études sur la choladrée lymphatique, ou choléra indien, et sur la fièvre jaune. Fascicules, 1 à 3. Paris, de l'impr. de F. Didot, 1833-35, in-8 de 64, 36 et 64 pag.

BALME [Claude], D.-M., de Belley [Ain]. [Voy. la *France littér.*, tom. Ier, p. 164].

I. Notice sur les maladies contagieuses. Lyon, de l'impr. de Boursy, 1828, in-8 de 32 pag.

II. Mémoires sur les fièvres pestilentielles et contagieuses en général, et sur le choléra-morbus en particulier. Lyon, Laurent, 1832, in-8 de 112 p.

A la fin de ce volume est la liste des ouvrages de l'auteur.

III. Nouveaux éclaircissements sur le choléra-morbus. Lyon, les principaux libraires, 1832, in-8 de 80 pag.

BALOCHI. Voy. BALLOCHI.

BALSON [F.]. — I. Discours prononcé à l'ouverture des séances de la commission instituée pour l'amélioration des prisons militaires, pour servir d'exposé des motifs d'un projet de règlement sur le service des maisons militaires centrales de détention, dites pénitenciers militaires. Séance du 19 janvier 1832. Paris, de l'impr. de Demonville, 1833, in-8 de 52 pag.

II. Avec M. *Crémieux* : Code des Codes, contenant : 1° le Code constitutionnel ; 2° le Code civil, avec les lois qui s'y rattachent, etc., etc., avec des notes, etc., etc. Première livraison. Paris, rue Louis-le-Grand, n° 27, et Mme Dondey-Dupré, 1833, in-4.

III. De l'Introduction du système pénitentiaire en France, divisé en quatre parties, suivant les quatre ordres de moralisation des détenus, précédé d'une Notice sur la loi proposée aux Chambres, et suivi de l'exposé des motifs de l'ordonnance du 3 décembre 1832, sur les pénitenciers militaires. Paris, rue Louis-le-Grand, 1838, in-8 de 80 pag.

BALTARD [L.-P.], architecte, professeur d'architecture à l'École royale des beaux-arts. [Voy. la *France littér.*, tom. Ier, p. 165] (*).

I. Discours nécrologique, prononcé au nom de l'École royale des beaux-arts,

(*) La *France littéraire*, dans l'article qui concerne cet artiste, n'a point cité les deux ouvrages suivants qui lui appartiennent : 1° Un *Mémoire sur l'enseignement de l'architecture* [impr. dans le tome Ier du Journal de l'École polytechnique, 1795] ; — 2° En société avec M. Jacq.-Guill. Legrand : *Dissertation sur un Traité de Ch. Lebrun, concernant le rapport de la physionomie humaine avec celle des animaux*. Paris, 1806, gr. in-fol. orné de 37 planches et du portrait de Lebrun, par Edelink.

Quant à l'*Atheneum* du même auteur, cité par la *France littéraire*, la citation est non-seulement trop succincte, mais encore inexacte. Cet ouvrage est divisé en 14 classes sous 4 divisions : 1re division : Architecture et Sculpture ; — 2e division : Peinture et Gravure ; — 3e division : Application du dessin aux sciences naturelles, à la Poésie, à l'Histoire, etc. ; — 4e division : Application du dessin aux arts industriels. Il se compose de seize livraisons [et non de 14] de 4 planches chacune. 12 ont été publiées en 1806, et 4 en 1807.

sur la tombe de Jean Rondelet, architecte, le 27 septembre 1829. Paris, de l'impr. de Fain, 1829, in-4 de 4 p.

Ce discours a été réimprimé dans la même année à la suite de celui de M. Vaudoyer.

II. Architecnographie des prisons, ou Parallèle des divers systèmes de distribution dont les prisons sont susceptibles selon le nombre et la nature de leur population, l'étendue et la forme des terrains. Paris, l'Auteur, 1830, in-folio de 42 p. et 40 planch. [35 fr.].

III. Projet du Palais de justice de la ville de Lyon, et Mémoire sur le choix de son emplacement, soit à la place de Roanne, soit sur les roches de la Saône, etc., accompagné de 11 planch. gravées. Paris et Lyon, les principaux libraires, 1830, in-4 de 23 pag. et 11 planch.

IV. Essai sur la fortification et sur les tours à batterie tournante, considérées isolément ou réunies aux ouvrages dans les places de guerre, aux fronts bastionnés et dans les ports de mer; précédé de quelques considérations sur l'architecture à l'époque de la renaissance des arts et sur l'à-propos de fortifier les villes de Paris et de Lyon. Paris, l'Auteur, 1831, in-8 de 72 pag. et 27 planch. [6 fr. 50 c].

Il importe peu au public de savoir si l'auteur de cet ouvrage s'est occupé spécialement du génie militaire. Son but, détaché de tout autre intérêt, est d'accroître essentiellement les moyens de défense, soit sur des points isolés, soit sur des lignes étendues, soit dans les places fortes, soit dans les ports, soit enfin à la mer, au moyen de galiotes canonnières qu'il propose de rendre insubmersibles.

Son ouvrage renferme des vues utiles. A la suite d'une introduction où il expose, et notre situation depuis le mois de juillet et un système stratégique propre à déjouer toute tentative hostile contre la France, il s'élève contre l'usage de diviser les travaux publics en travaux d'architecture, des ponts-et-chaussées et du génie militaire; il s'appuie sur les exemples des architectes du XIVe et du XVe siècles qui réunissaient toutes les connaissances nécessaires à la conduite de tous ces ouvrages: ces architectes savaient embellir les villes de monuments d'architecture, de sculpture et de peinture après en avoir élevé les fortifications. Il propose d'employer nos soldats à tous les grands ouvrages et spécialement à fortifier la ville de Lyon et Paris.

Vingt-six planches de figures et de plans lithographiés ornent cet ouvrage. Une explication étendue fixe l'attention sur la composition des batteries tournantes construites en bois debout par assises avec des embrasures mobiles en fonte et formant volet.

Armées de quatre pièces de gros calibre, ses tours peuvent protéger jusqu'à deux mille toises de distance toute la circonférence d'un cercle dont elles seraient le centre. A la mer, sur des galiotes canonnières d'abordage insubmersibles, elles porteraient l'épouvante au milieu d'une ligne d'embossage.

Par appendice, on trouve à la fin de l'ouvrage trois feuilles sur un nouveau procédé de fonder sous l'eau sans le concours des machines à sonnettes, sans battage de pieux, ni cloches à plongeur, soit dans les fleuves, soit à la mer. Ce mode de construction offre l'avantage de se consolider par lui-même et de présenter en s'avançant successivement la plus grande résistance possible. Il avait été proposé pour une construction très-importante au milieu d'un fleuve.

V. École royale des beaux-arts. Discours d'ouverture du cours de théorie de l'architecture. Paris, de l'impr. de Crapelet, 1834, in-8 de 40 pag.

VI. Introduction au cours de théorie d'architecture de l'année 1839. Paris, de l'impr. de Crapelet, 1839, in-8 de 52 p.

BALTAZARD [Théodore]. — Société hâvraise d'Études diverses. Compte-rendu des travaux de la première année. Le Hâvre, Morlent, 1838, in-8 de 100 pag.

Pour un résumé analytique des travaux de la 3e année de cette Société, voyez l'article MILLET SAINT-PIERRE.

BALTHAZAR [le petit], pseudon. Voy. MONTHEROT.

BALTHASAR [Gustave]. — Avec M. *Alexandre*. Aveugle [l'] de Bagnolet, souvenir de 1815, comédie-vaudeville en un acte. Paris, Marchant, 1839, in-8.

BALZAC [Honoré], littérateur distingué de l'époque actuelle, auquel, néanmoins, de maladroits amis ont donné le surnom de « Grand-Maréchal littéraire de France, » l'un des fondateurs de la fameuse Société des gens de lettres dont il a été le président, naquit à Tours, le 20 mai 1799, et non en 1797, comme le dit M. A. D. dans la « Galerie de la Presse ». Sa famille ne compte pas d'illustrations; car, dans la volumineuse biographie de la Touraine, qui forme le tome IV de l'histoire de cette province, par M. Chalmel, on ne trouve aucun personnage du nom de Balzac. D'où vient alors la particule *de*, dont notre littérateur a, depuis 1830, fait précéder son nom? M. Hon. de Balzac fit ses études au collége de Vendôme, d'une manière distinguée. En quittant les bancs, et fort jeune encore, il s'adonna à la littérature. C'est à tort que l'auteur de la notice qui le concerne dans la

« Galerie de la Presse » dit que M. de Balzac fut d'abord imprimeur (*). Dès 1821 il composa, en société avec M. *Le Poitevin de Saint-Alme*, son ami, des romans qui parurent sous le pseudonyme de Viellerglé, et qui firent peu de sensation. C'est donc avec raison que l'on a dit, dans la « Galerie de la Presse », « qu'avant de faire son entrée « dans les salons aristocratiques avec « sa canne mirobolante, célébrée avec « tant d'amour par Mad. Emile Girar- « din, avant de pénétrer mystérieuse- « ment dans les boudoirs et jusque « dans l'alcôve des femmes sans cœur « ou pleines de cœur, M. de Balzac « s'est bien souvent arrêté dans la loge « enfumée des portiers sous les dégui- « sements fantastiques et les faux noms « qu'il avait adoptés. » En 1822 jusqu'à vingt nouveaux volumes dus à la plume de M. de Balzac furent publiés sous le nom de « lord R'hoone. Qu'y a-t-il de surprenant que des romans composés avec tant de précipitation et par un jeune homme de vingt-deux ans ne soient pas sortis de la ligne ordinaire ? On aurait de la peine à reconnaître dans ces productions le futur auteur de tant de livres charmants; mais, après tout, elles ne sont dépourvues ni de fabulation, ni d'épisodes dramatiques. En même temps que, par l'étude et par le travail, M. de Balzac se formait à devenir un littérateur distingué, il s'associait à la rédaction de journaux : le *Feuilleton littéraire*, qui paraissait en 1824, reçut de ses essais. Un peu plus tard il fut, avec MM. Hipp. Auger, Emile Girardin, Varaigne, fondateur et rédacteur du « Feuilleton des journaux politiques.» Quoi qu'il en soit, M. de Balzac ne s'était pas fait de réputation littéraire. Ne réussissant pas en littérature aussi vite qu'il l'eût désiré, il paraît que M. de Balzac eut un instant de dégoût, et que par suite il s'effaça, de 1825 à 1828, de la foule des romanciers de troisième classe. L'industrie typographique lui avait souri, et il s'associa d'abord à l'imprimeur Barbier, qui demeurait rue des Marais Saint-Germain, dont il devint plus tard le successeur. Mais les détails mesquins d'une administration industrielle ne pouvant convenir à une riche et ardente imagination comme celle de M. de Balzac, il renonça bientôt à la fabrication des livres pour se livrer à leur composition. Sa rentrée dans la littérature fut marquée par la publication, en 1829, du *dernier Chouan, ou la Bretagne en* 1800, « roman soi- « disant historique, qui fait parler la « langue bretonne aux paysans de Fou- « gères, véritables ours, horriblement « velus avec leurs longues peaux de « chèvres. *Le dernier Chouan* est le « premier livre que M. de Balzac ait « avoué, reconnu et publié sous son « nom, dans le temps heureux où la « gloire du fameux in-12 des Pigault- « Lebrun, des Victor Ducange et Paul « de Kock, florissait et s'épanouissait « avec éclat dans la mansarde des gri- « settes et dans la loge des portières. » Ce roman fit sensation, et avec lui commença une nouvelle ère littéraire

(*) L'auteur de cette Notice succincte a trop sacrifié la vérité à l'esprit : le peu de particularités qu'il donne sur M. de Balzac est tout à fait inexact. « Le futur auteur de la « Peau « de chagrin » et des « Scènes de la vie privée » « fut, dit-il, d'abord imprimeur à Paris, et usa « largement et même abusa de son privilége « en imprimant un nombre incalculable de « romans, de romans noirs de sa façon, qu'il « publia sous le voile officieux du pseudonyme « et sous le prétexte plus officieux de les tra- « duire de l'anglais. La littérature britanni- « que doit être infiniment reconnaissante au « romancier français de ses frais de traduction, « c'est-à-dire d'imagination à son profit ! » M. de Balzac a bien été quelque temps imprimeur à Paris, mais ce ne fut que peu d'années avant 1830, et alors il n'a donc pas pu imprimer, de 1821 à 1825, un seul des romans de sa composition : le nombre incalculable se réduit au chiffre de dix, et pas un d'eux n'est présenté comme traduit de l'anglais. M. A. D. n'a pas plus connu l'histoire littéraire que la biographie de M. de Balzac. Il ajoute : « Parmi « les premières productions de Balzac, impri- « mées chez Balzac, nous pouvons citer « Jane « la Pâle » [fausse citation qui fait d'un livre, réimprimé récemment sous ce titre, un ouvrage que l'auteur, en 1825, avait intitulé *Wann Chlore*], le « Vicaire des Ardennes, » la « Non- « ne de Grifenfeld, » [lisez de *Gnadenfeld*, et alors l'historien de M. de Balzac lui attribue, comme publié vers 1825, un roman qui n'a été imprimé qu'en 1832, et qui a été traduit de l'allemand de Spindler, par M. Ledhui] « et « trente autres romans à la manière d'Anne « Radcliffe et dans la couleur du « Moine de « Lewis, » moins toutefois la sombre et puis- « sante imagination d'Anne Radcliffe et la « verve ardente et passionnée de Lewis. » Nous avons dit précédemment que les romans de la jeunesse de M. de Balzac sont au nombre de dix, et qu'aucun n'a été présenté ni comme traduction, ni comme imitation de l'anglais. Voilà avec quelle légèreté on fait de l'histoire littéraire !

pour M. de Balzac. Les *Scènes de la vie privée* et la *Physiologie du mariage*, qui parurent à la fin de la même année, lui fondèrent une brillante réputation. « Alors on jugea qu'au com« patriote de Rabelais, à M. de Balzac, « était réservé, dans la littérature, le « doux privilége de devenir un jour le « brillant historien des salons et des « boudoirs, l'Homère officiel des Odys« sées du noble faubourg, le Dubuffe « breveté de tant de comtesses eni« vrantes, de marquises étourdissantes, « de duchesses appétissantes, enfin « de tant de femmes plus ou moins « aventureuses et plus ou moins incom« prises ». Les derniers ouvrages que M. de Balzac venait de publier le firent dès lors rechercher par les propriétaires et directeurs de revues et de recueils littéraires : il devint le rédacteur indispensable de toute publication périodique qui voulait assurer son succès. Le nombre de recueils auxquels M. de Balzac a coopéré est immense, et par conséquent, il deviendrait impossible d'en donner l'énumération : les premiers pour lesquels il écrivit furent : « la Chronique de Paris, » journal légitimiste, fondé par M. W. Duckett. Plus tard M. de Balzac fonda lui-même quelques recueils, et entre autres, en 1830, « la Caricature morale, politique et littéraire, » journal d'opposition que les lois de septembre tuèrent. Aug. Audidert, littérateur plein d'avenir et enlevé très-jeune à la gloire de son pays, avait succédé à M. de Balzac dans la rédaction principale de la Caricature. C'est aussi vers ce temps qu'il participa à la rédaction des « Revue de Paris » et des « Deux-Mondes »; dans le dernier de ces deux recueils parurent: la charmante nouvelle, intitulée l'*Enfant maudit* [Ire série, t. Ier], le *Rendez-vous* [t. III] et le *Messager* [t. IV, 1832]. Une très-grande partie des livres publiés par M. de Balzac depuis 1830 n'est que la réunion de nouvelles imprimées dans les nombreux recueils et journaux qui l'ont compté au nombre de leurs rédacteurs (*).

Nous dirons, avec l'auteur de l'article sur M. de Balzac de la « Galerie de la Presse, » que nous n'avons point à apprécier, dans une notice bibliographique, « les vives et spirituelles pein« tures du brillant romancier, char« mantes esquisses pleines de nuances « et de coquetteries de style et d'intri« gue, délicieux tableaux de genre et « d'intérieur à faire envie à tous les « Boucher et à tous les Vatteau de la « littérature, scènes piquantes et sil« houettes capricieuses qui nous appa« raissent dans cette grande et mou« vante lanterne magique qu'on appelle « le monde ! — Ce que nous dirons « seulement, c'est que nul n'a fouillé « plus intimement le cœur des femmes « pour surprendre et dévoiler leurs « secrètes pensées, leurs grâces co« quettes, leurs larmes mystérieuses, « leurs désirs voilés, et tous ces mer« veilleux trésors de l'âme qui enivrent « l'amant et le lecteur; — c'est que « nul n'a mieux calqué une idée légère « et gracieuse sur une forme gracieuse « et légère, et que nul, autour de cette « idée, n'a fait serpenter plus harmo« nieusement le mot et la phrase ; — « c'est enfin que nul n'a plus habile« ment mis, rendu, exprimé dans « un livre les secrets, les charmes, les « délicatesses, les mystères infinis de « la nature des femmes (*) ! »

M. de Balzac a voulu obtenir un nom en littérature; arrivé à son but, il a voulu que ce nom devînt une autorité, et alors a commencé pour lui une série de déceptions. On n'oubliera pas qu'il se posa en protecteur d'une société littéraire qui, oublieuse de tout ce qu'a de noble la culture des lettres quand elle a pour but l'instruction et l'amélioration de la société, se constitua en association commerciale, substituant la

(*) On pourrait, ce nous semble, reprocher à bon droit, à M. de Balzac, d'avoir fait souvent un livre nouveau par la réunion d'esquisses ou d'études connues depuis long-temps : de semblables moyens sont trop fréquemment employés par les libraires pour faire acheter aux bibliophiles une seconde, une troisième fois, un livre qu'ils possèdent déjà ; mais chez le littérateur, ils ne doivent pas être excusés.

(*) On trouve dans la « Revue des Deux-Mondes » de consciencieuses Études littéraires sur M. de Balzac, par M. Sainte-Beuve [IIIe série, t. IV, 1834]. Dans la « Revue des romans, etc. » [Paris, 1839, 2 vol. in-8], par Eusèbe G****. [M. Girault de Fargeau] a donné une analyse impartiale et complète de tous les romans publiés par M. de Balzac, tant sous son véritable nom que sous ses pseudonymes de lord R'hoone et d'Horace Saint-Aubin.

spéculation à la morale. Le plaidoyer de M. de Balzac devant la cour de Rouen, dans l'affaire contre le « Mémorial de Rouen, » en 1839, pour cause d'une reproduction des feuilletons de quelques-uns des membres de cette société, dont il était président, restera comme acte d'avilissement de notre littérature actuelle. Presque aussitôt se posant en Voltaire à petit pied, il entreprit de justifier dans « la Presse » l'assassin Peytel, et se fourvoya. Enfin, une couronne manquait encore à M. de Balzac, celle du théâtre : le 14 mars 1840, il fit jouer pour la première fois, à la Porte-Saint-Martin, *Vautrin*, drame en cinq actes et en prose. Le gouvernement fit défendre de donner suite à sa représentation à cause de l'effronté cynisme de la pièce. Les journaux de toutes les couleurs qui, à l'issue de la représentation de cette pièce, en ont rendu compte, ont été unanimes sur son immoralité. M. J. Janin, dans le feuilleton du « Journal des Débats » du 16 du même mois, l'a suffisamment fait connaître. Elle n'en a pas moins été imprimée.

Nous donnerons ici la nomenclature des principales productions de M. de Balzac, la divisant en deux périodes : l'une comprenant les ouvrages publiés sous des noms fantastiques, et l'autre, ceux imprimés sous son véritable nom (*).

PREMIÈRE PÉRIODE.

I. Deux [les] Hector, ou les Deux Familles bretonnes. Paris, G.-C. Hubert, 1821, 2 vol. in-12 [5 fr.].

II. Charles Pointel, ou Mon Cousin de la main gauche. Paris, Hubert, 1821, 4 vol. in-12 [10 fr.].

Ces deux romans ont été publiés sous le nom de Viellerglé, masque de M. Le Poitevin de Saint-Alme. M. Marc, dans son « Dictionnaire des romans, » donne à M. Le Poitevin M. de Balzac pour collaborateur, et cette assertion se trouve confirmée par un passage de la préface d'un roman intitulé « Cazilda. »

III. Héritière [l'] de Birague, histoire tirée des manuscrits de dom Rago, ex-prieur de bénédictins, mise au jour par ses deux neveux. Paris, Hubert, 1822, 4 vol. in-12 [10 fr.].

Les deux prétendus neveux du bénédictin sont : MM. A. de Viellerglé [c'est-à-dire Le Poitevin de Saint-Alme], et M. de Balzac, qui s'est caché sous le pseudonyme de lord R'hoone.

IV. Jean-Louis, ou la Fille trouvée. Paris, Hubert, 1822, 4 vol. in-12 [10 fr.].

Publié sous les deux mêmes précédents pseudonymes.

V. Clotilde de Lusignan, ou le Beau Juif; manuscrit trouvé dans les archives de la Provence, et publié par lord R'hoone. Paris, Hubert, 1822, 4 vol. in-12 [10 fr.].

Ce roman a été réimprimé par le libraire Souverain, sous le titre de l'*Israélite*, et avec le nom d'*Horace de Saint-Aubin*, nom littéraire sous lequel M. de Balzac s'est plusieurs fois caché.

VI. Centenaire [le], ou les Deux Beringheld. Paris, Pollet, 1822, 4 vol. in-12 [10 fr.].

Publié sous le pseudonyme d'*Horace de Saint-Aubin*.
Ce roman a été inséré dans les OEuvres d'Horace de Saint-Aubin, sous le titre du *Sorcier*. 1837, 2 vol. in-8.

VII. Vicaire [le] des Ardennes. Paris, Pollet, 1822, 4 vol. in-12 [10 fr.]. — Paris, H. Souverain, 1836, 2 vol. in-8 [15 fr.].

Publié sous le même pseudonyme.

VIII. Dernière [la] Fée, ou la Nouvelle Lampe merveilleuse. Paris, J.-N. Barba; G.-C. Hubert, 1823, 2 vol. in-12 [5 fr.]. — Sec. édit., revue, corrigée et considérablement augmentée. Paris, Delongchamps, 1824, 3 vol. in-12 [7 fr. 50 c.]. — Autre édition. Paris, H. Souverain, 1836, 2 vol. in-8 [15 fr.].

Publié sous le même pseudonyme.

IX. * Histoire impartiale des Jésuites. Paris, Delongchamps; Maze, 1824, in-18 [3 fr.].

Volume qui a paru sans nom d'auteur, et qui est de MM. de Balzac et Hor. Raisson. Cette Histoire des Jésuites est morcelée de l'ouvrage de Cérutti.

X. Annette et le Criminel, ou Suite du Vicaire des Ardennes. Paris, Buissot, 1824, 4 vol. in-12 [10 fr.].

Publié sous le pseudonyme d'*Horace de*

(*) Aux journaux et recueils auxquels M. de Balzac a pris part et que nous avons cités, il faut ajouter les deux suivants qui reçoivent encore de ses articles : 1° « la Nouvelle Caricature, » publiée sous la direction de M. Emm. Gonzalès, et dans laquelle il a déjà fourni, en 1839, les *Petites misères de la vie humaine*; il doit y donner prochainement un article intitulé le *Réveil*; 2° « les Français peints par eux-mêmes, » auxquels il a fourni pour le premier volume les deux types suivants : l'*Épicier* et la *Femme comme il faut*, et dans les deux volumes suivants : le *Notaire* [t. II], le *Rentier* [t. III].

Saint-Aubin. M. H. Souverain l'a réimprimé sous le titre d'*Argow le pirate*. 1836, 2 vol. in-8 [15 fr.].

XI. * Code des gens honnêtes, ou l'Art de ne pas être dupe des fripons. Paris, Barba, 1825, in-12.

Ouvrage qui a paru sans nom d'auteur, et qui a été attribué à M. Hor. Raisson. Des personnes, qui se prétendent bien informées, affirment que ce volume est tout entier l'ouvrage de M. de Balzac. La part de M. Raisson se réduirait à avoir placé le manuscrit.

Ce petit livre fut reproduit dans la même année de sa publication, à l'aide d'un frontispice portant : Seconde édition. Il a été réimprimé, en 1829, sous le titre de *Code pénal, Manuel complet des honnêtes gens*. IIIe édit. Paris, J.-P. Roret, in-18, avec une gravure [3 fr. 50 c.].

XII. * Wann-Chlore. Paris, Urbain Canel; Delongchamps, 1825, 4 vol. in-12 [12 fr.].

Ce roman qui a paru sous le voile de l'anonyme, a été réimprimé par le libraire H. Souverain, sous le titre de *Jane la pâle*. 1837, 2 vol. in-8.

XIII. Excommunié [l']. Roman posthume [entièrement inédit]. Paris, H. Souverain, 1837, 2 vol. in-8 [15 fr.].

XIV. Don Gigadas. Roman [entièrement inédit]. Paris, le même, 1840, 2 vol. in-8 [*sous presse*].

Ces deux derniers romans, quoique d'une publication récente, ont été composés bien antérieurement à 1840, alors que M. de Balzac n'était encore connu en littérature que sous le nom d'*Horace de Saint-Aubin*. Le libraire auquel ils appartenaient les avait conservés en manuscrit.

La majeure partie des romans cités dans cette première section a été réunie sous le titre suivant :

OEuvres complètes d'Horace de Saint-Aubin, mises en ordre par Émile Regnault. Paris, H. Souverain, 1836-40, 16 vol. in-8 [135 fr.].

Cette collection comprend les romans qui suivent, et que l'on peut se procurer séparément, au prix de 15 fr. l'un.

Tomes I et II. La Dernière Fée, 2 vol.
— III et IV. Le Sorcier [*le Centenaire*]. 1837, 2 vol.
— V et VI. Le Vicaire des Ardennes, 2 vol.
— VII et VIII. Argow [*Annette, etc.*]. 2 vol.
— IX et X. Jane la pâle [*Wann Chlore*]. 1836, 2 vol.
— XI et XII. L'Israélite [*Clotilde de Lusignan*], 2 vol.
— XIII et XIV. *Dom Gigadas*; roman entièrement inédit. 1840, 2 vol. [*sous presse*].
— XV et XVI. L'*Excommunié*; roman posthume [entièrement inédit]. 1837, 2 vol.

DEUXIÈME PÉRIODE.

XV. Dernier [le] chouan, ou la Bretagne en 1800. Paris, Urb. Canel, 1829, 4 vol. in-12 [12 fr.]. ○

Premier ouvrage publié sous le véritable nom de l'auteur. Il a été réimprimé en 1834, sous ce titre : *Les Chouans, ou la Bretagne en* 1799. IIe édit., entièrement refondue. Paris, Vimont, 1834, 2 vol. in-8 [15 fr.].

XVI. Scènes de la vie privée. Paris, Mame et Delaunay-Vallée, 1829-30, 2 vol. in-8; ou 1832, 4 vol. in-8 [30 fr.]. — IIIe édition, entièrement refondue, avec une Introduction aux « Etudes des Mœurs, » par M. *Félix Davin*. Paris, veuve Charles Béchet, 1835, 4 vol. in-8 [30 fr.]. — Autre édition. Paris, Charpentier, 1839, 2 vol. in-18 [7 fr.].

Les éditions de 1832 et 1835 forment les tomes I à IV des *Études de mœurs au XIXe siècle*, de l'auteur.

Ces quatre volumes renferment : Une Introduction aux Études de mœurs, par M. Félix Davin. — Le Bal de Sceaux. — Gloire et Malheur. — La Vendetta. — La Fleur des Pois [inédit]. — La Paix du Ménage. — Balthazar Claës, ou la Recherche de l'Absolu [inédit]. — Même Histoire.

Quelques-unes des nouvelles qui composent ces quatre volumes ont été réimprimées séparément par le libraire Werdet. *Balthazar Claës, ou la Recherche de l'Absolu*, a été réimprimé isolément par le libraire Charpentier, en 1839, 1 vol. in-12 [3 fr. 50 c.].

XVII. Physiologie du mariage, ou Méditations de philosophie éclectique sur le bonheur et le malheur conjugal; publiées par un jeune célibataire. Paris, Levavasseur; Urb. Canel, 1830, 2 vol. in-8. — Deuxième édition. Paris, Ollivier, 1834, 2 vol. in-8 [15 fr.]. — Autre édition. Paris, Charpentier, 1838, in-12 [3 fr. 50 c.].

Ouvrage qui a fondé la réputation de M. de Balzac. La première édition, seulement, est anonyme : les deux autres que nous citons ont paru avec le nom de l'auteur.

— Le même ouvrage, en espagnol, sous ce titre : Fisiologia del matrimonio, o Meditaciones de filosofia ecletica sobre la felicidad y la desgracia conjugal... Obra traducida. Bordeaux, Teycheney, 1837, 2 vol. in-12.

XVIII. Enquête sur la politique des deux ministères. Paris, Levavasseur, 1831, in-8 de 56 pag.

Par ces mots : *Les deux ministères*, l'auteur désigne les deux systèmes entre lesquels le ministère avait à choisir après la révolution de juillet. Ce qu'il publiait alors n'était que le préambule de quatre autres enquêtes, qu'il promettait de quinzaine en quinzaine, sur les relations extérieures, les ministères de la guerre, des finances et de l'intérieur, mais qui n'ont pas paru.

« Nous venons de lire, dit un journal de l'é« poque, une brochure de M. de Balzac, inti« tulée : *Enquête sur la politique des deux mi« nistères*, qui a paru le mois dernier. Ce jeune « auteur, déjà si honorablement connu dans la « littérature par ses *Scènes de la vie privée*, et « son charmant conte de l'*Enfant maudit*, vient

« de se placer au rang de nos bons *discuteurs* « politiques. Il a caractérisé avec une rare « clarté, une franchise et une impartialité plus « rares encore, la marche de ce malheureux « *juste-milieu*, également infidèle à la guerre « et à la paix, et qui n'a abouti, selon l'ex- « cellente expression de l'auteur, qu'à une « *monarchie tempérée par des émeutes.* Nous « ne partageons pas les principes de M. de « Balzac, mais nous arrivons aux mêmes ré- « sultats que lui. C'est, à ce qu'il nous semble, « une garantie donnée à sa bonne foi comme « à la nôtre. »

XIX. Peau [la] de chagrin, roman philosophique. Paris, Ch. Gosselin, Urb. Canel, 1831, 2 vol. in-8, avec 2 vign. [15 fr.]. — Autre édition, rev. et corr. Paris, Charpentier, 1839, in-12 [3 fr. 50 c.].

Une édition de luxe de ce livre a été publiée en 1838, sous ce titre : *Balzac illustré: — La Peau de chagrin; — Études sociales.* Paris, Delloye et Vict. Lecou, 1 vol. gr. in-8 [15 fr.].

A la suite de la « Peau de chagrin » M. de Balzac a placé plusieurs contes et nouvelles dont le sujet ne lui appartient pas. L'un de ces contes intitulé *Jésus-Christ en Flandre,* est copié textuellement de l'abbé Dulaurens. M. de Balzac l'a trouvé dans un petit livre intitulé, je crois, *Vérité et Cérémonie du catholicisme.* Voir la liste des ouvrages de l'abbé Dulaurens, M. de Balzac ne s'est pas fait faute d'y puiser. [*Note communiquée.*]

XX. Romans et Contes philosophiques. Sec. édit. [contenant : la Peau de Chagrin, suivie de Sarrasine; — la Comédie du Diable; — el Verdugo; — l'Enfant maudit; — l'Elixir de longue vie; — les Proscrits; — le Chef-d'OEuvre inconnu; — le Réquisitionnaire; — Étude de femme; — les Deux Rêves; — Jésus-Christ en Flandre; — l'Eglise]. Paris, Ch. Gosselin, 1831, 3 vol. in-8, sur pap. fin satiné, ornés de trois dessins de Tony Johannot, gravés par Porret [22 fr. 50 c.]. — IVe édit., revue et corr. Paris, le même, 1833, 4 v. in-8, ornés de 4 grav. [28 fr.].

La première édition de ces « Romans et Contes philosophiques » n'est autre que la « Peau de chagrin, » suivie de plusieurs contes ou nouvelles, ainsi que nous venons de le dire.

Le troisième volume des deuxième et troisième éditions, renfermant douze contes, a été de nouveau réimprimé avec une Introduction de M. Phil. Chasles, sous ce titre : *Contes philosophiques.* Paris, Ch. Gosselin, 1832, 2 vol. in-8 [14 fr.].

XXI. Comte [le] Chabert, nouvelle.

Imprimé dans le tome Ier du « Salmigondis. » 1832, in-8, et réimpr. sous le titre de *la Comtesse à deux maris,* dans les « Scènes de la vie parisienne. »

XXII. * Contes bruns, par une.... [tête à l'envers]. Paris, Urb. Canel, 1832, in-8 [7 fr. 50 c.].

Ce volume contient huit contes : 1° Deux de M. de BALZAC; *Une conversation entre onze heures et minuit,* collection d'anecdotes à passions brutales et scandaleuses; et *le Grand d'Espagne,* nouvelle empreinte d'une teinte aussi sombre pour le moins; c'est une nuit castillane avec ses intrigues d'amour, ses secrets de sang, ses poignards, ses hommes à manteaux, cette jalousie délirante qui ne recule devant aucun crime, qui assassine un bienfaiteur et mutile une amante; 2° trois de M. Phil. CHASLES; *les Trois sœurs, Une bonne fortune,* et *l'OEil sans paupière;* trois de M. Ch. RABOU; *les Regrets de Tobias-Guarnerius, Sara la danseuse,* et *le Ministère public.*

XXIII. Cent [les] Contes drolatiques, collegiez ès abbaïes de Touraine, et mis en lumière par le sieur de Balzac, pour l'esbattement des pentagruellistes et non aultres. Premier dixain. Paris, Ch. Gosselin, 1832, in-8 [10 fr.]. — Deuxième dixain. Paris, le même, 1833, in-8 [10 fr.]. — Troisième dixain. Paris, Werdet, 1837, in-8 [10 fr.].

Le nombre de Contes promis par M. de Balzac est encore loin d'être complet : trois dixains seulement ont été publiés, et voici l'indication des contes qui y sont contenus :

Premier dixain : La Belle Impéria; — le Pesché Vesniel; — la Mie du roy; — l'Héritier du dyable; — les Joyeulsetez du roy Loys le unziesme; — le Connestable; — la Pucelle de Thilhouse; — le Frère d'armes; — le Curé d'Azay-le-Rideau; — l'Apostrophe.

Deuxiesme dixain : Les Trois Clercqs de Saint-Nicholas; — le Jeusne de François premier; — les Bons propos des religieuses de Poissy; — Comment feut basti le chasteau d'Azay; — la Faulse Courtisanne; — le Dangier d'être trop Coquebin; — la Chière nuictée d'amour; — le Prosne du joyeulx curé de Meudon; — le Succube; — Dezespérance d'amour.

Troiziesme dixain : Persévérance d'amour; — d'Ung justiciard qui ne se remembrait les choses; — Sur le moyne Amador, lequel feut ung glorieux abbé de Turpenay; — Berthe-la-Repentie; — Comment la belle fille de Portillon quinaulda son juge; — le Vieulx-Par-Chemins; — Cy est desmonstré que la Fortune est femelle; — Dires de trois pelerins; — Naïveté; — la Belle Impéria mariée.

Chaque dixain est précédé d'un prologue et terminé par un épilogue.

Le troisième volume a été reproduit par le libraire Souverain, sous le titre de *Berthe-la-Repentie.*

Un quatrième dixain, dict le dixain des imitacions, a été annoncé par le libraire Werdet, il y a quelques années, mais il n'a pas encore été publié. Ce nouveau volume ou dixain devait renfermer : La Dame empeschiée d'amour, roman en vers avec la traduction en regard [à l'imitacion des autheurs de la langue romane]; — la Mère, l'Enfant et l'Amour, fabliau avec la traduction en resguard; — le Cocqu par aucthorité de justice [conté en la méthode des cent nouvelles nouvelles du roy Loys unze]; — le Pari du magnifique [dans le genre des Italiens]; — le Seigneur Freschi [à la fasson de la royne de Navarre]; — Comment fina le soupper du bonhomme [conte dans la mode oriental]; — le Dict de l'Empereur [conte dans le genre de la Bibliothèque bleue]; — la Filandière [conte à la manière de Perrault]; — Comment ung cochon feut prins d'amour pour ung moine et ce qui en advint [conte drolatique].

XXIV. Contes [nouveaux] philosophiques. Paris, Ch. Gosselin, 1832, in-8, avec une vignette [8 fr.].

Ce volume fait suite aux deux cités dans la note du n° XXI.

Ces nouveaux contes sont: Maître Cornélius; — Madame Firmiani; — L'Auberge rouge; — Louis Lambert.

XXV. Histoire intellectuelle de Louis Lambert. Paris, Ch. Gosselin, 1833, in-18 [5 fr.].

Ce volume est encore un fragment des « Romans et Contes philosophiques. »

XXVI. Médecin [le] de campagne. Aux cœurs blessés, l'ombre et le silence [de Balzac]. Paris, Mame-Delaunay, 1833, 2 vol. in-8 [15 fr.]; ou Paris, 1834, 1836, 2 vol. in-8 [15 fr.] — Autre édition, revue et corrigée. Paris, Charpentier, 1839, in-12 [3 fr. 50 c.].

XXVII. Scènes de la vie de province. Paris, Mme Charles-Béchet, et Werdet, 1834-37, 4 vol. in-8 [30 fr.].

Formant les tomes V-VIII des *Etudes de mœurs au XIXe siècle*, de l'auteur.

Ces quatre volumes renferment : Eugénie Grandet [inédit]. — Le Message. — Les Célibataires. — La Femme abandonnée [inédit]. — La Grenadière [inédit]. — L'Illustre Gaudissart [inédit]. — La Grande Bretèche [inédit]. — Fragments d'Histoire générale [inédit]. — Illusions perdues [inédit].

— Les mêmes. [Première et deuxième séries.] Paris, Charpentier, 1839, 2 vol. in-12 [7 fr.]

Outre cette édition des « Scènes de la vie de province, » le libraire Charpentier a encore réimprimé à part un ouvrage qui fait partie de cette collection : *Eugénie Grandet*. 1839, in-12 [3 fr. 50 c.].

XXVIII. Scènes de la vie parisienne Paris, Mme Charles-Béchet, 1834, 4 vol. in-8 [30 fr.].

Formant les tomes IX-XII des *Études de mœurs au XIXe siècle*.

Ces quatre volumes renferment : La Femme vertueuse. — La Bourse. — Le Papa Gobseck. — Les Marana [inédit]. — Trois Épisodes de l'Histoire des Treize : 1° Ferragus, chef des dévorants [inédit]; 2° Ne touchez pas à la hache [inédit]; 3° la Fille aux yeux d'or [inédit]. — Profil de Marquise. — Sarrazine. — Madame Firmiani. — La Comtesse à deux Maris.

Plusieurs des nouvelles qui composent ces quatre volumes ont été imprimées à part. L'une d'elles a été traduite en espagnol et imprimée à Paris, sous ce titre : *La Marana*, novela escrita en frances por M. de Balzac, traducida por D. M. de V. Paris, Rosa, 1836, in-18.

— Les mêmes. Nouv. édit., revue et corrigée. [Première et deuxième séries]. Paris, Charpentier, 1839, 2 v. in-12 [7 fr.].

— Les mêmes en anglais, sous ce titre : Scenes from parisian life. First series. Translated from the french. Paris, Bennis, 1834, in-8 [22 fr. 50 c.].

L'auteur s'était proposé de publier pour compléter ses Études de mœurs au XIXe siècle, trois autres séries, intitulées : *Scènes de la vie politique*; — *Scènes de la vie militaire*; — *Scènes de la vie de campagne.*

XXIX. Études philosophiques. Paris, Werdet, 1835 et ann. suiv., in-12.

Cette collection est formée, en grande partie, d'ouvrages qui avaient déjà été compris dans plusieurs autres : elle a été promise en 30 volumes qui eussent renfermé les écrits suivants : La Peau de Chagrin [quatrième édition, revue et corrigée]. — Adieu. — Le Réquisitionnaire. — L'Élixir de longue vie. — El Verdugo. — Un drame au bord de la mer [inédit]. — Histoire de la grandeur et de la décadence de César Birotteau, marchand-parfumeur, chevalier de la Légion-d'Honneur, et adjoint au maire du deuxième arrondissement de la ville de Paris [inédit]. — Maître Cornélius. — Le président Fritot [inédit]. — Le Chef-d'œuvre inconnu. — Les souffrances de l'inventeur [inédit]. — Le Philanthrope [inédit]. — Les deux Amours [inédit]. — L'Auberge rouge. — L'Enfant maudit [augmenté d'une dernière partie inédite]. — Les Proscrits. — Le Livre de Douleurs [inédit]. — Jésus-Christ en Flandre. — Melmoth réconcilié. — L'Eglise. — Histoire intellectuelle de Louis Lambert [troisième édition, revue et corrigée]. — Ecce homo [inédit]. — Sœur Marie des Anges [inédit]. — Aventures administratives d'une idée heureuse [inédit]. — La Comédie du Diable. — Séraphita.

Sur les trente volumes dont la collection devait être composée, il n'en a encore paru que quinze, qui ont été distribués au public en trois livraisons, chacune de cinq vol., à raison de 15 fr. l'une.

Les volumes qui ont paru jusqu'à ce jour, sont :

Tomes I à V. Introduction aux Études philosophiques, par *M. Félix Davin*. — La Peau de chagrin. — Adieu. — Elixir de longue vie. — El Verdugo. — Un drame au bord de la mer [inédit]. 5 vol. 15 fr.

Tomes XI. Maître Cornélius.

— XII [1837]. La Messe de l'Athée [inédit]. — Les Deux rêves. — Facino Cane [inédit]. — Les Martyrs ignorés.

Tomes XIII [*idem*]. Le Secret de Ruggieri.

— XV et XVI. L'Enfant maudit, en deux parties. — Une passion dans le désert.

Tome XVII. L'Auberge rouge. — Le Chef-d'œuvre inconnu.

Tome XXII. Jésus-Chrit en Flandre—Melmoth réconcilié. — L'Eglise.

Tomes XXIII et XXIV. Histoire intellectuelle de Louis Lambert [quatrième édition revue et considérablement augmentée.

Tome XXV. L'interdiction [suite et fin].

XXX. Père [le] Goriot, histoire parisienne. Paris, Werdet, 1835, 2 vol. in-8. — IIIe édit., revue et corr. Paris, le même, 1835, 2 vol. in-8 [15 fr.]. — Autre édit. Paris, Charpentier, 1839, in-12 [3 fr. 50 c.].

XXXI. Melmoth réconcilié, nouvelle.

Imprimé dans le tome VI du « Livre des conteurs » [1835, in-8].

XXXII. Livre [le] mystique. Tome Ier, les Proscrits, Histoire intellectuelle de L. Lambert. Tome II, Séraphita. [Extrait des Études philosophiques.] Paris, Werdet, 1835, et 1836, 2 vol. in-8 [15 fr.].

Ces deux volumes ne peuvent pas être considérés comme un nouvel ouvrage de M. de Balzac, puisqu'ils ne sont que la réunion de deux nouvelles connues depuis long-temps. L'Histoire intellectuelle de L. Lambert a paru d'abord dans les Contes philosophiques; elle a été ensuite réimprimée séparément, encore avec autre chose, puis dans les Études philosophiques, et la voilà qui, avec une autre nouvelle aussi connue, vient composer le « Livre mystique! » Eh! mais c'est trop de transformations.

XXXIII. Lys [le] dans la vallée. [Précédé de l'historique du procès contre la « Revue de Paris »]. Paris, Werdet, 1836, 2 vol. in-8 [15 fr.]. — Autre édition, revue et corrigée. Paris, Charpentier, 1839, in-12 [3 fr. 50 c.]

XXXIV. Histoire de la grandeur et de la décadence de César Birotteau, parfumeur, chevalier de la Légion-d'Honneur, adjoint au maire du deuxième arrondissement de la ville de Paris. Nouvelle scène de la vie parisienne. Paris, l'éditeur, rue Coq-Héron, n° 5, 1838, 2 vol. in-8 [15 fr.]. — Autre édition, revue et corr. Paris, Charpentier, 1839, 2 vol. in-12 [7 fr. 50 c.].

XXXV. Femme [la] supérieure. La Maison Nucingen. La Torpille. Paris, Werdet, 1838, 2 vol. in-8 [15 fr.]; ou 3 vol. in-18 [6 fr.].

XXXVI. Un Grand Homme de province à Paris, scène de la vie de province. Paris, Souverain, 1839, 2 vol. in-8 [15 fr.].

L'Éditeur joint à ces deux volumes, *Berthe la repentie*, qui n'est autre chose que le troisième volume des Contes drôlatiques, sans réimpression.

XXXVII. Traité sur les excitants modernes. 1839.

Imprimé à la suite d'une nouvelle édition de la Physiologie du goût, etc., de Brillat-Savarin. [Paris, Charpentier, 1839, in-18].

XXXVIII. Cabinet [le] des Antiques. [Suivi de Massimilla Doni]. Paris, H. Souverain, 1839, 2 vol. in-8 [15 fr.]

Massimilla Doni a été depuis joint à d'autres ouvrages, et publiés ensemble sous le titre du *Livre des Douleurs*. Voyez le n° 44.

XXXIX. Une Fille d'Eve, nouvelles scènes de la vie privée [suiv. de Gambara]. Paris, H. Souverain, 1839, 2 vol. in-8 [15 fr.].

XL. Béatrix, ou les Amours forcés, scènes de la vie privée. Paris, H. Souverain, 1839, 2 vol. in-8 [15 fr.].

Ces deux derniers romans ont paru primitivement dans le journal « le Siècle. »

XLI. Pierre Grassou, nouvelle.

Imprimé dans le tome II de « Babel », [1840, gr. in-8].

C'est l'histoire d'un de ces peintres qui n'ont pas reçu le feu sacré, et qui luttent obstinément contre l'art dont ils sont repoussés, jusqu'à ce qu'ils deviennent membres de la Légion-d'Honneur et du jury d'admission, pour les expositions du Musée.

XLII. Princesse [la] parisienne. 1840, in-8.

Ce roman forme le premier volume de l'ouvrage intitulé : le « Foyer de l'Opéra » [par divers auteurs]. Paris, H. Souverain, 1840, 2 vol. in-8 : il ne se sépare pas de l'autre volume.

XLIII. Pierrette, nouvelles scènes de province. Paris, H. Souverain, 1840, 2 vol. in-8 [15 fr.]. [*Sous presse.*]

Impr. d'abord dans le feuilleton du « Siècle, » en 1840.

XLIV. Livre des Douleurs: Massimilla Doni, Gambara, les Proscrits et Séraphita. Paris, le même, 1840, 5 vol. in-12. [*Sous presse.*]

Voici encore cinq volumes à la publication desquels, nous aimons à le croire, M. de Balzac est resté étranger. Qu'est-ce que le *Livre des Douleurs*, sinon une nouvelle édition du *Livre Mystique*, lequel n'était lui-même que la réunion de deux ouvrages qui avaient été réimprimés quatre et cinq fois [Voy. le n° 32]. *Massimilla Doni*, outre le journal où il a paru d'abord, avait été lu à la suite du « Cabinet des Antiques; » et *Gambara* avait eu une seconde apparition à la suite de « Une fille d'Ève. » En vérité M. de Balzac devrait bien s'opposer à ce dégoûtant mercantilisme.

XLV. Curé [le] de Village. Paris, le même, 1840, 2 vol. in-8. [*Sous presse.*]

Ce roman qui a paru d'abord dans le journal « la Presse, » est imprimé à part depuis déjà quelque temps en Belgique, en un volume in-18, qui coûte 3 fr.; et voilà M. Souverain qui annonce une édition en 2 vol. in-8, qu'il établira 15 fr. N'a-t-on pas raison de dire que certains éditeurs français entendent bien mal les intérêts de la partie qu'ils exploitent.

Puisque nous venons de citer la contrefaçon belge d'un ouvrage de M. de Balzac, citons encore deux autres romans oubliés, vraisemblablement, dans les feuilletons des journaux, et auxquels les libraires belges ont donné la forme de livres; ce sont: la *Vieille Fille* et les *Rivalités de province*, chacun en un vol. in-18. Nous n'avons trouvé ni l'un ni l'autre dans aucun des recueils, assez nombreux, de M. de Balzac.

XLVI. Vautrin, drame en cinq actes [et en prose]. Paris, Delloye; Tresse, 1840, in-8 [5 fr.].

Pièce défendue par l'autorité après sa première représentation, ainsi que nous l'avons dit plus haut.

Nous empruntons au numéro du 20 mars d'un petit journal les réflexions suivantes, à l'occasion de *Vautrin*, qui nous semblent parfaitement justes :

« La critique n'a vu, jusqu'à présent, dans la chute du drame de M. de Balzac, qu'un fait isolé. Pour nous, c'est la conséquence d'un fait général. Depuis long-temps M. de Balzac était engagé dans une mauvaise voie, et il lui a suffi de montrer une seule fois son *faire* particulier, d'appliquer sa méthode devant un public, pour arriver à une négation complète. Il ne faut pas, en effet, être bien fort en esthétique pour savoir qu'il n'existe qu'une espèce d'art, l'art honnête. L'honnête est bien moins le luxe que la nécessité de l'art; c'est son essence. L'erreur de M. de Balzac, nous aimons à le croire, est bien plus celle de son imagination que de ses sentiments personnels; mais ses procédés d'artiste ont une tendance de démoralisation évidente. De même qu'en poussant jusqu'à leurs plus extrêmes conséquences les principes de vertu et de morale sociale, on arrive avec Alceste dans un désert, avec Émile à une sorte d'esclavage volontaire ou de misanthropie sauvage; en suivant une route directement opposée, on parvient du *Père Goriot* à *Vautrin* en passant par Peytel. Tel est notre sentiment à l'égard des dernières œuvres de M. de Balzac...... Il faut rendre cette justice à M. de Balzac, qu'il n'a jamais tenu pour son propre et privé compte une chaire de morale, et qu'il est conséquent avec lui-même, ne pouvant l'être avec les principes qu'il n'a pas; il suit avec beaucoup de logique une voie sans issue..... [*Corsaire*.]

Voyez aussi BAUDRY DE BALZAC.

BANCAL [A.-P.], médecin à Bordeaux.

I. Manuel-pratique de la lithotritie, ou Lettres à un jeune médecin sur le broiement de la pierre dans la vessie; par A.-P. Bancal; suivi d'un Rapport fait à l'Institut royal de France, par MM. Percy, Chaussier, Deschamps, Pelletan et Magendie, en faveur de son nouvel instrument pour l'opération de la cataracte par extraction, d'une lettre descriptive de la manière de pratiquer cette opération au moyen de cet instrument, orné du portrait de M. Dubois et d'un *fac-simile* de son écriture. Paris, J.-B. Baillière; et Bordeaux, Lawalle, 1829, in-8, avec 5 planches [5 fr.].

II. Réfutation raisonnée de l'instrument du docteur Guérin, de Bordeaux, pour l'opération de la cataracte. Lettre à un médecin. Bordeaux, Lawalle neveu, 1831, in-8 de 56 p. et une planch.

III. Lettres médicales sur le grand hôpital Saint-André et les hospices civils de Bordeaux, suivies d'Aperçus philosophiques sur les mœurs médicales. Bordeaux, Teycheney; et Paris, Baillière, 1834, in-8 de 208 p. [5 fr.].

IV. Clinique civile: lithotripsie et lithotomie. Cinquante-trois opérations de la pierre pratiquées par A.-P. Bancal. Bordeaux, l'Auteur, 1839, in-18.

BANCAL DES ISSARTS [Mme Henriette], éditeur des Lettres autographes de Mme Roland, adressées à Bancal des Issarts, membre de la Convention. [1835], in-8.

BANCELIN-DUTERTRE [M.-H.], employé à la direction de la librairie.

— Annuaire des imprimeurs et des libraires de France. Première année. Paris, l'Auteur, 1828, in-18 [4 fr.]. — Deuxième année, contenant, etc., avec un Supplément contenant la nouvelle loi sur les journaux et tous les changements survenus pendant l'impression. Paris, l'Auteur, 1828, in-18 [4 fr.].

Les feuillets IX, X, XI et XII, de la seconde année, ont pour correspondants des onglets. Les changements survenus, pendant l'impression, commencent à la page 434 et par la loi du 18 juillet 1828.

BANCENEL [J. de]. — I. Gaudes [les] à l'eau bénite du docteur Adeline, de Dôle. Paris, de l'impr. de Chassaignon, 1837, in-8 de 16 pag.

II. Croquemitaine et Tirlitout, ou le Règlement de comptes. Dijon, veuve Brugnot, 1835, in-8 de 32 pag.

III. Prospectus de quelques pamphlets, ou mes Jouissances au coin de mon feu. Seurre, de l'impr. de Tramaux-Malhet, 1838, in-8 de 35 pag. [60 c.].

Au bas de la page 35 on lit: la suite avant peu.

BANDELIER [l'abbé], vicaire-général de l'Église Française.

— Discours sur la mission du prêtre chrétien, selon l'Église Française. 1839. Paris, de l'impr. d'Appert, 1839, in-8 de 16 pag.

• **BANGA** [Jean-Jacob]. — Gedichte. Strasburg, Smith u. Grucker, 1831, in-12.

BANIM [ ], romancier irlandais.

I. Crohoore na Bilhoge, ou les White-Boys, roman historique irlandais ; trad. de l'angl. par M. *A.-J.-B. Defauconpret*. Paris, Ch. Gosselin, 1828, 3 vol. in-12 [9 fr.].

II.* Bataille [la] de la Boyne, ou Jacques II en Irlande, roman historique irlandais ; trad. par *A.-J.-B. Defauconpret*. Paris, Ch. Gosselin, 1829, 5 vol. in-12 [15 fr.].

III. Anglo-Irlandais [l'] du XIXe siècle, roman historique ; trad. de l'angl. par M. *A.-J.-B. Defauconpret*. Paris, Ch. Gosselin, 1829, 4 vol. in-12 [12 fr.].

IV. Apostat [l'], ou la Famille Nowlan, histoire irlandaise ; trad. de l'angl. par M. *A.-J.-B. Defauconpret*. Paris, Ch. Gosselin, 1829, 4 vol. in-12 [12 fr.].

V. John Doe, ou le Chef des rebelles, roman irlandais ; trad. de l'anglais par M. *A.-J.-B. Defauconpret*. Paris, Ch. Gosselin, 1829, 2 vol. in-12 [6 fr.].

VI. Padhré na Moulh, ou le Mendiant des ruines, roman irlandais ; trad. de l'angl. par M. *A.-J.-B. Defauconpret*. Paris, Ch. Gosselin, 1829, 2 vol. in-12 [6 fr.].

VII. Croppis [les], épisode de la rébellion d'Irlande en 1798 ; roman historique irlandais, trad. de l'angl. par M. *A.-J.-B. Defauconpret*. Paris, Ch. Gosselin, 1832, 4 vol. in-12 [12 fr.].

VIII. Chasseur [le] des spectres et sa famille ; trad. de l'angl. par M. *Aug. Pichard*. Paris, Levavasseur, 1833, 2 vol. in-8 [15 fr.]

IX. Mayor [the] of Wond-Gap. Paris, Baudry, 1835, in-8 [2 fr. 25 c.].

X. Candidat [le] ; mœurs irlandaises ; roman trad. de l'angl. par Mme la baronne de *Los Valles*. Paris, Ambr. Dupont, 1836, 2 vol. in-8 [15 fr.].

Dans sa « Revue des romans, » M. Girault de Saint-Fargeau a donné l'analyse de cinq des romans de Banim. Une erreur s'est glissée à l'article concernant ce romancier irlandais. M. Girault présente « les Réfugiés, » roman irlandais [1830, 5 vol. in-12], comme traduit de Banim tandis qu'il l'est de mistriss Sinclair.

BANSE, ancien officier d'artillerie.

I. Coup-d'œil et observations d'un soldat, sur l'ordonnance du 6 juin, qui a mis la ville de Paris en état de siége, et sur l'arrêt de la Cour de cassation. Châteauroux, de l'impr. de Bayvet, 1832, in-4 de 8 pag.

II. Lettre d'un ancien officier d'artillerie à M. le maréchal Soult, ministre de la guerre, sur l'obéissance passive et sur l'expédition de Portugal en 1809. Châteauroux, de l'impr. de Bayvet, 1834, in-8 de 16 pag.

III. Réflexions d'un franc parleur sur le Roi brasseur, chronique historique de Flandre du XIVe siècle, par le vicomte d'Arlincourt. Châteauroux, Bayvet, 1834, in-8 de 20 pag.

IV. Réformes [des] électorales et de la loi des élections. Châteauroux, de l'impr. de Bayvet, 1839, in-8 de 12 p.

BANTEL [F.-P. de]. — Discours prononcé sur la tombe de M. Amédée-Joseph Lallier, membre de la Chambre des députés.

Imprimé à la suite de celui de M. Henri Leroy. 1835, in-8.

BAOUR-LORMIAN [L.-P.-Mar.-L.], poëte, membre de l'Académie française. [Voy. la *France littér.*, tom. Ier, pag. 169 (*).]

I. Duranti, premier président du parlement de Toulouse, ou la Ligue en province. Paris, Delangle, 1828, 4 vol. in-12 [12 fr.].

Ce roman, publié sous le nom de M. Baour-Lormian, fut attribué sitôt qu'il parut, et avec une grande vraisemblance, au baron de Lamothe-Langon qui, sur le même sujet, a fait une tragédie. L'académicien passe pour avoir récrit entièrement ce roman.

II. Canon d'alarme. [En vers]. Paris, Delangle, 1829, in-8 de 24 pag.

III. Nouveaux [les] martyrs, satire. Paris, Delangle, 1829, in-8 de 24 pag.

(*) La *France littéraire* n'a point cité à l'article de M. Baour-Lormian les trois ouvrages suivants, imprimés avec son nom : I. *Mon premier mot*, satire. [Paris, Maret et Desenne, an V-1796, in-18 de 23 pag. Satire contre Chénier. L'auteur en composa plus tard deux autres, et les réunit toutes, sous le titre de « les Trois mots, » satires. 1799, ou 1821.] II. *Épître au roi*. [Paris, L.-G. Michaud, 1816, in-8 de 19 pag.] III. *Chant funèbre*, exécuté dans l'église royale de Saint-Germain-l'Auxerrois, le vendredi 31 janvier 1817, paroles de M. Baour-Lormian, musique de M. Chénier ; traduction latine, par M. l'abbé Guillon, professeur d'éloquence sacrée, faculté de théologie de Paris. [Paris, impr. de Dondey-Dupré, 1817, in-8 de 8 pag.] La traduction latine est en regard.

La date de la première édition des « Veillées poétiques et morales » de cet écrivain est de 1811. [Paris, de l'impr. de Didot aîné, in-18 de 108 pag.]

IV. Légendes, Ballades et Fabliaux. Paris, Delangle, 1829, 2 vol. in-16.

Toutes les pièces qui composent ces deux volumes ne sont pas de M. Baour-Lormian. Le baron de Lamothe-Langon est pour moitié dans *la Nuit des morts* et *la Fiancée de la tombe*; ce dernier est le seul auteur des pièces intitulées : *La Sylphide*; *le Follet*; *la Jeune fée*; *l'Oiseau vert*; *le Templier* et *le Sorcier*.

MM. Sarrut et Saint-Edme ont consacré une notice à M. Baour-Lormian, dans leur « Biographie des hommes du jour, » tom. Ier, 2e partie, pag. 91.

BAR [Eugène]. — Albert, ou le Petit naturaliste. Histoire des animaux apprivoisés. Paris, Maumus, 1837, in-18 [1 fr. 50 c.].

BARADÈRE [l'abbé]. — I. Lettre de M. l'abbé Baradère à M. Laisné de Villevéque. Paris, de l'impr. de Tastu, 1830, in-8 de 8 pag.

Sur le Quazacoalco.

II. Réponse de M. l'abbé Baradère à la brochure de M. Dubouchet sur le Quazacoalco. Paris, de l'impr. de Tastu, 1830, in-8 de 16 pag.

III. Derniers moments de M. Grégoire, ancien évêque de Blois, et relation exacte de tout ce qui a eu lieu au sujet des sacrements et honneurs funèbres refusés par M. l'archevêque de Paris; suivie des Lettres de ce prélat à M. Grégoire, des Réponses faites par celui-ci, du procès-verbal de M. Guillon, évêque nommé de Beauvais, et autres pièces justificatives. Paris, Delaunay, 1831, in-8 de 60 pag.

L'abbé Baradère a, en outre, fourni des notes et documents aux « Antiquités mexicaines » du capitaine Dupaix [1834].

BARAGA [F.], Illyrien, missionnaire au lac Supérieur, aux États-Unis.

— Abrégé de l'Histoire des Indiens de l'Amérique septentrionale, par F. Baraga. Trad. de l'allemand. Paris, rue des Saints-Pères, n° 69, 1837, in-12 [1 fr.].

M. Baraga a fait imprimer en 1837, chez Bailly, deux volumes in-18, sur des sujets de dévotion, en langue ottawanienne.

BARAGNON père [Pierre-Louis], avocat près la Cour royale de Nîmes.

— Plaidoyer prononcé à l'audience de la Cour d'assises de l'Isère, le 20 mai 1831, pour Charles Allègre, cultivateur, habitant à Nîmes. Nîmes, de l'impr. de Durand-Belle, 1831, in-8 de 40 pag. [50 c.].

BARAILON [R.-A.]. — Méthodes nouvelles et faciles de calculer les progressions génératrices, pour former les puissances et extraire leurs racines, de multiplier et de diviser. Sec. édition. Paris, Bachelier père, 1830, in-8 [3 fr.].

BARALLE [A. de]. — Rapport de l'architecte de la ville sur la restauration de l'Hôtel-de-Ville de Cambrai. Cambrai, de l'impr. de Lesne-Daloin, 1836, in-4 de 4 pag.

BARANDÉGUY-DUPONT. — I. Fleurette. Poëme. Paris, Pinard, 1833, in-12 de 24 pag.

II. Récits [les] du coin du feu. [En vers]. Paris, Paulin, 1834, in-18 [4 fr.].

BARANTE [le baron A.-G.-Prosper BRUGIÈRE DE], pair de France, et successivement ambassadeur de France près les cours de Sardaigne et de Russie, membre de l'Académie française [Voy. la *France littér.*, tom. Ier, p. 170].

I. Notice sur Mme de Duras. Paris, de l'impr. de Mme Porthmann, 1828, in-8 de 8 pag.

II. Discours de réception à l'Académie française......

Imprimé dans : Discours prononcés dans la séance publique tenue par l'Académie française pour la réception de M. le baron de Barante, le 2 novembre 1828. [Paris, de l'impr. de F. Didot, 1828, in-4 de 32 pag.] C'est M. de Jouy qui répondit à M. de Barante.

III. Mélanges historiques et littéraires. Paris, Ladvocat, 1835, 3 vol. in-8 [22 fr. 50 c.].

Ces trois volumes renferment les Notices biographiques fournies par l'auteur à la « Biographie universelle » de Michaud, et les articles de critique littéraire imprimés dans divers recueils. Voici, au reste, la composition de ces *Mélanges* :

Tome Ier. *Biographies* : S. Augustin, Bossuet, Grégoire de Tours, Froissart, Comines, Brantôme, Pasquier, Vertot, Warwick, Xaintrailles, Cathelineau, Bonchamp, Lescure, l'abbé de Folleville, d'Elbée, Henri de La Rochejaquelein, le prince Talmond, Bernard de Marigny, Carrier, Sombreuil, Stofflet, Charette, l'abbé Bernier, Louis de La Rochejacquelein, Camille Jordan, le général Foy, Duprat, Calvin, Théod. de Beze, d'Aguesseau.

Tome II. *Mélanges littéraires*: De l'Histoire; — Remontrances; deux articles extraits de « l'Encyclopédie moderne, » publiée par M. Courtin; — des Essais sur l'Histoire de France, par M. Guizot [article écrit en 1825]; — sur l'Histoire de Philippe-Auguste, par M. Capefigue [1829]; — sur l'Histoire des Français aux XIVe et XVe siècles, par M. Monteil [1830]; — sur le Jouvencel, roman du XVe siècle, etc. [1829]; — de la Mort de Henri III, par M. Vitet, et des Drames historiques [1829]; — des Mémoires de Brienne et du siècle de Louis XIV

[1828]; — des OEuvres de Lemontey et du siècle de Louis XIV [1830]; — sur les Tableaux de genre et d'histoire, publiés par M. Barrière, et sur l'Histoire de France au XVIIIe siècle [1828]; — *Jacques Bonhomme* [1832]; — sur l'Histoire de la guerre de la Peninsule, sous Napoléon, par le général Foy [1827]; sur l'Histoire de Pologne, par M. de Salvandy [1829]; — de l'Education domestique, par Mme Guizot [1826]; — sur l'Education progressive, par Mme Necker [1828]; — des OEuvres diverses de M. le baron Aug. de Staël [1829]; — sur un Éloge de La Bruyère [celui de M. Fabre] [1810]; — Examen du principe fondamental des Maximes de La Rochefoucauld [par M. de Barante père, mort en mai 1814] [1798].

Tome III. Discours de réception à l'Académie française; — sur M. l'abbé de Boismont et l'édition de ses OEuvres [1805]; — sur les Essais de morale et de politique, et la Vie de Mathieu Molé [1829]; — sur Boulanger et ses ouvrages [1810]; — sur un Voyage dans les Catacombes de Rome [du chev. Artaud] [1810]; — sur les Natchez, de M. de Chateaubriand [1827]; — sur les Souvenirs d'un sexagénaire, par M. Arnault [1833]; — Notice sur la vie de Frédéric Schiller [1821]; — sur Nathan-le-Sage, de Lessing [1823]; — sur Hamlet, trag. de Shakspeare [1824]; — sur Otway et sa tragédie de Venise sauvée [1823]; — sur Thomson et sur sa tragédie de Tancrède et Sigismonde [1823]; — Mademoiselle Aissé [Notice biographique] [1805]; — la duchesse de Duras [Notice biographique] [1829]; — *Sœur Marguerite* [nouvelle] [1834]. Cette nouvelle a paru pour la première fois dans un volume intitulé : « Trois Nouvelles piémontaises [in-8].

IV. Discours de M. le baron de Barante, président de la Société de l'Histoire de France. Paris, de l'impr. de Crapelet, 1835, in-8 de 52 pag.

Extrait du « Bulletin de la Société de l'Histoire de France. »

V. Introduction à la Chronique des religieux de Saint Denis [contenant le règne de Charles VI, de 1380 à 1422], publiée en latin pour la première fois, et traduite par M. *Bellaguet*. Paris, de l'impr. de Crapelet, 1839, in-4 de 16 p.

Ce morceau a été imprimé d'abord à la tête de la Chronique à laquelle il sert d'introduction, puis tiré à part.

BARAT [S.-B.-F.]. — I. Prise [la] d'Alger. Ode. Paris, de l'impr. de Carpentier-Méricourt, 1830, in-8 de 4 pag.

II. Nivernois [le], album historique et pittoresque [1838]. Voy. MORELLET.

BARATEAU [Emile], ancien secrétaire intime de M. de Martignac.

I. * Georgine, nouvelle; manuscrit trouvé dans les papiers d'un jeune homme, et publié par M***. Paris, de l'impr. de Lottin de Saint-Germain, 1820, in-12.

II. Bagatelles. Paris, Chatel; Pinard, 1831, in-18 [4 fr.].

III. Regrets exprimés au Père-Lachaise, le 20 mars 1832, sur la tombe de Mme Marie-Thérèse Lanusse, veuve Gaye de Martignac. Paris, de l'impr. de Pinard, 1832, in-8 de 4 pag.

IV. Bigarrures. [En vers]. Paris, Abel Ledoux, 1833, in-18 [4 fr.].

BARBAROUX [Charles-Ozé], fils du député à la Convention nationale [Voy. la *France littér.*, tome Ier, page 171]. Ajoutez : procureur-général près la Cour royale de Pondichéry, par ordonnance du roi du 31 août 1830; né à Marseille, le 16 août 1792.

I. Essai sur l'institution et l'influence de la pairie en France.

Imprimé en tête de « l'Histoire biographique de la Chambre des pairs, » par A. Lardier, 1829, in-8.

II. Application [de l'] de l'amnistie du 8 mai 1837 aux condamnés de l'île Bourbon, et du Mémoire de M. Houat, l'un des amnistiés. Paris, de l'impr. de Gratiot, 1838, in-8 de 88 pag.

On trouve une courte Notice sur M. C.-O. Barbaroux dans la « Biographie universelle et portative des contemporains, » de MM. Rabbe, Boisjolin et Sainte-Preuve, tome V.

BARBASTE. — A messieurs les membres de la Chambre des députés. Paris, de l'impr. de Félix Locquin, 1831, in-4 de 24 pages.

BARBAULD [Mistriss Anna-Laetitia]. [Voy. la *France littér.*, t. Ier, p. 172].

I. Hymnes en prose, pour les enfants, par Mme Barbauld, traduites en français sur la vingtième édition, revue et augmentée par *A.-L.-C. Coquerel*. Montbéliard, impr. de Deckherr, 1834, in-32.

La première édition de cette traduction est de Leyde, 1822, in-8. [Voy. la *France littéraire*, tom. Ier, p. 172.]

II. Simples Contes, à l'usage des jeunes enfants, précédés de Leçons et suivis de quelques Hymnes imités de l'anglais de mistriss Barbauld, par Mme *de Civrey*. Paris, Balland, 1828, in-12, avec gravures; — ou Paris, Belin, 1836, in-12, avec 6 gravures [3 fr. 50.].

III. Historiettes et conversations du premier âge, traduites de l'anglais de Mme Barbauld. Paris, Masson et Yonnet, 1834, 4 vol. in-18, avec 4 vignettes [6 fr.].

IV. Travels [the] of on ántfrom « Everings at home, » by Dr *Aikin* and M *Bar-*

bauld. Paris, Truchy, 1835, in-32 de 32 pag.

V. Kid capriole [the] show and use, or the two presents from Evenings at home, by Dr *Aikin* and Mrs *Barbauld*. Paris, Truchy, 1835, in-32 de 32 pag.

VI. Georges Cornisil, or a Friend in need, from « Evenings at home » by Dr *Aikin* and M *Barbauld*. Paris, Truchy, 1835, in-32 de 32 pag.

VII. Lessons for children, in four parts. A new edition. Paris, Truchy, 1838, in-18.

— Mrs. Barbauld's little stories for children; being easy lessons adapted to the capacities; to which are added short tales by Mrs Opie, Dr Aikin, etc., selected and enlarged by *J. Stephens*. A new edition. Paris, Truchy, 1839, in-18 [2 fr.].

— Leçons pour les petits enfants, traduites de l'anglais de Mrs Barbauld, par Mme *Eugénie Niboyet*. Première et deuxième parties. Paris, L. Babeuf, 1836, in-32.

— Les mêmes, anglais-français. Truchy, 1837, 2 vol. in-18 [3 fr. 50 c.].

VIII. With doct. *Aikin*: Evenings at home, or the juvenile budjet opened: a variety of miscellaneous pieces, for the instruction and amusement of the young. Paris, Baudry, 1839, 3 vol. in-12 [4 fr. 50 c.].

BARBAULD DE LA MOTTE. — Rapport fait par M. Barbauld de La Motte, président et rapporteur de la commission chargée de l'examen du projet de loi sur les conseillers-auditeurs, les juges-auditeurs et les juges-suppléants, à la séance de la Cour royale de Poitiers du 12 juin 1829. Poitiers, de l'imprimerie de Saurin, 1829, in-8 de 40 p.

BARBE [J.-A.]. — Table trigonométrique, ou Résolution complète et générale des triangles de toute espèce, opérée de minute en minute pour tous les degrés du quart du cercle; précédée d'une instruction, etc.; suivies de tableaux. Clamecy, Delavau, 1827, in-8, avec 5 planches [12 fr.].

BARBE. — Navigation intérieure de la France; Projet d'une communication entre Paris et le canal du Midi, par le centre du royaume. Bourges, de l'impr. de Manceron, 1829, in-8 de 28 pag.

BARBE [Paul]. — Débuts [les] en province, comédie en trois actes et en vers. Avignon, Offray, 1830, in-8.

BARBE [François]. — Vérité de la religion catholique défendue contre le philosophisme. Paris, Bousquet, 1834, in-8.

Cet ouvrage devait former 2 vol. in-8 qui eussent été publiés en dix livraisons; mais il n'en a paru que la première de 72 pag.

BARBÉ-MARBOIS [le comte, et plus tard, le marquis François]. [Voy. la *France littér.*, tom. Ier, p. 175.] Ajoutez: ancien premier président de la Cour des comptes, ancien ministre de la justice, académicien libre de l'Académie des inscriptions, de l'Institut; mort le 14 janvier 1837.

I. Histoire de la Louisiane et de la cession de cette colonie par la France aux États-Unis de l'Amérique septentrionale; précédée d'un discours sur la constitution et le gouvernement des États-Unis. Paris, F. Didot, 1828, in-8, avec une carte [7 fr. 50 c.].

II. * Journal d'un déporté non-jugé, ou Déportation en violation des lois décrétées le 18 fructidor an V [4 septembre 1797]. Paris, F. Didot, 1834, 2 vol. in-8; — ou Paris, Chatel, 1835, 2 vol. in-8 [15 fr.].

La première édition, tirée à 300 exempl., n'a point été répandue dans le commerce.

Le 25 septembre 1797, la corvette *la Vaillante* quitta Rochefort, en destination pour la Guyane, ayant à bord M. Barbé-Marbois et quinze autres proscrits, victimes comme lui du coup d'État du 18 fructidor; mais ces malheureux, que rapprochait une commune adversité, étaient loin d'appartenir à la même opinion: c'étaient MM. Pichegru, Berthelot, Lavilleheurnois, l'abbé Brottier, Delarue, Rovère, d'Ossonville, Willot, Bourdon de l'Oise, Barthelemy, Laffon-Ladebat, le général Murinais, Aubry, Tronçon-Ducoudray et Ramel. Tels étaient les hommes que le Directoire déportait à la Guyane, où plusieurs devaient mourir, et d'où les autres ne furent rappelés qu'au bout de deux ans. Ces deux ans composent la durée de l'histoire écrite jour par jour, dans la sincérité de ses impressions et de ses souffrances, par M. Barbé-Marbois. Après quarante-huit jours de traversée, pendant lesquels les déportés eurent à subir d'horribles privations et des souffrances inouïes, la corvette arriva devant Cayenne. Les déportés descendirent à l'hôpital et y reçurent les soins dont ils étaient privés depuis long-temps. Quinze jours après, ils furent transférés à Sinnamari. Il faut lire dans l'ouvrage de M. Barbé-Marbois le récit des souffrances que les déportés endurèrent dans ce désert, souffrances auxquelles succombèrent Murinais, Tronçon-Ducoudray, Bourdon de l'Oise, Lavilleheurnois, Rovère, l'abbé Brottier; la relation de l'évasion de sept d'entre eux, sur une frêle embarcation que Pichegru parvint à conduire à Surinam; enfin, les malheurs qui accablèrent MM. Barbé-Marbois et Laffon-Ladebat, restés seuls à Sinnamari.

On a plusieurs Notices sur M. Barbé-Marbois dans diverses Biographies, entre autres dans celle de la Moselle, par le docteur Bégin, tom. III, pag. 55 à 136; celle « universelle et portative des contemporains, » de MM. Rabbe, Boisjolin et Sainte-Preuve, tom. Ier, pag. 225 et suiv., et dans celle des « Hommes du jour, » de MM. Sarrut et Saint-Edme, t. Ier, 1re partie, pag. 121 et suiv.

BARBEAU jeune. — Manuel du carrier-plâtrier. Paris, de l'impr. de Bourdon, 1836, in-8 de 72 pag. et une pl. [impression lithographique].

BARBERET. — Avec MM. *Géruzez*, *Bouchitté* et *Herbet* : Leçons d'Histoire. Paris, Hachette, 1839, 2 vol. in-8, avec 22 pl. et 6 grav. [18 fr.].

Cet ouvrage fait partie du « Cours complet d'éducation domestique pour les filles. »

BARBERI [J.-Ph.]. [Voy. la *France littér.*, tom. Ier, p. 174.] — Grand Dictionnaire français-italien et italien-français; rédigé sur un plan entièrement nouveau; continué et terminé par MM. *Basti* et *Cerati*. Paris, Jules Renouard; Rey et Gravier, 1838-39, 2 vol. in-4 [45 fr.].

BARBET [Paul], préfet des études de l'institution Massin, d'abord répétiteur de rhétorique. [Voy. la *France littér.*, t. Ier, p. 175.]

— Avec M. *P.-P. Goubaux* : OEuvres choisies d'*Horace*, latin-français en regard; nouvelle traduction en prose. Paris, Delalain, 1827, 2 vol. in-8 [12 fr.].

BARBET [Auguste], membre de la Société libre d'émulation de Rouen.

I. Essai sur la régénération morale des prisonniers, lu à la Société libre d'émulation de Rouen, le 1er mars 1831. Rouen, de l'impr. de Brière, 1831, in-8 de 68 pag. et 4 planches.

II. Discours prononcé par M. Auguste Barbet, pour sa réception à la Société libre d'émulation de Rouen, le 3 novembre 1830. Rouen, de l'impr. de Brière, 1831, in-8 de 16 pag.

BARBETTE aîné [le docteur], médecin, à Paris.

— Instruction sur l'épidémie régnante. Paris, l'Auteur, 1832, in-fol. de 4 pag.

BARBEY [Polydore], négociant, à Mazamet.

— Vers adressés à monsieur le baron Dupin, à Castres. Castres, de l'imprimerie de Vidal, 1828, in-4 de 4 p.

BARBEY-D'AUREVILLY. Voy. AUREVILLY.

BARBICHON [P.-M.]. — Dictionnaire complet de tous les lieux de la France et de ses colonies. Ouvrage entièrement neuf, contenant, etc. Paris, Tétot, 1831, 2 vol. in-8 [20 fr.].

BARBIÉ DU BOCAGE [Jean-Guillaume], géographe du ministère des affaires étrangères, fils du célèbre géographe de ce nom, cité par « la *France littéraire*, » professeur-suppléant de la Faculté des lettres, membre de la Société de géographie et d'autres sociétés savantes; né à Paris, en 1793 On lui doit plusieurs opuscules sur la géographie, dans les recueils des sociétés dont il est membre, et des cartes.

BARBIÉ DU BOCAGE [Alexandre-Fr.], géographe, frère du précédent; mort à Pau, en février 1834, à l'âge de 37 ans.

I. Traité de géographie générale; première partie. Paris, impr. de F. Didot, 1832, in-18 cart.

Faisant partie de la « Bibliothèque populaire. »

II. Rapport sur les travaux de la Société royale des antiquaires de France, en 1828 et 1829.

Imprimé dans le tome IX des « Mémoires de la Société royale des antiquaires de France » [1832].

III. Dictionnaire géographique de la Bible. Paris, de l'impr. de Crapelet, 1834, in-8 de 192 pag.

Ce Dictionnaire est extrait du tome XXIV de l'édition de la « Bible », publiée par M. Lefèvre.

BARBIER [Jean-Baptiste-Grégoire], médecin en chef de l'Hôtel-Dieu d'Amiens. [Voy. la *France littér.*, t. Ier, pag. 180.]

— Précis de nosologie et de thérapeutique. Paris, Méquignon-Marvis, 1827-28, 2 vol. in-8 [18 fr.].

BARBIER [le baron Jacques-Athanase], ancien professeur aux Facultés de médecine, ex-chirurgien en chef et premier professeur de l'hôpital du Val-de-Grâce, chirurgien principal des armées, membre de l'Académie royale de médecine, etc.; né à Brumoy [Seine-et-Oise].

— On a de lui plusieurs *Observations* en chirurgie.

On trouve une courte notice sur le baron Barbier dans la « Biographie universelle et portative des contemporains » ; une plus étendue a été imprimée dans celle des « Hommes du jour », de MM. Sarrut et Saint-Edme, tome III, 2e partie, pag. 128.

BARBIER [Louis-Nicolas], sous-bibliothécaire du roi, au Louvre, fils aîné du bibliographe distingué qui fut bibliothécaire de Napoléon, né à Paris, en 1799. M. Louis Barbier a coopéré à la deuxième édition de l'ouvrage principal de son père, intitulé : « Dictionnaire des ouvrages anonymes et pseudonymes, » dont il a publié le tome IV, renfermant : 1° Une Notice biographique et littéraire sur Ant.-Alex. Barbier (*); 2° un Supplément général aux trois volumes du Dictionnaire des anonymes; 3° Table alphabétique des pseudonymes, avec renvoi aux numéros des articles où les noms véritables des auteurs sont révélés; 4° Table alphabétique des noms et qualifications sous lesquels Voltaire s'est déguisé dans beaucoup d'ouvrages; 5° Table alphabétique des auteurs qui ont publié des ouvrages sous les initiales et le nom de Voltaire; 6° Table générale alphabétique des auteurs, traducteurs, éditeurs, etc. A la mort de son père, M. L. Barbier fut chargé par le libraire Ch. Gosselin de la continuation de la révision de la partie bibliographique du « Dictionnaire historique, ou Biographie universelle classique, » publiée par le gén. Beauvais, ainsi que d'ajouter des articles à cet ouvrage; mais nous pensons que la coopération de M. L. Barbier n'a été que de très-courte durée, et il ne doit pas y avoir fait grand'chose. Les devoirs de sa place ne lui avaient pas permis de terminer « l'Examen des Dictionnaires historiques » laissé imparfait par son père, et par le même motif, il dut renoncer bientôt à être son continuateur dans la publication du général Beauvais. M. L. Barbier, qui a long-temps partagé les travaux de son père, comme administrateur des bibliothèques de la couronne, a été chargé par le roi, en 1832, si l'on doit en croire M. Guyot de Fère, dans sa « Statistique des gens de lettres et des savants, » de former une bibliothèque toute spéciale pour le conseil d'État, dans l'hôtel où il tient maintenant ses séances. On doit à M. L. Barbier, outre la Notice biographique et littéraire sur son père, une autre Notice sur le manuscrit connu sous le titre de « Livre d'heures de Charlemagne, » écrit vers l'année 781, par l'ordre de ce prince et de l'impératrice Hildegarde. Cette Notice a été insérée dans la 8e livraison des « Voyages pittoresques et romantiques de l'ancienne France, » par MM. Ch. Nodier, Taylor et de Cailleux. Enfin, M. L. Barbier a revu pour notre *France littéraire* la 3e édition de la Notice de son père sur les principaux écrits relatifs à la personne et aux ouvrages de J.-J. Rousseau, à laquelle il a fait plusieurs additions. Un certain nombre d'exempl. de cette réimpression ont été tirés à part sur format gr. in-8.

(*) L'auteur a fait réimprimer cette notice dans un ouvrage historique sur la localité à laquelle appartenait son père : les Essais historiques, statistique, etc., du département de Seine-et-Marne », [Melun, de l'imprimerie de Michelin, in-8]. Un petit nombre d'exempl. de la notice de M. L. Barbier fut alors tiré à part [in-8 de 16 pag.].

BARBIER [Olivier-Alexandre], frère du précédent, employé à la Bibliothèque royale (*).

I. Avec M. *F.-M. Foissy :* Mode d'indication du placement des ouvrages de peinture, gravure, etc., exposés au Musée royal du Louvre par les artistes vivants, imprimé par épreuve pour être soumis à la sanction de la direction des Musées royaux; suivi d'un Spécimen d'une classification méthodique de ces mêmes ouvrages, suivant les sujets qu'ils représentent, d'après l'énoncé du livret. Paris, de l'impr. de Duverger, 1837, in-8 de 32 pag.

Prélude d'un travail plus important que les auteurs se proposaient de publier.

II. Notice bibliographique sur Ch. Fourier.

(*) Tout modeste que soit en apparence l'emploi de M. O. Barbier à la Bibliothèque royale, il en est peu au département des livres imprimés qui soient plus importants. On a confié à M. Barbier le soin de tenir en ordre les recueils périodiques, les publications paraissant chaque jour par cahiers et par feuilles; la besogne est rude par suite de la quantité innombrable que chaque année en voit naître; c'est n'être que juste en disant que M. O. Barbier a montré une très-grande intelligence dans son attribution, et que tout, près de lui, se trouve à la minute.

imprimée dans le feuilleton de la « Bibliographie de la France » de la fin de 1837, et, avec des additions, dans le journal « le Phalanstère», n° du 1er janvier 1840.

BARBIER [André-Thomas], cousin des deux précédents. [Voy. la *France littér.*, tom. Ier, p. 179].

I. Appel à la justice sur la caisse des retraites, dite caisse de vétérance. Paris, de l'impr. de Duverger, 1835, in-8 de 16 pag.

II. Traitement des aliénés. Principes essentiels d'une loi sur cette matière. Certificats de médecins, commission de surveillance. Paris, de l'impr. de Mme Agasse, 1837, in-8 de 16 pag.

Ces deux opuscules ont paru sous le pseudonyme de *E. T. Esquire.*

III. Pétition de l'association de l'entrepôt réel des douanes du Gros-Caillou, à MM. les membres de la Chambre des députés. Paris, Prudhomme, 1837, in-8 de 16 pag.

Le second signataire de cette pétition, M. A. T. Barbier, en est le rédacteur. Il s'est occupé plusieurs fois de questions législatives sous le pseudonyme *E. T. Esquire.*

IV. Développements de la pétition relative à l'entrepôt réel de douane de Paris, présentée aux Chambres par l'association de l'entrepôt du Gros-Caillou, en janvier 1838. Paris, de l'impr. de Duverger, 1838, in-8 de 16 pag.

BARBIER [D.] — Barême [le] portatif des entrepreneurs de constructions et des ouvriers en bâtiments, ou Tarif de la conversion de pieds en toises et pieds carrés, et des toises en pieds carrés et mètres, décimètres et centimètres carrés, etc. Soissons, Barbier, 1827, in-24.

BARBIER [Nicolas-Alexandre], professeur de dessin au collége royal d'Henri IV; né à Paris, vers 1787.

I. Salon de 1836, suite d'articles publiés dans le « Journal de Paris. » Paris, Joubert, 1836, in-8 [2 fr.].

II. Salon de 1839. Paris, Joubert, 1839, in-18 [2 fr.].

Ce dernier salon n'est pas, comme le précédent, un recueil d'articles de journaux : c'est un livre neuf. Dans l'intervalle de 1836 à 1839, M. Alex. Barbier a fourni des articles de beaux-arts au « Journal des Débats » et au « Journal de Paris. »

III. Avec M. *C**** : Manuel de morale pratique, à l'usage des écoles primaires des deux sexes; des pères et des mères de famille; ouvrage qui a obtenu la prime votée par le conseil-général de l'Yonne. Auxerre, Guill. Maillefer, 1839, in-12 [1 fr. 75 c.].

BARBIER [Henri-Auguste], cousin-germain du précédent, littérateur distingué, particulièrement comme poëte satirique, l'un des rédacteurs ordinaires de la « Revue de Paris » et de celle des « Deux-Mondes; » né à Paris, le 28 avril 1805.

I. * Avec M. *Alph. Royer :* Les Mauvais garçons. Paris, Renduel, 1830, 2 vol. in-8, avec vignettes [15 fr.].

« Le vieux Paris ne nous est guère connu que par de sèches analyses et de savantes compilations. Rien pour la physionomie, rien pour le pittoresque des mœurs et du langage. Faire revivre Paris au seizième siècle, avec l'insolence de ses gentilshommes, ses abbés turbulents, ses désordonnés soudards, son luxe et sa misère, c'est à coup sûr bien mériter de l'histoire. Le livre des *Mauvais Garçons*, dont le succès n'est plus contesté, nous semble destiné à remplir cette lacune de la chronique parisienne. C'est un tableau large et varié, qui nous montre tour à tour les écoles de l'université, la basoche et les mystères de la table de marbre, l'hôtel royal des Tournelles, une passe d'armes dans la rue Saint-Antoine, les oubliettes de l'Abbaye-Saint-Germain, les salons du chancelier Duprat, des bals et des supplices, des orgies de brigands avec leur argot, le lit de mort du vertueux Briçonnet, abbé de Saint-Germain-des-Prés; ce tableau est animé par l'intérêt d'un drame coloré, par un style formé à l'école de Rabelais, de Fleurange et du délicieux chroniqueur de Bayart. »

II. Iambes. [Satires.] Paris, Urb. Canel; Ad. Guyot, 1831, in-8 [7 fr. 50 c.].

— Les mêmes, avec une traduction allemande, par *L.-G. Foerster*. Quedlinbourg, Basse, 1832, in-12 [3 fr. 50 c.].

Un compte rendu de ces poésies, par M. Sainte-Beuve, a paru dans la « Revue des deux Mondes », première série, tome IV [1831].

III. Pianto [il]. Poëme. Seconde édit. Paris, Urb. Canel; Ad. Guyot, 1833, in-8 [6 fr.].

Il existe des exemplaires de cette édition qui portent sur la couverture imprimée: 3e édition. Cet ouvrage a d'abord paru dans la « Revue des Deux-Mondes » [deuxième série, tome 1er, 1833].

Sous le titre de *il Pianto*, poëme, l'auteur a encadré quinze pièces de vers, ayant chacune un titre particulier, mais toutes inspirées par le beau ciel et les génies de l'Italie. Voici les titres de ces pièces : 1°..... [sans titre]; — 2° le Campo Santo; — 3° Mazaccio; — 4° Michel Ange; — 5° Allegri; — 6° le Campo Vaccino; — 7° Raphael; — 8° Corregio; — 9° Cimarosa; — 10° Chiaia; — 11° Dominiquin; — 12° Giorgione; — 13° Titien; — 14° Bianca; — 15°..... [sans titre].

IV. Satires et Poëmes. Paris, Bonnaire [*Paul Masgana], 1837, in-8 [8 fr.]; ou 1840, in-18 [5 fr.].

M. Gust. Planche a rendu compte de cet ouvrage dans la « Revue des Deux-Mondes, » 3e série, tome XI [1837].

On croirait, sous ce titre, trouver réunis toutes les satires et poëmes que M. Aug. Barbier a fait imprimer, telles que la spirituelle et mordante pièce, intitulée : *la Curée*, insérée après la révolution de 1830 dans la « Revue de Paris, » et qui fit sensation au moment où elle parut, les pièces suivantes publiées dans la « Revue des Deux-Mondes » : 1° *L'Idole* [1re série, t. IV, 1831]; — 2° *Beata* [2e série, t. Ier, 1833]; — 3° *Terpsichore* [3e série, t. Ier, 1834]; — 4° *Mortis Amor* [id., t. VII, 1836]; — 5° *Salon de* 1837 [id., t. X, 1837]; — 6° *Revue littéraire* [id., t. XIV, 1838]; mais il n'en est pas ainsi; le volume que nous citons ne se compose que de la réunion des *Iambes*, d'*Il Pianto*, à laquelle on a joint le poëme de *Lazare*, qui avait paru peu auparavant dans la « Revue des Deux-Mondes » [3e série, t. IX, 1837].

L'édition in-18 porte pour titre : *Iambes et Poëmes*.

V. Avec M. *Léon de Wailly* : Benvenuto Cellini, opéra en deux actes. Paris, Barba, 1838, in-8 [1 fr.].

VI. Nouvelles Satires. Pot-de-vin et Érostrate. Paris, Paul Masgana, 1840, in-8 [7 fr. 50 c.].

VII. Rimes héroïques [sonnets] : Egmont, le Cid, Lucius Falkland, Jeanne d'Arc, Madame Roland, Christophe Colomb.

Imprimé dans le tome II de « Babel » [1840].

Les morceaux imprimés dans le tome II de « Babel », ne sont que des fragments d'un livre que M. Auguste Barbier se propose de publier, dans peu, sous le titre de *Rimes héroïques*.

M. Auguste Barbier a, en outre, fourni des pièces de vers à plusieurs recueils, particulièrement à la « Revue de Paris », au « Mercure du XIXe siècle », etc.; mais ces pièces, ainsi que celles que nous avons mentionnées dans la note du n° IV, n'ont point été réunies.

Quoique le nom de M. Auguste Barbier se lise sur le frontispice de « l'Italie pittoresque, la Sardaigne, la Sicile et la Corse » [Paris, Am. Coste, 1834, in-4], ce littérateur n'a contribué à cet ouvrage que très-indirectement : c'est-à-dire que l'éditeur a emprunté aux « Iambes » de M. Aug. Barbier, des poésies sur l'Italie et les Italiens.

BARBIER [Ch.]. — I. Émancipation intellectuelle d'expéditive française. N° 1er. Typographie privée, de poche et d'ambulance, approuvée par l'Académie royale des sciences, pour la simplicité et la grande facilité de sa mise en pratique. Paris, Bachelier, 1832, in-8 de 52 pag. [1 fr.].

II. Nouveau système d'enseignement primaire : retour à la simplicité de la théorie alphabétique. Paris, de l'impr. de Bachelier, 1833, in-8 de 2 pag.

III. Notice sur les salles d'asile, le retour à la simplicité primitive de la théorie alphabétique, l'instruction familière des enfants du premier âge, des aveugles de naissance et des sourds-muets. Paris, Bachelier, 1834, in-8 de 20 pag.

BARBIER [Jules]. — Voix [la] de la France. Dithyrambe. Paris, Mourier, 1835, in-8 de 8 pag.

BARBIER [Hippolyte], d'Orléans. —Élévations poétiques. Paris, Ebrard, 1836, in-18 [4 fr.].

BARBIER-VÉMARS [J.-N.], ancien professeur, ancien conservateur de la Bibliothèque royale. [Voy. la *France littér.*, tom. Ier, p. 180.]

I. Noctes fabulosæ : Veillées latines, ou Recueil de nouvelles amusantes, extraites de « l'Hermes romanus ». Paris, Delalain, 1828, in-12 [3 fr. 50 c.].

II. Souffleur [le] français, ou Moyen éprouvé de faire retenir à la mémoire, la plus ingrate, des milliers de vers français, sans aucune espèce de procédé mnémonique ni d'étude préliminaire. Paris, Delalain, 1831, in-12 [2 fr.].

BARBO DE MILAN [le comte Jacques]. — De la muscardine [maladie des vers à soie], de ses principes et de sa marche, moyen de la reconnaître, de la prévenir et de la détruire. Abrégé de l'ouvrage de M. le docteur *Agostino Bassi*, de Lodi. Paris, rue Guénégaud, n° 17, 1836, in-8 de 88 pag.

BARBOT [Théophile de]. — Heures de poésies. Paris, Sapia, 1835, in-8 [4 fr.].

BARCHOU DE PENHOEN [le baron], ancien capitaine au corps royal d'état-major; né à Brest [Finistère].

I. Souvenirs de l'expédition d'Afrique. Paris, de l'impr. de P. Renouard, 1832, in-8 de 80 pag.

Extraits de la « Revue des Deux-Mondes. »

II. Destination de l'Homme, de *Fichte*; traduit de l'allemand. Paris, Paulin, 1833, in-8 [7 fr. 50 c.]. — Deuxième édition. Paris, Charpentier, 1836, in-8 [7 fr. 50 c.].

L'auteur avait déjà fourni à la « Revue des Deux-Mondes, » en 1832, un morceau intitulé : *Philosophie de Fichte*.

III. Mémoires d'un officier d'État-major sur la guerre d'Alger. Paris, Charpentier [* R. Bocquet], 1835. in-8 [7 fr. 50 c.].

IV. Guillaume d'Orange et Louis-Philippe [1688-1830]. Paris, Charpentier [* R. Bocquet], 1835, in-8 [7 fr. 50 c.].

V. Philosophie de Schelling. Paris, Paulin, 1834, in-8 [7 fr. 50 c.].

Ce volume n'est point la traduction d'un ouvrage intitulé « Philosophie de Schelling », mais bien des *Études* sur ce philosophe allemand que M. le baron Barchou de Penhoen avait publiées l'année précédente dans les tom. I et II de la deuxième série de la « Revue des Deux-Mondes. » Dans ces études, composées de deux articles, l'auteur a examiné, dans le premier, la « Philosophie de la nature » de Schelling, et dans le second, ses « Esquisses de la philosophie de l'Histoire. »

VI. Un Automne au bord de la mer. Paris, Charpentier, 1836, in-8 [6 fr.].

Sous ce titre d'*Un Automne au bord de la mer*, on a réuni cinq morceaux que l'auteur avait fait insérer dans la « Revue des Deux-Mondes » de 1832 à 1834. Ces morceaux sont : 1° *La Rade de Brest*; — 2° *Un Vaisseau à la voile*; de la navigation dans l'Orient, dans l'antiquité et dans le monde moderne; — 3° *Le Choléra*, fragment philosophique; — 4° *Le Chevalier Du Couédic* [Notice biographique]; — 5° *Essai d'une formule générale de l'Histoire de l'humanité*, d'après les idées de M. Ballanche.

VII. Histoire de la philosophie allemande, depuis Leibnitz jusqu'à Hegel. Paris, Charpentier [* Hachette], 1836, 2 vol. in-8 [15 fr.].

BARD [Joseph], correspondant de la Société royale des antiquaires de France; né à Beaune [Côte-d'Or], vers 1800.

I. Lettres à une académie de province sur l'école romantique en France. Paris, de l'impr. de Rignoux, 1825, in-8 de 16 pag.

II. Considérations pour servir à l'histoire du développement moral et littéraire des nations. Paris, N. Pichard; Ch. Gosselin, 1826, in-8 [6 fr.].

III. Chute d'Alger, ou Destruction de la piraterie dans la mer Méditerranée, poëme en cinq chants. Paris, Levavasseur, 1830, in-8 de 64 pag.

IV. Notre-Dame de Fourvières, élégie lyrique. Lyon, Pitrat; Paris, Hivert, 1831, in-18 [1 fr.]. — IIIe édit. Lyon, de l'impr. de Perrin, 1832, in-8 de 36 p.

V. Mélancoliques [les]. [Poésies]. Paris, Eugène Renduel, 1832, in-8 de 248 pag.

VI. Choléra-morbus [le]; improvisation lyrique. Paris, Levavasseur; Lyon, Babeuf, 1832, in-8 de 8 pag. [50 c.].

VII. Prière à Notre-Dame de Fourvière, à l'occasion du choléra-morbus. Lyon, Chambet fils, 1832, in-18 de 18 p. [25 c.].

VIII. Pélerin [le] au XIVe siècle. [Poëme en VI chants.]

IX. Vénus [la] d'Arles; lectures du matin. Paris, A. Cherbuliez; et Lyon, L. Babeuf, 1834, 2 vol. in-8 [12 fr.].

Ces deux volumes ont été imprimés à Genève, par A.-L. Vignier.

X. Tour [la] de la belle allemande; tradition lyonnaise. Paris, Paulin; Lyon, Babeuf, 1834, in-12 de 96 pag.

XI. Pour la Bourgogne. Lecture populaire. [*Vrbs Nvcenna.*] Bard. Se vend chez tous les libraires de la Bourgogne, 1836, in-8 de 48 p. [50 c.].

Extrait des « Cent têtes sous un bonnet. »

— Le même ouvrage. Sec. édition, revue et augmentée, sous le titre de : Histoire et Poésie. Chez tous les libraires, des pays de Bourgogne, Comté et Bresse, 1836, in-8 de 56 pag.

Tout en prose.

XII. Gloire à Lyon. Lyon, Ayné fils, 1836, in-8 de 32 pag.

XIII. Cent têtes dans un bonnet. Auxonne, de l'impr. de Saunié, 1836, in-8.

Morceaux en prose.

XIV. Archéographie de l'insigne église collégiale de Notre-Dame et du beffroi de Beaune. Beaune, Blondeau-Dejussieu; Paris, Lance; Techener, 1836, in-4 de 56 pag. et 2 pl.

XV. Paysages et impressions pour la jeunesse. Auxonne, de l'impr. de Saunié, 1837, in-12, avec 2 lithographies [1 fr. 25 c.].

XVI. Eglise [l'] paroissiale de Saint-Paul. Publication de la Revue du Lyonnais. Lyon, de l'impr. de Boitel, 1837, in-8 de 16 pag.

M. Bard a, en outre, fourni des articles aux « Annales de la littérature et des arts. »

BARD [Alphonse]. — Idées générales sur le choléra-morbus, son traitement préservatif et curatif. Paris, Mlle Delaunay, 1832, in-8 de 68 pag.

BARD [A.], professeur d'anglais au collége de Rouen.

I. Tableau synoptique extrait de la

méthode de A. Bard. Rouen, Legrand, 1832, une feuille in-plano [30 c.].

II. Méthode simplifiée de prononciation anglaise. Rouen, Legrand, 1832, in-12.

III. Méthode facile pour apprendre à conjuguer les verbes anglais. Rouen, de l'impr. de Baudry, 1835, in-8 de 64 pag. et 31 tableaux.

BARD [E.-E.]. — Notes sur les matières civiles et de police, de la compétence des juges de paix. Sec. édition, corrigée d'après l'état actuel de la législation et de la jurisprudence; suivies du Code des justices de paix. Besançon, Gauthier; Paris, le même, 1837, in-8 [6 fr.].

BARDE [F.-A.], *maître tailleur, à Paris.*

I. Méthode Barde. Répertoire des modèles contenus dans la collection. Paris, de l'impr. de Tilliard, 1833, in-4 de 52 pag.

C'est l'explication des modèles de coupe de vêtements.

II. Traité encyclopédique de l'art du tailleur; suivi d'un appendice sur la méthode Barde. Paris, l'Auteur, 1835, in-8, avec 57 pl.

BARDEL. — Éléments d'arithmétique démontrés d'une manière nouvelle; ouvrage soumis à l'examen de l'Académie des sciences, qui en a approuvé la rédaction, la méthode et la clarté, et qui l'a considéré comme pouvant être très-utile. Paris, F. Didot, 1827, in-8 [4 fr.].

BARDET père [le doct. Antoine]. — Notice sur le choléra-morbus, contenant la description de la maladie, les moyens hygiéniques qu'il convient de lui opposer, l'indication des premiers secours à donner avant l'arrivée du médecin, suivis de quelques réflexions sur les moyens curatifs. Bernay, veuve Dalandon, 1832, in-8 de 104 pag. [2 fr.]; ou Rouen, de l'impr. de Baudry, 1834, in-8 de 104 pag.

BARDIN [le baron Étienne-Alexandre], maréchal de camp; né à Paris, le 31 mai 1774. [Voy. la *France littér.*, tom. Ier, p. 181] (*).

(*) La « France littéraire » a omis de citer à l'article de ce général l'opuscule suivant : *Odes sur le Mariage de S. M. avec S. A. I. Marie-Louise d'Autriche, sur la Naissance du Roi de Rome.* [Paris, de l'impr. de Michaud, 1811, in-8 de 16 pag.]

— Notice historique sur Guibert [Jacques-Antoine-Hippolyte]; né à Montauban, le 12 novembre 1743, mort le 16 mai 1790. Paris, Corréard jeune, 1836, in-8 de 28 pag.

M. le général Bardin avait composé, par ordre du ministre Feltre, un travail pour l'instruction de l'école de Fontainebleau, resté manuscrit, et dont la publication de 1814, mentionnée dans la « France littéraire, » n'est qu'un extrait. Il a fourni quantité d'articles aux publications ou ouvrages périodiques dans lesquels l'art militaire a trouvé place. Aux recueils déjà cités par la « France littéraire », il faut encore ajouter les suivants : le « Bulletin des sciences militaires; » le « Journal des sciences militaires; » le « Spectateur militaire; » le « Dictionnaire de la conversation; » « l'Encyclopédie du XIXe siècle; » le « Livre des cent et un, » où l'on trouve de lui : le *Musée d'artillerie* [tome XI, 1833] et l'*Hôtel des Invalides* [tome XII, 1833].

Le général Bardin a des articles dans les « Biographies universelle et portative des contemporains, et des Hommes du jour » de MM. Sarrut et Saint-Edme [tome II, 2e partie, pag. 355].

BARDINET [Alph.]. — Avec M. *J.-B. Pigné* : Leçons sur les maladies des yeux, faites à l'hôpital de la Pitié par *L.-J. Sanson*, recueillies et publiées par Alph. Bardinet et J.-B. Pigné. — Première partie. Cataractes. Paris, Ebrard, 1838, in-8, de 135 p. [1 fr. 50 c.].

BARDON aîné [A.]. — Cours élémentaire pratique et normal de dessin linéaire, avec un Atlas sur grand raisin à plat, de 25 planches, à l'usage des écoles primaires. Paris, de l'impr. de Dupont, 1838, in-8.

BARDOUX [O.]. — Esquisses poétiques. Quimperlé, de l'impr. de Lion, 1836, in-8 de 118 pag.

BARÈRE DE VIEUZAC [Bertrand], et non BARRÈRE, ainsi qu'on l'a imprimé dans la *France littér.* [t. Ier, p. 193]. Ajoutez : député aux États-Généraux, à l'Assemblée constituante et à la Convention. Il a fait, dans ces diverses assemblées, un grand nombre de discours et de rapports, surtout sur les succès de nos armées. Ces derniers étaient appelés par les ennemis de la révolution : *Carmagnoles à la Barère.*

I. Conduite des princes de la maison de Bourbon durant la révolution, l'émigration et le consulat [1790 à 1805]. Ouvrage commandé à l'auteur par Napoléon Bonaparte, et enrichi de notes de M. le comte *Réal*. Paris, Tenon, 1834, in-8 [7 fr. 50 c.].

La première édition, qui a paru sans date, est de 1805.

II. Poésies légères de *L. de Camoens*, traduites en anglais par lord *Strangford*, ambassadeur de S. M. B., à Saint-Pétersbourg, et de l'anglais en français, par *Bertr. Barère*. Bruxelles, Vandooren frères, 1829, in-18, avec un portr. [3 fr. 38 c.].

III. Adresse de M. Bertrand Barère à ses commettants et à ses concitoyens du département des Hautes-Pyrénées. Paris, de l'impr. de Mie, 1831, in-8 de 12 pag.

Les Biographies des contemporains les plus récentes, telles que celle de Rabbe, Boisjolin et Sainte-Preuve, celle de MM. Sarrut et Saint-Edme [tome II, 2e partie, p. 374], renferment des Notices sur cet ancien conventionnel.

BARESTE [Eugène], écrivain artistique; naquit à Paris, le 5 août 1814. Il débuta dans la carrière littéraire par la *Biographie des hommes du peuple, ou Quelques mots sur quelques hommes qui se sont fait un nom*. [Paris, Rion, 1834, in-18 de 36 pag.] Cette Biographie, publiée en 1834 dans la « Bibliothèque populaire, » eut un immense succès et fut le seul ouvrage de cette Bibliothèque qui obtint quatre éditions. Deux ans après, M. E. Bareste fut nommé rédacteur en chef de la partie littéraire du « Journal de l'Aube, » imprimé à Troyes. Il y resta quatre mois, et publia, de juillet à novembre 1836, la *Biographie des grands hommes du département de l'Aube*, entre autres, celle du savant *P. Cousin*, en quatre articles, et celle de *Camusat*; des *Lettres sur Paris* et plusieurs feuilletons historiques. En arrivant à Paris, il fit quelques articles au « Corsaire, » puis entra au journal « la Paix » pour traiter les questions d'art. Il y resta cinq mois et donna plusieurs articles sur les expositions de l'école des Beaux-Arts, qu'il signa Eug. B..... En janvier 1837, il coopéra au journal «l'Artiste, » et après quelques articles non signés, il publia, le dimanche 19 février, ses *Prolégomènes sur l'histoire de la Peinture sur verre*, depuis son origine jusqu'à nos jours. Cette histoire qui a été écrite pour prouver que le secret de peindre sur verre n'a jamais été perdu et que cette manière de peindre remonte aux premiers âges du monde, est extrait d'un ouvrage inédit auquel M. E. Bareste travaille depuis longtemps, et qu'il se propose de publier sous le titre de *Cathédrales*. Après les Prolégomènes vint le 1er article, qui parut le 26 février; puis le 2e, le 5 mars, le 3e, le 12 mars, le 4e, le 9 avril, le 5e, le 23 avril, et enfin, le 6e et dernier, le dimanche 7 mai de la même année. Dès l'apparition de cet ouvrage, « le Temps » et « l'Echo du monde savant » en rendirent compte dans leurs colonnes, et le « Mémorial de Rouen » reproduisit tous ces articles dans ses numéros. Le dimanche 4 juin de la même année, il fit paraître dans « l'Artiste » le premier article d'une *histoire de l'architecture*, sous le titre de : *Cours d'archéologie de M. Raoul-Rochette*. Le deuxième article [le 11 juin] est une critique raisonnée des cours d'archéologie en général et du cours de M. Raoul-Rochette en particulier. Ce deuxième article a été consacré à l'examen et à l'histoire des premiers monuments creusés naturellement dans le roc et que les archéologues ont nommés *troglodytiques*. Le 3e article [25 juin] est l'histoire des monuments de la Nubie et de la Haute-Egypte. Le 4e article [9 juillet] a été consacré à l'histoire des monuments d'architecture phénicienne et juive, et à la description du temple d'Hiérapolis, de Paphos et de Jérusalem. Le 5e [6 août] a traité de l'historique des tombes sacrées de la vallée de Josaphat; et le 6e et dernier article a été l'examen des principales pyramides d'Egypte et une exploration archéologique aux ruines de l'antique Babylone. — Il fit ensuite différents articles dans « l'Artiste, » signés seulement de ses initiales, et traitant des concours de l'Ecole des Beaux-Arts, et plusieurs autres non signés. — Il publia dans le « Journal des Tribunaux » plusieurs fragments sur le *Tribunal révolutionnaire*, et entre autres, une histoire sommaire de ce tribunal. Enfin, après plusieurs travaux d'art et de littérature publiés dans divers journaux, il a commencé, dans le « Journal général de France, » une *Histoire des architectes mécaniciens de la Renaissance* et une *Histoire des graveurs célèbres*. Quelques nouveaux journaux et recueils de la capitale reçoivent des articles de M. Bareste; ainsi, nous avons lu de lui dans le dernier sémestre de 1839 du « Siècle, » un feuilleton sur Une prophétie concernant la famille de Napoléon, signée : Un ancien sénateur. La nouvelle série de la « Revue du XIXe siècle » renferme, de ce jeune écrivain, plusieurs articles de critique artistique et de littérature, dont voici l'indication : 1° sur l'Histoire de la Peinture sur verre, d'après ses monuments en France, par M. F. de Lasteyrie, en deux articles [1re série, tom. VIII, 1838 ; et 2e série, tom. VI, 1840]; — 2° Introduction à la Paléographie universelle, etc., de MM. Silvestre et Champollion-Figeac [2e série, tom. IV, 1839] ; — 3° sur l'Histoire des Châteaux de France, de M. Léon Gozlan ; — 4° Souvenirs de l'Empire. Jortsmann; — 5° sur les Origines du Théâtre, de M. Ch. Magnin [tom. V, 1840] ; — 6° Curiosités bibliographiques. Des plus anciens ouvrages publiés en France contre le duel [tom. VI, 1840] ; — 7° Salon de 1840. Peinture. Premier et second articles . Tableaux religieux et d'histoire [id. 1840]. Le tome II de Babel, publié au commencement de cette année, renferme un morceau de cet écrivain, intitulé : *Une nouvelle Histoire ancienne*. V. A. S.

BARET [l'abbé], du diocèse de Périgueux.

I. Essai historique sur l'identité morale de la liberté avec la religion. Paris, Paul Méquignon ; Jeanthon, etc., 1835, in-8 [4 fr.].

II. Théorie catholique de la Société, ou Recherches nouvelles sur l'identité morale de la liberté avec la religion, prouvée par les rapports des trois faits sociaux, Dieu, le roi, la liberté. Paris, Ad. Leclère, 1839, in-8 [5 fr. 50 c.].

BARET. — Avec M. *Delaunay* : Le vieux Locataire. Comédie-vaudeville en un acte. Paris, Marchant, 1832, in-8 [1 fr. 50 c.].

BARGINET [Alexandre], de Grenoble. [Voy. la *France littér.*, tom. Ier, p. 183].

I. Centralisation [de la] et d'une Loi organique, des Administrations communales et départementales. Paris, Delaunay, 1828, in-8 de 40 pag.

II. Roi [le] des Montagnes, ou les Compagnons du chêne, tradition dauphinoise du temps de Charles VIII. Paris, Mame et Delaunay, 1828, 5 vol. in-12 [15 fr.].

III. Cotte [la] rouge, ou l'Insurrection de 1626, histoire dauphinoise du XVIIe siècle ; précédée d'une Notice sur le château de Vizille. Paris, Mame et Delaunay, 1828, 4 vol. in-12 [12 fr.]

IV. Deux [les] Seigneurs de village, histoire de ce temps. Paris, Mame et Delaunay, 1829, 4 vol. in-12 [12 fr.].

V. Chemise [la] sanglante, histoire dauphinoise des dernières années du XVIIe siècle. Paris, Mame et Delaunay, 1830, 4 vol. in-12 [12 fr.].

VI. Grenadier [le] de l'île d'Elbe, souvenirs de 1814 et 1815. Paris, Mame et Delaunay, 1830, 2 vol. in-8 [15 fr.].

VII. Chansons de *Poutignac* de Villars. Sainte-Pélagie, 1820, 1821, 1822. Poissy, 1822, 1823, 1824. Précédées d'une Introduction par *Barginet*. Paris, Garnier, 1830, in-12.

VIII. Trente-deuxième [la] demi-brigade. Chronique militaire du temps de la République. Paris, Mame-Delaunay, 1832, in-8 [7 fr 50 c.].

IX. Discours sur l'histoire civile et religieuse de l'ordre du Temple, prononcé le 13 janvier 1833, pour l'inauguration solennelle du local consacré au culte des chrétiens primitifs. Paris, Guyot, 1833, in-8 de 60 pag.

X. Chroniques impériales. Première période. Paris, Guillemin fils, 1833, in-8 [7 fr. 50 c.]. — Seconde période. Paris, Laisné, 1834, in-8 [7 fr. 50 c.].

XI. Héberard [les], légende des baronnies. Paris, J. Laisné, 1837, 2 vol. in-8 [15 fr.].

XII. Amnistie [de l'] et du mariage de S. A. R. le duc d'Orléans. Paris, J. Laisné, 1837, in-32 de xij et 131 pag.

Las de travailler pour la librairie, qui le rétribuait assez mal, M. Barginet, le libéral de la restauration, après composition de cet opuscule, prit le parti de l'offrir au ministère; sa démarche lui valut 2,400 fr. de pension littéraire annuelle, et, peu de temps après, la direction d'un journal ministériel paraissant à Lyon!

XIII. Martin Luther [1503-1546]. Paris, Jules Laisné, 1839, 2 vol. in-8 [15 fr.].

Outre les ouvrages que nous venons de citer, on a encore de M. Barginet, depuis 1827, de nombreux articles dans des ouvrages et publications périodiques : nous connaissons de lui, entre autres, les deux morceaux suivants imprimés dans le livre des Cent-et-un : le *Pont-Neuf* [tome IX] et *Montmartre* [tome XII]. Une particularité littéraire connue de peu de personnes, c'est que M. Barginet est aussi l'auteur de la partie géographique du « Dictionnaire de physique et de chimie, » ouvrage commencé et interrompu en 1835.

En 1833, M. Barginet a publié le prospectus d'une *Histoire philosophique des révolutions françaises depuis la réforme religieuse jusqu'à nos jours*; précédée d'une introduction comprenant l'histoire de l'établissement des Francs dans les Gaules, et le tableau politique et moral des institutions et des événements du moyen-âge. Il n'a rien paru de cet ouvrage, qui promettait d'être volumineux.

Les Biographies les plus récentes, telles que celle « Universelle et portative des contemporains, » par Rabbe, Boisjolin et Sainte-Preuve, celle des « Hommes du jour, » par MM. Sarrut et Saint-Edme, renferment des Notices sur M. Barginet.

BARIC DELAHAYE. — Discours prononcé sur le tombeau de M. Chalmer, le jour de l'inauguration du monument élevé à sa mémoire. Tours, de l'impr. de Chanson, 1830, in-8 de 8 pag.

BARILLOT. — Poëme. Miroir du chrétien et de l'impie. Nevers, de l'imprim. de Pinet, 1839, in-8 de 52 pag.

BARIN [J.-J.-F. de], colonel en retraite.

— * Essai de morale, ou Fables nouvelles, morales, politiques et philosophiques; par J.-J.-F. de B***. Paris, Mme Huzard; Maire-Nyon, 1826, in-12 [3 fr.].

BARRINS [le comte de], pseudon. Voy. RABAN.

BARJAVEL [C.-F.-H.]. — Traité complet de la culture de l'olivier, rédigé d'après les observations et expériences de M. l'abbé *F. Jamet*. Marseille, Camoin; Paris, Mme Huzard, 1831, in-8 de 156 pag.

BARKER-WEBB. — Avec M. *Sabin Berthelot* : Histoire naturelle des îles Canaries. Paris, Béthune; Merklein, 1836, in-fol.

L'ouvrage devait former 3 vol. in-4, avec un Atlas in-fol., qui eussent été publiés en 50 livraisons, à 6 fr. chacune; mais il n'en a paru que les deux premières livraisons, ensemble de 6 feuilles et 5 planches.

BARLET, officier de paix.

— Guide [le] des sergents de ville, et autres préposés de l'administration de la police, contenant par ordre alphabétique les dispositions des lois, ordonnances, réglements, arrêtés, décisions relatifs à la police de Paris, à l'usage seulement des agents du service actif ou extérieur. Paris, l'Auteur, 1832, in-12.

BARLOW [Pierre]. — I. Essai sur la résistance des bois de construction, avec un appendice sur la résistance du fer et d'autres matériaux, résumé en français par *A. Fourier*. Paris, Arthus-Bertrand; Bachelier; Carilian-Gœury, 1828, in-8 de 96 pag. [3 fr. 50 c.].

II. Expériences sur la force transversale et les autres propriétés du fer malléable dans son application aux chemins de fer, suivies d'un rapport sur les rails du chemin de Liverpool à Manchester; trad. de l'angl. par *C. Quilhet*. Paris, Bachelier, 1838, in-8 [3 fr. 50 c.].

BARNAY. — Avec M. *Barroy* : Chronique momusienne. Journal de mœurs, de caractères et de littérature. N° 1er, dimanche 1er octobre 1837. Paris, veuve Desauges, 1837, in-8 de 8 p.

Ce recueil, qui n'a eu qu'une courte durée, devait paraître tous les dimanches; il avait d'abord été annoncé sous le titre de : *le Conteur momusien*.

BARNEOND jeune [Aug.]. — Essai sur l'application du système décimal métrique dans les Hautes-Alpes. Barrême gapençais, contenant, etc. Gap, Allier, 1839, in-12 de 48 pag. [1 fr.].

BAROLET DE PULIGNY [le chev. de]. — * Voix [la] de l'impartialité, ou l'Alliance du plus pur royalisme avec le vrai patriotisme, contenant des raisonnements sur l'état actuel et futur de la Belgique, des provinces Rhénanes et de l'héroïque Pologne; sur ce qui vient de se passer en Italie, et peut encore y arriver, ainsi que quelques notes sur la Savoie, l'Espagne et le Portugal; et enfin un Précis des rassemblements qui ont eu lieu sur la place Vendôme, autour de la glorieuse colonne élevée par un grand capitaine à la valeur et aux hauts faits de l'invincible armée française; par un homme franc et sincère, qu'on taxera probablement de henriquinquisme, quoiqu'il soit bien loin d'être carliste et Louis-antoiniste; mais qui est un des grands admirateurs de Louis-Philippe Ier, roi des Français, sans rien préjudicier aux devoirs de sa conscience. Paris, l'Auteur, 1831, in-8 de 40 pag. [2 fr.].

BARON [Auguste-Alexis], docteur ès-lettres de l'Académie de Paris, ancien répétiteur de grec à l'École Normale de France, préfet des études et professeur de rhétorique à l'Athénée de Bruxelles, professeur de littérature à l'Université de Belgique, etc.; né à Paris, en 1794.

I. Lettres et entretiens sur la danse ancienne, moderne et religieuse, civile et théâtrale, accompagnées d'une lithographie chorégraphique. Paris, Dondey-Dupré et fils, 1824, in-8 [5 fr.].

II. Discours prononcé à l'installation du Musée des sciences et des lettres de Bruxelles, le 3 mars 1827. Bruxelles, Delemer, 1827, in-8 [75 c.].

III. Résumé de l'histoire de la littérature française. Bruxelles, L. Hauman et Cᵉ, 1833, in-8 [7 fr. 50 c.]; — et Paris, Aug. Delalain, 1835, in-18 [1 fr. 50 c.].

Ce Résumé a été d'abord imprimé à la tête d'une édition des Leçons de littérature et de morale, de MM. Noël et Delaplace, revue par M. Baron [Bruxelles, Hauman, 1833].

IV. Poésies militaires de l'antiquité, ou *Callinus* et *Tyrtée*, texte grec, traduction polyglotte; prolégomènes et commentaires; ouvrage dédié au roi. Bruxelles, J.-P. Meline, 1835, in-8.

V. Mosaïque belge, mélanges historiques et littéraires. Bruxelles, Hauman et Cᵉ, 1839, in-18 [3 fr. 50 c.].

On doit aussi à M. Baron un grand nombre de Notices et d'articles sur la littérature, insérés dans le « Globe » et la « Revue de Paris, » recueils de France; dans la « Gazette des Pays-Bas, » le « Courrier belge, » « l'Observateur, » la « Revue belge, » « l'Artiste, » la « Revue encyclopédique belge, » etc., recueils de Belgique.

Ce professeur a attaché son nom à plusieurs contrefaçons de livres d'études français : on a encore de lui une édition de *C. Julius Cæsar, cum commentario integro*. Bruxelles, Tarlier, 1827, 2 vol. in-8.

BARON [Auguste], libraire, à Lyon. — Histoire de Lyon pendant les journées des 21, 22 et 23 novembre 1831, contenant les causes, les conséquences et les suites de ces déplorables événements. Lyon, Baron; Paris, Moutardier, 1832, in-8 de 64 pag.

BARON [Acaric]. — Album du Jardin des Plantes de Paris, contenant la description du cabinet d'histoire naturelle, des galeries de zoologie, etc., etc. Paris, Angé, 1837, in-4 oblong de 80 p., avec grav. [15 fr.].

BAROUILLET [J.-B.]. — Indicateur [l'] industriel, ou Encyclopédie moderne, contenant plus de 740 procédés ou recettes utiles à tous les états; nouvelle édition. Angoulême, de l'impr. de Lefraise, 1837, in-8.

BARRACHIN. — Avec M. *Thilorier* : Lettres adressées à l'Académie des sciences. Paris, de l'impr. de veuve Ballard, 1828, in-8 de 20 pag.

Relatives à une lampe hydrostatique de leur invention.

BARRACHIN [le docteur]. — I. Discours préliminaire exposant les considérations qui doivent servir de base au système administratif propre à la régence d'Alger. Paris, Paulin, 1833, in-8 de 40 pag.

II. Le docteur Barrachin, ex-sous-intendant civil de la province d'Oran [Afrique], à MM. les membres de la Chambre des pairs et de la Chambre des députés [suivi d'un discours préliminaire ou exposé des considérations qui doivent servir de base au système administratif propre à la régence d'Alger]. Paris, de l'impr. de Gœtschy, 1834, in-8 de 60 pag.

Tiré à 100.

BARRANGEARD [Antoine]. — Critique médicale, ayant pour but spécial, 1° de signaler l'avantage des concours en médecine; 2° d'examiner certains ridicules qui concernent l'exercice de l'art; 3° de démontrer le procédé extrêmement vicieux qu'on a l'habitude d'employer à Lyon pour la nomination des chirurgiens-majors et des médecins des hôpitaux. Lyon, de l'impr. de Boursy, 1830, in-8 de 56 pag.

BARRAS [J.-P.-T.], D. M. — Traité sur les gastralgies et les entéralgies, ou Maladies nerveuses de l'estomac et des intestins. Paris, Béchet jeune, 1827, in-8. — IIIᵉ édit., revue, corrigée et considérablement augm. Paris, Béchet jeune, 1829, in-8 [7 fr.]. — Tome IIᵉ, IIᵉ édit., revue, corrigée et considérablement augm. Paris, Béchet jeune, 1839, in-8 [7 fr.].

BARRAS. — Élections. Encore les 221! Marseille, de l'impr. d'Olive, 1831, in-8 de 16 pag.

BARRAT. — Société industrielle de Nantes. Discours prononcé par M. Barrat, président de la Société industrielle, à la séance publique municipale, le

29 juillet 1832. Nantes, de l'impr. de Mellinet, 1832, in-8 de 8 pag.

BARRAU [Jean-Félix]. [Voy. la *France littér.*, tom. Ier, p. 189.] Ajoutez : géomètre en chef.

I. Observations et Réflexions sur le cadastre en général, appliquées spécialement à celui des Basses-Pyrénées. Pau, de l'impr. de la veuve Tonnet, 1824, in-8.

II. Pétitions et Mémoires sur la conservation du cadastre et sur la nécessité d'instituer un corps de géomètres-experts, adressés à la Chambre des députés. Paris, de l'impr. de Dupont, 1835, in-8 de 92 pag.

III. Notice sur la ville de Pau et la place Grammont, à l'occasion des divers projets d'achèvement de cette place. Pau, de l'impr. de Véronèse, 1836, in-8 de 16 pag.

IV. Observations contre le projet de conservation du cadastre, arrêté le 20 juillet 1837, par la commission créée par l'arrêt du 5 juin du ministre des finances, et modifications importantes à introduire dans l'exécution et la forme du cadastre actuel, pour lui donner la vertu de servir de titre à la propriété foncière, et pour rendre sa conservation facile et économique. Pau, de l'impr. de Vignancourt, 1838, in-8 de 100 p.

BARRAU [P.-B.]. [Voy. la *France littér.*, tom. Ier, pag. 189.]

— Ensemencement [l'] et la culture rendus plus simples, plus économiques et plus productifs, au moyen du semoir et du sarcloir-Barrau. Paris, l'Auteur ; Guillemin, 1835, in-8 de 28 pag.

On trouve une Notice sur M. P.-B. Barrau dans la « Biographie des hommes du jour » de MM. Sarrut et Saint-Edme [tome III, 2e partie, p. 250].

BARRAU [Th.-H.], aujourd'hui principal du collége de Chaumont [Haute-Marne]. — I. Histoire d'Agis IV, roi de Lacédémone, condamné à mort par ses propres sujets. Clermont-Ferrand ; et Paris, 1817, in-8.

II. Skander, nouvelle grecque du XVe siècle. Paris, Eymery, 1825, in-12 [2 fr.].

III. De l'amour filial. Leçons et récits adressés à la jeunesse. Paris, Hachette, 1836, in-8 [6 fr.].

IV. Des devoirs des enfants envers leurs parents. Paris, Louis Colas, 1837, in-18 [30 c.].

BARRAU [J.-J.]. — I. Il se meurt. [En vers.] Castelnaudary, de l'impr. de Croc, 1834, in-8 de 8 pag.

II. A M. de Labouisse-Rochefort. Castelnaudary, de l'impr. de Croc, 1837, in-8 de 16 pag.

Contient plusieurs pièces en vers.

III. Histoire des croisades contre les Albigeois. Paris, Prévot, 1840, 2 vol. in-8 [15 fr.].

M. J.-J. Barrau a fait insérer dans plusieurs journaux la réclamation suivante :

« J'apprends avec le plus grand étonnement que l'on vient de mettre en vente deux livres intitulés, l'un *Montfort et les Albigeois*, l'autre *Histoire des Croisades contre les Albigeois*, et signés, tous deux : J.-J. BARRAU et B. DARRAGON. Le premier de ces ouvrages m'est entièrement inconnu, et je n'ai jamais eu l'idée de faire un livre sous ce titre. Le second m'appartient davantage, puisque j'en suis et dois être, aux termes même d'un traité passé entre moi et M. Darragon, le seul auteur, sinon l'unique signataire ; mais comme à mon insu on y a introduit, en place d'un *Épilogue* que je n'ai point encore livré à l'impression, je ne sais quelles conclusions qui en dénaturent l'esprit, je vous prie, Monsieur, de me prêter l'appui de votre journal pour m'inscrire en faux contre cette partie de l'*Histoire des Croisades, etc.*, et mettre le public en garde contre les deux ouvrages annoncés, dont, au reste, je vais arrêter l'émission par tous les moyens que la loi me confère.

23 mars 1840.

BARRAUD [J.-F.], ouvrier imprimeur. — Etrennes d'un prolétaire à M. Bertin aîné, rédacteur-gérant du « Journal des Débats. » Paris, de l'impr. de Demonville, 1832, in-8 de 8 pag.

BARRAULT [Émile], avocat, adopta la doctrine de Saint-Simon, et fut le principal orateur de cette secte qu'il alla essayer de propager en Orient. Rentré en France en 1835, M. E. Barrault s'est depuis occupé exclusivement de littérature. Nous connaissons de lui :

I. * Aux artistes. Du passé et de l'avenir des beaux-arts [doctr. de Saint-Simon]. Paris, Alex. Mesnier, 1830, in-8 de 84 pag.

II. Encore un mot sur la religion saint-simonienne. Paris, de l'impr. de David, 1831, in-8 de 4 pag.

Contient une lettre signée Chavard, et la réponse de M. Barrault.

III. 1833, ou l'Année de la mère. Lyon, Mme Dorval, 1833, in-8.

C'est la profession de foi de la nouvelle société saint-simonienne, dite des Compagnons de la femme, rédigée par l'apôtre E. Barrault. Il a dû paraître de ce recueil plusieurs numéros; toutefois, nous ne connaissons que ceux des mois de janvier et février.

IV. * Compagnonage de la femme. Chant [six couplets]. Lyon, de l'impr. de Perret, 1833, in-8 de 4 pag.

V. * Au nom de Dieu père et mère de tous les hommes et de toutes les femmes, etc. Lyon, de l'impr. de Perret, 1833, in-8 de 4 pag.

Les cinq écrits que nous venons de citer ne sont pas les seuls que M. E. Barrault ait publiés : l'indication des autres aurait peu d'intérêt aujourd'hui; aussi nous bornons-nous à renvoyer à la « Bibliographie saint-simonienne » ceux de nos lecteurs qui voudraient connaître tous les écrits saint-simoniens de M. Barrault.

VI. Occident et Orient. Études politiques, morales, religieuses, pendant 1833-1834 de l'ère chrétienne, 1249-1250 de l'hégyre. Paris, Desessart; Pougin, 1835, in-8 [8 fr.].

Un fragment de cet ouvrage avait paru dans le tome IV de la troisième série de la « Revue des Deux-Mondes, » sous le titre d'*Une Noce à Constantinople*.

VII. Guerre ou paix en Orient. Paris, Desessart, 1836, in-8 de 176 pag. [4 fr.].

VIII. Avec M. *Cadalvène* : Histoire de la guerre de Méhémed-Ali contre la Porte-Ottomane, en Syrie et en Asie-Mineure [1831-1833]. Ouvrage enrichi de cartes, de plans et documents officiels. Paris. Arth. Bertrand, 1836, in-8 avec un portr. et 5 cartes [10 fr.]

IX. Eugène. Paris, Desessart, 1838, 2 vol. in-8 [16 fr.].

X. Coalition [la] et le ministère. Paris, Desessart, 1839, in-8 de 24 pag. [1 fr. 25 c.].

BARRÉ [P.-Yon], auteur dramatique. [Voy. la *France littér.*, t. Ier, p. 189.] Ajoutez : ancien avocat au Parlement, et greffier à Pau, près le tribunal de la même ville, fonda le théâtre du Vaudeville, dont il fut le directeur. Il est mort à Paris, le 9 mai 1832.

BARRÉ [le baron de], réviseur des « Mémoires d'un pauvre hère [par *A. Delcourt*, de Saint-Domingue], 1829, 4 vol. in-12.

BARRÉ. — Avec M. *Godefroy* : Mémoire sur les avantages que peut offrir le plan incliné mobile, substitué aux moyens de pression dont on fait généralement usage. Présenté à la Société d'encouragement pour l'industrie nationale. Paris, de l'impr. de Barbier, 1829, in-8 de 16 pag. et 3 planches.

BARRÉ [L.], traducteur, avec M. *Alb. de Montémont*, des OEuvres poétiques de *W. Scott*; traduction nouvelle, complétée par une Dissertation et une Histoire de l'Ecosse [1837], et l'un des auteurs du Complément du Dictionnaire de l'Académie [1837, in-4].

BARRÉ [J.-A.]. — Géometrie en action, ou Éléments de géométrie appliquée aux arts. Angers, Cosnier, 1839, in-12.

BARRÉ neveu, médecin.

— Maladies des voies urinaires. De la nécessité de la cautérisation antéro-postérieure dans certains rétrécissements du canal de l'urètre. Paris, Germer-Baillière, 1839, in-8 de 64 pag., plus une planche [3 fr.].

BARRÉ DE JALLAIS [Lin-Leu-Lô-Luc], secrétaire-général du département d'Eure-et-Loir; né à Chartres, vers 1772.

I. Essai sur l'industrie, les mœurs, l'administration et les besoins de la Vendée. Paris, Chaigneau jeune; Gérard, 1815, in-8.

II. Satires [les] de *Juvénal*, traduites en vers français, et suivies des Lettres à Philinte sur l'intelligence de ce poëte et ses beautés rapprochées de celles d'Horace dans les sujets traités par ces deux auteurs. Paris, Brissot-Thivars, 1830, 2 vol. in-8 [15 fr.].

Le texte est en regard.
On trouve une courte notice sur M. Barré de Jallais dans la « Biographie universelle et portative des contemporains de MM. Rabbe, Boisjolin et Sainte-Preuve [tome Ier, p. 247].

BARRÉ VERSILLÉ, de La Ferté-Bernard.

I. Élégie à la mémoire des Polonais, morts pour la défense de leur patrie. Paris, de l'impr. de Mie, 1831, in-8 de 4 pag.

II. Discours [en vers] pour la séance solennelle de la distribution des prix qui aura lieu au pensionnat de La Ferté-Bernard, le 29 août 1833. Le Mans, de l'impr. de Monnoyer, 1833, in-8 de 4 pag.

III. Élégie consacrée à la mémoire des victimes de la conspiration du 28 juillet 1835. Le Mans, de l'impr. de Monnoyer, 1835, in-8 de 4 pag.

IV. Stances à la mémoire de M. F.-L. Pivant, décédé à La Ferté-Bernard, le 18 mai 1835. Le Mans, de l'impr. de Monnoyer, 1835, in-8 de 4 pag.

BARREAU [Marc]. — Principes du droit de la nature et des gens. Paris, Ladvocat, 1831, in-18.

BARREIGONS [Émile]. — Nuits provinciales [au nombre de douze]. IIIe édition. Toulouse, de l'impr. de Terrasson, 1838, in-8, avec une lith. et une page de musique [12 fr.].

BARRÈS DU MOLARD [le vicomte Scipion FLEURY DE], naquit le 7 mai 1779, fit ses études au collége militaire de Sorèze, et fut, en 1814 et 1815, membre des députations envoyées à Louis XVIII par le département de l'Ardèche et la ville de Privas. A cette occasion, le roi lui accorda le titre de « vicomte héréditaire, à cause de l'an« cienneté de sa noblesse, des services « de ses ancêtres, de ceux de son père, « en qualité d'officier supérieur et gé« néral, de sa conduite particulière, et « de son entier dévouement pour la « cause du roi. » Aussi M. Barrès offrit-il, au 15 mars, ses services contre Napoléon; il fut alors nommé chef de bataillon, et directeur du parc de l'artillerie des légions royales mobiles de Paris. Nous n'avons aucun renseignement sur son compte depuis cette époque. Il paraît que M. le vicomte Barrès s'est adonné à l'étude de l'architecture civile, et les opuscules suivants publiés avec son nom, semblent le confirmer.

I. Nouveau système des ponts à grandes portées, ou Moyen économique de construire des arches de toutes grandeurs. Paris, Bachelier, 1827, in-4 [7 fr.].

II. Constructions : Ponts à grandes portées. Paris, de l'impr. de Mme Huzard-Courcier, 1827, in-8 de 12 pag.

Extrait des « Annales mensuelles. »

III. Du volume d'eau nécessaire à la ville de Marseille, à son territoire et à celui d'Aix. Marseille, de l'impr. d'Olive, 1835, in-4 de 12 pag.

BARRET [J.]. — Traité complet de comptabilité commerciale, dite à partie double. Carpentras, de l'impr. de Proyet fils, 1834, in-8.

BARRET [Hilaire-François], avocat à Toul.

— Défense du citoyen Emmanuel Béchet, vivant-docteur en médecine, à Nanci, présentée à l'opinion publique, pour la justification de sa mémoire, et dédiée à M. et Mme Béchet. Nanci, Vidard et Jullien, 1834, in-8 de 24 pag. [20 c.].

BARRET [l'abbé], du diocèse de Périgueux.

— Essai historique sur l'identité morale de la liberté avec la religion. Paris, rue de Seine-Saint-Germain, 16; Paul Méquignon, 1835, in-8.

BARRETO-FEIO. — * Don Miguel, ses aventures scandaleuses, ses crimes et son usurpation; par un Portugais de distinction. Traduit par *J.-B. Mesnard*. Paris, Mesnard, 1833, in-8. [D. M.].

BARREY [le baron Pierre-Edmond de], naquit en 1777, au château de Bordigny en Normandie, et suça avec le lait les principes qui font considérer, par une classe de Français, une partie de leurs concitoyens comme des ilotes. Forcé de servir dans les gardes d'honneur de Napoléon, il fit quelques-unes de nos glorieuses campagnes; mais, chargé, en 1815, d'aller prendre à Bordeaux le commandement d'une compagnie franche, il abandonna la cause de l'Empereur, se plaça sous les ordres du duc d'Angoulême et fut attaché, comme capitaine, à l'état-major des princes pendant la campagne de Belgique. Après la seconde restauration, il fut également attaché à l'état-major de la première division. On a du baron de Barrey :

I. France [la] délivrée, poëme. Bordeaux, 1814, in-8.

II. Cri [le] d'indignation, réponse à Méhée de la Touche....

III. Précis historique sur la maison du roi, depuis sa formation en 1814, jusqu'à sa réforme en 1815. Paris, Michaud, 1816, in-8 de 54 p. [1 fr. 25 c.].

IV. Pétition à la Chambre des députés sur l'armée et ses besoins. Paris, A. Dupont, 1828, in-8 de 88 pag. — Deuxième pétition à la Chambre des députés. Paris, Denain; Anselin, 1829, in-8 de 36 pag.

M. le baron de Barrey avait annoncé, en 1829, une *Histoire de la Légion-d'Honneur*, qui devait paraître en un vol. in-8, chez le libraire Denain; mais ce dernier en a publié une qui porte le nom de M. Saint-Maurice.

BARREY [Cl.-Ant.]. — Histoire impartiale de la vaccine, ou Appréciation du bien qu'on lui attribue et du mal qu'on lui impute. Mémoire qui a obtenu le prix proposé pour 1830 par la Société d'agriculture, sciences, arts et belles-lettres du département de l'Eure, à Evreux. Besançon, de l'impr. de veuve Daclin, 1831, in-8 de 92 pag. et un tableau.

BARRIE [Charles], docteur en médecine.

— Rapport sur la nature du choléra asiatique, d'après des observations pratiques et des expériences positives, sur les moyens de préserver de cette maladie, de lui enlever son caractère nuisible et d'en détruire la matière, appuyé sur des documents officiels. [En français et en allemand]. Hambourg, Herold, 1832, in-4 [6 fr.].

BARRIER. — Code des mines, ou Recueil des lois, arrêtés, décrets, ordonnances, etc., concernant les mines, minières, salines et carrières, etc. Lyon, Targe, 1829, in-8, avec une carte [4 fr.].

BARRIER [E.-H.]. — Système [le] légal des nouveaux poids et mesures mis à la portée de tout le monde. Rouen, de l'impr. de Brière, 1839, in-8 de 32 pag. [1 fr.].

BARRIER [J.-A.]. — Premier Mémoire sur les eaux médicinales naturelles de Celles, et sur la curabilité des affections tuberculeuses et du cancer. Valence, Charvin, 1838, in-8.

BARRIER. — * Avec M. *Gaubert* : la Médecine des accidents. Manuel populaire dans lequel on indique les secours à donner, en l'absence du médecin, aux personnes atteintes d'accidents ou de certaines maladies dont le début est rapide et inattendu; avec un supplément relatif aux soins à donner aux animaux domestiques, en cas d'accidents ou de maladies; par un Médecin. Paris, Carilian-Gœury, 1838, in-18 [1 fr. 75 c.].

BARRIÈRE [Daniel-Alexandre-François], auteur dramatique, et graveur géographe; né à Paris, en octobre 1792.

I. Avec M. *M.-A. Désaugiers* : le Mari en vacances, com.-vaud. en un acte [en prose]. Paris, Mme Masson, 1815, in-8.

II. Avec *le même* : Trois pour une, ou les Absents n'ont pas toujours tort, com.-vaud. en un acte. Paris, Ladvocat, 1816, in-8 [1 fr. 50 c.].

III. Avec M. *Gentil* : la Vendange normande, ou les Deux Voisins, vaudeville en un acte. [Nouv. édit.]. Paris, Mme Huet-Masson, sans date [1825], in-8 de 56 pag. [1 fr. 25 c.].

M. P.-J.-L. Barrière, frère de cet écrivain, et aussi graveur-géographe, a eu part à ces trois pièces.

IV. Avec M. *Georges Duval* : Mon bonnet de nuit, com.-vaud. en un acte. Paris, Marchant, 1835, in-8 à 2 colonn. [20 c.].

V. Avec M. *P. Tournemine* : Oui et Non, com.-vaud. en deux actes. Paris, Barba; Marchant, 1835, in-8 [2 fr.].

VI. Savetiers [les] francs-juges. Chronique messinaise en trois actes, mêlée de chants. Paris, Michaud, 1838, in-8 à deux colonn. [40 c.].

BARRIÈRE [Jean-François], né à Paris, en 1766, fit de brillantes études au collége de Sainte-Barbe. Il se destinait à suivre la carrière du barreau, quand le préfet de la Seine, M. le comte Frochot, lui fit offrir, à dix-huit ans, un emploi dans son administration. Livré pendant long-temps aux seuls soins de la place qu'il occupait, M. Barrière donna, pour la première fois, en 1814, quelques articles de littérature dans la « Gazette de France. » Au commencement de 1815, il quitta la Gazette et travailla pour le « Journal de Paris, » qui était alors un journal d'opposition, sous la direction de M. Jay. Cette feuille ne conserva pas long-temps les mêmes rédacteurs ni le même esprit. M. Barrière devint, en 1816, l'un des collaborateurs du « Constitutionnel, » et continua d'y donner des articles jusqu'en 1820, époque à laquelle il cessa d'écrire dans les journaux. Il a publié, de concert avec M. Berville, la « Collection des Mémoires sur la révolution française, » en quarante volumes in-8; il a publié seul les « Mémoires de Mme Campan, » et les ouvrages que cette femme célèbre a laissés sur l'éducation. Chef de division à la préfecture du département de la Seine, M. Barrière avait concouru, en 1814 et 1815, à l'organisation des hôpitaux temporaires où furent traités d'abord les blessés français, et où l'on admit ensuite les soldats atteints du typhus. C'est pour prix de ses services dans cette circonstance que le roi le nomma chevalier de la Légion-d'Honneur, et qu'il a reçu, de LL. MM. l'empereur Alexandre et le roi de Prusse, les décorations de S. Wladimir et du Mérite. Aux ouvrages que nous avons cités précédemment, il faut ajouter les suivants :

I. Essai sur les mœurs et sur les usages du XVIIe siècle.

Imprimé en tête des «Mémoires inédits de Louis-Henri de LOMÉNIE, comte de BRIENNE, publiés par M. F. Barrière, 1828, 2 vol. in-8.

II. Tableaux de genre et d'histoire peints par différents maîtres, ou Morceaux inédits sur la régence, la jeunesse de Louis XV et le règne de Louis XVI; recueillis et publiés par F. Barrière. Paris, Ponthieu, 1828, in-8.

Parmi ces morceaux se trouvent dix lettres inédites de DIDEROT.

III. Cour [la] et la ville, sous Louis XIV, Louis XV et Louis XVI, ou Révélations historiques tirées de manuscrits inédits, publiés par F. Barrière. Paris, Dentu, 1829, in-8 [7 fr.].

BARRINGTON [Jonah], membre du parlement anglais.

— Rise and fall of the Irish nation. Paris, Bennis, 1833, in-8.

BARROIS [Jules], membre de la Société des sciences du Bas-Rhin.

— Essai sur la solitude, considérée dans son influence sur la littérature en général et sur la littérature française spécialement. Discours prononcé à la Société des sciences du Bas-Rhin, le 6 novembre 1827. Strasbourg, de l'impr. de Levrault, 1828, in-8 de 50 pag.

BARROIS [J.], de Lille, député du département du Nord, à la Chambre septennale, se montra d'abord grand partisan des idées libérales. Il parcourut la Grèce pour y puiser cet enthousiasme sacré qu'excite dans les cœurs un sol jadis consacré aux arts et à la liberté. De retour dans sa patrie, M. Barrois fut nommé adjoint au maire de la ville de Lille, et donna bientôt sa démission pour ne point participer aux actes d'une administration dont lui-même avait signalé les abus. Malheureusement M. Barrois n'avait pas encore atteint l'âge de l'éligibilité, et ses concitoyens furent forcés d'attendre qu'il eût accompli ses huit lustres pour lui témoigner combien ils estimaient son indépendance, en le chargeant de défendre les libertés de la patrie. Cette époque bienheureuse arriva enfin, et M. Barrois alla siéger au milieu des mandataires de la nation, où il prit place sur les bancs ministériels. Le crédit de M. Barrois est très-étendu; mais il n'en fait qu'un usage fort modéré. Il faut penser comme lui, c'est-à-dire comme il a pensé plus tard, pour obtenir son appui, et surtout avoir oublié ce que pensait M. Barrois avant sa nomination. On a de cet ancien député :

I. Protypographie, ou Librairies des fils du roi Jean. Paris, de l'impr. de Crapelet, 1830, in-4 de 44 p. et 6 planch.

Tiré à 50 exempl. C'est le discours préliminaire de l'ouvrage suivant.

II. Bibliothèque protypographique, ou Librairies des fils du roi Jean, Charles V, Jean de Berri, Philippe de Bourgogne et les siens. Paris, Treuttel et Wurtz, 1830, in-4, avec 6 planch. [27 fr.].

Ouvrage magnifiquement imprimé en caractères gothiques. Il n'a été tiré qu'à très-petit nombre.

M. Barrois a transcrit, avec une religieuse fidélité, le texte des trois inventaires des bibliothèques de Bourgogne qui se trouvent dans les archives de Dijon ; en faisant imprimer en belles gothiques les *commencemens et deffinimens de chacun d'iceulx volumes*. Nous aurions désiré, dit M. Florian Frocheur (*), qu'il se fût montré moins avare de notes, et qu'autant que possible, il eût désigné les manuscrits qui subsistent, ainsi que l'endroit où on les conserve, quoiqu'ils soient en majeure partie dans la Bibliothèque de Bourgogne, à Bruxelles.

Peu de mois avant la publication du volume de M. Barrois, que nous citons, M. Gabr. Peignot avait fait imprimer le « Catalogue d'une partie des livres composant l'ancienne bibliothèque des ducs de Bourgogne de la dernière race, d'après l'inventaire de leurs meubles au XVe siècle, etc. » [Dijon, et Paris, 1830, in-8 de 92 pag.]

« MM. Peignot et Barrois ont également publié la liste des livres compris dans l'inventaire du 16 mars 1477, rédigé par ordre de Louis XI, à Dijon, après la mort de Charles-le-Téméraire. Mais il est à remarquer que ces deux savants bibliophiles français sont ici en contradiction : M. Peignot désigne les titres de quatre-vingt-un volumes, et M. Barrois, en parlant du même inventaire, n'en signale que vingt-huit; cette différence est

(*) Dans une Notice sur la Bibliothèque de Bourgogne à Bruxelles, insérée au tome Ier, p. 313 et suiv. du « Messager des sciences historiques de Belgique » [1839, in-8].

« notable, et l'une des deux listes est fautive, « bien qu'elles paraissent être rédigées toutes « les deux d'après l'inventaire original (*). »

BARROIS [C.-L.]. — Graphochirothésie, ou Instruction sur la position et les mouvements de l'écrivant et sur l'usage des chirotés [poseur de la main], suivie d'exercices graphochirothésiques. Paris, Ducrocq; et Villers-Cotterets, l'Auteur, 1839, in-12 de 48 p. plus 2 tabl.

BARRON [J.]. — Considérations générales sur l'instruction publique. Opuscule. Bordeaux, de l'impr. de Coudert, 1838, in-8 de 40 pag.

BARROT [Odilon], avocat, d'abord député de l'Eure, ensuite du Bas-Rhin, aujourd'hui de l'Aisne.

I. Plaidoyer dans l'affaire Touquet, prononcé devant la section criminelle de la Cour de cassation le 17 mars 1827. Paris, de l'impr. de Le Normant fils, 1827, in-4 de 16 pag.

II. Odilon Barrot, ancien député de l'Eure, à ses anciens commettants. Paris, de l'impr. de Dupont, 1831, in-8 de 8 p.

Cet honorable député a fait imprimer la même année quelques lettres à l'occasion des élections.

III. Lettre à MM. les électeurs [de Strasbourg]. Perpignan, de l'impr. de Mlle Tastu, 1831, in-4 de 2 pag.

IV. Plaidoyer [son] pour le « National. »

Imprimé dans : « Procès du National, au sujet des arrestations préventives pour délits de la presse. » [1832, in-8.]

V. Plaidoyer [son] pour le « Précurseur, » journal politique.

Imprimé dans : « Procès du Précurseur. » [1832, in-8.]

VI. Lettre de M. Odilon Barrot à Nicolas Kœchlin [publiée avec un avertissement par M. *Nic. Kœchlin*]. Mulhausen, de l'impr. de Risler, 1832, in-8 de 28 pag.

VII. Discours [son] dans la discussion de l'adresse, répondant à M. le ministre de l'intérieur, séance du 29 novembre 1832. Paris, de l'impr. d'Auffray, 1832, in-8 de 16 pag.

VIII. Mémoire sur l'entrepôt de Paris, suivi de notes de la compagnie soumissionnaire de l'entrepôt sur les terrains de Tivoli, unis au port Saint-Ouen par un chemin de fer. Paris, de l'impr. d'Everat, 1833, in-8 de 32 p. et un plan.

(*) M. Florian Frocheur, dans la Notice citée ci-dessus, pag. 325 et 326.

IX. Notice [de 20 pag.] sur l'Assemblée constituante.

Imprimée dans le tome IIe du « Bulletin annoté des lois, » par Lepec [1834].

X. Discours [son] dans la discussion des fonds secrets [1837]. Chambre des députés [3 mai]. Paris, Justin, 1837, in-8 de 16 pag.

XI. M. Odilon Barrot aux électeurs du 1er arrondissement de Paris. Paris, de l'impr. de Fournier, 1839, in-8 de 8 p.

XII. M. Odilon Barrot à ses co-électeurs de Chauny. Paris, de l'impr. de Fournier, 1839, in-8 de 8 pag.

M. Odilon Barrot a prononcé un grand nombre de discours et d'opinions à la chambre des députés, lesquels ont été imprimés dans tous les journaux : mais ceux cités dans cet article paraissent être les seuls qui aient été publiés à part.

Les principaux plaidoyers de M. Odilon Barrot ont été imprimés dans la partie moderne des « Annales du Barreau français, etc. » [1823 à 1831.]

Le nom de M. Odilon Barrot se lit sur les titres des premiers volumes de la « Revue encyclopédique » [1819] parmi ceux des rédacteurs de ce recueil, et sur ceux du « Journal général de législation et de jurisprudence » [1821].

BARROT [Ferdinand], avocat, à Paris, frère du précédent.

— Plaidoyer [son] dans l'affaire Laverdet.

Imprimé dans le « Procès de l'abbé Laverdet » [1837, in-8].

BARROT [Adolphe], consul-général de l'Indo-Chine, auteur d'une description des *îles Sandwich*, imprimée en 1839, dans le tom. XIX de la IVe série de la « Revue des Deux-Mondes. »

BARRUÉ [Sulpice], chef de cuisine, a revu, corrigé et augmenté de 150 recettes la Cuisinière de la campagne et de la ville de L.-E. A. [*Audot*]. [V. ce nom.]

BARRUEL [Jean-Pierre] [Voy. la *France littér.*, tome Ier, page 197]. Ajoutez : neveu d'Étienne Barruel, ancien professeur de physique et de chimie à l'École polytechnique; chimiste aussi modeste que distingué (*), membre de l'Académie royale de médecine et chef

(*) J.-P. Barruel était un excellent chimiste praticien, mais qui n'a jamais tenu à grand honneur de se faire imprimer : ses observations, il les communiquait avec désintéressement aux uns et aux autres, qui se les appropriaient : mais on ne doit pas passer sous silence qu'il a été, avec M. Isnard, l'un des propagateurs de la fabrication du sucre de betteraves, et que ce fut à ces deux Messieurs

des travaux chimiques de la Faculté de médecine, membre du conseil de salubrité, chimiste assermenté, comme expert, près la Cour royale de Paris, etc.; mort à Paris, le 17 août 1838, à l'âge de 58 ans.

— Eau de Saint-Nicolas-de-Grave, à Bordeaux, analysée par les professeurs à la faculté de médecine de Paris, et par J.-P. Barruel. Paris, Bossange père, 1832, in-8 de 32 pag.

M. J.-P. Barruel a été l'un des fondateurs et principaux rédacteurs des « Annales d'hygiène publique et de médecine légale, » commencées en 1829.

BARRUEL [G.]. — Traité élémentaire de géologie, minéralogie et géognosie, suivi d'une Statistique minéralogique des départements, par ordre alphabétique. Histoire naturelle inorganique, par *G. Barruel*, avec une préface par M. *Gasc*. Paris, rue du Colombier, 15; Levrault, 1835, in-8, avec 6 pl. [6 fr.].

Le faux titre porte : « Cours d'études rationnelles. »

BARRY [David], médecin des armées anglaises. [Voy. la *France littéraire*, tom. Ier, pag. 198.]

— Documents recueillis par MM. Chervin, P.-C.-A. Louis et Trousseau, membres de la commission médicale française envoyée à Gibraltar pour observer l'épidémie de 1828, et par M. le docteur Barry. Paris, J.-B. Baillière, 1832, 2 vol. in-8, avec 5 grav. et une carte [16 fr.].

BARTELS, professeur de mathématiques à l'Université impér. de Dorpat [Finlande].

— Aperçu abrégé des formules fondamentales de la géometrie à trois dimensions, avec deux pl. [Impr. dans le recueil de Mémoires des savants étrang. de l'Académie de Saint-Pétersbourg, tom. Ier, 1831.]

BARTELS [Ad.], homme de lettres, à Bruxelles.

I. Flandres [les] et la révolution belge. Bruxelles, Wahlen et Ce, 1834, in-8 de 600 pag.

II. Documents historiques sur la révolution belge. Bruxelles, Lejeune, 1836, in-8.

C'est par le fait une nouvelle édition du livre précédent, mais tellement remanié et si considérablement augmenté, que sous cette nouvelle forme on peut bien considérer les Documents comme un autre ouvrage.

Avant les événements de 1830, M. Bartels était rédacteur du « Catholique des Pays-Bas, » à Gand; il a été depuis correspondant et principal rédacteur de « l'Éclaireur de Namur. »

BARTEVELLE [Alexis]. — Chansons. Paris, les march. de nouv., 1835, in-12.

BARTHE [Félix], professeur à l'Ecole royale spéciale militaire de Saint-Cyr; né à Versailles, le 19 mars 1800.

I. Eléments de logique. Paris, Tourneux, 1827, in-12 de 84 pag.

II. Notions élémentaires de cosmographie. Versailles, Angé, 1830, in-8 de 64 pag. et une pl.

III. Programme des leçons de logique et de grammaire générale faites à l'École royale spéciale militaire de Saint-Cyr. Versailles, 1830, in-12.

IV. De l'esprit de notre révolution, de celui de la Chambre et du premier ministère. Paris, Delaunay, 1831, in-8 de 20 pag.

V. De l'esprit des lois faites et des lois présentées. Paris, Delaunay, 1831, in-8 de 28 pag.

VI. * Mémoires pour la France, ou Système de négociation générale, conforme à l'état actuel de la civilisation, fondé exclusivement sur les lois existantes, et soumis au tribunal de l'opinion publique. Premier mémoire : Où sommes-nous? où allons-nous? que faut-il faire? Paris, Delaunay, février 1833, in-8 de 104 pag.

VII. Histoire abrégée de la langue et de la littérature françaises. Paris, Hachette, 1838, in-8 [5 fr.].

BARTHE [Félix], d'abord l'un des avocats les plus distingués du barreau moderne, avocat à la Cour royale de Paris, et depuis la révolution de 1830, successivement député, ministre d'état au département de la justice, enfin pair de France; né à Narbonne [Aude], le 28 juillet 1795.

— Réfutation de la Relation du capitaine Maitland, commandant le Bellerophon, touchant l'embarquement de Napoléon à son bord, rédigée par M. Barthe, sur les documents de M. le-

---

que l'État concéda les deux premières écoles pratiques qui furent ouvertes en France. Le perfectionnement du pastel fut aussi le sujet de ses études. Enfin la médecine légale s'est éclairée par ses observations sur les diverses sortes d'empoisonnements. Le dernier des fils de Barruel, pharmacien à Paris, place du Panthéon, s'occupe d'une Notice sur la vie et les travaux de son père.

comte de Las Cases, augmentée du testament original de Napoléon. Paris, Ch. Béchet; A. Dupont, 1827, in-8 de 166 p.

M. Barthe a été l'un des rédacteurs du « Journal de législation et de jurisprudence » [1820], et l'éditeur de la collection, intitulée : « les Orateurs français » [1820], pour laquelle il a composé les Notices sur les auteurs qui font partie de cette collection. Comme avocat, on a de lui beaucoup de plaidoyers très-remarquables, réunis en partie dans la section moderne des « Annales du Barreau français » [1823 à 1831]; et comme député, ministre et pair il a prononcé aux deux Chambres un certain nombre de discours et opinions qui n'ont été imprimés que dans les feuilles quotidiennes.

On trouve des Notices sur M. Barthe dans la « Biographie universelle et portative des contemporains » de MM. Rabbe, Boisjolin et Sainte-Preuve, et dans celle des « Hommes du jour », de MM. Sarrut et Saint-Edme [tom. Ier, prem. partie, p. 324 et suiv.].

BARTHÉLEMY [Antoine]. — I. Recueil de poésies diverses sur les deux anniversaires de la naissance du duc de Bordeaux. Paris, 1824, in-18.

II. Tourbe [la] libérale, ou le Siècle d'impiété, poëme. Paris, Rusand, 1830, in-8 de 24 pag.

Il est fâcheux pour la gloire et les intérêts de l'auteur que son opuscule ait paru justement quinze jours avant le triomphe des doctrines contre lesquelles il avait exhalé sa sainte indignation.

BARTHÉLEMY [P.]. — [Voy. la *France littér.*, tom. Ier, p. 202.

I. Rideau [le] levé, ou Conspiration flagrante contre l'Opéra. Boulogne, Griset jeune, 1829, in-8 de 16 pag.

Sur le frontispice de cet opuscule, M. P. Barthélemy rappelle qu'il a été le directeur d'un journal intitulé : le « Franc-Parleur. »

II. Pont [le] d'Arcole et la police Gisquet, ou deux ans après la révolution de 1830. Paris, Olivier, 1833, in-8 de 40 pag.

Opuscule réimprimé dans la même année.

III. Chambre des députés. Pétition de P. Barthélemy contre le préfet de police Gisquet. Paris, de l'impr. de Dentu, 1833, in-8 de 8 pag.

BARTHÉLEMY [Auguste-Marseille], poëte, dont le nom a acquis une juste célébrité dans le genre satirique, est né à Marseille, en 1796. Il a fait ses études au collége de Juilly. Avant de quitter Marseille pour venir à Paris, M. Barthélemy s'était déjà fait connaître dans le monde littéraire, par une *Satire contre les Capucins* et par d'autres poésies dans le même genre; arrivé dans la capitale, il en publia quelques-unes sous le voile de l'anonyme. Il est des hommes auxquels de funestes passions ne laissent guère le choix de l'indépendance ou de la servilité. Tout prouve que M. Barthélemy se trouvait dans ce cas; car il ne songea pas d'abord, comme il l'a fait plus tard, à obtenir la faveur populaire; une autre devait lui profiter davantage : celle du pouvoir. Aussi, à peine venu de son département, écrivit-il dans le « Drapeau blanc, » lorsqu'il était ministériel, certain article *contre la liberté de la presse*, qui lui valut un cadeau de 1500 fr. (*), que lui fit Charles X sur sa propre cassette. Les premiers ouvrages qui commencèrent à faire connaître M. Barthélemy, furent : 1° *Épître à M. de Chalabre, administrateur des jeux de Paris*, 1825, in-8; 2° *le Sacre de S. M. Charles X, ode*, Paris, 1825, in-8 : pièce qui prouverait à elle seule que l'on s'est trompé en affirmant que le poëte n'a jamais recherché les faveurs du gouvernement, quand même l'écrit *contre la presse* n'eût pas été déjà imprimé. Le chant du sacre ne fut payé que 300 fr., et cependant le poëte avait été adulateur.

« Charles, vois près de toi la France rassemblée;
« Vois de tentes au loin la campagne peuplée,
« *Entends ce cri d'amour, ce cri de mille voix* :
« Ainsi près de leurs rois à longue chevelure
« Sous leur épaisse armure,
« Bondissaient les vieux Francs en heurtant leur pavois.

Ainsi avait dit Barthélemy; la camarilla du château n'avait pas deviné la tendance du poëte, on le délaissa; le poëte alors se livra à sa rancune, elle devint de la haine, et c'est par suite de cette haine, ou mieux par suite d'une simple déception dans ses vues, et en désespoir de cause, qu'il ouvrit, jusqu'à des temps plus favorables pour lui, une fabrique de satires politiques dirigées contre les hommes devant lesquels il avait *ployé le genou;* et alors nous avons eu une série de satires pleines de verve et de semblant de patriotisme, qu'il a publiées depuis; 3° les *Adieux à Sidi Mahmoud*, 1825, in-8; c'est une épître en réponse à celle que M. Méry [en société avec M. Éléonore de Vaulabelle] avait

(*) Ce fait est rapporté dans « le Sacerdoce littéraire, etc., » par M. Aristophane, citoyen de Paris [M. Scipion Marin]. Paris, 1836, in-8, p. 56. Il n'est pas venu à notre connaissance que M. Barthélemy l'ait démenti.

adressée à cet envoyé de Céripoli, pendant son séjour à Paris. Si l'opuscule de M. Barthélemy offre moins de gaîté, la couleur en est plus orientale, le style plus soigné. L'accueil favorable qu'avaient reçu du public les deux épîtres, détermina les deux auteurs à unir leurs travaux. Le premier fruit de cette heureuse et singulière alliance fut le recueil intitulé : 4° *Sidiennes*, épîtres-satires sur le XIXe siècle, 1825, in-8, avec cette épigraphe qui ne paraît pas avoir toujours été leur devise :

Meliùs est ut scandalum oriatur
Quàm ut veritas teneatur.

Pendant l'impression de ce recueil qui, outre les deux épîtres, contient la *réponse de Sidi Mahmoud*, composée par les deux amis, M. Barthélemy publia : 5° *les Grecs*, *épître au Grand-Turc*, 1826, in-8. Cet ouvrage, qui a obtenu plusieurs éditions, est un de ceux qui ont coûté le plus de travail à l'auteur. C'est moins la satire du gouvernement turc que le tableau piquant des mœurs politiques en France à cette époque. Cette épître, et celle que M. Méry adressa dans le même temps à M. de Villèle, fit regarder les deux auteurs comme les créateurs de la satire politique et de la poésie d'opposition, genre dans lequel s'était cependant distingué Joseph Despaze, vingt-cinq ans auparavant. Ils donnèrent, peu de mois après : 6° la *Villéliade, ou la Prise du château de Rivoli*, poëme héroï-comique, d'abord en quatre chants, 1826, in-8, puis successivement augmenté de deux chants. Quinze éditions et plusieurs traductions en langues étrangères prouvent la vogue constante de ce poëme plein d'esprit, de verve, de facilité, et de vers faits pour devenir proverbes. L'arme du ridicule y est dirigée avec une adresse infinie contre M. de Villèle et les ministres, ses collègues, qui eurent le bon esprit d'en rire, ou du moins la prudence de ne pas se mettre en guerre ouverte avec de si malins adversaires. Le succès prodigieux de la *Villéliade* encouragea la muse des deux jeunes provençaux. Elle enfanta successivement · 7° *les Jésuites*, *épître à M. le président Séguier*, 1826, in-8 ; 5e édition, 1829, in-8. Le « Constitutionnel » et le « Courrier » portèrent cet écrit aux nues... c'était justice ; l'on pressentait déjà l'auteur de « Némésis ; » 8° *Rome à Paris*, poëme en quatre chants, 1826, in-8 ; 8e édition, 1828, in-8. C'est une satire contre le fanatisme, au sujet d'un arrêt inique, exécuté à Valence, en 1826 ; 9° *Malagutti et Ratta, ou les deux Ultramontains*, poëme [sans nom d'auteur], 1826, in-8 ; 10° *Biographie des quarante de l'Académie française*, 1826, in-8, ouvrage en prose, plein de malice, qui a fait rire tout le monde, excepté peut-être l'Académie ; 11° *La Corbiéreide*, poëme héroï-comique en quatre chants, 1827, in-8, quatre éditions ; 12° *la Peyronnéïde*, *épître à M. de Peyronnet*, 1827, in-8, quatre éditions, satire moins piquante que le titre ne l'annonçait, et que ne le comportait le sujet ; 13° *Une Soirée chez M. de Peyronnet*, scène dramatique, 1827, in-8, six éditions ; 14° *le Congrès des Ministres*, scènes historiques, 1827, in-8. Cette satire, relative au coup d'état qui licencia la garde nationale de Paris, a eu huit éditions ; 15° *la Censure*, scène historique, 1827, in-8, trois éditions ; 16° *la Bacriade, ou la Guerre d'Alger*, poëme héroï-comique en cinq chants, 1827, in-8, deux éditions ; cet ouvrage remarquable par une grande flexibilité de talent, et où sont signalés les motifs du long et inutile blocus maritime d'Alger, prouva que l'imagination des deux auteurs s'était enrichie de tout le luxe de la poésie orientale ; il leur servit d'annonce et de transition pour un poëme plus important dont ils s'occupaient déjà, et qu'ils interrompirent pour composer une dernière satire contre le ministère qu'ils avaient combattu avec tant de courage, et qui venait enfin de tomber ; 17° *Étrennes à Villèle, ou nos Adieux aux Ministres*, 1827, in-8, deux éditions ; 18° *Napoléon en Égypte*, poëme en huit chants, 1828, in-8 ; 10e et 11e éditions, 1829, in-18. C'est dans ce poëme, dont le sujet leur offrait un champ vierge, que MM. Barthélemy et Méry ont déployé la supériorité de leur talent pour la poésie descriptive, et qu'ils ont dignement chanté les exploits de la grande armée et du grand capitaine. Le plan en est un peu vague, il manque d'unité et s'éloigne des formes régulières de l'épopée ; mais les détails étincellent de verve et renferment des beautés du premier ordre. Les auteurs crurent devoir en faire hommage aux membres dispersés de l'ancienne famille impériale. Ils en adressèrent des exemplaires à Rome, à Florence, à Trieste, à Philadelphie, et des réponses honorables récompensèrent leur souvenir. Tandis que M. Méry allait sur le sol natal rétablir sa santé usée par les veilles, M. Barthélemy se rendit à Vienne dans l'espoir de pénétrer jusqu'au jeune duc de Reichstadt, et lui offrir un exemplaire de *Napoléon en Égypte*; mais les obstacles politiques que lui opposa un gouvernement ombrageux, quoique paternel, l'empêchèrent d'être admis auprès du fils de Bonaparte, malgré le bon accueil que le poëte avait reçu du comte [Maurice] Dietrichstein, chargé de l'éducation du jeune prince (*). Il ne put même réussir à lui faire parvenir son ouvrage, et ne l'aperçut que par hasard au théâtre Impérial. De retour à Paris, après cette course aventureuse, dont on a voulu incriminer le motif et dénaturer le résultat, en représentant M. Barthélemy comme l'émissaire d'un parti séditieux, et en assurant qu'il avait obtenu une audience du duc de Reichstadt, le poëte voyageur, malgré la distance qui le séparait encore de son ami, conçut et exécuta avec lui, au moyen d'une correspondance très active, le plan et les détails d'un petit poëme dont l'idée lui avait été suggérée par les impressions qu'il venait de recevoir; 19° *le Fils de l'Homme, ou Souvenirs de Vienne*, 1829, in-8, fut le produit de ce tour de force. Cet opuscule, d'environ trois cent cinquante vers, y compris une préface en profession de foi, ayant été saisi et déféré au tribunal de police correctionnelle de Paris, M. Barthélemy, seul, en l'absence de son ami, qui était encore à Marseille, fut cité devant ce tribunal comme prévenu d'attaque contre la dynastie royale, contre les droits que le roi tenait de ses ancêtres, et de provocation à changer le gouvernement. Il prononça, devant ses juges, un discours de trois cent cinquante vers pour sa défense. Mais malgré l'impression que produisit son éloquent plaidoyer sur l'auditoire, malgré le talent de M. Mérilhou, son habile avocat, il fut condamné le 23 juillet 1829, à trois mois de prison et 1,000 fr. d'amende, et la Cour royale confirma ce jugement par son arrêt du 7 janvier 1830. Plusieurs exemplaires de l'ouvrage prohibé furent détruits, mais au moyen des contrefaçons qui en ont été faites, il en a paru un grand nombre. Les détails de cette affaire, les plaidoyers de la partie civile et celui du défenseur, ainsi que le texte du jugement, ont été publiés sous ce titre : 20° *Procès du Fils de l'Homme, avec la défense en vers, prononcée par M. Barthélemy*, etc., 1829, in-8, trois éditions. La persécution ne découragea point la muse infatigable et patriotique de M. Barthélemy et de son ami. Ils ne furent pas les derniers à stigmatiser l'odieux ministère dont l'ineptie et le despotisme ont failli replonger la France dans l'abîme des révolutions; 21° *Waterloo, au général Bourmont*, 1829, in-8, n'obtint pas moins de vogue que les autres productions des mêmes auteurs, et eut six éditions avant la fin de l'année; 22° *Épître à M. de Saintine, qui a bien voulu se charger de revoir les épreuves d'un de nos ouvrages* (sans nom d'auteur), 1829, in-8, plaisanterie un peu énigmatique, expliquée en partie au moyen du glossaire alphabétique des termes techniques. M. Barthélemy, avant de se rendre en prison, a fait paraître : 23° *Mil huit cent trente*, satire politique contre le ministère, 1830, in-8, quatre éditions; 24° *La Bourse et la Prison, épître à M. Guillebert, receveur de l'enregistrement*, 1830, in-8; cette prétendue épître, écrite à Sainte-Pélagie, est une plaisanterie relative à la demande faite à l'auteur par ce comptable, d'une somme de 1181 francs, pour amende et frais de procès, avec la faculté de se libérer de la moitié par six mois de détention au lieu de trois. M. Barthélemy préféra ce dernier mode d'acquittement. Le dernier chant des deux jeunes bardes méridionaux, dont

(*) Le comte Maurice Dietrichstein a été gouverneur du duc de Reichstadt; mais il n'a point été chargé de l'éducation du prince; elle avait été confiée à deux poëtes distingués de l'Allemagne : Mathias Collin, et l'un des deux Schlegel. Le comte Dietrichstein a été récompensé de ses services, dans cette charge, par une nouvelle : celle de préfet de la Bibliothèque impériale. J.-M. Q.

l'un revenait de Marseille et l'autre sortait de prison, a été consacré à célébrer la grande semaine et le triomphe de la liberté ; 25° l'*Insurrection*, poëme dédié aux Parisiens, 1830, in-8, était déjà le 10 septembre de la même année, à sa 5e édition, quoiqu'il se ressente un peu de la précipitation avec laquelle il a été composé. Ce poëme est terminé par un magnifique chant national.

« Voilà le drapeau tricolore,
« Glorieux enfants de Paris !
« Vos bras l'ont reconquis encore,
« Nous le saluons de nos cris.
« Ce drapeau brille à la fenêtre
« Du prince qui vient nous unir ;
« Dans ce palais qui le vit naître
« La tempête vient de finir.
« Sous lui, sous sa féconde race,
« *Vivons sans ployer le genou* :
« Soyons fiers d'avoir parmi nous
« Un roi que Lafayette embrasse. »

Le roi, qu'embrassait Lafayette, fit donner à M. Barthélemy une pension de 1200 francs.... Mais bientôt celui-ci publia sa *Némésis*. Le poëte se croit libre et ose attaquer les ministres Persil et Guizot. Il ose raconter que

« D'Argout incendia le drapeau tricolore.

Mais la vengeance ne se fit pas attendre, car, nous dit M. Barthélemy,

« Voilà qu'au même instant la foudre du bureau
« Vient frapper mon journal au premier numéro ;

Mais

« Qu'importe à Némésis, si le peuple l'accueille,
« La risible fureur des gens à portefeuille?

L'on ôte au poëte sa pension mensuelle, il n'en marche que plus hardiment, dégagé de cette entrave de l'émargement :

« Il respire affranchi de leur étau de fer. »

Il veut

« Tenir du peuple seul la volontaire obole. »

Il disait, et le peuple se laissait prendre à ces rimes sonores, à ces vers si harmonieusement cadencés, de celui qui s'intitulait orgueilleusement son poëte, et qui réclamait le titre de

« . . . . lazzaroni de la triple journée. »

Ce poëte, *sans rougir*, prononçait les mots magiques de gloire et de liberté ; il maudissait avec la foule ces

« Hommes de calomnie et de lâche impudeur, »

dont plus tard lui-même devait augmenter le nombre, et, pendant six mois, il martela de son vers puissant

« Ces Thersites dorés qui pendant la bataille
« Dans les étroits caveaux rapetissaient leur taille. »

Pendant cinquante-deux semaines le fouet vengeur de *Némésis* ne put lasser le bras nerveux du poëte, et tout-à-coup son arme lui tomba des mains, et le peuple cependant lui avait jeté sa riche obole, et celui qui, un an à peine écoulé, disait :

« Le pain de servitude à ma bouche est amer, »

vint s'asseoir à la table de ceux qu'il avait flagellés ; il goûta aux mets empoisonnés, il se désaltéra à l'auge des fonds secrets ; mais d'abord il n'avait fait acheter que son silence, et puis les courtiers d'âmes à vendre mirent sa parole à l'encan : et l'auteur de *Némésis*, le poëte que Paris et la France avaient applaudi, trafiqua de sa plume ; il eut de la prose en faveur de l'état de siége et des vers contre le peuple ; Montalivet, d'Argout, Guizot, Persil, lui donnèrent mission de démentir tout ce qu'il avait dit, et de chanter leurs louanges.

Alors tout changea ; ce qu'il y avait d'hommes probes et consciencieux s'éloigna avec horreur de celui qui, quelques mois auparavant, vouait au mépris le traître qui se parjurait.

« Son laurier s'est fané, sa gloire populaire
« On l'a jetée au vent, comme le blé sur l'aire.
« Son nom en vifs éclats ne monte plus aux cieux.
« De son char de triomphe on brise les essieux !
« Cette fois il entend un concert de risées,
« De sifflets ennemis et de vitres brisées.

« Eh bien ! je le répète, c'est encore équité :
« Du jour qu'il la quitta, la France l'a quitté ;
« Allez, le peuple est juste, il rend avec usure,
« Il contemple les biens qu'on lui fait, il mesure
« Le cercle d'une vie à son large compas ;
« Tout change autour de lui, lui seul ne change pas
« Si de vous maintenant la faveur se retire,
« Si vous servez de but au plomb de la satire,
« C'est que votre pied faible, aviné par l'orgueil,
« Sur la mer populaire a rencontré l'écueil :
« C'est qu'avant de franchir la borne de l'arène
« Vous avez écouté la royale syrène,
« Qu'à l'air pur du forum où tonnaient vos discours
« Vous avez préféré l'atmosphère des cours? »

Qu'il se vante de sa science prophétique, le poëte qui écrivit ces vers ! Ils sont retombés sur sa tête, et lorsqu'il a voulu se soustraire à cet arrêt dicté d'avance, il s'était mis hors d'état de répondre : sa voix justificative fut huée, car lui-même l'avait dit :

« Taisez-vous, quand sa main vous traîne aux gémonies
« Le peuple a toujours droit. . . . . . . »

Et le peuple qui a toujours droit, a livré au mépris des contemporains et aux gémonies de la postérité, le renégat qui s'était deshérité lui-même de sa propre gloire ; et il n'eut de ce peuple que de l'indifférence ou des sifflets pour ces chants qui n'étaient plus inspirés par l'amour sacré du pays.

Tant d'ouvrages commandés par des circonstances imprévues retardèrent MM. Barthélemy et Méry de mettre la dernière main à un poëme dont ils se sont occupés deux années; nous voulons parler des *Douze journées, ou Fastes de la révolution* qui, quel que soit leur mérite littéraire, sont passées comme inaperçues. Comment eût-on osé les louer? Le poëte ne venait-il pas mentir à l'histoire et salir les hommes d'une grande époque; mais nous l'avons regardé en pitié, et pour toute réplique, nous lui jetons à la face ses paroles de jadis.

« Allez, nous connaissons notre moderne histoire.
« Aux enfants d'aujourd'hui vous pouvez faire accroire
« Que nos fiers montagnards, voluptueux bourreaux,
« Pour s'abreuver de sang suivaient les tombereaux;
« Que Danton, Desmoulins et Fabre d'Eglantine,
« Dans leur soif de plaisir léchaient la guillotine.
« Oh! vous les jugez mal ces hommes: comme nous,
« Ils étaient tolérants, pacifiques et doux;
« L'indomptable Danton, l'effervescent Camille,
« Idolâtraient les arts, les banquets de famille,
« Les rayons de soleil qui tombaient d'un ciel pur
« Et les rêves d'amour dans les bois de Tibur.
« Ah! s'ils ont fait verser tant de larmes amères,
« S'ils ont livré la France au fer des victimaires,
« C'est que bien avant eux l'intrigue et le hasard
« Avaient mis au pouvoir des Guizot, des Collard,
« Des Perrier, des d'Argout, des Dupin, des Decazes,
« Héros de cabinet, aux doucereuses phrases,
« Qui, desséchant les cœurs, sous des systèmes froids,
« Préparaient la Vendée, et la ligue des rois.
« Ceux dont le bras puissant sauva la république
« Arrachèrent l'état à cette route oblique,
« Et leur vie eût été pure de sang humain,
« S'ils eussent les premiers ouvert le droit chemin. »

Et voilà ce que chacun répétait avec nous, disons mieux, avec Barthélemy, et chacun a délaissé l'homme et le poëte, et lorsqu'il a voulu se réhabiliter à force de talent, lorsqu'il est venu enrichir notre langue d'une brillante et fidèle traduction de l'*Enéide*, l'œuvre n'a pas trouvé d'écho..... Les vers de Barthélemy ne sont plus pour les contemporains : la postérité qui n'aura pas de colère imposera peut-être silence à son mépris pour l'homme, et déposera encore quelques feuilles d'un laurier fané sur la tombe du poëte.

I. *Epitre à M. de Chalabre, administrateur des jeux de Paris; par M. B........y. [En vers]. Paris, Delaforest, 1825, in-8 de 16 pag. [1 fr.].

II. Sacre [le], ode à S. M. Charles X. Paris, de l'impr. de Boucher, 1825, in-4 de 8 pag.

Ces deux opuscules furent les débuts littéraires de M. Barthélemy : leur publication pouvait faire pressentir ce qu'on devait attendre de ce poëte. Joueur effréné, il parla jeu avec M. de Chalabre; et ayant besoin d'un Mécène, il écrivit contre la presse et encensa Charles X. Si ce dernier l'eût accepté comme poëte-lauréat, nous n'eussions pas eu bien certainement ces satires si pleines de verve et de patriotisme que cet autre Juvénal français écrivit contre le gouvernement du souverain qui l'avait repoussé. Peu de personnes ont fait attention que cette Ode à Charles X était de M. Barthélemy, de Marseille, et l'auteur n'a eu garde de la reproduire dans ses OEuvres, pas plus que son article du « Drapeau blanc. »

III. Adieux à Sidi-Mahmoud: par B........y. [En vers]. Paris, Ponthieu; Mongie, 1825, in-8 de 16 pag.

Cet opuscule a eu plusieurs éditions : les deux premières imprimées séparément, et les subséquentes avec les *Sidiennes*. Les *Adieux à Sidi Mahmoud* sont une suite à l'écrit qui avait paru peu de mois auparavant sous le titre d'*Épître à Sidi Mahmoud*, et qui avait été composé par M. Méry, en société de M. Éléonore de Vaulabelle.

IV. Avec M. *Méry :* Sidiennes, épîtres-satires sur le XIXe siècle. Paris, les march. de nouv., 1825, in-8 de 60 pag.

Cet opuscule est composé des trois pièces suivantes : 1° *L'Épître à Sidi Mahmoud*, par M. Méry [et M. Éléonore de Vaulabelle]; 2° Les *Adieux à Sidi Mahmoud*, par M. Barthélemy; 3° La *Réponse de Sidi Mahmoud*, par le même.

V. *Avec *le même* et M. *Léon Vidal :* Biographie des quarante de l'Académie française. Paris, les march. de nouv. [Ponthieu et Ce], 1825, in-8 [6 fr.].

Volume qui a paru sans les noms des auteurs.

VI. Avec *M. Méry :* les Jésuites, épître à M. le président Séguier. Paris, les march. de nouv., févr. 1826, in-8 de 48 pag.; et Paris, Denain, 1829, in-8 de 48 pag. [2 fr.].

VII. * Malagutti et Ratta, ou les Deux ultrà-montains, poëme. Paris, de l'impr. de Pinard, 1826, in-8 de 16 p.

A l'occasion du procès de Virgilio Malagutti et Gaetano Ratta, tous deux accusés de tentative d'assassinat, de nuit et de complicité, sur la personne du sieur Joseph Brodat, changeur au Palais-Royal, et de vol dans sa boutique. Cet opuscule a été reproduit en grande partie dans la *Corbiéréide*.

VIII. Grecs [les], épître au Grand Turc. Paris, les march. de nouv., 1826, in-8 de 32 pag.; — ou Paris, Denain, 1829, in-8 de 32 pag. [1 fr. 25 c.].

Cet opuscule a obtenu deux éditions en 1826.

IX. Avec M. *Méry :* la Villéliade, ou la Prise du château de Rivoli, poëme héroï-comique en cinq chants. Paris, les march. de nouv., juillet 1826, in-8 de 84 pag. [2 fr. 50 c.]. — XVe édition, augmentée d'un chant. Paris, Ambr. Dupont, 1827, in-8, orné de 14 vignettes dess. par Devéria et grav. par Thompson [5 fr.].

X. Avec *le même :* Rome à Paris, poëme en quatre chants. Paris, Ambr. Dupont, 1826, in-8 [2 f. 50 c.].—VIII° édit. Paris, le même, 1827, in-8.

XI. Avec *le même :* la Bacriade, ou la Guerre d'Alger, poëme héroï-comique en cinq chants. Paris, Dupont, 1827, in-8 de 96 pag. [2 fr. 50 c.].

Réimprimé dans la même année.

XII. Avec *le même :* Épître à M. de Peyronnet. Paris, Dupont, 1827, in-8 de 32 pag. [1 fr. 50 c.].

Cet opuscule a eu dans la même année trois autres éditions ou tirages sous ce titre; mais trois subséquentes qui ont aussi été publiées en 1827, portent, pour premier titre: *Perronnéide.*

XIII. Avec *le même :* la Censure, scène historique. Paris, de l'impr. de Tastu, 1827, in-8 de 32 pag. — III° édit. Ibid., 1827, in-8 [1 fr. 50 c.].

XIV. Avec *le même :* le Congrès des ministres, scènes historiques. Paris, Dupont, 1827, in-8 de 40 pag. — VIII° édit. Ibid., 1827, in-8 [1 fr. 50 c.].

XV. Avec *le même :* la Corbiéréide, poëme en quatre chants. Paris, Dupont, 1827, in-8 de 76 pag. — IV° édit. Ibid., 1827, in-8 [2 fr. 50 c.].

XVI. Avec *le même :* Une Soirée chez M. de Peyronnet, scène dramatique. Paris, Dupont, 1827, in-8 de 24 p. — VI° édit. Ibid, 1827, in-8 [1 fr. 50 c.].

XVII. Avec *le même :* Étrennes à Villèle, ou nos Adieux aux ministres. Paris, Dupont, 1828, in-8 de 32 pag. [1 fr. 50 c.].

Réimprimé dans le même mois.

XVIII. Avec *le même :* Napoléon en Égypte. Poëme en huit chants. Paris, Dupont, 1828, in-8 [7 fr. 50 c.]. — IX° édit. Paris, le même, 1828, in-8 [6 fr.].

Les éditions deuxième à huitième, si toutefois il y en a autant que les titres semblent l'indiquer, sont toutes dans le format in-8. Il en a été fait, en 1829, deux autres éditions in-18.

XIX. Fils [le] de l'Homme, ou Souvenirs de Vienne. [En vers alexandrins]. Paris, les march. de nouv. [Ambr. Dupont], 1829, in-8 de 56 pag. [2 fr.].

XX. Procès du Fils de l'Homme, avec la défense en vers, prononcée à l'audience du 29 juillet 1829. Paris, Denain, 1829, in-8 de 78 pag.

Cet écrit a obtenu deux autres éditions dans la même année.

XXI. Avec *le même :* Waterloo. Au général Bourmont. Paris, Denain, 1829, in-8 de 72 pag. [3 fr.]

Les notes historiques qui accompagnent cet opuscule ont été fournies par MM. le maréchal GÉRARD et le général GOURGAUD : elles ont été mises en ordre par M. Saintine [Xavier BONIFACE].

Cet écrit a obtenu six éditions [ou tirages] dans la même année.

XXII. Avec *le même :* Épître à M. de Saintine, qui a bien voulu se charger de revoir les épreuves d'un de nos ouvrages [suivie d'un Glossaire alphabétique des termes techniques et autres mots employés dans l'épître]. Paris, de l'impr. de Tastu, janvier 1830, in-8 de 31 pag.

XXIII. Mil huit cent trente. Satire politique. Paris, Denain, 1830, in-8 de 60 pag. [2 fr. 50 c.].

Cette satire a obtenu une quatrième édition dans l'année de sa publication.

XXIV. Bourse [la] ou la Prison. Epître à M. Guillebert, receveur de l'enregistrement. Paris, Denain, 1830, in-8 de 48 pag. [2 fr. 25 c.].

Réimprimée dans la même année.

XXV. Avec *le même* : l'Insurrection. Poëme dédié aux Parisiens. Paris, Denain, 1830, in-8 de 56 p. [2 fr. 50 c.].

Cet opuscule a eu dans la même année sept autres éditions [ou tirages] dans le même format; et l'année suivante, une neuvième in-4 [de 8 pages], pour servir de supplément à la seizième livraison de la *Némésis.*

Les éditions de 1830 de ce poëme renferment un assez bon nombre de vers louangeurs pour Louis-Philippe, que les auteurs ont supprimés dans la réimpression qui fait partie de leurs « OEuvres poétiques » : il en est vraisemblablement ainsi pour la réimpression dans la « Némésis. »

XXVI. Némésis. Satire hebdomadaire. Paris, l'Auteur; Perrotin, 1830-1832, 52 numéros in-4.

Cet ouvrage a été réimprimé plusieurs fois depuis et dans divers formats. Voici l'indication des réimpressions :

2° édition. Paris, Perrotin, 1833, in-8.

3° édition. Paris, le même, 1834, 2 vol. in-18 [3 fr.].

4° édition, conforme au texte original. Paris, le même, 1834, 2 vol. in-8, avec 14 grav. sur acier, par Burdet, d'après les dessins de Raffet, et un frontispice gravé sur bois, par Lacoste.

6° édition. Paris, Furne, 1839, 2 vol. in-32 [3 fr.].

XXVII. *Dupinade [la], ou la Révolution dupée. Poëme héroï-comique en trois chants. Paris, A.-J. Denain, 1831, in-8 de 88 pag. [2 fr. 50 c.].

Ce poëme a paru sans nom d'auteur. Nous l'avons, dans notre *France littéraire*, article Méry, attribué à ce dernier en société avec M. Barthélemy; mais c'est une erreur : il est de MM. Barthélemy et Louis Reybaud.

XXVIII. OEuvres poétiques de *Barthélemy* et *Méry*; précédées d'une Notice par *L. Reybaud*. Paris, Denain; Perrotin, 1831, 4 vol. in-18, avec 2 portraits [15 fr.].

Les pièces contenues dans ces quatre volumes, sont :

Tome I. Les Sidiennes; — Épître à M. le comte de Villèle; — Les Jésuites; — Les Grecs; — La Villéliade.

Tome II. Rome à Paris; — La Peyronnéide; — Une Soirée chez M. Peyronnet; — Le Congrès des Ministres; — La Corbiéréide; — La Censure; — Étrennes à M. de Villèle.

Tome III. Napoléon en Égypte [précédé d'une Notice]; — Le Fils de l'Homme; — Procès du Fils de l'Homme; — La Bourse ou la Prison.

Tome IV. La Bacriade; — Waterloo; — Épître à M. Saintine; — Marseille, ode [lue, par M. Méry, à la séance d'ouverture de l'Athénée de Marseille, le 31 mai 1829]; — Imitations [au nombre de cinq]; — Le Banquet de Juilly; — Le Jardin des Plantes [morceau imprimé d'abord dans le premier volume du « Livre des Cent-et-un »]; — Mil huit cent-trente; — L'Insurrection.

En tête du premier volume est la Notice de M. L. Reybaud sur nos deux poëtes.

A l'occasion de cette publication les auteurs déclarèrent qu'ils désavouaient hautement toutes pièces autres que celles insérées dans ce recueil. Ils entendaient bien certainement les pièces composées en commun; car on ne trouve dans ces quatre volumes ni tous les écrits de M. Barthélemy, ni tous ceux de M. Méry.

XXIX. Douze Journées de la Révolution. Poëmes. Paris, Denain; Perrotin, 1832, in-8, avec 12 gravures dessinées et gravées à l'eau forte par Johannot et Raffet, sur papier de Chine [18 fr.]; ou Paris, Perrotin, 1835, in-8, sans gravures [6 fr.].

L'édition originale a paru en douze livraisons.

Les douze Journées de la Révolution, sont : 20 juin 1789 [*le Jeu de Paume*]; — 14 juillet 1789 [*la Bastille*]; — 5 et 6 octobre 1789 [*le Peuple à Versailles*]; — 20 juin 1792 [*le Peuple aux Tuileries*]; — 10 août 1792 [*le Peuple-roi*]; — 2 et 3 septembre 1792 [*les Massacres*]; — 21 janvier 1793 [*la Mort de Louis XVI*]; — 31 mai 1793 [*les Girondins*]; — 9 thermidor an II [*la Chute de Robespierre*, 27 juillet 1794]; 1er prairial an III [*le Peuple à la Convention*, 20 mai 1795]; — 13 vendémiaire an IV [*Bonaparte*, 4 octobre 1795]; — 18 brumaire an VIII [*Saint-Cloud*, 9 novembre 1799].

— Le même ouvrage, avec une traduction allemande en vers métriques, par *C.-H. Elsner*. Stuttgart, Schweizerbart, 1832, in-8, sur papier vél. [12 fr.].

On a encore traduit en allemand l'opuscule suivant qui est extrait nous ne savons de quel ouvrage :

— Statue [la] de Napoléon. Anniversaire du cinq mai. Avec une traduction allemande en vers métriques, et un supplément; par *Aug. Schaefer*. Stuttgart, Henne, 1831, in-8, papier vélin [1 fr. 50 c.].

XXX. *Justification de l'état de Siége. Paris, Perrotin, 1832, in-8 de 32 p.

L'auteur eut le courage de faire réimprimer cet écrit presqu'aussitôt sous son nom.

Conspué par tous les journaux de l'opposition pour sa *Justification de l'état de siége*, que la Cour de Cassation n'a pas trouvé justifié du tout, l'auteur crut devoir repousser leurs attaques dans son écrit en vers, intitulé : *Ma Justification*. [Voy. le no XXXII.]

XXXI. Mort [la] du général Lamarque. [Pièce en vers alexandrins.] Paris, Perrotin, 1832, in-8 de 16 pag.

Quoique ne portant que le nom de M. Barthélemy, cette pièce n'en a pas moins été composée en société de M. Méry.

XXXII. Ma Justification. Paris, Perrotin, 1832, in-8 de 64 p. [2 fr. 25 c.].

La « Justification de l'état de siége », par M. Barthélemy, avait soulevé contre lui tous les esprits généreux : on ne lui pardonnait pas, qu'après avoir flagellé la tyrannie en vers si hardis, il désertât honteusement la cause de la liberté qu'il avait si vaillamment défendue. Sa propre « Justification » parut, et l'indignation redoubla. Citer tout ce qui a été imprimé à l'occasion de la « Justification » de M. Barthélemy serait assez difficile, nous citerons pourtant les opuscules suivants :

1° Sept cents vers, ou Réponse à M. Barthélemy; par MM. Louis Bastide, de Marseille, et Lebas. Paris, les march. de nouv., 1832, in-8 de 52 pag. [2 fr.]

2° Anti-Justification. Satire à Barthélemy; par M. Fortuné Du Cholet. Paris, Dentu; Delaunay, 1832, in-8 de 16 pag. [1 fr. 25 c.].

3° Réponse à Barthélemy; par Ribeyrolles. [En vers alexandrins]. Paris, Rouanet, 1832, in-8 de 32 pag.

4° Réplique à Barthélemy; par N. Parfait. [En vers]. Paris, Levavasseur, 1832, in-8 de 48 pag.

5° Ma Semaine, ou Réponse au défi de la soi-disant Justification de M. Barthélemy; par Firmin Née. [En vers]. Paris, Paulin, 1832, in-8 de 48 pag. [2 fr. 25 c.].

6° Ode contre M. Barthélemy; par Pierre Coeuret. Paris, Paulin, 1832, in-8 de 8 pag.

XXXIII. Ecole [l'] du Peuple, ou l'Instruction primaire. [En vers alexandrins]. Paris, de l'impr. de Le Normant, 1833, in-8 de 16 pag.

XXXIV. Avec M. *Méry :* les Aygalades et Fontainieu. A M. le comte de Castellane. Marseille, Feissat, 1835, in-8 de 24 pag.

Ces deux pièces de vers sont en strophes.

XXXV. Enéide [l'] de *Virgile*, traduite en vers français, avec le texte en regard; précédée d'une préface et accompagnée de notes du traducteur. Paris, Perrotin, 1835-38, 4 vol. in-8.

Pour récompenser M. Barthélemy d'avoir rendu les armes, le ministère lui commanda cette traduction, pour laquelle il lui fut alloué 80,000 fr., dit-on.

XXXVI. Cinquième anniversaire. Poëme. Paris, Perrotin, 1835, in-8 de 64 pag. [2 fr.].

XXXVII. Constantine. Chant de guerre, dédié à l'armée d'Afrique. Paris, de l'impr. de Dezauche, 1837, in-4 de 8 pag.

XXXVIII. OEuvres de *Barthélemy*. Napoléon en Egypte; —Waterloo; — le Fils de l'Homme; —les Douze Journées. Paris, Furne, 1837, 2 vol. in-8, avec 34 grav. d'après Raffet [16 fr.].

Deux ans auparavant, et par conséquent en 1835, on avait déjà publié, à peu de chose près, la même réunion d'ouvrages, sous ce titre : *Napoléon en Égypte*, poëme en huit chants [XIVe édition]; — Le *Fils de l'Homme* et *Waterloo*. Paris, Perrotin, 1835, in-8 [5 fr. 50 c.].

XXXIX. Paris. Revue satirique. A M. G. Delessert, préfet de police. Paris, Rossignol, 1838, in-8 de 24 pag. [1 fr. 25 c.].

XL. Bouillotte [la]. Poëme en cinq parties. Paris, de l'impr. d'Everat, 1839, in-8 de 80 pag.

Indépendamment des ouvrages et des écrits rappelés dans cette notice, M. Barthélemy a encore composé une foule de petites pièces de vers qu'il n'a pas jugées dignes de voir le jour. Le style de ce poëte et de son collaborateur (car dans leur production il est bien difficile de distinguer leur travail respectif) est de la bonne école. A la propriété, à l'énergie des expressions, qualité particulière aux écrivains méridionaux, ils joignent la véhémence de Juvénal, l'amertume de Gilbert et la causticité de Boileau.

Obligé de n'aborder aucun sujet qui puisse mécontenter le pouvoir, M. Barthélemy emploie aujourd'hui son talent à reproduire, en beaux vers, les conceptions d'autrui; c'est ainsi qu'un journal de médecine, intitulé « l'Esculape », a publié récemment dans un de ses numéros des fragments du poëme latin de Frascator sur la *Syphilis !* mis en vers français par M. Barthélemy (*).

Outre la Notice sur MM. Barthélemy et Méry, par M. L. Reybaud, qui se trouve en tête des OEuvres de ces Messieurs [1831, 4 vol. in-18], on trouve encore des Notices sur le premier de ces poëtes dans la « Biographie universelle et portative des contemporains, des Bouches-du-Rhône, » et dans celle des « Hommes du jour. »

BARTHÉLEMY [ ], auteur dramatique.

I. Avec MM. *Rochefort* et *Masson :* les Cuisiniers diplomates, vaudeville en un acte. Paris, Quoy, 1828, in-8.

II. Avec MM. *Dartois* et *Masson :* le Dernier jour d'un condamné, époque de la vie d'un romantique, en un tableau [en prose, mêlé de vaudevilles]. Paris, Barba, 1829, in-8 [1 fr. 50 c.].

III. Avec MM. *Lhérie* et *Masson :* l'Épée, le Bâton et le Chausson, vaudeville en quatre tableaux [et en prose]. Paris, J.-N. Barba, 1830, in-8.

IV. Avec MM. *Brunswick* et *Lhérie:* Madame Lavallette, drame historique en deux actes [et en prose, mêlé de vaudevilles]. Paris, Barba, 1831, in-8.

V. Avec MM. *Lhérie* et *Céran :* le Mort sous le scellé, folie en un acte. Paris, Barba, 1832, in-8.

VI. Avec MM. *Jaime* et *Maximillien :* Une Course en fiacre, comédie-vaudeville en deux actes. Paris, Barba, 1832, in-8 [1 fr. 50 c.].

VII. Audience [l'] du Roi, comédie-vaudeville en un acte. Paris, Bréauté, 1832, in-8.

VIII. Avec MM. *Brunswick* et *Lhérie :* le Conseil de révision, ou les Mauvais numéros, tableau-vaudeville en un acte. Paris, de l'impr. de Lottin de St-Germain, 1832, in-8 [1 fr. 50 c.]. — Sec. édit. 1835, in-8 à deux colonnes.

IX. Avec M. *Lhérie :* l'Art de ne pas monter sa garde, vaudeville en un acte.

(*) Le libraire Perrotin, éditeur de plusieurs des derniers ouvrages de M. Barthélemy, a publié, en 1839, un écrit, intitulé : *La Coalition et le Siége du ministère, petit poëme sur de grands hommes, histoire du temps présent.* [Paris, in-8 de 64 pag.]. Cet écrit porte pour noms d'auteur par MM. Barthélemy D.... et M*** : il est évident qu'on a voulu laisser à penser qu'il était de MM. Barthélemy et Méry.

Paris, Marchant, 1833, in-8, ou 1837, in-32, et 1839, in-8 à deux colonnes. [30 c.].

X. Avec MM. *Brunswick* et *Lhérie* : la Jeunesse de Talma, comédie-vaudeville en un acte. Paris, Bréauté, 1833, in-8.

XI. Avec M. *Brunswick* : Si j'étais grand ! comédie en cinq actes, mêlée de couplets. Paris, Bréauté, 1834, in-12.

XII. Avec M. *Brunswick*: le Prix de vertu, ou les Trois baisers, comédie-vaudeville en cinq tableaux. Paris, Marchant, 1834, in-8 de 48 pag.; ou in-8 de 16 pag. à deux colonnes.

XIII. Avec M. *Brunswick*: la Gueule de lion, comédie en un acte mêlée de chant. Paris, Barba, 1834, in-8.

XIV. Avec M. *Maillan* : la Fille de Robert Macaire, mélodrame-comique en deux actes. Paris, Barba, 1835, in-8 [1 fr. 50 c.]; ou in-8 de 16 pag. à deux colonnes.

XV. Avec MM. *Brunswick* et *Lhérie* : la Sonnette de nuit, comédie-vaudeville en un acte. Paris, de l'impr. de Mevrel, 1836, in-8.

XVI. Avec MM. *Vanderburch* et *Brunswick* : l'Ennemi intime, comédie-vaudeville en deux actes. Paris, Marchant, 1836, in-32 [15 c.].

XVII. Avec M. *Eugène Fillot* : les Petits métiers, tableau populaire en un acte mêlé de couplets. Paris, Barba, 1836, in-8 [1 fr. 25 c.].

XVIII. Avec *le même* : le Camarade de chambrée, comédie-vaudeville en un acte. Paris, Nobis, 1836, in-8 à deux colonnes.

XIX. Avec *le même* : les Pages du Czar, ou Lequel des deux? comédie-vaudeville en un acte. Paris, Nobis, 1837, in-8 à deux colonnes [20 c.].

XX. Avec MM. *de Leuven* et *Lhérie* : la Page 24, ou les Souvenirs de ma Grand'mère, comédie-vaudeville en un acte. Paris, Nobis, 1837, in-8 à deux colonnes [20 c.].

XXI. Avec M. *Eugène Fillot* : l'Ecole de danse à 75 centimes le cachet, tableau-vaudeville en un acte. Paris, Barba, 1837, in-8 [1 fr. 50 c.].

XXII. Avec *le même* et M. *Fleury* : la Barrière des Martyrs, prologue en un acte. Paris, Marchant, 1838, in-8.

BARTHÉLEMY [Prosper]. — I. Essai sur l'Education, dans lequel l'expérience est seule appelée en témoignage. Castelnaudary, de l'impr. de Labadie, 1829, in-8 de 76 pag.

II. Guide [le] de l'Elève, ou Exercices élémentaires sur la Grammaire grecque de M. Burnouf, contenant, etc. Dijon, Douillier, 1838, in-12.

BARTHÉLEMY [P.], maître de langues, à Nanci.

I. Nouvel Abrégé de la Mythologie, à l'usage de la jeunesse. Nanci, Vincenot, 1829, in-18. — IVe édit., 1837.

II. Réveil [le] des peuples, ode. Nanci, Hinzelin, 1831, in-8 de 8 pag.

III. Résumé grammatical, suivi d'un Recueil d'expressions vicieuses. Nanci, de l'impr. de Lepage, 1833, in-12 de 54 pag.

IV. Recueil de compositions faites par de jeunes demoiselles de 9 à 17 ans. Publié par P. Barthélemy. Nanci, Vidard, 1836, in-12 de 252 pag.

V. Philosophie de la Jeunesse, ou les Quatorze entretiens d'un maître avec ses élèves. Nanci, Vidard, 1837, in-12.

BARTHÉLEMY, conservateur du Musée d'histoire naturelle à Marseille.

I. Coup-d'œil sur la seconde invasion du choléra à Marseille. Notice lue en séance de la Société de statistique. Marseille, de l'impr. d'Achard, 1836, in-16 de 16 pag.

II. Notice nécrologique sur M. P. Roux. Marseille, de l'impr. d'Achard, 1836, in-8 de 8 pag.

Extrait des Annales de la Société entomologique de France. Séance du 8 août 1834.

BARTHÉLEMY SAINT-HILAIRE [Jules], professeur de philosophie grecque et latine au Collége de France, membre de la cinquième classe de l'Institut [Académie des Sciences morales et politiques], né à Paris, le 19 août 1805, après avoir terminé ses études il entra comme employé à l'administration des contributions indirectes, ministère des finances. A l'âge de vingt-deux ans, M. Barthélemy Saint-Hilaire commença à s'occuper de journalisme, et ses premiers articles parurent dans le « Globe » de 1827 à septembre 1830; il fut, comme rédacteur habituel de ce recueil, l'un des signataires au 26 juillet de la protestation des journalistes. Son nom est dans le « Globe » du 26 juillet 1830 ; mais il a été omis le plus souvent dans les listes incomplètes qui ont été données des signataires ; il l'a même été sur la médaille frappée à cette occasion par le gouvernement. Toutefois, l'erreur fut reconnue et la médaille lui fut envoyée. Après la révolution de juillet, M. Barthélemy Saint-Hilaire fit partie de la Société *Aide-toi, le ciel t'aidera* [1830-32], et participa aux publications qu'elle lança. Cette Société n'était plus alors composée des mêmes écrivains qui dans les dernières années de la Restauration avaient adopté cette même devise. Presqu'au même temps il s'attacha à la rédaction du « National », auquel il fournit des articles de 1830 à 1834 ; à celle du « Constitutionnel », en octobre 1831, et du « Courrier français », en 1832. Le « Bon sens » journal populaire, a été fait presqu'entièrement par lui pendant les sept premiers mois de sa publication. Depuis lors, M. Barthélemy Saint-Hilaire a donné une autre direction à ses travaux. Il a entrepris en 1834 de donner une interprétation complète des ouvrages d'Aristote, et en février 1835 il a lu à l'Académie des sciences morales et politiques un *Mémoire sur l'ordre des livres de la Politique d'Aristote*, et deux ans plus tard un *Mémoire sur la Logique* du même philosophe, mémoire qui a été couronné par cette classe de l'Institut. En 1834 M. Barthélemy Saint-Hilaire avait été nommé répétiteur du cours de littérature française à l'École polytechnique ; sa connaissance des langues anciennes et surtout la traduction de la *Politique d'Aristote* qu'il venait de publier, le firent nommer, par ordonnance royale du 6 janvier 1838, professeur de philosophie grecque et latine au Collége de France. Une place étant devenue vacante à l'Académie des sciences morales et politiques par suite de la mort de M. Broussais, M. Barthélemy Saint-Hilaire fut admis, le 23 mars 1839, à le remplacer. Lors de l'avènement du ministère de mars 1840, M. Cousin, ministre de l'instruction publique, ayant eu l'occasion d'apprécier le mérite de M. Barthélemy Saint-Hilaire, le choisit pour chef du secrétariat et du cabinet, faisant fonctions de secrétaire-général au ministère. Les principaux ouvrages de ce professeur et académicien, sont :

I. Psychologie criminelle. Louvet.

Imprimé dans la « Revue des Deux-Mondes. » Prem. série, tome VI [1832].

II. Mémoire sur l'ordre des livres de la Politique d'Aristote, lu à l'Académie des sciences morales et politiques, en février 1835.

L'analyse en est donnée dans les Mémoires de la classe.

III. Politique d'*Aristote*, traduite en français d'après le texte collationné sur les manuscrits et les éditions principales. [Avec le texte grec]. Paris, de l'impr. royale. — Ladrange, 1837, 2 vol. in-8 sur pap. cavalier vélin [20 fr.].

La *Politique d'Aristote*, publiée par M. Barthélemy Saint-Hilaire, sert de spécimen à une traduction complète des ouvrages de ce philosophe. [Voy. la note plus bas].

IV. De la Logique d'Aristote. Paris, Ladrange, 1838, 2 vol. in-8 [14 fr.].

Ce Mémoire a été couronné en 1837 par l'Institut [Académie des Sciences morales et politiques].

V. Logique d'*Aristote*, trad. en français pour la première fois et accompagnée de notes perpétuelles. Tome II. Premiers analytiques. Paris, Ladrange, 1839, in-8 [7 fr. 50 c.].

La traduction de la Logique formera quatre volumes.

La traduction d'Aristote de M. Barthélemy Saint-Hilaire, commencée il y a huit ans, est à peu près terminée : il ne reste plus qu'à la revoir et à la mettre en état d'être livrée à l'impression. La Politique a déjà paru ; les autres parties suivront successivement et sans ordre fixe. La publication, qui avec le texte aurait 35 volumes et 22 sans le texte grec, sera terminée dans 12 à 15 ans. Les parties pourront être acquises séparément et ne formeront pas une série. V. A. S.

VI. Mémoire [premier] sur la philosophie sanscrite et sur le Nyâya.

Lu à la fin de 1839 à l'Académie des sciences morales et politiques, et imprimé dans le tome III du recueil de ses Mémoires.

BARTHELOT. — Nouveau Manuel du distillateur-liquoriste, contenant les meilleures recettes. Paris, rue du Paon, n° 1, 1837, in-18 avec une grav. [1 fr. 50 c.].

BARTHÈRE [J.-L.], directeur de l'école d'enseignement mutuel de Trentel [Lot-et-Garonne].

— Mémoire contre M. Latour-Daffaure, desservant de la paroisse de Trentel, détracteur de ce mode d'enseignement. Villeneuve-sur-Lot, de l'impr. de Serres, 1837, in-4 de 24 pag.

BARTHEZ. — Avec M. *Billiet :* Affections de poitrine. Ire partie. Pneumonie. Paris, Béchet jeune, 1838, in-8.

BARTHOLOMÉ. — Avec MM. *Fries*, *Crevel de Charlemagne* et *da Fonseca :* Art de la correspondance familière et commerciale en six langues; français, anglais, italien, allemand, espagnol et portugais. Paris, Thiériot, 1839, in-18 [3 fr. 50 c.].

BARTHOLOMESS. — Nouveau Manuel de l'histoire de la Grèce, depuis les premiers siècles jusqu'à l'établissement de la domination romaine; par M. *Matter*, accompagné d'une Table chronologique de l'histoire grecque et d'un Résumé de l'histoire des lettres, des sciences et des arts, par M. *Bartholomess*. Paris, Roret, 1839, in-18 [3 fr.].

BARTHOLOMIN, d'abord maître des grands ballets du grand théâtre de Lyon, plus tard de celui de Bruxelles.

I. Valentine, ou le Prince villageois, ballet en deux actes. Paris, Barba, 1836, in-8.

II. Lampe [la] merveilleuse, ballet féerie en trois actes. Lyon, 1837, in-8.

III. Isoline, ou la Châtelaine bergerette, ballet-pantomime en deux actes; musique composée et arrangée par M. *Jules Bovéry*. Lyon, Bertaud, 1838, in-8 [25 c.].

IV. Zanetta, ou la Servante maîtresse, ballet folie en un acte. Lyon, Bertaud, 1838, in-8.

V. Deux [les] roses, ou une Fête d'Andalousie, ballet en deux actes. Lyon, dans les théâtres, 1838, in-8 [25 c.].

VI. Pied [le] de mouton, ou les Aventures surprenantes de dom Niaiso-Sottinez-Jobardi-Godichas de Nigaudinos, ballet-pantomime féerie en six actes. Bruxelles, Louis Tencé, 1830, in-8.

VII. Enchanteresse [l'], ballet-pantomime en trois actes. Bruxelles, Gambier, 1832, in-8.

VIII. Un dimanche à Pontoise, ou les Farces et les tribulations du célèbre Mayeux, ballet-comique en un acte. Paris, Gambier, 1833, in-8.

BARTHOLONY [François]. — I. Quelques idées sur les encouragements à accorder aux compagnies concessionnaires des grandes lignes de chemin de fer, et autres travaux d'utilité publique. Paris, de l'impr. de F. Didot, 1836, in-4 de 48 pag.

Cet écrit a été distribué aux Chambres.

II. Du meilleur système à adopter pour l'exécution des travaux publics en France, et notamment des grandes lignes de chemins de fer. Paris, Carilian-Gœury, 1838, et 1839, in-8 [4 fr.].

III. Appendice à l'écrit Du meilleur système à adopter pour l'exécution des travaux publics, et notamment des grandes lignes de chemins de fer, ou Examen critique des conditions imposées aux compagnies, et des causes qui s'opposent au développement de l'esprit d'association en France. Paris, Carilian-Gœury, 1839, in-8 [4 fr.].

BARTHON [John]. — Lecture sur la géographie des plantes. Ouvrage traduit de l'anglais et augmenté de notes pour l'amélioration de l'industrie des Pays-Bas, par M. *J. Marchal*, de Bruxelles. Bruxelles, à la lithographie royale, 1829, in-8 [4 fr.].

BARTILLAT [Armand-Louis-Jean JEHANNOT, marquis de], né le 23 novembre 1776, à Paris [et non à Montluçon, comme le disent plusieurs biographies], d'une famille originaire du Bourbonnais, dont un régiment a porté le nom, s'est montré, dans plusieurs circonstances, entièrement dévoué à la cause royale. Il porta plusieurs fois la peine de son dévouement, notamment par une détention de sept mois, qu'il subit à Vincennes en 1808, pour avoir tenté de faire évader, de Valençai, le roi d'Espagne, Ferdinand VII. Ce prince l'en dédommagea en lui accordant la décoration de l'ordre de Charles III. Après la restauration, le marquis de Bartillat fut nommé chevalier de Saint-Louis et sous-lieutenant des gardes-du-corps; il accompagna, en cette qualité, la duchesse de Berri dans son voyage de Marseille à Paris; plus tard, en 1823, il fit, comme colonel d'état-major, la campagne d'Espagne; lors de notre expédition contre Alger, en 1830, le marquis de Bartillat fut commandant du quartier-général pendant la durée de la campagne, et ce fut lui que l'on chargea de la mission d'apporter au gouvernement les étendards enlevés aux Algériens : cette mission remplie, le marquis de Bartillat abandonna le service, la nouvelle bannière de la France lui étant antipathique. On a du marquis de Bartillat :

I. Relation de la campagne d'Afrique en 1830, et des négociations qui l'ont précédée, avec les pièces officielles, dont la moitié était inédite, par M. le marquis de Bartillat, commandant le quartier-général pendant la campagne, etc. Sec. édit., revue et augmentée. Paris, Dentu, 1833, in-8 de 132 pag. [3 fr.].

La première édition, publiée en 1831, sous le voile de l'anonyme, portait pour titre : *Coup-d'œil sur la campagne d'Afrique, en 1830, et sur les négociations qui l'ont précédée, etc.* Paris, Delaunay ; Dentu, in-8.

II. Préface de l'histoire qui se fait. Paris, Dentu, 1832, in-8 de 32 pag.

III. Observations d'un indépendant à un constitutionnel. Paris, Dentu, 1833, in-8 de 32 pag.

C'est une réponse à l'*Adresse d'un Constitutionnel aux constitutionnels* [par le comte de Rœderer, 1838].

IV. Aperçu sur la colonisation d'Alger. Paris, de l'impr. de Le Normant, 1837, in-8 de 32 pag.

BARTLY [John].— I. Avec M. *P.-L. Neveux:* the French genders, or Grammatical system of the genders of the French nouns reduced into two general rules. Sec. edit., rev. and corr. Paris, the Author, Galignani, 1837, in-8 de 44 pag. [2 fr.].

La première édition, publiée en 1830, ne porte que le nom de M. Neveux.

II. Toast [le], ou les Deux pavillons réunis, suivis de Remarques intéressantes à l'occasion du voyage de LL. AA. RR. le duc de Nemours et le prince de Joinville, et de réflexions sur la langue anglaise, son origine, ses beautés, son génie, ses progrès, sa littérature, ses auteurs et son utilité, sous le triple rapport des sciences, des arts et du commerce. Paris, Delaunay, 1836, in-8 de 24 pag.

III. Age [the] of Literature, of the Wanders of printed though-wristen of the occasion of the festival of saint Philippe. Paris, printed by mistr. Delacombe, 1836, in-8 de 32 pag.

IV. Triomphal [the] arch de l'Étoile, poëm. Paris, printed by Thomassin, 1838, in-8 de 8 pag.

V. Ode to concord respectfully addressed to the king of the French, on his majesty's anniversary fete, 1st may 1839. Paris, printed by Belin, 1839, in-8 de 16 pag.

VI. Ode on the birth-day of queen Victoria, celebrated at the british embassy. Paris, 24 may 1839. Paris, printed by Thomassin, 1839, in-4 de 4 pag.

BARTON. Voy. BLASIS.

BARY [Émile-Louis-François], né à Paris, le 13 janvier 1799.

— Nouveaux Problèmes de physique, suivis des Questions proposées au concours général, depuis 1803 jusqu'à ce jour, dans les classes de physique et de chimie. Paris, Hachette, 1838, in-8 avec planches [6 fr.].

BARZILAY [Jacques], professeur de langues. [Voy. la *France littér.*, tom. Ier, pag. 203.].

I. Traduction [en vers] de la Partenza di Nice di *Metastasio*. Paris, de l'impr. de Carpentier-Méricourt, 1829, in-8 de 4 pag.

II. Essai de traduction de quelques pièces en vers et en prose. Paris, l'Auteur ; Paulin, 1833, in-18 [1 fr.].

BASIÈRE [L.-Victor], chansonnier.

I. Chansonnier libéral. Paris, Garnier, 1831, in-18.

II. Nicostrata [la], brochure périodique. [En vers]. Paris, Garnier et les principaux libraires, 1831 et ann. suiv., in-8.

Ce recueil paraissait par feuilles à des époques non fixées.

III. Nouveau Chansonnier des républicains du mont Saint-Michel, ou Choix de chansons. Paris, Dupont, 1834, in-12 de 12 pag.

IV. Chansons de Victor Basière. Paris, Havard, 1834, in-8.

V. Éclair [l']. Chants. Paris, les principaux libraires, 1836, in-8 de 16 pag., lithograph; — ou Paris, Dupont; Clichy la-Garenne, l'Auteur, 1836, in-8 de 16 pag.

VI. Nicostrata [la]. Chansons, scènes populaires. Paris, Mme Delavigne; Clichy-la-Garenne, l'Auteur, 1837, in-8 de 16 pag.

Ce recueil devait paraître deux fois par

mois, et renfermer les poésies et chansons des auteurs patriotes de tous les pays. Les numéros ci-dessus sont donc les deux premiers de la nouvelle publication : celle de 1831 n'ayant point eu de suite.

BASIL HALL. Voy. HALL.

BASILE DE LIMA [Giuseppe-Maria]. — Narrazioni sopra le principali citta dell' Italia. Tomo primo. Marseille, dai torchi di Senès, 1838, in-8 [7 fr.].

BASSANO [le duc de]. Voy. MARET.

BASSANO [Eugène]. — Avec M. *Constant-Prévost* : Traité élémentaire de géographie physique. Paris, place Saint-André-des-Arts, nº 30, 1836, in-18, avec 3 pl.

Faisant partie du « Complément de la Bibliothèque populaire. »

BASSE DE TRINQUE LÉON. Voy. BATZ DE T.

BASSET [C.-A.], ancien bénédictin. [Voy. *la France littér.*, tome Ier, pag. 208]. Ajoutez : né à Soissons en 1760 [et non à Sorrèze, en 1764, comme le disent plusieurs biographies], reçut une excellente éducation dans le collége de sa ville natale, entra ensuite dans l'ordre des bénédictins, et fut nommé professeur de littérature au collége de Sorrèze. Lorsque la révolution eut détruit toutes les institutions de ce genre, M. Basset fut obligé d'émigrer, et ne rentra en France qu'en 1809, quand le calme fut rétabli. A son arrivée, il fut nommé sous-directeur de l'École normale, emploi dont il était digne, et par ses lumières et par son expérience. A la Restauration, M. Basset fut nommé directeur des études au collége Charlemagne, place qu'il remplit jusqu'à sa mort, arrivée le 24 novembre 1828. Aux ouvrages de M. Basset, cités par *la France littéraire*, il faut ajouter le suivant qu'il a publié depuis l'impression de cet article :

— Établissement et direction des Écoles primaires gratuites d'adultes, tenues les soirs et les dimanches pour la classe ouvrière; avec des pensées sur son éducation et son instruction. Paris, H. Colas, 1828, in-12 de 78 pag. et un tableau [1 fr. 25 c.].

C. A. Basset s'était dévoué entièrement à des travaux pour la Société de l'instruction élémentaire, aussi a-t-il publié une multitude d'articles dans le « Journal d'éducation populaire. » M. Boulay de la Meurthe est auteur d'une « Élégie sur la mort de M. Basset, » imprimée dans le « Journal d'éducation. » [Voy. ce journal, tome XX, 1828, p. 413].

BASSET [Alexandre], auteur dramatique.

I. Avec M. Théodore [*Pernot*] : Veuve et garçon, comédie-vaudeville en un acte [et en prose]. Paris, Quoy, 1824, in-8.

II. Avec MM. Émile [*de Rougemont*] et Étienne [*Arago*] : le Cousin Frédéric, ou la Correspondance, comédie-vaudeville en un acte. Paris, Bezou, 1829, in-8 [1 fr. 50 c.].

III. Avec MM. *Duvert* et *Lauzanne* : Heur et Malheur, vaudev. en un acte. Paris, Barba, 1831, in-8. — Sec. édit. Paris, Barba; Delloye, 1837, in-8.

La deuxième édition fait partie de la « France dramatique. »

IV. Enfants [les] du pasteur, drame en un acte [et en prose], mêlé de couplets. Paris, Bezou, 1831, in-8.

M. Basset ne s'est fait connaître sur ces quatre pièces que sous le prénom d'*Alexandre*.

BASSET [Ph.], ministre du Saint Évangile.

— Explication raisonnée de l'Apocalypse, d'après les principes de sa composition. Paris, Risler; Cherbuliez, 1832, 3 vol. in-8 [20 fr.].

BASSINET [Éloi-Christophe], pseudon. Voy. G. PEIGNOT.

BAST [L. de], secrétaire de la Société royale des beaux-arts des Pays-Bas. [Voy. *la France littér.*, tome Ier pag. 209]. Ajoutez : l'un des auteurs du « Messager des sciences et des arts des Pays-Bas. »

BAST [Amand de], de Gand, neveu du savant chanoine de ce nom.

I. Description historique du palais de l'Université de Gand, en franç. et en holl., ornée de grav. Bruxelles, Weysenbruch, 1827, in-12 [1 fr. 60 c.].

II. Relation historique des tentatives faites par les Gantois pour s'ouvrir une communication directe avec l'Océan. Dédiée à M. Van Doorn, gouverneur de la Flandre orientale. Gand, 1829, in-8.

« C'est la troisième notice, sur des faits relatifs à l'histoire de son pays, que publie M. Amand de Bast; elles respirent toutes le même patriotisme et le même intérêt. L'auteur a été appelé à la présenter à S. M. le roi des Pays-Bas, qui lui en a témoigné sa satisfaction. » [*Arth. Dinaux.*]

Nous lisons dans le « Dictionnaire des hommes de lettres, des savants, etc. », de la Belgique [Bruxelles, 1837, in-8], que M. Amand de Bast a publié dans le « Messager des arts et sciences de la Belgique, » ainsi que dans plusieurs recueils scientifiques, différents articles sur l'histoire de son pays. On lui doit aussi une *Notice biographique sur le savant chanoine de Bast*, son oncle.

BAST [Louis-Amédée de], romancier, né à Paris, le 8 septembre 1795. « Si, d'après le physionomiste Lavater, le caractère de l'homme est écrit sur son front et surtout dans ses yeux; si, dit ce grand physionomiste, tout son physique n'est qu'un miroir mobile et muet de son âme, quelle belle âme doit avoir M. de Bast, qui, aux traits les plus nobles, à la taille la plus avantageuse, réunit en effet les plus belles qualités du cœur! Nouveau Grandisson, il a fait consister sa gloire, non pas dans les articles fugitifs et superficiels qu'il a fournis au « Corsaire, » dont il a été un des principaux et spirituels rédacteurs de 1822 à 18..; ni dans ceux de lui que « l'Album » a imprimés; non plus dans des *chansons* morales et philosophiques qu'il a fait insérer dans les principaux chansonniers publiés dans les dernières années de la Restauration; non dans *le Faisceau*, ouvrage philosophique, où, sur un fonds tendre de sentiments, pétille sans cesse un foyer d'étincelles, mais à faire du bien dans la sphère où le destin l'a placé. Si les vertus donnaient un fauteuil académique, certes M. de Bast serait académicien. Sa muse, en général, se plaît à se parer des couleurs nationales, et sans cesser d'être religieuse, sa pensée est toujours hostile contre les préjugés. Cet écrivain a contribué, par plusieurs pièces de vers, à la rédaction de la « Psyché, » fondée par M. Alexandre Dumas, vers 1827. Depuis 1828, il s'est livré à la composition de romans de mœurs et du moyen-âge. M. de Bast fait parfaitement la Nouvelle et groupe à merveille les pampres de Bacchus, les lauriers de nos braves, le turban d'un visir philosophe, les myrtes de l'amour et le casque d'un dragon. » *La France littéraire* n'a cité de M. de Bast que quatre ouvrages : *Ma Destinée, épître* [1818, in-8]; *l'Éclaireur*, tableau de mœurs [1824, in-12]; *les Soirées de Madrid* [1824, 4 vol. in-12], et *le Faisceau*, esquisses morales et militaires [1825, 2 vol. in-12]; mais depuis 1827, son bilan littéraire s'est accru de vingt ouvrages dont voici les titres :

I. Tête [la] noire. Paris, Tenon, 1828, 4 vol. in-12 [12 fr.].

II. Petite [la] nièce de Ninon. Paris, Charles Mary, 1829, 4 v. in-12 [12 fr.].

III. Nuits [les] étoilées. Paris, Ch. Mary, 1829, 2 vol. in-12 [6 fr.].

IV. Courtisane [la] de Paris. Paris, Lecointe; Corbet, 1830, 4 vol. in-12 [12 fr.].

V. Coup d'œil historique sur la régence de Philippe, duc d'Orléans.

Imprimée en tête de l'édition des « Philippiques » de Lagrange-Chancel, donnée, en 1831, par M. de Bast.

VI. Enfant [l'] de chœur, 1793-1814. Paris, Souverain; Ollivier, 1832, in-8 [7 fr. 50 c.].

VII. Deux [les] vétérans. Paris, Lecointe; Corbet, 1833, 4 vol. in-12 [12 fr.].

VIII. Perruquier [le] du grand duc. Histoire de 1717. Paris, Lecointe; Corbet, 1833, 4 vol. in-12. [12 fr.].

IX. Conspiration [la] des Marmouzets, ou l'Égyptienne. Paris, Lecointe et Pougin, 1833, 4 vol. in-12 [12 fr.].

X. Deux [les] renégats. Histoire contemporaine, suivie de la Mort de Sterne. Paris, Aug. Roret, 1834, 4 vol. in-12 [12 fr.].

XI. Clocher [le] de Saint-Jacques-la-Boucherie. Histoire du XIVe siècle. Paris, Lecointe; Corbet, 1834, 4 vol. in-12 [12 fr.].

XII. Malfilâtre. Roman historique, XVIIIe siècle. Paris, Souverain, 1834, 2 vol. in-8 [15 fr.]; — ou 1835, 4 vol. in-12 [12 fr.].

XIII. Testament [le] de Polichinelle. Paris, Lecointe; Corbet, 1835, 4 vol. in-12 [12 fr.].

XIV. Mameluck [le] de la Grenouillère. Paris, Lecointe; Corbet, 1835, 4 vol. in-12 [12 fr.].

XV. Carosses [les] du roi. Paris, Pougin; Corbet, 1836, 4 vol. in-12 [12 fr.].

XVI. Monsieur Pélican, ou l'Homme veuf et le célibataire. Paris, Pougin; Corbet, 1837, 4 vol. in-12 [12 fr.].

XVII. Une Carpe dans un baquet. Paris, Pougin; Corbet, 1837, 4 vol. in-12 [12 fr.].

XVIII. Pages [les] du roi d'Arménie,

ou l'Hôtel de Sens en 1575. Paris, Lachapelle, 1838, 2 vol. in-8 [15 fr.].

XIX. Aventures [les] des fleurs, avec une notice historique sur leur origine. Ire livr. Paris, rue Saint-André-des-Arts, n° 5, 1839, in-4 de 8 pag. lithogr., plus 4 lith.

XX. Bouquet [le] de la reine. Roman historique. Paris, Lachapelle, 1839, 2 vol. in-8 [15 fr.].

BASTA [A.], pseudon. Voy. **TOUCHIMBERT**.

BASTARD (vicomte Henri de], conseiller à la Cour royale de Paris.

— Recherches sur Randan, ancien duché-pairie; sa situation et le pays qui l'environne; son origine, sa position dans l'ancienne monarchie; ses lois, son organisation judiciaire et administrative; ses possesseurs successifs et leurs maisons, depuis les temps les plus reculés jusqu'à nos jours. Riom, de l'impr. de Thibaud, 1830, in-8 avec 19 lith. et 2 tabl. [10 fr.].

BASTENAIRE DAUDENART [F.], ancien manufacturier.

I. Art de la vitrification, ou Traité élémentaire, théorique et pratique de la fabrication du verre, suivi d'un vocabulaire des mots techniques employés dans cet art, et d'un Traité de la dorure sur cristal et sur verre. Paris, Bachelier, 1825, in-8 avec 4 planch. [7 f.].

II. Art [l'] de fabriquer la porcelaine, suivi d'un vocabulaire des mots techniques et d'un Traité de la peinture et dorure sur porcelaine. Paris, Malher et comp., 1827, 2 vol. in-12 avec pl. [9 fr.].

Faisant partie de la « Bibliothèque industrielle. »

III. Art [l'] de fabriquer la faïence, recouverte d'un émail opaque blanc et coloré, suivi de quelques notions sur la peinture au grand feu et à réverbère et d'un vocabulaire des mots techniques. Paris, Malher et Cie, 1827, in-12 avec 2 planches [4 fr. 50 c.]; — ou 1829, in-8.

La dernière édition a été publiée dans la « Semaine industrielle ou Technologie progressive. »

IV. Art [l'] de fabriquer les poteries communes usuelles, les poëles, les grés fins et grossiers, les creusets, les carreaux, les tuiles, les briques ordinaires et réfractaires, suivi d'un mémoire adressé au grand conseil des mafactures à Paris, sur la question relative à l'enquête commerciale ordonnée par le gouvernement pour la levée de la prohibition existante en France sur les poteries anglaises. Paris, Anselin, 1835, in-8 avec 3 planch. [8 fr.].

BASTERÈCHE [ ], l'un des plus riches propriétaires des Basses-Pyrénées, et député de ce département dans les cent jours, en 1820, et enfin à la Chambre septennale.

— Choix de ses discours prononcés durant les sessions de 1820-1826, avec une Notice sur sa vie par le lieutenant-général *Lamarque*. Paris, Le Normant père; Sautelet, 1828, in-8.

« Quelques biographes ont prétendu que les discours de M. Basterèche ne lui appartenaient pas, parce qu'il les avait payés. Nous ignorons jusqu'à quel point cette assertion est fondée; mais nous ajouterons qu'on a vu quelquefois cet orateur improviser d'une manière assez remarquable, pour qu'on puisse croire qu'il a puisé son éloquence ailleurs que dans sa bourse. » [*Biograp. univ. et portat. des Contemporains.*]

BASTEL [J.]. — I. Essai sur la culture, la chimie et le commerce des garances de Vaucluse. Orange, de l'impr. de Raphel fils aîné, 1836, in-8.

II. Essai historique sur les évêques du diocèse d'Orange, mêlé de documents historiques et chronologiques sur la ville d'Orange et ses princes. Orange, Escoffier, 1837, in-8.

BASTI, lexicographe italien. — Avec M. *Cerati*: Grand Dictionnaire français-italien et italien-français, rédigé sur un plan entièrement nouveau, par *J.-Ph. Barberi*, continué et terminé par MM. *Basti* et *Cerati*. Paris, Jules Renouard; Rey et Gravier, 1838-39, 2 vol. in-4 [45 fr.].

BASTIAT [Frédéric]. — Réflexions sur les pétitions de Bordeaux, le Hâvre et Lyon, concernant les douanes. Mont-de-Marsan, de l'impr. de Delaroy, 1834, in-4 de 16 pag.

BASTIDE [Jenny **DUFOURQUET**, dame], romancière. [Voy. la *France littér.*, tom. Ier, pag. 210]. Ajoutez : plus tard Mme Camille **BODIN**; née à Rouen, en 1792.

I. Belle-Mère [la]. Paris, Boulland, 1828, 3 vol. in-12 avec trois grav. [9 fr.].

II. Dernier [le] Amour. Paris, Boulland, 1828, in-12 [3 fr.].

III. Marius et Frédéric. Paris, Boulland, 1830, 4 vol. in-12 [12 fr.].

IV. Famille [la] d'un député. Paris, Boulland, 1831, 5 vol. in-12 [15 fr.].

V. Cour [la] d'assises. Paris, Ch. Vimont, 1832, 4 vol. in-12 [12 fr.].

VI. Contes vrais. Paris, Vimont, 1832-1833, 2 vol. in-8 [15 fr.].

VII. Un Drame au palais des Tuileries, 1800-1832. Paris, librairie universelle, 1832, 2 vol. in-8 [15 fr.].

Publié sous le nom de THALARIS DUFOURQUET.

Ce roman fut reproduit quelques mois plus tard sous le titre de : *le Concierge, drame dans le palais des Tuileries*. Paris, Mme Wolf-Lerouge.

VIII. Abanico [el] [l'Éventail]. Paris, Ch. Vimont, 1833, in-8 [7 fr. 50 c.].

Publié sous le nom de Mme Camille BODIN.

IX. Première [la] ride.

Nouvelle imprimée dans le 3e volume des « Heures du Soir. Livre des Femmes » [1833].

X. Orpheline [l'], ou la Famille Edgermond, nouvelle.

Imprimée sous le pseudonyme d'Adélaïde de THALARIS, dans le tome IV du « Livre Rose » [1834, in-8].

XI. Un Remords. Paris, Ch. Vimont, 1834, in-8 [7 fr. 50 c.].

XII. Pascaline. Paris, Ch. Vimont, 1835, 2 vol. in-8 [15 fr.].

XIII. Savinie. Paris, Dumont, 1835, 2 vol. in-8 [15 fr.].

XIV. Nouvelles morales et religieuses. Paris, Heideloff et Campe, 1836, 2 vol. in-18 [4 fr.].

XV. Une sur mille. Paris, Audin, 1836, 4 vol. in-12 [12 fr.].

XVI. Une Passion en province. Paris, Dumont, 1836, 2 vol. in-8 [15 fr.].

XVII. Avec lord *Ellis* : Scènes de la vie anglaise. Paris, Dumont, 1836, 2 vol. in-8 [15 fr.].

XVIII. Abbé [l'] Maurice. Paris, Dumont, 1837, 2 vol. in-8 [15 fr.].

Roman qui fait suite à celui intitulé : *Une Passion en province*.

XIX. Rêveries dans les montagnes. Paris, Dumont, 1837, 2 vol. in-8 [15 fr.].

XX. Sténia. Paris, Dumont, 1837, 2 vol. in-8 [15 fr.].

XXI. Élise et Marie. Paris, Dumont, 1838, 2 vol. in-8 [15 fr.].

XXII. Melchior. Paris, le même, 1839, 2 vol. in-8 [15 fr.].

XXIII. Étrennes morales. Dix années de la vie d'une jeune fille. Paris, Dero-Becker ; Aubert, 1839, in-4, orné de 10 fig. lithogr. [10 fr.].

On doit encore à cette dame plusieurs nouvelles imprimées dans divers recueils, et notamment dans les « Heures du soir. » Sous les noms de Mesd. Cottin et Montolieu : *Inchbald, Catherine Derby, Denneville, etc.*

BASTIDE [Louis], écrivain républicain, poëte satirique ; né à Marseille.

I. Avec M. *Lebas* : Sept cents vers, ou Réponse à M. Barthélemy. Paris, les march. de nouv., 1832, in-8 de 32 pag. [2 fr.].

En réponse à la « Justification » de M. Barthélemy.

II. Mélanges poétiques. Paris, les march. de nouv., 1832, in-8 de 16 pag.

III. Aux Ministres. Première satire. Paris, les march. de nouv., 1833, in-8 de 32 pag.

IV. Au Roi. Deuxième satire. Paris, l'Auteur ; Pagnerre, 1834, in-8 de 32 pag.

V. Tisiphone, satire populaire. Paris, l'Auteur ; Rouanet, 1834-35, 4 vol. in-8 [10 fr.].

Recueil qui paraissait chaque dimanche, par cahiers de seize pages : plusieurs de ces cahiers ne portent pas le titre de la collection à laquelle ils appartiennent. Voici l'indication des pièces qui composent cet ouvrage :

Tome Ier. 1° Au Peuple ; — 2° A M. Barthe : les Crieurs publics ; — 3° Les Assommeurs : au Ministère ; — 4° Une Condamnation : à M. Cabet ; — 5° A M. Persil ; — 6° Les Associations : dialogue entre MM. Barthe et Persil ; — 7° Eux et nous [suivi d'une Boutade et de la Mort du général Lamarque] ; — 8° Ma Condamnation ; 9° Discours de Me Moulin pour ma défense [suivi de la Crise actuelle : au Ministère] ; — 10° A. M. Gisquet [suivi d'une Boutade et de Stances] ; — 11° La Chambre des députés ; — 12° Aux Calomniateurs ; — 13° Qu'est-ce qu'un roi ? [suivi d'une pièce souscrite : à M. le général Bugeaud]. [1834, in-8 de 222 pag.].

Tome II. 14° La Mort de Lafayette ; — 15° La Chambre des pairs ; — 16° La Satire [suivi d'une pièce intitulée : A M. Viennet, lieutenant-colonel] ; — 17° La Prison [suivi d'une pièce intitulée : Aux Électeurs] ; — 18° A M. Thiers ; — 19° La Liberté, — Tant mieux, — Souscription en faveur de l'auteur de Tisiphone ; — 20° Aux Critiques ; — 21° Les Marseillais, — Tisiphone en Cour royale ; — 22° à 26° : A mes Souscripteurs, — Tisiphone à ses juges, — Les Morts et les Vaincus, — Ouverture de la session de 1834, — Tisiphone et la Politique, — Qu'est-ce qu'un Dupin ? [1834, in-8 de 192 pag.].

Tome III. 27° La Police à Sainte-Pélagie ; — 28° A M. Persil ; — 29° Le Prince à marier ; — 30° Les Rois ; — 31° Crise ministérielle ; — 32° Crises poétiques ; — 33° M. Pasquier ; — 34° Instruisez-vous ! — 35° Adieux à Sainte-Pélagie ; — 36° A un ministre ; — 37° La Police justifiée ; 38° Gâchis ministériel ; — 39° Amnistie [1835]. Chaque Satire de ce volume a sa pagination.

Tome IV. 40° Revue de la Semaine; — 41° La Liberté de la presse; — 42° Les Boutiquiers; — 43° 25 millions; — 44° Les Deux fêtes; — 45° Le Procès monstre; — 46° Deuxième procès monstre; — 47° L'Émeute; — 48° La Chambre des députés; — 49° Anniversaire des 5 et 6 juin; — 50° Au Peuple; — 51° Ils s'en vont; — Le Valet Gourmand; — 52° Compte-rendu; — 53° Que sommes-nous? — 54° La Fraternité; — 55° A M. Gisquet; — 56° Anniversaire des trois jours; — 57° La Machine infernale; — 58° La Loi infernale; — 59° Persévérance [1835]. Chaque Satire de ce volume a encore sa pagination particulière,

VI. Pélagiennes. Paris, l'Auteur; Laisné junior, 1836, in-8 de 52 pag. [1 fr. 50 c.]. — Deuxièmes Pélagiennes. Paris, l'Auteur; Laisné, 1837, in-8 de 64 pag.

VII. Pythonisse, satires populaires. Tome Ier, livraisons 1 à 11. Paris, l'Auteur, 1838, 11 livraisons in-8 ensemble de 176 pag., avec un portrait [3 fr. 30 c.].

Autres satires hebdomadaires, dont le numéro coûtait 30 c. Les livraisons qui ont paru renferment les pièces suivantes:

1° Prospectus-specimen; — 2° La Chambre des députés; — 3° Froid et misère; — 4° A M. de La Mennais, avec un portrait; — 5° Le Bourreau; — 6° Le Masque; — 7° A M. Barthélemy; — 8° Un Banquet; — 9° A M. Émile Girardin; — 10° Moi; — 11° Un Pauvre, — le Parquet.

VIII. Vie politique et religieuse de Talleyrand de Périgord, prince de Bénévent, depuis sa naissance jusqu'à sa mort. Paris, Faure, 1838, in-8, avec 5 portraits représentant Talleyrand à trois époques [6 fr.].

Ce volume a paru par livraisons.

IX. Anniversaire [l'] des trois jours. [En vers alexandrins]. Paris, l'Auteur, 1839, in-8 de 8 pag.

BASTIDE [Jules]. — avec M. *Xavier Bastide:* Croisades : satires légitimistes. Paris, de l'impr. de Boudon, 1835, in-8 de 52 pag.

Nous connaissons aussi de M. Jules Bastide, imprimées dans le «Salmigondis», les deux nouvelles suivantes : *la Vieille carabine* [t. V], et *Amélie* [t. IX].

BASTIDE [Xavier], frère du précédent, et son collaborateur pour les *Croisades, satires légitimistes*, 1835. [Voy. l'art. qui précède].

BASTIDE [J.-D.], d'Uzès. — Précis de l'Histoire ecclésiastique d'Uzès, thèse historique présentée à la faculté de théologie de Strasbourg, et soutenue publiquement le mercredi 10 août 1836, pour obtenir le grade de bachelier en théologie. Strasbourg, de l'impr. de Silbermann, 1836, in-4 de 16 pag.

BASTIDE [A.-E.], notaire.

— Épinal, poëme descriptif. Épinal, Cabasse, 1838, in-8 de 58 pag.

BASTIDE D'IZAR [L.], ancien député.

I. Propositions et développement sur l'impôt indirect des vins, pour faire suite à la Pétition des propriétaires de la Haute-Garonne. Toulouse, de l'impr. de Douladoure, 1829, in-8 de 24 pag.

II. Faits et opinions en politique, administration et finances, avec indication de réformes. Paris, Delaunay, 1833, in-8 [2 fr.].

BASTOREL, prêtre. — Prosodia latina. Quantité et versification latines. Paris, et Lyon, Périsse, 1836, in-12.

BASUYAU, prêtre du diocèse de Cambrai.

— Sermons. Douai, de l'impr. d'Adam, 1838, in-8.

BATAILLARD [Ch.], membre du barreau de Troyes [Aube], peut-être le même que celui cité dans la *France littér.*, tom. Ier, pag. 214.

— Du Duel, considéré sous le rapport de la morale, de l'histoire, de la législation et de l'opportunité d'une loi répressive. Ouvrage dédié aux chambres; suivi du Combat et Duel des seigneurs de la Chasteraye et de Jarnac, raconté par Scipion Dupleix, conseiller du roi Louis XIIIe du nom. Paris, Lecointe; Delaunay, 1829, in-8 de 128 pag. [2 fr.].

BATAILLE [Martin], teneur de livres et professeur de calcul commercial, à Bruxelles.

— Traité de la nouvelle comptabilité commerciale et financière, ou Exposé des diverses méthodes de tenue de livres perfectionnées, récemment introduites chez les nations les plus commerçantes de l'Europe. Bruxelles, Demat, 1834, petit in-fol.

M. Bataille est l'inventeur de la nouvelle méthode à colonnes.

BATAILLE [l'abbé]. [Voy. la *France littér.*, t. Ier, pag. 214.].

— Guide [le] du jeune communiant, ou Entretiens sur les sacrements de Pénitence et d'Eucharistie, etc. Tours, Mame, 1839, in-18.

BATAILLE, D.-M. — I. Éloge de

M. Voisin, docteur en médecine et en chirurgie, membre et ancien président de la Société d'agriculture et des arts de Seine-et-Oise; précédé de quelques Réflexions sur la vaccine et sur son efficacité dans l'épidémie variolique de 1825. Versailles, de l'impr. de Daumont, 1826, in-8 de 20 pag.

II. Discours prononcé sur la tombe de M. Hyacinthe Richard, conseiller de préfecture, le 23 avril 1827. Versailles, de l'impr. de Daumont, 1827, in-8 de 12 pag.

BATIGNE, docteur agrégé, etc., à la Faculté de médecine de Montpellier.

— Médecine pratique. Traité de pathologie méthodique ou philosophique, basé sur l'expérience. Montpellier et Paris, Just Rouvier, déc. 1832, 2 vol. in-8 [12 fr.].

BATIOUCHKOFF [Constantin], poète russe. — Son élégie intitulée : *Le Tasse mourant*, a été traduite en vers français par M. Dupré de Saint-Maur, et insérée dans « l'Anthologie russe », publiée par ce dernier [Paris, 1827, in-4.]; M. Héguin de Guerle. dans ses « Veillées russes, Choix de morceaux traduits ou imités des écrivains les plus distingués de la Russie » [Paris, 1827, ou 1832], a donné la traduction de plusieurs *poésies* de Batiouchkoff; enfin, son *Éloge du sommeil* a été traduit en français, en prose, et imprimé dans l'ouvrage intitulé « Les Conteurs russes », traduit par MM. Ferry de Pigny et J. Haquin [Paris, 1833, 2 vol. in-8].

BATISSIER [Louis], écrivain artistique; né à Bourbon l'Archambault [Allier], le 29 juin 1813, a publié en 1833, plusieurs travaux relatifs à l'histoire du Bourbonnais, dans le « Patriote de l'Allier » et le « Journal du Bourbonnais ». Il prit, en 1834, une part très-active à la rédaction de la « France catholique». De 1835 à 1837, M. Batissier a été l'un des collaborateurs les plus assidus de « l'Artiste » : le treizième vol. de ce recueil renferme une série d'articles de lui sur le *Salon de* 1837, sur les *Expositions de Londres* et sur le *Musée de Versailles*. Dans le même temps, cet écrivain participait à la rédaction de l'ouvrage intitulé : « l'Art en province », [Moulins, Desrosiers, 1835-38, 2 vol. in-4 à deux colonnes, ornés de grav. et de lith.] ». M. Batissier a fourni à cette publication un grand nombre d'articles; les plus importants sont : dans le premier volume [1835-36], des *Études sur les savants qui ont traité de l'histoire de l'Art;* dans le deuxième vol. [1836-37], un *Cours d'archéologie nationale*, comprenant l'ère celtique, l'ère gallo-romaine, et la classification des monuments du moyen-âge en Angleterre. Dans le troisième vol. de cette publication, l'auteur a traité de l'*Art chrétien*. Tout en s'occupant de l'art, dans les diverses parties de la France, en général, M. Batissier ne discontinuait pas, en particulier, ses recherches sur les monuments de son pays natal; aussi fut-il choisi avec M. Adolphe Michel, pour continuer le magnifique ouvrage commencé par MM. Ach. Allier et Aimé Chenavard, intitulé l'*Ancien Bourbonnais*, dont la publication menaçait d'être suspendue par suite de la mort d'Allier. Il composa aussi un *Guide pittoresque du voyageur en Bourbonnais*. Ce travail a paru dans les Annuaires du département de l'Allier, pour les années 1836 et 1837 [Moulins, Desrosiers]. Enfin, M. Batissier a donné, comme éditeur, « les Douze Dames de rhétorique, » par maistre Johan ROBERTET, publiées pour la première fois d'après les manuscrits de la Bibliothèque royale, qu'il a fait précéder d'une *Introduction*. Cet ouvrage est un très-beau vol. in-4, imprimé sur jésus-vélin, avec un encadrement, lettres ornées, fleurons, et ornés de grav. de Schaal. [Moulins, Desrosiers, 1837].

BATS [l'abbé Bernard], né à Nerbis [Landes], le 20 juillet 1754, mort le 21 septembre 1835.

— Sermons et Conférences. Clermont-Ferrand, Thibaud-Landriot, 1838, 2 vol. in-12.

BATSÈRE [le F.·.], écrivain et orateur franc-maçon.

I. Discours du F.·. Batsère, orateur de la R.·. loge, le Temple de Minerve, prononcé dans sa séance du 3 novembre 1831, E.·. V.·., en présence de la R.·. loge des Trois jours. Paris, de l'impr. de Sétier, 1832, in-8 de 12 p.

II. Discours du F.·. Batsère, orateur de la loge le Temple de Minerve, prononcé dans une séance de loges réunies, en présence du général Ramorino, le 14 déc. 1831. Paris, de l'impr. de Sétier, 1832, in-8 de 8 pag.

BATTELLE, membre de plusieurs sociétés philantropiques de Paris.

I. Rapport fait à la Société des établissements charitables, dans la séance du 30 déc. 1834, sur la nécessité de fonder de nouveaux hospices où l'on soit admis en payant. Paris, de l'impr. de Crapelet, 1835, in-8 de 16 pag.

II. Salles d'Asile pour l'enfance. Premières leçons d'histoire naturelle; animaux domestiques. Première partie. Paris, Hachette, 1836, in-8 de 64 pag. [1 fr.].

III. Rapport fait à la Société des établissements charitables, sur le compte rendu par l'administration des hospices de Paris, pour l'année 1834, et Statistique de la population indigente de Paris, en 1835. Paris, de l'impr. de Crapelet, 1836, in-8 de 20 pag.

IV. Notice historique et statistique sur l'hospice royal des Quinze-Vingt, lue à la Société des établissements charitables. Paris, de l'impr. de Crapelet, 1837, in-8 de 40 pag.

V. Résumé du compte financier, publié par l'administration des hospices pour 1835, lu à la Société des établissements charitables. Paris, de l'impr. de Crapelet, 1837, in-8 de 40 pag.

BATTLE [Pierre]. — I. Poésies. Perpignan, de l'impr. d'Alzine, 1836, in-8 de 20 pag.

Extraites du second Bulletin publié par la Société philomatique de Perpignan.

II. Poésies. Perpignan, de l'impr. d'Alzine, 1839, in-8 de 44 pag.

BATTUR [Georges-Bonaventure], docteur en droit, avocat à la Cour royale de Paris. [Voy. la *France littér.*, t. Ier, pag. 216].

I. Vérité [la], ou le Conservateur des lettres et des lois. Ouvrage périodique dirigé par M. Battur. Paris, Adrien Leclère, février 1827, in-8 de 96 pag.

Ce recueil devait paraître mensuellement; mais le numéro de février est le seul qui ait vu le jour.

II. De l'Ordre et de la Liberté, et de leurs rapports essentiels appliqués à la morale, à la politique, à la législation, aux sciences, aux lettres, aux arts et à l'organisation communale, départementale, administrative et judiciaire. Paris, rue St.-Jacques, n° 40, 1829, in-8 [4 fr.].

III. Traité de la communauté des biens entre époux. Paris, Th. Barrois, 1829, 2 vol. in-8 [16 fr.].

IV. Éléonore d'Autriche, ou la Captivité de François Ier; le Connétable de Bourbon, ou le Danger des passions. Nouvelles historiques. Paris, Pillet aîné, 1830, in-8 de 216 pag. [5 fr.].

V. Du véritable gouvernement de la France et des moyens de l'obtenir. Paris, Dentu, 1832, in-8 de 192 pag. [3 fr. 50 c.].

VI. Défense des lois fondamentales de la France. Paris, Hivert, 1832, in-8 de 36 pag.

VII. Plaidoyer pour M. Brutus Patriarche, ex sous-officier de la garde royale, impliqué dans l'affaire de la rue des Prouvaires. Paris, Dentu, 1832 in-8 de 64 pag.

La « Biographie des Hommes du jour » de MM. G. Sarrut et B. Saint-Edme renferme, tome III, première partie, page 130, une Notice sur M. Battur.

BATZ (*) DE TRENQUÉLLÉON [mademoiselle Marie-Charlotte-Ursule-Caroline de], fille du chevalier François de Trenquélléon, capitaine de vaisseau, distingué par ses services dans la marine royale; née au château de Trenquélléon, près le port Sainte-Marie [Lot-et-Garonne], le 22 février 1804.

I. Pirate [le], Nouvelle espagnole; par mademoiselle C. de B***. Agen, de l'impr. de Noubel, 1826, in-18.

II. Léopold, ou le Frère de charité. Bordeaux, de l'impr. de Suwerinck, 1827, in-12.

Publié au profit des victimes de l'inondation du département de Lot-et-Garonne.

III. Chant [le] néraques, ou Souvenirs d'Henri IV. Bordeaux, de l'impr. de Suwerinck, 1828, in-8.

IV. Arthur et Amélie, ou la Destinée. Bordeaux, de l'impr. de Suwerinck, 1829, in-12.

V. Georges, ou la Révolution de 1830 et l'Homme de 1793. Paris, Ledentu, 1832, 2 vol. in-8 [15 fr.].

Une note manuscrite qui date de décembre 1829 nous apprend qu'à cette époque mademoiselle Batz de Trenquélléon possédait en portefeuille cinq romans, deux drames en

(*) Et non *Basse de Trinque Léon* comme nous l'avons imprimé par erreur dans la « France littéraire. »

prose, et un autre en vers, ainsi qu'un poëme en six chants.

BAUCHER [F.], maître d'équitation à Paris.

I. Dictionnaire raisonné d'équitation. Paris, Paulin; Rouen, l'Auteur, 1833, in-8 [6 fr.].

II. Avec M. *Pellier* : Dialogues sur l'équitation : premier Dialogue entre le grand Hippo-Theo, dieu des quadrupèdes, un Cavalier et un Cheval. Paris, Baucher et Pellier, 1834, in-8 de 36 pag. et une planche.

III. Résumé complet des principes d'équitation, servant de base à l'éducation de toute espèce de chevaux. Paris, de l'impr. de Bourgogne, 1837, in-8 de 16 pag.

BAUCHERY [François-Roland], romancier de ces derniers temps; né à Paris, vers 1801.

I. Chansons inédites. Paris, les march. de nouv., 1830, in-12 de 72 p. [2 fr.].

II. Faubourien [le], ou le Vrai patriote. Première livraison. Paris, Maldan, 1831, in 8 de 8 pag.

Contient une pièce en prose signée P. LEDRU, et une pièce en vers signée BAUCHERY.

III. Élégie sur les événements des 5 et 6 juin 1832. Paris, les march. de nouv., 1832, in-8 de 8 pag.

IV. Bourreau [le] du roi. Paris, Roux, 1836, in-8, avec une vign. [7 fr. 50 c.].

V. Napolitaine [la], ou la Couronne de la vierge, par *R. Bauchery;* précédée de deux histoires à propos d'un livre, par *Mich. Masson.* [Michel-Raymond]. Paris, Roux, 1834, in-8, avec une vig. [7 fr. 50 c.].

VI. Didier, ou le Borgne et le Boiteux. Paris, Roux, 1836, 2 vol. in-8 [15 fr.].

VII. Fille [la] d'une fille, mœurs populaires. Paris, Roux, 1837, in-8 [7 fr. 50 c.].

VIII. Un Héritage de famille. Paris, Roux, 1837, 2 vol. in-8 [12 fr.].

IX. Mémoires d'un homme du peuple. Paris, Roux, 1838, 2 vol. in-8.

X. Enfant [l'] de la pitié. Paris, le même, 1839, 2 vol. in-8 [15 fr.].

Ouvrage faisant suite aux *Mémoires d'un homme du peuple.*

XI. Avec M. *Félix Deriége* : Ne jouez pas avec l'amour. Paris, le même, 1840, 2 vol. in-8 [15 fr.]. [*Sous presse.*].

M. R. Bauchery a encore fait la Préface du livre intitulé : *La Luciole* ; par MM. Em. Gonzales et Paul Gentilhomme [1837, in-8].

Ce littérateur écrit pour quelques petits journaux, tels que ceux-ci : la Gazette des Salons, l'Extra-muros, etc.

BAUD [J.-M.], docteur en chirurgie, à Louvain, professeur ordinaire de nosographie chirurgicale à l'Université catholique, etc. Le nom de ce professeur figure dans le « Dictionnaire des hommes de lettres, des savants.... de la Belgique » [Bruxelles, 1837, in-8], mais sans qu'aucun ouvrage de lui soit cité.

BAUDE [Jean-Jacques], ingénieur des ponts-et-chaussées, ancien sous-préfet. V. la *France littér.*, t. Ier, p. 217].

I. Projet d'ouverture d'un canal latéral à la Loire, au-dessus de Briare. Broch. in-8.

II. De l'enquête sur les fers et des conditions du bon marché des fers en France. Paris, Mesnier, 1829, in-8 de 96 pag.

III. Alger. Du système d'établissement à suivre.

Imprimé dans la « Revue des Deux-Mondes, » IVe série, tome II.

M. Baude a inséré plusieurs *Mémoires* dans le « Bulletin de Saint-Étienne, » sur diverses questions d'économie et de travaux publics; il a fourni à la « Revue encyclopédique » une quarantaine d'articles de critique scientifique.

On trouve une Notice sur M. J.-J. Baude dans la « Biographie des Hommes du jour, » tome Ier, 2e partie, p. 258.

BAUDE [J.-D.]. — Abrégé de la géographie, par demandes et par réponses. IIe édit. Calais, Leleux, 1839, in-12.

BAUDE DE SAINT-FLACHAT, l'un des rédacteurs de la « Revue des Deux-Mondes. »

BAUDELOCQUE [A.], neveu du célèbre J.-L. Baudelocque, cité par la *France littér.*, professeur à la Faculté de médecine de Paris.

I. Nouveau moyen pour délivrer les femmes contrefaites, à terme et en travail, substitué à l'opération appelée césarienne. Mémoire lu au cercle médical, suivi de Réflexions sur ce sujet, par *F.-T. Duchâteau.* Paris, Baillière, 1824, broch. in-8 [1 fr. 50 c.].

II. Des Procédés couronnés par l'Académie des sciences, et à l'aide desquels on conserve toujours la vie aux femmes dans le cas d'accouchements même les plus graves. Paris, de l'impr. de René, 1839, in-4 de 4 pag.

III. De la compression de l'aorte [exercée à travers la paroi antérieure du ventre], considérée comme un moyen propre à suspendre toute espèce de perte de sang chez les femmes en couches, l'hémorrhagie qui suit la blessure de l'une des artères de la moitié inférieure du corps; suivie du récit des essais qui en ont été faits par beaucoup de praticiens, et du jugement qu'ils en ont porté. Paris, l'Auteur, 1835, in-8 de 20 pag.

IV. Des convulsions puerpérales. In-4.

Ouvrage cité par M. Guyot de Fère dans sa « Statistique des gens de lettres et des savants » [1837, in-8].

V. Lettre adressée à MM. les membres de l'Académie des sciences de l'Institut de France, sur la compression de l'aorte [exercée à travers les parois du ventre], considérée comme un moyen propre à arrêter, à l'instant même, et, sans aucun danger, les pertes de sang plus ou moins graves qui peuvent suivre l'accouchement. Paris, de l'impr. de Mme Porthmann, 1836, in-8 de 8 p.

VI. De la céphalotripsie, suivie de l'Histoire des quinze opérations de ce genre qui ont été faites par divers praticiens. Paris, l'Auteur, 1836, in-8 de 20 pag.

M. Baudelocque a présenté à l'Académie des sciences un Mémoire, intitulé : *Du Broiement de la tête de l'enfant mort dans le sein de sa mère; nouveau Procédé pour terminer l'accouchement laborieux*, sur lequel il y a un Rapport fait à l'Académie des sciences, par MM. Boyer et Duméril. [Paris, de l'impr. de Dupuy, 1833, in-8 de 8 pag. et une planch.].

BAUDELOCQUE [Auguste-César], parent du précédent, docteur et agrégé de la Faculté de médecine de Paris, médecin de l'hôpital des enfants, membre adjoint de l'Académie royale de médecine, correspondant de la Société royale de médecine de Bordeaux et de la Société médicale d'Amiens; né à Hailles [Somme], en 1795.

I. Dissertation sur les convulsions qui surviennent pendant la grossesse dans le cours du travail de l'enfantement et après la délivrance, couronnée par la Société de médecine de Paris. Paris, 1822, in-4 de 110 pag.

II. An putredo nosocomialis cum gangrænâ confundi potest? An eadem utrinquè causa, signum, prophylaxis et medela? Thesis ad aggregationem. Parisiis, 1824, in-4.

III. Traité de la péritonite puerpérale. Ouvrage couronné par la Société royale de médecine de Bordeaux. Paris, Gabon, 1830, in-8 [6 fr. 50 c.].

IV. Traité des hémorrhagies internes de l'utérus, qui surviennent pendant la grossesse, dans le cours du travail et après l'accouchement. Paris, Crochart, 1830, in-12 [6 fr. 50 c.].

V. Mémoire sur le traitement des maladies scrofuleuses, ou Compte-rendu des moyens mis en usage et des résultats obtenus à l'hôpital des enfants. Paris, Germer-Baillière, 1833, in-8 [3 fr. 50 c.].

VI. Etudes sur les causes, la nature et le traitement de la maladie scrofuleuse. Paris, Rouvier et Lebouvier, 1834, in-8 [7 fr.].

BAUDEMONT [Théophile], traducteur.

Il a traduit pour la « Collection des auteurs latins, » publiée sous la direction de M. Nisard, les Héroïdes, les Amours et les Halleutiques d'*Ovide* [1838], ainsi que *Tibulle* et *Publius Syrus* [1839].

BAUDENS [L.], D. M. P.

— Clinique des plaies d'armes à feu. Paris, Baillière, 1836, in-8 [7 f. 50 c.].

BAUDEQUIN [Alexandre-Louis], chirurgien-dentiste, à Paris.

— Mémoire sur de nouveaux instruments destinés à l'extraction des dents et racines, présentés à l'Académie royale des sciences. Paris, l'Auteur; J.-B. Baillière, 1834, in-8 de 16 pag. [75 c.].

Ce Mémoire est suivi d'un Rapport favorable fait à cette académie par MM. Boyer, Dupuytren et Larrey, le 25 novembre 1833, qui reconnaissent les avantages particuliers qu'offrent les instruments inventés par M. Baudequin, et la préférence qu'on leur doit sur ceux ordinairement employés.

BAUDET-DULARI, D.-M., cultivateur et ancien député.

I. Crise sociale. 1834. Paris, de l'impr. de Boudou, 1834, in-8 de 48 p.

II. Essai sur les harmonies physiologiques. Première livraison. Paris, rue Jacob, nº 54, 1838, in-8 de 116 pag. et 6 pl. [2 fr. 50 c.].

Cet ouvrage devait avoir quatre livraisons. Sur les 6 gravures qui accompagnent la première livraison, une seule lui appartient; les cinq autres devaient être réparties dans celles qui n'ont pas été publiées jusqu'à ce jour.

BAUDET-LAFARGE [J.]. — I. Observations sur les moyens d'améliorer les races de bœufs dans le département du Puy-de-Dôme, etc. Clermont, de l'impr. d'Aug Veysset, 1826, in-8 de 28 pag.

II. Essai sur l'entomologie du département du Puy-de-Dôme; monographie des Carabiques. Clermont-Ferrand, de l'impr. de Thibaud-Landriot, 1838, in-8 de 128 pag.

BAUDIN [L.-S.], lieutenant de vaisseau

I. Manuel du pilote de la mer Méditerranée, ou Description des côtes d'Espagne, de France, d'Italie et d'Afrique dans la Méditerranée depuis le détroit de Gibraltar jusqu'au cap Bon, pour l'Afrique, et jusqu'en dehors du détroit de Messine, pour l'Europe, traduit pour la côte d'Espagne et la partie correspondante de la côte de Barbarie du « Derrotero, ou Routier espagnol » de *Tofino*, rédigé, pour le reste, par L.-S. *Baudin*. [Première partie]. Toulon, Laurent, 1828, et 1840, in-8 [6 fr.].

II. Manuel du jeune marin, ou Précis pratique sur l'arrimage, l'installation, le gréement et la manœuvre d'une frégate de 44 canons. Toulon, Laurent, 1828, in-8 [6 fr.].

BAUDIN [D.], membre de la Société des sciences, belles-lettres et arts de Clermont.

I. Exposé des travaux minérallurgiques de l'année 1835-36, lu à la Société des sciences, belles-lettres et arts de Clermont. Séance du 2 juin 1836, par l'ingénieur des mines. Clermont-Ferrand, de l'impr de Thibaud-Landriot, 1836, in-8 de 86 pag.

II. Notice géologique sur le bassin houiller de Brassac, lue à la Société des sciences, belles-lettres et arts de Clermont, séance du 5 mai 1836. Clermont-Ferrand, de l'impr. de Thibaud-Landriot, 1837, in-8 de 28 pag.

BAUDOT [Alphonse], romancier.

I. Madone [la] de Montbazon. Paris, rue de Seine, n° 54, 1836, 2 v. in-8 [15 fr.].

II. Registre [le] de Mademoiselle. Paris, rue de Seine, n° 54, 1837, in-8 [7 fr. 50 c.].

III. Deux années d'illusion. Paris, Ladvocat, 1838, 2 vol. in-8 [15 fr.].

BAUDOT [L.-A.]. — Quelques mots sur le Magnétisme animal, suivis d'une Observation de variole congéniale. Rouen, de l'impr. d'Alleaume, 1839, in-8 de 16 pag. [1 fr.].

BAUDOUIN [Jean-Marie-Théodore (*)], auteur dramatique, plus connu en littérature sous le nom de d'*Aubigny*.

I. Avec M. *Théodore Méné* : Monsieur Blome, ou la Suite de la Colonne de Rosback, divertissement en un acte, en prose et en vaudeville. Paris, Baudouin, 1807, in-8.

II. Avec M. *Caignez* : la Pie voleuse, ou la Servante de Palaiseau, mélodrame historique en trois actes. Paris, Barba, 1815, in-8; ou Paris, Barba; Delloye; Bezou, 1837, in-8 à 2 colonn.

La dernière édition fait partie de la « France dramatique. »

III. Washington, ou l'Orpheline de la Pensylvanie, mélodrame en trois actes. Paris, Fages, 1815, in-8 [1 fr. 50 c.].

IV. Petits [les] Protecteurs, ou l'Escalier dérobé, comédie en un acte. Paris, Barba, 1816, in-8 [1 fr. 25 c.].

V. Barbier [le] de la cité, ou Un pied dans l'abîme; mélodrame en trois actes et en prose. Paris, Barba, 1816, in-8 [75 c.].

VI. Avec M. *Poujol* : l'Homme gris;

(*) M. Théodore Baudouin appartient à une famille qui ne fut pas étrangère aux lettres. Son père, dont il n'est point fait mention dans la *France littéraire*, Fr.-J. Baudouin, ancien imprimeur-libraire à Paris, électeur de cette ville en 1789, député suppléant aux États-Généraux, etc., né le 18 août 1759, mort en..... est auteur 1° de divers écrits polémiques relatifs aux *abus existants dans l'imprimerie dite alors l'imprimerie de la République et aux réformes à y faire* [1793-96, in-4]; 2° de l'*Esquisse d'un projet de réglement pour l'imprimerie et la librairie* [in-4]; 3° d'un *Mémoire sur une nouvelle organisation à donner à l'imprimerie dite alors impériale* [sans date, in-folio]; 4° d'un *Mémoire sur l'imprimerie royale, dans lequel est démontrée la nécessité de lui restituer son ancienne organisation et de supprimer la régie alors existante* [1815, in-4]. Fr.-J. Baudouin est aussi l'éditeur de la première édition des *Mémoires de l'abbé Georgel*. [Paris, Eymery, 1818, 6 vol. in-8]. — Sa mère, Marie-Aglaé Carouge, femme Baudouin, née à Bayonne [et non à Carouge, comme le dit la « France littéraire » par suite d'une méprise inconcevable], le 12 mai 1764, et morte le 22 octobre 1816, est auteur de deux ouvrages de littérature juvénile rappelés par la « France littéraire. »

com. en trois actes et en prose. Paris, Barba, 1817, et 1823, in-8 [2 fr.].

VII. *Dictionnaire des gens du monde, ou petit Cours de morale à l'usage de la cour et de la ville, par un jeune ermite. Paris, A. Eymery, 1817, in-12. — Sec. édition, revue, corrigée et considérablement augmentée et diminuée. Paris, Eymery; Baudouin frères, 1818, in-12 [3 fr.].

VIII. Avec M. *de Comberousse* : le Présent du prince, ou l'autre Fille d'honneur, comédie en trois actes. Paris, Ladvocat, 1821, in-8 [2 fr.].

IX. Avec MM. *Boirie* et *Carmouche* : Chacun son numéro, ou le petit Homme gris, com.-vaud. en un acte. Paris, Pollet, 1821, in-8 [1 fr. 25 c.].

X. Avec M. *Boirie* : les Paratonnerres, ou les Bulles de savon, comédie en un acte. Paris, Fages, 1822, in-8 [1 fr. 25 c.].

XI. Avec MM. *Boirie* et *Poujol* : le Courrier de Naples, mélodrame historique en trois actes. Paris, Pollet, 1822, in-8 [60 c.].

XII. Avec MM. de *Comberousse* et *Merle* : le Lépreux de la vallée d'Aoste, mélodrame en trois actes. Paris, J. Esneaux; Barba, 1822, in-8 [1 fr.].

XIII. Avec M. *Maillard* : les Deux sergents, mélodrame en trois actes et à spectacle. Paris, Pollet, 1823, in-8 [1 fr. 25 c.].

XIV. Avec MM. *Poujol* et *J. de Saint-Aure* : les Inséparables, mélodrame en trois actes et à grand spectacle, précédé d'un prologue. Paris, Esneaux, 1823, in-8 [1 fr. 50 c.].

XV. Avec MM. *Carmouche* et Hyacinthe [*de Comberousse*] : le pauvre Berger, mélodrame historique en trois actes. Paris, Pollet, 1823, in-8 [1 fr.].

XVI. Avec MM. *Merle* et *Maur. Alhoy* : l'Agent de change, ou Une fin de mois; drame en trois actes, imité de Beaumarchais. Paris, Pollet, 1823, in-8 [1 fr. 50 c.].

XVII. Avec MM. *Carmouche*, *Poujol* [et *Boirie*] : Parga, ou le Brûlot, mélodrame en trois actes, à spectacle. Paris, Quoy, 1827, in-8 [1 fr. 50 c.].

Cette pièce ne porte que les noms de MM. Carmouche et Poujol, quoique MM. Boirie et Baudouin y aient eu part.

XVIII. Avec MM. *Poujol* et *L.-G.* : le Collier de la reine, comédie historique en trois actes. Paris, Barba; Malaisie, 1831, in-8 [1 fr. 50 c.].

XXIX. Avec M. *Poujol* : la Visite domiciliaire, drame [vaud.] en un acte. Paris, Marchant, 1833, in-8 à longues lignes [1 fr. 50 c.], et à 2 colonn. [15 c.].

XX. Avec MM. *Mélesville* et *Hestine* : la Berline de l'émigré, drame en cinq actes. Paris, Marchant, 1835, in-8 [40 c.].

Une analyse de cette pièce, imprimée avant la pièce même, la présente comme un ouvrage de MM. Mélesville et d'Aubigny; mais lors de l'impression de ce drame l'on a omis ce dernier nom.

XXI. Avec MM. *Poujol* et *Anatole* : Zazézizozu, féerie, vaudev. en cinq actes. Paris, de l'impr. de Dondey-Dupré, 1836, in-8 à 2 colonnes.

XXII. Avec M. *d'Epagny* : les Adieux au pouvoir, comédie en un acte. Paris, de l'impr. de Bruneau, 1838, in-8 de 16 pag.

' Pièce jouée une seule fois sur le Théâtre-Français, le 6 août 1838.

BAUDOUIN [Virginie de Mortemart-Boisse, dame], femme de M. Hippolyte Baudouin, ancien libraire, aujourd'hui propriétaire et principal rédacteur du « Moniteur parisien. »

— Heures poétiques pour les enfants. Paris, Delloye, 1840, in-8 [8 fr.].

Publiées sous le pseudonyme de Madame Virginie Orsini, nom de la mère de l'auteur, et cela pour que l'on puisse soupçonner que ces poésies religieuses sont de l'abbé Orsini à qui l'on en doit beaucoup.

Madame Baudouin écrit dans « le Bon génie, journal de l'enfance. »

BAUDOUIN [Alexandre], frère de Théodore, l'un des deux chefs de la maison Baudouin frères, librairie florissante avant 1830, et qu'un usurier ruina (*).

— * Note sur la propriété littéraire, et des moyens d'en assurer la jouissance aux auteurs dans les principaux états de l'Europe, sans nuire aux intérêts matériels des peuples, et sans nécessiter des lois prohibitives. Bruxelles, Berthot, octobre 1836, in-8 de 18 pag.

Cette Note est l'œuvre d'un ancien libraire français. Elle est digne d'attention, et a eu

(*) Dans une note de notre *France littéraire*, tome VI, page 183, à l'article Molière, nous avons dit comment et par qui les frères Baudouin furent dépouillés.

deux éditions. La seconde est préférable parce qu'elle est plus correcte.

M. Alex. Baudouin a été l'éditeur de l'Atlas géographique et statistique de la France, publié par sa maison, pour lequel il a obtenu une médaille d'encouragement.

Un troisième frère Baudouin, l'autre chef de la maison de librairie, Baudouin jeune [Hippolyte], a participé à la rédaction des « Tablettes militaires, » de Gourlet.

BAUDOUIN [F.-M.], avocat.

— Enseignement universel. Rapport sur les résultats, l'esprit et l'influence morale et intellectuelle de la méthode de M. Jacotot, présenté à M. de Vatimesnil, ministre de l'instruction publique, le 5 août 1829, et dédié aux pères de famille. Paris, rue et hôtel Corneille, 1829, in-8 de 64 pag. [1 fr. 25 c.].

BAUDOUIN [Antoine], oncle, à la mode de Bretagne, de Baudouin, l'imprimeur de la Convention; né le 26 mars 1768, à Aubigny [Cher], fut successivement professeur de Grammaire générale à l'École centrale d'Indre-et-Loire, procureur du roi, à Sancerre, membre de la Chambre des représentants dans les Cent-Jours : il est aujourd'hui président de chambre de la Cour royale de Bourges.

— * Épître d'*Horace*, aux Pisons sur l'Art poétique, traduite en vers français; par M*** [*Baudouin*], pour servir aux études de ses fils [avec le texte en regard]. Livrée à l'impression et publiée par les soins de M. Paul Baudouin... Laon, de l'impr. de Varlet-Berleux. — Paris, Lecointe et Pougin, 1834, in-8 de 62 pag.

M. A. Baudouin a, assure-t-on, un assez grand nombre de manuscrits dans son portefeuille; mais, aussi modeste que savant, ce magistrat s'est constamment refusé à les livrer à l'impression.

BAUDOUIN [Paul-Antoine], fils du précédent, né le 8 septembre 1799, à Aubigny [Cher], d'abord vérificateur de l'enregistrement à Lyon, aujourd'hui sous-chef de division à l'administration centrale de l'enregistrement à Paris.

I. Avec M. *Vuarnier* : Table alphabétique et analytique des circulaires et instructions générales de l'administration de l'enregistrement et des domaines, et de la comptabilité générale des finances, jusqu'au 1er septembre 1835. Laon, Vuarnier, 1836, in-8 en deux parties [6 fr.]. — Supplément. Du 1er janvier 1836 au 1er janvier 1840. Paris, rue du Bac, no 100 *bis*, 1840, in-8 [1 fr. 75 c.].

II. Guide [le] des employés de l'enregistrement et des domaines, journal spécial de manutention, rédigé par une société d'employés supérieurs. Rédacteur principal, M. Baudouin. Paris, rue du Bac, no 100 *bis*, 5 décembre 1839, in-8.

Ce journal paraît le 5 de chaque mois. Prix de l'abonnement annuel : 12 fr.

M. Paul Baudouin est en outre l'éditeur de la traduction de l'Épître d'*Horace* aux Pisons, par son père [voy. l'article précédent].

BAUDOUIN [Jules-François-Barthélemy], frère du précédent, né le 1er mai 1804, à Aubigny [Cher], avocat, mort substitut du procureur du roi, à Bourges, en avril 1835.

I. * Des Procès, et des moyens de les éviter; par un philanthrope. Bourges, Vermeil; et Paris, veuve Desray, 1834, in-18 de 100 pag. [1 fr. 50 c.].

II. État de la législation sur la presse, depuis 1814 jusqu'à nos jours, avec des notes indicatives des dispositions ou des lois abrogées implicitement ou explicitement, et des numéros du « Moniteur » où se trouvent les discours des orateurs des chambres sur chacune de ces lois. Bourges, Vermeil; et Paris, veuve Desray, 1834, in-18 de 132 pag. [1 fr. 50 c.].

BAUDOUIN [L.-N.-F.] — I. Arithmétique populaire. Angers, de l'impr. de Launay-Gagnot, 1837, et 1838, in-12.

II. Connaissances historiques des principaux faits et événements concernant les Égyptiens, les Assyriens, etc. Angers, Launay-Gagnot, 1838, in-12.

BAUDOUIN [P.-H.]. — Code spécial de justice de paix, contenant, par ordre alphabétique, le texte des lois, décrets, etc., etc.; annoté d'arrêts des cours royales et de la cour de cassation. Paris; l'Auteur, Videcoq, 1838, in-8 [7 fr. 50 c.].

BAUDRILLART [Jean-Jacques], chef de division à l'administration générale des forêts depuis 1819, membre de la Société royale et centrale d'agriculture depuis le 21 décembre 1814; du conseil d'administration de la Société d'horticulture et de celle d'encouragement pour l'industrie nationale, et correspondant des sociétés d'agriculture et des sciences et arts de Versailles et de Besançon, et de celle des forêts de Saxe-Gotha. Il naquit à Givron, canton de Chaumont-Porcien, le 20 mai 1774, fit ses études au collége de Rethel, et les termina à celui de Charleville, avec l'intention d'embrasser l'état ecclésiastique. La révolution ayant traversé son projet, il se rendit aux armées, où il fut employé dans les hôpitaux militaires. Ses voyages le mirent à même d'examiner soigneusement l'aménagement des forêts d'Allemagne, et d'acquérir dans cette partie des connaissances étendues. De retour en France, Baudrillart vint se fixer à Paris, et bientôt ses études et ses publications sur la science forestière lui procurèrent des fonctions honorables. En 1811, il était déjà premier commis de l'administration générale des forêts. Laborieux et animé du désir d'être utile, il a publié un assez grand nombre d'ouvrages. Baudrillart est mort à Paris, le 24 mars 1832.

I. Instruction sur la culture des bois, trad. de l'allemand de M. *Hartig*, grand maître des forêts de Prusse, contenant les principes du système d'exploitation par éclaircie, et le moyen de régénérer les futaies par la voie des ensemencemens naturels; moyen qui était inconnu en France. Paris, Arthus Bertrand, 1805, in-12.

II. Expériences sur les rapports comparés de la combustibilité des bois, faisant connaître les effets produits par la combinaison, à l'air libre et à feu clos, des différentes espèces de bois, leur volume respectif à volume égal, et le cube effectif de bois que contient une corde de bûches, suivant l'espèce et la qualité des bois. Paris, le même, 1807, in-12, avec deux tableaux [1 fr. 50 c.].

Cet ouvrage, traduit du même auteur, est d'un grand intérêt sous le double rapport de la science et de l'économie domestique.

III. Mémorial forestier, ou Recueil complet et suivi des lois, arrêtés et instructions relatifs à l'administration forestière de l'an IX [1801] à l'an XIV [1806 et 1807]. Paris, le même, 1801 et 1806, 6 vol. in-8, dont un de tables [42 fr.]. — Annales forestières, ou Recueil complet et suivi des lois, arrêtés et instructions relatifs à l'administration forestière, faisant suite au Mémorial forestier; rédigées par MM. *Doniol*, *Chanlaire* et *Baudrillart*. Paris, le même, 1808-16, 8 vol. in-8 [75 fr.].

On peut se procurer séparément chaque année ou volume du Mémorial forestier, et chaque année des Annales. Prix du volume du premier de ces recueils [7 fr.], et du second, ainsi qu'il suit: prem. année, 1808, in-8 [7 fr.]; — les années 1809 à 1813, 1 vol. in-8 chaque, sont de 10 fr. l'une; — l'année 1814 [8 fr.]; — les années 1815 et 1816, 1 vol. [10 fr.].

IV. Nouveau Manuel forestier, contenant les principes d'économie forestière; la description des arbres et leur culture; l'exposé des qualités et usage des bois; la théorie des aménagements et exploitations, suivant le système allemand; des instructions sur les semis et plantations, etc.; trad. de l'allemand de *Burgsdorf*, et adapté à notre système d'administration. Paris, le même, 1808, 2 vol. in-8, avec figures et tableaux [15 fr.].

V. Avec M. *Doniol* : Collection chronologique et raisonnée des arrêts de la Cour de cassation en matière d'eaux et forêts, depuis et compris l'an VII [1798 jusqu'en 1808]. Paris, le même, 1808, in-8.

VI. Plantations des routes et avenues; moyens de les rendre perpétuelles. [Extrait de la « Bibliothèque physico-économique »]. Paris, A. Bertrand, 1809, broch. in-8.

VII. Annuaire forestier, ou Tableau de l'organisation forestière, contenant les noms, grades et résidences de tous les agents de tous les grades des eaux et forêts; suivi de l'Analyse méthodique et raisonnée des lois, arrêts, décisions, etc., en matière de forêts, chasses et pêches, d'un Traité de semis et de plantations, et d'un calendrier forestier. Paris, le même, 1811, in-12 [3 fr.].

Ce volume a été reproduit pour les années 1812 et 1813, au moyen d'un nouveau calendrier et d'un nouveau titre.

VIII. Mémoire sur la pesanteur spécifique des bois; sur le cordage des bois de chauffage; sur les différences en solidité et poids de la corde, suivant les espèces de bois, la forme et la grosseur des bûches et leur dessèchement. Paris, Arthus Bertrand, 1815, in-8.

IX. Avec M. *Bosc* : Dictionnaire de la culture des arbres et de l'aménagement des forêts. Paris, Ve Agasse, 1821 et 1823, in-4 [20 fr.].

Ouvrage faisant partie de « l'Encyclopédie méthodique, » et formant le tome IV du « Dictionnaire d'agriculture. »

X. Traité général des eaux et forêts,

chasses et pêches; composé d'un Recueil chronologique des réglements forestiers, d'un Dictionnaire des eaux et forêts, et d'un Dictionnaire de chasses et pêches. Paris, A. Bertrand, 1821-34, 10 vol. in-4 avec 3 atlas gr. in-4.

Cet ouvrage est divisé en trois parties qu'on peut se procurer séparément.

Première partie. *Recueil chronologique*, contenant les ordonnances, édits et déclarations des rois de France; les arrêts du conseil et des cours souveraines; les lois, arrêtés du gouvernement, décrets, ordonnances du roi, arrêtés de la Cour de cassation, décisions ministérielles, circulaires et instructions administratives. [Première série : depuis 1515 jusqu'en 1837; commencée par *Baudrillart* et continuée après sa mort par *Herbin de Halle*]. Paris, 1821-37, 17 livraisons formant 5 vol. [162 fr. 50 c.] — Deuxième série : depuis 1838; continuée, depuis la mort de Herbin de Halle, par une réunion d'employés supérieurs de l'administration centrale des eaux et forêts. Tome Ier, première et deuxième livraisons, Paris, 1838-39, 2 livraisons in-4 [20 fr.].

La nouvelle législation forestière, les lois, les ordonnances du roi, les arrêts de la Cour de cassation, etc., rendus depuis la promulgation du Code forestier et de la loi sur la pêche, se trouvent dans le recueil, à partir du quatrième volume.

On peut se procurer chaque volume et chaque livraison séparément.

Première série.

Tome Ier. Livraisons 1, 2, 3, 1515 à 1821, à 9 fr. chaque [27 fr.].

Tome II. Livraisons 4, 5, 1515 à 1821, à 9 fr. chaque [18 fr.].

Tome III. Livraison 6, 1822-23 [8 fr.]. — Livraison 7, 1824 [7 fr.]. — Livraison 8, 1825 [6 fr.]. — Livraison 9, 1826-27 [9 fr.].

Tome IV. Livraison 10, 1828 [8 fr.]. — Livraison 11, 1829 [8 fr.]. — Livraison 12, 1830-31 [15 fr.]. — Livraison 13, 1832-33 [15 fr.].

Tome V. Livraison 14, 1834 [7 fr. 75 c.]. — Livraison 15, 1835 [9 fr. 50 c.]. — Livraison 16, 1836 [10 fr. 25 c.]. — Livraison 17, 1837 [14 fr.].

Deuxième série.

Tome Ier. Livraison 1, 1838 [10 fr.]. — Livraison 2, 1839 [10 fr.].

Deuxième partie. *Dictionnaire général, raisonné et historique des eaux et forêts*, contenant l'analyse des lois, ordonnances, arrêts et instructions concernant l'administration, la police et la conservation des forêts; les diverses méthodes de culture, d'aménagement et d'exploitation; l'exposé des principes du droit, d'architecture navale, de botanique, de minéralogie, de physique, de mathématiques et d'arpentage, appliqués à l'économie forestière, avec l'étymologie et l'explication des termes forestiers et autres employés dans l'ouvrage. 1823-25, 5 parties, 2 vol. in-4, avec Atlas [50 fr.].

Troisième partie. *Dictionnaire des chasses*, contenant l'histoire de la chasse chez les différentes nations, le précis des ouvrages anciens et modernes qui en ont traité, la description des animaux qui font l'objet de la grande et de la petite chasse; celle des armes, instruments, piéges, filets, engins et procédés de toute espèce employés dans cet art; l'explication des termes de chasse, ainsi que les lois et les dispositions réglementaires sur l'exercice de la chasse dans les bois et en plaine. Ouvrage revu, corrigé, augmenté sur le manuscrit, par M. *de Quingery*, ancien chef de bureau à l'administration de la vénerie et des chasses de Charles X. 1834, in-4, et Atlas gr. in-4 [45 fr.].

Quatrième partie. *Dictionnaire des pêches*, contenant l'histoire des poissons, l'explication des termes de pêche et de navigation; la description des appâts, instruments, filets, engins et procédés de toute espèce qui sont employés pour prendre le poisson, avec les dispositions réglementaires, tant sur la pêche fluviale que sur la pêche maritime. Paris, 1827, un vol. in-4, accompagné d'un bel Atlas, format gr. in-4, de 44 planches représentant au moins 100 fig. de poissons de mer et de rivière, et diverses sortes de pêcheries, avec les instruments qui y sont propres [34 fr.].

XI. Code forestier, suivi de l'ordonnance réglementaire et d'une table des matières. Édition imprimée sur l'édition originale. Paris, Arthus Bertrand, 1827, in-8 [2 fr. 50 c.].

XII. Code forestier, précédé de la discussion aux chambres, et suivi de l'ordonnance réglementaire; avec un commentaire des articles du Code et de l'ordonnance, ouvrage adopté par M. le conseiller-d'état, directeur-général des forêts, etc., etc. Paris, le même, 1827, 2 vol. in-12 [10 fr.]. — Le second volume contient le texte du Code et de l'ordonnance réglementaire et le commentaire.

XIII. Code de la pêche fluviale, avec un commentaire des articles de la loi, les motifs de cette loi, la discussion aux deux chambres, des modèles de procès-verbaux pour délits de pêche, etc.; suivi d'un Dictionnaire de la pêche fluviale, contenant l'histoire naturelle des poissons, l'explication des termes de pêche et de navigation, la description des lignes, hameçons, filets, instruments et procédés dans les diverses sortes de pêche, l'analyse de l'ancienne et de la nouvelle législation sur le droit et l'exercice de la pêche dans les rivières navigables ou flottables, canaux, ruisseaux ou cours d'eau quelconques, etc. Paris, le même, 1829, 2 vol. in-12 et atlas in-12 de 23 planches. [10 fr.]. — Le Dictionnaire de la pêche fluviale forme le second volume.

XIV. Loi relative à la pêche fluviale, du 15 avril 1829, avec la récapitulation des délits et des peines en matière de pêche, et des modèles de procès-verbaux. Paris, le même, 1829, brochure in-12 [60 c.].

M. le baron A.-F. de Silvestre a lu, dans la séance publique de la Société royale et centrale d'agriculture, du 29 avril 1832, une Notice sur J.-J. Baudrillart, dont il a été tiré des exempl. à part. [1832, in-8 de 16 pag.]

BAUDRIMONT [A.-E.], professeur particulier de physique et de chimie.

I. Table analytique et raisonnée du Bulletin et du Journal de pharmacie, pour les vingt-deux premières années, de 1809 à 1830; suivie de celle des auteurs et de celle des ouvrages annoncés ou analysés dans ces journaux. Paris, L. Colas, 1831, in-8.

II. Introduction à l'Étude de la chimie, par la théorie atomique. Paris, Louis Colas, 1834, in-8 de 255 pag. [3 fr. 50 c.].

M. Baudrimont est, en outre, l'un des auteurs du « Dictionnaire de l'industrie manufacturière, commerciale et agricole » [1833 et ann. suiv.]; il a aussi fourni des articles au « Dictionnaire de physique et de chimie, » ouvrage commencé et interrompu en 1835.

BAUDRIMONT. — Avec M. *Numa Gras* : Exposé succinct de la culture de la betterave et de l'extraction du sucre qu'elle contient. Valenciennes, de l'impr. de Prignet, 1837, in-8 de 140 p.

BAUDRON [A.-F.]. — Traité général sur les pensions civiles. Examen et réfutation du projet présenté par le gouvernement. Nouvelles bases à établir pour la rémunération des services civils dans toutes les administrations publiques; suivies d'un réglement général formulé en loi, annoté de toutes les dispositions en vigueur. Paris, l'Auteur, 1837, in-8 de 68 pag. et un tableau.

BAUDRY [J.-B.-P.]. — Cours d'arithmétique de l'école d'hydrographie du port de Bayonne. 1839, in-4, lithographié.

BAUDRY [l'abbé de], ancien professeur de théologie aux séminaires de Lyon et de Paris.

I. * Pieuse [la] Paysanne, ou la Vie de Louise Deschamps.

Ouvrage souvent réimprimé [Voy. la *France littér.*, tom. Ier, p. 223].

II. Relation abrégée des travaux de l'apôtre du Chablais [S. François de Sales]. 1836, 2 vol. in-32.

III. Guide de ceux qui annoncent la parole de Dieu, contenant la doctrine de saint François de Sales, celle de la Société de Jésus et celle de saint Benoît, sur la manière d'annoncer la parole de Dieu, sur l'importance des instructions familières et des catéchismes. In-12.

IV. Défense des droits sacrés de l'épiscopat et du saint-siége, contre l'audace de M. F. de Roquefeuil, admirateur aveugle d'un mémoire [de M. Vuarin, curé de Genève, publ. à Genève en 1835], sur les piéges de l'hérésie. Ouvrage dédié aux évêques de France et de Suisse. Lyon, Sauvignet, 1837, in-8 de 152 pag.

Le Mémoire de M. le curé Vuarin, publié à l'occasion du jubilé de 1835 des protestants de Genève, était écrit avec sagesse; aussi trouva-t-il un apologiste dans M. F. de Roquefeuil; mais les fanatiques catholiques, au nombre desquels il faut ranger l'abbé de Baudry, s'élevèrent contre la charitable tolérance du curé de Genève et de son admirateur.

M. Cés. Malan, pasteur de Genève, répondit à l'écrit de l'abbé Baudry, par celui intitulé : *Les Droits divins du protestantisme maintenus sur le fondement de l'éternelle vérité de Dieu, contre le blâme public de M. l'abbé Baudry.* Genève, 1838, in-8 de 55 pag. L'abbé de Baudry répliqua dans la brochure suivante :

V. Premières observations à M. le docteur Malan, ministre protestant de la Société des méthodistes, sur sa critique de la Défense des droits sacrés de l'épiscopat et du saint-siége. Genève et Lyon, Sauvignet, 1838, in-8 de 32 p.

VI. Tableau de l'esprit et du cœur de saint François de Sales, par sainte *Chantal*, mise en style moderne par M. l'abbé de *Baudry*. Lyon, Sauvignet, 1838, in-18.

D'après des notices imprimées, on doit encore à l'abbé de Baudry la publication de quelques nouvelles éditions de biographies sacrées, telles que les suivantes : *Abrégé de la Vie de saint François de Sales*, par la sœur Madeleine de CHANGY, religieuse de la Visitation, secrétaire de sainte Chantal. VIe édition, mise en style moderne. Lyon, 1837, in-18; — *Vie de saint François de Sales,* par le P. TALON, jésuite, 1837, in-18; — Divers *Suppléments* aux OEuvres de S. FRANÇOIS DE SALES. 1837, in-8.

BAUDRY DE BALZAC [J.-B.-M.], l'un des auteurs du « Cours complet d'éducation pour les filles » [1837 et ann. suiv.], fondateur et directeur des « Archives scientifiques, littéraires et industrielles de Seine-et-Oise [1838].

BAUDUER [J.-B.], ancien principal au collége d'Auch.

— Vie de saint Grégoire de Nazianze, archevêque de Constantinople, extraite de ses propres œuvres, suivie de Quelques remarques sur divers points de discipline ecclésiastique. Lyon et Paris, Rusand, 1827, in-8.

BAUDUIN [Florville]. — I. Aux combattants de juillet. Soixante-quinze jours de service dans l'armée française. Paris, l'Auteur, 1831, in-8 de 72 pag. [2 fr.].

II. Rêveries poétiques. Paris, Chamerot; les march. de nouv., 1831, in-12 de 52 pag.

BAUGIN [Pierre-François-Cantien], membre de la Société des antiquités de Hesse-Cassel et de l'Académie des sciences et belles-lettres de Béziers, mort à Paris, le 8 mars 1829, fut un des rédacteurs du Journal de Monsieur. Il a composé différentes pièces de vers insérées dans le « Chansonnier des Grâces », dans l'Almanach des Muses et autres recueils de ce genre, soit sous le nom de Baugin, soit sous celui de l'Ermite de la place Royale. Il a fait en société, avec Rossel, Mercier et Mérard Saint-Just, un roman intitulé *la Vertu chancelante, ou la Vie de mademoiselle d'Amincourt*. Paris, 1778, un vol. in-12, dont Mme d'Ormoy donna seulement le titre, quoiqu'elle passât pour en être l'auteur. Enfin, il est l'auteur de la comédie en un acte et en vers, qui porte pour titre *l'Inconstant ramené*, et dédiée à la marquise de Luchet. Paris, 1781, in-8, l'épître dédicatoire est signée de B***, membre... [des sociétés que nous avons précédemment citées].

BAULMONT [N.-D.]. — Avec M. *L. Suchaux* : Annuaire historique et statistique du département de la Haute-Saône, pour l'année 1827. Vesoul, Bobillier, 1827, in-12 [5 fr.].

BAUM [Jean-Guillaume]. — Dissertatio Sophronii Eusebii Hieronymi vitam exhibens : ex ipsius potissimum scriptis haustam, quam, pro prima in sanctioribus studiis laurea rite impetranda, publico virorum doctorum examini subjicit J. G. Baum. Argentorati, ex typis G. Silbermann, 1836, in-4 de 52 p.

BAUMANN [Charles], membre honoraire de la Société d'agriculture de Berlin.

— Avec M. *Nap. Baumann* : Collection de camélias élevés à Bolwiller. Première et deuxième livr. Paris, de l'impr. de Mme Huzard, 1829-32, 2 liv. de 20 pag. et 15 pl.

BAUME, lieutenant invalide. — A MM. les Députés de la chambre élective. Paris, de l'impr. de Guiraudet, 1829, in-8 de 24 pag.

BAUME [Alphonse]. — Code de la Jeunesse, pour servir au premier degré de l'enseignement du droit civil. Paris, l'Auteur, rue des Fossés-Saint-Victor, nº 14, 1838, in-12 de 144 pag.

BAUME [V.]. — Avec M. *C. Poirrier* : Leçons élémentaires de physique, rédigées d'après le nouveau programme d'examen suivi à l'Hôtel-de-Ville de Paris, et accompagnées de Notions pratiques sur la chimie. Paris, Périsse frères, 1839, in-12, plus 2 pl. [3 fr.].

BAUMÈS [P.], chirurgien en chef de l'hospice de l'Antiquaille à Lyon.

I. Lettres sur les causes et les effets de la présence des gaz ou vents dans les voies gastriques. Paris, Baillière, 1832, in-8 de 112 pag. — Suite des Lettres sur les causes et les effets de la présence des gaz ou vents dans les voies gastriques. Paris, Baillière, 1834, in-8 de 100 pag.

— Les mêmes, sous le titre de : Traité des maladies venteuses, ou Lettres sur les causes et les effets de la présence des gaz ou vents dans les voies gastriques. Seconde édit., rev. et augm. Paris, Germer-Baillière; Lyon, Savy, 1837, in-8 de 240 pag. [5 fr.].

II. Lettre d'un médecin de province à MM. les dermatophiles des hôpitaux de Paris. Paris, Crochard, 1834, in-8 de 48 pag.

III. Aperçu médical des hopitaux de Londres, où sont traitées les maladies vénériennes et les maladies de la peau; accompagné d'une Revue analytique des principaux travaux des Anglais sur ces maladies, de quelques considérations sur l'état actuel de nos connaissances à leur égard et sur leur classification. Paris, de l'impr. de Ducessois, 1835, in-8 de 104 pag.

BAUMIER [Jean]. — I. Observations sur les droits d'entrée, en France, des laines étrangères fines, entre-fines et communes; analysées comparativement avec celles françaises, adressées par Jean Beaumier à MM. les Députés, et ayant pour objet de démontrer la nécessité de maintenir les droits de 30 p. 100 de la valeur sur les laines fines, et de les diminuer au contraire sur les entre-fines et sur les communes, comme le seul moyen de conservation de nos troupeaux mérinos [race espagnole]. Paris, l'Auteur, 1833, in-8 de 56 pag. [2 fr. 50 c.].

II. Nouvelles Observations adressées à MM. les pairs et les députés [session de 1834], sur le projet de la loi des douanes, en ce qui concerne les droits d'entrées des laines étrangères. Paris, de l'impr. de Carpentier-Méricourt, 1834, in-8 de 52 pag.

BAUMONT [l'abbé]. — Nouveaux Cantiques pour toutes les fêtes de l'année; suivis des Stations, du Salut de l'homme, ou les Bienfaits de la Croix. Paris, de l'impr. de Belin, 1827, et 1830, in-18 avec grav.

BAUNE [E.]. — Essai sur les moyens de faire cesser la détresse de la fabrique. Lyon, Baron, 1832, in-8 de 64 p.

BAUNE [Aimé]. — Notice sur la bibliothèque publique de Châlons-sur-Saône. Châlons-sur-Saône, 1834, in-8 de 40 p.

BAUQUE [Adrien]. — Ma révocation. [En vers.] Paris, de l'impr. de Proux, 1833, in-8 de 8 pag.

BAURE [de], curé aux Prés-Saint-Gervais, près Paris.

— * Quel est le meilleur gouvernement, quel est le légitime? Paris, les march. de nouveautés, janvier 1831, in-8 de 64 pag.

BAUSSET [le baron Louis-François-Joseph de], neveu du cardinal de ce nom [Voy. *la France littér.*], naquit à Béziers, département de l'Hérault, le 15 janvier 1770. Préfet du palais en 1805, il suivit l'Empereur dans les campagnes d'Espagne, d'Allemagne et de Russie. En 1804, il avait été élu membre de l'Académie de Lyon, par suite du succès qu'obtint sur le grand Théâtre de cette ville une comédie intitulée : *Projet de sagesse, ou le Memnon de Valatri*, jouée l'année précédente. Son goût pour l'art dramatique lui valut l'honneur d'être chargé de la surintendance du Théâtre-Français, pendant le séjour fatal de l'armée française à Moscou, et conjointement avec le comte de Turenne, pendant l'armistice de Dresde en 1813. Noblement fidèle à une famille déchue qui l'avait comblé de faveurs, on vit M. de Bausset suivre à Vienne, du consentement du roi, l'impératrice, duchesse de Parme; elle lui confia les fonctions de grand-maître dans sa maison, qu'il remplit jusqu'au départ de cette princesse pour ses nouveaux états, au mois de mars 1816. M. de Bausset a présidé le collége électoral de l'Hérault en 1819. Il se fit remarquer, pendant tout le temps qu'il jouit de la faveur d'un puissant monarque, par un désir ardent d'obliger; rendu à la vie privée et habitant sa terre de Sauvian, il y recueille, dans l'estime et dans l'affection de ses concitoyens, le prix des bienfaits qu'a semés madame de Bausset, sa mère, et dont elle a elle-même ressenti les effets pendant la terreur. M. de Bausset a épousé une irlandaise, fille de madame Lawless, qui est venue se fixer auprès de sa fille.

I. Notice anecdotique sur les bâtiments de la couronne.

Cité par M. Guyot de Fère, qui dit qu'elle a été rédigée sur les notes données par l'architecte Fontaine.

II. Mémoires anecdotiques sur l'intérieur du palais, et sur quelques événements de l'empire, depuis 1805 jusqu'au 1er mai 1814, pour servir à l'histoire de Napoléon. Paris, Baudouin frères, 1827-28, 4 vol. in-8, avec 2 port., 2 grav. et 120 *fac-simile.* IIIe édit. Paris, Ponthieu, 1828, 4 vol. in-8, avec 4 portr. [30 fr.].

BAUTAIN [L.-E.], philosophe théoricien du XIXe siècle, homme distingué; à l'inverse de M. Fr. Alliot (*), qui de prêtre s'est fait médecin pour se livrer plus librement à l'étude de la philosophie, M. Bautain, de docteur en médecine, s'est fait prêtre, ce qui lui a valu la place de professeur de philosophie et par suite de doyen à la Faculté des lettres et au collége royal de Strasbourg, tandis que son confrère en philosophie n'est que médecin d'un petit canton de France.

I. Paraboles, par le doct. *F.-A. Krummacher*; traduites de l'allemand. Paris, F.-G. Levrault, 1821, in-12; ou Strasbourg, Derivaux, et Paris, Beaujouan, 1837, in-18. — IIIe édit., rev. et considér. augm. Strasbourg, et

(*) Voyez pages 23 et 24.

Paris, Ladrange, et Lagny frères, 1840, in-12, avec 4 grav. [2 fr. 50 c.].

II. Morale [la] de l'Evangile comparée à la morale des philosophes; discours auquel la Société académique de la Marne a décerné une médaille d'or. Strasbourg, Février, 1827, in-8 de 76 p.

« On devine d'avance quelle est celle des deux morales qui obtient la préférence dans le *discours* du lauréat; et il faut convenir que la matière y est bien traitée, à quelques déclamations près dont elle peut se passer. On y remarque de l'érudition, de la logique et un air de bonne foi qui impose. M. Bautain a écrit sous la dictée de sa conscience; cela est évident par son propre langage. »
[*Rev. encycl.*, t. XXXVII, p. 182].

III. De l'enseignement de la philosophie en France, au XIXe siècle.. Strasbourg, Février; Paris, Derivaux, 1835, in-8 de 96 pag.

Quelques réflexions sur cet écrit ont été imprimées avec un ouvrage de M. J.-F. Nicolas, intitulé : *De la raison et de l'autorité en matière de philosophie* [1833, in-12].

IV. Quelques réflexions sur l'institution des conférences religieuses à Paris. Paris, de l'impr. de veuve Thuau, 1834, in-8 de 64 pag.

V. Réponse d'un Chrétien aux «Paroles d'un Croyant» [de M. de La Mennais]. Strasbourg, Février; et Paris, Derivaux, 1834, in-8 de 96 pag. [2 fr.].

VI. Philosophie du Christianisme. Correspondance religieuse de L. Bautain. Publiée par l'abbé *H. de Bonnechose*. Tomes I et II. Paris, Derivaux; Strasbourg, Février, 1835, 2 vol. in-8 [12 fr.].

En 1837 il a paru un écrit intitulé : *Rapport à Mgr l'évêque de Strasbourg sur les écrits de l'abbé Bautain*. [Paris, de l'impr. de Maulde, in-8 de 98 pag.] Ce Rapport a été fait par une commission que l'évêque avait nommée le 2 janvier 1838.

VII. Lettre à Mgr. Lepape de Trévern. Strasbourg, Derivaux; Paris, Lagny, 1838, in-8 de 24 pag.

C'est au rapport dont nous venons de parler que répond cette Lettre.

VIII. Philosophie. Psycologie expérimentale. Strasbourg, Derivaux; Paris, Lagny frères, 1839, 2 vol. in-8 [14 f.].

C'est le cours de philosophie fait par l'auteur à la Faculté des lettres de Strasbourg : il formera environ 8 volumes. — Les tomes 3 à 5, actuellement sous presse, renferment la *Morale*; les tomes 6 à 8 doivent contenir la *Métaphysique*.

BAUTÈS [Jacques], de Perpignan.

I. Philosophie anti-newtonienne, ou Essai sur une nouvelle physique de l'univers. Première livraison. Paris, Roret, 1835, in-8 de 48 pag.

II. Austral [l']. Journal de physique générale, destiné à toutes les personnes qui prennent quelque intérêt aux progrès des sciences; sous la direction de M. Jacques Bautès. Montpellier, Martel aîné, juin 1836, in-8 de 54 pag.

On promettait de ce recueil un numéro tous les deux mois; mais nous ignorons s'il a paru plus que la première livraison.

BAUTIER [Al.]. — Tableau analytique de la Flore parisienne d'après la méthode adoptée dans la Flore française de MM. Lamarck et de Candolle, contenant, etc., etc.; suivi d'un vocabulaire renfermant la définition des mots employés dans cet ouvrage. Paris, Béchet, 1827, in-18. — Troisième édit., revue, corr. et augm. Paris, le même, 1836, in-18 [5 fr.].

BAUWENS [ ], D. M., à Bruxelles, membre de la Société des sciences naturelles et médicales de Bruxelles, médecin de l'hôpital Saint-Jean.

Ce médecin est auteur des Mémoires suivants, imprimés dans divers recueils belges de médecine : 1° Observation d'un calcul trouvé dans l'urètre d'un enfant de deux ans [Biblioth. médic., t. 1er, 1824]; — 2° Notes sur une maladie de la peau guérie par la morelle noire; — 3° Quelques questions sur l'épidémie de variole qui a régné à Bruxelles en 1825 et 1826 [Ibid., t. III, 1826]; — 4° Observation de spinite aiguë avec paralysie du côté droit [Journ. de médecine, t. 1er, 1830]; — 5° Tableaux des maladies observées et des mortalités survenues dans les petits hospices de Bruxelles pendant l'année 1828 [Ibid., t. II, 1830]; — 6° Note sur la préparation de l'acétate de plomb liquide [Bulletin de la Société de médecine de Gand, séance du 1er décembre 1835]; — 7° Observations sur un cas rare de sternutation prolongée [Encyclogr. des sciences médicales, 2e série, janv. 1836]. [*Dict. des hommes de lettres.... de la Belgique*].

BAUZON-MAGNIEN. — Manuel du négociant dans ses rapports avec la douane, contenant : 1° des instructions partielles et raisonnées sur chaque opération de commerce par rapport à la douane, ses armements, ses relations avec les colonies et l'étranger, les entrepôts, le transit, les primes, etc.; édit. uniquement destinée aux transports maritimes. Bordeaux, de l'impr. de Lanefranque, 1831, in-12.

BAVOUX [François-Nicolas], professeur suppléant à la Faculté de droit de Paris, etc. [Voy. la *France littér.*, tome Ier, p. 228]. Ajoutez : depuis et successivement, député de la Seine, préfet de police de la Seine, le 29 juillet 1830, et presqu'aussitôt conseiller maître à la Cour des comptes.

I. Des Conflits ou Empiètement de l'autorité administrative sur le pouvoir judiciaire. Paris, Aillaud, 1828, 2 vol. in-4 [28 fr.].

II. Conseil d'état, conseil royal, chambre des pairs, vénalité des charges, duel et peine de mort. Paris, Aillaud, 1838, in-8 [5 fr.].

On trouve une Notice sur M. Fr.-Nic. Bavoux dans la « Biographie des hommes du jour » de MM. G. Sarrut et B. Saint-Edme, tome Ier, 2e partie, p. 206, et une autre dans le « Biographe et le Nécrologe réunis, » tome III, p. 268.

BAWR [Alexandrine-Sophie GOURY DE CHAMPGRAND, d'abord comtesse de SAINT-SIMON, plus tard baronne de] (*), née à Paris. Parmi les dames qui cultivent les lettres avec le plus de succès, il n'est pas rare d'en rencontrer quelques-unes, soumises à l'influence de l'ancien préjugé contre les femmes savantes, ou de leur propre modestie, qui se reprochent souvent de s'être engagées dans la carrière littéraire, qui ne la poursuivent pas sans inquiétudes et l'abandonnent même avec satisfaction, dès qu'une autre position sociale leur en fait un devoir ou leur en fournit seulement l'occasion. Ces personnes, chez qui le besoin d'écrire et le goût de la célébrité le cèdent de beaucoup à l'instinct féminin, jugent toujours leurs productions avec rigueur. Bien plus, elles sont, en général, disposées à douter de la prédisposition de leur esprit pour acquérir une instruction grave et solide et persévérer dans les longues et pénibles études qu'exige la profession des lettres. Elles prétendent que, si la richesse de leur imagination et la pénétration de leur intelligence sont, comme cela est certain, égales à ces mêmes facultés chez les hommes, il leur est impossible de nier qu'elles ne se sentent pas douées au même degré, par la nature, de cette force matérielle de l'organe de la pensée qui permet à leurs rivaux de se livrer journellement et dès l'enfance à des veilles studieuses, aux efforts longs et soutenus de la réflexion et de la pensée.

Cette proposition doit-elle être prise d'une manière absolue, ou n'est-elle, comme tant d'autres, qu'une portion de vérité qui se rapporte exclusivement à ceux qui l'émettent? C'est une question que l'on soumet au lecteur. Quoi qu'il en soit, tout semble donner à croire que madame de Bawr penche vers cette opinion.

Au sortir de l'enfance, madame de Bawr, malgré son esprit naturel et quelques talents déjà acquis, était loin cependant de penser qu'elle dût jamais faire sa profession des lettres, car elle était née et vivait alors dans une grande opulence. Après la mort de sa mère, qu'elle perdit fort jeune, son père, M. Goury de Champgrand (*), la fit élever avec le plus grand soin. Des maîtres de toute espèce et les plus habiles furent appelés pour l'instruire. Mais l'étude vers laquelle elle se sentit le plus vivement entraînée fut celle de la musique. Une fort belle voix, qu'un crachement de sang lui fit perdre lorsqu'elle était très-jeune encore, contribua sans doute à déterminer ce penchant. Quoi qu'il en soit, sa passion pour cet art devint si vive et si constante que mademoiselle de Champgrand se décida à apprendre la composition, dont elle reçut des leçons de Grétry et de l'abbé Roze, l'un des plus habiles harmonistes de cette époque.

Cependant des pertes successives, occasionées par la révolution, avaient entièrement ruiné M. de Champgrand, lorsque sa fille épousa le comte de Saint-Simon, qui possédait encore les précieux débris de l'immense fortune que son talent pour les spéculations lui avait fait gagner.

Le comte de Saint-Simon était un homme doué de beaucoup d'esprit et d'un cœur excellent, mais dont la tête était fort exaltée. Il paraîtrait même, si nous sommes bien instruits, que cette exaltation augmenta à mesure que

(*) Cette Notice, qui a pour auteur M. Delecluze, est tirée d'une Biographie commencée et suspendue en 1836, la « Biographie des Femmes auteurs contemporaines françaises, » avec portraits, publiée sous la direction de M. Alfred de Montferrand [pseudonyme de M. Adolphe de Chesnel].

(*) Celui cité dans la « France littéraire, » vraisemblablement.

les débris de sa fortune se dissipèrent. Ce fut à partir de cette époque que, délivré des biens de ce monde, il se regarda comme envoyé ici-bas pour réformer la société sur de nouvelles bases morales et politiques.

On sait de reste quelles furent l'origine, les vicissitudes et la fin de la secte bizarre qui s'autorisa de quelques écrits obscurs et du nom de Saint-Simon pour essayer de changer les deux appuis de la société moderne, le droit de propriété et l'institution du mariage. Aussi ne parlera-t-on que de ce qui se rattache au sujet que nous traitons. Lors donc que le comte de Saint-Simon eut perdu tout ce qu'il possédait, et qu'il se crut certain d'avoir reçu la mission de régénérer le monde, il écrivit un jour à sa femme : « Que, malgré la « tendresse et l'estime que lui inspi- « raient sa personne et son caractère, « les pensées étroites et vulgaires dans « lesquelles elle avait été élevée, et qui « la dominaient encore, ne lui permet- « taient pas de s'élancer avec lui au- « dessus de toutes les lignes connues ; « qu'il était donc obligé de demander « le divorce ; le *premier* homme de ce « monde ne devant avoir pour épouse « que la *première* femme. »

Il paraîtrait que cette inconcevable lettre fut écrite au moment où le comte de Saint-Simon nourrissait une espérance plus inconcevable encore, car il fit, vers le même temps, un voyage à Coppet, avec l'idée de se remarier avec madame de Staël dès qu'il aurait recouvré la liberté.

Le divorce fut prononcé, non toutefois sans que le comte de Saint-Simon ne donnât encore à sa femme une preuve très-bizarre de l'espèce d'attachement qu'il lui portait. Comme ils étaient tous deux en présence de l'officier public pour cette triste cérémonie, celui-ci, s'apercevant que le comte de Saint-Simon pleurait, s'adressa à sa femme, qu'il supposait demanderesse, et l'engagea à prendre en considération le chagrin de son époux et à se désister de son entreprise. Ce quiproquo dura jusqu'au moment où madame de Saint-Simon se trouva dans la nécessité de dire que le divorce avait lieu sur la demande de son mari.

Enfin, quand tout fut terminé légalement, M. de Saint-Simon fit jurer à celle qui n'était plus sa femme de porter son nom tant qu'elle ne formerait pas de nouveaux nœuds.

C'est alors que madame de Saint-Simon se vit obligée d'avoir recours à ses talents pour vivre. A cette époque, les romances étaient fort à la mode à Paris et dans toute la France. Elle en composa plusieurs recueils, paroles et musique, qui eurent une très-grande vogue et lui fournirent quelques ressources pécuniaires. Encouragée par ce succès, il lui vint en pensée de composer la musique d'un opéra, que Grétry s'était chargé de faire recevoir et répéter ; il s'agissait de trouver un poème. Après avoir sollicité pendant plus d'un an tous les gens de lettres que madame de Saint-Simon connaissait, pour en obtenir ce qu'elle désirait, elle crut s'apercevoir que ceux mêmes qui lui portaient l'intérêt le plus sincère ne pouvaient vaincre la défiance que faisait naître un talent de femme. Elle prit donc la résolution d'écrire elle-même les paroles d'un opéra. Par malheur, la pièce était achevée quand elle s'aperçut que ce prétendu poème n'était qu'une petite comédie qui ne se prêtait nullement à être mise en musique. Madame de Saint-Simon, ne voulant cependant pas perdre tout le fruit de son travail, alla trouver Picard, alors directeur du théâtre Louvois, et lui remit *Argent et Adresse, ou le Petit Mensonge*, tel était le titre de l'ouvrage. Comme elle était fort jeune encore, et que la bienséance ne lui permettait ni de suivre des répétitions, ni de laisser imprimer son nom sur l'affiche, elle pria Picard de vouloir bien se charger des détails de mise en scène, de faire jouer la pièce sous le nom de *M. François*, et, par-dessus tout, de lui garder le secret. Picard lui promit tout ce qu'elle demandait, lui tint parole sur tous les points, et le *Petit Mensonge* eut beaucoup de succès. Deux autres pièces, *la Matinée du jour* (*) et *l'Argent du voyage* furent bientôt après jouées sur le même théâtre et avec les mêmes précautions.

Le directeur de l'Ambigu-Comique ayant accepté les mêmes conditions que

(*) Non imprimée.

celui de Louvois, madame de Saint-Simon, toujours sous le nom de M. François (*), fit représenter successivement sur cette scène deux autres comédies, *le Rival obligeant* [1811] et *le double Stratagème* [1812]; puis trois mélodrames, *les Chevaliers du Lion*, *le Revenant de Bérezule* et *Léon de Montaldi* (**), dont elle composa aussi la musique.

Vers ce temps, madame de Saint-Simon s'étant remariée avec M. de Bawr, officier russe et fils du général célèbre de ce nom, elle cessa entièrement d'écrire et ne songea plus qu'à jouir d'un bonheur intérieur qui lui avait été long-temps refusé. Mais ces jours heureux n'eurent que bien peu de durée, car, quelques années après ce mariage, M. de Bawr, âgé de trente et un ans, périt de la manière la plus funeste : il fut écrasé dans la rue par une voiture chargée de pierre, dont la roue se détacha de l'essieu.

Dans le cours de la même année, la fortune que sa veuve tenait de lui fut enlevée en partie par des banqueroutes et par le mauvais succès d'entreprises industrielles, ce qui obligea de nouveau madame de Bawr d'avoir recours à sa plume.

Le succès de ses ouvrages dramatiques lui donna naturellement l'idée de travailler encore pour la scène. Sur le conseil de Talma, elle présenta au Théâtre-Français *la Suite d'un bal masqué*, pièce en un acte. Cette jolie comédie, représentée pour la première fois le 9 avril 1813, fut goûtée et applaudie alors, comme elle l'est encore aujourd'hui, et bientôt après madame de Bawr donna, au même théâtre, *la Méprise* [1816] (***), *l'Ami de tout le monde* [****] et en dernier lieu *Charlotte Brown*.

Des douze pièces que cette dame a composées pour les divers théâtres de Paris, quelques-unes ont obtenu beaucoup de succès, et toutes ont été jouées plus d'une fois.

Madame de Bawr a publié aussi plusieurs romans et d'autres ouvrages qu'on lit toujours avec plaisir : *Auguste et Frédéric*, 2 vol. in-12, Paris, 1817 ; *Cours de littérature ancienne*, extrait de La Harpe, 2 vol. in-18, Paris, 1821; *Histoire de Charlemagne*, 1 vol. in-18, Paris, 1821 ; *le Novice*, 4 vol. in-12, Paris, 1830; *Raoul, ou l'Énéide*, 1 vol. in-8, Paris, 1832 ; et un volume de nouvelles sous le titre d'*Histoires fausses et vraies*.

En général, les comédies et les romans de madame de Bawr sont composés et écrits avec simplicité et finesse tout à la fois. On n'y trouve surtout jamais rien, soit dans les sentiments ou dans les paroles, de cette exagération dont les romanciers et les auteurs dramatiques abusent si souvent : aussi est-il facile de juger en les lisant qu'avec une imagination flexible et gracieuse l'auteur a cependant l'esprit droit et positif.

Mais ce qui fait ressortir encore mieux ce qu'il y a de ferme et de précis dans l'intelligence de madame de Bawr, c'est un ouvrage d'un genre tout différent : *l'Histoire de la Musique*. Dans le tableau rapide qu'elle a tracé des vicissitudes de cet art chez les peuples de l'antiquité et parmi les nations de l'Europe moderne, on est frappé tout à la fois de l'ordre qui y règne, du nombre de faits qui s'y trouvent et de l'impartialité des jugements de l'écrivain. Pour conduire à bonne fin un pareil travail, il fallait consulter beaucoup d'ouvrages écrits en langues étrangères, et la connaissance de la théorie musicale était indispensable, ainsi que la délicatesse du goût et la fermeté de critique. Madame de Bawr s'est heureusement trouvée en mesure pour remplir toutes ces conditions.

D'après l'exposé sommaire des travaux littéraires de madame de Bawr, on peut se faire une idée de la variété de ses connaissances acquises, de ses talents naturels et du nombre de ses principales productions ; car on ne parle pas ici de celles, moins importantes et fort nombreuses, que les

(*) Il se peut bien que les premières pièces de théâtre de Madame de Bawr aient été représentées sous le nom de M. *François*, ainsi que le dit l'auteur de cette Notice, mais elles n'ont point été imprimées sous ce pseudonyme : elles ont simplement paru sans nom d'auteur.

(**) Les deux derniers mélodrames n'ont point été imprimés.

(***) Non imprimée.

(****) Non imprimée.

revues et tous les recueils élégants renferment.

Quant à l'auteur de tous ces ouvrages, c'est une personne spirituelle et simple en parlant, comme quand elle écrit. Habituellement elle conserve assez de gaîté, bien que sa vie, souvent mêlée d'amertume, ait presque toujours été excessivement laborieuse. Elle travaille constamment, avec plaisir même; et quoique son esprit et son imagination, en aides toujours vigilants et dispos, soient sans cesse là tout prêts pour mettre en œuvre ce qu'elle médite, cependant, beaucoup plus femme qu'auteur, madame de Bawr se repose de ses travaux, en songeant avec délices qu'elle serait bien plus heureuse si elle pouvait cesser d'écrire.

Ouvrages de madame de Bawr.

I. * Argent et adresse, ou le petit Mensonge, comédie en un acte et en prose; par le citoyen ***. Paris, an XI [1802], in-8.

II. * Chevaliers [les] du Lion, mélodrame en trois actes. Paris, Fages, an XII [1804], in-8.

III. * Rival [le] obligeant, comédie en un acte et en prose; par M. ***. Paris, Barba, an XIII [1804], in-8.

Dans notre « France littéraire » nous avons, d'après une fausse autorité, attribué à Mme de Bawr, non pas *le Rival obligeant*, mais « l'Oncle rival; » et c'est une erreur, car la dernière pièce est de Madame de Lesparat.

IV. * Argent [l'] du voyage, ou l'Oncle inconnu, comédie en un acte et en prose. Paris, Adrien Garnier, 1809, in-8.

V. * Suite [la] d'un bal masqué, comédie en un acte et en prose; par ***. Paris, Vente, 1813, in-8.

VI. Double [le] stratagème, comédie en un acte et en prose. Paris, Barba, 1813, in-8.

VII. Charlotte Brown, comédie en un acte et en prose. Paris, la librairie parisienne, 1835, in-8.

VIII. Petit [le] Commissionnaire, comédie en un acte et en prose.

Imprimée dans le tome II de l'ouvrage intitulé: *les Jours de congé, ou les Matinées du grand oncle.* [Paris, 1838, in-12.]

—

IX. * Auguste et Frédéric, par madame de B... Paris, Nicolle, 1817, 2 vol. in-12 [4 fr. 50 c.].

X. Cours de littérature ancienne, extrait de La Harpe, et dégagé des parties les plus abstraites. Paris, Audot, 1821, 2 vol. in-18 [6 fr.], et 2 vol. in-12 [8 fr.].

XI. Histoire de Charlemagne, commençant à l'avènement de Pepin au trône. Paris, Audot, 1821, in-18, avec figures [3 fr.], et sur pap. vélin [6 fr.].

XII. Histoire de la musique. Paris, Audot, 1823, in-18, avec une planch. [3 fr.], et in-12 [4 fr.].

Ces trois derniers ouvrages font partie de « l'Encyclopédie des Dames. »

XIII. Novice [le]. Paris, Fournier jeune, 1829, 4 vol. in-12 [14 fr.].

XIV. Raoul, ou l'Énéide. Paris, Fournier jeune, 1832, in-8 [7 fr. 50 c.]

XV. Histoires fausses et vraies. Paris, Fournier, 1835, in-8 [7 fr. 50 c.]; ou 1838, 2 vol. in-12 [7 fr. 50 c.].

Sous ce titre l'auteur a réuni sept nouvelles fournies par elle à divers recueils. On y trouve: Louise; — Michel Perrin; — Une réjouissance en 1770; — la Mère Nacquart; — Rose et Thérèse; — le Schelling; — Maria Rosa. Quatre de ces nouvelles avaient paru dans le « Salmigondis. »

XVI. Flawy [les], roman du quinzième siècle. Paris, Fournier jeune, 1838, 2 vol. in-8 [15 fr.].

Mad. de Bawr a participé à plusieurs recueils de ces derniers temps; nous connaissons d'elle entre autres, dans « les Français peints par eux-mêmes, » le type de *la Garde-malade.*

BAX [A. L.]. — Analyse des pierres meulières des carrières de la Ferté-sous-Jouarre. Dijon, de l'impr. de Douillier, 1836, in-8 de 8 pag.

BAXTER [Richard], théologien anglican.

I. Repos [le] éternel des Saints, par Richard Baxter, abrégé par *Isaac Crewoson*; traduit sur la cinquième édition. Paris, Risler, 1833, ou 1837, in-18.

II. Voix [la] de Dieu qui appelle les pécheurs à la repentance et à la conversion, ou Discours sur Ézéchiel, chap. XXXIII, vers. 11. Toulouse, de l'impr. de Froment, 1836, in-12; — ou Valence, Marc-Aurel, 1836, 1839, in-12.

III. Pécheurs [les] refusant de se convertir, sermon sur Mathieu, XXII, 3; trad. de l'anglais. Toulouse, de l'impr. de Froment, 1857, in-12 de 72 pag.

BAXTON [Camille], pseudonyme. Voy. Mlle Dés. PACCAUD.

BAYARD [Jean-François-Alfred], l'un des plus féconds en même temps que l'un des plus spirituels auteurs dramatiques de l'époque actuelle, est né à Charolles, département de Saône-et-Loire, le 17 mars 1796. L'on a souvent eu occasion de remarquer combien l'École de droit avait fourni de vaudevillistes à la France, et voici qu'un nouvel exemple vient encore nous prouver que MM. Delvincourt et Duranton sont les meilleurs professeurs de couplets que l'on puisse imaginer. Grâce à la création de l'École de droit, Bayard, qui suivait assidûment les cours de Code civil et de droit romain, est devenu un de nos vaudevillistes les plus distingués. Règle générale et sans exception : l'étudiant en droit, pendant la première année, rime des couplets pour sa voisine la modiste ou la fleuriste; puis il passe son premier examen. La seconde année, l'étudiant en droit, qui est reçu bachelier, acquiert de nouvelles connaissances en fréquentant le théâtre du Luxembourg, et au bout de trois mois il a composé une pièce pour cet établissement : le vaudeville est payé douze francs à l'auteur, tout compris ; la troisième et dernière année arrive enfin, et après douze mois de travaux analogues aux précédents, l'étudiant en droit passe sa thèse avec le plus grand succès, et le jour où il est reçu avocat, il va plaider auprès du directeur de l'Ambigu ou de la Gaîté, afin d'obtenir lecture pour un mélodrame en plus ou moins d'actes. Seulement, comme il n'y a pas assez de théâtres à Paris pour suffire aux huit ou neuf cents auteurs que produit chaque année l'École dramatique de la place du Panthéon, sur les neuf cents adeptes, vingt-cinq ou trente parviennent par la suite à prendre place à côté de leurs anciens condisciples MM. Scribe, Mélesville, Bayard, etc., tandis que les huit cent soixante-dix autres, après avoir rêvé gloire, coulisses et droits d'auteur, finissent par acheter une étude de notaire, d'avoué ou d'huissier, selon qu'ils épousent une dot plus ou moins agréable. M. Bayard était doublement destiné à devenir vaudevilliste un jour, car avant d'entrer à l'École de droit il avait fait toutes ses études à l'institution Sainte-Barbe, qui est aussi une pépinière d'auteurs dramatiques, de romanciers et de journalistes. Du reste, M. Delanneau père, fondateur de Sainte-Barbe, semblait avoir une prévision des nombreux littérateurs qui sortiraient de son collége; car pour leur être utile il a pris la peine de composer lui-même un Dictionnaire de rimes, et ce volume forme, à peu près, toute la bibliothèque de la plupart des vaudevillistes de notre époque. Une singularité assez piquante marqua les premiers débuts de M. Bayard dans la carrière littéraire. Destiné par sa famille à endosser la robe noire d'avocat, le jeune étudiant en droit entra dans une étude d'avoué, il remplaça dans cette étude un clerc qui venait de quitter la basoche pour le séminaire, et ce séminariste est depuis devenu archevêque. Ce fut tout justement sur la pancarte de ce pieux prélat que M. Bayard écrivit sa première comédie en cinq actes et en vers. Cette pièce valut au jeune auteur les encouragements et l'amitié de Picard, et ses premières entrées au théâtre. Après avoir griffonné pendant quelques mois des assignations et des copies de jugements, M. Bayard quitta l'étude de l'avoué pour se faire recevoir avocat, mais il ne profita de la liberté qui lui était rendue que pour se livrer entièrement à ses goûts dramatiques. Le théâtre de l'Odéon, dont le parterre se composait alors, comme aujourd'hui, de la jeunesse des écoles, était d'un abord dangereux pour les auteurs, et surtout pour les débutants; car ce parterre juste, mais rigide, impitoyable même, faisait souvent expier de séduisantes illusions, et ce fut cependant devant ce public turbulent et sévère que M. Bayard eut le courage de faire représenter ses premiers ouvrages, dont quelques-uns étaient en vers. Ces premières études dramatiques n'ont pas été sans fruit pour l'avenir, et si aujourd'hui le public reconnaît même dans les plus simples vaudevilles de M. Bayard de véritables idées de comédie et des reflets d'une scène plus relevée, c'est à ses premiers et sérieux travaux que l'auteur doit les beaux succès qu'il obtient aujourd'hui sur des scènes plus secondaires. Lorsque Robin-des-Bois vint envahir l'Odéon et en chassa la comédie qui s'y était réfugiée, M. Bayard traversa la Seine, et vint frapper à la porte du Gymnase, théâtre alors à la mode, et où il fut bientôt joué sous le patronage du bon Désaugiers. L'immense succès obtenu par la *Reine de seize ans* décida de l'avenir de M. Bayard, qui dès lors se voua exclusivement au genre du vaudeville. Peu de temps après son entrée au Gymnase, M. Bayard épousa la nièce de M. Scribe, dont il a souvent partagé les succès. M. Bayard est un de nos auteurs actuels qui compose le mieux et le plus vite; car, âgé seulement de quarante et quelques années, il compte déjà cent dix-sept pièces jouées sur neuf différents théâtres de Paris : l'Odéon, les Français, l'Opéra-Comique, le Gymnase, le Vaudeville, le Palais-Royal, les Variétés, la Porte Saint-Martin et l'Ambigu.

Malgré ses nombreux travaux, M. Bayard a consacré une grande partie de son temps à la Société des auteurs dramatiques, dont pendant plusieurs années il fut un des commissaires les plus actifs, et en cette qualité il a concouru à presque tous les traités qui ont été passés avec les directeurs des théâtres de Paris. M. Bayard a aussi publié des articles littéraires dans plusieurs journaux, et des pièces de vers (*) dans plusieurs recueils. En 1837, frappé par un grand malheur de famille, M. Bayard accepta, comme une distraction forcée, la direction du théâtre des Variétés, qui lui était offerte. Bien qu'il n'ait conservé cette place que pendant un court espace de temps, le directeur n'en signala pas moins son passage par les plus heureux résultats. Après avoir commencé à réhabiliter dans l'opinion publique ce théâtre, qui était tombé au dernier rang des théâtres des boulevards, lorsque Bayard sentit l'impossibilité de concilier ses travaux et ses goûts d'auteur avec les devoirs si assujétissants d'une direction, son dernier acte administratif fut encore heureux pour le théâtre des Variétés; car il fit admettre comme son successeur un de ses plus spirituels collaborateurs, son ami M. Dumanoir, qui a complétement terminé ce qu'avait si bien rempli son prédécesseur, et aujourd'hui le théâtre des Variétés a repris une splendeur dont il avait même perdu le souvenir. Du reste, aujourd'hui encore, M. Bayard contribue beaucoup à la vogue qu'obtient ce théâtre régénéré; puisque, par un traité passé avec la nouvelle administration, il s'est engagé à fournir douze vaudevilles dans le courant de l'année. Ce traité est une imitation de celui passé jadis entre M. Scribe et le Gymnase, du beau temps du Gymnase, et il semble devoir produire d'aussi heureux résultats pour la caisse des Variétés; car les lucratifs succès de *Judith* et du *Père de la débutante* sont d'un favorable augure pour l'avenir. Dans la même année 1837, M. Bayard a été nommé membre de la Légion-d'Honneur. [*Galerie de la Presse*, art. de M. L. H.]

(*) Parmi lesquelles nous citerons *Louis XVI au salut; les Trois ministères*. Par un indépendant [Paris, de l'impr. de P.-F. Dupont, 1819, in-8 de 24 pag.]; un grand nombre de *chansons*.

I. *Avec M.*** [*Francisque Letocq*]: Une Promenade à Vaucluse, vaudeville en un acte. Paris, Mme Huet, 1821, in-8 [1 fr. 50 c.].

II. Guillaume et Marianne, drame en un acte, imité de l'allemand [de *Goethe*]. Paris, Brière, 1823, in-8.

III. Avec M. *Romieu :* Molière au Théâtre, comédie en un acte et en vers libres. Paris, Barba, 1824, in-8 [2 fr.].

IV. Roman à vendre, ou les deux Libraires, comédie en trois actes et en vers. Paris, Barba; Brière, 1825, in-8 [2 fr. 50 c.].

V. Avec M. *Désaugiers :* la Porte secrète, comédie-vaudeville en un acte. Paris, Duvernois, 1825, in-8 [1 fr. 50 c.].

VI. Avec M. *Scribe :* la Belle-Mère, comédie-vaudeville en un acte. Paris, Pollet, 1826, in-8 [2 fr.].

VII. Avec M. *Merville :* les Comptes de tutelle, comédie-vaudeville en un acte. Paris, Duvernois, 1826, in-8 [1 fr. 25 c.].

VIII. *Avec M ***. [*Romieu* et *Sauvage*]: le Neveu de Monseigneur, opéra-bouffon en deux actes. Paris, Bezou, 1826, in-8 [2 fr.].

IX. Avec MM. *Théaulon* et *Saint-Laurent :* John Bull au Louvre, vaudeville en trois tableaux [et en prose]. Paris, Quoy, 1827, in-8 [1 fr. 50 c.].

M. Bayard n'est point nommé sur le titre de la pièce.

X. Avec M. *G. de Wailly :* l'Oncle Philibert, comédie en un acte et en prose. Paris, cour des Fontaines, n° 7; Ponthieu, 1827, in-8.

XI. Avec le *même :* Anglais et Français, comédie à propos en un acte, en prose. Paris, cour des Fontaines, n° 7, 1827, in-8 [2 fr.].

XII. Avec MM. *Varner* et *Hippolyte* [*Leroux*] : Une Soirée à la Mode, comédie-vaudeville en un acte. Paris, cour des Fontaines, n° 7, 1827, in-8 [1 fr. 50 c.].

XIII. Reine [la] de seize ans, comedie mêlée de couplets, en deux actes. Paris, Bezou, 1828, in-8 [2 fr.]; — ou Paris, Bezou, 1830, in-18 [1 fr.]; et Paris, Tresse, 1840, in-8 de 24 pag. à deux colonnes [60 c. [.

L'édition in-18 fait partie de la « Suite du Répertoire du théâtre de Madame, et celle de 1840, de la France dramatique. »

XIV. Avec M. *Scribe :* la Manie des places, ou la Folie du siècle, comédie-vaudeville en un acte. Paris, Pollet, 1828, in-8 [2 fr.]; — ou Paris, Baudouin frères; Pollet, 1829, in-18.

La dernière édition fait partie du « Répertoire du théâtre de Madame. »

XV. Avec M. *Chabot* [*de Bouin*] : la Jeune Fille et la Veuve, comédie-vaudeville en un acte. Paris, Bezou, 1829, in-8 [1 fr. 50 c.].

XVI. Avec M. *Varner :* Marino Faliéro à Paris, folie à propos, vaudeville en un acte. Paris, rue d'Enfer, n° 4, 1829, in-8.

XVII. Avec M. Paulin [*Paul Duport*] : l'Incendie, comédie-vaudeville en trois actes. Paris, rue d'Enfer, n° 4, 1829, in-8 [2 fr.].

XVIII. Avec M. *Hippolyte Leroux* : le Vieux Pensionnaire, comédie-vaudeville en un acte. Paris, faubourg Poissonnière, n° 1, 1829, in-8 [1 fr. 50 c.].

XIX. Avec M. *Paul Duport* : Marie Mignot, comédie historique en trois actes. Paris, Bezou, 1829, ou 1830, in-8 [2 fr. 50 c.].

XX. Avec M. *Scribe* : les Actionnaires, comédie-vaudeville en un acte. Paris, Pollet, 1829, in-8 [2 fr.].

XXI. Avec MM. *Scribe* et *Mélesville :* Louise, ou la Réparation. Paris, Pollet, 1829, in-8 [2 fr. 50 c.]; ou 1831, in-18.

La dernière édition fait partie du « Répertoire du théâtre de Madame. »

XXII. Avec MM. *Scribe* et *Mélesville*: le Foyer du Gymnase, prologue mêlé de couplets. Paris, Pollet; Houdaille et Veniger, 1830, in-18 [1 fr.].

Cette édition fait partie du « Répertoire du théâtre de Madame. »

XXIII. Avec M. *Masson :* les Oubliettes, ou le Retour de Pontoise, pochade du XIIIe siècle, en deux actes, mêlés de couplets. Paris, Bezou, 1830, in-8 [2 fr.].

XXIV. Avec MM. *Scribe* et *Mélesville :* Philippe, comédie-vaudeville en un acte. Paris, Pollet, 1830, in-8 [2 fr. 50 c.].—Seconde édition. Paris, Pollet, 1831, in-18 [1 fr.].

La dernière édition fait partie du « Répertoire du théâtre de Madame. »

XXV. Avec M. *G. de Wailly :* Ma Place et ma Femme, comédie en trois actes et en prose. Paris, Bezou, 1830, in-8 [3 fr.].

XXVI. Foire [la] aux places, comédie-vaudeville en un acte. Paris, Bezou, 1830, in-8 [1 fr. 50 c.].

XXVII. Avec MM. *Scribe* et *Mélesville :* Jeune et Vieille, ou le premier et le dernier Chapitre, comédie-vaudeville en deux actes. Paris, Pollet, 1830, in-8 [2 fr.]

XXVIII. Avec M. *Paul Duport :* Claire d'Albe, comédie en trois actes, mêlée de couplets. Paris, Bezou, 1831, in-8, 2 fr. — Nouvelle édition, conforme à la représentation. Paris, le même, 1830, in-8 [2 fr.].

XXIX. Avec M. *Scribe :* les Trois Maîtresses, ou une Cour d'Allemagne, comédie en deux actes. Paris, Pollet, 1831, in-8.

XXX. Avec M. *Scribe :* le Budjet d'un jeune ménage, comédie-vaudeville en un acte. Paris, Pollet, 1831, in-8; ou Paris, Barba; Bezou, 1834, in-8 à deux colonnes.

La dernière édition fait partie de la « France dramatique au XIXe siècle. »

XXXI. Avec MM. *Mélesville* et *Brazier :* Ils n'ouvriront pas, prologue-vaudeville. Paris, Riga; Barba, 1831, in-8 [1 fr. 50 c.].

XXXII. Avec M. *Paul Duport :* le Frotteur, comédie-vaudeville en un acte. Paris, Riga; Barba, 1831, in-8 [1 fr. 50 c.].

XXXIII. Avec M. *Philippe D.* [*Dumanoir*] et *Julien de M.* [*Mallian*]: la Perle des maris, comédie-vaudeville en un acte. Paris, Barba, 1831, in-8 [1 fr. 75 c.].

XXXIV. Avec MM. *Brazier* et *Varner* : le Salon de 1831, à-propos en un acte, mêlé de couplets. Paris, Riga; Barba, 1831, in-8 [1 fr. 50 c.].

XXXV. Grande Dame [la], drame en deux actes, mêlé de couplets. Paris, Bezou, 1831, in-8 [2 fr.].

XXXVI. Avec M. *Scribe* : le Luthier de Lisbonne, anecdote contemporaine en deux actes [en prose], mêlée de vaudevilles. Paris, Pollet, 1831, in-8 [2 fr.].

XXXVII. Avec M. *Varner* : les Deux Novices, comédie-vaudeville en trois époques. Paris, Riga; Bezou, 1831, in-8 [2 fr.].

XXXVIII. Avec M. *Mélesville* : la Foire de Londonderry, tableau-vaudeville en un acte. Paris, Barba, 1832, in-8 [1 fr. 50 c.].

XXXIX. Avec M. *Emile Vanderburch* et *Alexis* [*de Comberousse*] : le Serrurier, comédie en un acte, mêlée de vaudevilles. Paris, Barba, 1832, in-8.

XL. Avec M. *Alexis de Comberousse* : Une Bonne Fortune, comédie-vaudeville. Paris, Bréauté, 1832, in-18.

XLI. Avec M. *Varin* : les Deux font la paire, comédie-vaudeville en un acte. Paris, Quoy, 1832, in-8 [1 fr. 50 c.]

XLII. Don Juan, ou un Orphelin, comédie historique en deux actes, mêlée de couplets. Paris, Barba, 1832, in-8 [2 fr.].

XLIII. Avec M. *Scribe* : la Médecine sans médecin, opéra-comique en un acte. Paris, Barba, 1832, in-8 [2 fr.].

XLIV. Avec *le même* : Camilla, ou la Sœur et le Frère, comédie-vaudeville en un acte. Paris, Pollet, 1833, in-8 [2 fr.]; — ou Paris, Pollet, 1833, in-18 [1 fr.].

La dernière édition fait partie du « Répertoire du théâtre de Madame. »

XLV. Avec M. *Varner* : Paris malade, revue mêlée de couplets. Paris, Barba, 1833, in-8 [1 fr. 50 c.].

XLVI. Avec M. *Scribe* : le Gardien, comédie-vaudeville en deux actes, tirée du roman d'Indiana. Paris, Pollet, 1833, in-8 [2 fr.]; — ou Paris, Barba; Bezou, 1834, in-8 à deux colonnes.

La dernière édition fait partie de la « France dramatique au XIXe siècle. »

XLVII. Avec M. *Varner* : la Chipie, comédie-vaudeville en un acte. Paris, Barba, 1833, in-8 [1 fr. 50 c.]

XLVIII. Avec M. *Mélesville* : la Chambre ardente, drame en cinq actes et en neuf tableaux. Paris, Marchant, 1833, in-8, 3 fr. 50 c.; — ou Paris, de l'impr. de Dondey-Dupré, 1833, in-8 à deux colonnes.

XLIX. Avec M. *T. Sauvage* : les Roués, comédie historique mêlée de chants, en trois actes, Marchant, 1833, in-8 [2 fr.]; — ou Paris, de l'impr. de Mme Delacombe, 1833, in-8.

L. Une Mère, drame en deux actes, mêlé de couplets. Paris, Barba; Marchant, 1833, in-8 [2 fr.]; — ou Paris, Marchant, 1833, in-8 à deux colonnes [40 c.].

LI. Avec M. *Varner* : le Mari d'une Muse, comédie-vaudeville en un acte. Paris, Marchant; Barba, 1834, in-8.

LII. Avec MM. *Deforges* et *Vanderburch* : les Charmettes, ou une Page des Confessions, comédie mêlée de couplets. Paris, Marchant, 1834, in-8 à deux colonnes; — ou Paris, le même, 1834, in-8 à longues lignes.

LIII. Avec M. *Hippolyte Leroux* : Une Fille à établir, comédie-vaudeville en deux actes. Paris, Bezou; Barba, 1834, in-8 à longues lignes [2 fr.]; — ou Paris, Quoy; Barba, 1834, in-8 à deux colonnes.

La dernière édition fait partie d'un recueil intitulé : « Théâtre parisien. »

LIV. Avec M. *E. Vanderburch* : Un premier amour, comédie-vaudeville en trois actes. Paris, Bezou, 1834, in-8; — ou Paris; Barba; Bezou, 1836, in-8 à deux colonnes.

La dernière édition fait partie de la « France dramatique au XIXe siècle. »

LV. Avec M. *Varner* : Un Ménage d'ouvrier, comédie-vaudeville en un acte. Paris, Marchant, 1834, in-8 à deux colonnes [15 c.]; — ou Paris, Barba, 1834, in-8 à longues lignes [1 fr.]

LVI. Avec M. Laurencin [*Chapelle*]:

Vingt ans plus tard, comédie-vaudeville en un acte. Paris, Marchant; Barba, 1834, in-8, à longues lignes [1 fr.]; — ou Paris, de l'impr. de Mevrel, 1834, in-8 à deux colonnes.

LVII. Avec M. *Scribe :* la Frontière de Savoie, comédie-vaudeville en un acte. Paris, Marchant, 1834, in-8 à deux colonnes [15 c.]; — ou Paris, Marchant; Barba, 1834, in-8 à longues lignes [1 fr. 50 c.].

LVIII. Lectrice [la], ou une Folie de jeune homme, comédie-vaudeville en deux actes. Paris, Marchant, 1834, in-8 à deux colonnes [50 c.]; — ou Paris, Marchant; Barba, 1834, in-8 à longues lignes [2 fr.].

LIX. Avec M. *Chabot de Boin :* la Vieille Fille, comédie-vaudeville en un acte. Paris. Marchant, 1834, in-8 à deux colonnes [15 c]; — ou Paris, Marchant, 1834, in-8 à longues lignes [1 fr. 50 c.].

LX. Avec M. *Alexis de Comberousse :* Frétillon, ou la Bonne Fille, vaudeville en cinq actes. Paris, Marchant, 1835, in-8 à deux colonnes; — ou Paris, Marchant; Barba, 1835, in-8 à longues lignes [2 fr.]

LXI. Avec M. *Paul Duport :* la Fille de l'avare, comédie-vaudeville en deux actes. Paris, impr. de Dondey-Dupré, 1835, in-8 à deux colonnes; — ou Paris, Marchant; Barba, 1835, in-8 à longues lignes [2 fr. 50 c.].

LXII. Avec M. *Alexis de Comberousse :* les Deux Nourrices, vaudeville en un acte. Paris, Marchant, 1835, in-8 à deux colonnes [20 c.]; — ou Paris, Marchant; Barba, 1835, in-8 à longues lignes [1 fr. 50 c.].

La première édition fait partie du « Magasin théâtral. »

LXIII. Avec. M. *Vanderburch :* les Deux Créoles, comédie-vaudeville en deux actes. Paris, de l'impr. de Bacquenois, 1835, in-8 à deux colonnes; — ou Paris, Marchant; Barba, 1835, in-8 à longues lignes [2 fr.].

LXIV. Gants [les] jaunes, vaudeville en un acte. Paris, Marchant, 1835, in-8 à deux colonnes [20 c.]; — ou Paris, Barba; Marchant, 1835, in-8 à longues lignes [1 fr. 50 c.].

LXV. Avec M. *Gabriel :* Manette, comédie-vaudeville en un acte. Paris, Marchant, 1835, in-8.

LXVI. Avec M. Laurencin [*Chapelle*] : Mathilde, ou la Jalousie, comédie en trois actes, mêlée de chants. Paris, Marchant, 1835, in-8 à deux colonnes [40 c.].

LXVII. Avec MM. Alphonse et Regnault [*Potron* et *Gautier*]: le Poltron, comédie-vaudeville en un acte. Paris, les marchands de nouveautés: Barba, 1835, in-8 [2 fr.]; — ou Paris, Barba; Bezou, 1837, in-8 à deux colonnes.

La dernière édition fait partie de la « France dramatique au XIXe siècle. »

LXVIII. Avec M. *** [ ] : l'Octogénaire, ou Adèle de Sénanges, comédie en un acte, mêlée de couplets. Paris, Marchant, 1835, in-8 à deux colonnes [20 c.].

LXIX. Avec M. *Paul Duport:* Alda, opéra-comique en un acte [en prose]. Paris, Marchand, 1835, in-8.

LXX. Avec M. *G. Lemoine :* André, comédie en deux actes, mêlée de couplets. Paris, de l'impr. de Mevrel, 1836, in-8 à deux colonnes.

LXXI. Avec MM. *F. Arvers* et *P. Foucher :* En Attendant, comédie-vaudeville en deux actes. Paris, de l'impr. de Mevrel, 1836, in-8 à deux colonnes; — ou Paris, Marchant, 1837, in-8 [1 fr. 50 c.].

LXXII. Avec M. *E. Vanderburch :* le Gamin de Paris, comédie-vaudeville en deux actes. Paris de l'impr. de Dondey-Dupré, 1836, in-8 à deux colonnes; — ou Paris, Marchant, 1836, in-8 à longues lignes [2 fr. 50 c.].

LXXIII. Avec MM. *Lafitte* et *Ch. Desnoyers :* Madeline la sabotière, comédie-vaudeville en deux actes. Paris, de l'impr. de Dondey-Dupré, 1836, in-8 à deux colonnes; — ou Paris, Marchant, 1836, in-8 à longues lignes [2 fr.].

LXXIV. Avec M. *Dumanoir :* la Marquise de Prétintaille, comédie-vaudeville en un acte. Paris, de l'impr. de Dondey-Dupré, 1836, in-8 à deux colonnes; — ou Paris, Marchant, 1836, in 8 à longues lignes [2 fr. 50 c.].

LXXV. Avec M. Devorme [*Jules de Wailly*] : Moiroud et Compagnie, comédie-vaudeville en un acte. Paris, Barba, 1836, in-8 [2 fr. 50 c.].

LXXVI. Avec M. *Et. Arago :* le Démon de la nuit, comédie-vaudeville. Paris, de l'impr. de Mme Dondey-Dupré, 1836, in-8 à deux colonnes;

— ou Paris, Marchant, 1836, in-8 à longues lignes [2 fr. 50 c.].

LXXVII. Avec M. *Varner* : l'Oiseau Bleu, pièce en trois actes, mêlée de chants. Paris, de l'impr. de Dondey-Dupré, 1836, in-8 à deux colonnes; — ou Paris, Marchant, 1836, in-8 à longues lignes [2 fr.].

LXXVIII. Avec M. *Scribe*: Sir Hugues de Guilfort, comédie-vaudeville en deux actes. Paris, de l'impr. de veuve Dondey-Dupré, 1836, in-8 à deux colonnes; — ou Paris, boulevard Saint-Martin, n° 12, 1836, in-8 à longues lignes [3 fr.].

LXXIX. Avec M. *Dumanoir* : Marion carmélite, comédie-vaudeville en un acte. Paris, de l'impr. de Dondey-Dupré, 1836, in-8 à deux colonnes; — ou Paris, Marchant, 1837, in 8 [2 fr.].

LXXX. Avec MM. *Davesne* et *Bouffé* : le Muet d'Ingouville, comédie-vaudeville en deux actes. Paris, de l'impr. de Dondey-Dupré, 1836, in-8 à deux colonnes; — ou Paris, Marchant, 1837, in-8 [2 fr. 50 c.].

LXXXI. Avec M. *Duvert* : le Mari de la dame de chœurs. Paris, de l'impr. de Dondey-Dupré, 1837, in-8 à deux colonnes; — ou Paris, Marchant, 1837, in-8 [2 fr.].

LXXXII. Avec M. *Deslandes* : Théodore, ou Heureux quand même, vaudeville en un acte. Paris, boulevard Saint Martin, n° 12, 1837, in-8 [2 fr. 50 c.].

LXXXIII. Avec M. *Mathon*: les deux Manières, comédie-vaudeville en deux actes. Paris, Barba, 1837, in-8 [2 fr. 50 c.].

LXXXIV. Avec M. *de Courcy*: l'Année sur la sellette, revue en un acte, mêlée de couplets. Paris, de l'impr. de Dondey-Dupré, 1837, in-8 de 16 pages à deux colonnes; — ou Paris, Marchant, 1837, in-8 [2 fr. 50 c.].

LXXXV. Avec M. *Dumanoir* : le Chevalier d'Eon, comédie en trois actes, mêlée de chants. Paris, Nobis, 1837, in-8 [40 c.].

LXXXVI. Paul et Jean, vaudeville en deux actes. Paris, Barba; Marchant, 1837, in-8 [2 fr. 50 c.].

LXXXVII. Avec M. *Dumanoir* : Judith, comédie-vaudeville en deux actes. Paris, Barba, 1837, in-8 [2 fr. 50 c.].

LXXXVIII. Avec M. *Anicet Bourgeois* : Un Retour de jeunesse, vaudeville fantastique en un acte. Paris, Barba, 1837, in-8 [1 fr. 50 c.].

LXXXIX. Résignée, ou deux Ménages, comédie en deux actes, mêlée de couplets. Paris, Barba, 1837, in-8 [2 fr. 50 c.].

XC. Avec M. *de Biéville* : De l'Or, ou le Rêve d'un savant, comédie en un acte, mêlée de couplets. Paris, Barba, 1837, in-8 [1 fr. 50 c.].

XCI. Avec MM. *Dumanoir* et *d'Ennery* : Suzette, coméd.-vaudeville en deux actes [et en prose]. Paris, J.-N. Barba, 1837, in-8.

XCII. Avec M. *Théaulon* : le Père de la débutante, vaudeville en cinq actes [et en prose]. Paris, J.-N. Barba, 1837, in-8.

XCIII. Avec MM. *Dumanoir* et *Dennery* : Madame et Monsieur Pinchon, comédie-vaudeville en un acte. Paris, de l'impr. de Dondey-Dupré, 1838 in-8.

XCIV. Monsieur Gogo à la Bourse, vaudeville en un acte et un tableau. Paris, de l'impr. de Dondey-Dupré, 1838, in-8.

XCV. Avec M. Léon Picard [*Ant. Bayard*] : Mathias l'Invalide, comédie-vaudev. en deux actes. Paris, de l'impr. de Dondey-Dupré, 1838, in-8.

XCVI. Avec M. Victor Doucet [*Vict. Reveillère*] : Léonce, ou Propos de jeune-homme, comédie-vaudeville en trois actes. Paris, de l'impr. de Dondey-Dupré, 1838, in-8.

XCVII. Trois [les] sœurs, drame en un acte, mêlé de couplets. Paris, Marchant, 1839, in-8 à deux colonnes [50 c.].

XCVIII. Trois [les] bals, vaudeville en trois actes. Paris, Marchant, 1839, in-8 à deux colonnes [40 c.].

XCIX. Remarques et Commentaires sur les pièces de théâtre d'Alberto Nota et du comte Giraud.

Imprimés avec un Choix des meilleures pièces de ces deux auteurs, traduit par M. Bettinger. [Paris, A. André, 1839, 3 vol. in-8.]

C. Avec M. *Dumanoir* : Émile, ou Six têtes dans un chapeau, comédie-vaudeville en un acte. Paris, Marchant, 1839, in-8 à deux colonn. [30 c.].

CI. Avec M. *de Biéville* : Geneviève la Blonde, comédie-vaudeville en deux actes. Paris, N. Barba; Bezou, 1839, in-8 [60 c.].

Cette pièce fait partie de la « France dramatique au XIXe siècle. »

CII. Avec M. *Dumanoir* : les Avoués en vacances, comédie-vaudev. en deux actes. Paris, Miffliez, 1839, in-8 à deux colonnes [50 c.].

CIII. Avec M. *T. Sauvage* : les trois Beaux-Frères, comédie en un acte, mêlée de couplets. Paris, Marchant, 1839, in-8 à deux colonn. [50 c.].

CIV. Avec M. *E. Vanderburch* : Fragoletta, comédie-vaudeville en deux actes. Paris, Miffliez, 1839, in-8 à deux colonnes [50 c.].

CV. Avec M. *Dumanoir* : les Premières armes de Richelieu, comédie en deux actes, mêlée de couplets. Paris, Miffliez, 1839, in-8 [50.].

CVI. Avec M. *Varner* : C'est Monsieur qui paie, vaudeville en un acte. Paris, Bezou; Barba, 1839, in-8.

CVII. Avec M. *de Biéville* : Phœbus, ou l'Écrivain public, comédie-vaudeville en deux actes. Paris, Bezou; Barba, 1839, in-8.

Ces deux dernières pièces font partie de la « France dramatique au XIXe siècle. »

CVIII. Avec *le même* : les Enfants de troupe, comédie en deux actes, mêlée de chants. Paris, Marchant, 1840, in-8, [40 c.].

CIX. Avec M. *de Saint-Georges* : la Fille du régiment, opéra-comique en deux actes. Paris, Miffliez; Tresse, 1840, in-8 de 20 pages à deux colonnes [50 c.]; — ou Paris, Tresse, 1840, in-8 de 60 pages [2 fr.].

Pièce formant le 47e numéro d'un « Répertoire dramatique. »

CX. Avec M. *Dumanoir* : Indiana et Charlemagne, vaudeville en un acte. Paris, les mêmes, 1840, in-8 de douze pages à deux colonnes [50 c.].

59e numéro de la collection précitée.

CXI. Avec M. Léon Picard [*Ant. Bayard*] : la Marchande à la toilette, comédie-vaudeville en deux actes. Paris, 1840, in-8.

CXII. Avec M. Xavier [*X. Boniface*] et *Masson* : la Servante du curé, vaudeville en un acte. Paris, 1840, in-8.

Bien que cette liste des productions dramatiques de M. Bayard soit déjà longue, elle le serait plus encore si nous y avions compris les pièces qui, n'ayant eu que quelques représentations, n'ont point été imprimées, et alors nous arriverions, pour jusqu'à la fin de mai 1840, au chiffre de 117 que nous avons énoncé dans notre notice : 1° [Avec M. A. Dufau], *Mon ami Listrac*, comédie en 3 actes, en prose, jouée à l'Odéon, en 1823; cette pièce ne réussit point, et pourtant on y trouve un caractère bien tracé et des intentions comiques; — 2° [Avec M. Romieu], *le Dernier jour de folie*, comédie en 3 actes et en prose; — 3° *le Veuvage interrompu*, comédie en un acte et en prose, 1823, marivaudage spirituel, mais qui ne réussit point; — 4° *les Trois époques*, comédie-vaudeville en 3 actes; — 5° [Avec M. Varner], *les Martyrs*, comédie-vaudeville en un acte : ces deux dernières pièces furent défendues par la censure au moment de la représentation; — 6° [Avec M. Scribe], *le Paysan amoureux*, 1832; — 7° *l'Hérétique*, 1836; — 8° *le Remplaçant*, 1837.

BAYARD [Antoine], frère du précédent, auteur dramatique, qui n'est guère connu en littérature que sous le pseudonyme de *Léon Picard*; né à Paris, le 15 novembre 1807.

I. Bonheur [le] dans la retraite, comédie-vaudeville en un acte. Paris, Barba, 1838, in-8 [1 fr. 50 c.].

II. Avec M. *J.-F.-A. Bayard* [son frère] : Mathias l'Invalide, comédie-vaudeville en deux actes. Paris, de l'impr. de Dondey-Dupré, 1838, in-8.

III. Avec *le même* : la Marchande à la toilette, comédie-vaudeville en deux actes. Paris, 1840, in-8.

M. Ant. Bayard a, sur ces trois pièces, déguisé son nom sous celui de Léon Picard.

BAYARD [Henri-L.]. — Examen microscopique du sperme desséché sur le linge, ou sur les tissus de nature et de coloration différentes. Paris, J.-B. Baillière, 1839, in-8 de 48 pages, plus une planche [2 fr.].

BAYARD DE LA VINGTRIE (*), le même que M. *Ferdinand-Marie Bayard*, cité dans le tome 1er, page 229 de la *France littéraire*. Ajoutez : M. Bayard suivit la carrière des armes, et devint capitaine d'artillerie; aujourd'hui membre de l'Athénée des beaux-arts. Depuis l'impression de l'article qui, dans la *France littéraire* le concerne, M. Bayard a publié :

I. Mémoire sur le système des barrages du canal maritime de Paris au Hâvre, leur influence sur le régime de la Seine et les propriétés riveraines, la position à leur assigner, leur mode de

(*) La « France littér. » fait naître M. Bayard le 28 février 1763; M. Guyot de Fère, dans sa « Statistique des gens de lettres et des savants, » le fait naître en 1767, et les auteurs de la « Biographie univ. et portat. des contemporains » le 28 février 1768.

construction et leur exécution. Paris, de l'impr. de F. Didot, 1832, in-8 de 32 pages.

II. Notice nécrologique sur Pierre Alexandre Lemarre [du Jura]. Paris, de l'impr. de Fournier, 1836, in-8 de 8 pages.

BAYEUX, avocat-général.

— Réquisitoire [son] dans le procès de séparation de corps entre M. et Mme de Troye [Cour royale]. Paris, de l'impr. de Dezauche, 1834, in-8 de 16 pages.

BAYLE [Antoine-Laurent-Jessé], docteur-médecin, professeur agrégé, et sous-bibliothécaire de la Faculté de médecine de Paris, etc. [Voyez la *France littéraire*, tome 1er, page 229].

I. Notice historique sur la vie et les ouvrages de G.-L. Bayle, médecin de l'hôpital de la Charité et de l'empereur Napoléon. Paris, de l'impr. de Béthune, 1834, in-8 de 52 pages et un portrait.

Imprimée aussi en tête du « Traité des maladies cancéreuses »; ouvrage posthume de G.-L. Bayle, publié par M. A.-L.-J. Bayle, son neveu [1834].

II. Bibliothèque de thérapeutique, ou Recueil de monographies originales et des travaux anciens et modernes sur le traitement des maladies et l'emploi des médicaments. Paris, Baillière, 1828 — 1837, 4 vol. in-8 [28 fr.].

Aux recueils de médecine cités par la « France littéraire » et auxquels M. Bayle a fourni soit des articles, soit des mémoires, il faut ajouter encore la Bibliothèque médicale, la Revue médicale, etc. M. Bayle est encore, avec M. Gibert, l'auteur du « Dictionnaire de médecine usuelle » [1835, 2 vol. in-8], et le rédacteur en chef de « l'Encyclopédie des sciences médicales. »

BAYLE [F.-H.]. — I. Traité sur la population, le commerce et les arts de la ville de commerce de Marseille, à l'époque où cette Athènes des Gaules fut assiégée par Jules César. Marseille, de l'impr. de Feissat aîné, 1838, in-8 de 52 pages.

II. Nouvelle mnémonique, appliquée aux avènements des rois de France au trône. Marseille, de l'impr. de Feissat aîné, 1839, in-8 de 16 pages.

BAYLE aîné [J.-Ch.]. — Exposé pour la ville de Riom, siége de Cour royale, à l'appui de la demande qu'elle a formée de la création d'une école de droit, et de son établissement dans ce chef-lieu judiciaire. Riom, de l'impr. de Thibaud, 1839, in-8 de 48 pages [75 c.].

BAYLE [G.-L.]. — Mes Prisons, Mémoires de *Silvio Pellico*, traduits de l'italien. Paris, Ébrard, 1839, in-12.

BAYLE-MOUILLARD [J.-B.], docteur-médecin.

I. Rapport sur les travaux de l'Académie des sciences, belles-lettres et arts de Clermont-Ferrand, depuis le 19 août 1833 jusqu'au 19 juin 1834, lu en séance publique. Clermont-Ferrand, de l'impr. de Thibaud-Landriot, 1835, in-8 de 52 pages.

II. De l'Emprisonnement pour dettes. Considérations sur son origine, ses rapports avec la morale publique et les intérêts du commerce, des familles, de la société, suivies de la statistique de la contrainte par corps. Paris, Roret, 1836, in-8 [7 fr. 50 c.].

Cet ouvrage a été couronné, en 1835, par l'Académie des sciences morales et politiques.

BAYLE-MOUILLARD [Élisabeth CANARD, dame], femme du précédent, connue en littérature sous le nom d'Élisabeth CELNART. [Voyez ce dernier nom].

BAYSSIÈRE [Pierre], sellier, à Montaigut [Tarn-et-Garonne].

— Lettre à mes enfants au sujet de ma conversion à la véritable religion chrétienne et des motifs qui m'ont fait passer de la communion romaine, où je naquis, dans la communion protestante, où je désire et j'espère mourir. Nérac, Galup; et Paris, Servier, 1827, in-8 de 48 pages [50 c.]. — Seconde édition. Paris, Servier; Montaigut, l'Auteur, 1827, in-12 de 48 pages.

Cette lettre fut encore réimprimée deux fois en 1828, et une fois en 1830.

BAYVET, raffineur. — Observations présentées à la Commission de l'examen de la loi sur les sucres. Paris, de l'impr. de Dondey-Dupré, 1833, in-8 de 32 pages.

BAZAINE [Pierre-Dominique], lieutenant-général français au service de la Russie, directeur de l'institut des voies de communication [école des ponts-et-chaussées], membre de l'Académie impériale des sciences de Saint-Pétersbourg et d'autres académies et sociétés savantes, est né à Scy [Moselle], le 15 janvier 1786. Sa famille étant venue s'établir à Paris, il y suivit ses études, dans lesquelles il montra autant d'application que de facilité naturelle. En 1802, il obtint un grand prix de mathématiques au concours général qui avait lieu alors entre les élèves les plus distingués des écoles centrales de Paris. Admis l'année suivante à l'École Polytechnique, dans le service de l'artillerie, auquel ses goûts l'appelaient, les instances de sa famille le déterminèrent à entrer dans le corps des ponts-et-chaussées; il y fut le second de sa promotion. Son zèle pour les sciences l'avait si bien fait remarquer, qu'on le nomma répétiteur d'analyse à l'École Polytechnique, tandis qu'il poursuivait ses études à l'École d'application des ponts-et-chaussées. — Des missions en Italie et dans le midi de la France lui avaient déjà fourni l'occasion de mettre en pratique ses connaissances acquises, lorsqu'au commencement de 1810, l'empereur Alexandre fit à Napoléon la demande de quelques ingénieurs français, pour créer en Russie le *corps des voies de communication*. Le jeune Bazaine et trois autres ingénieurs furent désignés pour remplir cette mission honorable pour eux, honorable aussi pour la France, fière de voir ses enfants appelés à répandre au loin les bienfaits des sciences et de la civilisation. Les deux gouvernemcnts convinrent alors que les ingénieurs ainsi détachés ne cesseraient pas d'appartenir au corps des ponts-et-chaussées de France et qu'ils y recevraient un avancement proportionné à celui qu'ils obtiendraient en Russie. — Le lieutenant-colonel Bazaine [c'est le grade qui lui fut accordé à son arrivée à Saint-Pétersbourg] voyait s'ouvrir devant lui une vaste et belle carrière : on jugera s'il a su la parcourir avec succès; mais, dès le début, de grandes tribulations lui étaient réservées. — Il était occupé d'importants travaux dans la Russie méridionale, sous les ordres du duc de Richelieu, lorsque se manifestèrent les premiers symptômes d'hostilités entre les empereurs de France et de Russie. De retour à Saint-Pétersbourg, en avril 1812, il y reçut la décoration de Sainte-Anne, seconde classe, comme récompense de ses services; mais en même temps, sur l'invitation de l'ambassadeur de France, il se préparait à rentrer dans sa patrie. Le gouvernement russe, au contraire, se décida à le retenir, quoiqu'il eût cessé tout service, et la guerre ayant éclaté, on le transporta ainsi que les trois autres ingénieurs français, successivement à Iaroslaf, à Pochekone, et de là, dans la Sibérie centrale, à Irkoutsk où ils passèrent deux ans et quatre mois dans une étroite captivité. Ce qu'il eut à souffrir alors par les privations, l'isolement et la rigueur du climat, ne l'empêcha pas de se livrer à des travaux utiles et sérieux. Il s'occupa d'un traité de calcul infinitésimal, indépendant de toute métaphysique ; de divers mémoires sur l'application et la géométrie plane de plusieurs propriétés, de la géométrie dans l'espace, enfin, d'une traduction de *la Russiade*, le principal poëme épique de Khéraskoff. — Rappelé à Saint-Pétersbourg au mois de février 1815, il y reprit son service comme ingénieur des voies de communication, et fut attaché à l'Institut de ce corps en qualité de professeur de haute analyse et de mécanique. En 1816, il reçut le grade de colonel, et la direction du canal qui devait unir les parties supérieures et inférieures de la Newa, et servir d'enceinte aux quartiers sud de la capitale. Les travaux qu'il a fait exécuter sur ce canal pendant plusieurs années, sont très-nombreux, et la plupart présentaient de grandes difficultés. On cite surtout la consolidation des berges, qui avait été deux fois inutilement tentée avant lui, et qu'il opéra à l'aide de revêtements combinés de manière à ce que la mobilité du sol concourût à la solidité de l'ouvrage. Les eaux du Ligova traversèrent le nouveau canal sur un pont-aquéduc en granit, dont la voûte, de 84 pieds d'ouverture sur 6 pieds de flèche seulement, peut être regardée comme une des constructions les plus hardies qu'on ait exécutées dans ce genre. — Peu après, il fit imprimer un *Traité élémentaire du calcul différentiel*, Saint-Pétersbourg, 1817, in-4, et plusieurs mémoires scientifiques, en même temps qu'il exécutait de nombreux travaux d'art, tant dans la capitale qu'à la résidence impériale de Tsarskoé Sélo. Il remplissait une mission scientifique à Paris, lorsque, le 1er avril 1820, il fut promu au grade de général-major. — Presqu'aussitôt, l'empereur le nomma chef du premier arrondissement des communications par eau, et c'est à ce titre qu'il a fait exécuter, sur toute l'étendue du systèmeVonichni-Volotckok, un foule d'ouvrages importants, parmi lesquels se distinguent les nouvelles écluses de Schlisselbourg, l'une des plus grandes constructions des temps modernes. C'est à cette occasion qu'il a composé son *Mémoire sur l'établissement des bassins d'épargne*, publié dans le recueil de l'Académie imp. des sciences de Saint-Pétersbourg et dans plusieurs recueils scientifiques. Par une heureuse application des résultats déduits de ce mémoire, le général Bazaine parvint à économiser, sur la consommation du canal de Ladoga, un volume d'eau qui n'est pas moindre des 5/7 de la dépense qui se faisait précédemment. La construction de ces écluses a exigé douze années de soins non interrompus. La première partie de cet immense travail, aussi recommandable par la grandeur de l'ensemble que par le fini des détails, a été ouverte à la navigation en 1826, et la seconde a été terminée au mois de juin 1832. — Parmi les autres travaux qui occupèrent en même temps le général, et qu'il serait trop long d'énumérer, on peut citer le projet de la reconstruction de la cathédrale de Saint-Isaac, qui donna lieu à la présentation d'un mémoire fort étendu sur la construction des dômes en général, et le pont jeté à l'embouchure de la rivière Noire, à l'extrémité du parc d'Ekatéringoff. Ce pont en charpente et à trois arches, de 275 pieds de longueur totale, a été construit presque miraculeusement, en un mois. Chaque pile est composée de deux rangs de colonnes creuses en fonte, suivant un système imaginé par le général Bazaine, et qui réunit l'élégance à l'économie. C'est aussi lui qui, dans le parc d'Ekatéringoff, suspendit le premier pont en chaînes de fer qui ait été construit en Russie. Dès 1823, le général Bazaine fut appelé au Conseil des voies de communication, et commença à exercer les fonctions d'inspecteur-général : c'est en cette qualité qu'il remplit plusieurs missions importantes et qu'il contribua à la jonction des deux capitales, Saint-Pétersbourg et Moscou, par une nouvelle voie navigable, et à la réunion de la Vistule au port de Vindeau, au moyen d'un double canal qui se trouve presque entièrement achevé. — Au mois de janvier 1824, l'empereur le nomma directeur de l'Institut des voies de communication ; il en était déjà directeur-adjoint depuis plusieurs années. Cet établissement, qui n'avait d'abord été fondé que pour soixante ou quatre vingts élèves, reçut entre ses mains un accroissement rapide. Une réorganisation complète, opérée par ses soins, sous la direction du duc Alexandre de Wurtemberg, dirigeant en chef les voies de communication de l'Empire, a porté le nombre des élèves à près de quatre cents, et donné au cours d'études un degré d'extension qui place cet Institut immédiatement à côté de l'École polytechnique de France. Cette nombreuse pépinière a déjà formé une foule de jeunes ingénieurs qui dirigent aujourd'hui avec un rare succès tous les travaux d'utilité publique, et qui se distinguent autant par leur honorable conduite que par l'éclat de leurs talents. — Vers cette époque, le général Bazaine fut encore chargé de la présidence du Comité des bâtiments et constructions hydrauliques de Saint-Pétersbourg. Ces nouvelles fonctions lui fournirent l'occasion de faire exécuter dans cette capitale un grand nombre d'ouvrages d'art, qui réunissent un caractère particulier d'élégance à toutes les conditions d'une rigoureuse solidité. On peut citer, comme exemples bien dignes de remarque sous ce double point de vue, le pont en fonte qu'il a construit près du jardin d'Été, le pont biais en granit, qu'il a jeté sur un canal voisin du palais du Génie, et le pont en charpente par lequel il a joint les deux îles de Kamennai et de Krestarski. — La Russie lui doit la réédification de la poudrière d'Okta. Ce vaste établissement présente maintenant un ensemble de bâtiments et de machines hydrauliques qui peuvent rivaliser avec tout ce que la France et l'Angleterre possèdent de plus complet sous ce rapport. — L'inspection faite avec le duc de Wurtemberg, de tous les travaux des provinces occidentales de l'empire et du royaume de Pologne, d'importantes missions et de nombreux

14.

projets signalèrent, pour le général Bazaine, les années 1825 et 1826. Parmi ces projets, il en est un qui constate la possibilité de mettre à la fois Saint-Pétersbourg et Cronstadt à couvert des inondations, et de faire de l'ensemble de ces deux villes, par des ouvrages très-simples, le port militaire et commercial le plus sûr et le plus spacieux de l'Europe. — Le traité de calcul différentiel, publié en 1817, attendait depuis long-temps, comme complément indispensable, un traité de calcul intégral. Le général Bazaine avait préparé la plupart des matériaux nécessaires à ce nouvel ouvrage, mais le grand nombre de ses occupations ne lui avait pas permis de les coordonner. Il s'associa pour cette utile entreprise, le colonel Lamé, alors professeur à l'Institut, aujourd'hui professeur de physique à l'École Polytechnique, connu dans la carrière des sciences, par la publication de plusieurs mémoires importants; et le *Traité de calcul intégral* parut en 1825, sous les noms de ces deux ingénieurs. Cette même association à laquelle s'adjoignit un autre professeur très-distingué, le colonel Clapeyron qui dirigeait la construction du chemin de fer, entre Paris et Saint-Germain, donna naissance à un projet de pont en chaînes de fer sur la grande Newa, de plus de mille pieds d'ouverture. Ce projet, dont l'exécution devait offrir, dans les supports extrêmes, une sorte d'histoire monumentale de la monarchie russe, depuis le règne de Rurick, présentait encore une solution rigoureuse des deux questions les plus importantes sur les ponts suspendus : une égale répartition de charge sur toutes les chaînes, et une parfaite mobilité dans les points de réunion des chaînes de suspension avec les chaînes équilibrantes. Cette dernière propriété assurait à la résultante des tensions supérieures aux supports, une direction constamment verticale, quelles que fussent les variations produites dans la longueur des chaînes par les divers changements de la température. — Les recherches particulières de M. Bazaine l'ayant conduit à s'occuper d'un nouveau système de construction pour les toitures des plus vastes édifices, il fit hommage à l'empereur Nicolas, dans les premiers mois de 1826, d'un projet de salle d'exercice, de deux cent quatre-vingts pieds de largeur, fondé sur ce nouveau système, et dans lequel les murs de l'édifice, n'étant soumis à aucune poussée horizontale, n'avaient que l'épaisseur nécessaire pour supporter le poids de la toiture. — Ce fut encore en 1826, qu'il commença, pour les terminer en 1828, les travaux d'un entrepôt pour les bois de construction, à Cronstadt, en remplacement de celui qui avait été incendié, mais sur des plans nouveaux, qui en ont fait un établissement très-remarquable. En même temps il exécutait, au moyen de quatre dragues à vapeur, construites par ses soins, le curage de tous les canaux de Saint-Pétersbourg. Cette grande et utile opération qu'on n'avait pas encore osé entreprendre, et qui avait éveillé bien des inquiétudes, fut heureusement achevée à la fin de 1831. — Au commencement de 1828, le général Bazaine, qu'appelaient en France de graves intérêts de famille, y fut envoyé par l'empereur, avec une mission scientifique qui le mit à portée de recueillir, sur les sciences mécaniques et industrielles, de nombreuses observations, publiées depuis en partie dans les mémoires de l'Académie impériale des sciences, et dans le « Journal des voies de communication. » — La fin de 1828 et l'année suivante furent employées à l'achèvement des nombreux travaux qu'il avait entrepris, et à la rédaction de plusieurs projets nouveaux, parmi lesquels on peut citer l'établissement de nouvelles cales de construction pour les deux amirautés de Saint-Pétersbourg; la consolidation de la nouvelle église de la Trinité, l'agrandissement du port de Cronstadt, et l'approfondissement de la barre à l'embouchure de la Newa. — Le 7 avril 1830, M. Bazaine fut élevé au grade de lieutenant-général, et reçut encore de nouvelles attributions. Sans parler des nombreux projets qui l'ont occupé depuis cette époque, et dont l'exécution a été ordonnée, nous signalerons, parmi ses travaux les plus importants, la construction du nouvel édifice destiné au sénat et au Saint-Synode; l'achèvement définitif, en 1833, de la partie supérieure du canal d'enceinte, aussi remarquable par la quantité que par la variété de ses ouvrages d'art;

et enfin la reconstruction en charpente de la grande coupole de l'église de la Trinité, quatre-vingt-sept pieds de diamètre, suivant un nouveau système, que sa parfaite stabilité, et l'étendue des applications dont il est susceptible, recommandent à l'attention de tous les ingénieurs.

Tant d'application dans les études abstraites du cabinet, tant d'activité dans l'exécution des travaux à l'extérieur, et dans la direction d'un établissement que la Russie regarde, avec raison, comme une des premières garanties de sa prospérité industrielle, avaient épuisé la santé du général Bazaine. Une maladie de cœur, que les médecins avaient d'abord jugée incurable, le détermina en 1835, à se rendre en France, où l'ont accompagné les bienfaits de l'empereur. Il n'attendait que son entier rétablissement pour retourner à Saint-Pétersbourg, et reprendre son service auprès de S. A. I. le grand duc Michel, auquel il était attaché en qualité de lieutenant-général du génie, et de membre du conseil des établissements d'instruction militaire, mais il succomba à sa maladie, à Paris, dans l'hiver de 1839. — D'honorables et nombreuses récompenses témoignent de l'estime qu'ont inspirée son caractère, ses talents et ses services. Il a été successivement décoré par LL. MM. les empereurs Alexandre et Nicolas, des grands cordons des ordres de Sainte-Anne, de Saint-Vladimir, de l'Aigle-Blanc et de Saint-Alexandre-Nevsky; par S. M. le roi des Français, de la croix de commandeur de la Légion-d'Honneur, et par S. M. le roi de Prusse, de la grande croix de l'Aigle-Rouge. — Plusieurs corps savants ont ajouté à l'éclat de ces récompenses, en admettant dans leur sein le lieutenant-général Bazaine. L'Académie impériale des sciences de Saint-Pétersbourg, après l'avoir reçu, en 1827, parmi ses membres correspondants, l'a élevé, en 1828, au rang de ses membres honoraires. L'Académie impériale de Wilna, l'Académie royale des sciences de Turin, la Société minéralogique de Saint-Pétersbourg, l'Académie des sciences militaires de Stockholm, l'Académie royale des sciences de la même ville et l'Académie royale des sciences de Munich, l'ont également associé à leurs travaux. Enfin, l'Université impériale de Saint-Pétersbourg l'a admis en 1834, au nombre de ses membres honoraires.

Quelque nombreuses et variées qu'aient été les fonctions confiées au lieutenant-général Bazaine, indépendamment des publications déjà rappelées dans cette notice, il a pu consacrer une partie de ses veilles à la composition de beaucoup de mémoires et d'ouvrages scientifiques, dont les uns sont encore inédits, et dont les autres ont paru soit isolément, soit dans les Mémoires de l'Académie impériale des sciences de Saint-Pétersbourg, soit dans le « Journal des voies de communication. » Nous en résumons ici la nomenclature chronologique. Parmi ceux qui ont été présentés à l'administration ou livrés au public, les plus dignes d'attention sont (*) :

I. Traité élémentaire du calcul différentiel, à l'usage de l'Institut des voies de communication. Saint-Pétersbourg, 1817, in-8.

II. Mémoire sur la théorie du mouvement des barques à vapeur, et sur leur application à la navigation des canaux, des fleuves et des rivières. Saint-Pétersbourg, 1817, in-4.

III. Mémoire sur l'application à la géométrie plane de plusieurs propriétés de l'hyperboloïde de révolution et du

(*) Cette notice est la reproduction de celle qui a été imprimée dans le « Biographie et le Nécrologe réunis. » M. Bégin, dans son excellente « Biographie de la Moselle, » tome IV, pag. 496 et suiv., a consacré une très-courte notice à son célèbre compatriote le général Bazaine, et si nous ne l'avons pas préférée à celle que nous donnons, c'est uniquement parce qu'elle n'est pas amenée aussi loin.

Nous avons confondu dans notre « France littéraire » le général Bazaine avec son père : c'est à ce dernier, employé de l'octroi de Paris, fonction trop modeste pour son instruction, que l'on doit : 1° En société avec M. Brillat : *Métrologie française*, ou Traité du système métrique, d'après la fixation définitive de l'unité linéaire fondamentale [Paris, 1802, in-8, 6 fr.]; — 2° Avec le même : *Nouveau transformateur des poids et mesures* [*Ibid.*, 1806, in-8]; — 3° *Cours de Stéréométrie* appliquée au jaugeage assujéti au système métrique [*Ibid.*, F. Didot, 1806, in-8, avec fig., 4 fr. 50 c.]; — 4° *Cours élémentaire de géométrie pratique* appliquée à la mesure des objets de commerce assujétis au calcul métrique [Paris, le même, 1807, in-8, avec figures, 6 fr.]. On trouve une notice sur cet utile écrivain dans la Biographie de la Moselle, de M. Bégin, tome IV, p. 496. Le biographe cité, écrivant en 1832, disait M. Bazaine père, mort depuis quelques années.

cône, et résolution de quelques problèmes relatifs aux courbes de second degré.

Mémoire de 30 pages imprimé dans le tome VII du Nouveau recueil de l'Académie impériale des sciences de Saint-Pétersbourg [1820].

IV. Mémoire sur l'établissement des bassins d'épargne dans les canaux de navigation, et sur les moyens d'économiser une grande partie de l'eau qui se dépense annuellement au canal de Ladoga.

Imprimé dans le tome IX du même recueil [1824].

V. Avec le colonel *Lamé :* Traité élémentaire de calcul intégral, à l'usage de l'Institut des voies de communication. Saint-Pétersbourg, 1825, in-8.

VI. Introduction à l'étude de la statique synthétique. Saint-Pétersbourg, 1830, in-8.

VII. Mémoire sur la construction des chaussées et sur la détermination des distances moyennes pour le transport des matériaux, avec 2 planch.

Imprimé dans le premier volume des Savants étrangers de l'Académie de Saint-Pétersbourg [1831].

VIII. Démonstration du principe des vitesses virtuelles, considéré comme base de la Mécanique. Saint-Pétersbourg, 1832, in-8.

Nous ajouterons, d'après la notice que nous reproduisons, les quinze autres notices et mémoires suivants, sans pouvoir, comme pour les précédents, indiquer où ils sont insérés :

IX. Mémoire sur l'état actuel du système de Vonichni-Volotckok, ou de la principale communication artificielle établie entre la mer Caspienne et la Baltique.

X. Mémoire sur l'impossibilité de ramener, par un simple approfondissement, le niveau du canal de Ladoga à la même hauteur que celui du lac du même nom.

XI. Notice sur un nouvel artifice propre à diminuer la dépense d'eau des canaux en général, et sur un nouveau système de petite navigation.

XII. Mémoire sur la méthode de raccordement à employer pour les alignements des routes.

XIII. Notice sur la construction des paratonnerres.

XIV. Notice sur le nouvel appareil gazogène.

XV. Mémoire sur les constructions des chaussées, et sur la détermination des distances moyennes pour le transport des matériaux.

XVI. Notice sur la composition des reliefs.

XVII. Mémoire sur un nouveau système relatif à l'établissement d'un chantier général destiné à la construction, au radoub et à la conservation des vaisseaux.

XVIII. Mémoire sur les machines à vapeur en général.

XIX. Mémoire sur la détermination de la force expansive de la vapeur, et des avantages qu'on en peut retirer sous le rapport industriel.

XX. Mémoire sur les moyens de préserver les machines à vapeur des explosions auxquelles elles sont exposées. — Nous ignorons si ce Mémoire a été imprimé à l'aide de caractères typographiques, mais nous en avons vu chez M. Carilian-Gœury un exemplaire autographié, qui porte la date de Saint-Pétersbourg, 1834. C'est un petit in-fol. de 75 pag., avec 10 grandes planches lavées.

XXI. Mémoire sur la fabrication, et en particulier sur le séchage, de la poudre à canon.

BAZAINE [ ], neveu du précédent, ingénieur des ponts-et-chaussées.

— Études sur les voies de communication. Première partie. Chemins vicinaux. Paris, Carilian-Gœury, 1835, in-8 [4 fr.].

BAZANCOURT [le baron de], littérateur, sous-bibliothécaire à Compiègne (*).

I. Escadron [l'] volant de la Reine [1560]. Paris, Ladvocat, 1836, 2 vol. in-8 [15 fr.].

« Le caractère de Catherine de Médecis, cette femme roi, qui gouverna la France comme Christine gouverna la Suède, est fidèlement retracé dans cette longue étude historique. La cour de France, en 1560, est habilement reproduite dans ce tableau en deux volumes, dont l'exécution fait honneur à M. de Bazancourt. »

II. Un dernier souvenir. Paris, Jules Laisné ; Hipp. Souverain, 1840, 2 vol. in-8 [15 fr.].

(*) Ce renseignement nous est fourni par le registre des emprunteurs de livres de la Bibliothèque royale.

roman dont presque tous les journaux de la capitale ont rendu un compte favorable.

Dans l'ouvrage publié en 1838, sous le titre de : « Un diamant à dix facettes » [Paris, Dumont, 2 vol. in-8]; on trouve une Nouvelle de M. le baron de Bazancourt, intitulée : *l'Hospice général à Dieppe.*

M. le baron de Bazancourt fournit des feuilletons à quelques journaux, et surtout au « Messager » depuis plusieurs années : nous nous rappelons avoir lu récemment dans ce journal deux nouvelles de lui : le *Chevrier* et le *Portrait de femme.*

BAZARD [Saint-Amand], l'un des principaux fondateurs du carbonarisme en France et de la Société saint-simonienne, né à Paris, le 19 septembre 1791, remplissait un emploi assez modique à la préfecture de la Seine, dans la division de l'octroi, lorsque s'organisèrent les sociétés politiques secrètes, dont le but était le renversement du gouvernement imposé à la France par l'invasion étrangère. Ce fut à cette époque que se formèrent les liens politiques de Bazard avec ceux qui l'aidèrent plus tard à fonder d'abord la loge des «Amis de la vérité », dont il devint vénérable peu de temps après, et ensuite de la Charbonnerie française. Bazard publia, de concert avec ses amis, plusieurs brochures ; il fut aussi pendant quelque temps le rédacteur principal d'un journal indépendant intitulé « l'Aristarque. » Après l'organisation de la Charbonnerie, Bazard fut président de la haute-vente et de la vente-suprême. Remplissant dans cette société des fonctions aussi éminentes, c'était de sa main que sortaient les ordres répandus par cette société, bien que toujours discutés et votés par la vente-suprême. On aurait pu citer plusieurs de ces ordres, dit un biographe de Bazard, comme des modèles sous le rapport du style, aussi bien que sous celui du sentiment républicain. Après la découverte du complot de Béfort, complot dont la direction civile avait été confiée à Bazard, le chef carbonaro fut, ainsi que son beau-frère, condamné par contumace; mais il n'en poursuivit pas moins, ainsi que ce dernier, sa vocation périlleuse : il se rendit dans l'Ouest pour le service des conspirations, y fit plusieurs voyages difficiles, traversa Poitiers au moment du procès du général Berton, et présida deux congrès charboniques qui eurent lieu à Bordeaux. Ces deux congrès marquèrent la fin de la période active de la Charbonnerie. Bazard cessa d'y prendre part. Revenu à Paris, et obligé, à cause de l'arrêt qui le menaçait de la peine de mort, d'y séjourner sous des noms empruntés qu'il fallait changer presqu'à chaque trimestre pour tromper l'œil de la police, il commença à se consacrer à des études philosophiques. Il écrivait sous le voile de l'anonyme, et soutenait sa famille par son travail, tout en perfectionnant lui-même son instruction. Bazard, convaincu, par plusieurs entreprises malheureuses et par le découragement qui s'en était suivi, de l'impuissance du carbonarisme, et rendu d'ailleurs par le repos à la méditation, commença à tourner ses vues vers un nouveau champ de travaux. La même ambition le guidait : c'était toujours l'amélioration de la France qui en formait la base. Peu de temps après, il alla se joindre au petit nombre de disciples de Saint-Simon. Le 1er octobre 1825, parut le premier numéro du journal hebdomadaire « le Producteur », fondé et publié par cette petite école. Bazard n'en était pas encore un partisan fort zélé ; il y avait en lui un sentiment profondément révolutionnaire qui ne l'a jamais quitté, et qui, dans le commencement de sa liaison avec les élèves de Saint-Simon, éprouvait probablement quelques froissements de la part des sentiments trop exclusivement paisibles auxquels il les voyait livrés. Sa rudesse politique ne s'accommodait point sans quelque difficulté des formes un peu trop financières de ses nouveaux amis. Ce ne fut qu'au neuvième numéro que son nom parut dans « le Producteur » pour la première fois. Jusque-là, ce journal n'avait guère renfermé, surtout de la part de ses deux gérants, Rodrigues et Enfantin, que des articles ayant trait au commerce et à l'industrie. L'article de Bazard, tout en s'accordant avec ceux-ci, s'ouvrait sur une plus vaste région ; il portait pour titre : « *Des partisans du passé et de ceux de la liberté de conscience.* » C'était une prise de position sociale entre les doctrines monarchiques et les doctrines libérales. Cinq volumes du « Producteur » furent ainsi publiés en commun. Bazard en était devenu un des collaborateurs les plus actifs. Mal soutenus par le public, ne pouvant disposer pour leurs travaux philosophiques que des heures gagnées sur leurs loisirs ou leur sommeil, les rédacteurs de ce journal, trop sérieux pour ne pas être à ses auteurs une charge pesante, se décidèrent à interrompre sa publication à partir de 1827; mais à cette publication succéda « l'Organisateur », paraissant régulièrement tous les samedis depuis le milieu du mois d'août 1828, feuille exclusivement consacrée aux doctrines de l'école saint-simonienne ; puis enfin « le Globe, » qui, à partir du commencement de 1831, était régulièrement écrit sous la dictée de Bazard. C'est encore à cette époque qu'appartient « l'Exposition de la doctrine saint-simonienne, » dont le second volume est en entier de Bazard. Vers la fin de 1831, une scission entre Bazard et Enfantin éclata : l'émission de propositions que ce dernier tenait depuis long-temps en réserve, détermina une rupture entre les deux chefs de la doctrine : il s'agissait du mariage (*) et du droit sacerdotal en général. Après cette rupture, arrivée le 11 novembre 1831, Bazard tenta de constituer une société nouvelle; mais aucun de ceux qui avaient repoussé la dictature d'Enfantin ne voulut consentir à se ranger sous la sienne. Il tenta également de commencer un débat public contre Enfantin ; il publia un premier manifeste, intitulé : *Discussions morales, politiques et religieuses*. Première partie. 20 janv. 1832 [in-8 de 30 pages], qu'il signa : *Bazard, l'un des deux chefs de l'ancienne hiérarchie saint-simonienne, chef de la hiérarchie nouvelle.* Il y attaquait violemment son ancien collègue, dévoilait le secret de la dissension qui avait commencé entre eux depuis vingt mois, c'est-à-dire depuis une époque antérieure à l'impulsion donnée à l'école saint-simonienne par les événements de 1830, et terminait, tout en promettant la suite de cette discussion, par la déclaration que l'effet des doctrines d'Enfantin, qui alors n'étaient point encore publiques, devait être de fonder le gouvernement humain sur la corruption, la séduction, la fraude. Il avait en effet l'intention, tout délaissé qu'il était, de continuer à lui seul son œuvre, et de publier par la voie de la presse l'exposé de ses opinions sur la morale, la religion et la politique; mais atteint à la fois dans ses idées et dans le sanctuaire de ses affections les plus chères, les forces lui manquèrent. Huit mois après sa séparation publique d'Enfantin, Bazard mourut, le 29 juillet 1832, à Courtry, près Montfermeil, où il s'était retiré avec sa famille. Ses papiers ne renfermaient que quelques notes éparses et de peu de valeur (*).

(*) C'est à Enfantin qu'est due l'immorale idée de la communauté des femmes.

(*) L'Encyclopédie nouvelle, tome II, renferme une notice sur Bazard, qui a plus de dix colonnes d'étendue : elle a pour auteurs deux écrivains qui furent ses collègues dans des temps différents : M. Trélat, dans la première partie de cette notice, l'a suivi comme carbonaro, et M. J. Reynaud, dans la seconde partie, l'a considéré comme saint-simonien. C'est de cette notice que nous avons extrait celle qu'on vient de lire.

BAZELAIRE [Édouard de], des Vosges, membre de plusieurs sociétés savantes.

— Promenades dans les Vosges. Souvenirs historiques et paysages; accompagnées de 20 lithog. Paris, Debécourt, 1838, in-4 [18 fr., et sur papier de Chine, 25 fr.].

BAZÉNAC [Nicolas]. — Instruction [l'] au village, ou les Délassements de six élèves en vacances. Première livraison. Lyon, l'Auteur, 1837, in-8 de 52 pag.

BAZIGNAN [Jean-Baptiste], D. M., à Paris, a fait imprimer deux thèses : la première sur les tubercules pulmonaires; la seconde, à l'occasion du concours pour la place de professeur de clinique d'accouchement à la Faculté de médecine de Paris, sur cette question : « Dans les cas de présentations vicieuses du fœtus, que convient-il de faire? »

BAZIN [A.]. Voy. BAZIN DE RAUCOU.

BAZIN [Ch.]. — I. Canal de Marseille. Mémoire présenté par M. Ch. Bazin, exposant les motifs de la préférence à accorder à son projet sur celui de M. Carella. Marseille, de l'impr. de Feissat, 1833, in-4 de 48 pag.

II. Observations soumises à la commission d'enquête sur l'avant-projet de canal, présenté par M. de Mont-Richer.

Marseille, de l'impr. de Feissat, 1837, in-8 de 8 pag.

BAZIN aîné, orientaliste.

M. Bazin a revu et augmenté d'un appendice la traduction, par M. A. Pichard, de l'ouvrage de J.-F. Davis, intitulé: la « Chine, ou Description générale des mœurs et des coutumes, etc. » [Paris, Paulin, 1836, 2 vol. in-8]; il est auteur de l'Introduction à l'ouvrage publié par M. Malpierre, intitulé: « la Chine, mœurs, usages, costumes, etc. » [Paris, 1839, in-4]; enfin, il a donné un *Théâtre chinois*, ou Choix de pièces de théâtre composées sous les empereurs Mogols; traduites, pour la première fois, sur le texte original, précédées d'une Introduction et accompagnées de notes. [Paris, de l'impr. royale. — Benj. Duprat, 1838, in-8] [7 fr. 50 c.].

BAZIN, avocat. — Sentence [la] du meurtrier, impressions de cour d'assises. Châlons-sur-Saône, de l'impr. de Duchesne, 1840, in-8 de 36 pag.

BAZIN DE RAUCOU [Anaïs], littérateur et historien; né à Paris, le 26 janvier 1797; reçu avocat à la Cour royale de Paris, en 1818.

I. Eloge historique de Chrétien-Guillaume Lamoignon de Malesherbes. Discours qui a remporté le prix d'éloquence décerné par l'Académie française dans sa séance du 9 août 1831. Paris, de l'impr. de F. Didot, 1831, in-4 de 40 pag. [2 fr.].

II. * Cour [la] de Marie de Médicis. Mémoires d'un cadet de Gascogne [1615-1618]. Paris, Mesnier, 1830, in-8 [7 fr. 50 c.].

III. Epoque [l'] sans nom. Esquisses de Paris, 1830-1833. Paris, Alex. Mesnier, 1833, 2 vol. in-8 [15 fr.].

Esquisses de Paris après la révolution de juillet.

IV. Histoire de France sous Louis XIII. Paris, Chamerot, 1837, 2 vol. in-8 [14 fr.].

Ouvrage très-remarquable. L'Académie française, dans sa séance du 14 mai 1840, a décerné à son auteur le second prix [de mille francs] de la fondation Gobert, pour le meilleur ouvrage publié sur notre histoire ou quelques-unes de ses époques. Le premier prix [de 10,000 fr.] a été accordé à M. Augustin Thierry, pour ses « Récits des temps mérovingiens, précédés de Considérations sur l'histoire de France » [1840, 2 vol. in-8], et cela au détriment, peut-être, de l'Histoire des Français par états [de M. A.-A. Monteil].

M. A. Bazin a participé à la rédaction de plusieurs journaux et recueils littéraires. Avant 1830, il a fourni, sous le voile de l'anonyme, des articles à la « Quotidienne. » Plus tard, il est devenu l'un des nombreux auteurs du « Livre des cent-et-un, » où l'on trouve de lui: le *Bourgeois de Paris* [tome 1er]; — la *Chambre des députés* [tome II]; — *Nécrologie* [de Mayeux, comme personnification des béotiens de Paris après 1830]; — *Paris* [tome IV]; — le *Choléra-Morbus à Paris* [tome V]. Ce sont ces divers morceaux qui, réunis à d'autres observations sur Paris, imprimées dans la « Revue de Paris, » ont formé, en grande partie, les deux volumes publiés, en 1833, sous le titre de « l'Epoque sans nom. » Postérieurement, cet écrivain a fait insérer dans la « Revue de Paris, » dont il est l'un des coopérateurs habituels, une suite d'esquisses historiques sur des faits et des personnages de la France, et entre autres sur le *Règne de Henri IV*, Guez, seigneur de *Balzac*, le poète *Théophile*. Il a aussi fourni, au « Plutarque français, » publié par M. Mennechet, les notices sur *Ph. de Mornay* et sur *Malesherbes*. Enfin, M. Bazin est auteur d'une préface à citer, celle de l'édition des Mémoires de Sully, qui fait partie de la Collection publiée par l'académicien Michaud. On doit désirer que l'auteur se décide à réunir ces derniers morceaux et à les faire imprimer.

BAZO [Manoel], traducteur espagnol. — Plantadores [los] de America, o las Nacimientos del Susquehanna. Novela descriptiva por *Fenimore Cooper*, traducida al castellano por don Manoel Bazo. Paris, Wincop, 1837, 4 vol. in-18.

BAZOLDO [G.]. — I. Poemetto alle signore Malibran-Garcia e Sontag, per la representazione straordinaria del Tancredi. Parigi, dai torchi di Didot, 1829, in-12 de 20 pag.

II. Retorno [il] al regio teatro italiano della signora Enrichetta Sontag, celebre cantatrice, poemetto. Parigi, dai torchi di F. Didot, 1829, in-12 de 24 pag.

BAZONNI [Giambattista].— Castello [il] di Trezzo, novella storica. Parigi, Baudry, 1838, in-12 [3 fr. 50 c.].

BAZOT [Étienne-Franç.], littérateur, secrétaire-perpétuel de la Société générale de la ci-devant Société royale académique des sciences, membre de l'Athénée des arts, de l'ancienne Société grammaticale, de l'Académie de Mâcon, etc.; né à Château-Chinon [Nièvre], le 13 mars 1782. [Voy. la *France littér.*, tome Ier, p. 253].

I. *Tuileur [le] expert des sept grades du rite français ou moderne; trente-trois degrés du rite écossais ancien et accepté; grades symboliques de la Grande-Loge d'Écosse; maître écossais du régime rectifié de Dresde; grand inspecteur-général anglais primitif. Avec une notice, etc. Paris, Boiste fils aîné, 1828, in-12 de 228 p. [2 fr. 50 c.].

II. Morale de la Franc-Maçonnerie,

et esprit, pensées et maximes des francs-maçons les plus distingués ; avec une préface, un discours préliminaire, des observations et des notes historiques, dogmatiques et critiques. Paris, Boiste fils aîné, 1827, in-18 de 257 pag. [2 fr.].

III. Code des francs-maçons, ou lois, doctrines, morale, secrets, mystères, cérémonies, etc., etc., de l'institution maçonnique. Ouvrage indispensable aux francs-maçons et aux profanes, faisant suite à la Morale de la franc-maçonnerie. Paris, Aimé André, etc., 1830, in-18 de xv et 320 pag. [3 fr.].

IV. Tableau historique, philosophique et moral de la franc-maçonnerie en France. Divisé en trois parties. Paris, de l'impr. de Dondey-Dupré, 1836, in-8 de 48 pag.

V. Chansons maçonniques. Paris, Carré, 1838, in-18 [2 fr. 50 c.].

L'une des chansons est intitulée : Voltaire.

VI. Chansons [nouvelles] maçonniques. Paris, Mme Dondey-Dupré, 1839, in-8 in-18 [2 fr.] (*).

BAZY [S.]. — De la Fabrication des sucres en France et aux colonies. Paris, de l'impr. de J. Didot aîné, 1829, de 80 pag.

BEATSON [Alexandre], major-général anglais.

— Nouveau Système de culture sans fumier, ni chaux, ni jachère d'été, pratiqué à la ferme de Knowle, dans le comté de Sussex ; traduit de l'anglais, par M. *Cavoleau*. Paris, Mme Huzard, 1827, in-8 de 188 pages et 5 planches [5 fr.].

Extrait des « Annales d'agriculture, » 2e série.

BEAU. — Recherches sur la cause des bruits anormaux des artères, et application de ces recherches à l'étude de plusieurs maladies, et principalement de la chlorose. Paris, de l'imp. de Locquin, 1838, in-8 de 20 pages.

BEAUCERTAIN [J.-F.]. — Nouveau Système de la conjugaison française, en deux parties principales, les paradigmes et les exercices, d'après l'Académie et les meilleures autorités. Lille, Vanackère et Roubaix, l'Auteur, 1831, in-8 de 24 pages. — Seconde édition. Lille, Vanackère, 1835, in-8 de 24 pag. [50 c.].

BEAUCHAMP [Alphonse de], historien [Voy. *la France littéraire*, tome Ier, p. 254]. Ajoutez : mort à Paris, le 4 juin 1832.

I. *Mémoires de Fauche-Borel. Paris, Moutardier, 1828 — 1829, 4 vol. in-8, y compris un Supplément de 14 feuilles [32 fr.].

II. Réponse de M. Fauche-Borel au sieur baron d'Eckstein, à M. Pierre Grand, à M. le baron Marguerit et au respectable M. de Bergasse, au sujet de ses Mémoires. Paris, Moutardier, 1829, in-8 de 72 pages.

III. Réplique à une réponse publiée à l'occasion des Mémoires de Fauche-Borel. Paris, de l'impr. de Crapelet, 1830, in-8 de 12 pages.

On ne connaîtra jamais toutes les publications dues à la prodigieuse activité de Beauchamp : la « France littéraire » est loin de les avoir fait connaître complètement. Ainsi, ce fut Beauchamp qui fut chargé de refaire les Mémoires du comte de VAUBAN [1806, in-8] : il est l'un des arrangeurs des *Mémoires tirés des papiers d'un homme d'État*, etc., présentés comme ceux du comte de HARDENBERG [1831-37, 13 vol. in-8]. [Voy. notre article du comte Arm.-Franç. d'Allonville] ; il avait ébauché des Mémoires de Fleury, de la Comédie-Française, qui ont été terminés et publiés par un autre. Enfin Beauchamp a laissé de nombreux manuscrits dont une partie n'était pas achevée.

BEAUCHEMIN [E.-Hippolyte de]. — Elementos de la lengua francesa, o Metodo pratico para aprender este idioma. Paris, Bihourd, 1839, in-8.

BEAUCHESNE [Hyacinthe-Alcide de], poète, né à Lorient, en avril 1801.

I. Souvenirs poétiques. Paris, Delan-

(*) Nous avons fait erreur dans notre « France littéraire, » article Bazot, en présentant le *Manuel du franc-maçon* comme une nouvelle édition du « Vocabulaire des francs-maçons », réimprimé pour la troisième fois en 1810 : non-seulement ce sont deux ouvrages différents, mais encore de différents auteurs. L'auteur du « Vocabulaire » est Laurens, à qui l'on doit des Essais historiques et critiques sur la franc-maçonnerie. La première édition du *Manuel* qui parut en 1811 chez Caillot, ne formait que 196 pages. M. Bazot a augmenté chaque nouvelle édition de son livre ; ainsi, la 2e, de 1812, a 250 pages ; la troisième, de 1817, a 376 pages et une fig. ; la quatrième, de 1819, a le même nombre de pages que la précédente, et, de plus, un titre gravé. — Enfin, la sixième édition a paru en 1834 ; cette dernière est entièrement revue, corrigée et augmentée d'*une Explication des grades symboliques*, etc. Paris, Mme Seignot, Plancher de Lanoe, 2 vol. in-12 [7 fr.].

gle, 1830, in-16 [4 fr.]. — Seconde édition. Paris, le même, 1830, in-8. — IIIe édition, revue, corrigée et augmentée d'un livre nouveau. Paris, Guyot; Dentu, 1834, in-8 [7 fr. 50 c.].

II. A M. Victor Hugo. [En vers]. Paris, de l'impr. de Béthune, 1830, in-8 de 4 pages.

Extrait de la « Chronique de France. »

M. A. de Beauchesne est un des auteurs des « Souvenirs du vieux Paris » [1834], et aussi des Méditations poétiques contenues dans le « Livre des Saints » [1834].

BEAUDÉ [J.-P.]. [Voy. *la France littéraire*, tome Ier, p. 236]. Ajoutez : médecin à Paris, l'un des secrétaires de l'Athénée de médecine.

Au *Mémoire* cité au nom de ce médecin, il faut ajouter un article *sur la zoologie antédiluvienne*, impr. dans « l'Europe littéraire. »

BEAUDEMOULIN [L.-A.], ingénieur en chef au corps royal des ponts-et-chaussées, ancien élève de l'École polytechnique.

I. Recherches théoriques et pratiques sur la fondation, par immersion, des ouvrages hydrauliques et particulièrement des écluses. Paris, Carilian-Gœury, 1829, in-4 avec 4 planches, gravées par Adam [5 fr.].

II. Considérations administratives sur les ponts-et-chaussées, les chemins vicinaux, l'organisation départementale et la police du roulage. Paris, Carilian-Gœury, 1833, in-8 de 80 pages.

Pour être complètes, ces Considérations doivent être suivies d'une Note supplémentaire publiée dans la même année.

III. Considérations sur le système du rétrécissement par des digues submersibles, proposé pour l'amélioration des rivières à fond mobile, et essayé sur la Loire en 1755 et en 1825. Paris, Carilian-Gœury, 1833, in-8 de 48 pages.

Extrait des « Annales des ponts-et-chaussées. »

BEAUDOUIN [Félix]. — Avec M. *Adolphe Ménars :* le Huguenot, drame en cinq actes. Besançon, de l'impr. de Déis, 1839, in-8.

BEAUDOUX [Mme Clarice]. — Théâtre des familles. Paris, Maison; Didier, 1838, in-12 [3 fr.].

BEAUFFORT [le marquis Amédée de], membre du conseil provincial de la province du Brabant, président de la commission directrice de l'exposition de 1836, à Bruxelles.

I. Du salut de la France; par un ancien officier de la maison du roi. Paris, Patris, 1815, in-8 de 97 pages.

II. Avec le comte *Henri de Mérode :* De l'esprit de vie et de l'esprit de mort. Paris, Renduel, 1833, in-8 [7 fr.].

III. Souvenirs d'Italie; par un catholique [Bruxelles]. Paris, rue Saint-Antoine, no 76, 1838, in-8 [6 fr.]; — ou Lille, Lefort, 1839, 3 vol. in-18.

L'édition originale de ce livre a paru à Bruxelles, en 1838 : celle de Lille est abrégée et fait partie d'une Collection, intitulée : *Nouvelle Bibliothèque catholique.*

BEAUFORT [François-Louis-Charles-Amédée d'HERTAULT, comte de], littérateur, né, en 1814, à Béziers [Hérault], d'une ancienne famille du Languedoc, débuta dans les lettres par des articles de critique qu'il fournit à la « Gazette du Languedoc », ainsi qu'à la « Revue du Midi », deux journaux paraissant à Toulouse : on trouve de lui, dans le dernier, un travail qu'on ne doit pas passer sous silence : ce sont des études sur *les deux Faust de Gœthe*. Venu à Paris, bien que fort jeune encore, mais précédé pourtant par une certaine réputation, M. de Beaufort ne tarda pas à être accepté pour rédacteur par plusieurs directeurs de journaux et de recueils littéraires de la capitale ; aussi a-t-il fourni des articles à « la Quotidienne », à « l'Univers », à « la France », à la « Revue de l'Université catholique », et à celle de Paris. Outre sa coopération aux journaux que nous venons de citer, on a de M. de Beaufort les ouvrages suivants :

I. Gaston, drame en trois actes et en prose. Toulouse, de l'impr. de Paya, 1836, in-8.

II. Vies de quelques bienfaiteurs de l'humanité. Paris, rue Saint-Antoine, 1838, in-8 [2 fr. 25 c.].

Les personnages dont ce volume contient la vie, sont : S. Grégoire-le-Grand, S. Bernard, S. Pierre Nolasque, Las Casas, S. Charles Borromée, S. Vincent-de-Paul, Fénélon, J.-B. de Lasalle, Stanislas, roi de Pologne, et l'abbé de L'Épée.

III. Histoire des papes, depuis Saint-Pierre jusqu'à nos jours : avec une Introduction [Préface], par M. *Laurentie*. Paris, rue Saint-Antoine, 1838, in-8.

Cet ouvrage a été annoncé comme devant

former 4 vol. qui auraient été publiés en 40 livraisons; mais il n'a paru que les deux premières livraisons, ensemble de 7 feuilles.

La publication de cet ouvrage, dont le manuscrit est entièrement terminé, n'a point été indéfiniment suspendue, mais seulement retardée par des circonstances indépendantes de la volonté de l'auteur.

IV. Légendes et Traditions populaires de la France. Paris, Debécourt, 1840, in-8 de lxvij et 526 pages [5 fr.].

Ces légendes et traditions sont particulières aux provinces du Midi : l'auteur se propose, pour les compléter, de publier un second volume: celui que nous citons renferme quinze légendes.

M. le comte A. de Beaufort a deux ouvrages terminés qui seront livrés à l'impression d'un jour à l'autre : ce sont d'abord une *Introduction à l'Histoire des Papes*, 1 vol. in-8, et ensuite des *Etudes sur les écrivains ascétiques*, 1 vol. in-8. La « Revue de Paris » doit publier dans l'un de ses plus prochains numéros un fragment de ce dernier ouvrage, qui a sainte Thérèse pour objet.

BEAUFORT D'AUBERVAL [Alphonse-Aimé]. [Voy. *la France littéraire*, tome Ier, p. 236 (*)]. Ajoutez : tour à tour acteur, directeur de théâtre et, dans les dernières années de sa vie, souffleur au théâtre de Comte, devait le jour, croit-on, à mademoiselle Con***, qui fut long-temps l'honneur de la scène française ; il était le filleul d'un duc, et il assurait lui tenir de plus près ; et pourtant Beaufort d'Auberval est mort dans une profonde indigence, à l'hospice Beaujon, le 26 août 1825, à l'âge de 61 ans.

— Bâtard [le] d'une haute et puissante dame, précédé d'une Notice sur la vie de l'auteur, et suivi de l'œillet et la fatalité, par M. *Aug. Imbert*. Paris, Poulton, 1831, 2 vol. in-12 [5 fr.].

BEAUFORT D'HAUTPOUL [la comtesse Anne-Marie]. [Voy la *France littér.*, tome Ier, page 237]. Ajoutez : née à Paris, le 9 mai 1763.

(*) La Notice de M. Imbert sur Beaufort d'Auberval nous apprend que ce dernier est l'auteur d'un volume publié en 1816 sous le voile de l'anonyme, et que nous n'avons pas cité dans notre *France littér.* Ce volume est intitulé : *Voyages et séances anecdotiques de M. Comte* (de Genève), *physico-magi-ventriloque le plus célèbre de nos jours*, publiés par un témoin auri-oculaire. [Paris, Dentu, in-12 de 10 feuilles deux tiers, avec 3 planches]. Beaufort d'Auberval a composé un certain nombre de *comédies* et de *vaudevilles* dont la réunion pourrait former 2 vol.; mais, sauf « la Vérité dans un puits », citée par la *France littér.*, elles ne paraissent pas avoir été imprimées.

I. Avec M. *Biscarat* : Manuel complet de style épistolaire, ou Choix de lettres puisées dans les meilleurs auteurs, précédé d'instructions sur l'art épistolaire et de notices biographiques. Paris, Roret, 1829, 1834, in-18 [3 fr.].

Mad. Beaufort d'Hautpoul s'est beaucoup occupée d'un *Classique épistolaire* qui n'eût formé rien moins que 4 vol. in-8 : le manuscrit doit être encore entre les mains de l'auteur.

II. Notice sur Mme la marquise de Gévaudan [née de Nogaret].

Imprimée dans la « Biographie des Femmes auteurs contemporaines françaises. » [1836, in-8].

Mad. Beaufort d'Hautpoul avait commencé un poëme religieux, intitulé : *Clotilde reine et sainte, ou le Baptême de Clovis* : elle en terminait le troisième chant, lorsque une perte douloureuse, celle de son fils, vint en arrêter l'achèvement.

On trouve une Notice sur Mad. Beaufort d'Hautpoul, par M. MOLLEVAUT, de l'Institut, dans la « Biographie des Femmes auteurs contemporaines françaises » [1836, in-8], laquelle nous fait apercevoir que les indications que nous avons données sur cette dame dans notre « France littéraire, » quoique très-succinctes, sont entièrement fausses : nous lui avons donné pour prénom celui de Joséphine, et nous l'avons dite née de Coutances, tandis que M. Mollevaut la présente comme fille de René-Guillaume Montgeroult, trésorier-général de la maison du Roi, et de Anne-Élisabeth Marsollier-Desvivetières.

BEAUFORT D'HAUTPOUL [le marquis de]. [Voy. la *France littér.*, tome Ier, p. 237.] Ajoutez : fils de la précédente; mort le 24 juillet 1831.

BEAUGEARD [Jean-Simon-Ferréol], d'abord homme de lettres et journaliste, puis avocat à Lyon; né à Marseille, en 1754, mort à Lyon, le 21 juin 1828. On trouve une notice sur lui, dans le supplément à la Biographie universelle.

BEAUGEARD [ ]. [Voy. la *France littér.*, tome Ier, p. 237]. Ajoutez : ancien conventionnel; mort à Vitré [Ille-et-Vilaine], en octobre 1832. On trouve de courtes notices sur Beaugeard, dans la Biographie universelle et portative des contemporains, et dans l'Annuaire biographique de M. Henrion.

BEAUGRAND [Jean-Joseph], commissaire de police d'Arpajon.

— Notes historiques sur Arpajon, petite ville du département de Seine-et-Oise, arrondissement de Corbeil, recueillies par ordre de M. Troemé, maire d'Arpajon. Paris, de l'impr. de Pihan Delaforest, 1833, in-12 de 72 p.

BEAUGRAND, interne de l'hôpital Saint-Louis.

I. De la Cure radicale des hernies, par la méthode de M. le professeur Gerdy. Paris, de l'impr. de Bourgogne, 1837, in-4 de 4 pag. — Essai historique sur la cure radicale des hernies de l'aine [deuxième article]. Paris, de l'impr. de Grégoire, 1837, in-8 de 16 pag.

II. Considérations pratiques sur l'hydrocèle et le sarcocèle, par M. *Gerdy;* recueillies et publiées d'après les leçons de clinique chirurgicale de M. le professeur Gerdy, par le docteur Beaugrand. Paris, de l'impr. de Locquin, 1838, in-8 de 16 pag.

BEAUJEU [de]. — I. Mémoire sur la fabrication du sucre de betterave au moyen des nouveaux appareils brevetés, à circulation continue. Paris, Bachelier; Delaunay, 1834, in-8 de 80 pag. [2 fr.].

II. Instruction pratique pour l'emploi des appareils brevetés, à filtration et circulation continues, pour l'extraction du jus de la betterave, la décoloration des jus et sirops, et la concentration et la cuite employés à Narcé. Paris, de l'impr. de Dupont, 1834, in-8 de 16 pag.

BEAUJOUR [le baron Louis-Philippe-Félix de]. [Voyez la *France littér.*, tome Ier, p. 239]. Ajoutez : mort le 1er juillet 1836.

I. Voyage militaire dans l'empire ottoman, ou Description de ses frontières et de ses principales défenses, soit naturelles, soit artificielles; avec 5 cartes géographiques. Paris, F. Didot; Bossange, 1829-30, 2 vol. in-8, avec un Atlas in-fol. de 5 cartes [18 fr.].

L'auteur décrit dans le premier livre la Morée et ses différentes régions, l'Arcadie, l'Argolide, la Laconie, la Messénie, l'Elide et l'Achaïe; — dans le second livre, le littoral égéen de la Grèce depuis Athènes jusqu'à Constantinople, ou la Grèce orientale, savoir : l'Attique, la Béotie, la Phocide, la Thessalie, la Macédoine et la Thrace; — dans le troisième livre, le littoral ionien de la Grèce ou la Grèce occidentale, savoir : l'Étolie, l'Acarnanie, l'Épire et l'Albanie; — dans le quatrième livre, les frontières septentrionales de la Turquie européenne, contenant le littoral de la Dalmatie, de l'Herzégovine, de la Bosnie, etc.; — dans le cinquième livre, les frontières qui bordent la mer Noire depuis le Danube jusqu'au Caucase, savoir : les lignes du Pruth et du Niester, la ligne du Borysthène, celle du Tanaïs et la Tauride; — dans le sixième livre, les frontières de la Turquie asiatique ou les lignes du Caucase, celles du Kour et de l'Araxe, celles du Tigre et de l'Euphrate, les pays situés entre ces deux fleuves, tels que l'Arménie, la Mésopotamie, la Babylonie, et les pays qui les bordent à l'est comme à l'ouest, tels que la Haute-Asie et l'Asie-Mineure, ainsi que les différentes routes qui traversent tous ces pays; — dans le septième livre, la Syrie et ses villes les plus célèbres, tant anciennes que modernes, telles qu'Antioche, Palmyre, Sidon, Tyr, Jérusalem, Damas et Alep; — dans le huitième livre, l'Égypte, la vallée du Nil et le Kaire, le Delta et Alexandrie, ainsi que les marches militaires les plus célèbres à travers ce pays; — dans le neuvième livre, les frontières maritimes de la Turquie, les îles Cyclades et les Sporades, l'Hellespont et la côte de Troie, le Bosphore et Constantinople; — enfin dans le dixième livre, la circonscription militaire de la Turquie en général, et la manière la plus propre à l'attaquer et à la défendre.

II. De l'Expédition d'Annibal en Italie, et de la meilleure manière d'attaquer et de défendre la péninsule italienne. Paris, F. Didot, 1832, in-8 de 156 pag. et une carte [5 fr.].

On trouve des Notices sur le baron de Beaujour dans le « Biographe et Nécrologe réunis, » tom. Ier, p. 234, et dans la « Biographie des hommes du jour, » de MM. Sarrut et Saint-Edme, tome Ier, 2e partie, pag. 97 et suiv.

BEAULARD [Louis]. — I. Anniversaire des trois mémorables journées de Paris. Lyon, de l'impr. d'Idt, 1831, in-8 de 8 pag.

Cette pièce de vers est suivie d'une pièce aussi en vers, intitulée : *Guerre aux Jésuites.*

II. Voyage de Montpont à Sainte-Foi, ou une Troupe équestre. Montauban, de l'impr. de Crosilhes, 1835, in-8 de 24 pag.

III. Un voyage en Afrique, ou Description d'Alger. Lyon, de l'impr. d'Ayné, 1835, in-12 de 24 pag. [50 c.].

BEAULES [Mme Anne]. — I. Marchande [la] du Temple. Paris, Corbet aîné, 1839, in-8 [7 fr. 50 c.].

II. Attends-moi au mont Saint-Michel. Paris, Poirée, 1839, in-8 de 32 pag., plus un portrait. — Sec. édit. Paris, le même, 1839, in-8 de 32 pag. [75 c.].

BEAULIEU [Jean-Louis], archéologue, ancien avocat à Nanci, membre de la Société royale des Antiquaires de France, correspondant de la Société des Antiquaires de Londres et de plusieurs autres académies nationales et étrangères; né à Nanci, en 1788.

I. Recherches archéologiques et historiques sur le comté de Dachsbourg, aujourd'hui Dabo [ancienne province d'Alsace]. Paris, Vve Le Normant, 1836, in-8, avec une planch. [7 fr. 50 c.].

II. Archéologie de la Lorraine, ou Recueil de notices et documents pour servir à l'histoire des antiquités de cette province. Tome Ier. Paris, Le Normant, 1840, in-8 de xij et 288 pages, avec 5 planches [9 fr.].

Ce volume renferme cinq mémoires ou dissertations, lesquels sont : 1° Antiquités de la vallée supérieure de la Seille ; — 2° Cours supérieur de la Moselle considérée comme ligne stratégique au temps de la domination romaine ; — 3° Explication d'un bas-relief sur un chapiteau antique trouvé à Toul [Meurthe]; — 4° Antiquités de Solimariaca [auprès de Soulosse, dans le département des Vosges] ; — 5° Croyances et usages populaires qui se sont conservés dans l'arrondissement de Lunéville [Meurthe].

Avant la publication de ces deux volumes, M. Beaulieu avait déjà fait imprimer divers Mémoires dans le recueil de la Société royale des Antiquaires de France, et dans les Mélanges d'archéologie, publiés par M. Bottin [Paris, 1831, in-8]. On trouve de lui, dans le premier de ces recueils : 1° Dissertation sur le Camp romain, connu sous le nom de *Cité d'Afrique*, situé près de Nanci, avec un plan [tome VII, 1826]; — 2° Notice sur un chapiteau trouvé à Toul [tome IX, 1832], réimprimée dans l'Archéologie de la Lorraine ; — 3° Lettre sur diverses antiquités récemment découvertes à Scarpone [Meurthe], adressée à la Société des Antiquaires de France en 1832 [tome X, 1833]; et dans le deuxième des recueils cités : 4° Mémoire sur des cercueils découverts [en 1826] dans la commune de Drouville [Moselle].

BEAULIEU [Alfred de]. — Marquise [la] et la jolie Fille des halles. Paris, Lachapelle, 1837, 2 vol. in-8 [15 fr.]; — ou 1838, 4 vol. in-12 [12 fr.].

BEAULIEU [C.]. — I. Caste [la] jésuitique, ou Quinze ans d'intrigues. Satire politique. Paris et Lyon, les marchands de nouveautés, 1830, in-8 de 16 pag.

II. Analygraphie, ou Méthode facile pour apprendre en peu de temps l'orthographe, d'après les principes de la grammaire française, sans avoir besoin de réciter de memoire ni de conjuguer; suivi d'un résumé de locutions vicieuses, et d'un tableau comparatif des poids, mesures, monnaies. Lyon, Rusand, 1833, in-12. — IVe édit., rev., corr. et augm. Rusand, 1835, in-12.

III. Fondation de l'ermitage du Mont-Cindre et de la tour de la Belle-Allemande. Extrait d'une chronique de 1432, avec des détails sur Lyon et ses environs. Lyon, Babeuf; l'Auteur; Paris, Bohaire, 1835, in-12, avec une lithographie.

IV. Tableau chonologique, historique et statistique de Lyon, depuis les Gaulois jusqu'à nos jours, contenant tout ce qui a rapport aux souverains, magistrats, etc. Extrait de notre *Histoire de Lyon* [inédite]. Lyon, Ayné fils; Luzy, 1836, in-4 de 14 p. [1 fr.].

V. Histoire de Lyon, depuis les Gaulois jusqu'à nos jours. Ornée de vignettes, points de vue et portraits. Lyon, Baron, 1837, in-8, avec 8 grav. [8 fr.].

Cette Histoire se vend au profit des ouvriers de Lyon.

VI. Histoire du commerce, de l'industrie et des fabriques de Lyon, depuis leur origine jusqu'à nos jours. Lyon, Baron, 1838, in-8.

BEAUMONT [le baron de], ancien colonel de cavalerie, aide-de-camp du duc de Bellune ; successivement sous-préfet à Calvi, à Die, à Savenay et à Meaux; né à Morlaix [Finistère].

I. Errata de l'écrit intitulé : « Siége de Cadix, par l'armée française, en 1810, 1811 et 1812 », par Eugène de Monglave. Paris, Pélicier; Trouvé, 1825, in-8 de 16 pag. [75 c.].

II. Observations sur la Corse. Paris, Pélicier, 1822, ou 1824, in-8 [5 fr.].

III. * Epître à M. le docteur Poumier, membre du conseil de l'arrondissement de Savenay; par le baron de B. Nantes, de l'impr. de Mellinet Malassis, 1827, in-8 de 12 pag., avec une lithog.

IV. Conjectures sur la formation et la multiplication des épidémies actuelles. Paris, Chatet, 1832, in-8 de 32 p. [1 fr. 25 c.]

V. Mémoire sur la formation et la contagion apparente des atmosphères cholériques, présenté à l'Académie des sciences. Paris, Paulin, 1833, in-8 de 116 pag. [2 fr.].

VI. Deux [les] arriérés de la Légion-d'Honneur. Paris, Paulin, 1833, in-8 de 64 pag. [1 fr. 25 c.].

VII. * Point de subvention, ou ce qu'il faudrait faire en faveur de la Légion-d'Honneur; par un légionnaire de 1811. Paris, Paulin; Chatet, 1833, in-8 de 4 pag.

VIII. Quatre [les] âges de la souveraineté politique. Paris, Bohaire, 1835, in-8 de 16 pag.

Tiré à 100.

IX. Pétition sur l'arriéré moral de la Légion-d'Honneur, présentée à la Chambre des députés, le 9 avril 1836. Paris, Bohaire, 1836, in-8 de 24 pag.

X. Mémoire sur la décadence de la Légion-d'Honneur, présenté au gouvernement et aux chambres. Paris, Chatet; Paulin, 1833, in-8 de 88 pag. [1 fr. 50 c.].

XI. Résumé et solution de la question mexicaine, pour servir de discussion sur les crédits supplémentaires. Paris, Bohaire, 1839, in-8 de 40 pag.

XII. Lettre à M. le comte Molé, sur la question mexicaine. Paris, Bohaire, 1839, in-8 de 36 pag.

BEAUMONT, de Lyon. — Notice sur les hernies, ou Manière de les guérir radicalement. Paris, Crévot, 1827, in-8 de 136 pag. [3 fr.].

BEAUMONT [Louis Elie de). Voy. ELIE DE BEAUMONT.

BEAUMONT [le vicomte Amédée de], alors lieutenant aide-major au 5e régiment d'artillerie à cheval.

— Quelques observations sur le nouvel écrit de M. A.-F. Couturier de Vienne, lieutenant au corps royal d'état-major, intitulé : « Encore un mot sur le corps royal d'état-major. » Paris, Anselin, 1828, in-8 de 16 pag.

BEAUMONT [Gustave de], publiciste distingué, ancien substitut de procureur du roi, aujourd'hui député de la Sarthe, né à Beaumont-la-Chartre [Sarthe], le 6 février 1802, était substitut du procureur du roi près le tribunal de 1re instance de la Seine, avant la révolution de 1830, après l'avoir été de Versailles, lorsqu'en 1831 M. de Montalivet, alors ministre de l'intérieur, le chargea, de concert avec M. Alexis de Tocqueville, de la mission d'aller en Amérique étudier le système pénitentiaire établi dans cette partie du monde. A l'époque du procès scandaleux de la baronne de Feuchères, M. de Beaumont ayant refusé de représenter le ministère public, M. Desmortiers s'empressa de le destituer. Aux élections dernières, les électeurs de la Sarthe se sont souvenus de l'honorable conduite de l'ancien substitut, et l'ont choisi pour leur mandataire. M. Gustave de Beaumont est, par alliance, le petit-fils de l'illustre général de La Fayette, ayant, en 1836, épousé la fille de M. Georges de La Fayette.

I. Note sur le système pénitentiaire et sur la mission confiée par M. le ministre de l'intérieur à MM. Gustave de Beaumont et Alexis de Tocqueville. Paris, de l'impr. de Fournier, 1831, in-8 de 52 pag.

II. Avec M. *A. de Tocqueville* : Du système pénitentiaire aux États-Unis et de son application en France; suivi d'un appendice sur les colonies pénales et de notes statistiques. Paris, Fournier, 1832, in-8, avec 5 planch. [8 fr.]. — Sec. édition, entièrement refondue et augm. d'une introduction. Paris, Ch. Gosselin, 1836, 2 vol. in-8, avec 5 planch. [15 fr.].

III. Marie, ou l'Esclavage aux Etats-Unis. Tableau de mœurs américaines. Paris, Gosselin, 1835, 2 vol. in-8. — IIIe édit., corrigée. Paris, le même, 1836, 2 vol. in-8 [15 fr.]. — IVe édition. Paris, le même, 1840, in-18 sur pap. jésus vélin [5 fr. 50 c.].

IV. Irlande [l'] sociale, politique et religieuse. Paris, Gosselin, 1839, 2 vol. in-8 [16 fr.]. — IVe édition. Paris, le même, 1840, 2 vol. in-8 [15 fr.].

Ouvrage auquel l'Académie française a décerné [en mai 1840], le prix [de 6,000 fr.] de la fondation Montyon, comme l'ouvrage le plus utile aux mœurs.

BEAUMONT [Arthur-S.], citoyen des États-Unis.

I. An american's defence, of his governement in an appeal to the common sense of the nations of Europe. Paris, printed by Fain, 1831, in-8 de 68 pag.

II. De la Constitution américaine, et de quelques calomnies dont elle a été l'objet de nos jours. Paris, Bennis; Papinot, 1831, in-8 de 64 pag.

BEAUMONT-VASSY [le vicomte Édouard de], cousin de M. Gustave de Beaumont.

I. Une Marquise d'autrefois. Paris, Hipp. Souverain, 1838, in-8 [7 fr. 50 c.].

Roman non annoncé par le Journal de la librairie.

II. Don Luis, histoire du dernier héritier de don Juan. Paris, Souverain, 1839, in-8 [7 fr. 50 c.].

On trouve dans le tome II du livre intitulé le « Foyer de l'Opéra, » une nouvelle du vic. de Beaumont-Vassy, intitulée : les *Apparences*.

M. de Beaumont-Vassy est à la veille de livrer à l'impression une *Histoire de Suède*.

BEAUNAY [Gustave de]. — Office solennel, en vers français, pour l'église française, fondée par l'abbé Châtel. Paris, Prévot, 1833, in-8 de 8 pag.

BEAUNIER [R.-F.-X.], prêtre.

I. Retraite d'un jour par mois, en esprit de préparation pour la mort, spécialement à l'usage des laïques. Paris, Opigez, 1825, in-12.

II. Entretien de deux prêtres, l'un ancien catholique, ou ce qu'on appelle de la petite église, l'autre concordataire. Paris, de l'impr. de Pillet aîné, 1833, in-8 de 4 pag.

III. Rétractations [des] : deux lettres servant à éclaircir ce point de controverse. Vendôme, de l'impr. d'Henrion, 1838, in-4 de 58 pag.

BEAUPIÉ aîné. — Notes sur le perra du nouveau quai du duc de Bordeaux, quartier St-Laurent, à Orléans. Paris, de l'impr. de Cordier fils, 1827, in-4 de 8 pag.

BEAUPIED [J.-B.], officier de l'ancienne armée.

I. Problème [le] de la quadrature du cercle, résolu par M. Beaupied. Paris, l'Auteur, 1829, in-8 de 8 pag. [50 c.].

Opuscule réimprimé, ou reproduit sous le titre de : *Problème du diamètre à la circonférence*, résolu par M. Beaupied. Paris, l'Auteur, 1829, in-8 de 8 pag. — Puis sous celui de : *Le fameux Problème de la quadrature du cercle résolu*. Paris, l'Auteur, 1829, in-8 de 8 pag. — Et enfin sous ce dernier titre : *Le fameux Problème de la quadrature du cercle qu'a résolu M. Beaupied*, par son rapport du diamètre à la circonférence de 700 : 2207 avec lequel on obtient un pied de plus qu'Archimède sur un cercle de 100 pieds de diamètre ; plus la démonstration du moyen qu'il a employé pour parvenir à sa solution. Paris, l'Auteur, 1831, in-8 de 8 pag. [1 fr.].

II. Dévouement de trois frères à la cause nationale, ou Epidémie des derniers jours de juillet 1830. Paris, de l'impr. de Ducessois, 1830, in-8 de 8 p.

BEAUPLAN [Amédée de]. — I. Susceptible [le], comédie en un acte, en vers. Paris, Barba ; Bezou, 1839, in-8 [40 c.].

II. Avec M. *E. Vanderburch* : la Dame du second, comédie-vaudeville en un acte. Paris, Henriot ; Milliez ; Tresse, 1840, in-8 [40 c.].

Ces deux pièces font partie de la « France dramatique au XIXe siècle. »

BEAUPOIL DE SAINT-AULAIRE [le comte Louis], pair de France, fils du comte Beaupoil de Saint-Aulaire, lieutenant-général, mort en février 1829, et beau-père du duc Decazes, naquit, en 1779, d'une famille ancienne et distinguée de la province du Périgord : il ne parut sur la scène politique que sous l'Empire. Napoléon le nomma chambellan, en 1811 ; il fut préfet du département de la Meuse, en 1812, et du département de la Haute-Garonne, en 1815, membre de la chambre des députés, après le second retour du roi, et député du Gard de 1818 à 1824; envoyé de nouveau à cette chambre, en 1827 ; enfin élevé plus tard à la dignité de pair de France.

I. Réponse au Mémoire de M. Berryer pour M. le général Donnadieu ; suivi de Pièces justificatives. Paris, Ladvocat, 1820, in-8 de 84 p. [2 fr. 50 c.].

Une troisième édition de cet écrit, qui parut dans la même année, est augmentée d'une *Réplique à la Réponse de M. Berryer* et de *nouvelles Pièces justificatives*. In-8 de 104 p.

II. Théâtre allemand : Emilie Galotti, drame de *Lessing* ; l'Expiation, trag. en quatre actes d'*Ad. Mullner* ; et Faust, trag. de *Gœthe*. Paris, Ladvocat, 1823, in-8.

Volume qui fait partie des Chefs-d'œuvre des théâtres étrangers, publiés par le même libraire.

III. Discours prononcé sur la tombe de Camille Jordan. 1826.

Imprimé à la tête des Discours de C. Jordan, publiés dans la même année.

IV. Histoire de la Fronde. Paris, Baudouin frères, 1827, 3 vol. in-8 [21 fr.].

« Cet ouvrage est peut-être écrit avec trop de sagesse et trop de mesure. L'auteur s'y est montré avare de réflexions et de rapprochements, sauf de rares exceptions. C'est un récit simple et fidèle des événements, puisé aux sources les plus authentiques. Toutefois, malgré la retenue qui y règne, et quoique M. de Saint-Aulaire ait pris à tâche de supprimer des détails licencieux et les anecdotes dont cette époque abonde, cette production est d'une lecture très-attachante. »

On trouve une Notice sur M. le comte Beaupoil de Saint-Aulaire dans la « Biographie universelle et portative des contemporains, » de MM. Rabbe, Boisjolin et Sainte-Preuve, tome IV, p. 1210.

BEAUREGARD [C. de], ancien directeur du « Drapeau blanc. »

— Mon Rêve. Fragment du dernier

article de M. Colnet; suivi d'une Notice sur la vie et les ouvrages de ce modeste écrivain. Paris, Dentu, 1832, in-8 de 16 pag.

Extrait de la «Gazette de France» du 4 juin 1832.

M. de Beauregard a donné des articles de politique à la «Gazette de France», et une Notice sur *Madame Sophie Pannier* à la «Biographie des Femmes auteurs contemporaines françaises» [1836].

BEAUREGARD [J.-B. . . . . . y de]. — Panthéon [le], ou Sainte-Geneviève de Paris. Paris, Adr. Leclère, 1836, in-8 de 32 pages.

BEAUREGARD [de]. — Essai de statistique du département de Maine-et-Loire. Angers, de l'impr. de Pavie, 1840, in-8 de 128 pag.

BEAUREPAIRE [J.-C. de]. — Saint-Germain-en-Laye et ses environs, depuis l'an 1020 jusqu'à nos jours. Paris, Mesnier; Corbet, et Saint-Germain, Goujon, 1829, in-18 avec trois planches [5 fr.].

BEAUREPAIRE [Mme Lucy de]. — Avec MM. *Watelet* et *Thévenet* : l'Ibey de l'amateur des beaux-arts, ou Abrégé élémentaire de l'art de peindre l'aquarelle et la miniature. Paris, de l'impr. de Brun, 1836, in-4 de 16 pag.

BEAUREPAIRE DE LOUVAGNY [le comte], ancien secrétaire d'ambassade à Constantinople. Voy. l'art. de la comtesse de *La Ferté-Meun*.

BAUREPÈRE [C.-F.]. — Art [l'] d'élever les vers-à-soie dans le département de la Côte-d'Or et dans les départements circonvoisins; précédé d'une Instruction sur la culture du mûrier blanc. Dijon, Lagier, 1833, in-8 de 140 pages et 4 planches [2 fr.].

BEAUSÉJOUR [M. de], député de la Charente-Inférieure.

I. Opinion [son] sur l'organisation de la chambre des pairs en 1831, sur l'hérédité de la pairie et la révision de l'art. 23 de la Charte de 1814. Paris, de l'impr. de Decourchant, 1831, in-8 de 8 pages.

II. Discours [son], prononcé dans la séance du 9 novembre 1831, sur le supplément de 600,000 fr. demandés pour donner des secours aux pensionnaires de la liste civile. Paris, de l'impr. de Decourchant, 1831, in-8 de 8 pages.

BEAUSSANT [A.], anc. bâtonnier des avocats à La Rochelle, juge d'instruction à Jonzac, et aujourd'hui président du tribunal civil de Marennes.

I. Code maritime, composé des lois de la marine marchande, réunies et expliquées. Paris, de l'impr. d'Éverat, 1838, in-8 de 32 pages.

II. Code maritime, ou Lois de la marine marchande, administratives, de commerce, civiles et pénales, réunies, coordonnées et expliquées. Paris, Legrand, 1839-40, 2 vol. in-8 [16 fr.].

Depuis quelques années la France s'occupe avec intérêt de sa marine. La littérature s'est emparée du côté poétique de la navigation; le budget de nos forces navales soulève d'importantes discussions dans les chambres : on reconnait que la marine militaire est le glorieux soutien de l'honneur du pays, et la marine marchande un élément nécessaire de sa prospérité. La jurisprudence elle-même atteste ce mouvement et prend part à l'attention générale; les recueils d'arrêts contiennent un grand nombre de décisions sur une matière à laquelle ils étaient jusqu'ici restés à peu près étrangers.

Mais pour bien résoudre les difficultés que présente la législation maritime, long-temps abandonnée, oubliée, ou plutôt inapprise, il ne suffit pas d'en regarder un détail, il faut en connaître l'ensemble; et malheureusement elle a perdu l'unité qui faisait sa gloire.

Avant la révolution, la marine marchande avait, dans l'ordonnance de 1681, un code tout à la fois administratif, civil et pénal, mis à exécution par un corps qui réunissait les pouvoirs de l'administration et ceux du jugement au civil et au criminel. Elle avait de plus un excellent commentaire de son code dans l'ouvrage du savant Valin. Elle a perdu tous ces avantages. Son administration a été divisée entre tous les pouvoirs, sa justice entre tous les tribunaux de France. Dans cet éparpillement général, plusieurs parties de l'héritage de l'amirauté n'ont pas été recueillies, plusieurs sont un objet de débats. Puis la législation maritime s'est compliquée d'arrêtés, de décrets, de règlements, qui se sont accumulés par couches au fur et à mesure des besoins, sans connaissance du passé, sans harmonie entre eux. De là un relâchement dans l'exécution, qui menace de désuétude les lois les plus utiles: de là une confusion telle, que M. Odilon Barrot écrivait, à la suite d'une plaidoirie remarquable : « C'est un chaos de lois con» tradictoires qu'il m'a été impossible, mal» gré tous mes soins, de rattacher à quelque » idée générale et d'ensemble. »

Les *administrateurs* n'ont à consulter que Valin, qui a écrit en 1760, il y a 70 ans, et qui ne peut guère les aider à comprendre l'administration de nos jours. — Les *jurisconsultes* recourent aussi à Valin; ils trouvent en lui un guide sûr pour les contrats maritimes traités au Code de commerce; mais, sur toute autre matière, ils sont arrêtés à chaque instant par les mille obstacles qui naissent de la difficulté de réunir les textes anciens et nouveaux, de les comparer, et de distinguer les abrogations, les dérogations, qui souvent ne sont que très-partielles, et ne résultent que de l'inconciliabilité de l'ancien état de choses avec le nouveau. — Les *magistrats* hésitent au milieu des pénalités répandues dans un nombre considérable de documents législatifs. — Les *négociants*, les *marins* ne savent où trouver le tableau complet et clair de leurs droits, de leurs devoirs, des ressources que la législation doit leur offrir, des peines dont elle doit frapper certains faits.

Les plaintes surgissent. D'un côté, les armateurs réclament un code pénal maritime, dont ils sentiraient moins le besoin si l'on exécutait mieux les lois que nous avons; d'un autre côté, les marins demandent des garanties, et prient qu'on améliore leur état. L'auteur du *Code maritime* a cru être utile en réunissant les fragments épars de la législation de la marine marchande, et en leur rendant l'unité. Il a adopté la forme explicative du traité, pour faire mieux comprendre et saisir l'ensemble du système, pour donner à ses lecteurs une vue nette de toutes les parties d'une matière à peu près inconnue. Il a rassemblé *tout ce qui intéresse la navigation maritime* : tant dans l'administration exercée — par le ministre de la marine et ses agents, — ou par les maires et les préfets qui relèvent du ministère de l'intérieur, — ou par les intendances sanitaires placées sous les ordres du ministre du commerce, — ou par les consuls attachés au ministre des affaires étrangères, — ou par tout autre pouvoir; que dans la justice — soit qu'elle statue sur les contraventions, délits ou crimes, par les tribunaux de police simple ou correctionnelle, par les conseils de préfecture, ou par les cours d'assises; — soit qu'elle statue sur les intérêts privés, par les tribunaux civils ou de commerce; soit dans la police exécutée par les autorités maritimes, ou par les autorités territoriales.

Il a divisé l'ouvrage en livres, chapitres et sections, et fait précéder chaque division d'un sommaire, en sorte qu'elle forme comme un traité particulier. Ainsi, voulant traiter de l'état des marins, il consacre un chapitre à l'inscription maritime, un aux commissaires de marine, un aux syndics des gens de mer, un aux trésoriers des invalides de la marine, dont la caisse reçoit de chaque marin une rétribution qu'elle lui rend un jour en pension.

Il retrace séparément ce qui concerne — le capitaine qui a tant de devoirs avant de partir, pendant le voyage, à l'arrivée, envers tant de personnes et d'administrations, qu'il lui faudrait la science d'un jurisconsulte pour les bien savoir tous, — les officiers du bord, — les matelots, novices et mousses, les pilotes lamaneurs, — les ouvriers maritimes, — les courtiers maritimes, — les armateurs. Puis, quand il a montré tout le personnel de la marine marchande, il parle des navires, de leur francisation, des papiers de bord, des droits de navigation en mer et en rivière. Cela fait, il développe toutes les règles de police qui sont imposées à la navigation, — à la mer, — dans les rades, — dans les ports, — sur les rivages; il suit le navire depuis sa construction jusqu'à son naufrage. Il n'oublie ni les pêches maritimes, qui font l'objet d'un livre, ni les consulats, ni les traités, ni les formalités en douane. Il parle de l'entrepôt, du transit, du cabotage, des voyages aux colonies et à l'étranger, de toutes les expéditions enfin du commerce maritime.

Pour ceux qui, armateurs, assureurs, chargeurs ou consignataires, courtiers, capitaines ou matelots, administrateurs de la marine, de la municipalité ou du département, juges au tribunal de commerce ou aux divers tribunaux de répression, avocats ou conseils, ont intérêt de connaître la législation maritime, cet ouvrage sera d'une véritable utilité.

Il contribuera en même temps au progrès de la marine marchande; car on ne peut nier les effets d'une bonne législation, bien connue, bien comprise, sagement améliorée, sur l'industrie à laquelle elle s'applique; et l'on n'a jamais contesté l'influence que les lois ont eue sur la prospérité des peuples qui se sont illustrés par le commerce.

BEAUSSARD [H.-J.]. — I. Indicateur universel, ou Dictionnaire ouvert : tableau synoptique, contenant 16 chapitres ou compartiments, indiquant chacun par ordre alphabétique, les principaux objets qui ont rapport à l'histoire, à la géographie, à la mythologie et à l'astronomie, depuis les temps les plus reculés jusqu'à ce jour, d'après les meilleurs auteurs anciens et modernes. Paris, l'Auteur, rue Guénégaud, n° 13, 1837, une feuille in-plano [5 fr.].

II. Répertoire universel, contenant 17 chapitres, indiquant chacun par ordre alphabétique, un choix des principaux objets qui ont rapport à l'histoire, à la géographie, à la mythologie et à l'astronomie, depuis les temps les plus reculés jusqu'à nos jours, d'après les meilleurs auteurs anciens et modernes. Paris, de l'impr. d'Éverat, 1838, in-8 de 84 p.

BEAUSSIER [Nicolas], prêtre de l'Oratoire, ancien professeur de droit canonique; mort à Paris, plus qu'octogénaire, en 1827.

I. * Origine, progrès et limites de la puissance des papes, ou Éclaircissements sur les quatre articles du clergé de France, et sur les libertés de l'église gallicane. Paris, de l'impr. de Baudouin fils, 1821, in-8 [4 fr.].

II. * Esprit de la compagnie de Jésus, tiré des bibliothèques de Montrouge et de Saint-Acheul; pour servir de complément au livre intitulé : « Origine, progrès et limites de la puissance des papes, etc.; par l'auteur de ce dernier ouvrage [revu et mis en ordre par M. *Fr. Ch.-Farcy*]. Paris, Baudouin frères; A. Dupont; C. Farcy, 1826, in-8.

BEAUTEMS [P.]. — Confusion et obscurité de la législation des douanes. Le devoir de l'administration eût été d'être la première à en provoquer la révision.

Son silence ! graves inconvénients qui en résultent journellement pour le commerce maritime. Granville, de l'impr. de Noël Got, 1838, in-4 de 28 pages.

BEAUTERNE [Robert-Antoine de]. —Une lamentation chrétienne, ou Mort d'un enfant impie. Paris, l'Auteur, rue de Chaillot, nº 5 *ter*, 1836, in-8 [7 fr.].

L'auteur après avoir publié une première livraison, sous le titre de : *Une Lamentation chrétienne*, publia la seconde, sous le titre de : *Mort d'un enfant impie*. L'ouvrage a paru d'abord en huit livraisons, une neuvième est intitulée : *Mort de Napoléon religieux*. La couverture porte : « l'Étrenne catholique pour 1836, le Livre de la première communion, ou Mort d'un enfant impie.

BEAUTHEAC aîné, de Privas [Ardèche].

I. Rapport sur les statuts de l'administration commerciale d'échanges, adressé à M. Mazel jeune. Bar-le-Duc, de l'impr. de Gigault d'Olincourt, 1833, in-8 de 48 pages.

II. Traité de la tenue des livres en partie double, à l'usage des mouliniers, fileurs et marchands de soie. Valence, Marc-Aurel; Privas, l'Auteur, 1836, in-8 de 184 pages.

BEAUVAIS [Ch.-Th.], maréchal-de-camp. [Voy. la *France littér.*, t. Ier, p. 246]. Ajoutez : mort en avril 1830.

BEAUVAIS [le docteur], de Saint-Gratien, pseudon. Voy. Did. ROTH.

BEAUVAIS [L.-A.]. — Avec *F. Herrmann* : Livre [nouveau] élémentaire, contenant 1º un vocabulaire systématique; 2º un cours de conversation; 3º un choix de gallicismes, etc., d'après l'ordre alphabétique; 4º des contes pour les enfants; 5º le roi, comédie, etc. En français et en allemand. Berlin, Duncker et Humblot, 1838, grand in-12 [2 fr. 70 c.].

BEAUVAIS DE SAINT-PAUL [de]. — Essai historique et statistique sur le canton et la ville de Mondoubleau. Le Mans, Monnoyer, 1838 — 1839, in-8 avec 20 planches lithogr. [7 fr. 50 c.].

Ce volume a été publié en cinq livraisons.

BEAUVAL [le chevalier de]. — Service des tirailleurs, en usage au 10e régiment d'infanterie légère, 1826, 1827, 1828 et 1829. Transmission des signaux, ou moyen de suppléer à l'insuffisance des commandements au milieu des combats. Paris, Anselin, 1829, in-8 de 72 pages, avec une planche [2 fr.].

BEAUVALET, artiste et auteur dramatique.

I. Avec M. *Davesne* : Caïn, drame en deux actes. Paris, boulevard Saint-Martin, n. 2 et 12, 1830, in-8 [1 fr. 50 c.].

II. Avec le *même* : les Trois jours, chant dithyrambique. Paris, de l'impr. de David, 1831, in-8 de 4 pag.

BEAUVALLON [Rosemond de]. — I. Mère [la]. Pensées. Paris, Jeanthon, 1837, in-8 de 16 pag. [50 c.].

II. Coup-d'œil général sur le salon de 1839. 1er article, 1re et 2e parties. Paris, de l'impr. de Crapelet, 1839, in-8 de 24 pag.

Extrait de la « Gazette de France. »

BEAUVILLERS, pseudonyme. — Nouveau [le] Cuisinier royal, ou Traité complet de l'art culinaire, d'après MM. Carême, Brillat-Savarin, Albert, etc., contenant : 1º la cuisine proprement dite ; 2º la pâtisserie, etc. Paris, Camuzeaux, 1835, in-8, avec 4 planc. [7 fr.].

Ce nom doit être un pseudonyme : l'éditeur a eu l'intention de tromper le public par la similitude du nom de *Beauvillers* avec celui de l'ancien restaurateur *Beauvilliers*, à qui l'on doit un ouvrage très-estimé sur l'art culinaire.

BEAUVOIR [E.-Roger de], l'un du petit nombre des écrivains favoris de la littérature actuelle; né à Paris, le 28 novembre 1809.

I. Ecolier [l'] de Cluny, ou le Sophisme. 1315. Paris, Fournier jeune, 1832, in-8, ou 2 vol. in-12 [7 fr. 50 c.].

Dans ce roman, il s'agit d'une reine de France qui, la nuit, fait le guet aux passants, les invite à monter chez elle, et le lendemain les fait jeter dans la Seine. Le héros du livre est l'écolier Buridan, qui survit à l'aimable attention de la reine, qui pourvoyait si amoureusement à la destinée et aux derniers gîtes de ses amants de nuit. — Voulez-vous des descriptions de monuments gothiques qu'il vous serait difficile de construire s'il vous prenait fantaisie de mettre en sa place chacune des parties dont chaque mot est le représentant? Désirez-vous connaître tous les vieux jurons : par le ciel! par satan! par tous les saints du paradis? Voulez-vous des tableaux d'orgie, lisez « l'Écolier de Cluny. »

Comme on le voit, ce sujet est celui mis au théâtre, dans la même année, par MM. Gaillardet et Alexandre Dumas, sous le titre de « la Tour de Nesle »; mais le roman était imprimé deux mois avant la représentation de la pièce.

II. Ececlenza [l'], ou les Soirs au Lido. Tome Ier [et unique]. Paris, Fournier jeune, 1833, in-8 [7 fr. 50 c.].

De brillantes couleurs, des saillies spirituelles, un talent de narration remarquable, et une connaissance parfaite de l'Italie, qu'il a habitée long-temps, distinguent les contes de M. Beauvoir, et leur donnent un cachet tout particulier. *Lea Marini*, la plus jolie nouvelle de ce recueil, est surtout contée avec beaucoup d'art. Venise, dont on a tant abusé, y est dépeinte avec grandeur, enrichie de coloris; et tous les autres petits poëmes en prose dont se compose le livre des soirées au Lido, saisissent par un puissant intérêt dramatique.

III. Pulcinella [il] et l'Homme des madones. Paris, Naples, Rome. Paris, Ledoux, 1839, in-8 [5 fr. 75 c.].

IV. Café [le] Procope. Paris, Dumont, 1835, in-8 [7 fr. 50 c.].

V. Avec M. *Alph. Royer* : l'Auberge des Trois-Pins. Paris, Dumont, 1836, in-8 [7 fr. 50 c.].

L'auberge des Trois-Pins est une hôtellerie située près d'Anvers, dont le nom vient d'une vieille aventure où nous voyons le diable aux prises avec un comédien. Après avoir raconté avec beaucoup de charme la légende de l'auberge, M. Roger de Beauvoir passe du XVIe siècle à la Belgique de nos jours, et fait un tableau brillant et animé de Bruxelles; son portrait du comte de Bagnères, un de ces chevaliers d'industrie qui ont fixé leur séjour dans la capitale de la Belgique, et le roman qui l'encadre, offrent une lecture fort attrayante. — Les deux autres nouvelles sont de M. Alphonse Royer. *Don Micaëla* est une nouvelle historique empruntée au souvenir du XVe siècle. Le *Juge de son honneur*, épisode récent, est un drame de famille, où un époux outragé se venge selon les vieilles mœurs des seigneurs flamands.

VI. Ruysch. Histoire hollandaise du XVIIe siècle; précédée d'une Excursion en Hollande. Paris, Dumont, 1836, in-8 [7 fr. 50 c.].

Après avoir fait traverser au lecteur les villes de la Haye, Amsterdam, Bréda, Harlem, Saardem, en l'entretenant avec un charme et une verve inexprimables des maisons, des campagnes, des monuments, du commerce, des beaux-arts, des femmes, de la littérature et des mœurs de la Hollande, M. Roger de Beauvoir le transporte au temps de Pierre-le-Grand, et lui raconte une touchante histoire, où figurent Ruysch et Ruyter. Ruyter, au moment de s'embarquer pour une expédition dangereuse, confie Sarah, sa fille adoptive, au docteur Ruysch, qui a lui-même une fille nommée Rachel. Les deux jeunes filles ont des goûts bien différents: Rachel est douce, timide et passe son temps à peindre des fleurs; Sarah est vive, étourdie, passionnée; elle se laisse prendre d'amour pour un beau capitaine français, Georges de Castelnau, en est trahie, et périt d'une affreuse mort. — Les détails de ce roman sont pleins de charmes; le dénoûment est dramatique et d'un effet saisissant.

Le morceau sur la Hollande ainsi que Ruysch ont d'abord été publiés dans la « Revue de Paris »; le premier en juillet 1835, et le second en juillet 1836.

VII. Cape [la] et l'Epée. [Poésies]. Paris, Suau de Varennes, 1837, in-8 [7 fr. 50 c.].

Ces poésies sont divisées en cinq livres. Les principaux morceaux du volume sont: *Svaniga* et *les Nuits de Zerline*, deux poëmes composant le premier livre. Des fragments du dernier de ces poëmes avaient paru dans la « Revue de Paris », en octobre 1836; l'*Italie*, dix pièces formant le troisième livre; et l'*Ange*, poëme qui compose le quatrième livre.

VIII. Histoires cavalières. Paris, Dumont, 1838. 2 vol. in-8 [15 fr.].

Ce livre est un recueil de nouvelles pleines d'incidents curieux et de charmants détails, parmi lesquels on remarque : *le Puits d'Amour, la Chapelle ardente, Deux Misères, la Chambre d'Amie, le Sphinx de la Cour, la Femme de Cassandre, René le Tueur, David Dick*, etc. *Un Caprice d'Été* est un conte charmant où l'auteur nous montre deux comtesses émancipées, s'échappant un matin de leur hôtel pour aller nager aux bains Ouarnier. Une de ces comtesses a un mari jaloux comme on ne l'est plus; le comte Delci a surpris de secrètes intelligences entre sa femme et son secrétaire. Le jour où la comtesse s'est rendue à l'école de natation, le jeune secrétaire est allé, de son côté, se baigner dans la rivière; le comte l'a suivi, et au moment où il passe devant les bains Ouarnier, il plonge sous l'eau et le frappe d'un coup de poignard. Le jour même de ce terrible événement, le comte partit pour une mission diplomatique, et la comtesse alla s'enfermer aux trappistines de Mondaye.

La plus grande partie des Nouvelles qui forment ces deux volumes avaient déjà été imprimées autre part, et notamment dans la « Revue de Paris », où l'on trouve de M. Roger de Beauvoir : une Vente au quai des Augustins [mai 1833]; — le Contrat, ou la Marquise de Flory, 1750 [novembre]; — Paris avant la Révolution : les Convulsionnaires [avril 1834]; — David Dick [juin]; — les petits Théâtres de Naples [août]; — une Vente à Mesnières [octobre]; — Cavalcada [décemb.]; — René le Tueur, conte gascon, en cinq chapitres [octobre 1835]; — de la Vie de Londres [décembre]; — Examen du Salon de 1836, en deux articles [mars et avril 1836]; — le Sphynx de la Cour [avril 1837].

IX. Chevalier [le] de Saint-Georges. Paris, Dumont, 1840, 4 vol. in-8 [30 fr.].

Le vic. d'Allevare a fait un bel éloge de ce roman dans la « Revue du XIXe siècle, » 2e série, tome VI, pag. 600.

Le double succès obtenu par ce roman dans le monde et au théâtre, et le compte qu'en ont rendu la « Revue de Paris », le « Constitutionnel », la « Gazette de France, » le « Courrier », le « Temps », etc., nous dispenseraient à la rigueur d'en parler, pourtant nous en dirons deux mots :

Le chevalier de Saint-Georges, personnage historique de la fin du XVIIIe siècle, était un esclave né à la Martinique; il se sauva de la colonie, vint en France, et, par de belles qualités, des talents et du courage, se créa une honorable position : il fut attaché au duc d'Orléans, père du roi actuel, mérita le surnom de *Don Juan noir*, et mourut, comme il était né, à un quatrième étage, pauvre, oublié. « Que le personnage de Saint-Georges, « dit le vic. d'Allevare, soit ou non conforme « à la tradition, que les quatre volumes de « M. Roger de Beauvoir puissent être conte-

« nus dans une notice d'un Dictionnaire his-« torique, cela est pour nous d'un très-faible « intérêt. Nous acceptons le chevalier de « Saint-Georges tel que l'auteur nous l'a « donné : qu'il soit le bienvenu. »

Le libraire Delloye annonce une deuxième édition du Chevalier de Saint-Georges, avec portrait et vignettes.

X. Avec M. *Mélesville* : le Chevalier de Saint-Georges, comédie mêlée de chants, en trois actes. Paris, Miffliez, 1840, in-8 [50 c.].

Tiré de l'ouvrage précédent.

Ce n'est pas la première pièce de M. de Beauvoir : il est l'un des trois auteurs du « Cornet à piston », vaudeville joué et imprimé en 1837. [Voy. DUPIN.]

M. de Beauvoir a, en outre, participé à plusieurs recueils littéraires, tels que la « Revue de Paris », celle du « XIXe siècle », « la Mode », « l'Europe littéraire », la « France littéraire », publiée par M. Ch. Malo, etc., etc. On trouve deux Nouvelles de lui dans le « Salmigondis » : *le Nain de la rue du Grand-Mouton* [tome VII], et *le Jettator* [tome IX]. Il est l'un des auteurs de « l'Italie pittoresque, la Sardaigne, la Sicile et la Corse », publiée par Am. Coste [en 1834]. Nous lui devons aussi *O—mi—to—fo*, charmant petit caprice, inséré dans le « Diamant à dix facettes » [Paris, Dumont, 1838, 2 vol. in-8]; — *la Laitière de Trianon*, dans le « Journal des jeunes personnes »; — *le Peloton de fil*, délicieuse Nouvelle publiée par « le Siècle » : ce journal avait déjà donné au public nombre d'articles intéressants sur l'Histoire de l'Art; — *Mademoiselle Le Normand, ou la Magie en France*, et quelques autres morceaux, dans « la Mode ». M. de Beauvoir a, en outre, écrit dans « le Messager », « l'Europe monarchique » [les feuilletons de théâtre, et une Nouvelle, intitulée : *Voyages d'Anacharsis le dandy et d'Apollon Pluchot le pharmacien*, souvenirs d'Italie], « le Monde » [où il a donné une fort remarquable analyse des « Voix intérieures », de M. Victor Hugo], « la Caricature » [où il nous a décrit, avec une verve toute macaronique, la *Vie du peintre Ragotin*, excellent morceau qui a tout l'éclat d'une satire]; dans « le Figaro » [dont alors M. A. Karr était rédacteur en chef], « le Monde dramatique » [auquel il a donné l'un de ses plus frais et délicieux articles : *Mademoiselle Laguerre*]. Il est encore l'un des rédacteurs du « Mémorial historique de la Noblesse » publié par M. A.-J. Duvergier, ancien magistrat [Paris, 1839 et ann. suiv., in-8], où il a commencé une *Histoire de la Maison civile et militaire du Roi*.

Collaborateur habituel de nos meilleurs recueils, M. Roger de Beauvoir est destiné à obtenir à la fois des succès dans le roman et le théâtre, il a tout ce qui fait l'animation piquante et la broderie du premier de ces genres, tout l'élan dramatique du second. V. A. S.

Il vient de paraître une Notice sur M. Roger de Beauvoir dans la « Galerie de la Presse » (*).

BÉBIALE [Mlle Cidalie]. — Œuvres complètes de Mlle Cidalie Bébiale : Jenny, ouvrage sérieux, dédié à ceux qui ont à se plaindre des dames. Paris, Garnier, 1829, in-18 de 36 pag. [1 fr.].

BÉBIAN [Roch-Ambr.-Auguste], ancien instituteur des sourds-muets. [Voy. *la France littér.*, tome Ier, p. 248]. Ajoutez : mort le 24 février 1839, à la Pointe-à-Pitre [Guadeloupe], son lieu natal.

I. Journal de l'instruction des sourds-muets et des aveugles. Paris, l'Auteur, boulev. Mont-Parnasse, n° 24 bis, 1826-27, in-12.

On promettait de ce journal un numéro chaque mois; mais il a discontinué de paraître après le quatrième.

II. Lecture instantanée. Nouvelle méthode pour apprendre à lire sans épeler. Paris, l'Auteur; L. Colas, 1828, in-4 de 52 pag. et 28 planch.

III. Examen critique de la nouvelle organisation de l'enseignement dans l'institution royale des sourds-muets de Paris. Paris, Treuttel et Würtz; Hachette, 1834, in-8 de 72 pag. [3 fr.].

Il a été publié l'année dernière une Notice sur la vie et les ouvrages d'Auguste Bébian... ; par Ferdinand BERTHIER, sourd-muet, son élève. [Paris, Ledoyen, 1839, in-8 de 48 pag.]. L'auteur de cette Notice fait naître Bébian le 4 août 1789; la « France littéraire, » d'après quelques autorités, dit le 14 août 1790.

BÉCANNE [V.], avocat, officier de l'Université de France, professeur du Code de commerce à la Faculté de droit de Poitiers.

I. Commentaire sur l'ordonnance du commerce du mois de mars 1673, par *Jousse*, avec des notes et explications coordonnant l'ordonnance, le commentaire et le code de commerce par V. Bécanne, suivi du Traité du contrat de change par *Dupuy de la Serra*. Poitiers, Mesdames Loriot, 1827, in-4 [7 fr.]; — ou in-8 [3 fr.].

On joint à ce volume les *Questions sur le droit commercial*, citées plus bas, et alors, composé ainsi, son prix est de 10 fr. pour l'in-4.

II. Commentaire sur l'ordonnance de la marine du mois d'août 1681, par *René Josué Valin*, avec des notes concernant l'ordonnance, le commentaire

(*) M. Girault, de Saint-Fargeau, a donné, dans sa « Revue des Romans » [1839, 2 vol. in-8], de courtes analyses de cinq des romans de M. de Beauvoir, qu'il a placées au nom de Roger de Beauvoir, ce qui l'a porté à commettre une erreur en présentant le littérateur qui fait l'objet de cette notice, comme l'auteur de « Kélédor, histoire africaine » [1828, in-8, et 1829, 2 vol. in-12], tandis que ce dernier roman est du baron Roger, ancien administrateur du Sénégal, à qui l'on doit aussi des « Fables sénégalaises » [1828, in-18].

et le code de commerce. Par V. Bécanne. Poitiers, Saurin; Doussin-Delys, 1828-29, in-4 [10 fr.], et 2 vol. in-8 [10 fr.].

III. Questions sur le droit commercial; suivies du Commentaire de Jousse et du Traité de la lettre de change, par Dupuy de la Serra, annotés par V. Bécanne. Loi sur la contrainte par corps, du 17 avril 1832. Poitiers, de l'impr. de Barbier, 1833, in-4 de 72 pag.

Les Questions seules forment 72 pages; le Commentaire, etc., que l'on met à la suite, ont été impr. en 1827. [Voy. ci-dessus].

BÉCARD [J.]. — Un accès de fièvre. Paris, Eugène Renduel, 1834, in-8 [7 fr. 50 c.].

BÉCARD. — *Hésiode.* Les OEuvres et les Jours, poëme; trad. en vers français, avec le texte grec en regard. Bruxelles, 1838, in-12 [1 fr. 75 c.].

BÉCART [Antoine-Joseph], professeur d'histoire à l'Athénée de Gand; né à Mons, le 30 juin 1808.

I. Précis d'histoire universelle pragmatique.

II. Précis populaire d'histoire de la Belgique.

BECDELIÈVRE [Auguste de]. — Réponse à un abonné du « Journal de la Haute-Loire, » sur le maréchal Bourmont. Nantes, de l'impr. de Merson, 1833, in-12 de 16 pag.

BECDELIÈVRE [le vicomte de], peut-être le même que le précédent.

—Quelques notes en réponse à celles publiées par M. Mérimée [dans ses Notes d'un voyage en Auvergne], sur Polignac, ses antiquités, et le musée du Puy. Le Puy, de l'impr. de Gaudelet, 1840, in-8 de 60 pag.

BECDELIÈVRE-HAMAL [le comte Antoine-Gabriel de], biographe, à Liége, membre de plusieurs sociétés savantes; né à Paris, en 1800.

— Biographie liégeoise, ou Précis historique et chronologique de toutes les personnes qui se sont rendues célèbres par leurs talents, leurs vertus ou leurs actions, dans l'ancien diocèse et pays de Liége; les duchés de Limbourg et de Bouillon, le pays de Stavelot et la ville de Maëstricht, depuis les temps les plus reculés jusqu'à nos jours. Liége, J. Desoër, 1836, 2 vol. in-8, dont un de supplément pour les auteurs vivants (15 fr.].

Le « Journal historique et littéraire » de Liége, dans son numéro d'août 1839, a fulminé contre cette Biographie un article virulent dans lequel son auteur est tombé dans l'excès qu'il reproche, avec moins de fondement, au comte de Becdelièvre.

« Cet ouvrage est un recueil de notices en très-grand nombre, prises à plusieurs sources et réimprimées assez souvent sans changement. On y rencontre quelques articles bien faits, d'autres assez médiocres et quelques-uns très-mauvais, contenant des erreurs évidentes, des assertions controuvées, des insinuations malveillantes. Tout l'ouvrage, composé de deux volumes et d'un supplément, a VI-503 et 864 pages, les tables comprises. Au moment de communiquer au lecteur le résultat de notre examen, nous n'avons sous la main que le dernier volume; mais seul il pourra suffire pour justifier l'opinion que nous venons d'émettre sur le travail de M. le comte de Becdelièvre-Hamal. Nous l'avons examiné avec calme et avec un vif désir d'y trouver la justice due aux illustrations de l'ancien pays et diocèse de Liége; et c'est à regret que nous nous trouvons forcés de juger aussi sévèrement un ouvrage qui aurait pu être d'un très-grand intérêt. Malheureusement l'auteur a parfois puisé à de mauvaises sources; pour beaucoup de faits touchant le clergé, il est allé fouiller dans deux ouvrages de fougueux jansénistes. Qui ne connaît les « Nouvelles ecclésiastiques », journal publié à Paris depuis 1728, malgré la défense des deux autorités, véritable amas d'impostures, d'inepties, d'injures? Qui de même ne connaît le « Nécrologe des plus célèbres défenseurs et confesseurs de la vérité », collection de saints d'une espèce nouvelle, qui crurent se rendre agréables à Dieu en résistant à son Église, oubliant la sentence des saints docteurs des premiers siècles, qu'il est impossible d'avoir Dieu pour père au ciel, si l'on n'a eu l'Église pour mère sur la terre? Ce sont ces deux grandes autorités, Fontaine de la Roche et René Cerveau, que suit le compilateur de la « Biographie liégeoise »; de là sa sympathie pour les jansénistes et les adhérents de Quesnel, son aversion pour les jésuites et le magnanime archevêque de Paris, de Beaumont. »

Le plus grand tort du comte de Becdelièvre est, comme on le voit, de ne pas partager les opinions religieuses des auteurs du « Journal de Liége », et d'avoir laissé apercevoir de la prédilection pour les jansénistes, aux yeux des jésuites; et puis dans la « Biographie liégeoise, » du comte de Becdelièvre, l'esprit révolutionnaire est mis en honneur; les princes-évêques, souverains de Liége, sont peu ménagés, et leur histoire est présentée d'une manière assez différente de celle des anciens écrivains. Le livre du comte de Becdelièvre ne peut donc être que détestable, jésuitiquement parlant.

Les auteurs de la « France littéraire » [IXe année, t. Ier, pag. 90], ont porté sur le livre de M. de Becdelièvre un jugement moins partial que les aristarques liégeois; ils reconnaissent d'abord qu'il est fort difficile de faire une bonne biographie, parce que, outre les immenses recherches, les veilles, le choix à déterminer, il faut une certaine liaison entre les idées émises dans le cours de l'ouvrage, une sorte d'unité indispensable partout. Aussi est-ce là, d'après les auteurs de la « France littéraire », le plus grand écueil des biographes, c'est là le problème si difficile à résoudre, et, à leurs yeux, M. de Becdelièvre n'a pas évité l'écueil ni résolu le problème. Aucune idée certaine ne domine l'œuvre entière et ne cimente les recherches historiques. C'est une exposition complète, minutieuse même, de tous les hommes remarquables qui ont pris naissance dans le pays de Liége. Toutefois, à côté de cette lacune qu'ils signalent, ils se plaisent à reconnaître que se place une qualité opposée : c'est l'impartialité, et certes cela seul mériterait des éloges à une époque où elle se rencontre si rarement. Le livre de M. de Becdelièvre sera fort utile aux savants qui trouveront là les renseignements sur l'histoire du pays de Liége, arrangés méthodiquement et par ordre chronologique.

Nous savons que l'auteur s'occupe d'une seconde édition de son livre qu'il refond entièrement, et qui formera alors 3 vol. in-8.

Le comte de Becdelièvre travaille aussi à deux importants ouvrages, qui, pour n'être pas encore entièrement achevés, n'en verront pas moins le jour dans peu d'années : le premier, sont des *Annales liégeoises*, devant être composées de 3 vol. in-8 ; le second est une *Histoire des connaissances humaines*, renfermant l'histoire connue de chaque science : ce dernier ouvrage n'aura que 3 ou 4 vol. in-8.

BÉCHARD [Ferdinand], avocat à la cour royale de Nîmes, membre du conseil-général du Gard et député de ce département, en 1840.

— Essai sur la centralisation administrative. Marseille, Olive; Paris, Hivert, 1837, 2 vol. in-8 [15 fr.].

BÉCHARDERGUE-LAGRÈZE. — Contributions [des] indirectes et des octrois municipaux. Mémoire sur la nécessité de simplifier le système actuel de perception relatif à l'impôt sur les boissons, avec l'indication des moyens à l'aide desquels on peut y parvenir. Paris, Vimont, 1832, in-8 de 200 p. avec 2 tabl.

BÉCHE [l'abbé]. — Réponse aux vexations injustes de M. Lamotte, vicaire-général de Nanci. Nanci, Vidart et Jullien, 1835, in-8 de 52 pag.

BÉCHERAND [J.]. — I. Histoire de la vie du général Lafayette.

Ouvrage rappelé sur le frontispice de l'opuscule suivant :

II. Dieu n'est pas un être. [En vers]. Paris, de l'impr. de Dondey-Dupré, 1835, in-8 de 8 pages.

BÉCHET [Jean-Baptiste], né à Cernans, près Salins, le 26 août 1749 [Voy. la *France littér.*, tome Ier, p. 249], fut en 1790 nommé administrateur, puis secrétaire-général du département du Jura. Il exerça ensuite le ministère public, près le tribunal de Poligny. Rappelé à ses anciennes fonctions de secrétaire-général après le 18 brumaire, il les quitta volontairement en 1816. Pendant la révolution, il avait été obligé de se retirer en Suisse. Il passa ses dernières années à Besançon, où il mourut, le 7 janvier 1830. Béchet était secrétaire-perpétuel de l'Académie de Besançon, correspondant de la Société royale des antiquaires de France et de l'Académie de Dijon. A la liste de ses ouvrages, donnée par la France littéraire, il faut ajouter :

I. Éloge historique de M. de Latour de Pressigny, archevêque de Besançon, pair de France, etc. Besançon, veuve Daclin, 1824, in-8.

II. Recherches historiques sur la ville de Salins. Besançon, Boillot et Cie, 1828, 2 vol. in-12 avec un plan et plusieurs lithographies.

L'auteur s'était long-temps occupé d'un grand ouvrage intitulé : *le Jura ancien, moyen et moderne*. [Voy. « la France littér. »]; mais la mort ne lui a permis que de publier la partie concernant Salins.

L'on a encore de Béchet plusieurs *Mémoires*, entre autres *sur l'Origine des Bourguignons*, et des *Éloges académiques* insérés dans les Mémoires de l'Académie de Besançon.

BÉCHEU. — De l'hérédité de la pairie et de quelques autres questions du moment. Paris, Leroux, 1831, in-8 de 24 p.

BECK [A.]. — I. Avec M. *Ferd. Flocon* : Dictionnaire de morale jésuitique. Paris, les marchands de nouveautés [Alph. Leroux], 1824, in-18.

II. Avec M. *P. Pons* : Roselina, ou Amour et Vengeance. Paris, Hesse et Cie, 1824, 2 vol. in-12 [5 fr.].

III. *Mentor [le] de l'étranger à Paris. Paris, l'Auteur ; Ledoyen, 1829, in-18 avec un plan [3 fr. 50 c.].

BECKER [Félix], ouvrier menuisier et poëte lyrique distingué, né à Reims, vers le commencement de ce siècle. Nouvel Adam Billaut, il fit paraître de 1829 à 1830 en un volume in-8, un recueil de *chansons* charmantes et pleines de verve. Après avoir trouvé dans un des habitants de la petite ville de Mouy [Oise], un protecteur et un mécène, il n'en abandonna pas moins tous les avantages qui lui étaient offerts par cet estimable citoyen, pour voler à la défense des malheureux Polonais.

I. Chansons [ses]. Paris, Lemoine; Beauvais; Dupont-Diot, 1829 — 1830, in-8 de 160 pag. [10 fr.].

II. Félix Becker. Chansons sur sa captivité en Silésie, à son retour de Pologne et autres; précédées d'une lettre au maire de la ville de Reims. Paris, Lemoine, 1832, in-8 de 16 pag.

III. Liberté [la] individuelle sous le régime de la charte-vérité. Lettre adressée par Félix Becker, de la maison d'arrêt de Château-Thierry, à ses amis de l'Union, et publiée par eux à son profit. Paris, de l'impr. de Mie, 1833, in-8 de 16 pag. [30 c.].

BECKER. — Nouvel Itinéraire de Paris à Versailles, et retour par trois routes. Versailles, Kléfer, 1837, in-32.

BECKER [Charles-Édouard], de Strasbourg.

— Examen critique de l'évangile de Marcion. Première partie. Thèse présentée à la faculté de théologie de Strasbourg, et soutenue publiquement le jeudi, 10 août 1837, pour obtenir le grade de bachelier en théologie. Strasbourg, de l'impr. de Silbermann, 1837, in-4 de 88 pag.

BECFORD [William], esq. — Italy, with Sketches of Spain and Portugal. Paris, Baudry; Amyot, 1834, in-8 [5 fr.].

Volume faisant partie de la *Collection of ancient and modern british novels and romances*.

— Italy, Sketches. Lyon and Paris, Cormon and Blanc, 1835, in-18.

BECOURT [R. de]. [Voy. la *France littér.*, tome Ier, p. 251].

I. A Monsieur Abraham. — Élie Caisson, interprète des écritures sacrées. Paris, de l'impr. de Duverger, 1828, in-8 de 4 pag.

Cette lettre est suivie d'une série de Questions préliminaires et d'une Réponse.

II. Vocabulaire des noms propres provenant de l'hébreu, du syriaque, du grec, du latin, du saxon, du teuton, etc., dont il est question dans l'histoire sainte et dans l'histoire profane, avec leurs significations en français. Paris, Hachette, 1834, in-12 de 12 p. [50 c.].

BÉCOURT [A. de]. — Art de construire en cartonnage toutes sortes d'ouvrages d'utilité et d'agrément. Paris, Audot, 1828, in-18, avec 8 planch. — 2e édition. Paris, le même, 1828, in-18, avec 8 planch. [2 fr.].

II. Art de fabriquer toutes sortes d'ouvrages en papier, pour l'instruction et l'amusement des jeunes gens des deux sexes. Paris, Audot, 1828, in-18, avec 22 planch. [2 fr. 50 c.].

BÉCOURT [Ch.-L. de]. — Belgique [la] et la révolution de juillet. Paris, Moutardier, 1835, in-8 [7 fr. 50 c.].

BÉCOURT [Auguste]. — Avec M. *Mantino Costa* : Notice sur la ville de Cherbourg, résultant des observations faites par Mantino Costa et Auguste Bécourt. Cherbourg, de l'impr. de Noblet, 1837, in-8 de 16 pag.

BECQ [F.-X.], docteur en chirurgie, à Bruxelles, inspecteur du dépôt pour les noyés et les asphyxiés.

— Manuel des moyens sanitaires à administrer aux submergés et aux asphyxiés par le gaz carbonique ou par l'air méphitique des fosses d'aisance. Bruxelles, L. Jorez, 1827, in-8.

BECQUEREL [Antoine-César], ancien chef de bataillon du génie, membre de l'Académie des sciences, naquit à Châtillon-sur-Loing, le 7 mars 1788. Dès sa plus tendre jeunesse, il se livra avec ardeur à l'étude de l'histoire naturelle, et ses succès en un autre genre le firent recevoir, en novembre 1806, à l'École polytechnique. Admis, deux ans après, dans le corps du génie militaire, il passa en Espagne, dans l'armée d'Aragon, commandée par le maréchal Suchet. Il s'est trouvé successivement aux siéges de Mequinenza, de Tortose, de Tarragone, de Sagonte, de Valence et de Péniscola, et se distingua, dans ces diverses circonstances, par sa valeur et ses talents militaires : son nom est cité honorablement dans les Mémoires du maréchal Suchet. De retour en France avec la croix de la Légion-d'Honneur, il fut nommé inspecteur des études à l'École polytechnique, place qu'il remplit dans le cours de l'année 1813, et qu'il ne quitta que pour faire la campagne de France, en 1814. Il donna sa démission au commencement de 1815, étant alors revêtu du grade de chef de bataillon du génie. A son retour d'Espagne, M. Becquerel cultiva l'amitié de Girodet, son parent, qui n'avait cessé depuis son enfance de lui témoigner le plus tendre intérêt. Ce grand peintre, dont l'esprit était rapide et abondant en idées, et qui possédait des notions étendues sur toutes les branches des connaissances humaines, l'engagea à se livrer à l'étude des sciences physiques dont il aimait lui-même à s'entretenir. Ses encouragements et ses avis judicieux contribuèrent beaucoup à développer dans M. Becquerel le goût des recherches scientifiques. C'est à cet homme illustre, dans l'intimité duquel il vécut plus de dix ans, qu'il est en partie redevable des succès qui lui ont ouvert, en avril 1829, les portes de l'Académie des sciences [section de physique générale], où il remplaça Lefèvre-Gineau. M. Becquerel, qui reçut le dernier soupir de Girodet, voulut payer à sa mémoire un tribut d'hommages et de reconnaissance, en se chargeant de la publication d'une partie de ses œuvres (*). M. Becquerel a beaucoup écrit, mais il n'a fait, jusqu'à ce jour, que d'un seul ouvrage le sujet d'une impression spéciale [le *Traité expérimental de l'électricité et du magnétisme*]; ses travaux sont tous consignés et dans les recueils scientiques et parmi les Mémoires de l'Académie des sciences. En voici l'énumération :

I. Mémoire sur les variétés de forme de chaux carbonatée, observées dans le calcaire de Clameci, inséré dans le « Journal de physique » de 1819, et reproduit dans le tome XIII du recueil de l'Académie des sciences [1835]. — Parmi les sept variétés nouvelles découvertes par l'auteur, l'une d'elles est composée de 102 faces.

II. Notes sur un bout d'argile plastique qui renferme du lignite, du succin et des cristaux d'une substance analogue au meltite. [Journal de physique, sept. 1819.]

III. Mémoire sur l'argile plastique d'Auteuil et les substances qui l'accompagnent. [Annales de chimie, tome XXII, et Mém. de l'Acad des sciences, tome XI, 1832.]

IV. Observation sur le luchs-saphir ou lave vitreuse granuliforme du lac Baikal en Tartarie. — Cette substance, lorsqu'on en détache un fragment, par le choc, se brise comme une larme batavique ; ce phénomène indique qu'elle a éprouvé un refroidissement subit pendant qu'elle était encore en fusion.

V. Nouveau moyen d'exposer un fragment d'une substance à une température élevée.—Cet ingénieux moyen consiste à placer la substance d'essai dans une spirale de fil de platine très-fin, en communication avec les deux pôles d'une pile voltaïque. L'incandescence produite dans la spirale par le passage du courant communique à la substance une température très-élevée. Ce procédé est surtout très-commode pour opérer dans le vide, dans un gaz quelconque, et surtout dans tous les cas où l'emploi du chalumeau devient impossible.

VI. Mémoire sur le développement de l'électricité par la pression, et sur ses effets lors de ce développement. [*Id.*, *id.*] — Il résulte des expériences consignées dans ce Mémoire que l'intensité électrique croît en raison du reste de la pression. Néanmoins l'auteur ajoute qu'il serait possible que ce rapport changeât pour des pressions très-élevées, à mesure que les corps perdent la faculté de se comprimer.

VII. Mémoire sur quelques phénomènes électriques produits par la pression et le clivage des métaux. [*Id.*, tome XXXVII.].

VIII. Mémoire sur les propriétés électriques de la tourmaline. [*Id.*, *id.*]

IX. Des effets de la chaleur dans les corps mauvais conducteurs de l'électricité et dans la tourmaline. [*Id.*. *id.*]

X. Mémoire sur le dégagement de l'électricité produit par le frottement de deux métaux. [*Id.*, *id.*]

XI. Mémoire sur le pouvoir conducteur de l'électricité dans les métaux, et de l'intensité de la force électro-dynamique en un point quelconque d'un fil métallique qui joint les deux extrémités d'une pile. [*Id.*, tome XXXII.] — Il résulte des expériences du savant académicien que la conductibilité électrique est la même dans deux fils de même métal, toutes les fois que les longueurs sont dans le rapport des sections des fils. M. Becquerel a constaté, en outre, que l'intensité de la force électro-dyna-

(*) C'est à M. Becquerel que l'on doit la publication de l'Anacréon, traduit et illustré par Girodet [1825, grand in-4, fig.], et de Sapho, Bion, Moschus, recueil de compositions dessinées par Girodet, avec quelques traductions en vers de quelques-unes des poésies de Sapho et de Moschus, par l'artiste [1829, gr. in-4.]

mique est la même dans toute la longueur du fil conjonctif.

XII. Dans un Mémoire lu à l'Académie des sciences, en janvier 1829, il a annoncé que si l'on joint les deux extrémités d'une petite pile par un fil métallique de plusieurs mètres de longueur, le courant électrique détermine une élévation de température qui va en augmentant depuis les extrémités jusqu'au milieu de ce fil.

XIII. Mémoire sur les fils très-fins de platine et d'acier, et sur la distribution du magnétisme libre dans ces derniers. [*Id.*, tome XXII, et Mém. de l'Acad. des sciences, tome XI, 1832.] — M. Becquerel a constaté que les fils très-fins d'acier, fabriqués d'après la méthode de Wollaston pour les fils de platine, sont constamment dans un état magnétique, et que les pôles sont beaucoup plus rapprochés des extrémités que dans les aiguilles ordinaires. Plongés dans la flamme d'une bougie, ces fils brûlent comme s'ils étaient plongés rouges dans le gaz oxigène.

XIV. Mémoire sur les actions magnétiques, ou actions analogues produites dans tous les corps par l'influence de courants électriques très-énergiques. [*Id.*, tome XXV]. — L'auteur a constaté que des aiguilles en bois, en cuivre, en gomme laque, soumises à l'action d'un courant galvanique, sont rapidement attirées sur le plan de l'appareil, ou, si l'on veut, placées dans la direction du courant, et s'y fixent après quelques oscillations. Il a reconnu qu'une cartouche remplie de deutoxide de fer éprouve le même mode d'action, et que la distribution du magnétisme s'y fait transversalement, et non dans le sens de la longueur comme dans les aiguilles aimantées.

XV. Mémoire sur les actions magnétiques excitées dans tous les corps par l'influence d'aimants très-énergiques [*Id.*, XXXVI, et dans le Recueil de l'Acad. des sciences, tome XI, 1832]. —Il résulte des expériences de l'auteur que la direction des aiguilles dépend de la distance de leurs extrémités aux pôles des barreaux. Les mêmes expériences lui ont donné le moyen de découvrir une très-petite quantité de deutoxide de fer mêlé à du tritoxide.

XVI. Mémoire sur le développement de l'électricité par le contact de deux portions d'un même métal dans un état suffisamment inégal de température ; sur les piles construites avec des fils d'un même métal, et même avec un seul fil. [*Id.*, tome XXIII.] — Dans ce Mémoire, M. Becquerel prouve que dans un circuit formé d'un métal quelconque, si l'on porte à la température rouge une portion quelconque, et si l'on refroidit l'autre, il s'établit un courant thermo-électrique.

XVII. Recherches sur les effets électriques de contact produits dans les changements de température, et application qu'on peut en faire à la détermination des hautes températures. [*Id.*, tome XXXI.]—M. Becquerel a d'abord constaté que, dans un circuit formé de deux fils de métal différent, soudés bout à bout, si l'on élève chacune des soudures à une température qui ne soit pas la même, l'intensité du courant est égale à la différence des intensités des courants produits successivement par la température de chaque soudure, l'autre étant à zéro, et non à celle du courant qui résulterait d'une différence de température. Il a ensuite reconnu qu'un circuit formé d'un fil de palladium et d'un fil de platine, jouit de la propriété, quand on porte la température de ses soudures depuis 0 jusqu'à 350, de produire un courant électrique dont l'intensité augmente proportionnellement à la température.

XVIII. Des effets électriques qui se développent pendant diverses actions chimiques. [*Id.*, tome XXIII.] — Les expériences de ce savant lui ont donné des résultats opposés à ceux indiqués par Davy. Celui-ci avait avancé que les substances acides et alcalines, qui peuvent exister sous la forme solide et sèche, se constituent dans des états électriques différents par leur contact mutuel, les premières étant toujours négatives et les secondes positives, et qu'enfin ces effets sont nuls quand l'acide et l'alcali sont humides. Il en concluait qu'en supposant deux corps dont les molécules soient, dans deux états électriques différents, assez exactes pour leur donner une force attractive supérieure au pouvoir de l'agrégation, il se forme une combinaison, et que tous les signes de l'électricité cessent aussitôt. M. Becquerel, comme nous l'avons dit plus haut, a trouvé des résultats entièrement différents, et ces résultats sont devenus la base de la nouvelle théorie électro-chimique. Il en a conclu un moyen facile de reconnaître la présence d'une quantité excessivement petite d'acide dans un liquide.

XIX. Mémoire sur l'état de l'électricité développée pendant les actions chimiques et sur la mesure de ces dernières, au moyen des effets électriques qui en résultent. [*Id*, *id.*]

XX. Mémoire sur un système de galvanomètres propres à rendre sensibles de très-faibles courants électriques, et sur les courants qui ont lieu dans les actions capillaires et dans les dissolutions. [*Id.*, tome XXIV]. — Il résulte des expériences faites avec cet appareil, le premier des perfectionnements apportés au galvanomètre, que le contact des solides avec les liquides, lorsqu'il n'est pas suivi d'action chimique, ne produit aucun développement d'électricité sensible au galvanomètre. Cherchant ensuite à déterminer la nature des courants électriques dans le mélange ou la combinaison des acides, il a trouvé que l'acide sulfurique concentré est positif par rapport à l'acide nitrique, et joue par conséquent le rôle d'acide, tandis que, lorsqu'il est étendu de la moitié de son poids d'eau, il est négatif et joue le rôle d'alcali.

XXI. Mémoire sur les actions produites dans le contact des métaux et des liquides, et sur un procédé pour reconnaître, à l'aide des effets électro-magnétiques, les changements qu'éprouvent certaines dissolutions au contact de l'air. [*Id.*, tome XXV.]

XXII. Développements relatifs aux effets électriques observés dans les actions chimiques, et de la distribution de l'électricité dans la pile de Volta, en tenant compte des actions électriques des liquides sur les métaux. [*Id.*, tome XXVI].

XXIII. Mémoire sur les actions électro-motrices de l'eau et des liquides en général sur les métaux, et des effets électriques qui ont lieu 1° dans le contact de certaines flammes et des métaux; 2° dans la combustion. [*Id.*, *id.*]— Parmi les résultats obtenus par l'auteur, nous citerons le suivant : Dans la combustion du papier, celui-ci prend l'électricité négative, et la flamme l'électricité positive.

XXIV. Mémoire sur l'électricité acquise par les fils de métal plongés dans les flammes. [*Id.*, tome XXXVII.]

XXV. Mémoire sur les effets électro-dynamiques produits pendant la décomposition de l'eau oxigénée par divers corps, et sur d'autres phénomènes électro-chimiques. [*Id.*, tome XXVIII.]

XXVI. Mémoire sur les décompositions chimiques opérées avec des forces électriques à très-petites tensions. [*Id.*, tome XXXVI, et dans les Mém. de l'Acad. des sciences, tome XI, 1832].

XXVII. Mémoire sur l'électricité dégagée dans les actions chimiques, et sur l'emploi de très-faibles courants pour provoquer la combinaison d'un grand nombre de corps. [*Id.*, tome XXXV.]

XXVIII. Mémoire sur l'emploi des effets électro-chimiques pour opérer la combinaison des corps. [*Id.*, tome XLI.]

XXIX. Mémoire sur les sulfures, iodures, bromures, etc., métalliques. Mém. sur de nouveaux effets électro-chimiques propres à produire des combinaisons, et sur leur application à la cristallisation du soufre et d'autres substances. [Mém. de l'Acad. des sciences, tome X, 1831].

XXX. Considérations générales sur les changements qui s'opèrent dans l'état électrique des corps, par l'action de la chaleur, du contact, du frottement et de diverses actions chimiques, et sur les modifications qui en résultent quelquefois dans l'arrangement de leurs parties constituantes. En deux Mémoires. [Dans le recueil de l'Acad. des sciences, tomes XI et XII, 1832-33.]

XXXI. Expériences sur le développement de l'électricité par la pression; lois de ce développement. [Dans le même recueil, tome XII, 1833.]

XXXII. Considérations générales sur les décompositions électro-chimiques et la réduction de l'oxide de fer, de la zircone et de la magnésie, à l'aide de forces électriques peu considérables. [*Id.*]

XXXIII. Considérations générales sur les changements qui s'opèrent dans l'état électrique des corps, par l'action de la chaleur, du contact, du frottement et des diverses actions chimiques, et sur les modifications qui en résultent quelquefois dans l'arrangement de leurs parties constituantes. Troisième Mémoire. [*Id., id.*].

XXXIV. Traité expérimental de l'électricité et du magnétisme, et de leurs rapports avec les phénomènes naturels. Paris, Firmin Didot, 1834-40, 6 tom. en 8 parties in-8, avec un Atlas in-fol. de 28 planches [75 fr.].

L'auteur a exposé dans cet ouvrage toutes les propriétés générales du principe électrique, quand il est en repos ou en mouvement, celles qui sont relatives au magnétisme, ainsi que leurs rapports avec les affinités chimiques, la phosphorescence, les actions spontanées, et d'autres phénomènes dont l'origine paraît être électrique. Il s'est appliqué en même temps à démontrer la nécessité de rattacher l'histoire naturelle à la physique et à la chimie.

Pour remonter à l'explication de phénomènes qui ont été peu étudiés jusqu'ici, parce qu'on en ignorait les causes, l'auteur a cru devoir donner d'abord un précis historique sur l'électricité et le magnétisme, afin de présenter au lecteur, dans un seul cadre, les faits nombreux dont se composent aujourd'hui ces deux sciences, rangés à peu près suivant l'ordre de leur découverte, afin qu'on puisse saisir plus facilement les rapports qui les lient tous. Il a évité, autant que possible, d'introduire des calculs qui auraient entravé la marche de l'ouvrage; cependant il a toujours eu l'attention de placer à côté des résultats de l'expérience ceux qui ont été déduits de l'analyse mathématique, afin que l'on puisse juger jusqu'à quel point celle-ci représente la véritable théorie. M. Becquerel a donc pris constamment pour guide l'expérience; et s'il a émis quelquefois des idées théoriques, il ne les a considérées que comme des échafaudages propres à classer les faits pour en faciliter l'étude.

Outre l'*Analyse succincte des travaux de M. Becquerel*, publiée par lui-même lors de sa candidature à l'Académie des sciences [Paris, F. Didot, 1829, in-4 de 36 pages], on a encore des Notices sur la vie et les travaux de cet académicien dans la « Biographie universelle et portative des contemporains » de MM. Rabbe, Boisjolin et Sainte-Preuve [tom. V, p. 45], dans celle des « Hommes du jour, » de MM. G. Sarrut et B. Saint-Edme [tom. II, 2e partie, p. 59], et dans le « Biographie et le Nécrologe réunis [tom. II, p. 77].

BECQUEREL [Alfred], fils du précédent, docteur en médecine.

I. Recherches cliniques sur la méningite des enfants. Paris, F. Didot; Baillière, 1838, in-8 [2 fr. 50 c.].

II. Recherches anatomico-pathologiques sur la cirrhose du foie.

Impr. dans les Archives générales de médecine, avril et mai 1840.

BECQUERELLE-FIRMIN aîné [C.], de Paris.

— Grille avec son appareil mobile et immobile pour brûler du charbon de terre sans vapeur, offrant au public sûreté, économie, utilité domestique et propreté; inventée le 14 janvier 1827, livrée au public en 1833. Paris, rue Montholon, n° 26, 1833, in-8 de 8 pag.

BECQUEY [François], né à Vitry-le-Français en 1762. Il fut membre du Corps législatif, grand maître de l'université impériale, et inspecteur de l'arrondissement universitaire de Paris.

— Énéide [l'] de *Virgile*, traduite en vers français. [Livres I à VIII.] Paris, Causette, 1828, 2 part. petit in-12 [6 fr.].

La première partie, contenant les quatre premiers livres, a paru dès 1808; mais on a fait, pour la régularité, un nouveau frontispice portant le millésime de 1828.

BEDEL [Aug.], docteur en droit. — Nouveau Guide des étudiants en droit; contenant une introduction sommaire à l'étude du droit, l'analyse des lois, décrets, ordonnances, statuts et réglements relatifs aux facultés de droit, et spécialement à celle de Paris; les dispositions législatives ou réglementaires concernant les concours, le stage des avocats et celui des notaires, et une bibliothèque choisie de droit français et de droit romain, avec la concordance de l'un et l'autre droit. Paris, F. Bernard et comp., 1827, in-18 [2 fr. 50 c.]

BÉDOR [H.], docteur-médecin, secrétaire perpétuel de la Société d'agriculture de l'Aube.

I. Discours nécrologique prononcé sur la tombe de M. le docteur Voithier, le 14 novembre 1829. Troyes, de l'impr. de Bouquot, 1830, in-8 de 4 p.

II. Discours sur l'examen des esprits dans leur aptitude aux sciences, du docteur Jean Huarte, établissant quelques rapprochements analytiques entre diverses productions modernes et ce livre du 16e siècle, ainsi qu'entre les anciennes versions, soit françaises, soit latines, et la traduction inédite de l'espagnol. Paris, Roret, 1830, in-8 de 32 pag.

III. Discours nécrologique prononcé sur la tombe de M. le docteur Thiesset, médecin, le lundi 6 décembre 1830. Troyes, de l'impr. de Bouquot, 1831, in-8 de 8 pag.

IV. Notices nécrologiques sur MM. L. Vernier et Récoing de la Rocalette, membres de la Société d'agriculture de l'Aube. Troyes, de l'impr. de Sainton, 1831, in-8 de 16 pag.

V. Sur l'appréhension du choléra-morbus; les moyens proposés pour s'en préserver, ceux qui conviennent surtout à Troyes si cette ville s'en voyait menacée. Troyes, Bouquot, 1832, in-8 de 20 pag.

VI. Notice biographique sur M. le docteur Desjardins. Troyes, de l'impr. de Sainton, 1832, in-8 de 16 pag.

VII. Notice nécrologique sur M. Guerrapain. Troyes, de l'impr. de Sainton, 1833, in-8 de 12 pag.

VIII. Notice nécrologique sur Mme Saint-Gabriel, supérieure des sœurs hospitalières de l'Hôtel-Dieu de Troyes. Troyes, de l'impr. de Baudot, 1839, in-8 de 8 pag.

Marie-Anne Legendre, dite Saint-Gabriel, est morte le 30 mai 1838.

BEDOT [Ch.]. — Dissertation sur la confession auriculaire. Genève, de l'imp. de P. A. Bonnant, 1828, in-12 de 166 p.

BEDOTTI [Jean], de Turin. — Restauration [de la] des tableaux. Traité spécial sur la meilleure manière de restaurer, nettoyer et rentoiler les tableaux anciens et modernes. Turin, et Paris, Dauvin et Fontaine, 1837, broch. in-8 de 48 pag. [2 fr. 50 c.].

BEDOUIN [P.-L.-E.]. — I. Sommaire de la grammaire française. Avignon, Aubanel, 1812, in-12 [75 c.].

II. Manuductio orthographique, divisé en 12 leçons ou chapitres, par demandes et par réponses, pour servir d'introduction à toutes les langues. Sec. édit., rev., corr. et augm. Avignon, de l'impr. d'Aubanel, 1833, in-12 de 112 pag.

C'est peut-être la seconde édition du livre précédent.

BEER [Michael], auteur tragique allemand, frère du célèbre compositeur Mayer-Beer; mort à Munich [Bavière] au commencement de 1833.

I. Struensée, tragédie en 5 actes, trad. [en prose; par M. de *St-Aulaire*]. Paris, de l'impr. de Pinard, 1834, in-8.

II. Paria [le], tragédie en un acte, traduite par *Xavier Marmier*. Strasbourg, de l'impr. de Levrault, 1833, in-8 de 32 pag.

Ces deux traductions font partie du « Théâtre européen. »

BEER [J.-B]. — Diavoli, ou les Bandits du mont Pausilippe. Paris, Pigoreau, 1828, 2 vol. in-12, avec une grav. [5 fr.].

BEERENBROEK [René]. — Liberté [de la] illimitée du commerce, et notamment du commerce des grains. Bruxelles, veuve P.-J. Demat, 1829, in-8 [1 fr. 25 c.].

BEETHOVEN [Van], pseudon. Voy. SEYFFRIED.

BEFFARA [Louis-François] (*), anc. commissaire de police à Paris. [Voy. la *France littér.*, tome 1er, p. 252.] Ajoutez : mort à Paris, le 2 février 1838, âgé de 86 ans révolus. A la liste des écrits indiqués par la France littér., il faut ajouter les suivants :

I. Lettre à MM. les maires des communes de Ferrière et La Ferrière, des départements des ci-devant provinces de Normandie, Bretagne et autres, pour la recherche des manuscrits de Molière. Paris, juin 1823, in-4 de 2 pag.

Circulaire lithographiée. Reproduite la même année, par les soins d'un amateur. Paris, de l'impr. de F. Fournier, in-8 de 2 pag.

II. A MM. les rédacteurs du journal.... [Paris] lithographie de Mahant, 1833, in-4 de 2 pag.

Circulaire. Annonce d'une réfutation prochaine de l'opinion émise par deux littérateurs anonymes [MM. de Valori et Fayolle] qui prétendent prouver matériellement que Molière est né sous les piliers des Halles.

III. Maison natale de Molière. Lettre de M. Beffara à l'éditeur de la « Revue rétrospective. » [Paris] impr. de H. Fournier, 1833, in-8 de 4 pag.

Extrait de la « Revue rétrospective, décembre 1833. C'est la réfutation annoncée dans le n° II.

Beffara, dans les dernières années de sa vie, s'était proposé de donner une édition du « Pain béni, ou les Marguilliers, poème », par l'abbé de Marigny, revue, corrigée et augmentée d'après 1° cinq éditions qui en ont été faites et qui sont très-rares; les trois premières sont datées de 1673, sans nom de villes ni d'imprimeurs; la quatrième a été donnée en 1795, par Mercier de Compiègne; la cinquième, en 1797, par le même, dans les « Heures de Tivoli »; 2° six copies du même poème. Toutes les éditions et copies sont extrêmement

(*) Feu Beffara a été l'un de nos zélés collaborateurs pour notre *France littéraire* : il avait extrait des nombreux matériaux qu'il possédait sur nos auteurs dramatiques lyriques la partie que notre époque embrasse, et nous avait remis un travail assez considérable dont nous avons souvent profité.

fautives : il n'y en a pas deux qui soient pareilles, des vers et des rimes manquent aux autres. Il y a des changements dans beaucoup de vers, et l'édition préparée longuement par Beffara devait renfermer 514 vers, au lieu de 505 que les trois premières contiennent.

Les manuscrits de Beffara, et sa curieuse collection d'ouvrages relatifs à l'art dramatique ont été légués par lui à la Bibliothèque royale, à celle de la ville de Paris, et à M. Taschereau qui, plus d'une fois dans son excellente Histoire de la vie et des ouvrages de Molière, s'est plu à exprimer sa reconnaissance pour les communications à lui faites par Beffara.

BEFFARD [Jules]. — Entretiens populaires. Paris, de l'impr. de Bacquenois, 1836, in-8 de 48 pag.

Cet écrit a paru en trois livraisons.

BÉGAT [Pierre], ingénieur-hydrographe de la marine, ancien élève de l'École polytechnique; né à Louhans [Saône-et-Loire], le 1er avril 1800.

I. Carte muette d'Angleterre en 4 feuilles demi-aigle; — *Idem* d'Italie en 4 feuilles; — *Idem* de France en 9 feuilles; — Mappemonde muette en 8 feuilles.

Ces cartes sont gravées à l'aqua-tinta; elles ont été publiées, par Lievyns, en 1833 et 1834.

II. Description physique et politique des îles britanniques; — de l'Italie; — de la France, pour l'intelligence des cartes muettes. Paris, 1833-1834, 3 vol. in-18.

III. Traité élémentaire de géographie mathématique, physique et politique, pour l'intelligence de la Mappe-Monde [muette.] Paris, l'Éditeur [Liévyns], 1834, in-8, avec une planche.

IV. Aperçu général du système adopté au dépôt de la marine, pour déterminer les positions des points qui se trouvent sur les cartes du «Pilote français» [de M. Beautemps-Beaupré]. Paris, de l'impr. royale, 1837, br. in-8 [50 c.].

V. Traité de géodésie, à l'usage des marins, ou Méthodes et formules trigonométriques relatives au levé et à la construction des cartes hydrographiques. Paris, de l'imprim. royale. — Robiquet, 1839, in-8 de 288 pages, avec 3 planch. [6 fr.].

VI. Exposé des opérations géodésiques relatives aux travaux hydrographiques exécutés sur les côtes septentrionales de France par les ingénieurs hydrographes de la marine, sous la direction de M. de Beautemps-Beaupré. Paris, de l'impr. roy. — Robiquet, 1839, in-4 de 36 pag., avec une grande carte [5 fr.].

BÉGIN [Louis-Jacques], chirurgien en chef et premier professeur de l'hôpital militaire du Val-de-Grâce, membre de l'Académie royale de médecine et de plusieurs sociétés savantes, né à Liége, le 2 novembre 1793, fit ses premières études médicales dans les hôpitaux militaires de Metz et de Paris. Attaché à la garde impériale, en 1812, en qualité de sous-aide, il fit dans ce grade et celui d'aide-major, les campagnes de Moscou en 1812, d'Allemagne en 1813, de France en 1814 et 1815. Il obtint les premiers prix de chirurgie à l'hôpital militaire d'instruction de Strasbourg, en 1816, et à l'hôpital de Paris en 1817. Il était aide-major à l'hôpital d'instruction de Metz, en 1820, lorsqu'il fut attaché comme professeur de physiologie gymnastique au gymnase normal civil et militaire. En 1827, il fut appelé à celui du Val-de-Grâce. C'est au milieu de l'activité de la carrière qu'il avait embrassée, que M. Bégin s'est préparé à la composition de ses nombreux ouvrages. Doué d'un talent d'observation exquis et d'un zèle infatigable, passant presque tout son temps dans les hôpitaux et les amphithéâtres, où il ne laissait rien échapper qui pût être utile à l'art de guérir, les productions qui sont sorties de la plume facile de cet écrivain, qui tient un des premiers rangs parmi ceux dont le corps médical s'honore, annoncent les connaissances les plus étendues et le jugement approfondi d'un vieux praticien, et elles se recommandent par la clarté du style, la lucidité des idées et la bonté des doctrines. Pendant son premier séjour au Val-de-Grâce, M. Bégin fit un cours très-suivi d'anatomie pathologique. Son excellente méthode, son élocution et les recherches particulières qu'il y fit prouvaient que, sur un théâtre plus élevé, il deviendrait bientôt un des professeurs les plus remarquables de notre capitale. Il était déjà, depuis 1834, chirurgien en chef de l'hôpital militaire de Strasbourg et professeur de médecine à la faculté de médecine de la même ville; il venait d'être tout récemment chargé d'une inspection générale des hôpitaux militaires de France, lorsque, pendant qu'il remplissait cette mission, la retraite de M. Gama laissa vacantes les places de chirurgien en chef et de premier professeur au Val-de-Grâce, qui furent accordées en mai dernier [1840] à M. L.-J. Bégin.

I. Principes généraux de physiologie pathologique, coordonnés d'après la doctrine de M. Broussais. Paris, Méquignon-Marvis, 1821, in-8 [6 fr.].

II. Traité des principales maladies des yeux. Par *Ant. Scarpa*, professeur, etc. Traduit sur la cinquième et dernière édition; accompagné de notes et d'additions par MM. *Fournier-Pescay*, D.-M., et Bégin..... Paris, le même, 1821, 2 vol. in-8, avec 4 planch. [12 f.]

III. Application de la doctrine physiologique à la chirurgie. Paris, le même, 1823, in-8 [3 fr. 60 c.]

IV. Mémoire sur la gymnastique médicale. Ouvrage dans lequel on démontre l'utilité des gymnases chez les nations modernes, et l'heureuse influence qu'ils peuvent exercer sur la santé et sur les facultés morales des hommes. [Extrait du Dictionnaire abrégé des sciences médicales.] Paris, de l'impr. de Panckoucke, 1823, in-8 de 52 pag.

V. Éléments [nouv.] de chirurgie et de médecine opératoires. Ouvrage contenant l'exposition complète des maladies chirurgicales et des opérations qu'elles réclament. Paris, Méquignon-Marvis, 1824, in-8 [9 fr. 50 c.] — Sec. édit., entièrement refondue, corrigée et considérablement augmentée. Paris, Méquignon-Marvis père et fils, 1838, 2 tomes en 3 parties in-8 [20 fr.].

VI. Lettre [sa] à François-Joseph-Victor Broussais, datée du 28 décembre 1824. Paris, Baillière, 1825, in-8 de 48 pag. [1 fr. 20 c.].

VII. Réflexions sur l'opinion de M. Geoffroy Saint-Hilaire, dans la question de candidature pour la place vacante dans l'Académie royale des sciences, par le décès de M. Deschamps. Paris, Trouvé, 1825, in-8 de 32 pag.

Imprimées sous le pseudonyme de M. Bu....., docteur en médecine.

VIII. Traité de thérapeutique, rédigé d'après les principes de la nouvelle doctrine médicale. Paris. J.-B. Baillière, 1825, 2 vol. in-8 [12 fr.].

IX. Supplément au « Traité historique et dogmatique de la taille » de F.-J. Deschamps, dans lequel l'histoire de la taille est continuée depuis la fin du siècle dernier jusqu'à ce jour. Paris, J.-B. Baillière, 1826, in-8.

Ce Supplément ainsi qu'une Notice sur F.-J. Deschamps qui l'accompagne, formant ensemble sept feuilles, n'ont point été publiés à part, mais joints au tome IV de l'ouvrage qu'ils complètent, et qui a été publié en 1796-97, et pour lequel on a refait des frontispices portant le millésime de 1826.

X. Mémoire sur les déviations du rachis. Paris, 1826, in-8 [1 fr.].

XI. Traité de physiologie pathologique, rédigé suivant les principes de la nouvelle doctrine médicale. Paris, Méquignon-Marvis, 1828, 2 vol. in-8 [16 fr.].

XII. Mémoire sur l'œsophagotomie. Paris, J.-B. Baillière, 1833, in-8 de 36 pag., avec 1 pl. [2 fr.].

XIII. Mémoire sur une manière nouvelle de pratiquer l'opération de la pierre, par le baron *Dupuytren*; publié et terminé par *L.-J. Sanson* et *L.-J. Bégin*. Paris et Londres, J.-B. Baillière, 1836, gr. in-fol., avec 10 planch. [20 fr.].

XIV. Notice sur le docteur Boisseau. Paris, de l'impr. de Bacquenois, 1836, in-8 de 4 pag.

Extrait du Journal hebdomadaire [nº 13, mars 1836].

M. Bégin est, avec MM. Laubert et Estienne, rédacteur du « Journal de médecine, de chirurgie et de pharmacie militaires » [la coopération de M. Bégin a commencé avec le XIIe volume], un des rédacteurs du grand « Dictionnaire des sciences médicales », de l'excellent « Dictionnaire de médecine et de chirurgie pratiques », du « Dictionnaire des termes de médecine », etc.; un des quatre rédacteurs du « Dictionnaire abrégé des sciences médicales », en quinze volumes, pour lequel il a fait tous les articles de pathologie chirurgicale; il a fourni de nombreuses notices à la « Biographie universelle » de M. Michaud, ainsi qu'à la « Biographie médicale »; c'est lui qui exposa un des premiers, dans le « Journal complémentaire du Dictionnaire des sciences médicales », la doctrine physiologique alors au berceau, et il fit insérer dans ce recueil un très-grand nombre d'articles, très-estimés, de critique médicale. Enfin M. Bégin est encore l'un des rédacteurs du « Journal universel et hebdomadaire de médecine et de chirurgie pratiques et des institutions médicales », recueil que publie le libraire J.-B. Baillière.

On doit aussi à M. Bégin, comme éditeur, la publication, avec M. L.-J. Sanson, d'une nouvelle édition de la « Médecine opératoire » de R.-B. Sabatier, avec des additions et des notes, revue sur le texte de la seconde édition, qui est entièrement conservé, augmentée de généralités sur les opérations et les pansements, de l'anatomie chirurgicale des parties, de l'indication des procédés récemment découverts, et enfin de l'appréciation des méthodes et des procédés relatifs à cette operation. [Paris, Béchet jeune, 1822-24, ou 1832, 4 vol. in-8].

BÉGIN [Mlle Émilie FOURNIER-PESCAY, dame], femme du précédent.

— *Homme [l'] du mystère, ou Histoire de Melmoth le voyageur; par l'auteur de « Bertram » [*Mathurin*]. Trad. de l'angl. par Mme É.-F. B. Paris, libr. nation. et étrang.; Delaunay, etc., 1821, 3 vol. in-12 [8 fr.].

BÉGIN [Émile-Auguste], docteur en médecine, historien, biographe, archéologue, etc., inspecteur des monuments historiques du département de la Meurthe, né à Metz, le 25 avril 1803, d'un magistrat originaire de cette ville. Après avoir fait de bonnes études, il se livra aux sciences exactes, dans le dessein d'entrer à l'École polytechnique; mais, ayant été contrarié dans ce projet, il se tourna vers l'art de guérir, et suivit le cours de l'hôpital militaire d'instruction, sans négliger cependant l'étude des mathématiques et de la littérature. Il se fit d'abord connaître par des mémoires et des notices biographiques, qu'il adressa à l'Académie de Metz. A l'ouverture de la campagne d'Espagne, il fut successivement employé dans les hôpitaux de Nanci, de Metz et de Barcelone : il profita de son séjour dans la Péninsule pour en étudier la littérature. De retour en France, M. Bégin s'est fait recevoir docteur en médecine, et, après avoir épousé à Nanci une jeune personne de beaucoup de mérite, il s'est fixé à Metz, où il partage son temps entre la pratique de son art, l'étude des sciences naturelles et celle de la littérature. Il est associé correspondant des académies royales de Dijon, Metz, Marseille, Rouen, de la Société des antiquaires de France et de Danemarck, etc.

Médecine.

I. De l'influence des travaux intellectuels sur le système physique et moral de l'homme. Strasbourg, 1828, in-4 de 33 pag.

C'est une thèse curieuse et regardée comme une des meilleures qui aient été soutenues à la Faculté de Strasbourg.

II. *Connaissance physique et morale de l'Homme, ou Manuel d'anatomie physiologique, avec des règles d'hygiène, à l'usage des gens du monde. Par A.-E. B., docteur-médecin. Nanci, Vincenot, 1837, in-8 de 224 pag., avec 4 planch. [5 fr.]

III. Buchan [le] français. Nouveau Traité complet de médecine usuelle. Nanci, Vincenot; et Paris, Pougin; Gaume frères, 1856 et ann. suiv., 2 vol. gr. in-8 compacts à 2 colonnes, comprenant la matière de 5 vol. in-8, avec plusieurs planches d'anatomie [10 fr.].

Cet ouvrage a été publié en dix livraisons; il avait été annoncé primitivement devoir former 5 vol., chacun divisé en six livraisons de six feuilles.

IV. Lettres sur l'histoire médicale du nord-est de la France. Metz, de l'impr. de Lamort, 1840, in-8 de 138 pag.

Histoire et Archéologie.

V. Histoire des sciences, des lettres, des arts et de la civilisation dans le pays messin, depuis les Gaulois jusqu'à nos jours. Metz, Verronnais, 1829, in-8 de XVI et 612 pag., avec une carte du département de la Moselle. [7 fr., et pap. fin, 8 fr.].

VI. *Essai sur l'histoire de Longwy. Par M. C****** [*Clauteaux*]; suivi de Considérations relatives à l'industrie et au commerce de cette ville, et de notices biographiques sur les hommes illustres qui y ont pris naissance. [Par M. *E.-A. Bégin*]. Metz, Verronnais; et Paris, Lecointe, 1829, in-8 [4 fr.].

L'Appendice de M. Bégin forme la moitié de ce volume; les Notices biographiques qui s'y trouvent sont au nombre de onze.

VII. Histoire des duchés de Lorraine et de Bar, et des Trois-Évêchés [Meurthe, Meuse, Moselle, Vosges]. Nanci, Vidard et Jullien; Paris, Mme Vve Béchet, 1832, ou 1834, 2 vol. in-8 de 400 pag., avec un Atlas de 15 gravures représentant les principaux monuments de Nanci.

VIII. *Annuaire historique et statistique du département de la Moselle pour les années 1832-33, 1834 à 1837. Metz, Verronnais, 1833-37, 5 vol. in-12.

Dans la première année de cet Annuaire, 1832-33, M. Bégin a inséré une longue *Notice sur la crue des eaux de la Moselle, à diverses époques*, et plusieurs *articles biographiques*; dans le second volume, celui de 1834, on trouve encore de M. Bégin quelques *articles biographiques*, des *Éphémérides*, et une *Notice sur la bibliothèque publique de Metz*, imprimée aussi à part en 1833. [Metz, Verronnais, in-8 de 27 pag.].

IX. *Guide de l'étranger à Metz. Metz, Verronnais; et Paris, Mme Charles-Béchet, 1835, in-12 et in-18 de IV et 336 pag., avec 7 vues de la ville et un plan [3 fr. 50 c. l'in-18, et 4 fr. l'in-12].

X. Guide de l'étranger à Nanci. Nanci, Vidart et Jullien; Paris, Legrand et Bergounioux, 1837, in-12 de 238 pag., avec 10 vues de la ville et un plan [4 fr.].

XI. * Histoire et description de la cathédrale de Metz et des églises adjacentes. Metz, 1835, gr. in-8 de 450 pag., orné de 24 planch. lithograph.

XII. Notice sur Lorquin, finage de l'ancien évêché de Metz, avec une gr. planche lithographiée.

Imprimée parmi les Mémoires de la Société royale des Antiquaires de France, tome XII, 2e de la nouvelle série.

XIII. Notice sur Mandeure et divers objets d'antiquités.

Imprimée dans les Mémoires de l'Académie royale de Metz, année 1837-38, pag. 333 à 340 [1838].

BIOGRAPHIE.

XIV. Biographie de la Moselle, ou Histoire, par ordre alphabétique, de toutes les personnes nées dans ce département, qui se sont fait remarquer par leurs actions, leurs talents, leurs écrits, leurs vertus ou leurs vices. Metz, Verronnais, 1829-32, 4 vol. in-8, avec portraits [28 fr.].

L'une de nos biographies provinciales les plus consciencieuses et rédigées avec le plus de soin. Il n'y a pas lieu d'adresser à M. Bégin les mêmes reproches que nous avons faits à plusieurs auteurs de publications semblables, sur la négligence avec laquelle a été traitée la partie bibliographique. M. Bégin, dans sa Biographie, n'a, sous ce point, rien laissé à désirer. Une attention, dont on doit savoir d'autant plus de gré à l'auteur, que peu des devanciers dans son genre l'ont eue, c'est la mention, à la fin de chaque article, des sources où l'auteur a puisé.

Il a été tiré de cette Biographie un petit nombre d'exemplaires sur grand pap. vélin.

On joint à ces quatre volumes un *Spécimen iconographique de la Biographie des hommes de la Moselle*, de 16 portraits et 16 feuillets de texte. [Metz, Verronnais, 1830, in-8].

Quelques-unes des notices de la Biographie de la Moselle ont été imprimées séparément avec des titres particuliers, et entre autres les suivantes: 1° Vie militaire du maréchal-de-camp Cochois [Metz, Verronnais, 1830, in-8 de 12 pag.]; — 2° Vie militaire du comte Grenier, lieutenant-général [*Ibidem*, 1830, in-8 de 48 pag.]; — 3° Vie militaire du comte de Lasalle [*Ibid.*, 1830, in-8 de 31 pag.]; — 4° Vie politique du comte Rœderer [*Ibid.*, 1832, in-8 de 96 pag.].

XV. * Éloge du maréchal Fabert. Ouvrage couronné par l'Académie royale de Metz, dans sa séance publique du 15 mai 1837. Metz, de l'impr. de Lamort, 1837, in-8 de IV et 50 pag. [1 fr.].

L'auteur a abandonné son prix et le produit de la vente de son discours au profit de la souscription au monument de Fabert.

XVI. Nécrologies sur Dom Grappin, le docteur Thouvenel et Ch.-Fréd. Cœmmerer.

Insérées dans les Mémoires de l'Académie royale de Metz, années 1837-38; et publiées séparément à Metz. Metz, de l'impr. de Lamort, 1838, in-8 de 16 pag.

XVII. Villers, Mme de Rodde et Mme de Staël. Metz, Verronnais, 1840, in-8 de 80 pag.

Notice sur Charles-François-Dominique de Villers. Mesdames de Rodde et de Staël n'y sont que mentionnées.

VARIA.

XVIII. Indicateur [l'] de l'Est, journal scientifique, littéraire, commercial et industriel, pour les départements de la Moselle, de la Meurthe, de la Meuse, des Vosges, des Ardennes, de la Marne, du Haut et du Bas-Rhin, contenant des articles sur l'histoire monumentale, les mœurs, les usages, les hommes célèbres, les productions typographiques, les séances académiques, l'agriculture et les différentes branches d'industrie de ces départements, ainsi que des annonces judiciaires, légales et des avis divers; publié par M. E.-A. Bégin. Metz, de l'impr. de Verronnais, 1830 — 31 décembre 1831, in-8.

M. Bégin a été le fondateur et, avec M. Boulet, de Metz, le directeur de ce journal, qui fut d'abord littéraire et scientifique, paraissant chaque semaine; il devint politique après la révolution de juillet. Cette feuille a été alors publiée tous les deux jours. Elle a cessé de paraître le 1er janvier 1832.

XIX. Adresse de la garde nationale de Forbach au Roi. 1831, in-8 de 16 pag.

XX. * Éducation lorraine élémentaire. Tome Ier: Abécédaire, contenant cent exercices d'épellations, de lecture, d'histoire, de géographie, de grammaire et de numération. Metz, Verronnais, 1835, in-18 de 100 p. [30 c.].

— Tome II : Conversations et lectures lorraines, ou Choix de traits d'histoire, d'anecdotes piquantes, de beaux exemples dont les sujets sont pris dans l'ancienne province de Lorraine. *Ibid.*, 1835, in-18 de 142 pag., avec un frontispice et une lithographie [40 c.].

— Tome III : Histoire des duchés de Lorraine et de Bar, et des Trois-Évêchés. *Ibid.*, 1836, in-18 de IV et 152 p., avec carte et portraits [50 c.].

XXI. Moselle [la]. Poëme descriptif d'*Ausone*, trad. par M. Emile Bégin. Metz, Verronnais, 1840, in-8 de 16 p.

Traduction en prose.

Outre les ouvrages que nous venons de citer, on doit encore au docteur Bégin beaucoup d'articles de politique, de sciences, de littérature et d'histoire, insérés dans le « National », le « Journal du Commerce », le « Patriote de la Meurthe », la « Revue du Nord », la « Revue de Lorraine », et la « Revue d'Austrasie » qu'il a fondée conjointement avec MM. Michel Nicolas et Michelant. Il a donné plusieurs articles à « l'Encyclopédie des gens du monde », à la « Revue encyclopédique », et environ cent Notices à la « Biographie universelle ». Le Journal de médecine, chirurgie et pharmacie militaires, les Mémoires de la Société royale des Antiquaires de France, ceux de l'Académie royale de Metz, contiennent également des articles de M. Bégin. Il a ajouté un laurier funèbre et poétique à la couronne du général Foy, publiée par Magalon, et coopéré, en qualité de secrétaire de la section d'archéologie du congrès scientifique tenu à Metz, à la rédaction du volume de cette assemblée.

Cet utile et consciencieux écrivain est encore auteur d'un assez grand nombre d'ouvrages inédits jusqu'à ce jour, et parmi lesquels on cite les suivants : 1° des Poésies fugitives ; — 2° des Notices sur le médecin Foës et le jurisconsulte Cantuincula ; — 3° un Mémoire sur l'origine des œufs de Pâques ; — 4° Mémoire sur des ossements fossiles découverts à Romeny [Meurthe]. Ces quatre ouvrages ont été présentés par l'auteur à l'Académie royale de Metz, de 1822 à 1824. — 5° Mémoire sur le mécanisme de la voix, lu à l'Institut, en 1828. Les autres manuscrits de M. Bégin se composent : 6° d'une Histoire monumentale du nord-est de la France ; — 7° d'une Traduction des OEuvres d'Ausone relatives à l'Histoire; — 8° d'une Description des grands cours d'eau de la Lorraine, considérés sous le rapport de l'archéologie, de la statistique et de l'histoire naturelle ; — 9° et enfin d'une Statistique archéologique de tous les lieux de l'ancienne Lorraine. Il a lu des fragments de ces divers ouvrages manuscrits à la cinquième session du congrès scientifique de France.

A cette liste, il faudrait ajouter, d'après la « Biographie universelle et portative des contemporains [tome V], plus de six autres ouvrages. V. A. S.

BÈGUE [A.]. — Ami [l'] de la campagne, messager des communes. Paris, et Esbons, 1830, in-8.

BÈGUE LEFORT DE SAINT-GÉNIÈS [H.], avocat, docteur en droit, à Lausanne.

I. Essai sur les changements opérés dans la jurisprudence romaine par Constantin-le-Grand ; dissertation présentée au concours pour la chaire de droit romain. Lausanne, 1823, in-4.

II. Dissertation sur le principe de la souveraineté, présentée au concours pour la chaire de droit naturel, public et fédéral, le 14 sept. 1824. Lausanne, 1824, in-4.

BÉGUIER, prêtre déporté, en 1792, sur le territoire espagnol.

— Vie de Jésus-Christ, Dieu-Homme, par le T. R. P. *M. Pre Ferdinand de Valverdé*, définiteur de la province du Pérou ; trad. en français par *Béguier*. Angers, Pavie, 1828, 5 vol. in-8.

BÉGUIN, avocat à la Cour de cassation.

— Avec M. *J.-H.-F. Rochelle* : la Loi de l'indemnité annotée d'après les actes de l'administration, la jurisprudence du conseil d'état et celle des cours et tribunaux du royaume, faisant suite aux Annales administratives et judiciaires de l'émigration. Paris, Nève, 1827, in-8 de 156 pag. — Sec. édit. Paris, le même, 1829, in-8 [5 fr.].

M. Béguin a été, en outre, l'un des rédacteurs des « Annales judiciaires et administratives de l'émigration » [1825].

BEICHELIN [C.] — I. Feuilles de resouvenir (*sic*) à la vallée de l'Elbe et à la Suisse saxonne, dessinées d'après nature et gravées par C. Beichelin. Avec des remarques topographiques, par le docteur *J. Ekkenstein*. Dresde, Friese, 1831, in-16 avec 8 vues enluminées [5 fr.].

II. Panorama de l'Elbe et des alentours circonvoisins, depuis Aussic jusqu'à Misnie, dessiné d'après nature par C. Beichlin, longueur 33 pouces, largeur 9 1[2 11 1[2 pouces. Suivi d'un Manuel pour les voyageurs dans la vallée de l'Elbe et dans la Suisse saxonne, etc., par le doct. *J. Ekkenstein*. Dresde, Friese, 1831, in-8 en étui [9 fr.].

Ces deux petits ouvrages ont été publiés en même temps, avec un texte allemand.

BEIGBEDER-SARRAUDE, directeur de l'école normale de Pau.

— Arithmétique raisonnée. Cours normal divisé en huit parties. Première partie. Pau, de l'impr. de Vignancour, 1834, in-8 de 32 pag.

BEILLE-BERGER, avocat, à Clermont-Ferrand.

— Dissertation d'un avocat au barreau de Clermont-Ferrand, sur les questions de droit résolues par M. Bravard-Verrière, professeur à la Faculté de droit de Paris, et notamment sur celle qu'il s'était faite de savoir si l'étude du droit romain offre encore aujourd'hui de l'utilité chez nous, et à quel égard. Clermont-Ferrand, de l'impr. de Vaissière, 1836, in-4 de 8 pag.

BEILLET [Louis]. — Recueil de procédés chimiques appliqués aux arts et métiers. Divisé en deux parties. Toutes les recettes sont éprouvées et garanties. Toulouse, de l'impr. de Corne, 1837, in-8 de 48 pages.

BEINE [Ch. de].— Appel d'un officier de cavalerie au jugement de ses camarades. Paris, de l'impr. lithogr. de Chatin, 1838, in-8, avec 2 tableaux.

BEISSER [le docteur]. — Maladies nerveuses. Traitement des maladies nerveuses et emploi du massage comme un auxiliaire puissant dans le traitement de ce genre de maladies. Paris, l'Auteur, 1835, in-8 de 16 pag.

BEL [A.], d'abord principal du collége de Verdun, ensuite de celui de l'Arc, à Dôle, aujourd'hui censeur au collége du Puy, officier de l'Université.

I. Cours simultané d'histoire et de thèmes gradués, applicables aux grammaires suivies dans les colléges. Paris, Brunot-Labbe, 1824, 2 part. in-12 [4 fr. 50 c.].

II. Grammaire latine, élémentaire et raisonnée, contenant la classification, les déclinaisons et les conjugaisons, les invariables, la syntaxe et la construction. Paris, Hachette [* Périsse frères], 1829, in-12 [1 fr. 50 c.].

III. Grammaire française, élémentaire et raisonnée, comprenant les principes de la grammaire générale, la syntaxe, la construction. Paris, Hachette; Delalain, 1829, in-12 [1 fr. 50 c.].

IV. Traité de prosodie et de versification latines, suivi d'un Traité nouveau des figures de mots ou tropes. Paris, Delalain; Dôle, Prudont, 1835, in-12 [1 fr. 50 c.].

V. Principes de lecture applicables à toutes les langues et spécialement à la langue française. Paris, Hachette [* Périsse frères], 1829, in-12 [50 c.]. — Dix tableaux de ces principes, pour les classes simultanées et mutuelles [2 fr. 50 c.].

BELAIR, pseudon. Voy. LEGAY.

BELAIS [Abraham], ex-trésorier du roi de Tunis, grand rabbin de Nice et d'Alger.

I. Odes et prières hébraïques, traduites en français, en l'honneur de S. M. Louis-Philippe, roi des Français, ainsi que de toute sa famille, par son serviteur Abraham Belaïs. Traduit en français par *Lazare Wogue*. Paris, de l'impr. de Smith, 1835, in-8 de 16 pag.

II. Hymne en l'honneur de S. M. Louis-Philippe, roi des Français, de toute sa famille, du maréchal comte Clausel, gouverneur de nos possessions en Afrique; à l'armée française, et sur la chute du traître Abd-el-Kader. Paris, de l'impr. de Wittersheim, 1836, une feuille in-plano.

III. Ode hébraïque. Traduction française, composée sur le Psaume XXI de David, pour le salut du roi et de sa famille, à l'occasion du 29 juillet. Paris, de l'impr. de Wittersheim, 1836, in-8 de 8 pag.

IV. Ode hébraïque, traduite en français, suivi du Psaume de David, XVIII, en l'honneur de S. M. Louis-Philippe, roi des Français, de LL. AA. RR. les ducs de Nemours et Joinville, et de l'armée française, à l'occasion de la prise de Constantine. Paris, de l'impr. de Wittersheim, 1837, in-8 de 8 pag.

V. Livre du Puits vivant et croyant, poëme composé en hébreu et trad. en français par *Lazare Wogue*. Paris, de l'impr. de Wittersheim, 1839, in-4 de 12 pag.

BÉLANGER [Jean-Baptiste-Charles-Joseph], né à Valenciennes, en 1790, d'une famille respectable, après avoir complété ses études à l'École polytechnique, fut reçu ingénieur au corps royal des ponts-et-chaussées, et dès 1825 il était en cette qualité près de M. de Sartoris, commissaire des canaux du duc d'Angoulême et des Ardennes; c'est à cette époque, qu'ayant besoin de résoudre un problème d'hydrodynamie, il composa un Mémoire, inséré dans le « Journal des mines », dans lequel il proposa un nouveau procédé de calcul qui fut approuvé des géomètres, et jugé alors heureusement conçu. Depuis, l'auteur avait senti le besoin d'améliorer son œuvre première, et de nouvelles recherches d'analyse l'ont amené à publier un ouvrage ayant pour titre : « Essai sur la solution numérique de quelques problèmes relatifs au mouvement permanent des eaux courantes.» Paris, 1828, in-4. M. Bélanger, qui est aujourd'hui inspecteur des études de l'école centrale des arts et manufactures, école où se trouvent réunis tant de professeurs distingués, membre de la Société des enfants du Nord, est aussi, avec M. Polonceau, l'un des auteurs d'un des projets qui doivent réunir Paris et le Hâvre par un chemin de fer ; projet gigantesque, si on le compare à tous les chemins de fer existants aujourd'hui en Europe. Le projet de MM. Bélanger et Polonceau a été imprimé en 1837. Nous connaissons de ce savant, outre le Mémoire imprimé dans le « Journal des Mines » :

I. Essai sur la solution numérique de quelques problèmes relatifs au mouvement permanent des eaux courantes. Paris, Carilian-Gœury, 1828, in-4 de 46 pag. [2 fr. 50 c.].

Le travail de M. Bélanger ayant été soumis à une commission composée d'inspecteurs-généraux des ponts-et-chaussées, cette commission en fit le sujet d'un rapport au directeur-général des ponts-et-chaussées et des mines. Ce rapport se terminait ainsi : « La » commission est d'avis que le travail de M. » Bélanger est fait avec beaucoup de talent, » et qu'il peut être fort utile ; en conséquence, » elle pense qu'il doit mériter à son auteur » des témoignages de satisfaction et d'encou- » ragement. » Le conseil-général des ponts-et-chaussées, adoptant les conclusions de la commission, exprima le désir de voir le travail de l'auteur rendu public, attendu l'utilité dont il peut être pour les ingénieurs. A ces hauts témoignages, sont venus se joindre encore ceux de plusieurs membres de l'Institut et professeurs ou anciens professeurs à l'École polytechnique, tels que MM. de Prony, Navier, Poncelet, Coriolis, qui citent avec éloge dans leurs ouvrages les travaux de M. Bélanger, et le dernier de ces savants géomètres, dans un Mémoire publié quelques années après celui de notre ingénieur, et où il traite aussi de la question du remou des fluides, dit, en parlant du travail de M. Bélanger, « que c'est le pre- » mier qui ait été fait sur ce sujet ; qu'il doit » être rangé en tête des théories à l'aide des- » quelles l'hydraulique fournit le moyen de » parvenir à ce que l'expérience ne peut » donner. »

II. * Avec M. *Polonceau :* Compagnie Riant. Chemin de fer de Paris à Rouen, au Hâvre et à Dieppe, par la vallée de la Seine. Paris, de l'impr. de Moreau, 1837, in-4 de 88 pag.

[Notice extraite d'un « Rapport sur les travaux scientifiques de M. Bélanger, de Valenciennes, fait à la Société des enfants du Nord, dans sa séance du 15 janvier 1837 » ; par M. Théodore VIRLET. Avesne, de l'impr. de Viroux, 1837, in-8 de 8 pag.].

BÉLANGER [Charles], naturaliste, ancien directeur du jardin royal de Pondichéry, aujourd'hui propriétaire d'une mine, et résidant à Paris, membre de plusieurs sociétés savantes, chevalier de la Légion-d'Honneur, de l'ordre impérial du Lion et du Soleil de Perse ; né à Paris, le 29 mai 1805.

I. Voyage aux Indes orientales par le nord de l'Europe, les provinces du Caucase, la Géorgie, l'Arménie et la Perse ; suivi de détails topographiques, statistiques et autres sur le Pégou, les îles de Java, de Maurice et de Bourbon, sur le cap de Bonne-Espérance et de Sainte-Hélène, pendant les années 1825, 1826, 1827, 1829. Ouvrage dédié au Roi, et publié sous les auspices de MM. les ministres de la marine et de l'intérieur. Paris, Arth. Bertrand, 1831 et ann. suiv., 8 vol. gr. in-8, accompagné de 3 Atlas gr. in-4, renfermant au moins 200 planches dont 90 coloriées.

Cet ouvrage aura trois divisions : I. Zoologie, 8 livraisons ; — II. Botanique, 7 livraisons ; — III. Histoire du Voyage, 20 livraisons. Prix de chaque livraison à l'ouvrage entier : papier grand-raisin superfin satiné [10 fr.] ; papier grand-raisin vélin superfin satiné, tiré à un petit nombre d'exemplaires [20 fr.] ; papier grand-raisin vélin superfin satiné, tiré à quelques exemplaires seulement format grand in-4 (même grandeur que les planches), doubles figures, noires et coloriées, avant et avec la lettre ; les figures noires tirées sur papier de Chine : exemplaires d'amateurs [30 fr.] ; — et pour chacune des trois divisions prises séparément : papier grand-raisin superfin satiné [12 fr.] ; papier grand-raisin vélin superfin satiné [24 fr.] ; papier grand-raisin vélin superfin satiné, format grand in-4 [36 fr.].

Il avait paru de cet ouvrage, au 15 juillet 1840, *la Zoologie* complète, en huit livraisons ; quatre livraisons de la *Botanique*, et neuf de l'*Histoire du voyage*.

II. Notice nécrologique sur M. Auguste Duvau. Paris, de l'impr. de Fain, 1832, in-8 de 12 pag.

Extrait du « Bulletin universel. » V. A. S.

BELARGENT. — Tarifs du poids des fers carrés et méplats suivant leur épaisseur et largeur aux anciennes et aux nouvelles mesures : suivis de tarifs des poids des fers ronds d'après leur diamètre, et calculés dans leurs rapports géométriques de 7 à 22. Paris, Carilian-Gœury, 1838, in-12 [3 fr. 50 c.].

BELCOUR. — Plaisir [le], la peine et l'habitude. [En vers]. Paris, de l'impr. de Malteste, 1834, in-8 de 8 pag.

BELEZE [Louis-Gustave], élève de l'ancienne École normale, chef d'institution à Paris, rue Louis-le-Grand ; né à Montpellier [Hérault], le 21 août 1803.

I. *Xénophon.* Apologie de Socrate, expliquée en français, suivant la méthode des colléges, par deux traductions, l'une littérale et interlinéaire, avec la construction du grec dans l'ordre naturel des idées, l'autre conforme au génie de la langue française, précédée du texte pur et accompagnée de notes explicatives, d'après les principes de MM. de Port-Royal, Dumarsais, Beauzée et des plus grands maîtres. Paris, Delalain, 1829, in-12 [1 fr. 75 c.].

II. *Démosthène.* Discours sur la Couronne, expliqué en français, suivant la méthode des colléges, par deux traductions, l'une littérale et interlinéaire, avec la construction du grec dans l'ordre naturel des idées, l'autre conforme au génie de la langue française ; précédée du texte pur, et accompagnée de notes explicatives, d'après les principes de MM. de Port-Royal, Dumarsais, Beauzée et des plus grands maîtres. Paris, Aug. Delalain, 1829, 3 vol. in-12 [9 fr.].

III. *Plutarque.* Vie de C. J. César, expliquée en français, suivant la méthode des colléges, par deux traductions, l'une littérale et interlinéaire, avec la construction du grec dans l'ordre naturel des idées, l'autre conforme au génie de la langue française ; précédée du texte pur et accompagnée de notes explicatives, d'après les principes de MM. de Port-Royal, Dumarsais, Beauzée et des plus grands maîtres. Paris, Aug. Delalain, 1831, in-12 [3 fr.].

IV. Actes des apôtres, expliqués en français, suivant la méthode des colléges, par deux traductions, l'une littérale et interlinéaire, avec la construction du grec dans l'ordre naturel des idées, l'autre conforme au génie de la langue française ; précédées du texte pur et accompagnées de notes explicatives, d'après les principes de MM. de Port-Royal, Dumarsais, Beauzée et des plus grands maîtres. Paris, Aug. Delalain, 1834, in-12 [8 fr.].

V. Évangile selon saint Luc, expliqué en français suivant la méthode des colléges, par deux traductions, l'une littérale et interlinéaire, avec la traduction du grec dans l'ordre naturel des idées, et l'autre conforme au génie de la langue française; précédées du texte pur, et accompagnées de notes explicatives, d'après les principes de MM. de Port-Royal, Dumarsais, Beauzée et des plus grands maîtres. Paris, J. Delalain, 1836, in-12 [7 fr. 50 c.].

VI. Histoire [l'] naturelle, mise à la portée des enfants, avec questionnaires. Paris, J. Delalain, 1836, in-18 [1 fr. 50 c.]. — IIIe édit., revue, augmentée, et accompagnée de figures. Paris, le même, 1840, in-18, avec une pl. [1 fr. 50 c.]. — Atlas d'histoire naturelle. Paris, le même, 12 planches in-fol. lithogr. [9 fr.].

VII. Géographie [la], mise à la portée des enfants, avec questionnaires. Sec. édit., revue, augmentée et accompagnée d'un planisphère. Ouvrage autorisé par l'Université. Paris, J. Delalain, 1840, in-18 [1 fr. 50 c.].

VIII. Géographie de la France, extraite de la Géographie mise à la portée des enfants, avec questionnaires. Paris, J. Delalain, 1837, in-18 [50 c.].

IX. Histoire [l'] ancienne, mise à la portée des enfants. Paris, J. Delalain, 1837, in-18 [1 fr. 75 c.].

X. Histoire sainte [l'], mise à la portée des enfants, avec questionnaires. Paris, Delalain, 1838, in-18 [1 fr. 50 c.].

XI. Grammaire [la] française, mise à la portée des enfants, avec questionnaires. Paris, Delalain, 1838, in-18 [1 fr. 50 c.].

Ces six derniers petits ouvrages sont autorisés par l'Université.

XII. *Ciceronis* de officiis libri III, ad Marcum filium. Nova editio, argumentis, notisque adornata, accurante

Beleze. Ad usum scholarum. Parisiis, Delalain, 1858, in-12 [1 fr.].

XIII. Exercices français, gradués sur toutes les parties de la grammaire, avec le corrigé. Paris, Delalain, 1839, 2 vol. in-18 [4 fr.].

XIV. Histoire de France, mise à la portée des enfants, avec questionnaires. Paris, le même, 1840, in-18 [1 fr. 50 c.].

Deux autres ouvrages approuvés par l'Université.

Enfin M. G. Beleze a enrichi de sommaires et de notes des éditions grecques, à l'usage des classes, des Evangiles de saint Mathieu, de saint Luc, de saint Jean, et des Actes des apôtres. V. A. S.

BELFORT, auteur et artiste dramatique. [Voy. la *France littér.*, tome Ier, page 258]. Ajoutez : aujourd'hui directeur des théâtres de la Corse.

I. Ile [l'] d'Elbe, ou le Soldat de la vieille garde, événement historique en trois actes. Grasse, de l'impr. de Dufort aîné, 1831, in-8.

II. Patrie et Liberté, ou la France nouvelle, à-propos patriotique en trois tableaux. Bastia, l'Auteur, 1839, in-8 de 24 pag. [50 c.].

BELHOMME [J.-E].— I. Examen des facultés intellectuelles à l'état normal et anormal, pour servir d'explication à l'aliénation mentale. [Mémoire lu à la Société médico-pratique]. Paris, de l'impr. de Dondey-Dupré père, 1829, in-8 de 32 pag.

II. Rapport analytique du Mémoire de M. Brochet, sur la nature et le siége de l'hystérie et de l'hypocondrie, lu à la Société médico-pratique de Paris, et suivi des réflexions et de l'opinion du rapporteur. Paris, l'Auteur, rue de Charonne, n° 163, 1832, in-8 de 24 p.

III. Considérations sur l'appréciation de la folie, sa localisation et son traitement. Mémoire accompagné d'observations et d'autopsies [lu à la Société médico-pratique]. Paris, Deville-Cavelin, 1834, in-8 de 84 pages [2 fr.].

IV. Suite des recherches sur la localisation de la folie. Mémoire accompagné d'observations et d'autopsies [lu à la Société médico-pratique et à la Société médicale d'émulation], adressé à l'Académie royale de médecine et à l'Académie des sciences. Paris, Germer-Baillière, 1836, in-8 [2 fr.].

V. Troisième Mémoire sur la localisation des fonctions cérébrales et de la folie, suivi d'un Mémoire sur le tournis, considéré chez les animaux et chez l'homme, lu à l'Académie de médecine dans la séance du 26 juin 1838. Paris, Germer-Baillière, 1839, in-8 [3 fr. 50 c.].

BELHOMME [Jean-Baptiste-Guillaume], archéologue, archiviste du département de la Haute Garonne, l'un des fondateurs de la Société archéologique du midi de la France, est né à Castres [Tarn] en 1799, et non en mars 1803, comme le dit M. Nayral dans ses « Biographie et Chroniques castraises » [tome III, p. 353] (*). Sa famille est ancienne et recommandable : elle s'est acquis des droits à notre estime, non-seulement dans les siècles reculés, mais encore dans ces derniers temps, puisque M. Belhomme est petit-neveu de Dom Humbert Belhomme, abbé de Moyen-Moutier, religieux aussi modeste que savant, qui se déroba à la reconnaissance de ses contemporains en publiant maintefois ses travaux sous un nom emprunté; mais plus tard Moreri fit tomber le voile dont il s'était couvert, et il a parlé au long de ce religieux dans son grand dictionnaire. La seconde illustration de la famille de M. Belhomme, est le général Excelmans, pair de France, dont notre archéologue est le cousin-germain. M. Belhomme acquit de bonne heure la réputation d'archéologue distingué : le ministre de l'instruction publique, après avoir eu occasion d'apprécier son mérite, le nomma l'un de ses correspondants spéciaux, membre de la commission chargée de recueillir, dans les divers dépôts d'archives, les documents historiques, de quelque importance, qui seraient inédits. La Société archéologique du midi de la France l'a plusieurs fois adjoint à M. Alexandre Du Mège pour faire des recherches et acquisitions de monuments, dont ils ont enrichi la magnifique collection du Musée de Toulouse. Il a aussi secondé M. A. Du Mège dans les soins qu'il s'est donné pour la prospérité de cet établissement qui lui est redevable en particulier de plusieurs monuments antiques. L'érudition de M. Belhomme est rehaussée par les

(*) Article que néanmoins nous reproduisons ici.

qualités les plus aimables ; il est doué d'une affabilité de caractère et d'une douceur de mœurs qui le font chérir de toutes les personnes qui ont avec lui quelques relations.

Tout ce que M. J.-B.-G. Belhomme a fait imprimer jusqu'à ce jour est consigné dans les recueils de la Société archéologique du midi de la France, où l'on trouve, de lui, deux Mémoires, dont l'un intitulé : *Recherches sur la ville de Castres, du Tarn, et sur l'étymologie de son nom ;* et l'autre, une *Notice sur une chapelle dédiée à saint Exupère*, un des premiers évêques de Toulouse. Le premier Mémoire a été mentionné dans les termes les plus flatteurs par les journaux, et les premières sociétés savantes en ont aussi parlé d'une manière très-honorable. Dans sa Notice sur la chapelle de S. Exupère, érigée à Blagnac, lieu voisin de Toulouse, en nous faisant connaître les principaux traits de la vie du sixième évêque de cette ville, l'auteur entre dans des détails pleins d'intérêt au sujet de divers usages. Il s'attache à concilier les récits de quelques écrivains qui ne sont point d'accord sur des faits historiques, et à faire ressortir la vérité de la délivrance de Toulouse, par les mérites de S. Exupère, qui, à l'époque où les Barbares envahirent les provinces de l'empire romain et désolèrent la Narbonnaise, devint la sauve-garde et le soutien de sa ville natale. Ces deux ouvrages font beaucoup d'honneur à M. Belhomme, et donnent une haute idée de l'étendue de ses connaissances.

Quelques chansons, que le poëte Murviel adressait à Adélaïde de Toulouse, comtesse de Burlac, ont été traduites par M. Belhomme du langage vulgaire ou roman du XIIe siècle.

Ce savant a annoncé à la Société archéologique un nouveau *Mémoire sur l'abbaye de Saint-Benoît*, qui a coûté de grandes recherches à son auteur : à en juger par les deux précédents, il ne peut offrir qu'un vif intérêt.

BELIN [ ], censeur des études au collége royal de Charlemagne, éditeur, en société avec M. Roche, des « Annales des concours généraux », de 1805 à 1826 [Paris, 1825-28, 5 vol. in-8], et auteur d'un *Discours prononcé sur la tombe de M. Dumas*, imprimé dans le vol. intitulé : « Discours prononcés sur la tombe de M. Dumas, proviseur du collége de Charlemagne, le 27 février 1837. » [Paris, de l'impr. de Gratiot, 1837, in-8 de 16 pag.]

BELIN [Jules], fils de l'imprimeur-libraire de Paris.

I. Duchesse [la] de la Vallière. Pièce en cinq actes. Par *E.-L. Bulver*, traduite et précédée d'une préface critique. Paris, rue Sainte-Anne, n° 55, 1837, in-8 [1 fr. 50 c.].

Extrait de la « Revue du Théâtre ».

II. Fazio, tragédie traduite de l'anglais de *Milmann*.

Impr. dans la « Revue du Théâtre ».

III. Mes prisons. Mémoires de *Silvio Pellico*, de Saluces ; trad. de l'italien. Paris, Ledentu, 1840, 2 vol. in-32 [2 fr. 50 c.].

BELIN [Jules-L.], avocat à la cour royale de Paris, fils d'un chef de maison de librairie très-estimable de la capitale, M. Belin-Leprieur ; né à Paris, vers 1808, reçu avocat en 1832.

— * Palais [le] des Thermes et l'hôtel de Cluny. Notice. Paris, Belin-Leprieur, 1836, in-12 de 100 pag. [1 fr. 50 c.].

C'est aussi à M. J.-L. Belin que l'on doit la publication de la sixième édition de « l'Histoire de Paris » [1835-40, 8 vol. in-8], et de la deuxième de « l'Histoire physique, civile et morale des environs de Paris » [1839-40, 6 vol. in-8], deux ouvrages de DULAURE, continués par l'éditeur. Les Notes nouvelles et l'Appendice de M. Belin à l'Histoire de Paris, de Dulaure, se composent des détails descriptifs et historiques sur les monuments récemment élevés dans la capitale, tels que la Madeleine, le palais des Beaux-Arts, l'arc-de-triomphe de l'Étoile, l'obélisque de Luxor, etc. L'Appendice de M. Belin et la Table des matières de l'ouvrage forment le 8e et dernier volume.

Amateur de musique d'une force supérieure, M. J.-L. Belin se livre dans ses moments de loisir à la composition : on assure même qu'il travaille actuellement à la musique d'un grand opéra.

BELIN [Ch.], juge de paix.

— Dispute de dix et de douze, sur la numération, les monnaies, poids et mesures ; en prose rimée de douze syllabes par ligne, avec la tolérance d'une syllabe de plus ou de moins, après la sixième ou la douzième, non compris la rime féminine. Besançon, de l'impr. de Proudhon, 1840, in-8 de 88 pag.

BELISLE [le comte Bon-Auguste de].

— I. * Contes. [En vers]. Paris, Potey, 1824, in-8 [3 fr. 50 c.].

II. * Heures de loisir. Paris, de l'imprimerie de F. Didot, 1837, in-8, avec 14 lithograph.

BELLAGUET [Louis-François], d'abord professeur au collége Rollin, aujourd'hui chef de bureau au ministère de l'instruction publique ; né à Sens, le 9 mars 1807.

I. Mémoires du cardinal *Pacca* sur la captivité du pape Pie VII, et le concordat de 1813, pour servir à l'histoire du règne de Napoléon. Traduits de l'italien sur la troisième édition, et augmentés des pièces historiques déposées au Vatican. Paris, Ladvocat, 1835, 2 vol. in-8 [15 fr.].

Les mots, *déposés au Vatican*, ont été ajoutés sur les titres par le libraire.

II. Avec M. *Ch. Lefèvre:* * Histoire du royaume de Naples, depuis Charles VII jusqu'à Ferdinand IV [1734 à 1825]. Par le général *Colleta*, ancien ministre. Traduite de l'italien sur la IVe édition. Paris, le même, 1835, 4 vol. in-8 [30 fr.].

Cette traduction ne porte que le nom de M. Ch. Lefèvre et les initiales L. B****.

III. Chronique du *religieux de St-Denis*, contenant le règne de Charles VI, de 1380 à 1422. Publiée en latin pour la première fois, et traduite par M. Bellaguet; précédée d'une Introduction, par M. de *Barante*. Tomes I et II. Paris, de l'impr. de Crapelet; F. Didot et Ce, 1839 et ann. suiv., 2 vol. in-4 [24 fr.].

Cette traduction formera de cinq à six volumes.

* Ce dernier ouvrage fait partie de la « Collection de documents inédits sur l'Histoire de France, publiée par ordre du roi et par les soins du ministre de l'instruction publique. Première série : Histoire politique.

La Chronique du religieux de Saint-Denis, souvent citée ou copiée par les historiens contemporains, était surtout connue par la traduction très-peu exacte qu'en a donnée Le Laboureur dans son histoire de Charles VI. Le texte de cette chronique, très-importante pour l'étude des faits et des mœurs de cette époque, n'avait pas encore été publié. M. Bellaguet en donne aujourd'hui une édition correcte d'après deux manuscrits de la bibliothèque du roi, et accompagne le texte d'une traduction fidèle et purement écrite. Dans l'introduction, M. de Barante, après avoir rassemblé le peu de notions qui nous restent sur le religieux de Saint-Denis, auteur anonyme de la Chronique de Charles VI, déclare s'éloigner du sentiment de Le Laboureur qui l'attribuait à Benoit Gentien, et pense qu'on doit plutôt en faire honneur à Guillaume Barrault, autre religieux de Saint-Denis, célèbre au temps de Charles VI et de Charles VII. Le savant académicien se livre ensuite à l'appréciation de la Chronique elle-même, et termine par des considérations historiques sur les événements qui y sont racontés. [Journ. des savants, 1839, p. 631.]

Il y a eu des exemplaires de l'Introduction de M. de Barante tirés à part. [Voy. BARANTE.]

M. Bellaguet, en outre, a donné à la « Revue de Paris », 10 février 1833, le premier compte-rendu qu'il ait fait des Mémoires de Silvio Pellico; il a eu quelque part à la traduction des Classiques latins, dirigée par M. D. Nisard.

V. A. S.

BELLAIGUE, alors député de l'Yonne.

I. Opinion [son] sur le projet de loi relatif à la pairie. Paris, de l'impr. de Dupont, 1831, in-8 de 8 pag.

II. M. Bellaigue, député, aux électeurs de l'arrondissement de Sens [Yonne]. Paris, de l'impr. de Crapelet, 1832, in-8 de 8 pag.

C'est le compte-rendu de la session.

BELLAING [Léopold de].—I. Observations sur le vote dans la chambre des pairs et des députés. Paris, de l'impr. de Duverger, 1827, 1828, in-4 de 2 p.

II. Vues sur la marche à suivre en cas d'élections générales. Paris, de l'impr. de Duverger, 1830, in-4 de 16 pag.

BELLAIRE [Voy. la *France littér.*, t. Ier, p. 260]. Ajoutez : [J.-P], aujourd'hui capitaine d'état-major en retraite, à Ajaccio, chevalier de Saint-Louis et de la Légion-d'Honneur, correspondant du Muséum d'hist. natur., etc.

— Précis de l'invasion des Etats romains par l'armée napolitaine, en 1813 et 1814, et de la défense de la citadelle d'Ancône. Paris, Gaultier-Laguionie, 1838, in-8 [3 fr.].

BELLANGER [Jean-François-René], ancien orfèvre et limonadier à Meulan [Seine-et-Oise].

— Mémoires [ses]. Paris, de l'impr. de Chaignieau, 1831, in-12 de 36 pag. — Réimprimé en 1832 et 1836 sous le titre de Mémoire.

Peut-être ces Mémoires [ou Mémoire] ne sont-ils qu'une réimpression de l'écrit intitulé : « Détail des malheurs éprouvés par Jean-François-René Bellanger, ci-devant marchand orfèvre, limonadier, marchand de vin et de meubles à Meulan, département de Seine-et-Oise. » Versailles, de l'impr. de Jalabert, 1828, in-12 de 36 pag.

BELLANGER [W.-A.]. — Nouvelles Conversations françaises, anglaises et allemandes, contenant des phrases élémentaires et de nouveaux dialogues faciles, en français, en anglais et en allemand, sur les sujets les plus en usage. IIIe édit. Leipzig, Melzer, 1838, gr. in-12.

BELLAY [J.]. — Science de l'administration commerciale, ou Commentaire sur la tenue des livres légale et classique. Lyon, l'Auteur, 1834, in-8. — Sec. édition. Paris, Renard, 1838, in-8 [7 fr.].

BELLE [Gabriel-Alexandre], auteur

dramatique, ancien commissaire des guerres, membre de la Société académique des enfants d'Apollon, convive des soupers de Momus; né à Paris, le 4 mars 1782.

I. Avec *P. Ledoux* : la Paix, ou l'Heureux retour, vaudev. en un acte et en prose. Paris, Pelletier, 1807, in-8.

II. Avec M. *Gentilhomme* : Femme à vendre, ou le Marché écossais, folie en un acte, mêlée de vaudevilles. Paris, Barba, 1817, in-8.

III. Avec *le même*: Crillon et Bussy d'Amboise, fait historique en un acte, mêlé de couplets. Paris, Barba, 1818, in-8.

IV. Avec *Armand Gouffé* : le Retour à Valenciennes, ou Rentrons chez nous, vaudev. en un acte et en prose Paris, Barba, 1818, in-8.

V. Avec M. *P. Ledoux* : M. Sans-Souci, ou le Peintre en prison, comédie-vaudeville en un acte. Paris, Barba, 1818, in-8.

VI. Avec MM. *Lafontaine* et *Mélesville* : les Voleurs supposés, comédie-vaudeville en un acte. Paris, Quoy, 1818, in-8.

VII. Avec M. *Léger* : le Fruit défendu, vaudeville en un acte. Paris, J.-N. Barba, 1821, in-8.

VIII. Avec M. *Dupetit-Méré* : le Bureau des Nourrices, folie-vaudeville en un acte, mêlée de couplets. Paris, Quoy, 1822, in-8.

IX. Avec MM. *W. Lafontaine* et *Tully* : les Dames Martin, ou le Mari, la Femme et la Veuve, comédie-vaudeville en un acte. Paris, Constant-Letellier, 1823, in-8.

X. Avec M. *P. Ledoux* : la Caserne, ou le Changement de garnison, tableau militaire en un acte, mêlé de couplets. Paris, madame Huet, 1823, in-8.

XI. Avec *Armand Gouffé* : la Tante et la Nièce, ou C'était moi, comédie-vaudeville en un acte et en prose. Paris, Quoy, 1824, in-8.

XII. Avec M. *Ch.-Aug. Sewrin* : le Roi René, ou la Provence au XVe siècle, opéra-comique en 2 actes. Paris, Duvernois, 1824, in-8.

XIII. Avec M. *Benj. Antier* : le Point d'honneur, vaudeville en un acte, tiré des Contes de M. Adrien de Sarrasin. Paris, Duvernois, 1825, in-8.

XIV. Circulaire, comédie en un acte et en prose. Paris, Cour des Fontaines, n° 7, 1828, in-8, 1 fr.

M. Gabriel-Alexandre Belle a encore eu part aux pièces suivantes, qui n'ont pas été imprimées : 1° [avec M. Antier], la Fille du commissionnaire, vaudeville joué en 1823; — 2° [avec Dupetit-Méré], le Hussard et le Tambour, vaudeville joué en 1819; — 3° [avec Armand Gouffé], Karabi, ou l'Ile des piqûres, vaudeville joué en 1818; — 4° [avec le même], M. Fougères, ou le Peintre du Marché-aux-Fleurs, vaudeville joué en 1820; — 5° [avec Lafontaine], Amour et Caprice, vaudeville joué en 1822.

Il a été un des rédacteurs du petit journal, intitulé : « la Nouveauté ».

XV. Discours prononcé aux Menus-Plaisirs, à la séance académique des enfants d'Apollon, en 1824. Paris, de l'impr. de Plassan, 1824. — Second Discours prononcé en 1825. Paris, de l'impr. du même, 1825. — Discours prononcé le 28 mai 1829. Paris, de l'impr. de David, 1829, in-8 de 20 p.

BELLE [Alexandre], fils du précédent, ancien commis libraire de la maison Barba.

I. Nouveau Vocabulaire des homonymes français, recueillis par ordre alphabétique et extraits du Dictionnaire de l'Académie et des meilleurs lexicographes, faisant suite à tous les Dictionnaires publiés jusqu'à ce jour. Paris, Bigot, 1830, in-8 de 48 pag. [2 fr.].

II. Notice sur Fieschi, suivie de Réflexions sur le fanatisme et la liberté de la presse. Paris, Delaunay; Barba, 1835, in-8 de 16 pag.

III. Précis historique des gouvernements populaires en France, depuis Charlemagne jusqu'au règne de Louis-Philippe Ier inclusivement. Paris, Barba, 1835, in-12 de 36 pag.

BELLÉE [A.-S.]. — De l'Ordre social symbolique antique et de l'Ordre juif et chrétien. [Réflexions sur les factions], ou Jugement porté sur l'Occident du monde. Paris, Delaunay; Dentu, 1836, in-8 de 120 pag. [2 fr.].

BELLEFIN. — Avec MM. *Huet* et *Dupray* : Instruction sur l'usage des médicaments pour MM. les capitaines de navire du commerce. Le Hâvre, Thouret, 1827, in-8 de 56 pag. [1 fr.].

BELLEFROID [L.], littérateur belge, l'un des rédacteurs de la « Revue de Bruxelles », dans laquelle, à notre connaissance, il a fait insérer une Notice sur les *Romances espagnoles*. [Ann. 1839.]

BELLEFROID-VANHOVE, agronome à Freloux, près de Liége, membre de plusieurs sociétés savantes.

Le « Dictionnaire des hommes de lettres.... de la Belgique » [Bruxelles, 1837, in-8] nous fournit l'indication de plusieurs mémoires que cet agronome a fait insérer au « Journal d'Agriculture du royaume des Pays-Bas »; ce sont ceux-ci : 1° sur la culture et la propagation du *phormium tenax*, appelé vulgairement lin de la Nouvelle-Zélande [1re série, t. VII]; — 2° sur les arbres fruitiers soumis à l'incision annulaire [t. VIII]; — 3° Lettre sur la suppression du pivot et de la tête des arbres [t. XV]; — 4° sur l'incision annulaire [*ibid.*]; — 5° Lettre sur la cloque du pêcher; — 6° sur la culture du pêcher et du coignassier [2e série, t. IV]; — 7° Lettre sur les plantations [t. XI].

BELLEMARE [Jean-François], écrivain monarchique et religieux, fut d'abord lieutenant de hussards; il donna sa démission en 1795, et vint à Paris, où il rédigea, en l'an IV [1796], le « Grondeur, » feuille royaliste. Compris dans la loi de déportation du 18 fructidor [4 septembre 1797], il parvint à s'y soustraire, et resta aux États-Unis jusqu'au 18 brumaire. De retour dans sa patrie, il devint l'un des rédacteurs de la « Gazette de France », jusqu'en 1809; Napoléon l'envoya alors à Anvers avec le titre de commissaire-général de police, emploi qu'il exerça de manière à satisfaire le gouvernement et à se concilier la bienveillance des habitants. Il se rendit aussi fort utile au prince de Ponte Corvo, lors du débarquement des Anglais dans l'île de Walcheren, en faisant parvenir des émissaires de police jusque dans le conseil même de lord Chatam; mais, en 1814, il fut obligé de quitter sa place et la ville par suite de quelques démêlés avec le général Carnot, à qui le commissaire de police voulut donner des torts dont il était incapable, et auxquels personne ne crut. De retour à Paris, M. Bellemare publia plusieurs brochures politiques, parmi lesquelles on remarqua celles qui ont pour titres : *les Remontrances du parterre, le Neuf et le Vieux, ou le Prophète du malheur*. Il a donné aussi, dans la « Gazette de France », dont il est devenu un des principaux propriétaires, des détails assez spirituels sur son affaire avec le général Carnot. Il a contribué à la rédaction du « Messager des Chambres », qui prit, en 1815, le titre de « Messager du soir »; il est auteur d'un roman en cinq vol., intitulé : *le Chevalier Fardif de Courtac*. Ce roman, où l'on trouve quelques traits originaux, quelques observations fines et piquantes, et des détails de mœurs qui ne sont pas sans intérêt, n'est cependant qu'une très-faible imitation de notre Gil-Blas de Santillane, ce qui semblerait prouver que les nombreux ouvrages attribués à M. Bellemare, où la justesse des idées se trouve jointe à la profondeur des aperçus et à une modération qui ne fut jamais sa vertu, ne sont pas de lui, mais d'un personnage habile qui se cachait sous son nom.

Ecrits politiques.

I. * Confession d'un grand pécheur. Paris, Petit, 1814, in-8 de 32 pag.

II. Remontrances [les] du parterre, ou Lettre d'un homme qui n'est rien à tous ceux qui ne sont rien. Paris, Pillet aîné, 1814, in-8 de 24 pag. [50 c.].

Publiées sous le pseudonyme de Jérôme Lefranc.

III. Neuf [le] et le Vieux, ou le Prophète du malheur. Paris, le même, 1814, in-8 [75 c.].

IV. Crime [le] du 13 février [l'assassinat du duc de Berri], et le moyen d'en prévenir de nouveaux. Paris, le même, 1820, in-8 de 28 pag.

V. * Police [la] et M. Decazes. Paris, le même, 1820, in-8 [1 fr.].

VI. * Prochaines [des] élections et de nos répugnances; par un électeur de Quimper-Corentin. Paris, Dentu, 1822, in-8.

VII. *Trois [les] procès dans un, ou la Religion et la royauté poursuivies dans les jésuites. Paris, Dentu, 1827, in-8 de 210 pag. — IIIe édit. Paris, le même, 1828, in-8 [3 fr.].

La dernière édition porte le nom de l'auteur.

VIII. * Conseiller [le] des jésuites. Paris, Dentu, 1827, in-8 de 214 pag. [3 fr.].

IX. Collége [le] de mon fils. Paris, Dentu, 1827, in-8 de 100 p. [1 fr. 25 c.].

X. Fin [la] des jésuites et de bien d'autres. Paris, Dentu, 1828, in-8 de 128 pag. — Sec. édit. Paris, le même, 1828, in-8 [2 fr.].

XI. Jésuites [les] en présence des deux

chambres. Paris, Dentu, 1828, in-8 de 148 pag. — Sec. édit. Paris, le même, 1828, in-8 [2 fr. 50 c.].

XII. Fléau [le] de Dieu en 1832. Paris, Ad. Leclère, 1832, in-8 de 64 pag. — IIIe édit. Paris, le même, 1832, in-8 [1 fr. 25 c.].

XIII. Méditations [les] de Charles X, suivies du rappel de deux jésuites. Paris, Dentu, 1833, in-8 de 40 pag. [1 fr. 25 c.].

XIV. Entretiens [les] de Nanci, ou le Troupeau sans pasteur. Paris, Adrien Leclère, 1834, in-12 de 36 pag.

Réimprimés dans la même année.

XV. M. de Quélen pendant dix ans. Paris, Ad. Leclère, 1840, in-8 [4 fr.].

Romans.

XVI. Chevalier [le] Tardif de Courtac. Paris, Pigoreau, 1816, et 1820, 3 vol. in-12, ornés de 6 grav. [12 fr.].

XVII. * Damné volontaire, ou les Suites d'un pacte avec le diable. Paris, Pigoreau, 1821, 3 vol. in-12, avec fig. [8 fr.].

BELLÈME, fabricant à Evreux. — Lettre à M. Odilon Barrot, ou Réfutation du discours qu'il a prononcé dans un banquet patriotique à lui offert à Torigny [Manche], le 20 septembre 1835. Exposition de quelques considérations politiques. Paris, Ledoyen; Bohaire, 1835, in-8 de 72 pag.

BELLENAVES [le marquis de]. — Quelques idées sur la réforme. Moulins, de l'impr. de Desroziers, 1839, in-8 de 32 pag.

BELLENGER [G.-D.]. — Une expérience sur la rage, suivie de propositions sur la nature, le siége et le traitement curatif de cette affection confirmée. Paris, de l'impr. de madame Porthmann, 1837, in-18.

BELLET [Benjamin-Louis], né à Paris, le 7 novembre 1805, était le neveu d'un savant estimable, C.-A. Basset, dont nous avons parlé page 180; M. Bellet débuta jeune en littérature, et non sans succès; des *Notions générales et élémentaires sur le droit français* qu'il publia en 1825, à l'âge de vingt ans, furent couronnées par la Société pour l'enseignement élémentaire; mais à cette époque, la restauration pesait de tout son poids sur notre pays, et chacun de nous, vieux ou jeune, chez qui battait une poitrine d'homme, dut défendre pied à pied ses envahissements de chaque jour, aussi M. Bellet voua-t-il sa plume à la défense de son pays. Il écrivit quelques brochures de circonstance et des articles pour les journaux politiques (*). Cet écrivain a fondé à Paris, en 1829, la « Silhouette, journal des Caricatures ». C'est le premier journal, à Paris, qui ait publié des vignettes sur bois, intercalées dans le texte. Une de ces vignettes donna naissance à un procès politique par suite duquel le tribunal correctionnel de la Seine condamna M. L. Bellet [juin 1830] à six mois de prison. A cette même époque, il était au nombre des rédacteurs du « Courrier des électeurs ». En 1827, M. L. Bellet, qui habitait la Belgique, devint un des collaborateurs du journal « l'Aristarque ». Il fut traduit, à raison d'un article publié dans ce recueil en faveur de l'affranchissement et de l'indépendance de la Belgique, devant la cour d'assises de Bruxelles. Défendu avec autant de zèle que de dévouement par M. Van de Weyer, aujourd'hui [1840] ambassadeur belge à Londres; il fut condamné à une année de prison et à une forte amende. Après une détention de 8 mois, le roi des Pays-Bas commua le surplus de sa peine en un bannissement perpétuel de la Belgique et de la Hollande. Rappelé à Bruxelles après les événements de 1830 par le gouvernement provisoire, M. Bellet [de 1831 à 1833], prit une part active à la rédaction de « l'Emancipation ». De retour à Paris depuis 1835, cet écrivain a publié plusieurs écrits sur l'enseignement universel [méthode Jacotot], et a communiqué au journal « la Presse » de nombreux articles sur les avantages de l'enseignement professionnel. Rédacteur en chef, pendant plusieurs années, du « Journal des connaissances utiles », M. L. Bellet a rattaché son nom à la publication de « l'Almanach de France » dont

(*) Et entre autres dans le « Patriote, journal du peuple, politique, moral et littéraire », recueil mensuel, dont le premier numéro porte la date de juillet 1830. Ce journal, qui n'eut pas une longue existence, n'en compta pas moins de nombreuses saisies.

il est, depuis quatre années, le rédacteur principal. Outre sa coopération aux divers journaux que nous venons de citer, on doit à M. Bellet.

LÉGISLATION ET POLITIQUE.

I. Notions générales et élémentaires sur le droit français : État des personnes. Paris, L. Colas, 1825, in-18.

II. Connaissez-vous les véritables motifs du projet de loi sur la police de la presse? Paris, L. Ponthieu, 1827, in-8 de 24 pag. [50 c.].

III. Cri [le] d'alarme contre le ministère Polignac. Paris, librairie univ., 1829, in-8 de 16 pag.

IV. Duc [le] de Leuchtenberg. Bruxelles, Demat, 1839, broch. in-8.

V. Manuel des héritiers, donataires et légataires, en matière de droits de succession, par M. *Despréaux*; suivi du Code de la famille, ou Entretiens sur l'état des personnes, la propriété, et les différentes manières de l'acquérir et de la transmettre, les contrats et les obligations, par M. Louis Bellet. Paris, Desrez, 1838, in-16 [1 fr. 50 c.].

Le petit ouvrage de M. Bellet est paginé de 89 à 190. Il existe des exemplaires avec des titres particuliers à chacun des deux ouvrages, et portant : Seconde édition. Le prix du *Code de la famille*, séparément, est de 25 c.

VI. Propagateur [le] des assurances contre l'incendie. Paris, l'Auteur, rue des Jeûneurs, n° 7, 1840, in-32 de 80 pag. [15 c.].

LITTÉRATURE.

VII. Avec M. *Th.-P. Colomb* : Reine de France, comédie en un acte et en prose. Paris, Marchant, 1839, in-8 à deux colonnes. [30 c.].

Avant cette pièce, l'auteur en avait déjà fait deux autres : [Avec M. JADOR] : la *Coquette sans le savoir*, comédie en trois actes et en prose, jouée à Lille, en 1828, et, seul, la *Morte*, drame en deux actes, mêlé de chants, représenté à Bruxelles, en 1832 ; ni l'une, ni l'autre ne paraissent avoir été imprimées.

HISTOIRE ET BIOGRAPHIE.

VIII. Avec *J.-B.-A. Imbert* : Tablettes bruxelloises, ou Usages, Mœurs et Coutumes de Bruxelles. Bruxelles, Galaud, 1828, in-18 [2 fr. 50 c.]

IX. * Avec le *même* : Biographie des condamnés politiques en France sous la restauration [de 1814 à 1828]. Bruxelles, Galaud, 1828, 2 vol. gr. in-8 [7 fr.].

La même année on tenta d'en faire une édition à Paris ; mais, soit que l'ouvrage n'ait pas réussi, ou que le gouvernement ait mis obstacle à sa publication, il n'a paru de cette édition que les deux premières livraisons, et elle devait en avoir cinq.

X. Belgique [la] pittoresque. Bruxelles, librairie moderne, 1834, gr. in-4 [12 fr.].

Enfin, c'est M. Bellet qui, en 1829, a publié une œuvre posthume de LAVATER, intitulée : *Souvenir des voyageurs chéris*, et publiée sur le manuscrit signé par l'auteur. Le manuscrit de cet ouvrage, le seul que Lavater ait écrit en français, a été offert par M. L. Bellet à M. le comte A. de Démidoff. V. A. S.

BELLEVAL [le général comte de]. Voy. GASPARI.

BELLEVAL [Charles de], ancien herboriste à Montpellier.

I. Notice sur Montpellier. Montpellier, 1803. — IIIe édit., corr. et augm. Montpellier, Renaud, 1818, in-8 de 116 pag. [1 fr. 50 c.].

II *. Beautés méridionales de la Flore de Montpellier; par un ancien herboriste de cette ville. Montpellier, de l'impr. de Tournel aîné, 1826, in-8 de 104 pag.

III *. Questions ou observations particulièrement philologiques sur quelques plantes ; par un vieux herboriste. Montpellier, de l'impr. de Tournel, 1830, in-8 de 52 pag.

L'Annuaire de la Société d'agriculture et des comices agricoles du département de l'Hérault, année 1840, contient encore, de M. Ch. de Belleval, un « Nomenclateur botanique languedocien ».

BELLEVAL [Stanislas-Alphonse de]. — De l'Agriculture en France et des institutions qu'elle réclame. Marseille, de l'impr. de Feissat, 1829, in-4 de 64 pag.

BELLEVAL [L.-E. de]. — Fils [le] d'un régicide. Paris, rue des Grands-Augustins, n° 20, 1834, in-8 [7 fr. 50 c.].

BELLEVILLE [Adolphe de]. — Secrets [les] de Saint-Leu. Notice curieuse sur ce château et ses propriétaires, Aiglantine de Vendôme, la reine Hortense, etc.; suivie d'une Biographie complète sur la baronne de Feuchères, et de détails sur la mort du duc de Bourbon. Paris, l'Auteur ; Dentu, 1831, in-18 de 64 pag.

BELLIARD, dessinateur-lithographe, à Paris.

I. Avec M. *Maurin* : Iconographie

française, ou Portraits des personnages les plus illustres qui ont paru en France depuis François Ier [et quelques années avant] jusqu'à la fin du règne de Louis XVI [1500 à 1788]. [Avec fac-simile]. Paris, Mme Delpech, 1828 et ann. suivantes, 50 livraisons chacune de 4 portraits, formant ensemble 5 vol. gr. in-fol.

II. Avec *le même :* Iconographie des contemporains, de 1789 à 1829. Avec fac-simile. Paris, la même, 1822-1835, 50 livraisons, chacune de 4 portraits, avec fac-simile, formant 3 vol. gr. in-fol.

Cette collection fait suite à la précédente.

III. Avec *le même* : Célébrités contemporaines [de 1789 à 1829]. [Collection iconographique, avec fac-simile]. Paris, la même, 1834 et ann. suivantes, 25 livraisons chacune de 4 portr.

Le prix de la livraison de chacune de ces trois collections est de 9 fr. Il a été fait un tirage sur plus petit papier, et sans fac-simile, dont le prix est de 4 fr. la livraison.

BELLIER. — I. Fédération de la France et de l'Europe. Valence, de l'impr. de Borel, 1831, in-8 de 48 pag.

II. République monarchique. Valence, de l'impr. de Borel, 1831, in-8 de 64 pag.

III. Lettre [la] interceptée, pamphlet. A M. le président du conseil. Paris, l'Auteur; Delaunay, 1832, in-4 de 4 pag. [30 c.].

BELLIERE. — A MM. les membres de la chambre des députés. Paris, de l'impr. de Setier, 1834, in-8 de 16 pag.

BELLIN DE LA LIBORLIÈRE [Fr.-L.-Mar.] [Voy. *la France littér.*, tom. Ier, pag. 259.] Ajoutez : aujourd'hui recteur de l'Académie de Poitiers.

I. Histoire élémentaire de la monarchie française, à l'usage des élèves, depuis Pharamond jusqu'à la mort de Louis XVI. Poitiers, Barbier; et Paris, Brunot-Labbe, 1826, in-12 [3 fr.] — IIIe édit., revue et augm., avec les synchronismes des histoires contemporaines. Paris, Delloye, 1837, in-12.

II. Histoire élémentaire des principaux peuples de l'Europe, pendant le règne de chacun des rois de France, depuis Pharamond jusqu'à la mort de Louis XVI. Paris et Lyon, Périsse frères; Poitiers, Barbier, 1837, in-12 [3 fr. 50 c.]

Suite du précédent ouvrage.

BELLINGANT [Mme Jenny de]. — Trois [les] Cousins, ou la Guerre qui nous pend à l'oreille. Paris, les march. de nouv., 1831, in-8 de 16 pag.

BELLINGIERI. — Nouveaux Dialogues français-italiens, pour s'exercer dans les deux langues; suivis de vocabulaires, tant des mots usuels que des noms propres classés en deux parties. IIIe édit., rev. et corrig., par le chevalier *Briccolani*. Paris, Fayolle, 1838, in-12 [4 fr. 50 c.].

BELLIOL [Jean-Alexis], docteur en médecine; né à Marseille [Bouches-du-Rhône], le 20 janvier 1799.

I. Mémoire sur un nouveau mode de traitement pour la guérison des dartres. Paris, l'Auteur; Baillière; Béchet jeune, 1826, in-8.

II. Mémoire sur les dangers du mercure et sur les avantages d'une méthode végétale, dépurative et rafraîchissante dans le traitement des maladies vénériennes. Paris, Baillière, 1829, in-12.

Une douzième édition de cet opuscule a été publiée, en 1835, sous le titre suivant : « Traitement des maladies secrètes à l'aide d'une nouvelle méthode végétale dépurative et rafraîchissante, suivi de quelques considérations sur les dartres ». Paris, l'Auteur, in-12 [1 fr.].

— Metodo [nuevo] pora curar los herpes. Paris, de la empr. de Decourchant, 1830, in-18.

III. Au roi des Français en le priant d'accepter le nom de Populaire. Paris, de l'impr. de Selligue, 1830, in-8 de 20 pag.

IV. Choléra-morbus. Rapport adressé à M. le comte d'Argout, pair de France, ministre du commerce et des travaux publics, sur les moyens de traiter et de prévenir cette maladie; suivi d'un plan modèle pour la prompte organisation d'un bureau de secours. Paris, Baillière, 1832, in-8 de 56 pag.

V. Traité sur la nature et les guérisons des maladies chroniques, des dartres, des écrouelles et des maladies syphilitiques, par l'emploi d'une nouvelle méthode végétale, dépurative et rafraîchissante. Paris, Baillière, 1839, in-8 [6 fr.].

BELLO [Andrès]. — Principios de derecho de gentes. Obra publicada en Santiago de Chile. Paris, de la empr. de Bruneau, 1840, in-18.

BELLOC [P.-C.]. — I. *Inscriptiones.

sex gentilitiæ ad Ludovicum XVIII. Parisiis, ex typogr. P. Didot, 1816, in-fol. de 24 pag.

Tiré à 150 exemplaires.

II. Jacobi Benigni Bossvet, episcopi Meldensis, Ellogium inscriptione advmbratum. Tanni-Burgi, Bottier, 1818, in-fol. de 4 pag.

III. Vierge [la] au poisson, de Raphaël. Explication nouvelle de ce tableau. Paris, Belin-Leprieur; Lyon, Sauvignet, 1833, in-8 de 104 pag. et de 2 lith.

IV. Quelques mots sur la colonne de la grande armée, et sur l'inscription qui est placée au piédestal de ce monument. Bourg, Bottier, 1833, in-8 de 16 pag.

BELLOC [Louise SWANTON, dame], fille d'un officier-supérieur irlandais, née à La Rochelle, le 1er octobre 1799, acquit de bonne heure, par les soins de son père, une connaissance approfondie de la langue et de la littérature anglaises, sans avoir pour cela négligé l'étude de la langue française. Elle signala, à l'âge de vingt ans, son début dans la carrière des lettres par une traduction des « Patriarches, ou la Terre de Chanaan, » de miss O'Keeffe, 1819, 2 vol. in-12; à cette publication, remarquable par la simplicité et l'élégance soutenue du style, Mme Belloc fit succéder, en 1819 et en 1820, celle d'un « Manuel de morale élémentaire », destiné aux écoles d'enseignement mutuel, ainsi que des « Contes pour les Enfants », traduit de l'angl. de miss Edgeworth, 2 vol. in-18; vers la même époque, Mme Belloc commença à travailler à la « Revue encyclopédique », et jusque vers le milieu de l'année 1823, elle y rédigea chaque mois, sans interruption, le Bulletin des annonces littéraires de la Grande-Bretagne. Pendant les intervalles de loisir que lui laissait ce travail, sa plume ne resta point inactive, et les années 1821 et 1822 virent paraître un recueil mensuel, sous le titre de « Bibliothèque de famille », qui, au concours ouvert en 1822 par l'Académie française pour l'ouvrage le plus utile aux mœurs, valut à son auteur une médaille d'or, comme prix d'encouragement. Les vingt-quatre numéros de ce recueil forment quatre gros volumes in-12. Depuis lors, Mme Belloc a successivement publié : 1° la « Traduction des amours des anges; » poëme de Thomas Moore, suivie d'un choix des Mélodies irlandaises, du même, 1 vol. in-8; 2° « Lord Byron », ouvrage en 2 volumes in-8, contenant des détails intéressants sur la vie politique et privée de ce grand poète, nombre de morceaux traduits de ses œuvres, et quelques réflexions sur la littérature en général; 3° la « Petite galerie morale », contes moraux pour les enfants, partie originaux, partie traduits de l'angl. de miss Edgeworth, 4 vol. in-18; 4° la traduction des « Contes recueillis dans les provinces françaises », par Th. Grattan, précédés de quelques réflexions du traducteur sur l'étude de nos mœurs et de nos antiquités; 5° les deux premiers vol. des « Jeunes industriels », publiés par miss Edgeworth, en 4 vol.; 6° « Bonaparte et les Grecs », un vol. in-8, ouvrage où l'auteur met en présence la cause du despotisme et celle de la liberté, pour en faire ressortir tous les contrastes, et en mieux apprécier la marche et les résultats; enfin plusieurs autres ouvrages que nous allons énumérer ici.

Traductions.

I. * Patriarches [les], ou la Terre de Chanaan, histoire en tableaux, tirée des saintes Écritures, par miss *O'Keeffe;* trad. de l'angl. sur la 2e édit., rev. et corr., par Mlle L** S**. Paris, Chassériau et Hécart, 1818, ou 1821, 2 vol. in-12, avec 5 grav. [5 fr.].

II. * Petits Contes moraux, à l'usage des enfants, en partie traduits librement ou imités de l'anglais de miss *Maria Edgeworth.* Paris, A. Eymery; L. Colas, 1821, 2 vol. in-18, avec grav. [2 fr. 50 c.].

III. Amours [les] des anges, et les Mélodies irlandaises de *Thomas Moore*, traduction de l'anglais. Paris, Chassériau, 1823, in-8 avec un port. [5 fr.].

IV. Lord Byron. Paris, A.-A. Renouard, 1824-25, 2 vol. in-8, avec 2 grav. et un fac-simile [14 fr.].

Cet ouvrage, que le titre ne fait pas trop connaître, ne contient, en grande partie, que des traductions de divers fragments des ouvrages de *Byron*, avec l'original de ces mêmes fragments.

V. Petite Galerie morale de l'enfance, composée de contes imités ou traduits de l'anglais de miss *Edgeworth*, et de plusieurs autres contes originaux, par Mme *L. Sw. Belloc*, qui a remporté une médaille d'or à l'Institut de France, lors du concours de l'ouvrage le plus utile aux mœurs. Paris, A. Eymery, 1825, 4 vol. in-18, avec grav. [8 fr.].

VI. Grandes routes et chemins de traverse, ou Contes recueillis dans les provinces françaises, par un Irlandais voyageant à pied, *Th. Grattan*; traduits de l'angl. sur la 3e édit. Paris, A.-A. Renouard, 1825, 3 vol. in-12 [9 fr.].

VII. Jeunes [les] industriels, ou Découvertes, expériences, conversations et voyages de Henry et Lucie, par *Maria Edgeworth;* traduits de l'angl. Paris, Fortic, 1826, 4 vol. in-12, avec grav. [14 fr.].

VIII. Éducation familière, ou Séries de lectures pour les enfants, depuis le premier âge jusqu'à l'adolescence; par miss *Edgeworth*, avec des additions et des changements considérables. Paris, Alex. Mesnier, 1828-34, 12 vol. in-18 [30 fr.].

Cet ouvrage est divisé en six séries, et l'on peut se procurer chacune d'elles séparément; savoir : I. Lectures du premier âge, de 5 à 7 ans [1828, 2 vol.]; — II, de 7 à 9 ans [1832, 2 vol.]; — III, de 9 à 11 ans [1832, 2 vol.]; — IV, de 11 à 12 ans [1833, 2 vol.]; — V, de 12 à 13 ans [1833, 2 vol.]; — VI, de 13 à 14 ans [1834, 2 vol.].

IX. Maison [la] d'Aspen, tragédie, trad. de l'angl. de *W. Scott*.

Imprimée dans le Keepsake français, première année, 1830.

X. Mémoires de lord Byron, publiés par *Thomas Moore;* trad. de l'anglais. Paris, Alex. Mesnier, 1830-31, 5 vol. in-8 [37 fr. 50 c.].

XI. * Scènes populaires en Irlande. [Par M. *Shiel;* recueillies et traduites de l'angl., par Mmes *L. Sw. B.* [*Belloc*] et *A. de M.* [*Montgolfier*]. Paris, Sédillot fils; Dondey-Dupré, 1830, in-8 [7 fr. 50 c.].

XII. Journal d'une expédition entreprise dans le but d'explorer le cours de l'embouchure du Niger, ou Relation d'un voyage sur cette rivière, depuis Yaouric jusqu'à son embouchure, par *Richard* et *John Lander ;* trad. de l'angl. Paris, Paulin; A. Bertrand, 1832, 3 vol. in-8, avec une carte et des planches [22 fr. 50 c.].

XIII. Hélène, par *Marie Edgeworth;* trad. de l'angl. Paris, Ad. Guyot, 1834, 3 vol. in-8 [22 fr. 50 c.].

XIV. Avec Mlle *A. de Montgolfier :* Grave et gai. Rose et gris; trad. de l'angl., de miss *A. F. T.* Paris, L. Janet, 1837, 2 vol. in-16, avec 8 lithog. [6 fr. 50 c.].

XV. Vicaire [le] de Vakefield, par *Olivier Goldsmith*, trad. nouv., précédée d'une notice. Paris, Charpentier, 1839, in-18 [3 fr. 50 c.]

Ouvrages originaux.

XVI. * Petit Manuel de morale élémentaire, à l'usage des enfants, contenant douze leçons et trois histoires, avec des séries de questions propres à exercer la mémoire et l'intelligence des enfants. Paris, L. Colas, 1819, in-18.

XVII. Bonaparte et les Grecs. Par Mme *L. Sw. Belloc;* suivi d'un Tableau de la Grèce en 1825, par le comte *Pecchio*. Paris, Urb. Canel, 1826, in-8.

XVIII. * Bibliothèque de famille, ou Choix d'instructions familières sur la religion, la morale, les éléments des connaissances les plus utiles, l'industrie et les arts. Paris, Arth. Bertrand; L. Colas, décembre 1821 à décembre 1822, 24 numéros in-12 [24 fr.].

Recueil périodique qui, pendant deux années, a paru le 5 de chaque mois. Madame Belloc l'avait fondé, et elle l'a rédigé en grande partie.

Sous le même titre, et dix ans plus tard, on a présenté comme un nouvel ouvrage, 2 vol. in-12, qui ne sont autres que la réunion des vingt-quatre numéros précédents.

XIX. Lettres écrites de Bretagne. Clisson. Nantes, mai 1831.

Imprimées dans la « Revue de Paris », tome XXVII [1831].

XX. Contes aux jeunes garçons. Persévérance, par Mme *Louise Sw. Belloc*. Garry-Owen, ou la Femme sous la neige, par miss *Edgeworth*. Paris, Hachette, 1834, in-18 [1 fr. 50. c.].

XXI. Contes aux jeunes filles: Simple Suzanne, ou la Reine de mai. Paris, Hachette, 1834, in-18, avec grav. [1 fr. 50 c.].

XXII. Avec Mlle *Ad. de Montgolfier:* Corbeille de l'année. Première saison.

Mélodies du printemps, par Mlle *Ad. Montgolfier*. Avec recueil de mélodies notées. Paris, rue de l'École de Médecine, 1855, in-12 [5 fr.]

XXIII. Ruche [la], journal d'études, paraissant le 15 de chaque mois, sous la direction immédiate de Mmes L. Sw. Belloc et Ad. de Montgolfier. N. I [et unique]. 15 nov. 1856. Paris, rue de l'École de Médecine, 1856, in-8.

XXIV. Pierre et Pierrette. Paris, rue de l'École de Médecine, 1858, 1859, in-18, avec une fig. lithogr.

Ce sont les deuxième et troisième éditions : la première a dû paraître dans quelque recueil.

Depuis la cessation de la Revue sous la direction de M. Jullien, Mme Belloc a fourni des articles à plusieurs journaux et ouvrages périodiques.

BELLOC [Hippolyte], docteur en médecine, à Paris, membre de l'Institut historique et de plusieurs sociétés savantes.

I. Avec M. *A. Trousseau:* Traité pratique de la phthisie laryngée, de la laryngite chronique et des maladies de la voix. Ouvrage couronné par l'Académie royale de médecine. Paris, J.-B. Baillière, 1837, in-8, avec 9 pl. [7 fr.].

II. Réponse d'un chrétien patriote à M. Laponneraye. Paris, rue Hautefeuille, n. 14, 1837, in-8 de 52 pag.

Cette réponse porte sur des articles du journal intitulé : « l'Intelligence ».

III. Histoires d'Amérique et d'Océanie, depuis l'époque de leur découverte jusqu'en 1839. Paris, P. Duménil, 1839, grand in-8 de 488 pages à 2 colonnes, avec 31 planches gravées sur acier, représentant les usages et cérémonies des Américains au temps de la conquête, les principaux sites et les monuments les plus remarquables, ainsi que les costumes, armes et instruments des sauvages de l'Océanie; et accompagné de 2 cartes géographiques coloriées [7 fr., et avec les gravures coloriées, 12 fr.].

Cet ouvrage forme le dixième volume de « Le Monde, histoire de tous les peuples ».

BELLOT [Pierre-Henri], des Minières, jurisconsulte et poète, né aux Minières [Vienne], le 9 avril 1787, partit jeune encore comme réquisitionnaire, et fit les campagnes de 1806 à 1811 dans le premier régiment de dragons, en qualité de simple dragon et de brigadier. Rentré dans ses foyers, M. Bellot se livra à l'étude du droit, et fut reçu avocat à la cour de Poitiers, le 11 janvier 1815. Le jeune avocat déroba, dès lors, quelques instants à Thémis pour les consacrer au culte des Muses, car nous connaissons de lui plusieurs pièces lyriques patriotiques, et deux tragédies dont la composition appartient aux années 1816 à 1819; mais de graves occupations vinrent bientôt l'enlever à ses délassements favoris. En 1818, M. Bellot fut nommé professeur de droit appliqué au notariat, fonctions qu'il a remplies jusqu'en 1827, d'abord à Fontenay [Vendée], comme attaché aux cours de M. Testard, ensuite à Poitiers et à Bordeaux.

Poésies :

I. Amour [l'] de la patrie. Poitiers, de l'impr. de Catineau, 1814, in-8.

Pièce d'environ 300 vers, publiée immédiatement après la première restauration. L'auteur s'est proposé de la faire réimprimer avec des corrections et augmentations faites après les Cent-Jours.

II. Prince [le] Eugène à la France, chant. Poitiers, de l'impr. de Catineau, 1815, in-8.

Imprimé pendant les Cent-Jours.

III. Amour [l'] de la gloire. Poitiers, de l'impr. de Catineau, 1815, in-8.

Pièce de 4 à 500 vers.

IV. Annibal, tragédie en cinq actes et en vers. Bordeaux, de l'impr. de Coudert; et Paris, Barba, 1832, in-8.

Cette tragédie était terminée depuis 1819. L'auteur ne l'ayant pas écrite pour le théâtre, elle n'a point été représentée.

M. Bellot conserve en portefeuille une seconde tragédie, *Sylla*, en cinq actes, ainsi que plusieurs romances sur des sujets patriotiques; de ce nombre sont : les Adieux du général Bertrand à la France, ou Bertrand sur le rocher de Sainte-Hélène; — Marie-Louise à Napoléon, chants d'un exilé; — le tombeau de Ney; — le colonel Robert au moment de sa mort.

Jurisprudence :

V. Traité du contrat de mariage. Poitiers, Catineau; et Paris, Alex. Goblet, 1824-25, 4 vol. in-8 [28 fr.].

Le catalogue de M. Videcoq [1838] ne cote plus cet ouvrage que 12 fr.

VI. Commentaire sur l'arbitrage volontaire et forcé. La Réole, et Paris, Joubert, 1838, 3 vol. in-8 [15 fr.].

Ouvrage non annoncé par le Journal de la librairie.

Un autre ouvrage de M. Bellot, aussi important que ceux que nous venons de citer, doit être incessamment publié; c'est un *Traité sur la vente*, qui ne formera rien moins que 7 à 8 vol. in-8. Ce dernier ouvrage, quant au plan et à l'étendue, est calqué sur celui de feu Proudhon qui traite de l'usufruit, de l'usage et de l'habitation. V. A. S.

BELLOT [Pierre-François], jurisconsulte suisse distingué, mais plus célèbre encore comme législateur, avocat et avoué, conservateur des hypothèques du canton de Genève, membre du conseil représentatif dès la formation de ce corps jusqu'à sa mort, professeur ordinaire de droit civil et de procédure civile, et enfin doyen de la Faculté de droit de Genève, naquit dans cette ville, le 4 janvier 1776, d'un père qui y était chef d'une maison de bijouterie. Élevé au collége de Genève, il parut d'abord vouloir s'adonner à l'état ecclésiastique, et pourtant ce penchant ne le suivit point au sortir du collége. Il fit ses belles-lettres et sa philosophie dans l'Académie de Genève, sans avoir des idées arrêtées sur le choix de sa profession future. L'étude des mathématiques eut pour lui un attrait singulier, il s'y livrait avec ardeur; mais cette étude ne pouvait le conduire à une vocation déterminée; il assista, d'après le conseil de ses professeurs, aux cours de droit qui se donnaient alors à l'Académie de Genève. Il le fit sans y mettre d'importance et sans y prendre goût; d'ailleurs, l'enseignement qu'il reçut n'était guère de nature à le satisfaire. Ce fut pourtant encore d'après le conseil de ses professeurs qu'il se décida pour le barreau, et qu'il prit la résolution de se faire recevoir avocat. N'ayant point suivi les cours dans ce but, il dut beaucoup travailler et travailler seul, pour se mettre en état de subir les examens. Sa réception eut lieu dans l'hiver de 1798, peu de jours avant la réunion de Genève à la France. Il se livra aussitôt à l'exercice de sa nouvelle profession, et après avoir travaillé quelque temps chez un ancien avocat, il le quitta pour ouvrir lui-même une étude où les clients ne tardèrent pas à se présenter en foule. Depuis le rétablissement des charges d'avoué par l'arrêté du 27 ventôse an VIII, jusqu'au décret impérial du 14 décembre 1810, qui déclara la profession d'avocat incompatible avec celle d'avoué, Bellot avait cumulé ces deux fonctions. Ces dix années de postulation le mirent à même d'étudier à fond la procédure civile française, et d'en apercevoir tous les vices. Il ne prévoyait guère alors que ces études pratiques lui serviraient un jour à doter son pays d'une des plus belles lois qui aient été rendues en matière de procédure. La délicatesse et la discrétion dont il fit constamment preuve dans l'exercice de sa double profession devaient lui concilier l'estime des juges et la confiance du public, estime et confiance dont il reçut des témoignages éclatants. Il fut nommé, en effet, dès l'année 1808, membre du collége de l'arrondissement de Genève, pour la présentation des candidats au corps législatif; en 1810, membre du conseil d'arrondissement, et en 1811, juge-suppléant au tribunal de première instance; la même année, il entra au conseil de discipline, en devint ensuite le président, et il exerça les fonctions de cette charge jusqu'à sa mort avec cette consciencieuse ponctualité et cette dignité presque solennelle qu'il apportait dans toutes les choses sérieuses. Après la chute de l'empire de Napoléon, Genève ayant été rendue à sa petitesse, mais aussi à son indépendance, Bellot commença à prendre une part très-active aux intérêts du canton. Le projet de constitution, présenté en 1814 par le gouvernement provisoire de la république, n'obtint pas l'assentiment de Bellot, et il le combattit; et pourtant un peu plus tard il se rallia sincèrement à cette constitution, parce qu'il reconnut qu'elle contenait des germes de progrès, et qu'elle se prêtait à toutes les améliorations qu'il eût d'abord désiré y introduire. Ces améliorations, il les a vues s'accomplir, et il est devenu le plus ferme défenseur de cette loi modifiée, dont il avait pu apprécier les résultats pour le bien-être matériel et moral du pays. Bellot fit partie du conseil représentatif dès la première formation de ce corps. Il n'y obtint pas d'abord l'influence et les succès auxquels son mérite lui donnait tant de droits. D'injustes préventions, que son opposition au conseil provisoire et son vote contre la constitution n'avaient point contribué à dissiper, semèrent de quelques épines et de quelques difficultés ses premiers pas dans la carrière législative. Mais comme ces préventions ne l'atteignaient pas seul et qu'elles l'associaient, au contraire, avec les hommes les plus distingués dont Genève s'honorât, il en prit aisément son parti, et, sans se laisser aigrir ni décourager, il mit la main à l'œuvre pour créer les institutions que la nouvelle existence politique de son pays rendait nécessaires. Ayant été nommé, en 1816, rapporteur de la commission sur la loi judiciaire, il prit dès-lors dans le conseil la place qu'il a toujours occupée depuis, et que lui seul pouvait occuper. Bellot devint l'âme du conseil représentatif, et durant la période de 20 années de carrière législative, il n'a presque pas été rendu de loi importante dont il n'ait dirigé et dominé la discussion comme rapporteur de la commission du conseil. Bien souvent il avait fait partie de la commission préparatoire chargée de rédiger le projet de loi, et c'était lui qu'on pouvait en regarder comme le véritable auteur. Les lois les plus importantes auxquelles Bellot a le plus puissamment contribué, sont celles-ci : la loi sur la procédure, en 1816 ; un projet de loi électorale, en 1819 ; une loi sur la publicité des droits immobiliers, en 1820 ; un projet de loi sur la législation relative au mariage, projet qui fut discuté de 1821 à 1824 ; enfin, le projet de loi sur les droits réels. La commission préparatoire qui avait élaboré ce projet était composée de MM. le conseiller Girod, Rossi et Bellot. Ces trois jurisconsultes firent aussi partie de celle à laquelle le conseil représentatif en confia l'examen; mais Bellot remplit dans l'une et l'autre les fonctions de secrétaire-rédacteur, et il en fut l'âme et le moteur principal. Bellot, peu de temps après les événements de 1814, avait été nommé conservateur des hypothèques du canton de Genève; en 1819, il fut nommé professeur honoraire de droit civil, et de droit commercial, le jour même où M. Rossi obtint la chaire de droit romain et de droit criminel. Quatre ans après, Bellot devint professeur de droit civil et de procédure civile, en remplacement de M. Girod qui entra dans le conseil-d'état. Cet honorable et savant citoyen est mort à Genève, accablé d'infirmités, et à la suite d'une longue et douloureuse opération de hernie, le 17 mars 1836.

I. Exposé des motifs de la loi sur la procédure civile pour le canton de Genève. Première partie. Genève et Paris, Paschoud, 1821, in-8 [3 fr.].

Lors de la publication de cette première partie, M. Rossi, alors collègue de Bellot à la Faculté de droit de Genève, en publia un long examen dans les « Annales de législation et de jurisprudence », tome II, p. 203 à 273 [Genève, 1821].

II. Loi sur la procédure civile du canton de Genève, suivie de l'Exposé des motifs. Sec. édition, revue sur les manuscrits de l'auteur, augmentée de l'Exposé des motifs, inédit, de la 2e partie de la loi, avec la Jurisprudence de la cour de justice civile de Genève, et des tableaux de statistique judiciaire jusqu'en 1836, et d'un supplément contenant, 1° l'indication des procédures spéciales ou non contentieuses encore en vigueur ; — les dispositions transitoires qui forment le complément de la loi de procédure civile ; — les lois annexes, savoir : celles du 20 janvier 1819, sur l'autorisation de la femme mariée, avec le rapport inédit de M. Bellot, du 28 juin 1820, sur la publicité des droits réels immobiliers, avec le rapport inédit de M. Bellot ; et du 28 juin 1830, sur la transcription des actes translatifs de la propriété immobilière, avec le rapport ; — 2° les traités et concordats sur les rapports de justice civile et de compétence ; — 3° les lois sur l'organisation judiciaire, du 5 décembre 1832 ; la loi sur les avocats, procureurs et huissiers, du 20 juin 1834, avec les rapports de M. Bellot, et le réglement du 11 juillet 1836, sur l'exercice de la profession d'avocat ; publié par MM. *Schaub*, avocat, neveu et héritier de feu Bellot; *P. Odier*, professeur de droit civil dans l'Académie de Genève ; *E. Mallet*, docteur en droit. Genève et Paris, Ab. Cherbuliez et Ce, 1837, in-8 de XIV et 818 pag. [9 fr.].

Dès le 19 juillet 1816, une commission de trois membres, dont Bellot faisait partie, avait été chargée de préparer un projet de loi sur la procédure civile. Les deux autres membres étaient M. Le Fort père, conseiller-d'état, et M. Girod, émule et contemporain de Bellot dans la carrière du barreau, remplissant alors avec distinction les fonctions de professeur de droit civil dans l'Académie de Genève. Ces deux habiles jurisconsultes se sont plu à reconnaître la part immense que Bellot avait prise à leur œuvre commune. C'étaient ses idées, préalablement rédigées par lui seul, qui avaient servi de base à leurs délibérations. Plus tard, il fut le secrétaire et le rapporteur de la commission du conseil représentatif chargée d'examiner le projet, et il en dirigea la discussion jusqu'au bout avec cette infatigable persévérance qui le caractérisait. L'opinion qui lui attribue cette loi est donc juste, en ce qu'il en fut le principal auteur, qu'il y imprima son cachet, que son génie créateur en avait dressé le plan, et que son étonnante sagacité en avait prévu et combiné tous les détails. Initié par sa longue pratique aux mystères de la procédure française, il en connaissait trop bien les lacunes et les imperfections pour se borner à y introduire quelques modifications partielles qui en auraient laissé subsister l'esprit et la tendance. Il fallait tailler dans le vif, innover en grand, et, pour cela, poser des principes dirigeants auxquels les dispositions nouvelles seraient subordonnées. Ces principes, il les renferma dans trois mots : simplicité, célérité, sécurité. Chacun peut juger combien il leur fut fidèle; la loi est entre les mains de tout le monde, et une pratique de vingt ans a réalisé, en grande partie, l'attente que les théories avaient fait naître. Mais pour comprendre et apprécier l'œuvre du législateur genévois, il faut lire « l'Exposé des motifs », dont le premier volume avait été publié en 1821, peu de temps après que la loi eut été promulguée, et dont le second vient de l'être récemment par les soins de M. le professeur Odier et de MM. Schaub et Mallet, docteurs en droit. Cet exposé, exclusivement l'ouvrage de M. Bellot, est un parfait modèle du genre, et suffirait, à lui seul, pour assurer à son auteur un rang distingué parmi les publicistes de l'époque.

— La même, précédée de divers rapports de M. le professeur Bellot, et d'une Introduction par M. *A. Taillandier*. Rennes, Blin ; et Paris, Joubert, 1837, in-8 [7 fr.].

Cette édition fait partie de la « Collection des lois civiles et criminelles des états modernes » : elle renferme bien moins de choses que la précédente.

Le professeur Bellot a fourni des articles aux « Annales de législation et d'économie politique. »

Il a été publié une Notice sur la vie et les travaux de ce jurisconsulte [Genève, 1838, in-8 de 37 pages]. Cette Notice, qui renferme des particularités très-intéressantes sur la vie de Bellot, doit être de M. P. Odier. Nous l'avons suivie en l'abrégeant.

BELLOT [Pierre], moderne poète provençal, aussi gracieux que spirituel.

I. Loisirs [les] d'un flâneur, ou le Poète par occasion; recueil de poésies provençales et françaises. Marseille, de l'impr. d'Achard, 1822, in-12.

II. Ermito [l'] de la Madeleno, ou l'Observatour Marsies. [En vers provençaux]. Marseille, Camoin, 1824-35, in-8.

Cet opuscule a paru en six livraisons. La dernière, publiée en 1835, est composée de scènes provençales ajoutées dans « M. Pourceaugnac », représentées en mars 1835 sur le grand théâtre de Marseille. In-8 de 8 pag.

III. Mes Moments perdus, recueil de poésies françaises et provençales. Marseille, de l'impr. d'Achard, 1829. — IIIe édit. *Ibid.*, 1830, 2 vol. in-12, avec fig.

IV. Grèce [la], chant de départ, dédié à nos braves. Marseille, de l'impr. d'Achard, 1829, in-4 de 4 p.

V. Moussu Canulo, vo lou Fiou ingrat, comédie en 5 actes et en vers provençaux et français, représentée sur les théâtres de Marseille. Marseille, de l'impr. d'Achard, 1832, in-8.

VI. Œuvres complètes. Marseille, Olive; Camoin; Dutertre; Bouvet, 1836 et ann. suivantes, 2 vol. in-8.

Mélanges de poésies françaises et provençales. Un troisième volume est en cours de publication. La première livraison de ce troisième et dernier volume, sortie des presses de MM. Feissat et Demonchy, est annoncée par « le Mémorial d'Aix », dans son numéro du 23 mai 1840. Cette livraison est précédée d'un « Discours sur la langue provençale », par M. Louis MÉRY, écrit avec cette élégante facilité qui distingue ce spirituel écrivain.

VII. Avec M. *Vizentini* : les Deux Magots, ou un Bal de carnaval, folie en un acte. Marseille, Gillette, 1840, in-8.

BELLOT DES MINIÈRES. Voy. plus haut P.-H. BELLOT.

BELLOY [H. de]. — Appel aux armes. Dithyrambe. Paris, de l'impr. de Lefebvre, 1830, in-8 de 8 pag.

BELLU [l'abbé]. — Bon [le] chrétien, ou nouveau Paroissien à l'usage du diocèse d'Orléans, lat.-fr., augmenté et mis dans un nouvel ordre. Orléans, Pellisson-Niel, 1839, in-32 [2 fr. 50 c.].

BELLUE, libraire à Toulon [Var].

— * Ermite [l'] toulonnais, faisant suite à l'Ermite en province de M. de Jouy, etc.; par M. B. Toulon, Bellue; et Paris, Roret, 1828, in-12.

BELLY [F.-C.]. — I. Napoléon, ses exploits et sa mort, poëme élégiaco-héroïque en douze chants. Paris, Ladvocat, 1830, in-8.

II. Vieux [le] Grognard, Alger et Bourmont. Stances. Paris, les marchands de nouveautés, 1830, in-8 de 16 pages.

BELMAS [Jacques-Vital], officier supérieur d'un mérite distingué, lieutenant colonel, commandant du génie à Maubeuge, chevalier de la Légion-d'Honneur, chevalier de Saint-Louis et de l'ordre de Léopold de Belgique, né le 10 août 1792, à Paris, de parens honorables qui exerçaient le commerce dans cette ville, tandis qu'un frère du père de M. Belmas se préparait à porter dignement la pourpre romaine dont il devait être un jour revêtu : nous voulons parler de M. Belmas, archevêque de Cambrai, dont l'officier-supérieur du génie qui fait l'objet de cette notice, est le neveu. M. Belmas entra à l'École polytechnique en 1810, et en sortit, en 1812, élève sous-lieutenant à l'école d'application ; il fut promu au grade de lieutenant en 1813. Employé à l'armée d'Italie dans la même année, il fut chargé de fortifier la position de Malborghette. Après l'affaire de Villac, il fut attaché à la division Quesnel, et fit, avec cette division, la retraite jusqu'à l'Isonzo, et se trouva à l'affaire de Pontaba. Nommé commandant du génie à la division Marcognet, il prit part à la défense de la tête du pont de la Piave. A la bataille de Caldière, il eut un cheval tué sous lui, et fut blessé aux affaires de Lindiguara et de Castagnara. Commandant du génie à la division Fressinet, il se trouva au combat de Villafranca, à la bataille du Mincio et à l'affaire de Mosambano. En 1815, M. Belmas fut envoyé à l'armée du Var, et employé successivement dans les places de Toulon et de Bayonne. En 1817, il fut promu au grade de capitaine, et, en 1822, devint aide-de-camp du lieutenant-général Rogniat, président du comité des fortifications. En 1823, M. Belmas concourut pour le prix d'encouragement pour le génie, institué par le ministre de la guerre, et remporta, pour un *Mémoire sur les bâtiments militaires*, le second prix du concours. Cet officier fut détaché à l'armée du Nord en 1831, puis en 1832, et prit part au siége de la citadelle d'Anvers, où il se distingua en montant cinq tranchées. Cette action d'éclat lui mérita, en 1832, le grade de chef de bataillon. La même année, il envoya de nouveau, pour le concours du génie, un *Mémoire sur les demi-lunes*, qui obtint le premier prix. Enfin, le mérite et les longues années de service actif de M. Belmas furent récompensés, en 1838, par le grade de lieutenant-colonel, et, peu de temps après, par la place de commandant du génie à Maubeuge. Survienne seulement une guerre, et l'armée ne tardera pas à compter un bon général de plus dans la personne de M. Belmas.

I. Mémoire sur les bâtiments militaires. Paris, de l'impr. de Fain, 1823, in-8.

Mémoire qui a remporté, en 1823, le deuxième prix d'encouragement, institué par le ministre de la guerre.

II. Mémoire sur les fourneaux de caserne. Paris, de l'impr. de Fain, 1827, in-8 de 100 pag., avec une pl.

III. Mémoire sur l'emploi des machines à vapeur pour les manœuvres d'eau et les travaux de places. Paris, de l'impr. de Fain, 1829, in-8 de 124 pag.

IV. Mémoire sur quelques perfectionnements à faire aux cheminées dans les bâtiments militaires. Paris, de l'impr. de Fain, 1832, in-8 de 88 pag. et 2 planch.

V. Mémoire sur les couvertures des casernes et édifices. Paris, de l'impr. de Fain, 1832, in-8 de 88 pag. et 2 planch. ; — ou Paris, de l'impr. de Dupont, 1837, in-8 de 64 pag. et une pl.

Ces cinq Mémoires sont insérés au « Mémorial de l'officier du génie » : le premier, dans le n° 6 ; le deuxième, dans le n° 9 ; le troisième, dans le n° 10 ; et les quatrième et cinquième, dans le n° 11. Il a été tiré de chacun d'eux un petit nombre d'exemplaires à part, pour l'auteur et ses amis, et qui, par conséquent, n'ont pas été mis dans le commerce.

Un sixième Mémoire de M. Belmas, *sur les demi-lunes*, a remporté le premier prix du concours du génie, en 1832. Ce dernier Mémoire n'a pas encore été imprimé jusqu'à ce jour.

VI. Journaux des siéges faits ou soutenus par les Français dans la Péninsule, de 1807 à 1814, rédigés, d'après les ordres du gouvernement, sur les documents existants aux archives de la guerre et au dépôt des fortifications. Paris, F. Didot, 1836-37, 4 vol. in-8, et un atlas gr. in-fol. [54 fr.].

Le projet de publication de ce livre remonte à 29 ans. Nous empruntons, à la préface des « Journaux des siéges » [pag. 16-19], un historique de cette importante et consciencieuse publication, qu'on ne lira pas sans intérêt.

« Napoléon, qui attachait beaucoup d'importance aux travaux militaires et qui aimait à comparer les siens propres à ceux des généraux illustres de l'antiquité, avait désiré que cette lacune fût remplie, au moins pour ce qui est relatif aux travaux de siéges, où les combats, mêlés aux efforts d'industrie, font surtout honneur aux armées françaises, et offrent les plus utiles leçons pour l'avenir. Par ordre du 11 février 1811, il prescrivit au major-général « de faire réunir, au dépôt des fortifications, les plans des attaques et des siéges des différentes places prises dans les trois dernières guerres d'Allemagne, telles que Dantzig, Raab, les places de la Silésie, etc. » Le 9 juillet de la même année, il demanda un travail semblable pour les places d'Espagne.

« Mon cousin, écrivait-il au prince Berthier, « il est nécessaire de faire dessiner et graver « les plans des siéges de Saragosse, de Lérida, « de Méquinenza, de Tortose, de Tarragone, « de Girone, de Ciudad-Rodrigo, d'Almeida « et de Badajoz, tant pour l'instruction des « officiers du génie, que pour l'honneur des « militaires qui se sont distingués dans ces « siéges. »

« A ces collections des siéges des places d'Allemagne et d'Espagne, demandées par l'Empereur, on aurait joint celle des siéges des places d'Italie, et leur ensemble eût fait connaître une partie fort importante de l'histoire de nos dernières guerres.

« Cette entreprise n'avait pu être exécutée. En 1812, on avait commencé, au dépôt des fortifications, la collection des siéges des places d'Espagne par la gravure des plans de Saragosse, de Lérida et de Badajoz. Le manque de fonds et les événements de 1814 avaient fait suspendre ce travail; et, sous la Restauration, il avait été abandonné. Ce n'est qu'en 1832 que le maréchal Soult, ministre de la guerre, le fit reprendre, et ordonna en même temps de réunir les matériaux nécessaires pour la rédaction des journaux des siéges qui devaient accompagner les plans.

« Cette belle collection étant achevée, le maréchal Maison, ministre de la guerre, en a ordonné la publication. Les vingt-cinq ans qui se sont écoulés depuis les événements qu'elle retrace, n'auront pas été perdus. Ils permettent à la vérité de se faire jour, et l'on peut raconter ces événements avec impartialité, aujourd'hui que les passions allumées par la guerre se sont calmées. Un grand nombre de documents particuliers, des relations et des mémoires, successivement publiés, ont pu être consultés, et on a pu recueillir plus de faits et plus de détails.

« Ce travail est rédigé d'après les rapports et la correspondance des généraux en chef et des commandants des armes spéciales, d'après les ordres de l'Empereur, du major-général et du ministre de la guerre; enfin, d'après les mémoires, plans, états de situation et autres divers renseignements, dont l'ensemble, tant au dépôt de la guerre qu'à celui des fortifications, forme, pour la seule guerre de la Péninsule, une collection de cent mille pièces. On a traduit et analysé les principaux ouvrages publiés en Espagne sur cette guerre; mais particulièrement les relations données par les gouvernements des places assiégées. On a compulsé le « Moniteur »; les journaux anglais et espagnols; les mémoires imprimés des maréchaux Gouvion Saint-Cyr et Suchet, de Le Noble, de Naylies, de La Grave, de Guingret; les « Victoires et Conquêtes »; l'ouvrage inachevé du général Foy; les écrits de Jomini, ceux des colonels anglais Napier et John Jones, du major italien Vacari; les ouvrages espagnols du comte de Toreno, du P. Ferrer, du docteur Ibieca, du lieutenant-colonel Cavallero, des généraux Contreras, Herrasti, Santocildès, etc. De plus, un grand nombre de généraux et d'officiers, acteurs dans la guerre, ont bien voulu faire part de leurs observations sur les faits dont ils ont été témoins.

« Tant de renseignements, puisés à des sources diverses, et se contrôlant les uns par les autres, ont permis de raconter les faits d'une manière complète et fidèle.

M. Augoyat, chef de bataillon du génie, a donné, au « Spectateur militaire », une série d'extraits de cet ouvrage important : leur réunion a formé, plus tard, un volume qui a paru sous ce titre : *Précis des campagnes et des siéges d'Espagne et de Portugal de* 1807 *à* 1814, *d'après l'ouvrage de M. Belmas, etc.* Paris, Leneveu, 1839, in-8, avec une carte militaire de la Péninsule.

BELMAS [Denis-Génie], frère du précédent, né à Paris, le 23 décembre 1793, docteur en chirurgie de la Faculté de Paris, où il se fit constamment distinguer par l'excellence de ses études, ce qui lui mérita, d'après l'usage, sa réception aux frais de l'Université. M. Belmas concourut, en 1821, pour une place de chirurgien au bureau central; il fut nommé par le jury médical; mais, par une injustice criante, le concours fut cassé. Ce chirurgien s'en alla à Strasbourg, en 1822, pour concourir à une chaire vacante de chef des travaux anatomiques. Arrivé dans cette ville où il ne connaissait personne, et sans recommandation aucune, que son savoir pourtant. M. Belmas eut la gloire de triompher d'un concurrent qui depuis six mois remplissait cette place par intérim. En 1823, M. Belmas vint à Paris pour concourir à l'agrégation; il échoua; mais l'Académie royale de médecine le reçut dans son sein comme membre-correspondant. En 1827, il quitta tout-à-fait Strasbourg, vint se fixer à Paris, et se présenta de nouveau au concours. Depuis lors, ce chirurgien a partagé son temps entre la pratique de son art et la composition de plusieurs mémoires estimés. Nous connaissons de M. Belmas :

I. Traité de la cystotomie sus-pubienne. Ouvrage basé sur près de cent observations, tirées de la pratique du docteur Souberbielle. Paris, J.-B. Baillière, 1827, in-8, avec 2 planch. [6 fr.].

II. Mémoire sur un nouveau moyen de pratiquer la ponction de la vessie.

Impr. dans le « Répertoire de l'Hôtel-Dieu ». Paris, 1831, in-4.

III. Recherches sur un moyen de déterminer les inflammations adhésives dans les cavités séreuses. Paris, 1831, in-8.

IV. Mémoire sur la cure radicale des hernies.

Impr. dans la « Revue médicale », en 1837.

V. Mémoire sur la contention des hernies. Paris, de l'impr. de Guiraudet, 1840, in-8 de 88 pag.

Extrait du « Journal des spécialités », publié par M. V. Duval.

BELMONTE [E. Capocci di].—Primo [il] vice-rè di Napoli. Parigi, Baudry, 1838, 2 part. en un vol. in-12 [6 fr.].

BELMONTET [Louis], poète et homme politique (*), né à Montauban [Tarn-et-Garonne], le 26 mars 1799, d'une famille de laboureurs d'Italie (**). La première jeunesse de M. Belmontet fut orageuse, mais ne l'empêcha point de faire de bonnes études au lycée impérial de Toulouse, il obtint une bourse au concours. Une exaltation prononcée chez le jeune lycéen pour le régime impérial, lui fit prendre une part très-active dans les querelles d'esprit de parti qui naquirent avec l'invasion et la restauration, et de nouveau avec les cent-jours et la seconde restauration, et qui pénétrèrent jusque dans les colléges. M. Belmontet, n'ayant encore que seize ans, fut dans le lycée de Toulouse le plus ardent provocateur de disputes et de rixes contre les élèves de familles royalistes. Il ne tarda pas à en être la victime; car, après la seconde restauration, un nouveau proviseur du lycée, escorté des professeurs destitués pendant les cent-jours, mais remis en place par le duc d'Angoulême, fit assembler tout le lycée, devenu collége royal, et expulsa publiquement, au nom du roi, M. Belmontet, pour le punir de ses opinions. Il fut également renvoyé de son cours de philosophie, pour avoir fait des objections trop hardies aux démonstrations métaphysiques de son professeur, qui était un prêtre. Les malheurs de la patrie, en exaltant son imagination, le rendirent poète. Ses premiers vers furent une élégie patriotique sur les *Mânes de Waterloo*, qui n'eut aucun succès à l'Académie des Jeux-Floraux. Pour obéir aux désirs de son père, M. Belmontet fit son droit à la Faculté de Toulouse, mais la carrière du barreau lui inspira une répugnance indicible. Après avoir travaillé pendant six mois dans l'étude d'un avoué pour prouver sa bonne volonté, il obtint de son père qu'il suivrait ses goûts littéraires. L'occasion se présenta bientôt pour le jeune poète d'exercer sa verve naissante. Mlle Mars attirait un grand concours de spectateurs au théâtre de Toulouse; M. Belmontet lui jetait des vers à chaque représentation, avec des bouquets et des couronnes. Bientôt ce fut le tour de Talma : ce grand acteur fut accueilli à Toulouse avec fureur. M. Belmontet lui dédia un dithyrambe intitulé *Talma*, qui eut un grand succès à Toulouse. On y remarqua quelques beaux vers et une véritable inspiration qui firent espérer beaucoup du jeune poète. Cette ode lui valut l'amitié de deux hommes de mérite, du républicain Desjardins et du royaliste Alexandre Soumet, qui devait plus tard s'associer le jeune poète pour une tragédie restée au répertoire [*une Fête de Néron*]. M. Belmontet concourut de nouveau à l'Académie des Jeux-Floraux : il y échoua complètement; il s'en vengea par une satire qui mit toute l'Académie en émoi. Dans cette satire, il critiquait un autre poète, M. Jules de Rességuier, qui est devenu un de ses meilleurs amis. Lors des pérégrinations des missionnaires en France, Toulouse, ville toute sacerdotale et de vieille aristocratie, fut un des principaux théâtres des exploits de ces prédicateurs ambulants. Les missionnaires, là, comme partout ailleurs, loin de se renfermer dans leur spécialité religieuse, envahirent le domaine de la politique, et du haut de leur chaire ils firent un appel imprudent à toutes les passions. Un soir, M. Belmontet, en la compagnie de quelques étudiants dans l'église métropolitaine, écoutait les excitations de l'abbé de R..... avec une impatience qui ne put se contenir. Il interpella hautement le missionnaire sur les fausses assertions qu'il débitait à des milliers d'au-

(*) Dont le véritable est *Belmonte*.

(**) Le père de M. Belmontet, que des blessures avaient forcé de quitter l'armée du Piémont, s'établit à Toulouse, et se livra au commerce des vins pour élever une nombreuse famille dont M. Louis Belmontet était l'aîné.

diteurs; il lui offrit à l'instant de lui démontrer ses erreurs. Le scandale fut grand dans l'église; le missionnaire s'arrêta, et proposa, avec un ton d'hypocrite douceur, à l'étudiant qui avait osé l'interrompre, de venir chez lui, qu'ils discuteraient là commodément; mais que l'église n'était pas un lieu de controverse politique. M. Belmontet accepta; mais la rumeur continua parmi les assistants : on était indigné de l'audace du jeune impie; et, comme le bruit augmentait, ses amis l'engagèrent à se retirer prudemment. A peine arrivé sur le portail de l'église, il fut saisi au collet par une foule d'hommes furieux. Assisté de ses camarades, il se débattit vivement; il y eut des coups donnés : la garde accourut. M. Belmontet avait arraché la croix de Saint-Louis de la boutonnière d'un des assaillants dévots : on le dénonça au chef du poste, qui refusa de l'arrêter. Il se présenta le lendemain chez le missionnaire qui lui avait donné rendez-vous chez lui : il fut repoussé avec brutalité. Nous nous sommes arrêté longuement sur tous ces détails, parce qu'ils peignent l'époque autant que le caractère de M. Belmontet. Peu de jours après, le jeune poète fit paraître une satire, intitulée la *Mission*, pleine de verve et d'âpreté. Ce fut le signal d'un déluge de pamphlets qu'on lança contre l'imprudent écrivain; il avait osé se dire patriote : c'en fut assez pour le signaler aux poignards des Verdets, qui jurèrent de venger l'autel et le trône. Les journaux du gouvernement appelèrent sur lui toutes les vengeances divines et humaines. On poussa la fureur jusqu'à demander des prières publiques pour le salut de son âme. Il répondit vigoureusement aux diatribes des journaux et des pamphlets par une seconde satire, intitulée *Mon Apologie;* elle était plus audacieuse que la première; aussi l'effervescence s'accrut. Il paraît que l'autorité en fut émue; les missionnaires ne plantèrent pas de croix cette fois : ils partirent. M. Belmontet père fut invité à éloigner son fils. Les journaux de la capitale avaient prononcé son nom et l'avaient défendu; le jeune poète fut donc envoyé à Paris, avec une masse de lettres de recommandation, comme tous les jeunes gens qu'on envoie à la merci de la fortune. Quelques grands poètes du moment abreuvèrent M. Belmontet d'amertume, et leur accueil fut plus qu'impoli; mais le célèbre Pinel et M. Étienne le reçurent avec bienveillance, et lui donnèrent des encouragements et des conseils. La réception qu'il eut de Népomucène Lemercier, que les lettres viennent de perdre récemment, fut surtout toute paternelle. M. Belmontet n'avait aucune lettre de recommandation pour le célèbre auteur de la « Panhypocrisiade. » Il se présenta chez lui sur la foi de sa réputation d'excellent homme et de citoyen antique. En effet, M. Lemercier lui offrit son cœur et sa bourse; il prit le jeune provincial en amitié, il le recommanda à ses puissants amis; il ne se contenta pas de faciliter les études du poète toulousain, il paya les frais d'une première publication que fit M. Belmontet d'un dithyrambe intitulé *Malesherbes*. Paris, 1821, in-8. Ce dithyrambe avait été envoyé au concours de l'Académie française pour un prix extraordinaire de 1500 fr. Le début de cette pièce poétique effaroucha la monarchique académie : on n'en put lire que deux strophes, et l'auteur fut rejeté comme séditieux. L'auteur n'était pas heureux avec les académies. Cependant M. Boissy-d'Anglas lui écrivit une lettre de félicitation sur la manière dont il avait caractérisé Malesherbes en défenseur du peuple et défenseur du roi. Dans cet écrit, M. Belmontet avait été injuste envers la Convention, dont il appelait les membres *des bronzes vivants de l'enfer*. Il avait jugé cette mémorable assemblée sur parole; il ne la connaissait pas encore; car plus tard, en 1830, dans un banquet du journal « la Tribune », M. Belmontet fut le premier qui porta ce toast énergique : *A la Convention, qui a sauvé la France en condamnant un roi!* Lorsque, en 1821, la mort de l'empereur Napoléon vint étonner l'Europe et attrister profondément le peuple français, M. Belmontet, à cette nouvelle, passa la nuit à composer une ode qui parut deux jours après, sous le titre de *Funérailles de Napoléon*. L'ode eut trois éditions de suite; les journaux du temps en citèrent quelques heureuses strophes, entre autres celle-ci :

Avant sa renommée, en vastes plans fécoude,
Sa tête fut un camp où se mouvait le monde,
Où déjà d'Austerlitz le soleil avait lui ;
Et quand la paix au loin éteignait son tonnerre,
Sa tête vaste encor portait encor la terre :
Tout ce qu'elle enfantait était grand comme lui !...

Et puis ces vers, pour dire que Napoléon venait d'expirer :

. . . . La mort venait sans le troubler...
L'envoyé d'Albion, que la honte devore,
Vient savoir si les rois doivent trembler encore ;
Il approche... Les rois n'avaient plus à trembler...

La réaction, contre-révolution, allant son train, M. Belmontet était entré des premiers dans l'association des carbonari qui déclara une guerre sourde à mort à la monarchie d'imposition étrangère. En attendant l'occasion de l'attaquer, force fut aux hommes de l'opposition de se réfugier dans leurs travaux respectifs. M. Belmontet remporta plusieurs couronnes aux Jeux-Floraux. Il y eut cela de remarquable que ce fut la duchesse d'Angoulême qui remit le prix aux mains républicaines du père du poète lauréat, et l'Académie de Toulouse, en courtisane piquante, avait substitué au souci d'or que le jeune vainqueur avait remporté, une grande fleur de lys en argent. Les pièces qui eurent le plus de succès au concours, furent, dans l'ode : l'*Ode sur Corneille ;* le *Souper d'Auguste ; Pierre l'Ermite* et *Madame de Staël ;* et dans l'élégie : les *Petits Orphelins* ; le *Chien de l'Aveugle;* le *Pèlerin*. Quatre de ces pièces académiques ont été imprimées ensemble en 1823. La poésie prenait alors un nouvel essor : Lamartine ajoutait une corde à la lyre française; Victor Hugo s'élançait de son vol de jeune aiglon dans ses premières odes, qui, selon nous, sont ses plus heureuses poésies; Soumet, l'un des auteurs les plus essentiellement tragiques de nos jours, obtenait deux grands succès dans « Saül » et dans « Clytemnestre ». Il se forma une secte de nouveaux poètes; leur fraternité se fit jour dans une revue intitulée la « Muse française », qui paraissait mensuellement; ses fondateurs furent Victor Hugo, Soumet, Pichald, l'auteur de « Léonidas », Émile Deschamps, Ancelot, Desjardins, Alfred de Vigny, Jules Lefèvre, Delphine Gay, Saint-Valery, Soulier, Charles Nodier et Louis Belmontet. Ce recueil fut, pour ainsi dire, le code de la nouvelle école. Son premier numéro porte la date de juillet 1823. M. Belmontet entra à cette époque dans l'institution Saint-Victor, dirigée par M. Goubeaux, l'auteur de « Trente années de la vie d'un joueur », et de « Richard d'Arlington », où il remplaça, comme maître d'étude et répétiteur un jeune homme qui depuis s'est acquis une réputation non moins grande comme avocat que comme homme politique, M. Michel [de Bourges]. Dans les soirées poétiques des romantiques, M. Belmontet se lia d'amitié avec M. le comte d'Houdetot, aujourd'hui aide-de-camp du roi, alors libéral très-prononcé et le partisan le plus actif des idées nouvelles en littérature; M. Belmontet lui dédia un recueil de poésies intitulé les *Tristes*. Paris, 1824, in-18. Ce recueil eut deux éditions : les journaux en firent un éloge flatteur. On remarqua un grand fonds de sensibilité, surtout dans les pièces d'amour. Ce recueil plaça M. Belmontet dans un rang distingué parmi nos poètes modernes. La facture en était pure, large et souvent éloquente : les deux éditions en sont épuisées. M. d'Houdetot fit donner au poète l'éducation des enfants de M. le comte Germain, pair de France, son beau-frère. Un des nouveaux élèves de M. Belmontet obtint, à l'âge de treize ans, un prix de poésie aux Jeux-Floraux. A cette époque, l'instituteur publia, dans l'album de MM. Magalon et Fontan, une ode sur *Don Miguel*, pleine de force et d'audace républicaine. Vers la fin de 1829, M. Belmontet proposa à M. Soumet de traiter ensemble le sujet éminemment tragique de la mort d'Agrippine. Les deux poètes se mirent à l'œuvre, et dans deux mois ils composèrent et firent jouer sur le théâtre royal de l'Odéon, le 28 décembre de la même année, leur tragédie, *une Fête de Néron*, qui obtint un succès éclatant. Elle a été imprimée en janvier 1830, et est restée au répertoire de la Comédie-Française. C'était pour la première fois qu'on entrait dans la vie privée des Romains, ce fut la première victoire *semi-romantique*. La tragédie de MM. Soumet et Belmontet fit un grand bruit : elle eut, chose extraordinaire surtout au quartier latin, cent-cinq représentations consécutives. La duchesse de Berry voulut la voir; elle la fit donner par ordre, et le soir de cette représentation, M. Belmontet le républicain, suivant l'usage des théâtres royaux, fut obligé d'aller présenter sa pièce imprimée à la princesse dans la loge royale!!! Lorsque la révolution de juillet éclata, M. Belmontet était en Suisse, dans un château voisin de celui qu'habitait la reine Hortense; il fut le premier à annoncer la fameuse nouvelle à la belle-sœur de Napoléon. M. Belmontet accourut à Paris avec MM. Brack, depuis colonel d'un régiment de hussards, et le comte d'Houdetot, pour partager les dangers des patriotes aux prises avec le dernier roi du drapeau blanc. Les hommes clairvoyants reconnurent bientôt dans quelle route s'engageait la nouvelle royauté. M. Belmontet refusa ses faveurs et publia une *Ode sur le duc de Reichstadt* pour réveiller les souvenirs du peuple français en faveur du fils de l'Empereur. Dès ce moment, M. Belmontet devint l'un des membres les plus actifs des clubs politiques, et plus que jamais homme politique. Notre livre n'étant qu'une biographie d'hommes littéraires, nous ne suivrons ici les faits et gestes de M. Belmontet qu'autant qu'ils auront un rapport direct avec la littérature. Assez de livres de nos jours sont devenus des registres matricules d'hommes de parti de toutes les nuances. Une notice très-circonstanciée sur M. Belmontet, considéré comme poète et comme homme politique, est celle insérée dans la « Biographie des hommes du jour », de MM. Sarrut et Saint-Edme, tome Ier; 2e partie, p. 13 à 23; c'est de cette notice que nous avons extrait celle-ci (*). Après la révolution de juillet, M. Belmontet publia, de concert avec son ami Desjardins, un journal républicain hebdomadaire : la *Tribune du peuple*, qu'il faisait afficher pour l'instruction du peuple. La loi contre les afficheurs arrêta cette publication qui n'avait d'autre but que de parler aux masses de la rue. Lorsque les Belges furent assez faibles pour ne pas oser nommer le fils du prince Eugène au trône de Belgique, et qu'ils élurent le prince anglo-allemand Léopold, dont Napoléon n'avait pas voulu pour aide-de-camp, M. Belmontet lança contre cette élection une des poésies les plus vigoureuses qui soient nées de la révolution de juillet, son *Ode aux Belges*. Elle fut saisie dès son apparition, et ne fut rendue que deux mois après la saisie à l'auteur par un arrêt de non lieu. On avait accusé cette ode de porter atteinte à l'honneur du roi. Toute l'édition en fut rapidement épuisée. Les événements de la première insurrection de Lyon jetèrent le ministère Périer dans de grandes frayeurs. Ce ministre crut y voir une conspiration napoléoniste. M. Belmontet, connu comme un partisan zélé de la famille impériale, et comme ayant des relations suivies avec ses membres, fut arrêté. Au bout de cinq jours, quand la peur fut passée, M. Belmontet fut rendu à la liberté. On avait voulu, dans plusieurs interrogatoires, l'amener à compromettre la famille impériale; il en témoigna toute son indignation d'homme au juge d'instruction, M. Leblond. Il se vengea, immédiatement après sa sortie, de la persécution qu'il venait d'éprouver, par la publication d'une brochure politique intitulée : *Observations d'un patriote sur la brochure de M. de Châteaubriand, au sujet du bannissement des Bourbons*. Paris, 1830, in-8, tirée à 5,000 exemplaires. Cette brochure fit honneur au talent de M. Belmontet comme penseur et comme écrivain politique; elle eut un grand débit, et fit une certaine impression. M. Belmontet y plaidait hardiment la cause de Napoléon II. Cette brochure triompha d'une manière fort éloquente des arguments de M. de Châteaubriand. Le style était une heureuse imitation du style de son adversaire : il combattait le grand écrivain par ses propres armes. A cette époque, M. Belmontet s'attacha à la rédaction de la « Tribune », dont les collaborateurs étaient presque tous du Midi. Il y fit plusieurs feuilletons d'une verve piquante et toujours audacieuse; ce fut lui qui, le premier, fit à la fin de chaque semaine la revue des événements et des publications les plus remarquables : un feuilleton excita les rumeurs de l'état-major de la garde nationale : on y crut voir une insulte au maréchal Lobau, que M. Belmontet accusait d'ingratitude envers Napoléon. Il en résulta une ren-

(*) Nous apprenons que cette Notice est de M. Belmontet lui-même.

contre entre le journaliste et le général Jacqueminot dans laquelle ce dernier fut blessé. Après la disparition du choléra, M. Belmontet, convalescent d'une longue attaque de cette épidémie, se retira au sein de sa famille, à Toulouse, mais non sans faire, chemin parcourant, le véritable missionnaire de propagande. Sa santé rétablie, M. Belmontet se rendit en Suisse, et il était auprès du prince Louis, lorsque parvint la nouvelle de la mort du duc de Reichstadt, qu'il apprit de la bouche du prince. Cet événement inspira au poëte une élégie touchante qu'il publia à Constance sous le titre de : le *Buste, napoléonienne*. L'idée était ingénieuse; elle célébrait la joie que Napoléon ressentit à Sainte-Hélène le jour qu'il reçut le buste de son fils. Le grand homme y était comme père : tout le cœur de Napoléon était là. Peu après, M. Belmontet rentra en France, et publia, sous le titre *de la Proscription*, sur la proscription des Bonapartes une nouvelle brochure adressée à la chambre des députés, qui repoussa les arguments de l'organe du parti napoléoniste, et qui maintint, ou, pour mieux dire, prorogea la loi de la restauration. Cette brochure était un acte de courage en face des partis, et fit honneur au talent de M. Belmontet comme écrivain politique. En 1831, on imprima de M. Belmontet, dans la « Revue de Paris », le *Batelier du Tage*, *poésie*, petit poëme dramatique parfaitement composé, et qui mettait en scène une des actions les plus cruelles de démence de don Miguel. Peu de temps après, Joseph Bonaparte, qui était arrivé depuis peu en Angleterre, et auquel les ouvrages de M. Belmontet étaient connus, désira en connaître l'auteur, et le fit venir auprès de lui. L'écrivain napoléoniste y demeura près d'un mois. A son retour à Paris, il publia une brochure nouvelle qui n'était autre qu'une *Biographie de Joseph Napoléon Bonaparte*, l'ex-roi de Naples et d'Espagne. Paris, 1832, in-8. Cette biographie eut deux éditions tirées à 5,000 exemplaires chacune. Elle est écrite simplement et avec un ton de bonne foi qui fait croire facilement à sa véracité. Joseph avait raconté à M. Belmontet une anecdote sur le caractère de Napoléon. Cette anecdote s'était passée à Sainte-Hélène. Le poëte s'empara de ce récit, et publia dans un keepsake une sorte de poëme héroïque intitulé : la *Soupe du Soldat, ou Souvenir d'Austerlitz à Sainte-Hélène*, *à propos d'une soupe de soldat*. Ce petit cadre fournit à M. Belmontet l'occasion de quelques strophes fort belles : c'est une de ses productions les plus originales. L'esprit du poëte patriote saisissait tous les à-propos politiques pour manifester ses sentiments d'opposition; il tenait à mériter le surnom de courtisan du malheur. L'honorable M. Laffitte était en butte aux calomnies des journaux ministériels : M. Belmontet prit en main la défense du vertueux citoyen, et fit paraître dans la « Tribune », sous le titre de *Hôtel Laffitte à vendre*, une ode dans laquelle vigueur de pensées, ardeur d'expréssions et grandeur d'images sont à profusion. Jamais M. Laffitte n'a été plus dignement vengé. Quelques jours plus tard, M. Belmontet inséra également dans la « Tribune » une nouvelle ode, les *Rois* : elle s'adressait aux détracteurs de la république.

Dans le cours de cette notice, nous avons cité plusieurs odes de M. Belmontet, sans pouvoir indiquer toujours précisément le n° des recueils et des journaux où elles ont été imprimées.

M. Belmontet conserve en portefeuille, outre une tragédie de *Montézuma*, une pièce en cinq actes, intitulée : les *Amitiés d'un Roi*, lue à la Comédie-Française, en 1834, et refusée par MM. du comité, plus justes appréciateurs sans doute du beau et du bon que la société d'élite qui en avait, peu de jours auparavant, vivement applaudi la lecture dans les salons de M. Laffitte; plus une comédie historique. M. Belmontet annonçait aussi, il y a quelques années, un nouveau recueil de poésies sous le titre de *Napoléoniennes*. Les lectures partielles qu'il en a faites dans les salons doivent lui présager un vrai succès de poëte. Il faut espérer qu'il enrichira ce recueil des pièces qu'il a publiées dans plusieurs revues littéraires, et alors on pourra le bien juger dans son ensemble.

Ajoutons encore que M. Belmontet a été chargé, en 1839, de diriger l'impression des Mémoires de la reine Hortense.

ÉCRITS DE M. BELMONTET.

I. * Epitre à M. Joanny [Brisbard], acteur tragique. Toulouse, 1819, in-8 de 4 pag.

II. * Mission [la], épitre [en vers] à MM. les missionnaires. Toulouse, de l'impr. de Vieusseux, 1819, in-8 de 8 p.

III. Mon apologie. [Satire]. Toulouse, de l'impr. de Benichet aîné, 1819, in-8 de 8 pag.

IV. Talma, dithyrambe présenté à lui-même, le 26 mai 1819. Toulouse, de l'impr. de Vieusseux, 1819, in-8 de 8 p.

Réimprimé à la fin du n° suivant.

V. Malesherbes, dithyrambe; suivi des Amours de Gallus, églogue traduite de *Virgile*; des Malheurs de Parga, poëme, et de Talma, dithyrambe. Paris, Ladvocat, 1821, in-8 de 44 pag.

VI. * Funérailles [les] de Napoléon, ode, précédée de son éloge. Paris, de l'impr. de Dupont, 1821, in-8 de 16 p. [50 c.].

Cette Ode, ainsi que nous l'avons dit plus haut, eut trois éditions de suite.

VII. Pierre-l'Hermite, ode; — les Petits Orphelins; — le Chien de l'Aveugle; — le Pélerin. Toulouse, 1823, in-8.

Ces pièces ne sont qu'une partie de celles composées pour l'Académie des Jeux-Floraux.

VIII. Tristes [les]. [Poésies]. Paris, Boulland et Ce, 1824, in-18 (3 fr.].

IX. Funérailles [les] du général Foy, député, ode. Paris, Ponthieu, 1825, in-8 de 16 pag. [1 fr. 50 c.].

X. Souper [le] d'Auguste, poëme.

Imprimé dans le recueil de l'Académie des Jeux-Floraux, pour 1828. Toulouse, in-8.

Nous avons dit, dans la Notice qui précède, que l'auteur n'avait pas été heureux avec les académies. La note suivante sur le « Souper d'Auguste », que nous empruntons à la « Revue encyclopédique », tome XXXIX, pag. 223, ne donnerait-elle pas le mot de l'énigme :

« La pensée du *Souper d'Auguste* est grande et belle; M. Belmontet nous représente ce premier maître de Rome saisi par le remords au milieu d'une fête que lui donne Mécène. Une foule servile est à ses pieds; des poëtes immortels le chantent; on l'honore comme un dieu; mais rien de tout cela n'arrive à son cœur; le souvenir de ses victimes le remplit tout entier; leurs ombres, celles des premiers et des plus illustres citoyens de l'ancienne Rome apparaissent en foule devant lui. Ce contraste de la gloire qui l'environne avec le remords impitoyable qui le dévore au-dedans ne manque assurément ni de poésie, ni de moralité; et ce sujet, dignement traité, l'eût emporté de beaucoup sur tous les ouvrages présentés au concours; mais, malheureusement, M. Belmontet a tout gâté par sa versification dure, par des expressions bizarres; son oreille et son goût sont également en défaut; et son poëme ne nous laisse que ce sentiment de regret qu'inspire toujours un ouvrage où l'exécution ne répond pas à la pensée première. »

XI. Avec M. *Al. Soumet* : Une Fête de Néron, tragédie en cinq actes. Paris, au Palais-Royal, galerie de Chartres, 1830, in 8, avec une lithogr. —Nouv. édit. Paris, Barba, 1835, in 8.

La dernière édition fait partie de la « France dramatique au XIXe siècle ».

M. Phil. Chasles a fait l'examen critique de cette tragédie dans la « Revue de Paris », 1830, tome X.

XII. Observations d'un patriote sur la brochure de M. de Châteaubriand, au sujet du bannissement des Bourbons. Paris, Levavasseur, 1831, in-8 de 176 pages.

XIII. Batelier [le] du Tage, poésie.

Imprimé dans la « Revue de Paris », 1831, tome XXXI.

XIV. Buste [le], napoléonienne. Constance, 1832, in-8.

XV. De la proscription, adressé à la chambre des députés. Paris, Levavasseur, 1832, in-8 de 52 pag.

XVI. *Biographie de Joseph Napoléon Bonaparte. Lettre politique à la chambre des députés de 1830. Paris, Levavasseur, 1832, in 8 de 88 pag.

XVII. Hôtel Laffitte à vendre. Ode. Paris, Bousquet, 1833, in-8 de 8 pag.

XVIII. Montézuma, tragédie.

Longs fragments imprimés dans la « Revue poétique », en 1835.

BELON. * Patissier [le] universel et national. Paris, de l'impr. de madame Huzard, 1836, in-8 (6 fr.].

BELOST-JOLIMONT.— Commentaire sur la loi des successions, formant le titre premier du livre troisième du Code civil, par *Chabot* [de l'Allier]. Nouv. édition, accompagnée de nombreuses observations, et conférée avec la jurisprudence jusqu'à ce jour, par M. Belost-Jolimont. Dijon, Lagier; Paris, Pélissonnier, 1839-1840, 2 vol. in-8 [12 fr.].

BELOT [F.]. — Système légal des poids et mesures. IIIe édition. Grenoble, Ferary, 1840, in-12, plus un tableau.

La première édition ne nous est pas connue; mais la seconde a été publiée dans la même année que la troisième.

BELPAIRE [ ], à Anvers, ancien élève de l'École polytechnique, membre de l'Académie de Bruxelles, élu le 7 mars 1835. Son nom n'est plus porté sur la liste des académiciens, qui a été insérée au tome XII des Mémoires de l'Académie de Bruxelles, publié en 1839, ce qui donnerait à penser que M. Belpaire avait cessé de vivre à cette époque.

I. Mémoire sur les changements que la côte d'Anvers à Boulogne a subis, tant à l'intérieur qu'à l'extérieur, depuis la conquête de César jusqu'à nos jours. Bruxelles, M. Hayez, 1827, in-4 de 176 pag.

Faisant partie des Mémoires couronnés en 1826 et 1827 par l'Académie royale des sciences et belles-lettres de Bruxelles, tome VIe de la collection.

II. Notice historique sur la ville et le port d'Ostende, présenté à l'Académie [de Bruxelles], à la séance du 7 novembre 1831. Bruxelles, Hayez, 1837, in-4 de 28 pag.

III. Avec M. *Quetelet :* Rapport sur les observations faites en 1835, en différents points des côtes de la Belgique, lu à la séance du 3 mars 1838. Bruxelles, le même, 1838, in-4 de 24 pag.

Ces deux derniers Mémoires sont extraits des Mémoires de l'Académie de Bruxelles : le premier du tome X, et le second du tome XI.

BELREGARD. — Cauchemar d'un curé de campagne. Agen, de l'impr. de Quillot, 1837, in-8 de 16 pag.

BELTRAMI [J.-C.], voyageur italien, ancien juge à la Cour royale de l'exroyaume d'Italie.

I. Découverte [la] des sources du Mississipi et de la rivière Sanglante; description du cours entier du Mississipi, qui n'était connu que partiellement, et d'une partie de celui de la rivière Sanglante, presque entièrement inconnu, ainsi que du cours entier de l'Ohio; aperçus historiques des endroits les plus intéressants que l'on y rencontre; observations critico-philosophiques sur la religion, les superstitions, les costumes, les armes, les chasses, la guerre, la paix, le dénombrement, l'origine, etc., de plusieurs nations indiennes; parallèle de ces peuples avec ceux de l'antiquité, du moyen-âge et des temps modernes; coup-d'œil sur les compagnies nord-ouest de la baie d'Hudson, ainsi que de la colonie Selkirck; preuves évidentes que le Mississipi est la première rivière du monde. Nouvelle-Orléans, de l'impr. de Benj. Levy, 1824, in-8 de 372 pag.

Les rédacteurs de la « Revue encyclopédique », en annonçant ce livre en 1826 [tome XXIX, pag. 457], en rendirent compte avec quelque sévérité, et exprimèrent surtout de l'incrédulité au sujet de la découverte faite par le voyageur. L'auteur leur adressa, dans la même année, une *Lettre sur la découverte d'un manuscrit mexicain*, terminée par une réclamation au sujet de leur article malveillant. La Lettre et la Réclamation, pleines de dignité, ont été insérées dans le tome XXXII du même recueil, publié aussi en 1826.

Quatre ans plus tard, M. Beltrami fit paraître, à Londres, un autre ouvrage, intitulé : *A Pilgrimage in Europa and America, leading to the discovery of the source of the Mississipi* [1828, 2 vol. in-8]. Les rédacteurs de la « Revue encyclopédique », en rendant compte, en 1828, de cet ouvrage, que l'auteur a dédié aux dames [tome XXXIX, p. 657], disaient « qu'une traduction française, faite sur chaque bonne feuille envoyée de Londres à fur et mesure du tirage, traduction dont l'impression était commencée, ne devait pas tarder à paraître »; il n'est pourtant pas venu à notre connaissance qu'elle ait été jamais publiée.

II. Mexique [le]. Paris, Crévot; Delaunay, 1830, 2 vol. in-8 [14 fr.].

M. Depping a rendu compte de cet ouvrage dans le tome XLV de la « Revue encyclopédique » [1830].

III. Italie [l'] et l'Europe. Paris, Levrault; Delaunay, 1834, in-8 de 48 pag.

BELVILLE. — Avec M. *Léopold :* Ma Rente avant tout, comédie-vaudeville en un acte. Paris, Morin, 1837, in-8 [30 c.].

BEM [J.], général polonais.

I. Aux représentants de la nation française. Paris, de l'impr. de Pinard, 1834, in-8 de 4 pag.

II. Exposé général de la méthode mnémonique polonaise perfectionnée à Paris; suivi d'une application spéciale à l'histoire, d'après le programme et les ouvrages prescrits par le conseil royal de l'université de France. Paris, rue de Condé, nº 19, 1840, in-8, et atlas in-4 de 18 pl. [4 fr. 50 c.].

BENABEN [Louis-Guillaume-Jacques-Marie], journaliste, né à Toulouse le 12 février 1774. Il n'avait guère plus de vingt ans quand, vers 1793, il fut nommé commissaire du département de Maine-et-Loire, près des armées destinées à combattre les rebelles de la Vendée. Il fit imprimer, à cette occasion, un rapport aux administrateurs du même département. En 1797, il obtint un emploi de commissaire des guerres à l'armée d'Égypte; il resta attaché à cette expédition jusqu'en 1800, et, à son retour dans sa patrie, il fut nommé chef du bureau de la guerre à l'administration centrale de la Haute-Garonne; mais il quitta bientôt cette place, et se consacra à l'enseignement. Il occupa successivement les chaires de l'école d'Effiat, d'abord pour la rhétorique et ensuite pour les mathématiques; de là, il passa au lycée d'Orléans; du lycée d'Orléans à celui de Carcassonne, et de celui-ci à celui de Pontivy, et professa la rhétorique et la philosophie dans ces trois lycées. Il était professeur de mathématiques transcendantes à l'école centrale de Maine-et-Loire, lorsqu'il vint, en 1814, à Paris, chercher à briller sur un plus grand théâtre. Il fut attaché à l'École normale et à l'École centrale. Il prit une inscription à l'École de droit dans l'intention de se faire recevoir avocat; mais bientôt il se donna entièrement à la politique, et fit paraître dans la « Minerve française », rivale heureuse du « Conservateur », ainsi que dans le « Constitutionnel », en 1816, plusieurs articles qui excitèrent l'attention. En 1818, il fonda et rédigea lui-même un recueil périodique ministériel, qu'il fit paraître sous le titre de le « Modérateur ». Quoiqu'il fût rempli d'esprit et d'énergie, il n'en cessa pas moins de paraître avec le quinzième numéro. Sous le ministère de M. de Villèle, Benaben, son compatriote et son ami, lui fit le sacrifice de sa part de la « Minerve ». Le ministre, reconnaissant, lui donna la direction de plusieurs journaux, et en particulier de la « Gazette de France » et du « Journal de Paris », et par surcroît la croix d'honneur et des pensions considérables. Benaben fut donc, pendant plusieurs années, chargé de toute la polémique de ces deux feuilles ministérielles. Ebloui, il se dévoua tout entier au long ministère : il finit par se trouver l'un des plus décidés apologistes de la censure, après en avoir été un adversaire ardent. Cependant, il voyait venir de loin la révolution de juillet : elle fut pour lui un coup fatal. Non seulement il n'échappa point sans quelques dangers personnels, mais encore il se vit privé des grands avantages qu'il recevait de la cause qu'il défendait par ses écrits. Bien qu'il donnât encore, après la révolution de 1830, des articles à la « Gazette de France », son accablement l'avait presque fait renoncer au travail. Affligé depuis quelque temps d'un affaiblissement progressif de la vue, menacé d'apoplexie au point de ne plus sortir de chez lui sans son adresse dans son porte-feuille, il tomba un jour presque mort dans la rue. De là, il fut ramené chez lui, et il rendit, le lendemain, le dernier soupir, sans un ami pour lui fermer les yeux; et cela advint en 1831. On trouva ces paroles dans son testament, daté de 1828 : « Je veux que mon corps soit porté directement au cimetière, car Dieu est partout. » Benaben a peu écrit hors des journaux. On lui reconnaissait de l'esprit et du talent; mais on a souvent attaqué sa conviction, qu'on n'a jamais cru intime.

Écrits de Benaben.

I. Rapport du citoyen Benaben, commissaire du département de Maine-et-Loire, près des armées destinées à combattre les rebelles de la Vendée, aux administrateurs du même département, ou Récit exact des événements les plus remarquables qui se sont passés sur les deux rives de la Loire dans cette guerre désastreuse. Angers, Mame, an III [1795], in-8.

II. Éloge historique du général Dupuy, mort assassiné au Caire, le 30 vendémiaire an VII, prononcé au cercle constitutionnel de Toulouse. Toulouse, an VIII [1800], in-8.

Vers cette époque, Benaben a aussi fait imprimer, à Toulouse, au moins d'après quelques citations, un *Essai sur l'histoire du Christianisme*, en un volume in-8.

III. Lettres de *Phalaris*, tyran d'Agrigente, traduites [du grec en italien et de l'italien en français]. Angers, et Paris, 1803, in-8 [3 fr.].

IV. Naissance [la] du roi de Rome, ode. 1812.

Voyez la séance publique de la Société libre d'émulation de Rouen, tenue le 9 juin 1812, page 27.

V. Procès de l'oligarchie contre la monarchie. Paris, Brasseur, 1817, in-8 [1 fr.].

VI. * Éducation [l'] publique doit-elle être confiée au clergé? Paris, de l'impr. de Ve Jeunehomme-Cremière, 1817, in-8 de 32 pag.

L'Auteur est pour la négative.

VII. Fond [le] de la question. Paris, de l'impr. de Denugon, 1818, in-8 de 36 pag.

VIII. Quelques Observations sur la loi de recrutement. Paris, de l'impr. du même, 1818, in-8 de 32 pag.

IX. Modérateur [le]. Paris, l'Auteur; Lelong, 1818-19, 15 numéros in-8.

Recueil périodique, dont les 15 numéros publiés forment un volume un quart.

X. Un mot sur les Remarques de M. de Châteaubriand. Paris, Lelong, 1818, in-8 de 28 pag.

XI. Résumé des travaux législatifs de la chambre des députés, sur l'indemnité à accorder aux émigrés. Paris, Pillet aîné, 1825, in-8 de 40 pag.

XII. * Questions à l'ordre du jour, ou Quelques vérités à l'adresse des électeurs. Par un électeur impartial. Paris, Pillet aîné, 1827, in-8 de 56 pag.

Écrit qui fut attribué à M. de Frenilly.

Nous ne garantissons pas que les titres de quelques autres brochures politiques de Benaben, publiées sous le voile de l'anonyme, ne nous aient point échappé.

On attribue à Benaben une part à la composition des *Satires toulousaines*, *ou Satires contre l'Athénée de Toulouse*. [Toulouse, 1804, in-8]. Nous avons dit, dans notre « France littéraire », article TAJAN, ce qu'étaient ces satires, et à qui on les attribuait.

La petite « Biographie des gens de lettres vivants », par un descendant de Rivarol, dit que Benaben a réfuté « l'Essai sur l'indifférence en matière de religion », de l'abbé F. de La Mennais. Cette réfutation, faite sur les marges d'un exemplaire de l'ouvrage, n'a point été publiée du vivant de l'auteur, et ne verra vraisemblablement pas le jour. Parmi les manuscrits laissés par Benaben, on a distingué 1° une Histoire de quelques sessions de la Chambre; 2° un ouvrage sur la philosophie, qu'il recommande, mais avec modestie, dans son testament; 3° des Poésies; 4° enfin, Annibal, tragédie.

BÉNARD, chirurgien-médecin.

— Mémoire sur l'enfance et les principaux moyens hygiéniques applicables à cet âge. Rouen, de l'impr. de Blocquel, 1827, in-8 de 32 pag.

BÉNARD [N.-A.], vétérinaire.

— Essai sur l'hygiène du cheval, de la vache et du mouton, ou Instructions sur les moyens de maintenir les animaux en santé, et de les préserver des maladies par les règles du régime. Boulogne, Leroy-Berger, 1828, in-8 de 120 pag.

Ouvrage couronné par la Société d'agriculture.

BÉNARD, juge de paix, à Lonjumeau.

— * Cent-et-une [les] charades de M. Delignolles, mêlées de riens critiques, littéraires et politiques. [Le tout en vers]. Paris, Ledoyen, 1837, 2 livr. in-8, ensemble de 48 pag.

Ces Charades ont été imprimées sous le nom d'ALBERT.

BÉNARD [J.-H.], juge au tribunal de première instance de Laon. Il a fait la table générale et analytique du « Bulletin annoté des Lois », par M. LEPEC. [Voy. ce nom.]

BENAT SAINT-MARSY [Gustave], avocat à la Cour royale de Paris; né à Marseille, vers 1804.

I. Code général des gardes nationales de France, expliqué par les motifs et par la discussion des deux chambres, avec des observations sur les articles; suivi d'un Appendice alphabétique énonçant toutes les attributions des autorités administratives, municipales ou militaires, dans leurs rapports avec les gardes nationales. Paris, Paulin, 1831, in-12.

II. Avec M. *Ph. Valette :* Traité de la confection des lois, ou Examen raisonné des réglements suivis par les assemblées législatives françaises, comparés aux formes parlementaires, de l'Angleterre, des États-Unis, de la Belgique, de l'Espagne, de la Suisse, etc. Paris, Joubert, 1839, in-18 [3 fr.].

« Il nous manquait un Traité spécial sur la confection des lois. MM. Valette et Benat Saint-Marsy, avocats à la cour royale de Paris, se sont chargés de remplir cette lacune, et l'ont fait avec un soin digne des plus grands éloges. Le titre de l'ouvrage indique assez le plan suivi par les auteurs... Ce plan est heureusement conçu, et l'exécution ne laisse rien à désirer. Cet utile et sérieux travail est le premier qui ait été publié chez nous sur un si important sujet : il honore le zèle et le talent de MM. Valette et Benat Saint-Marsy. » [*Journal des Débats*, des 20 et 21 mai 1839, art. de M. L. ALLOURY].

M. Benat Saint-Marsy, connu d'abord sous le premier de ces noms, a fourni au « Temps » des articles de politique et de littérature, signés soit de son nom ou de ses initiales G. B. Il a aussi fourni d'autres articles au « Droit ». V. A. S.

BENAZET [Olympe], professeur d'écriture, à Toulouse.

I. Vers présentés à S. A. R. madame la duchesse de Berri, à son passage à Toulouse, le 21 septembre 1828. Toulouse, de l'impr. de Bénichet cadet, 1828, in-4 de 2 pag.

II. Poésies légères. Toulouse, de l'impr. de Bénichet, 1829, in-8 de 16 p.

III. Chute [la] d'un tyran. [En vers]. Toulouse, de l'impr. de Bénichet aîné, 1831, in-8 de 4 pag.

IV. Véridique [le] franc-patois. 1833, n° 1. Toulouse, de l'impr. de Bénichet, 1834, in-4 de 2 pag.

Contient plusieurs pièces de vers.

V. Malheurs [les] des femmes mariées, vers patois. Toulouse, de l'impr. de Lagarrigue, 1839, in-8 de 8 pag.

BÉNAZET, ex-fermier-régisseur des maisons de jeux de Paris.

I. Documents sur la ferme régie des jeux de Paris. Paris, de l'impr. de Renouard, 1828, in-4 de 16 pag.

II. Mémoire au conseil municipal, pour M. Bénazet, fermier des jeux, contre M. le préfet de la Seine, agissant au nom de la ville de Paris. Paris, de l'impr. de David, 1831, in-4 de 16 pag.

III. Avec M. *Theodore Benazet* : A MM. les membres du conseil de préfecture du département de la Seine. Paris, de l'impr. de David, 1831, in-4 de 16 pag.

BÉNAZET (Théodore], fils du précédent, avocat à la Cour royale de Paris.

I. Avec MM. *Achille Dartois* et *Eugène* : les Frères rivaux, ou la Prise de tabac, com.-vaud. en un acte. Paris, Duvernois, 1822, in-8 [1 fr. 50 c.].

M. Benazet n'a livré au public que son prénom.

II. Avec MM. *** : une Heure de Veuvage, com.-vaud., par MM. ***. Paris, Godin; Martinet, 1822, in-8 [1 fr. 50 c.].

III. Avec M. *Bénazet* père : A MM. les membres du conseil de préfecture du département de la Seine. Paris, de l'impr. de David, 1831, in-4 de 16 pag.

IV. Mémoire aux chambres à l'occasion des événements de Lyon. Paris, Levavasseur, 1831, in-8 de 28 pag.

V. Questions d'Orient. Paris, Gosselin, 1836, in-8 de 124 pag. [5 fr.].

VI. Contre le remboursement. Janvier 1840. Paris, Ch. Gosselin, 1840, in-8 [2 fr.].

BENECH [Louis-Victor], D. M. [Voy. *la France littér.*, tom. Ier, pag. 272.

I. Recueil d'observations médicales. Paris, l'Auteur, 1829, in-8 [5 fr.].

II. Supériorité du traitement naturel dans les maladies chroniques, prouvée par des succès nombreux obtenus à Bordeaux et dans ses environs. Bordeaux, l'Auteur, 1834, in-8 de 8 pag. — IIIe édit., contenant une nouvelle série de faits les plus importants. Paris, le même, 1839, gr. in-8 de 16 pag. à deux colonnes [2 fr.].

III. Réponse à divers articles de journaux, et supériorité du traitement naturel, surtout dans les maladies chroniques, prouvée par des succès nombreux obtenus à Lille ou dans les environs. Lille, de l'impr. de Vanackère, 1835, in-8 de 8 pages.

BENECH, professeur de droit romain, à Toulouse.

I. Programme d'un cours de droit romain. Première partie, contenant le résumé historique des principales règles du droit romain relatives à la puissance dominicale, à la puissance paternelle et à la puissance tutélaire : Matières traitées dans le livre Ier des Institutes de Justinien. IIe édit., entièrem. rev. et considérablem. augment., précédée de quelques considérations générales sur l'enseignement du droit en général. Toulouse, de l'impr. de Montaubin, 1837, in-4. — Programme de la seconde partie d'un cours de droit romain. Toulouse, de l'impr. de Montaubin, 1836-38, in-4.

II. Justices [des] de paix et des tribunaux civils de première instance, d'après les lois des 11 avril et 25 mai 1838. Paris, Videcocq, 1839, 2 parties in-8 [15 fr.].

BENEDEN [Pierre-Joseph van], docteur en médecine, d'abord professeur agrégé à l'Université de Gand, aujourd'hui professeur de zoologie et d'anatomie comparée, conservateur du cabinet d'histoire naturelle à l'Université de Louvain; né à Malines.

Le « Dictionnaire des hommes de lettres, des savants, etc., de la Belgique » [Brux. 1837], nous fournit l'indication de différents Mémoires de ce professeur, qui ont été insérés dans quelques publications d'histoire naturelle. Ces Mémoires sont : sur une nouvelle espèce de moule d'eau douce ; — sur le sens du goût dans la carpe ; — sur la *dreissena polymorpha* ; — sur l'*helyx algira* ; — recherches anatomiques et zoologiques sur les animaux de la Méditerranée ; — sur le système cartilagineux des céphalopodes, dans le grand ouvrage de M. le baron de Férussac ; — anatomie des mollusques ptéropodes, dans le «Voyage de M. d'Orbigny [Amérique du sud]» ; — une nouvelle espèce de parmacella, avec M. Webb, auteur de «l'Histoire naturelle des îles Canaries» ; — sur deux nouvelles espèces d'aplysies, avec le docteur Robb ; — analyse critique de travaux de zoologie, dans le «Magasin de zoologie», de M. Guérin : — Flore de la province d'Anvers, avec M. Tuerlinckx, insérée dans le «Dictionnaire géographique de cette province», par M. le docteur Meisser ; — mollusques dont l'existence a été constatée par MM. Van Beneden et Tuerlinckx, dans les environs de Malines, inséré dans le même ouvrage.

Élu correspondant régnicole de l'Académie royale de Bruxelles, le 15 décembre 1836, M. Van Beneden a fourni depuis lors, au recueil publié par ce corps savant, six Mémoires, dont voici les titres : Anatomie du *pneumodermon violaceum*, d'Orb., lu à la séance du 2 décembre 1837, de 15 pag., avec 3 planch. ; — Mémoire sur l'argonaute, lu à la séance du 7 avril 1838, de 24 pag., avec 6 planch. ; — Mémoire sur le *Limneus glutinosus*, lu à la séance du 3 mars 1838, de 16 pag., avec une planch. [tome XI, 1838] ; — Exercices zootomiques [Mémoire sur la *cymbulia* de Pérou ; — Mémoire sur un nouveau genre de mollusques, voisin des cymbulies, du golfe de Naples [genre tiedemannia] ; — Mémoire sur l'anatomie des genres tyale, cleodore et cuvierie], trois mémoires, ensemble de 53 pag., avec 4 planch. [Tome XII, 1839].

BENET [J.]. — I. Correspondance de M. Benet avec M. le receveur de l'enregistrement et des domaines au bureau de Toulon et M. le directeur de cette administration à Draguignan, servant de pièces à l'appui de son Mémoire au roi. Toulon, de l'impr. de Duplessis-Ollivault, 1827, in-4 de 80 pag.

II. Huissier [l'] Chabaud. Toulon, de l'impr. de Duplessis-Ollivault, 1830, in-8 de 8 pag.

BENET [J.-M.]. — Cicerone [le] marseillais, ou l'Indicateur commercial pour l'année 1837. Aix, de l'impr. de Guigne, 1837, in-12.

BENEZECH [J.-M.-G.], membre de la Société d'agriculture, des sciences et des arts de Valenciennes.

I. Moins que rien. [Poésies]. Valenciennes, de l'impr. de Prignet, 1836, in-8 de 32 pag.

II. Études sur l'Histoire du Haynaut, de Jacques de Guyse, trad. par M. le marquis de Fortia d'Urban. Valenciennes, Lemaître ; et Paris, Chamerot, 1839, in-8.

Cet ouvrage formera un volume ; mais jusqu'à ce jour il n'en a paru, à notre connaissance, que deux livraisons, chacune de 32 pages : elles nous font espérer, dit M. A. Dinaux, dans les «Archives historiques et littéraires du nord de la France», quelques révélations historiques nouvelles sur notre contrée. M. Benezech s'attache surtout à éclaircir la géographie du Hainaut au moyen-âge. Il est parfaitement placé pour cela. Nous attendrons avec impatience la carte ancienne de nos localités qu'il se propose de donner.

BÉNÉZECH [A.]. — Avec *F. Maire* : le Marché des Innocents, ou l'Inconnu, drame en 4 actes. Paris, Gallet, 1839, in-8.

BENGY-PUYVALLÉE [Claude-Austrégesile de], membre de la Société d'agriculture du département du Cher ; né à Bourges [Cher], le 17 mai 1778, mort le 23 mars 1836.

— Société d'agriculture du département du Cher. Dernier discours prononcé par feu M. de Bengy-Puyvallée, dans la séance du 28 janvier 1836. Bourges, de l'impr. de Jollet-Souchois, 1836, in-8 de 24 pag.

BENIQUÉ [J.], médecin.

— Rétention [de la] d'urine, et d'une nouvelle méthode pour introduire les bougies et les sondes dans la vessie, comment on peut prévenir les rétrécissements de l'urètre, etc. Paris, Méquignon-Marvis, 1838, in-8 [5 fr.].

BENJAM, pseudon. Voy. GRADIS.

BENJAMIN, auteur dramatique. Voy. B. ANTIER.

BENJAMIN, sourd-muet. Voy. GUILLEMONT.

BENKENDORF [Christophe de], général russe.

— Cosaques [des] et de leur utilité à la guerre. Mémoire rédigé et présenté à S. M. l'empereur de Russie en 1816. [Traduit par M. le comte *A. Durfort*, maréchal de camp]. Paris, Anselin, 1832, in-8 de 76 pag.

BENNATI [N.], docteur en médecine et en chirurgie des facultés de Vienne, Padoue et Pavie ; associé de la Société royale de médecine et de chirurgie d'Édimbourg, membre de la société des sciences physiques et chimiques de Paris, membre correspondant de l'Académie royale des sciences de Rouen, de la Société linnéenne de Bordeaux, etc. ;

né à Mantoue en 1798, s'était acquis, jeune encore, une position avantageuse, qu'il devait à ses études et à ses travaux sur les maladies des organes de la voix. Tout lui promettait un brillant avenir, lorsque, le 9 mars 1834, renversé sur les boulevards de Paris par un cheval fougueux, sa tête se brisa contre une borne ; il expira douze heures après sans avoir repris connaissance.

I. Dissertatio medica sistens diagnosim diarrhoeae. Patavii, 1826, in-8 [2 fr.].

II. Notice physiologique sur Paganini.

Imprimée dans la « Revue de Paris », tome XXVI [1831].

III. Recherches sur le mécanisme de la voix humaine. Ouvrage qui a obtenu un prix à la Société des sciences physiques et chimiques de Paris ; précédé du Rapport de MM. G. Cuvier, de Prony et Savart, à l'Académie royale des sciences. Paris, J.-B. Baillière, 1832, in-8, avec 1 pl.

IV. Recherches sur les maladies qui affectent les organes de la voix humaine, lues à l'Académie royale des sciences, et couronnées par la société des sciences physiques et chimiques de Paris. Paris, J.-B. Baillière, 1832, in-8, avec 2 pl. [3 fr. 50 c.].

Ces deux Mémoires ont été réunis sans réimpression, sous ce titre : *Études physiologiques et pathologiques sur les organes de la voix humaine*. Ouvrage auquel l'Académie royale des sciences a décerné un des prix de médecine, fondé par M. de Montyon. Paris, Baillière, 1833, in-8, avec trois planch. [7 fr.].

V. Mémoire sur un cas particulier d'anomalie de la voix humaine pendant le chant ; lu à l'Académie des sciences. Paris, de l'impr. de Dupuy, 1833, in-8 de 20 pag. [75 c.].

Bennati était un médecin distingué ; mais n'écrivant pas le français avec facilité, il était obligé d'avoir recours à des plumes exercées pour rédiger ses mémoires ; M. JULIA FONTENELLE et M. Scipion PINEL ont été ses rédacteurs habituels.

BENNER [W.]. — French [the] genders and H. mute explained in a concise and easy manner, and peculiarly adapted to the memory ; vith a vocabulary and exercices. Paris, the Author; Galignani, 1833, in-12 de 24 pag.

BENNER [Jean]. — Commentaire philosophique et politique sur l'histoire et les révolutions de France, depuis 1789 à 1830. Paris, Treuttel et Würtz, 1834, 3 vol. in-8 [24 fr.].

BENNIS [Georges-Geory], naquit à Limerick, en 1793. Il était destiné à l'église ou au barreau ; mais la mort prématurée de son père, en 1799, le priva d'un guide qui l'eût dirigé, dans la suite, pour le choix d'une des deux professions savantes auxquelles d'excellentes études, soit dans la littérature, soit dans les sciences exactes, n'auraient pas manqué de le conduire avec distinction. La soif du savoir et le besoin de faire d'utiles observations, le déterminèrent à parcourir, pendant plusieurs années, les royaumes-unis de la Grande-Bretagne et le continent. Il se fixa à Paris, en 1823. Il a recueilli d'excellents matériaux sur la connaissance pratique des hommes dans les diverses conditions de la vie humaine ; il est auteur d'un ouvrage fort remarquable par le parti qu'il a su tirer des citations heureuses de l'Écriture-Sainte, avec laquelle il marche pas à pas. Cet écrit est intitulé : « The principles on the one faith professed by all christians » [Principes de la foi unique professée par tous les chrétiens], 1816, 1 vol. in-12. En 1830, MM. Hector Bossange et Jules Renouard ayant fondé à Paris, rue Neuve-Saint-Augustin, une librairie des étrangers, choisirent M. G. Bennis pour gérant de ce grand établissement, qu'il dirigea jusqu'en 1836. M. Bennis est aujourd'hui agent-général d'une compagnie anglaise d'assurances sur la vie, à Paris. Nous avons trouvé quelque part qu'il était bibliothécaire attaché à l'ambassade anglaise à Paris ; mais c'est une fausse assertion : l'ambassade ne possède point de bibliothèque.

I. Principles [the] on the one faith, professed by all christians. IIIth edit. Paris, A. and W. Galignani, 1826, in-12 de 18 pag. [2 fr.].

II. Traveller's pocket Diary and students journal, in-12.

III. Treatise on life assurance, in-12.

On doit au même quelques opuscules littéraires.

BENOIST, écrivain monarchique et et religieux, rédacteur en chef du « Conservateur. »

I. Lettre sur l'état des affaires publiques adressées à M. le comte de St.-Lizier du Chantenay. Paris, rue de Sèvres, n° 2; Rusand, 1829, in-8 de 24 p. — Sec. Lettre au même, sur l'état des affaires publiques. Paris, mêmes adresses, 1829, in-8 de 20 pag.

II. Lettre à M. le comte de Saint-Lizier du Chantenay, sur le changement de ministère. Paris, Rusand; Blaise, 1829, in-8 de 32 pag.

III. Première lettre à M. le comte de Cordon. Paris, Dentu, 1830, in-8 de 26 pag. [1 fr. 50 c.]. — Sec. lettre au même. Paris, rue Saint-Guillaume, n° 15; Dentu, 1831, in-8 de 32 pag. [2 fr. 50 c.]. — Du résultat des élections. Trois. lettre à M. le comte de Cordon. Paris, mêmes adresses 1831, in-8 de 16 pag.

Ces opuscules font partie d'une série de brochures que les légitimistes publièrent en 1830 et 1831, à l'imitation de celles publiées par la Société aide-toi, le ciel t'aidera, avant la révolution de juillet. Le titre de cette collection, dont M. Benoist n'a pas composé tous les écrits, mais dont il a été l'éditeur, était *Société pour la publication des brochures* : elle se vendait, rue St-Guillaume, n° 15, au bureau de la Société, et chez Dentu.

IV. Lettre à MM. l'abbé Lacordaire, de Caux et vicomte de Montalembert, à l'occasion de l'école qu'ils avaient ouverte sans autorisation. Paris, de l'impr. d'Everat, 1831, in-8 de 4 pag.

V. Procès de M. Benoist devant la cour d'assises de la Seine [audience du 20 sept.]. Paris, de l'impr. d'Everat, 1831, in-8 de 24 pag.

BENOIST [de Matougues], auteur d'une Introduction à la Grammaire populaire de H. Duru [1836, in-8].

— Testament de Robert-Macaire. Pensées, maximes de ce célèbre personnage. Paris, les marchands de nouveautés, 1840, in-8 [7 fr.].

BENOIST [Auguste], juge suppléant à Chartres; né à Saint-Étienne, le 10 février 1810.

I. Principes fondamentaux de l'économie politique, extraits de l'ouvrage ainsi intitulé, de M. Senior, professeur émérite à l'Université d'Oxford. Chartres, de l'impr. de Garnier, 1839, in-8 de 48 pag.

Cette petite brochure contient un Abrégé complet, mais très-succinct, du volume publié par M. J. Arrivabene [V. ce nom]. Paris, Ailland, 1836, in-8. Elle a été tirée à 60 exempl. non destinés au commerce.

II. Rapport de la commission du projet de dépôt de mendicité, dans l'abbaye de Bonneval, département d'Eure-et-Loir. Chartres, de l'impr. de Garnier, 1840, in-4 de 12 pag.

III. Considérations particulièrse et générales, à l'occasion du projet de dépôt de mendicité pour les départements d'Eure-et-Loir. Chartres, de l'impr. de Garnier, 1840, petit-in-8.

Tiré à 150 exemplaires.

Ces Considérations ont été imprimées d'abord dans le « Journal de Chartres ». [*Note de M. Garnier*, imprimeur, à Chartres].

BENOIST [Victor]. — Les Chiffonniers et les Balayeurs, tragédie burlesque en 1 acte et en vers. Paris, Foullon; Barba; Bezou, 1840, in-32 de 16 pag.

Huitième livraison du « Théatre burlesque. »

BENOIST DE GREZELLES [Madame]. — I. *Adélaïde Dorsay; par Mme ***. Paris, L.-G. Michaud, 1815, 3 vol. in-12 [5 fr.].

II. Recueil d'hymnes, stances et chants patriotiques dédiés au roi des Français. Paris, Barba, 1830, in-8 de 32 pag.

BENOIST DU SABLON. — Mademoiselle de la Faille, ou le Pouvoir du baiser, drame [en 7 actes et en prose]. Orléans, Garnier; et Paris, Vente, 1836, in-8.

BENOISTON DE CHATEAUNEUF [Louis-François], économiste et statisticien, né à Paris, le 25 mars 1776 d'une famille distinguée; il comptait au nombre de ses cousins-germains le brave colonel Houdard de La Motte (*), arrière neveu de l'auteur de « Inès de Castro », et frère de Mad. Sauvo, l'épouse du rédacteur principal du « Moniteur », pendant quarante ans; et encore le célèbre Dupont de Nemours. Après qu'il eût terminé ses études, M. de Châteauneuf son père, voulant le dérober aux terribles guerres de la République, et de celles qui suivirent, lui fit suivre les cours de l'École de médecine et de chirurgie militaires établie au Val-de-Grâce, à Paris, en même temps que quelques hommes qui se sont fait plus tard de solides réputations pendant les guerres de l'Empire. Ses études ter-

(*) Tué à la bataille d'Iéna, à l'âge de trente-deux ans.

minées, il fut, ainsi que ses collègues, envoyé comme chirurgien militaire aux armées. M. Benoiston de Châteauneuf n'y resta pas jusqu'à la chute du gouvernement impérial. Il revint de bonne heure à Paris, pour se livrer à ses goûts pour la littérature et les sciences. Voulant se suffire à lui-même, peu de temps après son retour, il accepta un modeste emploi au trésor public, section des pensions, qu'il occupa tant que vécut son père, et sans avoir jamais voulu accepter les avancements qu'on lui proposait et auxquels ses talents lui donnaient droit de prétendre. Nous trouvons M. Benoiston de Châteauneuf, dès 1810, s'occupant de littérature, et publiant un opuscule sur la *Guerre des Sarrazins dans les Gaules*, 1811, in-8. Quatre ans plus tard, il concourut pout le prix d'histoire de la poésie française aux XIIe, XIIIe et XIVe siècles, et obtint une mention honorable de l'Institut. En 1816, il publia le premier volume d'une *Histoire abrégée du pontificat*, et l'année suivante il prit part à le rédaction de la « Quinzaine littéraire », recueil fondé par M. Amar, l'un des conservateurs de la bibliothèque Mazarine. Vers cette époque, de fréquents rapports s'établirent entre M. Benoiston de Châteauneuf et M. Poisson, de l'Académie des sciences, qui engagea beaucoup le premier à s'occuper de travaux scientifiques. M. Benoiston de Châteauneuf, à qui son modeste emploi avait rendu la statistique familière, céda aux raisons de l'académicien, et dès-lors ses études eurent pour but l'économie publique et la statistique. Au commencement de 1819, il lut à l'Académie des sciences ses *Recherches sur les consommations de tous genres de la ville de Paris, en 1817, comparées à ce qu'elles étaient en* 1789, elles furent bientôt suivies de plusieurs mémoires, et entre autres d'un *sur l'État de la fécondité en Europe, au commencement du* XIXe *siècle*, ainsi qu'un autre *sur l'influence de certaines professions sur le développement de la phthisie pulmonaire :* ces deux derniers mémoires furent jugés dignes d'être insérés au recueil des savants étrangers de l'Académie des sciences. M. Benoiston de Châteauneuf perdit son père vers 1833; maître alors d'une fortune qui lui permettait désormais de vivre dans l'indépendance, le seul désir de toute sa vie, il donna sa démission de son modeste emploi, et ne vécut plus que pour la science. L'importance des travaux de M. Benoiston de Châteauneuf ne devait pas le faire attendre long-temps après une admission dans un corps savant; aussi fut-il élu, le 8 juin 1833, académicien libre de l'Académie des sciences morales et politiques. Depuis son élection, M. Benoiston de Châteauneuf a été chargé, par l'Académie dont il est membre, de faire, de concert avec le docteur Villermé, son collègue, trois voyages en France pour y observer les établissements publics de nos provinces, dans leurs rapports à l'économie publique et à la morale ; voyages dont il est résulté deux rapports faits à l'académie, et imprimés dans la partie historique du recueil qu'elle publie. L'un de ces voyages a eu le Poitou et les côtes de France pour objet. Dans le dernier voyage, entrepris en août 1840, ces deux académiciens ont eu pour mission d'étudier les besoins de la Bretagne. Nous connaissons de M. Benoiston de Châteauneuf :

I. *Précis historique des guerres des Sarrazins dans les Gaules; par M. B. N. C...f... Paris, impr. de Moreau, 1811, in-8 de 34 pag.

II. Essai sur la poésie et les poètes français aux XIIe, XIIIe et XIVe siècles. Paris, Moreaux, 1815, in-8 [2 fr.].

Ouvrage qui obtint une mention honorable de l'Institut.

III. Histoire abrégée du pontificat. Tom. Ier. Paris, Moreau, 1816, in-8 [5 fr.].

La publication de ce livre fut suspendue par des circonstances indépendantes de la volonté de l'auteur; le second et dernier volume est resté manuscrit entre ses mains.

IV. Recherches sur les consommations de tout genre de la ville de Paris en 1817, comparées à ce qu'elles étaient en 1789. Mémoire lu à l'Académie des sciences, dans sa séance du 11 janvier 1819. — Sec. édit. Paris, Martinet, 1821, in-8 [5 fr.]. — Sec. partie. Consommation, industrie. Paris, le même, 1821, in-8.

V. Mémoire sur la mortalité des

femmes de l'âge de 40 à 50 ans; lu à l'Académie des sciences dans la séance du 13 mai 1818. Paris, Martinet, 1822, in-8 de 32 pag.

L'auteur, dans cet opuscule, examine avec beaucoup de soin s'il est vrai que le changement de constitution que les femmes éprouvent, à cette époque de la vie, occasionne une variation sensible dans la loi de mortalité. L'auteur établit la négative par des témoignages qui paraissent irrécusables. Il paraît même qu'à cette époque, la mortalité des hommes est plus accélérée que celle des femmes. Ces conséquences s'étendent à des lieux très-éloignés, à des climats très-divers; on les observe au midi de la France, comme au nord de la Russie, et dans les régions intermédiaires. Sur le rapport de M. Fourier, ce Mémoire a été inséré dans le « Recueil des savants étrangers. » [*Revue encyclop., tom. XIX*].

VI. Considérations sur les enfants-trouvés dans les principaux états de l'Europe. Mémoire. Paris, Martinet, 1824, in-8 [5 fr.].

VII. Note lue à l'Académie royale des sciences, dans sa séance du 30 janvier 1826, sur les changements qu'ont subis les lois de la mortalité en Europe depuis un demi-siècle [1775-1825]. Paris, de l'impr. de Mme Agasse, 1826, in-8 de 10 pag.

Extrait du « Moniteur » du 6 février 1826.

VIII. De la colonisation des condamnés, et de l'avantage qu'il y aurait pour la France à adopter cette mesure. Paris, Hautecœur-Martinet, 1827, in-8 de 67 pag. [1 fr. 50 c.].

M. Ad. Gondinet qui, dans la « Revue encyclopédique » [tome XXXIII; p. 556], a rendu compte de cet écrit, termine en disant « qu'il se recommande par une foule d'observations intéressantes, présentées sous une forme élégante ». Il contient en outre quelques faits de statistique très-curieux.

IX. Durée [de la] de la vie chez le riche et chez le pauvre, mémoire communiqué à l'Académie des sciences. Paris, Gabon, 1828, in-8 de 14 pag.

Extrait des « Annales d'hygiène publique et de médecine légale ».

X. * Tableau de tous les traitements et salaires payés par l'état, d'après le budjet de 1830. Par un membre de la Société de statistique de France. Paris, Hautecœur-Martinet, 1831, in-8 de 32 pag.

XI. Mémoire sur l'état de la fécondité en Europe, au commencement du XIXe siècle.

Imprimé dans le tome III du recueil des savants étrangers de l'Académie des sciences.

XII. Mémoire sur l'influence de certaines professions sur le développement de la phthisie pulmonaire, à l'occasion d'une industrie particulière à la commune de Meusne, département de Loir-et-Cher, lu à l'Académie royale des sciences le 20 septembre 1830. Paris, de l'impr. de F. Didot, 1831, in-4 de 38 pag.

Extrait du tome V des Savants étrangers de l'Académie des sciences. Ce Mémoire a été imprimé aussi dans le tome VI des « Annales d'hygiène publique ».

XIII. Essai sur la mortalité dans l'infanterie française. Paris, de l'impr. de P. Renouard, 1833, in-8 de 80 pag., avec 4 tableaux.

Extrait du tome X des « Annales d'hygiène ». Sur la première page du tirage à part, on a mis *dans l'armée*, au lieu de *dans l'infanterie;* ce qui est une erreur, car l'auteur n'a point parlé de la mortalité dans la cavalerie.

XIV. Notes statistiques sur la France. Paris, Hautecœur-Martinet, 1834, in-18.

XV. Sur les enfants trouvés. Paris, J.-B. Baillière, janvier 1839, in-8 de 32 p.

Extrait du tome XXI des « Annales d'hygiène publique ». L'auteur composa ce mémoire à l'occasion de l'Histoire des enfants-trouvés, par MM. Terme et Montfalcon, de Lyon.

XVI. Mémoire sur la longévité des académiciens, lu à l'Academie des sciences morales et politiques.

Imprimé dans le tome III du recueil de l'Académie, au sein duquel il a été lu : ce volume n'a pas encore paru.

M. Benoiston de Châteauneuf, outre les ouvrages que nous venons de citer, est encore auteur de quelques articles qu'il a fourni à la « Quinzaine littéraire », ouvrage périodique qui n'a eu qu'une année d'existence.

BENOIT [Xavier], avocat distingué du barreau de Grenoble, auteur de brochures politiques et d'ouvrages de jurisprudence fort estimés; né à Grenoble [Isère], le 28 octobre 1797.

I * Adresse aux Français de tous les partis; par X. B., A. Grenoble, de l'imprimerie d'Allier, 1815, in-8 de 30 p.

L'Auteur n'avait que 18 ans lorsqu'il publia cette brochure. Elle fit une vive sensation dans le département de l'Isère, et la première édition fut enlevée en quelques jours. Une seconde suivit immédiatement et n'obtint pas moins de succès.

II. Influence [de l'] politique de la Restauration sur l'avenir philosophique et religieux de la France. Grenoble, de l'impr. de veuve Peyronnard, 1829, in-8 de 160 pag.

III. Traité de la dot, ou Développement des principes exposés au chapitre 3 du livre III du code civil. Grenoble, Prudhomme; et Paris, veuve Charles-Béchet, 1829, 2 vol. in-8 [15 fr.].

IV. Aux électeurs du département de l'Isère. Grenoble, de l'impr. d'Allier, 1831, in-8.

V. Traité des biens paraphernaux. Grenoble, Prudhomme; et Paris, rue des Poitevins, nº 7, 1834, 1 vol. in-8 [7 fr.].

VI. Traité du retrait successoral. Grenoble, Prudhomme; et Paris, rue des Poitevins, nº 7, 1838, 1 vol. in-8 [7 fr.]

Les journaux politiques et de jurisprudence du temps ont rendu un compte avantageux de ces trois Traités, surtout de celui de la dot. C'était justice; car ce livre est resté, sans contredit, le meilleur de tous les ouvrages publiés jusqu'à ce jour sur la matière.

M. Benoît a, en outre, fourni 40 articles environ à «l'Encyclopédie des gens du monde». Nous mentionnerons ici les principaux : *Conversation*, — *Caprice*, — *Ceinture de Vénus*, — *Ceinture de virginité*, — *Dauphiné*, — *Diamants* [parure], — *De Profundis*, — *Dilemme*, — *Dauphin*.

BENOIT [Phil.-Mart.-Narc.], officier d'état-major. [Voy. la *France littér.*, t. 1er, p. 274.]

I. Avec M. *Julia de Fontanelle* : Manuel complet du boulanger, du négociant en grains, du meunier et du constructeur de moulins. Sec. édit., entièrement refondue. Paris, Roret, 1829, in-18.— IIIe édition. Paris, le même, 1836, 2 vol. in-18, avec 2 tableaux et 13 planches [5 fr.].

Ce livre a été fait primitivement par M. A.-M. DESSABLES. [Voy. la *France littér.*, t. II, p. 535]; et c'est sous son nom qu'a paru la première édition, en 1825 ; mais il était si mal fait, que l'éditeur a chargé deux autres personnes de le refondre et de l'améliorer.

II. Guide du meunier et du constructeur de moulins, par *Olivier Evans*, avec des additions et des corrections du professeur de mécanique à l'institut de Franklin, en Pensylvanie, et la description d'un moulin en gros perfectionné par *C.* et *O. Evans* ; traduit sur la ve édition américaine. Paris, Malher; Mme Huzard, 1830, 2 vol. in-8 avec 13 planch. [10 fr.].

BENOIT [Mme M.-A.], romancière. [Voy. la *France littér.*, t. 1er, p. 274].

—Princesse [la] de Montbeillard, ou l'Habitant du Mont-Terrible. Paris, Lecointe et Durey, 1827, 4 vol. in-12 [10 fr.].

BENOIT, ancien professeur de collége royal du Mincio, etc.

— OEuvres d'*Horace*, contenant les satires, les épitres et l'art poétique, où l'on trouve d'un côté le texte original de l'auteur, suivant la construction naturelle des mots, et en regard la traduction littérale, enrichie de notes destinées à éclaircir les passages obscurs qui ont été défigurés ou mal expliqués. Paris, Lecointe et Durey, sans date [1828], in-12 [5 fr.]

BENOIT [ ]. — Cours d'orthographe pratique. Sec. édit. Paris, Moreau-Rozier, 1829, in-12. — Corrigé du Cours d'orthographe pratique. Sec. édit. Paris, Moreau-Rozier, 1829, in-12.

BENOIT [P.], vicaire de S. M.

— Manuel de chant, ou le plain-chant enseigné par principes et mis en rapport avec la musique. Dijon, de l'imp. de Douillier, 1830, in-12 [1 fr. 50 c.].

— Le même ouvrage, sous ce titre : Manuel du chant sacré, ou le plein-chant enseigné par principes et mis en rapport avec la musique. Sec. édit. Dijon, Lagier, 1840, in-12.

BENOIT [P.]. — I. Retour dans sa patrie d'un Français, prisonnier de guerre en Russie, après les cent jours ; poëme lu à l'Académie de Lyon, le 4 mai 1830; suivi de la Lyonnaise, chant patriotique, et de l'Opinion publique, ode. Lyon, de l'impr. de Rossary, 1830, in-8 de 16 pag.

II. Réponse à cette question : Quels sont les motifs qui doivent intéresser les peuples de la chrétienté à la cause des gens? Discours auquel l'Académie royale de Lyon a décerné une médaille dans sa séance publique de septembre 1827. Lyon, de l'impr. de Rossary, 1831, in-4 de 32 pag.

BENOIT C***, lyonnais.

I. Vêpres de la Liberté, ouvrage dédié à la garde nationale de Lyon. Lyon, de l'impr. de Charvin, 1831, in-8 de 12 pag. — Seconde édition. Paris, de l'impr. de Pinard, 1831, in-8 de 12 p.

II. Progrès [les] de l'esprit humain, poëme. Lyon, Mont-Louis; Paris, Tresse, 1840, in-8 de 72 pag.

BENOIT [Louis], jardinier. Pseud. Voy. **PEYTEL**.

BENOIT [Mlle Eulalie]. — I. * Valentine, ou l'Ascendant de la vertu. Paris, Gaume frères, 1837, in-18 [80 c.].

II. Cécile, la jeune Organiste. Paris, les mêmes, 1838, in-18 [80 c.].

III. *Album [l'] d'Éléonore, ou Brésil et France; par Mlle Eulalie B***. Paris, les mêmes, 1839, in-18 [80 c.].

IV. * Fils [les] de la veuve. Paris, les mêmes, 1840, in-18 [80 c.].

Ces quatre petits ouvrages font partie de la « Bibliothèque instructive et amusante », publiée par les mêmes libraires.

BENOIT [l'abbé]. — Premier Manuel de l'enfance. Paris, rue des Filles-Saint-Thomas, n° 5, 1837, in-16.

BENOITS [P.-J.] — Voyage [le] à Surinam, description des possessions néerlandaises dans la Guyane, par P.-J. Benoits, orné de cent dessins pris sur nature par l'auteur, lithographiés par Madou et Lauters. Bruxelles, Société des beaux-arts, 1839, gr. in-fol.

Ce voyage est promis en dix livraisons qui renfermeront ensemble 50 planches. Prix de chaque livraison : sur papier blanc [8 fr.], et sur papier de Chine [10 fr.]. Les deux premières livraisons avaient paru à la fin de 1839.

BÉNONI [Matthieu]. — I. Patroun prairé, vo lou Pescadou tourounen. Comédie en deux actes et en vers provençaux, mêlée de couplets. Toulon, de l'impr. de Duplessis-Ollivault, 1833, in-8.

II. Petit [le] Chaperon, ou le Seigneur écolier, ballet en un acte. Marseille, Ant. Ricard, 1821, in-8.

BENONI-DEBRUN [F.-J.], à Niort.

I. Cours de psychologie [contenant un traité de psychographie et un traité de grammaire]. Laon, Derbigny; et Paris, Nyon jeune, an IX [1801], in-12 [2 fr.].

II. Homme [de l'] et de la brute; traité des facultés qui leur sont communes et de celles qui les distinguent; suivi d'un Traité de grammaire générale, etc. Paris, 1803, in-12 [2 fr.].

III. Macarisme [le], ou Traité des moyens que l'homme doit employer pour se rendre aussi heureux que le permettent les bornes de ses facultés, et les circonstances dans lesquelles il est placé. Niort, Robin; et Paris, Ed. Legrand, 1840, in-8 de 140 pag.

BENOUD [G.]. — Code et Manuel du commissaire-priseur, ou Traité des prisées et ventes mobilières, contenant l'exposé des attributions et des fonctions de tous les officiers vendeurs [commissaires-priseurs, notaires, greffiers et huissiers], etc. Paris, d'Ocagne, 1835-36, 2 vol. in-8 [15 fr.].

BENRATH [H.-E.]. — Cours d'orthographe française, divisée en trois part. Duren, 1837, petit in-8, avec un tableau [1 fr. 35 c.].

BENTHAM [Jérémie], célèbre publiciste anglais, et le chef d'une nouvelle doctrine philosophique, l'*utilitairianisme*, n'appartient pas moins à la France qu'à l'Angleterre, tant par la publication de cinq de ses principaux ouvrages écrits dans notre langue, que par la sympathie qu'il a toujours montrée pour notre pays. Nous sommes donc justifiés en consacrant à Bentham une notice dans ce livre (*). Jérémie Bentham était né dans la rue du Lion-Rouge, à Houndsdisch, le 15 février 1749 (**). L'aïeul de Jérémie Bentham avait été attorney, et de plus clerc dans la compagnie des notaires. C'était un homme qui, sans être partisan du catholicisme romain, était très-dévoué aux Stuarts ; il avait la manie d'entasser et de cacher de grandes sommes dans divers recoins de sa maison. Le père de Bentham était aussi attorney. Jérémie fut destiné à suivre la même carrière que son aïeul et son père. Il serait étrange qu'ayant développé toute sa vie la même idée, il n'eût pas reçu dès l'enfance le germe et l'empreinte de cette idée qui devait être pour lui si féconde. Il la conçut en effet très-juste. On lui avait appris le français presque en même temps que sa langue mater-

(*) Elle est en très-grande partie extraite de celle que M. P. Leroux a donnée à « l'Encyclopédie nouvelle », t. II, p. 390 à 396, notice fort remarquable, et dans laquelle son auteur a examiné avec soin les doctrines du publiciste anglais.

(**) Tous les biographes français ne sont pas d'accord sur la date de naissance de Bentham : M. Henrion, dans son « Annuaire biographique », le fait naître à Londres, en 1745 ; M. Vivien, dans le « Dictionnaire de la conversation », en 1747 ; M. Leroux, dans la notice que nous venons de citer, le fait naître en 1748. L'opinion que nous adoptons est celle de M. John Bowring, éditeur de la « Déontologie » de cet homme célèbre.

nelle ; il arriva que vers douze ans, le livre de « l'Esprit », par Helvétius, lui tomba dans les mains. Il raconte lui-même « qu'il dévora ce fameux livre pendant les vacances ». Il semble qu'après avoir lu Helvétius, Bentham fut formé. Il n'eut jamais le goût d'une autre philosophie, et jusque dans sa vieillesse il répétait comme un enfant les absurdes jugements que les disciples de Locke, d'Helvétius et de Condillac ont portés sur les grands génies du monde, sur ceux que la voix unanime des âges proclament les créateurs et les maîtres de la science. Après avoir fait de brillantes études, Bentham fut reçu avocat; mais la faiblesse de son organe le mit dans l'impossibilité de plaider; ou plutôt, comme le dit M. John Bowring, Bentham prit de bonne heure en antipathie les avocats et la robe en général, bien qu'il fût contraint de s'appliquer lui-même à l'étude des lois. Bientôt il reconnut ou crut reconnaître que l'habileté du métier consistait à mettre aux prises les passions haineuses sous toutes les formes de la chicane, à se faire de l'égoïsme de l'homme un instrument pour extorquer son argent, à semer les doutes et les complications pour moissonner de plus riches honoraires. Ces premières impressions de sa candide jeunesse colorèrent les convictions et fortifièrent peut-être plusieurs des préjugés de son âge mur. Bentham abandonna donc une profession déshonorée par de honteux abus et préféra, comme il dit, consacrer ses veilles à les dénoncer qu'à en tirer profit. Il se voua depuis lors à l'étude avec une infatigable persévérance, dominé par deux idées fixes : la réforme des lois et leur classification. Après avoir étudié à fond les vices de la législation anglaise, il voulut connaître la jurisprudence criminelle des divers peuples de l'Europe; mais il ne pouvait l'étudier que dans la langue des diverses nations. Il apprit successivement l'italien, l'espagnol, l'allemand, le russe et le chinois. S'étant consacré tout entier à la législation, il étudia les lois en philosophe, médita long-temps sur leurs rapports avec les hommes, les mœurs et les gouvernements, et, frappé surtout de l'incohérence et de la barbarie que présentent trop souvent celles de son pays, il publia plusieurs ouvrages qui opérèrent une sorte de révolution dans l'étude des lois. Le premier de ses ouvrages parut sans nom d'auteur, en 1776, sous le titre : *A Fragment on Government, being an Examination of what is delivred on the subject in Blackstone's Commentaries*, in-8. La hardiesse des idées de l'auteur, toutes paradoxales qu'elles sont, captiva l'attention des jurisconsultes. Bentham, par cette publication, avait eu l'ambition de faire justice des opinions de Blackstone, l'orateur de la jurisprudence anglaise, et c'est effectivement une excellente critique du fameux ouvrage de celui qui, depuis 1758, professait en chaire les lois anglaises. En 1778, Bentham publia un nouvel écrit intitulé : *A View of the Hard Labor Bill*, in-8, contre les moyens proposés dans le bill qui avait été présenté dans l'année pour l'établissement des prisons pénitentiaires et des travaux forcés; et en 1780, *An Introduction to the principles of Morals and Legislation*, in-4, ouvrage dans lequel il commence à exposer ses principes réformateurs : cet ouvrage a été réimprimé en 1789 ; en 1787, parut sa *Defence of Usury, showing the Impolicy of the present legal Restraints on Pecuniary Bargains*, in-8, qui a été traduite en français par Saint-Amand Bazar. A partir de son premier ouvrage, qu'il écrivait treize ans avant notre révolution, c'est à la France, c'est à la révolution française que Bentham s'attacha; c'est là qu'il mit toutes ses espérances ; c'est à nous qu'il destina ses travaux ; c'est pour la France qu'il voulut faire son code; c'est pour elle qu'il traça d'abord le plan de son grand pénitentiaire ; c'est à elle enfin qu'il voulut consacrer son génie et sa vie. Bentham, après son début au barreau, fit des voyages à Paris, où il se lia intimement avec Brissot, dont les idées avaient du rapport avec les siennes (1). Celui-ci avait conçu le pro-

(*) Les Mémoires de Brissot, publiés il y a peu de temps [en 1832], renferment quelques détails curieux sur les habitudes et la vie de Bentham. Voici en quels termes l'ancien conventionnel y raconte l'origine de ses relations avec le publiciste anglais : « Bentham ne me » connaissait que par une injure. Dans ma » « Théorie des lois criminelles », j'avais traité

jet de se fixer à Londres pour y diriger une feuille périodique sous le titre de : « Correspondance universelle sur ce qui intéresse le bonheur de l'homme et de la société ». L'entreprise ne réussit pas; Brissot fut même arrêté pour les dettes du journal. L'intervention généreuse d'un ami qui paya tout lui rendit la liberté, et l'on supposa généralement que cet ami était Bentham. En 1790, ce publiciste fit paraître un excellent ouvrage sur la composition des tribunaux, intitulé : *Draught of a new Plan for the organization of the judicial Etablissement in France*, in-8. L'auteur l'adressa à l'Assemblée constituante : le marquis de Lansdowne en avait envoyé cent exemplaires en son nom ; à peine daigna-t-on le remercier. Le duc de La Rochefoucauld-Liancourt, qui apprécia dignement les vues philantropiques renfermées dans cet ouvrage, en avait demandé la traduction. Sieyès, qui régnait en despote aux comités de constitution et de jurisprudence, et qui ne partageait pas les vues de Bentham, peut-être parce qu'elles n'étaient pas les siennes, fit rejeter cette proposition. En 1791, parut son *Panopticon, or the Inspection House, containaing the Idea of a new Principle of Construction applicable to any place of Confinement*, 3 vol. in-12. Tout le génie de Bentham se révèle dans ce premier grand ouvrage, qui renferme la première conception du système pénitentiaire. Il s'agissait de corriger les criminels. Pour lui, les criminels sont uniquement de mauvais calculateurs; ce sont des gens qui ont une mauvaise balance. Ils changeraient si on pouvait leur en donner une meilleure; mais pour cela il faut d'abord organiser la prison. Ainsi que nous l'avons dit précédemment, un bill avait été présenté en Angleterre, vers 1778, pour l'établissement de prisons pénitentiaires et de travaux forcés. Bentham, après avoir critiqué les moyens proposés, entreprit de donner lui-même le plan d'un établissement de ce genre. Il commença donc pour ainsi dire l'œuvre de toute sa vie par une machine préparatoire qui mit les hommes criminels sous la main de sa doctrine, afin qu'on pût leur enseigner convenablement la vertu, c'est-à-dire le calcul. C'était travailler à réaliser cette maxime : « Si les méchants connaissaient tous les avantages de la vertu, ils ne seraient pas méchants. » Le pénitentiaire de Bentham avait été adopté par la commune de Paris, et il allait être mis à exécution, lorsque l'insurrection de 1792 renversa la commune et la constitution monarchique; mais sur son plan furent établies, plus tard, des maisons de détention qui, dans plusieurs états de l'Europe et aux États-Unis, ont déjà contribué si puissamment à l'amélioration morale des condamnés. Brissot, qui, vers cette époque, jouissait d'une grande influence, s'appuya des derniers ouvrages de Bentham et de quelques communications faites par le publiciste anglais à l'Assemblée législative pour faire conférer à son ami le titre de citoyen français, et de plus celui de membre d'une de nos assemblées nationales, l'Assemblée législative. Cette nomination n'eut aucun résultat sérieux. Bentham n'eut aucune influence en France; il eut à peine le temps de communiquer ses idées à quelques esprits de choix ; la révolution se précipitait; la voix de cet homme méthodique ne pouvait guère être entendue dans un tel orage. En 1792, le père de Bentham mourut. Jusqu'alors son fils avait vécu comme un jeune homme de la fortune la plus médiocre, et n'économisant que pour satisfaire sa passion dévorante, celle des livres. Le père de Jérémie Bentham avait une fortune assez considérable, en sorte que ce dernier se trouva dans une position qui lui permit de se livrer à ses études favorites, sans compter sur les ressources qui devaient en découler. A partir de cette époque, il voyagea plus activement, visita presque toute l'Europe, passa plusieurs années à Cherson, en Crimée, où son frère était au service de Russie. En 1793, il publia une *Letter to a Member of the National Conven-*

» très-légèrement une dissertation très-pro-
» fonde qu'il avait publiée sur la peine du
» travail dans les maisons de correction (ses
» *Wiew of the Hard Labor Bill*). Ayant appris
» mon adresse, il vint me décliner son nom,
» m'expliqua les motifs de son opinion : ce
» calme, ce sang-froid, me confondirent.
» Comme j'étais petit à ses yeux ! Je lui de-
» mandai son amitié, ses conseils; il me les
» promit.... »

tion, in-8; lettre fort curieuse, sur la nécessité de déclarer les colonies indépendantes. Deux ans plus tard, il fit imprimer une *Supply without Burden, or Escheat vice Taxation*, 1795, in-8. Jusque-là les ouvrages capitaux qui devaient faire à Bentham une immense réputation, n'avaient point été publiés; ils étaient pêle-mêle dans une prodigieuse quantité de notes. Le caractère de cet homme célèbre s'est toujours montré dépouillé de cet orgueil et de ces préjugés nationaux dont les Anglais sont si rarement exempts. Aussi modeste que studieux, la plupart de ses ouvrages sont restés long-temps ensevelis dans la poussière de son cabinet; ils n'auraient peut-être jamais été publiés sans le zèle d'Étienne Dumont, ami du publiciste, qui obtint à grand'peine la communication de ses nombreux manuscrits et qui se chargea d'en extraire la substance de cinq ouvrages considérables, qu'il mit en ordre, et dont il surveilla l'impression; et alors parurent successivement par les soins de ce dernier : les *Traités de législation civile et pénale*, 1801, 3 vol. in-8; la *Théorie des peines et des récompenses*, 1811, 2 vol. in-8, ouvrage conservé par l'auteur trente années en manuscrit; la *Tactique des assemblées législatives*, suivie d'un *Traité des sophismes politiques*, 1822, 2 vol. in-8; le *Traité des preuves judiciaires*, 1823, 2 v. in-8. Bentham fournit un exemple très-singulier d'indifférence littéraire; malgré la gloire que ses ouvrages lui ont acquise et les éloges unanimes de tous les journaux anglais, sa « Théorie des peines et des récompenses », ainsi que sa « Tactique des assemblées législatives », n'ont pas paru en langue anglaise, ce qui fait que le célèbre publiciste est plus connu sur le continent d'Europe et dans le Nouveau-Monde qu'en Angleterre. Dès-lors Bentham passa le reste de sa vie à défendre ses opinions. La grande idée qui domine chez lui, c'est que l'université de la jurisprudence est une chimère impraticable; que la jurisprudence de chaque peuple doit reposer sur les localités et les variétés du climat; de gouvernement de coutumes, et que la politique doit être intimement liée à la morale. Il regarde l'utilité comme la base la plus sûre de la législation, et comme le régulateur le plus certain des rapports sociaux. On s'aperçoit aisément qu'il a peu d'estime pour l'espèce humaine telle qu'elle s'est présentée à lui. Comme écrivain français, Bentham était très-obscur, et peut-être doit-il à ce défaut d'avoir pu impunément proclamer des doctrines pleines de hardiesse et propres à irriter de puissantes susceptibilités. Des amis éclairés, parmi lesquels Étienne Dumont occupe le premier rang, s'exercèrent à donner quelque clarté à ses ouvrages, et assurèrent le succès qu'ils ont obtenu. Il faut avouer cependant que leur lecture offre peu d'attraits : le style est peu correct, et souvent défiguré par un néologisme presque barbare. La théorie s'y présente dans toute sa sécheresse, et souvent de minutieux détails remplacent une exposition large et élevée. Pendant que Dumont était à l'œuvre, à préparer la publication des ouvrages qui devaient mériter à son ami une réputation durable, Bentham, de son côté, était en Angleterre, où il poursuivait sa mission de réforme qu'il avait entreprise, et à laquelle la mort seule devait mettre un terme. Ainsi parurent successivement plusieurs nouveaux écrits du publiciste, et entre autres ceux-ci : *Letters to lord Pelham, giving a Comparative View of the System of Penal colonization in New South Wales, and the Home Penitentiary System*, 1802, in-8; — *A Plea for the Constitution*, 1803, in-8; — *Scotch Reform considered, with Reference to the Plan proposed for the Regulation of the Courts and the Administration of Justice in Scotland*, 1808, in-8; — *On the Law of Evidence*, 1813; — *Swear not at all*, 1813. Bentham, qui n'a cessé d'écrire qu'à ses derniers moments, a publié ou laissé publier quelques autres ouvrages, parmi lesquels on doit surtout distinguer une *Chrestomathie*; ses *Essais sur la situation politique de l'Espagne*, etc., son livre sur l'*Organisation judiciaire et la codification*, et plus encore sa *Déontologie*. Pour se distraire de ses études sérieuses, Bentham traduisit en anglais le « Taureau blanc » de Voltaire, et sut conserver le sel et l'esprit de l'original. Ce respectable vieillard qui, ainsi que nous l'avons déjà dit, était venu à Paris dès sa jeunesse, fit un nouveau voyage, en 1825, dans notre capitale, visita les tribunaux et obtint partout les hommages dus à l'élévation de son caractère et à ses talents; il honora aussi quelquefois de sa présence les dîners mensuels des rédacteurs de la « Revue encyclopédique » que M. Julien avait fondés. Quelques personnes se rappellent avec plaisir d'avoir joui de sa présence. Ses longs cheveux blancs flottaient sur ses épaules; son regard était plein de bienveillance et d'expression; il rappelait la noble et simple attitude de Franklin. Bentham mourut à Londres le 6 juin 1832. Il put croire, avant de mourir, avoir exercé une grande influence, non sur une nation isolée, mais sur l'humanité tout entière. Il avait, en effet, eu l'honneur, que peu d'hommes ont eu, de pousser une idée à bout : psychologie, morale, politique, il a tout embrassé sous un même coup-d'œil. L'*utile* est son mot, sa réponse à tout. Oui, peu d'hommes ont exercé sur leur siècle une influence aussi durable que Jérémie Bentham. Son esprit a donné l'impulsion aux plus grands esprits de son temps. Madame de Staël disait de lui : « Il laissera son nom à une époque » : heureux le genre humain quand cette époque arrivera, époque où « le plus grand bonheur de tous » sera la base des lois et de la morale humaine. Talleyrand disait : « J'ai connu de grands guerriers, de grands hommes d'Etat, de grands écrivains; mais je n'ai connu qu'un seul grand génie, et ce génie c'est Jérémie Bentham. » Talleyrand ayant engagé Napoléon à lire la « Théorie de la morale et de la législation », l'Empereur lui dit après cette lecture : « Ce livre éclairera bien des bibliothèques. » C'était dire plus que s'il eût dit : « Il instruira bien des philosophes. »

Nous ne donnons point ici une nomenclature bien complète des ouvrages de Bentham publiés en langue anglaise, d'abord parce que nous nous éloignerions entièrement de notre plan, et qu'ensuite il existe déjà [dans le tome XXXI de la Revue encyclopédique] une bonne Notice sur les ouvrages de Bentham, que l'on peut consulter avec fruit : elle est signée T, et a pour auteur M. Taillandier, aujourd'hui conseiller à la Cour royale et député (*). Notre but, à nous, est de faire connaître ceux des ouvrages du publiciste anglais qui ont été écrits et traduits dans notre langue, et accessoirement les versions espagnoles imprimées en France.

Éditions et Traductions françaises des ouvrages de Bentham.

I. Défense de l'usure, ou Lettres sur les inconvénients des lois qui fixent le taux de l'intérêt de l'argent; par *Jérémie Bentham*. Traduit de l'anglais sur la quatrième édition; suivi d'un Mémoire sur les prêts d'argent, par *Turgot*, et précédée d'une Introduction contenant une dissertation sur le prêt à intérêt. Paris, Malher et Ce, 1827, in-8.

La première édition de la « Defence of Usury » est de 1787. La traduction de cet ouvrage est de M. Saint-Amand Bazard.

— Defensa de la usura, o Cartas sobre los inconvenientes de las leyes que fijan la tara del interes del dinero, por *Jeremias Bentham*, con una Memoria sobre los prestados de dinero, por *Turgot*; traducidas del francès por *J. E.* [*Joaquin Eseriche*]. Paris, en casa del Editor, 1828, in-12.

II. Esquisse d'un ouvrage en faveur des pauvres; trad. de l'angl. par *Ad. Duquesnoy*. Paris, Agasse, 1802, in-8 [5 fr.].

III. Traité de la législation civile et pénale, extrait des manuscrits de l'auteur par *Ét. Dumont*. Genève, et Paris, 1802, 3 v. in-8. — Sec. édit. Paris, Bossange frères, 1820, 3 vol. in-8 [18 fr.].

M. J.-B. Huet a rendu compte de cet ouvrage dans la « Revue encyclopédique », tome XV, pages 499 et suivantes.

— Tratado de legislacion civil y penal, traducida al castellano, con commentarios por *Ramon Salas*. Paris, Masson e hijo, 1823, 8 vol. in-18 [30 fr.].

— Compendio de los Tratados de legislacion civil y penal de Jeremias Bentham, con notas, por don *J. E.* [*Joaquin Eseriche*]. Paris, boulevard St-Martin, no 3, 1828, 2 vol. in-18.

IV. Théorie des peines et des récompenses, extraite des manuscrits de l'au-

(*) M. Parisot, dans son article Bentham, du Supplément à la « Biographie universelle », a donné aussi une liste des ouvrages et opuscules de ce savant; ils sont au nombre de trente-huit.

teur par *Et. Dumont*. Genève, et Paris, 1812, 2 vol. in-8. — IIIe édit. Paris, Bossange frères, 1826, 2 vol. in-8 [14 fr.].

— Teoria de las penas y de las recompensas. Paris, impr. de Smith, 1825; o Paris, Masson e hijo, 1826, 4 vol. in-18 [14 fr.].

V. Tactique des assemblées législatives, suivies d'un Traité des sophismes politiques. Ouvrages extraits des manuscrits de l'auteur par *Ét. Dumont*. Genève, 1816, 2 vol. in-8. — Sec. édit. Paris, Bossange père; Bossange frères, 1822, 2 vol. in-8 [12 fr.].

M. Avenel a rendu compte de cet ouvrage, en deux articles, dans la « Revue encyclopédique », tomes XVII et XIX.

— Tactica de las asambleas legislativas, y Tratado de los sofismas politicos; trad. del francès. Paris, impr. de Smith, 1824, 2 vol. in-18 [8 fr.].

VI. Traité des preuves judiciaires, ouvrage extrait des manuscrits de l'auteur par *Ét. Dumont*. Paris, Bossange frères, 1823, 2 vol. in-8 [14 fr.].

M. J.-C.-L. de Sismondi a rendu compte de cet ouvrage dans le tome XIX de la « Revue encyclopédique ».

— Tractado de las pruebas judiciales, obra extractada de los manuscritos de J. Bentham, escrita en francès por Estevan Dumont, y trad. al castellano. Paris, Bossange hermanos, 1825, 4 vol. in-18 [14 fr.]. — Otra edicion, traducida de la segunda edicion, revista e aumentada por don *J.-L. de Bustamente*. Paris, H. Bossange, 1839, 4 vol. in-18 [16 fr.].

VII. Essai sur la nomenclature et la classification des principales branches d'art et de sciences ; ouvrage extrait de la « Chrestomathie » de Jér. Bentham. Paris, Bossange frères, 1823, in-8 [5 fr.].

VIII. Essais sur la situation politique de l'Espagne, sur la constitution et le nouveau code espagnol, sur la constitution du Portugal, etc., traduit de l'angl. de *Jér. Bentham* [par M. *Phil. Chasles*] ; précédés d'Observations sur la révolution de la Péninsule et sur l'histoire du gouvernement représentatif en Europe, et suivi d'une traduction nouvelle de la constitution des cortès. Paris, Brissot-Thivars, 1823, in-8 [6 fr.].

IX. De l'Organisation judiciaire et de la codification, extraits de divers ouvrages de Jérémie Bentham, par *Et. Dumont*. Paris, H. Bossange, 1828, in-8 [8 fr.].

— De la Organizacion judicial y de la codificacion, extractados de diversas obras de Jeremias Bentham, por Etienne Dumont, traducida al español por *D. J. L. de B.* [don *José Lopez de Bustamente*]. Paris, H. Bossange ; H. Seguin, 1828, 2 vol. in-18.

Saint-Amand Bazard, que nous avons cité précédemment pour la traduction du N° I, a fourni à divers recueils des articles sur des ouvrages de Bentham : ainsi l'on trouve, dans le tome XXXI de la « Revue encyclopédique », pages 626 et suiv., un compte-rendu de l'ouvrage, intitulé : « De la Codification et de l'Instruction », publié en anglais. [Londres, 1827].

Les ouvrages de Bentham, publiés en français par Ét. Dumont, ne sont point, comme on pourrait le penser, traduits de l'anglais. La modestie d'Ét. Dumont ne lui a pas permis de prendre un autre titre que celui d'éditeur; mais il fut bien de fait le rédacteur des cinq ouvrages de législation et de jurisprudence portant le nom de Bentham, cités dans cet article ; c'est sur une quantité de notes volantes prises par le célèbre jurisconsulte anglais, qu'Ét. Dumont les a rédigés.

Ces diverses traductions françaises des ouvrages de Bentham ont été réimprimées à Bruxelles, sous le titre d'*Œuvres*, en 3 vol. in-8, à deux colonnes [1829].

X. Jérémie Bentham à ses concitoyens de France sur les chambres des pairs et des sénats, traduit de l'anglais par *C. L.* [*Charles Lefèvre*]. Paris, Bossange, 1831, in-8 de 68 pag.

Un préliminaire est signé Félix Bodin.

XI. Déontologie, ou la Science de la morale. Ouvrage posthume de Jérémie Bentham, revu, mis en ordre et publié par John Bowring ; traduit sur le manuscrit par *Benjamin Laroche*. Paris, Charpentier, 1834, 2 vol. in-8 [15 fr.].

Un grand mouvement de réforme intellectuelle a signalé la dernière moitié du XVIIIe siècle. Aucun des philosophes qui ont coopéré à cette grande tâche n'y a mis plus de persévérance, plus d'ardeur et plus de dévouement courageux que Bentham. L'âge n'avait ni ralenti ses efforts ni suspendu ses travaux. A quatre-vingt-quatre ans, son esprit avait conservé toute sa jeunesse ; son âme toute sa vigueur. C'était un noble débris de l'intelligence du dernier siècle, que le temps semblait avoir oublié dans sa marche. A voir ce beau front de vieillard, cet œil assuré, on eût cru retrouver Franklin, avec qui Bentham eut en effet plus d'un point de ressemblance. Il avait la netteté des vues du diplomate américain, sa simplicité, sa vigueur intellectuelle, son regard perçant, son ardent amour de la liberté, son zèle courageux pour la réforme des abus ; mais Bentham avait une âme plus large, plus expansive, plus dévorée du désir d'être utile aux hommes. Il n'avait point son patriotisme exclusif, ses préjugés républicains; car la république peut avoir ses préjugés comme la monarchie. Les principes de Bentham peuvent se résumer par un seul mot : « l'utilité! » C'est la devise qu'il avait inscrite sur sa bannière, et à laquelle il essayait de rallier tous les hommes, individus et peuples. Dans sa *Déontologie*, dont la publication est due au zèle pieux de son exécuteur testamentaire, M. Bowring, le principe de l'utilité est admirablement reproduit et rendu familier à tous les esprits; mais cet ouvrage constate un dernier progrès dans les derniers progrès de ce grand légiste. Les objections dont le système utilitaire avait été injustement l'objet tombent d'elles-mêmes devant cette exposition nouvelle d'une doctrine jusqu'à ce jour mal comprise. Nous appelons, sur la *Déontologie* de Bentham, l'attention de tous ceux qu'intéresse la solution du plus grand des problèmes, celui qui a pour objet la réalisation de ce que Bentham appelait « le plus grand bonheur du plus grand nombre. »

[*Revue de Paris*, mai 1834, p. 66.]

— Deontologia, o Ciencia de la moral, obra postuma de *Jeremias Bentham;* revisada y ordenada por M. *J. Bowring*. Traducida al español por *D. P. P.* [don *Pascual Perez*]. Paris, Gouas, 1839, 3 vol. in-18 [12 fr.].

Contrefaçon: L'édition originale de cette traduction a été imprimée en Espagne.

XII. Catéchisme de la réforme électorale; trad. de l'angl. par *Elias Regnault*; précédé d'une Lettre à Timon [M. de Cormenin] sur l'état actuel de la démocratie en Angleterre. Paris, Pagnerre, 1839, in-32 [1 fr. 25 c.].

On a voulu plusieurs fois faire paraître une édition complète de Bentham. Peu de temps avant sa mort, M. de Talleyrand, qui a dans tous les temps professé pour lui la plus haute admiration, lui offrit de faire cette édition à Paris, et en français. Ces honorables propositions ne furent jamais acceptées. On espère cependant que les nombreux manuscrits de Bentham, confiés aujourd'hui à des mains habiles, ne seront pas perdu pour la science. Ses principaux ouvrages inédits sont : un *Code constitutionnel*, travail de toute sa vie, et dont il s'occupait encore au moment de sa mort; un *Traité sur les mathématiques*.

BENTZ [L.] — I. Exposition du système de F. Kant. Saint-Dié, l'Auteur; Nanci et Lunéville, les principaux libraires, 1832, in-8.

Cet ouvrage devait paraître en six livraisons; nous ignorons s'il en a paru plus que la première, in-8 de 20 pag.

II. Tableaux élémentaires de la langue latine, suivis d'exercices latins et français sur les conjugaisons. Saint-Dié, l'Auteur, 1832, in-4 de 56 pag. [1 fr. 30 c.].

III. Exercices grammaticaux, à l'usage des écoles primaires. Nanci, Dard; Saint-Dié, l'Auteur, 1833, in-18. — IVe édit. Nanci, le même, 1839, in-18 [30 c.].

IV. Premiers éléments d'arithmétique, suivis de problèmes raisonnés en forme d'anecdotes. Sec. édit., revue et corrigée. Paris, Hachette; Nanci, Vidart et Jullien, 1834, in-12 [1 fr.]. — IVe édit. Paris, Hachette; Poilleux, 1837, in-12.

V. Maître Paul. Traité sommaire des devoirs de l'instituteur, ou Leçons de pédagogie. Tulle, Drappeau, 1835, in-18.

VI. Eléments raisonnés et pratiques de la grammaire française. Tulle, l'Auteur; Drappeau frères, 1837, in-8.

VII. Eléments abrégés de la grammaire française, à l'usage des écoles. Paris, Delloye, 1838, in-12.

BENTZ [F.-H.]. — Lettre historique d'un catholique-français à ses frères les catholiques-romains. Paris, l'Auteur, 1835, in-8 de 32 pag.

BENVENUTI [A.]. — Essai sur la lithotritie. Mémoire présenté à l'Institut [Académie des sciences], le 4 février 1833. Paris, Just Rouvier, 1833, in-8 de 40 pag. [1 fr. 50 c.].

BÉQUET [Étienne], littérateur et critique, un des hommes de ce temps-ci qui ont eu le plus d'esprit, naquit à Paris vers 1800. Il appartenait à une famille riche et considérée. Son père, exact et correct, n'épargna rien pour lui aplanir toutes les voies qui mènent aux honneurs. Béquet fit ses études à l'un des quatre colléges royaux de la capitale. Sorti du collége, on peut le dire, tout couvert de lauriers, la plus belle carrière s'ouvrait devant les pas de ce jeune homme. Béquet fut reconnu dès lors pour un de ces esprits d'élite sur lesquels la France nouvelle fondait à bon droit les plus grandes espérances. Il eut un grand nom universitaire à l'instant même où l'Université, dégagée de son appareil guerrier, allait redevenir la fille aînée des rois de France. On voulut d'abord faire étudier les lois à Béquet; mais là se présenta une difficulté insurmontable : cet esprit si net ne put rien comprendre à ces formules toutes nouvelles, à cette science inconnue. D'ailleurs Voltaire, J.-J. Rousseau, Diderot lui-même s'étaient emparés de cette jeune tête, non pas de cette façon volcanique qui jette d'abord feu et flamme, et qui s'apaise bientôt sous le souffle desséchant de la réalité, mais de cette façon bien autrement dangereuse à l'usage des esprits droits, nets, fermes, logiques, et qui se méfient de l'enthousiasme, comme on se méfie du mensonge. De pareils hommes, une fois dominés par une idée qu'ils ont bien considérée sous toutes ses faces, ne s'en dessaisissent jamais. C'est ainsi que toute sa vie Béquet a lu Voltaire, et de Voltaire il lisait surtout la correspondance; et c'est là surtout qu'il a puisé cette grâce parfaite, cette élégance, cette urbanité, ce goût excellent, ce style limpide auxquels on ne saurait rien comparer. Ainsi armé, il renonça bientôt à l'étude des lois, et il fut admis sans peine au « Journal des Débats. » Pour apprendre le grand art de la critique quotidienne, Étienne Béquet ne pouvait arriver dans un temps plus opportun. Tous les hommes qui ont fondé la critique en France, ces brillants héritiers de Fréron, Geoffroy, Dussault, Hoffman, Duviquet vivaient, c'est-à-dire écrivaient encore. Ils tendirent une main bienveillante et fraternelle à ce jeune lauréat qui venait pour continuer leur œuvre. Le voilà donc tout de suite lancé dans la vie littéraire. Il a fait ses premières armes au bas du « Journal des Débats », où il avait pris pour initiale la lettre R., peu jaloux d'avoir un nom à lui, lui qui devait faire tant de renommées nouvelles. Béquet a fait pendant quinze ans un feuilleton hebdomadaire de critique pour ce journal. Son insouciant abandon, sa grâce parfaite, son tact exquis, ce merveilleux talent qu'il avait de tout dire sans offenser personne, ce besoin qu'il avait de parler toujours plutôt des morts que des vivants, ce profond sentiment des convenances qui ne l'abandonna jamais, le mirent à l'abri des rudes épreuves de cette force nouvelle qu'on appelle le journal. Il évita avec le même bonheur les questions formidables de ce qu'on appelait, de son temps, l'école nouvelle; il se retira pour laisser passer ce nuage gros de rien, et quand ce nuage fut passé, il se mit à sourire doucement; il avait horreur de ces émeutes grammaticales, de ces conjurations contre Boileau, de ces exclamations furibondes contre Corneille ou Racine; toute nouveauté un peu cherchée lui causait le plus profond dégoût, et il évitait d'en parler comme on évite de toucher un serpent. Plus d'une fois les novateurs, par mille flatteries intéressées, voulurent l'attirer tout au moins sur les limites de leur camp; mais il s'y laissait traîner avec une répugnance marquée, puis il revenait bien vite à son point de départ. Aussi bien, après ces premières tentatives, le laissa-t-on en repos. Ne pouvant violenter la conscience de ce critique indomptable, on s'en passa, et lui il ne fut jamais plus heureux que de se voir en dehors de ces questions « palpitantes d'actualité ! » Resté en arrière de toutes ces questions qu'il devait débattre, s'il s'est retranché dans son mépris et dans son silence au jour de grandes batailles, ce n'est pas à dire que Béquet ait laissé passer toujours ainsi les nouveau-venus dans l'arène. Cet homme, qui était si peu ardent quand il fallait combattre, il était admirable quand il fallait servir. Tout comme il s'est enfui devant les envahisseurs éphémères de l'art moderne, il a été au-devant de tous les nouveau-venus qui lui rappelaient de près ou de loin cette belle forme et cette belle langue à laquelle il était dévoué. Presque seul il a combattu pour M. Casimir Delavigne, quand le poète était abandonné de tous. Le premier il a applaudi à la comédie de M. Scribe qu'il trouvait ingénieuse et, c'était son expression, « suffisamment écrite ». Même le « prospectus » des œuvres de M. Scribe, c'est Béquet qui l'a écrit, et nous ne croyons pas que dans sa vie, il ait jamais donné à personne une plus grande preuve de dévouement. Pour ce qui regarde les artistes, il avait des opinions non moins arrêtées. Il avait été l'ami de Talma, il était resté l'ami de Mlle Mars. Hors de ces deux grands talents, l'honneur de notre scène, il ne reconnaissait pas de talent. Cette nature outrée et violente, introduite au théâtre comme la conséquence inévitable de tous les désordres poétiques, lui causait un invincible effroi. Il ne comprenait pas, tout en reconnaissant leur mérite, les comédiens qui se prenaient au collet les uns les autres. et qui mouraient en hurlant dans une mare sanglante, comme les bœufs à l'abattoir. Quant aux pauvres diables à la suite, il disait souvent : — Laissons-les vivre ! n'en parlons pas ! Ils sont as-assez à plaindre ! Le silence protége comme il tue. Nous sommes encore trop heureux qu'ils ne soient pas bossus ! Quelquefois, après avoir écrit pendant six mois sa critique hebdomadaire, il abandonnait brusquement la besogne, et, sans prévenir personne, il allait dans quelque maison des champs éloignée de la ville, et il se replongeait avec délices dans cette paresseuse contemplation des modèles qui était sa vie. Il n'était jamais si heureux que lorsqu'il était caché dans quelque château d'emprunt, à Bardy, par exemple, l'hiver avec un livre de son choix ou bien avec le premier livre qui lui tombait sous la main ; c'était en un mot un de ces rêveurs de sang-froid qui vivent par eux-mêmes et qui se suffisent des mois entiers. Quelquefois, quand l'oisiveté était trop grande, alors il se mettait à traduire quelques-uns de ces vieux auteurs. C'est ainsi qu'il avait commencé à traduire Lucien, et même il a publié quelque chose de sa traduction (*). Et certes, s'il y eut jamais des hommes bien accouplés l'un à l'autre, c'était celui-ci et celui-là. C'était en effet, de part et d'autre, la même ironie cachée, le même sang-froid dans l'esprit, la même modération dans le sarcasme, nés l'un et l'autre dans un siècle agité, peu littéraire, en proie au doute et qui repassait lentement toutes ses croyances, procédant l'un et l'autre, par la plus fine raillerie, se moquant beaucoup des dieux, un peu des hommes, et au demeurant s'inquiétant peu du sort de leur moquerie. En effet que leur importe ? Ils savent très-bien qu'ils ne changeront pas le monde, et enfin ils ne donneraient pas *çà !* pour le changer. Quoique exclusivement chargé du feuilleton littéraire du « Journal des Débats », Béquet abordait quelquefois la politique, et toujours avec un grand talent ; mais il fallait qu'il parvînt à briser les langes où sa rare intelligence et sa volonté étaient retenues. Un seul exemple à l'appui de cette assertion. C'était au mois d'août 1829, à la fin de la monarchie de Charles X ; toutes choses se précipitaient à une conclusion fatale. Étienne Béquet, plein de tristesse, arrive au « Journal des Débats », apportant, lui aussi, sa page éloquente et prévoyante pour les malheurs qui allaient venir. Ce morceau de politique excellent, dont toutes les prophéties se sont réalisées, se terminait par cette phrase terrible : « Malheureuse France ! malheureux Roi ! » A cette parole solennelle, la France sembla se lever comme un seul homme, Ainsi se levèrent les courtisans de Versailles quand Bossuet s'écria : « Madame se meurt ! Madame est morte ! » A cette prophétie terrible, partie d'un cœur honnête et dévoué, d'une âme convaincue, d'un esprit éclairé, d'une voix ferme, le ministère s'arrête et tremble ; il fait au « Journal des Débats » ce mémorable procès qui fut son avant-dernière défaite. Ce fut alors seulement qu'on apprit quelle main invisible avait écrit ce terrible : « Manè — Tekel — Pharès » ! Béquet, sans prévenir personne, fut se dénoncer lui-même au procureur du roi. Celui-ci dut être bien étonné quand il vit entrer dans son prétoire ce Mirabeau si tranquille et si calme ; mais le ministère n'en voulait pas à l'écrivain : il s'attaquait plus haut, il s'attaquait au journal. Le ministère succomba dans ce procès. Cependant Béquet s'en allait, répétant comme Cicéron : *Totam Græciam conturbavi;* il se consolait de tout, et même de n'être pas en prison, avec une citation latine. Bientôt après, la prophétie fut cruellement accomplie ; le « Malheureux Roi ! » fut répété par l'Europe consternée. Ceci soit dit à la louange d'Étienne Béquet : il a formulé le dernier anathème de cette révolution qui s'avançait ; il a trouvé le mot qui résume le mieux ce règne d'un moment dévoré de toutes parts ; il a écrit la première ligne de la révolution de juillet. — Oui, lui-même, Béquet, un enfant du feuilleton du « Journal des Débats ! » Que pensez-vous qu'il ait fait ensuite ? Quand sa prophétie se fut ac-

(*) *Histoire véritable de Lucien*, déjà traduite précédemment par Belin de Ballu. La traduction de Béquet, imprimée à la suite de la « Luciade, ou l'Ane de Lucius de Patras », de P.-L. Courier, forme le XIIe volume de la « Collection des romans grecs », éditée par le libraire Merlin. J. M. Q.

complie, l'a-t-on vu se mêler à la foule des vainqueurs? S'est-il fait une place bien haute parmi les places vides? A-t-il marché vers cette puissance nouvelle à laquelle il avait donné un de ces grands coups de mains irrésistibles? Non! il s'est effacé pour laisser passer les nouveau-venus. Partout autour de lui se réveillaient les compagnons de ses belles années; ceux qui partageaient naguère son oisiveté lettrée, heureux et fiers de leurs destinées nouvelles, se disposaient çà et là pour être enfin le pouvoir à leur tour. Ils lui disaient : — Viens avec nous, Étienne, fais comme moi, me voilà professeur dans ma chaire, me voilà préfet, me voilà général, me voilà conseiller d'État, me voilà ministre, fais comme nous, lève-toi et marche. Mais lui il restait assis, appuyé sur son coude, murmurant une ode d'Horace et les voyant tous partir d'un œil serein pour leurs destinées nouvelles. Et dans cette fièvre de toutes ces têtes puissantes, de tous ces esprits généreux, de tous ces cœurs oisifs il n'eut pas un instant d'ambition, pas un seul; il dit adieu aux amis de sa jeunesse sans vanité, mais non pas sans tristesse. Et que de fois, les voyant ainsi occupés loin de lui, entendant proclamer leurs louanges comme hommes d'action, se prit-il à s'écrier tout bas — que cette révolution de juillet lui avait gâté ses amis, qu'elle les lui avait enlevés, et que lui seul il était resté sage, fidèle à ces passions qu'ils avaient en commun, qu'il prenait maintenant pour lui tout seul — et qu'enfin il pardonnait à tous. Lorsque commença le siècle des romans sanglans, des nouvelles terribles, des drames effrénés, Béquet voulut écrire un roman, lui aussi, et par un beau jour de printemps il se mit à l'œuvre non sans avoir longtemps médité. Il écrivait très-lentement, ne laissant rien au hasard, n'abandonnant jamais à elle-même sa phrase commencée, mais au contraire la tenant serrée de très-près, et lui laissant justement assez de liberté et d'espace pour qu'elle allât au but qu'il désignait. C'était un habile artiste qui savait à fond toutes les ressources de la vieille langue et qui eût rougi de se servir des artifices modernes. Il écrivit donc sa Nouvelle lentement, posément, évitant certains effets que d'autres eussent été heureux de trouver; s'efforçant d'être simple avant tout, et restant calme même au milieu des désespoirs qu'il racontait. Il ne lui fallut pas moins d'un mois pour écrire ce chef-d'œuvre intitulé : *Marie, ou le Mouchoir bleu*. Mais aussi, quand parurent ces quinze pages d'un style si excellent, ce fut un ravissement universel (*). On était si peu fait à cette narration élégante, sans apprêts, à cette forme si simple, à cet art de tout dire sans trivialité et sans emphase! D'un autre côté, ce petit drame était si simple! Un pauvre soldat suisse qui vole un mouchoir pour Marie, sa fiancée, et que la loi militaire met à mort, et qui envoie à Marie ce mouchoir qu'il a baisé : voilà tout ce petit drame. Point de déclamations contre la rigueur des lois militaires, point de reproches amers à propos de la « servitude militaire ». L'écrivain raconte ce qui s'est passé au coin d'un bois, et à peine laisse-t-il entrevoir ce qu'il a au fond de l'âme. A ce touchant récit qu'on dirait écrit par un témoin oculaire, les larmes arrivent d'elles-mêmes et sans violence; et, par ce temps-là d'effroyables excès dramatiques, vous pensez si ces larmes paraissaient douces! Le *Mouchoir bleu* courut toute la France, toute l'Europe; la France apprit ainsi, et seulement alors, qu'elle possédait un grand écrivain inconnu qui s'appelait Étienne Béquet. Ce petit récit eut presque autant de succès que « Paul et Virginie ». Malheureusement il était impossible d'en faire un volume, et il a passé comme une chose éphémère : c'était pourtant un chef-d'œuvre; les plus grands maîtres en l'art d'écrire en furent ravis. On se souvient d'avoir entendu M. Villemain en réciter plusieurs passages qu'il savait par cœur, et certes ce n'est pas pour un écrivain un honneur médiocre que d'avoir une place dans la mémoire de M. Villemain. Qui le croirait cependant? le grand succès de sa Nouvelle, et cette renommée qui lui arrivait ainsi à son insu, loin d'encourager Étienne Béquet, sembla l'effarou-

(*) Cette nouvelle a paru dans la « Revue de Paris », numéro du mois d'octobre 1829 : elle a été reproduite dans le tome VII du « Salmigondis ». J. M. Q.

cher, au contraire. Il avait vu de si près les vanités du renom littéraire, qu'il avait pris la renommée en pitié. S'il la tolérait dans les autres, il n'en voulait pas pour lui-même; il fuyait l'éclat, le bruit, le grand jour; pour signer une page qu'il avait écrite, il lui en coûtait plus même que pour l'écrire. Il disait souvent qu'il ne comprenait pas que les hommes eussent cette rage de tant lire et de tant écrire, surtout quand on avait devant soi le dix-septième et le dix-huitième siècle. Il prétendait que « Gil Blas » et « Don Quichotte » devaient suffire aux plus intrépides lecteurs de romans; Molière et Corneille aux plus hardis amateurs de théâtre; Racine à ceux qui ont besoin de poésie; Voltaire à quiconque vit par l'esprit et par le doute. Aussi, la plupart du temps écrivait-il sans plaisir, jamais sans conscience. Pour remplir tout-à-fait sa tâche, la passion lui manquait, il remettait toujours à demain les affaires frivoles, car il ne voyait pas tout ce qu'il y a de sérieux, même parmi les frivolités de la presse. Ainsi a-t-il écrit pendant quinze ans, ne demandant jamais qu'un prétexte pour ne pas écrire. Et si vous saviez, hélas! comment il le trouvait ce triste prétexte et par quels malheureux sophismes il trouvait moyen de paralyser cet esprit si net, ce bon sens si droit, cette haute raison, que vous auriez pitié de la pauvre espèce humaine et de ces malheureux grands esprits que brise le choc d'un verre à demi-plein. En 1831, Béquet donna néanmoins une seconde Nouvelle à la « Revue de Paris, l'*Abbaye de Maubuisson* (*), qui fut lue avec non moins de plaisir que *Marie*. En 1835, une lassitude précoce et qui était sans remède, saisit Béquet, et alors il abandonna la littérature et le « Journal des Débats ». Après avoir ainsi vécu autant qu'il pouvait vivre loin du monde littéraire et loin du monde politique, il fut tout d'un coup saisi d'une immense envie de s'en retirer tout-à-fait. Son père était mort; il alla s'établir dans un des plus tristes villages parisiens, dans une maison froide et triste, au bord d'une mare fangeuse, avec quelques vieux livres et une servante presqu'aussi vieille, et une fois là, malgré toutes les prières de ses amis, on ne put plus l'en tirer; une fois là aussi, il ne voulut plus rien écrire. Ce feuilleton, qu'il avait fait si bien, passa, à sa prière expresse, en d'autres mains qui n'auraient pas mieux demandé que de le lui rendre; la vue seule d'un encrier et d'une plume lui faisaient le même effet que l'eau sur les hydrophobes. A dater de ce triste jour, il vécut seul, tout seul; il relut les chefs-d'œuvre épars dans sa chambre sans tapis. Il s'abandonna obscurément à cette passion qui a inspiré tant de beaux vers, trop de beaux vers que Béquet a pris au sérieux, malheureuse passion qui a détruit si vite, hélas! une des plus belles intelligences de ce temps-ci, qui a emporté tout ce talent, tout cet esprit, toute cette bonté, tout ce style! Et cependant ses amis le pleuraient. Béquet succomba (*) le 28 septembre 1838, dans la maison de santé du docteur Blanche, après une maladie de lenteur qui dura près de trois mois. Ses restes furent transportés à Bessancourt, dans la vallée de Montmorency, et ils furent inhumés dans la petite église de ce village, à côté de ceux de son père. J. J. (**).

BÉQUET (André-Ernest), l'un des deux frères du précédent, naquit à Paris le 4 novembre 1802. Il fit ses études au même collége que son frère Étienne, et avec non moins de distinction. Ainsi que ce dernier, il s'adonna aussi au journalisme, et compta au nombre des rédacteurs du « National ». En 1832, M. Ern. Béquet publia dans la « Revue des Deux-Mondes », sous le titre de *Froissart*, une appréciation littéraire d'un des princes de l'histoire de France. M. Ern. Béquet a cessé, il y a environ quinze mois, de participer à la

(*) Dont M. J. Janin n'a point parlé dans sa notice. Elle a été insérée d'abord au tome XXVI de la Revue citée, et au tome VII du « Salmigondis ». J. M. Q.

(*) Victime, à ce qu'il paraît, d'un vice trop répandu parmi nos écrivains du jour, quoi qu'on en dise : l'intempérance. J. M. Q.

(**) Cette Notice est celle que M. Jules JANIN a consacré à son ami dans le « Journal des Débats », du 1er octobre 1838, le lendemain du jour où les dépouilles de Béquet furent confiées à la terre. Cette Notice remplit douze colonnes du feuilleton; mais nous avons été obligé, à notre grand regret, d'en réduire ici la proportion. J. M. Q.

rédaction du « National », pour aller prendre la direction d'un journal belge.

BER [F.-J.]. — I. Cours théorique et pratique de la tenue des livres en partie double; suivi d'un Recueil de lettres commerciales et d'un Traité sur le change, d'après les meilleurs auteurs. Paris, Sautelet; Audin, 1827, in-12.

II. Méthode Jacotot. Langue allemande. La mort d'Abel, par *Gessner,* avec deux traductions, libre et littérale, du premier chant, à l'usage des élèves de l'enseignement universel de l'une et l'autre nation. Metz, les principaux libraires, 1830, in-12 [2 fr.].

III. Leçons élémentaires pratiques et théoriques de la langue française et de son orthographe. Metz, de l'impr. de Dosquet, 1835, in-4 de 64 pag.

BER aîné [François]. — Manuel populaire, ou Notions utiles et curieuses, recueillies par Fr. Ber aîné. Coulommiers, de l'impr. de Brodard, 1833, in-12 de 24 pag. — Lyon, de l'impr. de Boursy, 1835, in-12 de 24 pag.

BÉRAL [P.-J.], pharmacien.

— Nomenclature et classification pharmaceutiques, accompagnées d'une nouvelle méthode de formules, et d'un grand nombre de formules rédigées d'après cette méthode; avec des tableaux représentant d'autres nomenclatures et classifications pharmaceutiques. Paris, l'Auteur, 1830, in-4, avec 2 tabl. [12 fr.].

BÉRANGER [Pierre-Jean de], poète lyrique national. On pourrait trouver dans les chansons de Béranger toute la biographie de leur auteur. Il est peu de poètes qui se soient mieux peints dans leurs écrits que notre célèbre chansonnier, car il a marqué les différentes phases de son existence par des couplets qui dureront plus longtemps que des médailles de bronze. M. de Béranger est né à Paris, le 17 août 1780. Dans une de ces chansons intitulées le « Tailleur et la Fée », le poète donne lui-même la date de sa naissance; puis, plus loin, il nomme les premières professions qu'il exerça dans sa jeunesse.

« Dans ce Paris plein d'or et de misère,
En l'an du Christ mil sept cent quatre-vingt,
Chez un tailleur, mon pauvre et vieux grand-père,
Moi, nouveau-né, sachez ce qu'il m'advint, etc. »

Le très-modeste tailleur demeurait dans la rue Montorgueil. C'est encore le poète qui, dans cette chanson fort piquante, nous apprend qu'il ne doit le *de* précédant son nom à aucun titre chevaleresque. M. de Béranger lui a acquis une illustration moins équivoque. A l'âge de neuf ans, le jeune de Béranger fut confié aux soins d'une tante paternelle, aubergiste à Péronne. Trop jeune alors pour apprendre un métier, on fit suivre à cet enfant les cours de l'institut patriotique qu'avait fondé, dans cette ville, Ballue de Bellanglize, ancien député à l'Assemblée législative. Dans cet institut, établi d'après le système d'enseignement et d'éducation exposé par Jean-Jacques Rousseau, dans son « Émile », les enfants apprenaient à délibérer, à faire des harangues et des motions; ils prononçaient des discours à chaque événement public; ils écrivaient au citoyen Robespierre ou au citoyen Tallien. Le jeune de Béranger était l'un des orateurs les plus influents de ce club de bambins. Ses succès oratoires l'ayant même fait juger capable d'apprendre la profession de compositeur-typographe, il fut mis en apprentissage chez un imprimeur de Péronne, M. Lesne, dont il reçut des leçons de langue et d'orthographe françaises, et des leçons de versification. Bientôt le jeune apprenti ne se contenta pas de composer les productions des autres, et, à peine âgé de douze ans, il essaya déjà de rimer, tant bien que mal, toutes les idées qui fermentaient dans sa tête. Les premières chansons de notre illustre chansonnier, au nombre de vingt-cinq à trente, furent imprimées, de 1794 à 1797, dans un recueil lyrique annuel, intitulé la « Guirlande de fleurs », recueil assez goûté du public, et qui avait pour éditeur un homme que le métier de *livrier* n'a pas rendu heureux, Yv. Cousin, d'Avalon (*) [voy. ce nom]; ces chan-

(*) M. de Béranger n'oublia point plus tard l'espèce de protection que lui avait accordé Cousin, d'Avalon, car nous avons souvent entendu dire à ce dernier que dans ses moments d'excessive gêne, et ils étaient fréquents, la bourse du chansonnier n'était jamais vide pour lui.

sons n'ont point été réimprimées dans les recueils publiés par l'auteur lui-même, parce que, sans doute, il les a trouvées trop faibles. A l'âge de dix-sept ans, M. de Béranger revint à Paris, où il se livra tout entier à la composition de poésies pastorales et de poésies religieuses. Mais, en 1797, l'époque était peu poétique, et pendant plusieurs années même tous les premiers efforts de M. de Béranger, pour se faire connaître dans la carrière littéraire, furent complètement stériles. Dans la touchante dédicace adressée par M. de Béranger au prince Lucien Bonaparte, en tête de son dernier recueil, on apprend comment la France fut dotée d'un grand poète. « En 1803, privé de ressour-» ces, las d'espérances déçues, versifiant » sans but et sans encouragement, sans » instruction et sans conseils, j'eus l'i-» dée (et combien d'idées semblables » étaient restées sans résultats) ! j'eus » l'idée de mettre sous enveloppe mes » informes poésies, et de les adresser » par la poste au frère du premier con-» sul, M. Lucien Bonaparte.— Pauvre, » inconnu, je n'osais compter sur le » succès d'une démarche que personne » n'appuyait. Mais le troisième jour, ô » joie indicible! M. Lucien m'appelle » auprès de lui, s'informe de ma posi-» tion qu'il adoucit bientôt, me parle » en poète, et me prodigue des encou-» ragements et des conseils. Malheu-» reusement, il est forcé de s'éloigner » de la France. J'allais me croire ou-» blié, lorsque je reçois de Rome une » procuration pour toucher le traite-» ment de l'Institut, dont M. Lucien » était membre. » Quelques mois plus tard, pendant l'exil de son généreux protecteur, M. de Béranger, ne suivant que l'inspiration de son cœur et de sa reconnaissance, voulut faire paraître son premier ouvrage avec une dédicace adressée au prince Lucien; mais la censure impériale s'y opposa, et le jeune poète, qui aurait aussi été obligé de supprimer plusieurs pièces de vers dans lesquelles il exprimait toute sa gratitude envers Lucien, aima mieux faire le sacrifice de son recueil entier. Du reste, ce recueil n'a jamais vu le jour depuis : il ne contenait que des poésies pastorales. Pendant deux ans, en 1805 et 1806, M. de Béranger fut employé à la rédaction des « Annales du musée », éditées par Landon. En 1809, grâce à la bienveillante recommandation d'Arnault, de l'Institut, il obtint une modique place de commis-expéditionnaire au secrétariat de l'Université qui venait d'être réorganisée. Cette modique place, qui lui rapportait douze cents francs, est la seule que M. de Béranger ait jamais voulu accepter. Elle ne l'empêcha pas de continuer à chanter la grisette et la table, et à fronder les ridicules d'alors. Jusqu'en mai 1813, M. de Béranger n'avait pas osé railler le gouvernement. Son admiration enthousiaste et constante pour le génie de l'Empereur ne l'aveuglèrent cependant pas sur le despotisme toujours croissant de l'Empire ; aussi lança-t-il contre le chef de l'état sa première chanson politique, le *Roi d'Yvetot*, « censure aussi vive que » généreuse et gaie du conquérant qui » donnait alors des lois à l'Europe. » Seul, au milieu de cette Europe qui » se taisait devant un autre Cyrus ou » un autre Alexandre, un simple chan-» sonnier, commis dans un bureau du » gouvernement, osa faire la critique » du prince guerrier. La nation entière » applaudit à la plaisanterie charmante » et philosophique du « Roi d'Yvetot ». » Le vainqueur de Darius, dans un pre-» mier accès d'emportement, aurait pu » envoyer aux carrières le poète capable » d'une telle témérité; Napoléon lui-» même se prit plus d'une fois à fre-» donner la naïve satire; mais il ne » profita pas de la leçon qu'elle » contenait. C'est par la chanson du » « Roi d'Yvetot » que la France fit » connaissance avec M. de Béranger (*). » Dans la même année 1813, notre poète fut reçu membre du Caveau moderne, si bien surnommé l'Académie du plaisir par M. Étienne. M. de Béranger y paya, ainsi que ses confrères, son écot en chansons : elles furent imprimées, pour la plupart, dans le recueil publié annuellement par cette Société. Pendant les cent-jours, on offrit à M. de Béranger les fonctions de censeur : les émoluments considérables attachés à cet emploi ne cachèrent point aux yeux de notre chansonnier ce qu'il a d'infamant, et il refusa : sa place de commis-expédi-

(*) F.-P. Tissot, Notice sur Béranger.

tionnaire à douze cents francs était plus honorable. M. de Béranger chansonnait toujours, mais ces chansons étaient éparses dans divers recueils lyriques, d'autres n'étaient connues qu'en manuscrit; il prit le parti de les rassembler, et à la fin de 1815, il fit paraître un volume sous le titre de *Chansons morales et autres*, in-18. Comme il ne contenait rien qui ne fût connu du public, l'Université ne crut pas devoir sévir alors contre son expéditionnaire, mais elle l'engagea toutefois à ne point recommencer, attendu qu'on serait, à regret, contraint de sacrifier une autrefois et Gaudriole, et Bacchante, et Frétillon au décorum universitaire. Le retour des Bourbons, en 1814, ou pour mieux dire de l'ancien régime, vint fournir à notre chansonnier matière à bon nombre de satires qui, imprimées séparément et clandestinement, circulaient dans les ateliers et dans les sociétés chantantes et politiques des premières années de la Restauration. Les désastres de nos armées lui fournirent aussi le sujet d'admirables élégies nationales, toutes empreintes d'un grand patriotisme et aussi de quelque peu de bonapartisme. Notre poète n'était cependant pas grand partisan des tyrannies de l'Empire. Mais quand il vit le lion renversé, insulté par ceux-là même qui rampaient à ses pieds, les vicissitudes de cette grande destinée émurent son âme ; une sorte d'intérêt poétique s'empara de lui, et il répandit des larmes sur les malheurs de l'homme qui, pendant sa puissance, n'avait obtenu de lui qu'une satire [le « Roi d'Yvetot »]. Le public, qui ne connaît de M. de Béranger que des chansons, ne se doute pas de la variété des travaux de cet écrivain; il est peu de genres que M. de Béranger n'ait cultivé en secret, et le théâtre a été long temps et est encore peut-être aujourd'hui la pensée de ses plus beaux rêves ; aussi a-t-il composé, en 1816, en société avec MM. Moreau et Wafflard, une pièce politique intitulée *les Caméléons*, comédie-vaudeville en un acte. Notre poète ne voulut point se faire connaître comme principal auteur de cette pièce, pas même comme y ayant eu part. Nous pensons que cette pièce de théâtre est la seule qu'il ait fait jouer. La tournure de son esprit le portait davantage vers la chanson, et son amour de l'indépendance ne pouvait guère se prêter aux exigences d'une censure préventive: M. de Béranger l'a dit : « Je suis chansonnier. Fronder les abus, les vices, » les ridicules, faire chérir la tolérance, » la véritable charité, la liberté, la patrie, voilà ma mission. » C'est à cette haute mission qu'il se consacra tout entier; il l'accomplit avec une ardeur et un dévouement admirables. En 1821, il fit paraître un nouveau recueil de chansons, en 2 vol. in-18, ou pour mieux dire une réimpression des premières, augmentées d'un nouveau volume. Elles eurent un succès immense; mais la congrégation, qui préludait alors aux triomphes qu'elle a depuis obtenus, fut scandalisée, et vociféra contre l'Anacréon de la vieille gloire française. Le 27 octobre de cette même année 1821, il fut dénoncé par le « Drapeau blanc » dont le rédacteur gourmanda vertement la police qu'il accusait de complicité, et lui reprochait de ne point sévir contre le chansonnier. « S'il n'y a point eu connivence, disait le charitable rédacteur (Martainville, ancien comédien, et auteur de *Grivoisiana*, livre le plus ordurier qui soit au monde), s'il n'y a pas eu connivence, on ne peut du moins s'empêcher de remarquer l'étrange irréflexion de l'autorité répressive. » Après une telle dénonciation, la police fut contrainte de poursuivre, et le surlendemain, 29 octobre, la saisie des chansons fut pratiquée. La police en saisit quatre exemplaires sur les dix mille qui en avaient été imprimés. De son côté, l'Université destitua le satirique, bien qu'il n'y eût encore contre lui que prévention de criminalité. Traduit devant la cour d'assises de la Seine, le chansonnier patriote, malgré une défense très-spirituelle de M. Dupin aîné, fut, sur le réquisitoire de l'avocat-général Marchangy, condamné, le 8 décembre 1825, à trois mois de prison et 500 fr. d'amende, comme coupable d'outrage à la morale publique et religieuse, et l'on interdit aux journaux la publication de ce procès : on leur permit seulement de publier l'acte d'accusation. La presse libérale se souleva contre une semblable illégalité. Quant à M. Dupin, peu content de la suppression de son plaidoyer, et de n'avoir fait de l'esprit qu'entre les quatre murs d'un tribunal, il publia, de concert avec les libraires Baudouin, le « Procès des chansons de Béranger », en réimprimant textuellement les sept chansons condamnées. De là, colère du parquet, nouvelles poursuites, dont M. de Béranger fut renvoyé absous. Il est bon de dire que l'avis au lecteur impartial qui se trouve en tête de ce procès des chansons de M. de Béranger, et dans lequel on le fait parler à la première personne, n'est pas de lui, mais de M. Dupin. Malgré le châtiment, un peu sévère, qui lui avait été infligé, le chansonnier n'en continua pas moins son rôle de frondeur ; il fit paraître, en 1825, un troisième recueil de ses chansons. Celui-ci n'encourut aucunement les récriminations du parquet, grâce au soin qu'avait pris l'auteur de faire imprimer clandestinement les chansons qui auraient pu blesser les susceptibités de la police. Un nouveau recueil de chansons inédites, publié en 1828, ne fut pas aussi heureux : il fut poursuivi. Railler les révérends pères, les enfants de Loyola, c'était provoquer grandement le courroux de la prêtraille. Aussi, la « Gazette de France », ce journal d'une charité si chrétienne, et qui défend avec tant d'ardeur et de dévouement l'Église, le trône, le ciel et la morale publique, dénonça le « rimeur impie, le sale écrivain » qu'elle jugeait « digne de triompher à Bicêtre ». C'est dans l'article de la « Gazette » qu'il faut lire les expressions dégoûtantes dont elle se sert pour rendre exécrable l'auteur de ces poésies charmantes qui font les délices des ateliers, des salons et des chaumières ; c'est à cet article, intitulé « Bicêtre, la chaîne des forçats, Béranger », que nous renvoyons le lecteur. Et cependant ! ce journal avait écrit, le 12 novembre 1821, lors de la première persécution des chansons de notre illustre barde : « Les véritables conspirateurs ne rient jamais ; aimable et douce opposition qui s'évapore en flons flons, en brochures, en plaisanteries plus ou moins ingénieuses, les gouvernements n'en ont rien à redouter ; c'est avec d'autres armes qu'on les ébranle. » Les jésuites n'étaient point encore à cette époque les maîtres du gouvernement. Signalées à l'animadversion publique, signalées à la police, les chansons inédites de 1828 furent poursuivies. Défendu par Me Barthe, qui, malgré un plaidoyer tout plein de dignité et de chaleur, ne put le sauver, M. de Béranger, sur le réquisitoire éloquent et modéré de l'avocat-général Champanhet, fut condamné, le 15 octobre 1828, à neuf mois de prison et 10,000 francs d'amende, pour outrage à la morale publique et religieuse, et à la dignité royale. La France paya l'amende à l'aide d'une souscription ouverte chez deux amis du poète, MM. Bérard et Jacques Laffitte. Cette dernière persécution ne complétait pas la série des tribulations réservées à notre aimable poëte : un autre allait bientôt l'atteindre. M. de Béranger avait concédé aux libraires Baudouin frères le privilége d'exploiter pendant cinq ans la propriété de ses chansons édites et inédites. Six mille francs par an pendant ces cinq années avaient été alloués à l'auteur pour cette propriété. Trois ans avant l'expiration du privilége, à la fin de 1829, les frères Baudouin firent de mauvaises affaires, et furent dans l'impossibilité de remplir les engagements contractés avec l'auteur des chansons. C'était dix-huit mille francs que perdait le poëte. Cette fâcheuse circonstance contrista singulièrement M. de Béranger, car là étaient toutes les économies de sa vie, et sa seule ressource pour ses vieux jours. Le désespoir de M. de Béranger toucha vivement l'un de ses amis, le meilleur des citoyens, le plus excellent homme, M. Jacques Laffitte qui, pour rendre à son ami sa tranquillité perdue, résolut d'user envers lui d'une généreuse supercherie, comme le seul moyen de venir à son aide. Un jour, d'après les instructions qu'il avait reçues de M. Laffitte, le chef honorable d'une maison de librairie de Paris, M. Hector Bossange, se présenta au poète comme désirant se mettre au lieu et place des frères Baudouin pour l'exploitation de ses ouvrages et aux mêmes conditions (*). Grande fut alors la joie

(*) Par conventions secrètes entre M. Laffitte et le libraire, le premier garantissait le dernier de toutes pertes provenant de tous marchés ou de l'exploitation à laquelle ils devaient donner lieu. M. Laffitte voulait encore

de M. de Béranger ; la planche de salut ne pouvait s'offrir plus à propos ! Mais au milieu des pourparlers qu'entraînèrent cette négociation, l'idée naquit au poète que l'officieux libraire pouvait bien n'être que l'intermédiaire d'un ami généreux, et sur le champ tout fut rompu! De semblables traits d'une aussi exquise délicatesse tant de la part de M. Laffitte que de celle de M. de Béranger parlent assez d'eux mêmes pour n'avoir pas besoin de commentaire. M. de Beranger, qui n'avait cessé de guerroyer contre les abus, contre les vices et les ridicules des hommes de la Restauration, crut sa mission terminée en juillet 1830, et renonça dès lors à cette lutte d'opposition qu'il soutenait avec tant de courage et de persévérance depuis quinze ans. Néanmoins, il publia, en 1831, deux *Chants patriotiques en faveur de la malheureuse Pologne*, et des couplets à ses *Amis devenus ministres*; puis, en 1833, un recueil de *Chansons nouvelles et dernières*, dédiées à Lucien Bonaparte. En renonçant à la chanson, M. de Béranger n'a pas renoncé à travailler pour le public. Il s'occupe aujourd'hui d'un ouvrage historique qui semble devoir piquer vivement la curiosité. « Je veux faire, dit-il dans la préface de ses œuvres » [1834], un *Dictionnaire historique*, » ou, sous chaque nom des notabilités » politiques et littéraires jeunes ou » vieilles, viendront se classer mes » nombreux souvenirs et les jugements » que je me permettrai de porter ou que » j'emprunterai aux autorités compétentes ». Cet ouvrage ne doit être publié qu'après la mort de l'auteur.

Une longue dissertation, pour prouver le mérite littéraire de chacune des chansons de M. de Béranger, serait ici superflue, parce que plusieurs écrivains l'ont fait avant nous et mieux que nous ne pourrions le faire (*). Nous nous bornerons à dire, en général, que les chansons de M. de Béranger ont été louées comme elles le méritaient. Les critiques en ont vanté l'élégance et la versification. M. de Béranger est pourtant plus qu'un élégant versificateur : c'est un orateur éloquent. S'il n'a pas étudié la rhétorique ni dans Aristote, ni dans Cicéron (*), ni dans Batteux, il n'en possède pas moins le secret de parler à l'esprit et au cœur, d'instruire et d'émouvoir. Ce n'est point en racontant les méfaits, les vices et les ridicules des gouvernants qu'il nous les fait haïr et mépriser ; c'est en les faisant parler eux-mêmes, c'est en les faisant agir, en leur faisant dire leurs intentions, leurs souhaits, le but auquel ils tendent, les abus, les exactions dont ils vivent ; c'est en nous en montrant victimes, ou exposés à en être victimes, que le poète nous remplit d'affliction, de honte et de colère, et qu'il a entretenu dans nos cœurs ce fervent amour de la liberté qui renversa les Bourbons. Pourquoi, en prêchant aux prolétaires, nous voulons dire aux travailleurs, la fraternité et le patriotisme, M. de Béranger ne leur a-t-il pas inspiré aussi le désir, l'ambition de s'élever par une conduite régulière, par l'amour du travail, l'amour de la famille et de l'humanité. En déifiant la grisette n'aurait-il pas contribué autant que l'abolition du divorce à propager le concubinage, cette plaie

---

que tous les bénéfices au-delà des six mille francs soient destinés au poète, « me réser» vant, dit cet homme généreux, dans une » pièce que nous avons lue, dans le cas où » mon ami Béranger viendrait à décéder, » de disposer du profit, s'il y en a, et sans » avoir de compte à rendre, soit en faveur de » sa famille, soit en faveur des pauvres. » [Février 1830.]

(*) Notre principal but a été de faire connaître la vie de notre illustre chansonnier mieux qu'elle ne l'a été jusqu'ici. Nous renvoyons nos lecteurs, pour des appréciations littéraires des diverses compositions du poète, aux ouvrages suivants : *Notice sur P.-J. de Béranger*, et *Essai sur ses poésies*, par M. P.-F. Tissot, de l'Académie française, imprimé à la tête des chansons du poète, édition de 1829, et dans le tome V du « Dictionnaire de la conversation » ; — *Notice littéraire sur M. de Béranger*, par Mad. H. Allart de Thérase, imprimée, en 1833, dans dans le tome XLVIII de la « Revue de Paris » ; — *Béranger*, par M. Léon de la Sicotière. [Alençon, 1840, in-8 de 32 pages] ; — et quelques biographies récentes telles que celle des « Hommes du jour », par MM. G. Sarrut et B. Saint-Edme ; la « Galerie de la presse » ; la « Galerie populaire des contemporains illustres », par un homme de rien [in-18, 10e livr.], et quelques autres.

(*) M. de Béranger a toujours affirmé qu'il ne savait pas les langues classiques. On ne peut guère douter de ce que dit un homme de ce caractère ; cependant, ajoute M. Tissot, dans sa notice sur notre poète, après avoir lu un certain nombre de ses belles chansons, qui respirent tout le parfum de la poésie antique,

des grandes villes? Mais ce n'est pas par ses chansons de table, par ses chansons érotiques, par ses exhortations aux plaisirs, à la débauche (*) que M. de Béranger s'est acquis une gloire impérissable, c'est par ses élégies nationales, par ses chants patriotiques et ses nombreuses satires politiques. Si l'on rangeait ces dernières suivant l'ordre chronologique des circonstances qui les ont motivées, on aurait la plus piquante histoire de la Restauration qu'il fût possible d'écrire. A notre opinion personnelle sur les chansons de M. de Béranger, nous en ajouterons une autre d'un bien plus grand poids que celle d'un bibliographe. Voici comment M. de Jouy, dans son «Essai sur la poésie légère», caractérise les ouvrages de M. de Béranger, qui, suivant Benjamin Constant, «fait des odes sublimes en ne croyant faire que des chansons» : «Un poète doué de la » grâce et de la finesse d'Horace, d'un » esprit à la fois philosophique et sati» rique, d'une âme vive et tendre, d'un » caractère qui sympathisant avec tou» tes les gloires, avec tous les maux de » son pays, s'assied, la lyre en main, » sur le tombeau des braves et fait ré» péter, à la France en deuil, les plain» tes harmonieuses qu'il exhale dans » des chants sans rivaux et sans modè» les. J'ai nommé Béranger. Poète na» tional, il a créé parmi nous ce genre » de chansons, et s'est fait une gloire à » part dans toutes les autres. Par un » talent, ou plutôt par un charme qu'il » a seul possédé, il a su rassembler, » dans des poëmes (*) lyriques de la » plus petite proportion, la grâce an» tique et la saillie moderne, la poé» sie philosophique et le trait de l'é» pigramme, la gaieté la plus vive et la » sensibilité la plus profonde; en un » mot, tout ce que l'on a de plus raf» finé, et tout ce que la nature a de plus » aimable. » Quoique M. de Béranger » eût chanté :

« Oui, chanson, muse, ma fille,
J'ai déclaré net,
Qu'avec Charles et sa famille
On te détrônait. »

dans sa chanson à ses amis devenus ministres, il promettait de chanter les bienfaits de la liberté. «Je vais chanter » ses bienfaits dans la rue », disait-il; le patriote n'a pas tenu parole. La muse de M. de Béranger est plus monarchique que républicaine, car personne, en 1830, ne s'éleva plus que lui contre le gouvernement républicain, c'est-à-dire un gouvernement populaire, qu'il déclarait impossible et dangereux. [Voyez les «Souvenirs de la révolution de 1830, par M. Bérard. » 1830, p. 117.] Nous terminerons cette notice par une appréciation du caractère de M. de Béranger; nous l'empruntons à la «Galerie de la presse (**)»: elle nous a paru très-vraie :

« Si Béranger est remarquable par l'élévation de son génie, il l'est encore plus peut-être par l'élévation de son

---

on éprouve bien de la peine à se défendre de l'incrédulité. Mais si M. de Béranger n'a lu ni Homère, ni Virgile, ni Horace et leurs pareils dans leur propre idiôme, il n'en a pas moins fait de ces auteurs une étude approfondie, qui éclate par ses jugements sur eux, et surtout par sa manière de composer et d'écrire.

(*) « Il serait à souhaiter, dit M. Tissot, malgré la verve et la poésie dont elles brillent, que certaines chansons, empreintes d'une liberté vraiment cynique, ne figurassent pas parmi les belles et morales compositions de Béranger ; du moins faudrait-il qu'elles fussent imprimées à part. Purgé de cet alliage qui en altère la pureté, le recueil de Béranger serait mis impunément entre les mains de la jeunesse, à laquelle un écrivain doit tant de respect. Nous avons entendu plusieurs amis de la personne et de la gloire de Béranger, exprimer ce vœu. » — Ce sont aussi ces chansons licencieuses qui ont déterminé un homme aussi recommandable par sa science et son esprit que par sa conscience, M. le baron Massias, à porter sur M. de Béranger, dans son « Mouvement des idées dans les quatre derniers siècles, etc. » [1837, in-8] le jugement que voici : « Béranger : Tyrtée de l'esprit français, qui le mène, non aux combats, mais à la joie, au rire, aux festins, à la folie insouciante, et qui trop souvent méconnait dans le peuple la dignité de l'homme, et ne respecte pas assez sa muse, *Phœbo digna locuti*. Ses plus belles chansons, je voulais dire odes, sont celles peut-être dans lesquelles il n'a pas blessé la morale. »

(*) Cette dénomination est si juste, que plusieurs des chansons de M. de Béranger ont servi de thèmes à des pièces jouées au théâtre du Palais-Royal; telles sont celles-ci entre autres : les *Chansons de Béranger*, le *Tailleur et la Fée*, la *Marquise de Prétintaille*, le *Marquis de Carabas, etc.* Pannard et Collé, les maîtres avant M. de Béranger dans la gaie science, n'ont jamais obtenu, pour leurs chansons, l'honneur d'être mises en action.

(**) L'article Béranger de ce recueil est de M. L. Huard [de l'île Bourbon], qui a eu le talent de dire beaucoup de choses en peu de mots. Nous l'avons copié ici plus d'une fois.

caractère. La conduite de notre grand poète ne s'est pas démentie depuis trente ans, et, dans un siècle de corruption générale, Béranger est toujours resté un simple chansonnier, pauvre et indépendant, ne flattant que les vaincus, n'acceptant aucune des places que ses amis, devenus puissants, voulaient lui offrir; refusant d'ouvrir à la fortune quand elle vient frapper à sa porte, et vivant au milieu de Paris comme un philosophe de Rome ou de Sparte. Si Béranger avait tenu de sa famille un héritage de deux mille francs de rente, jamais il n'eût spéculé sur le produit de ses ouvrages; il n'est personne au monde à qui il répugne plus qu'à Béranger de faire, de la poésie, métier et marchandise. La preuve en est qu'aujourd'hui notre chansonnier se contente bien modestement du mince revenu que lui ont valu ses trois recueils. N'ayant que tout juste ce qu'il faut pour vivre, il dédaigne d'en gagner davantage, et pourtant les libraires achèteraient à prix d'or quelques feuilles couvertes de l'écriture du célèbre poète. Long-temps on a cru dans le public que Béranger avait accepté les offres généreuses de plusieurs personnages très-riches, et entre autres de M. Laffitte; mais il n'en est rien, et Béranger, sauf le traitement que lui fit Lucien pendant quelques années, n'a vécu que de ses modiques appointements de commis au ministère de l'Instruction publique, ou des modiques revenus que lui ont valu ses travaux littéraires. Lors des condamnations que le chansonnier éprouva sous la Restauration, on fit des souscriptions pour payer les amendes; mais on ne peut pas nommer cela des secours, puisque, pendant que les souscripteurs payaient quelques pièces de cinq francs, Béranger lui-même payait de sa personne dans les prisons de la Force et de Sainte-Pélagie. Béranger, après avoir habité assez long-temps un petit logement dans la rue de la Tour d'Auvergne, s'était retiré dans une petite chambre à Passy, moitié par mesure d'économie et moitié pour échapper aux importuns de Paris. Depuis deux ans, l'ermite-chansonnier, dont la mélancolie semble s'augmenter chaque jour, est allé se réfugier d'abord à Fontainebleau, puis enfin au fond de la Touraine, où il se trouve actuellement. C'est à Tours, dans une des plus modestes maisons de la rue Chanoineau que Béranger travaille en silence au vaste ouvrage qui contiendra son appréciation sur les hommes et sur les événements qui se sont succédé en France depuis trente ans. Quelque impatience que le public ait à connaître cet ouvrage, on doit désirer que son apparition soit aussi reculée que possible, car il ne verra le jour qu'après la mort de l'auteur. Les historiens futurs pourront puiser hardiment à cette source précieuse, parce qu'ils seront certains que le jugement laissé par Béranger aura été rendu par la conscience d'un honnête homme. »

OUVRAGES DE P.-J. DE BÉRANGER.

I. Chansons morales et autres, par P.-J. de Béranger, convive du Caveau moderne, avec gravures et musique. Paris, Eymery, 1815, in-18.

II. Avec MM. *Moreau* et *Wafflard*: les Caméléons, com.-vaud. en un acte et en prose. Paris, Mme Masson, 1816, in-8.

M. de Béranger n'est pas nommé sur la pièce.

III. Chansons par J.-P. de Béranger. Paris, les marchands de nouveautés, 1811, 2 vol. in-18.

Cette édition renferme les chansons morales et autres imprimées en 1815, un grand nombre de chansons qui depuis cette époque [1815] avaient été publiées dans divers almanachs chantants, et quelques chansons inédites. Elle devint l'objet des poursuites du ministère public, et l'auteur fut condamné à trois mois de prison et à 500 fr. d'amende. Le compte-rendu de ce procès se trouve dans un petit volume intitulé : *Procès fait aux chansons de P.-J. de Béranger*, avec le réquisitoire de M. Marchangy, le plaidoyer de Me Dupin, l'arrêt de renvoi et autres pièces. [Paris, les marchands de nouv., 1821, in-18]. Ce petit volume, publié par M. Dupin, et où l'on avait réimprimé textuellement les chansons condamnées, fut aussi poursuivi; mais M. de Béranger qui, d'après l'introduction, en semblait être l'éditeur, fut renvoyé absous, ainsi que l'imprimeur Baudouin. On publia également la relation de ce nouveau procès; elle est intitulée : *Procès fait à MM. de Béranger et Baudouin*, prévenus, l'un comme éditeur, l'autre comme imprimeur, d'avoir publié textuellement et dans son entier l'arrêt de la chambre du 27 novembre 1821, qui renvoie M. de Béranger devant la cour d'assises, comme auteur des chansons relatées dans ledit arrêt. [Paris, de l'impr. de Baudouin, 1821, in-18].

Malgré la surveillance de la police, plusieurs éditions subreptices furent imprimées sous la Restauration, soit à Bruxelles, soit à Paris.

IV. Chansons nouvelles, par P.-J. de Béranger. Paris, les marchands de nouveautés, 1825, in-18.

— Chansons de P.-J. de Béranger. Nouv. édit. Paris, Baudouin frères, 1826, in-18.

Cette édition est une reproduction de celle de 1821, moins les chansons condamnées. Elle formait alors avec le volume des chansons nouvelles [1825], et un petit cahier gravé des sept chansons condamnées, la totalité des chansons, publiées en recueils, par l'auteur lui-même.

— Chansons [anciennes et nouvelles] de P.-J. de Béranger. Paris, Baudouin frères, 1827, in-32, avec fig.

— Les mêmes. Paris, les mêmes libraires, 1827, 4 vol. in-32, et un cahier de fig.

Ces deux éditions se complétaient à l'aide d'un cahier gravé des sept chansons condamnées, et de quelques chansons érotiques.

V. Souvenirs [les] du peuple. [Dialogue lyrique]. Paris, Baudouin frères, 1827, in-8.

VI. Chansons inédites, par P.-J. de Béranger. Paris, Baudouin frères, 1828, in-18.

— Les mêmes, suivies des procès. Paris, les mêmes libraires, 1828, in-32.

Ces Chansons inédites furent encore poursuivies, et l'auteur condamné à neuf mois de prison et 10,000 fr. d'amende.

— Chansons de P.-J. de Béranger, anciennes, nouvelles et inédites, avec des vignettes de Devéria et des dessins coloriés d'Henry Monnier ; suivies des procès intentés à l'auteur. Paris, Baudouin frères, 1828, 2 vol. in-8 [30 fr.].

Cette édition fut publiée en dix livraisons.

— Chansons de P.-J. de Béranger, précédées d'une Notice sur l'auteur et d'un Essai sur ses poésies, par *P.-F. Tissot*. Paris, Baudouin frères ; et rue Neuve-des-Mathurins, nº 34, 1829, 3 vol. in-18 [15 fr.] ; — ou Paris, rue Neuve-des-Mathurins ; — ou encore avec des titres au nom de Guillaumin, 1830, 2 vol. in-32.

VII. Poniatowski. Hâtons-nous. Chansons dédiées au général Lafayette, premier grenadier de la garde nationale polonaise ; suivies du 14 Juillet 1829, et des couplets : A mes amis devenus ministres. Paris, rue Taranne, nº 12 ; Perrotin ; Guillaumin, 1831, in-8 de 24 pag. [1 fr. 25 c.].

Chansons inédites. Cette brochure contient : 1º une dédicace au général Lafayette, signée Béranger ; 2º Poniatowski, en six couplets ; 3º Notice sur Poniatswski, par Léonard Chodzko ; 4º Hâtons-nous, en six couplets ; 5º le 14 Juillet 1829, en six couplets ; 6º A mes amis devenus ministres, en six couplets. Cette dernière chanson a été imprimée à part dans la même année in-16 de 4 pag.

— Chansons [première partie, deuxième partie et supplément]. Paris, Perrotin ; Guillaumin, 1832, in-18 [8 fr.].

On retrouve dans cette édition et les suivantes les six pièces que nous venons d'indiquer.

VIII. Chansons nouvelles et dernières, dédiées à M. Lucien Bonaparte. Paris, Perrotin, 1833, in-18 [5 fr.]. — Les mêmes. Paris, Perrotin, 1833, in-8 [7 fr. 50 c.]. — Les mêmes. Paris, Perrotin, 1833, in-32 [2 fr.].

IX. OEuvres complètes. Édition revue par l'auteur. Paris, Perrotin, 1833, 3 vol. in-18 [15 fr.].

— Les mêmes. Paris, Perrotin, 1834, 5 vol. in-8 dont un de supplément, avec 104 gravures.

Le supplément renferme les chansons défendues. On a fait imprimer pour cette édition, et suivant les procédés de la typographie, la « Musique des chansons de Béranger. » Paris, Perrotin ; Savaresse, in-8. Il existait déjà depuis 1827 un recueil gravé de la musique des chansons de Béranger, publié par M. Savaresse.

— Les mêmes. Edition illustrée, contenant 120 sujets nouveaux gravés sur bois, d'après les dessins de J.-J. Grandville, par les premiers artistes de France et d'Angleterre, un portrait et un fac-simile. Paris, Fournier, 1835-36, 3 vol. in-8. — Nouv. édit. Paris, le même, 1839, 3 vol. in-8 [25 fr.]. — Paris, Fournier, 1840, gr. in-8, avec 120 gravures par Grandville [15 fr.].

— Les mêmes. Édition diamant. Paris, Fournier, 1839, in-32 [3 fr. 50 c.].

Outre un assez grand nombre de contrefaçons, les Chansons de M. de Béranger ont été traduites dans presque toutes les langues de l'Europe ; six ont été traduites en anglais, en 1831, par Mme Elisabeth Collins. Une traduction complète en vers allemands a paru à Stuttgart, chez Schweizerbath, en 1832, 2 vol. in-12, sous le nom emprunté de *Metromanus*.

BÉRANGER [Charles], ouvrier horloger.

I. Pétition d'un prolétaire à la chambre des députés. Paris, de l'impr. d'Éverat, 1831, in-8 de 16 pag.

II. Suicide [le]. [En vers.] Paris, de

l'impr. de Grégoire, 1834, in-8 de 8 pages.

BÉRARD aîné [ ], négociant à Pont-Lieue, près du Mans, membre de la Société royale des arts et de celle d'agriculture de cette dernière ville, l'un des rédacteurs des « Annales de l'industrie française et étrangère.

I. Influence [de l'] réciproque du commerce et de l'agriculture sur la prosperité des empires, et celle des gouvernements sur la prospérité de l'une et de l'autre; en deux discours lus à la Société royale des arts du Mans. Paris, Alex. Johanneau, 1816, in-4 de 32 pag.

II. Réfutation des systèmes de Strabon, de ses commentateurs, enfin de celui de Buffon, sur la formation de la mer Méditerranée, lue à la Société royale des arts, au Mans, le 14 décembre 1814. Le Mans, 1816, in-4 de 7 pag.

III. Mémoires sur l'origine des arbres, des plantes, des légumes et des fleurs étrangères, acclimatés en France, lus aux deux séances publiques du 17 avril 1832 et du 27 décembre 1827 de la Société d'agriculture du Mans. Paris, de l'impr. de Gaultier-Laguionie, 1828, in-8 de 20 pag.

IV. Projet de banques départementales, adressé à la chambre des députés et à celle des pairs. Paris, de l'impr. de Gaultier-Laguionie, 1828, in-4 de 12 pag.

V. De l'impôt sur le sel, ou Rapport fait au nom de la Société d'agriculture du Mans et du conseil d'agriculture, près la préfecture de la Sarthe, sur les inconvénients et les avantages du mode actuel de l'impôt sur le sel, et sur les moyens d'y substituer une meilleure combinaison, ainsi que sur la série de questions proposées par M. le ministre des finances, et la Notice publiée par MM. les administrateurs des douanes sur le même sujet. Paris, de l'impr. de Mme Huzard, 1833, in-8 de 44 pag.

VI. Mémoire en réponse aux questions sur les semis, proposées par la Société d'agriculture, lu à cette société le 19 décembre 1832, et à celle d'agriculture le même jour. Paris, de l'impr. de Mme Huzard, 1833, in-8 de 44 pag.

BÉRARD [Joseph-Frédéric], professeur d'hygiène à la Faculté de médecine de Montpellier. [Voy. la *France littér.*, tome 1er, pag. 277]. Ajoutez : né à Montpellier, le 4 novembre 1789, mort le 16 avril 1828.

— Esprit des doctrines médicales de Montpellier. Ouvrage inédit de *F. Bérard*, précédé d'un Précis historique sur sa vie et ses ouvrages, par *H. Pétiot*. Paris, Baillière, 1830, in-8, avec un portrait [4 fr. 50 c.].

Outre le Précis historique sur la vie et les ouvrages du professeur Bérard, qui se trouve en tête de ce volume, le tome XXXVIII de la « Revue encyclopédique » renferme une courte notice sur le même, par M. Amédée Dupan [1828].

BÉRARD [Auguste-Simon-Louis], député, directeur des ponts-et-chaussées et conseiller-d'état, né à Paris, en 1783, était auditeur de première classe en service ordinaire près des ministres sous le gouvernement impérial, dès 1810; il donna son adhésion à la déchéance de Napoléon et au rétablissement des Bourbons, le 11 avril 1814. Le 29 juin de la même année, il fut nommé maître des requêtes; et, le 24 août, Louis XVIII le continua dans les mêmes fonctions. En avril 1815, M. Bérard fut de nouveau nommé, par Napoléon, auditeur au conseil-d'état. Après la seconde restauration, M. Bérard se montra royaliste constitutionnel, fort désintéressé, puisqu'il fit le sacrifice de ses fonctions de maître des requêtes pour conserver son indépendance; de plus, il se montra en homme ami des beaux-arts, des belles-lettres et des institutions nationales. Bibliophile distingué, il publia, en 1822, un *Essai bibliographique sur les éditions des Elzevirs, les plus précieuses et les plus recherchées, etc.*, in-8. En 1827, il fut envoyé à la Chambre des députés par les électeurs d'Arpajon. Il resserra ses liaisons d'amitié avec les membres les plus influents de la gauche dont il partageait les idées libérales. Lors des élections de 1830, M. Bérard, donna un nouveau gage de son désintéressement en faisant porter sur M. Bertin de Vaux les voix que lui destinaient les électeurs de Versailles. Assez peu assidu aux séances, ne prenant que bien rarement la parole, M. Bérard serait encore un homme ordinaire quoique député, et serait surtout peu connu sans les événements de juillet qui vinrent lui fournir l'occasion de montrer la hardiesse de son caractère et l'activité de son patriotisme. Sa conduite pendant les trois jours est digne de tous les éloges ; et bien que nous ne voulions pas la décrire ici, nous dirons cependant que des quarante députés présents à Paris, il fut le seul qui, le 26 au matin, voulut protester contre les odieuses ordonnances ; le 27 il leur offrit sa maison pour se réunir, et flétrit le peu de courage de ceux de ses collègues qui refusèrent de signer la protestation. Le 30, il proposa une proclamation qui fut repoussée comme trop républicaine, et le 3 août il fit le premier la proposition des changements à opérer dans la Charte. Ces changements qui furent presque tous adoptés peuvent le faire considérer comme l'auteur de notre nouveau pacte social. Une des dispositions de son projet, disposition repoussée fortement par la Chambre assure à M. Bérard la reconnaissance des patriotes, c'est celle qui fixait à vingt-cinq ans la condition d'âge des députés ; assurément M. Bérard doit être compté parmi les partisans des institutions républicaines, puisqu'il voulait que la Charte, pour laquelle il demandait trois mois et non pas *quatre heures*, fût soumise à l'acceptation du peuple ; aussi son refus de signer « l'Association nationale » a-t-il excité de l'étonnement. Tout de suite après la révolution de juillet, M. Bérard avait été de nouveau envoyé à la Chambre par les électeurs de Corbeil, comme député de Seine-et-Oise, et il fut nommé presque immédiatement directeur des ponts-et-chaussées et conseiller d'état. Dans la discussion sur la loi départementale, M. Bérard demanda la suppression du conseil cantonnal, dont il démontra l'inutilité et les inconvénients. Mais les arguments ministériels prévalurent, et l'amendement fut rejeté. M. Bérard a constamment voté avec l'opposition. En 1834 cet honorable député a publié des *Souvenirs de la révolution de* 1830. Ce volume est encore curieux après tant de volumes publiés sur la révolution qui constitue selon les uns, et ne constitue pas selon les autres, l'ordre de chose actuel ; mais M. Bérard qui a plus contribué à la Charte de 1830 que Louis XVIII à celle de 1814, est une autorité qui doit décider. Son ouvrage a servi de texte à une suite de commentaires auxquels nous ne mêlerons pas les nôtres. Néanmoins nous dirons qu'on y voit, dès le principe, se former et agir cette influence doctrinaire qui depuis a toujours été en grandissant pour le malheur de la France, et M. Bérard a rendu un grand service au pays en soulevant un coin du voile qui couvrit les premières combinaisons de la quasi-légitimité.

I. * Essai bibliographique sur les éditions des Elzévirs, les plus précieuses et les plus recherchées ; précédé d'une Notice sur ces imprimeurs célèbres [abrégée par le même, de celle de M. Adry]. Paris, F. Didot, 1822, in-8 [6 fr.].

II. Souvenirs historiques sur la révolution de 1830. Paris, Perrotin, 1834, in-8, avec un fac-simile [7 fr. 50 c.].

III. Lettre à mes commettants. Paris, de l'impr. de F. Didot, 1834, in-8 de 36 pag.

BÉRARD [C.], littérateur, né à Arles [Bouches-du-Rhône], a publié, dit la « Biographie des Bouches-du-Rhône », un roman intitulé le « Vampire » (*), qui a paru sous le nom de M. Charles Nodier, et qui obtint quelques succès. M. Bérard a aussi travaillé au journal « la Foudre ». Directeur du théâtre du Vaudeville, il fut forcé de quitter ses fonctions par suite de ses contestations avec les actionnaires ; pour le dédommager, le ministre qui l'avait nommé, lui accorda un privilége pour le théâtre des Nouveautés, qu'il a administré pendant quelques temps. M. Langlois lui a succédé dans cette direction.

— Lettre du directeur du Vaudeville à M. Bavoux, juge au tribunal de

(*) L'auteur de cette note ne donne point le titre exact du roman dont il parle ; il est intitulé : *Lord Ruthwen, ou les Vampires*. [Paris, Ladvocat, 1820, 2 vol. in-12, réimpr. dans la même année]. En outre, il n'a pas paru sous le nom de M. Charles Nodier ; il est anonyme, et M. Nodier, auquel il a été effectivement attribué à cause du mélodrame du « Vampire », joué et impr. dans la même année, et dont M. Ch. Nodier est l'un des trois auteurs, ne l'a pas reproduit dans ses œuvres : la meilleure preuve, ce nous semble, que ce littérateur n'a pas voulu s'approprier cet ouvrage.

première instance et directeur du matériel et des procès du Vaudeville; suivie de pièces justificatives. Paris, Hocquet, 1825, in-8.

BÉRARD, écrivain politique monarchique, anc. sous-officier de la garde royale.

— Cancans [politiques]. Paris, l'Auteur, 1831-34, in-8.

Ces satires, qui paraissaient par cahiers de 8 pages d'impression, modifiées dans le titre pour chaque numéro, valurent à leur auteur plusieurs emprisonnements. Nous en avons compté, d'après le « Journal de la librairie », jusqu'à quarante-six publiés; mais il est possible que le chiffre ne soit pas assez élevé.

BÉRARD [Pierre-Honoré], D.-M., professeur de physiologie à la Faculté de médecine de Paris; né à Lichtemberg [Bas-Rhin], en 1797.

I. Notice sur la maladie et la mort de Cuvier.

Imprimée dans la « Gazette médicale », en 1832.

II. Faculté de médecine de Paris. Concours pour une chaire de clinique externe. Du diagnostic dans les maladies chirurgicales, de ses sources, de ses incertitudes et de ses erreurs. Thèse. Paris, Béchet jeune, 1836, in-8 de 266 pag. [4 fr.].

III. Faculté de médecine de Paris. Concours pour une chaire d'anatomie. Texture et développement des poumons. Paris, de l'impr. de Locquin, 1836, in-4 de 156 pag.

IV. Exposé des titres de M. Bérard pour une place vacante à l'Académie royale de médecine [section de médecine opératoire]. Paris, de l'impr. d'Éverat, 1838, in-8 de 4 pag.

M. le docteur Bérard a, en outre, revu, corrigé et augmenté, conjointement avec M. RICHERAND, la dixième édit. des Nouveaux Éléments de Physiologie de ce dernier. [1832, 3 vol. in-8].

BÉRARD aîné, ancien notaire à Marmande [Lot-et-Garonne].

— Mémoire contre la caisse hypothécaire. Paris, de l'impr. de Mie, 1832, in-4 de 20 pages.

BÉRARD [Auguste], d'abord lieutenant de vaisseau, ayant, à ce titre, fait partie de l'expédition de la « Coquille » autour du monde, et alors lieutenant de frégate, membre de la commission centrale de la Société de géographie.

— Description nautique des côtes de l'Algérie, par *A. Bérard*; suivi de notes par M. *de Tessan*, ingénieur hydrographe. Publiée au dépôt général de la marine. Paris, de l'impr. roy., 1837, in 8, avec 15 planch.

BÉRARD [Pierre-Honoré], du Var.

—Code combiné de toutes les dispositions législatives relatives à l'enregistrement et aux matières qui s'y rattachent, ou l'Interprétation de la loi par la loi même. Marseille, de l'impr. d'Olive, 1837, in-fol. de 16 pag.

BÉRAUD [Antoine], polygraphe, connu aussi en littérature sous le nom d'ANTONY-BÉRAUD, né le 11 janvier 1794, à Aurillac [Cantal]. Élève de la célèbre pension Le Pitre en même temps que MM. de Cormenin, Victor Cousin, Glandaz, etc., il fit sa rhétorique sous M. Laya, dont il est resté l'ami. En 1807, il suivit un cours de droit; mais un goût prononcé l'entraîna vers la carrière des armes. Entré, en 1808, à l'École militaire, il en sortit pour aller combattre en Allemagne et en Italie; plusieurs actions d'éclat lui méritèrent bientôt le grade de capitaine dans le 92e régiment. Fait prisonnier en février 1814, à la bataille de Mincio, où il avait obtenu la croix d'honneur qu'il perdit par suite de sa captivité, il fut conduit en Transylvanie. De retour en France, au mois de septembre, il fut conservé dans son grade par le général Le Courbe. Ce général, d'après les notes brillantes que M. Béraud avait obtenues de son colonel, lui promettait la croix et de l'avancement, lorsque le comte d'Artois, qui visitait les provinces de l'Est et du Sud, arriverait à Bourg-en-Bresse où était le régiment; mais, ennuyé d'un état qui ne lui présentait plus aucune chance de gloire, et prévoyant, sous un nouveau régime, un avenir qui n'éveillerait plus en lui aucune grande pensée patriotique, le capitaine Béraud demanda son congé et arriva à Paris. Les muses reprirent sur lui leur empire; il publia, au commencement de 1815, un recueil « d'Élégies », qui décéla un poète digne de succéder un jour à Parny et à Bertin. Cependant un grand événement politique ébranla toute l'Europe; Cannes avait vu débarquer l'homme extraordinaire qui venait ressaisir un sceptre si glorieusement porté. M. Béraud quitta de nouveau le Parnasse pour voler dans les camps. Au mois d'avril 1815, il fut désigné pour aller avec le général Harlet organiser la garde nationale dans le Dauphiné. M. le comte Rœderer, commissaire extraordinaire de l'Empereur dans le département du Sud-Est, lui demanda un chant patriotique qui pût servir, pour ainsi dire, de chant de ralliement aux braves gardes nationales mobiles du Dauphiné qui se portaient sur la frontière. M. Béraud fit alors la *Dauphinoise* que chantèrent tous les patriotes du Midi. Il composa, à la même époque et dans le même but, un *Dithyrambe* qu'il lut lui-même en plein théâtre à Grenoble, avec ce débit plein de force et de charme qui en font un des meilleurs lecteurs de la France. L'effet de cette lecture fut prodigieux; mais elle attira plus tard et pendant longtemps, à l'auteur, la persécution de la police. L'opération du général Harlet terminée, il le suivit en qualité d'aide-de-camp, au 4e régiment de grenadiers de la vieille garde. On sait l'héroïsme de ce corps aux batailles de Ligny et de Mont-St-Jean. Après la funeste issue de cette dernière bataille, M. Béraud obtint, sur le champ de bataille même de Ligny, la croix d'honneur qui lui fut remise en 1830, et le grade de chef de bataillon qui lui fut de nouveau proposé à la même époque. Toujours fidèle à la patrie, M. Béraud suivit son régiment mutilé au-delà de la Loire. Mis à la demi-solde au mois d'octobre 1815, il résolut de ne plus servir, malgré les offres qui lui en furent faites, et demanda son traitement de réforme. Devenu libre, il se livra tout entier à la culture des lettres; il publia successivement : le « Départ d'un poète » ; la « Liberté », le « Rappel », épitres écrites d'un style que n'aurait pas désavoué le chantre de l'Imagination. Son « Ode à David » est semée de strophes d'une riche poésie. Des « Fragments d'un poème sur Paris » et des chansons telles que le « Chant d'Asile, Serrez-vous bien », etc., ont prouvé que le guerrier-poète pouvait justement prétendre à plus d'une palme. Les *Veillées d'une captive*, le roman d'*Amour, Orgueil et Sagesse*, sont deux ouvrages que l'auteur a laissés trop légèrement tomber de sa plume : nous ne les consignons ici que pour mémoire; mais le roman le *Pendu, Histoire d'une grande dame de la restauration napolitaine*, 1836, 2 vol. in-8, où, sous le voile de noms supposés, l'auteur a tracé le récit des malheurs du dernier prince de Condé, est un ouvrage qui mérite une toute autre mention. Malgré des défauts, cet ouvrage se distingue souvent par la hardiesse et l'originalité de la pensée, et par un style pur. Tout ce qui concerne l'origine de la capitale, ses mœurs, son histoire et les beaux-arts dont elle est la patrie de prédilection, est présenté avec exactitude, et surtout avec vérité, dans son « Dictionnaire sur Paris » fait en société avec M. Dufey. Mais de tous les ouvrages de M. Béraud, celui-ci intitulé : « Mémoires sur les événements de 1815 et sur l'empereur Napoléon », 2 vol., aurait fait sans doute plus d'honneur à son talent si sous un pouvoir ombrageux, rarement bienveillant, toujours tyrannique, la police, n'en eût défendu la publication. M. Béraud fut ainsi privé de la gloire qui devait résulter pour lui, dans sa patrie, de cet ouvrage courageux qu'il fit réimprimer en Belgique. Nous ne parlerons pas de plusieurs autres écrits du même auteur faits pour les libraires, non plus que d'une foule d'articles remarquables insérés dans « la Minerve, l'Abeille, la Boussole, le Fanal, la Pandore, le Journal des artistes, le Monde dramatique, etc. Deux beaux succès obtenus par lui au Théâtre-Français, celui de la *Duchesse et le Page*, comédie en trois actes et en prose, représentée pour la première fois le 28 novembre 1828, et où mademoiselle Mars déployait tant de charmes et Firmin une chaleur si communicative, la comédie-drame, *Guido Reni, ou les Artistes*, en cinq actes et en vers, représentée pour la première fois le 6 février 1833 ; et *Adrienne Lecouvreur*, comédie en trois actes, jouée au second Théâtre-Français le 12 mars 1830, prouvent qu'il n'est aucune scène sur laquelle le talent de M. Antony-Béraud ne puisse briller. Nous compterons au nombre des titres littéraires de cet écrivain une foule de succès obtenus sur nos théâtres secondaires, d'abord parce qu'une suite de succès et de vogues brillantes sont toujours un fait littéraire de quelque importance ; parce que c'est à Béraud surtout qu'on dut les modifications ou plutôt la révolution qu'éprouva le genre qu'on exploitait aux boulevards. A partir des *Aventuriers*, de *Cardillac*, de *Cagliostro*, du *Corrégidor*, des *Prisonniers de guerre*, etc., les tyrans, les niais et les princesses cessèrent de paraître. Cependant disons, dans l'intérêt même de son avenir, que le vrai talent dramatique dont M. Béraud a fait preuve dans toutes ces pièces, doit surtout lui rappeler qu'il est une scène plus vaste, plus noble, plus digne de l'auteur de la *Duchesse* et de *Guido-Reni*, et nous l'engageons à s'y faire de nouveau applaudir. En 1830, aux trois journées, M. Béraud, qui avait tant de fois combattu de sa plume le parti royaliste, ne fut pas des derniers à tirer l'épée contre lui. Il reçut la décoration de juillet, et, à la première organisation de la garde nationale, il fut élu à l'unanimité chef du 3e bataillon de la 7e légion, grade qu'il conserva jusqu'en 1834, et dont il donna sa démission par suite des animosités d'opinion que souleva bruyamment contre lui la publication de son « Ode au soleil de juillet », où il attaque avec énergie le gouvernement. En 1830, le ministère eut l'idée de faire faire l'histoire des trois journées. Chaque arrondissement devait y avoir son histoire particulière, et Me Plougoulm devait coordonner le tout. M. Béraud fut nommé historien de son arrondissement [le 7e]. En 1833-34, à l'époque du choléra, lorsque de toutes parts les gens aisés, les bourgeois quittaient la capitale pour échapper au fléau, M. Béraud resta au poste du danger. Les services éminents qu'il rendit alors à ses concitoyens lui méritèrent la médaille d'honneur que la ville de Paris fit frapper pour ceux [en bien petit nombre] qui bravèrent une mort presque certaine dans l'espoir d'être utiles. Voilà la seule récompense que M. Béraud ait tirée d'une conduite qui peut-être eût valu à d'autres des avantages plus positifs. Nous terminerons cette notice en rappelant à nos lecteurs que, nommé l'année dernière directeur du théâtre St-Marcel, M. Béraud y a déployé de rares talents administratifs. Maintenant, M. Béraud est tout-à-fait rendu à ses travaux dramatiques, et l'on assure que cet hiver nous entendrons plusieurs fois parler de lui.

LITTÉRATURE.

Poésies.

I. Lettres à mon ami et à ma maîtresse, suivies d'Opuscules en vers. Paris, Delaunay, 1816, in-8.

II. Champ d'Asile [le]. Metz, de l'impr. de la veuve Verronnais, 1818, in-8 de 4 pag.

III. Départ [le] du poète, à M. de Jouy. Paris, Rosa, 1819, in-8 de 16 p.

IV. A Louis David, ode. Paris, Eymery, 1821, in-8 de 16 pag.

Cette ode est l'un des premiers essais d'un jeune poète, dont la muse est animée par de nobles inspirations.

V. Liberté [la], pièce lue à la loge des Artistes, le 19 juin 1821. Paris, de l'impr. de Dondey-Dupré, 1821, in-8 de 12 pag.

Imprimée par ordre du G.·. O.·. de France.

VI. Rappel [le]. A ceux de mes anciens camarades d'armes qui languissent dans l'oisiveté, ou qui volontairement ont quitté la France. Paris, Mac-Carthy, 1821, in-8 de 16 pag.

Opuscule réimprimé dans la même année.

VII. Cri d'un vieux soldat à l'ex-garde nationale. Paris, Ladvocat, 1827, in-8 de 16 pag.

VIII. Veilles poétiques. Première veille. A l'Europe. La guerre. Paris, Leroux, 1831, in-8 de 144 pag. — Praga. Deuxième veille. Paris, Leroux, 1831, in-8 de 16 pag.

IX. Peuple [le], au Soleil de juillet. Paris, de l'impr. du Corsaire, 1834, in-8.

Cet opuscule a été réimprimé dans la même année à Saint-Pons [Hérault], et publié à Beziers et à Toulouse. — Saint-Pons, Franc, in-8 de 4 pag. ; et encore, par les soins de l'auteur, avec les deux « Veilles poétiques ». La réunion de ces trois opuscules a paru sous ce titre : *Veilles patriotiques*. IIIe édit., ornée du portr. de l'auteur, avec une dédicace à son ami P.-J. de Béranger. Paris, Ernest Bourdin, 1834, in-8.

Romans, Contes et Nouvelles.

X. Veillées [les] d'une captive. [Nouvelles]. Publiées par Mme ***.

Paris, Pillet jeune, 1818, 2 vol. in-12 [5 fr.].

On voulut laisser croire que ces Nouvelles étaient de madame Manzon.

XI. *Amour, orgueil et sagesse. Paris, Ponthieu, 1820, 2 vol. in-12 [5 fr.].

XII. * Contes à l'enfance. Paris, A. Eymery, 1820, 5 vol. in-18.

XIII. Pendu [le], histoire d'une grande dame napolitaine et du baron Pierre Férat, aujourd'hui galérien ; recueillie par Ant. Béraud. Paris, Bourdin, 1836, 2 vol. in-8 [15 fr.].

Théâtre.

XIV. Avec Charles [*Puisaye*] : les deux Coups de sabre, drame en trois actes. Paris, Pollet, 1822, in-8 [1 fr.].

XV. Avec *le même :* les Aventuriers, ou le Naufrage, mélodrame en trois actes. Paris, Bezou, 1824, in-8 [1 fr.].

XVI. Avec Léopold [*Chandezon*] : Cardillac, ou le Quartier de l'Arsenal, mélodrame en trois actes. Paris, Bezou, 1824, in-8 [1 fr. 25 c.]

Réimpr. dans la même année.

XVII. Avec *le même* : la Redingote et la Perruque, ou le Testament, mimodrame en trois actes, à grand spectacle. Paris, Bezou, 1825, in-8 [1 fr. 50 c.].

XVIII. Avec *le même* : Cagliostro, mélodrame en 3 actes. Paris, Bezou, 1825, in-8 [1 fr. 50 c.].

Cette pièce obtint une seconde édition dans l'année suivante.

XIX. Avec *le même :* les Prisonniers de guerre, mélodrame en trois actes. Paris, Bezou, 1825, in-8 [1 fr. 25 c.].

XX. Avec *le même* : le Corrégidor, ou les Contrebandiers, mélodrame en trois actes. Paris, Bezou, 1826, in-8 [1 fr. 50 c.].

XXI. Avec M. *J.-T. Merle :* le Monstre et le Magicien, mélodrame en trois actes. Paris, Bezou, 1826, in-8 [1 fr. 50 c.].

Réimprimé dans la même année.

XXII. Avec Léopold [*Chandezon*] : le Vétéran, pièce militaire en deux actes. Paris, Baudouin frères, 1827, in-8 de 60 pag. [75 c.]; et Paris, Barba, 1827, in-8 de 40 pag. [50 c.].

XXIII. Avec *le même :* le Rôdeur, ou les deux Apprentis, mélodrame en trois actes. Paris, Barba, 1827, in-8 [1 fr. 50 c.].

XXIV. Avec M. *Saint-Hilaire :* Irène, ou la Prise de Napoli, mélodrame en deux actes, à grand spectacle. Paris, Barba, 1827, in-8 [50 c.].

Cette pièce a obtenu une seconde édition l'année suivante.

XXV. Siége [le] de Sarragosse, pièce militaire en deux actes, à grand spectacle. Paris, cour des Fontaines, nº 7, 1828, in-8 [50 c.].

XXVI. Avec M. *** [*J.-T. Merle*] : Faust, drame en trois actes, imité de *Gœthe*. Paris, cour des Fontaines, nº 7, 1828, in-8.

XXVII. Avec M. Anicet [*Bourgeois*]: Tom-Wild, ou le Bourreau, mélodrame en trois actes. Paris, cour des Fontaines, nº 7, 1828, in-8.

Les quatorze pièces précédentes, à l'exception de Faust, ne portent que le prénom de l'auteur ; mais, à partir de la suivante, toutes les compositions dramatiques de M. Béraud portent son nom de famille.

XXVIII. Duchesse [la] et le page, comédie en trois actes et en prose. Paris, cour des Fontaines, nº 7, 1828, in-8.

Pièce jouée au Théâtre-Français.

XXIX. Avec M. Alexis [*de Combe-rousse*] : le Fou, drame historique en trois actes. Paris, Palais-Royal, galerie de Chartres, 1829, in-8 [2 fr.].

XXX. Avec M. Valory [*Ch. Mourier*] : Nostradamus, drame en trois actes et en six parties. Paris, galerie de Chartres, 1829, in-8.

XXXI. Avec M. *de Saint-Georges* : le Prêteur sur gages, drame en trois actes. Paris, Palais-Royal, galerie de Chartres, 1829, in-8.

XXXII. Avec M. Valory [*Ch. Mourier*] : Adrienne Lecouvreur, comédie en trois actes et en prose. Paris, Palais-Royal, galerie de Chartres, 1830, in-8.

Pièce jouée sur le théâtre de l'Odéon.

XXXIII. Guido Reni, ou les Artistes, pièce en cinq actes et en vers. Paris, Mesnier, 1833, in-8, orné d'une lithogr. par Monvoisin [2 fr.].

Pièce représentée sur le Théâtre-Français : elle obtint un second tirage dans la même année. Reprise au théâtre de Versailles, en 1837, elle fut réimprimée par Ern. Bourdin, in-8.

XXXIV. Versailles et son musée. A-propos en vers, représenté sur le théâtre de Versailles. Paris, Bourdin, 1837, in-8.

XXXV. Gars [le], drame en cinq actes. Paris, de l'impr. de Dondey-Dupré. — Marchant, 1837, in-8 à deux colonnes.

XXXVI. Avec M. *Alboize :* Lélia, drame en trois actes, en prose, précédé d'un prologue, et suivi d'un épilogue. Paris, de l'impr. de Dondey-Dupré. — Marchant, 1838, in-8.

XXXVII. Verrerie [la] de la Gare, drame anecdotique et populaire en trois actes. Paris, Marchant, 1838, in-8 [40 c.].

XXXVIII. Avec M. *Dumersan :* Napoléon, drame historique en trois actes et cinq tableaux. Paris, de l'impr. de Dondey-Dupré. — E. Michaud, 1839, in-8, orné d'une gravure de M. Antony Béraud.

XXIX. Rivalité [la] filiale, comédie en un acte.

Pièce non représentée, et qui a été imprimée dans le « Journal de la Jeunesse ». Paris, 1839.

XL. Avec M. *Alphonse Grout* : Meurtre et dévouement, drame en trois actes. Paris, Gallet, 1840, in-8.

Fait partie de « Paris dramatique. »

XLI. Avec M. *L. Huard* [de l'île Bourbon] : Francesco Martinez, drame en trois actes. Paris, Mifliez, 1840, in-8 à deux colonnes [40 c.].

N° 61 du « Répertoire dramatique. »

XLII. Avec M. *Ch. Potier :* le Maître à tous, comédie-vaudeville en deux actes. Paris, Miffliez, 1840, in-8 à deux colonnes.

Pièce faisant partie du « Répertoire dramatique ».

XLIII. Famille [la] Butler, drame en quatre actes. Paris, Marchant, 1840, in-8 à deux colonnes.

Pièce faisant partie du « Magasin théâtral ». A ces pièces imprimées, il faudrait en joindre d'autres qui ont été jouées et non imprimées.

Pièces de M. Antony Béraud, jouées et non imprimées, reçues, annoncées et non jouées: *Norma, ou les Prisonniers du Caucase,* drame en trois actes [avec M. Merle], au théâtre de la Porte-Saint-Martin, en 1827 ; — *l'Avocat et l'Officier*, comédie en trois actes, à l'Odéon, en 1826 ; — *les Serranos*, mélodrame en six tableaux [avec M. Ch. Mourier], au théâtre du Cirque-Olympique, en 1831 ; — *la Sœur de bon secours*, comédie-vaudeville en un acte, au théâtre Saint-Antoine, 1838 ; reprise, sous le titre de *l'Épreuve*, au théâtre Saint-Marcel, en 1839 ; — *l'Allumeur*, drame en trois actes [avec M. Hipp. Hostein], au théâtre Saint-Antoine, en 1839 ; — *Chimpanzé*, drame fantastique en trois actes [avec M. A. Monnier], au théâtre Saint-Marcel, en 1839 ; — *Paris à Dieppe*, vaudeville en un acte, joué à Dieppe, en 1829, etc., etc. — D'autres pièces doivent prendre rang ici pour mémoire ; ce sont celles dont la réception a été constatée et dont la représentation annoncée dans le temps a été ajournée pour des causes diverses. On verra, par ce détail, avec quel soin nos recherches sont faites : *la Sorcière de Verberie*, reçue et annoncée, à l'Ambigu-Comique, en 1822 ; — *les Ruines de Pompéia* [avec M. de Jouy], à l'Académie royale, en 1825 ; — *Gargantua*, pièce fantastique en 12 tableaux [avec M. Léopold], devait être jouée, en 1837, au théâtre du Cirque-Olympique ; — *le Manteau du dragon*, au théâtre Saint-Antoine, en 1839 ; — *les Œufs de Pâques*, drame en cinq actes [avec M. Alboize], au théâtre St-Martin, en 1838 ; — *Jean Second*, opéra-comique en deux actes, en 1819, etc., etc.

Ainsi qu'on le voit, M. Béraud a déjà beaucoup travaillé pour le théâtre ; mais bien qu'il ait donné des preuves qu'il pouvait prétendre à des succès sur les scènes de premier ordre dès qu'il le voudrait, son goût néanmoins lui a fait, le plus souvent, réserver son talent pour les théâtres secondaires, pour ceux où le drame a accès, et où il est applaudi. Le drame n'est plus, pour M. Béraud, le genre bâtard de nos mélodramaturges d'il y a quarante ans : il n'a pas peu contribué lui-même à cette réformation, et à ramener le public à des goûts plus sains. Voici, du reste, l'opinion de M. Béraud sur le drame, dénommé encore quelquefois mélodrame par la force de l'habitude. « On ne peut nier, nous » écrivait-il un jour, que le drame soit main- » tenant une branche le plus et le mieux » exploitée de la littérature dramatique ; dire » que cela vaut une comédie de mœurs ou de » caractère, serait absurde ; mais, à la place » (aussi modeste qu'on voudra) que nous lui » assignerions, un drame bien fait, bien pen- » sé, passablement écrit, prend son rang tout » comme toute œuvre dramatique. Qu'importe » la scène sur laquelle on le représente ! » Que m'importe à moi que... *Gaspardo*, par » exemple, ait été joué à l'Ambigu !.. *Gaspardo* » n'en est pas moins une œuvre fort distin- » guée, et de beaucoup au-dessus d'une foule » de pièces jouées au Théâtre-Français. Quant » à moi, s'il m'était permis de tirer vanité de » quelques succès, je dirais que j'avouerai » toujours au nombre de mes œuvres les moins » mauvaises : *Cardillac*, *Cagliostro*, *Faust*, » *le Rôdeur*, *le Fou*, *le Prêteur sur gages*, » *le Gars*, *Lélia*, etc., etc. »

XLIV. *Modes [les] parisiennes, almanach pour l'année 1820, orné de 5 fig. Paris, Barba; Ladvocat, 1819, in-18.

M. Béraud a fourni beaucoup d'articles de littérature à divers recueils, tels que la « Minerve littéraire », « l'Abeille », la « Boussole », le « Fanal », la « Pandore », le « Journal des artistes », le « Monde dramatique », etc., etc.

BEAUX-ARTS.

XLV. *Lettres à David sur le salon de 1819, par quelques élèves de son école.

Paris, Pillet aîné, 1819, in-8, avec gravures au trait [11 fr.].

Ce volume a paru par livraisons d'une feuille d'impression, avec une planche.

XLVI. Un Mot sur le tableau d'Iphigénie, refusé par le jury de peinture. Paris, de l'impr. de Mac-Carthy, 1824, in-8 de 16 pag.

Imprimé sous le pseudonyme de T.-P. DU PAVILLON.

Plus tard, M. Béraud a été l'un des rédacteurs des « Annales de l'école française des beaux-arts », continuation de l'ouvrage de Landon : l'année 1827 a été faite entièrement par lui, et il a donné un grand nombre d'articles pour 1833.

HISTOIRE.

XLVII.*Procès des prévenus de l'assassinat de M. Fualdès, ex-magistrat à Rodez. Metz, veuve Verronnais, 1818, in-8 [3 fr.].

XLVIII.* Mémoires [nouveaux] pour servir à l'histoire de l'empereur Napoléon et des Cent-Jours. Paris, Mac-Carthy, 1818, 2 vol. in-8.

M. Guyot de Fère nous dit dans sa Statistique des hommes de lettres, que « cet ouvrage, « arrêté par la police de France et de Belgi« que, fut envoyé à la Colombie ; il paraît « qu'il n'en existe pas d'exemplaires dans le « commerce, en France : l'auteur n'en a même « pas un ». M. Guyot de Fère a bien fait d'ajouter : dans le commerce, en France. En Belgique, c'est différent, car l'ouvrage a été contrefait à Bruxelles, en 1824, en un volume in-8.

XLIX. Avec M. *P. Dufay* : Dictionnaire historique de Paris. Paris, Mac-Carthy, 1825, 2 vol. in-8, avec 2 plans et une feuille de vignettes.

L. Introduction à toutes les histoires de France, ou Histoire des peuples qui ont habité la Gaule depuis les temps les plus reculés jusqu'à Clovis. Paris, Hachette, 1832, in-12 [3 fr. 50 c.].

Ouvrage placé par ordre de l'Université dans toutes les bibliothèques universitaires. — Il n'a point été annoncé par le « Journal de la librairie. »

LI. Histoire pittoresque de la révolution française, par M. *Antony Béraud*; publiée, avec cent dessins d'après Duplessis Berthaud, David, Girardet, Lecouvreur; remis en lumière, et augmentée de dessins originaux, par MM. Paul de Laroche, Eug. et Ach. Dévéria, etc. Paris, A. Mesnier, 1835 et ann. suiv., in-4.

Cet ouvrage devait former deux volumes qui eussent été distribués au public par livraisons d'une feuille de texte et deux dessins; mais cette publication a cessé de paraître à la quatrième livraison, par suite de la faillite du libraire. Cependant ce qui a été publié est l'histoire complète des deux années qui ont précédé 89.

LII. Avenir [l'] des peuples. Histoire contemporaine des mœurs, des arts, de l'industrie, du commerce, des voyages, etc., dirigée par M. Ant. Béraud. Paris, rue Saint-Martin, n° 181, 1834, gr. in-4 de 16 pag.

Ouvrage périodique qui devait paraître tous les samedis, mais dont il n'a été publié que deux numéros, chacun de 8 pag.

Chaque livraison renfermait la valeur d'un fort volume in-8. Ces deux livraisons eurent le plus grand succès en province. Tous les journaux des départements en firent le plus grand éloge. La périodicité d'un tel ouvrage devait déplaire à toutes les polices : celle de l'époque ruina cette entreprise et l'auteur, en arrêtant les numéros à la poste et en exigeant des frais énormes de timbre.

LIII. Mémoires inédits de Henri Masers de Latude, détenu pendant trente-cinq ans à la Bastille et autres prisons d'état, écrits par lui-même; suivis de plusieurs lettres autographes, et précédés d'une Notice, par M. Antony Béraud. Paris, Bourdin, 1835, in-18, avec un portrait [60 c.].

Ajoutons enfin, pour compléter cette section, que M. Béraud, en société avec M. Baudouin père, a publié, comme éditeur, les Mémoires de l'abbé GEORGEL [Paris, A. Eymery, 1820, 6 vol. in-8]. Le Voyage à Saint-Pétersbourg, formant le sixième volume de cet ouvrage, est de M. Béraud. — Cet écrivain a aussi publié une édition des Œuvres de RACINE, avec des notes nouvelles et un commentaire, sur celles de La Harpe, Geoffroy, Luneau de Boisjermain. [Paris, Mac-Carthy, 1824, 6 vol. in-12].

BÉRAUD [l'abbé], curé de Dian, près Montereau. [Voy. la *France littér.*, t. 1er, p. 278.

— Notice sur Villethierry....

Imprimée en tête de la « Collégiale, ou la Guerre de Villethierry, poème héroï-com. en six chants, par M. S. R., anc. élève de l'École normale. 2e édit. [Paris, Pihan Delaforest, 1828, in-18].

BÉRAUD [Michel]. — * Charte [la] constitutionnelle, mise en vers français, par M. Michel B. Paris, de l'impr. de Béraud, 1828, in-8 de 23 pag.

La Charte a été mise en vers une seconde fois, par M. GUILLAUME, anc. libraire de Paris.

BÉRAUD [Clodomir], avoué.

— Code de la presse, ou Recueil méthodique des lois et réglements concernant les imprimeurs en lettres, les fondeurs en caractères d'imprimerie, les imprimeurs et dessinateurs lithographes, les libraires, auteurs, graveurs, journalistes, éditeurs, crieurs d'écrits, afficheurs et délits de la presse, etc., etc., avec la jurisprudence de la Cour de cassation. Versailles, Kléfer; Paris, Deuzet, 1834, in-32 [1 fr. 25 c.]. — Sec. édit. Versailles, Kléfer, 1836, in-32.

BÉRAUD [J.-B.], de l'Allier.

I. Histoire des sires et des ducs de Bourbon. 812-1831. Paris, Chabert, 1834-36, 4 vol. in-8 [26 fr.].

II. Histoire des comtes de Champagne et de Brie. Paris, Pitois-Levrault, 1839, 2 vol. in-8 [15 fr.].

BÉRAUD [F.-A.], ex-commissaire de police de Paris, chargé spécialement du service actif de l'attribution des mœurs.

— Filles [les] publiques de Paris, et la police qui les régit, par *F.-A. Béraud;* précédées d'une Notice historique sur la prostitution chez les divers peuples de la terre, par M. A. M. [*Albert de Montémont*], membre de plusieurs sociétés savantes. Paris, Desforges, 1839, 2 vol. in-8 [15 fr.]; — ou 2 vol. in-12 [8 fr.]

BÉRAULT jeune. — Ode sacrée à l'Éternel. Orléans, Durand, 1839, in-4 de 8 pag.

BÉRAULT DE BILLIERS [l'abbé]. — Nouveau Manuel du rosaire vivant. Paris, Vaton, 1835, in-18. — IVe édit. Paris, le même, 1836, in-18.

BERBRUGGER [Louis-Adrien], successivement professeur de langues, secrétaire du général Clauzel, lors de son gouvernement en Afrique, aujourd'hui bibliothécaire à Alger, et correspondant de l'Académie des inscriptions et belles-lettres.

I. Avec M. *Aimé Pâris* : Résumé des diverses spécialités étudiées dans les cours de mnémotechnie, ou Mémoire artificielle, dirigé par MM. Aimé Pâris et Adr. Berbrugger. Paris, les Auteurs, 1823, in-8 [3 fr.] — Supplément. 1823, in-8 de 24 pag.

Dans six autres éditions, qui ont suivi celle-ci, M. Aimé Pâris a supprimé le nom de son collaborateur.

II. Curso de temas franceses, o Grammatica practica : la obra consta de dos partes. Paris, Duplessis y Co, 1825, in-12. — Segunda edicion, revista y notablemente enmendada. Paris, Lecointe, 1837, in-12 [2 fr.].

III. Observations critiques sur les vices de notre système d'écriture. Paris, de l'impr. de Sétier, 1827, in-8 de 24 pag.

IV. Histoire de France mnémonisée. Paris, Lévy, 1827, in-18 [3 fr.].— Seconde édition, précédée d'un Traité de mnémotechnie en général. Paris, Mansut, 1832, in-18 [4 fr.].

Cet ouvrage donne les moyens de retenir les époques historiques. Pour obtenir ce résultat, l'auteur remplace les chiffres des dates par des articulations [ou consonnes effectives]. Ainsi, pour se rappeler que Charlemagne, en 1804, transplanta 100,000 familles saxonnes en Flandre, il traduit, par les articulations *v*, *s*, *r*, les trois chiffres 8, 0 et 4. Il forme un mot de ces trois articulations, en les combinant avec des sons [ou voyelles affectives], qui n'ont aucune valeur numérique pour les mnémonistes. Les mots *visir, visière, véser*, etc., seraient susceptibles de représenter 804. L'auteur choisit, parmi ces mots, celui qui a le plus de rapport avec l'événement dont il veut retenir la date. *Véser* doit être préféré à *visir* et à *visière*, si l'on considère que les Saxons transplantés en Flandre habitaient au-delà du *Véser*, fleuve qui séparait les Saxons-Ostphaliens des Westphaliens. Une fois ce rapport aperçu, il est facile de retrouver la date; car celui qui interroge met sur la voie sans le vouloir, lorsqu'il demande en quelle année Charlemagne a transplanté 100,000 familles en Flandre. Le moyen est fondé sur la liaison des idées. La méthode de mnémonique, qui présente de grands avantages, doit exciter l'attention des hommes éclairés qui s'occupent de ces matières; c'est le moyen de la conduire à sa perfection. Dans un temps où l'on ne dédaigne rien de ce qui est utile, il n'est point à présumer que l'on néglige un procédé dont on peut tirer un si bon parti pour les progrès de l'instruction particulière et publique. [*Revue encycl.*, t. XXXIV, p. 492.]

V. Dictionnaire [nouveau] de poche espagnol-français et français-espagnol. Paris, Baudouin frères, 1829, et Paris, Thiériot, 1833, 2 vol. in-32 [5 fr.]; et Paris, Thiériot, 1837, in-18 [7 fr.]; et 1838, in-32 [6 fr.].

Il a été fait aussi à Hambourg, en 1835, une petite édition de ce Dictionnaire, un vol. in-18.

VI. Conférences sur la théorie sociétaire de Charles Fourier, faites au palais Saint-Pierre, salle de la Bourse, à Lyon, en septembre 1833. Lyon, Babeuf; Perret, 1834, in-8 [2 fr.].

VII. Relation de l'expédition de Mascara, par Adrien Berbrugger, secrétaire de M. le maréchal Clausel. Paris, veuve Le Normant; Delaunay, 1836, in-8 de 96 pag.

VIII. Voyage au camp d'Abd-el-Kader, à Hamzah et aux montagnes de Wannourhah [province de Constantine], en décembre 1837 et janvier 1838. Toulon, de l'impr. d'Aurel, 1839, in-8 de 80 pag.

Extrait de la « Revue des Deux-Mondes », IVe série, tome XV, augmenté d'un Appendice où l'on a recueilli des passages de l'itinéraire d'Antonin, etc.

BERCHET [Giovani]. — Fantezie [le], romanza. *Parigi, Delaforest, 1829, in-12.

Le Catalogue de Hauman et Cie, de Bruxelles, 1839, donne le titre d'un autre ouvrage du même auteur, intitulé : *Vecchie Romanze spagnuole, recate in italiano.* Un beau vol. in-8.

BERDEZ [A.]. — Rapport sur le concours ouvert par la Société vaudoise d'utilité publique, au sujet des pauvres. Lauzanne, 1831, in-8.

BERCKMANS [Ferdinand], architecte de la province d'Anvers, et professeur d'architecture ; né à Anvers.

— Mémoire sur l'instruction des élèves en architecture. ..

BÉRENGER [Alphonse-Marie-Marcellin-Thomas], jurisconsulte, l'un de nos législateurs les plus distingués, conseiller à la Cour de cassation, pair de France, membre de l'Institut [Académie des sciences morales et politiques, section de législation, droit public et de jurisprudence], etc., est né à Valence [Drôme], le 31 mai 1785, d'un père alors procureur du roi (*). M. Bérenger, après avoir été conseiller-auditeur en 1808, devint sous l'Empire avocat-général à la Cour impériale de Grenoble. A la rentrée des Bourbons, il fit peu parler de lui. En mai 1815, il fut élu par l'arrondissement de Valence comme député de la Drôme à la chambre des représentants, où il se fit remarquer parmi les membres les plus dévoués à la patrie. Dans la séance du 19 juin, il lut une pétition d'un sieur Jousse, receveur de l'enregistrement à Sceilau, injustement privé de sa liberté par la commission de Napoléon dans la 7e division militaire, et s'éleva avec force contre cet acte arbitraire, dont il obtint réparation. Le lendemain, il fit une semblable motion à propos d'une réclamation de ce genre, présentée par Félix Desportes. A la séance du 23 juin, il demanda que le gouvernement provisoire fût déclaré responsable collectivement, et il fit précéder cette proposition de ses considérations sur l'abdication de Napoléon : « Un grand sacrifice a » été consommé hier, dit-il ; il l'a été par » le plus grand héros, avec une magna- » nimité digne de lui et de la nation » qui en est l'objet ; car c'est pour les » intérêts, le salut de la France que » l'Empereur a montré cette abnégation » de lui-même, le plus beau trait de nos » siècles modernes, et qui fera bénir son » nom dans la postérité, avec ceux des » Titus et des Marc-Aurèle. » Cette proposition ayant donné lieu à des explications assez vives sur la question de savoir si les actes du gouvernement seraient rendus au nom de Napoléon II, M. Bérenger répondit que ce n'était pas par des acclamations d'enthousiasme que cette question devait être décidée ; que par cela même qu'il reconnaissait Napoléon II pour empereur, il ne pouvait attribuer à la commission exécutive la haute prérogative de l'inviolabilité. « C'est, ajouta-t-il, parce que la » commission se trouve placée à côté de » de cette *grande figure de Napo-* » *léon II*, que j'ai dû vous demander » la responsabilité des membres qui » composent le gouvernement provi- » soire. Qu'arriverait-il si l'un d'eux, » infidèle à ses devoirs, venait à perdre » votre confiance » ? La chambre, après une longue discussion, passa à l'ordre du jour. Le 26, lors de la discussion du projet de loi relatif à des mesures de sûreté générale, M. Bérenger reconnut la nécessité du projet en lui-même ; mais dans la vue d'y établir une garantie contre l'arbitraire, il demanda que tout acte de mise en surveillance ou en

(*) Le père de M. Bérenger, né à Valence, ne se distingua pas d'une manière moins honorable que son fils dans la magistrature. Il avait été procureur du roi près de l'élection de Valence, membre des états du Dauphiné, député à l'Assemblée constituante et président du tribunal criminel de la Drôme, depuis 1791 jusqu'à l'établissement des tribunaux d'appel. Il fut nommé alors conseiller à la cour de Grenoble, et en même temps conservé à la présidence du tribunal criminel de la Drôme ; mais ayant refusé d'exécuter, dans cette place, des ordres qu'il jugeait arbitraires, il fut renvoyé par ce motif à la cour d'appel de Grenoble, où il siégea jusqu'en 1806, époque à laquelle il donna sa démission, et revint à Valence, où dès lors il vécut dans la retraite.

arrestation énonçât les motifs de cette mesure, et que les réclamations fussent adressées, non à deux commissions qui agiraient séparément dans chacune des chambres, mais à une commission de onze membres, dont sept seraient pris dans la chambre des pairs et quatre dans celle des représentants; enfin que le pouvoir discrétionnaire cessât avant l'expiration du délai de trois mois, si les circonstances devenaient plus favorables. Cette proposition n'eut pas de suite. A la séance du 30 juin, il s'opposa à l'adresse au peuple français, proposée par Manuel, des Basses-Alpes, adresse qui semblait exclure du trône le fils de Napoléon. « Vous avez déclaré, » dit-il, que les constitutions de l'Em» pire subsistaient, que Napoléon II » avait succédé à son père; vos com» missaires ont répété ce langage à » l'armée, et l'on vous propose de te» nir au peuple un langage tout diffé» rent! Disons franchement aux An» glais : Nous ne voulons pas du roi et » de la famille que vous ramenez à la » suite de vos armées; nous voulons » de Napoléon II. Proposons à ces fiers » étrangers deux bases de négociations » sans lesquelles aucun traité ne sera » conclu. Première base : proscription » des Bourbons; seconde base : la cou» ronne sur la tête de Napoléon II. » Il conclut au renvoi de l'adresse à une commission nouvelle. Ce discours excita le plus violent orage dans l'assemblée. A la séance du 7 juillet, à propos de l'article 37 du projet d'acte constitutionnel, portant que le chancelier appose le sceau de l'État sur les lois et actes du gouvernement, et est chargé de leur promulgation, M. Bérenger se prononça pour la conservation du mot *chancelier*. « Le chancelier, dit-il, » n'est pas un ministre; il contresigne » les actes et appose le sceau; c'est une » garantie de plus contre l'arbitraire, » cela est tellement vrai que, dans l'an» cien régime, le chancelier était ina» movible. En cas de disgrâce, on lui » ôtait les sceaux; mais il conservait » les honneurs de sa charge, et cette » prérogative le mettait à l'abri d'une » influence dangereuse. » Le même jour, il combattit l'hérédité et l'illimitation du nombre des pairs, fondé sur ce qu'il fallait proscrire toute distinction nobiliaire (*). Le 8 juillet, jour de l'entrée du roi à Paris, il signa la protestation délibérée et rédigée chez M. Lanjuinais, se démit volontairement, et aussitôt la dissolution de la chambre des représentants, de ses fonctions de procureur-général près la cour de Grenoble, et se retira dans ses foyers, où il resta sans emploi (**). Ne pouvant rester inutile à sa patrie, peu de temps après M. Bérenger revint à Paris, et fit à l'Athénée un cours de droit public. Ce fut pendant ce professorat, et après s'être avantageusement fait connaître par une traduction française des *Novelles de Justinien*, Metz, 1810-11, 2 vol. in-4, ou 10 vol. in-12, et par un remarquable discours d'ouverture intitulé : *De la religion, dans ses rapports avec l'éloquence*, etc., Grenoble, 1814, in-8, qu'il publia son livre *De la Justice criminelle en France*, etc., Paris, 1818, in-8. Chargé long-temps de provoquer devant une cour souveraine, l'application des lois pénales, M. Bérenger a pu, mieux que tout autre, sonder toute l'imperfection de celles qui nous régissent; aussi ce traité, en dépit de quelques critiques partiales et de mauvaise foi, l'a élevé, dès son apparition, au rang de nos meilleurs publicistes. Il y expose les vices de nos lois criminelles, qui avaient été rédigées pour affermir le despotisme impérial, signale l'arbitraire et les abus introduits dans l'administration de la justice depuis 1815, et indique les moyens d'y remédier; il cherche surtout, dans ce livre, à mettre en harmonie nos lois criminelles avec nos institutions politiques. Jurisconsulte profond et auteur de plusieurs ouvrages de droit estimés, ami de la charte et l'un de ses plus ardents défenseurs, honnête homme, un des Français les plus estimés et les plus estimables, tant comme sujet que comme citoyen, M. Bérenger ne pouvait toujours rester à l'écart; aussi, les électeurs de Valence lui décernèrent-ils, presque unanimement, le 13 février 1828, le mandat d'aller représenter à la chambre le département de la Drôme. Pendant les trois sessions qui ont pré-

(*) Biographie des hommes vivants, de Michaud, t. I, p. 291-92.

(**) Biographie nouvelle des contemporains, t. II, p. 371.

cédé la révolution de 1830, M. Bérenger, comme l'un de nos législateurs les plus distingués, a constamment consacré ses connaissances profondes à défendre nos libertés, ainsi qu'à réclamer le développement des institutions incomplètes arrachées à la Restauration. Mais depuis ce grand événement, c'est avec quelques regrets qu'on a vu M. Bérenger, sans être infidèle à son drapeau, marcher néanmoins d'un pas trop timide dans la voie de la régénération dont le canon de juillet avait donné le signal. Adversaire de l'hérédité de la pairie, qu'il attaquait fortement en 1815, M. Bérenger, ferme dans ses principes, n'a point démenti, en 1831, son opinion précédente, en se déclarant favorable, par son vote, au ministère dont il refusa de faire partie. Son hostilité contre le ministère était néanmoins assez faible, et la preuve c'est que par ordonnance du roi du 14 mai 1831, il fut nommé conseiller à la cour de cassation, en remplacement de M. Minier, décédé. Le 22 novembre de la même année, M. Bérenger fut élu vice-président de la chambre des députés. Dans la séance de cette année, il flétrit la brutalité des ministres dans la destitution de MM. Baude et Dubois, de la Loire-Inférieure, qui s'étaient avisés de critiquer les pensions continuées aux chouans et à l'émigration. « Si la chambre, dit-il, n'ex-» prime pas hautement combien pro-» fondément elle vient d'être blessée, » elle se voue elle-même au mépris pu-» blic.... » Certes, si l'on doit approuver l'indignation de M. Bérenger dans cette circonstance, on doit aussi regretter qu'elle soit restée tout-à-fait muette devant tant de turpitudes gouvernementales bien autrement importantes. Le roi ayant, par ordonnance du 26 octobre 1832, rétabli l'Académie des sciences morales et politiques, supprimée le 3 pluviôse an XI [23 janvier 1803], M. Bérenger fut appelé à faire partie de cette classe de l'Institut dès sa formation; en cela on ne fut que juste, bien que ce jurisconsulte n'eût publié jusqu'alors qu'un seul ouvrage académique. M. Bérenger, de nouveau vice-président de la chambre des députés, présenta, le 26 avril 1833, le rapport du projet de loi sur la responsabilité des ministres, si long-temps promis et indéfiniment ajourné. On n'a pas dû regretter, du reste, le retard apporté à cette œuvre ministérielle, où la multiplicité des formes et les entraves mises à dessein rendent à peu près illusoire toute espèce de responsabilité. Dans cette même année 1833, M. Bérenger, de concert avec plusieurs philanthropes, fonda une Société pour le patronage des jeunes libérés du département de la Seine. Frappés de la progression toujours croissante des récidives, et désirant extirper le mal dans sa racine, les fondateurs ne tardèrent pas à exciter de la sympathie chez un grand nombre d'hommes honorables, pairs de France, députés, conseillers-d'État, magistrats, avocats, médecins, employés, négociants, citoyens de tout rang et de tout culte, qui adhérèrent à cette fondation et mirent leur zèle et leurs efforts en commun avec ceux des fondateurs. Cette société se réunit pour la première fois en assemblée générale à l'Hôtel-de-Ville, le 17 mars 1833, sous la présidence provisoire de M. Taillandier, conseiller à la cour royale; mais la présidence définitive fut donnée, à l'unanimité, à M. Bérenger, qui n'a pas cessé depuis lors de remplir cette fonction : c'est en cette qualité que M. Bérenger a publié cinq *comptes-rendus* annuels, qui constatent les heureux résultats, et en assez grand nombre, obtenus par cette philanthropique association. M. Bérenger, en 1834, fut élu, pour la troisième fois, vice-président de la chambre, après un ballotage avec M. Persil. M. Bérenger se joignit, dans la discussion de l'adresse, au déchaînement général de tous les orateurs indépendants contre les doctrines judiciaires du futur garde-des-sceaux, et les attaques qu'il avait si fréquemment portées au jury et à la liberté de la presse [2 et 5 janvier]. La majorité n'en était pas encore au ministère Persil; aussi les paroles de M. Bérenger furent-elles généralement applaudies. Mais, le lendemain, violemment interpellé par M. Persil, M. Bérenger sentit faiblir les velléités d'indignation qui l'avaient inspiré la veille. On le vit, pendant la fougueuse diatribe de son collègue, s'empresser d'écrire sa défense sur un morceau de papier; puis, son papier à la main, lire une amende honorable, et faire le plus pompeux éloge de l'homme qu'il attaquait la veille, rendre hommage au « courage du magis- » trat qui se dévouait pour le bien pu- » blic; affirmer enfin qu'il était prêt à » s'unir à lui contre les factieux. » Cette piteuse palinodie n'étonna pas de la part d'un homme fort honnête, mais qui n'avait pas la prétention de devenir jamais un personnage politique. Le 18 février, M. Bérenger présenta le rapport du projet de loi sur la responsabilité ministérielle, bonne mystification que cet excellent homme avait prise au sérieux. Dans la discussion de la loi sur les associations, le 18 mars, M. Bérenger présenta un amendement dont voici la substance : « Les associations » sont obligées de faire connaître » leurs statuts, leurs chefs et leur » but; l'autorité municipale a le droit » d'assister à toutes les réunions, et » de leur donner l'ordre de se séparer » quand elle le juge convenable ; le » gouvernement enfin peut dissoudre, » selon sa volonté, toutes les asso- » ciations ». Comme on le voit, cet amendement avait pour but de remplacer un arbitraire sans pudeur par de l'arbitraire déguisé : c'était de la clémence à la façon de ce tyranneau qui, dans ces moments de bonne humeur, fusille ses sujets par devant au lieu de les faire fusiller par derrière. Eh bien! cet amendement ne pouvait encore convenir au gouvernement, et les hommes du pouvoir ne voulurent aucune restriction, quelque illusoire qu'elle pût être, aux pouvoirs exhorbitants qu'ils réclamaient; aussi, malgré les développements assez habiles de M. Bérenger, malgré l'appui du tiers-parti et de tous les hommes qui, à défaut de la réalité, se contentaient du fantôme de la liberté, cet amendement, comme tous ceux qui furent présentés pour atténuer quelques parties d'une loi détestable, ne put trouver grâce auprès de la majorité. M. Bérenger, dans cette session, comme dans tout le cours de sa législature, terminée le 5 avril 1839, s'est souvent élevé contre le ministère, et n'en a pas moins voté avec lui dans presque toutes les questions politiques. C'est un de ces hommes timides qui blâment quelquefois, mais qui laissent toujours faire, dont la pusillanimité passe pour de la conscience, et l'indolence pour de l'impartialité. C'est ainsi que dans la loi des associations, qu'il n'avait pu faire amender, il s'absenta au moment du vote, ne voulant pas voter pour et n'osant pas voter contre. C'est de ces hommes qui, lorsque le despotisme marche à grand pas, commencent à se plonger dans une méditation profonde; ils rêvent, ils examinent, ils discutent savamment la légalité; ils parlent avec prudence : ils veulent, disent-ils, se modérer; ils craignent de prendre un parti sans une mûre délibération, et toutes les libertés sont confisquées que la délibération dure encore. Semblables aux Grecs du Bas-Empire, ils se disputent sur une syllabe et calculent la valeur d'un iota, quand la société est ébranlée jusque dans ses fondements. Et ils blâment quiconque n'est pas doué, comme eux, d'une apathique résignation, et ils plaignent paternellement celui qui se laisse entraîner à un mouvement généreux qu'ils ne sauraient comprendre; et ils se disent sages, et on le croit, parce qu'ils le disent! Certes, une nation composée de pareils hommes eût souffert long-temps avant d'accomplir une révolution de juillet (*)! M. Bérenger, au commencement de 1839, avait complété onze années de carrière législative à la chambre basse [du 15 février 1828 au 5 avril 1839]. Vers la fin de la même année, le gouvernement, voulant réparer les pertes que la pairie avait subies depuis 1830, par suite de décès, fit, par ordonnance du 7 novembre, une fournée de pairs dans laquelle furent compris M. Bérenger, l'ancien membre de la chambre des représentants, qui pendant les cent-jours repoussait avec force le gouvernement que les Anglais amenaient à leur suite, et alors tout dévoué au pouvoir impérial; l'honorable et regrettable savant Daunou, ex-membre des législatures révolutionnaires, et quelques autres hommes d'élite qui n'avaient, pas plus que le premier brigué cet insigne honneur; mais en les accolant ainsi, pour satis-

(*) Biographie impartiale de 221 députés, etc. [1830, in-8]; — Biographie politique des députés. Session de 1831 [1831, in-8]; — Comptes-rendus des sessions législatives. Sessions de 1832-34 [1834, 2 vol. in-8].

faire l'opinion publique, avec d'autres hommes appartenant à toutes les nuances, et dont on tenait à récompenser le dévouement, on voulait imposer silence à la presse.

I. Novelles de *Justinien*, traduites du latin. Metz, 1810-11, 2 vol. in-4, ou 10 vol. in-12.

II. De la Religion, dans ses rapports avec l'éloquence, discours prononcé à l'ouverture des audiences de la Cour de Grenoble, au mois de novembre 1813. Grenoble, de l'impr. de veuve Peyronard, 1814, in-8 de xj et 49 pag.

III. De la Justice criminelle en France, d'après les lois permanentes, les lois d'exceptions, et les doctrines des tribunaux. Paris, l'Huillier, 1818, in-8 [7 fr. 50 c.].

« L'auteur de ce livre, est-il dit dans l'avant-propos, ayant le bonheur de vivre sous un gouvernement représentatif, et par conséquent dans un état libre, a cru pouvoir écrire avec liberté sur les institutions judiciaires de son pays ». L'auteur a tenu sa promesse. — La même année furent publiées des « Observations critiques sur la procédure criminelle, d'après le code que régit la France » ; par M. J.-M. B., avocat. [Paris, Eymery, in-12]. Ces observations qui ont été présentées par les auteurs de la « Minerve française » comme complétant celles de M. Bérenger, ont pour auteur M. Berton, ancien avocat aux conseils du roi, cousin du célèbre compositeur de musique H. Montan Berton, et neveu, par alliance, de MM. Lacretelle, de l'Institut.

IV. Société pour le patronage des jeunes libérés du département de la Seine. Comptes-rendus. Assemblées générales, tenues à l'Hôtel-de Ville en 1833 et 1834, et de 1836 à 1840. Paris, des impr. de H. Fournier et A. Henry, 1833-40, 6 broch. in-8.

Ces comptes-rendus ont été rédigés par M. Bérenger, comme président de la dite société.

V. Rapport sur les statistiques civiles du ministère de la justice, lu aux séances de l'Académie [des sciences morales et polit.], des 21 février et 18 juin 1835.

Imprimé dans le tome Ier du recueil de l'Académie où ce Rapport a été lu [1837].

VI. Des Moyens propres à généraliser en France le système pénitentiaire, en l'appliquant à tous les lieux de répression du royaume, à tous les individus qui, à quelque titre que ce soit, sont mis sous la main de la justice, et en plaçant les libérés sous la protection organisée de la bienfaisance publique ; lu à l'Académie des sciences morales et politiques, dans les séances des 25 juin, 9, 16 et 23 juillet 1836 ; avec 2 planch.

Imprimé aussi dans le volume précité.

Outre une centaine d'exemplaires tirés à part, consacrés par l'usage, il a été fait une édition particulière de ce Mémoire [Paris, de l'impr. royale, 1836, in-8 de 96 pag.], et une autre, portant IVe édition, augmentée [Valence, Marc-Aurel ; et Paris, Cherbuliez, 1838, in-8 [3 fr. 50 c.]. Cette dernière paraît être la seule destinée au commerce.

VII. Cour de cassation. Question des duels. Arrêt rendu par la Cour de cassation, chambres réunies sous la présidence de M. le premier président Portalis, à l'audience solennelle du 15 décembre 1837 ; précédé du rapport de M. le conseiller Bérenger, et du réquisitoire de M. le procureur-général Dupin. Paris, de l'impr. de Pihan-Delaforest, 1838, in-8 de 56 pag.

BÉRÈS [Émile], du Gers, avocat.

I. Essai sur les moyens de créer la richesse dans les départements méridionaux de la France. Paris, Lassime, 1830, in-8.

II. Éléments d'une nouvelle législation des chemins vicinaux, grandes routes, chemins de fer, rivières et canaux. Ouvrage couronné le 31 août 1831 par la Société d'agriculture, sciences et arts de Châlons-sur-Marne. Paris, Carilian-Gœury, 1831, in-8 de 120 pages.

III. Causes du malaise industriel et commercial de la France, et moyens d'y remédier. Ouvrage couronné en 1832 par la Société industrielle de Mulhouse ; suivi du rapport fait par M. Ch. Dupin. Paris, Paulin ; Delaunay, 1832, in-8.

IV. Des Causes de l'affaiblissement du commerce de Bordeaux, et des moyens d'y remédier. Paris, rue du Colombier, no 15, 1835, in-8 de 100 p. [2 fr.].

V. Classes [les] ouvrières. Moyens d'améliorer leur sort sous le rapport du bien-être matériel et du perfectionnement moral. Ouvrage couronné à Mâcon par la Société d'agriculture, sciences et arts ; et à Paris, par la Société de la morale chrétienne. Paris, Charpentier, 1836, in-8 [6 fr. 50 c.].

VI. Avec MM. *Dronsart et Hector*

Héreau : Mémoire sur l'embellissement des Champs-Elysées, et les avantages que le gouvernement et la population parisienne doivent en retirer. Paris, de l'impr. de Ducessois, 1836, in-4 de 20 pag. et un plan.

VII. Sociétés [des] commerciales sous le point de vue de l'économie politique. Paris, Barba, 1838, in-8 de 40 pages.

VIII. Manuel de l'actionnaire, ou Résumé des précautions à prendre pour placer utilement son argent dans les sociétés par actions, avec des notices détaillées sur les principales de ces sociétés. Paris, Guillaumin; Mathias, 1839, in-18 [3 fr.].

M. Bérès a, en outre, fourni des notes et des éclaircissements sur les sciences, les arts, l'industrie et le commerce des anciens, pour «l'Histoire ancienne», de ROLLIN [1835].

BERGASSE [Nicolas], avocat et publiciste. [Voy. la *France littér.*, t. 1er, p. 282]. Ajoutez : orateur éloquent et habile écrivain, ancien député, ancien membre du comité de constitution à l'Assemblée nationale; né à Lyon, en 1750, mort à Paris, le 30 mai 1832 (*).

BERGASSE [Paul]. — Dessèchement des marais de Sceaux. Paris, de l'impr. de Moquet, 1833, in-4 de 12 pag.

BERGÉ, avocat à la cour royale de Bordeaux.

I. Officier [l'] de l'état civil doit-il être un prêtre? Paris, l'Auteur; Bossange père, 1826, in-8.

II. Principe de gouvernement, et en particulier du gouvernement représentatif dans ses rapports avec la censure et le projet de loi sur la liberté de la presse. Paris, Béchet aîné, 1827, in-8 de 136 pag. [2 fr. 50 c].

BERGÉ DE MAZÈRES [Z.]. — Bohémienne [la], satire politique. [En vers.] Lyon, de l'impr. de Mlle Perret, 1833, in-8 de 12 pag.

(*) La «France littéraire» ne cite pas de Bergasse les trois écrits suivants : 1° *Mémoire sur une question d'adultère, de séduction et de diffamation*, pour le sieur Kornmann, son épouse, et le sieur Augustin Caron de Beaumarchais [1787, in-4. Anon.];— 2° *Observations sur l'écrit du sieur Beaumarchais*, ayant pour titre : Court Mémoire, en attendant l'autre, dans la cause du sieur Kornmann [1788, in-4]; — 3° *Discours sur l'humanité des juges, dans l'administration de la justice criminelle*, avec cette épigraphe : l'Humanité est un sixième sens. Servan. [1788, in-8 de 48 pag.].

BERGER, médecin vétérinaire. Voy. BERGER-PERRIÈRE.

BERGER. — Méthode bergérienne, ou l'Art d'apprendre à lire en dix leçons. Lure, de l'impr. de Bettend, 1829, in-8 oblong de 48 pag.

BERGER [Anatole]. — I. Rosane. Désordre, crime et vertu. Paris, Renduel; Lecointe et Pougin, etc., 1832, in-8 [6 fr.].

II. Deux [les] commandeurs. Paris, Lachapelle, 1836, 2 vol. in-8 [15 fr.].

Ces deux romans ont été publiés sous le nom de *Gerber*, anagrame de celui de l'auteur.

BERGER DE XIVREY [Jules], né à Versailles [Seine-et-Oise], le 16 juin 1801, docteur en philosophie, membre de l'Institut [Académie des inscriptions et belles-lettres], élu le 17 mai 1839, en remplacement d'Émeric-David, décédé le 12 avril de la même année, précédemment membre des académies royales de Rouen, Toulouse, Tubingue; de la Société royale de Nanci; de la Société latine d'Iéna; de la Société hellénique; de celles des antiquaires de Normandie et des antiquaires de l'Ouest; membre du conseil de la Société de l'Histoire de France; collaborateur du « Journal des Débats » depuis 1837.

I. *Homère*. La Batrachomyomachie, ou le Combat des rats et des grenouilles, traduite en [vers] français. [Avec le texte en regard]. Paris, de l'impr. de Didot. — Ladvocat, 1823, in-18 de 72 pages, avec un portrait d'Homère [2 fr.]. — Sec. édit., augmentée d'une Dissertation sur ce poëme, traduite de l'italien du comte *Leopardi*, et de la Guerre comique, ancienne imitation en vers burlesques. Paris, de l'impr. de Fournier.— Arth. Bertrand, 1837, in-18 de 259 pag., avec le portr. d'Homère [3 fr.].

Les douze premières pages contiennent une très-bonne préface de M. Berger de Xivrey. On y lit que cette production ne peut plus être attribuée à Homère; mais qu'elle est regardée assez généralement comme un morceau achevé. Pages 14 à 55 : texte grec et version française; pages 57 à 71 : notes; pages 73 à 104 : Discours de M. Leopardi [en français seulement], avec des remarques du traducteur. L'auteur italien pense que la Batrachomyomachie n'est ni d'Homère, ni de Pigès, ni antérieure au IIIe siècle avant notre ère. Pages 105 à 228 : les trois chants de la Guerre comique, en vers français de huit syllabes, médiocre poëme dont l'auteur demeure inconnu, mais qui a été imprimé, pour la première fois, en 1668, in-16, à Paris, chez Barbin, et une deuxième fois, en 1709. M. Berger de Xivrey en donne ici une troisième édition, à la suite de laquelle il a recueilli les variantes des deux premières. Toute cette publication nous paraît faite avec un grand soin. [DAUNOU, *Journal des Savants*, 1837, p. 440].

II. *Traité de la prononciation grecque moderne, à l'usage des Français; par J. B. X. Paris, de l'impr. de Dondey-Dupré, 1828, gr. in-18 de xij et 80 pag. [2 fr.].

Cet ouvrage, encouragé par la souscription du gouvernement, servit aux membres de l'expédition de Morée, qui se fit l'année suivante. — M. Champollion en a rendu compte dans le « Bulletin universel de Férussac », section des sciences philologiques : le « Moniteur » du 2 septembre 1828, en a également rendu compte.

III. Recherches sur les sources antiques de la littérature française. Paris, Crapelet; Roret, 1829, in-8 [6 fr.], et sur grand papier vélin, cart. [15 fr.]

M. Daunou a fait l'examen critique de cet ouvrage dans le « Journal des Savants », de mai 1829 ; il en a été également rendu compte dans le « Moniteur » du 30 janvier 1829, dans « l'Universel » du 1er février 1829.

IV. *Phædri*, Augusti liberti, Fabularum Æsopiarum libros quatuor, ex codice olim pithæano, deindè peleteriano, nunc in bibliotheca viri excellentissimi ac nobilissimi Lud. Lepeletier de Rosanbo Marchionis, paris Franciæ, amplissimo senatui à secretis, etc., etc., contextu codicis nunc primùm integrè in lucem prolato, adjectâque varietate lectionis è codice remensi, incendio consumpto, à dom. Vincentio, olim enotata, cum prolegomenis, annotatione, indice. Parisiis, F. Didot, 1830, in-8 max., sur gr. papier vélin, avec un fac-simile du manuscrit latin du xe siècle, base de cette édition [20 fr.].

La préface de M. Berger de Xivrey, écrite en français, remplit les 80 premières pages. Elle est suivie des variantes du manuscrit de Rheims, extraites par D. Vincent. Dans le corps du volume, les fables de Phèdre sont accompagnées de courtes notes latines, où sont recueillies les variantes des éditions. Des tables et l'errata occupent les pages 255 à 267.

Cette édition n'a été tirée qu'à 200 exemplaires sur grand papier vélin, et à 25 exemplaires seulement sur petit papier, pour remplir les formalités du dépôt, et pour les annonces, etc. Ces derniers exemplaires n'ont point été mis dans le commerce.

La question de l'authenticité du fabuliste latin a été décidée par cette édition critique, que M. Orelli a reproduite, à Zurich, l'année suivante avec des développements dont il dit, au sujet des difficultés qui embrouillaient la question avant le travail de M. Berger de Xivrey : *Talem in modum ut evolvere exitum istarum turbarum unicè ope Bergerianæ editionis potuerimus.*

M. Daunou, dans le « Journal des savants », a rendu un compte détaillé de ce travail, qui a été examiné par la plupart des Revues d'Allemagne, notamment par le « Freiesleben magazin » de janvier 1831 ; par le « Neues Archiv fur Philologie und Padagogik » de septembre 1830 ; par « l'Allgemeine schulzeitung » du 21 octobre 1831, etc.

V. Mémoire sur la nouvelle édition du Trésor de la langue grecque, de Henri Estienne, que publie en ce moment M. Firmin Didot. Rouen, Nicétas Périaux, 1831, in-8 de 27 pag.

Extrait des Mémoires de l'Académie de Rouen.

VI. Lettre à M. le comte Anatole de Montesquiou. Caen, Hardel, 1833, in-8 de v et 28 p.

Cette lettre, sur un cachet du moyen âge, trouvé à Clinchamp (Orne), chez M. de Montesquiou, est accompagnée de la représentation de ce petit monument gravé par Bréviaire. Elle est extraite des Mémoires de la Société des Antiquaires de Normandie, et a été reproduite, ainsi que la brochure précédente dans les *Appréciations historiques* du même auteur.

VII. Lettre à M. Hase sur une inscription latine du second siècle, trouvée à Bourbonne-les-Bains le 6 janvier 1833, et sur l'histoire de cette ville. Paris, de l'impr. de Fournier. — Aimé André; et Bourbonne, Leclerct, 1833, in-8, avec 6 planches représentant des monuments et inscriptions

Le « Journal des Savants », année 1833, p. 446, renferme une note sur cette lettre; M. Delécluse en a parlé dans le « Journal des Débats », n° du 17 mai 1839.

La « Revue européenne » de janvier 1834, le « Kunst-Blatt » du 4 février 1834, le « Moniteur » du 12 novembre 1833, le « Temps » du 19 avril 1834, ont également rendu compte de cet ouvrage, qui a été honoré d'une des trois médailles d'or décernées par l'Académie des inscriptions et belles-lettres, dans sa séance du 2 août 1833, pour les meilleurs ouvrages publiés sur nos antiquités nationales.

VIII. Traditions tératologiques, ou Récit de l'antiquité et du moyen-âge en Occident, sur quelques points de la fable, du merveilleux et de l'histoire naturelle; publié d'après plusieurs manuscrits inédits, grecs, latins et un vieux français, par Jules Berger de Xivrey. Paris, de l'impr. royale. — Aimé André, 1836, in-8 [10 fr.].

Les textes grec et latin sont en regard de la traduction française.

M. Naudet a rendu compte de cet ouvrage dans le « Journal des Savants », n° d'avril 1836, p. 125.

Le « Moniteur universel » du 14 février 1837, le « Temps » du 9 juillet 1836, la « Quotidienne » du 15 septembre 1838, le « Heidelberger Jahrbücher der Litteratur, le « Journal de l'Instruction publique », « l'Artiste » ont rendu compte avec détails de cet ouvrage.

IX. Essais d'appréciations historiques, ou Examen de quelques points de philologie, de géographie, d'archéologie et d'histoire. Paris, de l'impr. de Dondey-Dupré.—Desforges, 1837, 2 vol. in-8 [15 fr.].

M. Delécluze a rendu compte de cet ouvrage dans le « Journal des Débats », n° du 17 mai 1839.

Voici le détail nécessaire de sa subdivision :

I. PHILOLOGIE. Exposé des principes de l'auteur sur la critique. — Appréciation des travaux de la véritable érudition. — Plusieurs questions de littérature ancienne, telles que celle de l'authenticité des fables de Phèdre, avec des notions toutes récentes sur ce point déjà traité par l'auteur. — D'autres relatives à l'étude du grec ancien et moderne. — Des considérations sur le véritable caractère des encyclopédies. — Sur l'origine de l'écriture.

II. GÉOGRAPHIE. L'examen de plusieurs œuvres d'érudition géographique, telles que les Recherches de M. Dureau de la Malle sur la topographie de Carthage et celles de l'Académie des inscriptions et belles-lettres sur la colonisation de l'Afrique par les Romains. — L'exposé rapide de deux explorations de l'Asie Mineure, honorables pour la France, entreprises, l'une par M. Camille Callier, l'autre par M. Charles Texier. — Le compte-rendu du dernier ouvrage du plus célèbre des voyageurs modernes, l'examen critique de la Géographie du nouveau continent par M. Alexandre de Humboldt. — Ces articles sont précédés de l'indication des ressources que présente à la science géographique la collection de la bibliothèque du roi.

III. ARCHÉOLOGIE. Un aperçu de ce qui, dans ces dernières années, a eu le plus d'importance ou de retentissement en archéologie, comme la supposition des inscriptions de Nérac, le célèbre mobilier de M. du Sommerard, le musée des antiquités normandes, les travaux des antiquaires de l'Ouest.—Des recherches sur des monuments les plus opposés par leur dimension, tels que d'une part une grande cathédrale, de l'autre un simple petit cachet du moyen-âge, occasion d'une excursion assez avancée sur quelques points des mœurs de cette époque.

IV. HISTOIRE. Vues sur l'étude actuelle de notre histoire. — Compte rendu de l'ouvrage capital de M. le comte Beugnot sur la destruction du paganisme en Occident; de celui de M. Reinaud sur les invasions des Sarrazins en France; d'une suite de travaux sur l'histoire de Normandie, objet de prédilection pour l'auteur, et notamment de l'importante Monographie du privilége de Saint-Romain par M. Floquet; de l'Histoire de Sainte-Élisabeth de Hongrie, par M. le comte de Montalembert. — Publication d'une lettre inédite du père Cotton, confesseur de Henri IV, encadrée dans quelques vues sur ce fameux jésuite et sur l'influence de sa compagnie, au commencement du XVIIe siècle. — Compte-rendu de la collection numismatique, dite galerie métallique des grands hommes français.

X. Occupation de Grenoble par les Sarrazins au Xe siècle. Valence, Borel, 1828, in-8 de 15 pag.

Morceau imprimé d'abord dans le « Journal des Débats », et reproduit par la « Revue du Dauphiné », puis par le « Journal asiatique », IIIe série, tome V, n° 20.

XI. Sur les premiers essais de la typolithographie et de la chalcolithographie. Note lue, le 20 mai 1836, à l'Académie royale de Rouen. Rouen, imprimé, par le procédé typolithographique, par Berdalle de Lapommeraye, 1838, in-4 de 16 pag.

Le bulletin de l'Académie des sciences a rendu compte de cette brochure qui se trouve aussi dans les Mémoires de l'Académie de Rouen.

VII. Notice sur la plupart des manuscrits grecs, latins et un vieux français, contenant l'histoire fabuleuse d'Alexandre-le-Grand, connue sous le nom de Pseudo-Callisthènes, suivie de plusieurs extraits de ces manuscrits.

Imprimée dans le tome XIII des « Notices et Extraits des manuscrits de la Bibliothèque du roi et autres bibliothèques ».

XIII. Traces de l'histoire dans l'Algérie. Paris, 1838, in-8 de 19 pag.

XIV. Des premières relations entre l'Amérique et l'Europe, d'après les recherches de M. A. de Humboldt. Juin 1838, in-8 de 23 pag.

Ces deux dernières brochures sont extraites de la « Revue de Paris ».

XV. Philosophie [la] du polythéisme positif.

Imprimé dans la « Revue française », août 1838.

XVI. Un document culinaire de l'an 1301.

Imprimé dans la « Revue précitée », en décembre 1838.

XVII. Documents historiques tirés des archives de Poitiers.

Imprimé dans la « Bibliothèque de l'École des Chartres », en 1839.

Outre les ouvrages et opuscules que nous venons de citer de M. Berger de Xivrey, cet écrivain est encore auteur de divers articles d'histoire et de biographie qu'il a fourni à « l'Encyclopédie des gens du monde » : nous citerons les suivants : *Baïf, La Balue, Barachre, Barbe, Bélénus, Bloquernes, Blemmyes, Borvon, Bosphore, Bourgeois, Boustrophidone, Brachygraphie, Briçonnet, Bucéphale, Budé, Byzan-*

tine, *Callisthène*, *Calligraphe*, *Du Cange*, *Constantinople*, *Grand-Domestique*, *Gaza*, *Georges de Trébizonde*. — Il a fait plusieurs bulletins bibliographiques pour les Bulletins de la Société de l'histoire de France [ceux d'octobre, novembre et décembre 1839], et pour la Bibliothèque de l'École des Chartes.

Enfin, comme rédacteur du « Journal des Débats », M. Berger de Xivrey y a fourni depuis 1837, une série d'articles dont nous allons citer ici les principaux. En 1837 : Vases de Canino, 15 juin ; — Publication des Cartulaires, 29 juin ; — Politique d'Aristote, 16 juillet et 12 août ; — du grand Serpent de mer, 26 août ; — de la Prescription acquise à certains quiproquos, 3 septembre ; — sur l'Almanach royal du royaume de Grèce, publié en grec moderne, 16 septembre ; — sur les Antiquités du Loiret, 20 octobre ; — sur les Fragments des auteurs romains, 1er novembre. — En 1838 : Courses de chevaux chez les anciens, 27 juin ; — d'une nouvelle édition des Odes d'Horace, 9 août ; — sur les nouvelles Annales d'archéologie, 12 septembre ; — sur l'Histoire de la marine française, 24 octobre et 21 décembre ; — Relation d'une excursion à Constantine, 11 novembre ; — Note sur M. Pouqueville, 22 décembre. — En 1839 : sur la traduction des OEuvres d'Hippocrate, 1er février ; — sur l'édition de Varron et de Verrius Flaccus, 19 avril ; — Lettre à M. Delécluze, 29 avril ; — sur l'Anniversaire demi-séculaire du serment du jeu de paume, 20 juin ; — sur le nouveau volume des petits Géographes, 6 août ; — sur le Commentaire des Éphémérides de Mattéo, 28 septembre ; — sur la publication des Archives de Reims, 22 novembre ; — Lettre au rédacteur, sur une assertion de M. Sainte-Beuve, 24 décembre. — En 1840 : sur les Prédictions de la fin du monde en cette année, 8 janvier ; — sur la Coïncidence des années 40, 30 janvier ; — sur l'ouvrage intitulé Archéologie égyptienne, 1er mars ; — sur Robert Estienne de M. Crapelet, 21 mars ; — sur la traduction de Platon de M. Cousin, 29 mai ; — note sur M. Daunou, 21 juin ; — séance de la Société de géographie, 25 juillet ; — catalogue de MM. De Bure, 12 août.

BERGER-PERRIÈRE, médecin-vétérinaire, connu d'abord sous le nom de Berger, ancien médecin-vétérinaire de la maison du roi [Charles X].

— Notice sur le moyen à employer pour maîtriser les taureaux. Versailles, de l'impr. de Marlin, 1833, in-8 de 8 pag. et 1 pl.

M. Berger a, en outre, annoté le « Guide du vétérinaire et du maréchal pour le ferrage des chevaux et le traitement des pieds malades », trad. de l'angl. de Godwin, par MM. O. et B. [1827, in-12].

BERGER-LOINTIER. — Rapport sur les diverses méthodes d'enseignement primaire, présenté à la Société d'encouragement pour l'enseignement mutuel. Angers, de l'impr. de Lesourd, 1837, in-8 de 40 pag.

BERGÈRE, colonel de genie.

I. Mémoire sur un mode particulier de revêtement, pour les ouvrages de fortification permanente. Paris, de l'impr. de Fain, 1829, in-8 de 40 pag. et 6 pl.

II. Rapport sur un appareil distillatoire de M. Gugnon aîné, chaudronnier à Metz. Metz, de l'impr. de Lamort, 1835, in-8 de 16 pag. et 1 pl.

BERGERET [J.-C.], avocat.

— Manuel du citoyen français, ou Commentaires sur les lois constitutionnelles du royaume. Paris, les marchands de nouveautés, 1830, in-8 de 44 pag. Paris, Barba, 1830, in-8 de 24 pag. [2 fr.].

BERGERON [Pierre], docteur en philosophie et en lettres, chevalier de l'ordre Ernest de Saxe-Cobourg-Gotha, né à Paris, le 3 novembre 1787, est un de ces hommes de mérite, comme M. de Chênedollé et tant d'autres, que la France a perdu par suite de ses commotions politiques, et qui sont allés porter leur instruction en Belgique. M. Bergeron est devenu chez nos voisins successivement professeur de rhétorique au collége d'Audenarde, d'humanités à l'Athénée royal de Bruges, de rhétorique au collége de Charleroi, dont il était en même temps principal; il est aujourd'hui professeur à l'Université libre de Bruxelles. Nous connaissons de M. Bergeron les ouvrages suivants :

I. Odes d'*Anacréon*, traduites en vers français. Paris, Mlles Souchon et Leblanc ; G. Mathiot, 1810, in-12 [2 fr.].

II. Heure [l'] du supplice, ou les Remords du crime, scène tragi-lyrique, en vers. Bruges, veuve de Moor et fils, 1819, in-8.

Réimprimé, en 1832, dans le n° VI.

III. Comédies [les] de *Térence*, traduites pour la première fois en vers français, avec le texte en regard. Gand, Houdin, 1821, 3 vol. in-8 [15 fr.].

Première traduction française complète.

IV. Sur la révolution belge, poëme. Bruxelles, 1830, broch. in-8.

Vendu au profit des blessés de septembre.

V. Mémoire sur les améliorations à introduire dans l'instruction publique, avec un nouveau système d'enseignement. Charleroi, Lelong, 1831, in-8.

Ce Mémoire fut présenté, au commencement de 1828, au roi des Pays-Bas, qui ordonna de lui en faire un rapport.

VI. Député [le] d'une nation libre, et autres poésies. Bruxelles, H. Remy, 1832, in-8 de 48 pag.

Cette brochure renferme en partie les pièces fournies par l'auteur au «Mercure belge», et qui ont paru sous son nom, ou avec les initiales P. B. Ces pièces sont : des *Fables*; les *Éloges*, en vers, *du tabac à priser et du tabac à fumer*; l'*Heure du supplice*, scène lyrique en vers, et un *Discours en vers sur les Vacances*. Les *Éloges du tabac* avaient déjà été imprimés dans les « Annales belgiques », mai 1821. Le *Discours sur les Vacances* avait été imprimé séparément à Charleroi, chez Lalieu-Deltombe, en 1830, in-8.

VII. Précis des antiquités romaines, à l'usage des universités et des colléges. Bruxelles, 1833, in-8 [5 fr.].

VIII. Deux [les] cousins, ou les Suites de l'éducation, comédie en 3 actes et en vers, dédiée à S. A. S. le prince héréditaire de Saxe-Cobourg-Gotha. Bruxelles, Parent, 1839, in-8 de 68 pag.

Action simple, vers très-naturels, but moral, telles sont les qualités qui font de cette pièce, remplie d'actualités, une œuvre dont la lecture charme.

Cet ouvrage, imprimé aux frais de l'auteur, n'a pas été mis dans le commerce.

IX. Histoire analytique et critique de la littérature romaine, depuis la fondation de Rome, jusqu'au ve siècle de l'ère vulgaire ; ouvrage dédié au roi des Belges. Bruxelles, P.-J. Voglet, 2 vol. in-8 de plus de 1050 pag. [12 fr.].

Cet ouvrage contient une courte notice biographique des auteurs, l'analyse critique de leurs ouvrages, l'opinion des savants anciens et des modernes, celle de l'auteur, l'indication des traductions ou imitations dans les différentes langues de l'Europe, ainsi que des éditions les plus estimées. Cette histoire est en outre enrichie de plus de 4,000 notes.

M. Bergeron est encore auteur de plusieurs poëmes latins sur les princes de la maison d'Orange, brochures in-8, imprimées en 1827 et 1828, chez Bogaert-Dumortier, à Bruges ; — savoir : 1° *de Guillelmi primi nefanda cœde* ; 2° *Guillelmus in patriem redux*; 3° *Guillelmus* (a cornu dictus) *Arausiensis princeps erigitur* ; 4° *Mauritius princeps ad Neoportum victor* ; 5° *Guillelmi inauguratio* ; 6° *de Ordinibus Guillelmi et Belgici Leonis*, avec la traduction en vers français ; ces deux derniers poëmes ont été imprimés à Charleroi, chez Lalieu-Deltombe, in-8. Il est aussi auteur d'une tragédie, intitulée : *Corésus*, et d'une comédie en un acte et en vers, intitulée : *le Jeune homme à l'épreuve* ; mais ces deux dernières pièces sont encore inédites.

BERGERON [Louis], littérateur et écrivain politique, né à Chauny [Aisne], en 1810, montra fort jeune une opinion républicaine très-exaltée, qui faillit plus tard lui devenir fatale. En 1832, il suivait les cours de la Faculté de droit de Paris, et était en même temps répétiteur à l'institution de M. Reuss, rue de Vaugirard, il enseignait aussi le latin aux fils du docteur Dufresnoy, qui tenait alors une maison de santé sur le boulevard Mont-Parnasse, lorsque les hommes de son parti tentèrent un coup de main en juin de cette même année. M. Bergeron y joua un rôle actif, et se mêla à l'affaire de la rue Saint-Méry ; il fut assez heureux pour se dérober à l'œil vigilant de la police ; mais le 19 novembre suivant un coup de pistolet fut tiré sur le roi, au Pont-Royal, et M. Bergeron, qui se trouvait au même lieu, fut arrêté et accusé de cet *horrible attentat!* Défendu par Me Joly, avocat, depuis député, M. Bergeron fut renvoyé absous, ainsi que Hipp. Benoist, son ami, que l'instruction lui avait donné pour complice. Après avoir été rendu à la liberté, M. Bergeron s'adonna exclusivement à la littérature et à la politique quotidienne ; mais pour ne pas être incessamment surveillé par la police, il ne tarda pas à prendre le pseudonyme d'*Émile Pagès*. Outre trois ouvrages de lui que nous allons citer, M. Bergeron a coopéré et coopère encore à la rédaction de plusieurs journaux. A notre connaissance, il a eu part au « Pilori » ; il est aujourd'hui l'un des rédacteurs du « Journal du peuple » ; sous les initiales E. P., il fournit au « Siècle » et au « Charivari » les comptes-rendus des théâtres.

I. Campagnes d'Espagne et de Portugal sous l'Empire. Paris, place St-André, n° 30, 1833, in-18 [30 c.].

Ce volume fait partie de la « Bibliothèque populaire. »

II. Fables démocratiques. Paris, bureaux du « Charivari » et du « Journal du Peuple », 1839, in-18 [1 fr. 25 c.].

Les Fables de M. Bergeron sont imitées de l'inimitable La Fontaine ; mais seulement, quant au sujet, et comme le livre du *Bonhomme* est un thème que chacun connaît, il devient curieux et piquant de voir comme la parodie, ou plutôt l'appropriation aux besoins du jour, des inventions de La Fontaine, a été plus ou moins ingénieusement réalisé. Telle fable de M. Bergeron, se disant humblement le reflet d'une fable de La Fontaine, a dû, pour maintenir son parallèle ingénieux, exiger plus de travail à son auteur que les innocentes et faciles inventions auxquelles il aurait pu se livrer pour être original et nouveau.

L'Alguazil et l'Ouvrier, le *Petit complot et le Réquisiteur*, le *Tourne-broche*, le *Roi prolifique*, la *Cour en quête d'un ministère*, sont des *parodies* charmantes d'à-propos et d'esprit. Au milieu des fables politiques, le *Voleur et le Courtisan* est une fable sociale par la nature de sa critique et la hardiesse de sa conception.

M. Stourm a rendu un compte avantageux des Fables démocratiques de M. Bergeron dans le «Journal du Peuple», du 10 novembre 1839, et c'est de cet article que nous avons extrait la note précédente.

III. Avec M. *Albéric Second:* Un neveu, s'il vous plaît, folie-vaudeville en un acte. Paris, Mifliez, 1839, in-8 de 12 pag. [50 c.].

BERGERON [C.]. — Canal souterrain de la Loire. Projet pour opérer la jonction du Rhône et de la Loire, en prolongeant le canal de Givors, depuis la Grande-Croix jusqu'à Andrezieux, à travers le bas-houillier de St.-Étienne Sec. Mémoire. Lyon, de l'impr. de Dumoulin, 1840, in-8 de 80 pag.

BERGERON D'ANGUY. — Observations sur les moyens à prendre pour parvenir à l'assainissement et l'amélioration de la Sologne, adressées à M. le préfet du département de Loir-et-Cher. Paris, de l'impr. de Smith, 1830, in-8 de 8 pag.

BERGERRE [Alexandre].—I. Nouvelle classification des demi-tons, ou Véritable qualification de ces intervalles. Paris, rue St.-Lazarre, 1835, in-8 de 16 pag.

II. Exposé raisonné des principes de la musique, mis à la portée des élèves et des amateurs. Paris, Frey, 1835, in-8 de 104 pag. [5 fr.].

BERGERY [Claude-Lucien], anc. capitaine d'artillerie, professeur des sciences appliquées à l'École royale d'artillerie de Metz, membre de l'Académie royale de la même ville, etc., naquit de parents pauvres et honnêtes, à Orléans, le 8 janvier 1787. Il apprit à lire dans l'école de Sully, département du Loiret; et ce fut le bon vieux curé d'Ouzouer-sur-Loire qui lui donna tant bien que mal, les premières notions de l'écriture, du calcul, du latin et de l'histoire. On mit le jeune Bergery en pension à Gien, vers l'âge de douze ans; mais il n'y continua pas le latin dont les éléments l'avaient rebuté. Dix-huit mois après, quand déjà il avait obtenu des succès marqués, l'état de gêne de ses parents les força de le rappeler près d'eux à Bonny-sur-Loire. Ses études furent ainsi interrompues pendant plus d'une année. Il les reprit ensuite à l'école centrale d'Orléans, s'adonnant seulement à la littérature française et aux mathématiques. L'établissement des lycées vint encore le forcer de rentrer dans sa famille, il y resta environ un an et demie, et pendant ce temps il fit un cours entier de latinité dans le pensionnat de Montargis, en échange des leçons de géographie et de géométrie qu'il y donnait. Sa dix-neuvième année allait s'accomplir, quand il put aller, vers la fin de 1805, reprendre aux lycée d'Orléans l'étude des mathématiques. Il fut chargé de la répétition de l'algèbre pendant qu'il suivait le cours d'analyse appliquée fait par M. Poulet-Delisle, et obtint un prix d'honneur pour les deux cours. Cependant l'examinateur Labey ne le fit entrer à l'École polytechnique que le quatrevingt-sixième de la promotion. M. Bergery crut qu'une injustice était commise à son désavantage; le dégoût qui s'ensuivit, un penchant prononcé pour la littérature et principalement une maladie grave le retinrent trois ans à la grande école. Il en sortit vers la fin de 1809 sous-lieutenant d'artillerie. Ses travaux à l'école d'application de Metz le placèrent dans la promotion extraordinaire de lieutenant d'artillerie qui eut lieu un an après, et il fit avec distinction les campagnes de 1810, 1811 et 1812, comme commandant l'artillerie de la division stationnée dans la province de Cuença, en Espagne. Passé à la grande armée, il y trouva plusieurs occasions de se signaler pendant les mémorables campagnes de 1813 et 1814. Le grade de capitaine lui fut conféré dans la première, et on lui confia le commandement d'une compagnie au début de la seconde. Marié vers la fin de 1814, M. Bergery voulait donner sa démission; mais Napoléon vint se rasseoir sur le trône. N'écoutant alors que son devoir et son patriotisme, le jeune capitaine alla de Montargis rejoindre son régiment à Rennes, et fit encore la désastreuse campagne de 1815, où il fut décoré de la main même de l'Empereur. A la paix, M. Bergery termina sa carrière militaire pour entrer dans celle de l'enseignement. Sa croix de la légion d'honneur, qu'il fut forcé de quitter ne lui fut rendue qu'à la fin de 1822. Nommé au concours, en mars 1817, professeur de mathématiques à l'école d'artillerie de Metz, M. Bergery introduisit une heureuse innovation dans l'instruction des officiers de l'arme par ses cours de sciences appliquées à tous les arts employés pour la confection du matériel des armées. L'Académie royale de Metz le reçut en 1820, l'élut quatre fois président et l'eût pendant quatre années consécutives pour secrétaire. Nous ignorons les motifs pour lesquels M. Bergery s'est retiré de ce corps savant. Dans l'année 1825 M. Bergery fonda des cours industriels en faveur des ouvriers messins, et y professa gratuitement la géométrie élémentaire, la géométrie des courbes, l'astronomie et l'économie industrielle, jusqu'en 1835. Il se chargea même des cours de mécanique pendant l'hiver de cette année, et quand il crut devoir proposer à l'autorité une nouvelle organisation de l'institution pour la coordonner aux autres écoles municipales, il en accepta la direction gratuite. Un discours d'ouverture prononcé à la seance publique de l'Académie royale de Metz, le 14 avril 1822, et inséré dans les Mémoires de cette société, prouve d'ailleurs que le philantrope professeur s'occupait activement d'une société industrielle avant que M. le baron Charles Dupin eût établi celle de Paris. Avant la révolution de 1830, M. Bergery, désireux de répandre aussi les lumières parmi les populations des campagnes, conçut le dessein de faire transférer à Metz l'école normale primaire de la Moselle, qui se trouvait reléguée dans une des parties les moins vivantes du département. A cette fin, et pour montrer ce qu'on pouvait espérer de la translation, il ouvrit en 1831, de concert avec MM. Thiel et Labastide, professeurs au collége royal, des cours gratuits en faveur des instituteurs. Les succès de ces cours décidèrent la question, et les trois professeurs, chargés, avec le secours de quelques autres personnes, d'organiser la nouvelle École normale, contribuèrent, en 1832, à la rédaction d'un programme qui se trouva répondre parfaitement aux dispositions de la loi du 28 juin 1833. En conséquence du projet d'organisation, le professeur Bergery enseigne avec succès aux élèves-maîtres du département de la Moselle l'arithmétique, des notions d'algèbre, la géométrie, le dessin linéaire, la physique, la mécanique et la cosmographie. M. Bergery a rempli et remplit encore plusieurs autres fonctions publiques non rétribuées : il a été membre du jury de toutes les expositions des produits de l'industrie et rapporteur de celle de 1828, conseiller municipal de 1830 à 1835, membre du comité d'instruction primaire de l'arrondissement de Metz de 1831 à 1834; il est maintenant membre du conseil des bâtiments civils depuis 1829, membre du conseil académique depuis 1830, et membre du comité de surveillance de l'école primaire supérieure depuis la création de cette école, en 1835. Plusieurs sociétés savantes se sont affilié M. Bergery, soit à la suite de correspondances au sujet des cours industriels, soit pour honorer son dévouement à l'instruction populaire. Il est membre correspondant de la Société académique de Douai, de celle du Puy, de l'Académie de l'industrie, de la Société académique de Troyes, de celle de Saint-Étienne, de la Société des sciences physiques de Paris, et de la Société de statistique universelle. Enfin un de ses ouvrages, l'*Economie industrielle*, lui a valu en 1834 le titre de membre et correspondant de l'Institut, académie des sciences morales et politiques, section de morale. Le même ouvrage fut ensuite couronné par l'Académie française, comme utile aux mœurs, et l'auteur reçut un prix Monthyon de quatre mille francs. Outre plusieurs discours et autres travaux académiques, M. Bergery a composé et publié des ouvrages pour les cours industriels et pour l'école normale primaire : nous en donnons plus bas l'énumération.

Malgré tout le travail que lui donnent les cours, la publication de ses livres et ses fonctions gratuites, le laborieux professeur trouve encore le temps de fournir des articles de politique, de morale et de science à la « Gerbe de la Moselle », journal mensuel à 1 fr. 20 c. par an, qu'il a contribué à fonder au commencement de 1834, pour répandre les idées d'ordre, le goût des vertus et de bienfaisantes lumières. Disons enfin que M. Bergery est du petit nombre de ces hommes dont les révolutions ne changent ni les principes, ni les vœux, ni la position. Constitutionnel franc et hardi avant 1830, il l'est encore aujourd'hui ; satisfait de son humble place de professeur sous la restauration, quoiqu'à peu près dépourvu de patrimoine, il n'en a point convoité de plus brillantes depuis l'avènement de Louis-Philippe ; son peu d'ambition lui a fait même refuser, en 1833, le cumul de la chaire d'économie politique au Conservatoire et du professorat d'artillerie à Vincennes, il préféra rester à Metz pour y continuer son œuvre de l'instruction populaire (*).

OUVRAGES DE M. BERGERY.

I. Géométrie appliquée à l'industrie, à l'usage des artistes et des ouvriers : Sommaire des leçons publiques données dans l'Hôtel-de-Ville de Metz. Metz, de l'impr. de Lamort, 1826, in-8 avec pl. — IIIe édit., augm. Metz, 1835, in-8, avec pl. [6 fr.].

M. Francœur a rendu un compte favorable de la première édition, dans la « Revue encyclopédique », tome XXXIV, p. 458, 59, et de la seconde, dans le même recueil, tome XXXVII, pages 753-54.

II. Géométrie des courbes appliquée à l'industrie, faisant suite à l'ouvrage précédent. Metz....., in-8.

III. Dessin linéaire à vue pour les écoles primaires. 50 leçons sur 25 demi-feuilles [5 fr.], ou tiré sur 50 demi-feuilles, d'un seul côté [4 fr.].

IV. Rapport sur l'exposition des produits de l'industrie du département de la Moselle, provoquée par M. le vicomte de Suleau, préfet du départ., à l'occasion du voyage du roi en 1828. Metz, Dosquet, 1829, in-8 de 152 pag.

V. Économie industrielle, ou Science de l'industrie. Metz, Mme Thiel, 1829-30, 3 vol. in-18 [2 fr. 25 c.]

Le premier volume renferme l'*Économie de l'ouvrier*, et les deux derniers l'*Économie du fabricant*.

Cet ouvrage a été couronné par l'Institut, comme utile aux mœurs. Le premier volume a été réimprimé en 1835.

(*) Notice extraite de la « Biographie des hommes du jour », par MM. G. Sarrut et B. St-Edme.

VI. Arithmétique des écoles primaires, ou Leçons populaires sur le calcul. Metz, Wittersheim, 1831, in-18 [40 c.] — VIe édit. [rev. et augm.] Metz, et Paris, Bachelier ; Chamerot, 1838, in-18 [80 c.].

VII. Géométrie des écoles primaires, comprenant le dessin linéaire, les projections, le lever des plans de terrains et de bâtiments, l'arpentage et le partage des propriétés. Metz, tous les libraires, 1831, in-8, avec 2 pl. [1 fr. 50 c.]. — IIIe édit., rev. et augm. Metz, Mme Thiel ; Paris, Bachelier, 1837, in-8, avec 4 pl. [2 fr.].

VIII. Problèmes d'arithmétique pour les écoles primaires, ou Exercices sur l'arithmétique des écoles primaires. Metz, Mme Thiel, 1833, 2 vol. in-18 [1 fr. 50 c.]. — Sec. édit. Metz, la même, 1838, 2 vol. in-18 [2 fr.].

La première partie renferme les *Questions*, et la seconde les *Solutions*.

IX. Astronomie élémentaire, ou Description géométrique de l'univers, faite aux ouvriers messins. Metz, Mme Thiel, 1832, in-8 de 132 pag., avec une pl. et un tableau.

X. Physique et Chimie des écoles primaires. Metz, Mme Thiel, 1834, in-12, avec 2 pl. [2 fr.].

XI. Cosmographie des écoles primaires. Metz, Mme Thiel ; Paris, Chamerot, 1833, in-12, avec 1 pl. — Sec. édit. Metz, la même, 1840, in-12, avec 1 pl.

XII. Mécanique des écoles primaires. Metz, Mme Thiel ; Paris, Chamerot, 1836, in-12, avec 3 pl. — Sec. édit., corrig. et augment., notamment d'un grand nombre d'applications. Metz, et Paris, les mêmes, 1838, in-12, avec 4 pl. [50 c.].

XIII. Avec M. *J.-C. Migout* : Essai sur la théorie des affûts et des voitures d'artillerie. Paris, Levrault, 1837, in-8, avec 2 pl. [3 fr.].

XIV. Complément de calcul des écoles primaires. Suite à l'Arithmétique des écoles primaires. Metz, Mme Thiel ; Paris, Bachelier ; Hachette, 1838, in-12 [1 fr.].

M. Bergery a, en outre, revu et augmenté des proportions, des progressions, de l'extraction des racines et des notions élémentaires d'algèbre, la seconde édition de l'Arithmétique appliquée aux spéculations commerciales, par J.-L. WOISARD [1830, in-8].

M. Bergery est aussi auteur de plusieurs opuscules que nous citons ici d'après la Biographie des hommes du jour de MM. B. Sarrut et Saint-Edme, car nous n'en avons pas trouvé un seul annoncé par la Bibliographie de la France de M. Beuchot. Les principaux sont : XV. *Les Études* [Metz, 1825]. XVI. *Alliance des sciences et des lettres* [Le Puy, 1828]. XVII. *Les Volants.* avec cette épigraphe : La santé veut de l'équilibre et le bonheur tout le contraire. [Le Puy, 1829]. XVIII. *Le Bon sens de Jean-Pierre, ouvrier messin.* [Metz, 1829]. XIX. *Avantages de la société de prévoyance et de secours mutuels.*[Ibid., 1834]. XX. *L'Instruction primaire.* [Ibid., 1832]. XXI. *Partage des richesses.* [Ibid., 1834]. XXII. *Le Bonheur.*[Metz, 1834].

BERGÈS [C.]. — Lectures morales, suivies de la description du département de l'Arriège, par arrondissements, cantons et communes. Foix, Pomiès, 1839, in-12, avec une carte [1 fr. 75 c.].

BERGIER [Anastase], directeur du Mont-de-Piété de Besançon.

— Essai sur l'influence que doit avoir le canal Monsieur pour la Franche-Comté. Besançon, de l'impr. de Mme veuve Daclin, 1827, in-8 de 56 pag.

BERGMANN, médecin allemand.

— Manuel des maladies de la peau et de celles qui peuvent aussi affecter les cheveux, la barbe, les ongles, etc.; trad. de l'allem., par *R.*, médecin. Paris, Dufart, 1827, in-8 [2 fr.].

BERGMANN [F.-G.], membre de la Société asiatique.

—Poëmes islandais [Volüspâ, Vafthrûnismâl, Lokasenna], tirés de l'Edda de Sæmund, publiés avec une traduction [flamande], des notes et un glossaire. par F.-G. Bergmann. Paris, de l'impr. royale, 1838, in-8 de xvj et 474 pag.

M. Depping a donné un long compte-rendu de cette publication dans le « Journal des Savants », n° de septembre 1838, pag. 555 à 569.

BERGOUNIOUX [Edouard], romancier, d'abord avocat, puis auditeur au conseil-d'état, en 1839 ; né à Séez [Orne], en 1805.

I. Charette. Paris, Eug. Renduel, 1832, in-8 [7 fr. 50 c.].

II. Deux [les] Maîtresses. Esquisse dramatique. Paris, veuve Charles Béchet, 1834, in-8 [7 fr. 50 c.].

III. * Jules, par l'auteur de « Charette ». Paris, Legrand et Bergounioux, 1834, in-8 [7 fr. 50 c.].

IV.*Aloïse, ou le Testament de Robert; par l'auteur de « Charette » et de « Jules ». Paris, Victor Magen, 1835, 2 vol. in-8 [7 fr. 50 c.].

V. Madame de Varennes. Paris, Ed. Legrand et Jules Bergounioux, 1835, in-8 [7 fr. 50 c.].

VI. Conseil [le] de guerre. Paris, Werdet, 1836, 2 vol. in-8 [15 fr.].

VII. Homme [l'] de trente ans. Paris, Desessart, 1839, 2 vol. in-8 [15 fr.].

BERGUES — Art [l'] du teinturier, suivi de l'Art du teinturier-dégraisseur. Paris, Malher et Ce, 1827, in-12 [3 fr. 75 c.].

Faisant partie de la « Bibliothèque industrielle ».

BÉRIGAL [P.], pseudon. Voy. Gabr. PEIGNOT.

BÉRIGNY [Charles], inspecteur-général des ponts-et-chaussées, député de la Seine-Inférieure, né à Fécamp [Seine-Inférieure], le 17 mars 1771, successivement élève de l'École polytechnique, ingénieur des ponts-et-chaussées du Bas-Rhin et de Seine-et-Oise, inspecteur de l'École des ponts-et-chaussées et officier de la Légion-d'Honneur, fut nommé, en 1828, député de la Seine-Inférieure, par les électeurs de Dieppe, composés de libéraux peu prononcés, auxquels s'étaient réunis les royalistes. C'était en remplacement de M. de Malartic qu'il était envoyé à la chambre. Il avait eu pour concurrent M. Estancelin, riche propriétaire. Sur 378 votans, M. Bérigny obtint 210 suffrages, et son compétiteur ne put réunir que 154 voix. Le résultat des opérations du collége de Dieppe étonna d'abord, car la nomination de M. Estancelin paraissait assurée; mais on sut que les électeurs avaient donné la préférence à M. Bérigny, comme inspecteur-divisionnaire des ponts-et-chaussées, parce que ce dernier pourrait plus que l'autre candidat contribuer à aplanir les difficultés qu'éprouvait la mise à exécution du projet de canalisation de Dieppe à Paris. Quoique fonctionnaire nommé par le roi, M. Bérigny, à son arrivée à la chambre, prit place au centre-gauche : on eut lieu d'en être surpris. Réélu en 1830, il vota l'adresse des 221. Depuis la révolution, M. Bérigny, homme du reste loyal et consciencieux, n'a guère voté que sous l'influence ministérielle. En qualité d'ingénieur, il a pu être très-propre à parler sur les travaux publics ; mais sur toutes les questions sociales et politiques, nous pouvons assurer qu'il est d'une faiblesse qui le rend cher au ministère. Sachons-lui cependant bon gré de s'être montré le partisan des adjonctions électorales et d'un système plus libéral d'administration intérieure. M. Bérigny n'est point orateur, et pendant le cours des sessions où il a figuré, il n'a paru que deux fois à la tribune, pour justifier le corps des ingénieurs, et pour demander des encouragements pour la pêche maritime. M. Bérigny n'a pas à se plaindre du Neuf août; aussi le Neuf août ne se plaint-il pas de M. Bérigny : touchante union qui fait l'édification des cœurs sensibles. Indépendamment de la place d'inspecteur-général des ponts-et-chaussées, et du titre d'officier de la Légion-d'Honneur, ce député a pu, depuis 1830, faire pleuvoir la rosée ministérielle sur ses amis, ses parents, et les fauteurs de son élection; il a fait nommer un de ses gendres président de chambre à la Cour royale. Voulant sans doute rendre en gros ce qu'il recevait en détail, M. Bérigny s'est montré, dans les sessions de 1832 et 1833, le chaud défenseur de la proposition sérieusement faite d'allouer à la mince liste civile du roi une somme de dix-huit millions, sous prétexte d'achever le Louvre, et d'y placer la Bibliothèque royale.

I. Navigation maritime du Hâvre à Paris, ou Mémoire sur les moyens de faire remonter jusqu'à Paris tous les bâtiments de mer qui peuvent entrer dans le port du Hâvre. Paris, de l'impr. de Demonville, 1826, in-8, avec 5 pl. [4 fr. 50 c.]. — Réfutation de l'écrit intitulé : Réponse des soumissionnaires du canal maritime de Paris au Hâvre, au Mémoire de M. Ch. Bérigny. Paris, Bachelier, 1826, in-8 [2 fr.].

II. Mémoire sur un procédé d'injection propre à prévenir ou à arrêter les filtrations sous les fondations des ouvrages hydrauliques. [Suivi d'Essai sur les meilleures dispositions à faire dans l'établissement des moulins, pour prévenir des procès compliqués, et pour employer le plus utilement possible la chute d'eau]. Paris, Carilian-Gœury, 1832, in-8, avec 5 planch. [4 fr. 50 c.].

BÉRIGNY [A.]. D. M. P., l'un des rédacteurs-gérants de « la Phrénologie », journal des applications de la physiologie sociale [1837].

BERJAUD [le docteur]. — Deuxième Lettre à un médecin sur les sourds-muets qui entendent et qui parlent. Paris, de l'impr. de Mévrel, 1838, in-8 de 12 p.

BERJEAU [J.-Ph.]. — Seguidilles, répertoire d'un théâtre de société. Première livr. Paris, Barba, 1840, in-8 de 8 pag.

Contient le commencement d'une comédie en deux actes et en vers, intitulée : *A cinq cents pieds sous terre.*

BERJOU. — Raisonnez et n'injuriez pas! .., ou Opinion d'un véritable royaliste. Paris, Garnier, 1829, in-8 de 16 pag.

BERLÈSE [l'abbé]. — Monographie du genre Camella, ou Traité complet sur sa culture, sa description et sa classification. Sec. édition. Paris, Bouchard-Huzard, 1840, in-8 [5 fr.].

BERLINGHIERI [le commandeur], ancien ministre plénipotentiaire de l'ordre souverain de St-Jean-de-Jérusalem au congrès de Vérone.

— Lettre à M. de Flassan, sur la partie de son histoire de ce congrès, relatives aux négociations concernant ledit ordre. Paris, de l'impr. de Lachevardière, 1829, in-8 de 20 pag.

BERLIOZ [H.], de la Côte-Saint-André, compositeur de musique, de qui l'on trouve quelques articles dans « l'Italie pittoresque. » Il est rédacteur du « Journal des Débats » pour la partie musicale. L'impartialité et la bienveillance font rarement la base de ses articles.

BERLY [le capitaine de].— Essai d'étude sur la matière d'un projet de loi spéciale pour la garde nationale de Paris, d'après la loi du 22 mars 1831, les instructions ministérielles, etc. Paris, r. Montesquieu, n° 2, 1835, in-18.

BERMOND [de]. —* Garde [la] royale pendant les événements du 26 juillet au 5 août 1830. Par un officier employé à l'état-major. Paris, Dentu, 1831, in-8 de 152 pag.

Réimpr. dans la même année.

BERMOND [F.-A.-Eugène], chirurgien chef-interne de l'Hôtel-Dieu-St-Éloi de Montpellier, ancien chef de clinique chirurgicale, par concours de la Faculté de médecine, ancien vice-président de la Société chirurgicale d'émulation, professeur particulier d'anatomie, de médecine et de chirurgie, etc.

— Considérations pratiques sur les rétrécissements du canal de l'urètre, suivies d'un Essai sur les tubercules, d'après les travaux cliniques les plus récents de M. le professeur Lallemand. Montpellier, Castel; et Paris, Germer Baillière, 1837, in-8 de 152 pag. [3 fr.].

BERMONT [Ch. de], pseudon. Voy. PAUL.

BERNA [D.-J.], D.-M. — Magnétisme animal. Examen et réfutation du rapport fait par M. E.-F. Dubois [d'Amiens] à l'Académie royale de médecine, le 8 août 1837, sur le magnétisme animal. Paris, Just Rouvier et Lebouvier, 1838, in-8 [2 fr.].

BERNADAU [P.], ancien avocat. [Voy. la *France littér.*, t. 1er, pag. 287.]

— Histoire de Bordeaux, depuis l'année 1675 jusqu'à 1836, contenant la continuation et le complément des histoires de cette ville qui ont été publiées par M. de Lacolonie et par dom Devienne; précédée d'un Abrégé des principaux événements rapportés par ces auteurs; suivie de Notices additionnelles pour compléter cette histoire dans sa partie archéographique, littéraire et statistique, qui n'a point encore été traitée; avec des tablettes chronologiques indiquant les faits remarquables de l'histoire de France depuis 1675 jusqu'à présent. Bordeaux, de l'impr. de Balarac, 1838, in-8 en deux part. — Nouvelle édition, revue, corrigée, et à laquelle on a ajouté des Notices historiques, littéraires, etc., avec vues, portraits et cartes. Bordeaux, de l'impr. de Castillon, 1839, in-8, avec gravures et deux plans.

BERNADON [P.]. — Arithmétique : Traité élémentaire. Paris, Rion, 1834, in-12 de 48 pag. — IVe édit. Paris, le même, 1838, in-18 de 48 pag.

BERNAERT [Mathieu-Benoit-Félix], avocat à Ostende, né à Dunkerque, en 1792, est connu par quelques productions littéraires, qui ont paru dans les journaux, et dans le « Petit couvert de Momus », dont il était l'un des rédacteurs. On peut citer, entre autres morceaux d'une poésie facile et correcte, l'*Épiphanie* et l'*Hymne à la Divinité*. Il a publié postérieurement :

— Notice sur la baleine échouée près d'Ostende le 5 novembre 1827, et sur les fêtes données par H. Kessels, à l'occasion de la prise de possession, au nom de S. M. le roi des Pays-Bas, du squelette de ce cétacée. Paris, de l'imprimerie de Le Normant fils, 1829, in-8 de 64 pag.

BERNARD [Pierre], nommé aussi BERNARD D'HÉRY, du nom de son lieu natal, d'abord membre de l'Assemblée législative, plus tard conseiller de préfecture à Auxerre; né à Héry [Yonne], le 3 juillet 1755, mort à Sens, le 23 avril 1833.

I. * Lettre de M. Josse à M. Linguet. 1782, in-8.

II. Essai sur la vie et les ouvrages de l'abbé Prévost. 1783.

Imprimé en tête des OEuvres de l'abbé Prévost, en 39 volumes in-8, dont M. Bernard a été l'éditeur.

III. * Préludes poétiques. Recueil de morceaux traduits des poëtes grecs, et terminé par une traduction ou imitation de l'OEdipe Roi, de *Sophocle*. Londres et Paris, Clousier et Froullé, 1786, in-18.

Ce volume contient des traductions d'*Anacréon*, de *Moschus*, de *Bion*, d'*Horace* et de *Properce*, mêlées de pièces fugitives.

IV. Rapport sur l'organisation des secours publics et sur la destruction de la mendicité, présenté à l'Assemblée nationale. 1792, in-8.

Ce Rapport obtint quelques succès. Pendant la durée de sa législature, M. Bernard émit à l'Assemblée plusieurs opinions qui ont été imprimées dans les journaux de l'époque.

V. Histoire naturelle de *Buffon*, réduite à ce qu'elle contient de plus instructif et de plus intéressant. Paris, Crapart, Caille et Ravier, 1791-1803, 11 vol. in-8 [72 fr., et sur pap. vélin 150 fr.].

« Je ne me rappelle pas sans intérêt, nous écrivait, en 1831, le respectable Bernard, que mes rapports avec le chevalier de Buffon, frère de l'illustre naturaliste, datent de l'époque de la publication de cet ouvrage. Il résulte de sa correspondance qu'en revoyant l'œuvre de son frère, je n'ai fait que ce qu'il aurait fait si la mort ne l'eût prévenu. Je dois aussi au chevalier de Buffon les documents qui m'ont servi à écrire, deux ans après, la vie de son frère, qui forme un volume, qui contient avec la vie la seule Table générale existante de son Histoire naturelle. »

VI. Jérusalem [la] délivrée [poëme de *Torq. Tasso*], trad. nouvelle en vers français. Auxerre, de l'impr. de Gallot-Fournier, 1831, 2 vol. in-12.

Vingt années de la vie de Bernard ont été consacrées à cette traduction, qui n'a point été mise dans le commerce : l'Auteur l'a fait imprimer pour lui et ses amis.

P. Bernard est auteur d'un opéra, intitulé : *les Troyennes*. Cette pièce, qui n'a point été imprimée, fut reçue à l'Académie de musique, le 1er prairial an IX, et n'a jamais été représentée; et pourtant le procès-verbal de réception terminait par cette phrase : « L'opinion unanime du jury est qu'en général « elle annonce un mérite réel ; les sentiments « en sont profonds ; les pensées énergiques, le « style a véritablement la couleur de l'anti- « que. » Il n'est peut-être pas inutile de dire que Colin d'Harleville et Guillard étaient membres du jury qui reçut l'ouvrage.

V. A. S.

BERNARD [Franç.] (*), auteur dramatique, né le 6 février 1767, à Clermont-Ferrand [Puy-de-Dôme], d'un père d'abord avocat au Parlement, ensuite conseiller au présidial de Clermont, avait fait d'excellentes études, mais qui ne furent pas d'abord mises à profit au gré des désirs de son père. Le jeune Bernard avait du goût pour l'art dramatique : il débuta, en province, sous le nom de *Bernard-Valville*, vers la fin du siècle dernier, et joua quelques années. Les études qu'il avait faites lui firent bientôt pressentir qu'il y avait chez lui autre chose que de l'étoffe à comédien; il vint à Paris vers 1795, et s'essaya dans la littérature, fit représenter sur divers théâtres secondaires de Paris, et sous son nom d'artiste, un certain nombre de pièces de sa composition, dont quelques-unes obtinrent du succès, et entre autres *Marcellin*, le *Trompeur trompé*, l'*Horloge de bois*, etc. Bernard ne s'occupa pourtant de littérature que peu d'années : il embrassa la carrière des armes, et accompagna le général Decaen à l'Ile-de-France, en qualité de secrétaire intime. Après la reddition de Maurice, il revint en France avec le général, continua de servir, et parvint au grade de chef de bataillon. Mais survinrent bientôt les désastres de 1814.

Un héros n'était plus... son sang fumait encor,
Et la patrie en deuil déplorait son Hector.
Nos soldats consternés, dispersés dans la France,
Partout étaient en butte aux traits de la vengeance,
Partout retentissaient de sinistres clameurs,
De la proscription tristes avant-coureurs,
Lorsqu'offrant à mes yeux les *oreilles du lièvre*,
La Fontaine un instant vint me donner la fièvre :
L'avis me parut sage, et la suite a fait foi
Qu'un intervalle est bon entre l'orage et soi. (*)

La carrière de Bernard était fermée ; il quitta la France et retourna à Maurice où il avait laissé de nombreux amis. Il parvint à être employé au collége de la colonie, qu'avait fondé le général Decaen, d'abord en qualité de sous-proviseur, et ensuite de professeur de rhétorique française. En 1819, il composa, à Maurice, une *Épître à mon frère*, dans laquelle il a donné, entre autres, la description du terrible ouragan qui ravagea cette contrée, et a indiqué avec beaucoup de bonhommie la nature de ses occupations :

Je me livre avec joie au travail, à l'étude :
Heureux qui s'en est fait une douce habitude !
Je monte dans ma chaire, où, citant Vaugelas,
J'enseigne à des enfants... ce que je ne sais pas.

Et plus loin :

. . . .
Quand l'airain m'avertit que le travail commence,
Je reprends, en bâillant, Cicéron et Térence;
Je tâche d'expliquer ces deux illustres morts ;
Mais, soit dit entre nous, ce n'est pas sans efforts.

Bernard exerça ses fonctions jusqu'au commencement de 1828 : il revint dans la même année à Paris, où il mourut, peu de mois après son retour, le 15 octobre, regretté de nombreux amis que lui avaient fait la douceur de son caractère et la bonté de son cœur. On a de lui les pièces suivantes :

I. * Avec M. *G.* [*Gosse*] : l'Épicière bel-esprit, comédie en un acte, en prose, par les citoyens G. et B. Paris, Huet; Charon, an VIII [1800], in-8.

II. Horloge [l'] de bois, ou un Trait d'humanité, comédie en un acte [et en prose], mêlée de vaudevilles. Paris, Huet; Charon, an VIII [1800], in-8.

III. Marcelin, opéra-comique en un acte. Paris, Huet; Charon, an VIII [1800], in-8.

IV. Petit [le] gagne-petit, ou l'Erreur d'une mère, comédie en un acte et en prose, mêlée de vaudevilles. Paris, Huet; Charon, an VIII [1800], in-8.

V. * Avec M. *G.* [*Gosse*] : Pygma-

(*) Article mal présenté dans la *France littéraire*, et de plus incomplet.

(*) *Épître à mon frère.*

lion à Saint-Maur, farce anecdotique en un acte et en vaudevilles, trouvée à Charenton. Paris, André, an VIII [1800], in-8.

VI. Avec M. *Eugène Hus* : Augustine et Benjamin, ou les Sargines de village, opéra-comique en un acte [et en prose]. Paris, Huet et Charon, an IX [1801], in-8.

VII. Deux [les] tableaux parlants, ou le Diner interrompu, comédie en un acte et en prose. Paris, Hugelet, an IX (1801], in-8.

VIII. Avec M. [*Eugène Hus*] : Kiki, ou l'Ile imaginaire, comédie-folie en trois actes, mêlée de chants, etc.; par les citoyens ***. Paris, Barba, an IX [1801], in-8.

IX. Lanterne [la] magique, ou le Retour des époux, vaudeville en un acte [et en prose]. Paris, Fages, an IX [1801], in-8.

X. Trompeur [le] trompé, opéra-comédie en un acte et en prose. Paris, Huet et Charon, an VIII [1800], in-8.

XI. Vert-Vert, ou le Perroquet de Nevers, opéra-comique en un acte, en prose. Paris, Fages, an IX (1801], in-8.

Avec J.-A. Gauthier.

Toutes ces pièces de Bernard-Valville, qui sont autant d'imitations ou de parodies, ont été composées pour des théâtres secondaires; les suivantes, dont il est encore l'auteur, seul ou en société, et qui sont aussi faibles que les précédentes, ne paraissent pas avoir été imprimées : la *Comédie sans acteurs*, comédie en un acte ; — les *Deux Perruques*, comédie en un acte; — le *Dévouement filial*, drame en trois actes; — l'*École des épouses*, drame en trois actes; — le *Retour*, opéra en un acte.

XII. Épitre à mon frère, en réponse à la sienne. Ile Maurice, le 15 avril 1819. [Publiée avec un avis de l'éditeur, par *Jacques Bernard*, frère de l'auteur.] Clermont-Ferrand, de l'impr. de Landriot, 1820, in-8 de 32 pag.

Dans la pièce liminaire, l'éditeur a inséré une fable de sa composition, intitulée l'*Hirondelle et le Moineau*.

BERNARD [Jacques], frère jumeau du précédent, poète, membre honoraire de l'Académie de Clermont-Ferrand, né le 6 février 1767, à Clermont-Ferrand, après avoir terminé de bonnes études, entra au séminaire Saint-Sulpice de Paris, et y suivit pendant trois années les cours de théologie; mais les ordres n'étaient pas de son goût; il embrassa ensuite le métier des armes. M. Bernard s'est élevé au grade de capitaine de cavalerie légère, et a été décoré. Admis à la retraite, peu de temps après la restauration, il s'est reposé des fatigues de la guerre en cultivant les Muses. Ses principaux écrits sont : I. *Le Panorama littéraire, ou Promenade autour du Puy de-Montou, bourg de la Limagne d'Auvergne*. Clermont-Ferrand, 1816, in-8, ouvrage pittoresque, de mille à onze cents vers, qui a été réimprimé en 1828. II. *Le Solitaire en compagnie*. Ibid., 1817, in-8, espèce de revue littéraire, en huit à neuf cents vers. III. *Les Charmes de la paix, ou le Retour du printemps*. Ibid., 1817, in-8 d'environ quatre cents vers. IV. *Quelques Apologues*. Ibid., 1820, in-8, renfermant une vingtaine de fables. V. *Bacchus à Chantourgue*. Ibid., 1821, in-16, petit poëme en deux chants, d'environ trois cents vers. Dans les années 1837 à 1840, M. Bernard a été d'une grande fécondité; mais ses compositions ne s'élèvent pas au-delà de 4 pages d'impression chacune, aussi ne les citerons-nous pas. [Voyez les tables de la « Bibliographie de la France » pour ces quatre années]. Les derniers opuscules de M. Bernard sont : *la Foire de Clignat*. Clermont-Ferrand, 1838, in-8, description pittoresque d'environ trois cents vers : l'*Ombre de Montlosier à ses amis*, et *l'Ombre de Montlosier à l'évêque de Clermont* [1839], etc.

V. A. S.

BERNARD [Siméon], lieutenant-général du génie, né à Dôle [Jura] le 28 avril 1779. Distingué par ses talents et par son courage, il avait donné des preuves de l'un et de l'autre dans toutes les campagnes de la révolution, comme officier du génie, et cependant il n'était encore que colonel lorsqu'il fut présenté à l'Empereur, qui le fit son aide-de-camp et le nomma successivement maréchal-de-camp du génie, et général de division. Le général Bernard, attaché à Napoléon par la reconnaissance, se rangea sous ses drapeaux pendant les cent-jours. Napoléon le nomma directeur de son cabinet topographique, et c'est en cette qualité aussi bien qu'en celle d'aide-de-camp que le général Bernard accompagna l'Empereur dans la campagne de 1815, en Belgique, il se distingua aux batailles de Ligny et de Waterloo ; il accompagna Napoléon jusqu'à Paris après cette dernière et funeste affaire, et ne le quitta qu'après son départ pour Rochefort. Après la seconde restauration, ce général retourna dans ses foyers, où il passa dix mois, revint ensuite à Paris auprès de sa famille qu'il y avait laissée. Ayant éprouvé quelques difficultés pour se faire confirmer dans le grade de général, il prit le parti d'aller en Amérique et d'y offrir ses services. Il fut reçu en qualité d'officier-général dans l'arme du génie, et devint président du comité des fortifications des États-Unis. Le général Bernard, en quittant ce pays, y a laissé d'honorables souvenirs, par les mesures aussi savantes qu'efficaces qu'il a fait adopter pour fermer aux Anglais l'entrée des fleuves américains. Le général Bernard rentra en France après 1830, fut nommé commandant supérieur du Palais-Royal, fit une courte apparition comme ministre de la guerre, en 1839; enfin, fut élevé à la pairie. Ce général est mort au Palais-Royal, le 5 novembre 1839. Pendant son séjour de dix mois dans le Jura, pour se distraire des maux de la patrie, envahie par l'étranger, il s'occupa de plusieurs ouvrages entrepris déjà depuis plus ou moins de temps, entre autres des *Tables chronologiques et historiques de tous les peuples du monde*, ouvrage qu'il destinait à l'éducation de son fils, mort du croup en 1811; *De la Comparaison de tous les prix d'art militaire*, ouvrage qui lui avait été demandé par le comité des fortifications, pour être envoyé dans toutes les directions du génie, et y servir de type aux travaux de cette arme. Nous ignorons si ces deux ouvrages ont vu le jour. Pendant sa courte apparition au ministère de la guerre, le général prononça quelques discours aux chambres, un très-remarquable, entre autres, *sur les fortifications*, qui a été imprimé dans le « Moniteur », 1er mai 1833.

On trouve des Notices sur le général Bernard dans « les Jurassiens recommandables, etc. », par D. Monnier [1828, in-8], dans le tome Ier de la « Biographie universelle et portative des contemporains, et dans celle des Hommes du jour, de MM. Sarrut et St-Edme ».

BERNARD [Louis-Rose-Désiré], conseiller à la Cour de cassation, député du département du Morbihan depuis 1836, membre du conseil municipal des Côtes-du-Nord à la fin de 1839, chevalier de la Légion-d'Honneur et décoré de juillet, a montré un beau caractère avant les trois journées de 1830, mais qui s'est bien terni depuis cette révolution. M. Bernard, né le 13 mai 1788, à Brest, est fils d'un négociant de cette ville. Il fit d'abord ses études à La Flèche, et ensuite à Paris, au collége Sainte-Barbe, où il obtint de grands succès. Ses premières études terminées, il suivit les cours de la Faculté de droit de la même ville. Déjà, à cette époque, M. Bernard, âgé de moins de vingt ans, donnait à ses délassements une louable direction : c'est en 1808 qu'il publia, sans se faire connaître, deux romans aujourd'hui oubliés sans injustice : *Décence et volupté*, et *Tancrède, ou la Conquête de l'épée de Roland*, mais qui n'en prouvent pas moins en faveur de l'aptitude du jeune étudiant. La même année, il fit recevoir au théâtre des Variétés une facétie intitulée la *Cranomanie*, qui obtint un franc succès. Peu de temps après, M. Bernard retourna en Bretagne, et se fit admettre au barreau de Rennes, en 1810. M. Bernard fit partie de la compagnie des fédérés de Rennes qui alla, pendant les cent-jours, offrir son secours à la ville de Nantes, menacée de la présence des chouans; toutefois il se déclara, par un vote public, contre le fameux acte additionnel aux constitutions de l'Empire, ce qui ne l'empêcha pas d'être nommé conseiller à la Cour de Rennes. Rendu au barreau après la seconde restauration, M. Bernard continua de suivre cette carrière. Déjà, quoique bien jeune, l'avocat le plus éloquent du barreau de Rennes, qui compte tant d'hommes de grand mérite, M. Bernard fut l'un des défenseurs de l'infortuné général Travot, condamné à la peine de mort par un conseil de guerre que présidait le général Canuel, d'horrible mémoire; et, malgré les menaces du président de ce conseil, il plaida la cause de cette illustre victime d'une odieuse réaction, avec une énergie entraînante qui lui mérita une dénonciation de la part du général Canuel, d'abord au garde-des-sceaux, et ensuite au public, par une affiche qu'il fit placarder dans la ville, et dans laquelle il traitait de séditieux les Mémoires publiés par les défenseurs du général Travot (*). L'un de ces Mémoires se terminait par « le roi », suivi de huit points, qui devinrent l'objet d'une ridicule accusation : on supposa que ces huit points voulaient dire Napoléon, et l'on arrêta les défenseurs. M. Bernard fut au secret pendant huit jours, et il fallut un arrêt de la chambre d'accusation pour le rendre à la liberté. En 1822, une famille de Rennes, dont l'un des membres figurait dans la conspiration du général Breton, pria M. Bernard de se charger de cette défense. Il se rendit à Poitiers; mais, n'ayant pu obtenir du garde-des-sceaux l'autorisation de plaider, il fit imprimer et adresser aux jurés de courtes et énergiques observations pour servir à la défense de son client. Depuis cette époque, M. Bernard, entièrement livré aux études relatives à sa profession, se disposait à donner au public une nouvelle édition du *Traité des assurances maritimes et des contrats à la grosse, etc.*, d'Émérigon, lorsque l'attaque du journal « l'Étoile », contre la mémoire du vertueux et patriote La Chalotais, si célèbre comme magistrat du Parlement de Bretagne, vint fournir à cet avocat l'occasion de se mettre en évidence. Choisi par un des descendants de La Chalotais, il vint à Paris demander justice des injures prodiguées au respectable magistrat breton par le journaliste, accepta le côté politique de la défense, et remplit sa tâche avec non moins de talent que d'énergie. Pour venger la mémoire de La Chalotais, ce courageux ennemi des jésuites, il n'eut pas, comme son collègue Berryer [V. ce nom], la timide circonspection, ou plutôt la servile complaisance de faire l'éloge de cette congrégation factieuse qui nous envahissait de toutes parts. Il ne demanda pas grâce pour la mémoire d'un homme dont la vie tout entière fut honorable et courageuse. Le plaidoyer de M. Bernard, auquel on pourrait peut-être reprocher un peu d'emphase, fut digne de la noble cause qu'il défendait, et lui fit le plus grand honneur. Le barreau de Paris lui fit, à cette occasion, l'accueil le plus flatteur, et, à son retour, celui de Rennes imita l'exemple de celui de Paris : l'un et l'autre lui offrirent un banquet. L'année suivante parut, sous l'initiale de M. Bernard, un *Résumé de l'Histoire de Bretagne*, en un vol. in-18; mais on sut peu de temps après que la composition de ce petit ouvrage appartenait à M. Legorec, un de ses collègues, qui l'avait prié d'en être le parrain pour qu'il fît son chemin dans le public. L'effet qu'avait produit sur le barreau de Paris le plaidoyer pour les petits-fils de La Chalotais, décida l'avocat de Rennes à venir se fixer dans la capitale, et il fut inscrit au tableau des avocats du barreau de Paris. En 1829, il traita avec M. Odillon-Barrot de son cabinet à la Cour de cassation, et il fut convenu qu'il lui succéderait après deux années de collaboration. Les événements en décidèrent autrement. En 1830, sous le ministère Polignac, M. Bernard prêta l'appui de son talent au « Journal du Commerce », dans la cause de l'association bretonne pour le refus de l'impôt; et, la même année, la dissolution de la chambre des députés ayant été prononcée à la suite de l'adresse des 221, il fut honoré d'un double mandat par les colléges électoraux de Lannion et de Rennes; plus tard, il opta pour le collége de Lannion [Côtes-du-Nord]. Lorsque parurent les ordonnances de juillet, alors ami courageux de la liberté, M. Bernard fut du petit nombre des députés qui, dans cette circonstances, se montrèrent dignes du beau titre de représentants de la nation; il se jeta sans hésiter dans les rangs du peuple. Le 26, au soir, il assista à la réunion des dix ou douze députés qui s'assemblèrent chez M. Alexandre de Laborde; il y protesta contre les ordonnances et y soutint que les députés étaient toujours députés malgré les ordonnances; qu'ils devaient se réunir à ce titre au palais de la chambre, et il offrit de présider l'assemblée si nul autre ne voulait assumer sur lui cette responsabilité. Les députés s'étant réunis au Palais-Bourbon le 28 juillet, M. Bernard fut l'un des commissaires envoyés par la chambre auprès du lieutenant-général du royaume. Après la nomination des

(*) MM. L.-M. Coatpont, L. Bernard et Lesueur.

ministres, parmi lesquels M. Dupont [de l'Eure] figurait en qualité de ministre de la justice, M. Bernard fut, dans les premiers jours d'août, nommé procureur-général près la Cour royale de Paris. Dans son discours d'installation, il fit entendre de nobles paroles auxquelles il resta fidèle : « Voici, dit- » il, comme nous entendons les devoirs » du ministère public : avant tout, ses » officiers sont des magistrats, et, à ce » titre, ils ne parlent et n'agissent » qu'au nom de la loi et dans son seul » intérêt. Plus de ces poursuites pas- » sionnées, ardentes, et qui semblent » un système organisé pour les besoins » d'une odieuse politique.... Nous par- » lons au nom de la société ; la société » est impartiale; ce qu'elle veut c'est la » justice.... » M. Bernard organisa le parquet de la Cour royale et ceux du ressort. Comme procureur-général, il dirigea à Saint-Leu l'instruction de la procédure à l'occasion de la mort violente du dernier des Condé. [Voir son rapport au « Moniteur »]. A la même époque, il présida, avec le général Daumesnil, gouverneur de Vincennes, à la réception des ministres de Charles X et à leur interrogatoire ; mais il fut bientôt obligé de donner sa démission, parce qu'il soutenait que la révolution avait abrogé virtuellement l'article 291 du Code pénal, qui punit les réunions habituelles, et à jour fixe, de plus de vingt personnes, et qu'il proclamait la liberté de s'associer. Il fut alors nommé conseiller à la Cour de cassation et membre de la Légion-d'Honneur ; la commission des récompenses nationales lui décerna aussi la la croix. Lorsqu'il s'agit de réviser la Charte, on proposa l'élimination des pairs créés par Charles X. M. Berryer s'opposait à cette mesure en alléguant son illégalité. M. Bernard prit alors la parole : « En présence des événements » qui viennent de se passer, dit-il, » quand le trône a été brisé, quand la » légitimité n'existe plus, quand, il y a » quatre jours, un immense bateau pa- » voisé de couronnes funèbres des- » cendait la Seine, et que la population » en sanglots l'escortait [c'étaient les » derniers adieux des pères et des en- » fants), où voulez-vous chercher la » légalité ? n'est-elle pas toute entière » enterrée sous les cadavres ? » [Séance du 6 août] Dans la même séance, alors que M. de Martignac osait faire l'éloge de Charles X et assurer que « l'amour de la patrie brûlait dans le cœur de ce prince », M. Bernard répondit avec énergie : « Non, non, Charles X écou- » tant des conseils perfides, n'a pas été » animé par l'amour de la patrie. Le scep- » tre était dans ses mains comme le signe » de protection ; c'est lui qui l'a brisé » en frappant sur son peuple ; non ja- » mais il n'a eu l'amour de la patrie. » En présence d'une chambre et d'un ministère qui luttaient pour organiser le système d'une demi-restauration, M. Bernard, resté jusqu'alors fidèle à ses antécédents politiques, soutint toutes les mesures qui pouvaient faire faire quelques progrès à la liberté. Ainsi, lorsque M. Bavoux, dans l'intérêt de la presse périodique, seule base du gouvernement représentatif, proposa de diminuer le cautionnement des journaux, M. Bernard fit de justes reproches à la commission d'avoir admis le cens électoral de 250 fr. et le cens d'éligibilité de 740 fr., comme représentant le cens de 300 et de 1,000, énoncés dans la charte de Louis XVIII; il proposait d'abaisser le cens électoral à la somme de 150 fr., et ce ne fut que malgré lui qu'il vota pour le cens électoral de 250 fr. Quant au cens d'éligibilité, M. Bernard le repoussa d'une manière absolue : « Il n'est pas besoin, » dit-il, de garanties pour l'élu, quand » il s'en trouve de véritables dans le » choix de l'électeur; celui-ci, inté- » ressé au maintien de l'ordre et des » lois, ne donnera pas sa confiance à » des hommes qui pourraient les ren- » verser. » Enfin, M. Bernard, après avoir signé les associations patriotiques contre le retour de la branche aînée des Bourbons et l'invasion étrangère, défendit énergiquement, à la tribune, les associations contre les anathèmes ministeriels de Casimir Périer, contre les pasquinades de M. Dupin, et contre les vociférations des centres. D'accord avec le général Lafayette, il proposa de réserver pour la session suivante l'examen de la question de l'hérédité de la pairie, et fit adopter cette proposition à la presqu'unanimité de la chambre. Dans la session suivante, lors de la discussion de l'adresse, pour laquelle il avait été commissaire, M. Bernard prit l'initiative dans une proposition importante ; il demanda, mais sans succès, que le ministère vînt communiquer à la chambre les documents diplomatiques qui devaient éclairer sa conscience sur les affaires extérieures de l'État. Nommé rapporteur de la loi nouvelle sur l'organisation des cours d'assises et du jury, il caractérisa ainsi l'objet de la loi : « Le principe qui « domine cette matière, dit-il, c'est que » la société, ayant seule le droit de » punir, a seule le droit de déclarer si » tel fait est constant, et si elle en est » offensée ; et, de la même manière » que la nation ne peut par elle-même » et en masse exercer le pouvoir législatif, elle ne peut non plus exercer » collectivement cette portion du pou» voir judiciaire. Elle a donc ses repré» sentants *justiciers*, comme elle a ses » représentants *législateurs* : c'est le » jury, c'est le droit pour tout citoyen » de n'être jugé que par ses pairs, de » n'être déclaré coupable que par une » sentence qui s'appelle le *jugement du* » *pays*. » Tel avait été jusqu'alors M. Bernard dans la carrière législative ; aussi les patriotes étaient-ils fiers de le compter dans leurs rangs ; mais l'étoile qui brillait sur la tête de l'un de leurs frères, ne tarda pas à pâlir, puis enfin à disparaître tout-à-fait. Qui pourrait expliquer les causes d'un changement si inattendu chez un homme qui, auparavant, avait donné tant de preuves de dévoûment à la gloire et aux intérêts de son pays. Un des hommes d'État de la France, plus occupé de sa position personnelle que de celle de sa patrie, n'a t-il pas dit qu'il n'y avait que les sots qui ne changeaient pas d'opinion ? Pourtant M. Bernard n'appartient pas à la classe de ce pitoyable sophiste; car s'il eût été ambitieux, comme tant d'autres, après l'établissement de la jeune royauté de juillet, il avait plus qu'aucun d'eux la chance, un peu de servilité aidant, de devenir un jour ou l'autre ministre, et il a été destitué de ses fonctions de procureur-général pour n'avoir pas voulu sévir contre les fauteurs d'associations ! Qui peut, alors, faire excuser le démenti donné par M. Bernard à ses antécédents? Voici, selon nous, la seule explication vraisemblable. Sous la restauration, M. Bernard était libéral ; mais il n'a pas accepté la qualification de patriote, la confondant puérilement avec celle de républicain. A la révolution de juillet, M. Bernard y joua un des premiers rôles : ce fut lui qui, dans la peur de l'établissement d'une république, avec l'esprit de 1793, proposa à la poignée de représentants de la France, appelée dans une grave circonstance à prononcer sur le sort de celle-ci, d'offrir la lieutenance-générale du royaume au duc d'Orléans, proposition qu'il fut chargé d'aller présenter : arrivée une heure plus tard, elle eut, peut-être, été devancée par l'établissement de la république. La proposition et la démarche de M. Bernard eurent pour résultats une mystification pour le général La Fayette, et, pour le pays, l'établissement de « la meilleure des républiques ». Les événements accomplis, la nouvelle dynastie se ressouvint des services que M. Bernard lui avait rendus, et il fut attiré à la cour. La famille du roi-citoyen gagna les affections de l'ancien député libéral, dont l'énergie venait de contribuer à chasser un roi parjure. M. Bernard se dévoua de corps et d'âme à une famille dont l'intérieur lui inspirait tant d'admiration ! L'effroi du *croquemitaine républicain* ne tarda pas à être mis à l'ordre du jour, et il en trouva M. Bernard déjà saisi. Sa faiblesse de caractère, et les flatteries dont il fut l'objet, firent le reste : il se laissa fasciner par le langage de la cour ; son patriotisme d'avant 1830, fut engourdi ; on n'entendit plus sa puissante voix, et dès-lors le juste-milieu put le considérer comme sa créature; il ne tarda pas à se ranger du parti conservateur. C'est ainsi qu'on doit expliquer l'appui que M. Bernard a prêté, par son vote, à tous ces hommes qui, trop confiants dans la force de leurs bonnes intentions pour la chose publique, sont venus salir leurs réputations, plus ou moins anciennement assises, en touchant les portefeuilles ; et à tous ces ambitieux qui ont plus rêvé leur intérêt personnel que la prospérité de leur pays. Il est dans la chambre une nuance politique et inexplicable, qui vote tantôt pour, tantôt contre le ministère, qui ne part d'aucun principe arrêté, ne marche vers aucun but déterminé, qui se décide au hasard, et dont la modération et l'impartialité prétendues n'annoncent autre chose qu'une vague incertitude et une absence complète de toute conviction raisonnée. Telle est la catégorie dans laquelle est descendu M. Bernard, après avoir marché long-temps dans les rangs de l'opposition. Ce n'est, du reste, que dans des questions tout-à-fait secondaires qu'il a pris la parole pendant plusieurs sessions. Dans celle de 1832-33, quelques observations sur le projet de loi d'expropriation pour l'utilité publique [6 février], une réclamation en faveur des condamnés politiques de la restauration [18 février], un amendement rejeté dans le projet de loi relatif aux dépenses d'épidémies, voilà les épisodes les plus saillants du rôle auquel M. Bernard a cru devoir se résigner. Depuis long-temps il a renoncé à monter à la tribune, et si quelquefois il a voté avec l'opposition, ce n'était là qu'une faible réminiscence de ses anciennes opinions, ce qui ne l'a pas empêché de soutenir habituellement les divers ministères qui se sont succédés, et pour lesquels il a voté dans les questions importantes, par suite de sa crainte de la république. Toutefois, les électeurs de la Bretagne sont demeurés constamment fidèles à leur député. M. Bernard a été élu sept fois par trois des départements de la Bretagne; il est à présent, et depuis 1836, député du Morbihan.

OUVRAGES DE M. L.-R.-D. BERNARD.

I. Décence et volupté, ou les Tentations. Paris, Jos. Chaumerot, 1808, 3 vol. in-12, avec une fig. [5 fr.].

Publié sous le nom d'Auguste.

II. * Tancrède, ou la Conquête de l'épée de Roland; par l'auteur de « Décence et volupté ». Paris, au dépôt gén. des nouv., 1808, 2 vol. in-12 [5 fr.].

III. Craniomanie [la], comédie en un acte [et en prose], mêlée de vaud. Paris, madame Masson, 1808, in-8.

Imprimée sous le pseudon. d'*Innocent Bonefoy* [de Gonesse].

Ces trois ouvrages ont été composés par M. Bernard, pour se délasser de ses études de droit.

IV. Plaidoyer pour les petits-fils de messire Caradeuc de La Chalotais, ancien procureur-général au parlement de Bretagne, contre M. Aubry, éditeur responsable du journal dit « l'Étoile ». Edition revue et seule avouée par l'auteur; suivie d'une Consultation rédigée par plusieurs avocats du barreau de Rennes, et de notes explicatives et historiques. Paris, B. Warée, 1826, in-8 [2 fr. 25 c.].

Ce plaidoyer, très-remarquable, n'est pas le seul que l'on doive à M. Bernard, mais c'est le seul imprimé séparément que nous connaissions.

Vers la même époque parurent les deux premiers volumes d'une nouvelle édition du « Traité des assurances et des contrats à la grosse, etc. », d'ÉMÉRIGON. Cette édition devait former 4 volumes in-8; mais son éditeur, Warée le père, l'abandonna, M. Boulay-Paty en publiant une autre. [Voy. la *France littér.*, article d'Émérigon].

V. * Résumé de l'histoire de Bretagne jusqu'à nos jours; par M. B***, avocat. Paris, Lecointe et Durey, 1826, in-18 [2 fr. 50 c.].

Avec M. Legorec, aujourd'hui conseiller à la cour royale de Paris, qui paraît être le principal auteur.

M. Bernard a prononcé un grand nombre de discours à la chambre des députés; mais les journaux quotidiens seuls sont les sources où il faut jusqu'à présent les aller puiser. Il fournit aujourd'hui des articles à la « Revue britannique ».

BERNARD [Joseph], successivement avocat, préfet et député, aujourd'hui l'un des conservateurs de la bibliothèque Sainte-Geneviève de Paris, frère du précédent, né à Brest, le 15 août 1792, était, comme le conseiller à la Cour de cassation, avocat à la Cour royale de Rennes avant 1830. Amant passionné de la liberté, il l'a défendue avec persévérance et talent comme écrivain (*). En 1825, M. Bernard publia, sous le voile de l'anonyme, un roman de mœurs intitulé *Charles*, qui fit assez de sensation pour qu'on recherchât quel en était l'auteur. Trois ans plus tard, il fit paraître un ouvrage remarquable par un style énergique, à la manière de Paul-Louis Courier : *le Bon Sens d'un homme de rien, ou la vraie Politique à l'usage des simples*, livre rempli d'excellentes vérités; les chapitres sur les vices et les abus semblent écrits avec du vitriol, ils brûlent; c'est le

(*) Pendant les cent-jours M. Jos. Bernard avait fait, comme son frère, partie des fédérés de Rennes, qui allèrent aux secours de Nantes menacée.

langage d'un citoyen passionné pour toutes les améliorations sociales. Presqu'aussitôt il s'affilia à la société « Aide-toi, le Ciel t'aidera », et participa aux publications de cette société qui, tout en éclairant la nation sur ses véritables intérêts, portait de si rudes coups au gouvernement que l'étranger et l'émigration nous avaient imposé. Pur de tout contact avec la restauration, M. Bernard n'a jamais reçu d'elle ni bienfait, ni faveur, et s'il s'est assis, comme tant d'autres, au festin de juillet, il a prouvé qu'entre ses intérêts et sa conscience il n'y avait pas de transaction possible. Les services rendus par lui à la chose publique, ses talents, l'amitié de Béranger et la dette contractée vis-à-vis de son frère, qui figurait assez bien un sévère patricien, le firent nommer, à l'issue de la révolution de 1830, préfet du département des Basses-Alpes. Peu de mois après, il passa à la préfecture du Var; mais, en juin 1831, ayant reçu une instruction ministérielle qui lui sembla porter atteinte à l'indépendance qu'il avait cru devoir se réserver comme fonctionnaire, il refusa d'obéir, et fut destitué. Les électeurs de Toulon, en lui donnant leurs suffrages, dans ce moment même, récompensèrent l'homme véritablement indépendant, l'administrateur habile dont ils avaient su apprécier le zèle et la capacité. M. Bernard était digne de les représenter, et sa place à la chambre, d'après ses principes bien connus, était marquée dans les rangs de cette opposition si riche en talents généreux. Sa profession de foi indiquait d'ailleurs d'une manière franche la ligne qu'il devait suivre : l'hérédité de la pairie, le privilége universitaire, les monopoles et les abus trouveraient en lui un rude adversaire; il ne cesserait de réclamer « la révision des lois électorale et communale, la réduction des charges publiques; la responsabilité des ministres, une bonne loi départementale »; et quant à la liste civile, « le roi a dit, après les journées de juillet, que six millions devaient suffire », et M. Bernard le croyait aussi, et pensait « que la véritable dignité d'un prince, non plus que d'un simple citoyen, ne peut et n'a jamais pu consister dans un vain luxe. » M. Bernard, à l'inverse de malheureusement trop d'aspirants à la représentation nationale, est resté fidèle à sa profession de foi, et a constamment voté contre le ministère pendant le cours de sa législature [quatre ans]. Le ministère lui en garda long-temps rancune, et si M. Thiers n'avait pas fait une quasi question de cabinet pour que M. Bernard fût replacé, il serait encore dans l'inactivité; et.... on l'a enterré, en qualité de conservateur, à la bibliothèque Sainte-Geneviève! Nous connaissons de M. Jos. Bernard les ouvrages suivants :

I. * Charles. Paris, Charles-Béchet, 1825, 4 vol. in-12 [10 fr.].

II. Bon [le] Sens d'un homme de rien, ou la vraie Politique à l'usage des simples. Paris, Moutardier, 1828, in-8 [6 fr.]. —Deuxième édition. Paris, Perrotin, 1835, in-8 [6 fr.].

III. * Lettre à M. de Villèle, sur le projet de loi ayant pour objet le rétablissement du droit d'aînesse. Paris, Sautelet et Ce, 1826, in-8 de 48 pag.

IV. * Discours prononcé par le père François Gérard [électeur de Saint-Martin], devant les électeurs de sa commune et grand nombre d'assistants jeunes et vieux. [Paris, de l'impr. de Gœtschy, juin 1830], in-8 de 4 pag.

Ce Discours, qui fait partie des publications de la Société « Aide-toi, le ciel t'aidera », rappelle et la verve et le style de P.-L. Courier : il a été réimprimé dans la même année par Cardon, à Troyes.

BERNARD [Jean-Pierre], artiste dramatique, plus connu au théâtre sous le nom de *Bernard-Léon* (*), est un de ces acteurs dont les noms, placés sur

(*) M. Bernard n'a dû prendre ce surnom que tard, et pour se distinguer de son frère qui commençait à se faire connaître. Sa pièce de la *Sœur de la Miséricorde*, imprimée en 1811, l'est encore sous le nom de Bernard. —Le frère de M. Bernard-Léon, Bernard jeune, après avoir débuté et joué long-temps en province, débuta au Gymnase le 29 juin 1824, dans les « Acteurs à l'essai », de MM. Dupeuty et Villeneuve : il y remplit plusieurs rôles : ceux d'un invalide, d'un savetier bossu et d'un improvisateur. Il remplaça son frère dans le rôle du Charlatan, joua celui de l'Eveillé, dans la « Chercheuse d'esprit »; mais il ne resta que deux ans au Gymnase, retourna en province et à l'étranger, joua deux ans à Amsterdam, deux ans à Lyon, cinq ans à Bruxelles, etc. Il a été engagé, en septembre 1840, au théâtre de Versailles, où il est maintenant, et où il joue le même emploi que son frère, avec rondeur, franchise et aplomb. Son jeu est assez communicatif, et excite la gaîté des spectateurs. — M. Bernard jeune, alors acteur à

une affiche, doivent toujours attirer le public curieux d'applaudir une gaîté franche et communicative. M. Bernard naquit à Paris, le 11 avril 1789, d'un père intendant d'un fermier-général dont la tête fut tranchée par la faulx révolutionnaire, M. Prévost. Fort jeune, M. Bernard fut placé dans l'étude de M. Rivière de l'Isle, homme de loi, dont il devint bientôt le premier clerc; son père le destinait à succéder à cet homme de loi; mais, malheureusement pour la chicane, les goûts du jeune clerc ne tardèrent pas à venir contrarier les vues du bon père préoccupé de l'avenir de son fils. Dans les premières années de ce siècle, la comédie bourgeoise était à Paris une fureur, et il y avait une grande quantité de théâtres de société. M. Bernard, caché sous le nom de Léon, joua d'abord dans une jolie petite salle qu'on appelait le « Boudoir des Muses », et qui était située vieille-rue du Temple, au coin de celle des Francs-Bourgeois, sur l'emplacement du couvent des filles de St-Anastase (*), ou hôpital St-Gervais, et où est aujourd'hui le marché des Blancs-Manteaux. C'était vers 1805. Après avoir fait ses premières armes comme amateur, ses succès l'encouragèrent à se livrer tout-à-fait à son goût pour l'art dramatique, et il joua pendant plusieurs années sur le theâtre de Versailles. M. Bernard n'a pas cultivé seulement le théâtre comme artiste, mais encore comme auteur. Il donna successivement à ce théâtre du « Boudoir des Muses », dont nous venons de parler, *l'Auteur tout seul*, *le Mari complaisant*, *les Amants du Pont-aux-Biches*. Plus tard, devenu acteur de profession, il composa une espèce de pantomime, intitulée la *Sœur de la Miséricorde*, *ou le Spectre vivant*, représentée pour la première fois sur le théâtre Montansier, salle des Jeux-Forains, le 6 juin 1811, et, l'année suivante, une autre pièce du même genre, intitulée *Marcassin*, qui fut représentée sur le même théâtre, le 11 juillet 1812. Toutes ces pièces ont été imprimées, bien qu'à cette époque on n'imprimât pas, comme on le fait aujourd'hui, pièces applaudies et tombées. Le 22 décembre 1820, le théâtre de la porte Saint-Martin donna, sous le titre de le *Maréchal et le Soldat*, un vaudeville en un acte de M. Bernard-Léon, en société avec M. Maréchalle: cette pièce n'est peut-être pas la dernière composée par cet artiste. A l'ouverture du Gymnase, dans ce même mois de décembre 1820, M. Bernard y fut engagé, et se fit remarquer par de bonnes caricatures, puis il prit bientôt une place distinguée à côté de Perlet et de Gontier. M. Bernard créa à ce théâtre, entre autres rôles, ceux du sultan, dans la « Petite Lampe merveilleuse »; du cocher dans la « Loge du portier »; du commis Bellemain, dans « l'Intérieur d'un bureau »; du fournisseur dans « Partie et Revanche »; de M. Guillaume, dans la «Pension bourgeoise »; de Vatel, dans la pièce de ce nom; de Poudret, dans le « Coiffeur et le Perruquier »; du médecin Frauval, dans la « Mansarde des artistes », et reprit, sans désavantage, le rôle de l'Artiste, créé par Perlet. M. Bernard quitta le Gymnase au commencement de 1825, et débuta au théâtre de l'Opéra-Comique, le 23 mars par les rôles de Roch, dans « l'Avis au public », et de Dugravier, dans le « Rendez-vous bourgeois »; les 26 et 27, il joua Dalin, de la « Fausse magie », mais ne resta pas à ce théâtre. Après avoir parcouru la province, M. Bernard revint à Paris, en 1828, et s'adjoignit à M. de Guerchy dans la direction du théâtre du Vaudeville. Bientôt après, il quitta la direction, mais resta attaché comme acteur à ce théâtre, jusqu'en 1834, et il y joua, entre autres pièces, dans la « Maison du Faubourg »; le patissier Mignot, dans « Marie Mignot », l'un des deux frères, dans « les Poletais ». En 1835, M. Bernard allait prendre la direction du théâtre de la Gaîté, lorsque, le 23 février, un incendie détruisit ce théâtre qu'il fut obligé de faire reconstruire. La salle fut prête le 19 novembre de la même année; mais les frais de construction et d'un nouveau matériel l'ayant entraîné dans des dé-

Bordeaux, a fait, en société avec MM. Belfort et Aug. Lepeintre cadet, aussi acteurs, un vaudeville représenté dans cette ville, et imprimé sous le titre de *le Cirque de Bojolay, ou Pleuvra-t-il? ne pleuvra-t-il pas?*

(*) Brazier, dans son « Histoire des petits théâtres », dit à tort les Filles du calvaire.

peuses que les recettes ne purent couvrir, il fut obligé d'abandonner cette entreprise. Ses occupations de directeur nuisirent à son talent d'acteur; il rejoua quelques-uns de ses anciens rôles, et en créa peu de nouveaux : le seul qui le fit remarquer dans une pièce nouvelle, ce fut celui de Loupin, dans la pièce intitulée « Frogères et Loupin ». M. Bernard rentra au Gymnase en 1837, y reprit quelques-uns des rôles qu'il avait joués, créa, entre autres, celui du serpent dans le « Spectacle à la cour. » En 1839, il passa au théâtre du Palais-Royal, qu'il a quitté, en février 1841. — La raison qui nous a fait admettre M. Bernard dans ce livre, c'est qu'il est auteur: ce n'est pas un titre dont il tire vanité; sa capacité comme artiste est incontestable : M. Bernard a de la gaîté, de la rondeur, ce qu'on appelle de l'*entrain*, il il est un peu enclin à la charge, et grimace assez plaisamment. En général, c'est un acteur qui plaît au public, mais qui, néanmoins, ne s'est pas élevé à la hauteur des talents qui attirent les véritables amateurs. On a de M. J.-P. Bernard :

I. Avec M. *Varez :* Une Journée de Frédéric II, comédie-anecdote en un acte et en prose. Paris, Fages, an XII [1804], in-8.

II. Avec M. *Fléché :* l'Enfant du carême. Paris, Rillot; Bordet; Pillot, an XII [1804], 2 vol. in-12 [3 fr. 60 c.].

III. Avec *le même* : l'Auteur tout seul, ou la Chambre d'arrêts, monologue [en prose et] en vaudevilles. Paris, madame Brunot, an XIII [1805], in-8.

IV. Avec M. *J.-B. Fléché :* le Mari complaisant, opéra-comique en un acte. Paris, Fages, 1806, in-8.

V. Avec MM. *J.-B. Fléché* et *L. Camel :* les Amants du Pont-aux-Biches, ou la Place publique, vaudeville poissard en un acte et en prose. Paris, 1806, in-8.

Cette pièce est imprimée sous le seul nom de L. CAMEL, artiste dramatique à qui l'on doit, seul ou en société, huit autres pièces imprimées.

Ces trois dernières pièces ont été représentées sur le théâtre de la vieille-rue du Temple, appelé aussi « Boudoir des Muses. »

VI. Sœur [la] de la Miséricorde, ou le Spectre vivant, scènes en trois parties, à grand spectacle [pantomime]. Paris, Barba, 1811, in-8.

VII. Avec M. *** : Marcassin, scènes féeries en trois parties [pantomime dialoguée], à grand spectacle, etc. Paris, Barba, 1812, in-8.

Ces deux dernières pièces ont été représentées sur le théâtre Montansier, Palais-Royal, Jeux-Forains; la première le 6 juin 1811, et la seconde le 11 juillet 1812.

VIII. Avec M. *Maréchalle* : le Maréchal et le soldat, vaudeville en un acte. Paris, Barba, 1821, in-8 [1 fr. 25 c.].

IX. Avec MM. A. I*** [*Imbert*] et *J.-B. Fléché :* l'Enfant des tours de Notre-Dame, ou ma Vie de garçon, roman historique. Paris, Aug. Imbert, 1825, 3 vol. in-12, avec 3 gravures [7 fr. 50 c.].

L'avertissement de l'éditeur au public contient trois scènes d'un vaudeville intitulé : *le Cimetière du Parnasse.*

Ce roman ne porte que les noms de MM. Imbert et Fléché; mais M. Bernard, avons-nous lu quelque part, y a contribué pour un tiers.

BERNARD [G.-L.], ancien professeur, aujourd'hui habitant de Montbéliard.

I. Variétés philosophiques et littéraires. Paris, A.-A. Renouard, 1808, 2 vol. in-12, de viij et 202 et 252 p. [4 fr.].

«On publie de nos jours tant d'ouvrages intitulés « Variétés » ou « Mélanges », soit philosophiques, soit historiques, soit littéraires, etc., que ce titre, un peu vague, n'est guère propre à assurer le succès du livre qui le porte, si l'auteur n'est pas déjà avantageusement connu du public. Le moyen, en effet, à moins d'avoir lu l'ouvrage, ou tout au moins la table des matières, de savoir de quoi il traite? Parmi ces différents recueils, les uns ne sont guère que de simples compilations; d'autres sont le fruit des lectures ou des réflexions de l'auteur. Celui dont on vient de lire le titre appartient à cette dernière classe. M. Bernard, comme il l'annonce dans sa préface, n'a pas eu la présomption de se croire assez habile, ou assez heureux, pour n'offrir que des idées neuves. [Et quel est l'écrivain, même doué de génie, qui puisse se flatter de n'en produire que de telles !]. Les sujets qu'il a traités ne sont pas neufs non plus; mais la manière dont il a su les présenter lui appartient. Il a divisé son recueil en deux parties, qui paraissent se rapporter à deux ordres très-différents de lecteurs, dont les uns ne cherchent guère que l'amusement, tandis que les autres s'attachent de préférence aux matières sérieuses. Le premier volume se compose de quinze pièces fugitives, dont la première, écrite en prose poétique, est une espèce d'invocation à la rêverie. Viennent ensuite des réflexions sur les livres, leur lecture et leurs auteurs; trois petits Contes allégoriques intitulés : le Papillon, l'Amitié, l'Amour; des réflexions sur les sots et la sottise; Hélène, ou le Pouvoir de la beauté, fragment; un

Songe; des Pensées détachées; Glycère, idille, pièce dans le goût de Gessner, où l'auteur, en parlant des agréments de la campagne, paraît peindre ce qu'il aime, et fait aimer ce qu'il peint; le Chardonneret; les Vœux; des Pensées sur l'amitié qui pourront plaire aux âmes sensibles; Théodore, conte moral; enfin une Apologie de l'Ignorance, écrite avec chaleur, et qui a dû fournir, sans doute, ample matière à la critique. L'auteur, comme on le voit, ne s'est guère attaché, dans le premier volume, qu'à occuper l'imagination ou la sensibilité du lecteur. Dans le second, il offre à sa pensée un assez grand nombre de sujets propres à l'alimenter; on en jugera par l'énumération suivante, qui n'est que la table de ce second volume : des Sensations ; — des Sens ; — de l'Ame ; — des Facultés de l'âme ; — de la Première cause ; — de la Nature ; — du Bonheur ; — de la Solitude ; — de la Morale ; — des Malheureux ; — de la Vie ; — du Temps ; — de la Mort ; — de l'Immortalité. Voilà certes de bien beaux sujets de réflexions, et l'on sentira aisément que les bornes que l'auteur s'est prescrites, ne lui ont pas permis de donner à chacun d'eux tous les développements qu'on pourrait désirer; aussi n'est-ce pas un nouvel ouvrage scientifique dont il a prétendu enrichir la métaphysique, ce ne sont pas de longues dissertations qu'il s'est proposé de publier : c'est un petit recueil à l'usage des personnes qui, ne voulant ou ne pouvant pas s'occuper habituellement d'objets philosophiques, sentent pourtant, de temps en temps, le besoin d'une lecture sérieuse. Après avoir parlé de l'homme et de ses facultés, l'auteur s'élève, à l'aide d'un raisonnement très-simple, tiré de l'origine du genre humain, à la connaissance de cette première cause incompréhensible, dont la sagesse et la bonté éclatent dans toutes les parties de l'univers sensible. Le tableau de cet univers, sujet éternel de nos études et de notre contemplation, occupe la place la plus considérable de l'ouvrage. Il offre, dans un cadre très-resserré, un aperçu des lois les plus générales de la nature, de ses beautés et de ses harmonies dans les trois règnes, ainsi que des impressions qu'elles font sur l'homme sensible qui les contemple. Après ce tableau, qui nous a paru remarquable par sa brièveté et sa netteté, nous recommanderons à l'attention des lecteurs les articles qui traitent de la morale, du temps, de la mort et de l'immortalité. Dans ce dernier article, l'auteur a rassemblé les preuves les plus solides qu'on ait avancées jusqu'à présent à l'appui du dogme consolant de l'immortalité de l'âme. Il a particulièrement insisté sur la perfectibilité de l'homme, perfectibilité qui, à moins qu'elle ne nous ait été départie pour nous tourmenter, et pour tromper nos plus chères espérances, exige nécessairement une continuation d'existence dans un autre ordre de choses.—Tout n'est pas également bon dans les *Variétés philosophiques et littéraires* ; il faut choisir. Le style nous a paru quelquefois trop poétique, d'autres fois un peu trop sententieux : mais il est en général pur et élégant »[*Mag. encycl.*, ann. 1809, tome III p., 237 et suiv., art. signé F. D.].

II. * Récréations philosophiques, ou Recueil des traductions de morceaux choisis de prose, et surtout de poésie anglaise, qui n'ont point encore paru, ou n'ont été qu'imparfaitement rendus dans notre langue; précédés de trois discours littéraires; par l'auteur des « Variétés philosophiques et littéraires. » Strasbourg, Levrault, 1808, in-12.

III. Quelques aperçus philosophiques très-succincts, relatifs surtout à diverses questions de théologie naturelle. Paris, Hachette, 1829, in-8 de 96 pag. [2 fr.].

BERNARD [ ], alors artiste du théâtre de Lille, peut-être le même que le directeur de théâtre. [V. l'art. suivant.]

I. Jeanne Maillotte, ou la Cabaretière lilloise, vaudeville en deux actes [en prose] à spectacle. Lille, Castiaux [1815], in-8.

II. Hommage [l'] de la garde nationale de Lille au roi, ou la Veille du jour de l'an, vaudeville en un acte et en prose. Lille, Castiaux, 1816, in-8.

BERNARD [ ], auteur et artiste dramatique qu'il ne faut pas confondre avec François Bernard de la page 322, est le Bernard qui, vers la fin du siècle dernier et au commencement de celui-ci, fut directeur du théâtre des « Variétés amusantes » sur le boulevard du Temple ; plus tard acteur nomade, puis chargé de la direction du spectacle, et particulièrement de l'opéra français, où il figurait comme artiste chantant, à Cassel [Hesse], pendant la durée du royaume éphémère de Westphalie. Il devint ensuite directeur du théâtre de l'Odéon, à l'époque où l'opéra allemand fra[illegible]sé y attirait la foule ; depuis et successivement directeur des théâtres de Marseille, où il fit de mauvaises affaires, et de Bruxelles ; aujourd'hui directeur d'un théâtre français à New-York.

I. Momus à la nouvelle salle, prologue d'inauguration, en un acte et en prose, mêlé de chant et de danse. Bruxelles, L. Houblon, 1819, in-8.

II. Avec M. *Duvert* : l'Homme de confiance, vaudeville en un acte et en prose. Paris, Duvernois, 1825, in-8.

III. Avec M. * *M*.... : Noé, ou le Déluge universel, ballet en trois actes. Marseille, de l'impr. de Feissat aîné, 1830, in-8 de 12 pag.

IV. Avec MM. *Mallian* et *P. Tournemine* : le Curé Mérino, drame en cinq actes. Paris, de l'impr. de Dondey-Dupré, 1834, in-8 à deux colonnes [30 c.].

V. Veuve [la] du marin, comédie-vaudeville en un acte. Paris, Bezou, 1838, in-8 [1 fr. 50 c.].

BERNARD [Mme Catherine], portière, pseudon. Voy. A. MARTIN.

BERNARD [ ], avocat à la Cour royale de Paris.

— Notice sur la vie et les œuvres de M. le premier président Henrion de Pansey. Paris, Théoph. Barrois, 1829, in-8 de 24 pag. [1 fr.].

BERNARD, médecin, à Nantes.

I. De la Nécessité d'établir à Nantes un hôpital spécialement destiné aux enfants malades. Nantes, de l'impr. de Mellinet-Malassis, 1829, in-8 de 8 pag.

II. Examen des moyens qui paraissent les plus sûrs et les plus économiques pour réaliser le projet d'établir à Nantes un hôpital spécialement destiné aux enfants malades. Nantes, de l'impr. de Mellinet-Malassis, 1829, in-8 de 12 p.

III. A Monsieur Ambr.-Fr. Laennec, docteur en médecine de la faculté de Paris. Nantes, de l'impr. de Victor Mangin, 1830, in-4 de 4 pag.

BERNARD [Gabriel], de Dijôn.

I. Deux bluettes en plein bassinet, extrait de la « Chronologie ». Paris; Mme Gilet, 1829, in-8 de 12 pag.

II. Mémoire dressé par Gabr. Bernard sur la demande et conformément aux désirs de l'une de mesdames des halles, places et marchés de Paris. Paris, Mme Gilet, 1829, in-8 de 16 pag.

III. A mes concitoyens. Paris, de l'impr. de Jules Didot, 1831, in-8 de 12 p.

IV. Pétition respectueuse à la chambre des députés. Paris, de l'impr. de Decourchant, 1832, in-8 de 2 pag.

M. Bernard a, en outre, fait imprimer, en 1831-32, plusieurs autres opuscules de 2 pages.

BERNARD, d'Arras.

I. Almanach du commerce, des arts et métiers d'Arras. Arras, l'Auteur, 1830, in-18 [2 fr. 50 c.].

II. Liberté [de la] du commerce, du progrès appliqué aux intérêts matériels des pays et des expositions publiques. Arras, Tiering, 1834, in-4 de 8 pag.

BERNARD [J.], architecte.— Recueil de monuments inédits, dessinés et publiés sur la ville de Provins. Paris, Bossange père; Treuttel et Würtz; Mesnier, 1830, in-4 de 24 pag., avec pl.

BERNARD [le général Melchior-Louis], né à Draguignan [Var], le 2 janvier 1781, était parvenu au grade de colonel et directeur d'artillerie, d'abord à La Rochelle, puis au Hâvre, lorsqu'en 1827, il demanda et obtint sa retraite avec le titre de maréchal-de-camp dans son arme. L'année suivante, le général Bernard s'en alla à Cayenne, où son frère aîné (*) était établi depuis plusieurs années, et y exploitait ses propriétés. Le général Bernard a essayé de fonder des établissements agricoles; mais ses tentatives n'ont pas eu pour lui d'heureux résultats. Ses affaires l'ont ramené en France, où il est resté pendant les années 1837 et 1838, puis il est reparti pour Cayenne. Depuis son départ du Hâvre, on a publié de lui un ouvrage pour la jeunesse, intitulé :

— Joseph, ou le Jeune ouvrier. Le Hâvre, J. Morlent, 1840, in-12, avec une grav. [2 fr. 50 c.].

BERNARD (Mlle Laure de LAGRAVE, dame]; épouse du précédent, née à Paris, le 4 novembre 1799, se maria, en 1817, au colonel d'artillerie Bernard. Un an après que celui-ci se fût fixé à Cayenne, madame Bernard alla le rejoindre, et resta auprès de lui jusqu'au commencement de 1830, époque où les opérations malheureuses du général l'obligèrent de rentrer en France. La révolution de juillet ne précéda que de peu de jours son débarquement. Madame Bernard, dont la fortune était ébranlée, se chargea alors de l'éducation privée de jeunes personnes appartenant à de riches familles; aujourd'hui elle fait celle de la jeune fille de M. Lafont, député. Mère de deux demoiselles, madame Bernard avait composé, pour leur éducation, quelques petits ouvrages, dont la lecture avait eu pour elles d'heureux résultats; dans le but d'être utile à d'autres mères, elle s'enhardit à composer de nouveaux écrits, et même à les faire imprimer. Les ouvrages

(1) BERNARD [Jacques-Bernard], ancien officier supérieur au service de Jérôme Bonaparte, roi de Westphalie. On lui doit quelques articles *sur la Guyane française*, imprimés dans le « Musée des Familles ».

de madame Bernard respirent la morale la plus pure, et pourtant ils n'ont obtenu que des succès d'estime, leur auteur étant resté constamment en dehors de toute coterie. On a de cette dame :

I. Contes et Conseils à la jeunesse. Paris, Maumus, 1831, in-12, fig. [3 fr.].

Ouvrage non annoncé par la « Bibliographie de la France ».

II. Deux [les] Frères, conte créole. Paris, Planche, 1833, 2 vol. in-12, avec 2 grav. [6 fr.].

III. Esquisses morales. Contes aux jeunes personnes. Paris, L. Janet, 1833, in-12, avec grav. [5 fr.].

Le volume est terminé par le *Bal de l'Ambassadeur*, proverbe en deux actes.

IV. Histoire de Perse, racontée à la jeunesse. Paris, Denn, 1834, in-12, fig. [3 fr.].

V. Contes aux enfants. Paris, Didier, 1835, in-12, avec 3 grav. — IIIe édit. Paris, le même, 1840, in-12, avec 4 grav. [3 fr.]

Le libraire-éditeur a fait imprimer en 1839, divisés en deux volumes in-18, les contes qui y sont renfermés, et chacun sous un titre particulier, l'un portant : *Francisque, ou mauvaise tête et bon cœur, suivie des Deux Cousins*; l'autre : *Louisa, ou la Providence et les bonnes actions ; suivie des Petits Talents*.

VI. Mademoiselle de Valville. Paris, Allardin, 1835, in-8 [7 fr. 50 c.],

VII. Voyages [les] modernes, racontés à la jeunesse. Paris, Lehuby, 1836, et 1838, 2 vol. in-12 ornés de 6 grav. [6 fr.].

VIII. Contes maternels. Scènes de l'éducation. Paris, Lehuby, 1836, in-12, avec 4 grav. [3 fr.].

IX. Théâtre de marionnettes. Paris, Didier, 1836, in-12, avec 5 grav. [3 fr. 50 c.].

Ce volume contient cinq pièces.

X. Mythologies [les], racontées à la jeunesse. Paris, Didier, 1837, in-12, orné de 11 grav. [3 fr].

L'*Histoire de Perse*, citée sous le n° IV, et ces *Mythologies*, sont le commencement d'un cours d'histoire à l'usage de la jeunesse, dans le genre de celui de M. Lamé Fleury, mais plus élégant sous le rapport du style, et plus convenable à l'éducation des adolescents.

XI. Enfants [les] de la campagne. Paris, Lehuby, 1837, in-18, avec une grav. [1 fr. 25 c.].

XII. Scènes et récits tirés de la Bible. Lectures pour le premier âge. Paris, Lehuby, 1837, in-18, une gravure [1 fr. 25].

XIII. Conseils aux jeunes détenus. Paris, Didier, 1839, in-18.

XIV. Conseils d'un maître à son esclave. Paris, Didier, 1840, in-8 de 80 pag.; ou in-18 de 108 pag.

XV. Bible des jeunes catholiques. Paris, le même, 1841, in-12, avec gravures. [*Sous presse*.]

L'auteur des quinze ouvrages que nous venons de citer, a participé à la rédaction du « Journal des Femmes, » dans lequel on trouve d'elle, entre autres : des articles sur les cours publics à l'usage des jeunes institutrices, professés à l'Hôtel-de-Ville par MM. Lévi et Lourmand ; — *Gardons notre esclavage tel qu'il est*, morceau de morale adressé aux femmes qui rêvent leur affranchissement ; — *Les Deux Sœurs*, nouvelle ; — Des articles *Sur la Guyane française* ; — La *Biographie de la Supérieure de l'ordre de St-Joseph*, fille éminemment distinguée, sortie des rangs du peuple.

On trouve aussi de Mad. Laure Bernard, dans le tome III des « Heures du soir », une nouvelle, intitulée : *Un Mariage*.

BERNARD [Mlle Jenny], née en Savoie. — * Luth [le] des Alpes, essai poétique, historique et descriptif des eaux d'Aix, en Savoie. Ouvrage couronné par la royale académie de Savoie. Décembre 1833. Par Mlle Jenny B***. Paris, de l'impr. de Crapelet.— Dufart, 1834, in-18 [3 fr.].

BERNARD [Auguste-Joseph], né le 1er janvier 1811, à Montbrison [Loire], d'une famille d'imprimeurs de cette ville (*), et dont quelques membres allèrent, au siècle dernier, s'établir dans la Bourgogne. Le jeune Auguste Bernard, après avoir fait quelques études, fut forcé d'abandonner le collége, et d'embrasser la profession de son père, qu'il vint exercer à Paris à l'âge de 17 ans. Nous l'avons nous-même connu employé dans la typographie de MM. F. Didot. Dévoré du besoin de réparer le tort que son éducation précipitée pouvait lui faire plus tard, M. Bernard employait dès lors tous les moments de

(*) Le père de M. Bernard, Charles-Laurent Bernard, était venu s'établir imprimeur-libraire à Montbrison, en 1804 : M. Auguste Bernard est le plus jeune de trois fils; l'aîné, qui a succédé à son père comme imprimeur, est en même temps bibliothécaire à Montbrison ; le second, aussi typographe, est Martin Bernard, condamné politique de la Chambre des pairs, en 1839. L'un et l'autre ont écrit. L'aîné est le propriétaire, le rédacteur et l'imprimeur du petit « Journal de Montbrison ».

loisirs que lui laissait la casse et quelques autres que ses goûts le portaient à dérober au travail manuel, pour aller fouiller dans nos bibliothèques. L'histoire de son pays natal fut sa première affection : aussi travailla-t-il avec ardeur à une *Histoire du Forez*. Les matériaux qu'il avait ramassés pour ce livre le déterminèrent à retourner à Montbrison, afin d'avoir tout son temps pour le mettre en ordre et le publier; ce livre parut en 1835 et 1836, l'auteur n'ayant encore que 24 ans. Une circonstance assez curieuse, c'est que l'Histoire du Forez a été composée à la casse par son auteur même. Cet ouvrage, d'ailleurs estimable, se ressent de la jeunesse de son auteur; aussi se propose-t-il d'en donner plus tard une édition améliorée. L'impression de son premier livre terminée, M. Bernard revint à Paris reprendre ses occupations typographiques, d'abord dans la maison Didot, et ensuite à l'imprimerie royale, où il ne tarda pas à devenir correcteur. Là, comme plusieurs années auparavant, il occupait les moments dont il était le maître à des nouvelles recherches pour une publication qu'il mûrissait depuis long-temps : l'Histoire d'hommes célèbres du Forez, encore trop peu connus en France, les d'Urfé. Ce nouveau travail achevé, M. Bernard, qui, par de la conduite et des formes distinguées, avait su capter la bienveillance de M. Lebrun, directeur de l'imprimerie royale, obtint, par ce dernier, la faveur de faire imprimer son nouveau livre dans l'établissement auquel il est encore attaché.

I. Histoire du Forez. Montbrison, de l'impr. de Bernard aîné, 1835-36, 2 vol. in-8 [12 fr.]

II. * Biographie et Bibliographie foréziennes, recueillies par l'auteur de l'Histoire du Forez. Montbrison, de l'impr. de Bernard aîné, 1835, in-8 de 8 et 80 pag.

Ce travail est la fin du tome II de l'ouvrage précédent, auquel il sert de complément; néanmoins, dans les deux volumes, il manque à un nombre d'exemplaires.

III. Urfé [les d'], Souvenirs historiques et littéraires du Forez aux 16e et 17e siècles, avec fac-simile. Paris, Dumoulin; Techener, 1839, in-8.

Ce livre, imprimé par autorisation du Roi à l'imprimerie royale, n'a été tiré qu'à 300 exemplaires, dont 10 sur pap. vélin. Son prix est de 10 fr. sur pap. cavalier, et de 20 fr. sur gr. raisin vélin.

Cet ouvrage, fruit de longues et laborieuses recherches, et dont tous les journaux ont fait l'éloge, contient, 1° une généalogie de la maison d'Urfé, écrite par Jean-Marie de la Mure, chanoine de Montbrison, mort vers 1687, et publiée aujourd'hui, pour la première fois, d'après le manuscrit appartenant à M. Bernard; — 2° la Biographie d'Anne d'Urfé, d'Honoré d'Urfé, l'auteur de « l'Astrée », et d'Antoine d'Urfé; — 3° un Récit des événements qui eurent lieu dans le Forez du temps de la Ligue, et auxquels les d'Urfé participèrent; — 4° des Lettres écrites par les d'Urfé, depuis 1589 jusqu'en 1595, publiées d'après les originaux conservés aux archives de la ville de Lyon; — 5° une Description du pays du Forez, composée par Anne d'Urfé, vers l'an 1606, et imprimée ici, pour la première fois, sur le manuscrit autographe conservé à la Bibliothèque du roi [n° 183, Supplément français]. Une table des noms de lieux et de personnes termine le volume, qui est accompagné d'un fac-simile de l'écriture des principaux membres de la famille d'Urfé. Dans ce travail recommandable, M. Bernard a fait un excellent usage de matériaux historiques recueillis avec persévérance; et, sans sortir de la spécialité de son titre, il a fait connaître et présenté avec intérêt des faits curieux, soit pour l'histoire de nos troubles civils et religieux au XVIe siècle, soit pour notre histoire littéraire. Nous citerons particulièrement la notice biographique sur Honoré d'Urfé et le récit des événements qui se sont passés dans le Forez du temps de la Ligue. Ce dernier morceau peut être considéré comme la partie la plus importante de cette utile publication.

[*Journal des savants*, août 1839].

M. Aug. Bernard qui s'occupe toujours activement de l'histoire de sa province, a fourni au « Dictionnaire de la conversation et de la lecture », l'article *Forez*, qu'il a fait réimprimer séparément, après d'importantes corrections, en une petite brochure de 8 pag. in-8, en petits caractères. Il a aussi écrit, depuis 1832, plusieurs articles dans différents journaux de Paris, de Lyon, et surtout dans le petit journal de Montbrison.

Il prépare dans ce moment une édition de poésies d'Honoré d'Urfé, parmi lesquelles se trouve, entre autres, un poëme que l'éditeur pense avoir été connu de Milton, avant qu'il composât son « Paradis perdu », et auquel il aurait emprunté quelques idées. Un autre ouvrage, dont M. Bernard s'occupe, est une *Histoire de la Ligue* que nous ne désespérons pas de voir bientôt paraître. V. A. S.

BERNARD [Charles-Bernard DUGRAIL DE LA VILLETTE, connu, en littérature, sous le nom de Charles de], l'un des écrivains les plus distingués de notre époque, né à Besançon [Doubs], en 1805, d'une famille noble de la Franche-Comté, se destinait à la magistrature, et suivait les cours de l'École de droit de Dijon, lorsque survint la révolution de 1830. Cet événement contrariait ses vues. Un beau matin il déserta l'enseignement de Thémis pour cultiver les Muses. En 1830, M. Charles de Bernard revint dans sa ville natale, et fit ses débuts en littérature en coopérant à la rédaction de la « Gazette de Franche-Comté », feuille légitimiste, dirigée par M. Vaulchier; deux ans plus tard il vint à Paris, et fit imprimer, sous le titre de *Plus deuil que joie*, un volume d'odes, très-remarquables par l'élévation des pensées et la pureté du style. Peu de temps après, il commença à écrire dans la « Chronique de Paris », à laquelle il fournit des nouvelles écrites avec talent et d'une manière très-originale qui le placèrent tout d'abord parmi les romanciers les plus agréables de l'époque actuelle. C'est dans le recueil que nous venons de citer que parurent, entre autres nouvelles, qui ne contribuèrent pas peu alors à sa fortune, une *Aventure de magistrat*, et surtout la *Femme de quarante ans*, renchérissement plein de grâce sur la « Femme de trente ans », de M. de Balzac. L'observation y est parfaite dans sa finesse et dans sa subtilité. Plus tard il donna, pour faire le pendant de cette nouvelle, l'*Arbre de science*, composition non moins délicieuse. Depuis la mort de la « Chronique », M. de Bernard a écrit dans divers recueils littéraires, a fait des feuilletons pour nos grands journaux les plus renommés, et publié son joli roman de *Gerfaut*. Les nouvelles données jusqu'à ce jour par cet élégant écrivain ont été réunies en trois corps d'ouvrages que nous allons faire connaître. Le journal le « Siècle » promet la publication prochaine d'un autre roman de M. de Bernard, intitulé *le Fidéi-commis;* et le libraire Ch. Gosselin en annonce deux autres sous presse : *le Veau d'or*, et *un Marché de dupe*.

I. Plus deuil que joie. Poésies. Paris, G.-A Dentu, 1832, in-8 de xvj et 150 pag. [3 fr.].

Cet ouvrage est imprimé sous le nom de *Charles de Bernard-Dugrail;* l'auteur a signé tous les suivants : *Charles de Bernard*.

Ce volume renferme vingt-une odes et un petit poëme intitulé *la Messe d'un incrédule*. Une des odes, celle intitulée dans le volume *une Fête romaine*, avait été envoyée par l'auteur à l'Académie des Jeux-Floraux ; mais la chaste académie ayant trouvé impudiques trois de ses strophes, elle ne fut point couronnée.

En tête de ce volume, l'auteur a placé une espèce d'introduction dans laquelle il signale avec franchise la couleur de sa bannière, qui est celle du *néo-royalisme* ou légitimisme retrempé et rajeuni par ses revers.

II. Avec M. *Léonce* [ ] : Madame de Valdaunaie, ou un Amour dédaigné, comédie-vaudeville en deux actes. Paris, Barba, 1837, in-8 [2 fr. 50 c.].

Tirée de la nouvelle de M. Ch. de Bernard, intitulée *le Persécuteur*.

III. Nœud Gordien [le]. Paris, Werdet, 1838, 2 vol. in-8. — IIIe édit. Paris, Ch. Gosselin, 1839, 2 vol. in-8 [15 fr.].

Cinq nouvelles dont voici les titres : I, la Femme de quarante ans ;—II, le Persécuteur ; — III, un Acte de vertu ; — IV, l'Anneau d'argent ; — V, la Peine du tallon.

IV. Gerfaut. Paris, Ch. Gosselin, 1838, 2 vol. in-8. —IVe édition. Paris, le même, 1840, 2 vol. in-8 [15 fr.].

V. Paravent [le]. Paris, le même, 1839, 2 vol. in-8 [15 fr.].

Recueil de quatre autres nouvelles : I, la Rose jaune ; — II, l'Arbre de science ; — III, le Vieillard amoureux, imprimé d'abord, en 1838, dans « France et Europe » ;—IV, une Aventure de magistrat ;—V, le Pied d'argile.

Lors de la publication de ce dernier ouvrage, M. Louis Alloury en rendit compte dans le « Journal des Débats » des 20 et 21 mai 1839, ainsi que du *Nœud Gordien*, dont la troisième édition venait de paraître. Voici comme le critique terminait son article : « Toutes les pièces contenues dans ces deux recueils sont autant de petits chefs-d'œuvre. Comment choisir entre ces deux écrins de perles ? Tout se lit d'un bout à l'autre, et tout passe avec le même appétit. C'est partout la même grâce et la même élégance un peu musquée, un peu attifée, mais toujours vive et sémillante. Entre le *Nœud Gordien* et le *Paravent*, marquera qui pourra la différence et la supériorité. Je reconnais, quant à moi, mon incompétence absolue à prononcer entre les pièces qui composent les deux recueils; je ne suis point assez casuiste pour décider entre la *Femme de quarante ans* et le *Vieillard amoureux*, entre l'*Arbre de science* et le *Pied d'argile*, ou l'*Anneau d'argent*. Dans l'embarras du choix, je n'ai rien choisi ; j'ai tout lu, tout goûté. Lecteur, vous ferez comme le critique. »

VI. Avec M. *Léonce* [ ]. Une Position délicate, com.-vaud. en un acte. Paris, Barba; Delloye; Bezou, 1839, in-8 à 2 col.

Cette pièce fait partie de la « France dramatique ».

VII. Ailes [les] d'Icare. Paris, Ch. Gosselin, 1840, 2 vol. in-8 [15 fr.].

Imprimées d'abord dans le feuilleton du « Journal des Débats », en 1839.

VIII. Une consultation.

imprimée dans le tome 1er de « Babel », en 1840.

IX. Chasse [la] aux amants. — La Peau du Lion. Paris, Ch. Gosselin, 1841, 2 vol. in-8 [15 fr.].

Ces deux nouvelles avaient déjà paru, en 1840, dans les feuilletons de deux journaux: la première dans le « Journal des Débats », et la seconde dans « le Siècle ».

BERNARD [J.]. — Exposition de Valenciennes. Revue du salon de 1835. Examen critique des objets d'art les plus remarquables de cette exposition. Valenciennes, de l'impr. de Prignet, 1835, in-8 de 16 pag. et de 3 lith.

BERNARD. — Guide des vendeurs et acheteurs d'animaux domestiques, ou Instruction simple sur les cas rédhibitoires, suivant la loi nouvelle du 20 mai 1838. Toulouse, de l'impr. de Corne, 1838, in-18.

BERNARD [Philippe], d'Arlon, docteur en philosophie et en lettres.

— Essai historique sur les anciens Belges, depuis les temps les plus reculés jusqu'à la conquête de la Gaule belgique, par Jules César. Bruxelles, Demat, 1839, in-12 de 48 pag.

Cet opuscule n'a pas été mis dans le commerce. Le « Dictionnaire des hommes de lettres... de la Belgique » [1837, in-8], dit que M. Ph. Bernard est auteur de plusieurs dissertations sur des questions de philosophie, couronnées par l'Université de Louvain.

BERNARD [Pierre], après avoir fait des études médicales, et avoir été reçu médecin, a embrassé la carrière d'écrivain. M. Bernard, comme sténographe, est chargé de rendre compte des débats des chambres, pour le journal « le Siècle ». Il a fourni aux « Français peints par eux-mêmes », plusieurs types, et entre autres ceux de l'*Infirmier* [dans le tome Ier], de l'*Homme à tout faire* [dans le tome II]. On vient de publier de lui le petit ouvrage politique suivant, qui doit avoir une suite :

— Aperçus parlementaires. Les élus, ce qu'ils sont, ce qu'ils font, ce qu'ils coûtent Première série. Paris, Hetzel et Paulin, 1840, in-32 [75 c.].

BERNARD D'HÉRY. Voy. P. BERNARD.

BERNARD DE MONTBRISON (*) [Louis-Simon-Joseph de], ancien officier du génie, ancien recteur de l'Académie de Strasbourg, naquit le 31 juillet 1768, au Saint-Esprit, d'une ancienne famille noble de Languedoc; il fut d'abord élève de l'École de Tournon; reçu le 23 septembre 1782 cadet gentilhomme, il vint à l'École militaire de Paris, dont il sortit le 3 janvier 1785, pour entrer dans le génie. Après avoir servi, avec distinction, plusieurs années dans cette arme, M. de Bernard de Montbrison quitta le service et épousa l'héritière de cette illustre et ancienne famille d'Oberkirch, dont un des membres du premier tournoi à Liége est cité parmi les chevaliers [Jean d'Oberkirch] (*). Il vivait depuis plusieurs années tranquille, au sein de sa famille, au château d'Oberkirch, s'occupant de littérature, lorsqu'il fut arraché à ses délassements littéraires par le désir de M. de Fontanes, grand-maître de l'Université, qui, appréciant son esprit vif et brillant, l'appela, dès l'organisation de l'Université, au rectorat de l'Académie de Strasbourg. M. de Bernard de Montbrison était déjà membre du conseil général du département du Bas-Rhin, et il en fut le président plusieurs années. Ces doubles fonctions furent exercées par lui, de 1808 à 1817, sauf les cent-jours, pendant lesquels il s'en démit volontairement. Rentré en 1817 dans la vie privée, M. de Bernard de Montbrison a continué de cultiver la littérature, et, quoique arrivé aujourd'hui à un assez grand âge, un fragment de lettre de lui, qui date de trois ans, prouve qu'elle fait, avec les affections de famille, le charme de ses vieux jours. « J'avais désiré garder l'anonyme sur » quelques petits ouvrages que j'ai au-

(*) La seigneurie de Montbrison était entrée dans la branche aînée de la famille des de Bernard, comme celle de Versas, dans la branche cadette : par mariages depuis plusieurs générations. On montre encore, entre Aubenas et l'Argentière [Ardèche], la vieille tour de Montbrison, autrefois domaine de sa famille. Cette famille, qui a porté quelquefois la robe et le plus souvent l'épée, s'est, à diverses époques, alliée aux Colona d'Ornano, aux Pontbriant, etc. Un Montbrison était à la 4e croisade.

(*) Agnès d'Oberkirch, abbesse du couvent de St-Odille [Alsace], se fit protestante du temps de Luther. Depuis cette époque, il y a deux branches d'Oberkirch, dont l'une protestante. L'épouse de l'ancien recteur de l'Académie de Strasbourg, filleule de l'impératrice Marie de Russie, était de la branche protestante. La famille d'Oberkirch est alliée aux Waldner, aux Berckeim et à presque toute la noblesse d'Alsace.

» trefois publiés; mais c'était par le » sentiment intime de ce qui leur man- » quait en correction, sans mélange » d'aucun autre motif. J'ai préparé le » manuscrit d'une nouvelle édition de » mes *Poésies*, composées du mieux » qu'il m'a été possible, et augmentées » de plus du double par des morceaux » inédits d'un genre plus sérieux. C'est » d'après cette publication, avec mon » nom, que je désirerais être jugé. » Mais j'entrerai dans deux mois dans » ma 70e année. Les soins nécessaires à » cette publication ne sont pas faciles à » cet âge. Je ne pourrai guère la faire » avant un ou deux ans, et c'est peut- » être mes enfants qui seront chargés » de ce soin (*). M. Quérard m'obligerait » donc beaucoup d'attendre cette pu- » blication, et je vous prie de l'y enga- » ger. » [Juin 1837.] On a de M. de Ber- » nard de Montbrison les ouvrages sui- vants :

I. * Lettres à Mme de C***, sur la botanique et sur quelques sujets de physique et d'histoire naturelle; suivies d'une Méthode élémentaire de botanique. Strasbourg, et Paris, Levrault, 1802, 2 vol. in-8 [7 fr.].

II. Considérations sur l'institution des principales banques de l'Europe, et principalement sur celle de France. 1805, in-8.

III. De la prépondérance maritime et commerciale de la Grande-Bretagne, ou des Intérêts des nations relativement à l'Angleterre et à la France. 1805, in-8.

IV. * Propos de table. Par M. L.-B. de M***. Montpellier, de l'impr. d'Aug. Ricard, 1er janvier 1805, in-8 de 46 p.

Ce volume renferme six morceaux en vers : 1° Épître à M. Grimod de la Reynière, auteur de l'Almanach des gourmands; — 2° les Femmes; — 3° les Craqueurs; — 4° Chanson à boire; — 5° Description, en vieux vers, d'un voyage après souper; — 6° le Revenant.

V. Le même ouvrage, sous ce titre : Propos de table, suivis de Contes pour la veillée, et de Fables nouvelles. Par M. de M***. Strasbourg, de l'impr. de Levrault. — Paris, Le Normant, 1807, in-8 de xvj et 276 pag.

Édition plus ample que la précédente : dans celle-ci les *Propos de table* sont au nombre de douze. Les six nouveaux sont : 1° les Nouvellistes; — 2° les Anecdotes; — 3° les Créanciers; — 4° l'Amour; — 5° la Pièce nouvelle; — 6° les Toasts; — Homère vengé, ode; les *Contes pour la veillée* sont au nombre de six. Le *Revenant* qui, dans la première édition, faisait partie des Propos de table, est rejeté dans celle-ci parmi les contes. Les *Fables* sont au nombre de trente. Le volume est terminé par des *Notes et Élucubrations sur les Propos de table*, par Damasippe N***, membre de plusieurs sociétés savantes. Il a été tiré de ce volume des exemplaires sur grand papier.

VI. * Thalie à la campagne, ou Suite des « Propos de table »; par M. L. B. de M***. Première soirée. Montpellier, de l'impr. d'Aug. Ricard, février 1805, in-8 de 170 pag.

Ce volume ne renferme que deux pièces de théâtre : 1° *le Triomphe du babillard*, comédie en un acte et en vers; — 2° *Madame de Sévigné aux Rochers*, comédie en deux actes et en prose, suivie d'un ballet.

VII. Jeu [le] de la guerre de terre et de mer, et les derniers chapitres de Tristan Shandy, trouvés dans les papiers d'Yorick, avec figures. Paris, Goujon; Le Normant, etc., 1818, in-12 [5 fr. 50 c.].

Les figures sont quatre échiquiers topographiques coloriés.

BERNARD DE MONTBRISON [Léonce de], capitaine de cavalerie [capitaine commandant au 8e régiment de lanciers], l'un des trois fils du précédent.

— Quelques mots sur les remontes. Paris, de l'impr. de Herhan, 1840, in-8 de 24 pag.

BERNARD DE VINCENS. Voy. B. de Vincens.

BERNARD-LÉON. Voy. J.-P. Bernard.

BERNARD-DUGRAIL [Ch. de]. Voy. Bernard [Ch. de].

BERNARD-VALVILLE. Voy. Franç. Bernard.

BERNARD-MOISSONNIER [P.-E.]. — Petit [le] Instituteur, ou nouvelle Méthode pour faciliter l'étude de la lecture sans le secours d'un maître, au moyen de 32 fig., représentant, par la finale de leur nom, les 32 sons ou articulations en usage dans notre langue, etc. Lyon, Ayné, 1836, in-8 de 56 pag.

(*) M. de Montbrison comptait, en 1840, trois fils au service de l'État : Alphonse, l'aîné, officier aux chasseurs de la garde, puis capitaine au 7e de chasseurs, lequel a fait les campagnes d'Espagne et de Belgique; — Léonce, le cadet, aujourd'hui capitaine-commandant au 8e de lanciers; — Henri-Charles-Armand, le jeune, enseigne de vaisseau, depuis le 10 avril 1837, mort vers la fin de 1840; — La sœur de ces Messieurs a épousé le contre-amiral de Hell, gouverneur de Bourbon.

BERNARDEZ [Ricardo], D.-M.—Informe sobre la colera-morbo, leido en la Academia real de medecina de Paris, en su sesion general los dias 26 y 30 de Julio de 1831; traducido al castellano por el D. D. Ricardo Bernardez; y aumentado con una tabla cronologica de las principales irrupciones de la colera en Asia y Europa. Bordeaux, de la impr. de Beaume, 1832, in-8 de 156 pag.

BERNARDINI [le colonel]. — Notice sur le musée Dioclétien. Paris, de l'imprimerie de F. Didot, 1829, in-8 de 32 pages.

BERNARDO, archevêque de Saragosse.

—Al venerable clero de su diocesi, Bernardo, arzobispo de Zaragoza. Burdeos, de la impr. de Lafargue, 1837, in-8 de 148 pag.

BERNAVILLE.—De la réouverture de l'église de Saint-Germain-l'Auxerrois, et de la réconciliation de M. l'archevêque de Paris avec le gouvernement du roi. Paris, de l'impr. de Mme Delacombe, 1834, in 4 de 2 pag.

BERNAY [Henry], de Nevers.

—Art [l'] de peindre. Trad. nouv. en vers français du poëme latin de *C.-A. Dufresnoy*. IIIe édit. Paris, rue de la Harpe, no 19, 1836, in-8 de 68 pag.

Le texte est en regard.

BERNAY [Camille]. — I. Sous les Toits. Paris, Abel Ledoux, 1833, in-8 [6 fr. 50 c.].

Si vous lisez *Sous les toits*, vous connaitrez les aventures d'un jeune homme que le démon du théâtre enlève aux foyers paternels, et qui meurt après un succès de mélodrame, comme le Tasse, le jour de son couronnement au Capitole. Pauvre jeune homme! Mais ne dites pas pauvre roman! On prétend que l'auteur est jeune. [« Rev. de Paris », t. LV.].

II. Ménestrel [le], comédie en cinq actes et en vers. Paris, Barba; Delloye; Bezou, 1838, in-8 [60 c.].

Imprimé dans la « France dramatique » au XIXe siècle.

BERNBACH [Narcisse], baleinier.

— Observations sur le mode vicieux qui s'introduit dans les armements pour la pêche de la baleine. Le Hâvre, Morlent, 1838, in-8 de 36 pag.

BERNERIE [A.]. — Traité des surfaces, depuis une ligne jusqu'à 200 pieds anciens ou métriques de longueur, par une ligne jusqu'à 60 pieds 11 pouces anciens ou métriques de largeur. Bordeaux, de l'impr. de Castillon, 1830, in-8 oblong de 132 pag.

BERNET [Joseph], d'abord évêque de La Rochelle, aujourd'hui archevêque d'Aix; né à Saint-Flour, le 4 septembre 1770.

— Statuts [synodaux] du diocèse de La Rochelle. Paris, de l'impr. de Ad. Leclerc, 1833, in-12.

On a aussi de ce prélat des *Panégyriques*, des *Sermons* et des *Instructions pastorales*.

BERNIER [J.], ancien professeur de l'Université.

—Code épistolaire, contenant les règles, les principes et le cérémonial du style épistolaire, avec des modèles de lettres sur toutes espèces de sujets. Bruxelles, C.-J. de Mat, 1829, in-18 sur pap. vél., avec une vignette [2 fr. 25 c.].

BERNIER [Adhelm], avocat, membre de la Société de l'Histoire de France, né à Senlis [Oise], d'un père qui exerce encore aujourd'hui, dans cette ville, les fonctions de juge de paix [M. César Bernier]. Adhelm Bernier pratiqua dans sa ville natale la profession d'avocat; mais entraîné par le goût des recherches historiques, il vint à Paris, se fit porter sur le tableau des avocats à la Cour royale de la capitale, et publia quatre ouvrages qui, pour notre histoire, ne sont pas sans importance. La fatigue du travail altéra non-seulement sa santé, mais encore sa raison, et il est mort prématurément, il y a une couple d'années, à l'hospice des aliénés de Charenton. Adhelm Bernier a publié les ouvrages suivants :

I. Discours sur la profession d'avocat. Senlis, de l'impr. de Regnier, 1833, in-8 de 64 pag.

II. Études sur l'économie politique. Paris, Verdière, 1834, in-8 [4 fr. 50 c].

III. Monuments inédits de l'histoire de France. 1400-1600. Mémoires originaux concernant principalement les villes d'Amiens, de Beauvais, de Clermont-Oise, de Compiègne, de Crépy, de Noyon, de Senlis et leurs environs. Publiés pour la première fois d'après les manuscrits, par Adhelm Bernier. Paris, Joubert, 1834, in-8 [7 fr. 50 c.].

IV. Journal des États-Généraux de France tenus à Tours en 1484, sous le règne de Charles VIII. Rédigé en latin par *Jehan Masselin*, député du bailliage de Rouen. Publié et traduit pour la première fois sur les manuscrits inédits de la bibliothèque du roi. Paris, de l'impr. royale, 1836, in-4 [12 fr.].

V. Procès-verbaux des séances du conseil de régence du roi Charles VIII, pendant les mois d'août 1484 à janvier 1485. Publiés d'après les manuscrits de la bibliothèque royale, par A. Bernier. Paris, de l'impr. royale, 1836, in-4 [6 fr].

Ces deux derniers ouvrages font partie de la « Collection des documents inédits sur l'histoire de France », publiés par ordre du roi et par les soins du ministre de l'instruction publique.

VI. Mémoires secrets et inédits de la cour de France, sur la fin du règne de Louis XIV, par le marquis de *Sourches*, grand-prévôt de France. Publiés pour la première fois et conformément au manuscrit du dix-septième siècle, nouvellement découvert; suivis de documents inédits relatifs à la révocation de l'édit de Nantes, avec une introduction et des notes, par Adh. Bernier. Paris, Beauvais aîné, 1836, 2 vol. in-8 [15 fr.].

VI. Château [le] de Pierrefonds, 1594. Paris, Arthus Bertrand, 1837, 2 vol. in-8 [15 fr.].

BERNIER, major du premier régiment de dragons, aujourd'hui en retraite, à Chalons-sur-Marne.

— Cours abrégé d'administration militaire, à l'usage de MM. les officiers et sous-officiers de cavalerie, commandants de détachements. Paris, Anselin, 1835, in-18 [2 fr.].

BERNIER [Mme Louise], femme du précédent.

I. * Conseils à la jeunesse, tirés de l'histoire ancienne et moderne. Paris, Belin-Leprieur, 1836, in-12, avec 4 grav. [3 fr.].

Réimpr. en 1838, sous le titre de *Conseils à mes élèves*, et avec le nom de l'auteur. In-12.

II. Conteur [le] des familles. Nouvelles. Paris, Belin-Leprieur, 1835, in-12, avec 4 grav. — Nouv. édit. Paris, le même, 1839, in-12 [3 fr.].

III. Blanche, ou le Triomphe de l'éducation du cœur. Paris, Belin-Leprieur, 1838, ou 1840, in-12, 4 grav. [3 fr.].

BERNIER DE MALIGNY [Armand].

— Edmond. [En vers libres]. Paris, Dentu, 1830, in-8 de 64 pag.

BERNIÈRE [B.], écrivain public, d'abord à Bordeaux, ensuite au Hâvre.

I. Pythagore décimal nécessaire pour le calcul des surfaces, des cubes en pieds et parties de pieds. Bordeaux, l'Auteur, 1828, in-12 de 36 pag.

II. Barême du creux des futailles, tableau indiquant l'importance en litres du creux existant sur les tonneaux. Le Hâvre, Lemale, 1840, in-12 de 24 pag., plus un tableau [1 fr. 50 c.].

BERNY [E.-C.-G. de], conseiller à la Cour royale de Paris.

I. Concordance des lois sur la répression, la poursuite et le jugement des infractions commises par la voie de la presse, ou par tous les moyens de publication, etc. Paris, J. Dècle, 1822, in-8 [3 fr.].

II. Concordance de la loi du 25 juin 1824, avec le Code d'instruction criminelle et le Code pénal; suivie du texte authentique de la loi du 25 juin 1824, et des articles des codes modifiés par cette loi. Paris, Warée fils, 1824, in-8 [1 fr. 25 c.].

III. * Un mot sur le projet de loi relatif à l'organisation du jury, sur le projet du Code militaire; par un magistrat. Paris, Vve Dècle, 1827, in-8 de 72 pag. [2 fr. 50 c.].

IV. Un nouveau mot à l'occasion de la loi du 4 mars 1831, sur la manière de modifier successivement nos codes criminels, jusqu'à refonte complète, et notamment d'étendre les dispositions de l'art. 463 du Code pénal aux matières criminelles, en substituant à la loi du 25 juin 1824 des modifications aux art. 386-4°, 388, 401, 463 du Code pénal, et à l'art. 179 du Code d'instruction criminelle. Paris, de l'impr. de Rignoux, 1831, in-8 de 20 pag.

Cet opuscule est plein de vues sages et nouvelles; presque toujours l'autorité de l'expérience vient à l'appui des doctrines. Ce qui est surtout remarquable, c'est que les dispositions législatives qu'il propose, sont empreintes de cet esprit d'humanité et de philosophie qui s'altère quelquefois dans l'exercice de sévères fonctions. Tous les articles du Code pénal qui sont contraires à nos mœurs, au système d'une législation vraiment libérale, sont l'objet d'une critique judicieuse, et les changements qu'il conseille méritent de fixer l'attention du législateur. Le Code d'instruction criminelle aurait aussi grand besoin de réformes; celles que M. de Berny voudrait introduire, ont pour but d'abréger les lenteurs de la procédure, et par conséquent les souffrances de l'accusé. Ceux mêmes qui n'adopteraient pas toutes les idées de l'auteur, rendront justice à ses intentions et à sa science éclairée. Les législateurs qui seront appelés à réformer nos lois criminelles, les jurisconsultes qui les étudient, liront, méditeront les pensées de M. de Berny; elles seront pour eux une source de lumières et d'innovations utiles; ce sont les pensées d'un vrai magistrat et d'un bon citoyen.

BERNY [Isidore], auteur dramatique. Voy. DÉCOUR.

BERR, de Turique [Michel]. [Voy. la *France littér.*, tome Ier, pag. 297].

I. Discours prononcé le samedi 21 juillet 1827 dans une séance publique du Comité des écoles israélites de Nanci. Nanci, Bontoux; Metz, Gerson-Lévy; Paris, Dondey-Dupré, 1827, in-8 de 16 pag.

II. Lettre au rédacteur du « Progresseur » sur la loi d'élection municipale, en rapport avec le culte israélite; avec des Notes sur les Pays-Bas, la peine de mort, le duel, etc. Paris, de l'impr. de Pihan Delaforest-Morinval, 1829, in-8 de 16 pag.

III. Du passé, du présent et de l'avenir. Paris, Delaunay; Vimont, 1830, in-8 de 32 pag.

IV. Du rabbinisme et des traditions juives, pour faire suite à l'article « Christianisme », de Benjamin Constant, et à l'article « Judaïsme », de M. de Kératry dans « l'Encyclopédie moderne », avec un avant-propos et des notes. Paris, Sétier; Treuttel et Würtz, 1832, in-8 de 72 pag.

V. Éloge de Benjamin Constant, prononcé le 12 juin 1833 dans la chaire de l'Athénée royal de Paris, avec une préface et des notes. Paris, Treuttel et Würtz, 1836, in-8 de 172 pages (*).

(*) Nous avons dit dans notre « France littéraire », à l'article de cet écrivain, que nous ne connaissions que la préface de son « Abrégé de la Bible, etc. », à l'usage des israélites de France. Le volume a paru en entier, et forme 399 pag. [Paris, de l'impr. hébraïque de Sétier, 1820, in-12]. L'auteur a publié, en 1838, le prospectus de la seconde édition.

BERR. — Rosa, ou l'Héroïne filiale, trad. de l'allem. par *Berr*; suivi de Natalie, ou le Dévouement d'une sœur, nouvelle par J.-B.-J. de Chantal [*Champagnac*]. Paris, Le Huby, 1834, in-12 avec 4 grav. [3 fr.].

BERR [J.-Eunès] — Méthode [nouv.] de clarinette, à 6 et à 13 clés, d'après celle de *Vanderhagen*, augmentée de toutes les nouvelles tablatures des principes raisonnés de l'instrument; de trois nouveaux duos, et de 25 études mélodiques. Edition entièrement refondue et arrangée d'après les principes des écoles françaises et allemandes. Paris, Aulagnier, éditeur de musique, 1835, in-4 gravé.

BERR [Frédéric]. — I. Traité complet de la clarinette à 14 clés. Manuel indispensable aux personnes qui professent cet instrument et à celles qui l'étudient. Paris, Duverger, 1836, in-4 de 104 et une planche [7 fr. 50 c.].

II. Nécessité [de la] de reconstituer sur de nouvelles bases le gymnase musical militaire, pour améliorer les musiques de régiment. Paris, de l'impr. de Mèvrel, 1838, in-8 de 32 pag.

III. Méthode [nouv.] de clarinette à 6 et à 13 clés, par J.-Eunès Berr, augmentée de 45 pièces faciles, études et duos progressifs. Paris, Meissonnier et Heugel, éditeurs de musique, 1839, in-4 [12 fr.].

BERRÉ [J.], à Bruxelles.

— Projet de suppression de l'admission des accises en Belgique. Bruxelles, 1832, in-8.

BERRIAT [Jacques-Saint-Prix], connu aussi sous le nom de *Berriat-Saint-Prix* (*), l'un de nos plus érudits jurisconsultes, docteur en droit, avocat à la Cour royale et professeur de procédure et de droit criminel à la Faculté de droit de Paris, membre de l'Institut, de la Société royale des Antiquaires de France et autres sociétés savantes, est

(*) M. Berriat, dans l'origine, pour se distinguer de son frère, ajoutait à son nom de famille son nom patronimique, et signait *Berriat* [Saint-Prix] entre parenthèses; les parenthèses ont été supprimées avec le temps: depuis vingt ans les ouvrages du professeur portent *Berriat Saint-Prix* et *Berriat-Saint-Prix*, ce qui a conduit ses fils à signer comme lui, bien que ni l'un ni l'autre n'aient les prénoms de leur père.

né le 14 septembre 1769, à Grenoble, d'un père qui était procureur au bailliage de cette ville ; sa mère, fille et sœur de procureurs au même tribunal. Il fit ses études dans sa ville natale, d'abord au collége royal Dauphin, ensuite, pour le droit, au cours de Benoît Pal, depuis professeur à l'École de droit et recteur de l'Académie de Grenoble ; et, pour les sciences naturelles et médicales, à l'hôpital de la Charité, dont a été prieur le P. Élysée, depuis chirurgien de Louis XVIII, et où enseignait Villars, auteur de « l'Histoire des plantes du Dauphiné ». Il n'est pas étonnant qu'avec d'heureuses dispositions M. Berriat ait fait de très-rapides progrès sous des maîtres si habiles. Il fut gradué, dès 1787, à l'âge de dix-huit ans, et, peu d'années après, il fit son début dans une série de fonctions publiques, bien opposées les unes aux autres, qu'il a toutes remplies, néanmoins, avec distinction durant un demi-siècle révolu. M. Berriat a été, de 1791 à 1795, successivement défenseur officieux au tribunal du district de Grenoble ; chef des bureaux du clergé et des contributions à l'administration du district de la même ville; archiviste du département de l'Isère ; aide-commissaire des guerres nommé dans un concours ouvert en vertu de la loi du 6 octobre 1791; capitaine et commandant dans des compagnies franches, levées, en 1793, lors de l'invasion de l'armée piémontaise en Maurienne et en Tarentaise pendant le siége de Lyon ; quartier maître-trésorier du 10e bataillon des volontaires de l'Isère. La tourmente révolutionnaire commençant à se calmer, M. Berriat reprit les hautes études, voulant s'adonner au professorat. Il fut nommé par le département de l'Isère, élève de cette grande pépinière où se sont formés tant d'hommes devenus depuis célèbres dans les sciences et l'instruction publique : l'ancienne École normale. Il retourna ensuite à Grenoble, et fut appelé aux fonctions d'administrateur du district. Avec 1796, commença pour M. Berriat toute une carrière de droit scholastique : cette même année il fut nommé professeur de législation à l'école centrale de l'Isère, et l'Académie de Grenoble l'admit dans son sein. Le premier Mémoire que M. Berriat lut à cette Académie, le 20 septembre, sur *la filature à froid de la soie*, est aussi son premier ouvrage imprimé [en 1797] ; depuis lors, il s'est écoulé quarante-huit ans, et M. Berriat n'a pas cessé d'écrire. On remarque, dans l'ensemble de ses productions, la même diversité que dans les fonctions que leur auteur a exercées, et ce sont vraisemblablement ces fonctions qui ont produit cette diversité. Outre le cours de législation professé par M. Berriat à l'école centrale de l'Isère, et dont il a publié les leçons sous le titre de *Précis du cours de législation, etc.* [Grenoble, 1803-1804, 2 vol. in-8], il fit encore un cours d'économie politique qu'il professa pendant trois ans. Un discours d'ouverture, prononcé le 14 février 1800, paraît être la seule partie de ce cours qui ait été imprimée. En 1803, M. Berriat fut nommé professeur de procédure et de législation criminelle à l'école de droit de Grenoble. En 1808 et 1809, il publia son *Cours de procédure civile*, et, en 1817, son *Cours de droit criminel*, deux ouvrages qui, améliorés et augmentés depuis, ont été honorés de traductions en diverses langues, et de contrefaçons en Belgique, et ont valu à leur auteur d'être considéré comme l'un de nos meilleurs professeurs. Le professorat n'absorbait pas tellement M. Berriat, qu'il ne pût être l'un des membres les plus assidus de l'Académie de Grenoble, à laquelle il a lu un assez grand nombre de *Mémoires*, de *Dissertations* et d'*Éloges* que nous rappelons dans notre notice bibliographique. Lorsque le gouvernement résolut de doubler les professeurs de l'École de droit de Paris, deux hommes qui enseignaient alors dans nos départements, avaient, avec des titres peu différents, droit à la chaire de procédure : Carré [voyez ce nom], de l'école de Rennes, et M. Berriat, de celle de Grenoble ; mais, de Carré, on ne connaissait à Paris que les ouvrages, tandis que M. Berriat y était souvent venu, et y avait laissé beaucoup d'amis influents. Chabot de l'Allier, mort en avril 1819, porta le dernier de ces professeurs sur sa liste de présentation, et, en 1819, il fut nommé. L'année suivante, un livre intitulé *Jeanne d'Arc, ou Coup-d'œil sur les révolutions de France au temps de Charles VI et Charles VII, et surtout de la Pucelle* [1817, in-8], et plusieurs Mémoires d'histoire et d'archéologie firent ouvrir les portes de la Société royale des Antiquaires de France à M. Berriat. Il retrouva pour elle cette même exactitude aux séances qui l'avait fait distinguer précédemment à l'Académie de Grenoble; de 1820 à 1840 il a lu à cette académie un assez grand nombre de mémoires et de dissertations. Une honorable carrière de plus de quarante ans dans l'instruction publique, un grand nombre d'écrits estimables, et plusieurs ouvrages capitaux donnaient des titres à M. Berriat à se présenter à l'Institut: l'Académie des sciences morales et politiques, rétablie seulement en 1832, était la classe à laquelle il croyait être plus utile; il s'y présenta, une première fois, d'abord sans succès; une seconde fois, en 1837; mais l'Académie avait pris des engagements vis-à-vis de M. Dutens, son doyen d'âge. Le duc de Bassano, mort le 13 mai 1839, laissait un nouveau fauteuil vacant à l'Académie; M. Berriat se présenta de rechef pour le remplacer, et le 25 janvier 1840, il fut élu dans la section de législation: parmi ses concurrents figuraient MM. Cormenin, Troplong, Hello, etc. Outre les corps savants dont nous avons parlé dans cette notice, l'honorable professeur, qu'elle concerne, est encore associé correspondant de la Société des sciences et des arts de Grenoble, de l'Académie des sciences et arts de Dijon, de la Société académique des sciences de Paris, de celle des Antiquaires de Normandie, séant à Caen, de celle des Lettres et des Arts de Seine-et-Oise, séant à Versailles. M. Berriat est peut-être de tous les professeurs de l'École de droit celui dont les leçons soient suivies avec le plus d'assiduité. Le professeur doit cet entraînement à ses cours, à sa profonde connaissance des matières qu'il traite, à l'aplomb acquis par près de quarante-cinq ans d'enseignement, et aux soins qu'il apporte à entremêler ses leçons, naturellement un peu arides, de récits, d'anecdotes qui viennent à l'appui, et que son auditoire écoute avec plaisir. On a souvent désiré que M. Berriat apportât plus de philosophie dans ses cours, et qu'il ne s'arrêtât pas où l'enseignement du passé et du présent finit, et où celui du progrès commence; quelques jaloux de sa réputation ont été même, d'après sa manière de professer, jusqu'à lui prodiguer l'épithète de « stationnaire »; mais il vient de faire paraître un *Mémoire sur la durée et la suspension de la prescription*, qui le justifie d'une semblable accusation. En 1797, M. Berriat a épousé mademoiselle Genève, nièce de Gaspard Bovier, avocat au parlement, le même dont il est question dans les œuvres de J.-J. Rousseau. De ce mariage sont issus deux fils, dont nous parlons plus bas. Un peu plus tard, une sœur de M. Berriat a épousé M. Champollion-Figeac; il en résulte que, à elles seules, ces deux familles peuvent constituer, dans l'avenir, une petite république de lettrés.

OUVRAGES DE M. J. SAINT-PRIX BERRIAT (*).

I. *Législation. — Jurisprudence. — Critiques d'ouvrages de droit.*

I. Précis du cours de législation, fait à l'école centrale de l'Isère. Grenoble, Allier, 1803-04, 2 vol. in-8.

Le tome Ier contient des notions préliminaires sur le droit et les lois, une histoire du droit romain et du droit français ancien et nouveau, etc. [les notions préliminaires ont été refondues et réimprimées en l'an XII, et successivement en 1809... et l'*Histoire du droit romain*, en 1821...] Le second volume contient le livre premier du Code civil [le *Traité des personnes*].

« On y remarque le premier jet d'une histoire du droit romain, développé, plus tard, dans un ouvrage *ex professo*, et d'un précis du droit français ancien et moderne, auquel l'auteur a beaucoup ajouté depuis, par de nouvelles recherches, mais qu'il n'a pas encore publié. »

II. Observations sur les citations

(*) Nous avons scrupuleusement suivi pour nos indications bibliographiques, celles qui ont été données par l'auteur lui-même dans un opuscule de 12 pages, qui ne porte en tête que: *Ouvrages divers de J.-B. S.*, qu'il fit imprimer en 1837, lorsque, pour la seconde fois, il se porta candidat à l'Institut. Cet opuscule élève le chiffre des ouvrages, mémoires, dissertations et notices de M. Berriat à 62; si nous différons avec lui dans le chiffre total, c'est que, contre le strict usage de numérer admis en bibliographie, on a mis à chaque réimpression un nouveau numéro: ainsi, le « Cours de procédure » occupe sept numéros ayant eu six éditions, dont la première a été publiée en trois parties, l'une qui a paru en 1808, les deux autres en 1810.

des auteurs profanes et surtout d'Homère, dans les lois romaines. Paris, C.-H. Langlois, 1839, in-8 de 30 pag.

Extrait de la « Revue étrangère et française de législation et d'économie politique », 2e série, tome II, pag. 292 et suiv.

C'est ici une nouvelle édition, corrigée et augmentée, d'une dissertation lue par l'auteur à l'Académie de Grenoble, le 14 juillet 1804, et imprimée dans le « Magasin encyclopédique » de 1805, tome V, pages 78 et suivantes.

III. Recherches sur la législation criminelle et de police, au temps des Dauphins, lues à l'Académie de Grenoble, le 8 janvier 1805.

Imprimées dans le « Magasin encyclopédique », ann. 1805, tome VI, p. 341 et suiv.

— Les mêmes, sous ce titre : Recherches sur la législation criminelle et de police, en Dauphiné, au moyen-âge [au temps des Dauphins], revues, et lues à la Société des Antiquaires, le 29 mars 1836; suivies d'une Notice sur la vie et les ouvrages du président Valbonnais [édition augmentée d'une Dissertation sur des erreurs imputées à Voltaire] et d'une Description des repas d'Humbert II, dernier dauphin de Viennois. [Édition revue]. Paris, C.-H. Langlois, 1836, in-8; et Paris, de l'impr. de Paul Renouard, 1839, in-8 de 68 pag.

Réunion de nouvelles éditions de deux dissertations lues par l'auteur à l'Académie de Grenoble : la première le 8 janvier 1805, et imprimée dans le « Magasin encyclopédique de 1805 [décembre], tome VI, pages 241 et suiv.; la seconde, la *Description des repas, etc.*, qui avait été lue le 7 janvier 1802, et imprimée dans la VIIe année du même recueil, tome VI, p. 297 et suiv. La Notice sur Valbonnais avait été aussi imprimée dans le recueil de Millin, VIIe année, t. Ier, pages 354 et suiv.

IV. Observations sur les *traductions* de lois romaines [en particulier sur les traductions de Leduc, Ferrière, Laure et Hulot], lues en partie, à l'Académie de Grenoble, le 31 décembre 1806. Grenoble, Peyronnard; et Paris, Goujon, 1807, in-8.

« Elles ont été composées à l'occasion de la traduction du « Corpus juris », par Hulot, Berthelot, etc., 1803 à 1811, 17 vol. in-4, ouvrage annoncé avec emphase, rempli de grossiers contre-sens, et contre lequel il importait de prémunir les jeunes légistes assez naturellement disposés à y chercher un dangereux secours. Les remarques critiques de l'auteur s'appliqueraient, avec autant de justice, à la traduction publiée par M. Bréard de Neuville, 1817 et ann. suivantes, 24 vol. in-8. »

V. Cours de procédure civile. Grenoble, Allier, 1808-10, 5 vol. gr. in-8. — VIe édition. Paris, Nève, 1835, 2 v. gr. in-8 [12 fr.].

« C'est le seul qui réunisse, à la procédure proprement dite, les règles sur la compétence, et les devoirs des magistrats composant les tribunaux, et des officiers ministériels; c'est aussi le seul qui, basé sur une comparaison exacte de toutes les lois existantes, ait, dans ses éditions successives, tenu le public au courant des modifications apportées par la jurisprudence et la législation. »

L'auteur a fait des additions à toutes les éditions qui ont suivi la première.

La 1re édition avait, outre les préfaces, 572 pages ; la 2e, 633 ; la 3e, 672 ; la 4e, 800 ; la 5e, 834 ; la 6e, en a 888. Dans toutes, les notes occupent beaucoup plus de place que le texte, et sont d'ailleurs imprimées avec un caractère fort menu. En un mot, on a calculé [voy. 6e édition, avis, note 3 *b*, page vj], que 635 pages de ces notes renfermeraient les 1613 pages contenues dans les trois premiers volumes du *Droit civil de Toullier*, 2e édition.

Le fils cadet de l'auteur [F. B. S.], a ajouté beaucoup de notes à cette édition ; elles sont indiquées par ses initiales.

Une partie de la 6e édition, comprenant les *titres II à IX de la section II, livre II,* partie II [pages 575 à 712], a été extraite en 1836, dans la Sténographie des cours des facultés de Paris (section des cours de procédure, pages 1 à 103, in-8. Paris, Ebrard], recueil supprimé bientôt par un arrêt, sur la poursuite de divers professeurs. Nous disons *extraite*, parce que plusieurs des leçons se réduisent à une simple reproduction du texte imprimé de la 6e édition, réuni à des fragments de quelques-unes de ses notes [les passages peu nombreux, recueillis de l'explication orale, ne l'ont pas toujours été avec exactitude].

Le Cours de procédure civile a été traduit trois fois en italien à différentes époques, et par trois personnes(*): la première traduction, faite sur la 3e édition, a été imprimée à Palerme, chez Fù Francesco Abbuck, en 1823, 2 vol. in-8 ; la seconde, faite sur la 4e édition, parut à Naples, chez Criscuolo, en 1826, 3 vol. in-8 ; la troisième, faite sur la 5e édition, par l'avocat Giuseppe-Nicola Rossi. Naples, Tramater, 1826-27, 2 vol. in-8. — Trois contrefaçons en ont été faites en Belgique : sur la troisième édition [publiée en 1813], sur la quatrième [qui parut en 1821], et sur la 6e, de 1835. « L'Allgemein Zeitung » en annonçait, en 1839, une version allemande, faite sur la 6e édition de l'original, et un Grec, M. P. Cyparison, s'occupait, à la même époque, d'une autre version dans sa langue.

VI. Discours sur les vices du lan-

(*) Pour justifier notre assertion, nous n'avons qu'à reproduire une note de l'avis préliminaire du tome II de l'une de ces traductions, celle de Naples, 1826-27 : « La nostra edizione, noi altamente il protestiamo, nulla ha di commune colla Siciliana del 1823, nè con quella nōn ha guari uscita da torchi del sig. Criscuolo. Fu fatta la prima sulla terza edizione francese; l'altra sulla quarta; la nostra è sulla quinta ed ultima, migliorata ed accresciuta dietro cure indefesse dell' egregio autore. »

gage judiciaire, prononcé en 1807, à la séance de clôture de l'École de droit de Grenoble, publié dans le « Magasin encyclopédique » de Millin, en 1809, et réimprimé dans le « Journal des avoués » en 1835. Paris, impr. et fonderie de Fain, 1835, in-8 de 28 p.

Extrait du « Journal des avoués », juillet 1835, tome XLIX.

Une note placée au bas de la première page nous apprend que : « ce discours, lu le 24 août 1807, à la séance publique de clôture de l'École de droit de Grenoble, et au mois de mars suivant à l'Académie de la même ville, a été imprimé, en janvier 1809, dans le « Magasin encyclopédique » de Millin, mais avec quelques suppressions et avec beaucoup de fautes que l'auteur [il n'avait pu en revoir les épreuves] a corrigées ici. Il y a ajouté 1° les citations des ouvrages où l'on a commis les fautes de langue dont il parle [voy. page 9, note 1]; 2° l'indication de plusieurs autres fautes [elle est dans les notes]. »

VII. Précis d'un cours sur les préliminaires du droit. Grenoble, Allier, 1809, in-8.

Voy. le n° 1.

VIII. Recherches sur les divers modes de publication des lois, depuis les Romains jusqu'à nos jours. [Nouv. édition]. Paris, C.-H. Langlois, 1839, in-8 de 30 pag.

Extrait de la « Revue étrangère et française de législation et d'économie politique. »

Ces recherches ont été lues, en 1808, à la séance publique de rentrée [2 novembre] de l'École de droit de Grenoble; et elles furent insérées en 1809 [tome V, pages 62 et suiv., cahier de septembre] dans le « Magasin encyclopédique ». L'auteur les a fait réimprimer autant pour en faire disparaître les fautes assez nombreuses [il n'avait pu en revoir les épreuves] que pour y joindre plusieurs citations et plusieurs remarques utiles, entre autres des observations de M. Félix Berriat, son second fils, sur le mode actuel de publication des lois.

L'auteur conclut de ses recherches « qu'il y » a eu, dans la manière de publier les lois, des » progrès continuels et sensibles, que le mode » actuel est le plus parfait qui ait été pratiqué, » qu'il est cependant susceptible de quelques » améliorations indiquées dans une note, page » 29 et 30 » [qui est du fils de l'auteur].

[*Journ. des Savants*, 1838, p. 254].

IX. Remarques sur les collections générales de jurisprudence française et principalement sur le Répertoire de M. le comte de Merlin....

Insérées dans le « Moniteur », du 19 septembre 1811.

X. Observations sur le divorce et l'adoption, et sur l'usage ou l'abus qu'en faisaient les grandes familles à Rome, et surtout celle des Césars; suivies d'un tableau généalogique de la famille des premiers Césars, et de remarques sur les personnes comprises dans ce tableau, lues à la Société des Antiquaires de France, au mois de juin 1833.

Imprimées dans les « Mémoires de la Société royale des Antiquaires de France », tome X, pages 1 et suiv.; 25 et suiv. [1834]. C'est la refonte d'un Mémoire portant le même titre, lu par l'auteur à l'Académie de Grenoble, le 26 juillet 1803, et inséré dans le Magasin encyclopédique de 1814, tome III, p. 14 et suiv. Le tableau et les remarques n'avaient pas été imprimés dans le recueil publié par Millin.

« C'est, dit M. de Golbéry, dans la « Revue » du XIXe siècle, sec. série, tome VI, p. 579, un » morceau remarquable sous le rapport gé» néalogique. Il s'agit de l'abus que les Ro» mains faisaient du divorce au temps des » Césars : outre l'érudition juridique, le lec» teur admirera l'excellence des notes et la » justesse de critique dont l'auteur fait preuve. » Nous ajouterons que ce Mémoire est presque » indispensable à la lecture de Suétone et de » Tacite. »

XI. Cours de droit criminel. Grenoble, Peyronnard, 1817, gr. in-8. — IVe édition, revue, corrigée et augmentée. Paris, Nève, 1836, gr. in-8 [6 fr.]

Autre ouvrage augmenté pour chaque édition.

« Il contient, sous un mince volume, un exposé complet des principes de législation et de procédure criminelles, avec toutes les décisions des cours souveraines sur les principales difficultés de la matière. »

La 1re édition avait, outre les préfaces, 167 pages; la 2e, 200; la 3e, 216; la 4e en a 256 (mêmes observations qu'au N° V, pour le texte et pour les notes).

Le fils aîné de l'auteur a eu part à cette 4e édition [ses notes sont signées Ch. B. S.].

Elle a également été reproduite, du moins pour les premières pages, dans les pages 104 à 144 de la *Sténographie* déjà citée (voy. N° V]. Le sténographe a cette fois beaucoup puisé dans l'explication orale, mais malheureusement avec encore beaucoup moins d'exactitude que pour le Cours de procédure.

Le *Cours de droit criminel* de M. Berriat a été traduit en plusieurs langues, et contrefait deux fois en Belgique. Deux traductions italiennes, faites sur la seconde édition de l'original, publié en 1821, furent imprimées en 1824 : l'une intitulée *Corso di dritto penale*, Napoli, da torchi de Raffaele di Napoli, in-8, est due à M. Giuseppe MALTA; la seconde publiée sous le titre de *Corso di dritto criminale*, Palermo, della tipogr. del Fù Francesco Abbate, in-8, est due à l'avocat Giuseppe RISERVATO. La quatrième édition de l'original a été traduite en allemand par M. Christian Ernst de WENDT, vice-président de l'Université d'Erlangen, sous ce titre : *Lehrbuch des Franzœsischen Strafrechts und Strafverfahrens*. Munich, 1840, in-8. Une version anglaise, faite sur la quatrième édition de l'original, annoncée en 1839, a dû paraître sous le titre suivant : *A Course of criminal Law delivered from the chair of the faculty of law of Paris, by M. Berriat Saint-Prix*. Les troisième et quatrième éditions du « Cours de droit criminel » ont été contrefaites à Bruxelles, en un volume in-8, imprimé à 2 colonnes, éditions compactes.

XII. Notice sur la nouvelle édition de Cochin, précédée d'un Coup-d'œil sur la méthode des orateurs du barreau français aux XVIe et XVIIe siècles, lue à la Société royale des Antiquaires, le 9 juillet 1823.

Insérée dans la « Thémis », tome V, page 433 et suiv. [1823].

XIII. Coup-d'œil sur l'emploi de la langue latine dans les actes anciens et sur sa prohibition au XVIe siècle; lu à la même Société, les 19 et 29 novembre 1824.

Inséré dans les Mémoires publiés par la la Société, tome VI, p. 273 et suiv.

XIV. Rapport et recherches sur les procès et jugements relatifs aux animaux, lus à la même Société, les 29 mars, 10 avril et 9 mai 1826.

Imprimé dans le même volume, pag. 403 et suiv.

XV. Avec M. *Longueville :* Observations sur la Dissertation de M. Biener, relative à l'usage que Cujas a fait des Basiliques.

Imprimées dans le tome X de la « Thémis », pag. 161 et suiv.

XVI. Recherches sur la législation et la tenue des actes de l'état civil depuis les anciens jusqu'à nos jours, lues à la Société royale des Antiquaires de France, les 19 et 29 novembre 1830.

Imprimées dans le tome IX du recueil des Mémoires de ladite Société, pages 245 et suiv. [1832].

« Quoique, à différentes époques anciennes et modernes, on ait parfaitement senti l'importance de constater par des actes authentiques l'état civil des personnes, la tenue régulière de ce genre de registre est un perfectionnement beaucoup plus nouveau qu'on ne pense. Il suffit de jeter les yeux sur ceux de ces actes qui se rencontrent en divers dépôts publics, pour se convaincre qu'avant la déclaration du 9 avril 1736 [préparée par d'Aguesseau], presque nulle part, ni en France, ni ailleurs, on n'avait apporté à les rédiger, à les recueillir, à les conserver, l'exactitude et les soins qu'ils méritent. Il s'en faut même que depuis 1736 jusqu'en 1792 et au-delà, ce service ait acquis toute la régularité désirable; au fond il n'en est devenu susceptible que lorsqu'il a commencé d'être considéré comme purement civil. Les recherches de M. Berriat-Saint-Prix sont fort instructives, mais nous ne les croyons pas complètes. »

[*Journal des Savants*, 1831.]

XVII. Coup-d'œil sur les violences exercées jadis contre les huissiers ou sergents, lu à la Société royale des Antiquaires de France, les 19 et 29 novembre 1834.

Imprimé dans le tome XI, ou Ier de la nouvelle série, du recueil de la Société des Antiquaires [1835]. Des exemplaires tirés à part [Paris, de l'impr. de Fain, 1835, in-8 de 8 p.] ne portent pas de nom d'auteur.

XVIII. Mémoire sur le remboursement des rentes et sur l'indemnité due aux rentiers du XVIe siècle. [Lu à l'Académie des sciences morales et politiques, dans sa séance du 20 août 1836]. Paris, C.-H. Langlois, 1837, in-8 de IV et 64 p.

XIX. Recherches sur la législation et l'histoire des barbiers-chirurgiens, lues à la Société royale des Antiquaires de France, les 10 et 29 mars 1837.

Imprimées dans le tome XIII, ou IIIe de la nouvelle série, du recueil de la Société.

Nous empruntons au compte-rendu des tomes X - à XIV, des mémoires de la Société royale des Antiquaires de France que M. de Golbéry a fourni à la « Revue du XIXe siècle », sec. série, tome VI, pages 575 et suivantes, ce que cet érudit magistrat dit de l'histoire des barbiers - chirurgiens de M. Berriat : « Qui croirait qu'au dix - septième siècle encore, des lettres - patentes autorisaient un chirurgien célèbre de Grenoble *à tenir boutique ouverte*. C'est ainsi que l'on traitait les prédécesseurs des Dupuytren et des Dubois. L'auteur, voyant que l'Histoire de la chirurgie, par Dujardin, était restée incomplète, a recherché tous les pamphlets qui ont paru pendant les longues discussions des chirurgiens et des médecins au dix-huitième siècle; il a eu recours aux anciens édits et statuts. Le premier texte est de Philippe-le-Bel. Ce roi, informé que des voleurs, des faux monnayeurs et des ribauds se mêlent, sans avoir été examinés ni reçus, de pratiquer l'art de chirurgie, ordonne qu'à l'avenir ni homme ni femme [nulla cirurgica] ne pourrait s'immiscer sans avoir été examiné par des chirurgiens-jurés, délégués par Jean Pitard, chirurgien-juré du roi. Alors leur profession était séparée de celle des barbiers; mais on reconnaissait à ceux-ci le droit de saigner. Les professions tendirent successivement à se confondre, et l'ordonnance du 3 octobre 1372 maintint les barbiers dans la possession où ils étaient *de curer et guérir toutes manières de clous, boces, apostumes et plaies ouvertes, en cas de péril et autrement, si les plaies n'étaient mortelles, sans pouvoir en être empêchés par les chirurgiens.* Mais les barbiers eux-mêmes subissaient des examens. Les détails auxquels M. Berriat consacre ce mémoire sont très-piquants : nous regrettons de ne les point indiquer; seulement nous ferons remarquer que la confusion entre les barbiers et les chirurgiens n'est point particulière à la France, qu'elle a passé dans les idées populaires de plusieurs nations, et qu'il est bien des pays *où l'on envoie chercher le barbier quand on est blessé*, quoique ce ne soit pas le barbier qu'on appelle, mais le chirurgien (*). »

(*) A Vienne, capitale de l'Autriche, les chi-

Ces *Recherches* ont été réimprimées, à l'exception de quelques notes, dans la « Gazette médicale » du 9 décembre 1837, pages 969 et et suiv.

XX. Mémoire sur la législation relative à la vente du mobilier des mineurs. Lu à l'Académie des sciences morales et politiques, le 17 juin 1837. Paris, C.-H. Langlois, 1837, in-8 de 24 pag.

Extrait du tome LIII du « Journal des avoués ».

Ce *Mémoire* a été réimprimé, en partie, dans « le Temps » et le « Constitutionnel », suppléments des 27 et 29 janvier 1838.

XXI. Réflexions et recherches sur le serment judiciaires, lues à l'Académie des sciences morales et politiques, le 14 juillet 1836. Paris, Langlois, 1838, in-8 de 40 pag.

Extrait de la « Revue de législation et de jurisprudence », tome VIII, 4e livraison [31 juillet 1838].

Ces *Réflexions* ont été réimprimées à Bruxelles dans les « Archives de droit et de législation », tome III, page 243 et suiv. [1839], et traduites en italien, sous ce titre: *Ricerche sul giuramento giudiziario, lette nell' Academia delle scienze morali e politiche di Francia....; tradotte in italiano da Nicola* SPACCAPIETRA, *presidente del tribunale civile de 2° Abruzzo ultra [à Aquila], con note del tradutore.* Napoli, 1839.

M. Berriat a publié des Observations sur les notes les plus importantes de M. Spaccapietra [Voy. le n° XXIII].

XXII. Discours sur l'enseignement du droit en France, avant et depuis la création des écoles actuelles, prononcé le 5 novembre 1838, à la séance solennelle de rentrée de la Faculté de droit de Paris. Paris, Langlois, 1838, in-8 de 80 pag.

XXIII. Observations sur les remarques faites par M. Spaccapietra, à la suite de sa traduction italienne d'un mémoire sur le serment judiciaire, lues à l'Académie des sciences morales et politiques, le 15 février 1840. Paris, P.-J. Langlois, 1840, in-8 de 40 pag.

Voy. plus haut le n° XXI.

A la suite de ces observations sont des *notes finales* qui remplissent les pages 23 à 40.

Ces notes, qui n'ont point été lues à l'Académie, sont relatives à l'élection de l'auteur à la cinquième classe de l'Institut, attaquée dans une revue judiciaire, par suite du déplaisir que son rédacteur éprouva d'avoir vu échouer un candidat qu'il avait recommandé à l'attention de la classe.

XXIV. Mémoire sur la durée et la suspension de la prescription, lu à l'Académie des sciences morales et politiques [les 18 et 25 avril 1840]. Paris, P.-J. Langlois, 1841, in-8 de 75 pag.

II. *Économie politique. — Statistique. — Industrie.*

XXV. Mémoire sur la filature à froid de la soie, lu à l'Académie de Grenoble, le 20 septembre 1796.

Imprimé dans le « Magasin encyclopédique » de Millin, seconde année, tome IV, page 175 et suiv.

XXVI. Discours d'ouverture d'un cours d'Économie politique, prononcé à l'École centrale de l'Isère, le 14 février 1800.

Imprimé dans les « Mémoires d'économie publique » du conseiller d'état Rœderer [depuis pair de France], t. 1er, p. 382 et suiv.

M. Berriat a professé ce cours d'économie politique pendant trois ans.

XXVII. Mémoire sur le plâtre, considéré comme engrais, lu à l'Académie de Grenoble, le 21 février 1800, et refondu en 1802.

Imprimé dans les « Annales de l'Agriculture française », de M. Tessier, de l'Institut, tome XI, p. 229 et suiv.

XXVIII. Mémoire sur le peignage ou sérançage du chanvre, tel qu'il se pratique à Grenoble.

Imprimé dans la « Bibliothèque commerciale de Peuchet ». an XI, n° 16, t. XI, p. 68 et suiv. [Il est aussi dans « l'Annuaire statistique de l'Isère », de l'an XI...

XXIX. Mémoire sur les progrès de la population de la France et en particulier de la ville de Grenoble, pendant la révolution, lu à l'Académie de Grenoble, le 24 juin 1800.

Imprimé dans les « Annales de statistique française et étrangère [Paris, Vallade], tome VII, p. 1 et suiv.

XXX. Mémoire sur les engrais tirés des immondices et des latrines de Grenoble, lu à la même Académie, le 8 février 1803.

Imprimé dans l'Annuaire statistique de l'Isère de 1808, p. 125 et suiv.

III. *Littérature.*

XXXI. Amour [l'] et la philosophie. Paris, Lavillette, an IX [1801], 5 vol. in-12.

Roman très-amusant, qui présente des ca-

---

rurgiens ordinaires de la ville ont encore aujourd'hui pour antichambre une officine de barbier; mais ils ne coiffent pas. — La ville possède aussi gens rasant et coiffant, mais leur profession est distincte des barbiers-chirurgiens.

ractères bien tracés, et, ce qui est peu ordinaire, bien soutenus, et qui donne la description d'un grand nombre de localités de l'Isère beaucoup plus exactement que certains ouvrages pittoresques et descriptifs. En le débarrassant de ses longueurs, ce roman obtiendrait du succès dans une seconde édition.

XXXII. Discours sur les jouissances des gens de lettres, prononcé en séance publique de l'Académie de Grenoble, le 20 avril 1807. Grenoble, Peyronnard; et Paris. Goujon, 1807, in-8.

XXXIII. Dissertation sur la signification du verbe *imposer*, lue à la même Académie, le 2 juillet 1808.

Imprimée dans les Mémoires de l'Athénée de la langue française, tome I, p. 41 et suiv.

XXXIV. Remarques sur les anciens jeux des mystères, lues à la Société royale des Antiquaires, les 30 décembre 1822 et 20 janvier 1823.

Insérées dans le recueil des Mémoires publiés par la Société, tome V, p. 163 et suiv. [1823].

XXXV. OEuvres de *Boileau*, collationnées sur les anciennes éditions et sur les manuscrits, avec des Notes historiques et littéraires, et des Recherches sur sa vie, sa famille et ses ouvrages, et une Notice bibliographique des diverses éditions, au nombre de plus de 350. Paris, Langlois; Delaunay, 1830-34;— ou avec de nouveaux titres, Paris, Philippe, 1837, 4 vol. in-8.

Édition aussi recommandable sous le rapport de la pureté du texte que sous le rapport de son exécution typographique, due à M. Paul Renouard: malheureusement le commentaire est surchargé d'accessoires que la critique n'a pas toujours jugés utiles. L'éditeur avait mis vingt ans à préparer cette édition, à réunir toutes les particularités qui pouvaient se rattacher à Boileau, à sa famille et aux ouvrages du poëte; il aurait dû avoir le courage de sacrifier nombre de notules qui n'ajoutaient point au mérite de l'édition, mais qui avaient été recueillies avec une longue persévérance.

Le premier volume, publié en 1834, avec le millésime de 1830, renferme la plus grande partie du travail immense de l'éditeur. Il contient: 1° Avertissement du nouvel éditeur; 2° Fragments d'un Essai sur la vie et les ouvrages de Boileau: 3° Notices bibliographiques [sur les éditions de Boileau, dont on s'est servi pour celle-ci, et sur les ouvrages divers consultés pour cette édition]; 3° Supplément [en 8 pages] au travail de l'éditeur pour les quatre volumes de l'édition.

Viennent ensuite: 1° six préfaces générales des diverses éditions originales des OEuvres de Boileau; 2° Catalogue des OEuvres de Boileau, d'après l'édition de 1713; 3° Table chronologique de la composition de chacun des ouvrages de Boileau; 4° le Discours au roi et les douze Satires.

Le volume est terminé par trois tables: I. Table des quatre chapitres de l'Essai sur Boileau; II. Table des noms des personnages mentionnés dans l'Essai; III. Table du volume.

La première des Notices bibliographiques comprend les éditions, soit totales, soit partielles, de Boileau, examinées par M. B. S., au nombre de 352, parmi lesquelles 125, dont plus de 60 complètes, ont paru du vivant de Boileau. Les éditions originales y sont distinguées par des signes; à l'article de chacune des autres, il indique les éditions antérieures qui leur ont servi de type, et les pièces étrangères à Boileau, qu'on a mêlées souvent parmi ses œuvres sans avertir qu'il n'en était pas l'auteur.

Dans ces 352 éditions, il s'en trouve beaucoup de fort médiocres. Si M. B. S. les a examinées, c'est, observe-t-il, pour en signaler les fautes, et empêcher que ces fautes ne fussent reproduites, ainsi que cela est fréquemment arrivé, dans des éditions ultérieures. Il assure que ces fautes signalées dans ses notes ne s'élèvent pas à moins de sept cents, dont un assez grand nombre de fort grossières, commises quelquefois dans 20 à 60 éditions différentes. Il en donne des exemples page 9.

Le Tableau généalogique de la famille de Boileau, comprenant plus de 500 personnes, et qui, malgré cela, est, par sa belle exécution typographique, de la plus grande clarté, doit être placé dans le t. III.

IV. *Histoire.— Antiquités.*

XXXVI. Annuaire statistique de l'Isère, pour les années IX-XII. Grenoble, Allier, ans IX-XII, 4 vol. in-18.

Chacun des volumes de cet Annuaire contient des dissertations et recherches particulières sur divers sujets d'histoire, d'économie publique, etc.

« Ils renferment, sur une grande partie de l'ancien Dauphiné, des Notices historiques, archéologiques et biographiques que l'on ne trouverait pas toujours dans les quatre volumes in-fol. de Chorier et Valbonnais, les deux principaux historiens de la province. »

XXXVII. Description des repas d'Humbert II, dernier dauphin de Viennois, lue à l'Académie de Grenoble, le 7 janvier 1802.

Imprimée dans le « Magasin encyclopédique », septième année, tome VI, p. 297 et suiv. [revue et réimprimée avec des augmentations, en 1836, à la suite d'une nouvelle édition des *Recherches sur la législation criminelle*, etc. Voy. n° III].

XXXVIII. Annibal à Carthage, après la bataille de Zama, fragment lu à la même Académie, le 6 septembre 1805.

Imprimé dans le « Magasin encyclopédique », année 1806, tome VI, p. 344 et suiv.

XXXIX. Avec M. *Champollion-Figeac:* Notice sur diverses contrées de l'Isère, connues sous un nom spécial; lue à l'Académie de Grenoble, le 23 janvier 1810. Grenoble, Allier, 1810, in-8.

XL. Jeanne d'Arc, ou Coup-d'œil

sur les révolutions de France au temps de Charles VI et Charles VII, et surtout de la Pucelle d'Orléans ; avec un itinéraire exact des expéditions de Jeanne d'Arc, son portrait, deux cartes, l'une du siége d'Orléans, et l'autre du théâtre de la guerre au temps de Charles VII, plusieurs pièces justificatives inédites et des tables chronologiques et alphabétiques. Paris, Pillet, 1817, in-8 [6 fr.].

La première pièce justificative de cet ouvrage est composée d'une seconde édition, revue, d'une *Notice d'un manuscrit original de la bibliothèque de Grenoble, contenant les poésies d'Antoine Astezan, d'Asti en Piémont*, lue à l'Académie de Grenoble, le 22 mars 1800, imprimée dans le « Magasin encyclopédique », huitième année, t. 1er, p. 179 et suiv.

XLI. Histoire du droit romain, suivie de l'Histoire de Cujas. Paris, Nève, 1821, in-8 de 620 pag. [6 fr.].

» L'auteur y expose la marche, non de chaque institution en particulier, mais du droit considéré dans son ensemble, et il présente successivement l'histoire des sources du droit romain, celle de ses auteurs principaux, soit empereurs, soit jurisconsultes, bornée aux événements qui peuvent offrir quelques éclaircissements sur l'esprit de leurs travaux ; il traite ensuite des collections de Justinien, de la destinée du droit romain, de son autorité, de ses manuscrits, éditions et interprètes. »

L'*Histoire du droit romain*, ainsi qu'on l'a vu plus haut [n° I], faisait primitivement partie du premier volume du « Précis du cours de législation », 1803-04.

Il paraîtrait que l'auteur, pressé de marquer son entrée à la Faculté de droit de Paris, par la publication d'un nouveau livre, s'est borné à développer, pour servir comme d'une espèce d'introduction à son *Histoire de Cujas*, l'*Histoire du droit romain* qui avait paru, en 1803, dans son « Précis du cours de législation », et sans mettre assez à profit les excellents travaux sur l'histoire et le droit du peuple-roi, publiés en Allemagne depuis la primitive apparition de son livre, si ce n'est pourtant quelques fragments de MM. Hugo, de Gottingue, et Savigny, de Berlin.

M. de Rossi, alors professeur de législation à l'Académie de Genève, aujourd'hui pair de France, et M. Alphonse Taillandier, alors avocat, depuis conseiller à la Cour royale et membre de la chambre des députés, ont publié des examens critiques de cet ouvrage : le premier dans le tome II, 2e partie, des « Annales de législation et de jurisprudence », pages 383 à 417 [Genève, 1821, in-8], et le second dans la « Revue encyclopédique », tome XIII, page 573 et suivantes [mars 1822]. L'opinion du premier de ces deux critiques est que l'ouvrage de M. Berriat ne justifie pas son titre : ce n'est point une histoire du droit romain, car une véritable et bonne histoire du droit romain doit se composer de deux parties, dont l'une, qu'on pourrait appeler historico-philosophique, est celle indiquée à peu près dans la définition que donne M. Berriat dans ses Observations préliminaires sur l'histoire du droit ; l'autre, qu'on pourrait appeler historico-critique, est celle dont il nous donne un essai dans son livre. L'une est l'histoire des causes politiques et morales du droit ; l'autre celles des productions qui en sont résultées, du travail qu'on y a employé, des hommes qui y ont coopéré, du temps qu'on y a consacré, des formes extérieures qu'on a adoptées, etc. L'ouvrage de M. le professeur Berriat est partagé en cinq grandes divisions : 1° les sources du droit romain ; 2° les auteurs du droit ; 3° le corps du droit ; 4° les observations diverses sur le droit romain ; 5° les tableaux relatifs à l'histoire de ce droit, le tout renfermé dans 372 pages et en gros caractères, et l'histoire du droit, dès la fondation de Rome, jusques aux compilations de Justinien inclusivement, n'occupe que 200 pages. Nous étions assez bornés, dit le critique, pour croire qu'en 1821 le titre d'histoire du droit n'allait plus à un tel ouvrage, et qu'on aurait dû l'appeler Histoire des sources et des auteurs, ou Histoire *extérieure* du droit romain, ou mieux encore Notices pour servir à l'Histoire *extérieure* du droit romain. M. Taillandier, naguère élève de M. Berriat, et plus tard son collègue à la Société royale des Antiquaires, tout en examinant la publication du professeur de la Faculté de Paris avec moins de sévérité que M. Rossi, finit pourtant par convenir « Que si la méthode employée » par l'auteur a l'avantage d'empêcher la con» fusion des matières, elle présente aussi l'in» convénient de détacher sans cesse l'atten» tion du lecteur de l'objet principal. Le récit » est décousu, et offre, selon nous, plutôt des » dissertations sur plusieurs points histori» ques et bibliographiques du droit romain, » qu'une véritable histoire de ce droit. Nous » croyons aussi que la partie qui concerne » l'introduction en France de la législation » romaine, pendant le moyen-âge, est incom» plète et ne remplit pas l'attente du lec» teur, qui est en droit de demander d'au» tres détails sur une matière si intéressante. » On pourrait désirer d'ailleurs, dans l'ou» vrage, un style plus ferme et plus soigné. »

L'*Histoire de Cujas*, qui remplit les pages 373 à 611, est le juste tribut payé par un savant professeur du XIXe siècle, à la mémoire du plus illustre des jurisconsultes français !

« La vie du prince des jurisconsultes avait été traitée d'une manière peu digne de sa renommée ; des recherches immenses ont fourni à M. Berriat Saint-Prix les moyens de réparer les omissions, et de relever les erreurs de ses devanciers. »

Quoi qu'il en soit, l'*Histoire du droit romain* a été traduite en italien par M. Giuseppe Del Re [Napoli, 1823, in-8] ; l'*Histoire de Cujas* a été également trad. en allemand par M. Ernst de Spangenberg, conseiller à la cour de Zelle, tribunal supérieur du Hanôvre, auteur de plusieurs ouvrages de droit public et privé, mort en 1833 : cette dernière traduction a paru sous le titre de *Jacob Cujas und seine Zeitgenossen* [Leipzig, 1822, in-8], et on l'a contrefaite en Belgique, avec une partie de « l'Histoire du droit romain » sous ce titre : *Traduction de la 2e partie de l'Histoire du droit romain, suivie de l'Histoire de Cujas, par Berriat Saint-Prix*, in-8, Bruxelles, 1822. [Journ. génér. de la littérature étrangère, 1823, p. 13].

XLII. Observations sur plusieurs

lettres inédites de François et Henry, ducs de Guise, lues à la Société royale des Antiquaires, les 19 et 29 mars 1822.

Insérées dans le recueil des Mémoires publiés par cette Société, tome IV, p. 133 et suiv. [1823].

XLIII. Recherches sur une réponse au Pape, attribuée à Sully, et sur quelques lettres inédites de ce ministre, lues à la Société royale des Antiquaires, les 29 mars et 9 avril 1824.

Imprimées dans les Mémoires de la Société royale des Antiquaires de France, tome VII, pag. 307 et suiv. [1826].

XLIV. Rapport sur les antiquités et les bains d'Uriage, près de Grenoble, fait à la même société, les 9 novembre 1825 et 30 janvier 1826.

Imprimé dans le tome VIII p. 291 et suiv. du recueil précité [1828].

XLV. Supplément au récit que fait Chorier des désordres qui accompagnèrent, en 1562, l'occupation de Grenoble par les protestants, lu à la Société des Antiquaires, le 29 mai 1838.

Inséré dans le tome XIV [IVe de la deuxième série] des Mémoires de cette Société.

XLVI. Examen historique du tableau de Gérard, représentant l'entrée de Henri IV à Paris, avec des Recherches sur cet événement mémorable ; lus à la Société royale des Antiquaires de France, le 19 août 1839. Paris, P.-J. Langlois, 1839, in-8 de 80 pag. [1 fr.].

V. *Histoire littéraire.*

XLVII. Notice historique sur Pierre Liotard, botaniste ; lue a l'Académie de Grenoble, les 6 et 17 août 1799.

Imprimée dans le « Magasin encyclopédique », quatrième année, t. XI, p. 504 et suiv. Elle est aussi, en partie, dans les « Siècles littéraires » de Desessarts, et dans le « Nouveau Dictionnaire historique » de Chaudon et Delandine. L'article ALCIAT, du même dictionnaire, est aussi de l'auteur.

XLVIII. Notice sur la vie et les ouvrages du président de Valbonnais, auteur d'une Histoire de Dauphiné. [Première édition.] An IX [1801.]

Imprimée dans le « Magasin encyclopédique », septième année, t. Ier, p. 354. Elle a été réimprimée avec des augmentations, en 1836, à la suite d'une nouvelle édition des *Recherches sur la législation criminelle, etc.* [Voy. n° III.]

Dans la Notice sur Valbonnais, l'auteur justifie Voltaire, à qui Sabatier, de Castres, et après lui Desessarts ont reproché d'avoir placé ce président de la chambre des comptes du Dauphiné, dans la liste des écrivains du siècle de Louis XIV, et de lui avoir attribué des Mémoires inconnus dans la librairie. Ces mémoires ont été imprimés en 1720, en 2 vol. in-fol., sous le titre « d'Histoire du Dauphiné et des princes qui ont porté le nom de Dauphins ». De Boze, secrétaire de l'Académie des inscriptions et belles-lettres, fait mention de cet ouvrage dans l'éloge de Valbonnais, qui était correspondant-honoraire de cette compagnie. [*Journal des Savants*, 1836.]

XLIX. Notice d'un manuscrit original de la bibliothèque de Grenoble, contenant les poésies d'Antoine Astezan, d'Asti en Piémont ; lue à l'Académie de Grenoble, les 22 février et 22 mars 1800.

Imprimée, en 1802, dans le « Magasin encyclopédique », huitième année, tome Ier, p. 179 et suiv. [Revue, et réimprimée dans l'histoire de Jeanne d'Arc, page 279 et suiv. Voy. n° XL.]

L. Éloge historique de M. Mounier, conseiller d'état, lu à la même Académie, en séance publique, le 20 mai 1806. Grenoble, Allier; et Paris, Goujon, 1806, in-8.

LI Remarques et recherches sur Massillon, d'Alembert et La Harpe.

Imprimées dans le « Magasin encyclopédique », de mai 1811, tome III, p. 29 et suiv.

LII. Histoire de l'ancienne université [de droit] de Grenoble. Sec. édition, insérée dans le tome V de la « Revue du Dauphiné ». Valence, L. Borel ; et Paris, C.-H. Langlois, 1839, gr. in-8 de 60 pag.

Cet opuscule curieux annonce de laborieuses recherches de la part de l'auteur. Une collection de travaux analogues sur les villes et provinces de la France serait une source précieuse et inépuisable d'instructions en divers genres. [*Revue encycl.*, t. XX, p. 573, 1821.]

Une note placée au bas de la première page nous apprend que cette Histoire a été lue d'abord, en partie, le 23 septembre 1819 à la Société des sciences de Grenoble, qu'elle le fut ensuite, en totalité, à la Société royale des Antiquaires de France, les 19 avril et 9 mai 1820, et qu'on l'inséra, en vertu d'une délibération, dans le tome III (p. 391 et suiv.) des Mémoires de cette Société, publié en 1821. Des exemplaires en furent tirés séparément.

Depuis cette époque, dit l'auteur, nous avons trouvé d'anciens titres, et l'on en a découvert aussi en refaisant les inventaires des archives de la mairie de Grenoble ; ils nous ont fourni des documents propres à éclaircir divers points de notre travail, et nous en avons puisé d'ailleurs dans d'autres sources.... Les additions, corrections, etc., de cette seconde édition, sont insérées dans des notes distinguées de celles de la première par des astérisques joints aux numéros, et lorsqu'elles seront placées dans les anciennes notes, nous y joindrons le signe *Add.* ou *Addit.*

LIII. Dissertation sûr cette question : Cujas fut-il refusé dans la demande qu'il fit d'une chaire de professeur à Toulouse ; lue à la Société royale des Antiquaires, le 10 avril 1820.

Insérée dans la « Thémis, ou Bibliothèque du jurisconsulte », t. 1er, p. 297 et suiv. Cette dissertation, revue, a été aussi insérée dans « l'Histoire de Cujas ».

Cette dissertation, où le refus éprouvé par Cujas est démontré par une lettre de lui-même, et dont l'original existe, fait partie d'un Essai sur la vie de Cujas, que l'auteur se propose de publier à la suite d'une « Histoire du droit romain ». [*Revue encycl.*, t. IX, 1820, p. 389.]

LIV. Histoire de Cujas. 1821.

Imprimée à la suite de « l'Histoire du droit romain ».

LV. Lettre à l'occasion d'un article de M. de Savigny sur « l'Histoire de Cujas ». 1822.

Imprimée dans la « Thémis », tome IV, p. 385 et suiv.

LVI. Ouvrages divers de J. B. S. [Jacques Berriat Saint-Prix]. Paris, de l'impr. de Paul Renouard [juin 1837], in-8 de xij pages.

Imprimé à l'occasion de la deuxième candidature de l'auteur à l'Institut.

A l'occasion de la dernière candidature de l'auteur à l'Académie des sciences morales et politiques, il a paru une indication sommaire de quelques-uns des ouvrages de J. B. S., dont les titres sont dans la Notice distribuée au commencement de janvier 1837, in-4 de 4 pag.

LVII. Discours prononcé aux obsèques de M. Métral, homme de lettres, le 2 septembre 1839; avec des remarques sur sa vie et ses ouvrages. Paris, Langlois, 1840, in-8 de 24 pag.

LVIII. Notice sur la vie et les ouvrages de Julius Pacius à Beriga, célèbre jurisconsulte et philosophe des XVIe et XVIIe siècles; lue à la Société royale des Antiquaires de France, le 8 novembre 1839. Paris, Langlois, 1840, in-8 de 32 pag. [50 c.].

Extrait de la « Revue étrangère et française de législation », de M. Fœlix.

BERRIAT [Charles], fils aîné du précédent, né à Grenoble, le 5 décembre 1801, avocat et docteur en droit, le 9 mars 1824, procureur du roi à Tours, depuis 1836, correspondant de l'Académie de Grenoble. Avant son entrée dans la magistrature, en 1830, M. Charles Berriat a cultivé la littérature : indépendamment de deux ouvrages dont nous parlerons plus bas, il a, en 1826 et 1827, donné ses soins à la réimpression de quelques-uns de nos auteurs célèbres, et entre autres des suivants : 1° les OEuvres choisies de *Parny*, avec une Notice [de l'éditeur] et des jugements [sur ses ouvrages par Millevoie, M.-J. Chénier et Dussault], 1826, 2 vol. in-32. Cette édition mérita des compliments à l'éditeur de la part du savant Boissonade, qui lui-même en préparait une, qui parut l'année suivante ; 2° OEuvres choisies de *M.-J. Chénier*, 1826, in-32; 3° OEuvres choisies de *Napoléon Bonaparte*, 1827, 4 tom. en huit part. in-32 ; 4° OEuvres choisies de *Boufflers*, 1827, in-32 ; 5° OEuvres de *Lebrun*, 1827, 2 tomes en quatre parties in-32. Il a coopéré à la « Biographie universelle et portative des contemporains », publiée par Boisjolin, Rabbe et Sainte-Preuve, à laquelle il a fourni, pour les quatre premiers volumes, plusieurs centaines de notices. Ce dernier travail lui avait suggéré l'idée de publier une « Biographie dauphinoise », et nous l'avons vu long-temps occupé à en rassembler les matériaux. Sous un autre nom que le sien, M. Ch. Berriat a aussi fourni quelques articles de critique historique au « Bulletin universel » de Férussac. Il préparait depuis long-temps une curieuse édition *variorum* de Parny, et une collection, jusqu'à ce jour inédite, des discours de Vergniaud, ce premier orateur de la Convention : ses fonctions actuelles ne lui ont pas encore permis d'y mettre la dernière main. Ajoutons encore que c'est de la dernière année dans sa carrière littéraire que date sa coopération à l'estimable édition des « OEuvres de Boileau », publiée par son père, en 1830-34 [4 vol. in-8]. Depuis son entrée dans la magistrature, il a revu et annoté la quatrième édition du « Cours de droit criminel » de son père [1836, grand in-8], et publié quelques ouvrages judiciaires que nous citons ci-après.

OUVRAGES DE M. CH. BERRIAT.

I. * Tablettes classiques, recueil de morceaux choisis dans les meilleurs écrivains français, depuis Malherbe et Balzac jusqu'à nos jours. Paris, Fanjat, 1825, 2 vol. gr. in-32, sur papier vélin [6 fr.].

De tous les recueils de ce genre, publiés

jusqu'à ce jour, celui-ci nous semble présenter le plus d'agrément et de variété. On connaît ceux de M. Lebrun des Charmettes, de Lemonnier, et de l'infatigable M. Noël. M. Lebrun, dans son ouvrage qui n'a paru qu'après celui de M. Noël, ne s'est fait aucun scrupule d'emprunter à ce dernier la plus grande partie de ses morceaux, et d'y ajouter une vingtaine de sujets tirés de son « Orléanide », poëme volumineux, qui est bien loin d'être un modèle. Lemonnier a fait un recueil moins étendu, mais mieux composé, quoiqu'on puisse s'étonner avec raison d'y voir des morceaux lyriques en prose. Les « Leçons de littérature » de M. Noël sont supérieures à ces deux ouvrages, et ont obtenu un grand nombre d'éditions. Cependant il s'y est glissé beaucoup d'erreurs, et l'on y trouve beaucoup de morceaux insignifiants. L'auteur du nouveau recueil a évité presque tout ces défauts; il a choisi un format plus commode, et mis une grande variété dans ses sujets. On peut s'apercevoir aisément, comme il l'assure lui-même dans son avant-propos, que les deux tiers de ceux qu'il a réunis paraissent ensemble pour la première fois. On y remarque dans le premier volume, consacré à la poésie, la cantate de « Circé », par Rousseau; l'élégie de « la Jeune Captive », par André Chénier; les odes sur « le Vengeur » et sur nos « Paysages », par Lebrun; la « Messénienne de Parthénope », par M. Delavigne; des poésies mêlées de Berquin, Voltaire, Ségur, Parny et Béranger. Dans le second volume, réservé à la prose, deux récits charmants de J.-J. Rousseau, une lettre de Lebrun, des discours de Massillon, Vergniaud et Mirabeau, etc., tous morceaux qui ne se trouvent pas dans M. Noël. En un mot, nous croyons que ces *Tablettes*, qui portent justement le nom de « classiques », sont dignes de devenir le « vade-mecum » des véritables amis du bon et du beau. (*Revue encycl.*, tome XXVIII, p. 898, 1825).

II. Nouvelles Leçons françaises de littérature et de morale; recueil de morceaux choisis dans les meilleurs écrivains français des XVIIe, XVIIIe et XIXe siècles. Ouvrage classique à l'usage des colléges et des institutions, pour servir de suite aux Leçons françaises de MM. Noël et de La Place. Paris, Brunot Labbe [* Tresse], 1828, 2 vol. in-8 [10 fr.].

« Nous ne manquons point de « Poétiques » ni de « Traités de littérature »; et si le beau n'est point la règle de nos auteurs modernes, ce n'est point faute de préceptes capables de les y conduire, c'est que le goût ne s'apprend point, c'est qu'il est inné chez les auteurs qui font école, et qu'il dépend d'une organisation particulière, plus délicate, plus sensible chez eux que chez le commun des hommes, et dans laquelle le principe moral l'emporte sur le principe matériel!...

Le succès qu'ont déjà obtenu de pareils recueils, depuis les « Ornements de la mémoire » jusqu'aux « Leçons françaises » de MM. Noël et de La Place, qui ont eu déjà quinze éditions, vient parfaitement d'ailleurs à l'appui d'une opinion [sur la puissance du goût], que nous ne prétendons pas avoir émise les premiers, mais que nous avons voulu raisonner. Nous possédons un nombre très-considérable d'ouvrages composés ainsi de pièces choisies; mais celui de MM. Noël et de La Place est le premier, du moins à notre connaissance, qui ait pris le titre de « Leçons », adopté depuis par d'autres. Celui de M. Berriat Saint-Prix justifiera mieux encore ce titre, parce qu'on y trouve encore de temps en temps des morceaux de littérature didactique, extraits de nos meilleurs auteurs. Telle est, par exemple, la définition de l'apologue dans celui de ces deux volumes qui est consacré à la Poésie [p. 272], définition qu'il a empruntée à l'éloge de La Fontaine, par Champfort. Dans la plupart de ces recueils, il y a plus ou moins à reprendre, plus ou moins à désirer, parce qu'ils sont presque tous le résultat du choix, l'expression du goût d'un seul individu, et qu'un seul homme ne peut prétendre à imposer son goût à tous les autres. Par exemple, nous aurions préféré, pour notre compte, les réflexions de Marmontel sur la fable à celles de Champfort; mais nous exprimons ici notre goût particulier. M. Berriat Saint-Prix a peut-être suivi l'opinion plus généralement adoptée en donnant la préférence à ces dernières; et dans ce cas nous devrions l'applaudir, car, en pareille matière, il faut quelquefois savoir faire abnégation de son opinion pour être l'interprète du goût général.

» M. Berriat Saint-Prix, pour former ses deux volumes de prose et de poésie, n'a emprunté aucun morceau au recueil de MM. Noël et de La Place; cela ne veut pas dire qu'il improuve leurs choix; il a voulu, au contraire, que son ouvrage fût le complément de celui de ces deux professeurs estimés, et le champ de notre littérature est assez riche pour que l'on y puisse glaner avec avantage, même après lui. Il ne s'est point fait scrupule de puiser quelquefois dans un autre recueil intitulé : *Tablettes classiques*, qui a paru en 1825, et que la « Revue encyclopédique » a dans le temps annoncé avec éloge; mais nous avons tout lieu de croire qu'il n'a fait que reprendre son bien, et que ces deux petits volumes in-16 étaient le résultat d'un premier choix dont il a transporté soixante-une pièces de vers et quarante-sept morceaux de prose dans les deux volumes que nous annonçons aujourd'hui. Du reste, nous remarquons dans l'un et l'autre choix le même esprit, le même tact, le même goût enfin, qui ne s'est pas toujours effacé devant le goût d'autrui, surtout devant celui du jour, mais qui semble lui avoir fait des concessions un peu plus grandes dans ces deux derniers volumes, où nous trouvons un grand nombre de noms modernes qui n'ont peut-être pas encore acquis le droit bien incontestable de figurer sur le même rang que ceux des fondateurs de notre littérature classique. Nous n'en citerons aucun, mais nous terminerons en disant que la comparaison que M. Berriat Saint-Prix nous met à même de faire entre ce qu'a produit de mieux la nouvelle école et les morceaux les plus justement estimés de l'ancienne, tournera au profit des saines doctrines littéraires, dont son livre est destiné à préparer le triomphe, et servira surtout à prouver que cette littérature et ces auteurs du XVIIIe siècle, si décriés aujourd'hui, n'étaient pas aussi dépourvus d'imagination et d'originalité que voudraient bien le persuader quelques esprits soi-disant novateurs. » [*Revue encycl.*, t. XXXVIII, t. 759 et suiv., art. E. Héreau.]

III. Recherches sur la question ou torture, d'après les anciennes ordonnances; suivies d'un procès-verbal de torture subie en 1786. Paris, de l'imprimerie de H. Fournier, 1835, in-8 de 24 pag.

Extraite de la « Revue rétrospective » de M. Taschereau, série B, t. IV, p. 161.

IV. Table alphabétique et analytique des matières du Commentaire sur le Code pénal de Carnot.

Imprimée à la fin de la seconde édition de l'ouvrage de Carnot [Paris, Nève, 1836, in-4].

V. Conclusions sur une demande en nullité de mariage, pour défaut de liberté dans le consentement. Tours, de l'impr. de Mame, 1839, in-8 de 40 pag.

On y trouve, pages 23-27, des détails curieux et peu connus sur les divers projets et la confection du Code civil.

VI. Instruction sur la police judiciaire. Tours, de l'imprimerie de Mame, 1840, in-8 de 20 pag.

Cette instruction n'avait, d'abord, été destinée par l'auteur qu'aux maires et adjoints de l'arrondissement de Tours; le conseil général d'Indre-et-Loire en a voté la distribution à tous les officiers de police judiciaire du département. — La seconde édition de cet utile ouvrage est sous presse chez Paul Dupont, hôtel des Fermes.

BERRIAT [Aimé-Félix-Julien], frère du précédent, docteur en droit, avocat à la Cour royale de Paris, né à Grenoble, le 26 septembre 1810, a fait ses études à Paris, d'abord au collége Louis-le-Grand, où il eut pour professeur de grec M. Longueville, et pour professeur de rhétorique M. Burnouf; puis ensuite au collége Saint-Louis, où il fit sa philosophie sous M. Valette. Fils et petit-fils d'hommes qui se sont fait un nom dans la robe, M. Félix Berriat ne pouvait, non plus que son frère aîné, être infidèle à son origine : aussi, ses études classiques terminées, suivit-il les cours de droit de la Faculté de Paris. Il fut reçu avocat, en 1830, et docteur en droit, en mars 1832. L'ambition de son père était qu'il se préparât à l'enseignement du droit, mais le caractère du jeune docteur se prêtait peu aux exigences paternelles. Avec beaucoup de capacité et d'instruction M. F. Berriat possède une qualité bien rare parmi les jeunes gens de l'époque actuelle : de la modestie vraie; ajoutons à cela, un esprit d'indépendance très-prononcé. On conçoit dès lors que la vie laborieuse mais obscure du cabinet, ait eu plus de charme pour lui qu'une autre où il eût été obligé de poser. Depuis le moment où il a été reçu docteur en droit, M. Félix Berriat a constamment partagé ses moments entre les modestes fonctions de l'enseignement privé du droit et les travaux d'un ordre supérieur. En 1836, à peine âgé de vingt-cinq ans, il publia sous le titre de *Commentaire sur la Charte constitutionnelle* le fruit de ses précoces, mais savantes et consciencieuses méditations sur les imperfections du pacte social, qui nous fut octroyé, en 1814, à l'aide des bayonnettes étrangères, puis restauré à la hâte en 1830, mais en y laissant subsister une foule de dispositions de circonstances, et qui, depuis 1830, ne sont plus applicables. Tout autre que M. F. Berriat eût tiré vanité de cette publication; mais c'est à peine si son livre est connu. Étranger à toute camaraderie, M. Berriat n'a pas su se faire préconiser dans les journaux : aussi ceux-là même qui se disent consacrés à la défense des doctrines constitutionnelles ne se sont point occupés d'examiner un ouvrage qui mériterait d'être très-répandu. Les seuls journaux qui en aient parlé sont : « le Droit » [4 février 1837], « le Journal général des Tribunaux » [2 mars], « le Temps » [6 mars], « la Revue étrangère » [mars 1838], et « le Journal de Paris » [6 mars 1837]. Les quatre premiers de ces journaux font un éloge mérité du livre du jeune docteur en droit; mais le cinquième n'a produit qu'une véritable diatribe; ce qui prouve que l'auteur a trop clairement désigné, pour certains politiques, les prétextes à illégalités que dans sa confection hâtive on a laissé passer dans notre pacte social. Ni l'un, ni l'autre de ces articles de journaux n'indique les idées les plus neuves ni les plus hardies de l'auteur. Aux yeux de M. F. Berriat, la Charte est un acte de souveraineté nationale et non un contrat qui lierait la nation envers les autorités qu'elle établit. La plupart des dénominations monarchiques encore usitées sont pour lui des vestiges de l'ancien régime, ainsi que l'axiome : Toute justice émane du roi. La noblesse n'est qu'une chimère dépourvue désormais de toute sanction légale. Il propose de renfermer le choix des pairs dans une liste de candidats dressée par les colléges électoraux, et de différer l'exercice de leur juridiction jusqu'à l'époque où une loi l'aura définie. Il voudrait qu'on exécutât une foule de lois négligées aujourd'hui, comme celle qui règle les attributions des ministres ; et réciproquement qu'on cessât d'expliquer les décrets impériaux inconstitutionnels jusqu'à ce qu'une loi les eût sanctionnés en masse ; il indique les moyens de restreindre les dépenses publiques dans la limite des recettes ; de prévenir toute espèce d'empiétement des opinions religieuses sur l'ordre civil ; d'assurer l'influence de la majorité en astreignant les électeurs à voter. Les discours d'ouverture des Chambres devraient être remplacés par un compte-rendu d'un ministre responsable. L'auteur ayant eu la modestie de publier son Commentaires sur la Charte sous le voile de l'anonyme, on fit honneur de cet ouvrage à son père, le professeur ; mais celui-ci s'empressa de réclamer contre l'inexactitue de cette allégation. En 1839, M. F. Berriat, cédant enfin aux sollicitations de sa famille, prit rang parmi les concurrents pour trois places de suppléants alors vacantes dans la Faculté de droit de Paris : Les thèses qu'il soutint sont celles-ci : *de Usurpationibus et Usucapionibus* [27 mai] ; *Principes généraux du mariage et de la séparation de corps* [21 juin]. Nous avons entendu l'un de ses concurrents exprimer sa surprise de ce que le candidat n'a pas obtenu toutes les voix que sa solide instruction devait lui acquérir ; mais pour M. F. Berriat, si plein d'avenir, la partie n'est que remise, et tôt ou tard sa nomination est certaine. L'année suivante il a publié un *Guide pour l'étude des examens de droit*, etc., dont l'utilité a fait le succès : l'auteur en prépare une seconde édition, refondue et augmentée.

I. *Commentaire sur la Charte constitutionnelle. Paris, Videcoq ; C. H. Langlois, 1836, in-8 de 480 p. [6 fr.].

« Un Commentaire sur la Charte constitutionnelle de 1830, est un ouvrage d'une utilité évidente, et qui cependant n'avait pas encore été entrepris. Les publicistes, absorbés dans les débats d'une polémique journalière, traitent les questions en courant et à mesure qu'elles se présentent. Quant aux jurisconsultes, ils se renferment dans le droit privé et semblent craindre de poser le pied sur le terrain des lois constitutionnelles. Le Commentaire sur la Charte, de M. Berriat, nous semble destiné à prendre place dans la bibliothèque des hommes qui aiment les études fortes et positives.

» Ce Commentaire, précédé d'une analyse rapide des diverses constitutions qui nous ont régis depuis quarante ans, est un in-8 de moins de 500 pages, mais dont la substance fournirait aisément la matière de plusieurs volumes. Aussi, l'auteur a-t-il mis en tête de son livre : « J'évite d'être long », épigraphe qui est loin, comme on le sait, de pouvoir être à l'usage général des auteurs. Au reste, l'hémistiche suivant : « Et je deviens obscur », ne peut recevoir ici une application ironique ; car l'auteur, au lieu de la phraséologie si fort à la mode aujourd'hui, se sert d'un langage où toute équivoque est évitée, où les définitions abondent, et qui arrive ainsi à cette exactitude rigoureuse sans laquelle il n'y a point de véritable science.

» La doctrine de Bentham, que professe l'auteur, est éminemment favorable à cette clarté didactique ; car l'idée fondamentale de cette doctrine a une netteté et une simplicité auxquelles participent nécessairement les développements ultérieurs. Le principe de « l'utilité générale » est donc la pierre de touche de l'auteur dans son examen des diverses parties de notre constitution ; on juge bien que plusieurs d'entre elles ne résistent pas à cette épreuve. Il en est de même des lois secondaires qui ont développé ou, comme on dit, organisé la charte, et qui sont distribuées dans le *Commentaire* sous chacun des articles auxquels elles se rattachent. Ce ton de critique grave et méthodique n'est guère connu en France, terre classique de l'enthousiasme et des sophismes passionnés.

» Indépendamment du mérite scientifique sur lequel nous avons insisté, le *Commentaire sur la Charte constitutionnelle* a un avantage précieux, c'est d'offrir une masse de documents qu'on ne trouverait ailleurs qu'à l'aide d'immenses recherches. » [*Journal gén. des Tribunaux*, 2 mars 1837.] — Nous sommes fondés à croire que cet article est de M. A. Valette.

« Une lecture attentive de ce travail nous a convaincu que l'auteur a réussi à combler une grande lacune, et nous espérons que le public sera de notre avis. Bornons-nous à donner une idée de l'ouvrage ; et d'abord reconnaissons que l'étiquette qu'il porte n'est pas trompeuse. Ce n'est point un tableau, un traité, un essai historique et politique : c'est un commentaire. L'auteur explique et discute constamment, sans oublier de citer ses autorités. Soit impuissance, soit dessein prémédité, il s'interdit toute phrase sonore, tout ornement étranger à son but, toute réminiscence de Montesquieu. S'il rapporte des faits, ce n'est point pour faire parade d'une érudition historique qui cependant ne lui manque pas ; c'est parce qu'ils servent à fortifier une démonstration. Il serait aussi difficile de nier l'aridité de son livre que d'en méconnaître l'utilité. Sans vouloir ranimer à ce sujet la vieille querelle des traités et des commentaires, ou, pour parler le langage de l'école, de la méthode dogmatique et de la méthode exégétique, nous n'hésitons, pas à avouer notre prédilection pour la dernière, quand il s'agit d'une loi dont les moindres expressions ont la plus haute importance.

» Ce qui distingue surtout l'auteur du Commentaire sur la Charte de ses devanciers, c'est l'attention scrupuleuse qu'il apporte à rassembler tout ce qui peut concourir à l'éclaircissement de son texte. On sent qu'il est familier avec l'interprétation des lois, et qu'il n'a pas préludé à un ouvrage sur le droit public par des recherches archéologiques ou des exercices littéraires. En regard des modifications opérées en août 1830, il rapporte les articles modifiés, et les motifs allégués, soit dans la discussion de la Chambre des députés, soit dans le rapport de sa commission, ouvrage de M. Dupin aîné. Mais alors même, il ne procède pas avec l'exactitude servile d'un compilateur, dont le but unique est de faire un gros volume : aussi n'a-t-il emprunté à la relation du « Moniteur » que des détails intéressants ou des assertions dont il importait de démontrer le peu de justesse. Une conférence suivie de la charte et des constitutions antérieures, qui sont en général plus développées, notamment celles de 1791 et de l'an III, lui a fourni l'occasion de présenter des rapprochements singuliers, de signaler de nombreuses lacunes, et d'adresser aux rédacteurs de la déclaration du 7 août, des reproches d'autant mieux fondés, qu'il leur eût été facile de perfectionner leur œuvre au moyen d'un travail analogue. D'ailleurs il adopte l'opinion suivant laquelle les constitutions conservent force de loi secondaire dans tous les points auxquels ne déroge pas une loi nouvelle. Il l'applique même avec une rigueur telle qu'il se trouve conduit à des résultats assez inattendus, par exemple, en ce qui touche les conseillers d'état.

» Un commentaire enfermé rigoureusement dans les limites de la Charte formerait un cours de droit public fort incomplet. On y puiserait des notions bien imparfaites sur la liberté individuelle, la liberté de la presse, les conditions électorales, les conditions d'éligibilité, et le jury. M. Berriat-Saint-Prix l'a compris sans doute, car il a eu soin, à l'occasion de ces diverses matières, d'analyser les lois *organiques*. Il donne des détails assez étendus sur le règlement de la Chambre des députés, l'organisation judiciaire, les diverses branches de la dette publique, et la structure du budget; mais il ne perd pas de vue pour cela son objet principal, et ne s'occupe des lois secondaires qu'en tant qu'elles sont utiles à l'intelligence de la Charte ou paraissent contrarier ses dispositions.

» Il ne se borne pas toujours à expliquer ce qui est : il examine aussi ce qui devrait être. L'esprit de critique prédomine même dans son livre. Nous ne pouvons lui garantir, sous ce rapport, que l'approbation de ceux qui partent précisément des mêmes principes que lui. Toutefois ses observations seront encore utiles à d'autres, parce qu'il présente également les arguments pour et contre. Le lecteur se trouve ainsi à portée de se faire un jugement, sauf à embrasser une opinion différente. Il est d'ailleurs des points sur lesquels chacun sera de son avis : il est évident, par exemple, qu'il y a désaccord entre les conditions d'admissibilité à la pairie, fixées par la loi du 29 décembre 1831, et les conditions électorales et d'éligibilité déterminées par la loi du 19 avril 1831. Suivant la première loi, l'entrée de la Chambre inamovible semble plus difficile que celle de la Chambre élective. En effet, un député ne peut être nommé pair qu'autant qu'il a été président ou élu par trois législatures, ou bien s'il paie 3,000 f. d'impôts. D'après la seconde loi, au contraire, les titres de ministre à département, de maire d'une ville de 30,000 habitants, de maréchal de France, et la plupart de ceux qui ouvrent la porte aux catégories où se recrute la Chambre des pairs, sont insuffisants pour être éligible à la Chambre des députés, et même pour être électeur. La capacité des membres de l'Institut, qui les dispense de la moitié du cens électoral, ne les exempte pas d'un seul centime du cens d'éligibilité. Les art. 33 et 36 de la Charte ne sont guères conciliables avec l'organisation des collèges électoraux par arrondissement, qu'autant que l'on dresserait, dans chaque collège, une liste de tous les éligibles du département. Les critiques adressées aux définitions que les auteurs donnent de la promulgation, et aux formules habituelles qui accompagnent les lois, trouveront également peu de contradicteurs. Une observation non moins juste, c'est que nos législateurs devraient enfin s'abstenir de terminer les lois par cette phrase sacramentelle : « Toutes les dispositions antérieures, contraires à la présente, sont et demeurent abrogées. » Ou bien, en renversant les termes : « Les dispositions antérieures qui ne sont pas contraires à la présente loi, continueront d'être exécutées selon leur forme et teneur. » Ignorent-ils qu'ils ne tranchent ainsi aucune difficulté ? D'une part, *tous* les jurisconsultes s'accordent à décider qu'une loi postérieure abroge tout ce qui lui est contraire dans les lois précédentes; de l'autre, il reste toujours à déterminer, même après les formules en usage, quelles sont les dispositions *contraires ?* Il faut qu'on en vienne à indiquer, par sa date ou par une désignation spéciale, la loi qu'on veut abroger.

» Dans une seconde édition, M. Berriat-Saint-Prix fera bien de soigner davantage la forme de son livre, et de le rendre plus accessible aux gens du monde, pour lesquels il serait un manuel de politique fort utile. Au surplus, cet ouvrage est, jusqu'ici, ce qu'on a fait de plus complet et de meilleur sur ce sujet important. » [*Le Droit*, 4 févr. 1837, art. de M. ROMIGUIÈRE, avocat.]

II. Disceptatio juridica de usurpationibus et usucapionibus, etc. Parisiis, e typis Renouard, 1839, in-4 de 14 pages.

III. Exposé des principes généraux du mariage et de la séparation de corps; suivi de la résolution des principales difficultés que présente cette matière. Paris, de l'impr. de Renouard, 1839, in-8 de 20 pag.

Deux thèses pour le concours d'une place de professeur suppléant à la Faculté de droit de Paris.

IV. Guide pour l'étude des examens

de droit, ou Indication des principales difficultés qui en sont l'objet, et des auteurs qui résolvent ces difficultés. Paris, Videcoq, 1840, in-18 de 200 pag. [2 fr. 25 c.].

V. Questions de droit romain et de droit français, proposées au concours de 1841. Paris, de l'impr. de Paul Renouard, 1841, in-4 de 16 pag.

M. Félix Berriat est encore auteur de quelques articles insérés dans la « Revue encyclopédique » sous les initiales F. B.; de beaucoup de notes ajoutées à la VIe édition du « Cours de procédure », de son père [1835, 2 vol. in-8], et de quelques autres de la seconde édition des « Recherches sur les divers modes de publication des lois, etc. », du même auteur [1838, in-8].

BERRIAT [Honoré-Hugues], frère du professeur de la Faculté de droit de Paris et oncle des deux précédents, ancien sous-intendant militaire, aujourd'hui maire et membre de l'Académie de Grenoble, sa patrie, commandant de la Légion-d'Honneur et chevalier de Saint-Louis, né le 8 avril 1778, étudia d'abord le droit à l'école centrale de Grenoble, puis entra dans le 4e régiment d'artillerie et delà dans l'administration militaire. Il a été successivement, en 1804, capitaine-quartier-maître de ce 4e régiment; en 1813, sous-inspecteur aux revues à l'armée d'Italie; en 1814, appelé avec son grade dans la garde impériale et, peu de mois après, à la place de chef du bureau du personnel de l'intendance au ministère de la guerre, et, de 1816 à 1834, sous-intendant militaire de 2e et de 1re classes. Rentré dans la vie civile, en 1834, il a accepté les fonctions de maire de Grenoble, auquel il a été plusieurs fois réélu. Il ne s'est pas acquis, dans ce poste difficile, moins de réputation que dans l'administration de l'armée. Sous sa haute direction, la ville de Grenoble, qui était demeurée, jusque-là, si fort en arrière du progrès, a changé, en quelque sorte, de face. — Des quais, des ponts ont été reconstruits; le pavage, l'éclairage ont changé d'aspect; des écoles, des asiles nombreux ont été ouverts aux enfants en bas age; aux jeunes filles pauvres, ainsi préservées de la corruption; une institution, sous le titre de *Prêt charitable*, est venue arracher les indigents aux rapines des usuriers et des prêteurs sur gages; la ville a été dotée d'un comptoir de la Banque de France; elle a été totalement délivrée de la mendicité; un bateau à vapeur est monté de Marseille à Grenoble et a fait constater que l'Isère est favorable à cette espèce de navigation. Ces travaux, ces établissements, dont nous ne pouvons citer que la moindre partie, et qui auront coûté plus de 1,200,000 fr., ont été exécutés avec les ressources ordinaires de la ville, et un emprunt de 270,000 fr. seulement. Par ordonnance du 30 avril 1840, M. H. Berriat a été nommé commandeur de la Légion-d'Honneur. Les occupations de sa longue carrière administrative ne l'ont point empêché pourtant de léguer à ses collègues de savantes publications sur la législation militaire, dont nous rappelons ici les titres :

I. Table analytique des lois militaires. Paris, Magimel, 1808, petit in-8.

II. Législation militaire, ou Recueil méthodique et raisonné des lois, décrets, arrêtés, réglements et instructions actuellement en vigueur sur toutes les branches de l'art militaire. Alexandrie, et Paris, Magimel, 1812, 5 vol.— Supplément. Perpignan, Tastu et fils, 1817, 2 vol. En tout, 7 vol. in-8 [45 fr.].

« Cette collection immense, fruit de plusieurs années de travaux, est la seule complète; elle embrasse un intervalle d'environ trente années, et est précédée d'une Introduction sur les principales institutions militaires en France, depuis Charles VII jusqu'à la Révolution. »

III. * Album militaire, ou Précis des dispositions principales actuellement en vigueur, sur la plus grande partie des branches de l'état militaire; suivi de tarifs, devis, etc., pour tous les traitements et les fournitures. Par H. B. S. I. Grenoble, Baratier frères, 1825, petit in-8 oblong.

« C'est un chef-d'œuvre de rédaction et de typographie sous le rapport de la précision; ce petit volume renferme la matière de plusieurs volumes in-8. »

IV. * Lettre au roi sur la nomination aux emplois, aux fonctions, grades, magistratures civiles et militaires, et sur les récompenses publiques. Paris, Delaunay; H.-C. Langlois, mai 1831, in-8 de IV et 32 pag.

V. Coup-d'œil historique sur les anciens corps du commissariat des guerres et de l'inspection aux revues, suivi d'observations quant aux actes constitutifs du corps de l'intendance militaire. Grenoble, Baratier, 1832, in-8 de 80 pag.

VI. Album de la gendarmerie, ou Législation particulière à cette arme, et Résumé des actes de législation civile, militaire, criminelle et administrative, pour l'exécution desquels son intervention est ordonnée; suivi de formules et tarifs. Grenoble, Barafier, 1836, in-12.

Cet ouvrage a été remanié et découpé en quelque sorte, sous la forme alphabétique, par M. Cochet de Savigny [voyez ce nom], et publié sous le titre de « Dictionnaire de la gendarmerie ».

VII. Institution d'un asile pour les jeunes filles de la classe pauvre. Grenoble, Baratier, 1839, in-8.

On doit encore à M. H. Berriat plusieurs autres *Mémoires* sur l'administration de la ville de Grenoble.

BERRIER [Jérôme-Constant], poète et auteur dramatique, chef de bureau au ministère de l'instruction publique, membre de la Société des auteurs dramatiques, de l'Institut historique, etc., est né à Paris, le 2 nivôse an v [23 décembre 1797]. Transporté très-jeune de Paris à Manosque, où il fut élevé par les soins de son aïeul maternel jusqu'à l'âge de quatorze ans, il fit ses études au collége communal de cette petite ville de Provence, et vint les terminer dans une pension particulière à Paris. Placé successivement par son père, chargé d'enfants et privé de fortune, tantôt chez l'avoué, tantôt chez le notaire, M. Berrier, à peine âgé de quinze ans, s'en échappa pour se livrer au plaisir de jouer la comédie avec de jeunes amateurs de son âge, et c'est de ce moment que se forma sa liaison avec quelques-uns de nos artistes dramatiques, notamment avec MM. Ligier, David, Eric Bernard, etc., etc. C'est aussi de cette époque que datent ses débuts comme auteur dramatique. M. Berrier fit jouer alors au « Café du bosquet », sous le titre de *M. Botte aux Andelys*, une petite pièce qui n'était autre chose que l'épisode dramatisé des comédiens du délicieux roman de « M. Botte », de Pigault-Lebrun. La pièce de ce très-jeune débutant, qui obtint un plein succès, lui fut payée 50 fr., et lui valut ses entrées au « Café-Théâtre », sur l'emplacement duquel s'éleva plus tard le « Panorama dramatique » où fut reproduit le même sujet sous le titre de l'*Auberge dramatique*. — C'est dans cette petite pièce que débuta un acteur de la capitale devenu célèbre comme artiste dramatique, Bouffé, à qui le jeune auteur prédit dès lors son avenir. — Détourné par sa famille, et par un mariage précoce, de son goût pour le théâtre, il était entré dans un ministère dès le 1er juin 1814. Après avoir été attaché d'abord au cabinet de M. le duc Decazes, ensuite à celui de M. le comte Siméon, il passa à la division des beaux-arts, où il fut spécialement chargé de celle de l'École polytechnique, qu'il conserva jusqu'à la fin de 1831, époque où cette attribution fut transférée du ministère de l'intérieur au ministère de la guerre. Ce fut pendant ce temps où il n'était que simple employé, que M. C. Berrier put cultiver son goût pour la littérature : le choix du genre ne lui était guère possible, car il fallait avant tout ajouter à des émoluments qui ne suffisaient point à sa position de jeune père de famille. Néanmoins, le théâtre, vers lequel il se sentait toujours entraîné, l'emporta encore dans cette occasion, et en société de deux de ses collègues au ministère, MM. Armand Overnay et Théodore Nézel, qui a été pendant quelque temps directeur du Panthéon, il travailla pour les scènes secondaires et fit jouer de

(*) Dans notre *France littér.*, tome 1er, p. 300, nous avons, d'après un article de « l'Annuaire nécrologique » de M. A. Mahul, confondu le littérateur auquel nous consacrons cette notice, avec Jean-François-Constant Berrier, son père, né à Aire, en Artois, en 1766, et mort à Paris le 12 juin 1824. C'est à ce dernier que l'on doit une *Ode* à LL. MM. II. et RR. Napoléon-le-Grand et Marie-Louise d'Autriche. [Paris, Michaud, 1810, in-8]; des *Stances* aux mêmes sur la naissance du roi de Rome. [Paris, Egron, 1811, in-8]; le *Livre du Destin*, poëme sur la naissance du roi de Rome, inséré dans le tome II des « Hommages poétiques à Napoléon. Berrier travaillait à la « Gazette de France » lorsque la mort l'enleva à sa famille. En confondant le fils avec le père, M. A. Mahul a commis encore une autre erreur : celle de dire que Berrier le père concourut, en 1824, à la Société des Bonnes-lettres, sur la question des avantages de la légitimité, et que son travail obtint une mention honorable : la question n'ayant été proposée qu'en 1825, Berrier mort en 1824 n'a donc pas pu concourir. Le prix fut décerné à M. Audibert de la « Quotidienne. »

1819 à 1826 les pièces suivantes : l'*Amphitryon malgré lui*, comédie-vaud. en un acte, représentée à Versailles, mais non imprimée ; le *Mari confident*, l'*Épicurien malgré lui ;* l'*Auberge dramatique*, comédie en un acte, représentée au Panorama dramatique, le 12 janvier 1822, mais non imprimée ; les *Deux Lucas*, *Félix et Roger*, *Six mois de constance*, le *Banqueroutier*, la *Dame voilée*. La composition de ces diverses pièces, commandée par sa position, n'empêchait pourtant pas M. C. Berrier de s'occuper d'autres ouvrages d'un ordre plus élevé. Dès 1821, il concourut pour le prix de poésie, proposé la même année par l'Académie française ; le sujet était le *Dévouement de Malesherbes ;* son poëme fut classé par les juges du concours, immédiatement après la pièce qui remporta le prix. L'année suivante, il obtint une mention honorable pour une *Ode sur la renaissance des lettres et des arts sous François Ier*, et un poëme sur la peste de Barcelonne, dans lequel il célèbre l'héroïsme des *médecins français* et des sœurs de Sainte-Camille. En 1824, la Société des bonnes-lettres accorda le premier accessit à l'ode de M. C. Berrier, intitulée : l'*Armée française en Espagne ;* les journaux de l'époque, en appelant de ce jugement, placèrent unanimement cette ode au-dessus de l'ouvrage couronné, dont l'auteur se nommait M. Denain. En 1826, M. C. Berrier publia un volume de *Poésies*, où se retrouvent les quatre pièces académiques dont nous venons de parler, la première sous le titre de *Malesherbes et le régicide*, et la seconde sous celui du *Seizième siècle*. Dix autres pièces complètent le volume, parmi lesquelles on distingue la *Traite des Noirs*, *épître à un colon*, qui concourut en 1824 pour le prix de poésie de l'Académie française ; les *Deux règnes*, dithyrambe à l'occasion de la mort de Louis XVIII et de l'avènement de Charles X [septembre 1824] ; la *Pauvre Mère*, élégie, imprimée d'abord dans les « Annales de la littérature et des Arts », en 1825 ; l'*Exilé*, élégie ; le *Dix-neuvième siècle*, *Juvénale* [satire], une des pièces les plus remarquables du volume. Quoique la muse de M. Constant Berrier appartienne à la nouvelle école, elle s'égare rarement hors des routes que le goût a tracées ; cependant une critique bienveillante peut lui faire le reproche de laisser tomber souvent ses vers deux à deux, de ne pas lier suffisamment ses idées, et de finir faiblement des morceaux commencés avec inspiration ; il semble que les cordes de sa lyre se détendent sous ses doigts. » Malgré ces imperfections, M. C. Berrier peut prétendre à une place parmi les écrivains du siècle dont il a fait la satire. En 1826, la position de notre poète s'étant améliorée, il imprima une haute direction à ses travaux : les vaudevilles et les mélodrames, selon les idées généralement reçues, constituant un faible bagage littéraire, il pensa qu'il fallait donner à son génie un plus noble essor. Le 15 mars 1827 fut représentée, pour la première fois, sur le théâtre de l'Odéon, une tragédie de M. C. Berrier, qui est encore jusqu'à ce jour son ouvrage capital : *Françoise de Rimini*, en cinq actes. — Françoise de Rimini, comme on le sait, doit son immortalité à la poésie du Dante, qui l'a placée dans son « Enfer ». « Le sujet, traité d'une manière si pathétique » et si simple, dans le vieux poëte italien, ne semblait pas fournir ces alternatives de crainte et d'espoir, cette » suspension d'intérêt, cette chance de » bonheur pour les personnages qu'on » nous fait aimer, éléments nécessaires » d'une action dramatique. Dès que » l'hymen a uni Françoise à Lanciotto » Malatesta, le frère aîné de son amant, » le sort des personnages est à peu » près fixé, et le poëte ne peut plus » développer sous nos yeux qu'une » action dont nous avons prévu les » principales circonstances, et une » passion condamnée d'avance à un » irrévocable malheur. M. Constant » Berrier l'a bien senti, et il a tâché de » suppléer à cet inconvénient par des » effets de scène ; mais on a pu remarquer que ces effets sont un peu forcés » et un peu romanesques. Il a voulu » multiplier les événements : cette » multiplicité même ne fait que mieux » sentir tout ce qu'il y a de profondément touchant dans la simplicité de » l'original. Une chose surtout qui nous

» a choqués, c'est de voir que tout le » monde s'obstine à arracher du sein » de Françoise le fatal secret qu'elle a » constamment caché, et qui probable- » blement y serait resté à jamais ense- » veli, si un père aussi imprudent que » dénaturé ne mettait tout en œuvre » pour faire révéler à sa fille un mystère » qui doit la perdre. En général, cette » conception tout entière trahit une » grande inexpérience, mais elle ne » manque pas d'intérêt. Les transports » d'amour, les fureurs de la jalousie y » sont peints avec assez d'énergie; » plusieurs scènes annoncent de la » chaleur, des intentions dramatiques, » et quelque talent pour exprimer les » passions; et si le début de M. Cons- » tant Berrier ne nous autorise pas » encore à compter un poëte tragique » de plus, il donne au moins des espé- » rances. Un jeune poëte italien, Sil- » vio Pellico, a composé sur le même » sujet une tragédie qui a obtenu du » succès en Italie, et qui n'a pas été » inutile à M. Berrier; mais l'extrême » simplicité du drame italien ne per- » mettait pas à notre auteur de le faire » passer sur la scène française, sans » l'animer par quelques créations nou- » velles (*). » — La tragédie de M. Constant Berrier obtint du succès : indépendamment de son mérite, son sujet était neuf pour la scène française, et Beauvallet et mademoiselle Charton s'y produisirent d'une manière remarquable. *Françoise de Rimini*, interrompue à sa vingtième représentation par la clôture de l'Odéon, fut reprise à la réouverture de ce théâtre. Peu de temps après, il présenta, d'abord au même théâtre, puis à la Comédie-Française, l'*Égoïste*, comédie en cinq actes et en vers, qui, reçue à corrections, ne fut néanmoins jouée que le 12 juillet 1832, sur le théâtre du Panthéon, mais réduite à trois actes : elle obtint trente représentations consécutives. Le 18 mars précédent, le théâtre du Panthéon, alors sous la direction de M. Éric Bernard, avait donné pour sa pièce d'ouverture un nouvel ouvrage de M. Constant Berrier : la *Marquise de Ganges*, drame en quatre actes, et en prose, qui fut joué sous le titre de la « Belle-Sœur »; l'auteur retira sa pièce à la quatrième représentation, et elle n'a point été imprimée. En 1833, M. Berrier publia, sous le titre de *Sensations*, un second volume de poésies. Les auteurs de la « Revue de Paris », en l'annonçant, portèrent sur cet ouvrage le jugement suivant : « Volume » de vers où il y a de tout : de la mé- » taphysique, du drame antique, du » drame moderne, des élégies, des » dithyrambes, une ode, des fables, » une idylle, une satyre ... et même » *un peu de poésie*, dirions-nous, si » nous ne savions pas dans l'occasion » résister au plaisir d'une épigramme. » En 1835 et 1836, M. Berrier, qui paraissait avoir renoncé à travailler pour les théâtres secondaires, n'en donna pas moins, en société avec M. Hippolyte Lévesque, deux nouveaux drames : l'*Ouvrière* et *Georges, ou la Destinée*; mais il y a tout lieu de croire que l'auteur vidait un ancien sac. La mort du comte Laisné laissant une place vacante à l'Académie française, M. Berrier, sa Françoise de Rimini et ses deux volumes de poésies sous le bras, se présenta parmi les candidats; mais alors, comme aujourd'hui encore, la partie la plus considérable et peut-être aussi la plus importante des productions de notre littérateur, était encore inédite : l'Académie française ne trouva pas apparemment le bagage littéraire de M. Berrier assez gros, elle ajourna l'auteur, qu'elle considérait, sans doute, comme ayant simplement pris date. La même année 1836, M. Berrier fit imprimer un morceau de biographie très-élégamment écrit; une *Notice sur madame Césarie Farrenc*, et un discours académique, intitulé : *Du Courage civil*, dans lequel, au mérite du style, se trouve unie la noblesse des pensées. Depuis 1836, M. Berrier n'a guère composé que des pièces détachées, et que les éditeurs des recueils littéraires se sont empressés d'accepter. Nous citerons parmi ces pièces : *Stances à mademoiselle Rachel*, *la Vie*, *Manosque*, *le Sergent Hubert*, *Histoire d'un chien*, parties détachées que l'auteur se propose de réunir dans son troisième volume de poésies, sous le titre de *Terre et Ciel*.

(*) *Revue encycl.*, tome XXXVIII, pages 561-63, article signé : M. A.

Depuis dix ans, les fonctions administratives n'ont pas permis à M. Berrier de mettre la dernière main à plusieurs compositions dramatiques achevées, ni d'en presser la réception. Nommé par M. Guizot, ministre de l'intérieur, en octobre 1830, chef du bureau, section des sciences, il est passé en la même qualité au ministère de l'instruction publique, en octobre 1831, où il est encore aujourd'hui. Vingt-cinq années de services administratifs ont valu à M. Berrier, le 29 avril 1839, la décoration de la Légion-d'Honneur. — M. Berrier ne se recommande pas seulement par son mérite littéraire : c'est un homme d'honneur, jusques en littérature, chose rare par le temps qui court; excellent père de famille, et prêtant volontiers son appui, et sans morgue, à tous les gens de lettres qui ont des droits acquis par d'honorables et d'utiles travaux.

Théâtre.

I. Avec M. *Armand O......* [*Overnay*] : le Mari confident, com.-vaud. en un acte. Paris, Fages, 1820, in-8 [75 c.].

II. Avec M. *Armand* [*Overnay*] : l'Épicurien malgré lui, vaudeville en un acte. Paris, Quoy, 1821, in-8 [1 fr. 25 c.].

III. Avec M. *Armand O......* [*Overnay*) : les Deux Lucas, vaudeville en un acte. Paris, Duvernoy, 1823, in-8 [75 c.].

IV. Avec MM. *Armand Ov**** [*Overnay*] et *Hippolyte L**** [*Levesque*] : Félix et Roger, pièce en un acte, mêlée de couplets. Paris, Quoy, 1824, in-8 [75 c.].

V. Avec MM. *Armand Ov......* [*Overnay*] et *Théodore N.* [*Nezel*] : Six mois de constance, comédie en un acte, mêlée de couplets. Paris, Quoy, 1825, in-8 [1 fr. 25 c.].

VI. Avec MM. *Théodore N.* [*Nezel*] et *Armand Ov.....* [*Overnay*] : le Banqueroutier, mélodrame en trois actes. Paris, Pollet, 1826, in-8 [1 fr. 50 c.].

VII. Avec *les mêmes* : la Dame voilée, comédie en trois actes. Paris, Brunet, 1826, in-8 [1 fr. 50 c.].

Ces sept pièces ne portent que le dernier prénom et l'initiale du nom de M. Berrier, aussi bien que pour ses collaborateurs.

VIII. Françoise de Rimini, tragédie en cinq actes. Paris, Delaforest, 1827, in-8, avec une lithogr. [4 fr.].

IX. Égoïste [l'], comédie en trois actes et en vers. Paris, Hiard, 1832, in-8 [2 fr. 50 c.].

Représentée sur le théâtre du Panthéon, le 12 juillet 1832, sous cette forme; mais elle avait été antérieurement reçue à l'Odéon, en cinq actes.

X. Avec MM. *H. Lévesque et Frédéric* [*Prieur*] : l'Ouvrière, drame-vaudeville en trois actes. Paris, Barba; Bezou, 1835, in-8 à deux colonnes [30 c.].

XI. Avec M. *H. Lévesque* : George, ou la Destinée, drame en trois actes, mêlé de chant. Paris, Barba; Bezou, 1836, in-8 à deux colonnes [40 c.].

Nous avons dit dans notre notice que la partie la plus considérable et peut-être la plus importante des compositions dramatiques de M. Berrier n'était pas celle qui était imprimée; nous allons justifier cette assertion en donnant la nomenclature des pièces présentées, reçues, jouées à diverses époques, mais qui n'ont point été livrées à l'impression par l'auteur : 1° [Avec M. Overnay] : l'*Amphitryon malgré lui*, comédie-vaudeville en un acte, représentée sur le théâtre de Versailles : 2° [Avec le même] : l'*Auberge dramatique*, comédie en un acte, représentée au Panorama dramatique, le 12 janvier 1822; 3° *Marino Faliero*, tragédie en cinq actes, lue et reçue à correction au théâtre royal de l'Odéon, le 4 février 1828; 4° *Marie-Thérèse*, drame en cinq actes et en vers, demandé par M. Harel, en 1829, pour le même théâtre. Mlle Georges devait y jouer le principal rôle; 5° *la Marquise de Ganges*, drame en quatre actes et en prose, représenté, pour la première fois [sous le titre de la Belle-Sœur], sur le théâtre du Panthéon, le 18 mars 1832, et retiré à la quatrième représentation; 6° *Charlotte Corday*, drame en cinq actes et en vers, reçu au théâtre du Panthéon, dont cette pièce devait faire l'ouverture [1827]; 7° *Bianca Capello*, tragédie en cinq actes, reçue et mise en répétition au même théâtre, en 1833; lue et refusée au Théâtre-Français, au mois de décembre 1834; 8° *Si j'étais ministre!* comédie en trois actes et en vers, lue et refusée au même théâtre, en 1835, comme pièce politique; 9° *l'École des protégés*, comédie en cinq actes et en vers, composée de 1835 à 1838, et destinée au même théâtre, mais auquel elle n'a pas encore été lue; 10° [Avec MM. A. Overnay et Eug. Lebas] : *Auseaume à Bagnolet*, vaudeville en un acte, représenté sur le théâtre de la Porte-Saint-Antoine, le 30 septembre 1838.

Poésies.

XII. Dévouement [le] de Malesherbes. Paris, de l'impr. de madame Jeunehomme-Crémière, 1821, in-8 de 18 pages.

XIII. Restauration [la] des lettres et

des arts sous François Ier, ode qui a concouru pour le prix de poésie à l'Académie française. Paris, Delaunay, 1822, in-8 de 8 pages.

Tiré à cent exemplaires.

XIV. Médecins [les] français et les sœurs de Sainte-Camille à Barcelonne, pièce qui a concouru pour le prix de poésie à l'Académie française. Paris, Delaunay, 1822, in-8 de 16 pag.

XV. Armée [l'] française en Espagne. Paris, Trouvé, 1824, in-8.

XVI. Poésies. Paris, Ladvocat, 1826, in-18 [3 fr.].

Volume faisant partie de la « Collection des poëtes français du XIXe siècle. »

XVII. Sensations. Paris, J. Berrier, 1833, in-8 [3 fr.].

Plusieurs des pièces qui composent ce volume sont dialoguées, et deux divisées en journées. On y remarque des scènes extraites d'une tragédie de *Rosamonde*, reine des Lombards, que l'auteur n'a pu terminer.

—

XVIII. Notice sur madame Césarie Farrenc.

Imprimée d'abord, en 1836, dans la « Biographie des femmes auteurs contemporaines françaises », publiée sous la direction de M. Alfr. de Montferrand [Adolphe de Chesnel], et réimprimée, en 1837, en tête de « l'Ami de la jeunesse », de Mme Farrenc.

XIX. Du Courage civil. Paris, Paul Dupont et comp., 1836, in-8 de 44 p.

BERRIER [Jules], frère du précédent, était libraire à Paris, et avait l'ambition d'y être aussi imprimeur. Pour faire sa cour à M. Gisquet, qui pouvait lui faire obtenir ou refuser son brevet, il publia, de 1833 à 1835, un grand nombre d'opuscules ministériels, nommés vulgairement *canards* et dont la vente se fait par les crieurs publics autorisés par la police. Un fait assez singulier c'est que J. Berrier emprunta la plume d'un jeune écrivain républicain, l'auteur de Tysiphone, des Pélagiennes, de la Pythonisse, etc., pour la composition, en vers, de l'un de ces canards (*). J. Berrier finit par obtenir un brevet d'imprimeur à la résidence d'Argenteuil; mais il n'en jouit pas long-temps, car il mourut le 30 juillet 1839.

(*) L'écrit de M. L. Bastide, publié sous le nom de J. Berrier, est intitulé : Au roi, ou Appréciation des actes du gouvernement. 27 juillet 1835, in-8 de 16 pag.

BERRIER. — Révélations sur les incendies, par Berrier, écrites par lui-même à la Conciergerie après son interrogatoire devant la Chambre des Pairs. Paris, Ach. Desauges, 1830, in-8 de 124 pages [3 fr.].

BERRIOZABAL [Juan-Manuel de].— Cristiada (la). Poema epico-sacro del padre *Fray-Diego de Hojeda*, dominico de Lima, compendiado por don J. M. de Berriozabal, Peruano, entre los Arcades cintio elimeo. Paris, de la impr. de Moëssard, 1837, in-18.

BERRUYER [Alexandre-Auguste de], agréable littérateur, membre de l'Académie ébroïcienne et de la Société lyrique du « Caveau », né à Paris, le 4 février 1804. Fils d'un des plus braves généraux en chef de la République, mort gouverneur à l'Hôtel-des-Invalides, en 1804, M. de Berruyer fut admis à douze ans à l'École militaire de Saint-Cyr, comme élève du roi Louis XVIII; nommé sous-lieutenant de cavalerie, en 1822, il entra dans les gardes-du-corps [compagnie d'Havré], et ne tarda pas à se faire connaître par des *poésies légères* et des *chansons*. En 1827, pendant les loisirs d'une garnison, il composa une *Épître à M. le marquis de La Londe*, maire de la ville de Versailles, au nom de Munito, le célèbre chien savant. C'est une amusante réclamation contre un arrêté de la mairie qui ordonnait d'assommer impitoyablement les chiens. Cette épître eut beaucoup de succès. Vers la fin de cette même année, M. de Berruyer, ennuyé d'un service sans perspective, et voulant se livrer tout entier à ses goûts littéraires, fut, sur sa demande, mis en non-activité. Il alla habiter le château de Gonneville, ancienne propriété de sa famille, et par suite Cherbourg, où il se fixa en 1831. Il fonda l'année suivante, avec M. Léon d'Aurevilly [Voy. ce nom], le *Momus normand*. Cette publication, dont les auteurs n'avaient pas d'abord calculé toutes les chances, n'eût, malgré le mérite de sa rédaction, que dix-huit mois d'existence. En 1833, il fonda le *Journal de Cherbourg et du département de la Manche*, qu'il a rédigé jusqu'au 17 avril 1835 avec un zèle et un amour du bien public dont les Cherbourgeois ont conservé le souvenir. La rédaction de ce journal fut continuée par M. A.-G. Verusmor [Voy. ce nom], qui avait été le collaborateur de M. de Berruyer dans cette dernière année, et par M. Le Magnen. M. de Berruyer quitta Cherbourg au mois de septembre 1835 pour demeurer à Paris. Là, il s'est occupé de journalisme, et a fourni des articles à beaucoup de journaux grands et petits. Il a été l'un des principaux rédacteurs de « l'Europe », feuille légitimiste, fondue maintenant dans la « Gazette de France ». Il est un des fondateurs de la « Gastronomie », qu'il a dirigée pendant quelque temps, mais à laquelle nous croyons qu'il a cessé de coopérer. — Chansonnier, il est un des plus solides appuis du Caveau, dont il a été nommé président à l'unanimité, au commencement de l'année 1840. — Auteur dramatique, il a composé, de 1838 à 1840, seul ou en société, plusieurs petites pièces jouées avec succès sur les théâtres de Comte, du Gymnase enfantin et de la Porte-Saint-Antoine. — M. de Berruyer s'occupe en ce moment de plusieurs pièces qu'il destine à des scènes plus élevées. Il se dispose aussi, nous assure-t-on, à publier prochainement un volume de ses plus jolies chansons.

I. Épître à M. le marquis de La Londe, maire de la ville de Versailles. [En vers]. Versailles, de l'impr. de Vitry, 1827, in-8 de 8 pag. [50 c.].

Publiée sous le nom de MUNITO, chien savant. Cet opuscule s'est vendu au profit des indigents.

II. *Momus [le] normand, recueil littéraire. Caen, 1832 — 17 avril 1833, 2 vol. in-8.

Avec M. Léon d'Aurevilly.

III. * Chansonnier normand, pour 1833, publié par les rédacteurs du « Momus normand ». Première année. Cherbourg, de l'impr. de Noblet, 1833, in-18.

IV. Obélisque [l'] de Louqsor à Cherbourg. Notice rédigée d'après les renseignements de M. Jaurès, lieutenant de frégate, officier du Louqsor. Cherbourg, de l'impr. de Boullanger, 1833, in-8 de 40 pag. [1 fr.].

V. Guide [le] du Voyageur à Cherbourg, ou Description complète et historique de cette ville, de son port militaire, de son port de commerce et de tous ses établissements. Cherbourg, Boulanger, 1833, petit in-8 de 212 p., non compris le titre et la table [2 fr.].

VI. Uranorama [l']. [Couplets]. Cherbourg, de l'impr. de Boulanger, 1833, in-8 de 4 pag.

VII. Lettre aux électeurs de l'arrondissement de Cherbourg. Juin 1834. Cherbourg, le même, 1834, in-8.

VIII. Annuaire de Cherbourg et de l'arrondissement. Première année. Cherbourg, Savary, 1835, in-18.

Les années 1840 et 1841 [5e de cet Annuaire] ont été rédigées par M. J.-Fr. Fleury.

Théâtre.

IX. Avec M. *A. Giraud :* A la fraîche ! qui veut boire ? ou une Promenade du vieux conteur, vaudeville anecdotique en un acte, d'après une des causeries de M. Bouilly. Paris, Breauté, 1838, in-8 [75 c.].

X. Avec *le même :* l'Inconstant, ou une Leçon d'astronomie, vaudeville en un acte. Paris, Pesron, 1838, in-18 [50 c.].

Faisant partie du « Répertoire du Gymnase des enfants ».

XI. Avec M. *Alph. Aslin :* le Salon dans la mansarde, vaudeville en un acte. Paris, Michaud, 1839, in-8 à 2 colonnes [20 c.].

IVe liv. du « Musée dramatique. »

M. de Berruyer est encore auteur des pièces suivantes, qui ont été jouées, mais ne paraissent pas avoir été imprimées :

1° *Une Leçon par Joujou*, comédie-vaudeville en un acte. [Gymnase des Enfants, 6 mars 1839.]

2° *Bateau* [*le*] *à vapeur*, comédie-vaudeville en deux actes. [Théâtre de Comte, 30 août 1839.]

3° *Sœur* [*la*] *Casimir*, parodie de « la Fille de l'Émir » de la Porte-Saint-Martin, folie-vaudeville en deux tableaux. [Même théâtre, le 25 septembre 1839.]

4° *Gilbert*, *ou les Plumes de paon*, comédie en un acte, mêlée de couplets. [Gymnase des Enfants, 1840.]

5° *Cocher* [*le*] *de coucou*, drame mêlé de chant, en deux actes. [Porte-Saint-Antoine, 6 juin 1840.]

6° *Petit Paul, ou le Prix de sculpture*, vaudeville en un acte. [Théâtre de Comte, 7 octobre 1840.]

BERRY [Caroline, duchesse de]. Voy. A. NETTEMENT.

BERRYER [P.-N.], avocat à la Cour royale de Paris, l'un des plus distingués du barreau de cette capitale et en même temps leur doyen, naquit à Sainte-Menehould [Marne], le 17 mars 1757, commença, en septembre 1774, ses études judiciaires, comme clerc, chez un procureur au parlement, qui avait une forte étude, et presque aussitôt suivit un cours de droit. Reçu au serment d'avocat dès le mois d'août 1778, il ne fut pourtant inscrit au tableau qu'au mois d'avril 1780, ainsi le voulait l'usage. Il occupait déjà une position assez importante au barreau lorsque la révolution éclata. Nature prudente et sage, M. Berryer voyait dans les velléités d'indépendance de messieurs du parlement, le palladium de nos libertés ; éloquent et habile, il eut pu, comme tant d'autres avocats de l'époque, pérorer au sein de la Constituante, de l'Assemblée législative ou de la Convention; comme tant d'autres aussi il eut pu se faire décapiter par le conseil du salut public ; il préféra rester à l'écart. Avocat très-distingué, il n'en resta pas moins simple avocat. Sous le gouvernement impérial, M. Berryer rétablit sa fortune ébranlée pendant la crise révolutionnaire. Il fut l'avocat de la trésorerie, du conseil des prises et de plusieurs autres administrations d'alors. Depuis 1780 jusqu'en 1838, M. Berryer a plaidé un très-grand nombre de causes : on va même jusqu'à dire que la collection de ses mémoires et plaidoyers ne s'élève à rien moins que vingt-sept volumes ! Une des causes dans lesquelles cet avocat s'est particulièrement acquis le plus de réputation, c'est dans la défense du maire d'Anvers, accusé de malversation, et traduit à la cour d'assises de Bruxelles. Il combattit avec courage, et, s'il succomba, c'est que le droit triomphe rarement contre la force, et qu'il avait à lutter contre le gouvernement impérial. M. Berryer a plaidé long-temps au conseil des prises sous le même gouvernement ; il a soutenu, contre la duchesse de Montebello et ses enfants, les prétentions du fils mineur du maréchal, issu d'un premier lit. Cet avocat fut chargé, en 1815, d'une autre cause plus importante encore que celles que nous venons de citer, la défense du maréchal Ney devant la cour des pairs. On a reproché à M. Berryer d'avoir affaibli, par trop de considérations subalternes, l'intérêt qui s'attachait à son client ; mais il est juste d'avouer que, ayant à le défendre contre M. Bellart, procureur-général et commissaire du roi, les ressources n'étaient pas égales. Le commissaire du roi avait toute latitude pour développer l'accusation, tandis que M. Berryer s'est vu contraint d'abandonner les puissants moyens qui eussent résulté de l'examen des questions politiques liées à la cause. Le second mémoire publié par lui dans cette affaire, sous le titre d'*Effets de la convention militaire du 5 juillet et du traité du 20 novembre 1815, relativement à l'accusation du maréchal Ney*, a paru remarquable par la force de dialectique et par l'érudition qui y sont déployées. M. Berryer était assisté de Me Dupin, et c'est à ce dernier qu'il dut sa principale gloire dans cette affaire. On a attribué à M. Berryer, lors de l'issue de ce procès funeste, un mot que nous repoussons parce qu'il ne ferait honneur ni à son caractère, ni à son esprit ; on a dit qu'en parlant de l'affaire du maréchal, il avait prétendu que « ce linge était trop sale pour le pouvoir blanchir. » Ce mot serait une lâcheté inexcusable dans l'avocat, chargé de défendre l'infortuné qu'il n'aurait pas été assez heureux pour soustraire à la mort. Sans doute la défense de l'accusé attirait, en quelque sorte, une défaveur politique sur la tête de celui qui avait le courage de l'entreprendre ; mais il est des circonstances où l'avocat ne doit mettre aucune borne à son dévouement. S'il n'est pas pénétré de la justice de sa cause, il doit, pour conserver sa propre estime et celle du public, s'abstenir de la défendre. Enfin, en 1816, il plaida la cause de Fauche-Borel contre Perlet, ancien agent de police, et dévoila au public toutes les circonstances d'un crime, l'un des plus lâches et des plus infâmes dont les annales de la police aient été souillés. Les soins que M. Berryer a donné à la défense des intérêts de l'ordre de Malte, lui ont valu, de la part du grand-maître actuel de cet ordre, l'autorisation d'en porter la croix (*). M. Berryer diminua ses affaires de palais dans les premières années de la restauration pour se ren-

(*) M. Berryer a donné dans ses « Souvenirs » l'historique des causes les plus remarquables plaidées par lui depuis son entrée dans le barreau jusqu'en 1838.

fermer davantage dans celles de son cabinet, partageant alors ses occupations entre la solution de quelques différends et la composition de quelques ouvrages (*). Quoique ayant toujours eu une vie de barreau très-active, M. Berryer n'en a pas moins trouvé, à différentes époques, le loisir de composer et de faire imprimer des écrits sur la réforme judiciaire, et sur plusieurs sujets d'utilité publique. Dès 1791, il adressa, à l'Assemblée législative, un *Mémoire sur les justices de paix*, dans lequel il proposait de déférer les attributions du juge de paix aux curés, comme étant les hommes qui avaient le plus de moyens de parler à la conscience des parties en instance. Cette même année, il présenta un second Mémoire à la même Assemblée, *sur les appels en matière de commerce*, dans lequel il émettait le vœu que tout arbitrage entre commerçants cessât, et qu'on instituât un tribunal supérieur, qui jugerait de toutes les affaires commerciales avec plus de garanties que n'en offrait communément des arbitres qui n'avaient pas seulement les premières notions de droit (**). En décembre 1817, M. Berryer fit paraître sous le titre d'*Aperçu sur les finances*, un écrit qui est le résumé substantiel d'une volumineuse théorie de l'impôt foncier, adressée, en manuscrit, par l'auteur à Napoléon, en 1812. Le plan de cette théorie. lui avait été communiqué par un cultivateur illettré, mais assez profond penseur, et que M. Berryer avait eu la patience d'écouter fort longuement, pour le pouvoir comprendre. Napoléon alors dans sa toute puissance aurait été nécessaire pour l'exécution du plan que proposait l'auteur de cette nouvelle théorie ; mais le temps avait été mal choisi, le guerroyant ne s'en occupa pas. Depuis longtemps M. Berryer préparait une grande et importante publication : c'était une histoire de la législation générale du commerce, prise dans la plus haute antiquité, et suivie dans le moyen-âge jusqu'à nos jours, entreprise aussi vaste que difficile, qui seule absorberait la vie d'un homme et exigerait de nombreux collaborateurs. Il était arrivé, en 1828, au point de pouvoir en commencer l'impression. L'année suivante il émit le prospectus de son ouvrage, qui devait paraître par souscription, et être intitulé : *Traité du droit commercial de terre et de mer tel qu'il est observé en France et dans les pays étrangers, accompagné de parères, avis, décisions sur les points les plus difficiles de la jurisprudence commerciale*. Déjà avait paru, en avril 1829, une *Dissertation générale sur le commerce, son état actuel en France et sa législation*, servant d'Introduction à cet ouvrage, lorsque la révolution de 1830, vint enlever à l'auteur le plus grand nombre de ses souscripteurs. Cette grande entreprise fut abandonnée. Les inspirations de l'auteur ne portèrent plus dès lors que sur des articles détachés de son « Traité complet du droit commercial », ou sur certains sujets d'économie politique, controversés et compromis, selon lui, par la nouvelle révolution de 1830, plus encore que par celle de 1789. Ainsi, donnant suite à ses rêveries de 1791, sur les justices de paix et sur les appels en matière de commerce, il a rédigé pour « l'Encyclopédie moderne » publiée par Courtin, les articles *Code de commerce*, *Faillite*, *Fret*, *Lettres de change*, *Sociétés*, tels qu'il aurait désiré qu'ils fussent sanctionnés par nos législateurs. « Ce n'est pas à moi, dit quelque part » l'auteur, à rehausser la doctrine que » j'y professe, souvent en opposition » avec nos nouveaux codes. Tout ce » que je puis certifier, c'est qu'elle » m'a été suggérée par la conviction » que les intérêts du commerce réclamaient les modifications que je propose. » Dix ans plus tard ce respectable avocat publia ses *Souvenirs*, de 1774 à 1838, qu'il ne donna point pour lecture des gens du monde. Quoique ces souvenirs renferment un grand nombre de particularités sur les principaux événements et les hommes marquants de la révolution, ce ne sont pas

(*) Il ne s'y est pas, néanmoins, restreint aux seules consultations ; car à l'âge de quatre-vingts ans il s'est déplacé pour aller plaider en province une cause qu'il a gagnée, et ce n'est pas, depuis la Restauration, la seule qu'il ait encore plaidée.

(**) Toutes nos recherches pour trouver ces deux écrits ayant été infructueuses, nous ne pouvons point en donner exactement les titres.

de nouveaux mémoires sur la révolution : c'est une histoire du barreau de Paris, depuis 1789 jusqu'à nos jours. « N'ayant pas cessé d'y être très-acti» vement employé avant et depuis la » révolution, dit l'auteur dans son » avertissement, je devais être plus » qu'aucun autre, en mesure de retra» cer *l'état transitoire* de l'ancien au » nouveau barreau. » Ces souvenirs doivent être indubitablement d'un grand intérêt pour l'ordre des avocats en général, et aussi pour tous ceux qui tiennent à l'ordre judiciaire. Nous connaissons de M. Berryer :

I. * Aperçu sur les finances. Paris, de l'impr. de P. Didot, décembre 1817, in-8 de 52 pages, plus un tableau.

II. Lettres de changes, article à insérer dans « l'Encyclopédie moderne. » Paris, de l'impr. de Moreau, 1829, in-8 de 24 pag.

III. Dissertation générale sur le commerce, son état actuel en France et sa législation, servant d'Introduction au « Traité complet du droit commercial », en souscription. Paris, Mongie aîné, 1829, in-8 de 210 pag.

Dans ses *Souvenirs*, t. II, pag. 381 et suiv., l'auteur, après avoir exposé avec beaucoup de clarté le plan de *Traité complet du droit commercial de terre et de mer*, qui n'était à proprement parler que la partie législative de son « Histoire de la législation générale du commerce », arrive à parler de l'*Introduction*, la seule chose qu'il en ait publié : « Au commencement de 1830 [lisez avril 1829], » je fis la tentative de mettre provisoirement » en lumière les divers matériaux que j'avais » rassemblés sur la législation générale du » commerce ; je fis imprimer sous le simple » titre de *Dissertation*, par milliers d'exem» plaires tirés à mes frais, deux cent dix » pages, qui n'étaient autre chose qu'une in» troduction à la science du droit commer» cial. Je divisai ma Dissertation en trois » parties : la première *industrielle et mécani» que*, qui n'était autre chose qu'un éloge » assez sommaire des capacités du commerce » et de ses merveilles ; la deuxième, *historique » et économique*, c'est-à-dire vaguement des» criptive de l'état du commerce chez les an» ciens, chez les modernes, et en dernier lieu » de nos jours ; j'y émettais la proposition » d'une foule d'articles que j'estime être au» tant d'améliorations nécessaires ; la troi» sième partie de ma dissertation, dite *législa» tive et de jurisprudence*, énonçait mes idées » sur l'étude des lois commerciales, sur le » système de cette législation tout exception» nelle, sur les réformations ou extensions à » introduire dans notre nouveau Code de » commerce, etc., etc. »

IV. Allocution d'un vieil ami de la liberté à la jeune France ; suivie d'une Notice sur la vie politique de l'auteur et de ses premiers écrits sur les journées de juillet 1830. Paris, Pelicier, 1830, in-8 de 52 pag.

V. Pairie [de la], de la noblesse, des rangs, des honneurs, et de l'hérédité. Par un ancien jurisconsulte. Paris, Levavasseur, 1831, in-8 de 34 pag. [1 fr. 55 c.].

VI. * Hérédité [l'] de la pairie, justifiée par l'état constitutionnel, industriel et progressif de la France. Par l'ancien jurisconsulte, auteur d'autres brochures écrites dans le même sens. Paris, le même, 1831, in-8 de 34 pag. [1 fr.].

VII. Résumé des écrits publiés, depuis 1830, par M. Berryer père, avocat, pour l'adoption du système d'économie politique le plus compatible avec les vrais intérêts de la France monarchique et constitutionnelle de 1832. Paris, de l'impr. de Porthmann, 1832, in-8 de 16 pag.

VIII. Souvenirs de M. Berryer, doyen des avocats de Paris, de 1774 à 1838. Paris, Ambr. Dupont, 1839, 2 vol in-8 [15 fr.].

A la fin de ces « Souvenirs », on trouve *Quelques vues en économie politique*, en 56 pages, mais dont la pagination fait suite à celle du deuxième volume.

IX. * Derniers vœux d'un vieil électeur de 1789, pour l'avenir de la France et de la civilisaiton. Paris, Dentu, 1840, de xj et 72 pag. [2 fr.].

X. Mort au monopole de l'argent, ou Appel aux chambres pour et contre le renouvellement du privilége de la banque de France. Paris, Dentu, 1840, in-8 de 34 pag. [1 fr.].

BERRYER [Pierre-Antoine] (*), fils

(*) M. Berryer n'étant auteur d'aucun livre, quelques personnes trouveront peut-être étrange que son nom figure dans un ouvrage intitulé : « la Littérature française contemporaine » ; mais un plus grand nombre nous eût blâmés de son omission : que dirait-on d'un auteur qui faisant une galerie des écrivains grecs n'y comprendrait ni Démosthène ni Eschine, sous le prétexte que l'on n'a que des discours de chacun d'eux ? Nous avons évités d'être longs : voilà tout ce qui nous était permis ; et cela parce qu'il existe déjà plusieurs écrits récents dans lesquels on a complétement fait connaître M. Berryer sous le double aspect de grand orateur et d'homme politique. Nous croyons faire plaisir à nos lecteurs en rappelant ici quelques-uns de ces écrits : 1° Extrait du procès de M. Berryer. Cour d'assises de Loir-et-Cher, 16 et 17

aîné du précédent, le plus grand des orateurs vivants de la France, et chef du parti légitimiste, avocat à la cour royale de Paris, successivement député de la Haute-Loire, de 1829 à 1835, et, depuis cette dernière année, député des Bouches-du-Rhône, arrondissement de Marseille, est né à Paris, le 4 janvier 1790. Son père confia son éducation aux Oratoriens de Juilly. Alors, comme aujourd'hui, le collége de Juilly se distinguait par la force des études, et surtout par les soins apportés à l'éducation religieuse. Le jeune Berryer fit de bonne heure preuve d'une intelligence et d'une paresse égales : ce fut en somme un écolier assez médiocre, travaillant par saccades, d'une faiblesse humiliante en version grecque, mais par fois superbe dans l'amplification ou le discours français. En revanche, l'élève était d'une piété et d'une ferveur remarquables, si fervent, qu'après sa philosophie il voulait absolument se faire prêtre, et qu'on eut toutes les peines du monde à l'empêcher d'entrer dans un séminaire. De cette piété et de cette ferveur. il n'est resté, au dire des amis de M. Berryer, qu'une foi à l'italienne ou à l'espagnole, vraie et sincère au fond, mais très-malléable, très-souple, très-peu austère, très-peu canonique quant à la forme. A l'âge où une impression devient ou une religion, ou pour toujours un objet d'horreur, à cet âge où dans la candeur de l'âme on s'inspire avec tant de bonheur des belles choses qui nous sont perceptibles, à cet âge où les intérêts humains ne parlent point encore, à cette époque enfin, où l'on ne calcule pas que l'on peut retirer annuellement cent mille fr. d'une opinion, même sans conviction, sitôt qu'elle est alliée à du talent, à l'âge de vingt ans, en 1810, M. Berryer qui savait que son père devait le rétablissement de sa fortune au gouvernement impérial, qui lui-même s'était enflammé d'un enthousiasme napoléonien que la jeunesse d'alors partageait, M. Berryer, disons-nous, commença à se faire connaitre par une pièce de vers, qui n'est peut-être pas la seule qu'on lui doive, et dans laquelle son admiration pour le héros qui fit tant de grandes choses pour l'honneur de la France, est incontestable. Cette pièce n'étant pas très-connue, nous la reproduisons ici, comme devant servir à l'histoire des variations d'opinions chez tout homme politique, et en même temps à indiquer ce que M. Berryer eût pu devenir s'il eût suivi une autre route que la politique.

ENTRÉE DE NAPOLÉON ET DE MARIE-LOUISE A PARIS.

Mille cris jusqu'aux cieux montent de toutes parts,
L'organe des combats gronde sur nos remparts :
Il gronde.. .. Ce n'est plus cette voix meurtrière
Qui renverse des camps la sanglante barrière,
Quand deux peuples rivaux, précipitant leurs coups,
Arment l'un contre l'autre un funeste courroux;
C'est le chant du triomphe, et le cri de l'ivresse!
Au milieu des transports d'une vive allégresse,
Nos frères, nos amis, à nos vœux sont rendus :
Une fille des rois, belle de ses vertus,
Brillante des attraits qui parent Cythérée,
Nous ramène la paix si long-temps désirée;
Sa main de tous les yeux vient d'essuyer les pleurs;
Sa voix concillera les esprits et les cœurs.

Favorisé des Dieux, armé de leur puissance,
Un héros, à jamais l'idole de la France,
Un héros, le modèle et le vengeur des rois,
Au bruit de son courroux, au bruit de ses exploits,
Des enfants d'Erynnis chassant l'indigne horde,
A son char triomphal enchaîna la Discorde.
Guerrier-législateur, les peuples à sa voix
Ont reconnu leur maître, ont adopté ses lois;
Il marche le front ceint du sacré diadème.
Mais le ciel devait plus à ce héros qu'il aime;
La victoire est toujours trop cruelle au vainqueur;
La paix, l'auguste paix consolera son cœur;
Thémis ennoblira le repos de Bellone :
La valeur fait les rois, la vertu les couronne.

Je vous atteste, ô Dieux! pour réparer nos maux,
Quand vos puissantes mains guidèrent ce héros,
Ne le vîtes-vous pas, au milieu de sa gloire,
Gémir et, s'inclinant sur son char de victoire,
Demander à vos pieds un triomphe plus doux?
Enfin, vous l'exaucez; Mars arrête ses coups.
Dieux, amis de la paix, achevez votre ouvrage,
De ce héros chéri conservez-nous l'image.

---

octobre 1832. Plaidoyer de Me FLAYOL. Paris, Janet, 1833, in-8 de 40 pag.; — 2° Exposé du procès de M. Berryer, par Me FONTAINE, avocat [1832]; — 3° Notice sur M. Berryer, par M. DERODE, dans le t. III de « l'Encyclopédie des gens du monde [1834]; — 4° Études sur les orateurs parlementaires. Par Timon [M. de CORMENIN]. Paris, Perrotin, 1836, in-8, avec 15 portr. Souvent réimprimées depuis, par le libraire Pagnerre, dans le format in-32; — 5° Souvenirs de M. BERRYER, doyen des avocats de Paris, de 1774 à 1838. Paris, Ambr. Dupont, 1839, 2 vol. in-8; — 6° Opinions et Vie politique de M. Berryer; par M. FLAYOL, avocat [1840]; — 7° Biographie de M. Berryer; par MM. G. SARRUT et B. SAINT-EDME. Imprimée dans le septième volume, pag. 224 et suiv., de la « Biographie des hommes du jour », publiée par ces deux messieurs. Il a été fait de cette Biographie un tirage à part dans le format in-8, et qui ne forme pas moins de 227 pages; c'est, sans contredit, la biographie de M. Berryer la plus riche en faits, établis sur des documents positifs, authentiques, officiels, et dont l'exactitude ne peut être contestée pas même par l'orateur qu'elle concerne; — 8° Notice sur M. Berryer; par un homme de rien [M. LÉOMENIL]. Paris, 1840, in-18 de 36 pag., avec un portrait. Faisant partie de la « Galerie des contemporains illustres ».

Qu'un fils mette le comble à vos nombreux bienfaits:
Fils de Napoléon, qu'en ses augustes traits
Respirent ce grand cœur, ce généreux courage,
De son glorieux père immortel héritage.

Hymen, ô doux Hymen (1)! que ton joug fortuné
Soit des plus belles fleurs par nos mains couronné;
Que l'hymne de la paix succède aux cris de guerre:
Les temps de l'âge d'or (2) sont promis à la terre.

Fonde, Napoléon, ces pompeux bâtiments,
De triomphes sans nombre éternels monuments;
Et Louise, à son tour, par de touchants exemples,
Dans le cœur des Français s'érigera des temples;
Qu'on célèbre ton nom et tes exploits guerriers,
Elle étendra partout l'ombre de tes lauriers;
De ses charmes puissants, la muette éloquence
Aux fureurs de Bellone imposera silence;
La joie et le bonheur repeupleront nos champs,
La paix va rappeler leurs belliqueux enfants:
Les guerriers (3) qui d'amour portent l'aimable chaîne,
Sans obstacle suivront l'ardeur qui les entraîne;
Hymen embellira les fêtes des hameaux;
Hymen du laboureur embellit le repos.

Qu'ils sont changés ces temps de douleurs et d'alarmes,
Où l'aurore éveillée au tumulte des armes,
Aux portes d'Orient retardant son retour,
Semblait avec effroi nous ramener le jour;
Et d'un voile orageux (4) ceignant sa chevelure,
Voulait à nos regards dérober la nature,
Redoutant d'éclairer quelques malheurs nouveaux!

Français! au souvenir de tes nombreux travaux,
Connais mieux le bonheur désormais ton partage.

Tel le navigateur qu'a tourmenté l'orage,
Sur le rivage assis contemple au loin les mers,
Heureux à ce tableau (5) des maux qu'il a soufferts,
Lorsque de l'aquilon se tait la violence,
Il semble encor des flots écouter le silence.

Vous donc qui cessez d'être à la merci du sort,
Vous qui goûtez en paix les délices du port,
Et des cruels autans méprisez la furie,
Célébrez le monarque et l'épouse chérie
Dont l'aimable regard (6) rend le ciel plus serein:
Animez de leurs traits (7) et le marbre et l'airain;
Invoquez le secours des Filles de Mémoire,
Qui des princes fameux éternisent la gloire,
Et que la vérité guidant votre pinceau
Des vertus de nos rois consacre le tableau;
Disciples d'Apollon, enfants de l'Harmonie,
Amants de Calliope, amants de Polymnie,
Unissez à l'envi tous les talents divers,
Du nom des deux époux remplissez l'univers.

Français, reste toujours à ta gloire fidelle;
Sois clément (8) au vaincu, sois terrible au rebelle;
Au rebelle! que dis-je? Ah! dans ces jours heureux,
Le ciel ne sera plus fatigué de nos vœux;
Vous (9) qu'une tendre sœur redemande à son père,
Chers objets des soupirs d'une sensible mère,
Jeunes guerriers, trahis par le sort des combats,
Captifs infortunés en de tristes climats,
Le superbe hyménée adoucissant vos peines,
De vos bras glorieux fera tomber les chaînes.
Pour nous, dans l'univers, il n'est plus d'ennemis;
Napoléon verra ses enfants réunis
Publier ses bienfaits, bénir ses destinées,
Et réclamer pour lui les plus longues années.

Vivez, prince, vivez pour faire des heureux:
Tige en héros féconde, arbre majestueux,
Déployez vos rameaux, et, croissant d'âge en âge,
Protégez l'univers sous votre auguste ombrage (10).

Sorti du collége de Juilly, M. Berryer eut M. de Guerle, professeur émérite, pour lui faire revoir tous les auteurs qui avaient dû remplir son cours d'humanité, afin qu'il se pénétrât mieux des beautés de leurs œuvres; presque aussitôt son père lui fit suivre les cours de droit; et pour qu'il fît ses études avec plus d'approfondissement qu'on ne le faisait aux écoles de droit, il lui donna, d'abord, pour répétiteur, un habile jurisconsulte, M. Bonnemant, qui avait été membre de l'Assemblée constituante, ensuite juge du tribunal civil de Paris; son père, ensuite, le plaça, pour l'étude de la procédure, chez M. Normand, avoué de première instance, praticien aussi probe qu'instruit, qui est décédé juge de paix à Paris. En 1811, M. Berryer fit son entrée dans le monde comme avocat et comme époux d'une jeune et belle personne que, contre vents et marées, il avait épousée, mademoiselle Gautier, fille de l'administrateur des vivres de la première division militaire, dont il était éperdûment amoureux. C'est de cette même année que date la désertion de la cause impériale par M. Berryer. Un proscrit milanais aurait appris au jeune avocat, travaillant encore comme clerc chez l'avoué, qu'il existait encore au-delà des mers quelques rejetons de la famille des Bourbons,» et lui aurait donné les premières leçons de légitimisme! Si le fait est vrai, c'est un étrange caprice du sort, qu'un homme d'un nom tout-à-fait obscur, il signor Buonomi, ait persuadé le jeune clerc de se faire le défenseur quand même de la dynastie déchue, lui qui depuis vingt-un ans n'avait pas entendu parler, plus que les jeunes gens de cette époque, des restes de cette famille. Les débuts de M. Berryer au barreau eurent lieu peu de mois avant la chute de l'Empire. Il a dit lui-même, plus tard, qu'il avait « commencé sa carrière au milieu du

(1) O Hymen, Hymenæe!
Cinge tempora floribus
Suave olentis amaraci.
CATULLE.

(2) Jam redit et virgo, redeunt Saturnia regna...
VIRG., Ecl. IV.

(3) Six mille militaires ont été mariés dans l'Empire par décret de S. M.

(4) Cùm caput obscurâ nitidum ferrugine texit,
Impiaque æternam timuerunt secula noctem.
VIRG., Georg. I.

(5) Suave mari magno turbantibus æquora ventis,
E terrâ magnum......... Spectare laborem.
LUCRÈCE, lib. II.

(6) Vultu...... cœlum tempestatesque serenat.
VIRG., Æneid. I.

(7) .... Vivos ducent de marmore vultus.
VIRG., Æneid. VI.

(8) Parcere subjectis et debellare superbos.
VIRG., Æneid. VI.

(9) Les prisonniers en Angleterre.

(10) Et ingenti ramorum protegat umbrâ.
VIRG., Georg. II.

» bruit des armes et s'était éveillé au » monde aux cris de gloire de l'Em» pire, lorsque les vieilles querelles » étaient étouffées. » Le mois de novembre de la même année, fut marqué pour lui par deux beaux triomphes. Il se distingua surtout par son aptitude dans les causes commerciales, et par sa connaissance profonde des affaires, à laquelle il joignait une facilité peu commune pour la réplique, et une argumentation logique et nerveuse qui le placèrent au premier rang parmi ses collègues, dès ses premiers pas dans la carrière. Le réfugié italien de 1811 avait réussi à ébranler les convictions mal affermies du napoléoniste de 1810; il fut légitimiste avant les Cosaques, car la première restauration trouva dans M. Berryer un royaliste dévoué, et depuis cette époque, soit par suite de conviction plus profonde, soit par ambition, la ligne politique de l'homme prise dans son ensemble, n'a plus varié. Dans les derniers jours de l'Empire, M. Berryer, par condescendance pour son beau-père, dit une biographie (*), s'éloigna avec son fils et sa femme, du théâtre de la guerre. Il se rendit à Rennes, où il parut un des premiers dans les rues avec une cocarde blanche. Il dut quitter cette ville pour se soustraire aux poursuites du préfet, qui l'accusait d'avoir fait des copies de la proclamation, adressée par le duc d'Angoulême aux Bordelais, le 12 mars, et qui avait été reçue à Rennes le 17. Il prit la route de Nantes, où il ne parvint qu'après quelques dangers. Au retour de l'île d'Elbe, M. Berryer, fidèle aux nouvelles convictions qu'il avait épousées, prit place dans les rangs des volontaires royaux contre *le héros*, *à jamais l'idole de la France*, qu'il avait chanté en 1810. Après les Cent-Jours, convaincu « que » le métier d'un roi n'est pas de rele» ver les blessés du champ de bataille » pour les porter à l'échafaud, » il se voua, pour se faire un nom brillant, selon toute apparence, à la défense des victimes de la réaction, prit place à côté de son père et de M. Dupin aîné dans le procès de l'infortuné maréchal Ney, assassiné judiciairement par les hommes de la restauration; plaida devant un conseil de guerre pour le général Debelle, et après avoir vainement tenté de l'arracher à une condamnation il parvint à obtenir du roi une commutation de peine. Quelques jours plus tard, le 26 avril 1815, il remporta un triomphe complet; le jeune volontaire royal couvrit de l'égide de son éloquence un des plus glorieux vétérans des armées impériales, le général Cambrone. Il soutint dans cette circonstance, ainsi que dans celle de Debelle, les principes du gouvernement de fait, bien qu'il eût déjà donné des gages de dévouement à la restauration, en prenant parti pour les volontaires royaux. Il prétendit que Cambrone avait cessé d'être Français, par le traité de Fontainebleau, et qu'il avait pu, sans trahir sa foi, obéir aux ordres d'un souverain reconnu par le même traité. Ce moyen de défense, qui n'était pourtant que celui d'un avocat faisant son métier et voulant gagner sa cause, valut à M. Berryer une accusation devant le conseil de discipline, de la part du magistrat que son père avait, peu auparavant, nommé l'*accusateur public;* mais la qualité de volontaire royal, fut pour M. Berryer, un bouclier contre lequel s'émoussa le réquisitoire de M. Bellart. M. Berryer s'est ensuite distingué dans différentes causes. Dans l'affaire des généraux Canuel et Donnadieu, prévenus de complot contre la vie du roi, M. Berryer se signala par de violentes sorties contre le ministère Decazes, qu'il accusait d'être l'instigateur des insurrections de Lyon et de Grenoble (*). Une brochure qu'il publia à cet effet fit scandale, et M. Berryer se trouva dès ce moment rattaché à la nuance des royalistes purs groupés autour de MM. de Châteaubriand, de Bonald, de La Mennais, Corbière, de Villèle, et poussant le cri d'alarme dans les colonnes du « Conservateur ». En 1820, M. Berryer prit part à la fondation de la « Société des bonnes lettres », et en 1822, créa lui-même la « Société des bonnes études »; dans

(*) Des « Hommes du jour », de MM. G. Sarrut et Saint-Edme.

(*) Voy. pour cette dégoûtante machination du parti que M. Berryer avait embrassé, les explications données par lui-même pour la « Biographie des hommes du jour. »

cette dernière société, il aborda pour la première fois, dans une série de leçons orales, des questions de hautes théories sociales; l'auditoire était nombreux, l'orateur eut un succès complet, et peut-être cet avant-goût des triomphes parlementaires accrut-il son penchant pour la vie politique. M. Berryer fit ses leçons orales de 1822 à 1825. Après l'avénement du ministère Villèle, M. Berryer eut bientôt à combattre ses amis politiques dans leurs tendances restrictives des franchises de la presse; il prêta l'appui de sa parole au «Journal des Débats», au «Drapeau blanc», à la «Quotidienne». Les procès politiques n'enlevaient point M. Berryer aux affaires civiles; aidé de cette sagacité prodigieuse qui lui fait voir clair en cinq minutes au fond du litige le plus compliqué, il suffisait à tout. La succession du marquis de Vérac, les nombreuses affaires de liquidation et de coupes de bois nées du retour des émigrés; les discussions des banquiers Séguin et Ouvrard; et plus tard, les fameux marchés Ouvrard pour les fournitures de l'armée d'Espagne, l'occupèrent successivement, l'illustrèrent et l'enrichirent. L'année 1826 donna deux fois à M. Berryer l'occasion de faire briller son éloquence au barreau. Dans l'une de ces deux causes, la première, il ne parvint pas, néanmoins, à se concilier l'admiration des antagonistes du jésuitisme par le singulier plaidoyer qu'il prononça dans l'affaire des descendants de La Chalotais contre «l'Etoile» accusée d'avoir diffamé la mémoire de ce magistrat. Chargé par l'un des membres de cette famille de poursuivre le journal des Jésuites, M. Berryer s'acquitta de cette tâche avec tant de restrictions favorables à l'envahissante congrégation, et employa des formes si nouvelles au barreau, qu'on se demandait en l'entendant, s'il n'était pas le défenseur de «l'Étoile»; en un mot ce ne fut point la condamnation du diffamateur qu'il demanda à la justice, mais la *grâce* du diffamé. Heureusement la mémoire de La Chalotais fut défendue avec plus de franchise et surtout plus de talents, par M. Bernard, avocat de Rennes [voy. ce nom], que la famille plaignante avait adjoint à M. Berryer (*). La seconde cause de 1826, fut celle de l'abbé F. de La Mennais, traduit en police correctionnelle pour raison de certaines opinions religieuses émises dans son livre intitulé: «De la Religion considérée dans ses rapports avec l'ordre politique et civil». M. Berryer, le 21 avril, défendit les convictions religieuses de son illustre ami, convictions qui, du reste, à cette époque, étaient aussi celles du défenseur. M. Berryer défendit encore, deux ans plus tard, la liberté religieuse, lorsqu'eurent paru les ordonnances du 16 juin concernant diverses mesures relatives aux écoles secondaires ecclésiastiques et autres établissements d'instruction publique, qui étaient placés sous la haute direction des Jésuites. Il combattit vivement ces ordonnances au nom de cette liberté religieuse, et devint l'un des fondateurs d'une «Association pour la défense de la religion catholique». Un conseil général fut organisé sous la présidence de M. le duc d'Havré, et M. Berryer, qui en faisait partie, examina, dans un rapport remarquable imprimé, toutes les questions légales qui se rattachaient aux ordonnances du gouvernement. En arrivant au pouvoir, M. de Villèle avait cherché à s'attacher ce talent jeune et fort qui donnait de si grandes espérances; M. Berryer avait compris qu'il perdrait à échanger contre un titre de procureur-général son existence de barreau indépendante, large, somptueuse, riche d'émotions; il refusa et resta avocat, prenant cependant aux diverses transformations ministérielles de l'époque une part assez grande pour nuire à ses intérêts personnels et arrêter le développement de sa fortune, disent ses admirateurs; mais bien plus vraisemblablement pour jeter plus sûrement son ancre au pouvoir.

(*) Une Biographie récente, celle des «Hommes du jour», de MM. G. Sarrut et B. Saint-Edme, a entrepris de justifier M. Berryer du reproche qu'on lui adressa dans le moment, d'avoir fait défaut à ses clients. D'après elle, M. Berryer «devait plaider la question de savoir s'il était permis d'insulter à la mémoire d'un défunt, en présence de ses descendants directs; toute sa plaidoirie fut employée à discuter ce point de droit; il n'eût donc pas à examiner le rapport *religioso-politique* de la question; il n'avait point accepté cette tâche qui resta en son entier à M. Bernard.»

Enfin, lorsque M. Berryer eut atteint l'âge requis pour aborder la tribune, le ministère Polignac, qui venait de se former, s'empressa de faire tous ses efforts pour l'enrôler sous son drapeau. Pour fonder à l'avance ses droits d'éligibilité, M. Berryer venait d'acheter la terre d'Augerville, dont l'acquisition avait considérablement obéré sa fortune. Partagé entre d'augustes sollicitations et l'embarras de ses affaires privées, M. Berryer hésita d'abord, et finit par sacrifier sa grande position du palais et les ressources immenses que lui offrait son talent, pour les incertitudes de la vie politique. Quoiqu'il en soit, et si, avant son entrée dans la carrière parlementaire, M. Berryer avait fait preuve de rares talents oratoires, il n'en était cependant pas résulté de grands avantages pour lui. Son attachement à la maison de Bourbon, son dévouement à la royauté restaurée en France, étaient en trop forte opposition avec l'opinion dominante, pour lui assurer la faveur publique. Il ne pouvait se former de partisans que dans le cercle étroit des royalistes. La Chambre lui était nécessaire : les royalistes l'y poussèrent de tous leurs moyens; car on prétend que ce fut le parti royaliste qui lui fit don de sa terre d'Augerville, terre que le parti fut obligé d'acheter une seconde fois en août 1836. Présenté comme candidat ministériel au collége électoral du Puy [Haute-Loire], en remplacement de M. de Labourdonnaye, nommé pair de France, M. Berryer fut élu à une forte majorité, et parut pour la première fois à la tribune le 9 mars 1830. Parmi les chefs du parti royaliste qui prirent la parole sur la fameuse adresse des 221, il fut le seul qui produisit quelque impression. Il se déclara persuadé que le pays était satisfait du gouvernement; à son avis, la fermentation des esprits, sur laquelle insistait l'adresse, n'était excitée que par les attaques incessantes d'une presse hostile au pouvoir. M. Berryer s'éleva surtout contre l'exigence d'un changement de ministère, invoqué par l'adresse : il signala dans cette prétention une atteinte à la prérogative royale, qui devait toujours rester intacte. Au roi seul appartenait le choix de ses ministres. La chambre ne pouvait que leur accorder, ou leur refuser son appui, sans jamais se permettre de critiquer l'usage que le roi fait de son droit, faute dans laquelle elle tombait par le blâme jeté sur le choix du monarque. «Que m'importe, di- » sait-il, quand les droits du roi sont » blessés, quand la couronne est ou- » tragée, que votre adresse soit rem- » plie de protestations de dévoûe- » ment, de respect et d'amour? Que » m'importe que vous disiez : les pré- » rogatives du roi sont sacrées, si en » même temps vous prétendez le con- » traindre dans l'usage qu'il doit en » faire. » Le discours de M. Berryer fut plus d'une fois interrompu par les bruyants murmures du côté gauche. Quoiqu'encore novice dans les débats de la tribune parlementaire, il ne se laissa pas déconcerter par ces manifestations de mécontentement. Quelque opposées que fussent ses vues à celles qu'exprimait l'opinion dominante, il parlait en homme convaincu. Aussi sa fermeté inébranlable et son talent transcendant appellèrent-ils sur lui toute l'attention du cabinet de Charles X, et l'on pensa sérieusement à l'introduire dans le ministère ; mais il fallait subir le joug de M. de Polignac ; répugnant à un rôle secondaire, M. Berryer ajourna des espérances bien légitimes. L'explosion de la révolution de juillet vint tout-à-coup les faire évanouir. Un changement dans la marche des affaires ne pouvait exercer d'influence sur les sentiments d'un homme de cette portée. Le malheur des Bourbons ne parut altérer en rien son dévouement et sa fidélité. La situation dans laquelle il se trouvait placé, appelait de mûres réflexions : comme Châteaubriand, comme le comte Kergorlay, et beaucoup d'autres amis à l'épreuve, de la royauté déchue, devait-il renoncer à la vie politique, et se réduire à déplorer, soit dans un triste silence, soit avec un dépit mal contenu, une infortune que l'on n'avait pu éviter? ou, se pliant à la nécessité, fallait-il reconnaître comme un fait accompli, une révolution à laquelle on n'avait concouru d'aucune manière, et s'efforcer de sauver de ce grand naufrage ce qu'il était possible d'y dérober, après tant d'espérances perdues ? Ce fut à ce dernier parti que se décida M. Berryer, dans l'espoir de rendre encore de grands services à la cause qu'il avait embrassée. M. Berryer accourut à son poste, et dès le 7 août, il protesta contre les attributions du pouvoir constituant que s'arrogeait la Chambre, déclarant qu'il ne se reconnaissait pas le droit de délibérer sur la vacance du trône, et l'élection d'un roi. La royauté de juillet n'en fut pas moins proclamée. La plupart des légitimistes désertèrent le parlement, et M. Berryer se trouva bientôt presque seul, en face d'un serment qui répugnait à sa conscience. Son embarras était grand; d'une part, ses co-religionnaires politiques, dont sa parole était l'ancre de salut, s'efforçaient de le retenir sur son banc par des considérations de dévouement et d'honneur; d'autre part, de nombreux amis, soucieux de son bien-être et de son avenir, l'exhortaient à ne point sacrifier sa vie pour une cause perdue, et à reprendre sa belle et lucrative carrière d'avocat. Enfin il prêta serment à Louis-Philippe, mais en déclarant hautement qu'il n'entendait point rompre avec ses anciennes affections, ni répudier ses vieilles aversions. A une époque de dégoûtant cynisme et de profonde hypocrisie, à une époque où l'on n'ose plus avoir confiance ni dans une apparence de dévouement, ni même dans celle du désintéressement, le serment de M. Berryer a été jugé diversement : des admirateurs y ont applaudi, comme un seul moyen de conserver, pour la tribune parlementaire, le plus brillant de ses orateurs; ses partisans n'ont vu dans cet acte que le dévouement du plus courageux défenseur de la cause qui leur était commune. Dans l'opinion de juges sévères, M. Berryer s'était trop rappelé que, sous la restauration, bon nombre d'avocats s'étaient fait une fructueuse clientelle par leur caractère d'opposition. Par la position qu'il prenait alors, les causes des royalistes de toutes nuances lui restaient acquises; mais un plus grand nombre encore de censeurs, se refusant à croire que la politique puisse se séparer de la morale, a jugé cet acte avec plus de sévérité : ces derniers ont été unanimes avec un estimable écrivain, étranger aux partis qui divisent la France, et qui a ainsi qualifié la polémique soutenue par M. Berryer depuis son serment à Louis-Philippe : « Polémique servie par un » double serment dans un seul, l'un » des lèvres, l'autre du cœur : ce dernier annulant l'autre. Eloquence dont » chaque mouvement, d'après la morale universelle, est une trahison; » chaque raison un parjure. Un tel coup » d'état contre la morale a, dit-on, son » excuse et son bill d'indemnité dans » l'exigence du principe de la légitimité; mais le principe primitif de la » légitimité, la légitimité la plus suzeraine et la plus inéluctable est celle » de Dieu, qui ne veut pas qu'on lui » mente en face. Déplorable aveuglement que celui des partis! M. Berryer qui se ferait un scrupule de manquer de parole au moindre citoyen, » viole hardiment le serment solennellement prêté au chef de la nation » dont il fait partie! Malheur aux peuples chez qui la morale du genre humain serait subordonnée à la morale » politique (*). » Malgré cette sévère appréciation, pour l'honneur du caractère français, nous voulons croire à la loyauté de M. Berryer, et nous aimons à penser qu'il a rempli les engagements qu'il avait contractés par son serment. Ainsi il n'est, sans doute, entré dans aucune conspiration contre le nouvel ordre de choses; il n'a pris part à aucune entreprise qui eût pour but le renversement du trône élevé en juillet 1830, et sa politique systématique n'a en vue, comme il le dit lui-même, que la gloire et la prospérité du pays, et non l'avilissement d'un parti, pour en faire paraître un autre, le sien, d'autant plus noble. Cependant le nouveau gouvernement habile à pénétrer par sa police dans les intimes secrets des familles, a plus d'une fois saisi l'occasion d'élever des plaintes graves contre le député légitimiste. On a fouillé sa maison, ses papiers, on l'a cité devant le juge, à l'occasion de la visite qu'il fit, en 1832, à la duchesse de Berry, venue dans la Vendée pour planter l'étendard d'une nouvelle guerre civile (**); mais on n'a

(*) « Mouvement des idées, dans les quatre derniers siècles, etc. », par le baron MASSIAS [1837, in-8, p. 27].

(**) Pour l'historique de cette affaire, voyez la notice sur M. Berryer par MM. Sarrut et Saint-Edme.

pas trouvé contre lui l'ombre d'une preuve de culpabilité. On le sait en correspondance réglée avec les membres de la famille royale bannie. En 1836, M. Berryer traversa l'Allemagne pour aller déposer ses hommages aux pieds des exilés de Goritz. Une pièce lui fut remise par le duc d'Angoulême à l'effet d'établir les droits de ce dernier au titre de Louis XIX! jusqu'à la troisième restauration exclusivement!!! Cette pièce motiva contre M. Berryer une nouvelle visite domiciliaire et un commencement de procès qui n'eurent pas de suite. Le ministère public recula devant l'idée de lui compter pour crime ses relations avec la famille déchue, ne pouvant voir un crime dans la fidélité au malheur. La position de M. Berryer à l'égard de la nouvelle dynastie, après la révolution de juillet, était déterminée d'avance par ses relations avec l'ancienne famille royale. Comme il était le plus zélé partisan du gouvernement, sous la Restauration, il en devint alors l'adversaire le plus décidé. Réélu par le département de la Haute-Loire, élu, en 1835, par le département des Bouches-du-Rhône, il a toujours siégé, depuis la révolution des trois-jours, dans la Chambre des députés, sur les bancs de l'opposition; rarement sa voix puissante a-t-elle rencontré de la sympathie au milieu des mouvements qui suivirent ces journées, pendant un an. Mais comme orateur, du talent le plus éminent, il a conquis les suffrages de ses plus rudes adversaires, et dans les derniers temps, lorsque les vagues furieuses de la tourmente révolutionnaire se furent peu à peu apaisées, dans plus d'une occasion, il a exercé une grande et quelquefois une décisive influence. Après la révolution de juillet, la première fois qu'il prit de nouveau la parole dans la Chambre des députés, ce fut sur le rapport qui proposait la mise en accusation des ministres de Charles X. Les éloquentes paroles qu'il prononça pour la défense de ceux que la colère du peuple avait proscrits, ne pouvaient produire aucun effet sur des esprits livrés à une sorte de vertige. Ces paroles eussent été accueillies par des juges non prévenus. M. Berryer fut long-temps presque le seul député légitimiste dans la Chambre élective; il ne cachait pas ses sentiments, bien persuadé toutefois qu'ils ne trouveraient aucune sympathie dans une assemblée d'où étaient partis les coups qui avaient renversé le trône légitime. Il ne s'adressa donc point aux principes politiques de la Chambre, mais à son amour pour la patrie. Ce fut le terrain qu'il choisit pour combattre ses adversaires à armes égales. Rappelant les serviteurs du trône de juillet à l'application des principes sur lesquels l'existence de ce trône est fondée, il leur signalait avec une inexorable franchise chaque atteinte portée par eux à ces nouveaux principes. Telle a été l'habile tactique suivie par M. Berryer dans sa carrière législative depuis 1830. « Des regrets » ou des désirs, formulés avec la plus » haute éloquence, n'eussent infailli- » blement rencontré dans l'origine » qu'ironie, indignation ou dédain. M. » Berryer n'était pas homme à se four- » voyer dans cette voie; aussi sa tac- » tique parlementaire fut plus habile; » laissant de côté les élégies impuis- » santes et les faits accomplis, il s'at- » tacha à combattre l'administration » avec ses propres armes, à l'arrêter » dans ses efforts d'organisation au nom » et en vertu de son principe révolu- » tionnaire, à lui parler beaucoup de » ses devoirs et très-peu de ses droits, » à la pousser de concession en con- » cession vers sa ruine, et à l'acculer » dans le dogme de la souveraineté du » peuple comme dans une impasse. » Plus royaliste que le roi, M. Berryer » se montra parfois plus libéral que la » liberté. *Au lieu de tirer le char en » arrière, il s'efforça de le pousser » rudement en avant, quitte à l'ac- » crocher à une borne, à le briser » contre un obstacle* (*). » Nous ne passerons point ici en revue les diverses phases de la vie parlementaire de M. Berryer: d'autres l'ont fait avant nous [MM. Flayol, Sarrut et Saint-Edme] et beaucoup mieux que nous ne pourrions le faire, nous, qui ne sommes pas des hommes politiques. Nous nous bornerons à constater que M. Berryer eut long-temps à lutter contre les dispositions hostiles de la Chambre

(*) Biographie de M. Berryer, par un homme de rien [M. Léomenil].

avant de parvenir à en triompher et à effacer les souvenirs fâcheux qui se rattachaient à son nom; même à la Chambre de 1838, à l'occasion d'un rapport sur une loi relative à un chemin de fer, M. Berryer ayant prouvé jusqu'à l'évidence le peu de consistance du projet ministériel, le ministre du commerce, Martin [du Nord], esprit étroit, ne sut lui répondre que par l'imputation puérile de légitimisme, comme s'il y avait le moindre rapport entre une opinion politique et la construction d'un chemin de fer! — Presqu'aussitôt après, que, sur les ruines de cette vieille monarchie française vermoulue, à laquelle les trois glorieuses journées de juillet 1830 donnèrent le coup de grâce, fut elevé par le peuple un nouveau trône, chaque parti déçu, entréprit d'y planter son drapeau, afin de le faire crouler sous son poids. M. Berryer, avocat de la légitimité, est venu, dès 1832, avec le sien, sur lequel on lit : « Antique alliance de la royauté et de la liberté! » C'est le programme du *néo-royalisme*, assemblage anormal de république avortée et de la royauté! Aussi, depuis lors, M. Berryer s'est-il fait l'apôtre de la liberté. La légitimité est morte sous le canon de juillet : ne troublons pas son repos par une profession, sincère ou non, de grands principes et de nobles idées qu'elle désavouerait si elle était debout! 1814 et 1830 ne sont point assez loin de nous pour que nous ayons pu oublier les patrons auxquels M. Berryer prête la puissance de sa parole. M. Berryer, pendant long-temps, n'eût pas moins de peine à se faire écouter dans les tribunaux que dans la Chambre des députés. La plus brillante éloquence ne suffit pas pour triompher des haines personnelles, ou des préjugés enracinés. De tous les nombreux procès qu'il a soutenus depuis la révolution de juillet, soit pour des feuilles légitimistes, soit pour des hommes éminents de ce parti, accusés d'attaques plus ou moins graves contre le nouvel ordre de choses, très-peu ont eu une issue favorable : il a été plus heureux dans les causes non politiques; il n'a toutefois rien perdu de sa réputation comme avocat et comme orateur parlementaire; aujourd'hui la voix publique proclame en lui le premier des hommes de la tribune française. « Depuis Mirabeau, personne n'a égalé M. Berryer », a dit Timon; c'est à nos yeux le plus bel éloge qu'on puisse faire de son talent, Vergniaud seul pourrait le lui disputer; mais hélas! qu'a gagné la France, ne fut-ce que depuis 1830, à ce que tant d'avocats se soient mêlés de la chose publique! Terminons cette notice en citant un paragraphe de celle de MM. Sarrut et Saint-Edme, en général très-laudative : « L'on comprendra sans doute que nos » sympathies pour le génie de l'orateur » aient imposé souvent silence à nos » sentiments. Toutefois, hâtons-nous » de le dire, nous regrettons qu'un » aussi beau talent ne se soit pas voué » à la défense d'une opinion positive- » ment nationale, et que les idées re- » ligieuses qui ont dominé toutes les » pensées de M. Berryer aient donné à » son esprit une direction contraire » aux vrais principes de la morale évan- » gélique, qui proclame la fraternité » et l'égalité comme les deux grands » principes dogmatiques du chrétien. »

PRINCIPAUX PLAIDOYERS, DISCOURS, ETC., DE M. P.-A. BERRYER.

I. Entrée de Napoléon et de Marie-Louise à Paris [en vers], avec cette épigraphe :

..... Deus nobis hæc otia fecit;
Namque erit ille mihi semper Deus.
VIRG., Ecl. I.

[Paris], Porthmann, imprimeur ordinaire de S. A. I. et R. Madame, 1810, in-4 de 8 pag.

II. Observations préliminaires pour le baron Canuel, lieutenant-général, etc. Lyon, Chambet, 1818, in-8 de 16 pag.

III. Requête à M. Meslier, juge d'instruction. Lyon, de l'impr. de Brunet, 1818, in-8 de 8 pag.

Cette requête est signée : le baron Canuel; — le vicomte de Chappedelaine; — le comte de Rieux-Songy; — D. de Romilly; — J.-B. de Joannis; — et Me Berryer fils, avocat.

IV. Affaire de Grenoble. No I. Mémoire de M. Berryer fils contre M. Donnadieu. Paris, Dentu, 1820, in-8. — No II. Lettre à M. le comte Saint-Aulaire. Paris, le même, 1820, in-8 de 20 p.

V. Plaidoyer de Me Berryer fils, pour M. le comte de La Fruglaye, MM. Boissard et de Kernier, contre l'éditeur du journal « l'Etoile », recueilli par M.

Gosselin, sténographe. Paris, B. Warée, 1826, in-8 de 28 pag.

Il parut en même temps une autre édition qui porte pour titre : Cause célèbre : *Plainte en diffamation des petits-fils de La Chalotais, contre l'éditeur de* l'Étoile, *plaidoirie de Me Berrier..., telle qu'elle a été prononcée à l'audience.* Paris, Ponthieu, in-8 de 24 pag.

VI. Procès de M. l'abbé F. de Lamennais [Tribunal de police correctionnelle, audience du 21 avril 1826]. Paris, au bureau du « Mémorial catholique », 1826, in-8 de 64 pag. [1 fr. 50 c.]; — ou in-8 de 44 pag.

La dernière édition est extraite du « Mémorial catholique ».

VII. Plaidoyer de M. Berryer fils pour M. le comte Florian de Kergorlay, pair de France, devant la cour des pairs. Paris, de l'impr. de Dentu, 1830, in-8 de 24 pag.

VIII. Procès de M. le vicomte de La Rochefoucauld, devant la cour d'assises de Paris, le 6 janvier 1833. Sa défense, plaidoyer de M. Berryer, articles incriminés de la brochure intitulée : « Aujourd'hui et demain. » Paris, Dentu, 1833, in-8 de 32 pag.

Se vendait au profit d'une famille malheureuse.

IX. Lettre de M. Berryer fils à MM. Fontaine et Flayol, avocats. Paris, Boblet, 1835, in-8 d'une pag. lithogr.

Ayant rapport à la défense de ces deux avocats dans le procès soutenu à Blois contre M. Berryer. M. Boblet a fait graver cette lettre pour accompagner le portrait du député de Marseille.

X. Discours de M. Berryer, député de Marseille, dans la discussion de la loi relative aux 360,000 fr. demandés par le ministère, pour la construction d'une salle des audiences de la cour des pairs (séance du 31 décembre 1834). Recueillis d'après le Moniteur et les divers journaux. Paris, de l'impr. de Belin, 1835, in-8 de 32 pag.

XI. Discours de M. Berryer fils, député de Marseille, dans la discussion du projet de loi pour l'allocation d'un crédit de 36 millions, en exécution du traité passé le 4 juillet 1831 entre la France et les Etats-Unis. Session de 1835. Paris, Dentu, 1835, in-8 de 68 p.

XII. Leçons et modèles d'éloquence judiciaire et parlementaire [depuis le XIVe siècle jusqu'au XIXe]. Tome Ier [et unique. Éloquence judiciaire]. Paris, J. L'Henri, 1836, in-4 à deux colonnes, avec un titre gravé et des vignettes.

Le deuxième volume qui devait renfermer les modèles d'éloquence parlementaire n'ayant pas paru, le libraire-éditeur fit imprimer, en 1838, un nouveau frontispice portant : *Leçons et modèles d'éloquence judiciaire*, en faisant disparaître les mots de *tome premier* que néanmoins on lit encore au bas de chaque feuille.

Les orateurs du XIXe siècle chez qui M. Berryer a pris des modèles, sont MM. Ferrère, Lainé, Bellart, de Marchangy, Billecocq, Ravez, Berville, Marie, Dupin aîné, Ph. Dupin. L'éditeur avait lui-même plusieurs de ses plaidoyers à présenter ; mais il s'est borné à donner, à la fin de chaque siècle, une revue des progrès de l'éloquence judiciaire dans chacun d'eux.

XIII. Discours sur les affaires étrangères. Discussion de l'adresse, séance du 15 janvier 1839. Paris, de l'impr. de Proux, 1839, in-32 de 32 pag.

XIV. Discours prononcé dans la séance du 1er décembre. Question de l'adresse. Paris, Proux, 1840, in-8 de 56 pag. [25 c.]

Un nombre de *plaidoyers* et d'*opinions* beaucoup plus grand que celui que nous citons, sont encore épars dans les feuilles quotidiennes. Ce serait une curieuse histoire de nos commotions politiques, depuis vingt-cinq ans, que la réunion chronologique de ces plaidoyers et opinions, ayant presque tous un intérêt historique.

M. Berryer a écrit dans plusieurs journaux organes de son parti ; il en a pris quelques-uns d'entre eux sous son patronage ; ce qui ne leur a pas toujours été avantageux, puisque mort s'en est suivie ; il s'est aussi associé à quelques entreprises de publications religieuses, et les tribnaux nous ont appris que les entrepreneurs avaient eu le grand tort de trop compter sur son assistance.

BERSON [Félix]. — Départ et retour. Enfantillage en deux époques, mêlé de couplets, à l'occasion de la distribution des prix dans le pensionnat de M. Bonnaterre, à Villiers-le-Bel. Paris, l'Auteur, 1835, in-8 de 80 pag.

BERT [Pierre-Nicolas], littérateur et journaliste, l'un des hommes les plus honorables de la presse parisienne, naquit à Paris, le 13 février 1788, d'un père procureur au parlement, dépouillé de son état et ruiné par la révolution. Après avoir fait de bonnes études au collége Sainte-Barbe, il commença l'étude du droit, et passa plusieurs années chez un avoué ; mais sa vocation l'entraînait dans une autre carrière. Aussi assidu aux cours de la Faculté des lettres qu'aux leçons des professeurs de droit, il fut remarqué de

M. Charles Lacretelle dont il suivait le cours d'Histoire. L'académicien se l'attacha en qualité de secrétaire, et prit plaisir à diriger ses premiers travaux, moins comme un maître que comme un ami. M. Bert se fit ensuite connaître par de nombreux morceaux de critique littéraire qui révèlent à la fois un goût sûr, un jugement sain et exercé, ainsi qu'une louable modération. Il fit représenter, en 1817, en société avec M. Onésime Leroy, sur le théâtre de l'Odéon, une comédie en cinq actes et en vers, intitulée : l'*Esprit de parti;* mais l'esprit de parti ne voulut pas qu'on le jouât. Les représentations devinrent orageuses, et les auteurs crurent devoir retirer leur pièce ; ils firent d'eux-mêmes baisser le rideau : leur pièce a été imprimée dans la même année, mais réduite à trois actes. M. Bert fit également recevoir, en 1821, une tragédie d'*Agnès de Méranie*, mais la censure en empêcha la représentation. Le 25 août de la même année, il fut mentionné honorablement à l'Académie française, pour son discours sur cette question : *Déterminer ce que c'est que le génie poétique*. C'est surtout comme écrivain politique que M. Bert s'est acquis des titres à l'estime de ses concitoyens. Dès 1815, il débuta dans un journal le « Journal général de France », en rendant compte des débats législatifs. En 1817, il devint rédacteur en chef de ce journal qui prit bientôt le titre de « l'Indépendant ». Lorsque la loi de 1819 créa des éditeurs responsables, M. Bert eut le courage de répondre du journal qu'il rédigeait, donnant en cela une nouvelle leçon à plus d'un journaliste de l'opposition. En cette qualité, il fut condamné pour la publication de l'acte de souscription nationale au profit des victimes exceptionnelles de 1820 (*). En 1820, aussi, » parut un pamphlet, sans nom d'au« teur, qui fit grand scandale dans le » monde politique ; il était intitulé : » *Biographie pittoresque de la Cham* » *bre des députés*. C'était un tableau » de l'héroïsme et de l'éloquence par» lementaire en déshabillé. Les pein» tres avait dépouillé de leurs toges les » athlètes du forum, mis à nu et décrit » impitoyablement leurs plus secrètes » difformités. Ces révélations parurent » piquantes, elles eurent un succès » énorme ; elles furent attribuées à » l'indiscrétion de quelques hauts per» sonnages : des noms fameux furent dé» signés aux ressentiments des amours» propres blessés. Il y eut des imputa» tions singulières et de plaisans désa» veux. On ne savait pas que tant de » secrets humiliants n'avaient pu être » divulgués que par des journalistes, » confidents obligés des pauvretés so» lennelles de l'éloquence improvi» sée ou écrite, du scrutin de *l'assis* » *et levé*. Dans le premier accès de la » colère parlementaire, un procès fut » résolu : l'effet en eut été fatal aux » auteurs, dont l'autorité n'ignorait pas » les noms ; mais les plaisirs de la ven» geance eussent été chèrement payés » par le scandale des débats. Les plus » sages comprirent qu'il ne fallait pas » donner cette pâture à la malice du » public ; une négociation fut ouverte » avec l'éditeur du pamphlet, et il fut » convenu 1° que la chambre du con» seil prononcerait une *ordonnance de* » *non-lieu*; 2° que l'éditeur n'userait » pas du droit de réclamer la restitu» tion des exemplaires saisis, et qu'il » renoncerait à toute édition ultérieure. » En foi de quoi la procédure fut abo» lie (*). » Vers la même époque, M. Bert fonda, avec d'autres littérateurs, un recueil intitulé : « le Lycée Français », qui succomba au bout de deux années sous les exigences de la loi du timbre. Il participa à la rédaction des « Lettres normandes », pour la partie des spectacles; à celles du « Mercure » et du « Diable boiteux ». Depuis 1823, M. Bert est comme rédacteur en chef, à la tête du « Journal du Commerce », l'un des plus purs et des plus sincères organes de l'opposition constitutionnelle. En 1828, M. Bert est devenu gérant de cette feuille, dont la rédaction fait aujourd'hui son occupation exclusive. On sait que cette tâche importante lui a déjà valu l'honneur d'une

(*) Voyez pour l'historique de ce journal la notice pleine d'intérêt que M. C.... de P.... a consacrée à cet honorable journaliste dans le tome IV du « Biographe et du Nécrologe réunis », p. 308 et suiv.

(*) Notice de M. C.... de P...., précédemment citée.

condamnation correctionnelle dans l'affaire de la souscription bretonne, dont il a révélé le premier l'existence, donnant ainsi l'impulsion qui a bientôt couvert la France d'associations analogues et rassuré la nation sur la conservation de ses précieuses libertés (*). M. Bert sortait de prison lorsque parurent les fameuses ordonnances de juillet. Les rédacteurs du « Journal du Commerce » furent des premiers à protester contre elles. Nommé au mois de mars 1831, rédacteur en chef du « Constitutionnel », M. Bert ne put se maintenir long-temps en possession de l'indépendance qui lui avait été promise, et il lui fallut quitter un poste où sa présence était devenue un embarras et une cause nouvelle de mésintelligence parmi les membres de la société du « Constitutionnel », qui n'avaient cherché qu'à faire cesser les dissidences qui existaient parmi eux : le rédacteur en chef se retira, sans toutefois laisser à personne le droit de douter de ses intentions. « M. Bert a depuis » écrit dans plusieurs journaux de l'op» position, et il est enfin revenu au » « Journal du Commerce », dirigé par » un député de la gauche. Il a tenu à » honneur de demeurer attaché au ser» vice de la même cause et à la même » profession. Disciple de Manuel et de » Benjamin Constant, il est resté fidèle » à leurs doctrines; les brillantes théo» ries de la république ne l'ont pas » convaincu. Après vingt ans, il est » encore journaliste, sans avoir été ja» mais autre chose. L'établissement de » la liberté, en France, a été une œuvre » pénible et perilleuse. Des écrivains » renommés, des citoyens généreux y » ont mis la main et se sont fait gloire » de poser les fondements d'une insti» tution regardée comme la citadelle de « la liberté publique. Ce n'est pas per« dre sa vie ou l'employer sans honneur » que de continuer avec persévérance » un travail dont les commencements » ont été illustrés par de grands efforts » d'intelligence et de courage (**) ».

Nous connaissons de M. Bert les ouvrages suivants :

(*) Pour l'historique de cet autre journal, voyez la notice déjà citée.

(**) Notice de M. C.... de P....

I. [Avec M. *On. Leroy*] : l'Esprit de parti, comédie en trois actes et en vers. Paris, Mme Ladvocat, 1817, in-8 [2 fr.].

Nous avons dit dans notre notice que cette pièce a été représentée, une unique fois, en cinq actes.

II. [Avec MM. *H. de Latouche*, *L. F. L'Héritier* et *Em. Deschamps*] : Biographie pittoresque des députés, mœurs et costumes; avec quinze portraits et un plan de la salle des séances. Paris, Delaunay; Béchet aîné; Brissot-Thivars, 1820, in-8 [6 fr.].

III. Ode sur la délivrance de la Grèce. Paris, A. Tardieu, 1821, in-8 de 8 pages.

IV. [Avec M. *R.B. Maiseau*] : Chefs-d'œuvre historiques de Walter Scott, ou Portraits, tableaux et descriptions historiques tirés des romans de cet auteur. Paris, Baudouin frères, 1825, 4 vol. in-12 avec une carte [15 fr.].

V. Mémoire au conseil chargé de la surveillance de la censure. Paris, au bureau du « Journal du Commerce », 1827, in-8 de 32 pages.

BERT aîné [François]. — Manuel populaire, ou Notions utiles et curieuses. Au Puy, de l'impr. de Clet, 1837, in-12 de 24 pag. [50 c.].

BERTACHON. — Notice historique et géographique sur la Laponie, les mœurs et les usages de ses habitants; suivie de détails curieux et intéressants sur le troupeau de rennes, amené de ces contrées lointaines à Paris, par les soins de M. Lefrançois, négociant du Havre. Paris, de l'impr. de Cordier, 1832, in-8 de 16 pag.

BERTAUD. — Avec M. *Crozet* : Recueil de nouveaux calembourgs, jeux de mots, facéties spirituelles, pointes, niaiseries, pour 1833, augmenté d'anecdotes, etc. Lyon, de l'impr. de Boursy, 1833, in-8 de 8 pag.

BERTÉCHÉ [G.-B.]. — Quart [le] de siècle, poëme en quatre chants. Paris, L. Janet, 1831, in-8 de 44 pag.

BERTEREAU [Alexandre-Adolphe de]. — Philosophie. Composition qui a remporté le prix d'honneur [au concours général de tous les colléges de Paris et de Versailles]. Paris, de l'impr. d'Everat, 1831, in-8 de 12 pag.

BERTET [P.]. — Remarques sur l'état actuel de la médecine, considéré en général, suivies de deux Mémoires écrits à l'époque des concours de 1809 et 1817, pour la place de chirurgien-chef-interne à l'hôpital Saint-André. Bordeaux, Faye fils, 1834, in-4.

BERTHAUD [L.-A.], poëte satirique, l'un des anciens rédacteurs du « Charivari », aujourd'hui rédacteur en chef d'un journal d'opposition qui paraît à Caen.

I. Asmodée. Satire [hebdomadaire]. Lyon, Babeuf, 1832, in-8.

De ce journal poétique il n'a paru que le Prospectus en vers, qui forme la première livraison, et la seconde livraison, datée du 22 janvier : en tout 16 pages. L'auteur voulut reprendre cette publication vers la fin de la même année, car le Journal de la librairie, sous son n° 5947, en annonce une nouvelle livraison, portant pour second titre : *Moi*. M. Berthaud promettait la seconde pour le 11 novembre.

II. Avec M. *Veyrat* : l'Homme rouge. Satire hebdomadaire. Lyon, au bureau de la Glaneuse, et à Paris, chez Abel Ledoux, avril à décembre 1833, 22 livraisons in-4. — [Seconde année]. Paris, Guillaumin, 1834, in-4.

Ce recueil paraissait les dimanches par numéros de huit pages : nous pensons qu'il n'en a été publié que quelques numéros pour 1834.

III. Une voix dans Paris. Gisquétéides. [En vers]. Paris, Guillaumin, 1833, in-8 de 52 pag. [1 fr.].

IV. Avec M. *Jacq. Arago* : Un mois à Naples, comédie-vaudeville en un acte. Paris, de l'impr. de Belin, 1837, in-8 [35 c.].

M. Berthaud a caché sa coopération à cette pièce sous le pseudonyme de DUPLESSY.

V. Moléide [la], ou la Résurrection des morts, poëme héroï-comique. Paris, Laisné, 1839, in-8 de 48 pag.

M. Berthaud a, en outre, fourni quelques types aux « Français peints par eux-mêmes » : les Dévoués [*les Vidangeurs*], etc.

BERTHAULT - DUCREUX [Claude-Jean-Baptiste-Alexandre], ingénieur en chef des ponts-et-chaussées, à Châlons-sur-Saône, sa ville natale, né le 6 mai 1790, fut admis à l'École polytechnique en 1804, et, après avoir terminé ses études pour la carrière à laquelle il se destinait, parvint hiérarchiquement au rang d'ingénieur, en 1820, et à celui d'ingénieur en chef le 8 mars 1837.

I. Grandes [des] routes et des chemins vicinaux : procédés les plus économiques pour les construire, les améliorer et les maintenir constamment dans le meilleur état possible. Paris, Carilian-Gœury, 1829, in-8. — Suite à la Notice sur les grandes routes et les chemins vicinaux. Paris, le même, 1829, in-8 de 220 pag. [Les deux parties : 6 fr. 25 c.]

II. Théorie et pratique des mortiers et ciments romains. Paris, le même, 1833, in-8 [8 fr. 50 c.].

III. Mémoire sur la nécessité d'une liberté illimitée dans les charges du roulage, et sur les moyens pratiques de maintenir les routes en parfait état, avec cette liberté, sans accroître la dépense. Paris, le même, 1833, in-8 de 82 pag. [2 fr.].

IV. De l'Art d'entretenir les routes, ou Comparaison des trois systèmes d'entretien, savoir : 1° celui de Mac-Adam ; 2° celui généralement usité en France ; 3° celui de M. Berthault-Ducreux. Paris, le même, mai 1834, in-8 de 200 pag. [3 fr. 50 c.].

V. Des mesures qui peuvent le mieux assurer le rétablissement des grandes routes et des chemins vicinaux, tout en aidant l'industrie des transports, au lieu de lui créer des entraves. Paris, le même, janvier 1835, in-8 de 303 et 12 pag. [4 fr. 50 c.].

VI. De l'Entretien des routes et du roulage. Mémoire sur les questions à l'ordre du jour, concernant l'entretien des routes, les messageries et le roulage. Paris, le même, janvier 1836, in-8 de 382 pag. [5 fr.].

VII. Éléments de l'art d'entretenir les routes, ou Exposé des faits et des principes sur lesquels repose l'exercice de cet art. Paris, le même, février 1837, in-8 de IV et 240 pag. [4 fr. 25 c.].

Aucun de ces cinq derniers ouvrages n'a été annoncé par la « Bibliographie de la France. »

Un anonyme [M. BARDONNAUT, ingénieur des ponts-et-chaussées, à Langres] a publié une critique du système de cet ingénieur, sous ce titre : « Examen des ouvrages de M. Berthault-Ducreux sur l'entretien des routes en empierrement ». Langres, de l'impr. de Laurent-Bournot, 1837-38, 2 part. in-8 de 61 pag. avec 7 tableaux, et 192 pag. avec une planche.

VIII. Note sur les conséquences fâcheuses qui résultent de l'emploi des auxiliaires dans l'entretien des routes. Paris, le même, 1837, in-8 de 32 pag.

Extrait des « Annales des ponts-et-chaussées ».

IX. Comparaison des routes, des voies maritime et fluviale, des canaux et des chemins de fer. Paris, le même, février 1839, in-8 de 456 p. [5 fr. 50 c.].

BERTHAUX [Louis], élève de l'école des beaux-arts de Dijon.

— Parfait (le) serrurier, ou Traité complet des ouvrages faits en fer. Lyon, l'Auteur, 1828, in-8 de 72 pag., plus un cahier de 75 planches; — ou Dijon, l'Auteur, 1840, in-8 de 104 pag. plus 115 pl. et un frontispice.

BERTHÉ [F.-L.].— I. Douze libretti. Paris, Denain et Delamarre, 1834, 2 vol. in-8, avec 8 p. de musique [10 fr.].

Contenant 14 ouvrages dramatiques; le second intitulé: le Siége de Paris, où Henri IV est au nombre des personnages.

II. Beethoven. Drame lyrique, précédé de quelques mots sur l'expression en musique, et sur la véritable poésie dans le drame lyrique. Paris, Denain, 1836, in-8, avec 10 pag. de musique [4 fr.].

BERTHELIN [J.-B.], de Troyes.

— Leçons élémentaires de comptabilité et de tenue des livres accompagnées de 13 tableaux lithographiés, ou Résumé des cours gratuit pour les ouvriers fait de 1834 à 1838, à Paris. Paris, F. Didot, 1838, in-8 [5 fr.].

BERTHELOT [D.].—Adresse aux ouvriers du faubourg St.-Antoine et à la garde nationale de Paris et de la banlieue. Paris, de l'impr. de Carpentier-Méricourt, 1832, in-8 de 8 pag.

BERTHELOT [J.].— Observations de médecine pratique sur le choléra-morbus de Paris en 1832 et 1833. Paris, Just Rouvier et Lebouvier, 1833, in-8 [5 fr.].

BERTHELOT [Sabin], naturaliste; né à Marseille [Bouches-du-Rhône], en 1794.

I. Avec M. *Barker Webb :* Histoire naturelle des îles Canaries. Paris, Béthune; Merklein, 1836, in-4.

L'ouvrage devait être composé de 3 vol. in-4 et d'un Atlas in-fol. qui eussent été publiés en 50 livraisons, à 6 fr. chacune; mais il n'en a paru que les deux premières livraisons, ensemble de six feuilles et 5 planches, plus deux livraisons de l'Atlas, ensemble de 5 planches.

II. De la Pêche sur la côte occidentale d'Afrique, et des établissements les plus utiles aux progrès de cette industrie. Paris, Béthune; Arthus-Bertrand, 1840, in-8, avec une carte [9 fr.].

M. Sabin Berthelot est encore auteur de plusieurs *Mémoires sur l'Histoire naturelle*, principalement sur la botanique, la physiologie végétale et la géographie physique, insérés dans les « Annales du Muséum », le « Bulletin universel », la « Bibliothèque de Genève », les « Annales des sciences naturelles », etc.

Il a aussi traduit quelques parties de l'Histoire de l'île de Cuba, par M. *Ramon de la Sagra* [Voy. ce nom].

BERTHELOT. — Nouveau Tarif pour le cubage des bois carrés, suivi d'un Tarif pour le poids par pieds cubes. Orléans, de l'impr. de Jacob, 1840, in-12.

BERTHEMOT. — Avec M. *Corriol :* Note sur un appareil propre à soumettre les substances à l'action long-temps prolongée de l'éther ou de l'alcool bouillant. Paris, de l'impr. de Fain, 1832, in-8 de 8 pag.

BERTHEREAU. — I. Histoire de France, depuis l'établissement de la monarchie [420-1837]. Publiée par maître Jacques. Paris, de l'impr. d'Everat, 1837, in-18 de 108 pag. [35 c.].

II. Tablettes chronologiques; sous la direction de M. Tissot de l'Académie française. Publiées par maître Jacques. Paris, de l'impr. d'Everat, 1838, in-18 de 108 pag.

BERTHET, de Dijon, régent de 5e au collége de...

I. Petit Manuel des instituteurs de l'arrondissement de Provins, basé sur l'école-modèle de cette ville. Provins, de l'impr. de Lebeau, 1832, in-8 de 16 pag.

II. Carte historique, industrielle et commerciale de toutes les villes de France. Année scholaire 1834. Paris, de l'impr. de Desporte, 1833, in-plano de deux feuilles.

C'est un tableau et non une carte.

III. Géographie historique, industrielle et commerciale de la France et des colonies. Paris, de l'impr. de Auffray, 1834, in-12.

BERTHET [Élie-Bertrand], l'un des feuilletonistes les plus féconds en même temps que l'un des plus populaires de l'époque actuelle, né le 8 juin 1815 à Limoges [Haute-Vienne], d'un père exerçant dans cette ville la profession de négociant. M. Berthet fit ses études au collége royal de sa ville natale, et obtint, surtout dans les classes supérieures, les plus brillants succès. Étant encore très-jeune il s'occupa d'histoire naturelle et particulièrement de botanique et de zoologie; cette circonstance explique certaines tendances dans ses productions vers tout ce qui a rapport à ses premières et à ses plus chères études. On le destinait à l'enseignement universitaire, et ses parents ne songeaient rien moins qu'à l'envoyer à l'École normale ; mais l'amour de l'indépendance et sans doute aussi une vocation secrète s'opposèrent à ce qu'il parcourut la carrière de l'instruction publique. M. Berthet, à peine âgé de dix-neuf ans, possédait un cabinet d'histoire naturelle qui lui avait coûté 4,000 fr., et dont il se défit à vil prix, lorsque, presque contre le vœu de ses parents, il résolut de venir à Paris, où il arriva à la fin de 1834. Peu de temps après son arrivée dans la capitale, il travailla à divers journaux pour la partie littéraire. En 1835, parut sous le titre de *la Veilleuse*, un volume de Nouvelles qui ne sont dépourvues ni de grâces, ni de simplicité, ni même de fortes situations dramatiques quoique resserrées dans des cadres assez étroits. Ce volume, publié sous le nom de « Élie Raymond », est, au dire de quelques personnes, le premier essai littéraire de M. Élie Berthet, et sa composition remonterait à l'époque où il n'avait que dix-sept ou dix-huit ans. Ces nouvelles, qui ne sont pas sans mérite, ne font pourtant pas deviner la portée du talent qui se révéla deux ans plus tard. Ce fut dans le journal « le Siècle » que M. Berthet ensemença sa réputation de nouvelliste : admis à la rédaction de ce journal le 1er octobre 1837, il y a fourni, depuis lors, un très-grand nombre de feuilletons que tout le monde a lus avec plaisir. « Parmi les nombreux écrivains qui ont surgi dans ces dernières années, il en est bien peu qui aient conquis aussi rapidement que M. Élie Berthet, une réputation littéraire. La raison de ce succès est facile à trouver; il y aurait erreur à prétendre que la science et le talent sont inséparables ; mais on ne peut nier qu'ils se prêtent l'un à l'autre un puissant secours. Or, dans la foule des jeunes gens qui se laissent entraîner par une vocation réelle ou imaginaire pour la littérature, en est-il beaucoup qui mesurent leurs forces avant de se mettre en route? Non, sans doute, et le plus grand nombre se lance au hasard, sans avoir sondé le terrain. Combien de jeunes hommes, après avoir *donné les plus belles espérances* (pour nous servir d'une locution consacrée), ont bientôt succombé obscurément dans cette voie difficile! combien d'astres naissants se sont éclipsés pour avoir brillé trop vite! — Avant d'écrire, M. Berthet, quoique bien jeune encore, a appelé l'étude à l'aide de son intelligence, et n'a pris la plume qu'après avoir acquis les connaissances les plus variées. Il s'est présenté doublement fort de ce qu'il pouvait et de ce qu'il savait. Les imaginations les plus riches finissent par s'épuiser à force de produire, lorsque l'étude ne répare point leurs forces. La simplicité qui distingue les compositions de M. Élie Berthet est une grande preuve de bon goût et d'habileté. Enthousiaste et passionné comme on l'est toujours à son âge, il s'est néanmoins renfermé, dès le principe, dans les limites de la saine raison, à une époque où l'exagération et la bizarrerie étaient encore en faveur, et il a fait asseoir au foyer domestique le drame que l'on s'obstinait généralement à faire grimacer dans les palais et dans les cavernes. Ses compositions sont dramatiques; les contrastes y abondent; les mœurs douces s'y mêlent aux passions les plus énergiques ; la vérité des portraits s'y joint au charme des descriptions. Si l'auteur était moins sédentaire et s'il avait eu le temps de vivre, on serait tenté de penser qu'il a exploré en détail tous les lieux dont il parle, qu'il a reçu la confession de tous les personnages qu'il met en scène, qu'il est intervenu comme témoin, ou comme acteur, dans tous les drames qu'il raconte; car il est impossible d'être plus vrai, plus naturel et en même temps plus intéressant. » — En 1839, M. Berthet a fourni des morceaux à divers recueils littéraires, notamment à la « Gazette des enfants », dont il était alors le rédacteur en chef, à la « Revue du XIXe siècle », et à « Paris élégant ».

Romans, Contes et Nouvelles.

I. Veilleuse [la]. Romans. Paris, Labot et Lelong, 1835, in-8 avec une vignette [7 fr. 50 c.].

Publié sous le pseudonyme d'Élie RAYMOND.

Ce volume qui n'a que 362 pages, y compris la table, n'en renferme pas moins huit nouvelles, c'est assez dire qu'elles ont peu d'étendue. Ces nouvelles sont : 1° le Noyé ; — 2° Encore un artiste ! — 3° un Héritier ; — 4° une Soirée dans les Ruines ; — 5° Marietta ; — 6° l'Hydrophobe ; — 7° le Réfugié ; — 8° Aventures en voyage.

II. Colporteur [le]. [Le Fils de l'usurier]. — La Croix de l'affût. [Le premier hareng]. Paris, Dumont, 1841, 2 vol. in-8 [15 fr.].

Quatre romans qui avaient d'abord paru dans les feuilletons du « Siècle ». Bien que faisant partie de la Société des gens de lettres, M. E. Berthet ne s'est point montré, comme la plupart des membres de cette société, ardent à placer et à replacer lucrativement ses productions. Le « Siècle » renferme de lui la valeur d'une vingtaine de volumes de romans, contes et nouvelles ; et on ne l'a pas vu, à l'imitation de presque tous les feuilletonistes de l'époque, en former des recueils ; ils eussent pourtant obtenus plus de succès que beaucoup d'autres. Les deux volumes que nous venons de citer sont les seuls qu'il ait repris jusqu'ici au « Siècle ». *Le Colporteur et la Croix de l'affût*, publiés à Paris à la fin de février 1841, existaient déjà en Belgique, comme livres, en 1839. Ainsi les corsaires belges, non contents de contrefaire nos livres aussitôt leur apparition, ont encore avisé aux moyens de faire des livres avec des pages de journaux et de revues. C'est désormais en Belgique que seront publiées les éditions *princeps* des ouvrages des écrivains français. Les deux romans de M. Berthet, que nous venons de citer, ne sont pas les seuls qui, à la fin de 1840, existaient en Belgique comme livres, tandis que nous n'avons encore que des feuilletons. En 1839 aussi, nos corsaires de voisins ont imprimés : *la Convulsionnaire, suivi du Fils de l'usurier*, 1 vol. in-18 ; — *l'Auberge de la baronne, suivie de l'Incendiaire de l'Aveyron*, 1 vol. in-18. Et là, on donne au public pour trois francs ce que l'éditeur de l'original est obligé de compter quinze, attendu que les ouvrages de littérature n'ont plus aujourd'hui d'écoulement que dans l'intérieur de la France.

III. Avec M. *Henri Monnier* : l'Ami du château, etc. Paris, H. Souverain, 1841, 2 vol. in-8 [15 fr.]. — [*Sous presse*.]

Autre roman qui a d'abord paru dans les feuilletons du « Siècle ». — Les autres romans de M. Berthet, qui n'ont point été publiés en corps d'ouvrages, sont les suivants : 1° une Rivalité de femme en 1726 ; — 2° Châlus ; — 3° la Tour de Zizim ; — 4° les Fils de Henri II [1837] ; — 5° Chlodwig-le-Chevelu ; — 6° le Comte de Bonneval ; — 7° l'Abbaye de Solignac ; — 8° la Nièce du Masque de fer ; — 9° le Marquis de Beaulieu ; — 10° les Chasseurs de la Saône ; — 11° une Passion ; — 12° Jack Brigton ; — 13° un Alchimiste au XIXe siècle ; — 14° un Martyr ; — 15° Agrippa d'Aubigné [1838] ; — 16° le Chasseur des marmottes ; — 17° le Pacte de famine ; — 18° le Prieur des pénitents rouges ; — 19° un Novateur dans les Landes ; — 20° le Dernier Mérovingien ; — 21° la Maison murée ; — 22° les Garçons de recette ; — 23° la Famille du paysan [1839] ; — 24° la Convulsionnaire ; — 25° la Favorite ; — 26° l'Incendiaire de l'Aveyron ; — 27° les Inconvénients de la bravoure ; — 28° l'Aveugle-né [1840] ; — 29° le Mûrier blanc [1841].

Pour compléter cette section des productions de M. Berthet, il convient d'ajouter ici l'indication des nouvelles qu'en 1839 il a fourni à quelques recueils : 30° la Chasse au sanglier ; — 31° la Mésange bleue ; — 32° les Aventures de Michel Morin [imprimées toutes trois dans la « Gazette des enfants »] ; — 33° Histoire de l'esprit en France ; — 34° les Prédictions ; — 35° une Plaisanterie [imprimée dans la « Revue du XIXe siècle »] ; — 36° Souvenirs d'une cigale pythagoricienne [dans « Paris élégant »].

Théâtre.

IV. Avec M. *Paul Foucher* : le Pacte de famine, drame historique en cinq actes. Paris, Barba, 1839, in-8 de 36 pag. [y compris la notice] [60 c.].

Le héros de cette pièce est J.-C. G., Le Prévôt de Beaumont, qui, mis à la Bastille le 17 novembre 1768, puis transféré à Vincennes le 14 octobre 1769, est resté vingt-deux ans prisonnier d'état. Il est mort centenaire, en 1822. On a de lui : *le Prisonnier d'état, ou Tableau historique de la captivité de J.-C. G. Le Prévôt de Beaumont, etc.* Paris, 1791, in-8 de 184 pag., avec un portrait. [Note du rédacteur de la *Bibliographie de la France*.]

V. Avec M. *Adolphe d'Ennery* : les Garçons de recette, drame en cinq actes. Paris, Henriot ; Tresse, 1840, in-8.

Édition faisant partie du « Répertoire dramatique ».

Ces deux drames ont été faits d'après deux nouvelles fournies au « Siècle » par M. Berthet.

BERTHEVIN [Jules-Jul.-Gabriel] [Voy. *la France littér.*, t. Ier, p. 302]. — Essai sur l'agriculture dans ses rapports généraux, 1° avec les hommes ; 2° avec les temps et les lieux ; 3° avec les religions et les mœurs ; 4° avec les sciences et les arts. Paris, Pissin, 1835 à 1837, 4 livraisons formant un vol. in-8 de 432 pag. [8 fr.].

Il reste deux livraisons à publier pour compléter l'ouvrage.

BERTHEZÈNE [le baron Pierre], lieutenant-général, naquit en Provence en 1780 (*). Il entra au service à l'âge de treize ans, passa par tous les grades, et

(*) De Jean-Étienne BERTHEZÈNE, qui fut député du Gard à la Convention nationale, et y vota la mort de Louis XVI, « avec sursis jusqu'à la tenue prochaine des assemblées

fut nommé major du 65e régiment d'infanterie de ligne en 1808, colonel du 10e régiment d'infanterie légère le 10 février 1807, et officier de la Légion-d'Honneur le 11 juillet de la même année. Il fit avec son régiment les campagnes de Prusse et d'Autriche, de 1807 à 1811. Sa belle conduite, pendant ces guerres, lui valut la croix de commandeur de la Légion-d'Honneur, qu'il reçut en 1809. Nommé en 1811 général de brigade, il fut employé en cette qualité pendant cette année et la suivante ; en 1813, il fit la campagne d'Allemagne comme général de division, et en 1814 celle de France. Le roi le créa chevalier de Saint-Louis, par ordonnance du 17 juillet de cette dernière année. Au retour de Napoléon, le ministre de la guerre, Carnot, nomma, en avril 1815, le baron Berthezène membre d'une commission composée d'officiers-généraux, et chargée d'examiner les titres et les droits des militaires qui avaient obtenu de l'avancement sous le gouvernement des Bourbons, depuis le grade de chef de bataillon jusqu'à celui de lieutenant-général. Au mois de mai suivant, on le chargea de donner une destination à tous les officiers à demi-solde et à ceux qui se trouvaient à Paris sans emploi. Compris dans le licenciement général de l'armée en 1815, il resta longtemps sans être rappelé au service. Fils d'un homme qui avait voté la mort du roi, et qu'une loi prétendue d'amnistie, avait forcé de quitter la France en 1816, malgré la garantie de la Charte qui commandait l'oubli des opinions politiques émises avant la restauration, le général Berthezène devait partager la disgrâce de son père, et, selon quelques biographes, il le suivit en exil. Cependant en 1820 le marquis de Latour Maubourg, ministre de la guerre, lui rendit la justice qui lui était due, et il fut remis en activité. Il fut classé parmi les lieutenants-généraux employés à l'inspection générale de l'infanterie. Quelques années plus tard il reçut la croix de grand-officier de la Légion-d'Honneur, et fut nommé membre du comité consultatif, créé par ordonnance du 3 janvier 1830. Il commanda de juin 1830 à la fin de 1831 la première division de l'armée française en Afrique, où sa conduite a été des plus honorables. Ce général a fait preuve d'un vrai talent dans cette campagne. Il a publié sur la durée de son commandement un ouvrage plein d'intérêt (*). Le général Berthezène a été élevé à la pairie en 1832.

— Dix-huit mois à Alger, ou Récit des événements qui s'y sont passés depuis le 14 juin 1830, jour du débarquement de l'armée française, jusqu'à la fin de décembre 1831. Montpellier, Ricard, 1831, in-8 de 316 pag.

Cet ouvrage, tiré seulement à 300 exemplaires, n'a pas été destiné au commerce.

BERTHIAUD. — Nouveau Manuel complet de l'imprimeur en taille-douce. Rédigé par M. *Boitard*. Paris, Roret, 1837, in-18, avec 4 pl. [4 fr.].

BERTHIER [Pierre], officier supérieur au corps royal des mines et membre de la Légion d'Honneur, est né à Nemours [Seine-et-Marne], le 3 juillet 1782. Élève de l'École polytechnique, il en sortit pour passer à celles des ponts-et-chaussées. M. Berthier fut encore placé dans le corps royal des mines. Il s'est beaucoup occupé de la minéralogie en général, et spécialement de celle de la France. On a remarqué depuis long-temps les applications qu'il a faites de l'analyse chimique à l'étude et à la classification des minéraux. Sauf un ouvrage de quelque

primaires qui auraient lieu pour la ratification de la constitution. » Il entra ensuite au conseil des Cinq-Cents, en sortit en mai 1797, et devint commissaire du Directoire. Il entra au Corps-Législatif après le 18 brumaire, et en sortit en 1805. Malgré la modération dont M. Berthezène ne s'est départi que dans une seule circonstance, il fut compris dans la loi d'amnistie, en 1816, et obligé de quitter la France.

(*) La « Biographie des hommes du jour » de MM. Sarrut et Saint-Edme renferme non seulement une notice étendue sur le baron Berthezène, mais encore deux pièces relatives aux événements qui ont amenés la funeste journée de Waterloo. Dans le tome II, première partie, page 226 et suivante de leur Biographie, MM. Sarrut et Saint-Edme avaient consacré une Notice à M. le maréchal de Grouchy. M. le général Berthezène adressa aux auteurs de cette Notice une lettre dans laquelle il s'élevait contre plusieurs faits avancés par eux. Cette lettre portait atteinte à l'honneur de M. le maréchal de Grouchy et du général Le Sénécal. La religion de M. le baron de Berthezène s'étant éclairée depuis, il a fait insérer dans le tome V, 2e partie de la même biographie où avait paru sa lettre, une rétractation datée du 20 novembre 1840.

étendue, son *Traité des essais par la voie sèche, etc.*, publié en 1833, on ne doit à M. Berthier qu'une foule de mémoires et de notes critiques tant dans les « Annales de chimie » que dans le « Journal des mines, » et les « Annales des mines, » publiées depuis 1816, par les libraires Treuttel et Würtz, et dans la 3e série de ce recueil, publiée depuis janvier 1832 par le libraire Carilian-Gœury. Ses premiers écrits remontent à 1806 [Voy. *la France littér.*, I, 303]. Les divers travaux et le cours que fait M. Berthier à l'École des mines, l'on fait élire à la première classe de l'Institut, le 16 juillet 1827, comme succédant à M. Ramond.

I. Traité des essais par la voie sèche, ou des Propriétés de la composition et de l'essai des substances métalliques et des combustibles; à l'usage des ingénieurs des mines, des exploitants et des directeurs d'usine. Paris, Thomine, 1833, 2 vol. in-8 [20 fr.].

Le savant M. Chevreuil a donné une longue analyse de cet ouvrage dans les cahiers de juillet, septembre et décembre 1836, du « Journal des savants».

II. * Chimie minérale et Analyse de substances minérales, travaux de 1829-1831. Par P. B. Paris, Carilian-Gœury, 1833, in-8.

M. Berthier a depuis formé deux autres volumes des articles tirés à part de la 3e série des « Annales des mines »; mais ces trois volumes n'ont pas été destinés au commerce.

BERTHIER [Ferdinand], sourd-muet de l'Institut royal de Paris.

I. Notice sur la vie et les ouvrages de Auguste Bébian, ancien censeur des études de l'Institut royal des sourds-muets de Paris. Paris, Ledoyen, 1839, in-8 de 48 pag.

II. Sourds-muets [les] avant et depuis l'abbé de l'Epée. Mémoire qui a obtenu, le 26 mars 1840, la médaille d'or proposée par la société des sciences morales, lettres et arts de Seine-et-Oise. Paris, Ledoyen, 1840, in-8 de 100 pag. [2 fr. 50 c.].

BERTHIN. Voy. VITAL BERTHIN.

BERTHIOT.—Avec M. *Mongin* : Nouvelle Méthode élémentaire pour l'enseignement du plain-chant et du chant musical ; suivi d'un recueil de motets, etc. Paris, Hachette, 1836, in-8 de 120 pag. [1 fr. 75 c.].

BERTHOLD [Williams], pseudon. Voy. Hon. ARNOUL.

BERTHOLDI. Voy. SARRAZIN.

BERTHOLLIER [Jacques], ancien expert, écrivain et calculateur, en la ville de Saint-Etienne-en-Forez, maintenant à Lyon.

—Ancien plan des finances, communiqué en 1789, dont l'exécution aurait produit la liquidation de la dette de l'État, fait entrer en sus des sommes considérables dans les coffres du gouvernement, et même une suppression de certains impôts sans charger aucune classe. Lyon, de l'impr. de Rusand, 1827, in-12 de 12 pag.

BERTHOLON DE POLLET [Denis], poète, colonel dans les dernières années de l'Empire, et député du département de l'Ain en 1831, est né le 19 novembre 1776, à Lyon, d'une ancienne famille d'Auvergne (*). Après ses premières études, qu'il fit avec un succès remarquable, il prit du service, dès l'âge de quinze ans, dans un régiment de cavalerie où il fit preuve de courage et de patriotisme; malheureusement c'était à une époque où l'on croyait peu au dévouement patriotique d'une certaine classe de citoyens. Les républicains les plus prononcés n'étaient pas eux-mêmes à l'abri de la défiance et des persécutions. M. Bertholon de Pollet fut dénoncé et jeté dans les prisons peu avant la chute de Robespierre. La révolution du 9 ther-

(*) Nous donnons, d'après quelques biographes, à l'ancien colonel et député le surnom de *de Pollet* qu'il a du reste pris lui-même sur le frontispice de l'édition de 1832, de sa traduction des « Bucoliques de Virgile » ; pourtant un acte de naissance authentique qui nous a été communiqué ne porte que *Bertholon.* Ce n'est pas le seul point sur lequel il existe des différences entre les renseignements donnés par les biographes sur M. Bertholon et l'acte de naissance dont nous venons de parler. Cet acte lui donne le prénom de *Denis*, et les biographes celui de *César ;* et pour date de naissance, le 20 décembre 1776, contradictoirement avec l'acte qui dit : 19 novembre 1776. — M. Bertholon doit être le fils de Marc-Antoine Bertholon, avocat depuis 1766, échevin de Lyon en 1789 et 1790, président du tribunal de la Conservation, etc., mort bâtonnier des avocats le 4 avril 1808, âgé de 68 ans; et le neveu de Pierre Bertholon, physicien, professeur d'histoire à l'École centrale de Lyon, et tous deux mentionnés dans le « Catalogue des Lyonnais dignes de mémoire», par MM. Breghot du Lut et Péricaud aîné [1839, in-8].

midor lui sauva la vie et le rendit à la liberté. Retiré au commencement de l'Empire dans un vieux manoir de ses pères, dégagé de toutes vues ambitieuses, satisfait de la part de fortune et de bonheur qui lui était échue, il pouvait se livrer sans trouble aux délices d'une vie privée, embellie par des gouts et des occupations tout à la fois simples et honorables; l'agriculture, les belles-lettres, l'art de l'équitation partagèrent tour à tour ses loisirs. Il n'avait que vingt-deux ans lorsqu'il composa et fit imprimer un petit poème sur *la Chasse*, dont il fut plus tard mécontent, et dont il retira de la circulation autant d'exemplaires qu'il put en trouver. Heureux de son indépendance et désirant la conserver, M. Bertholon de Pollet refusa les fonctions les plus lucratives qui lui furent offertes. En 1809, il fit paraître sous le voile de l'anonyme et sous le titre d'*Essai sur les Bucoliques de Virgile*, la traduction d'une partie des Eglogues du cigne de Mantoue, qu'il a complétées depuis, et qui ont été imprimées réunies aux anciennes en 1832. Lorsque l'invasion étrangère menaça la France en 1815, M. Bertholon de Pollet, qui avait religieusement conservé cette épée qui déjà lui avait servi à défendre sa patrie, se fit en quelque sorte un devoir pieux de combattre encore pour elle; il renonça à ses goûts pacifiques, il fit le sacrifice généreux de ses habitudes chéries, et, plein d'une nouvelle ardeur, il revola aux frontières. L'empereur Napoléon le nomma colonel, grade auquel son patriotisme et ses services antérieurs lui avaient donné des droits. M. Bertholon de Pollet fut en outre nommé membre de la Légion-d'Honneur, pendant les Cent-jours [1815]. On pense bien que ces marques de haute estime qu'il avait reçues du gouvernement que venait de renverser la fatale journée de Waterloo, étaient loin d'être des titres capables de le recommander à la bienveillance de la Restauration; le retour du roi Louis XVIII ne pouvait que le jeter dans les rangs de ceux que les événements politiques livraient à l'animadversion de la cour; M. Bertholon de Pollet lui-même, devait s'attendre à ce qu'on lui fit l'application du *Vœ victis* [malheur aux vaincus]. L'ordonnance du 5 septembre le ramena dans ses foyers, où il reprit les habitudes pacifiques qui avaient fait autrefois le charme de ses loisirs, qu'il partageait entre les belles-lettres, l'agriculture et l'équitation. La révolution de 1830 l'arracha de nouveau au calme de cette douce existence, dont il sentait si bien le prix. Il fut nommé à l'unanimité colonel des gardes nationales des cantons de Montluel et Maximieux [Ain]. Il fut élu, en outre, membre du conseil-général du département de l'Ain. Les suffrages de son arrondissement l'envoyèrent en même temps à la Chambre des députés [session de 1831]. Indépendant par sa position et par son caractère, ses votes constamment consciencieux lui ont valu l'estime de ses collègues, malgré les nuances diverses de leurs opinions. Ennemi de toute coterie, M. Bertholon de Pollet est un de ces hommes de cœur et de bonne foi qui servent leur pays, jamais telle ou telle faction. « M. de Pollet, dit la Biographie politique des Députés [session » de 1831], est un riche propriétaire » qui partage ses affections entre son » pays et les lettres. On nous assure » qu'attaché de cœur à la révolution de » juillet, citoyen honorable, sans ambition comme sans besoins, il sera » défenseur zélé de la cause populaire » qui ne représente pour lui que les » intérêts de la nation bien compris. »

OUVRAGES DE M. BERTHOLON DE POLLET.

I. *Essai sur les Bucoliques de *Virgile*. Lyon, 1809, in-12.

II. *Mil-sept-cent-quatre-vingt en 1829, ou le Ministère Wellington-Polignac, à-propos en vers et en trois chants. Lyon, Baron, 1829, in-8 de 48 pag.

III. Bucoliques [les] de *Virgile* [traduites en vers, avec le texte en regard]. Nouv édition. Paris, de l'impr. d'Éverat, 1832, in-8.

Édition plus complète que celle publiée, en 1809, par le même [Voy. le n° I]. La plupart des journaux ont rendu, de cette traduction, le compte le plus favorable, et notamment la « France nouvelle », la « Quotidienne », la « Revue de Paris » et le « Moniteur universel » [mois de juin 1832].

IV. Vers à la mémoire de M. le comte Gabriel de Moyria, de Bourg; précédés d'une Notice biographique, par M. Millet. Lyon, Chambet aîné, 1839, in-8 de 32 pag.

Une Biographie récente dit que M. Bertholon de Pollet est auteur de plusieurs ouvrages anonymes généralement estimés et de plusieurs écrits restés inédits par suite des occupations multipliées que lui donnaient ses travaux législatifs. Il convient, croyons-nous, de ranger dans cette dernière catégorie une traduction en vers des *Idylles de Théocrite* que l'auteur de l'article dit pourtant avoir été imprimée en 1809, 1812 et 1813. M. Bertholon de Pollet a aussi un recueil de *Fables* en portefeuille.

BERTHOMÉ [le docteur], à Paris.

I. Du danger de l'application de la glace dans les fièvres cérébrales, et quelques observations sur les maladies des méninges ; suivi d'un Traité sur les affections dartreuses. Paris, l'Auteur, 1831, in-8 de 56 p. [1 fr. 25 c.].

II. Traitement des maladies chroniques de la peau, dartres, teignes, ulcères syphilides, gerçures, crevasses, croûtes laiteuses, etc. Paris, de l'impr. de Pollet, 1838, in-8 de 24 pag. [75 c.]

BERTHOMIEU [Ed.]. Voy. P.-A.-E. GIRAULT.

BERTHON [J.-J.-C.]. (*) — Traité du comput ecclésiastique, suivi de plusieurs choses qui s'y rattachent; Histoire du calendrier romain; Calendrier de la république française. Nîmes, de l'impr. de Durand Belle, 1831, in-8, avec 13 pl.

BERTHOT [E.]. — Notes pour servir à résoudre quelques-unes des questions qui se présentent le plus souvent lorsqu'on projette ou qu'on dirige des travaux publics. Paris, Carilian-Gœury, 1837, in-18 [2 fr. 50 c.].

BERTHOUD [Samuel-Henry], littérateur, né le 19 janvier 1804 (**), à Cambrai [Nord], d'un père typographe distingué de cette ville ; il entra, en 1817, comme boursier au collége royal de Douai. Sorti de cet établissement au mois d'août 1822, il obtint la même année, aux concours ouverts par la Société d'émulation de Cambrai, la lyre d'argent que cette académie propose tous les deux ans comme prix de poésie. Le poème couronné avait pour titre *le Fugitif*. Chargé de la partie littéraire du « Journal de l'arrondissement de Cambrai », il fonda en 1828, *la Gazette de Cambrai*, qui dès l'origine fixa l'attention par ses feuilletons dûs à la plume de M. Berthoud. Aussi les journaux voleurs de la capitale et un grand nombre de journaux de province s'en emparèrent-ils presque aussitôt; des journaux étrangers, allemands et anglais, surtout, les traduisirent. Le succès qu'obtint la « Gazette de Cambrai », fit rechercher son rédacteur par les éditeurs de revues et de recueils littéraires de la capitale ; aussi dès 1830, le trouvons-nous participant tour à tour à la rédaction de la « Mode », à celles de la « Revue des Deux-Mondes », de la « Revue de Paris », de la « Silhouette », de « l'Artiste », et de quelques autres recueils périodiques. En 1831, M. Berthoud commença la publication d'une suite d'ouvrages consacrés à l'histoire et à l'étude des mœurs de la Flandre : le premier qu'il fit paraître fut la première série des *Chroniques et traditions surnaturelles de la Flandre*, que suivirent bientôt les *Contes Misanthropiques*. Nommé secrétaire perpétuel de la Société d'émulation de Cambrai, M. Berthoud institua des cours publics et gratuits d'hygiène, d'anatomie, de géométrie appliquée aux arts et de droit commercial. Il professait lui-même un cours de littérature. En outre de ces efforts honorables pour propager l'instruction et le goût littéraire dans son pays, M. Berthoud, nommé administrateur des hospices, s'occupait avec ardeur de ces importantes fonctions, lorsque apparut en France le choléra. Il organisa alors en 19 jours, un hôpital pour recevoir les malades qui surviendraient à Cambrai; et, grâce à lui, cette ville fut peut-être la seule où de sages précautions cherchèrent à atténuer la violence de l'épidémie. En 1832, au mois de juillet, parut la *Sœur du Vicaire;* au mois d'août *Asraël et Nephta*, roman mystique, puis *le Régent de rhétorique*. Au mois d'octobre de la même année, M. Berthoud quitta la direction de la « Gazette de Cambrai ». Au mois de janvier 1833, il publia *le Cheveu du Diable*, et dans le cours de la même année deux

(*) Ne serait-ce pas là le M. J.-C. Berton, vicaire épiscopal du département de l'Isère, en 1792, auteur de quelques opuscules, et cité par M. Paul Colomb dans son « Catalogue des Dauphinois dignes de mémoire » [1840, in-8].

(**) Et non 1805, comme dit une autre Biographie.

nouvelles insérées aux tomes V et X du « Salmigondis ». L'année suivante parurent *Mater Dolorosa* et les seconde et troisième séries des *Chroniques et traditions surnaturelles de la Flandre*. Au mois d'avril 1834, M. Berthoud accepta la direction du « Musée des familles », qui est devenu entre ses mains le journal de la littérature populaire, et à la rédaction duquel il rallia tous les écrivains célèbres de notre époque. Au commencement de 1835 il se chargea de la direction du « Nouveau Mercure de France », mais sa critique loyale et désintéressée n'a pu le garantir d'une précoce agonie : il en est du nom de « Mercure » en France comme de tant d'autres choses, il est usé. Le « Mercure » était néanmoins parvenu au chiffre de deux mille abonnés : il a servi à fonder le journal la « Presse ». Dans la même année M. Berthoud publia un petit ouvrage dont l'utilité ne constitue pas le seul mérite, *la France historique, industrielle et pittoresque de la jeunesse;* deux ans plus tard, l'*Honnête homme*, *Études morales*. M. Berthoud ne doit pas être rangé sur la première ligne des écrivains de l'époque actuelle : car, si son style a de la verve, il est aussi bien inégal. Mais ce qu'on ne peut contester à ce littérateur, c'est le talent de l'observation et l'imagination; c'est surtout la donnée morale de tous ses ouvrages. Malheureusement dans l'état de démoralisation de notre société actuelle, on n'a vu que des naïvetés dans l'enseignement moral de M. Berthoud; aussi, désespérant du résultat de la part qu'il avait apportée pour la régénération de cette société, il s'est jeté dans le journalisme. Après la publication de son « Honnête homme », il s'attacha à la rédaction du journal « la Presse » ! pour la partie littéraire, et depuis lors il n'a cessé d'y fournir des feuilletons ; ce qui ne l'a pourtant pas empêché de nous donner l'année dernière *Pierre-Paul Rubens*. Outre un certain talent qui le distingue comme homme de lettres, M. Berthoud possède des qualités sociales qui rendent ses relations précieuses, et lui ont acquis de nombreux amis, parmi lesquels on remarque madame Desbordes-Valmore, dont il est l'élève. Doué d'un esprit méditatif et d'un grand tact comme observateur, il s'est particulièrement attaché à étudier le cœur humain ; et il a su tirer de cette science un noble profit. Nous l'avons vu aider de ses sages conseils et de son appui de jeunes auteurs dont il a révélé le talent, et qui, sans le secours de son crédit, fussent restés ignorés longtemps encore.

I. Fugitif [le], pièce couronnée par la Société d'émulation de Cambrai, dans sa séance du 16 août 1823. Cambrai, de l'impr. de S. Berthoud, 1823, petit in-8 de 16 pag.

Extrait du volume des Mémoires de cette société, pour l'année 1823.

II. Chroniques et Traditions surnaturelles de la Flandre. Publiées par M. *Ch. Lemesle*. [Première série]. Paris, Werdet; Ve Charles-Béchet, 1831, in-8, avec une vignette de Tony Johannot [7 fr. 50 c.]. — Deuxième et troisième séries. Paris, les mêmes, 1834, 2 vol. in-8 [15 fr.].

Collection de Nouvelles de peu d'étendue.

III. Contes misanthropiques. Publiés par M. *Ch. Lemesle*. Paris, Werdet; Ve Charles-Béchet, 1831, in-8 [7 fr. 50 c.].

Recueil de trente-deux Nouvelles de peu d'étendue, et d'un genre sombre.

III. Sœur [la] de lait du vicaire. Histoire de province. Paris, Ch. Vimont, 1832, in-8 [7 fr. 50 c.].

Ce roman devait d'abord être intitulé *Bah!* Par ce titre l'auteur voulait, disait-il, exprimer la dérisoire insouciance avec laquelle on envisage aujourd'hui les passions et les conséquences des passions. Les amis de l'auteur se sont assemblés extraordinairement, et ont, à ce qu'il paraît, trouvé *Bah!* un titre trop prétentieux, et trop affété.

M. Berthoud, dans ce roman, offre une scène d'intérieur, une scène en Flandre, un mari trompé. Ici on voit une femme sacrifiée comme tant d'autres, une femme délaissée pour l'estaminet, une femme non comprise par l'intelligence étroite qu'un prêtre a mise en rapport avec la sienne.... Un peintre se présente : Caroline l'a connu; Dieu sait la résistance qu'oppose Mme Frémont; enfin Léopold triomphe, et tout-à-coup, lorsque l'amour de sa maîtresse n'a fait qu'augmenter, il la quitte pour une brillante actrice. Il s'abandonne à une vie toute de dissipation, de débauche enivrante; et, quand sa victime, qui a perdu pour lui son enfant, sa mère, son honneur, l'estime de son mari, quand la désolée Caroline se traîne jusque chez le peintre pour implorer de lui un dernier regard, un adieu, un pressement de main..... il la voit de sang-froid agonisante, et dit : Bah!... Caroline se brise et meurt.

Quelle est donc la morale de l'auteur? M. Berthoud a voulu protester contre « ceux qui envisagent l'adultère sans effroi, qui ne le flétrissent plus, et qui cessent d'en médire comme si c'était plaisanterie de mauvais ton.» Pour cela il fait de Mme Frémont, la sœur de lait du vicaire, une femme qui a des remords, et il la rend si malheureuse, que je défie, non pas une seule *pauvre femme*, mais toutes les *pauvres femmes* de ma connaissance, de refuser la larme que l'auteur leur demande. La Mme Frémont de M. Berthoud est une des héroïnes les plus intéressantes des romans de notre époque, avec «Indiana». Tous les chapitres du roman où elle est en scène sont très-dramatiques. L'égoïsme de M. Frémont, le noble caractère d'Étienne, le vicaire, et quelques détails de la vie de province, prouvent aussi que M. Berthoud est un romancier fort distingué. [*Revue de Paris*, tome XL.]

Cette production, tracée sous l'inspiration de la mélancolie, offre une fable toute palpitante d'intérêt. Il y a cependant quelques chapitres oiseux : l'action est trop simple, et se ressent trop de l'habitude qu'a l'auteur de publier, dans les journaux, des contes délicieux, mais courts. [*Revue des romans*, I, 66.]

V. Asrael et Nephta. Histoire de province. Paris, Ve Charles-Béchet, 1832, in-8 [7 fr. 50 c.].

Il paraîtrait qu'il existe des exemplaires de ce roman qui portent pour titre : *l'Ange et le Démon, ou Asrael*.

VI. Régent [le] de rhétorique. Mœurs flamandes. Paris, Souverain, 1833, in-8 [7 fr. 50 c.].

« On trouve dans les derniers romans de M. Berthoud un mélange souvent heureux d'observation et d'imagination. Celui-ci est destiné à nous peindre la vie de province « avec sa froideur, sa tristesse, sa monotonie et ses tracassières agitations. » Ainsi parle dès sa préface M. Berthoud. Dans l'ouvrage même les portraits et les scènes d'intérieur viennent prouver cette thèse, pour le plus grand plaisir des Parisiens. Nous y voyons un petit avocassier de province faire une belle fortune non sujette à patente, grâce à M. Dupin ; c'est un intrigant à passions basses, un vrai fripon, qui fait un bon mariage pour avoir gagné une mauvaise cause ; puis une apoplexie foudroyante, qui tue son père fort à propos le jour de sa noce, le rend maître d'un capital de 400,000 francs. Avec les mœurs du roman moderne, il n'est pas besoin de vous dire que sa femme ne l'occupe pas longtemps. Mais le régent de rhétorique paraît alors, petit monsieur à demi-romanesque, à demi-raisonneur, dont les sophismes et les amours sont fort amusants. Bientôt l'histoire tourne au drame ; mais l'auteur reste dans la vérité par les détails, et nous recommandons *le Régent de rhétorique* comme une composition pleine d'intérêt, quoique nous pensions que l'auteur des *Chroniques et Traditions de la Flandre* puisse faire mieux encore. »
[*Revue de Paris*, t. XLVI.]

VIII. Cheveu [le] du Diable. Paris, Mame et Delaunay, 1835, 2 vol. in-8 [15 fr.].

VII. Nicaise, ou l'Enfant de chœur.

IX. Nez [le] rouge.

Deux Nouvelles imprimées dans le « Salmigondis » : la première dans le tome V, et la dernière dans le tome X.

X. Mater Dolorosa. Paris, Astoin ; Renduel, 1834, 2 vol. in-8, avec 2 vign. [15 fr.].

XI. France [la] historique, industrielle et pittoresque de la jeunesse. Ouvrage anecdotique, instructif et amusant. Paris, Desrez, 1835-36, 5 vol. gr. in-16, avec 21 cartes [12 fr. 40 c.].

XII. Honnête [l'] homme. Études morales. Paris, Desrez, 1837, in-8 avec une vign. [7 fr. 50 c.].

« Dans cet ouvrage, écrit pour être utile, pour instruire, et non pas seulement pour amuser, chaque chapitre est une leçon, chaque page est un bon exemple. Dans le récit d'une histoire simple, qui se passe entre quelques personnages bourgeois, il règne une émotion à laquelle il est difficile de ne pas se laisser aller. Il y a surtout l'aventure de deux sœurs, Sara et Nelly, deux jeunes Anglaises jetées par la tempête dans une île abandonnée, qui rappelle les meilleures pages de Daniel de Foé, et les plus touchantes aventures de Robinson. »
[*Revue des romans*, I, 67.]

XIII. Notice sur Geneviève Retif, veuve Boiron, ancienne cantinière de la garde impériale. Paris, de l'impr. de Malteste, 1839, in 8 de 16 pag. [60 c.].

Au profit de la veuve Boirou.

XIV. Tabary l'honnête homme.

Imprimé dans le tome II de « Babel » [1840].

XV. Pierre-Paul Rubens. Paris, Gayet et Lebrun, 1840, 2 v. in-8 [15 fr.].

Il a été fait dans la même année de nouveaux titres portant : *seconde édition*.

M. Berthoud est l'éditeur de « le De Profundis », manuscrit d'un vieux moine [Raoul BLAUGENIN, connu sous le nom du P. Berthe], imprimé dans le premier volume des « Annales historiques et littéraires du Nord de la France, etc. », 1829, p. 129-144, et réimprimé dans l'un de ses volumes des Chroniques de Flandre.

BERTHOUD [S.-C.-J.], impr.-libraire à Cambrai, père du précédent.

— Sur les incendies des communes rurales. Cambrai, Berthoud, 1829, in-8 de 66 pag.

BERTIER [l'abbé], curé de la paroisse de Saint-Malo de Dinan.

I. *Oraison funèbre de Louis XVI, roi de France et de Navarre, prononcée à Saint-Hésier, île de Jersey, le 21 janvier 1794, par un ecclésiastique réfugié alors dans cette ville. Paris, Adr. Leclère, 1814, in-8.

II. *Exposition des principes de la vraie religion. Dinan, Huart, 1834, in-12.

BERTIER [Antoine], agronome, né à Nanci, en 1760. Après avoir beaucoup voyagé à l'étranger, et habité longtemps Saint-Domingue, où il avait acquis dans le commerce une fortune, que la révolution de ce pays lui enleva presque en totalité, il revint en France en 1789, et fit, l'année suivante, l'acquisition de la terre de Roville, qu'il a exploitée avec succès, qu'il habite encore, ou qu'il habitait encore il y a peu d'années, et où il s'est fait la réputation d'un savant agronome, en y introduisant d'excellentes méthodes et de nouvelles cultures en adoptant les instruments aratoires perfectionnés de l'établissement de M. Fellemberg à Hofwil, et en supprimant les jachères. M. Bertier est correspondant de la Société académique de Nanci, de la Société royale et centrale d'agriculture de Paris, et membre de la Société d'encouragement pour l'industrie nationale, qui lui a décerné deux prix pour ses cultures en grand; et en 1828, la grande médaille d'or, pour tous ses utiles travaux agricoles. Ce savant a écrit une foule de mémoires et de rapports, des plus philanthropiques, sur le cadastre parcellaire, la clavelisation des moutons, le projet de code rural, l'agriculture et l'enseignement primaire, insérés dans les recueils publiés par les sociétés dont il fait partie, et dans les journaux. Il a aussi composé et soumis, en 1819, au conseil d'agriculture établi près du ministère de l'intérieur, l'historique de son exploitation. L'établissement rural de Roville est aujourd'hui dirigé par M. Mathieu, de Dombasle [Voy. ce nom]. M. Bertier a exercé plusieurs fonctions judiciaires et administratives importantes, entre autres celle de membre du conseil général de la Meurthe, et, en dernier lieu, il a été nommé par ce département son représentant à la Chambre élective, en avril 1815 (*). Nous ne connaissons de M. Bertier, imprimés à part, que les opuscules suivants :

I. Des mesures que réclame l'agriculture de la part du gouvernement. Paris, de l'impr. de Decourchant, 1834, in-8 de 8 pag.

II. Réflexions sur la confection d'un code rural, adressées à M. Malepeyre, auteur d'observations sur le même sujet. Paris, de l'impr. de Decourchant, 1835, in-8 de 16 pag.

III. Réclamations de l'agriculture française, l'une des plus arriérées de l'Europe, près du gouvernement et des chambres. Nanci, de l'impr. d'Apaullet, 1839, in-8 de 44 pag.

Extrait du « Bon cultivateur ».

(*) Article de la « Biographie de la Meurthe », par M. MICHEL [1829, in-12].

BERTIN [l'abbé Pierre-Joseph (*)], ancien professeur de langue française au collége d'Oxford, membre de l'Académie d'Amiens, né à Amiens [Somme], le 25 février 1743, commença ses études dans le collége des jésuites de sa ville natale. Des professeurs de l'Université les ayant remplacés à Amiens, il acheva son éducation sous l'abbé Gossart. Au sortir du collége, il fut précepteur à Picquigny, puis répétiteur à Abbeville, place qu'il occupa douze ans. En 1787 il devint chanoine de la collégiale de Saint-Vulfran dans la même ville. L'année suivante il fut admis à l'Académie d'Amiens. La révolution le força de se retirer en Angleterre. A son arrivée à Londres, il publia des *Tableaux historiques* qui ont servi de modèles à ceux du comte de Las Cases, donna des leçons, et obtint même une chaire de langue française à l'université d'Oxford. L'abbé Bertin reçut dans cette ville Louis XVIII, et la famille royale, qui étaient venus d'Hartwell visiter l'université. Après la bataille de Waterloo, il se démit de sa chaire, et l'université d'Oxford, pour lui prouver son estime, lui conféra le titre de docteur. C'était assurément une nouveauté qu'un pareil titre conféré à un prêtre catholique par une université anglicane. De retour en France, l'abbé Bertin se fixa à Abbeville, où il accepta les modestes fonctions d'administrateur du collége et de président du comité d'instruction primaire, et il concourut à l'établissement des frères des écoles chrétiennes, ainsi qu'à plusieurs autres bonnes œuvres. En le nommant

(*) Article tiré de « l'Annuaire biographique », de M. HENRION, pour les années 1830-34, t. I, p. 83. — Ni les auteurs de la « Biographie universelle », dans le t. LVIII de cet ouvrage, publié en 1835, ni les auteurs de la « Biographie de la Somme », publiée en 1837, 2 vol. in-8, n'ont consacré d'article à l'abbé Bertin.

à un canonicat de la cathédrale, M. l'évêque d'Amiens lui fournit le moyen de faire encore plus d'aumônes. L'abbé Bertin mourut le 28 avril 1830, âgé de plus de 82 ans. Les écrits de ce respectable ecclésiastique ont été recueillis et publiés en deux volumes.

— OEuvres de M. l'abbé Bertin [précédées d'une Notice sur l'auteur, par M. C. O., l'éditeur]. Paris, Gaume fr., 1832, 2 vol. in-12, avec un portr. [4 fr.].

Ces deux volumes se composent de Discours. Le premier volume est consacré aux *Discours religieux*, et le second aux *Discours littéraires*. Dans le premier il y a sept discours : un *Discours sur l'aumône*, prêché dans une assemblée de charité, en 1787 ; un *Panégyrique de saint Vincent de Paul*, prononcé, en 1783, pour la fête du saint, dans l'église de Saint-Lazare ; un *Panégyrique de saint Bernard*, prononcé, en 1788, dans l'abbaye des filles de Willencourt ; un *Panégyrique de saint Louis*, prêché à Amiens, en 1787, lors des assemblées provinciales ; un *Panégyrique de saint Vulfran*, patron de la collégiale d'Abbeville, prononcé dans cette église en l'année 1781 ; un *Discours pour une profession religieuse*, et une courte *Exhortation pour un mariage*. De ces divers morceaux, les plus remarquables sont les panégyriques de saint Vincent de Paul et de saint Bernard. Le deuxième volume renferme huit discours sur des sujets littéraires ; ce sont : un *Discours de réception à l'Académie d'Amiens*, en 187- ; un *Discours sur l'Histoire*, prononcé à une distribution de prix vers 1777 ; six *Discours* prononcés pour des distributions de prix *sur la science*, *sur l'utilité de la discipline dans l'éducation*, *sur l'art de connaître et d'employer les talents*, *sur la nécessité d'intéresser dans les ouvrages d'esprit*, *sur les mœurs et sur le danger des mauvaises liaisons*, ainsi qu'un *Discours* latin *sur la concorde fraternelle*, prononcé dans l'église de Saint-Vulfran, le jeudi-saint de l'année 1787 : ce discours, tout religieux, aurait pu être joint à ceux du premier volume. L'éditeur a inséré à la fin une *Déclaration* du chapitre de Saint-Vulfran d'Abbeville présentée au district le 31 décembre 1790, lorsque l'on mit à exécution les décrets de suppression portés par l'Assemblée constituante. Cette Déclaration, qu'on attribue à l'abbé Bertin, porte un grand caractère de modération. La collection des *Discours* fait honneur au goût et à l'expérience de cet homme de bien. L'éditeur, qui n'a signé que par les initiales C. O., y a joint quelques notes.

BERTIN l'aîné [Louis-François], journaliste. Sa biographie, ainsi que celle de son frère [Voy. l'art. suivant] est toute entière dans l'histoire du « Journal des Débats » : c'est à ce journal que ces deux Messieurs doivent la meilleure partie de leur position sociale et politique. Tout l'intérêt qui s'attache à la vie des deux frères, puisque le plus jeune des deux n'est jamais demeuré entièrement étranger à la rédaction de cette feuille, est étroitement lié à l'histoire des fluctuations et des métamorphoses de ce journal. C'est même uniquement dans ces variations que se résume leur vie politique. Leur existence comme hommes publics, n'aurait, sans cela, aucune importance, l'aîné, en dehors de la rédaction de son journal, n'ayant fait que quelques traductions de romans anglais, et l'autre absorbé par les affaires de banque, n'ayant jamais joué dans celles de l'état, un rôle tant soit peu marquant. — Louis-François Bertin, naquit à Paris, le 15 décembre 1766 d'un père qui était secrétaire du duc de Choiseul, premier ministre ; il fit ses études au collége du Plessis, et fut destiné à l'état ecclésiastique auquel la révolution l'obligea de renoncer avant que d'être entré dans les ordres. Il se mit alors, ainsi que son frère cadet, à faire de la politique, et concourut, à partir de 1793, à la rédaction de plusieurs journaux royalistes, et notamment de « l'Eclair », dans lequel le rédacteur fut loin de se montrer pénétré des maximes évangéliques qui avaient été sa principale étude dans ses jeunes ans. Cette feuille ne cessait de provoquer aux vengeances, et de confondre, dans une proscription égale, les bourreaux de 93 et 94 avec les amis d'une sage liberté. Elle fut supprimée le 9 novembre 1799. En même temps que M. Bertin concourait à l'Eclair, il faisait passer dans notre langue, ainsi que nous l'avons déjà dit, quelques-unes de ces sombres productions littéraires enfantées dans les derniers temps par nos voisins d'Outre-Manche, et dont la France était alors engouée. Il donna, à cette époque, la traduction de trois romans anglais : ***Eliza, ou Mémoires de la famille Elderland*** [1798, 4 vol. in-12, et 4 vol. in-18] ; *la Caverne de la mort* [1799], et *l'Eglise de Saint-Silfrid* [1799, 5 vol. in-12, et 5 vol. in-18] (*). Après le 18 brumaire an VIII, M. Bertin fonda, de concert avec son frère, le « Journal

(*) Plusieurs biographes on attribué à M. L.-Fr. Bertin plus de traductions que nous n'en citons ; mais c'est à tort : l'erreur vient de ce qu'on l'a confondu avec un de ses homonymes T.-P. Bertin, mort en janvier 1809, à qui l'on doit beaucoup de traductions de l'anglais.

des Débats », dont il n'a cessé d'être le rédacteur en chef tant que l'autorité ne s'y est pas opposée. Le « Journal des Débats » de MM. Bertin n'était néanmoins que la succession d'une autre feuille quotidienne qui existait depuis le 27 août 1789, et qui parut dans le format in-8, sous le titre de « Journal des débats et des décrets », jusqu'au mois de pluviôse an VIII. Un volume sert d'introduction à cette feuille. Il est intitulé : « Journal des débats et décrets, ou Récit de ce qui s'est passé aux séances de l'Assemblée nationale, depuis le 17 juin 1789 jusqu'au 1er septembre de la même année. » Pour compléter le mois de pluviôse, il faut encore deux numéros in-8. Le 3 pluviôse en VIII, cette feuille parut sous le titre de « Journal des débats et lois du pouvoir législatif, et des actes du gouvernement »; il paraissait alors in-4; mais le 9 du même mois, sous la direction de MM. Bertin, il parut in-fol., avec feuilleton. Tant que ce journal a paru in-8, fidèle à son titre, il s'est borné à rendre compte des séances de nos diverses assemblées; aussi a-t-il été souvent consulté et cité par nos historiens. Il fut rédigé originairement par B. Barrère, auquel succédèrent J.-Bapt. Louvet et autres. Lorsque, sous la direction de MM. Bertin, on adopta, en l'an VIII, le format in-folio, on y introduisit le feuilleton, que les autres journaux ont adopté depuis; il donna alors des nouvelles politiques, et des recensions de littérature et de théâtre. Les rédacteurs principaux furent, à partir de cette époque, MM. Féletz, Mely-Jannin, Fiévée, B. de Saint-Victor, Lasalle, Auger, Geoffroy, Duvicquet, Dussault, l'abbé Mutin, Boissonnade, Malte-Brun, Boutard, Ch. Nodier, Etienne, Hoffmann, Delalot, Bertin de Vaux. Grâce à sa bonne direction et aux talents des collaborateurs dont MM. Bertin eurent le bon esprit de s'entourer, cette feuille ne tarda pas à occuper la place que jusqu'en 1841 elle n'a point encore perdue, celle du premier des journaux politiques mais surtout, et plus encore, le premier des journaux littéraires. Dans les premiers temps du consulat, les deux frères Bertin étaient déjà au nombre des littérateurs, qui, dans le « Journal des Débats » coopéraient de tous leurs efforts à la restauration des vieilles doctrines politiques religieuses et littéraires. En l'an IX, M. Bertin, toujours attaché au parti royaliste, se trouva impliqué dans l'affaire du chevalier de Coigny, et fut détenu au Temple pendant neuf mois, sur lesquels il fut durant cinquante-quatre jours au secret. Sous les verroux, il continua de diriger et de rédiger son journal. Après sa mise en liberté, il fut arrêté de nouveau pour la même affaire, et déporté à l'île d'Elbe, où il resta quatre mois. Il obtint ensuite la permission de rester en Italie, où il voyagea pendant deux ans, et ne revint à Paris qu'en 1805. Il avait conservé la propriété du « Journal des Débats », devenu le 27 pluviôse an XII (16 janvier 1805) « Journal de l'Empire », en conservant néanmoins son caractère de feuille semi-officielle; probablement même eut-il peu à peu renoncé à son affection pour les Bourbons, sans les pensions dont Napoléon, qui traitait la presse, à la manière de l'ancien régime, greva les bénéfices de l'entreprise. En 1811, Napoléon ne se fit pas de scrupule de dépouiller M. Bertin, ainsi que ses co-actionnaires, pour convertir le beau revenu de ce journal, en un fond de pensions dont il gratifia seize personnages, qui ont joué un rôle plus ou moins important dans les affaires politiques : c'étaient MM. les conseillers d'état Béranger, Boulay [de la Meurthe], Corvetto, De Gérando, Réal, Pelet [de la Lozère], Mounier, Anglès; puis MM. de Beausset, préfet du palais; Treilhard, secrétaire-général de la Seine; Costaz, intendant des bâtiments de la couronne; Desmarets, chef de division à la police générale; Fiévée, maître des requêtes; Denon, directeur des musées; de Rémusat, surintendant des théâtres; Saulnier, secrétaire-général de la police. Rien de plus curieux qu'un des considérants de cet acte attentatoire à la propriété il portait que MM. Bertin avaient assez gagné sur les capitaux placés dans leur entreprise. Dès ce moment, le « Journal des Débats », devint, sous le titre de « Journal de l'Empire », la feuille semi-officielle du gouvernement impérial. De là cette foule de documents diplomatiques qui s'y trouvent et qui rendent la collection de cette feuille aussi précieuse pour l'histoire que pour la littérature. Le « Journal de l'Empire » ne fut restitué à ses légitimes propriétaires qu'à la restauration, en 1814. Dès le 30 mars, M. Bertin reprit possession de la rédaction, et le nº 31 parut sous l'ancien titre de « Journal des Débats », qui était pour lui comme une garantie de modération et de sage indépendance. En effet, pendant la première restauration, la couleur politique de cette feuille la mit en harmonie avec les principes d'un gouvernement à la fois légitime et constitutionnel. M. Bertin, lors des événements de 1815, laissa tomber en d'autres mains la rédaction du « Journal des Débats » qui redevint « Journal de l'Empire » du 22 mars au 7 juillet; il suivit le roi Louis XVIII à Gand, et y fut chargé de la rédaction du « Moniteur universel » que ce monarque y fit alors établir comme journal officiel. Cette publication plus connue sous le nom de « Moniteur de Gand » a été réimprimée depuis, une première fois comme supplément à la collection du grand « Moniteur », et une seconde fois, en 1840, dans l'intention de faire bien apprécier à la France la valeur morale, en politique, qu'on devait accorder à M. Guizot, l'un de ses rédacteurs, devenu ministre pour la troisième fois. A ce journal, auquel concouraient et M. Bertin et M. Guizot, MM. de Châteaubriand, de Pradel, Lally-Tollendal, et Louis XVIII lui-même fournissaient aussi des articles; le gouvernement du roi, momentanément exilé, professait les vrais principes de la charte octroyée. Rentré à Paris, avec le roi, M. Bertin, dès le 8 juillet, reprit la rédaction du « Journal des Débats », qui, durant la session de 1815 à 1816, partagea, non sans une certaine exagération pourtant, les principes de la majorité de la Chambre introuvable. Cette nuance parut encore plus tranchée à mesure que M. Decazes acquit plus d'influence dans le ministère. Le « Journal des Débats » lutta avec vigueur contre cet homme d'état qui essaya vainement de séduire M. Bertin l'aîné et son frère par les propositions les plus avantageuses, et en même temps les plus flatteuses pour l'ambition. Parmi les partisans que cette polémique de tous les jours contre M. Decazes attirait à leur journal, figuraient les courtisans du comte d'Artois, dont cette même feuille devait combattre plus tard les principes ou plutôt les prétentions avec une persistance et un talent remarquables. Lors du court avénement de M. de Châteaubriand au ministère dont M. de Villèle était le chef, M. Bertin se fit un instant l'organe du pouvoir, mais le moment était venu où l'auteur encore indécis de la « Monarchie selon la Charte » avait achevé son éducation constitutionnelle, et compris tout ce que cette loi fondamentale avait promis de liberté à la France. Cette opinion, ayant brouillé Châteaubriand et la fraction Agier avec Villèle, causé le renvoi si prompt et si inconvenant de notre grand écrivain; M. Bertin, dès le jour même, refusa les subventions et les documents ministériels. Depuis cette époque, son journal, soutenu par la collaboration de MM. de Châteaubriand, Salvandy, Villemain, auxquels se sont joints de plus jeunes rédacteurs, MM. Etienne Bequet, de Sacy, Nizard, Saint-Marc Girardin, Janin, etc., devint contre les ministères Villèle et Polignac l'arme d'une oppotion systématique d'autant plus gênante pour le pouvoir, que le royalisme de M. Bertin ne pouvait être révoqué en doute. Lorsque les fameuses lois du droit d'aînesse et de la censure furent présentées par M. de Peyronnet, l'opposition du « Journal des Débats » fut aussi vive que raisonnable. Le 10 août 1829, deux jours après la formation du ministère Polignac, un article de E. Bequet qui finissait par ces mots: « Malheureuse France, malheureux roi! » amena M. Bertin sur les bancs de la police correctionnelle. Il fut condamné par ce tribunal, qui a toujours passé pour être vendu au pouvoir. M. Bertin en appela devant la cour royale. Après avoir été défendu avec moins de talent qu'on aurait dû en attendre de M. Dupin l'aîné, il prononça quelques mots pleins de noblesse, qui emportèrent son acquittement: c'était un résumé simple et rapide de sa vie politique et des persécutions qu'il avait subies pour la cause des Bourbons. Il terminait ainsi: « Je » ne sais si ceux qui se croient plus

» dévoués que moi au petit-fils de » Henri IV rendent un grand service à » la couronne ; je ne sais s'il est bien » utile que les royalistes qui ont subi » les peines de la prison pour la royauté » les subissent encore au nom de cette » même royauté; mais enfin, Messieurs, » si, par impossible, mon défenseur » n'était pas parvenu à vous faire partager sa conviction et la mienne, » j'ose me flatter que d'après le peu de » mots que je viens d'avoir l'honneur » de vous adresser, aucun de ceux qui » m'entendent, ne pourra croire qu'ar» rivé au terme prochain d'une pénible » carrière, j'aie sciemment voulu offen» ser, outrager, insulter celui qui fut » toujours l'objet de mon respect, de » mon amour, j'allais presque dire de » mon culte. » Son acquittement fut un triomphe aux yeux de l'opinion publique. L'opposition des derniers temps du « Journal des Débats » n'alla pourtant point jusqu'à prendre part à la célèbre protestation des journaux libéraux contre les ordonnances liberticides de Charles X. Après les trois journées de 1830, qui amenèrent l'expulsion de la France d'un roi qui règnerait encore s'il n'eût pas fermé l'oreille à la politique conseillée par les « Débats ». M. Bertin et ses collaborateurs, sous un prétexte honorable, le sentiment de convenance morale, qu'il faudrait bien se garder de blâmer, s'il eût été vrai, boudèrent pendant quelque temps la fille aînée de la révolution de 1789. La branche aînée des Bourbons avait toujours été *l'amour*, *le culte* de M. Bertin. Mais après le triomphe de la révolution de juillet, le « Journal des Débats » devait périr ou embrasser les principes et les conséquences du nouvel ordre de choses ; ce dernier parti fut adopté, mais d'abord avec une réserve, qui, en politique, a ses inconvénients; peu de temps après, il se rallia franchement à la nouvelle monarchie ; ses subventions et ses privilèges lui étaient maintenus ; et le principe dit du « juste-milieu » s'étant établi en maître, la feuille semi-officielle n'a plus contesté que sur quelques points avec la masse de ministres que le gouvernement a usée depuis 1830. La prédilection de cette feuille pour la politique représentée par M. Guizot est assez évidente. Toutefois elle a été, jusqu'à ce jour, presque toujours heureusement un problème difficile à résoudre : elle a su concilier le caractère permanent de feuille ministérielle, auquel sont attachés d'importants privilèges, avec le soin des intérêts de ses abonnés. Ainsi, comme ce sont presque tous rentiers, elle a pris parti contre la conversion de la rente. — Le « Journal des Débats, » considéré en lui-même, n'est pas seulement une spéculation industrielle bien conçue, bien dirigée ; c'est une agence gouvernementale, une école pratique de politique ministérielle, ce qui est loin de dire toujours nationale, où les hommes qui veulent faire leur chemin briguent d'être admis, et qui, par la réunion des talents dont elle est composée, s'est constituée en quasi-autorité. Delà, après peu d'années de noviciat en polémique politique et littéraire, on sort pour prendre une place quelconque dans la machine du gouvernement : c'est un des privilèges de la feuille de MM. Bertin. — Le spirituel successeur de Geoffroy et de Duvicquet, M. J. Janin, a écrit, en 1833, pour le « Dictionnaire de la conversation » une histoire littéraire du journal dont il est un des co-rédacteurs. Cette histoire, ou cet article est imprimé, ainsi que nous le faisons ici, sous le nom des propriétaires-fondateurs, t. V, pages 464 à 469. Cet article est, peut-être, trop apologétique ; mais son auteur a puisé à bonne source les noms des écrivains politiques et des littérateurs à qui le journal doit sa fortune, et il les a donnés avec de justes appréciations du talent de chacun d'eux. L'histoire des fluctuations de cette feuille a été écrite plus récemment par deux personnes : la première, M. Nettement, sous le titre : « Histoire politique, anecdotique et littéraire du Journal des Débats » [1838, 2 vol. in-8] ; la seconde, un anonyme, sous celui-ci : «Histoire édifiante et curieuse du Journal des Débats, avec les biographies de ses rédacteurs, le chiffre de ses abonnés à diverses époques, le tarif de ses subventions, etc., etc.; par un employé au trésor » [1839, in-12]. — Bertin [Louis-Marie-Armand], l'un des fils du précédent, né à

Paris, le 22 juin 1801, après avoir terminé de brillantes études au collège Louis-le-Grand, fut attaché par son père au bureau de rédaction des Débats ; depuis 1830, il est presque seul chargé de de l'importante direction de cette feuille et il ne s'en acquitte pas avec moins de distinction que son père et son oncle en avaient montré. — BERTIN [mademoiselle], sœur du précédent, a mis en musique, en 1830, un opéra italien (Faust?), et en 1836, l'opéra de « Esmeralda » composé par Victor Hugo, d'après sa « Notre-Dame de Paris ». Ces deux ouvrages n'ont obtenu que quelques représentations.

BERTIN DE VAUX [Pierre-Louis], frère cadet du précédent, conseiller d'état, pair de France, né en 1771, à Paris, concourut, comme lui, durant la révolution, à la rédaction de plusieurs journaux royalistes, et fut, avec son frère, l'un des fondateurs-propriétaires du « Journal des Débats » ; puis, comme lui, dépouillé, en 1811, par Napoléon, pour ne rentrer dans sa propriété qu'à la venue de Louis XVIII, en 1814. M. Bertin de Vaux avait formé, en 1801, une maison de banque, et il fut, en 1805, nommé juge au tribunal de commerce de Paris. Il a été, pendant plusieurs années, vice-président du même tribunal, et il a rempli ces fonctions d'une manière très-distinguée. M. Bertin de Vaux fut nommé, en 1815, président du collége électoral du 2e arrondissement de Paris, et par suite député. Au mois d'octobre suivant, il fut nommé secrétaire-général du ministère de la police, sous M. Decazes : ce jeune ministre, par cette nomination, avait espéré se concilier l'appui de l'opinion des royalistes modérés. Le « Journal des Débats » était l'un de leurs principaux organes ; mais M. Bertin de Veaux ne tarda pas à se trouver peu d'accord avec son chef, dont le système de bascule, c'est-à-dire de faiblesse et de duplicité, convenait sans doute beaucoup au caractère de Louis XVIII, mais fort peu au caractère français. M. Bertin de Vaux se retira, en 1817, après avoir lutté plusieurs mois contre M. Decazes, qui, nous nous plaisons à le reconnaître, est lui-même bien revenu du système dangereux qu'il suivit alors. M. Bertin de Vaux avait, en 1816, été nommé secrétaire de la commission du budjet. En 1820, les suffrages du grand collége de Seine-et-Oise l'appelèrent à la députation. Dans la session de 1821, il ne tarda pas à se placer, avec M. Delalot, à la tête d'une opposition systématique, qui, sans cesser d'être royaliste, ne passait rien au ministère. Le discours qu'il prononça, le 16 février, sur le projet de loi relatif aux annuités, est remarquable par la lucidité des principes sur une matière aussi ardue, et qui touche si essentiellement au crédit public. Défenseur invariable de la liberté de la presse, M. Bertin de Vaux s'éleva, dans la séance du 6 juillet suivant, contre l'établissement de la censure : et, dans cette discussion si délicate, pour un des rédacteurs-propriétaires d'un des principaux journaux d'opposition, il parla avec autant de franchise que d'énergie, en sachant garder toutes les convenances. En 1824, le collége électoral de l'arrondissement de Versailles, qu'il avait été appelé à présider, l'élut pour député. Lorsque M. de Châteaubriand fut appelé à faire partie du premier ministère Villèle, M. Bertin de Vaux accepta la place de conseiller-d'État, dont il s'empressa de se démettre, lorsque son noble ami fut si brutalement rejeté de son ministère. Depuis cette époque, M. Bertin de Vaux a continué de se faire remarquer à la tribune nationale parmi les défenseurs de nos libertés. Il s'éleva toujours contre les désastreuses mesures du ministère *déplorable*, entre autres contre l'emprunt proposé à l'occasion de l'émancipation de Saint-Domingue, et contre le nouveau système de la dette publique et d'amortissement proposé par M. de Villèle. L'opinion qu'il prononça sur cette matière, le 22 mars 1825, fut très-remarquée dans le temps. En général, on reconnait dans les opinions législatives de M. Bertin de Vaux, un homme profondément au fait des affaires et des plus hautes questions financières, et en même temps un écrivain exercé. En effet, depuis la fondation du « Journal des Débats, » M. Bertin de Vaux n'a cessé de donner d'importants articles politiques à ce journal, qui passe pour le mieux écrit de tous. Sous le court ministère Martignac, M. Bertin de Vaux rentra au conseil d'État : il donna de nouveau sa démission à l'avénement du ministère Polignac. Il est au nombre des deux cent vingt-un députés qui ont protesté contre la formation de ce cabinet anti-français et il a été réélu au mois de juin 1830. Depuis la révolution de juillet M. Bertin de Vaux a été pendant quelque temps ambassadeur auprès du roi des Pays-Bas ; à son retour, il a été élevé à la pairie, et est en même temps rentré au conseil d'État.

BERTIN [J.-L.], prêtre habitué de la paroisse de l'Assomption.

— De la Liberté considérée dans ses rapports avec le Christianisme. Paris, Delaunay, 1831, in-8 de 40 pag.

BERTIN. — Quinze petits Contes propres à former le cœur et l'esprit des enfants de 6 à 8 ans. Paris, Lehuby, 1837, in-18, avec 6 grav. et un frontisp. [1 fr. 25 c.]

BERTIN. — Instruction sur la culture des abeilles, indiquant les moyens éprouvés par une longue expérience pour veiller à leur conservation, etc. Paris, rue Neuve-des-Capucines, 13 bis, 1836, in-8 de 96 pag. plus 2 pl.

BERTIN, dit QUANTIN, artiste.

I. Villotières [les]. Conte moyen-âge. [En vers]. Metz, de l'impr. de Dosquet, 1838, in-8 de 16 pag.

II. Enfants [les] de la balle. Poème sur le théâtre. Metz, de l'impr. de Dosquet, 1838, in-12 de 48 pag. [75 c.]

BERTIN. — Nouvelle Méthode de trompe, ou Manuel raisonné, à l'usage des veneurs et amateurs de chasse, contenant, etc. Paris, l'Auteur, 1840, in-4 oblong de 24 pag. plus 44 pag. gravées. — Dictionnaire contenant les termes de chasse les plus utiles. Ouvrage faisant suite au « Manuel raisonné [de trompe], » à l'usage des veneurs et amateurs de chasse. Paris, l'Auteur, rue des Prouvaires, nº 15, 1840, in-4 oblong de 22 pag.

BERTIN, chimiste, vérificateur des engrais du département de la Loire-Inférieure.

— Réfutation de quelques faits consignés dans le Rapport général de M. Neveu-Derotrie, inspecteur d'agriculture du département. Nantes, de l'impr. de C. Mellinet, 1840, in-8 de 12 pag.

BERTINI [Henri]. — Avec M. *Adolphe Ledhui* : Encyclopédie pittoresque de la musique, contenant l'histoire de la musique ancienne et moderne, la description et la figure des instruments les plus curieux, la biographie et le portrait des artistes célèbres, etc., etc., et terminée par un Dictionnaire historique de la musique et des musiciens. Paris, Hautecœur-Martinet, 1833-35, in-4 à deux colonnes.

Cet ouvrage, composé de texte, de musique, de portraits et dessins, avait été promis en cinq volumes, paraissant par livraisons à 30 c. ; mais il n'en a paru que 52 livraisons, formant ensemble le premier et unique volume qui ait été publié.

BERTOLA [François]. — Réflexions sur la substance des corps, appliquées au système général de la nature. Paris, l'Auteur, rue Croix-des-Petits-Champs, 11, 1830, in-8 de 56 pag. [2 fr.].

BERTOLACCI [A.]. — Projet de remplacement de l'octroi. Paris, de l'impr. de Migneret, 1829, in-8 de 4 pag.

BERTON [Henri MONTAN] (*), l'un des plus célèbres musiciens de notre epoque, professeur d'harmonie au Conservatoire et membre de l'Institut [Académie des Beaux-Arts], compositeur fin, spirituel, énergique, savant et populaire tout à la fois, qui a fondé avec d'autres Français notre école nationale, et l'un de ceux qui l'honorent le plus, né le 17 septembre 1766, à Paris, d'un père lui-même célèbre compositeur. Le jeune Berton montra, dès l'enfance, les plus heureuses dispositions pour la musique. Il entra, à l'âge de treize ans, comme violon, à l'orchestre de l'Opéra, se livra avec ardeur à la composition, malgré ses maîtres qui avaient décidé qu'il n'y réussirait pas, et parvint à se faire confier, par La Morlière, son opéra de *La Dame invisible*. Son travail achevé, il

(*) M. Berton est plus connu comme artiste que comme littérateur, aussi nous ne lui consacrons que quelques lignes. Pour des notices étendues, voyez la « Biographie des Musiciens », par M. Fétis, et le « Biographe et Nécrologe réunis », t. IV, p. 285 et suiv., article signé Henri BLANCHARD.

hésitait à le faire connaître ; on porta sa partition, sans le lui dire, à Sacchini, qui prit le plus vif intérêt au jeune compositeur, l'invita à venir travailler auprès de lui, et ne cessa de le diriger dans ses études jusqu'à sa mort. Devenu un des plus célèbres musiciens de l'époque, M. Berton fit partie du Conservatoire, aussitôt après sa formation, comme professeur d'harmonie. En 1806, il prit la direction des Bouffes, la garda pendant deux ans, après lesquels il entra, comme chef de chant, à l'Académie de de musique, sous la direction de Picard. En 1815, M. Berton fut admis à l'Institut, en même temps que M. Spontini ; mais l'année 1816, d'un trait de plume, il fut rayé de l'Institut, de l'Opéra, de la surintendance de la chapelle du roi et du Conservatoire. L'artiste dut expier son admiration et son dévouement pour l'Empereur. Vainement la classe des beaux-arts fit une démarche auprès du duc de Duras pour que l'artiste qui avait honoré la France continuât de siéger à l'Institut; le courtisan légitimiste fut inexorable. En 1816, la seule de ses attributions était d'examiner la partie musicale des compositions lyriques destinées à l'Opéra. Cependant à la mort de Méhul, en 1817, il rentra au Conservatoire pour y remplacer cet illustre compositeur, et à l'Institut en remplacement de Monsigni; sa place à l'Opéra, de 6,000 fr., fut remplacée par une retraite de 1,200 fr. M. Berton débuta aux Italiens, en 1786, par *le premier Navigateur* ; depuis cette époque il a composé la musique d'un très-grand nombre de pièces de théâtre dont MM. Fétis et H. Blanchard, dans leurs notices sur cet artiste, ont donné la nomenclature. On lui doit encore de la musique sacrée, de la musique instrumentale, quelques cantates et quelques pièces de circonstance, paroles de Dupaty, un *Arbre généalogique des accords*, un *Dictionnaire* sur le même sujet, et une *Méthode d'harmonie*, avec une foule de *rapports* sur presque toutes les découvertes et inventions musicales de ces derniers temps. Peu de compositeurs ont obtenu et mérité plus de succès que M. Berton. Son style est généralement pur, et son harmonie correcte et élevée. M. Berton avait deux fils qui se sont livrés à l'étude des beaux-arts : l'un qui annonçait un peintre distingué; l'autre, Henri Berton, qui promettait un digne successeur de son père, était professeur de vocalisation à l'école royale de musique, et auteur des opéras de *Ninette à la cour*, des *Caquets* et d'autres compositions, a succombé le 19 juillet 1832, victime de l'épidémie régnante, à l'âge de quarante-huit ans, au moment où il se disposait à faire représenter un nouvel opéra-comique dont les rôles étaient déjà distribués.

OUVRAGES DE M. H.-M. BERTON.

1. *Musique.*

I. Traité de l'harmonie, suivi d'un Dictionnaire des accords. Paris, Mme Duhan, 1815, 4 vol. in-4, texte gravé, avec un portr. [76 fr.].

Le *Traité de l'Harmonie*, forme un volume; on trouve en tête un tableau qui donne l'arbre généalogique des accords. Le *Dictionnaire des accords* a trois volumes, dont chacun traite des accords donnés par l'une des branches de l'arbre généalogique.

II. Jeu des préludes harmoniques, ou compas et boussoles des gammes musicales pour tous les tons, par dièses et par bémols dans les deux modes majeur et mineur. Paris, 1819, in-fol.

III. De la musique mécanique et de la musique philosophique ; suivi d'une Épitre [en vers libres] à un célèbre compositeur [Boïeldieu]. Paris, A. Eymery, 1826, in-8 de 48 pag.

IV. De la musique en France. Broch. in-8.

A cette section, il faut ajouter les articles de musique fournis par M. Berton au journal littéraire intitulé « l'Abeille », d'où sont tirés nos numéros IV et VII; toute la partie musicale de « l'Encyclopédie moderne », publiée par Courtin, enfin la terminologie musicale de la VIe édition du Dictionnaire de l'Académie française.

II. *Littérature.*

V. Ponce de Léon, opéra-bouffon en trois actes. [Paroles et musique]. Paris, Migneret, an VI [1798], in-8 [1 fr. 50 c.].

VI. Épître [en vers libres] à un célèbre compositeur [Boïeldieu]. Voy. le n° III.

VII. Art [l'] de faire et de défaire les réputations. Broch. in-8.

BERTON [Jean-Michel], publiciste et littérateur, parent du précédent et neveu, par alliance, de MM. Lacretelle, de l'Institut, né à Cahors [Lot], le 12 juillet 1794, fit ses études au lycée de cette ville, et fut reçu avocat à Paris à la fin de 1815. Inspiré par la lecture de Beccaria et de Filangieri, il signala, dès 1817, dans un ouvrage intitulé *Observations critiques sur la procédure criminelle d'après le code qui régit la France,* les réformes les plus importantes exigées par l'état de notre procédure criminelle, réformes dont quelques-unes sont passées dans notre législation. Le succès de ses *Considérations sur les élections prochaines,* celles de 1818, et de ses *Aperçus historiques sur les communes, etc.* publiés l'un et l'autre en 1818, assuraient à M. Berton un rang honorable dans la littérature politique, lorsque le vœu de son père, avoué à Cahors, l'attira au barreau de cette ville. La spécialité de ses occupations le ramena dès 1821 à Paris pour y continuer ses études de droit public. Il devint le collaborateur d'un des premiers avocats à la cour suprême, et fut reçu avocat près de cette cour, à la fin de 1823. Vers cette époque il épousa la fille de M. Saulnier, ancien préfet et député de la Meuse. En juillet 1825, il fonda avec son beau-frère, la « Revue britannique » dont ce dernier se réserva la direction. Bien que des convenances de barreau, n'aient pas laissé figurer son nom parmi les collaborateurs des deux premières séries, M. Berton n'en a pas moins traduit pour cette belle collection l'équivalent de plus de dix volumes, spécialement sur la législation, la critique historique, les voyages : les premiers cahiers, entre autres, ont été presque entièrement traduits par lui. Parmi ses plaidoyers imprimés on en distingue deux fort importants, *sur les fiefs d'Alsace* et l'*aliénation du domaine lorrain.* Décoré de juillet en 1830, M. Berton s'est tenu en dehors des fonctions publiques; mais les électeurs du département du Lot ont accueilli trois fois sa candidature, en 1830, 1831 et 1837, par une imposante minorité. Après la mort de M. Saulnier, en 1835, M. Berton céda son office d'avocat à la cour de cassation; il vendit en même temps la « Revue britannique », dont il est néanmoins resté le collaborateur. Vers cette époque il fonda la « Revue poétique française et étrangère », dont presque toutes les traductions en vers et en prose lui appartiennent. Notre époque est peu poétique, quoiqu'on fasse des vers plus que jamais, le recueil de M. Berton n'exista qu'une année, et forme deux volumes in-8. En 1839 il a fait paraître sous le titre d'*Éleuthérides*, un volume de poésies, empreintes d'une haute philosophie et d'un ardent patriotisme. Son dernier ouvrage, publié en mars 1841, offre une discussion approfondie de la question d'Orient, envisagée sous le rapport de nos intérêts maritimes et commerciaux.

I. *Observations critiques sur la procédure criminelle d'après le code qui régit la France. Par M. *J.-M. B.*, avocat. Paris, Eymery; Dondey-Dupré, 1818, in-12 de xiij et 271 pag. [5 fr.].

Voyez ce qui est dit de cet ouvrage dans la « Minerve française », 20e livraison, p. 333 et suivantes. On y présente les Observations de l'auteur comme complétant celles de M. Béranger [Voy. ce nom].

II. Considérations sur les élections prochaines. Paris, Eymery; Delaunay; Pélicier, 1818, in-8 de 60 pag. [1 fr. 50 c.].

III. Aperçus historiques sur les communes dans leurs rapports avec la liberté et l'égalité politique, en réponse aux plans des partisans de l'aristocratie sur l'administration intérieure. Paris, A. Eymery, etc., 1818, in-8 de 56 pag. [2 fr.].

IV. Turcs [les] dans la balance politique de l'Europe au XIXe siècle, ou Considérations sur l'usurpation ottomane et sur l'indépendance de la Grèce; par *J.-M. Berton*, suivis d'une nouvelle traduction des Lettres de lady *Montague* sur la Turquie, avec des notes et une Notice sur l'auteur anglais, par Madame *Dufrenoy*. Paris, A. Eymery, 1822, in-8 [6 fr.].

V. A Messieurs les électeurs du Lot. Paris, de l'impr. de Dondey-Dupré, 1830, in-8 de 12 pag.

VI. Majorats [des] et substitutions, et de la pairie héréditaire. Paris, de l'impr. de Dondey-Dupré, 1831, in-8 de 192 pag. [4 fr.].

Écrit dans lequel ces deux institutions sont combattues avec une grande force de logique, et un talent remarquable.

VII. Eleuthérides, poésies. Paris, Dumont, 1839, in-8 [7 fr. 50 c.].

Ce volume renferme entre autres des *scènes polonaises* au nombre de sept.

VIII. Intérêts rivaux de la France et de l'Angleterre en Europe et en Orient. Paris. Paulin, 1841, in 8 de xvj et 367 pag. [6 fr.].

Ainsi que nous l'avons dit dans notre notice M. Berton, en outre, a été, en société avec M. L.-Sébast. Saulnier, fondateur de la « Revue britannique », dont le 1er numéro porte la date du 1er juillet 1825; à eux deux, ces MM. ont fourni toute la matière des premiers numéros. Plus tard, M. Berton, seul, a fondé et dirigé la « Revue poétique du XIXe siècle, ou Choix de poésies contemporaines inédites ou traduites de langues européennes et orientales », revue dont la première livraison a paru en mars 1835, et qui n'a eu qu'une année d'existence : indépendamment de plusieurs traductions de pièces de poésies étrangères, M. Berton y a fourni, sous son nom ou son initiale, plusieurs pièces de sa composition.. Ce dernier recueil renferme de lui, entre autres, plusieurs morceaux de poésie lyrique et de critique littéraire, parmi lesquels on remarque *le Dernier jour, l'Espagne, le Proscrit italien, l'Incendie de Westminster, le Bal du sous-préfet*, proverbe en vers [imprimé sous le pseudonyme de Bertrand], des Aperçus sur les poètes des États-Unis, sur Victor Hugo, sur Georges Sand.

V. A. S.

BERTON [Émile-Adolphe-Joseph], docteur en médecine de la Faculté de Paris, l'un des médecins de la garde municipale, est né le 1er janvier 1802, à Dinan, ancien département de Sambre-et-Meuse, d'un des martyrs de nos secousses politiques, de l'infortuné général Berton, dont il est le dernier fils. M. Berton fut dès son jeune âge destiné à la médecine, tandis que son frère aîné était voué à la carrière des armes. La branche maternelle de sa famille comptait en effet beaucoup de médecins, tandis que celle de son père ne comptait que des militaires. Elevé au collége de Sainte-Barbe, il eut pour camarades MM. Cavaignac, Guinard, Thomas, avec lesquels il a conservé des relations amicales. Un refroidissement survenu entre son père et son oncle maternel, médecin à Paris, sembla devoir changer la destinée du jeune Berton; car la conséquence en fut son entrée à l'école militaire de Saint-Cyr. Deux ans après, en 1821, il en sortit officier et fut envoyé en garnison à Pontivy, où il se trouvait quand éclata la conspiration de son père. Il revint alors à Paris, et envoya sa démission aussitôt après l'arrestation du général. Il ignorait du reste tout à fait les projets de son père, qu'il eût peut-être pu seconder; mais son jeune âge et les sentiments paternels du général furent probablement les motifs qui empêchèrent ce dernier de l'associer à sa périlleuse-entreprise. Il n'est pas besoin de retracer ici les angoisses de ce malheureux fils pendant le procès et l'exécution judiciaire qui s'ensuivit : on en aura une idée en songeant à la résolution terrible et désespérée qu'il prit et qu'il exécuta, de partir à franc étrier et en poste, aussitôt après le rejet du pourvoi en cassation, pour aller se jeter au devant de la charrette de son père, et tâcher ainsi de produire un mouvement de la part de la population, une émeute qui eût fait délivrer l'infortuné général... Mais il était trop tard... on avait eu grande hâte d'assouvir des vengeances, et. quand le fils de la victime accourait haletant aux portes de Poitiers, celle-ci n'existait plus !!! — Le jeune Berton perdit avec son père sa fortune, déjà compromise par les dépenses qu'avait dû faire le général depuis long-temps en lutte avec le gouvernement, et surtout par les frais nécessaires pour préparer et exécuter son mouvement. Son fils s'enferma dès lors dans les hôpitaux et dans les amphithéâtres; il entoura sa douleur des consolations de la science, à laquelle il se livra, avec un entier abandon. — Le froid accueil que lui firent d'ailleurs les anciens *amis* de son malheureux père, et les plus chauds, les plus éminents, les plus verbeux coryphées de la cause sacrée pour laquelle ce dernier avait versé son sang, lui rendirent plus cher son isolement et les études nécessaires à la nouvelle carrière qu'il avait embrassée. — Reçu docteur à l'école de Paris, en avril 1828, M. Berton n'a cessé dès lors d'exercer sa profession en cette ville. Les exigences de la pratique médicale ne l'ont pas empêché de s'occuper avec assiduité de la théorie de la science qu'il semble affectionner. Ainsi, en 1830, il a écrit une monographie de la *Dégénérescence tuberculeuse*, qui lui a mérité une médaille de la Société médicale d'émulation. En

1834, il a publié des *Recherches sur l'hydrocéphale aiguë et sur une variété particulière de pneumonie, etc.*, qui lui valurent, d'après l'assentiment de l'Académie médicale de Stockholm, une médaille d'or, laquelle lui fut remise de la part du roi par l'ambassadeur de Suède ; et, en 1837, il a fait paraître un *Traité sur les maladies des enfants.* De plus, grand nombre d'articles ou de mémoires de ce médecin ont paru à diverses époques dans les gazettes et recueils de médecine. — A la révolution de juillet, à laquelle il prit part, M. Berton fut nommé chirurgien aide-major de la garde municipale de Paris. C'est vers ce temps qu'il eut le nouveau chagrin de perdre son frère aîné, mort en mer de la fièvre jaune. — Aussitôt après les mémorables journées de juillet, M. Berton adressa au gouvernement, qui en était issu, une demande pour que la mémoire de son père fût publiquement réhabilitée, et qu'un tombeau lui fût élevé. Mais les patriotes de la Vienne, à la tête desquels se trouvait l'honorable M. Drault, prirent l'initiative de cet acte de réparation et de justice, et rendirent ces honneurs publics, à l'illustre et courageuse victime, jadis égorgée dans leur ville. — M. Berton est aujourd'hui médecin de la gendarmerie du département de la Seine.

OUVRAGES DE M. E.-A.-J. BERTON.

I. Recherches et considérations sur la dégénérescence tuberculeuse en général, et sur celle des glandes bronchiques en particulier. Mémoire couronné par la Société médicale d'émulation. Paris, de l'impr. de Casimir, 1830, in-8 de 36 pag.

II. Réponse à la brochure de M. le colonel Gauchais sur les événements de Thouars et de Saumur. Paris, de l'impr. de Selligue, 1832, in-8 de 4 p.

L'ouvrage du colonel Gauchais a paru dans la même année sous le titre de : « Histoire de la conspiration de Saumur. »

III. Recherches sur l'hydrocéphale aiguë, sur une variété particulière de pneumonie, et sur la dégénérescence tuberculeuse. Paris, Just Rouvier et E. Lebouvier, 1834, in-8 [4 fr.].

IV. Traité des maladies des enfants, ou Recherches sur les principales affections du jeune âge [depuis l'époque de la première dentition jusqu'à celle de la puberté]. Ouvrage faisant suite à celui du docteur Billard, fondé sur les nombreuses observations physiologiques, cliniques et anatomiques et sur l'examen et la discussion des opinions de la plupart des auteurs qui ont écrit sur cette partie de la médecine, tels que Rosen, Underwood, Guersent, Billard, Denis de Commercy, etc., etc., avec des notes de M. le docteur Baron. Paris, Baillière, 1817, in-8 [7 fr.].

V. Réflexions sur les névroses et la fièvre intermittente. Paris, de l'impr. de Lange-Lévi, 1838, in-8 de 8 pag.

BERTOU [le comte de]. — Essai sur l'état politique des provinces de l'empire ottoman, administrées par Mehemed-Ali. Paris, Leleux, 1839, in-8 de 44 pag. [1 fr.].

BERTRAN. — Société libre d'émulation de Rouen. Rapport lu à la séance du 1er mars 1834, par M. Bertran, au nom d'une commission nommée pour examiner sa proposition du 2 janvier. Rouen, de l'impr. de Baudry, 1834, in-8 de 16 pag.

La proposition était de publier annuellement un recueil des meilleurs ouvrages originaux sur l'Histoire de la Normandie.

BERTRAN DE LIS [don V.]. — Representacion dirigida al ministerio español. Paris, de la impr. de Didot aîné, 1831, in-8 de 80 pag.

BERTRAND [Jean-Baptiste], grammairien ; né à Cernay-les-Reims, le 8 septembre 1764 ; mort à Chaillot [à Sainte-Périne], le 11 octobre 1830.

I. Grammaire alphabétique française. 1797, in-8 [3 fr.].

II. Il y a des cas dans toutes les langues, et c'est une erreur de croire qu'il n'y en a point dans les noms français. Dissertation philosophique lue à l'Institut national. Paris, 1797, in-8.

III. Raison de la syntaxe des participes de la langue française. Paris, 1809, in-8 de 135 pag.

Ces deux opuscules ont été réunis, sans être réimprimés, sous le titre de : *Dissertations grammaticales.* 1809, in-8.

« Bertrand a dû laisser en manuscrit un grand travail sur le « Télémaque », qui l'a occupé un grand nombre d'années. »

« Il a, moyennant un très-modique salaire, fait, en sous ordre, quelques travaux littéraires. D'autres ont eu la plus grosse part dans les produits, et la gloire toute entière, si gloire il y a, au travail d'éditeur. »

[*Bibliog. de la France*, ann. 1831.]

BERTRAND [le comte Henri-Gratien] général de division du génie en non-activité, l'un des plus braves généraux de l'Empire, et le plus fidèle serviteur du héros du XIXe siècle, naquit le 28 mars 1773, à Châteauroux, chef-lieu du département de l'Indre, d'une famille honorable du Berri. Ses études furent dirigées vers le génie civil, pour lequel il montrait un talent distingué; mais les événements changèrent ses dispositions. Il servait comme garde national dans la journée du 10 août 1792, et se plaça dans un bataillon qui se portait volontairement aux Tuileries pour y défendre le roi. Il servit ensuite dans l'arme du génie, parcourut rapidement tous les grades militaires, fit l'expédition d'Egypte, où il fortifia plusieurs places; fut nommé chef de bataillon à la bataille des Pyramides, colonel à la bataille d'Aboukir, et général de brigade en l'an VIII, après la campagne d'Héliopolis. Le général Bertrand mérita de plus en plus la confiance de Napoléon, qui, en 1804, eut une nouvelle occasion d'apprécier son mérite au camp de Boulogne; aussi l'admit-il au nombre de ses aides de camp après le couronnement [décembre 1804]. En 1805, le général Bertrand accompagna l'Empereur dans sa campagne d'Allemagne, et se couvrit de gloire à la célèbre bataille d'Austerlitz, dans laquelle les austro-russes furent complètement défaits par Napoléon. [2 décembre]. En 1806, il s'empara de Spandau après un investissement de quelques jours. En 1807, il contribua puissamment au gain de la bataille de Friedland sur les Russes. Mais un fait d'armes qui arracha l'admiration même de l'ennemi, ce fut dans la guerre d'Autriche de 1809, à la bataille d'Aspern, la construction des deux ponts jetés par lui si habilement sur le Danube, et qui étaient destinés à faciliter le passage de l'armée française qui se portait sur Wagram. Cette campagne (*) mit tellement en évidence ses talents et sa bravoure, que Napoléon le nomma grand-maréchal du palais après la mort du maréchal Duroc. Ses succès furent les mêmes dans les campagnes de 1812 et 1813, particulièrement à Lutzen et à Bautzen. En octobre 1813, il fut chargé de défendre des postes importants contre les ennemis immensement supérieurs en forces; et s'il éprouva quelques désavantages au passage de l'Elbe, contre le maréchal Blücher, il faut en accuser la fortune de nos armes qui commençait à chanceler. Ce fut le général Bertrand toutefois qui protégea notre retraite après la sanglante bataille de Leipzig, en s'emparant de Weissenfeld et du pont sur la Saalh. Ses services ne furent pas moins importants après la bataille de Hanau : il couvrit Mayence jusqu'à ce que l'armée eut repassé le Rhin. Dans ces deux circonstances, et dans celles qui suivirent le départ de l'Empereur pour Paris, le comte Bertrand ne pensa plus qu'à sauver les débris de l'armée, et vit presque toujours ses combinaisons et ses efforts couronnés de tout le succès qu'il était possible d'en attendre au milieu de tant d'événements funestes. De retour à Paris, en 1814, il fut nommé aide-major-général de la garde nationale, fit cette campagne de France si étonnante par ses succès et par ses revers, suivit Napoléon à l'île d'Elbe : accoutumé à lui obéir, comme à son souverain dans cette île, il crut lui devoir la même obéissance en France. Cependant il avait écrit : « Je reste sujet du roi, et je serai son sujet fidèle, comme je l'ai été de l'empereur. » Et il employa toute son activité et tout son talent pour favoriser ses projets pendant les cent-jours. Il est vrai que la marche de Napoléon fut triomphale jusqu'à Paris, et que le spectacle de ses succès inouis dut enivrer tous ceux qui s'en crurent les agents, bien qu'ils n'en fussent que les témoins. La cause de cette étonnante révolution était toute entière dans ces mots de Louis XVIII, qui fut assez éclairé pour voir la source du mal, et assez grand pour l'indiquer : « Mon » gouvernement a fait des fautes; sans » cela, Napoléon eût fini à Grenoble » ce qu'il n'a terminé qu'à Waterloo. » C'est aussi dans ces mots que se trouve la grâce accordée plus tard au général

(*) C'est à tort qu'une biographie moderne, celle de Rabbe et Boisjolin, dit que le général Bertrand fit la campagne de Russie; il était à cette époque gouverneur général des provinces illyriennes.

Bertrand. Depuis ce moment, fidèle à la mauvaise comme à la bonne fortune de Napoléon, il ne le quitta plus, le suivit quelques mois plus tard à Sainte-Hélène, partagea et adoucit ses infortunes, et ne songea à venir en France qu'après avoir recueilli son dernier soupir. Le général Bertrand avait été condamné à mort par contumace, le 7 mai 1816. A son retour dans sa patrie, en 1821, le roi annula, par ordonnance, son jugement, et le réintégra dans tous ses grades militaires. Des hommes qui cherchent toujours un *côté faible* dans les belles actions, ont fait entrevoir que l'illustre dévouement du général Bertrand lui fut dicté par un sordide intérêt: sotte et ignoble calomnie! Mais des assertions sans preuves ne peuvent détruire des faits; et nous nous plaisons à voir dans le général Bertrand un homme d'honneur qui a cru devoir remplir, auprès d'un prince malheureux, les serments qu'il lui avait faits lorsqu'il était à l'apogée de sa gloire. Une des raisons qui militent pour ce général, c'est que lui, connu de très-bonne heure par Napoléon qui l'aimait, n'a pourtant à l'imitation des compagnons d'exil du grand homme, fait aucune spéculation des dits et actions de l'illustre captif. Mme Bertrand, fille du général Dillon (1), victime des excès révolutionnaires, en 1793, partagea l'exil volontaire de son mari. Après leur retour en France ils s'occupèrent de l'éducation de leurs enfants, et de la culture du domaine qu'ils possèdent à Châteauroux; le général refusa la proposition de reprendre de l'activité, d'abord sous Louis XVIII, et plus tard sous Charles X : il s'était voué au culte des souvenirs. — Après la révolution de juillet, le général Bertrand accepta avec empressement le commandement de la 4e légion de la garde nationale de Paris, et celui de l'École polytechnique, la pépinière des héros de juillet. La royauté nouvelle voulant s'étayer des vieilles illustrations impériales, celle-là lui eût manqué; tout avait été mis en œuvre pour l'*enrôler,* et l'on put dire au Palais-Royal, en parlant du général Bertrand, « il est des nôtres ». Les électeurs de Châteauroux, de leur côté, voulurent donner à leur compatriote, un témoignage de leur estime; ils l'envoyèrent défendre à la tribune nationale les droits et les intérêts du pays. L'honorable député n'a pas été infidèle à son mandat; il a justifié les espérances qu'avaient fait concevoir sa glorieuse carrière et la lettre qu'il avait adressée aux électeurs de l'Indre. « Il est surtout » indispensable, leur écrivait-il, de faire » disparaître indéfiniment la Chambre » actuelle dite des pairs; triste importation faite par un gouvernement qui » fut le résultat d'une invasion étrangère et des malheurs de la patrie... » bien que nous lui devions la seule loi » *véritablement* bonne, qui ait été faite » depuis dix mois, l'abolition de la loi » qu'on nommait du « Sacrilége. » La » liberté indéfinie de la presse est le » fondement de toutes les libertés, elle » en est le palladium. Peut-on dire, sans » rougir de pudeur, que nous avons en » France la liberté de la presse, lorsqu'il » y a chez nous privilége de libraires, » d'imprimeurs, de lithographes, de » journalistes, d'afficheurs, de colporteurs et même censure d'images et d'enluminures?... A quoi bon les glorieuses » journées de juillet, si on voulait conserver le régime des priviléges? Penser, parler et publier, est un droit » naturel à l'homme. Notre plus grand » besoin est de démolir la tyrannie. La » liberté indéfinie de la presse est le » seul moyen de faire finir une révolution qui nous cahote depuis quarante-deux ans. » De pareilles doctrines déplurent aux hommes du pouvoir, ils avaient compté « sur mieux que cela », aussi y eut-il du désenchantement en haut lieu, et l'honorable général ne tarda pas à s'en apercevoir : il se constitua à la Chambre l'infatigable champion de la liberté de la presse, et de même que Caton ne prenait jamais la parole sans faire entendre cette pensée patriotique et solennelle : « Delenda » est Carthago », de même le vertueux représentant de l'Indre n'est jamais monté à la tribune sans prononcer cette phrase sacramentelle : « Je demande la liberté illimitée de la presse. » Le général Bertrand ne pouvait rester long-temps attaché au char de la quasi-légitimité, il fut remplacé dans son com-

(*) Morte en 1836.

mandement de l'École polytechnique. Il flétrit avec énergie la brutale destitution de MM. Baude et Dubois [6 mars 1833]; il avait déjà attaqué vivement le ministère dans la séance du 20 février, en signalant la conduite humiliante de notre cabinet devant les cabinets étrangers. Il prit la parole dans le procès de « la Tribune » en faveur du gérant de ce journal, et lorsque la majorité se fut constituée en tribunal, il refusa de prendre part à la procédure [8 avril 1833]. Dans la session de 1834, il appuya la demande d'une pension en faveur de la veuve du général Gérard [27 janvier]. La loi sur les crieurs publics rencontra une énergique opposition chez le député de Châteauroux [5 février]. Dans la discussion sur la liquidation de l'ancienne liste civile, il demanda que les pensions au-dessous de 250 fr. accordées à d'anciens militaires ou à leurs veuves, pour services rendus à la patrie dans les armées nationales, fussent conservées à titre de secours [12 février]. Il prononça, en faveur des pétitions pour la famille Napoléon, un discours digne de l'homme qui s'est dévoué à un long exil pour partager les malheurs du captif de Sainte-Hélène [22 février]. Il combattit avec vigueur, la loi contre les associations : loi impossible à exécuter, loi d'arbitraire et de persécution, et dont il prédit les funestes résultats [20 mars]. Dans la discussion du projet de loi relatif à la caisse de vétérance, il fit entendre de nouvelles réclamations en faveur des pensionnaires qui auraient servi sous la république et sous l'empire [15 avril]. Il proposa une augmentation à la dotation de la Légion-d'Honneur pour payer le traitement des légionnaires du bataillon de l'île d'Elbe, dont il défendit noblement la cause [24 avril]; combattu par M. Jaubert, qui semblait avoir pris à tâche de repousser toutes les inspirations généreuses, et qui s'opposait avec un acharnement sans exemple aux droits des légionnaires nommés par Napoléon avant le 20 mars : « Songez, Messieurs, » disait le général, que ces décorations » ont toutes été portées sur le champ » de bataille; les unes y sont restées » noyées dans le sang français; les » autres sont teintes du sang de l'en» nemi, et dans ce noble baptême de » sang, une date, ce me semble, n'a » guère d'importance... » Des applaudissements universels partis de la Chambre et des tribunes publiques accueillirent ces belles paroles; mais ses nobles efforts furent inutiles, et sa proposition en faveur des légionnaires du bataillon de l'île d'Elbe fut rejetée par la majorité. Et dans la même séance, cette même majorité maintenait les pensions des chouans! Le 14 mai, il s'éleva contre la loi des barricades; montra la France désarmée et l'étranger profitant de ce désarmement : « A Sparte, » dit-il, on interdisait aux ilotes le » droit de porter des armes; les hom» mes de juillet seront-ils traités comme » des ilotes ». Le ministère mit tout en œuvre pour éloigner de la chambre cet incorruptible défenseur des droits du peuple, et il y réussit. Peu de temps après la fin de sa législature, le général Bertrand partit pour la Martinique, d'où il ne revint qu'en 1839. Arrivé à Bordeaux sur le navire le « Majestueux » dans les premiers jours d'août, il n'avait pas encore achevé sa quarantaine lorsque le duc et la duchesse d'Orléans arrivèrent à Bordeaux : le prince héréditaire, instruit du retour du général, alla lui rendre visite à bord du navire qui l'avait ramené. Cinq jours après, il entra dans les murs de la ville. Cinq cents personnes environ se portèrent à sa rencontre, et l'accompagnèrent avec un vif enthousiasme. Par cette démonstration, les Bordelais confondirent dans leurs hommages le général dont le nom est à jamais associé aux plus hautes gloires et aux plus grands revers de la France, et la mémoire du grand Empereur dont le génie puissant terrassa l'anarchie et réunit en un vigoureux faisceau toutes les forces nationales. Il quitta Bordeaux pour se rendre à Pau. Pour ôter tout prétexte à l'esprit de parti, le général eut la pensée louable de sortir à pied de chez lui pour gagner sa voiture qui l'attendait au bout de la ville : il s'arrêta quelques jours à Pau pour présenter ses hommages à LL. AA. RR. le duc et la duchesse d'Orléans qui arrivèrent dans cette ville à la fin d'août. Châteauroux revit dans la même année le général. Au commencement de 1840, ce modèle de fidélité offrit à la nation française, dans la personne de son chef, les armes de Napoléon que celui-ci, peu de temps avant sa mort, avait chargé le général Bertrand de remettre à son non moins infortuné fils. Il est évident que le but du général Bertrand, en offrant au nom de la famille impériale les armes de Napoléon à Louis-Philippe, était d'intéresser celui-ci au sort de ces débris épars de royautés, et d'arriver à les faire rassembler en faisceau dans leur commune patrie! Le général Bertrand en avait écrit deux fois à l'ex-roi Joseph pour savoir s'il approuvait ce projet; mais, ne recevant point de réponse, il suivit son propre mouvement, et offrit alors les armes de Napoléon au roi, qui les refusa au nom d'une famille qui était, dit-il, en conspiration permanente contre son trône, mais qui voulut bien les accepter au nom du général. Ce présent, fait au roi des Français, donna lieu à une réclamation de la part de l'ex-roi Joseph, dans laquelle il reprochait au général d'avoir frustré, par trop de complaisance, les membres de la famille de Napoléon, de la portion de l'héritage du chef, qui devait être pour eux la plus précieuse (*). La même année, le général Bertrand fit encore hommage à la ville de Paris d'un nécessaire en vermeil, et à sa ville natale de divers objets ayant appartenu aussi à l'Empereur. L'Angleterre ayant enfin consenti à rendre à la France les dépouilles du héros que vingt-cinq ans auparavant elle avait si lâchement fait prisonnier, les anciens compagnons de captivité de Napoléon furent appelés à faire partie de l'expédition chargée d'aller enlever à la terre de Sainte-Hélène, les restes du plus grand capitaine des temps modernes. Les compagnons d'exil du grand homme eurent alors la satisfaction de considérer comme prochaine la réalisation du dernier vœu de Napoléon : « Que son corps reposât » sur les bords de la Seine, au milieu » des Français qu'il avait tant aimés. » Bientôt après il ne resta plus de Napoléon à Sainte-Hélène que son souvenir, et ces paroles terribles que la harpe éolienne, suspendue dans l'air, vibre à chaque vent : « Je lègue l'opprobre « de ma mort à la maison régnante « d'Angleterre ». Le général Bertrand dut se trouver heureux, lorsqu'à la fin de 1840, il put, escorté d'un peuple immense, conduire les dépouilles de celui auquel il avait montré un si héroïque attachement, à l'hôtel des Invalides, où le gouvernement n'a voulu probablement inhumer qu'un grand capitaine. Jusqu'à ce jour, les ouvrages du général Bertrand se bornent aux *discours* qu'il a prononcés pendant sa législature, et à quelques *opuscules;* mais on assure qu'il est arrivé au moment de pouvoir remplir un des désirs exprimés par Napoléon à Sainte-Hélène, celui qu'il publiât un des épisodes les plus brillants de la vie glorieuse du moderne César : l'*Histoire de l'expédition d'Égypte*. Les deux premiers volumes de cet ouvrage ont été écrits par le général Bertrand sous la dictée de Napoléon; les deux derniers sont de la composition du général : le public est appelé à jouir incessamment de la lecture de ce livre, car il doit être mis prochainement sous presse. — Du mariage du général Bertrand avec mademoiselle Dillon, sont issus une fille, mariée à M. Amédée Thayer, avocat et membre du conseil-général; et trois fils au service : l'aîné, Napoléon, né à Paris, capitaine-commandant des spahis, à Oran; le second, Henri, né en Illyrie, capitaine au 4e régiment d'artillerie; le troisième, Arthur, celui dont l'article suit.

(*) Depuis cette donation, le procès des lettres, attribuées au roi, a peut-être fait penser au général que les armes de Napoléon eussent été plus convenablement placées dans son tombeau.

ÉCRITS DU GÉNÉRAL BERTRAND.

I. Lettre du général *Lafayette* aux électeurs de Meaux [et Lettre du général *Bertrand* aux électeurs de Châteauroux]. Lyon, de l'impr. de Boursy, 1831, in-8 de 4 pag.

II. A M. Perrotin. Paris, Techener, 1833, in-4 de 4 pag.

Au sujet de l'Histoire de l'empereur Napoléon, par M. Abel Hugo, dont M. Perrotin était éditeur.

III. Sur les fortifications de Paris. Paris, Techener, 1833, in-8 de 48 pag. [1 fr. 25 c.]

IV. Nouveau Discours sur la liberté

de la presse. Paris, Techener, 1834, in-8 de 16 pag. — Discours sur la question des associations. 1834, in-8 de 28 pag. — Discours prononcé à la tribune nationale, au sujet de la proscription décrétée le 10 avril 1832, contre la famille de feu l'empereur Napoléon. 1834, in-8 de 12 pag. — Quatrième Discours prononcé à la tribune nationale, dans la session de 1834, le 14 mai, contre le dernier projet de désarmement. 1834, in-8 de 28 pag.

Un autre discours du général Bertrand, non prononcé à la Chambre, mais imprimé, a échappé à nos recherches; il est intitulé : *Projet de discours*, in-8 de 8 pag. La discussion de la proposition Bricqueville sur le bannissement de la branche aînée des Bourbons, donna naissance à cet écrit. Le général Bertrand y proposait l'adoption de la loi anglaise sur les Stuarts, qui rendait passible de mort tout individu ayant passé *une nuit* sous le même toit que les proscrits.

V. Aux électeurs de Châteauroux, de Paris, de Saint-Denis, de Versailles, etc., etc., etc. Paris, Techener, 1834, in-4 de 4 pag.

VI. Sur la détresse des colonies françaises en général, de l'île Martinique en particulier, et de la nécessité de diminuer la taxe exorbitante établie sur le sucre exotique. Paris, de l'impr. de F. Didot, 1839, in-8 de 48 pag.

VII. Exposé fait par l'ancien grand-maréchal Bertrand, relativement aux armes de Napoléon. Paris, Techener, 1840, in-4 de 8 pag.

Proposait de les appendre à la colonne de la place Vendôme, quand les cendres de Napoléon y auraient été déposées.

BERTRAND [Arthur], officier, troisième fils du précédent, est né le 9 janvier 1817 à Sainte-Hélène. C'est de lui que la comtesse, sa mère, dit, en le montrant à Napoléon : « Sire, j'ai l'honneur de vous présenter le premier Français qui soit entré à Longwood sans la permission du gouverneur. » M. Arthur Bertrand obtint, en 1840, d'accompagner son père à Sainte-Hélène, et de revoir pour la dernière fois le lieu qui l'a vu naître. A son retour, il mit la dernière main à des souvenirs sur la solennité de la translation de Napoléon, qu'il fit paraître le 5 mai, anniversaire de la mort du grand homme, souvenirs qui parurent sous ce titre :

— Lettres sur l'expédition de Sainte-Hélène en 1840. Paris, Paulin, 1840, in-12 de 248 pag. [3 fr. 50 c.].

BERTRAND [Michel], docteur en médecine, médecin de l'Hôtel-Dieu de Clermont, et inspecteur des eaux du Mont-d'Or, membre de l'Académie de Clermont, associé de l'Académie royale de médecine depuis le 27 décembre 1820, etc ; né en Auvergne (*).

I. Essai touchant l'influence de la lumière sur les êtres organisés, sur l'atmosphère et sur les différents composés chimiques. Paris, an VIII [1800], in-8.

II. Recherches sur les propriétés physiques, chimiques et médicales des eaux du Mont-d'Or. 1810. — Seconde édition, considérablement augmentée. Clermont-Ferrand, Thibaud-Landriot; Paris, Gabon; Lyon, Bohaire, 1823, in-8 [7 fr.].

BERTRAND [P.], fils du précédent.

— Voyage aux eaux des Pyrénées. Clermont-Ferrand, de l'impr. de Thibaud-Landriot, 1839, in-8 [5 fr.].

BERTRAND [Alexandre-Jacques-François], érudit médecin, naturaliste et physicien, docteur en médecine de la Faculté de Paris, né à Rennes [Ille-et-Vilaine], le 25 avril 1795. Dans ses études au lycée de cette ville, il n'eut d'abord aucun succès; il suivait les classes sans montrer de goût pour ce qu'on y enseignait. Seulement il avait lu de bonne heure les ouvrages de Jean-Jacques Rousseau, et cette lecture avait fait sur lui une profonde impression; elle lui avait donné une exaltation de nobles sentiments qui le rendait remarquable et même étrange au milieu des enfants de son âge : tous étaient frappés de sa supériorité morale. Mais quand il vint à étudier les mathématiques, il fit paraître tout-à-coup une grande aptitude. Il fut reçu à l'École polytechnique en 1814. Après les cent-jours, sa conviction politique, radicalement opposée à la restauration, le porta à quitter l'École, et à renoncer aux diverses carrières dont elle ouvre

(*) Dans sa « Biographie de l'Auvergne » M. Aigueperse a consacré quelques lignes au docteur Bertrand, mais elles constituent moins une notice biographique qu'un article d'almanach d'adresses. Prénoms, lieu et date de naissance, date de la publication de la première édition du seul ouvrage de ce médecin, tout y est omis. Des livres faits ainsi sont des monuments élevés à la vanité des localités; mais ce ne sont pas des livres utiles.

l'accès : il voulut vivre indépendant, et il embrassa l'étude de la médecine. Il a lui-même raconté, dans la préface d'un de ses ouvrages, par quel hasard, n'étant pas encore docteur, il eut connaissance des phénomènes attribués au magnétisme animal. Ces merveilleux phénomènes excitèrent vivement toute son attention. Il vit là un monde nouveau de connaissances à acquérir ; il vit aussi, dans la cause des partisans du magnétisme, une cause persécutée, et il en prit la défense avec toute l'ardeur d'un cœur généreux et tout dévoué à la vérité. Bertrand fut reçu docteur de la Faculté de médecine de Paris, le 13 avril 1819. La thèse très-remarquable qu'il soutint pour sa réception est intitulée : *Examen de l'opinion généralement admise sur la manière dont nous recevons par la vue la connaissance des corps*. A peine médecin, il ouvrit des cours pour exposer les phénomènes qu'il avait constatés. Tous ceux qui l'ont entendu alors, soit dans les cours publics qu'il ouvrit à ses frais, soit à l'Athénée, se rappellent la profonde impression que produisait sa généreuse audace, quand il bravait ainsi tous les anathèmes des savants constitués, et toutes les railleries des esprits forts, lorsqu'il expliquait les phénomènes, soit de l'extase, soit du magnétisme. Il était vraiment éloquent sur toutes ces questions mystérieuses de notre nature qui touchent de tous côtés à des abîmes. Sa profondeur métaphysique, sa science, son érudition, la vivacité de ses attaques contre les incrédules, commencèrent à faire revenir bien des esprits sur une cause que l'on croyait jugée sans retour. Si les phénomènes du somnambulisme sont aujourd'hui assez généralement admis, c'est certainement à lui qu'on le doit. Mais ses efforts pour faire connaître la vérité lui coûtèrent la santé : des attaques violentes d'hémoptysie mirent deux fois sa vie en danger, et affaiblirent pour toujours sa constitution. Sa fin prématurée fut ainsi marquée d'avance dès le début de sa carrière ; car, quoiqu'il ait survécu plusieurs années, sa mort fut certainement causée par l'intensité et l'énergie de son premier effort : le *Traité du Somnambulisme*, qui parut en 1823, fut le résultat de cet enseignement. Dès cet ouvrage, Bertrand distinguait soigneusement du magnétisme animal les phénomènes observés par les magnétiseurs. Il admettait les faits constatés, mais il se montrait assez peu partisan de la cause à laquelle on les rapportait, que cette cause fût le fluide mesmérien, ou un influx nerveux d'une espèce particulière, ou la volonté du magnétiseur, considérée comme une force immatérielle. Sur toutes ces explications, il se montrait ou incertain ou fort incrédule. Mais bientôt, en continuant ses recherches et ses observations directes, il finit par se convaincre que les phénomènes n'avaient nullement pour cause cette volonté du magnétiseur, et que le prétendu magnétisme n'était qu'une chimère. En même temps, l'histoire s'ouvrant devant lui, il découvrait de siècle en siècle des faits du même genre que ceux qui s'observent dans le traitement des magnétiseurs, ou plutôt les mêmes faits rapportés successivement à toutes sortes de causes. Il vit alors que tous ces phénomènes qu'il avait sous les yeux, loin d'être nouveaux, étaient pour ainsi dire permanents dans l'humanité. Il ne s'arrêta pas à croire, avec les magnétiseurs, que cette identité des phénomènes doit être attribuée à on ne sait quels procédés et attouchements magnétiques opérés dans les différentes sectes religieuses où l'extase s'est produite, à l'insu même de ceux qui sont censés les avoir pratiqués, mais avec la même bonne foi qu'il avait mise à défendre le magnétisme quand il lui avait paru défendable, il se prononça contre lui quand il fut bien convaincu que c'était une erreur. Les magnétiseurs, qui étaient venus se grouper autour de lui et mettre leurs idées sous l'appui de son éloquence, commencèrent à murmurer et à se tourner contre lui. Bertrand se trouva donc seul dans sa voie, entre les savants, qui rejetaient aveuglément les phénomènes du somnambulisme uniquement parce qu'ils leur semblaient inexplicables, et les magnétiseurs, qui mêlaient à ces phénomènes une foule de faits controuvés, de rêveries absurdes, et d'explications chimériques. Il construisit alors, pendant plusieurs années de réflexions et d'observations, sa belle théorie de l'*extase*. Son idée générale est que la nature humaine est susceptible de présenter, sous l'influence de diverses causes morales, un état particulier, différent dans l'état de veille, différent dans l'état de sommeil, et dans lequel se manifestent des facultés différentes de celles qui se produisent ordinairement pendant la veille. A l'aide de ses propres observations et d'une critique sévère, il énuméra, distingua, restreignit à leurs véritables limites ces facultés, et montra en quoi elles se rapprochaient, en quoi elles s'éloignaient des facultés que nous regardons comme l'apanage naturel de l'humanité. Le magnétisme animal ne fut plus pour lui que la dernière occasion historique de la production des phénomènes qui s'étaient répétés constamment de siècle en siècle. La secte des magnétiseurs, avec tous ses prodiges, ne fut que la reproduction sous une forme assez mesquine, d'une longue série de semblables thaumaturges. Toutefois Bertrand ne songea pas à exposer à l'instant même ses vues nouvelles dans toute leur étendue. Il sentait trop l'immensité des recherches historiques qu'il avait à faire pour traiter dignement ce sujet. Seulement, lorsqu'en 1826 l'Académie de médecine nomma une commission pour l'examen du magnétisme, il crut de son devoir de donner à l'Académie et au public le précis de ses vues et de ses travaux. Il était incontestablement le savant le plus versé dans la question que l'Académie prétendait juger. Il fit paraître alors un livre intitulé : *Du magnétisme animal, suivi de Considérations sur l'extase*. Mais ce livre n'empêcha pas l'Académie de donner dans le piége où Bertrand aurait voulu lui éviter de tomber. Par l'organe de sa commission elle se déclara pour le magnétisme, et ne distingua en aucune façon les phénomènes de la cause à laquelle on les attribuait. Bertrand avait passé un instant par cette illusion, mais il avait eu la force d'en sortir. La discussion de l'Académie n'offrit qu'un chaos ténébreux : on vit ses membres, divisés en partisans et en adversaires du magnétisme, combattre les uns contre les autres avec acharnement, sans qu'il soit résulté de leurs longues discussions aucune lumière. Bertrand était dès lors bien plus vite avancé dans la connaissance de la vérité, et les débats de cette assemblée ne lui furent d'aucun fruit pour l'ouvrage qu'il méditait. Bien sûr de n'être pas dépassé, et d'ailleurs tout dévoué à la science pour elle-même, il avait résolu de consacrer plusieurs années à réunir tous les matériaux de ce grand ouvrage. Il se contentait seulement d'en donner des aperçus quand l'occasion s'en présentait. C'est ainsi qu'il écrivit pour « l'Encyclopédie progressive » un article fort remarquable que l'on intitula *De l'Extase*, mais qui ne concerne spécialement qu'une des facultés de l'extase, l'inspiration. — Conformément à ses principes de morale stricte et sévère, Bertrand s'était marié jeune. Il avait épousé une des filles d'un patriote bien estimé en Bretagne, M. Blin, directeur de la poste aux lettres de Rennes, un des membres du conseil des Cinq-Cents qui protestèrent le plus énergiquement contre Bonaparte ; vieux type républicain, que la jeunesse bretonne retrouva en 1815 pour présider sa fédération, qui ne manqua pas non plus dans le carbonarisme, et qui n'est mort qu'après 1830 (*). Pour nourrir sa jeune famille, Bertrand chercha dans les sciences quelque sujet qui fût plus du goût du public que les découvertes originales. L'étude de la géologie était alors assez négligée, mais il était aisé de sentir que cette science était en progrès. Bertrand écrivit un ouvrage clair, facile, et plein de réflexions intéressantes, sous le titre de *Lettres sur les révolutions du Globe*. Ce livre a eu cinq éditions, et il est certainement une des causes de la popularité actuelle de la géologie. Ce succès engagea l'auteur à faire pour la physique un travail du même genre. Mais les *Lettres sur la Physique* ayant pour objet une science qui ne veut pas être traitée superficiellement, ces nouvelles lettres ne charmèrent point les gens du monde auxquels l'auteur les avait destinées, et n'apprirent rien ou peu de chose aux érudits. — Lors de la fon-

(*) La présidence de la fédération bretonne que la jeunesse de Rennes avait supplié M. Blin d'accepter, fut le motif de la brutale destitution de ce dernier, lors de la seconde rentrée des Bourbons. Il n'y eut que les chouans qui ne regrettèrent pas ce bon et honorable administrateur. J.-M.-Q-D.

dation du « Globe, recueil philosophique et littéraire », en 1825, Bertrand eut une grande part à cette fondation. Il fut constamment et pendant cinq ans le rédacteur de la partie scientifique de ce journal. Le public lui doit une heureuse innovation, qui, du « Globe », s'est ensuite étendue à toutes les feuilles périodiques : c'est le compte rendu des séances des académies. Jusque là l'Académie des sciences, l'Académie de médecine, et toutes les sociétés scientifiques tenaient leurs séances dans un grand éloignement du public : c'était à peine si quelques nouvelles de ce qui s'y passait arrivait de temps en temps à la connaissance des savants éloignés de la capitale; le reste de la société restait complètement étranger à ces communications. Les rédacteurs du «Globe» eurent l'idée de faire tomber ces barrières, d'intéresser la société aux travaux des savants, et de mettre les savants en présence du public : ce fut Bertrand qui exécuta ce projet : ce ne fut pas d'abord sans grandes difficultés à surmonter pour le réaliser. Il est incontestable qu'une grande part de l'utilité qu'a pu avoir le « Globe » doit revenir à Bertrand. Il fut vraiment le rédacteur philosophe de cette feuille. Aujourd'hui, en feuilletant ce recueil, les articles qui lui appartiennent nous paraissent, entre tous, les plus substantiels et les plus durables. Nous ne parlons pas même de ceux qui se rapportent directement à sa *théorie de l'Extase*, ni les applications qu'il fit de cette théorie à des questions obscures de l'histoire, expliquant des personnages jusque-là inexplicables, ou rendant raison des phénomènes singuliers qui se passaient alors sous nos yeux, tels que les miracles souvent bien attestés du prince de Hohenlohe, ou les miracles Swedenborgistes de madame de Saint-Amour, ou les supplices volontaires de certains extatiques de la Suisse, ou ces épidémies contagieuses de brûleurs qui se communiquèrent d'un bout de la France à l'autre, et de là dans toute l'Europe. Nous ne parlons pas non plus d'autres applications plus particulièrement médicales qu'il fit de cette théorie à des phénomènes pathologiques, tels que la rage et les effets de la piqûre de la tarentule, ainsi qu'à différentes maladies nerveuses. Enfin, nous ne voulons pas non plus parler de la solide réfutation d'une spirituelle hypothèse psycologique que M. Jouffroy avait émise sur la nature du sommeil. Tout cela peut paraître se rapporter trop exclusivement à la science pure ; mais n'est-ce pas, par exemple, un véritable service rendu à l'humanité que sa longue protestation contre les arrêts de mort dont l'ignorance de nos jurés et de nos juges frappait, il n'y a pas encore dix ans, de véritables fous, les monomanes? Bertrand, qui avait présent à l'esprit l'effroyable spectacle des bûchers allumés au moyen-âge, et jusque dans le XVIIe siècle, pour les malheureux accusés de sorcellerie, et à qui ses études avaient montré qu'en effet ces procès étaient fondés sur des faits véritables, se sentait plein d'indignation quand il voyait condamner à l'échafaud des hommes privés de leur liberté morale par des hallucinations semblables. Tout ce qu'il a écrit sur la monomanie homicide et sur le danger de la multiplier par la contagion de l'exemple est excellent. Il a bien fallu, à la fin, que les savants se rangeassent à son avis; et il en est résulté un commencement de réforme judiciaire, qui, nous l'espérons pour l'honneur de notre siècle, portera un jour de plus grands fruits. Un autre service important que Bertrand rendit au public, c'est la critique hardie et neuve alors qu'il fit du *Broussaissianisme*. Au moment de la plus grande vogue et de la tyrannie la plus insolente de ce système, Bertrand s'en déclara l'adversaire. Il rendit justice au génie aventureux qui avait inventé cette facile théorie médicale; mais il montra toute la faiblesse de la physiologie dont on voulait étayer après coup ce système, physiologie improvisée sur les plus singulières erreurs de physique et de mécanique. On peut dire que le docteur Miguel, rédacteur de la « Gazette de santé », et lui, profitant de la puissance que donnent les journaux, furent ceux qui contribuèrent le plus à renverser ce colosse aux pieds d'argile. Nous ne parlerons pas d'un grand nombre d'autres controverses scientifiques auxquelles Bertrand prit part. Les services qu'il rendit aux sciences par la publicité des journaux, son profond savoir et son noble caractère, le mirent en rapport avec la plupart des savants. Il était lié particulièrement avec M. Maine de Biran, dont il était le médecin, et avec M. Fourier, le secrétaire perpétuel de l'Académie des sciences. M. Fourier [Voy. ce nom], voulant populariser ses recherches sur la chaleur, pria Bertrand de se charger de ce travail. Bertrand s'en acquitta à la satisfaction de ce célèbre géomètre; il dégagea des formules la série des idées et les résultats du calcul, et le public non mathématicien connut alors toute l'importance des profondes recherches mathématiques de M. Fourier. Plus tard, le même M. Fourier, se trouvant surchargé par ses fonctions de secrétaire perpétuel de l'Académie, s'adjoignit Bertrand pour la rédaction des *éloges* des académiciens morts, qu'il devait lire dans les séances publiques. Bertrand travailla ainsi à plusieurs de ces éloges qui furent si favorablement accueillis du public et de l'Académie. L'*Éloge historique de Charles*, entre autres, est tout entier de sa main (*). Cependant ni ces divers travaux sur presque toutes les parties des sciences, ni sa clientelle médicale, ne lui faisaient perdre de vue l'objet principal de toute sa vie. Il avait acquis sur son sujet de prédilection une érudition immense. Sa pensée persévérante ramassait chaque jour quelque élément nouveau du grand ouvrage dont il avait conçu le plan. C'était un *Traité complet sur l'Extase*, qui ne devait pas former moins de huit volumes. Les deux premiers devaient contenir des observations recueillies dans les écrits des médecins les plus récents. Ces observations ne remontant pas à plus d'un siècle, et tirées d'auteurs dont le témoignage ne pouvait paraître suspect, auraient servi de base pour introduire solidement dans la science cet état particulier que Bertrand appelait *extase*. Quand on aurait vu qu'un grand nombre de médecins, et des plus célèbres, ont eu occasion de constater longuement et minutieusement ces étranges phénomènes qui leur étaient apparus, soit comme symptômes dans certaines maladies, soit d'une façon essentielle, et que, sans s'entendre, sans même savoir s'il y avait des analogues dans la science, ils avaient tous rapporté les mêmes faits, en renonçant à les expliquer, comme des anomalies bizarres dont ils avaient été témoins, il aurait bien fallu, sous peine de déraisonnement, admettre la vérité des faits. De là Bertrand aurait passé à la constitution pour ainsi dire de cette affection de l'extase; les différentes facultés ou modifications des facultés ordinaires qu'elle lui paraissait présenter, au nombre de vingt-deux, croyons-nous, auraient été examinées, analysées, expliquées autant qu'elles sont explicables dans l'état actuel de nos connaissances. Ce grand travail devait encore faire la matière de deux volumes. Les quatre derniers volumes auraient à peine suffi aux applications de cette théorie à l'histoire du genre humain, tant sont abondantes les illustrations, si nous pouvons nous exprimer ainsi, que l'histoire fournit de siècle en siècle à la théorie de l'extase. Sans sortir de notre Europe, et sans remonter plus loin que la Grèce, quelle série de faits merveilleux, intimement liés pour la plupart à l'histoire des religions, et jusqu'ici inexplicables, auraient été enfin expliqués! Des temples païens, sur les miracles desquels nous avons des témoignages fort étendus et tout-à-fait irrécusables, le lecteur aurait passé à cette époque de l'établissement du christianisme où chrétiens et payens combattaient pour ainsi dire à coups de miracles, tant l'exaltation religieuse multipliait l'extase. La prophétie chez les juifs, la prophétie chez les payens; la prophétie chez les chrétiens, auraient présenté des formes analogues et presque identiques. On aurait vu l'inspiration extatique se reproduire à l'établissement de toutes les croyances nouvelles, et sous le coup des persécutions; on l'aurait vu renaître chez les protestants du XVIe et du XVIIe siècle, comme elle avait apparu aux prédications de saint Paul et chez les apôtres du Christ après la mort de leur maître. Le moyen-âge, avec ses troupes de lycanthropes et de sorciers qui

(*) Cet *Éloge* est imprimé dans le tome VIII de la nouvelle série des « Mémoires de l'Académie royale des sciences », volume qui porte la date de 1829. J. M. Q-D.

se faisaient brûler volontairement par milliers, avec ses épidémies singulières de malades ou de fous qui parcouraient l'Europe, aurait présenté de nouvelles confirmations, et ses ténèbres les plus épaisses se seraient en partie dissipées. Mais surtout, en approchant de notre époque, quelle lumière serait sortie de de la constante répétition des mêmes phénomènes, rapportés alors avec un détail infini dans des centaines de volumes, attestés par des milliers de témoins, et souvent puisés dans les annales judiciaires! Ainsi aurait apparu dans la partie la plus incomprise jusqu'ici de l'histoire une admirable identité. L'on n'aurait plus eu besoin de recourir au reproche d'imposture contre tant de faits et tant de témoignages. Quelle série de grands hommes jusqu'ici mal compris, depuis Mahomet jusqu'à Swedenborg auraient enfin apparu avec leur véritable physionomie! quelle suite de portraits, moins importants sans doute, mais également curieux, seraient venus se joindre aux premiers, depuis Jeanne d'Arc jusqu'à madame Guyon, ou à madame Krudener! Cet ouvrage n'était pas seulement préparé; il était en grande partie fait; il était arrivé à une complète maturité dans l'esprit de l'auteur, qui avait même commencé à en écrire des parties, lorsque la mort vint le frapper. Bertrand n'a pu faire ce qu'il espérait, mais il a assez fait pour détruire un doute qui tourmentait la pensée humaine à notre époque, et semblait une pierre d'achoppement destinée à arrêter son progrès. L'établissement de toutes les religions a été accompagné de miracles, toutes les annales des peuples en renferment : si tous ces miracles sont faux, l'humanité a été le jouet d'imposteurs. Si toute la partie miraculeuse de l'histoire n'est qu'imposture et chimère, l'humanité est bien criminelle d'un côté et bien méprisable de l'autre. Mais que devient alors la certitude? Les plus profonds sceptiques, Bayle entre autres, s'étaient arrêtés interdits devant cette difficulté. Ils sentaient que nier toute la partie merveilleuse de l'histoire, visions, prophéties, miracles, facultés singulières regardées par les uns comme divines, comme infernales par d'autres, mais attestées et crues dans tous les pays et dans tous les siècles, c'était nier l'histoire elle-même, c'était refuser au témoignage toute valeur, c'était ôter à l'humanité en masse toute autorité. La théorie de l'extase, en dénouant le nœud, rendra à l'humanité sa candeur et sa noblesse. Il est impossible dès aujourd'hui d'écrire sur l'histoire des religions, sans s'enquérir et sans profiter des travaux de Bertrand. — Au commencement de 1830, Bertrand allant porter des secours à un malade, fit une chute sur la glace; et, par suite, nous le croyons, de cet affaiblissement de sa constitution, dont nous avons parlé il en résulta au bout de quelque temps une luxation spontanée de la cuisse : cruelle maladie qu'il savait bien au-dessus des secours de l'art, surtout dans l'état de faiblesse et de dépérissement où il se trouvait depuis long-temps. Que de motifs pour troubler sa foi religieuse! On l'a vu, pendant toute une année de longue douleurs, certain de ne pas guérir, s'avançant par degrés vers la mort, sans qu'il ait jamais renoncé un seul instant à une seule de ses croyances; sortant chaque jour, par un effort de volonté, de la méditation de l'infini, pour appliquer son esprit aux petits détails journaliers de la science; dictant ses feuilletons qu'il ne pouvait plus écrire lui-même, et travaillant fidèlement jusqu'aux derniers jours pour nourrir sa famille. Bertrand fut enlevé à la science, à sa famille et à ses amis, le 21 ou 22 janvier 1831, n'étant pas arrivé à sa trente-septième année (*).

OUVRAGES D'ALEX.-JACQ.-FRANÇ. BERTRAND.

I. Examen de l'opinion généralement admise sur la manière dont nous recevons par la vue la connaissance des corps. Paris, de l'impr. de H. Didot, 1819, in-4 de 52 pag.

Thèse pour le doctorat en médecine.

I. Traité du Somnambulisme et des différentes modifications qu'il présen-

---

(*) Article abrégé de celui de M. P. LEROUX, qui a paru dans « l'Encyclopédie nouvelle », tome II, pag. 641 et suiv. Alex. Bertrand, mort dès le commencement de 1831, n'a pas d'article dans le volume du supplément à la « Biographie universelle », où l'on devrait le trouver, puisque ce volume n'a été publié qu'en 1835.

te. Paris, J.-G. Dentu, 1823, in-8 [6 fr.].

II. * Lettres sur les révolutions du Globe. Par M. *Alex. B.* Paris, Bossange frères, 1824, in-18 avec une planche. — Seconde édition [avec le nom de l'auteur]. Paris, Furne; Sautelet, 1826, in-18 [3 fr. 75 c.]. — IVe édit., revue et augm. Paris, Ch. Gosselin; Furne, 1832, in-18, avec 2 pl. [4 fr.].

Bertrand, qui est sorti d'une école justement célèbre, a rédigé cet ouvrage à l'instar de celui de Fontenelle, sur la pluralité des mondes; et, comme cet ingénieux auteur, il s'adresse à une dame, avec cette différence que l'illustre académicien procède par entretiens, et que Bertrand traite par lettres le sujet qu'il embrasse.

Dans l'introduction, l'auteur expose les principaux systèmes sur la théorie de la terre, depuis le commencement du XVIIe siècle jusqu'à nos jours. Les seize lettres qui suivent ont pour objet la masse interne du globe, les tremblements de terre, les volcans, l'écorce minérale, le sol de transport et de sédiment, les débris fossiles, les éléphants, les mastodontes, l'hippopotame, le rhinocéros, le cheval, le tapir, les paresseux, etc.; les ruminans, les brèches osseuses et les cavernes qui servaient de refuge aux animaux féroces de l'ancien monde, etc.; la masse des eaux, l'atmosphère et son action sur le continent.

La critique fit l'éloge de la première édition de cet ouvrage, publiée en 1824, tout en relevant des erreurs peu importantes. Dès la seconde édition, publiée en 1826, l'auteur fit des changements qui se réduisent à quelques coupures de lettres trouvées un peu trop longues, à la correction d'inexactitudes, à l'explication de plusieurs termes techniques, et à quelques additions nécessitées par les progrès de la science et le système alors récent sur les créations successives des êtres. Dès lors cet ouvrage a obtenu le succès que devait en attendre son auteur. [*Rev. encycl.*, t. XXXIII, p. 491].

— Les mêmes. V^e édition, revue, corrigée et considérablement augmentée, enrichie de nouvelles notes, par MM. *Arago*, *Elie de Beaumont*, *Al. Brongniart*, *etc.* Paris, Teissier, 1836, in-8 avec 3 pl. [7 fr.].

III. Lettres sur la Physique. Paris, Bossange frères, 1825, 2 vol. in-8, avec 2 pl. [14 fr.].

C'est encore à une dame que Bertrand adressa ses lettres; mais on sait que ces correspondances sont presque toujours écrites pour des hommes. Si les auteurs qui présentent sous cette forme un ouvrage sur les sciences ne pouvaient compter que sur des lectrices, l'ouvrage serait exposé à faire un long séjour chez le libraire. Nous ne savons pas encore jusqu'à quel point les grâces peuvent être associées aux calculs : or, il faut des grâces aux femmes et des calculs à la physique.

Le succès du premier ouvrage de Bertrand a pu le tromper : le sujet qu'il traitait alors prête beaucoup à l'imagination, et n'admet point les formes rigoureuses des sciences exactes. Il n'est encore qu'un assemblage de notions ébauchées, de faits incomplets, sur lesquels on disserte plus qu'on ne raisonne. Les matières de cette sorte s'accomodent très-bien de la rédaction épistolaire; mais la physique n'est pas dans le même cas : elle s'élève peu à peu au rang des sciences exactes, et aspire à se placer à la suite de la mécanique et de l'astronomie. Il faut le dire, Bertrand n'a pas rendu suffisamment intelligibles plusieurs parties essentielles de la physique, et ce n'est pas sa faute; il ne pouvait mieux faire, embarassé comme il l'était dans les entraves qui l'empêchaient d'approcher des notions de mécanique, et des calculs dont la physique ne peut se passer. Il eût pu faire un bon traité de physique; mais nous n'en manquons pas : en cherchant à donner à son travail une sorte d'utilité, en s'attachant à le mettre à la portée des ignorants, il ne s'est pas aperçu que les ignorants auxquels son livre peut convenir, sauraient déjà beaucoup de choses que les femmes et les gens du monde connaissent fort peu. Il n'a pas voulu faire descendre la science trop bas; elle eût été dégradée, défigurée, méconnaissable; mais c'est l'intelligence humaine qu'il faut élever à la hauteur des sciences, afin qu'elle puisse les contempler dans toutes leur grandeur, dans toute leur beauté. Bertrand a traité d'une manière satisfaisante une partie de la théorie de la combustion; il ne réussit pas aussi bien dans l'explication de la théorie du calorique, de l'électricité, de la lumière; et cela parce que les notions fondamentales n'ont pu être assez développées à des lecteurs que l'on suppose dépourvus de connaissances en mécanique et en géométrie. Il serait facile de justifier la rigueur de ce jugement, en discutant quelques-unes des lettres sur les points les plus importants des théories physiques. [*Rev. encycl.*, t. XXVI, p. 493].

— Le même ouvrage, en espagnol, sous ce titre : Recreaciones fisicas, o la Fisica al alcance de todos. Paris, fratres Bossange, 1825, 4 vol. in-18 [16 fr.].

IV. De l'Extase. [Extrait de « l'Encyclopédie progressive »]. Paris, Coste; Ponthieu; Treuttel et Würtz, 1829, in-8 de 54 pag. [1 fr. 50 c.].

V. Du Magnétisme en France, et des jugements qu'en ont porté les sociétés savantes; avec le texte des divers rapports faits en 1784, par les commissaires de l'Académie des sciences, de la Faculté et de la Société royale de médecine, et une analyse des dernières séances de l'Académie royale de médecine, et du rapport de M. Husson; suivi de Considérations sur l'apparition de l'extase dans les traitements magnétiques. Paris, J.-B. Baillière, 1826, in-8 [7 fr.].

BERTRAND [G.-S.-J.], typographe.

I. Épitre à M. le vicomte de Châteaubriand, pair de France, en réponse à sa lettre sur la police de la presse. Paris, de l'impr. de Fain, 1827, in-8 de 15 pag. [50 c.].

Opuscule plus remarquable sous le rapport du sentiment qui l'a dicté, que sous celui du mérite de l'expression poétique. Ajoutons encore qu'il est déparé par des incorrections, laissées par suite d'une composition trop rapide peut-être.

II. Capitole [le] français. Ode à la gloire des députés constitutionnels. Paris, de l'impr. de Plassan, 1828, in-8 de 16 pag.

III. Stances héroïques sur la prise d'Alger. Paris, de l'impr. de Pinard, 1830, in-8 de 8 pag.

Le frontispice de cet opuscule en rappelle un autre du même auteur qui ne nous est pas même connu par son annonce dans la « Bibliographie de la France ». C'est une *Épître au roi* [Charles X], « agréée avec bonté par S. M. »

BERTRAND [P.-J.-B.], D. M. P. T. I. — Précis de l'histoire physique, civile et politique de la ville de Boulogne-sur-Mer et de ses environs, depuis les Morins jusqu'en 1814; suivi de la Topographie médicale, de Considérations sur l'hygiène publique, d'une Analyse de l'histoire naturelle du Boulonnais, d'un Traité sur les bains de mer, et d'une Biographie des hommes distingués morts dans ce pays. Boulogne-sur-Mer, J. Leroi; et Paris, Ponthieu et Béchet, 1828-29, 2 vol. in-8, avec grav. et cartes [12 fr.].

L'Histoire du Boulonnais, qui n'a été soumis directement à l'autorité royale qu'à partir de 1478, a déjà été le sujet d'un assez grand nombre d'ouvrages, dont le plus ancien et le plus savant est celui du P. Malbrancq [« De Morinis et Morinorum rebus », 1639, 3 vol. in-4], le plus complet, celui de Henri [« Essai historique, statistique et topographique sur l'arrondissement de Boulogne », 1810, in-4]. Il y a plus de deux cents ans que le premier a été publié, et le second, en coupant, à la façon du président Hénault, l'histoire par années, a laissé plutôt un utile recueil de faits et de dates qu'un corps d'annales. M. Bertrand n'a point suivi les plans ni adopté toutes les opinions de ses devanciers; ses récits se rattachent sans cesse à l'histoire générale de la France, et l'éclairent quelquefois. — Le second volume contenant l'histoire physique de Boulogne, est terminé par la *Biographie des hommes distingués nés dans le Boulonnais*.

BERTRAND aîné. — De l'opinion publique, soit générale, soit relative, considérée dans sa moralité. Valognes, Gomont, 1836, in-12 de 24 p. [20 c.].

BERTRAND, juge au tribunal de commerce du département de la Seine.

— A MM. les électeurs de l'arrondissement de Sens. Paris, de l'impr. de Dupont, 1837, in-8 de 8 pag.

BERTRAND, ancien commissaire de police dans les villes d'Angoulême et de la Rochelle.

— Nouveau Manuel sur la jurisprudence de police administrative, civile, judiciaire et criminelle, et sur les professions, états et commerces basés sur les lois, décrets, ordonnances et arrêts de la cour de cassation. Deuxième édition, entièrement refondue. Angoulême, de l'impr. de Reynaud, 1838, in-4.

BERTRAND [Léon], rédacteur principal du « Journal des chasseurs », membre de la Société philotechnique.

I. Laurent de Médicis, tragédie en trois actes. Paris, Marchant, 1839, in-8 de 28 pag. [40 c.].

II. Olivier Cromwell, drame historique en cinq actes et en vers, précédé d'un prologue, et dédié à M. de La Rochejacquelein. Paris, Tresse; Delaunay, etc., 1841, in-8, avec une fig. gravée sur bois (3 fr.].

La première de ces deux pièces a été représentée sur le Théâtre-Français.

M. L. Bertrand est auteur de plusieurs tragédies et comédies qui n'ont pas encore été jouées.

BERTRAND [Raymond de]. — Recherches historiques. Zuydcôte. Dunkerque, de l'impr. de Drouillard, 1839, in-8 de 36 pag.

BERTRAND [F.-G.]. — Études sur Aristophane. Caen, Hardel, 1840, in-8 de 28 pag.

BERTU [Ch.-Fr.]. [Voy. la *France littér.*, tom. Ier, pag. 314].

I. Dame Girafe à Paris. Aventures et voyage de cette illustre étrangère racontés par elle-même, en réponse au discours de S. Exc. l'ours Martin. Paris, de l'impr. de Guiraudet, 1827, in-18 de 36 pag.

II. De l'état actuel de l'Université. Vérités dialoguées. Paris, Terry jeune, 1830, in-18 de 18 pag. [50 c.].

BERVILLE [Saint-Albin], orateur distingué et littérateur agréable, premier avocat-général à la Cour royale de Paris, et jusqu'à ce jour l'un des hommes les plus honorables de la magistrature française actuelle, membre de la Chambre des députés pour le département de Seine-et-Oise, membre de la Société philotechnique de Paris, de l'Académie d'Amiens, de la Société de la morale chrétienne, des sociétés pour l'enseignement élémentaire, et des méthodes élémentaires et de plusieurs autres sociétés philantropiques et littéraires, naquit le 22 octobre 1788 (*) à Amiens [Somme], d'un père qui y occupait la place de secrétaire de l'Assemblée provinciale de Picardie (**). D'une santé très-délicate dans sa première jeunesse, ses parents, qui le chérissaient, le laissèrent étudier sans le fatiguer beaucoup. Ce n'est que vers l'âge de vingt-un ans que M. Berville vint à Paris pour y faire son droit. Ses heureuses dispositions et l'émulation naturelle à cet âge lui firent obtenir des succès dans ses examens. De retour à Amiens, en 1812, il y prêta serment comme avocat (***), et pendant trois années qu'il fut attaché au barreau de cette ville, il plaida plusieurs causes avec bonheur. Il avait trouvé là un excellent modèle dans M. Machart [Voy. ce nom], avocat très-distingué, depuis avocat-général et conseiller à la Cour royale d'Amiens, auteur de quelques ouvrages de littérature. L'Académie d'Amiens, en 1812, accorda l'accessit à des vers, premier essai de la jeunesse de M. Berville, sur la *translation des cendres de Gresset*; deux ans plus tard, en 1814, la même académie couronnait un poëme de sa composition sur l'*hommage rendu par Édouard III, roi d'Angleterre, à Philippe de Valois, roi de France, dans la cathédrale d'Amiens*. M. Berville a fait depuis, au sein de cette académie, plusieurs autres lectures dans les séances publiques, notamment *les Avantages de la vue basse*, où d'intéressantes vérités brillent sous le voile d'un badinage ingénieux. Après le retour de Napoléon de l'île d'Elbe, le père de M. Berville fut envoyé à la chambre des représentants, il était secrétaire-général de la préfecture depuis 1806; mais, après la seconde rentrée du roi, il perdit cette place et vint à Paris pour échapper aux persécutions politiques. M. Berville suivit son père, et se fit admettre, en 1816, au tableau des avocats de Paris. Là se fortifièrent les talents naissants du jeune avocat. Il y manifesta dans quelques causes difficiles une capacité déjà éprouvée, et qui paraissait presque avoir atteint sa maturité. Il y joignait un jugement éclairé, un esprit ouvert aux idées nouvelles, sans exagération, et une grande amabilité de caractère. Bientôt après son arrivée à Paris, en 1816, on le vit plaider à côté de M. Mauguin, dans ce malheureux procès, suscité par le ministre Decazes contre les patriotes, et qui fournit à la restauration la première occasion d'ensanglanter la place de Grève. Quoique M. Berville ne figurât qu'au second rang, on remarqua la clarté ingénieuse de son élocution, sa logique pressante, irrésistible, la facilité élégante, quoiqu'un peu recherchée de sa diction, et ce sel attique d'une ironie qui lui paraît instinctive. Profitant des loisirs que la concurrence laisse aux nouveaux venus dans une ville où nul talent n'est sans rivaux, M. Berville se mit à refaire ses études judiciaires et littéraires; il suivit les cours de M. Tissot, et s'en trouva bien. Mais connaissant peu de monde à Paris et personne au palais, il regardait comme difficile de se créer un état au barreau. Aussi s'occupât-il de lettres comme d'une ressource éventuelle. Elles lui portèrent pourtant bonheur. Il obtint encore, en 1817, le prix académique de prose à Amiens, pour l'*Éloge de Jacques Delille*, discours où l'expérience de l'âge se fait heureusement sentir. Pendant qu'une compagnie littéraire formée dans son pays natal, sous les auspices de Gresset, honorait ses travaux, l'Académie française distinguait de la manière la plus flatteuse son discours

(*) Et non en 1790, comme le dit M. Achille Roche dans le « Dictionnaire de la conversation ».

(**) Pierre-Joseph Berville, administrateur et magistrat distingué, après avoir été, avant la révolution, secrétaire-général de l'Assemblée provinciale de Picardie, remplit, plus tard, diverses fonctions municipales, et fut successivement secrétaire-général de la préfecture de la Somme, de 1806 à 1815, membre de la Chambre des représentants dans les Cent-Jours. Destitué à la seconde rentrée des Bourbons, il fut réduit à devoir accepter, en 1816, les modestes fonctions de juge de paix du canton de Charenton, qu'il remplit jusqu'à sa mort, arrivée le 1er mars 1832. On trouve une notice sur cet honorable administrateur dans la « Biographie de la Somme », tom. I, p. 64 et suiv.

(***) Et non en 1815, comme le dit le biographe déjà cité.

sur le bonheur que procure l'étude dans toutes les situations de la vie [1817]; et son *Éloge de Rollin*, discours remarquable par la grâce et l'élégance de la diction et par la finesse des aperçus; aussi remporta-t-il, en 1818, le prix d'éloquence (*). Dès-lors l'attention publique se porta sur M. Berville. Dès ce moment aussi son nom se trouva mêlé à la plupart des procès politiques. Ces causes furent en effet les plus fermes fondements de sa réputation, appuyée d'ailleurs sur des plaidoyers remarquables dans quelques affaires civiles, et notamment dans le procès des héritiers Bouclier contre le duc d'Orléans. En 1819, il défendit la « Société des amis de la presse », poursuivie dans les personnes de MM. Gevaudan et Simon Lorrière. Ce ne fut pas sans quelque hésitation que les notabilités libérales consentirent à laisser une cause qui était aussi la leur, dans les mains d'un jeune avocat, qui n'offrait pour titre à leur confiance que quelques couronnes académiques et un talent oratoire que la défense des patriotes, trois ans plus tôt, n'avait fait connaître qu'à demi. Mais il trouva des garants là, où dans une autre carrière, il eût pu craindre de ne rencontrer que des rivaux : les Dupin, les Mérilhou, les Mauguin, se firent ses répondants; et, soutenant ce rôle jusqu'à la fin, les deux premiers qui lui avaient été associés pour la défense, renoncèrent à prendre la parole après l'avoir entendu; car tel est l'esprit du barreau : tandis qu'ailleurs la médiocrité jalouse repousse le candidat qui l'inquiète, les avocats éminents en savoir comme en éloquence, vont au-devant des talents qui doivent briller un jour auprès des leurs. M. Berville justifia, du reste, les espérances de son client : le succès fut complet, et, de ce jour, il eut une position au barreau. Trop d'obligations et de sympathies l'attachaient à la cause libérale pour qu'il pût la négliger : il prit la part la plus active à la lutte que, de concert avec la presse, la tribune judiciaire soutenait contre les ennemis de nos institutions. Cette lutte fut vive, et l'on se figurerait difficilement aujourd'hui les combats qu'eurent à soutenir ceux qui entrèrent les premiers dans cette arène de gloire et de dangers; tous les principes étaient mis en question; une partie de la magistrature était hostile; le barreau divisé n'offrait à ses membres qu'un appui faible et contesté; un avocat célèbre avait failli être rayé du tableau pour avoir fait partie de la chambre des cent-jours; un autre avait subi les honneurs de l'admonition, pour avoir repoussé les attaques d'un organe du ministère public, célèbre par sa haine pour les idées libérales et la forme poétique de ses discours. Ce fut dans ces temps difficiles que M. Berville fut chargé d'un grand nombre de causes politiques du plus haut intérêt. En 1820, M. Berville plaida pour l'auteur des « Lettres normandes, » Léon Thiessé [Voy. ce nom], poursuivi pour avoir contesté à la restauration le droit d'imposer à la nation française le deuil officiel du 21 janvier. Dix ans plus tard il défendit les mêmes principes, à la décharge d'un autre écrivain, Achille Roche [Voy. ce nom], qui s'était servi du nom de Levasseur, conventionnel obscur, pour publier des Mémoires destinés à réhabiliter les noms proscrits des hommes de la première révolution. Le plaidoyer de M. Berville dans l'affaire de M. Léon Thiessé, était un modèle de discussion claire, lumineuse, appuyée sur les principes de la raison. On y distinguait des mouvements oratoires d'une grande beauté. La restauration allait bon train dans ses poursuites, et ne laissait guère plus de temps à M. Berville au dehors du barreau. Pourtant il concourut dans la même année pour le prix d'éloquence, proposé par l'Académie française sur ce sujet : *Déterminer et comparer le genre d'éloquence et les qualités morales propres à l'orateur de la tribune et à l'orateur du barreau*. Son discours fut mentionné honorablement par l'Académie. Cette question résolue, tout aussitôt il reparut au palais où des questions non moins importantes mais plus vitales l'appelaient. La défense générale dans l'affaire des trou-

(*) La Biographie de la Somme a fait erreur, croyons-nous, en plaçant à la même époque trois autres pièces académiques de M. Berville : 1° Son discours *sur le genre d'éloquence propre à l'orateur de la tribune et à l'orateur du barreau*, qui ne fut envoyé que pour le concours de 1828; 2° un poëme *sur l'institution du jury*; 3° un discours *sur le génie poétique*.

bles du mois de juin 1820, fournit à l'avocat une carrière brillante et vaste. Un débat des plus animés s'était engagé sur la loi des élections ; une seule voix pouvait faire pencher la balance. Malade alors, M. Chauvelin se fit porter à la Chambre des députés ; son vote fit admettre un amendement important ; il fut reconduit en triomphe par les jeunes gens qui s'étaient réunis autour de la Chambre. Delà cinq jours entiers de luttes et de mouvements, et finalement des poursuites et un procès. L'avocat qui devait résumer les débats dans une défense générale, ayant été réduit au silence par l'abandon de l'accusation à l'égard de son client, ses confrères prièrent M. Berville de le remplacer. Il fallait se souvenir de tout, résumer tout et improviser un plan. M. Berville le fit, et il remplit sa tâche avec cette vigueur de raisonnement et ce bonheur d'expression que le feu d'une soudaine inspiration fournit plus souvent à l'orateur habile que la paisible et lente préparation du cabinet. Dans la défense de M. Sauquaire-Souligné [Voy. ce nom], accusé de complot contre la sûreté de l'État [1821], on remarqua des détails du plus haut intérêt, et l'on admira l'exorde et la péroraison. La défense du capitaine Lamothe ainsi que celle du colonel Maziau, celle-ci conjointement avec M. Odillon Barrot, devant la cour des pairs, affaire dite de la conspiration des officiers de la légion de la Seine, du 19 août [1821], et la suite de la même affaire, donnèrent à l'orateur, entr'autres avantages, celui de traiter la question de complot d'une manière neuve. D'autres appelèrent les passions à leur secours : M. Berville, avec le calme de l'honnête homme, et les hauteurs de la philosophie du droit, analysa les articles de la loi pénale qui punissent le complot, prouva qu'on ne pouvait y voir qu'un arsenal de tyrannie et de vengeance et non des prescriptions morales et justes, et fit acquitter ses clients en mettant au jour la cruauté du Code et l'iniquité que demanderait l'application brutale de son texte. Jamais on ne pourra caractériser la loi de fer de l'Empire sans invoquer cette belle discussion : elle sera désormais la réponse des malheureux de tous les partis que voudra frapper une vengeance despotique. C'est là déjà un beau titre de gloire. En 1821 il défendit encore Paul-Louis Courier, lors du procès que celui-ci eut à subir pour son « Simple Discours ». Mais le défenseur n'était pas alors dans son élément. Cette moquerie directe et amère de Courier, l'écrivain français qui a le mieux manié l'ironie, depuis Voltaire, et peut-être avec plus de verve bilieuse et de passion, semblait expirer sur les lèvres de l'orateur. Dans sa bouche cette satire mordante, qui flagellait et couronnait d'épines l'antique royauté française, ne paraissait plus qu'une espèce de parabole évangélique. En vain déploya-t-il toutes les ressources de son talent, en vain se retrancha-t-il dans une habile interprétation des mots, une barrière infranchissable s'élevait entre sa parole gracieuse, fine, parée de tout le coloris moderne, et cette manière antique et sévère empruntée par Courier à Lucien, à Rabelais, à Montaigne et à Pascal. Aussi la défense de M. Berville n'eut-elle point de succès. Le vigneron de la Chavonnière fut condamné tout d'une voix. M. Berville ne tarda pas à prendre sa revanche. Chargé en 1822, conjointement avec M. Dupin aîné, de la défense des libraires Baudouin, poursuivis, pour la deuxième fois, comme fauteurs d'outrages à la morale publique par la publication des chansons de notre Anacréon, M. Berville prononça un petit plaidoyer très-remarquable par le mérite d'une discussion piquante dans ses formes et bien conduite dans ses développements. Il eut à y traiter l'importante question de la responsabilité des libraires. La péroraison fut applaudie à l'audience, et méritait de l'être. M. Berryer fils [Voy. ce nom] qui, dans ses « Leçons et Modèles d'éloquence judiciaires » [1836, in-4] n'a, pour le XIXe siècle, admis que dix plaidoyers, y a compris celui de M. Berville pour les chansons de Béranger. M. Berville joua aussi un rôle dans la sanglante tragédie des sergents de la Rochelle [1822]. Il défendit nommément Baradère, jeune avocat, que l'acte d'accusation signalait comme l'un des principaux instigateurs du complot. M. Berville éleva son talent à la hauteur de sa mission. La marche de la plaidoierie est ferme et rapide, l'argumentation pressante et décisive. Parmi les répliques, qui toutes furent remarquables, la sienne fut particulièrement distinguée; on l'applaudit et son client fut acquitté : Il remplit aujourd'hui les fonctions de consul dans l'une des républiques de l'Amérique méridionale. Après l'arrêt, on fit un procès aux journaux qui avaient rendu compte des débats. M. Berville fit un mémoire pour le « Constitutionnel », le « Courrier Français », le « Pilote » et le « Journal du Commerce ». Sous les formes oratoires les plus heureuses, et à travers les ménagements que les circonstances commandaient, perce l'indignation de l'avocat, sentiment que l'on partage avec d'autant plus de vivacité, que la modération qui semble le contenir, le rend plus pénétrant et plus fort. De 1823 à 1824 M. Berville fit avec succès un cours à l'Athénée sur *la littérature appliquée à l'art oratoire*, dont les leçons, quelque jour publiées, seront un bienfait pour les jeunes gens qui se destinent à l'éloquence de la tribune et du barreau. Il n'y a eu d'imprimé de ce cours que le seul discours d'ouverture. En 1823, M. Berville fut assez heureux pour devenir le gendre de l'un de nos meilleurs littérateurs, et l'un des hommes les plus estimables que nous ayons eu, M. Andrieux, enlevé aux lettres en mai 1833. Cette alliance avec un homme de tant de goût, n'a pu être que très-avantageuse à l'avocat sous le rapport des conseils. M. Berville n'avait point abandonné le barreau. Il reparut de nouveau sur cette scène, où il comptait déjà tant de succès, par la défense de MM. de Sénancourt, et Durey, son libraire, traduits, en 1827, devant les assises, pour offense à la morale publique par la publication d'un « Résumé des traditions religieuses ». Une discussion riche de preuves et prise de haut est relevée par la convenance de l'expression. M. Berville dans cette cause parut véritablement inspiré de l'esprit de Voltaire. Remarquable tout à la fois comme œuvre judiciaire et comme œuvre politique, le plaidoyer pour M. Leleux, éditeur-gérant de « l'Écho du Nord », mis en jugement pour avoir inséré le prospectus d'une association pour le refus d'impôt illégal, se distingue encore par une narration rapide et faite avec art, par une liaison naturelle du fait à la question et par une discussion puissante. C'est encore à cette époque qu'appartient le plaidoyer pour M. Achille Roche dont nous avons déjà parlé. Une appréciation philosophique et judicieuse de la révolution française, une défense franche, élevée et courageuse de ce grand évènement, une discussion étincelante de traits énergiques et pénétrants, se font remarquer dans ce plaidoyer. On peut dire que l'avocat, en s'associant complètement au prévenu, fit preuve d'un dévouement qui égalait son talent. Il osa venger la Révolution des lâches attaques d'un pouvoir rétrograde et revendiquer pour la Convention nationale, devant les juges de Charles X, la part glorieuse qui lui fera l'histoire dans nos discordes et dans nos conquêtes. Resserrée dans un espace de deux heures cette défense pulvérisa l'accusation, qu'une éloquence diffuse avait délayée dans deux audiences d'une longue durée. Indépendamment de ces différentes affaires, M. Berville fut entendu dans d'autres causes d'un très-grand intérêt, notamment dans l'affaire de Me Grand, avocat, traduit devant les chambres réunies de la Cour royale, à raison d'un discours prononcé sur la tombe du conventionel Laignelot; dans celle de Mac-Gregor, cacique de Poyais; dans celle de MM. Ternaux contre la republique d'Haïti, sur la question de savoir jusqu'à quel point les souverains étrangers sont justiciables des tribunaux français en matière réelle; dans celle de l'avocat Isambert, affaire de la « Gazette des tribunaux » et dans des affaires civiles non moins importantes. La plupart de ces défenses ont été insérées dans la collection du « Barreau français » publiée par Panckoucke, et dans les « Annales du barreau français », publiées par Warée. La critique reproche à M. Berville d'avoir peut-être trop négligé une partie essentielle de l'art oratoire, l'action que les anciens prisaient si haut. Sa voix manque d'accent; ses gestes d'expression et de force; il ne sait donner à ses pensées les plus vives et les plus saisissantes, qu'un relief imparfait et dépourvu de vigueur. Mais il se recommande par un goût délicat et par une rare facilité d'élocution. On l'entend toujours sans fatigue et sans avoir jamais à redouter ces malheureuses rencontres d'idées et d'expressions qui font si souvent trébucher un improvisateur. L'élocution de M. Berville est d'une abondance toujours pure, qui semble n'appartenir qu'à lui, et qui ne laisse jamais dans l'embarras. De l'ensemble des œuvres judiciaires de M. Berville, naît cette remarque très-honorable pour son caractère, qu'il a osé être vrai à une époque où la vérité n'etait pas sans péril, et n'a jamais fait de concessions sur les principes : il fut permis à sa parole d'être libre, comme il le dit lui-même, parce qu'elle n'était jamais offensante, et d'être sincère sur les choses, parce qu'elle respectait les personnes. Il regretta, au reste, quand il quitta pour la magistrature, la carrière du barreau, de n'avoir eu que bien rarement l'occasion de développer la qualité la plus éminente que la nature lui ait donnée, ce sentiment si puissant sur l'auditoire, la sensibilité, sources des impressions les plus profondes et les plus vives. Mais ses causes d'éclat furent presque toujours des affaires de principes et de raisonnement, qui n'admettent aucun des mouvements par lesquels l'âme de l'orateur se communique au cœur de ceux qu'il s'attache à convaincre. Le plaidoyer pour M. Ach. Roche fut le dernier que M. Berville eut à prononcer comme avocat. — Après la révolution de juillet, qui enflamma toutes ses sympathies, au moment où M. Dupont [de l'Eure] était ministre de la justice, M. Berville, accepta, avec quelque hésitation, les fonctions d'avocat-général. Ce poste si difficile et si glissant, le vit, comme par le passé, pur et sans tache. aurait relevé le ministère public si le siége des Mangin et des Bellart, des Marchangy et des Persil n'était pas à jamais terni. Le discours de rentrée qu'il fut chargé de prononcer, à l'audience solennelle de 1830, peut être considéré comme une déclaration de l'esprit qui devait le diriger dans cette nouvelle carrière; il prit pour texte *la Vérité*. Ce discours, non moins pur que ceux de d'Aguesseau, l'emporte peut-être sur ceux ci par la substance et l'intérêt. Une seule fois M. Berville a porté la parole dans une affaire de presse. Il s'agissait d'une éloquente et vive diatribe publiée par M. de La Mennais, dans un journal catholique intitulé *l'Avenir*. Le nouveau membre du parquet combattit avec force les erreurs philosophiques du prévenu, mais il n'insista pas sur l'accusation. Il déclara même qu'il voyait seulement dans l'illustre prêtre un adversaire, et un de ces adversaires à qui l'on serait heureux de toucher la main. Une autre fois, il a rempli les fonctions de son ministère dans un procès de conspirateur carliste, et ses ennemis mêmes, si toutefois il peut avoir des ennemis, ont dû rendre hommage à son impartialité, à sa modération et à sa haute probité judiciaire. Depuis que le juste-milieu a fait des tribunaux un instrument de vengeance, M. Berville s'est renfermé dans la partie purement civile de ses attributions et n'a jamais consenti à prêter l'appui de son talent aux hommes qui ont déchiré notre programme de juillet : Honneur à lui! Ils le destitueront quand ils se croiront assez forts pour rejeter un dernier reste de pudeur; faveur qu'il doit plutôt désirer que craindre. Mais sa carrière d'avocat-général aura donné une grande leçon aux hommes du pouvoir : elle aura prouvé qu'il n'y a pas de fonctions que la probité n'honore; elle aura prouvé que la fermeté de caractère s'allie bien avec la douceur des mœurs et la véritable modération. M. Berville fera mieux comprendre et détester les parjures de ses anciens collégues Barthe et Mérilhou. Le noble caractère que M. Berville a constamment montré, l'a fait choisir, en 1838, par les électeurs de Pontoise, comme mandataire du département de Seine-et-Oise à la chambre des députés, terrain tout aussi glissant que celui du parquet, et où tant d'hommes ont succombé sous le poids des séductions du pouvoir; mais là encore, M. Berville, par une opposition raisonnable a montré qu'avant tout il voulait l'indépendance. Dans la session de 1839, M. Berville lut, le 21 janvier, un Rapport fait au nom d'une commission chargée d'examiner la demande en autorisation de poursuites, formée par M. de Prédaval contre M.

Mauguin, député ; le 22 juillet, il prit la parole sur un projet de pension qu'on proposait d'accorder à un matelot anglais ; le 29 du même mois, il l'a prit de nouveau, dans une question d'intérêt local. Dans la session suivante, il prit part à la discussion, sur la proposition de M. Gauguier, ayant pour objet de suspendre, pendant les sessions, le traitement des députés fonctionnaires [6 février 1840]. Le 21 mars, il fut le rapporteur de la commission nommée pour l'examen du projet de loi de crédit supplémentaire applicable aux dépenses secrètes. Le 6 mai il prit part à la discussion de la loi sur les sucres. Le 18 mai il fit son rapport sur le projet de loi concernant le tribunal de la Seine. Dans la session de 1841, M. Berville n'a pris qu'une seule fois la parole, dans la discussion sur le projet de loi sur la propriété littéraire; homme de lettres, il ne s'en est pas moins montré très-opposé aux exigences de plus d'un de ses collègues dans les lettres qui figurent à la chambre. Médiateur par la modération et l'éloquence, entre tous les hommes qui, d'accord sur le but, mais divisés sur les moyens, travaillent à assurer par de sages lois l'indépendance et la prospérité de leur pays, voilà l'honorable rôle qu'il s'est réservé.

OUVRAGES DE M. S.-A. BERVILLE.

I. *Écrits judiciaires et politiques.*

I. Plaidoyer de M. Berville, pour M. Thiessé, auteur et rédacteur des « Lettres normandes ». Paris, de l'impr. de Plassan, 1820, in-8 de 32 pag.

M. Foulon, éditeur responsable des Lettres normandes, avait été aussi mis en cause, mais ce dernier fut défendu par M. Blanchet, dont le plaidoyer fut imprimé en même temps que celui de M. Berville.

II. Des lois constitutionnelles.

III. Du jury.

Ces deux morceaux ont été imprimés, en 1820, dans le « Journal de législation et de jurisprudence ».

IV. Consultation de Me Berville... sur le Mémoire de l'ex-colonel Touquet, libraire, appelant d'un jugement rendu dans l'affaire de « l'Évangile », par le tribunal correctionnel de Paris. Paris, de l'impr. de Boucher, 1826, in-8 de 24 pag.

Cette consultation, imprimée d'abord dans le « Courrier des tribunaux », a eu, presque immédiatement après son impression à part, une seconde édition in-8 de 28 pages, laquelle a eu un second tirage.

V. Lettres [deux] sur la loi Peyronnet, contre la presse, dite loi de justice et d'amour. 1827.

Imprimées dans « le Constitutionnel », et réimprimées dans le volume intitulé « Collection relative au projet de loi sur la police de la presse, proposé le 29 décembre 1826, etc. » [recueilli par J.-B. Gouriet]. Paris, 1827, in-8.

VI. Lettre sur la liberté d'enseignement. — Imprimée, en 1827, dans le « Nouveau Journal de Paris ».

VII. Lettres [trois] sur la loi de la presse. — Imprimées, en 1827, dans le « Nouveau Journal de Paris ».

VIII. Choix de Plaidoyers et Mémoires de MM. Berville et Marie. Paris, Warée, 1834, in-8 de XXXV et 566 pag.

Ce volume forme le tome VIII de la collection intitulée : « Annales du barreau français », etc. : Barreau moderne. En tête de ce volume on trouve une notice de M. L.-H. Moulin [en 35 pag.] qui fait connaître les circonstances qui donnèrent lieu aux poursuites, les questions qui s'offraient à résoudre, et la manière supérieure dont notre orateur les traita. Les plaidoyers et mémoires de M. Berville terminent à la page 438.

Plusieurs des *Plaidoyers* et *Mémoires* de M. Berville ont été imprimés aussi dans la collection intitulée : « le Barreau français » [Panckoucke], mais d'une manière moins exacte ; l'auteur les a revus pour les « Annales du barreau français ».

La plupart des plaidoyers contenus dans les « Annales du barreau » avaient d'abord été imprimés séparément, notamment ceux-ci : Défense des amis de la liberté de la presse, 1819 ; — de M. L. Thiessé, 1820 ; — de P.-L. Courrier, 1821 ; — de MM. de Béranger et Baudouin, 1822 ; — des Mémoires de Levasseur, 1829.

IX. Rapport fait à la Société de la morale chrétienne par M. Berville, au nom de la commission chargée de l'examen du concours sur l'exercice de la liberté religieuse [prix fondé par M. le marquis de La Rochefoucauld]. Paris, de l'impr. d'Henry, 1829, in-8 de 16 pag.

Antérieurement ou postérieurement M. Berville a fait à la même société un autre Rapport sur le même sujet. [Voy. le Journal de la morale chrétienne].

X. Lettres [deux] sur le système électoral. — Imprimées, en 1830, dans le « Nouveau Journal de Paris ».

XI. Discours sur la Vérité, prononcé à l'audience de rentrée de la Cour royale de Paris, en 1830.

Recueilli par les journaux judiciaires.

XII. Étude du droit public.

Morceau formant la VIIIe section de la deuxième édition des « Lettres sur la profession d'avocat », par M. Dupin aîné, au tome Ier, pages 368 à 375 [1832].

XIII. Lettres sur la propriété littéraire.

Ces lettres au nombre de deux, ont paru dans la « Gazette des tribunaux », numéros des 17 et 18 février 1837.

XIV. Discours prononcé à l'audience de rentrée de la Cour royale de Paris, en 1837 : De l'influence que doit exercer sur les lois et sur leur application l'état actuel des mœurs et de la société.

Recueilli par les journaux judiciaires.

XV. A MM. les électeurs du XIe arrondissement. Paris, de l'impr. de Renouard, 1834, in-8 de 2 pag. — A MM. les électeurs de l'arrondissement de Pontoise. In-4 de deux pag.

Il existe six ou huit autres pièces de ce genre de M. Berville.

A cette section se rattachent divers articles fournis par M. Berville à quelques Dictionnaires, tels sont entre autres ceux-ci : *Poste*, *Preuves*, *Prévôtales* [Cours], imprimés dans « l'Encyclopédie moderne » de Courtin ; *Avocat* et *Défense*, dans « l'Encyclopédie des gens du monde » ; *Défense*, *Ministère public*, *Révolution de 1830* et *Souveraineté nationale*, dans le « Dictionnaire de la conversation ».

M. Berville a écrit, de 1818 à 1825, dans le « Constitutionnel », et, de 1827 à 1831, dans le « Nouveau Journal de Paris ». Tous ses articles, dans ces deux journaux, n'ont pas toujours eu la littérature pour objet.

II. *Mélanges de littérature et de morale, en prose et en vers.*

XVI. Éloge de Jacques Delille, discours qui a obtenu le prix à l'Académie d'Amiens, au concours de 1817. Paris, Delaunay, 1817, in-8 de 64 pag.

XVII. Bonheur [le] que procure l'étude dans toutes les situations de la vie ; discours en vers, mentionné sous le n° 42, à la séance publique de l'Académie française, le 27 août 1817. Paris, de l'impr. de Fain, 1818, in-8 de 8 pag.

XVIII. Éloge de Rollin, discours qui a remporté le prix d'éloquence décerné par l'Académie française dans sa séance du 27 août 1818. Paris, de l'impr. de F. Didot, 1818, in-4 de 28 pag.

Cet *Éloge* a été réimprimé dans la même année en tête du XVIIIe volume d'une édition des œuvres complètes de Rollin publiée par les libraires Ledoux et Tenré, volume renfermant les Opuscules ; et encore dans l'édition in-12, publiée par Carez, Thomine et Fortic ; in-18, dans une Collection d'historiens où entrait Rollin.

XIX. Discours sur le sujet proposé par l'Académie française, au concours d'éloquence de 1828 : Déterminer et comparer le genre d'éloquence et les qualités morales propres à l'orateur de la tribune et à l'orateur du barreau. Paris, de l'impr. de Baudouin, 1820, in-8 de 36 pag. [1 fr.].

XX. De la Grâce.

Imprimé dans « Minerve littéraire », en 1820, et dans le « Cabinet de lecture », en 1831.

XXI. Adieux du poète au séjour de la campagne. [En vers]. Vers 1820. — Impr. dans la « Minerve littéraire ».

XXII. Discours d'ouverture d'un Cours de littérature appliquée à l'art oratoire, fait à l'Athénée de Paris, en 1823-1824.

Imprimé dans les Mémoires de l'Académie d'Amiens, mais avec des fautes qui altèrent le sens ; et plus correctement dans la « France littéraire », recueil mensuel, publié par M. Ch. Malo.

XXIII. Règles [des] en littérature. 1823. — Imprimé dans le « Mercure du XIXe siècle ».

XXIV. Rapport fait par M. Berville, au nom du jury chargé de prononcer sur les résultats du concours ouvert pour célébrer le voyage du général La Fayette aux États-Unis. Paris, Baudouin frères, 1826, in-8 de 24 pag.

XXV. Discours sur la Vérité, prononcé à l'ouverture de l'Athénée, en 1827.

Imprimé dans le tome XXXVI de la « Revue encyclopédique » [1828].

XXVI. Institution [l'] du jury en France, poëme. [En vers].

Poëme dont l'Académie française fit une mention honorable lors du concours de l'année : il a été imprimé dans le « Glaneur de la Somme », en 1829.

XXVII. Essai sur la Grâce, lu à la séance publique de la Société philotechnique, en 1831.

Recueilli par le « Cabinet de lecture ».

XXVIII. Réflexions sur la parure [lues à la même société]. Paris, de l'impr. de Pinard, 1832, in-8 de 8 pag.

Extrait de la « France littéraire », publiée par M. Ch. Malo.

XXIX. Epître [en vers] sur la rime, lue à la Société philotechnique. 1833.

Imprimée dans la « France littéraire », en 1835, et dans « l'Annuaire de la Société philotechnique », en 1841.

XXX. Maria Malibran. 1836. — Imprimé dans la « France littéraire ».

XXXI. Progrès [les] de la civilisation et de l'industrie, ou mes Tribulations. 1836.

Impr. la même année dans la « France littéraire », publiée par M. Ch. Malo, et dans la « Renommée ».

XXXII. Amiens en 1835. [En vers]. — Imprimé dans les Mémoires de l'Académie d'Amiens, pour 1837.

XXXIII. Mes Voyages. [En vers].

XXXIV. Rentrée [la]. [En vers].

Ces deux dernières pièces ont été imprimées dans les Mémoires de l'Académie d'Amiens, pour 1839.

XXXV. Réflexions sur la beauté, lues à la Société philotechnique. — Imprim. dans l'Annuaire de ladite Société pour 1840.

M. Berville, en outre, a fourni des articles de littérature et de morale à plusieurs dictionnaires, et notamment à « l'Encyclopédie moderne », de Courtin, à laquelle il a donné l'article *Style*; au « Dictionnaire de la conversation et de la lecture »; à « l'Encyclopédie des gens du monde », où l'on trouve de lui les articles *Abrégé*, *Accent*, *Action*, *Beauté*.

Ce magistrat a fait aussi pour les Sociétés dont il est membre, divers *rapports* sur des sujets de littérature, de législation et de philosophie.

Nous compléterons nos indications de cette section en énumérant ici un certain nombre de morceaux en vers et en prose, lus publiquement, par M. Berville, de 1812 à 1841, mais qui n'ont point encore été imprimés jusqu'à ce jour :

1° *Translation des cendres de Gresset*, pièce en vers, qui a obtenu l'accessit à l'Académie d'Amiens, en 1812.

2° *Hommage rendu par Édouard III, roi d'Angleterre, à Philippe de Valois, roi de France, dans la cathédrale d'Amiens*, pièce de vers qui a remporté le prix de l'Académie d'Amiens, en 1814.

3° *Du Génie poétique*, pièce de vers présentée à un concours de l'Académie française, qui en fit une mention honorable.

4° *De l'Illusion et de l'Imitation dans les arts**.

5° *Du Travail, considéré, etc...*

6° *Les Avantages de la vue basse**.

7° *Mon Contingent.*

8° *Épître à une jeune châtelaine de la forêt de Chantilly**. [En vers].

9° *Une Visite à l'atelier de M. Foyatier**. [En vers].

Ces morceaux ont été lus à la Société philotechnique; ceux qui sont marqués d'un * l'ont été, en outre, à l'Académie d'Amiens.

III. *Critique.*

On trouve dans les divers journaux et recueils périodiques auxquels M. Berville a coopéré, un certain nombre d'examens critiques d'ouvrages nouveaux : I. Dans le « Constitutionnel », de 1818 à 1225, des articles sur 1° les Compensations de M. Azaïs; — 2° les Messéniennes de M. C. Delavigne; — 3° les Bucoliques de Virgile, traduites par M. Tissot; — 4° les OEuvres de Millevoie; — 5° le Salon d'Horace Vernet; — 6° la traduction de la Jérusalem délivrée, par M. Baour-Lormian, etc., — II. Dans la « Revue encyclopédique », de 1819 à 1838 : 7° de la traduction en vers français des Satires de Juvénal, par Raoul [t. III]; — 8° sur diverses poésies publiées en 1819 [t. IV]; — 9° sur l'Histoire de Jeanne d'Albret, par mademoiselle de Vauvilliers [t. V]; — 10° d'un Recueil des Discours prononcés par Fox et Pitt au parlement d'Angleterre [t. VIII]; — 11° des OEuvres complètes d'Andrieux, secrét.-perpétuel de l'Académie française, depuis son beau-père [tomes VII et XX]; — 12° Choix des rapports, opinions et discours prononcés à la tribune nationale de France, pendant la session de 1819 [t. VIII]; — 13° des Principes de la science du droit naturel, par Romagnesi [t. XIII]; — 14° des Leçons de philosophie, par Laromiguière [t. XIV]; — 15° de l'Usage et de l'abus de l'esprit philosophique, par Portalis [t. XV]; — 16° des Bucoliques de Virgile, traduites en vers français par M. Tissot [t. XVII], — 17° du Camisard, roman par M. Dinocourt [t. XVIII]; — 18° sur les institutions judiciaires de l'Allemagne moderne et de la France depuis la révolution, par Mayer [t. XX], — 19° et sur celle de l'Europe, par le même [t. XXVIII]; — 20° des Chansons de Béranger [tomes XXX et XXXI]; — 21° d'un Projet de Code pénal pour la Louisiane [t. XXX]; — 22° du Corps du droit français, par Galisset [t. XXXV]; — 23° Notice des OEuvres de Michel Lepelletier [t. XL]. — III. Dans la « Minerve littéraire » [depuis « l'Abeille »] : 24° deux articles sur l'Histoire de J.-J. Rousseau, par Musset-Pathay. — IV. Dans le « Mercure du XIX° siècle » [1823] : 25° un article sur les Mélanges littéraires de M. Villemain.

IV. *Biographies et Éloges.*

Cette section ne sera pas la moins riche dans sa nomenclature, car M. Berville s'est beaucoup occupé de biographie; mais ses notices, comme ses autres écrits, sont épars dans différents recueils, et alors il n'est pas facile d'arriver à la parfaite connaissance de toutes celles qu'on doit à sa plume. Nous citerons pourtant les suivantes : 1° Notice historique sur M. *Andrieux* [impr. d'abord dans la « Revue française », puis réimpr. dans la « Revue de Paris, t. LI, 1833], — 2° Notice sur la vie de *J.-S. Bailly* [impr. en tête d'une nouvelle édition des « Mémoires d'un témoin de la révolution, etc. », par Bailly, et qui fait partie de la « Collection des Mémoires relatifs à la révolution », publiée par les frères Baudouin [1822]. M. Berville a donné à « l'Encyclopédie des gens du monde » une seconde Notice sur le même personnage; — 3° Notice sur *Bellart* [« Encycl. des gens du monde »]; — 4° Notice sur M. *Chaix d'Est Ange* [en tête de ses Plaidoyers, dans le « Barreau français »]; — 5° Notice biographique sur Mlle *Clairon* [« Galerie des contemporaines »]; — 6° Notice sur *B. Constant* [impr. dans « l'Encycl. des gens du monde »]; — 7° Notice biographique sur *Charlotte Corday* [dans la « Galerie des contemp. »]; — 8° Éloge de *Jacques Delille*. 1817, in-8 [Voy. n° XVI]; — 9° Notice sur la vie du marquis *Charles-Élie de Ferrières* [impr. en tête d'une nouvelle édition des « Mémoires pour servir à l'histoire de l'Assemblée constituante et de 1789 », par le marquis de Ferrières, et qui fait partie de la collection déjà citée [1822]; — 10° Notice sur *Gresset* [impr. dans la « Biographie de la Somme »]; — 11° Notice sur *Grotius*

[« Musée des Protestants célèbres », t.]; — 12° Notice sur *Claude Lancelot* [dans le « Dictionnaire de la conversation »]; — 13° Notice sur la vie de *J.-B. Louvet de Couvray* [Impr. dans la «Collection des Mémoires relatifs à la révolution française », volume de Louvet [1823]; — 14° Notice sur M. de *Pongerville* [« Biogr. de la Somme »]; — 15° Notice sur *Pothier*. Notice très-intéressante, impr. en tête de l'édition des œuvres de ce profond jurisconsulte, revue par M. Berville [Paris, Thomine et Fortic, 1821 et ann. suiv., 26 vol. in-8]; — 16° Notice sur la vie [du comte Antoine] de *Rivarol*. Imprimée en tête des Mémoires de Rivarol, qui font partie de la collection précitée; — 17° Éloge de *Rollin*, 1818, in-8 [Voy. n° XVIII]; — 18° Notice sur Mme *Rolland* [«Galerie des contemporaines»]; — 19° Notice sur *J.-J. Rousseau*; — 20° Notice sur *Voltaire*. Ces deux dernières notices, très-étendues, sont imprimées dans la «Galerie française» [1823, in-4] : celle sur Voltaire a été reproduite par M. Léon Thiessé, en tête d'une édition publiée par lui du «Théâtre de Voltaire»; — 21° Notice sur *Voiture* [impr. dans la « Biographie de la Somme », en 1835, et réimpr., en 1838, dans la « France littér. », de M. Ch. Malo]: — 22° beaucoup d'autres, moins importantes.

BERZELIUS [Jacques], l'un des chimistes les plus célèbres du XIXe siècle, n'aurait pourtant point, comme étranger, de place dans notre livre, si nous ne savions de source certaine que non-seulement ce savant a revu les traductions de ses principaux ouvrages faites en notre langue, mais encore qu'il a écrit en français des mémoires pour les « Annales de chimie » et d'excellents articles scientifiques pour « l'Encyclopédie des gens du monde ». Dès lors nous avons dû considérer l'honorable M. Berzelius comme écrivain français, et donner quelques informations sur sa personne.—M. Berzelius naquit en 1779, à Linkoeping, dans l'Ostrogothie [Suède]. Il étudia, à partir de 1796, la médecine et l'histoire naturelle, mais surtout la chimie, à Upsal, sous Galm, son compatriote, connu lui-même par la découverte qu'il fit du phosphore dans les os. M. Berzelius entreprit ensuite, dans le même but d'instruction, plusieurs voyages scientifiques. Dès 1803 parut de lui, dans les Mémoires de l'Académie des sciences de Stockolm, le commencement d'une série de mémoires sur plusieurs points importants des proportions définies, qu'il a continuée, depuis 1807, dans l'ouvrage suédois intitulé : « Afhandlingar i Fisik ». Il serait difficile d'embrasser d'un coup-d'œil rapide les services si nombreux qu'il a, depuis lors, rendus à la chimie; sa grande renommée et le poids de son autorité parmi les chimistes de notre temps, sont incontestables, et ce sont en grande partie ses découvertes et ses vues qui ont donné à la chimie sa physionomie actuelle; nous chercherons seulement à donner une idée de ceux des travaux de ce savant qui forment une époque plus ou moins remarquable dans l'histoire de la science. La découverte de la pile galvanique faite par Volta, la carrière nouvelle que cet ingénieux appareil ouvrait aux sciences en leur fournissant un nouveau moyen d'action, portèrent un grand nombre de personnes à rechercher son influence sur une foule de corps. MM. Berzelius et Pontin s'occupèrent avec assiduité à déterminer celle qu'elle exerçait sur les sels, et ces travaux acquirent un intérêt particulier par la décomposition si inattendue des alcalis et des terres qu'opéra M. Davy. Cette époque, si féconde en découvertes importantes, et qui devint pour cet illustre chimiste, et pour deux de nos compatriotes, MM. Gay-Lussac et Thénard, l'occasion d'une lutte dont la science devait retirer de si grands avantages, imprima aux recherches chimiques un degré de précision inconnue jusqu'alors, et porta les esprits vers des travaux d'une plus grande exactitude. Deux théories se disputaient l'empire de la chimie : celle de Berthollet, qui supposait la matière susceptible de combinaisons en nombre illimité, et celle de Proust, qui, traçant un cercle circonscrit, n'admettait que deux combinaisons possibles entre les mêmes corps. Les recherches de M. Berzelius vinrent confirmer les idées de M. Proust en les étendant seulement un peu, et l'analyse exacte d'un nombre presque incommensurable de composés devint pour la science une de ses plus belles acquisitions. Il serait impossible, à moins d'entrer dans des détails extrêmement minutieux, de rappeler seulement le titre des Mémoires de M. Berzelius : peu de chimistes en ont publié un aussi grand nombre, et la variété de ses recherches prouve la haute capacité de cet infatigable ami des sciences. On peut à peine citer quelques corps sur lesquels il n'ait pas fait d'essais, et chacun de ses travaux renferme quelque méthode nouvelle ou quelque modification de procédés connus, qui deviennent d'une utile application pour la science. Depuis que Bergmann a donné les premiers procédés d'analyse exacte, beaucoup de chimistes se sont occupés de cette branche importante de la chimie. Klaproth et Vauquelin se sont plus particulièrement adonnés à ce genre de travaux ; mais les méthodes de M. Berzelius l'emportent sur tout ce qui avait été fait de plus exact dans ce genre. Le premier, M. Berzelius, a développé avec succès le système électro-chimique ; il a soumis à une révision le calcul atomistique pour les corps simples, et a démontré contre M. Thomson et quelques autres que le calcul n'était pas un multiple exact de quantité, si on l'appliquait à l'eau. En faisant, avec M. Hisinger, des recherches sur un minéral découvert dans une mine de cuivre de la Westmanie, en Suède, ils y reconnurent l'oxide d'un métal nouveau auquel ils donnèrent le nom de *cerium*, du nom de le planète de Cérès, qui venait d'être aperçue, pour la première fois, par Piazzi. M. Berzelius a prouvé que la composition des oxides était soumise à des lois constantes, dont il est parti pour faire des analyses très-exactes de ces sortes de composés. Il fit aussi la découverte du *selenium*, en traitant de la pyrite de Fahlun ; et, il y a une quinzaine d'années, il a constaté la présence du *lithium* dans les eaux de Carlsbad. Ce métal avait été antérieurement découvert par M. Arfwedson, son élève, dans quelques minéraux de la mine d'Uto en Suède. Il démontra, par le calcul et par des expériences faites avec une précision remarquable, que les quantités proportionnelles du soufre étaient les mêmes dans les sulfates que dans les sulfures, et ce travail, duquel il a tiré des conséquences importantes, est un de ceux qui lui font le plus d'honneur aux yeux des savants. Il s'est efforcé de démontrer, par des considérations fort ingénieuses, que l'azote est un composé d'oxigène et d'une substance inconnue à laquelle il a donné le nom de *nitricum*. Il a été aussi porté à penser, d'après quelques expériences fort intéressantes, que l'ammoniaque est composé d'oxigène et d'une base métallique qu'il nomme *ammonium ;* mais sa manière de voir à ce sujet et ses raisonnements n'ont pas encore convaincu les chimistes, qui ne peuvent mettre des hypothèses au nombre des vérités démontrées. M. Berzelius a montré le premier la nature métallique du *calcium*, du *baryum*, du *strontium*, du *tantale*, du *silicium*, du *zircomum ;* il a découvert ou exploré les grandes classes de combinaisons, comme celles de l'acide fluorique, du métal de platine, du tantale, de la molybdine, de la banadine, du sel sulfureux, etc. ; il ne s'est pas moins signalé par ses recherches sur la chimie organique ; il peut même être regardé comme le fondateur de la chimie animale. Ses travaux d'analyse organique et inorganique sont du plus haut prix ; il a créé une nomenclature et une classification des combinaisons chimiques, ou nouvelles, ou complètement changées ; combattues par quelques chimistes, elles gagnent de plus en plus l'assentiment de l'opinion générale. Il a aussi fondé un système de minéralogie chimique ; en un mot, il n'est aucune branche de la chimie, à laquelle il n'ait rendu les services les plus signalés, et ses travaux ont été si multipliés, que leur exactitude reconnue en devient presque inconcevable. On a peine à croire qu'un seul homme ait pu y suffire ; il s'est sans doute aidé du concours d'habiles élèves opérant sous sa direction, mais les avoir formés est pour lui un mérite de plus, car un grand nombre des plus habiles chimistes vivants, se font honneur de l'avoir eu pour maître. — Les services rendus par M. Berzelius à la science lui méritèrent de bonne heure les faveurs du gouvernement de la Suède. Il devint professeur de chimie et de pharmacie, puis assesseur au collége suédois de santé. M. Berzélius fit, en 1819, un voyage à Paris, où l'aménité de son caractère lui fit autant d'amis que ses talents et ses beaux travaux lui avaient fait d'admirateurs. C'est pendant cette absence de sa patrie qu'il fut nommé secrétaire perpétuel de l'Académie royale de Stockholm, en remplacement d'Olaüs Schwartz. De retour en Suède, le roi Charles-Jean l'éleva au rang des nobles. Il fut bientôt nommé député à l'assemblée des États. En 1820, M. Berzelius obtint un genre d'ovation dont les exemples, s'ils ne sont point entièrement inconnus en France, y sont au moins assez rares : les fabricants de fer en Suède lui assignèrent une pension de cinq cents écus, pour les services qu'il a rendus aux arts chimiques et industriels. En 1821, M. Berzelius ayant eu l'occasion de se procurer en Suède la tête de Descartes, il s'empressa de la renvoyer dans la patrie de ce grand homme. G. Cuvier présenta cette tête à l'Académie des sciences, le 30 avril 1821. Il donna lecture de la lettre où M. Berzelius rend compte des détails connus sur l'histoire de cette tête et qui constatent son authenticité. Cuvier présenta en même temps un portrait gravé de Descartes, et fit remarquer que tous les traits fixés par la partie osseuse sont semblables aux caractères de la tête adressée par M. Berzelius; ce qui achève de prouver que c'est en effet la véritable tête de Descartes. L'Académie se réserva de prononcer ultérieurement sur les moyens de conserver dans un lieu honorable cette précieuse relique. En 1832, l'Institut de France admit le savant Suédois au nombre des associés étrangers de l'Académie royale des sciences, en remplacement d'Herschel. Voilà le peu de particularités que nous pouvons donner sur l'illustre savant qui est l'objet de cette notice. Son activité, à plus de soixante ans, est encore infatigable, et chaque année, on a à signaler une de ses nouvelles découvertes. Son grand mérite est de ne pas se borner à l'investigation d'objets spéciaux; il embrasse au contraire dans ses recherches le domaine entier de la chimie, et la science complète s'accroit de tous ses progrès. — Pour ses ouvrages, nous avons déjà dit qu'il était impossible de donner la nomenclature de ses mémoires, tant ils sont nombreux : ils sont consignés dans les recueils scientifiques étrangers tels que les Mémoires de l'Académie des sciences de Stockholm, un journal suédois intitulé : « Afhandlingar i Fisik, Chemie och Mineralogie » [1806-18, 6 vol. in-8], commencé par lui avec Hisinger, et continué avec plusieurs de ses compatriotes, le « Journal de Schweiger », les « Annales de Poggendorf », etc., etc.; dans les « Annales de physique et de chimie », publiées par MM. Gay-Lussac et Arago, auxquelles il a fourni un grand nombre d'articles, de 1816 à 1840. Nous parlerons plus particulièrement de ses ouvrages spéciaux dont l'ensemble est d'une grande importance pour les connaissances chimiques, et qui presque tous ont été traduits en français. Les résultats de ses recherches sur la chimie animale, dont il s'est surtout occupé dans sa jeunesse ont été consignés par lui dans ses *Förelâsningar i Djur Chemien* [Leçons de chimie animale], 1806, 2 vol. in-8. Ses nombreuses découvertes et ses vues aussi neuves que profondes sur la science, se trouvent en partie dans quelques écrits par lui publiés et en partie dans *Afhandlingar i Fisik, etc.* Il a enseigné ses doctrines, en partie dans les Mémoires de l'Académie des sciences de Stockholm, en partie dans son *Lârbok i Chemien* [Manuel de chimie], qui parut pour la première fois, en 1823, 4 vol. in-8, en suédois, et eut en 1831 une seconde édition. Il a été traduit, 1° en allemand, par M. F. Wœhler, l'un de ses élèves les plus distingués, sous le titre de *Lehrbuch der Chemie*, Dresde, 1825-31, 4 vol. in-8, traduction qui a obtenu une troisième édition en 1840, 9 vol. in-8; 2° en français, par MM. Jourdan et Esslinger, sous le titre de *Traité de chimie*, Paris, 1829-33, 8 vol. in-8. La dernière édition de la traduction allemande est enrichie de suppléments et d'améliorations de l'auteur, mais l'édition française lui est préférable. Cette édition que l'auteur n'a cessé de perfectionner, ne ressemble en rien à celles qui ont été publiées antérieurement en Suède et en Allemagne. M. Berzelius, en se décidant enfin à faire paraître en France son « Traité complet de chimie », l'a enrichi d'une foule de choses entièrement inconnues, consignées dans de volumineux manuscrits dont il a fait cession aux frères F. Didot. Aussi cet ouvrage ne doit plus être considéré comme une traduction, mais comme une édition toute nouvelle, où l'on trouvera les dernières opinions de l'auteur, et de plus tout ce qui a été découvert d'essentiel jusqu'au moment de sa publication. Les autres ouvrages de M. Berzelius sont : *Ueberblick über die Zusammensetzungen der thierischen Flüssigkeiten* [Coup-d'œil sur la combinaison des fluides animaux]. Nuremberg, 1815.— *Uebersicht der Fortschritte, und des gegenwaertigen Zustandes der thierischen Chemie* [Aperçu des progrès et de l'état présent de la chimie animale], Nuremberg, 1815. — *Die Anwendung des Læthrohrs in der Chemie und Mineralogie* [de l'Emploi du tuyau à soude, ou chalumeau dans la chimie ou la minéralogie], réimprimé à Nuremberg en 1828. Ces ouvrages ont été publiés par l'auteur en suédois, et ensuite traduits en allemand; le premier par M. Schweiger-Seidel, le second par M. Sigwart, et le troisième par M. Woehler; *Rapports sur l'état des sciences physiques.* Comme la plupart des vrais savants, M. Berzelius est bienveillant, accessible et généreux ; il admet dans son laboratoire quelques jeunes savants qui vont puiser dans son commerce intime cette exactitude dans les travaux qui le caractérisent à un si haut degré. Nous ne citerons parmi un si grand nombre d'hommes distingués qui s'honorent d'être ses élèves, que trois savants dont les noms honorent les sciences et leur pays, M. Henri Rose et M. F. Wœhler, que l'Allemagne compte au nombre de ses chimistes les plus distingués, et M. Mitscherlich, le plus grand minéralogiste de notre époque.

OUVRAGES DE M. BERZELIUS,
écrits ou traduits en français.

I. *Chimie.*

I. Mémoire sur la composition des fluides ; traduit par *De La Rive*, professeur à l'Académie de Genève. Genève et Paris, Paschoud, 1814, in-8 [2 fr.].

II. Mémoire sur la composition des acides phosphorique et phosphoreux, et sur leurs combinaisons avec des bases salifiables. [Annales de chimie, tom. II, pag. 151, 217 et 329, 1816.].

III. Extrait d'une lettre de M. Berzelius au docteur Thomson sur la composition de la potasse, la séparation de la silice d'avec l'oxide de tantale et l'analyse de l'acide formique. [*Ibid.*, t. IV, p. 10.].

IV. Note sur le principe colorant du sang des animaux. [*Ibid.*, t. V., 1817].

V. Lettre du 12 avril 1817, à M. Gay-Lussac sur la combinaison de l'oxigène avec le fer, le manganèse et l'étain. [*Ibid.*, t. V, pag. 149, 1817].

VI. Nouvelles recherches sur les proportions chimiques. [*Ib.*, t. V, p. 174].

VII. Extrait d'une lettre à M. Gay-Lussac sur les oxides du manganèse, du 28 septembre 1817. [*Ibid.*, t. VI, pag. 204, 1817].

VIII. Note sur la composition de l'acide phosphorique et de l'acide phosphoreux. [*Ibid.*, t. X, pag. 378, 1819].

IX. Expériences pour déterminer la composition de plusieurs combinaisons inorganiques qui servent de base aux calculs relatifs à la théorie des proportions chimiques. Trad. de Afhandlingar i Fysik, t. V. [*Ibid.*, t. XI, p. 58, 113, 225 [1819] et XVII, p. 5 [1821].

X. Analyse chimique de l'euclase. [*Ibid.*, t. XI, pag. 216, 1819].

XI. Analyse de quelques minéraux [la wawellite, le plomb gomme, la craitonite, l'euclase, la calamine de la vieille montagne, près de Limbourg ; la pyrite blanche, l'uranite d'Autun et le phosphate de manganèse d'Autun. [*Ibid.*, tom. XII, pag. 12, 1819].

XII. Essai sur la théorie des proportions chimiques et sur l'influence chimique de l'électricité ; traduit du suédois sous les yeux de l'auteur, et publié par lui-même. Paris, Méquignon-Marvis, 1812, in-8.

Réimprimé sous ce titre : *Théorie des proportions chimiques, et Table synoptique des poids atomiques des corps simples et de leurs combinaisons les plus importantes.* Deuxième édition, revue, corrigée et augmentée. Paris, F. Didot ; J.-B. Baillière, 1835, in-8 [8 fr.].

Volume qu'on ajoute, comme complément, au *Traité de chimie* [Voy. n° XLI].

Ouvrage profond, dans lequel l'auteur traite de l'union des particules les plus divisées des corps ou atomes, les unes avec les autres, pour former les corps composés. C'est le développement complet des idées qui ont inspiré à notre illustre Berthollet sa « Statistique chimique. »

M. Flourens qui, en 1819, a rendu compte de la première édition de cet ouvrage, dans la « Revue encyclopédique », tome IV, pages 5 et suivantes, et 241 et suivantes, dit que l'ouvrage de M. Berzélius peut être considéré sous deux aspects distincts. Les faits et leurs conséquences immédiates, où les lois expérimentales qui en découlent offrent un ensemble de vérités neuves et générales dont la science s'est enrichie avec empressement. Les spéculations hardies, les conjectures ingénieuses réclament un examen sévère : la science ne peut les adopter qu'avec réserve. L'ouvrage entier témoigne, d'une manière bien glorieuse pour l'esprit humain, de tout ce que peuvent des recherches assidues guidées par un génie élevé. »

XIII. Extrait d'une lettre à M. Berthollet sur les prussiates. [Annales de chimie, t. XIV, pag. 190, 1820].

XIV. Examen de quelques composés qui dépendent d'affinités très-faibles. Trad. du «Journal philosophique d'Edimbourg», par M. *Anatole Riffault*. [*Ibid.*, pag. 363].

XV. Recherches sur la composition des prussiates ou des hydro-cyanates ferrugineux. Trad. des «Mémoires de l'Académie des sciences de Stockholm», 1819. [*Ibid.*, t. XV, pag. 144 et 225].

XVI. Avec M. *Dulong* : Nouvelles déterminations des proportions de l'eau et de la densité de quelques fluides élastiques. [*Ibid.*, pag. 386].

XVII. Sur la combinaison des cyanures avec le soufre et avec le sélénium. Trad. des «Mémoires de l'Académie des sciences de Stockholm, 1820. [*Ibid.*, t. XVI, pag. 23].

XVIII. Lettre à M. Berthollet sur l'état magnétique des corps qui transmettent un courant d'électricité. [*Ibid.*, pag. 113, 1821].

XIX. Sur la manière d'analyser les mines de Nickel, et sur une nouvelle combinaison du nickel avec l'arsenic et le soufre. [*Ibid.*, pag. 113].

XX. Note sur la composition des oxides du platine et de l'or. [*Ibid.*, t. XVIII, pag. 146, 1821].

XXI. De l'emploi du chalumeau dans les analyses chimiques et les déterminations minéralogiques; traduit du suédois, par *F. Fresnel*. Paris, Méquignon-Marvis, 1821, in 8 avec 4 planch. [6 fr. 50 c.].

Les chimistes suédois, parmi lesquels on peut principalement citer Galm, ont fait un usage extrêmement précieux du chalumeau comme moyen d'essai des minéraux : employé en France seulement dans les arts, cet important instrument est devenu entre les mains de M. Berzelius un moyen des plus exacts pour l'analyse des substances inorganiques. Ceux qui se rappelleront Galilée, travaillant lui-même au perfectionnement des verres grossissants, et découvrant bientôt, aidé par ces verres, le vrai système du monde, ne seront étonnés ni de voir M. Berzelius si profondément occupé de perfectionner un simple instrument, ni de voir cet instrument lui révéler tant de faits nouveaux. L'ouvrage de M. Berzelius intéresse à la fois le minéralogiste, le mineur et le chimiste. En minéralogie, le *chalumeau* détermine la valeur des caractères extérieurs des minéraux; entre les mains du mineur, il découvre les parties constituantes des fossiles métalliques; en chimie, il fait subir à des quantités de matière tellement petites qu'elles échappent à la pondération, toutes les épreuves nécessaires pour constater leur nature. L'ouvrage de M. Berzelius intéresse même le médecin; car il lui offre une méthode aussi sûre que facile d'analyser les concrétions pierreuses qui se forment dans les voies urinaires. M. Fresnel a donc rendu un vrai service à la médecine en l'enrichissant d'un ouvrage où l'utilité se trouve toujours à côté de la science.

XXII. Note sur la composition chimique de la pyrite blanche efflorescente. [Annales de chimie, t. XIX pag. 440, 1822].

XXIII. De la composition des sulfures alcalins. [*Ibid.*, t. XX, pag. 34, 113 et 225, 1822].

XXIV. Extrait d'une lettre à M. Berthollet, du 12 novembre 1822, sur l'analyse des eaux de Carlsbad. [*Ibid.*, t. XXI, pag. 246, 1822].

XXV. Extrait d'une lettre à M. Dulong sur le moyen de préparer le silicium. [*Ibid.*, t. XXVI, pag. 39].

XXVI. Recherches sur l'acide fluorique et ses combinaisons les plus remarquables; traduit du suédois par M. *Pasch*. [*Ibid.*, t. XXVII, p. 53, 167, 287 et 337, et t. XXIX, p. 295 et 337].

XXVII. Examen chimique des eaux de Carlsbad, de Tœplitz et de Kœnigswart; trad. des «Mémoires de l'Académie royale des sciences de Stockholm». [*Ibid.*, t. XXVIII, p. 25 et 366, 1825].

XXVIII. Des changements dans le système de minéralogie chimique, qui doivent nécessairement résulter de la propriété que possèdent les corps isomorphes, de se remplacer mutuellement en proportions indéfinies. [*Ibid.*, tom. XXXI, pag. 5, 1826].

XXIX. Analyse de quelques minéraux [phosphate d'yttria, polymignite, arséniate de fer, et chabasie de Ferroé]. [*Ibid.*, pag. 400].

XXX. Mémoire sur les sulfo-sels; trad. des «Transactions de l'Académie royale des sciences de Stockholm», 1825, par *Fulgence Fresnel*. [*Ibid.*, t. XXXII, p. 60, 166, 265 et 393, 1826].

XXXI. Chimie du fer d'après Berzelius, traduite par le chevalier *Hervé*. Paris et Strasbourg, Levrault, 1826, in-8 [3 fr. 50 c.].

XXXII. Recherches sur l'indigo. Extrait et abrégé des «Annalen der physik ». [Annales de chimie, t. XXXVI, pag. 310 et 330, 1827].

XXXIII. De l'analyse des corps inorganiques; trad. de l'allemand. Paris, Méquignon-Marvis, 1827, in-8 de 240 pag., avec une planche [4 fr.].

L'analyse chimique est une partie essentielle de la chimie appliquée; mais cette opération, si nécessaire pour créer et vérifier la théorie et pour diriger les arts chimiques, laisse encore beaucoup à désirer dans les recherches sur les corps organisés. L'étude des corps inorganiques rencontrait beaucoup moins de difficultés dans la nature de son objet : elle a dû faire des progrès plus rapides, perfectionner les méthodes, accumuler des faits bien constatés, et déduire de ces faits les procédés de l'analyse des substances dont elle s'occupe: il était donc possible de faire un *Traité* de cette première partie de l'*analyse chimique*. Tandis que la science avançait à grands pas, les théories ont principalement occupé les professeurs, et les meilleurs Traités de chimie ont été rédigés conformément à ces vues : l'exposition des procédés de l'analyse y tient peu de place. M. Berzelius, écrivant spécialement pour les arts, a développé, avec l'étendue convenable, tout ce qui concerne ces procédés; et quoique l'*analyse chimique* ne soit qu'une partie de son Traité de chimie, elle forme réellement un ouvrage complet. Le traducteur l'a détachée pour l'usage de ceux qui ont étudié la chimie dans les Traités français ou anglais; et, afin d'en rendre la lecture plus facile et plus profitable, il y a joint des notes qui mettent le lecteur au fait de quelques opinions théoriques de son auteur, et de quelques expressions qu'il a cru devoir introduire dans la langue de la science. Cette traduction, faite avec une parfaite intelligence, est fort utile et a été favorablement accueillie.

XXXIV. Sur le sucre de réglisse; trad. des « Annalen der Physik » 1827. [Annales de chimie, t. XXXVII, pag. 186, 1828].

XXXV. Sur la gélatine et l'albumine végétales. [*Ibid.*, pag. 215].

XXXVI. Sur le tannin de la noix de Galle, de l'écorce de chêne, du quinquina, du cachou et de la gomme kino. [*Ibid.*, p. 385].

XXXVII. Recherches sur les métaux qui accompagnent le platine, et sur la manière d'analyser les alliages natifs ou les minerais de platine; trad. de l'allemand par *Auguste Stromeyer*. [t. XL, pag. 51, 138, 257, 337, 1829].

XXXVIII. Poids atomistique de l'iode et du brôme; trad. des « Annalen der Physik, 1828. [*Ibid.*, 430].

XXXIX. Extrait d'une lettre à M. Dulong concernant la découverte d'une nouvelle terre. [*Ibid.*, t. XLI, 422].

XL. Nouvelles Observations sur l'iridium et l'osmium. [t. XLII, pag. 185, 1829].

XLI. Traité de chimie, traduit par *A.-J.-L. Jourdain* [pour les deux premiers volumes] et M. *Esslinger* [pour les suivants] sur des manuscrits inédits de l'auteur et sur la dernière édition allemande. Paris, J.-B. Baillière; F. Didot, 1829-33, 8 vol. in-8 [60 fr.].

On y ajoute, comme complément, ou 9e volume, la *Théorie des proportions chimiques* [Voy. n° XII].

Il convenait à un chimiste qui a tant et si bien observé, de donner un traité complet sur cette science. Le livre de M. Berzelius expose avec une exactitude parfaite l'état de la chimie; c'est le répertoire le plus exact de tout ce qui a été fait dans cette science. Les quatre premiers volumes comprennent la *chimie minérale*, les deux suivants la *chimie végétale*, et les deux derniers la *chimie animale*, avec un Manuel alphabétique des instruments, appareils et opérations. L'auteur a consigné dans ce manuel tous les fruits de sa longue pratique. Le Traité de M. Berzelius intéresse tous ceux qui sont déjà initiés aux mystères de la chimie. Mais l'auteur a eu encore un autre but en l'écrivant : il s'est proposé de le rendre utile surtout aux commençants. C'est cette idée qui l'a dominé sans cesse dans la rédaction, et qui lui a fait abandonner l'ordre systématique toutes les fois qu'il a jugé nécessaire d'y renoncer pour faciliter l'étude. On peut dire, sans exagération, qu'il n'existe point d'ouvrage sur la chimie, dans lequel, avec tant d'attention à être complet et à descendre jusqu'aux moindres détails, l'auteur se soit plus attaché à réunir ce qui, soit dans l'arrangement, soit dans l'exposition des matières, peut contribuer à épargner les difficultés aux élèves.

« On a reproché à l'auteur, dit M. H. Gaultier de Claubry [dans le Dictionnaire de la conversation, tome V, p. 482], de n'avoir pas assez de méthode et de citer avec trop de détails des faits qui sont peut-être beaucoup moins importants qu'un grand nombre d'autres qui se trouvent également exposés dans l'ouvrage. Nous ne partageons point cette manière de voir, et, dans notre opinion, l'ouvrage de M. Berzelius est le plus utile que l'on puisse mettre entre les mains de celui qui veut connaître à fonds la chimie. Si l'étudiant a besoin de généralités et de préceptes généraux dans le commencement de ses travaux, celui qui veut approfondir la science ne trouve jamais trop de détails pour se diriger dans une étude aussi vaste. »

XLII. Sur la combinaison décolorante du chlore avec les bases. Extrait et abrégé des « Annalen der Physik », vol. 12. [Annales de chimie, t. XXXVIII, pag. 208, 1828].

XLIII. Observations sur le succin. Extrait du même ouvrage. [*Ibid.*, pag. 219].

XLIV. Réduction de l'arsenic, de son sulfure, pour des recherches chimico-légales. [*Ibid.*, pag. 223].

XLV. Table des poids atomistiques des corps simples et de leurs oxides, d'après les analyses les plus exactes et les plus récentes. [*Ibid.*, pag. 426].

XLVI. Recherches sur un nouveau minéral, et sur un nouvel oxide ; trad. des « Annalen der Physik », par *Buff.* [*Ibid.*, t. XLIII, pag. 5, 1830].

XLVII. Analyse des composés du chloride d'or avec le chlorure de potassium et avec le chlorure de sodium; trad. des mêmes Annales. [*Ibid.*, tom. XLV, pag. 101, 1830].

XLVIII. Extrait d'une lettre à M. Dulong sur le vanadium. [*Ib.*, p. 332].

XLIX. Composition de l'acide tartrique et de l'acide racémique; poids atomique de l'oxide de plomb, et Remarques générales sur les corps qui ont la même composition, et possèdent des propriétés différentes. Extrait des «Annalen der Physik», tom. 19. [*Ibid.*, t. XLVI, pag. 113, 1831].

L. Sur l'acide lactique. Extrait des mêmes Annales. [*Ibid.*, pag. 420].

LI. Sur le vanadium et ses propriétés. Extrait des mêmes Annales. [*Ibid.*, t. XLVII, pag. 337, 1831].

LII. Lettre à MM. Vœhler et Liebig sur le benzoyle et l'acide benzoïque, du 2 septembre 1832. [*Ibid.*, LI, pag. 208, 1832].

LIII. Sur le bleu de Prusse et le cyano ferrure de plomb. [*Ibid.*, p. 337].

LIV. Lettre à M. Liebig sur la composition de l'acide citrique et quelques-unes de ses combinaisons, de novembre 1832. [*Ibid.*, t. LII, p. 424, 1833].

LV. Lettre au même chimiste sur la composition des citrates. [*Ibid.*, p. 432].

LVI. Considérations sur la composition des tissus organiques. Extrait de Poggendorff's Ann. 1833. [*Ibid.*, tom. LIV, pag. 5, 1833].

LVII. Sur deux acides organiques qu'on trouve dans les eaux minérales. Communiqué par M. Berzelius à M. Liebig. [*Ibid.*, pag. 219].

LVIII. Recherches sur les propriétés du tellure. Extrait de «Poggendorff's Ann. 1834. [*Ibid.*, t. LVIII, pag. 113 et 225, 1835].

LIX. Observations sur un Mémoire de M. Guérin sur la gomme. [*Ibid.*, t. LIX, pag. 103, 1835].

LX. Quelques idées sur une nouvelle force agissant dans les combinaisons des corps organiques. [*Ibid.*, t. LXI, pag. 146, 1836].

LXI. Note sur l'acide sulfo-naphtalique. [*Ibid.*, t. LXV, pag. 290, 1836].

LXII. Annuaire des sciences chimiques, ou Rapport sur les progrès des sciences naturelles, présenté à l'Académie de Stockholm ; traduit par H. D. [*H. Demarçay*, fils du général]. Paris, Thomine, 1837, in-8 [4 fr.]. — Annuaire des sciences chimiques. Extrait du compte rendu sur les progrès des sciences physiques, présenté par ce savant à l'Académie royale de Stockholm ; trad. par M. *Ch. Gerhardt*. Ire partie. Paris, Aug. Mathias, 1839, in-18.

Le nombre des hommes qui cultivent la science dans tous les pays s'est beaucoup accru depuis quarante ans ; beaucoup de travaux sur la chimie, la physique et la minéralogie sont publiés, mais ne sont pas assez généralement connus. Dans un Rapport annuel sur les progrès des sciences naturelles que depuis dix-neuf ans M. Berzelius fait à l'Académie des sciences de Stockholm, le secrétaire-perpétuel de cette académie réunit tout ce que ces diverses sciences ont produit dans l'année précédente. L'un des élèves du célèbre chimiste suédois, M. F. Wœhler, fait chaque fois jouir l'Allemagne de cette importante publication. La dix-neuvième année a paru par ses soins, à Tubingue, en 1840, et cette importante publication est restée presque inconnue parmi nous, jusqu'à la traduction de l'année 1836 tentée par le fils du général Demarçay. Nous apprenons que l'intention de M. Berzelius est dorénavant d'écrire ses comptes-rendus en suédois, pour Stockholm, et en français, pour Paris. On assure même que M. Pelouze, le correspondant habituel du savant Suédois, est chargé de surveiller l'impression du compte-rendu de 1840.

LXIII. Lettre à M. Pelouze sur la théorie de la composition organique. [Ann. de chimie, t. LXVII, pag. 303, 1838].

LXIV. Lettre au même sur le même sujet, du 13 juillet 1839. [*Ibid.*, t. LXXI, pag. 137, 1839].

LXV. Note additionnelle sur les oxchlorides à radicaux composés. [*Ibid.*, pag. 540].

II. *Géologie et Minéralogie.*

LXVI. Avec *Joh. Gottlieb* : Recherches sur quelques nouveaux fossiles trouvés près de Fahlun. Extrait du « Journal de Schweiger », t. 16, pag. 241. [Annales de chimie, t. III, pages 26 et 140, 1816].

LXVII. Supplément pour l'éclaircissement de plusieurs objets dans la dissertation de M. Berzelius : Analyse de quelques minéraux trouvés dans les environs de Fahlun. [*Ibid.*, même vol.]

LXVIII. Découverte d'une nouvelle terre à laquelle M. Berzelius a donné le nom de Thorine. [*Ibid.*, t. V, pag. 5, 1817].

LXIX. Lettre à M. Berthollet sur deux métaux nouveaux, du 9 février 1818. [*Ibid.*, t. VII, pag. 199, 1818].

LXX. Recherches sur un nouveau corps minéral [le sélénium] trouvé dans le soufre fabriqué à Fahlun. [*Ibid.*, t. IX, pages 160, 225 et 337 [1818].

LXXI. Note sur l'analyse de quelques minéraux d'Uto en Suède, renfermant de la lithine. [*Ibid.*, t. X, pag. 103, 1819].

LXXII. Nouveau Système de minéralogie ; traduit du suédois sous les yeux de l'auteur. Paris, Méquignon-Marvis, 1819, in-8 [4 fr.].

La minéralogie, bornée long-temps à la connaissance des caractères extérieurs des minéraux, a fait des progrès extrêmement rapides, et acquis une grande importance depuis que, pénétrant dans la composition intérieure des substances sur lesquelles elle s'exerce, elle a appelé l'analyse chimique à lui faire connaître la composition véritable des corps bruts de la nature. M. Berzelius, dans cet ouvrage où il a fait voir l'indispensable nécessité de cette connaissance, et classé les minéraux d'après leur composition chimique, a ouvert une carrière nouvelle dans laquelle, parmi beaucoup d'autres savants, l'un de ses élèves les plus distingués, M. Mitscherlich, a fait des découvertes qui ont singulièrement étendu la limite de nos connaissances.

M. Haüy, dans ses Leçons de minéralogie, a fait un très-grand éloge de la *Nomenclature minéralogique* de Berzelius. « Nous avons, dit-il, un modèle digne de l'attention de tous les savants, dans la méthode qu'à publiée M. Berzelius. Les minéraux y sont représentés sous deux points de vue différents, dont le premier est tourné vers la chimie, et le second vers l'électricité galvanique, de manière que toutes les parties de l'un sont en harmonie avec celles de l'autre. Ainsi, les mêmes propriétés chimiques, d'où naît une distinction entre les métaux qui ont une plus grande tendance à faire les fonctions d'oxides ou d'acides que celles de bases, et ceux dont la tendance est l'inverse de la précédente, sont liés aux propriétés physiques à l'aide desquelles les premiers viennent se placer parmi les corps électro-résineux, et les seconds parmi ceux qui sont électro-vitrés. Il est aisé de concevoir tout l'intérêt que doit exciter cette corrélation entre deux manières d'envisager les mêmes êtres, dont l'une emprunte tous ses caractères de l'oxigène, qui est celui de tous les éléments chimiques dont le domaine est le plus étendu, et l'autre puise les siens dans la même source d'où sont émanés les phénomènes électriques qui ont servi à dévoiler la véritable nature d'une grande partie des substances métalliques. Ce système est encore remarquable par la manière dont les espèces sont caractérisées. Une bonne partie des minéraux, ainsi que je l'ai dit, sont des assemblages de divers composés, parmi lesquels il y en a toujours un qui imprime au corps le caractère de sa forme cristalline ; et c'est celui-ci qui doit déterminer l'espèce, puisqu'il faut qu'elle soit représentée, et qu'elle ne peut l'être que par le concours du type géométrique avec le type chimique. D'après les belles recherches de M. Berzelius, le principe des proportions définies qui a eu lieu à l'égard de ce dernier composé, s'applique également à chacun de ceux qui ne sont qu'accessoires. Le savant auteur du système se sert ingénieusement de lettres accompagnées d'exposants numériques pour désigner les quantités relatives des principes de chaque composé ; en sorte que le tout présente en raccourci un tableau fidèle de l'ensemble des éléments, tracé d'après les résultats des lois constantes auxquelles ont été soumises les attractions qu'ils ont exercées les uns sur les autres, en se réunissant deux à deux, trois à trois. Les limites dans lesquelles sont renfermées mes leçons, ne me permettent de donner qu'une légère esquisse de ce beau système. Mais j'en ai dit assez pour inspirer le désir d'en lire le développement, et de juger combien il est remarquable par la généralité et par la fécondité des principes qui ont dirigé le plan. »

BESANÇON [Ch.]. — I. Réponse à une lettre d'un médecin de campagne [M. Colas]. Paris, de l'impr. de Casimir, 1837, in-8 de 32 pag.

II. Montrougiennes [les], en trois chants, précédées d'une épître ; avec observations sur chaque chant. Vaugirard, Delacour ; et Paris, Feret, 1839, in-8 de 112 pag. [1 fr. 50 c.].

En voici les deux premiers vers :

Il est un mont sud-ouest de Paris
Béatisé par la gente jésuite.

BESCHER [Voy. la *France littér.*, t. I, p. 315].

— Patriote [le] de 1789 ; en prose. Paris, l'Auteur, rue de Richelieu 21, 1830, in-8 de 68 pag. [2 fr.].

BESCHERELLE aîné [Louis-Nicolas], né à Paris en 1802, grammairien et littérateur, employé à la bibliothèque du Louvre, archiviste de la Société grammaticale de Paris, secrétaire particulier de la Société d'émulation pour le perfectionnement de l'instruction primaire dont il est un des cinq fondateurs.

I. Participe [le] passé ramené à sa véritable origine et soumis à un seul et unique principe, ou Application de l'analyse à cette partie importante du discours ; traité nouveau, au moyen duquel on peut acquérir, en quelques minutes, une connaissance parfaite et approfondie du participe passé. Paris, l'Auteur, 1820, in-8 de 44 p. [90 c.].

II. Revue grammaticale, ou Réfutation des principales erreurs des grammairiens. Paris, l'Auteur, 1829, in-32 de 64 pag. [50 c.]

III. Avec MM. *Bescherelle* jeune et *Litais de Gaux* : Grammaire nationale, ou grammaire de Voltaire, de Racine, de Fénélon, de J.-J. Rousseau, de Buffon, de Bernardin de St.-Pierre, de Châteaubriand, de Lamartine, et de tous les écrivains les plus distingués de la France, renfermant plus de cent mille exemples qui servent à fonder les règles et constituent le code de la langue française. Ouvrage éminemment classique. Paris, l'Auteur; Bourgeois-Maze, 1834-35, grand in-8 de 648 pag. — IIIe édition. 1841, grand in-8 à 2 colonnes [12 fr.]. — Tome II. Théorie et Exercices. Paris, les mêmes, 1836-37, gr. in-8 à 2 colonnes [12 fr.].

Ouvrage consciencieux qui a été approuvé par la Société grammaticale, l'Athénée des arts, la Société des méthodes, et dont tous les journaux, y compris celui des Savants [1835, p. 122 et 759], ont fait le plus grand éloge.

« Grammaire composée sur un plan tout nouveau. Les auteurs ont traité dans cette Grammaire, et en quinze chapitres, des noms ou substantifs, des noms personnels ou pronoms, des noms indéfinis, des adjectifs qualificatifs, des comparatifs et superlatifs, des articles, des adjectifs déterminatifs, des adjectifs numéraux, des adjectifs possessifs, des adjectifs démonstratifs, des adjectifs conjonctifs, des verbes, du participe présent, du participe passé. Une autre série de chapitres a pour objet les mots invariables, interjections, adverbes, prépositions, conjonctions. Il s'agit dans les dernières pages des figures grammaticales, de la ponctuation et des signes orthographiques. » [*Journal des savants*, 1835.]

IV. Avec MM. *Ch. Martin* et *Gillet Damitte* : Almanach des instituteurs et des institutrices, pour l'année 1838, contenant des anecdotes; quelques proverbes; 365 questions aussi neuves qu'intéressantes, sur les plus grandes difficultés que présente notre langue dans son orthographe, dans sa prononciation et dans sa syntaxe. — Avec les solutions qu'en ont données les plus habiles grammairiens, l'Académie, le « Journal de la langue française », et principalement la Société grammaticale de Paris. Précédé de renseignements utiles et d'un formulaire pour les pétitions et les lettres diverses que MM. les instituteurs sont dans le cas d'adresser aux autorités, suivie d'une petite pièce de comédie, intitulée : « Une distribution de prix ». Paris, Amédée Saintin et Thomine, 1838, in-18 [1 fr. 50 c.].

Ce petit ouvrage a été reproduit dans la même année sous le titre suivant : *Étrennes grammaticales, ou les Pourquoi et les Parce que de la langue française, pour l'année* 1838, contenant des anecdotes, quelques proverbes, 365 questions aussi neuves qu'intéressantes, etc. Paris, Saintin et Thomine, 1838, in-18 [1 fr. 50 c.].

V. Avec M. *Ch. Martin* : les Classiques et les Romantiques, ou Examen critique et raisonné du style des écrivains les plus célèbres depuis Louis XIV jusqu'à nos jours, avec Notices biographiques et bibliographiques, précédé du Précis historique des progrès de la langue française, considérée dans ses rapports avec la marche de la civilisation et le développement des arts et des sciences. Ouvrage non moins curieux qu'instructif, où l'on relève les fautes de langage, les expressions incorrectes ou de mauvais goût, les bizarres alliances de mots, les constructions amphibologiques, les pensées fausses, en un mot, toutes les locutions qui déparent les chefs-d'œuvre de notre littérature, et qui, malgré le vice dont elles sont entachées, se sont glissées dans la bonne compagnie, au barreau, à la tribune; indispensable aux maîtres et aux élèves, aux jeunes écrivains, aux gens du monde, aux étrangers, et généralement à tous ceux qui veulent se former le goût et se perfectionner dans l'art si difficile de bien parler et de bien écrire. [Tome Ier, et unique]. Paris, Saintin, 1838, in-8 [7 fr.].

Ouvrage qui a paru par livraisons. Plusieurs personnes y ont eu part : il semblerait même que MM. Bescherelle et Martin n'auraient été que les directeurs de cette publication qui a paru périodiquement. Les noms donnés par le prospectus sont ceux de MM. Taillefer, inspecteur de l'Académie de Paris; Vanier, membre de la Société royale académique des sciences; Quitard, président de la Société grammaticale de Paris; Deshoulières, directeur de l'Institut Jacotot; J. Morand, de l'Athénée des arts; Lévi, professeur de littérature; Boniface, grammairien; Touvenel, membre de l'Athénée; Baget, professeur de philosophie; Belmontet, homme de lettres; Ottavi, professeur de rhétorique; Romain Cornut, professeur de philosophie; Gillet Damitte et Lansac, membres de la Société grammaticale; Portier et Marprez, professeurs de grammaire générale, rédacteurs de « l'Echo des écoles primaires »; Peigné, membre de l'Université; A. Waultier, professeur de littérature; Mathieu, de l'Athénée; Radiguel, professeur de littérature, et Durazzo, homme de lettres.

VI. Avec M. *Ch. Martin, Édouard Braconnier* et plusieurs membres de la Société grammaticale : Réfutation complète de la Grammaire de MM. Noël et Chapsal, appuyée sur plus de 3,000 exemples tirés de nos grands écrivains, ou Grammaire des écoles primaires supérieures, des pensions, etc. Paris, J.-B. Braconnier, 1838, in-12 de 144 pag. [1 fr. 75 c.].

C'est sous le titre et avec les noms des auteurs que nous venons de citer que parut d'abord cet ouvrage. M. Chapsal fut piqué de cette réfutation, et acheta de MM. Martin et Braconnier toute l'édition à la condition que ceux-ci ne réimprimeraient plus leur réfutation; mais M. Bescherelle avait été laissé en dehors de cet arrangement; et tandis que MM. Martin et Braconnier faisaient paraître les 3e et 4e éditions d'une *Grammaire des écoles primaires supérieures* [Paris, Levrault, in-12], dont ils avaient supprimé la réfutation de la Grammaire de MM. Noël et Chapsal, M. Bescherelle, de son côté, faisait réimprimer la réfutation, et la Grammaire, entièrement refondue. Nous avons même vu des exemplaires, avec la date de 1838, qui portent pour complément de titre: *IVe édition, augmentée de l'Examen critique de la Grammaire populaire de M. Ch. Martin, et des ouvrages de M. Vanier*. Paris, Bourgeois-Maze.

VII. Avec *les mêmes :* Cours pratique de cosmographie et de géographie, appliqué surtout à l'étude de la France, avec questionnaire et problèmes. Paris, Saintin et Thomine, 1838, in-18 de 216 pag. [1 fr.]

VIII. Première [la] Grammaire de l'école pratique, ou Grammaire du premier degré. Paris, Delloye, 1838, in-12 de 168 pag. — Ve édition. Paris, le même, 1840, in-12 [1 fr. 25 c.].

IX. Première [la] Synthèse de l'école pratique, ou Leçons élémentaires de style, destinées à servir d'introduction à l'art d'écrire. Paris, Delloye, 1838, in-12 de 72 pag. [50 c.].

X. Avec M. *Ch. Durazzo :* le Bon Génie, petit journal de l'enfance, présentant, pour chaque jour de l'année, une lecture religieuse, morale, historique, familière, instructive, amusante, tout-à-fait à la portée de l'enfance. Première année. Paris, Delloye, septembre 1838 — septembre 1839, in-18 [2 fr. 50 c.].

Les douze numéros de cette première année ont été réunis en un volume qui porte pour titre : *le Bon Génie, petit mentor de l'enfance. Dédié à M. le duc de Montpensier*. Par MM. Bescherelle aîné, Isabelle et Morin. Tome Ier. Première année. Paris, Delloye, 1839, in-18, cartonné [3 fr.].

XI. Avec MM. *Bescherelle* jeune, *Ch. Durazzo, Gillet Damitte, Perron, Guinepolle :* la France grammaticale, pédagogique et littéraire, journal des écoles primaires, des colléges, des pensions, des gens du monde et de l'instruction publique en général. Paris, Bourgeois-Maze, 15 octobre 1838, gr. in-8.

Le prospectus de ce journal promettait un cahier le 15 de chaque mois; il a cessé de paraître avec le quatrième numéro.

XII. Avec M. *Ch. Durazzo* : le Petit Théâtre des écoles, ou Choix de petites comédies instructives et morales. Paris, Delloye, 1839, in-18 [1 fr. 25 c.].

XIII. Grammaire de l'Académie, ou Galerie critique de la plupart des barbarismes, solécismes, fautes d'orthographe, définitions fausses, décisions ridicules, remarquables, absurdes, omissions, bévues, ingénuités, inadvertances, contradictions, etc., etc., dont fourmille la sixième et dernière édition du Dictionnaire de l'Académie française, à l'usage de toutes les personnes qui veulent apprécier le travail de l'illustre compagnie. Deuxième édition. Paris, Bourgeois-Maze, 1839, in-32 [50 c.].

XIV. Grammaire des épiciers, ou Recueil de toutes les fautes qu'on peut commettre spécialement en matière d'épicerie, relativement à la prononciation, etc., etc. Paris, le même, 1839, in-32 [50 c.].

Ces deux derniers petits volumes, formant le commencement d'une *Grammaire de tous les états*, ont été publiés sous le pseudonyme : le docteur SEVERUS SYNTAXE.

XV. Livre [le] de toutes les écoles, ou Leçons préparatoires à l'étude de la grammaire française. Paris, madame veuve Maire-Nyon, 1840, in-12 de 96 p. [75 c.].

XVI. Grammaire [la] de toutes les écoles et de tous les degrés, ou la Plus complète des grammaires françaises. Paris, Delloye, 1840, in-12 [1 fr. 25.].

XVII. Avec M. *Joseph Morand :* Enseignement encyclopédique. Précis de l'histoire générale des sciences, des arts, de l'industrie et des mœurs des nations. I. Histoire ancienne. Paris, Breteau et Pichery, 1840, in-18 [3 fr.],

XVIII. Abrégé de la Grammaire nationale. Paris, Bourgeois-Maze, 1840, in-12 [1 fr. 50 c.]. — Exercices. Paris, le même, 1840, in-12 [1 fr. 50 c.]. — Corrigé des Exercices. Paris, le même, 1840, in-12 [1 fr. 50 c.].

XIX. Grammaire [la] des communes, ou le petit Catéchisme de la langue française. Paris, Bourgeois-Maze, 1840, in-18 [75 c.].

M. Bescherelle a participé et participe encore à plusieurs recueils littéraires : la « France littéraire », entre autres, renferme de lui un article intitulé *la Vision du fils du Dante* [1837]; la « Revue du théâtre » contient également un article de lui ayant pour titre *l'Enfer sur le pont Alla Carraja*. Il a en outre publié différents articles dans le « Journal grammatical de la langue française »; et la « Revue encyclopédique » contient de lui une *Notice nécrologique sur le célèbre philologue Biagioli*. Il a aussi travaillé dans « l'Utile », journal qui a cessé de paraître. Il est en ce moment un des principaux collaborateurs de « l'Écho des écoles primaires. »

M. Bescherelle, dont l'activité infatigable est bien connue, se propose de publier prochainement : 1° *les Annales de l'esprit humain, ou Dictionnaire philosophique universel*, recueil dans lequel sont rassemblées, par ordre alphabétique, les plus belles pages sorties de la plume des plus grands écrivains tant anciens que modernes. Ainsi, sous le mot *suicide*, par exemple, on trouvera tout ce que non-seulement les écrivains Français, mais encore les écrivains étrangers ont dit de mieux. C'est donc, comme on le voit, un *Dictionnaire philosophique comparé*, qui sera fort utile à nos jeunes écrivains. Ce recueil formera environ 10 vol. in-8; — 2° Une traduction du *Traité du mérite et des récompenses*, de Melchior Gioja, célèbre publiciste italien, compagnon d'infortune de Silvio Pellico; — 3° Une traduction interlinéaire et correcte de la *Divine comédie* du Dante; — 4° *l'Encyclopédie des écoles primaires, ou Collection de tous les ouvrages nécessaires aux instituteurs et élèves des écoles primaires;* — 5° *le Vieux langage français, mis à la portée de tout le monde*, ouvrage contenant : 1° un Abrégé de la grammaire du savant Raynouard; 2° un Choix des plus beaux passages des auteurs qui ont précédé le XVIe siècle, rangés par ordre chronologique, et accompagnés d'une traduction en regard et de Notes historiques, littéraires et grammaticales; 3° un Dictionnaire du vieux langage.

BESCHERELLE jeune, employé au conseil d'état.

Il a eu part à la « Grammaire nationale » et à d'autres ouvrages publiés par son frère. [Voy. l'article précédent.]

BÉSIGNAN [le marquis Du Claux de]. — Considérations sur l'agriculture et projets d'amélioration soumis au jugement de tous les hommes éclairés, afin de les mettre à même de contribuer à leur exécution. Paris, Pihan Delaforest, 1828, in-8 de 52 pag.

BESNARD [l'abbé François-Guillaume (*)], né le 3 octobre 1730, à Mamers [Sarthe], commença ses études dans sa ville natale, puis ses parents l'envoyèrent à Paris pour y finir ses humanités; il s'y fit recevoir maître ès-arts; y commença les études de la médecine, et les quitta pour embrasser celles de la théologie. Ordonné prêtre en 1777, il pratiqua le saint ministère dans son pays jusqu'en 1793, époque où il lui fut prescrit de rentrer dans sa famille dont il n'était distant que de quatre lieues. Ce fut alors qu'il fit imprimer un *Mémoire justificatif de la conduite de François-Guillaume Besnard, en tant que prêtre assermenté, etc.* Les dissensions civiles et les disputes religieuses devenant de plus en plus intenses, elles firent prendre à l'abbé Besnard le parti de venir se fixer à Paris, où, pour se mettre à l'abri de toute persécution, il travailla comme correcteur dans une imprimerie, occupation à laquelle il resta fidèle jusqu'à la réouverture des églises en France, par le premier consul. Il obtint alors la permission de célébrer les saints mystères. Presqu'aussitôt il se livra à la composition de plusieurs ouvrages qui ne devaient paraître que plus tard. Le premier qu'il publia fut, en 1819, l'*Entendement humain mis à découvert d'après les principes de la physiologie et de la métaphysique*, in-12 [Anon.]. Dans un temps où les sciences rationnelles étaient peut-être encore trop négligées dans l'instruction de la jeunesse, l'abbé Besnard trouva bon, par la publication de ce livre, de signaler à l'attention les ouvrages de ce genre que les jeunes gens peuvent lire sans danger, et qui exercent utilement l'esprit. Six ans plus tard, en 1825, il mit au jour un petit écrit intéressant sur un sujet très-grave : *Périls auxquels sont exposés les enfants que leurs mères refusent d'allaiter*, in-12. Puis vinrent ses *Lettres sur la révolution, etc.*, 1828, in-8, ouvrage dont, entre autres choses, il a été dit : « qu'il embrassait » toute la révolution, qu'il éclairait les » citoyens de toutes les classes et de

(*) L'abbé Besnard, mort en 18 , n'a point d'article dans le « Supplément à la Biographie universelle », t. LVIII de l'ouvrage, volume publié en 1835.

» toutes les conditions sur leurs devoirs » réciproques; et que c'était un esprit » de philosophie, de probité, de reli- » gion et de patriotisme qui en avait » fait les frais. » L'année suivante, parurent ses *Réflexions critiques sur l'ouvrage de M. Broussais :* De l'irritation et de la folie, et enfin, en 1830, sa *Doctrine du docteur Gall*, in-8. C'était le dernier ouvrage que devait publier l'abbé Besnard. Ce respectable et savant ecclésiastique se retira dans sa ville natale peu de temps après la révolution de juillet, et la mort ne tarda pas à venir l'y frapper. Il était depuis plusieurs années prêtre habitué de la paroisse de St-Séverin de Paris. L'abbé Besnard, lorsque la mort le surprit, mettait encore la dernière main à un autre ouvrage qu'on a dû trouver dans ses papiers, lequel est intitulé : *Lettres d'un chrétien à l'un de ses amis, athée.* Ce dernier ouvrage devait former un volume in-12 d'environ 300 pages.

OUVRAGES DE L'ABBÉ BESNARD.

I. Mémoire justificatif de la conduite de François-Guillaume Besnard, en tant que prêtre assermenté, publié dans l'intention de rendre plus prochaine la fin des dissensions civiles, alimentées par les disputes sur le serment jadis exigé des ecclésiastiques. An IV [1796], in-12.

II * Entendement [l'] humain, mis à découvert d'après les principes de la physiologie et ceux de la métaphysique. Paris, Brunot-Labbé, 1819, in-12 [2 fr. 50 c.]

III. Périls auxquels sont exposés les enfants que leurs mères refusent d'allaiter; malheurs que par ce refus elles attirent sur elles-mêmes. Paris, l'Auteur; madame Huzard; J.-B. Baillière, 1825, in-12 [1 fr. 25 c.].

IV. Lettres sur la révolution, dans lesquelles, etc. Paris, Dondey-Dupré, 1828, in-18 [3 fr. 50 c.].

V. Réflexions critiques sur l'ouvrage de M. Broussais : « De l'irritation et de la folie. Paris, l'Auteur, 1829, in-8 de 52 pag. [1 fr. 50 c.].

VI. Doctrine de M. Gall; son orthodoxie philosophique, son application au christianisme. Paris, l'Auteur; F. Didot; J.-B. Baillière, 1830, in-8 [5 fr.].

BESNARD.— Construction d'un nouvel Hôtel-Dieu à Orléans. Proposition faite au conseil municipal dans sa séance du 2 novembre 1836. Orléans, de l'impr. de Jacob, 1837, in-8 de 16 pag., plus une planche.

BESNARD, ancien notaire, demeurant à Rambouillet.

—Avec M. *Renoult*, ancien notaire : Note sur le revenu du domaine de Rambouillet, adressée à MM. les membres de la chambre des députés. Paris, de l'impr. de Maulde, 1837, in-4 de 4 pag.

BESNIER [H.], avocat à Paris.

I. Considérations morales et politiques sur l'établissement des trappistes en France, et précis exact de leurs institutions. Paris, Stahl; Mongie, 1828, in-8 de 32 pag.

II. Religion [la] démontrée par les preuves de faits et de sentiments, en forme de dialogues. Paris, l'Auteur, rue Grenétat, n° 12, 1828, in-8.

III. Essai sur le principe et les limites de la souveraineté, accompagné de quelques réflexions sur l'état actuel du gouvernement en France. Paris, l'Auteur, 1830, in-8 de 36 pag. [75 c.].

IV. Trois lettres à un blessé de juillet sur la révolution de juillet. En prose. Paris, l'Auteur, 1832, in-8 de 40 pag.

V. Avec MM. *Du Chaussais* et *Poissant:* Étrennes aux Français, pour le pauvre aussi bien que pour le riche, ou Nouveau pétrin mécanique. Paris, de l'impr. de Mie, 1832, in-4 de 12 pag.— Statuts de la société fondée par MM. Besnier, Du Chaussais et Poissant, pour l'exploitation du brevet d'invention d'un nouveau pétrin mécanique. Paris, de l'impr. de Dupont, 1832, in-8 de 20 pag.

BESNIER. — Éléments de la grammaire française. Paris, Bricon, 1836, in-12 de 96 pag., plus un tabl.

BESSAC [l'abbé].— De la célébration de la sainte messe et de la récitation de l'office divin. Opuscule de saint Alphonse de *Liguori;* traduit de l'italien. Orange, Escoffier, 1835, in-12 de 204 pag.

BESSAN [J.-F.]. — I. Souvenirs de l'expédition de Morée en 1828, suivis d'un Mémoire historique sur Athènes, avec un plan de cette ville. Valognes, de l'impr. de Gomont, 1835, in-8 de 156 pag.

II. Encyclopédie portative et domestique, ou Recueil de procédés et de recettes éprouvées, concernant les arts et métiers, l'économie rurale et agricole, etc. Le Mans, Gerbeau, éditeur; Baqué, 1838, in 12 [4 fr. 50 c.].

BESSAS-LAMÉGIE, maire du Xe arrondissement de Paris et avocat.

— Rapport annuel sur les travaux du conseil de la Société pour l'instruction élémentaire, et sur la situation de cette instruction en France, fait à l'assemblée générale de la société, dans sa séance annuelle de l'Hôtel-de-Ville de Paris, le 5 juin 1836. Paris, de l'impr. de Decourchant, 1836, in-8 de 32 pag.

BESSE [Jean-Charles de]. — Abrégé de la grammaire turque, contenant, outre les principes de cette langue, des idiotismes, des discours familiers, et un petit vocabulaire en français, turc et hongrois. Pest, Othon Wigand, 1828, gr. in-8 de VIII et 172 pag.

Soixante-six pages seulement sont occupées par la grammaire.

BESSIÈRE. — Sacrifice [le] de l'autel, ou Instructions sur les cérémonies et les prières de la messe. Montpellier, Seguin, 1830, in-12.

BESSIÈRE [J.-F.]. — I. Arithmétique [l'] élémentaire traitée simplement, ou Exposition des éléments de la science des nombres, suivant la marche régulière de l'intelligence. Paris, Bachelier, 1833, in-8 [3 fr.].

II. Discours sur la méthode scientifique, pour servir d'introduction à la partie théorique de l'arithmétique élémentaire traitée simplement. Paris, de l'impr. de Lachevardière, 1833, in-8 de 24 pag.

III. Du régularisme, ou de la Régularité dans l'expérience, la théorie et l'application, ou Encore, du terme général de comparaison dans l'appréciation de l'éducation résultant d'un essai analytique sur les lois générales de la vie humaine. Paris, Paulin; Bachelier, 1834, in-8 [3 fr.].

BESSIÈRE [J.-B.], vraisemblablement frère du précédent, professeur particulier de philosophie, et auteur dramatique, né d'une famille languedocienne, mort à Paris, au commencement de 1840, âgé de vingt-cinq ans au plus.

I. Observateurs [les], comédie en cinq actes et en vers. Paris, l'Auteur, 1838, in-8 [4 fr.].

II. Franklin, comédie historique en cinq actes. Paris, l'Auteur, 1838, in-8 de 96 pag.

BESSIÈRES [Auguste], professeur (*).

I. Avec M. *Auguste Michelot*: Nomenclature de Cornelius Nepos, mise dans un ordre conforme à la méthode de M. J.-J. Ordinaire. Paris, A.-A. Renouard; L. Colas, 1825, in-12 de 56 pag. [1 fr. 20 c.].

II. Avec *le même*: Nomenclature des fables de Phèdre, mise dans un ordre conforme à la méthode de M. J.-J. Ordinaire. Paris, les mêmes, 1825, in-12 de 60 pag. [1 fr. 20 c.].

III. Grammaire française. Paris, Delalain; Brunot-Labbe, 1834, in-8 [6 fr.].

BESSIÈRES [G.-L.], docteur en médecine à Paris.

I. Introduction à l'étude philosophique de la phrénologie, et nouvelle classification des facultés cérébrales. Paris, de l'impr. d'Éverat, 1835, in-8, avec 2 tabl. [4 fr.].

II. Nouvelles Considérations sur les affections nerveuses de l'organe de la vue, confondues par les auteurs sous le nom générique d'amaurose. Paris, l'Auteur, 1838, in-8 de 32 pag. [1 fr. 25 c.].

BESSON [A.], garde général des forêts à Orléans.

— Du desséchement de la partie de la forêt d'Orléans connue sous le nom de cantonnement de Fleury. Moyens proposés pour y parvenir. Orléans, de l'impr. de Danicourt-Huet, 1832, in-8 de 20 pag.

BEST [C.]. — Métrologie de la Haute-Loire, précédée du système métrique, avec des principes pour la conversion de toute espèce de mesures. Le Puy, de l'impr. de Pasquet, 1838, in-8, avec une carte et un tabl.

BESTIEU, l'un des rédacteurs de la « Revue médicale ».

BESTOUJEF [Alexandre], littérateur russe du XIXe siècle.

(*) Article omis par la « France littéraire. »

On trouve traduit de lui, dans le premier volume des « Conteurs russes », etc. [Paris, 1833, 2 vol. in-8], les deux nouvelles suivantes : *Hugo fon Brahkt*, et *le Voile rouge*.

BESUCHET [Jean-Claude], médecin à Paris, né à Boulogne, près Paris, le 13 octobre 1790. Chirurgien militaire depuis 1806 jusqu'en 1816, il parvint au grade de chirurgien-major de cavalerie, fit toutes les campagnes actives de cette époque, fut deux fois porté sur les états de promotion pour la croix de la Légion-d'Honneur, et reçut deux blessures, dont la dernière, en Espagne, le força de quitter le service actif et de rentrer en France. Depuis son retour dans ses foyers, il a exercé la médecine, et a publié plusieurs ouvrages et articles que nous rappellerons tout à l'heure. M. Besuchet appartient à la franc-maçonnerie. Reçu maçon à Perpignan, lorsqu'il était chargé en chef du service chirurgical de l'hôpital militaire de cette place, il est parvenu successivement aux plus hautes dignités de l'ordre (*). Il est peu d'affaires ou de discussions importantes en maçonnerie, depuis 1823 jusqu'à ce jour, auxquelles il n'ait pris une part plus ou moins active ; plusieurs de ses rapports sur les finances et l'administration de l'ordre sont imprimés (**).

OUVRAGES DE M. J.-C. BESUCHET.

I. Petite Médecine domestique, ou Moyens simples et faciles de secourir les malades, les blessés, les asphyxiés, les empoisonnés, etc. Paris, Mongie aîné, 1818, in-8 [2 fr. 50 c.].

II. Anti-Charlatan [l'], ou Traitement raisonné de la maladie vénérienne, d'après l'état actuel de la science. Paris, Mongie aîné, 1819, in-8 [2 fr. 50 c.].

— Le même ouvrage, en espagnol, sous ce titre : El medico de si mismo, o Nuevo Methodo de curarse los enfermedades venereas sine medico ni cirujano, etc. Paris, Seguin, 1828, in-18.

III*. Précis historique de l'ordre de la franc-maçonnerie, depuis son introduction en France jusqu'en 1829 ; suivi d'une Biographie des membres de l'ordre les plus célèbres par leurs travaux, leurs écrits, ou par leur rang dans le monde, depuis son origine jusqu'à nos jours ; et d'un choix de discours et de poésies. Par J.-C. B***. Paris, Rapilly, 1829, 2 vol. in-8.

La Biographie forme les deux tiers du second volume. Nous avons souvent mis à profit les notices concernant les maçons littérateurs.

IV. Traité de la gastrite et des affections des organes de la digestion, mis à la portée des personnes étrangères à l'art de guérir ; suivi du traitement prompt et sûr de ces affections. Paris, l'Auteur, 1837, in-8 de 36 pag.

Une troisième édition, très-augmentée, de cet ouvrage a paru sous le titre suivant : *la Gastrite, les affections nerveuses et les affections chroniques des viscères, considérées dans leurs causes, dans leurs effets et dans leur traitement*. Paris, l'Auteur ; Béchet jeune et Labé, 1840, in-8, avec un portrait [3 fr.].

M. Besuchet, en outre, est auteur de divers articles de « l'Encyclopédie moderne », publiée par Courtin.

BÉTANT [E.-A.], régent de la 2e classe au collége de Genève, l'un des anciens secrétaires de J. Capodistrias, président de la Grèce.

— *Hérodote*. Traduction nouvelle. Genève, 1838, 3 vol. in-18 [12 fr.].

M. Bétant a été l'éditeur de la « Correspondance du comte J. CAPODISTRIAS », publiée à Genève en 1839 et 1840, 4 vol. in-8. Selon toute apparence, il est auteur de la Notice biographique sur l'ancien président de la Grèce qui se trouve en tête du premier volume, et ne formant pas moins de 128 pages.

BÉTEMPS. — I. Instruction et prières pour l'indulgence plénière en forme de jubilé, accordée par S. S. Grégoire XVI, le 2 décembre 1832 ; suivies du mandement de monseigneur l'archevêque administrateur apostolique du diocèse de Lyon. Lyon, Guyot, 1834, in-18 de 108 pag.

II. Nouveau mois de Jésus, ou le Mois de janvier. Lyon, Guyot, 1835, in-18 de 252 pag.

BÉTENCOURT [l'abbé Pierre-Louis-Joseph de], ancien bénédictin, associé libre de l'Académie des inscriptions et belles-lettres ; né dans la province d'Artois, le 16 juillet 1743, mort le 9 mai 1829. Pourvu des riches bénéfices, avant la destruction de tous les ordres

(*) Voy. le « Précis historique de l'ordre de la franc-maçonnerie, etc. » ; par J.-C. B*** [Besuchet]. Paris, 1829, 2 vol. in-8.

(**) Une notice plus étendue sur M. Besuchet se trouve dans la « Biographie des hommes du jour » de MM. G. Sarrut et B. Saint-Edme, tome IV, 1re partie, p. 4.

religieux à l'époque de la révolution, de Bétencourt avait partagé sa vie entre l'étude, les devoirs de son état et les exercices de la bienfaisance. Quelques recherches historiques qu'il avait soumises à l'Académie des inscriptions et belles-lettres le firent recevoir le 12 août 1816, académicien libre de cette compagnie, au sein de laquelle dès lors il lut, de 1819 à 1821, plusieurs mémoires sur des points intéressants de notre histoire nationale, et publia aussi, toutefois sans y mettre son nom, l'ouvrage suivant :

— * Noms féodaux, ou Noms de ceux qui ont tenu fiefs en France, depuis le XIIe siècle jusque vers le milieu du XVIIIe siècle, extraits des archives du royaume. Par un membre de l'Académie des inscriptions et belles-lettres. Première partie. Paris, Beaucé-Rusand, 1826, 2 vol. in-8 [20 fr.].

Outre la seconde partie de cet ouvrage, restée inédite, l'abbé de Bétencourt a laissé en manuscrits les mémoires qu'il avait lus à l'Académie des inscriptions, de 1819 à 1821. Ces Mémoires sont : 1° Mémoire à consulter sur l'état des personnes en France avant et sous la première et la seconde race, lu en 1819; — 2° Mémoire sur les prénoms, titres et qualités; — 3° Note concernant l'origine des fleurs de lys [deux autres Mémoires, lus en 1819]; — 4° Nouvel examen de la question relative au blason, lu en 1820, et une suite en 1821; — 5° Notice sur la Chronique attribuée à Albéric de Trois-Fontaines; — 6° Aperçu et éclaircissements des difficultés qui se rencontrent dans l'ordre des successeurs d'Albéron III, évêque de Metz, décédé en 1072, jusqu'à Étienne de Bar, en 1120; — 7° Exposé du dialecte artésien, écrit ou parlé. Ces trois derniers Mémoires ont été lus en 1821.

M. Étienne Quatremère a prononcé un discours aux funérailles de l'abbé de Bétencourt.

BÉTHUNE [L. de]. — I. Révolution [la] de 1830. Précis historique sur les mémorables journées des 27, 28 et 29 juillet; précédé et suivi de considérations sur les événements d'une semaine si féconde en prodiges. Paris, l'Auteur, rue du faubourg Poissonnière, 52, 1830, in-8 de 24 pag.

L'auteur de ce petit ouvrage a été condamné en Belgique pour avoir défendu les intérêts du peuple.

II. Napoléon, ou Trois époques de la France, poëme en trois chants, avec un épilogue. Par *C.-S. Thèveneau;* précédé d'une Notice biographique et d'une introduction par *L. de Béthune*. Paris, l'Auteur, 1831, in-8 de 100 pag.

III. Annuaire du commis-voyageur en France et en Belgique. Première année. Paris, Doyen, 1837, in-18 de 216 pag. (5 fr.].

BÉTHUNE-HOURIEZ, maire de Cambrai, et membre de la Société d'émulation de la même ville.

Le recueil des Mémoires de la Société d'émulation de Cambrai renferme de M. Béthune-Houriez des *Discours d'ouvertures* et plusieurs *Rapports*.

BÉTOLAUD (Victor-André-Raymond], philologue, agrégé de l'Université, licencié en droit, docteur de la faculté des lettres; né à Paris, le 28 juillet 1804.

I. Dissertatio de conjunctionibus idearum, quam publicè disceptandam proponit ad doctoris gradum promovendus. Parisiis, ex typ. Pihan-Delaforest, 1826, in-4 de 24 pag.

II. Thèse de littérature sur le vraisemblable en poésie, présentée à l'examen. Paris, de l'impr. de Pihan-Delaforest, 1826, in-8 de 24 pag.

III. *Apulée*. Traduction nouvelle. [Avec le texte en regard.] Paris, Panckoucke, 1835-36, 4 vol. in-8 [28 fr.].

Faisant partie de la « Bibliothèque latine-française », publiée par le même libraire.

Presque partout, M. Bétolaud a suivi dans son édition du texte, celle d'Oudendorp, continuée par Runken, et terminée par Bosscha.

Il a été tiré à part un petit nombre d'exemplaires de la *Notice sur la vie et les ouvrages d'Apulée*, 1835, in-8 de 96 pages, que M. Bétolaud a placée en tête de sa traduction.

M. Naudet, de l'Académie des inscriptions et belles-lettres, en rendant compte du premier volume de cette traduction, dans le « Journal des savants », année 1835, p. 246, dit que cette Notice se recommande par une critique savante et judicieuse. M. Naudet a de nouveau donné au même journal [1839, pag. 641-650], et à l'occasion de la traduction d'Apulée, par M. Bétolaud, un article dans lequel la traduction de ce dernier est, dans son ensemble, considérée comme un essai très-estimable, mais que l'interprète est capable de perfectionner.

IV. Traité élémentaire de l'accentuation grecque. Paris, Hachette, 1836, in-12 de 88 pag. — Deuxième édition. Paris, le même, 1839, in-12 [1 fr.].

L'auteur avertit qu'il ne discute et ne réfute rien, qu'il n'aborde aucune question litigieuse; il se borne à recueillir des notions précises qu'il expose avec beaucoup de méthode et de clarté.

Nous avons trouvé attribué à M. Bétolaud un *Commentaire sur Térence*, imprimé avec l'édition des OEuvres de ce comique latin [1827-29, 2 tom. en 3 vol. in-8], donnée par N. E. Lemaire dans sa « Bibliotheca classica latina ». Il serait peut-être plus conforme à la vérité de dire que M. Bétolaud a préparé cette édition, à laquelle néanmoins Lemaire a mis son nom.

BETTING DE LANCASTEL [ ], ancien administrateur, aujourd'hui armateur à Nantes, et membre de la chambre de commerce de cette ville, est né le 5 mars 1798, à Saur-Union [Bas-Rhin], d'une famille originaire de la Hesse, qui vint s'établir au commencement du XVIe siècle en Lorraine, et à laquelle le duc Antoine donna la terre de Betting, près de Saint-Avold. Le descendant de cette famille dont nous nous occupons, après avoir terminé ses études au collége de Pont-à-Mousson, fut placé dans l'administration. En 1820 [6 septembre], il était déjà secrétaire-général de la préfecture du Haut-Rhin, place qu'il remplit jusqu'en 1823 [2 avril], époque à laquelle il fut nommé sous-préfet de l'arrondissement de Colmar. M. Betting de Lancastel se délassait des soins administratifs par la culture des lettres. En 1824, il fit paraître des *Considérations sur l'État des Juifs dans la société chrétienne, et particulièrement en Alsace*. L'année suivante, il publia un *Annuaire administratif du département du Haut-Rhin;* mais bientôt après, l'arrondissement de Colmar perdit cet administrateur qui fut envoyé, en 1825 [14 décembre], en qualité de directeur-général de l'intérieur, à l'île Bourbon, fonctions qu'il remplit honorablement jusqu'en 1831, qu'il revint en France. Son séjour dans la colonie fut marqué par la publication d'un nouvel ouvrage, une *Statistique de l'île Bourbon*. Après son départ de l'île Bourbon, le conseil-général de la colonie demanda au ministère qu'un des canaux de cette île portât le nom de « Canal de Lancastel », afin de perpétuer les souvenirs reconnaissants de la colonie pour les services rendus par cet administrateur. Ce vote fut approuvé par le gouvernement le 22 juillet 1831. A son retour en France, M. Betting de Lancastel était venu à Paris, et y resta jusqu'à son départ pour Nantes où il fut appelé par les propositions de ses anciens administrés. Fixé depuis 1834 à Nantes, M. Betting de Lancastel a fait, pour le journal qui paraît dans cette ville sous le titre du « National de l'Ouest », les articles de *commerce maritime* des années 1839 et 1840.

OUVRAGES DE M. BETTING DE LANCASTEL.

I. Considérations sur l'état des juifs dans la société chrétienne, et particulièrement en Alsace. Strasbourg, de l'impr. de Levrault, 1824, in-8 [3 fr.].

II. * Annuaire administratif du département du Bas-Rhin. Strasbourg, de l'impr. du même, 1825, in-12.

III. Statistique de l'île Bourbon. Saint-Denis [île Bourbon], 1827, in-8.

IV. Questions coloniales. Paris, de l'impr. de Béthune, 1836, in-8 de 32 p.

BETTINGER [J.-B.], ancien professeur.

I. Dictionnaire grammatical; ouvrage nouveau, complet et raisonné, contenant, par ordre alphabétique, etc. Manuscrit revu, amélioré et mis en ordre par *F. Raymond*. Paris, Aimé André; Baudry, 1834, in-8 [6 fr.].

II. Guide des émigrants aux États-Unis. Traduit de l'allemand, par J.-B. Bettinger. Au Hâvre, Morlent, 1834, in-12 de 144 pag.

BETTINGER [Th.], traducteur.

— Théâtre d'*Alberto Nota* et du comte *Giraud*, ou Choix des meilleures pièces de ces deux auteurs, représentées sur les théâtres d'Italie. Traduit pour la première fois par M. *Th. Bettinger*; précédé d'un Précis historique sur la comédie en Italie et en France, depuis l'origine du théâtre jusqu'à nos jours, par M. *E. Scribe*, et accompagné de remarques et commentaires sur chaque pièce, par M. *Bayard*. Paris, Aimé André, 1839, 3 vol. in-8 [21 fr.].

BETTONI [Nicolas], typographe italien, qui ne se place, modestement, rien moins qu'après le célèbre Bodoni, de Parme, est né à Porto-Guaro, petite ville du royaume Lombardo-Vénitien. Jeune, il débuta dans la carrière administrative et remplit des emplois publics à Vérone, à Udine et en dernier lieu à Brescia, où il était secrétaire-général de la préfecture; mais, cette carrière « ne se trouvant point en harmonie avec ses principes », il abandonna les emplois publics pour prendre l'administration et la direction de l'imprimerie départementale de Brescia, qui ne tarda pas à lui être concédée. Une édition pompeuse qu'il fit en 1807 d'une tragédie posthume d'Alfiéri, intitulée « Alceste », ayant séduit le vice-roi Eugène de Beauharnais, ce prince lui fit présent d'une tabatière en or. Il entreprit alors une édition complète d'Euripide, mit au jour le commencement d'une traduction de Tite-Live, et publia quelques *lettres* de sa composition qui le firent recevoir à l'Athénée de Brescia. Donnant ensuite de l'extension à son commerce, sous les auspices du gouvernement qui le favorisait, il établit successivement quatre autres imprimeries à Padoue, à Alvisopoli, à Milan, et à Porto-Guaro, sa ville natale. Bettoni déployait une grande activité; car, si l'on doit en croire ses « Mémoires d'un typographe italien, » ses cinq établissements auraient produit en peu d'années plus de cinq millions de volumes! Peu de mois avant la chute de la domination française en Italie, Bettoni avait entrepris la publication d'un ouvrage sur lequel il fondait de grandes espérances, intitulé « Ritratti e vite degli illustri Italiani », grand in-4. C'était une galerie historique avec des portraits et des notices sur chaque individu. Le vice-roi, qui avait approuvé cette publication, avait donné à Bettoni une somme de 20,000 fr. à titre d'encouragement, somme que le gouvernement autrichien, quand il fut rétabli, le força de rembourser. Ce premier fâcheux contre-temps fut le commencement d'une série d'embarras dont ne le firent point sortir 10,000 fr. que lui fit prêter l'empereur d'Autriche; car, quand il fallut, trois ans après, restituer cette somme, Bettoni, qui ne se trouvait pas dans la possibilité de le faire, se vit saisir et vendre tout le matériel de son imprimerie de Milan, sur l'ordre de la direction des domaines. Bettoni pouvait encore se relever; mais, d'après les mémoires publiés par lui, deux causes s'y opposaient: une surveillance peu active de ses établissements typographiques, qui ne lui permit pas d'empêcher de nombreux abus de confiance de la part de ceux qu'il avait placés à leur tête, et une vie trop luxueuse (*).

(*) Voyez la IVe lettre des « Mémoires d'un typographe italien ».

Aussi la ruine de Bettoni se compléta-t-elle rapidement. Au commencement de 1832 il alla à Florence dans le but de rétablir sa fortune par la publication d'un ouvrage qu'il méditait depuis un an, mais que le gouvernement autrichien n'eût pas autorisée: « le Panthéon des nations ». Après quelques chances de succès près du duc de Toscane, il n'échoua pas moins près du gouvernement de ce prince. On n'approuva pas le mode de publication proposé par Bettoni. Ne pouvant plus rien espérer ni du gouvernement toscan ni du gouvernement autrichien, il prit alors, en septembre de la même année, le parti de quitter furtivement, avec l'un de ses fils, le sol de l'Italie et de venir en France essayer de nouvelles chances. Mais Bettoni était sans ressources: il lui fallut créer des actions pour ses entreprises, et à quelques-unes d'elles furent attachées des primes, mode de publication si justement flétri par la partie saine de notre société, et qu'une loi vint à propos défendre. Bettoni perdit l'argent de ses actionnaires. Il a successivement tenté à Paris les publications suivantes, mais qui ont été suspendues dès les premières livraisons: 1° Discours et faits mémorables du général La Fayette, qui devaient former 3 vol. in-12 et 3 vol. in-8; il n'en a paru que le prospectus en 1834; 2° Panorama monumental de Paris, ou Collection des monuments et édifices de Paris, en 6 planches gravées d'après les dessins de M. Gillo. Nous n'en connaissons encore que le prospectus; 3° le Panthéon des nations: 100 portraits d'hommes illustres de tous les temps et de toutes les nations, gravés en taille douce par cent artistes les plus distingués, et suivis de leurs éloges historiques par cent écrivains, 1833, petit in-fol. De cette publication il a paru la première livraison d'une édition française et d'une autre en langue italienne; 4° Iconographie et Biographie des Français illustres. Cet ouvrage devait se composer de 120 portraits sur 30 planches, accompagnés de texte. Nous ne connaissons de cette entreprise que la première livraison, 1836, in-folio de 12 pages, sur lesquelles 8 portraits. Le Panthéon et l'Iconographie étaient promis avec ou sans primes.

5° Cours d'études pour la jeunesse française, 40 vol., dont il n'y a jusqu'à ce jour qu'un *programme-spécimen*; 6° l'Ape italiana rediviva; annali di scienze, lettere ed arti, premier fascicule, 1836, in-8. Il va sans dire que la part de Bettoni dans ces six entreprises était celle de spéculateur. Comme homme de lettres, le membre de l'Athénée de Brescia a publié, depuis son arrivée à Paris, les opuscules suivants, dans lesquels les oreilles de l'industriel sont trop apparentes :

I. Lettere intorno all' edizione del Panteon delle nazioni che dal tipografo Nicolo Bettoni si esseguisce in Parigi. Parigi, dai torchi di Pihan de la Forest (M.), 1833, in-8 de 16 pag.

II. Mémoires biographiques d'un typographe italien. Paris, de l'impr. de Guiraudet, 1835, in-8 de 120 pag.

Ces Mémoires se composent de onze lettres, dont quatre écrites en Italie, en 1829, et neuf écrites depuis l'arrivée de l'auteur à Paris. A leur suite, on trouve en forme d'appendice un *Dialogue possible entre le ministre de l'intérieur d'une grande et généreuse nation, et l'éditeur du* « Panthéon des nations ».

Les auto-biographies sont assez communes aujourd'hui; mais il serait difficile d'en rencontrer une dans laquelle l'auteur parle de lui avec autant de complaisance, et se montre plus vaniteux, même jusqu'au ridicule. La phrase suivante, empruntée à l'Avis au lecteur, en donnera la mesure : « Mes Mémoires, à ne les considérer » même que comme notices biographiques, » pourront exciter quelque intérêt, puisque » j'ai vécu dans le siècle de Napoléon, de Ca- » nova, de Rossini! » Que de gens peuvent en dire autant, et pourtant ne pas s'en prévaloir pour publier de vulgaires lettres d'amour et d'affaires commerciales. Disons-le, ces Mémoires ne sont qu'une maladroite introduction aux prospectus des entreprises de l'auteur, que l'on trouve brochés à leur suite.

Un autre passage de l'Avis au lecteur nous apprend que ces lettres furent d'abord écrites en italien, et traduites en français par l'auteur, aidé d'un ami qui connaît mieux que lui ces deux langues.

— Les mêmes en italien, sous ce titre : Memorie biografiche di un tipografo italiano. Parigi, dai torchi di Bacquenois, 1836, in-8.

III. Pièces du procès sur les loteries et sur les publications de librairie avec primes aux souscripteurs, soumises au jury de l'opinion publique. Paris, de l'impr. de Bacquenois, 1836, in-8 de 48 pag.

IV. Rossini et sa musique. Paris, Bettoni, 1836, in-8 de 16 pag.

V. Programme-spécimen du Cours d'études pour la jeunesse. Paris, Bettoni, 1840, in-18 de 36 pag. [25 c.].

BEUCHOT [Adrien-Jean-Quentin], piquant écrivain de l'école de Voltaire, de la lecture duquel il s'est nourri, et surtout l'un des hommes de France les plus versés dans la connaissance de l'histoire littéraire de leur pays, bibliothécaire de la chambre des députés, etc., naquit, le 13 mars 1773, à Paris, d'un père qui exerçait dans cette ville la profession d'avocat (*). A l'âge de sept ou huit ans il fut transporté à Lyon, où son père avait été nommé secrétaire de l'intendance de cette ville. Ce fut au collége de la Trinité de Lyon et sous la direction des pères de l'Oratoire qu'il fit ses études dans la société intime d'une trentaine de jeunes gens qui, presque tous, ont depuis marqué honorablement dans les lettres, les sciences et l'administration. Ses études terminées, il entra comme clerc chez un notaire, où il ne resta pas long-temps. Les terribles guerres de la révolution, qui enlevaient tant d'enfants à la France, alarmèrent la tendre mère de M. Beuchot, restée veuve dès 1789; et, pour diminuer autant que possible le danger qu'avait à courir son fils, elle lui fit étudier la chirurgie. M. Beuchot devint par suite de ces études chirurgien aide-major au 9e bataillon de l'Isère, en 1794. Le tumulte des camps n'était pas ce qui lui convenait; aussi revint-il à Lyon aussitôt qu'il le put, et il rentra dans l'étude notariale. C'est de cette dernière époque que datent ses débuts en littérature, que ses amis intimes seuls connurent. La nature du talent de M. Beuchot ne pouvait pas dès lors faire pressentir qu'il deviendrait un jour l'un de nos plus savants bibliographes et qu'on lui devrait d'importantes publications. L'esprit délié et caustique de M. Beu-

(*) Jacques BEUCHOT, né à Dijon, en 1733, reçu bachelier en droit à Besançon, le 13 mai 1763, licencié le 15 juillet, prêta serment, comme avocat, le 17 juillet, devint procureur au parlement de Dijon, avocat à Paris et secrétaire de l'intendance à Lyon, où il est mort le 15 septembre 1789, âgé de 56 ans, est auteur d'une *Dissertation sur le phénomène de la meule à aiguiser* [rapporté au Journal de Verdun, d'août 1768], *et Réfutation des observations présentées par M***, chanoine de Luçon*. Cette Dissertation a été imprimée dans le Journal de Verdun de novembre 1769, p. 368-382.

chot le dirigea vers la littérature : il composa des poésies légères, des chansons, des épigrammes, des morceaux de prose : le « Bulletin de Lyon », qui paraissait à la suite des « Petites-Affiches » de cette ville, accueillit les premiers essais littéraires de M. Beuchot. Tout en cumulant, à cette époque, l'emploi de grossoyeur et le titre de poursuivant des Muses, notre futur bibliographe était loin de voir en perspective ni charge de notaire, ni fauteuil académique ; il n'était pas heureux sous le rapport de la fortune. Nous l'avons entendu raconter, avec cette franchise qui le caractérise, qu'il avait été souvent privé d'assister aux déjeuners journaliers, pourtant très-modestes, que faisaient, dans l'un des cafés de Lyon, trois des anciens élèves du collége de la Trinité, devenus ses amis les plus intimes : MM. Dugas-Montbel, depuis académicien et député ; M. Dumas, secrétaire perpétuel de l'Académie de Lyon, et Thorigny, aujourd'hui député ; et cela parce que le jeune clerc n'était pas toujours pourvu d'argent. Cette position précaire était insupportable, et, pour en sortir, M. Beuchot prit la résolution de revenir dans sa ville natale pour s'y livrer exclusivement à des travaux littéraires. Il arriva à Paris dans le cours de l'année 1801, et, comme plusieurs gens d'esprit de l'époque, Pougens, Colnet, Millevoye entre autres, il s'occupa du commerce de la librairie (*), et de recherches bibliographiques. M. Beuchot ne se retrouva pas moins, et pendant plusieurs années, contre ses espérances, dans la même position qu'il avait voulu fuir : sa conscience littéraire et son extrême franchise refusaient l'entrée de sa porte à la fortune. Peu de temps après son arrivée à Paris, il écrivit, ou plutôt, comme il l'a dit si plaisamment plus tard, il « déposa ses ordures » dans le « Courrier des spectacles », que publiait M. Lepan. En 1802, en société de Dom. Boutard, il fit imprimer un vaudeville, intitulé : les *Prisonniers à Londres, ou les Préliminaires de paix*. Cette pièce n'est pas la seule que M. Beuchot ait composée ; car, peu après, il en présenta une seconde au théâtre du Vaudeville, composée en société avec le même M. Boutard, mais qui fut refusée, parce que, à l'imitation de Voltaire, qui dans son « Écossaise », avait pris Fréron pour point de mire, les auteurs avaient choisi le redoutable Geoffroy pour le leur. Barré, alors directeur, qui, lui aussi, beaucoup plus tôt que d'autres, voulait la paix, partout et toujours, recula devant une déclaration de guerre contre cette puissance du feuilleton. Les courbettes obligées pour la réception des pièces n'étant pas du goût de M. Beuchot, il renonça bientôt au théâtre. La même année il fit paraître un pot-pourri épigrammatique sur le salon de l'an x, sous le titre de l'*Enfant de six jours, guide des étrangers au Muséum, ou le Dernier venu*, reproduit quelques semaines après par le libraire, sous le titre des *Croûtes au salon*. A la fin de 1807, trois fauteuils se trouvaient vacants à l'Institut ; parmi les candidats qui se présentaient pour les remplir, se trouvait le chansonnier Laujon. La prétention de ce dernier anima la verve satirique de M. Beuchot, et comme Jovial, l'huissier chansonnier, il fit à cette occasion une chanson, que nous donnons plus bas, dans la partie bibliographique de cette notice. Laujon n'en fut pas moins élu membre de l'Institut, le 7 octobre 1807, en même temps que le savant Raynouard, tandis que Picard ne fut admis que le troisième, le 28 du même mois. Nous avons suffisamment prouvé que la littérature légère fut d'abord le penchant de M. Beuchot. En 1808, il partagea ses travaux entre la publication de quelques ouvrages, tel, entre autres, que le « Nouvel Almanach des Muses », et la rédaction d'articles pour la « Décade philosophique. » Sa partie, dans ce recueil, était celle de fossoyeur littéraire, où, en d'autres termes, il faisait les articles de nécrologie. C'est à partir de sa coopération à la « Décade », que M. Beuchot put compter sur un meilleur avenir. Les relations intimes qui s'établirent entre les hommes distingués qui écrivaient dans cet estimable recueil et lui, lui valurent, lorsque le libraire

(*) Cette particularité est indiquée par la « Biographie des hommes vivants », publiée par M. Michaud ; M. Beuchot, qui a fait pour cette Biographie la partie bibliographique, n'eût pas manqué d'en supprimer la mention si elle n'eût pas été exacte.

Michaud eut arrêté la publication d'une « Biographie universelle », d'arriver, en 1810, avec quelques-uns des rédacteurs de la « Décade », comme l'un des principaux auteurs de ce recueil, non pas universel, mais au moins plus précieux et le plus complet que ceux du même genre qui existent chez les autres nations policées. L'année suivante, par conséquent en 1811, M. Beuchot fut choisi par la Direction de la librairie pour rédacteur de la « Bibliographie de la France », dont M. Pillet aîné était nommé l'imprimeur, rédaction qu'il a continuée avec succès jusqu'à ce jour, en 1841. M. Beuchot fut, avec MM. Weiss et feu Pillet, l'un de ceux qui déployèrent le plus d'activité et qui contribuèrent le plus éminemment au succès de la « Biographie universelle ». Le nombre d'excellents articles d'histoire littéraire et de bibliographie que M. Beuchot y a fournis est très-grand, et pour ne citer que quelques-uns des plus remarquables dans la quantité, nous rappellerons en particulier ceux des *Elzévirs*, de Jean-Albert *Fabricius*, le premier des bibliographes; de *Regnard*, de l'abbé *Sabatier*, de Castres, etc., etc., etc.; la partie bibliographique des articles *Cicéron*, *Fénélon*, etc., etc. Des difficultés élevées par M. Michaud, et sans cesse renouvelées, obligèrent M. Beuchot à suspendre sa coopération pendant l'impression du XLVIIIe volume de l'ouvrage. Quant à la « Bibliographie de la France », journal précieux pour l'homme de lettres et la librairie, beaucoup de critiques en ont fait l'éloge, et ce n'est pas l'auteur de cette notice à qui le journal de M. Beuchot a été, et est encore si utile pour ses travaux, qui viendra contredire ce qui a été avancé sur le soin et la conscience qui ont présidé à la rédaction de cette feuille hebdomadaire; qu'il lui soit pourtant permis, comme bibliographe, d'exprimer ici le regret que la « Bibliographie de la France » ne présente plus aujourd'hui un intérêt aussi grand que dix ans auparavant. Pour être vrai, ce n'est point au reste son rédacteur qu'il faut en accuser. Successivement il y avait introduit des informations qui étaient appréciées des bibliophiles et des personnes qui s'occupent d'histoire littéraire. Ainsi M. Beuchot avait tour à tour donné des nécrologies, des variétés, des tables d'articles de critique littéraire dans les journaux, des statistiques du journalisme, des comptes-rendus des ventes de livres les plus importantes faites dans la capitale, des aperçus de publications faites à l'étranger; etc., etc., etc.; il était possible d'améliorer encore; mais enfin tel qu'il était, avec toutes ses informations, ce journal offrait plus d'utilité aux libraires et aux amateurs de livres qu'il n'en offre aujourd'hui. La « Bibliographie de la France », réduite aux proportions mesquines qu'elle a maintenant, dépourvue du mérite de la rédaction particulière à M. Beuchot, l'érudition bibliographique, n'est plus qu'un journal d'annonces de livres, faites avec autant de soin que par le passé, mais qui n'a pas même le mérite d'être complet, par trois raisons étrangères à la volonté de son consciencieux rédacteur : la première, c'est que la « Bibliographie de la France » est, sinon toujours, ce dont nous ne répondrions pas, au moins souvent, sujette à la censure! la seconde, c'est qu'indépendamment d'un assez grand nombre de libraires de la capitale qui s'affranchissent du dépôt à la direction de la librairie, il y a encore une quantité d'imprimeurs des provinces qui satisfont à la loi en déposant au chef-lieu de leurs départements. Les exemplaires déposés sont le plus souvent gaspillés dans les préfectures et sous-préfectures, et ne peuvent plus être envoyés à la direction de la librairie, et par conséquent ne sont point annoncés dans la « Bibliographie de la France », parce que, comme journal officiel, elle ne doit donner les titres que des ouvrages dont l'existence est acquise à la direction par la possession (*). La troisième raison est dans l'exiguïté du journal, en complet désaccord avec la quantité prodigieuse de publications qui se font en France; ce qui force le rédacteur à faire un choix, et à passer sous silence une foule de livres qui, depuis dix ans, font la vie de la librairie : ceux parais-

(*) Nous avons déjà eu l'occasion de signaler dans ce livre nombre d'omissions de ce genre, tant pour la capitale que pour les départements [Voy. nos art. *Berthault-Ducreux*, *Biding*, etc.].

sant par livraisons et les ouvrages périodiques. La librairie étant une de nos branches d'industrie les plus importantes, le devoir de l'administration, sous le point de vue de l'économie politique, serait de faciliter l'écoulement des produits de cette branche de notre commerce; mais on ne doit pas perdre de vue que la direction de l'imprimerie et de la librairie est une création impériale, qui n'avait point pour but de couvrir d'ailes protectrices cette industrie des produits de l'esprit humain, ce dont les nations voisines s'applaudissent chaque jour, mais bien d'établir une police de la presse, de cette presse que Napoléon redoutait, et qu'il était parvenu à museler : la direction de la librairie, depuis son origine jusqu'à ce jour, n'a cherché aucun moyen d'assurer la prospérité d'une branche importante de notre commerce national; elle n'a eu pour elle que tracasseries et sévices. Le journal publié sous ses auspices ne peut être plus favorable à la science et à la librairie qu'il ne l'est aujourd'hui tant que la direction ne comprendra pas, qu'en compensation du tribut que la loi prélève sur chaque éditeur, elle doit, ne serait-ce que par loyauté, l'annonce de tous les livres, volumineux ou exigus, quelle que soit du reste le mode de publication adopté. Agir autrement, c'est préjudicier à la librairie française en faveur de l'étranger (*). Les imitations qui ont été faites de la « Bibliographie de la France » en Belgique, en Allemagne, en Italie, en Angleterre, en Amérique, etc., n'ont pas l'avantage d'être officielles, mais elles ont celui d'être conçues dans des idées plus larges et plus fructueuses pour l'industrie dont elles représentent les intérêts. Le journal dont M. Beuchot prit en novembre 1811 la rédaction, qu'il n'a pas quittée depuis, forme la continuation, sans lacune, de celui qui fut commencé par Roux, en 1798, sous le titre de « Journal typographique et bibliographique », et continué par MM. Dujardin-Sailly et Pillet, sous celui de « Journal général de l'imprimerie et de la librairie ». Après les événements de 1814, M. Beuchot reprit un instant le fouet de la satire pour flétrir ces héros de fidélité... au veau d'or. Il publia son *Oraison funèbre de Buonaparte, par une société de gens de lettres, prononcée au Luxembourg, au palais Bourbon et ailleurs*. Cet opuscule eut cinq éditions, qui parurent en peu de temps. M. Beuchot avait placé dans ce cadre toutes les adulations, les éloges les plus outrés et les plus basses flatteries que Napoléon-le-Grand, devenu Buonaparte, l'ogre de Corse, etc., avait reçus dans sa prospérité des hommes les plus connus, de ceux qui depuis

(*) Si la direction avait pour but d'institution de prendre les intérêts de la librairie, elle s'empresserait de mettre à exécution, et dans le journal publié sous ses auspices, l'idée neuve que vient d'émettre un laborieux et utile écrivain, M. de HOFFMANNS, dans un article intitulé : « De la propriété littéraire sous le point de vue international », inséré dans la « Revue de bibliographie analytique », de mai 1841. Voici comme, dans le paragraphe VII et dernier de son article, M. de Hoffmanns développe cette idée :

« Il serait à désirer que les déclarations faites par les imprimeurs à la direction de la librairie, et dans les départements au secrétariat-général des préfectures, reçussent une sorte de publicité légale et immédiate dans le sens de l'article 2 de l'ordonnance du 24 octobre 1814. Ici tout le monde y gagnerait : c'est une amélioration que la loyauté et la prudence conseillent.

» Par exemple : Si M. tel, libraire, savait que M. N..., éditeur, se propose de donner une nouvelle édition d'un certain ouvrage appartenant au domaine public, sur lequel lui-même avait des projets, il est probable que l'annonce officielle que l'on ferait de la déclaration de l'imprimeur le déterminerait ou à changer de plan, ou à porter ses vues sur quelque autre production qui lui présenterait des chances de débit moins hasardeuses et plus réelles. Souvent ce qui serait favorable à un seul devient un dommage pour deux.

» C'est faute d'avoir possédé ce mode prévoyant de publicité que tant d'éditeurs se sont perdus sans ressources dans des rivalités de concurrence, dans des croisements d'intérêts aussi périlleux qu'imprévus.

» Il est fort bien sans doute de connaître la plupart des publications nouvelles au fur et à mesure de leur apparition; la librairie possède à cet égard des moyens de publicité qui laissent peu à désirer; mais il ne serait pas moins important, sinon plus essentiel, de partager avec le pouvoir la connaissance des déclarations préalables faites par les imprimeurs, soit à Paris, soit dans les départements.

» On procède ainsi dans plusieurs états de l'Europe, et notamment dans les Pays-Bas septentrionaux à qui nous devons plus d'un bon exemple en fait de commerce et d'économie sociale.

» C'est aussi par de telles mesures que les lois deviennent véritablement protectrices de la fortune des citoyens et concourent activement à l'accroissement du bien-être et de la richesse nationale. »

l'ont si fort vilipendé ! *mais alors* il était *vertueux*. Pendant les cent-jours M. Beuchot fit un acte de courage qui eut peu d'imitateurs, en publiant son *Opinion d'un Français sur l'acte additionnel aux constitutions de l'Empire*. En 1815 parut encore un piquant pamphlet, le *Dictionnaire des immobiles*. Cette dernière brochure fut attaquée avec force dans les journaux, et surtout dans le « Journal des Débats », où l'on s'étonna avec raison que l'auteur n'eût trouvé des *immobiles* que dans l'armée et parmi des hommes tels que les Lanjuinais, La Fayette, Arnault, etc. L'indignation que M. Beuchot éprouva lors de la condamnation du comte de Lavalette le rendit de nouveau poète et lui inspira, à la fin de cette même année 1815, et le jour même de l'évasion de Lavalette, le 20 décembre, une boutade d'une amère ironie sur l'inclémence de Louis XVIII, qui parut le 22, opuscule publié comme un fragment inédit et informe du « Mérite des Femmes », retrouvé dans les papiers de Legouvé, mais qui fut saisi aussitôt. De 1815 à 1819, M. Beuchot coopéra à la « Biographie des hommes vivants »; mais sa part dans ce pamphlet se réduisit aux seules notes bibliographiques. En 1814 il avait déjà poussé le cri de *Liberté de la presse !* En 1817 il publia deux nouveaux écrits, l'un sur les *lois concernant la propriété littéraire*, question toujours en litige; l'autre *sur quelques articles du projet de loi concernant la liberté de la presse*. Excessivement laborieux, M. Beuchot, à côté des occupations de tous les instants que réclamaient et la Biographie universelle et la Bibliographie de la France, a encore trouvé du temps à donner à des réimpressions estimées de plusieurs ouvrages. Nous ne citerons ici que les plus importantes d'entre elles, celles dans lesquelles il a montré la plus véritable érudition, et ce sont : 1° les OEuvres de Voltaire, édition in-12, dans laquelle, entre autres améliorations, il a ressuscité, pour ainsi dire, les « Lettres philosophiques sur les Anglais, » tronquées et dispersées dans les œuvres du philosophe de Ferney par les éditeurs précédents. Une difficulté survenue entre M. Beuchot et son libraire donna lieu à neuf *lettres* piquantes adressées à madame Perroneau ou à ses souscripteurs ; 2° le Dictionnaire historique de Bayle (Paris, 1820-21, 16 vol. in-8), précédé d'un discours préliminaire qui est un excellent morceau de bibliographie; 3° enfin la grande édition des OEuvres de Voltaire, 70 vol. in-8, plus 2 vol. de table, publiés en 1841, édition long-temps attendue par les amis de la philosophie et des lettres, la seule qui puisse désormais servir de type, sauf la classification, peut-être, aux éditions à venir des OEuvres de Voltaire, et dans laquelle, outre beaucoup d'écrits du philosophe de Ferney qui avaient échappé aux éditeurs de Kehl, on trouve de l'éditeur : de nouvelles préfaces, des variantes tirées soit d'éditions peu connues ou de manuscrits, et des notes littéraires et historiques accompagnant chacun des écrits de Voltaire. Cette édition est, et restera, le plus beau fleuron de la couronne de M. Beuchot; et nous ne doutons point que, dès qu'il le voudra, elle ne soit un titre valable pour se faire admettre à l'Institut. Le 4 mars 1831, avant l'avénement au ministère de Casimir Périer, avec lequel il était intimement lié, M. Beuchot reçut la décoration de la Légion-d'Honneur. Comme il ne l'avait point sollicitée, il se dispensa pendant quelque temps de la porter ostensiblement. La chambre des députés ayant perdu son bibliothécaire à la fin de 1833, un assez grand nombre de prétendants se présentèrent pour le remplacer. La chambre choisit trois candidats parmi eux; mais alors Casimir Périer, l'ami d'enfance de M. Beuchot, était président du conseil des ministres, et le choix du nouveau bibliothécaire ne fut pas un instant douteux. M. Beuchot fut élu par scrutin, le 18 janvier 1834. La chambre, en faisant un bon choix, donna, sans y penser, une leçon aux ministres, qui nomment journellement conservateurs de bibliothèques des savants qui, sauf leurs livres d'études spéciales, ne connaissent ni les livres, ni leur aménagement. En 1836, M. Beuchot eut le malheur de perdre une fille unique, la consolation de ses vieux jours, et qu'en 1827 il avait mariée à M. Louis Barbier, le fils aîné du bibliothécaire de Napoléon. Le malheur ne laisse pas toujours la faculté de supporter stoïquement les événements. M. Beuchot fut ingénieux à aggraver ses chagrins ; des différends de famille entre le beau-père et le gendre leur donnèrent une nouvelle force. C'est sous l'impression de ces chagrins que M. Beuchot a fait paraître chaque année, depuis 1838, des *Accents d'un cœur paternel*, dont ses amis les plus intimes sont loin d'avoir approuvé la distribution, comme ayant initié chaque acceptant à de pénibles faits qui doivent rester un secret de famille.— Un mot sur M. Beuchot dans ses relations sociales. Sous un premier abord froid et même brusque, M. Beuchot cache un excellent homme, simple dans ses manières, causeur spirituel, et obligeant pour tout le monde sans distinction de titres, mais, par-dessus tout, d'une loyauté et d'une justice tout à fait chevaleresques, ne faisant rien pour la camaraderie, tout pour le bon droit : mais qu'une injustice le froisse, qu'on heurte ses convictions, alors la passion s'empare de lui, et malheur à qui l'a blessé ; car alors il s'irrite et devient un rude adversaire : ses démêlés avec Mme Perronneau, MM. Michaud, L. Barbier, son gendre, Furne et autres sont là pour preuves. Avec un caractère aussi bien dessiné on sait à quoi s'en tenir.

OUVRAGES DE M. BEUCHOT.

I. *Écrits politiques.*

I. Liberté de la presse. Paris, de l'impr. de Le Normant, 1814, in-8 de 24 pag.

II.* Opinion d'un Français sur l'acte additionnel aux constitutions. Paris, Delaunay; Pillet, 1815, in-8 de 12 p. [50 c.].

M. de Salvandy, alors maître des requêtes, a publié un écrit anonyme, sous le même titre, et à la même époque ; car, dans la « Bibliographie de la France », année 1815, l'opuscule de M. Beuchot est annoncé sous le n° 1125, et celui de M. Salvandy sous le n° 1146. Le 29 mai 1841, nous avons eu entre les mains un exemplaire de l'opuscule de M. Beuchot, ayant appartenu à un amateur, sur lequel celui-ci avait écrit : « Par M. de Salvandy. Voy. Barbier, n° 13368 ». Mais l'amateur n'a pas remarqué que Barbier donnait 56 pages à l'écrit de M. de Salvandy, et que celui de M. Beuchot n'en a que 12 ; qu'enfin, si l'opuscule de M. de Salvandy est anonyme, celui de M. Beuchot est signé.

III. Réflexions sur les lois concernant la propriété littéraire. Paris, Pillet, 1817, in-8 de 8 pag.

IV. Réflexions rapides sur quelques articles du projet de loi concernant la liberté de la presse. Paris, de l'impr. de Perronneau, 1817, in-8 de 8 pag.

V. Question de propriété littéraire. Défense de A.-J.-Q. Beuchot, partie civile, prononcée devant la 6e chambre du tribunal civil de la Seine, le 26 juin 1835. Paris, de l'impr. de Pillet aîné, 1835, in-8 de 20 pag.

Contre M. Furne, libraire-éditeur, qui, dans une édition compacte des Œuvres de Voltaire, avait voulu lui approprier les notes de celle de M. Beuchot, travail de près de vingt ans.

II. *Littérature.*

VI. Hommage à MM. les membres de la chambre des députés, par A.-J.-Q. Beuchot..., chargé de recevoir les souscriptions de MM. les députés au monument de Molière. Paris, de l'impr. du même, 1838, in-8 de 7 pag.

Chanson en six couplets, intitulée : *Molière*, et composée, en 1797, dans une réunion littéraire de six personnes, et où l'on tirait les sujets. Une note, aux pages 6 et 7, donne deux autres couplets qui, dans l'origine, étaient les premier et huitième. La chanson a été distribuée à la Chambre, le 24 avril 1838.

M. Beuchot a composé plusieurs *chansons*, mais peu d'entre elles ont été imprimées. Nous connaissons pourtant celles-ci : 1° l'*Amour du jeu et le jeu d'amour*, impr. sous ses initiales, A. J. Q. B., dans les « Muses du midi », recueil publié par M. Dourille ; 2° [avec M. Dugas-Montbel] : *Couplets* [*quatre*] *chantés dans une réunion de pères et d'élèves de l'Oratoire de Lyon*, le 6 juin 1816, impr. à 27 exempl. pour chacun des convives. [Paris, de l'impr. de Brasseur aîné, in-8 de 3 pag.]. Mais une de ses plus spirituelles, qui n'a point été imprimée et dont une seule copie avait été donnée à feu Raynouard, de l'Institut, est celle que nous donnons à nos lecteurs, parce qu'elle a un fait d'histoire littéraire pour sujet :

*Chanson sur la nomination de Laujon à l'Institut (1807).

Air : *Toujours seule, disait Nina* (Chanson de Laujon).

Nous avions au sénat savant
Maint fauteuil de vacant (*),
Quand
Pour les remplir s'offrent soudain
Ximénès, Piis, Blin,
Gin.
Cournaud aussi se présenta.
Laujon vint qui les repoussa ;
Il s'avança,
Et dit comme ça :
Dam' me voilà,
Me voilà
Là.

Respecte poëte paillard
Raynouard et Picard ;
Car,
Je crois, ces honneurs tant courus
Aux travaux assidus
Dus.
Respecte la publique voix,
Rentre avec tes couplets grivois
Dans le néant ;
C'est là ton rang.
Tiens, le voilà,
Le voilà
Là.

(*) Trois fauteuils étaient vacants.

Laujon, malgré tous ses efforts,
Devoit être du corps
Hors.
Mais ce fut lui que l'on élut
Membre de l'Intitut...
Hu!
Peut-être qu'on en glosera,
Disait-il, et qu'on en rira;
On en dira
Ce qu'on voudra;
Mais me voilà,
Me voilà
Là.

Graves savants, que fites-vous?
Hélas! seriez-vous tous
Fous?
Car du choix que chez vous l'on fit
Le public interdit
Rit.
Oui, votre confrère nouveau
Est regardé comme un zéro;
Et qui le voit
Le montre au doigt:
Tiens, le voilà,
Le voilà
Là.

VII. Avec *Dom. Boutard* : le Prisonnier à Londres, ou les Préliminaires de paix, vaudeville en un acte. Paris, Barba, an x [1802], in-8.

Pièce que les auteurs ne purent faire représenter à Paris, mais qui fut jouée à Lyon, et... sifflée!

VIII. * Enfant [l'] de six jours, guide des étrangers au muséum, ou le Dernier venu. [En vers]. Paris, à l'impr. expéditive; Martinet; Surosne, an x [1802], in-8 de 20 pag.

Revue critique du salon de l'an x.

Une épigramme en quatre vers sert d'introduction à cet opuscule:

Sans *renommée*
Le salon s'ouvre cette fois,
La chose paraît confirmée;
Le salon sera, je le vois,
Sans renommée.

Le libraire-éditeur, peu content du titre de cet opuscule, six semaines après lui substitua celui-ci: *les Croutes au muséum*; mais ce ne fut point une reproduction pure et simple: l'auteur y ajouta, 1° sur le frontispice même, une épigramme sur les croûtes du salon, et 2° remplaça sept vers libres de la première page de l'opuscule par une épigramme en huit vers sur *les portraits* qui, cette année, étaient en grand nombre.

IX. Oraison funèbre de Buonaparte, par une société de gens de lettres, prononcée au Luxembourg, etc. Sec. édit. Paris, Delaunay, 1814, in-8 [1 fr. 25 c.].

Cet opuscule a eu, la même année, cinq éditions contenant des additions plus ou moins considérables, plus ou moins piquantes. C'est un recueil de toutes les adulations données à Napoléon par ses partisans les plus dévoués, et insérées à diverses époques dans le «Moniteur»; aussi le malicieux *colligieur* disait-il que la première édition de cette satire se trouvait dans le «Moniteur».

X. Mérite [le] des femmes, fragment posthume inédit et informe, trouvé dans les papiers de Legouvé, le 20 décembre 1815. Paris, de l'impr. de d'Hautel, 1815, in-18 de 9 pag.

C'est une allégorie à la condamnation de Lavalette. L'évasion de cet excellent homme est du 20 décembre: cet opuscule fut composé le même jour, et imprimé pour le 22.

Le prétendu éditeur prévient ses lecteurs, par une note placée au haut de la page 5, que «ce fragment vient à la page 33 de l'édition in-18 de 1813, à la suite de l'épisode sur Mlle de Sombreuil, et immédiatement après ces vers:

Faut-il qu'au meurtre en vain son père ait échappé?
Des brigands l'ont absous; des juges l'ont frappé.»

Après avoir raconté succinctement et sous un voile, assez transparent néanmoins, la catastrophe de Lavallette, l'auteur termine par cette strophe, empreinte d'une amère ironie:

Ah! si Louis alors eût possédé son trône,
Il se serait montré digne de sa couronne;
Profitant du plus doux, du plus beau de ses droits,
Son auguste clémence eût élevé la voix.
Un courage héroïque, un dévoûment sublime,
Aux yeux des bons esprits rachètent même un crime;
Et ce que n'ont pas fait les prières, les pleurs,
Une belle action l'obtient sur les grands cœurs.

L'auguste clémence ne trouva rien de plus clément que de faire saisir, par sa police, l'opuscule d'un impertinent écrivain susceptible de lui supposer une noble générosité. Dix-huit exemplaires seulement échappèrent à la saisie.

XI. Lettres à madame Perronneau et comp. Paris, de l'impr. de Fain, 1820-21, in-12.

Ces lettres, fort piquantes, au nombre de neuf, dont la première porte la date du 28 décembre 1820, et la dernière celle du 31 octobre 1821, et qui, par conséquent, ont été publiées successivement, ont rapport à l'édition in-12 des OEuvres de Voltaire, dirigée par M. Beuchot, et terminée par M. L. Du Bois.

XII. Accents d'un cœur paternel. Numéros I-III. Paris, de l'impr. de Paul Renouard, 1838, décembre 1839, et juin 1840, in-8 de 8, 16 et 16 pag.

Opuscules en prose, mêlés de vers, qui n'ont point été destinés au commerce.

Après la mort de Mme L. Barbier, née Beuchot, de fâcheuses contestations s'élevèrent entre le beau-père et le gendre. Ce sont ces contestations qui ont donné naissance à l'impression de ces opuscules pendant trois années consécutives.

III. *Nécrologie et Biographie.*

XIII. Notice sur M. Collin d'Harleville, poète comique; par A.-J.-Q. B.

Imprimée dans «l'Athénéum», recueil in-4, publié par M. Guyet.

XIV. * Nouveau Nécrologe des hommes nés en France, ou qui ont écrits en français, morts depuis le 1er janvier 1800. Paris, Guitel, 1812, in-8 de 48 p.

M. Beuchot a suivi, dans ce «Nécrologe»,

le plan que Dujardin-Sailly avait adopté pour un semblable travail sur les écrivains français morts jusqu'en 1800, c'est-à-dire qu'on ne trouve dans cette brochure que des noms d'hommes, et de lieux, et des dates. La suite que M. Beuchot a donnée depuis dans chaque année de la « Bibliographie de la France » est beaucoup plus intéressante, parce qu'il y a ajouté la liste des ouvrages de chaque écrivain, accompagnée très-souvent de particularités assez piquantes sur les auteurs et de remarques sur les diverses éditions de leurs ouvrages. Feu Colnet trouva, dans le « Nouveau nécrologe », lors de son apparition, le sujet d'un feuilleton spirituel, qui parut peu de temps après dans la « Gazette de France ».

XV. Dictionnaire des Immobiles, par un homme qui, jusqu'à présent, n'a rien juré, et n'ose jurer de rien. Paris, Delaunay; Pélicier [sept.] 1815, in-8 de 48 pag. [1 fr.].

Trois mois avant la publication de cette brochure, il avait paru un « Dictionnaire des Girouettes, ou nos Contemporains peints par eux-mêmes », in-8 de 444 pag., qui avait pour auteur le comte César de Proissy, d'Eppes [Aisne]. Les deux ouvrages furent considérés comme étant d'un même écrivain, parce que l'un et l'autre des deux auteurs avait gardé l'anonyme. M. Beuchot s'adressa à lui-même une réclamation, ou, pour plus d'exactitude bibliographique, l'auteur du *Dictionnaire des Immobiles* adressa, dirons-nous, à MM. les rédacteurs de la « Bibliographie de la France » *une réclamation* [*impr. dans ce journal*, année 1815, p. 545] contre un article du « Journal des Débats » du 3 octobre, dans lequel M. A., *son auteur, avait commis la double* erreur de voir dans le biographe des Immobiles un homme de province, et l'auteur du « Dictionnaire des Girouettes ».

XVI. Notice sur la vie et les ouvrages de Lesage. Paris, Genets, 1820, in-12.

Cette Notice a été imprimée en tête d'une édition des OEuvres choisies de Lesage. Paris, Genets, 1820, 14 vol. in-12, et 16 vol. in-18. Il en a été tiré des exemplaires à part.

XVII. Notice sur M. de Pommereul. Paris, de l'impr. de Cosson, 1824, in-8 de 16 pages.

Extraite de « l'Annuaire nécrologique » de M. Mahul, année 1823.

XVIII. Notice sur Fénélon, suivie d'une liste chronologique de ses écrits. Lyon, Rusand, 1831, in-8 de 72 pag.

Extraite d'une édition des « Aventures de Télémaque ». 1829, 3 vol. in-8.

IV. *Bibliographie.*

XIX. Bibliographie de la France, ou Journal général de l'imprimerie et de la librairie. Paris, Pillet aîné, 1er novembre 1811 au 31 décembre 1840, 50 gros vol. in-8.

Chaque année est terminée par trois tables : 1° alphabétique des ouvrages; 2° alphabétique des auteurs; 3° systématique ou par ordre de matières. Prix de l'abonnement annuel : 20 fr.

XX. Discours préliminaire de la onzième édition du Dictionnaire de Bayle. Paris, de l'impr. de Fain, 1824, in-8 de 64 pag.

Tiré à part, et à petit nombre, pour l'auteur et ses amis.

XXI. Notes [deux] bibliographiques sur le Festin de Pierre, de Molière. Paris, de l'impr. de Fournier, 1825, in-8, ensemble de 8 pag.

Extraites de la « Bibliographie de la France », années 1817 et 1819. M. Beuchot fit tirer à part quelques exemplaires de la première note : un amateur [M. Taschereau, aujourd'hui député] a fait réimprimer la seconde à 30 exemplaires.

XXII. Préface générale des œuvres de Voltaire. Paris, 1831, in-8 de xxxviij pag.

Tirée à part, et à petit nombre pour l'auteur et ses amis.

IV. *Ouvrages dont la publication est due aux soins de M. Beuchot.*

Comme éditeur, M. Beuchot a publié divers ouvrages édits et inédits qui se recommandent par leur correction et un travail littéraire toujours remarquable sous le rapport critique. Ces ouvrages sont : 1° le Nouvel Almanach des Muses, volumes VII à XII et dernier [1808-13]; — 2° [Avec Millevoye] : Choix de poésies de Lattaignant [1810, in-18]; — 3° Lettres de quelques juifs, etc., par l'abbé Guenée. Nouv. édit., avec des notes et une table des matières. [Versailles, 1817, in-8]; — 4° OEuvres de Voltaire, volumes I à XXIII, XXV à XXXII [Paris, Ve Perronneau, 1817-21]; — 5° Dictionnaire de Bayle. XVe édition, avec un Discours préliminaire et des notes de l'éditeur [1820-24, 16 vol. in-8]; — 6° OEuvres choisies de Lesage, précédées d'une Notice sur l'auteur, par l'éditeur [1820, 14 vol. in-12 ou 16 vol. in-18]; — 7° Poésies de Voltaire, avec une préface de l'éditeur [1823, 5 vol. in-8]; — 8° [Avec M. Decroix] : Mémoires sur Voltaire, par Longchamps et Wagnière, ses secrétaires [1826, 2 vol. in-8]; — 9° OEuvres de Voltaire [1831, 70 vol. in-8, et la Table, en 1841, 2 vol.].

BEUDANT [François-Sulpice], minéralogiste, professeur de minéralogie à la Faculté des sciences, inspecteur-général de l'Université, membre de l'Académie royale des sciences, né le 5 septembre 1787, à Paris, est élève des écoles polytechnique et normale, qui ont fourni à la France tant de savants distingués. Après avoir été répétiteur à l'École normale, il alla en 1811, comme professeur de mathématiques spéciales, au lycée d'Avignon, et en 1813 au collége de Marseille comme professeur de physique. Il y resta jusqu'à la première restauration. A cette époque Louis XVIII le chargea de faire transporter d'Angleterre en France son cabinet particulier de minéralogie, dont il fut nommé sous-directeur. C'est depuis lors que M. Beudant s'est entièrement consacré à cette branche de l'histoire naturelle, à laquelle il a rendu des services importants. Il s'était occupé auparavant de zoologie, et avait composé plusieurs mémoires sur des animaux rongeurs des coquilles, sur les structures des parties inorganiques des mollusques, des échinides, des zoophytes, afin d'en reconnaître plus facilement les débris dans les couches terrestres; sur les moyens de faire vivre des animaux marins dans les eaux douces, et des animaux d'eau douce dans les eaux marines, ce qui a conduit à l'explication du mélange de ces êtres dans certaines couches minérales. En 1818 il fit, aux frais du gouvernement, un voyage en Hongrie pour y faire des recherches en minéralogie et en géologie. Il consigna les résultats de ses observations dans un ouvrage plein de substance, son *Voyage minéralogique et géologique en Hongrie*, ouvrage très-important par les vues de l'auteur sur la formation du sol de la Hongrie, que l'aspect du trachyte dont il est composé range évidemment dans l'ordre tertiaire. Le troisième volume, contenant la réunion systématique des résultats géognostiques, a été traduit en allemand par Kleinschrod [Leipzig, 1825]. A son retour de Hongrie, il fut nommé professeur de minéralogie à la Faculté des sciences de Paris, et, en novembre 1824, admis à l'Académie des sciences en remplacement de Sage. On doit à ce savant plusieurs ouvrages et des mémoires insérés dans les Annales de chimie, celles des mines, le recueil de l'Académie des sciences, etc., etc., qui lui ont acquis une réputation justement méritée. Les Mémoires présentés à l'Académie des sciences sont en assez grand nombre, et traitent de recherches géologiques de divers genres, de recherches chimiques relatives à la cristallisation des corps, aux mélanges des différents sels qui ont amené la théorie de l'isomorphisme. Son ouvrage capital est un *Essai d'un cours élémentaire et général des sciences physiques*, divisé en un *Traité élémentaire de physique*, traduit en allemand [Leipzig, 1830], et un *Traité élémentaire de minéralogie*, traduit aussi en allemand [Leipzig, 1830]. Ce dernier particulièrement produisit une grande sensation. M. Beudant y établit un système des minéraux très-satisfaisant qu'il fonde sur la forme circulaire appliquée par Ampère à l'ensemble des éléments; mais ce qui distingue surtout ce traité, ce sont les détails relatifs à l'application simultanée de la chimie et de l'optique aux minéraux; détails attestant des progrès remarquables vers le but de la science. M. Beudant s'était déjà montré observateur original dans ses recherches sur les rapports intimes de l'organisation chimique avec la cristallisation pour les minéraux, et sur la possibilité de faire vivre alternativement les mollusques dans la mer et dans l'eau douce. Ses travaux sur le poids spécifique des minéraux et sur les discussions relatives à l'analyse chimique des mêmes corps, ne se recommandent pas moins par leur originalité. Il a fait entrer dans la 2e édition de sa minéralogie ce qu'il y avait de plus essentiel dans ces deux derniers essais.

OUVRAGES DE M. F.-S. BEUDANT.

I. Sur la structure des belmules, etc. [Impr. dans les Annales du Muséum d'histoire naturelle].

II. Notes sur trois espèces nouvelles de mollusques gastéropodes. [Imprimées dans les Ann. du Muséum d'hist. naturelle, t. XV, 1810].

III. Mémoire sur la structure des parties solides des mollusques, des radiaires et des zoophytes. [Impr. dans les Ann. du Muséum d'hist. naturelle, t. XVI, 1810].

IV. Observations sur les bélemnites. [Ibid.]

V. Mémoire sur la possibilité de faire vivre les mollusques fluviatiles dans les eaux salées, et réciproquement des mollusques marins dans les eaux douces, considérée sous le rapport de la zoologie; lu à l'Institut le 15 mai 1816.

Ce Mémoire a d'abord été imprimé, dans la même année, par extrait, dans les « Annales de chimie », tome XVI, p. 32, puis, plus tard, en 1826, inséré en entier dans le « Journal de physique. »

Les expériences, qui font l'objet de ce mémoire, ont été entreprises principalement dans la vue d'expliquer quelques circonstances géologiques remarquables, et particulièrement le mélange de coquilles marines et de coquilles fluviatiles dans la même roche que M. Beudant a découvert, en 1808, à Beauchamps, près de Pierrelaye [Seine-et-Oise], et plus récemment dans la vallée de Vaucluse.

VI. Recherches tendantes à déterminer l'importance relative des formes cristallines et de la composition chimique dans la détermination des espèces minérales; lues à l'Académie royale des sciences, le 17 février 1817.

Imprimées, en 1817, dans le tome XI des « Annales des mines », et, la même année, par extrait, dans le tome IV des « Annales de chimie », p. 72.

VII. Lettre à M. Arago sur les observations de W. H. Wollaston sur le mémoire précédent. [Impr. dans les Ann. de chimie, 1817, t. VII, p. 399].

VIII. Recherches sur les causes qui déterminent les variations des formes cristallines d'une même substance minérale; mémoire de près de 100 pages renfermant le résultat de plus de six cents expériences; lues à l'Académie des sciences.

Imprimées, en 1818, dans le tome III des « Annales des mines », et, par extrait, dans le tome VIII des « Annales de Chimie ». p. 5.

IX. Lettre à M. Gay-Lussac sur le Mémoire de M. Mitscherlich, intitulé : Sur la relation qui existe entre les formes cristallines et la composition chimique. [Ann. de chimie, 1820, t. XIV, p. 326].

X. Voyage minéralogique et géologique en Hongrie pendant l'année 1818. Paris, Verdière, 1822, 4 vol. in-4, dont un de 14 cartes [80 fr.; sur papier satiné, 94 fr., et sur pap. vélin satiné, avec les planches sur grand vélin, tiré à 80 exemplaires sur ce dernier pap., 140 fr.].

La Hongrie, si digne, sous tous les rapports, de fixer l'attention des hommes éclairés, est encore un des pays les moins connus de l'Europe. Cependant elle offre, au géologue surtout, de nombreux sujets de recherches du plus haut intérêt. Cette contrée, célèbre depuis des siècles par ses richesses minérales, est d'ailleurs le seul gisement spécial des mines d'or et d'argent sur le continent européen. Un voyage en Hongrie était donc encore, à cet égard, du plus haut intérêt pour la science : il offrait une nouvelle vérification de la grande loi de la nature dont l'existence devient de plus en plus évidente à mesure que nos connaissances prennent plus de développement. L'auteur, dans une introduction très-étendue, présente d'abord, d'une manière générale, ce qui a rapport à la géographie du pays, aux divisions et à l'étendue territoriale; à la population, à la diversité des peuples, des religions et des langages; à l'histoire politique, depuis l'invasion des Romains; à la forme du gouvernement, au commerce, aux productions naturelles, etc. Il divise ensuite le corps de son ouvrage en deux parties : l'une présente la relation historique de son voyage, l'autre est un résumé, par ordre de matières, de toutes les observations qui ont rapport à la géologie, science dont il s'est principalement occupé. [*Revue encycl.*, t. XIII, p. 256.]

M. Ferry a fourni au même recueil, t. XVI, un long compte-rendu du Voyage minéralogique de M. Beudant.

XI. Traité élémentaire de physique. Paris, Verdière, 1824. — VIe édition. Paris, le même, 1838, in-8, avec 13 planch. [10 fr.].

Ouvrage adopté par l'Université pour l'enseignement dans les colléges royaux.

La première édition de cet ouvrage a paru sous ce titre : *Essai d'un cours élémentaire et général des sciences physiques. Partie physique.* Paris, Verdière, 1824, in-8, avec 18 planches [10 fr.].

Les heureux efforts de M. Beudant pour mettre les sciences à la portée des enfants du second âge; le soin qu'il prend de rattacher les expériences souvent délicates de la physique aux phénomènes qui se passent journellement sous les yeux des élèves, les moyens qu'il indique pour confectionner facilement et à peu de frais les instruments nécessaires à ces expériences, donnent un caractère particulier d'utilité à son ouvrage, et doivent le faire placer entre les mains des jeunes gens avant les traités moins élémentaires de MM. Biot et Haüy. Le livre de M. Beudant, sur la physique, offre encore cet avantage, que les premiers chapitres contiennent toutes les notions de mécanique nécessaires pour en bien connaître l'ensemble.

XII. Traité élémentaire de minéralogie. Paris, le même, 1824, in-8, avec 10 planches [12 fr., et avec les fig. color., 15 fr.]. — Sec. édition. Paris, le même, 1830-31, 2 vol. in-8, avec 24 planches, dont 5 color., et un tableau [21 fr.].

M. Beudant ne s'est point contenté de mettre au niveau de l'état actuel de la science les traités de ses prédécesseurs, « il a imaginé, comme il le dit lui-même dans sa préface, de rassembler dans un nouvel ouvrage tous les faits dont se compose la minéralogie, d'en faire connaître l'importance, d'en établir la liaison, et d'opérer les changements auxquels ils conduisent. » Pour arriver à ce but, il a profité de tous les progrès qu'on a faits depuis dix ans dans l'analyse chimique et dans la connaissance des propriétés optiques des minéraux. — Le nouveau « Traité de minéralogie » se compose de quatre parties distinctes ou livres. Dans le premier livre, M. Beudant traite successivement des formes et des structures des minéraux; de tout ce qui a rapport au calcul de leurs dimensions, aux lois de dérivation des formes secondaires et au calcul de leurs angles, en employant les éléments les plus simples de la trigonométrie. Il expose les causes connues des variations des formes dans la même substance, et les changements complets qu'elles éprouvent dans quelques circonstances; ensuite les propriétés optiques des minéraux et particulièrement les phénomènes de double réfraction, et diverses propriétes physiques. Passant à la nature chimique des corps, M. Beudant établit les lois reconnues dans les combinaisons, et la théorie qui en résulte. Enfin, il indique les essais méthodiques qu'on peut faire pour acquérir des données certaines sur la nature des minéraux. — Le 2e livre est consacré à la classification. L'auteur cherche à donner une notion précise de l'individu, et par suite de l'espèce en minéralogie; à fonder sur des faits positifs et des raisonnements rigoureux la réunion des espèces en genres, des genres en familles, et même des familles en classes. La méthode de l'auteur, qu'il a voulu baser sur les propriétés chimiques, physiques et cristallographiques des corps, et dont il donne un tableau synoptique à la fin de son ouvrage, est tout à fait différente de celles qui se trouvent dans les autres ouvrages de minéralogie. C'est contre cette partie de son Traité que l'auteur doit s'attendre à voir s'élever le plus d'objections. L'introduction d'une nouvelle nomenclature ne peut manquer d'éprouver une opposition assez vive de la part d'un grand nombre de naturalistes. Il est terminé par une sorte de table où M. Beudant trace la marche que l'on peut suivre pour obtenir quelques probabilités sur la nature d'un minéral, par la seule inspection de ses caractères extérieurs. — Le 3e livre a pour objet le gisement des minéraux; l'auteur s'attache surtout à y présenter des résultats généraux. — Enfin le 4e livre est consacré à l'emploi des substances minérales dans les arts et dans les usages de la vie. — Le « Traité de minéralogie » est suivi d'une table alphabétique des matières. On regrette qu'il ne soit pas précédé d'une table méthodique; elle serait d'autant plus utile, que l'ouvrage de M. Beudant est destiné à l'enseignement de la science à laquelle il a rendu, par cette publication, un important service. A. MICHELOT.

[*Revue encycl.*, 1824, t. XXIV, p. 167.]

Ces deux derniers ouvrages sont le commencement d'un *Essai d'un cours élémentaire et général des sciences* que l'auteur se proposait de publier, et qui aurait eu cinq volumes. Quoique les deux premiers aient obtenu un beau succès, cela n'a pas déterminé M. Beudant à le compléter encore.

XIII. Sur la classification des substances minérales. [Ann. de chimie, 1826, t. XXXI, p. 181 et 225].

XIV. Notice sur la pesanteur spécifique des corps considérée comme caractère minéralogique [Ibid., 1828, t. XXXVIII, p. 398].

XV. Recherches sur la manière de discuter les analyses chimiques pour parvenir à déterminer exactement la composition des minéraux. [Mém. de l'Acad. des sciences, t. VIII, 1829].

XVI. Nouveaux Éléments de grammaire française. Paris, Pitois-Levrault, 1841, in-12 [1 fr. 50 c.].

XVII. Programme de questions sur la Grammaire. Paris, le même, 1841, in-12 de 24 pag. [25 c.].

XVIII. Cours élémentaire de minéralogie et de géologie. Paris, Masson et Fortin, 1841, 2 parties formant un fort volume grand in-18, avec figures intercalées dans le texte [6 fr.].

La première partie seulement, renfermant la *minéralogie*, a paru. Prix de chaque partie : 3 fr.

Cet ouvrage fait partie d'un « Cours élémentaire d'histoire naturelle », à l'usage des colléges et des maisons d'éducation, que rédigent MM. Milne Edwards, A. de Jussieu et Beudant.

BEUDIN [Jacques-Félix], l'un des chefs de la maison de banque de Paris, Félix et Auguste Beudin et comp., et député de la Seine, est né à Paris le 12 avril 1796. M. Beudin s'est délassé des opérations financières en cultivant un peu les lettres. Il est l'une des dualités littéraires qui ont obtenu un grand succès à la Porte-Saint-Martin sous le pseudonyme de Dinaux, par deux drames, où les règles d'Aristote sont toutes violées : *Trente ans, ou la Vie d'un joueur*, et *Richard Darlington*; mais ces deux mélodrames étaient l'œuvre de deux débutants, encore étrangers aux calculs des effets à produire sur la scène : leurs deux pièces durent avoir des hommes plus experts que MM. Beudin et Goubaux pour les retoucher, et ce fut Victor Ducange pour la première, et M. Alex. Dumas pour la seconde. En 1837, la chambre des députés perdit un de ces héros de dévouement au pouvoir, parfois si ridicule, M. Paturle, de plaisante mémoire. Pour le remplacer, M. Beudin se présenta comme candidat ministériel aux électeurs du 8e arrondissement de Paris, et le 4 novembre de la même année, M. Beudin, presque inconnu, l'emporta sur une de nos plus grandes célébrités artistiques, notre habile et généreux statuaire David. Admis à la chambre le 21 décembre, M. Beudin a pris la parole sur quelques-unes des questions à l'ordre du jour : il prit part à la discussion sur la conversion des rentes 5 p. 100, en 1838; il fut nommé par la chambre des députés commissaire de surveillance de l'amortissement en 1839; le 12 décembre 1840, il fut rapporteur sur diverses pétitions, et le 18 janvier 1841, il fit un nouveau rapport sur un crédit de 60,000 fr., pour être appliqué aux dépenses des travaux à faire à la bibliothèque de l'Arsenal. Nous ne connaissons encore de M. Beudin que les deux pièces dont nous avons déjà parlé, et que nous rappelons ici.

I. Avec M. *Vict. Ducange* [et M. *Goubaux*] : Trente ans, ou la Vie d'un joueur, mélodrame en trois journées. Paris, Barba, 1827, in-8.

« Ce drame, qui a eu un succès prodigieux, est le début de deux auteurs : MM. Beudin et Goubaux, qui adoptèrent dès ce moment le pseudonyme de DINAUX, et que M. Goubaux [Voy. ce nom] a depuis conservé. Cet ouvrage peut servir de point de départ pour la nouvelle école dite *romantique*; car il fut le premier où l'on commença à s'écarter des routes battues, en violant à la fois les règles d'unité de temps, de lieu et d'action. Je crois cependant me rappeler qu'une comédie-vaudeville, en deux actes, de MM. Dartois et Xavier [Boniface], et intitulée « Julien, ou Vingt-cinq ans d'entr'acte », qui fut jouée à peu près vers la même époque, est encore antérieure à celle-ci. »

[*Note de M. Demanne*] (*).

Cette pièce fut réimprimée dans la même année, sans que rien n'indique une nouvelle édition; mais l'originale forme sept feuilles, et la réimpression seulement six ; et de nouveau, en 1829, in-8 de 96 p., et encore en 1835, pour la « France dramatique au XIXe siècle ».

II. Avec M. *Goubaux* [et M. *Alex. Dumas*] : Richard Darlington, drame en trois actes et en prose ; précédé de la Maison du docteur, prologue. Paris, Barba, 1832, in-8.

BEUF [Joseph-Donat]. — I. Almanach de la ménagère pour l'an 1829. Marseille, de l'impr. de Baudillon, 1829, petit in-12 de 72 pag.

Cet Almanach a encore paru pour l'année 1830.

II. Méthode de lecture pour apprendre à lire en peu de leçons, basée sur le mécanisme de la parole. Draguignan, de l'impr. de Fabre fils, 1829, in-8 de 32 pag.

BEUF [Joseph], pamphlétaire républicain.

I. Un Pamphlet. Lyon, de l'impr. d'Idt, 1832, in-4 de 4 pag. [25 c.].

(*) La pièce de MM. Dartois et Boniface fut représentée pour la première fois sur le théâtre du Vaudeville, le 8 novembre 1823 : elle est imprimée.

II. Aux Prolétaires. Des droits et des devoirs des prolétaires. Sans lieu d'impression, ni date [Lyon, 1832], in-8 de 15 pag.

III. Paillasses [les] tricolores, pamphlet, suivi d'une Lettre adressée au garde des sceaux, le 24 juillet 1832. Paris, chez les principaux libraires, 1832, in-18 de 35 pag.

A la fin de ce pamphlet, on lit : *Imprimerie-Marathon, cloître Saint-Méry.*

IV. Procès et défense de Joseph Beuf, prolétaire, condamné à trois ans et demi de détention et 2,500 fr. d'amende par la cour d'assises du Rhône. Lyon, de l'impr. d'Ayné, 1832, in-8 de 24 pag.

Brochure ultra-républicaine, qui fut saisie et condamnée.

BEUF-LAMY [C.....]. Polonais (les), poëme. Clermont-Ferrand, de l'impr. de Vaissière, 1831, in-8 de 16 pag. [50 c.].

BEUGNOT [le comte Arthur-Auguste], fils aîné de l'ancien ministre d'état, publiciste et historien, membre des académies de Rouen, de Strasbourg, et successeur de Thurot à l'Académie royale des inscriptions et belles-lettres, en 1832, est né à Bar-sur-Aube [Aube], le 25 mars 1797. Il fit ses études dans un collége royal de Paris, et se destina d'abord à la carrière du barreau. Il plaida quelque temps à la Cour royale, et figura parmi les jeunes avocats qui défendirent devant la Cour des pairs des accusés politiques. Mais bientôt la carrière des lettres eut seule du charme pour lui, et il ne tarda pas à se distinguer. L'Académie des inscriptions et belles-lettres mit au concours un ouvrage « sur les Institutions de saint » Louis. » Ce prix fut partagé entre M. Mignet, alors avocat à Aix, aujourd'hui conseiller d'État et membre de l'Institut, qui se faisait connaître alors pour la première fois, et par M. Arthur Beugnot. Les deux ouvrages bientôt publiés furent également le sujet des éloges publics. Peu de temps après, l'Académie des inscriptions et belles-lettres proposa un autre sujet de prix : « L'État civil, religieux et littéraire » des Juifs en France, en Espagne et en » Italie, depuis le commencement du » XIIe siècle jusqu'à la fin du XVIe. » Le prix fut remporté par M. Capefigue.

l'ouvrage de M. Beugnot, qui fut publié à l'époque où ce prix fut décerné. Il se distingue par des vues à la fois libérales, religieuses et philosophiques de la plus haute portée, et par des détails aussi intéressants qu'alors nouveaux en France sur la littérature et la philosophie rabbiniques. La même Académie ayant demandé en 1824 de « rechercher quels sont en » France les provinces, villes, terres et » châteaux dont Philippe-Auguste a » fait l'acquisition..... » M. Beugnot obtint dans ce concours une mention honorable. Son mémoire n'a pas été imprimé. Toujours fidèle à l'intérêt qu'il prenait à une cause dont son père, dans le cours de sa carrière politique, avait été un des plus constants défenseurs, il concourut pour le prix proposé en 1824, par la Société des sciences, agriculture et arts de Strasbourg, sur ce sujet : « Déterminer les moyens les plus » propres à faire jouir les populations » israélites de l'Alsace des bienfaits de la » civilisation. » Elle décerna, en 1825, le prix au mémoire de M. Beugnot : ce mémoire n'a pas vu le jour. Vers cette époque, cet écrivain s'occupait beaucoup de terminer deux ouvrages qui néanmoins n'ont point été encore publiés : l'un était intitulé *Recherches sur les cérémonies symboliques usitées dans l'ancienne jurisprudence des Français*, et l'autre un aperçu *de l'Influence que les corporations d'arts et métiers ont exercée sur le gouvernement municipal de la France.* Une nouvelle couronne académique fut décernée à M. Beugnot, en 1829, pour son mémoire intitulé *des Banques publiques de prêts sur gages et de leurs inconvénients*. Trois ans après, M. Arthur Beugnot remportait encore le premier prix dans un nouveau concours proposé par l'Académie des inscriptions et belles-lettres, sur la destruction du paganisme, matière du premier ordre, où le jeune érudit ne parut pas au-dessous du sujet. Lorsque bientôt après, tant de titres et de travaux eurent fait nommer M. Arthur Beugnot, en 1832, membre résidant de l'Académie des inscriptions et belles-lettres, il lut dans une de ses séances publiques, un passage des plus remarquables de cet ouvrage, qui a été imprimé en 1835. Une mention honorable fut accordée à Par son caractère personnel, son instruction et son zèle pour les lettres et les sciences, il s'est placé haut dans l'estime du corps illustre où il a été appelé et en a déjà reçu plusieurs fois des témoignages de considération particulière.—Le second fils de M. le comte Beugnot, entré de très-bonne heure dans la carrière diplomatique, est encore en ce moment secrétaire d'ambassa de à Rome, où il a la réputation d'un archéologue distingué.

OUVRAGES IMPRIMÉS DE M. ARTHUR BEUGNOT.

I. Essai sur les institutions de saint Louis. Ouvrage couronné par l'Académie royale des inscriptions et belles-lettres. Paris, Levrault, 1821, in-8 de 465 pag. [6 fr.].

La question posée par l'Académie était conçue en ces termes : « Examiner quel était, » à l'époque de l'avénement de saint Louis au » trône, l'état du gouvernement et de la lé- » gislation, et montrer quels étaient, à la fin » de son règne, les effets des institutions de » ce prince. » Cette question était belle à traiter, et M. Beugnot fils s'est acquitté de cette tâche avec une profondeur d'érudition et une indépendance d'esprit qui a droit aux plus grands éloges. Les nôtres seraient superflus, après le suffrage d'un corps aussi savant que l'Académie des inscriptions et belles-lettres. Ce qui frappe d'abord le lecteur, dans l'ouvrage de M. Beugnot, c'est la netteté parfaite avec laquelle il nous fait parcourir une époque qui, sous tous les rapports qui ne sont pas immédiatement liés aux événements historiques, ne se présentaient à la plupart des esprits que d'une manière vague et confuse : ce mérite tient à l'excellente méthode adoptée par l'auteur. L'ouvrage entier est divisé en deux livres : *Du Gouvernement, et de la Législation*. Livre I : Autorité royale. — Pouvoir législatif. — Administration intérieure. — Administration de la justice. — Clergé intérieur. — Cour de Rome. — Finances. — Monnaies. — Industrie. — Agriculture. — Commerce intérieur. — Commerce extérieur. — Livre II : Législation générale. — Législation civile. — Procédure civile. — Législation criminelle. — Législation féodale. — Législation religieuse. Chacun de ces chapitres est développé avec une grande abondance d'érudition et un jugement exquis. Joinville, Mathieu Pâris, les Capitulaires, les Ordonnances du Louvre, le Confesseur de la reine Marguerite, les diverses Collections des lois romaines ou féodales, Duchesne, Ducange, etc., sont les sources où l'auteur puise habituellement pour éclairer ses discussions. Il n'a pas négligé non plus de consulter les manuscrits de la bibliothèque du roi, d'où il a extrait quelquefois des renseignements précieux. Tout ce qui est relatif au droit féodal, tant par rapport aux terres qu'aux personnes, est traité avec supériorité, et, en général, on a occasion d'observer plus d'une fois combien les études du jurisconsulte ont dû être utiles à l'érudit. On pourrait remarquer que M. Arthur Beugnot a traité un peu en abrégé les chapitres de la Pragmatique-Sanction, l'un des plus beaux titres de gloire de saint Louis, si l'on ne devait supposer qu'il a cru inutile d'analyser ce que de savants canonistes avaient très-doctement, mais un peu longuement établi. M. Beugnot a cru voir, dans certaines fonctions des baillis, l'institution moderne du ministère public; cette opinion paraîtra sans doute hasardée, quand on réfléchira que les baillis étaient juges, tandis que le caractère constitutif du ministère public est de requérir qu'il soit jugé. Cette observation n'a pas échappé à l'auteur; mais nous croyons que, sur cet objet, il s'est trop facilement contenté de quelques rapports d'analogie. M. Arthur Beugnot a éclairci une époque très-remarquable de notre histoire, son nom ne peut manquer d'y rester attaché. Nous ajouterons, avec une vive satisfaction, que les principes politiques les plus sages, comme les plus généreux, se manifestent à chaque page de son livre. A. MICHELOT.

[*Revue encycl.*, t. XII, p. 411.]

II. Juifs [les] d'Occident, ou Recherches sur l'état civil, le commerce et la littérature des Juifs, en France, en Espagne et en Italie, pendant la durée du moyen-âge. Paris, Levrault; Ponthieu, 1824, in-8 de 649 pag. [7 fr. 50 c.].

III. Banques [des] publiques de prêt sur gage, et de leurs inconvénients. Mémoire couronné, en 1829, par l'Académie du Gard. Paris, Delaunay, 1829, in-8 de 86 pag.

IV. Histoire de la destruction du paganisme en Occident. Ouvrage couronné par l'Académie royale des inscriptions et belles-lettres, en l'année 1832. Paris, F. Didot, 1835, 2 vol. in-8 [15 fr.].

Cet important ouvrage est divisé en huit livres, qui ont pour titre les noms des empereurs : I. Constantin; — II. Constance; — III. Julien; — IV. Jovien; — V. Valentinien Ier; — le livre VI traite de l'état du paganisme en Italie, dans les Gaules, en Germanie, etc.; — le livre VII est intitulé Gratien; — et le VIIIe, Théodose.

V. Rapport à M. le ministre de l'instruction publique, sur la publication d'un recueil intitulé : les Registres du parlement de Paris. Paris, de l'impr. de Dupont, 1838, in-4 de 16 pag.

VI. Chronologie des États-Généraux. 1839.

Imprimée dans l'Annuaire de la Société de l'Histoire de France, pour 1840.

VII. Olim [les], ou Registres des arrêts rendus par la cour du roi sous les règnes de saint Louis, de Philippe-le-Hardi, de Philippe-le-Bel, de Louis-le-Hutin et de Philippe-le-Long, publiés [avec une Préface] par le comte Beugnot. Tome Ier. 1254-1273. Paris, de l'Impr. royale, 1840, in-4 de ciij et 1151 pag. [24 fr.].

Faisant partie de la « Collection de documents inédits sur l'histoire de France, publiés par ordre du roi et par les soins du ministre de l'Instruction publique. »

VIII. Assises de Jérusalem, ou Recueil des ouvrages de jurisprudence composés, pendant le XIIIe siècle, dans les royaumes de Jérusalem et de Chypre. Tome Ier. Assises de la haute-cour. Publiées par M. le comte Beugnot. Paris, de l'impr. royale, 1841, in-fol. de 802 pag.

Voyez pour ces deux derniers ouvrages, desquels M. le comte Beugnot est seulement l'éditeur, la partie des anonymes, aux mots *Assises* et *Olim*.

Le « Journal des savants », année 1840, p. 53, a longuement parlé du premier volume des *Olim*, et de la savante préface de M. le comte Beugnot, morceau ne remplissant rien moins que 103 pag.

Outre les ouvrages que nous venons de citer, M. le comte Beugnot est auteur de divers morceaux de critique littéraire, imprimés dans des recueils, dans la « Revue encyclopédique » entre autres.

BEULLAC [J.-F.]. — Nouvelle Instruction sur les diverses précautions à prendre pour se préserver de la maladie régnante ou du choléra-morbus. Marseille, Terrasson, 1835, in-8 de 20 pag. [50 c.].

BEUNAICHE-LA-CORBIÈRE [J.-B.], docteur en médecine, gérant du « Journal de la Société phrénologique », membre de plusieurs sociétés savantes, et décoré de juillet.

I. Dissertation sur les émissions sanguines dans les phlegmasies. Paris, de l'impr. de Didot jeune, 1826, in-4.

II. Éloge funèbre de R.-F. Judel, docteur en médecine, ex-législateur au conseil des anciens. Le Mans, 1828.

III. Discours sur la liberté, prononcé dans la R.·. L.·. des triomphes, le 4e et le 6e mois de l'an 5830. Le Mans, 1830.

IV. Statuts [des] et règlement de la Société de perfectionnement et de prévoyance entre les médecins de Paris, etc. Paris, 1830.

V. Émission [des] sanguines dans les phlegmasies, et de la nécessité d'insister sur leur emploi dans les phlegmasies aigues. Mémoire présenté et lu à la Société protestante, dans sa séance du 25 janvier 1832. Paris, de l'impr. de Lachevardière, 1832, in-8 de 36 p.

Extrait des « Annales de la médecine physiologique », mars et avril 1832.

VI. Emploi [de l'] extérieur et intérieur du froid.

Extrait des mêmes Annales, juillet 1832.

VII. Notice biographico-phrénologique sur J.-A. Bigonnet, etc.

Imprimé dans le « Journal de la Société phrénologique », mars 1834.

VIII. Quelques mots sur la phrénologie.

Insérés au « Compte-rendu du Congrès historique européen », 1836, t. II, p. 99.

IX. Réponse aux objections faites à la phrénologie. Paris, G. Baillière, 1836, in-8.

X. Traité du froid ; de son action et de son emploi, *intus et extrà*. Paris, H. Cousin, 1839, in-8 [8 fr.].

On a, en outre, de M. Beunaiche-la-Corbière, des articles dans divers journaux de médecine, entre autres celui intitulé : *Réforme médicale*, inséré dans la « Gazette des hôpitaux », du 9 août 1836.

BEUQUE [Adrien], membre de l'Académie de Besançon et de l'Institut historique.

— Écho [l'] du sanctuaire. Poésies chrétiennes. Paris, Jeanthon et Mazuyer, 1836, in-18 de 276 pages, plus un frontispice grav.— Deuxième édit., corrigée et augmentée de treize pièces inédites. Paris, A. Jeanthon, 1836, in-18 [3 fr. 50 c.].

BEURMANN [J. de], capitaine au 55e de ligne.

— Traité sur l'infanterie légère, précédé d'une Notice historique de cette arme, depuis les temps les plus reculés jusqu'à nos jours. Paris, Gaultier-Laguionie et Anselin, 1836, in-18 de 54 pag.

BEURTOAILZ [Charles] (*). — * Philandre et Joséphine, ou les Amants malheureux. Par Charles B........ Sec. édition, revue et augmentée ; avec une planche. Metz, Verronnais ; Paris, Lecointe et Durey ; Caillot fils, 1826, 2 vol. in-12 [5 fr.].

Nous ignorons la date de la première édition, mais elle est antérieure à 1811.

(*) Article omis par la « France littéraire ». Le nom de cet auteur nous était inconnu avant que M. Verronnais, l'imprimeur de son livre, ne nous l'eût fait connaître.

BEUZELIN DU HAMEAU [L.-F.]. — I. Observations religieuses sur plusieurs articles de l'ancien et du nouveau Testament, etc. Paris, 1807, in-8.

Opuscule publié sous le pseudonyme de L.-F.-B. Le Scrupuleux.

II. Éloge de S. M. Louis-Philippe Ier, roi des Français. [En vers.] Paris, l'Auteur, 1835, in-8 de 12 pag.

Produit de... l'enthousiasme d'un homme de quatre-vingt-cinq ans.

BEUZEVILLE [C.]. — Petits enfants [les], poésies. Lyon, Legrand, 1839, in-18 [3 fr.].

BEVEREN [J.-J. VAN]. — Notice sur la chapelle de Nassau, à Bruxelles.

Imprimée dans « l'Athénée historique, ou Recueil de mémoires et traités sur l'histoire politique, civile et religieuse, etc., de la Belgique ». [Bruxelles, 1840, in-4].

BEVING [E.-A.], professeur ordinaire de littérature grecque à l'Université libre de Bruxelles.

— Lettres à M. Cousin sur l'état de l'enseignement en Belgique. Bruxelles, 1832, in-8.

BEVING [Jules], avocat belge. — Traité de la possession, d'après les principes du droit romain ; trad. de l'allem. de *Fr.-Ch. de Savigny*, sur la VIe édition. Bruxelles, 1839, in-8 [10 fr.].

BEYDLER [G.], docteur en médecine, à Gand.

Il est auteur d'*Observations sur l'emploi du Polygala Senega dans l'ophthalmie*, présentées à la Société de médecine de Gand, en 1835.

BEYLE [Henri (*)], littérateur distingué, mais d'une grande originalité, connu sous le pseudonyme de STENDHAL, né vers 1776, à Grenoble [Isère], est le fils d'un avocat au parlement, riche propriétaire, et le petit-fils, par sa mère, du docteur Gagnon, qui présida, pendant cinquante années consécutives, à la direction de tous les établissements scientifiques et philanthropiques de Grenoble. M. Beyle fit ses études à l'École centrale de sa ville natale, où il remporta plusieurs prix. Avec l'instruction du collége, le jeune élève recevait les conseils du respectable docteur Gagnon, son grand-père, homme de goût et d'érudition, qui di-

(*) Et non Arthur-Louis-Alexandre-César, prénoms que lui donne M. P. Colomb des Batines dans son « Catalogue des Dauphinois dignes de mémoire », 1840, in-8.

rigea l'éducation de son petit-fils vers l'étude de la saine littérature. Le célèbre travailleur comte Daru, l'un des bras de Napoléon, était le parent de M. Beyle; il le plaça dans la maison civile de l'Empereur, sous le titre d'inspecteur du mobilier et des bâtiments de la couronne; il accompagna en cette qualité le comte Daru, intendant-général de la liste civile impériale, dans la campagne d'Allemagne : ce fut lui qui présida au choix des livres et manuscrits de la bibliothèque de Wolfenbutel, demandés par la Bibliothèque impériale de Paris. M Beyle remplit ses fonctions jusqu'à la fin de l'Empire; car il figure encore dans « l'Almanach impérial » de 1813 [page 60] comme auditeur au conseil-d'état, et partageant, avec M. Lecouteulx de Canteleu les fonctions d'inspecteur du mobilier et des bâtiments de la couronne. La chute de l'Empire l'arrêta dans la belle carrière qu'il était appelé à pourcourir encore. M. Beyle qui s'était vu, jeune, maître de la fortune de ses père et mère, qu'il n'avait pas su conserver; qui, plus tard, étant attaché à la maison civile de l'Empereur, n'en avait point fait une nouvelle; M. Beyle, quoi qu'il en soit, ne voulut pas imiter tant de gens de l'époque, qui, pour conserver leurs fonctions ou en obtenir d'autres, ployèrent les genoux devant les nouveaux maîtres que l'étranger octroyait à la France : il préféra conserver son indépendance. Les fonctions qu'il avait remplies sous le gouvernement impérial l'avaient obligé à faire divers voyages en Italie : libre, il fit de nouvelles excursions dans ce beau pays, étudia les hommes et les choses dans cette patrie des arts, et rassembla des matériaux qui devaient bientôt lui servir à se fonder une nouvelle position plus solide et non moins belle : celle d'un de nos bons écrivains. — Les premiers ouvrages sortis de sa plume ont presque tous l'Italie pour objet : ils se font remarquer par la finesse de l'observation, par l'abondance des idées. Il nous a expliqué avec l'esprit, le scepticisme et l'ironie d'un disciple de Voltaire, cette belle Italie, tant gâtée par tant de fanatiques sans intelligence et sans style. Ce fut en 1815, et non en 1817 comme le dit M. de Balzac dans sa « Revue parisienne », que, sous le pseudonyme de L.-C.-A. Bombet, M. Beyle fit ses débuts en littérature, par la publication de *Lettres écrites de Vienne en Autriche sur le célèbre compositeur Haydn*, suivies d'une Vie de Mozart et de Considérations sur Métastase. Riche de son propre fonds, et amateur très-éclairé des beaux-arts, M. Beyle songeait peu à enlever à un autre le mérite d'avoir composé ses lettres; son seul but était de faire connaître Haydn aux Français mieux qu'il n'avait été connu jusqu'alors. Il négligea quelque chose : d'indiquer que ces *Lettres* étaient traduites de l'italien. Joseph Carpani, poète et musicien, plein d'admiration pour le célèbre compositeur allemand, avec lequel il avait eu des rapports intimes, était le véritable auteur de ce livre très-curieux qu'il avait fait imprimer sous le titre de *le Haydine*. Carpani dénonça le plagiat en 1815, ce qui donna lieu à une vive querelle, dont le public s'amusa quelques moments, surtout aux dépens de l'oublieux traducteur qui fut complètement battu. A ces lettres succédèrent, en 1817, trois publications artistiques : *Rome, Naples et Florence* en 1817; des *Vies d'Haydn, Mozart et Métastase*, et une *Histoire de la peinture en Italie*. En 1819, M. Beyle, se trouvant à Florence, fit imprimer dans cette ville un ouvrage écrit en italien et intitulé : *del Romantismo nelle arti*. En 1822, il publia une étude psycologique intitulée : *De l'Amour*, livre supérieur à celui de M. de Sénancour, qui porte le même titre. L'ouvrage de M. Beyle se relie aux grandes doctrines de Cabanis et de l'École de Paris; mais il pèche par un défaut, qu'on retrouve assez fréquemment chez cet écrivain : le défaut de méthode. Il a risqué, dans ce petit Traité, le mot de « cristallisation », pour expliquer le phénomène de la naissance de ce sentiment, dont on s'est servi tout en s'en moquant, et qui restera, à cause de sa profonde justesse. L'année suivante, M. Beyle fit paraître une espèce de factum contre nos écrivains classiques : *Racine et Shakespeare*. C'est un plaidoyer très-bien écrit en faveur du romantisme. Le raisonnement n'est pas toujours juste; mais il se présente sous une forme agréable. C'est vers la fin qu'il faut chercher la définition de ce que l'auteur appelle le *romantisme :* elle eût été mieux placée au commencement. Suivant lui, ce mot désigne « l'art de présenter aux peuples les œuvres littéraires qui, dans l'état actuel de leurs habitudes et de leurs croyances, sont susceptibles de leur donner le plus de plaisir possible (*). » D'après cette définition, si les habitudes d'un peuple le rendaient plus sensible aux épigrammes qu'à toute autre composition littéraire, ces bons mots rimés seraient *romantiques* aussi long-temps que ce goût ou cet engouement pourrait se maintenir. Ailleurs, ou dans un autre temps, ce serait aux sermons et aux discours politiques qu'appartiendraient les honneurs du romantisme. Au reste, cette définition que donne l'auteur est complétée par celle-ci : « le *classicisme,* au contraire, leur présente [aux peuples] la littérature qui donnait le plus grand plaisir possible à leurs arrière-grands-pères. » Ces opinions, débattues avec esprit, sont la substance de cette brochure, où l'on trouve d'ailleurs quelques vérités; car il en faut à l'esprit! Classique ou romantique, on fera bien de lire M. de Stendhal ; et après l'avoir lu, chacun persistera dans son opinion, comme à l'ordinaire. L'homme est susceptible d'une infinité de modifications transitoires ; mais sa nature est inaltérable. Le goût, en littérature, est relatif à son état présent, on ne peut le contester; mais, pour bien connaître cet état, ne devrait-on pas étudier surtout, et avant tout, la nature de l'homme? Il semble que cette question, si elle était résolue, terminerait les débats entre les *classiques* et les *romantiques;* car les premiers cherchent les règles du beau et du goût dans ce qui est inhérent à la nature de l'homme, et les seconds dans les formes et les circonstances du moment (**). » M. Beyle nous avait déjà donné les vies de deux célèbres compositeurs, Haydn et Mozart; en 1825, il donna celle d'un troisième : la *Vie de Rossini.* Il est le premier homme qui ait proclamé parmi nous Rossini, ce grand génie. Il nous a épelé note pour note, passion par passion, « la Gazza », « Otello », « il Barbiere »; il nous a appris à écouter, à entendre, à pleurer à ces chefs-d'œuvre. En 1825, M. Beyle écrivait dans le « Globe » ; il y fit insérer cette même année une diatribe qu'on pourrait nommer indécente, contre les industriels, et qui a été imprimée à part sous le titre : *D'un nouveau complot contre les industriels.* L'auteur de cette brochure, a-t-on dit quelque part (*), se fait remarquer par l'esprit satirique qui lui est propre, mais qui ne prouve rien contre la théorie sociale désignée sous le nom d'*industrialisme.* M. de Stendhal nous paraît s'être aventuré avec beaucoup de légèreté dans une discussion qui exigeait des études spéciales. Il a remplacé des arguments par des personnalités, et n'a pas accordé à l'industrie l'intérêt que ne peuvent lui refuser les hommes éclairés et impartiaux; toutefois, il s'est déclaré, avec raison, contre certains *industriels* qui, prêtant aux Turcs leur argent et leurs vaisseaux, devenaient ainsi complices du crime politique qui tendait à anéantir la Grèce, et contre quelques autres enthousiastes qui, séduits par les étonnants succès de l'industrie chez nos voisins, n'ont pas craint de mettre en principe que la capacité industrielle doit être placée exclusivement au-dessus de toutes les autres capacités, et ont en même temps affecté de rejeter de leur système les idées de religion. La force industrielle est incontestablement l'une des premières sources de la richesse et du bonheur social ; elle est un des besoins de notre pays et de notre époque, et l'une des principales bases de la liberté moderne; mais nous pensons avec un de nos plus célèbres publicistes [B. Constant, Discours à l'Athénée royal] : « qu'elle ne suffit cependant pas, soit pour développer toutes les facultés de l'homme, soit pour maintenir la liberté; que la vie physique n'est pas tout, et que le monde moral n'est rien sans re-

(*) Peut-être faudra-t-il, une fois pour toutes, nommer *classique* tout ouvrage qui mérite d'être lu et relu par une longue suite de générations : quant aux ouvrages moins dignes d'estime, il est peu nécessaire d'en faire un *genre,* et de leur imposer un nom.

(**) Revue encyclop., t. XVII, p. 622.

(*) Revue encyclop., t. XXVIII, p. 478, article signé P. E. Lanjuinais.

ligion. » En 1827, M. Beyle débuta dans un genre de littérature autre que celui qu'il avait jusqu'alors cultivé, genre dans lequel il compte plusieurs beaux succès; il fit paraître *Armance, ou Quelques scènes de Paris* en 1827, roman qui ne produisit pas la sensation sur laquelle l'auteur devait compter : il partagea le sort de presque tous les ouvrages d'imagination dont la paternité n'est point connue : M. Beyle n'y avait pas même attaché le pseudonyme dont il s'était servi pour ses précédents ouvrages. Deux ans plus tard, il fournit à la « Revue de Paris » diverses nouvelles qu'on a lues avec plaisir. Ses *Promenades dans Rome*, qui parurent en 1829, sont un livre où l'utile et l'agréable se marient heureusement. M. Beyle a fait six voyages à Rome. Peu content des itinéraires italiens que la police laisse imprimer à Rome, il a fait, pour son usage, une description des ruines antiques et des monuments modernes qui font l'ornement de la ville la plus curieuse de l'univers. Mais une statue, un monument peuvent être admirables à voir, et leur description n'offrir cependant qu'une lecture ennuyeuse et languissante. Pénétré de la crainte de tomber dans ce malheur, l'auteur a essayé de se faire pardonner la description détaillée des monuments de Rome, en peignant, sans retenue ni prudence, les mœurs des Romains et les intrigues de la cour des papes. Il donne l'histoire du conclave qui a élevé Léon XII à la papauté; il ose raconter quelques-unes des combinaisons savantes qui donnèrent plus tard le trône de saint Pierre à Pie VIII. Par une manie qui n'est plus guère de mode, l'auteur, en faisant, pour ainsi dire, des mémoires contemporains dans la partie historique et morale des « Promenades dans Rome », s'est attaché à ne rien avancer qui ne soit *strictement vrai*. Il a voulu que les anecdotes qu'il rapporte, peignissent le cœur humain. Ces anecdotes sont en grand nombre; l'auteur a connu la plupart des hommes célèbres qui ont vécu à Rome : Canova, lord Byron, le cardinal Gonzalvi, Monti, le grand poète; Rossini, Gherardo de Rossi, etc., etc. La foule d'étrangers qui, tous les ans, arrive à Rome de toutes les parties de l'Europe, trouvera, dans l'ouvrage dont nous parlons, un itinéraire fort exact : c'est le fruit d'un séjour de dix ans en Italie. L'auteur a un grand avantage : écrivant loin des censeurs romains, il a osé aborder la partie morale, qui jetterait en prison ces pauvres écrivains indigènes s'ils s'avisaient d'en ouvrir la bouche. Il a donné hardiment l'histoire des papes les plus singuliers. Quelquefois les anecdotes qu'il raconte, prennent l'étendue de ces nouvelles si frappantes de vérité, que l'on rencontre dans don Quichotte; nous citerons l'aventure étonnnante de *Francesco Polo*, et la description des intrigues qui agitèrent le couvent de Catanzara. Ces aventures étranges ont eu lieu dans les États du pape, depuis que l'on persécute la partie généreuse et romanesque de la population, à qui, dans ce moment-ci, la mode ordonne de prêter le serment de Ghita - Carbonarisme. L'histoire de « Ghita » montrera quel degré de force et d'héroïsme l'amour de la patrie peut jeter dans le cœur d'une jeune fille (*). Des ouvrages d'imagination de M. Beyle, celui qui le premier a fait le plus de sensation, c'est le roman qui a été publié, en 1830, sous le titre énigmatique de *le Rouge et le Noir,* chronique du XIXe siècle. Il y a au titre de ce livre le défaut, ou, si l'on aime mieux, le singulier mérite, qu'il laisse le lecteur dans l'ignorance la plus complète de ce qu'on lui prépare. Le « Rouge et le Noir »! Avec notre intelligence, qui n'est point sans doute d'une portée supérieure, mais qui, du moins, nous semblait devoir suffire à une pareille tâche, nous avons cherché le rapport qui pouvait exister entre ces mots et la fable du roman : nous le déclarons en toute vérité, nous sommes à le découvrir encore. Ceci est plus grave qu'on ne le croirait; car, entre les mérites par lesquels se fait remarquer le talent de l'auteur, un de ceux qui lui paraissent le moins familiers, c'est le naturel. Or, la critique n'est-elle pas merveilleusement posée pour lui faire ce reproche, lorsqu'on le voit en quête d'un effet dès le titre, débuter par une énigme; et n'est-ce pas là un homme singulièrement brouillé avec la simplicité que celui qui, pour en manquer, n'attend pas même qu'il ait commencé de par-

(*) Revue de Paris, t. V, p. 332.

ler. Pourtant plus que personne, avec la donnée de son livre, l'auteur avait besoin de rester dans le vrai. Un jésuite a séduit les femmes, les filles de ses bienfaiteurs; il a enfin assassiné une infortunée qui n'eut que le tort de lui donner trop de preuves de sa tendresse, et pour que cette action eût tout l'éclat possible, il a choisi pour lieu de la scène le temple de Dieu, et pour l'instant de l'exécution, celui où le prêtre montre aux fidèles la victime de l'expiation. Deux coups de pistolet partent, mais ni l'un ni l'autre ne sont mortels. L'assassin est traduit à la cour d'assises; il se défend avec audace et sang-froid, est condamné et exécuté. Et voilà justement pourquoi l'ouvrage est intitulé *le Rouge et le Noir*. Mais encore quel rapport ce titre a-t-il avec l'ouvrage? La chronique du XIXe siècle est tout simplement une dénonciation en forme contre l'âme humaine, une sorte d'amphithéâtre où on le voit occupé à la disséquer pièce à pièce, pour mieux mettre en relief la lèpre morale dont il la croit rongée. Pour faire accepter au lecteur ce point de vue très-contestable, et à tout le moins si désespérant, le moraliste doit se montrer constamment observateur exact et véridique. S'il se laisse aller à quelque exagération, l'amour-propre et l'optimisme que ses tableaux dérangent dans leurs calculs, ont bientôt fait, aux noms des erreurs qu'ils contiennent, d'en récuser en masse la vérité. Ainsi en arrivera-t-il à ceux-ci, et pour notre compte nous ne serons pas les derniers à prononcer contre leur fidélité. Nous ne voulons pas le nier : plus d'une turpitude cachée, plus d'un mouvement généreux, plus d'une inconséquence se révèlent au cœur de l'homme, mais avec moins de préméditation qu'on ne voudrait ici nous le faire croire. Il y a chez nous, pour le mal, tant de travail et tant d'apprêt; résultat de calculs moins profonds, il se produit d'un jet plus naïf; mais aussi admet-il plus de relâche, plus d'intermittance, plus de mélange du bien. Bénie en soit la providence, car, avec le monde ainsi fait, il faudrait un trop haut courage pour vouloir continuer de vivre; si la lecture de pareilles fictions vous laissent le cœur serré et malade d'un horrible désenchantement, que serait-ce donc la réalité, si elle existait? La satire des mœurs contemporaines, que l'auteur a eu l'intention de faire marcher de front avec celle de l'homme en général, nous a paru de même prodigieusement passionnée, et peut-être, à force de vouloir en rendre la peinture vive et saillante, nous en a-t-il donné la charge; mais le *cherché* et l'effort paraissent être le défaut habituel de sa manière. Il faut une fois en finir avec ce reproche, et dire tous les mérites par lesquels son œuvre se recommande. Compliquée d'un très-petit nombre d'événements, sa fable est cependant à ce point attachante par la grâce et la vigueur des détails, qu'une fois engagé avec eux le lecteur ne saurait plus quitter le livre qu'il n'ait vu, ainsi que disent les portières, *comment cela finira*. A tout instant, on serait tenté de se prendre de querelle avec l'auteur, ici pour un sentiment faux, pour une situation tourmentée ou bizarre; là pour une négligence dans la conduite des événements ou dans la peinture des caractères; on serait disposé surtout à lui demander raison de ses amants, si étranges, s'adorant (ceci est à la lettre) avec des transports de haine, et se détestant avec tous les raffinements du plus vif amour; mais à côté de toute cette pâture jetée à la critique, apparaissent des scènes si habilement conduites ou si profondément saisissantes! un vif intérêt de drame est si largement répandu sur l'œuvre entière, pour en dérober les parties moins saillantes et jusqu'aux défauts, que notre censure doit n'y toucher qu'avec beaucoup de mesure. Il ne serait pas impossible que, malgré nos sévères protestations, le public, qui veut avant tout qu'on l'amuse et qu'on l'*intéresse*, et pour lequel le livre de M. de Stendhal remplit à un haut degré cette condition, ne proclamât son œuvre l'une des plus remarquables qui se soient produites depuis long-temps. La critique est comme la médecine : tous les jours elle condamne des malades qui n'en vivent pas moins leurs trois éditions (*). » — Tout le temps qu'a duré la Restauration, M. Beyle s'est tenu éloigné des affaires publiques; sa plume est restée sa seule ri-

(*) Revue de Paris, t. XX, p. 260.

chesse. Après 1830, le gouvernement né des barricades, moins, peut-être, par justice que par politique, accueillant avec empressement les vieux serviteurs dispersés de Napoléon, les amis de M. Beyle le firent nommer consul à Trieste; mais l'empereur d'Autriche refusa l'exéquatur, vraisemblablement à cause des fonctions qu'il avait remplies auprès de Napoléon. Il fut nommé au même titre à Civita-Vecchia, où il est encore aujourd'hui. — Son consulat ne l'a point fait renoncer à la littérature : de son poste il a adressé des *nouvelles* d'abord à la « Revue de Paris », et ensuite à la « Revue des Deux-Mondes ». C'est dans ce dernier recueil qu'il nous a donné, le premier, d'exacts renseignements sur le terrible procès de Cenci; mais il n'a pas suffisamment expliqué les causes de l'exécution, qui fut indépendante du procès, et emportée par des factions, exigée par la cupidité. En 1838, M. Beyle publia des *Mémoires d'un touriste*. Les mœurs et les paysages de la France sont décrits avec une rare finesse dans ce livre qui forme un digne pendant aux « Promenades dans Rome », et qui, pour certains lecteurs, a un attrait de plus. Dans l'un et l'autre de ces récits, l'observation spirituelle ou profonde du voyageur est interprétée par une forme souple, mordante et concise. L'année suivante, parut sa *Chartreuse de Parme*, qui fit une grande sensation dans le monde littéraire, livre où, selon M. H. de Balzac (*), le sublime éclate de chapitre en chapitre. « M. Beyle, dit l'au-
» teur de la « Physiologie du Mariage »,
» a produit à l'âge où les hommes trou-
» vent rarement des sujets grandioses,
» et après avoir écrit une vingtaine de
» volumes extrêmement spirituels, une
» œuvre qui ne peut être appréciée que
» par les âmes et par les gens vraiment
» supérieurs. Enfin il a écrit le « Prince
» moderne », le roman que Machiavel
» écrirait, s'il vivait banni de l'Italie au
» dix-neuvième siècle. Aussi, le plus
» grand obstacle au renom mérité de
» M. Beyle, vient-il de ce que la « Char-
» treuse de Parme », ne peut trouver
» de lecteurs habiles à la goûter que
» parmi les diplomates, les ministres,
» les observateurs, les gens du monde
» les plus éminents, les artistes les
» plus distingués, enfin par douze ou
» quinze cents personnes qui sont à
» la tête de l'Europe. Ne soyez donc
» pas étonné, ajoute le critique, que
» depuis dix mois que cette œuvre
» surprenante a été publiée, il n'y ait
» pas un seul journaliste qui l'ait ni lue,
» ni comprise, ni étudiée; qui l'ait an-
» noncée, analysée et louée; qui même y
» ait fait allusion (*). Moi, qui crois m'y
» connaître un peu, je l'ai lue pour la
» troisième fois, ces jours-ci : j'ai trouvé
» l'œuvre encore plus belle, et j'ai senti
» dans mon âme l'espèce de bonheur
» que cause une bonne action à faire. »
M. de Balzac croit que sous le nom de Ranuce-Ernest IV, duc de Parme, l'auteur a voulu peindre le fameux duc de Modène, et sous celui de Mosca della Rovera, son ministre, celui du prince de Metternich. L'*Abbesse de Castro* est le dernier ouvrage que l'on doive à la plume exercée de M. Beyle : il a paru d'abord en deux articles dans la « Revue des Deux-Mondes », et a été imprimé dans la même année en un volume. Le sujet en est assez intéressant pour que, dès son apparition, il ait été mis au théâtre par MM. G. Lemoine et P. Goubaux, sous le titre de « l'Abbaye de Castro », drame en cinq actes, représenté sur le théâtre de la Porte-Saint-Martin, le 4 avril 1840. — Nous ne pouvons mieux terminer cet article qu'en empruntant aux « Études sur M. Beyle », par M. de Balzac (**), une appréciation générale du mérite littéraire de cet écrivain. Et d'abord disons que M. de Balzac partage la nouvelle littérature en trois écoles, auxquelles il applique les dénominations suivantes : 1° « la littérature des images », qui est le lyrisme, l'épopée, et tout ce qui découle d'esprits élégiaques, méditatifs et contemplateurs; 2° « la littérature des idées », école formée par ces âmes actives qui aiment la rapidité, le mouvement, la conci-

(*) Revue parisienne, pag. 273 et suiv.

(*) La mémoire de M. de Balzac est ici infidèle. Presqu'aussitôt que ce roman parut, les feuilles quotidiennes en firent l'éloge, entre autres celles-ci : le « Journal de France », du 15 avril; le « Courrier français », du 27; le « Messager », du 21 mai [article de M. J. Ottavi].

(**) Revue parisienne, septembre 1840. — La Revue des Deux-Mondes imprime dans ce moment d'autres Études sur M. Beyle, lesquelles ont pour auteur l'un des littérateurs les plus élégants, M. Léon Bussières.

sion, les chocs, l'action, le drame, qui fuient la discussion, qui goûtent peu les rêveries, et auxquelles plaisent les résultats; 3° enfin, « l'éclectisme littéraire », créé par certaines gens complets, certaines intelligences *bifrons*, qui embrassent tout, veulent et le lyrisme et l'action, le drame et l'ode, en croyant que la perfection exige une vue totale des choses. M. Beyle est l'un des maîtres les plus distingués de la deuxième école, « la littérature à idées », à laquelle appartiennent MM. Alfred de Musset, Mérimée, Léon Gozlan, Béranger, Delavigne, G. Planche, Mme de Girardin, Alphonse Karr et Ch. Nodier. Henri Monnier y tient par le vrai de ses proverbes, souvent dénués d'une idée mère, mais qui n'en sont pas moins pleins de ce naturel et de cette stricte observation qui est un des caractères de l'école. Cette école, à laquelle nous devons déjà de beaux ouvrages, se recommande par l'abondance des faits, par sa sobriété d'images, par la concision, par la netteté, par la petite phrase de Voltaire, par une façon de conter qu'a eue le dix-huitième siècle, par le sentiment du comique surtout. M. Beyle et M. Mérimée, malgré leur profond sérieux, ont je ne sais quoi d'ironique et de narquois dans la manière avec laquelle ils posent les faits. Chez eux le comique est contenu. C'est le feu dans le caillou. La « Chartreuse de Parme » est dans notre époque, et jusqu'à présent, à mes yeux, dit M. de Balzac, le chef-d'œuvre de la littérature à idées, et M. Beyle y a fait des concessions aux deux autres écoles, qui sont admissibles par les bons esprits et satisfaisantes pour les deux camps. Cet ouvrage néanmoins, ainsi que quelques autres antérieurs de M. Beyle, offre prise à la critique : il manque d'unité et de méthode. Le côté faible de cette œuvre est surtout le style, en tant qu'arrangement de mots, car la pensée, éminemment française, soutient la phrase. Les fautes que commet M. Beyle sont purement grammaticales : il est négligé, incorrect à la manière des écrivains du dix-huitième siècle. Tantôt un désaccord de temps dans les verbes, quelquefois l'absence du verbe; tantôt des *c'est*, des *ce que*, des *que*, qui fatiguent le lecteur, et font à l'esprit l'effet d'un voyage dans une voiture mal suspendue sur une route de France. Ces fautes, assez grossières, annoncent un défaut de travail. Mais si le français est un vernis mis sur la pensée, on doit être aussi indulgent pour ceux chez lesquels il couvre de beaux tableaux, que l'on est sévère pour ceux qui n'ont que le vernis. Si chez M. Beyle, ce vernis est quelque peu jaune, là et ailleurs, écaillé par places, il laisse voir du moins une suite de pensées qui se déduisent d'après les lois de la logique. Sa phrase longue est mal construite, sa phrase courte est sans rondeur. Il écrit à peu près dans le genre de Diderot qui n'était pas écrivain; mais sa conception est grande et forte; mais la pensée est originale, et souvent bien rendue. Ce système n'est pas à imiter. Il serait trop dangereux de laisser les auteurs se croire de profonds penseurs. Enfin M. Beyle se sauve par le sentiment profond qu'anime la pensée.

OUVRAGES DE M. HENRI BEYLE.

I. Lettres écrites de Vienne en Autriche sur le célèbre compositeur Haydn [trad. de l'ouvrage italien de *Carpani*, intitulé : « le Haydine »]; suivies d'une Vie de Mozart, et de Considérations sur Metastasio et l'état présent de la musique en Italie. Paris, Didot aîné, 1815, in-8 [7 fr.].

Ainsi que nous l'avons dit dans notre notice biographique, M. Beyle, caché sous le pseudonyme d'Alex.-César Bombet, a laissé croire que les *Lettres* étaient de lui, quoiqu'il ne fût que le traducteur. Les vies de Mozart et de Metastase, qui terminent le volume, ont été réimprimées à part [Voy. le n° III].

II. Rome, Naples et Florence, en 1817. Paris, Égron, 1817, in-8 [4 fr.]. —IIIe édition [augmentée]. Paris, Delaunay, 1826, in-8 [5 fr].

Les frontispices de la troisième édition ne portent plus : *en 1817*.

III. *Vies de Haydn, Mozart et Metastase. Paris, Delaunay, 1817, in-8 [5 fr.].

Voyez le n° I.

IV * Histoire de la peinture en Italie; par M. B.-A.-A. [Bayle, ancien auditeur]. Paris, P. Didot aîné, 1817, 2 vol. in-8 [12 fr.].

V. Romantismo [del] nelle arti. Firenze, 1819, in-8.

VI. * Amour [de l']; par l'auteur de

l'Histoire de la peinture en Italie. Paris, Mongie aîné, 1822, 2 vol. in-12 [5 fr.].

VII. Racine et Shakespeare. Paris, Bossange père, 1823, in-8 de 56 pag. [2 fr. 50 c.]. — N° II, ou Réponse au Manifeste contre le romantisme, prononcé, par M. Auger, dans une séance solennelle de l'Institut. Paris, les marchands de nouv., 1825, in-8 de 112 p. [2 fr. 50 c.].

VIII. Vie de Rossini. Paris, Boulland et Ce, 1823, 2 part. in-8, ornés des portraits de Rossini et de Mozart [10 fr.].

Reproduite dans la même année, brochée en un volume, avec un nouveau frontispice portant *seconde édition*, et la date de 1824 [7 fr.].

IX. D'un nouveau Complot contre les industriels. Paris, Sautelet et Ce, 1825, in-8 de 20 pag. [1 fr.].

X. * Armance, ou Quelques scènes de Paris en 1827. Paris, Urb. Canel, 1827, 3 vol. in-12 [10 fr.].

Reproduit l'année suivante sous le titre d'*Armance, ou Quelques scènes d'un salon de Paris*. Seconde édit., et avec le nom de M. de Stendhal. Paris, Boulland, 1828.

XI. Vanino Vanini, particularités sur la dernière vente de Carbonari découverte dans les États du Pape.

Imprimé dans la « Revue de Paris », t. IX, 1829.

XII. Promenades dans Rome. Paris, Delaunay, 1829, 2 vol. in-8, ornés de 2 grav. [15 fr.].

XIII. Lord Byron en Italie, récit d'un témoin oculaire. 1816.

XIV. Coffre [le] et le Revenant. Aventure espagnole.

XV. Philtre [le], imité de l'italien de *Sylvia Malaperta*.

Ces trois derniers ouvrages ont été imprimés, en 1830, dans la « Revue de Paris », et se trouvent dans les tomes XIII à XV de ce recueil. Le *Philtre* avait d'abord paru dans le tome II du « Dodecaton, ou le Livre des douze ».

XVI. Rouge [le] et le Noir, chronique du XIXe siècle. Paris, Levavasseur, 1830, 2 vol. in-8 [15 fr.]; — ou 1831, 6 vol. in-12 [15 fr.].

XVII. Histoire de Vittoria Accoramboni, duchesse de Bracciano.

Imprimée dans la « Revue des Deux-Mondes », IVe série, tome IX [1837].

XVIII. Cenci [le], histoire de 1599.

Imprimé dans le même recueil, t. XI [1838].

XIX. Duchesse [la] de Palliano.

Imprimé dans le même recueil, t. XV [1838].

XX. * Mémoires d'un touriste; par l'auteur de « Rouge et Noir ». Paris, Ambr. Dupont, 1838, 2 vol. in-8 [15 fr.].

XXI. * Chartreuse [la] de Parme; par l'auteur de « Rouge et Noir ». Paris, Ambr. Dupont, 1839, 2 vol. in-8 [15 fr.].

« On ne saurait se dissimuler que la plupart des romans nouveaux, à force de s'envelopper d'un style métaphorique et de vouloir s'élancer dans les plus hautes régions de la poésie, finissent par devenir mortellement ennuyeux. C'est bien le cas ou jamais de s'écrier avec Molière :

Ce style figuré dont on fait vanité,
Sort du bon caractère et de la vérité.

» L'emphase, en un mot, qui dépare un trop grand nombre de productions de nos jours et séduit surtout les jeunes gens, a besoin d'être corrigée par de bons exemples. L'auteur de *Rouge et Noir* était bien fait pour ramener à un style spirituel et de bon goût qui ne passe jamais la mesure et ne se précipite pas étourdiment dans le dithyrambe. M. Beyle, que plusieurs ouvrages très-finement écrits ont placé déjà parmi nos critiques les plus ingénieux, nourri à l'école de Voltaire, conserve la tradition de ces formes précises dont la netteté est une des qualités essentielles de l'esprit français. Une seule chose nuit quelquefois à M. Beyle : c'est que, familiarisé avec les mœurs et la littérature italiennes, il en porte souvent les habitudes dans sa manière; il ne se garde pas assez des *concetti*. »

» C'est un singulier roman que celui de la *Chartreuse de Parme* à l'époque logique et sentimentale où nous sommes maintenant. Ce roman est comme un reflet de *Gil Blas* et de *Casanova*; c'est l'intrigue, l'intrigue assez peu scrupuleuse, qui se déroule et se diversifie avec tout le laisser-aller des mémoires. Il s'agit de l'histoire d'un jeune seigneur italien destiné à être une lumière de l'Église, lequel, grand enthousiaste de Napoléon, vient à dix-sept ans se jeter au beau milieu de la bataille de Waterloo, et puis, brouillé avec le gouvernement de Parme, court le pays sous des noms supposés, entretient commerce avec des grandes dames et des comédiennes, tue ses rivaux, se fait mettre en prison, noue, sous les verrous mêmes de ses geôliers, une liaison amoureuse, s'évade au moyen d'échelles de corde, grâce aux tendres cœurs qui s'intéressent à lui, et termine enfin son existence vagabonde dans la célèbre chartreuse de Parme, après avoir fait un noviciat d'archevêque par de si bizarres épreuves. Il a fallu le style piquant de M. Beyle pour relever le mérite de ces aventures, qui, sans cela, ressembleraient beaucoup trop à la foule des romans du dix-huitième siècle, écrits dans le même genre et dont *Manon Lescaut* est le chef-d'œuvre.

» Deux caractères de femme, indépendamment de celui du héros don Fabrice, ont été délicatement touchés par l'auteur. La duchesse de Sanseverina représente bien la grande dame italienne, dont les princes sont les sigisbés, et qui marche à la fois leur souveraine et leur esclave. Impérieuse et tendre, elle ne connaît pas d'obstacle, lorsqu'il est question des intérêts de son amour, et sa vengeance a des raffinements extrêmes. C'est ainsi, par exemple, que la duchesse de Sanseverina, ayant aidé Fabrice à sortir de prison et souhaitant punir les habitants de Parme de leur indifférence en même temps que braver la cour, envoie un de ses affidés aux environs de Parme, pour donner d'un côté dans le château une fête magnifique à ses paysans et, de l'autre, faire ouvrir les écluses d'un vaste réservoir qui domine la ville et doit jeter plus d'un pied d'eau dans toutes les rues. Voilà une bonne vengeance, j'espère, et M. Beyle vous raconte cela et bien d'autres choses de même nature avec une franchise d'admiration fort amusante, ma foi. Le portrait de la jeune Clélia, la fille de l'orgueilleux Fabio de Conti, gouverneur de la citadelle où don Fabrice est enfermé, aimable enfant qui se laisse prendre d'amour pour le beau prisonnier, a été composé avec soin par l'auteur. Rien n'est plus charmant et plus frais que la correspondance mystérieuse des deux amants et leurs innocentes entrevues d'une croisée à l'autre pendant que Clélia fait semblant de donner la pâture (comme dit le père Dumouchel dans *Renaudin de Caen*) aux oiseaux de la volière, ou de chercher un air sur son piano. »

XXII. Abbesse [l'] de Castro. Paris, Dumont, 1840, in-8 [7 fr. 50 c.].

Ce roman a été d'abord imprimé dans la « Revue des Deux-Mondes », tome 1er de la IVe série.

Les ouvrages de M. Beyle qui n'ont pas paru sous le voile de l'anonyme ont été imprimés sous les pseudonymes de BOMBET et de STENDHAL.

BEYNAT [Gilbert-Marie].— Nouveau Moyen de se préserver du choléra-morbus, spécialement appliqué à la salubrité des habitations, arts, métiers, manufactures [vues hygiéniques nouvelles]. Mémoire présenté à la Société médicale de Montpellier le 24 mai 1832, envoyé à l'Académie royale de médecine le 25 mai 1832. Paris, Deville-Cavelin, 1832, in-8 de 40 pag.

BEZ [l'abbé Nicolas]. — Ville [la] des aumones, tableau des œuvres de charité de la ville de Lyon. Lyon, de l'impr. de Rey, 1840, in-8.

BÉZÉNAC [Nicolas]. — Instruction [l'] au village, ou les Délassements de six élèves en vacances. [Première livraison.] Lyon, l'Auteur, 1837, in-8 de 32 pag.

II. Traité du système décimal des poids et mesures, comparé avec l'ancien système. Lyon, de l'impr. de Perrin, 1839, in-8 de 44 pag.

III. Nouvelle Arithmétique raisonnée, mise en dialogues, suivie d'une Arithmétique politique et des premières notions de tenue de livres en partie double. Paris, Maire-Nyon; et Lyon, Giberton et Brun; l'Auteur, 1840, in-8.

BÉZIEUX [de], propriétaire à Cognin. — Viabilité pour la rive gauche de l'Isère. A MM. les membres des conseils municipaux des communes de la rive gauche de l'Isère, intéressés à l'exécution de la route départementale projetée de Grenoble à Romans. Grenoble, de l'impr. de Baratier, 1837, in-4 de 8 pag.

BEZIN [J.-M.]. — Éléments de physique, d'après les idées et les principes des auteurs les plus célèbres. Paris, l'Auteur, barrière du Roule, n° 8, 1840, une feuille in-plano.

BEZODIS [L.]. — Code de l'électeur, ou la nouvelle Loi électorale, expliquée par la discussion des chambres, par les décisions administratives et par la jurisprudence des Cours royales et de la Cour de cassation, avec la solution, sous chaque article, de nombreuses questions que présente le texte. Paris, l'Auteur, rue Traversière-St-Honoré, 29, 1831, in-18 [3 fr.].

BEZOUT [Léon], qui n'appartient point à la famille du célèbre mathématicien de ce nom que nous avons possédé, est né à Marmande [Lot-et-Garonne], vers l'année 1800, de parents pauvres mais honnêtes; son père exerçait tout à la fois les professions de peintre en bâtiments, de plâtrier et de ménétrier : ce fut d'abord dans ces diverses professions qu'il fut élevé; mais bientôt son père le plaça comme externe au collége communal de cette ville. Le jeune Bezout, doué d'une imagination vive, fit des progrès rapides, particulièrement dans les arts d'agrément, et surtout dans le dessin. Le père, voulant profiter des heureuses dispositions de son fils, lui fit apprendre les premiers éléments de la peinture, et le retira du collége; il faisait alors sa troisième. Le père ne pouvant plus lui faire continuer la peinture, le jeune Bezout se mit à peindre des enseignes de boutique, et à en faire les inscriptions. Il acquit dans cette partie quelque réputation; mais bientôt il se dégoûta de cette profession, et partit pour Ruffec, où il trouva à professer dans le collége de cette ville la quatrième. Là, il travailla beaucoup, et, en peu de temps, il fut à même de se faire recevoir bachelier. Lorsqu'il eut acquis ce titre, il se maria avec une Anglaise, miss Clarck, maîtresse de pension, qui lui apporta quelque argent en mariage, et il ouvrit à Paris, rue de la Madelaine, une école du deuxième degré. C'est aussi vers la même époque, de 1824 à 1826, qu'il publia deux petits abrégés, l'un de *Géographie astronomique*, l'autre de *Géographie physique*, et qu'il dressa la carte d'un grand ouvrage intitulé : les « Siècles de la monarchie française » [Paris, F. Didot, 1825, in-fol.], travaux qui le firent admettre à la Société de géographie, et encore une traduction des *Sentences morales du philosophe indien Sanakea*, qui lui valurent d'être agrégé à la Société asiatique de Paris (*). Bientôt il vendit son établissement pour en ouvrir un plus vaste dans l'hôtel des Fermes. A peine était-il ouvert que sa femme vint à mourir, et sa mort entraîna sa ruine; il fut forcé d'abandonner ce nouvel établissement à ses créanciers, et, pour éviter leur atteinte, il passa en Angleterre. Là, il fut chargé de l'éducation d'un jeune lord; mais M. Bezout ne sut pas se conserver cet emploi. Il ne tarda pas à repasser en France, et à se diriger sur Paris. N'y ayant pas trouvé d'emploi, il se rendit à Bordeaux, où il donna des leçons de latin et de géographie. Fatigué du séjour de cette ville, il vint à Paris, accompagné d'une jeune personne qu'il avait enlevée, et fut demeurer rue de la Chaise, 4. S'étant rendu à Paris dans l'espoir que M. de Martignac lui donnerait un emploi, il vit bientôt ses espérances s'évanouir. Il se rendit à Rouen, où il s'occupa également à donner des leçons de latin et de géographie. La révolution de 1830 ayant éclaté, il organisa une troupe de mauvais sujets que l'espérance du pillage encourageait, et marcha à leur tête sur Paris. Le gouvernement, effrayé par de pareilles gens, s'empressa de les renvoyer chez eux. M. Bezout n'en obtint pas moins, pour prix de cette glorieuse entreprise, la médaille. La brochure qu'il a publiée quelques jours après les événements consommés, n'est point conforme à la vérité; l'auteur a eu bien soin de présenter les faits sous un jour qui pût lui être favorable. Fier de la décoration qu'il avait obtenue, il partit pour Bordeaux, où il se fit passer pour commis-voyageur. N'ayant pas pu faire des dupes, et pressé par le besoin, il composa un petit ouvrage ayant pour titre : *Voyage dans les départements de la Gironde et de Lot-et-Garonne, etc.* Dans cet ouvrage, où M. Bezout n'a pas fait preuve de talent, il annonce un *Guide de Bordeaux à Londres, par Southampton :* ce dernier ouvrage n'a pas été publié Aujourd'hui M. Bezout paraît s'être tout-à-fait localisé à Bordeaux; là il enseigne tout à la fois : la géographie, la peinture, l'histoire, le latin et la langue anglaise. On a de M Léon Bezout les petits ouvrages suivants :

I. Géographie astronomique, ou Petit Abrégé du système planétaire. Paris, l'Auteur, 1824, et 1825, in-12 [1 fr.].

— Le même ouvrage, en grec moderne, sous ce titre : Geographia astronomica, in græcum versa à *P. Joannide.* Paris, ex typ. F. Didot, 1825, in-12.

II. Géographie physique, ou Petit Abrégé de géographie physique et descriptive. Paris, l'Auteur, 1825, in-12 [1 fr.].

III. Sentences morales du philosophe indien *Sanakea*, mises en français par L. Bezout, d'après la traduction grecque du philosophe Démétrius Galanos, conforme au manuscrit sanscrit, déposé à la bibliothèque du Vatican par le capitaine N. Kiefalow, suivies de la traduction italienne de ce dernier. Paris, Goujon; L. Colas, 1826, in-18 [2 fr.].

IV. Voyage dans les départements de la Gironde et de Lot-et-Garonne par terre et par eau. Bordeaux, de l'impr. de Brossier, 1828, in-12 de 134 pag.

V. Traité du langage et de la proposition en particulier, considérée dans ses rapports avec la grammaire et la logique. Paris, Dondey-Dupré; Treuttel et Wurtz, 1829, in-8 de 64 pag.

(*) Sur la liste de ses ouvrages, placée à la fin du *Voyage dans les départements de la Gironde*, M. L. Bezout a pris le titre d'ancien élève de l'École royale des Chartes; ceci a bien l'air de n'être qu'une pure gasconnade.

VI. Révolution de juillet 1830. Notice accompagnée de pièces authentiques relatives aux légions des gardes nationales mobiles d'Elbeuf et de Rouen, accourues dans les murs de Paris, et notamment à la compagnie des volontaires nationaux des départements de l'Eure et de la Seine-Inférieure, organisée à Louviers et commandée par L. Bezont. Paris, Bigot et Landais, 1830, in-8 de 16 pag.

VII. Encore un mot sur notre situation actuelle. Paris, de l'impr. de Guiraudet, 1831, in-8 de 8 pag.

BIADOCCI, di Siena, dottor, poeta estemporaneo.

— Difesa in versi, etc. Bastia, della stamp. di Fabiani, 1830 [1829], in-8 de 24 pag.

Prononcé devant le tribunal correctionnel de Bastia, le 9 décembre 1829.

BIAGIOLI [Nicolas-Josaphat], philologue italien distingué, né à Vezzano, petit bourg du duché de Gênes, près Sazzana, professait les littératures grecque et latine à l'Université d'Urbin, lorsqu'il n'avait encore que 17 ans; il se distinguait par le talent avec lequel il savait faire apprécier les beautés d'Homère et de Virgile. Plus tard, lors de la création de la république romaine, il obtint une préfecture. En 1798, les revers de l'armée française, par suite de l'envahissement de l'armée austro-russe, le forcèrent de quitter l'Italie pour échapper aux persécutions auxquelles ses principes connus l'auraient exposé ; il se réfugia en France, qui devint sa patrie d'adoption. Le gouvernement lui confia une chaire de langue et de littérature italienne au Prytanée français. Lorsque cette place fut supprimée, il se vit réduit à ses propres ressources, et se livra tout entier à la carrière de l'enseignement : il fit alors plusieurs cours de littérature italienne qui furent suivis avec un égal empressement par les gens de lettres et les gens du monde, aucun maître italien n'ayant jusqu'alors montré autant de véritable savoir et de talent; il composa des ouvrages où l'on remarqua beaucoup de goût et d'érudition, et une foule de pièces de circonstances, tant en vers qu'en prose; nous rappelons les uns et les autres dans la partie bibliographique de cette notice. Biagioli est mort à Paris, le 23 décembre 1833, laissant en manuscrit un *Commentaire littéraire sur le Décaméron de Boccace*, semblable à ceux qu'il a publiés sur le Dante et Pétrarque; une deuxième édition de son commentaire sur le *Dante*; un *Dictionnaire italien-français et français-italien*, etc. (*).

OUVRAGES DE N.-G. BIAGIOLI.

I. *Grammaire.*

I. Grammaire italienne élémentaire et raisonnée, suivie d'un Traité de la poésie italienne. Paris, 1809, in-8. — Ve édit. Paris, l'Auteur, 1823, in-8 [7 fr.].

Tous les exemples cités par l'auteur sont tirés du Dante, de Boccace, de Pétrarque et des autres classiques.

II. Grammaire italienne, à l'usage de la jeunesse. Paris, l'Auteur, 1812, in-12. — IIIe édit. Ibid., 1824, in-12.

Abrégé de la précédente.

III. Grammatica ragionata della lingua francese, all' uso degl' Italiani. Parigi, l'Autore, 1812, in-8.

Ouvrage qui a eu un grand succès en Italie.

IV. Préparation à l'étude de la langue latine, suivie d'une nouvelle méthode d'analyse logique et d'analyse grammaticale. Paris, l'Auteur, 1829, in-8 [6 fr.].

V. Grammaire analytique de la langue française, suivie d'une nouvelle Méthode d'analyse logique et d'analyse grammaticale. Ouvrage composé sur un plan tout-à-fait neuf. Paris, l'Auteur, 1829, in-8 [5 fr.].

II. *Littérature.*

VI. La muse inconstante de M. Biagioli lui a inspiré divers chants de circonstance. On a de lui : la Bataglia d'Eylau ; — la Bataglia di Friedland; — le Nozze di Napoleone-il-Grande e di Maria-Luigia ; — Sul la Nascita del re di Roma;— Il Ritorno di Napoleone, canzone. Parigi, dai torchi di Ant. Bailleul, 1815 ; — la Nascita del duca di Bordeaux, canzone [ital. e francese]. Parigi, della stamp. di Dondey-Dupré, 1820, in-4 de 16 pag.; — In morte di J. Kemble, di gloriosa memoria, 1823,

(*) M. BESCHERELLE aîné est auteur d'une notice, plus circonstanciée, sur Biagioli, qui a paru, en 1833, dans la « Revue encycl. ».

in-4; — la Nascita del gran Rossini. 1823, in-4. — Incoronazione di Carlo X, visione [con trad. in franc. prosa accanto]. Parigi, della stamp. de G. Didot, 1825, in-8. Il est aussi l'auteur des notes littéraires, jointes à la traduction française de la Napoléonide, de Petronj [1811-12, in-4].

III. *Philologie.*

VII. Lettere [scelte] del cardinale *Bentivoglio*, con note grammaticali analitiche di G. Biagioli. Parigi, della stamp. di P. Didot maggiore, 1807. — Sec. ediz. Parigi, 1819, in-12 [4 fr.].

Les notes de Biagioli expliquent les passages les plus difficiles de ces lettres.

VIII. Nouvelles Fables de *Phèdre*, traduites en vers italiens, par M. *Petronj*, et en prose française, par M. Biagioli, avec les notes latines de l'édition originale, et précédées d'une préface française, par M. *Ginguené*. Paris, de l'impr. de P. Didot l'aîné. — Blankenstein, 1812, in-8 [5 fr.].

IX. Tesoretto della lingua toscana, ossia la Trinuzia, comedia del *Firenzuola* [poeta del siglo XVI°]; opera corredatà di note grammaticale, analitiche e litterarie; e d'une scelta de' piu vaghi modi del parlar toscano, da G. Biagioli. Parigi, Biagioli, 1816, 1822, [in-8 [12 fr.].

X. Divina Commedia [la] di *Dante Alighieri*, col Commento di G. Biagioli. Parigi, l'Éditore, 1818, 3 vol. in-8 [48 fr.].

Cette belle édition se recommande par la pureté du texte, et par un bon Commentaire historique et littéraire, en italien. La critique a néanmoins reproché à M. Biagioli d'avoir trop laissé voir dans ce commentaire son admiration enthousiaste pour Dante, dont il fait le continuel éloge, plutôt qu'il n'explique les endroits difficiles.

XI. Rime di *F. Petrarca* et di *Michel-Angelo Buonarroti*, col Commento di G. Biagioli. Parigi, Biagioli, 1821, 3 vol. in-8 [42 fr.].

Cette édition, estimée, de deux poètes aussi distingués, ne laisse rien à désirer; le commentaire fait le plus grand honneur au professeur Biagioli, qui non-seulement nous a fait mieux connaître les beautés du poète, amant de Laure, mais encore nous a révélé les délicieuses poésies de l'immortel Buonarroti, que, jusque-là, on ne connaissait guère que comme un des plus grands peintres et des plus habiles sculpteurs.

BIANCHERI [A.]. — Casella. Album di letteratura italiana e di canto. Parigi, l'Autore, 1838, in-4 de 76 pag., plus 8 lithog., un frontisp. et 44 pag. de musique.

Une traduction française est en regard du texte.

BIANCHI [Thomas-Xavier], orientaliste, né à Paris en 1785, secrétaire-interprète du roi pour les langues orientales, professeur à l'école royale des élèves-interprètes, membre des Sociétés asiatiques de Paris et de Londres, l'un des fondateurs de la Société de géographie; l'un des membres de la commission centrale de cette Société, etc.

I. Notice sur le premier ouvrage d'anatomie et de médecine, imprimé en turc à Constantinople, en 1820, intitulé: « Miroir des corps dans l'anatomie de l'homme »; suivi du Catalogue des livres imprimés à Constantinople depuis l'introduction de l'imprimerie en 1726-27. Paris, de l'impr. de Cellot, 1821, in-8 de 40 pag., avec une pl.

Toderini, dans sa « Littérature des Turcs », avait donné une liste seulement de dix-neuf ouvrages imprimés en turc, à Constantinople; celle de M. Bianchi en contient soixante-huit.

II. Notice historique sur M. Ruffin. Paris, Dondey-Dupré, 1825, in-8 [1 fr. 50 c.].

III. Itinéraire de Constantinople à la Mecque, extrait et traduit de l'ouvrage turc de *Mehemmed Edib*, intitulé: « le Guide des pélerins ».

Imprimé dans le tome II du « Recueil de la Société de géographie » [1827].

IV. Vocabulaire français turc, à l'usage des commerçants, des navigateurs et autres voyageurs dans le Levant, contenant les mots les plus usités de la langue française rendus en turc. Paris, Éverat, 1828, in-8.

V. Esquisse de l'État d'Alger, considéré sous les rapports politique, historique et civil. Par *William Shaler*; traduit de l'anglais par M. X. Bianchi. Paris, Ladvocat, 1830, in-8, avec une pl. [9 fr.].

VI. Arrivée du vaisseau « la Provence », à Alger, et excursions dans les environs de cette ville. 1830, in-8.

VII. Avec M. *J.-D. Kieffer*: Dictionnaire turc-français, à l'usage des agents diplomatiques et consulaires, des commerçants, des navigateurs et autres voyageurs dans le Levant. Paris,

Bianchi; Mme Dondey-Dupré, 1835-37, 2 vol. in-8 [60 fr.].

Malgré toute l'importance des rapports politiques et commerciaux qui, depuis plus de trois siècles subsistaient entre la France et l'empire Ottoman, aucun dictionnaire turc, expliqué dans notre langue, n'avait encore été publié en France ni ailleurs. En remplissant cette lacune, précisément à une époque où les Ottomans, entrés enfin dans la voie du progrès et des améliorations, se livrent avec ardeur à l'étude du français, et, en étendant aux contrées de l'Orient les nombreux avantages qui, pour la civilisation, résulteront de la propagation et de l'influence de notre langue, M. Bianchi aura fait une chose véritablement utile pour la gloire et les intérêts matériels de son pays.

« Le Dictionnaire de MM. Kieffer et Bianchi renferme tous les mots de la langue turque et une grande partie de ceux de la langue persanne avec les caractères arabes et leur prononciation en lettres latines; les infinitifs primitifs des verbes persans; la plupart des mots arabes, toutes les fois qu'ils sont usités en turc ou en persan; les pluriels arabes irréguliers; l'indication de l'origine turque, arabe, grecque ou italienne des mots; l'emploi des mots au propre ou au figuré, avec leurs acceptions diverses; les termes les plus nécessaires dans le commerce, les sciences et les arts; les noms principaux des personnages historiques, religieux et mythologiques; les dignités de l'empire ottoman appartenant à l'ordre religieux, civil ou militaire, ainsi que tous les mots qui résultent des réformes opérées dans ces dernières années; les mots nouvellement introduits dans la langue; le nom des capitales, des villes principales et généralement les désignations les plus importantes qui appartiennent à la géographie de l'Orient; enfin un grand nombre d'exemples composés de phrases, de sentences, d'expressions proverbiales et d'adages populaires usités ou empruntés aux auteurs connus. » [*J. asiat.*].

Le *Dictionnaire français-turc* est sous presse pour paraître complet en un seul volume in-8 compacte.

VIII. Guide [le] de la conversation en français et en turc. Paris, l'Auteur, 1839, in-8 oblong [18 fr.].

Indépendamment des ouvrages que nous venons de citer, on doit encore à M. T.-X. Bianchi plusieurs articles insérés dans la « Biographie universelle », dans la « Revue encyclopédique », dans le « Bulletin et les Mémoires de la société de Géographie », dans le « Bulletin des sciences » et le « Journal asiatique ».

BIARD [Gustave]. — I. Anémotrope. Paris, de l'impr. de Béthune, 1826, in-8 de 8 pag., avec une grav.

II. Religion saint-simonienne. Aperçu des vues morales et industrielles des saint-simoniens. Blois, de l'impr. de Dezairs, 1832, in-8 de 16 pag.

III. Discours au peuple sur les moyens d'accroître son bien-être par l'instruction et l'éducation réformées. Paris, Auffray, 1832, in-8 de 8 pag.

IV. Au peuple, aux chambres, à la presse, sur leurs devoirs réciproques pendant la session. Paris, Rousseau; Biard, 1832, in-8 de 8 pag.

V. Épicerie [l']. En réponse à l'Épicier de M. de Balzac. Paris, Ledoyen, 1839, in-8 de 32 pag. [75 c.].

VI. De la réforme électorale selon les libéraux et selon les travailleurs. Paris, Ledoyen, 1839, in-16 de 32 pag. [20 c.].

On lit sur le titre : Imprimé sur l'assentiment de onze cents souscripteurs.

BIARD [J.-T.-G.]. — OEuvres d'*Eschyle*. Traduction [en vers]. Paris, Renouard, 1837, in-8.

Cette traduction n'a été tirée qu'à 120 exemplaires destinés à être offert en présent.

Elle comprend les sept tragédies de l'auteur : — Prométhée aux fers ; — le Siége de Thèbes; — les Perses; — les Suppliantes ; — Agamemnon ; — les Chœphores ; — les Euménides.

Chaque pièce a d'abord été publiée séparément, de 1834 à 1837, puis on en a formé un volume.

BIARD [A.-P.], prêtre.

— Catéchisme à l'usage des écoles. Paris, Ad. Leclère, 1836, in-12 de 118 p.

BIAYS.—Spinter poétiken, ou Étincelles poétiques. Première livraison. Bordeaux, de l'impr. lithogr. de Rougé, 1834, in-4 de 176 pages, avec une grav. lithogr. et 3 feuillets de musique.

Nous ignorons s'il en a paru davantage.

BIBER [J.-T.]. Voy. MOZIN.

BIBRON [G.], aide-naturaliste au Muséum d'histoire naturelle et professeur d'histoire naturelle, membre de la Société des sciences naturelles.

— Avec M. *A.-M.-C. Duméril* : Erpétologie générale, ou Histoire naturelle complète des reptiles. Tomes I à V et VIII. Paris, Roret, 1834 et ann. suiv., 6 vol. in-8.

Faisant partie des « Suites à Buffon ».

L'ouvrage entier formera 9 vol., avec 9 livraisons de planches, chacune de 12 gravures. Prix : figures noires, 57 fr., et fig. color., 75 fr.

M. Bibron, en outre, est auteur d'articles dans « l'Encyclopédie pittoresque ».

BICHET [N.], portier-consigne du château de Vincennes.

— Abrégé chronologique du fort et château de Vincennes. Paris, Chassaignon, 1837, in-12 de 56 pag. [50 c.].

BICHETTE [l'abbé]. — Éducation [l'] religieuse et l'éducation du positif. Le

Christ et le philosophisme. Discours prononcés dans l'église de Notre-Dame de Neufchâtel pendant le carême de 1835. Paris, Delossy, 1835, in-8 de 48 pag.

BICHY DE SCORGIANO. — Prise de Constantine par les Français. [Poème]. Paris, Hivert, 1838, in-8 de 36 pag.

BICKERSTEITH [E.]. — Considérations sur l'Écriture Sainte, ayant pour but d'en faciliter l'étude à ceux qui veulent s'en occuper sérieusement; traduit de l'anglais sur la treizième édition. Paris, Risler, 1830, in-12.

BICQUANT [P.].—Traité pratique des locations en garni, en général, et particulièrement de la profession d'hôtelier, et du contrat d'hôtellerie. Vu et augmenté par un avocat. Paris, l'Auteur, 1828, in-12.

BIDA [l'abbé]. — Clé [la] de la Géographie, ou Notions préliminaires et essentielles pour étudier la géographie avec fruit. Paris, Delalain, 1831, in-12 de 24 pag. [35 c.].

BIDAL [Hippolyte]. — * Avec M. *Charles Bouvier :* Stafford, drame en cinq actes et en prose. Besançon, Cyprien Monnot, 1838, in-8.

Représentée à Besançon, le 26 mars 1838. Dédiée à M. Ch. Weis, bibliothécaire de la ville.

BIDARD HAYÈRE [J.], ancien professeur au collége de Nemours.

I. Crozat. Géographie universelle. Nouv. édition, entièrement refondue, mise dans un meilleur ordre, contenant tous les changements géographiques et politiques arrivés jusqu'à ce jour, etc., avec un tableau comparatif des monnaies étrangères, et une table des hauteurs des principales montagnes; suivie d'un Précis de géographie ancienne comparée. Ornée de cartes. Paris, Am. Costes, 1832, in-12, avec 17 cartes [3 fr. 50 c.].

II. Petit Neveu [le] du Compère Mathieu. Paris, Lecointe et Pougin; Corbet; Pigoreau; Masson et Yonnet, 1832, 5 vol. in-12 [15 fr.].

Imprimé sous le pseudonyme de Ch. DULORNY [D. M.]

M. Bidard-Hayère a fait, plus tard, des feuilletons pour les journaux de la capitale; nous avons lu une nouvelle de lui, intitulée *la Vallée maudite*, qui a paru dans le « Supplément au Constitutionnel », du 12 mai 1840.

BIDART [A.], docteur en médecine.

— Observations pratiques sur le choléra-morbus épidémique qui a régné, en 1832, à Pas [Pas-de-Calais]. Arras, de l'impr. de Thierry, 1837, in-8 de 12 pag.

BIDAULT. — Tableau de l'organisation générale de l'administration de l'enregistrement et des domaines, en 1833, rédigé sur les documents les plus authentiques. Paris, rue des Moulins, 21, 1834, in-8 [2 fr. 50 c.].

BIDAULT, ancien directeur du « Moniteur. »

— Notice historique et bibliographique sur la collection et les tables du « Moniteur », depuis son origine jusqu'à ce jour; accompagnée d'un tableau chronologique pour la vérification des collections générales ou partielles des numéros et de leurs suppléments. Paris, madame veuve Agasse, 1838, in-8 de 116 pag. [10 fr.].

BIDAULT [Théodore]. — Souvenirs d'Afrique. Stilman.

Imprimé dans la « Revue des Deux-Mondes », nouv. série, tom. Ier; 1834.

BIDAUT [J.-N.], employé au ministère de la guerre, dépôt des cartes.

I. Du monopole qui s'établit dans les arts industriels et le commerce. 1re livr. Du monopole de l'éclairage. Paris, Renard, 1827, in-8 de 32 pag. — 2e livr. Du monopole de la fabrication et de la vente. Paris, Renard; Delaunay, 1828, in-8 de 48 pag. [1 fr. 50 c.].

II. De la Mendicité, de ses causes et des moyens de la détruire en France. Paris, Renard; Delaunay, 1828, in-8 de 40 pag. [1 fr.].

III. Nouvelle [la] France. Fragment d'un roman politique inédit. Paris, Renard, 1834, in-8 de 56 pag. [1 fr. 25 c.].

BIDERA [Emmanuel-Jean].—I. Marino-Faliero. Action trag. en trois actes, [Italien-français]. Paris, de l'impr. de Pihan-Delaforest, 1835, in-8 de 72 p.

II. Gemma di Vergi, tragédie lyrique en trois actes [en vers libres italiens, avec la traduction française en prose]. Sans nom de ville [Bruxelles], ni nom d'impr. et sans date, in-8.

BIDERMANN [J.-B.-François]. — Don Quichotte et la tâche de ses traducteurs. Observations sur la traduction de M. Viardot, accompagnées d'éclaircissements nouveaux sur le style et l'interprétation de l'original, et sur l'esprit de son auteur. Paris, Delaunay, 1837, in-8 de 84 pag.

BIDING [Moïse-Israël], hébraïsant distingué, né le 29 tamouz [fin de juillet 1775], a fait ses études à Francfort-sur-le-Mein, et s'est occupé de l'instruction de la jeunesse israélite; il est aujourd'hui professeur d'hébreu à Metz. On a de M. M.-J. Biding les ouvrages suivants :

I. Sepher im Lemikra. [Principes de lecture hébraïque, contenant les principes de prononciation, ponctuation et de tons, recueillis des plus anciens grammairiens, et réunis dans ce traité. Metz, Hadamard, 1816, in-8 de 192 p. [4 fr.].

A la fin de l'ouvrage se trouve un Abrégé sur l'enseignement élémentaire, sur les devoirs religieux indispensables à la jeunesse israélite, et une critique sur la nouvelle méthode reçue dans les écoles.

II. Henoch Lenaur. [Instruction de la jeunesse]. Metz, Hadamard, 1816, in-8.

Abrégé du livre précédent, pour les maîtres d'écoles et les maîtres de pensions.

III. Ighereth Haphurim. [Épîtres de Phurim]. Metz, Hadamard, 1816, in-8.

Ce volume contient : 1° l'Histoire d'Esther, avec un Commentaire pour les corrections des fautes qui se sont introduites dans cette histoire; 2° un poëme du rabbin Éliézer le Kalir, composé vers le IXe siècle, en dix-huit chants, pour être récité dans la prière de la grâce [*Shemone Esra*], également composée de dix-huit parties. Ce poëme est en vers cadencés. Chaque chant est de six vers, dont les cinq premiers commencent par la première lettre de l'alphabet, et le dernier vers par la seconde.

M. Biding a fait aussi un Commentaire pour servir à l'explication de ce poëme. Metz, de l'impr. d'E. Hadamard, 1817, in-8.

IV. Machzor. [Cercle de poésie sacrée pour les offices des solennités israélites, avec un Commentaire de M. Biding pour servir à l'intelligence de ce poëme, et des notes particulières sur la beauté de cet ouvrage. Metz, de l'impr. d'E. Hadamard, 1817, 9 vol. in-8.

M. Biding a fait à cet ouvrage diverses additions qui lui appartiennent en propre. Ainsi, 1° dans le quatrième volume, on trouve une *Note descriptive du jour propitiatoire*, des fonctions du grand pontife en ce jour sacré, du changement de ses divers costumes pour le service de la fête; des sacrifices, purifications, cortéges, entrées au temple; des honneurs qu'il recevait du peuple, etc., etc.; 2° dans le septième volume, M. Biding a ajouté un petit ouvrage, intitulé : *Schekel hakodesch*, ou Sicle du Sanctuaire, contenant la véritable prononciation de plus de mille mots hébreux, dont les imprimeurs anciens ignoraient l'expression exacte, et qui n'ont point été rectifiés dans les nouvelles éditions; 3° dans le neuvième volume, M. Biding a ajouté une *Dissertation sur les* 613 *préceptes*.

V. Poëme sur le Ve commandement du Décalogue, composé à l'occasion de la majorité religieuse de M. Prosper Dalsace, élève de l'auteur. Metz, de l'impr. d'Hadamard, 1821, in-8.

VI. Selihoth. [Contritions pour le jour de pénitence]. Metz, de l'impr. d'E. Hadamard, 1822, in-8.

M. Biding a ajouté à cet ouvrage une *Dissertation sur le massacre des Israélites* qui a eu lieu sous l'empereur Adrien, et sur les dix rabbins martyrs enveloppés dans ce massacre. M. Biding démontre par de fortes preuves, que ces dix rabbins ont véritablement existé sous Adrien, et non pas comme le prétendent divers auteurs, sous différents princes.

VII. Menon-ath-Hamaor [Candélabre lumineux], par le rabbin *Isaac Abuad*. Traité de morale et de physique, contenant la conduite pieuse et remarquable de plusieurs illustres rabbins. Metz, de l'impr. d'E. Hadamard, 1829, in-8.

Cet ouvrage est extrait du « Talmud », et M. Biding l'a enrichi d'une préface dans laquelle il a prétendu démontrer que la ponctuation et les tons de la langue hébraïque ont été remis avec le Pentateuque à Moïse sur le mont Sinaï.

VIII. Vengeance [la] d'Israël. Guerre! guerre ouverte et à outrance pour venger les mânes de Rabbi-Israël-Cohen-Hhézir, contre Tsarphati le diffamateur, qui l'a outragé dans le « Courrier de la Moselle » [n° du 7 mai 1839]. Guerre déclarée par.... Biding. Traduit de l'hébreu par L*****. Metz, l'Auteur; et Paris, Crehange, 1840, in-8 de 78 pag. [60 c.].

[Article tiré de la « Biogr. de la Moselle », par M. E.-A. Bégin].

BIDON [Théophile], capitaine.

(*) Article entièrement omis dans la « France littéraire », et cela parce que, sauf les numéros I et VIII, nous n'avons trouvé annoncé dans la « Bibliographie de la France » aucun des ouvrages de M. Biding, encore le premier l'est-il sous un nom, celui de *Bidinger*, qui n'est pas celui de l'hébraïsant dont nous nous occupons.

— Chemin de fer de Paris à Versailles, desservant les deux rives de la Seine. Ce tracé fait partie d'un système de lignes stratégiques de nouvelles limites d'octrois pour la ville de Paris. et d'une jonction générale de toutes les grandes lignes de chemins de fer projetées en France. Paris, de l'impr. de Le Normant, 1836, in-4 de 24 pag., plus un plan. — Du chemin de fer de Paris à Versailles [rive gauche], prolongé jusqu'à Rouen, le Hâvre, etc., comme seul moyen de le terminer sans emprunt, tout en satisfaisant les intérêts généraux et ceux de ses actionnaires. 1839, in-8 de 12 pag.

BIDON DE VILLEMONTEZ, chevalier de Saint-Louis; mort à Riom, en 1839.

I. Ovinska, ou les Exilés en Sibérie, drame lyrique en 3 actes. Paris, Barba, an IX [1801], in-8.

II. Temps [les] héroïques. [En vers]. Riom, de l'impr. de Salles, 1818, in-8 de 52 pag.

III. *Princesse [la] de Faridondon, ou la Cour du roi Péteau, tragédie en cinq actes et en vers. Riom, Salles fils, 1837, in-8.

Réimprimée en 1840, dans la même ville.

BIDONE [Georges], mathématicien italien, membre de l'Académie royale des sciences de Turin. [Voy. la *France littér.*, t. Ier, pag. 326]. A la liste de ses ouvrages, il faut ajouter les suivants :

I. Expériences sur la forme et sur la direction des veines et des courants d'eau lancés par diverses ouvertures. Turin, de l'impr. royale, 1829, in-4 de 136 pag., avec 2 pl.

II. Mémoire sur la détermination théorique de la section contractée des veines liquides. Turin, de l'impr. roy., 1829, in-4 de 27 pag.

Ces deux articles sont extraits du tome XXXIV des « Mémoires de l'Académie de Turin ».

III. Recherches expérimentales et théoriques sur les contractions partielles des veines d'eau et sur l'écoulement par des tuyaux additionnels intérieurs et extérieurs. Turin, 1836, in-4.

Extrait aussi des « Mémoires de l'Académie de Turin ».

BIELSA [Fernando], traducteur espagnol de plusieurs ouvrages français.

— Manual, o el nino Robado, aventuras de un Espanol joven cautivado por los Indios. Paris, Rosa, 1836, in-18 de 234 pag. [2 fr. 50 c.].

Les ouvrages français traduits en espagnol par M. Bielsa, et tous imprimés en 1836, sont: 1° le Toréador, par Mme d'Abrantès; — 2° Léon Léoni, par Mme Dudevant; — 3° Moyse et les géologues modernes, etc., par M. Vict. de Bonald; — 4° l'Histoire ancienne, racontée aux enfants, par M. Lamé Fleury.

BIEN-AIMÉ. — Barême du layetier, contenant le toisé par voliges, etc. Paris, l'Auteur, rue Jean-Robert, 6, 1836, in-8 de 64 pag.

BIENAIMÉ [L.] — Courte notice sur l'orthopédie. Paris, de l'impr. de Pollet, 1839, in-8 de 16 pag.

BIENAYMÉ [J.].— De la durée de la vie, depuis le commencement du XIXe siècle. Paris, 1835, in-8 [1 fr. 50 c.].

BIENVELET-PONCELET [Mlle]. — Avec M. *G.-E. Coubard d'Aulnay*: Questionnaire de grammaire française spécialement appliquée à la grammaire de MM. Noël et Chapsal, contenant, etc. Paris, l'Auteur, rue des Jeûneurs, 12, 1839, in-12 de 48 pag.

BIENVENU, médecin de l'Antiquaille de Lyon.

— Quatorze [les] jours de captivité de Dufavet, dans le puits de Champvert. Récit exact rédigé sur les notes recueillies de la bouche même de Dufavet, et sur des documents fournis par les personnes qui ont concouru officiellement à sa délivrance. Lyon, de l'impr. de Perrin, 1836, in-8 de 40 pag.

Voyez aussi Le Bienvenu.

BIER, curé de Renty. — Notice historique sur Renty, ancienne petite ville d'Artois, extraite de l'ouvrage de M. Piers, sur cette ville, mise par ordre de demandes et réponses, et augmentée de plusieurs particularités intéressantes. Arras, de l'impr. de Thierry, 1836, in-8 de 24 pag.

BIERS [J.-Gustave], de Villeneuve-sur-Lot.

I. Méditations poétiques. Paris, Dentu, 1833, in-18 [3 fr.].

II. Défi poétique. La province à Paris. Paris, Ledoyen, 1840, in-8 de 12 pag.

BIERVLIET [Van], D.-M., à Courtray.

Il est l'auteur de *Réflexions sur une consultation médico-légale de M. Const. Rodenbach* [alors professeur à l'École de médecine de Bruges, actuellement représentant et commissaire de district], *relativement à un parricide*. [Impr. dans la Bibliothèque médicale, t. IV, 1827.]

BIESMA GUERRERO. V. NORVINS.

BIETT [L.-T.], médecin de l'hôpital Saint-Louis, membre de l'Académie royale de médecine; né à Clermont-Ferrand [Puy-de-Dôme].

— Discours prononcé sur la tombe de M. B. Gaultier-Biauzat, avocat à la Cour royale. Paris, de l'impr. de Gaultier-Laguionie, 1827, in-8 de 8 pag.

M. Biett est l'un des auteurs du grand « Dictionnaire des sciences médicales », publié par Panckoucke; il a fourni des articles à divers journaux et recueils de médecine, entre autres à la « Gazette médicale ».

BIÉVILLE [de], auteur dramatique.

I. Avec M. *N. Fournier* : l'Homœopathie, comédie-vaudeville en un acte. Paris, de l'impr. de Dondey-Dupré, 1836, in-8 de 16 pag.

II. Avec M. *Théaulon* : Sans nom, ou drames et romans, mystère-folie-vaudeville en un acte. Paris, de l'impr. de Dondey-Dupré, 1837, in-8 de 16 p.

III. Avec M. *Bayard* : De l'or! ou le Rêve d'un savant. Paris, Barba, 1837, in-8 de 28 pag. [1 fr. 50 c.].

IV. Avec M. *E. Vanderburch* : le Saute-Ruisseau, tableau d'étude en un acte, mêlé de couplets. Paris, Barba; Marchant, 1838, in-8 de 40 pag. [1 fr. 50 c.].

V. Avec M. *Paul Duport* : la Vie de garçon, comédie-vaudeville en deux actes. Paris, Barba, 1838, in-8 de 28 pag.

VI. Avec M. *Théaulon* : le Sculpteur, ou une Vision, comédie-vaudeville en un acte. Paris, Barba, 1838, in-8 de 16 pag.

VII. Avec M. *Bayard* : Geneviève la blonde, comédie-vaudeville en deux actes. Paris, Barba; Bezou, 1839, in-8 de 28 pag. [60 c.].

VIII. Avec le *même* : Phœbus, ou l'Écrivain public, comédie-vaudeville en deux actes. Paris, Barba; Bezou, 1839, in-8 de 32 pag.

IX. Avec le *même* : les Enfants de troupe, comédie en deux actes, mêlée de chant. Paris, Marchant, 1840, in-8 de 32 pag. [40 c.].

X. Avec M. *Mélesville* : Juliette, drame en deux actes [en prose et en vaudevilles]. Paris, Henriot et Cie, 1840, in-8.

XI. Avec M. *Dartois* : le Flagrant délit, comédie-vaudeville en un acte. Paris, les mêmes, 1840, in-8.

BIGEL [le docteur], de Varsovie, médecin de l'école de Strasbourg, professeur et assesseur du collége de l'empire de Russie, etc.

I. Justification de la nouvelle méthode curative du docteur Hahnemann, nommée homœopathie; suivie d'une relation de plusieurs cures conformes à ses principes. Tirées du Journal pour l'homœopathie. Leipzig, Reclam, 1825, in-8 [1 fr. 25 c.]

II. Homœopathie du docteur Hahnemann. Varsovie, Glücksberg, 1827, in-8.

III. Examen théorique et pratique de la méthode curative du docteur Hahnemann, nommée homœopathie. Varsovie, Glücksberg, 1827, 2 vol. in-8 [12 fr.]. — Continuation de l'Examen théorique et pratique de l'homœopathie. Tome III. Matière médicale pure du docteur Hahnemann. Varsovie, le même, 1827, in-8 [10 fr.].

On trouve un compte-rendu de cet ouvrage dans le « Journal des savants », de 1828, p. 318.

IV. Des maladies chroniques, de leur nature spéciale, et de leur traitement homœopathique. Par *Samuel Hahnemann*. Ouvrage traduit de l'allemand, et enrichi d'une préface, de notes et d'observations pratiques, par le docteur *Bigel*, publié par le comte *S. Desguidi*; suivi d'une instruction aussi nécessaire au malade pour consulter le médecin, qu'utile au médecin pour diriger le traitement, et d'un sommaire du régime homœopathique, par le même. Lyon, Babeuf; et Paris, Crochard, 1832, in-8 [9 fr.].

V. Manuel diététique de l'homœopathie. Paris, Crochard, 1833, in-8 [2 fr.].

VI. Homœopathie domestique, ou Guide médical des familles; précédé de Considérations sur les maladies de l'enfance. Paris, Baillière, 1836, in-8 [5 fr.]. — Deuxième édition, entièrement refondue par le docteur *Beauvais* [de Saint-Gratien]. Paris, le même, 1839, in-18 de 624 pag. [5 fr. 50 c.].

VII. De l'avenir de la médecine. Paris, de l'impr. de Cosson, 1838, et 1839, in-8 de 48 pag.

VIII. Coup-d'œil général sur l'homœopathie. Paris, de l'impr. de Cosson, 1839, in-8 de 116 pag.

IX. Manuel d'hydrosupathie, ou Traitement des maladies par l'eau froide, la sueur, l'exercice et le régime, suivant la méthode employée par V. Priessnitz à Graefenberg; suivi d'un Mémoire physiologique sur la chaleur animale, par M. *Pelletan*, professeur de la faculté de médecine de Paris. Paris, J.-B. Baillière, 1840, grand in-18 [4 fr.].

BIGEON [L.-F.], médecin à Dinan [Ille-et-Vilaine].

I. Essai sur l'hémopthysie essentielle. An VII [1799], in-8.

II. Recherches sur les propriétés physiques, chimiques et médicinales des eaux de Dinan [Côtes-du-Nord]. Dinan, de l'impr. de J.-B.-T.-R. Huart, 1812, in-8 de 36 pag. [1 fr. 25 c.].

III. Observations qui prouvent que l'abus des remèdes, surtout de la saignée et des évacuants du canal alimentaire, est la cause la plus puissante de notre destruction prématurée. Dinan, Huart, 1815, in-8 [1 fr. 50 c.].

IV. Instruction sommaire sur les causes et le traitement de la dysenterie épidémique dans l'arrondissement de Dinan. Dinan, J.-B.-T.-R. Huart, 1815, in-8 de 16 pag.

V. Instruction [nouv.] sur les causes et le traitement de la dyssenterie épidémique dans l'arrondissement de Dinan, en réponse aux Réflexions de M. Bodinier, etc. Dinan, Huart, 1816, in-8 [1 fr. 50 c.].

VI. Recherches sur l'influence que les évacuants exercent sur la population, et Réflexions sur l'abus que l'on a fait de ces remèdes, pendant la dyssenterie épidémique qui, en 1815, a désolé l'arrondissement de Dinan. Dinan, de l'impr. de Huart, 1816, in-8 24 pag.

VII. Utilité [l'] de la médecine démontrée par les faits. Dinan, Huart, 1818, in-8 [2 fr.].

VIII. Lettre sur les moyens d'éclairer la confiance des malades, et de les prévenir contre les remèdes qui s'opposent aux efforts salutaires de la nature, spécialement dans les évacuations sanguines. Dinan [et Paris, Lance], 1822, in-8 [1 fr.].

IX. Eaux minérales de Dinan; des systématiques et de leurs adeptes, avec des notes sur l'influence que les institutions politiques exercent sur le bonheur des hommes et la population des états. Dinan [et Paris, Lance], 1824, br. in-8 [1 fr.].

X. Aperçu statistique sur la durée de la vie, considérée dans les diverses parties de la France et dans ses rapports avec l'instruction, etc., où l'on rectifie quelques fausses allégations de M. Ch. Dupin. Toulon, de l'impr. de Duplessis-Ollivault, 1829, in-8 de 64 p.

XI. Avec M. *Dubois-Aymé* : Mémoire sur les développées des courbes planes, leur application à différentes considérations géométriques et à la construction des équations algébriques et transcendantes. Paris, Malher et comp., 1829, in-4 de 52 pag., avec une pl.

BIGI [Ch.]. — Collection de médailles des campagnes et du règne de l'empereur Napoléon, depuis sa première campagne d'Italie, en 1796, jusqu'à son abdication en 1815. Paris, l'Auteur, rue Vivienne, n° 2, 1828, in-8 de 16 pag.

BIGNAN [Anne (*)], littérateur estimable, qui écrit avec la même élégance en vers et en prose, membre d'un très-grand nombre de sociétés littéraires parmi lesquelles on compte l'Académie des Jeux-Floraux [où M. Bignan a été reçu maître ès-arts], la Société philotechnique et les académies de Lyon, d'Avignon, de Cambrai, de Douai et de Liége; né le 3 août 1795, à Lyon, est le fils de M. Bignan de Coyrol, ancien négociant à Suze-la-Rousse, et qui avait été député du Dauphiné aux États-Généraux, et neveu de M. Fulchiron, membre de la Chambre des députés. M. Bignan fit ses études à Paris, où il remporta plusieurs prix au concours général, en 1813 et 1814. Jeune encore, il se fit remarquer par son goût pour la poésie; aussi, à peine âgé de

(*) Et non *Aimé*, comme le dit une Biographie récente.

vingt-quatre ans, publiat-il, en 1819, trois chants traduits de l'*Iliade*, en vers français. La traduction de ce poëme qu'il a complétée depuis, et fait paraître en 1830, prouve que, si M. Bignan n'avait pas eu l'ambition de remporter le plus grand nombre possible de ces couronnes académiques que les sociétés littéraires de provinces décernent avec tant de facilité, soit par indulgence, soit par incompétence, M. Bignan serait aujourd'hui de l'Académie française; et bien qu'un jour ou l'autre il doive, sans aucun doute, remplir le fauteuil académique, et être l'un des membres les plus dignes de la docte assemblée, il attend encore; les grêles lauriers que M. Bignan a enviés ont nui jusqu'ici à l'élévation de son talent, et par suite à la composition de grands ouvrages propres à fixer sur lui l'attention de l'Institut. M. Bignan obtint un premier prix de poésie aux Jeux-Floraux, dès 1822, pour son petit poëme intitulé *Isaure et Olivier*, et, jusqu'en 1841, il a remporté un grand nombre de prix, accessits ou mentions honorables aux concours de l'Académie française, des Jeux-Floraux, des académies de Lyon, de Cambrai, d'Avignon et de Liége (*). Il a réuni et publié toutes ses pièces couronnées en un seul volume, intitulé *Académiques* [1837, in-18]. En 1823, M. Bignan fit un voyage en Italie, et publia, en 1828, un recueil de *poésies* renfermant plusieurs des pièces de vers que ce voyage lui avait inspirées [in-18]. L'année précédente, M. Bignan avait fait une incursion chez les prosateurs, par la publication de sa nouvelle, intitulée *l'Ermite des Alpes* [1827, in-18]; son succès l'engagea à poursuivre, et nous avons eu successivement quatre romans, écrits avec pureté et correction, et qui ne sont pas dénués d'intérêt: l'*Échafaud* [1832, in-8]. Malgré tout ce que ce titre a de sombre, ce n'est pas seulement une de ces conceptions plus bizarres qu'originales, mais l'œuvre d'un poëte philosophe qui n'emprunte à la fiction ses artifices que pour populariser plus sûrement sa morale. L'Échafaud est un roman d'un style de bonne école, un éloquent plaidoyer contre la guillotine. A la tête de ce volume, l'auteur a placé une préface dans laquelle il donne une appréciation fort ingénieuse de notre littérature; l'auteur est indulgent pour le présent et espère beaucoup dans l'avenir. Ce qui nous plaît surtout, c'est sa définition du roman actuel, épileptique, galvanique, pulmonique, fantastique, satanique, etc. (*); *une Fantaisie de Louis XIV* [1838, 2 vol. in-8]. Comme roman, cet ouvrage de M. Bignan est ordinaire; mais, comme tableau de la cour de Louis XIV, c'est un agréable et souvent ingénieux résumé de tous les mémoires du temps; rien de joli et de gracieux comme le portrait de Mme de Montespan... un vrai portrait de Mignard! *Louis XV et le cardinal de Fleury* [1834, in-8]; *le Dernier des Carlovingiens* [1836, in-8]. Ce fut en 1830 que M. Bignan fit paraître la première édition de son plus beau fleuron littéraire, sa traduction en vers français de l'*Iliade*. Un de nos savants, homme non seulement d'érudition profonde mais encore de goût exquis, dont le témoignage ne peut être suspect, feu Raynouard, de l'Institut, a porté sur cette traduction le jugement suivant (**): « Le caractère assez général de la traduction de M. Bignan est une exactitude aussi sévère qu'elle peut l'être en poésie, jointe à une élégance presque continue; ses vers sont remarquables par la richesse des rimes, par une facture savante et par une coupe harmonieuse; on ne peut disconvenir que, sous ce rapport, il n'ait surpassé les autres littérateurs qui avaient tenté de reproduire, en tout ou en partie, l'Iliade en vers français. On pourrait reprocher à M. Bignan d'avoir parfois manqué à une règle de convenance littéraire, en mettant dans sa traduction l'esprit de nos langues modernes à la place de la belle simplicité homé-

(*) Voyez-en la nomenclature chronologique dans la partie bibliographique de cette notice. Nous n'avons pas connaissance que M. Bignan ait fait imprimer, à part, au moins, une ode, intitulée *Joseph Vernet*, couronnée par l'Athénée de Vaucluse, en 1826: elle doit l'être néanmoins dans le recueil de l'Académie qui l'a couronnée, et aussi dans quelques-uns des recueils de poésie de l'Auteur.

(*) Revue de Paris, t. XXXVIII, p. 269.

(**) Dans le Journal des savants, septembre 1830.

que. Si, après de longs et de grands efforts, il reste encore à M. Bignan un certain nombre de passages et divers détails à perfectionner, comme il aura sans doute la modestie d'en convenir, il lui suffira, en corrigeant ces divers endroits de sa traduction, de se ressembler à lui-même; et, animé par son succès, il saura trouver de nouvelles forces pour y ajouter encore. Deux traducteurs d'Homère, MM. Bitaubé et Dugas-Montbel, lui ont donné un exemple honorable qu'il ne dédaignera pas d'imiter. » Dans l'*Essai sur l'Épopée homérique* que M. Bignan a placé en tête de sa traduction, on trouve résumées avec précision et sagacité diverses questions qui ont agité les érudits au sujet d'Homère. En publiant, en 1834, la deuxième édition de sa version de l'Iliade, entièrement revue et corrigée, M. Bignan, indubitablement, a fait les quelques changements que M. Raynouard lui avait indiqués. M. Bignan se propose de faire imprimer prochainement, dit-on, la traduction, également en vers français, de l'*Odyssée,* qu'il n'a gardée en portefeuille que pour la revoir utilement. Jusqu'à présent nous n'avons parlé de M. Bignan que comme poète et romancier; il s'est pourtant essayé dans presque tous les genres de littérature. Le « Plutarque français », publié par M. Mennechet, nous a révélé un nouveau biographe dans M. Bignan, qui a écrit pour ce recueil les vies de Mme *Dacier*, de *La Bruyère*, de *Le Sage*, etc. Enfin, l'année dernière, M. Bignan a fait imprimer une comédie en cinq actes et en vers, intitulée : *la Manie de la politique*, qui n'a pas été représentée parce que, vraisemblablement, il eût fallu consentir à la faire déflorer par les ciseaux de la censure : l'auteur, aussi indépendant par son caractère que par sa fortune, n'ayant nullement besoin d'un succès d'argent, s'est très-aisément résigné à n'avoir qu'un succès d'estime. L'auteur s'est peint dans l'un des deux fils du maniaque politique, jeune poète, et dans la deuxième scène du premier acte, il a laissé voir positivement le faible dont nous l'avons accusé. Voici un fragment de cette scène :

MARIE, sœur du poète.

Pour me distraire, Eugène, à l'insu de mon père,
M'apporte quelquefois son Boileau, son Molière.
C'est trop peu d'admirer ses poètes chéris,
Il fait aussi des vers; il concourt pour un prix
A l'Institut; sa sœur lui prédit la victoire.

RIGAUD, un fabricant.

Soit! mais que gagne-t-on à ce métier?

EUGÈNE, avec chaleur.

La gloire!
Le nom du lauréat, d'éloges escorté,
Cité dans les journaux, est partout colporté.
Devant l'Académie, en séance publique,
Dans la solennité d'un jour tout poétique,
Il s'entend proclamer; des mains du directeur
Il reçoit la médaille; un habile lecteur
Fait valoir le poëme, et le commun suffrage
Vient confirmer l'arrêt du docte aréopage.

RIGAUD.

Mon ami, n'en déplaise à ce tableau pompeux,
La gloire est un métal qui parfois sonne creux.

EUGÈNE.

Être de cent rivaux jugé le plus habile!
Quel honneur!

RIGAUD.

D'un laurier la feuille est bien fragile.
N'est-il plus rien avec?

EUGÈNE, avec indifférence.

Deux mille francs, je crois.

RIGAUD.

C'est toujours plus solide, et dès lors je conçois...

— Sous le ministère Martignac, M. Bignan a été décoré du ruban de la Légion-d'Honneur; mais jamais il n'a exercé d'emploi, ni obtenu aucune de ces faveurs après lesquelles courent trop malheureusement les gens de lettres : toutefois il a chanté l'*avénement de Charles X*.

OUVRAGES DE M. A. BIGNAN.

I. *Poésie.*

I. Trois chants de l'Iliade [d'*Homère*], traduits en vers français; suivis de quelques fragments. Paris, Hubert, 1819, in-18 [3 fr.].

Ce sont les Ier, IXe et XIXe chants; ils sont suivis de fragments de différents chants. Ce littérateur a publié depuis une traduction complète du même poëme [Voy. le n° XIV].

II. Grèce [la] libre, ode. Paris, Chaumerot jeune, 1821, in-8 de 16 p.

III. Isaure et Olivier; poëme couronné à l'Académie des Jeux-Floraux, le 3 mai 1822. Paris, Pollet, 1822, in-8 de 16 pag.

IV. Dévouement [le] des médecins français; poëme qui a obtenu une mention favorable à l'Académie française, etc. Paris, Hubert, 1822, in-8 de 16 pag.

V. Pauvre [le] Vieillard. Élégie sur

la guerre de 1809. [Extrait de l'Album.] Paris, de l'impr. de Goetschy, 1825, in-8 de 8 pag.

VI. Abolition [l'] de la traite des noirs. Épître aux souverains de l'Europe rassemblés au congrès de Vienne, etc. Paris, de l'impr. de F. Didot, 1825, in-8 de 28 pag.

VII. Avènement [l'] de Charles X, ou les Trois Visions, poëme lyrique. Paris, Trouvé, 1825, in-8 de 16 pag.

Tiré à 100 exemplaires.

VIII. Napoléon, ou le Glaive, le Trône et le Tombeau; suivi du Siége de Lyon, poëme couronné à Lyon, en 1825, de plusieurs autres poëmes, et de la traduction, en vers, du premier chant de l'Iliade [d'*Homère*]. Paris, Galliot, 1825, in-8 [5 fr.].— Sec. édition, revue et corrigée. Paris, Ponthieu, 1826, in-8 [4 fr.].

La seconde édition ne diffère de la première que par un nouveau titre. Les exemplaires, avec la date de 1825, ont 15 feuilles trois quarts, et ceux avec la date de 1826, 15 feuilles et demie.

Parmi les diverses pièces que renferme ce volume et qui ne sont pas relatées sur le frontispice, on trouve les suivantes : 1° *Venise*, poëme lyrique, qui a obtenu la lyre d'argent à la séance publique de la Société d'émulation de Cambrai, du 16 août 1825, et inséré dans le volume des Mémoires de cette société, imprimé dans la même année; — 2° *le Colysée*, élégie, couronnée dans la même ville, en 1824; — 3° *Pompéia*, élégie couronnée à Liége, en 1825; — 4° *les Nuages*, etc.

IX. Judith, poëme couronné par l'Académie des Jeux-Floraux en 1825. Paris, 1826, in-8.

X. Épître à M. Mély-Janin, à l'occasion de sa pièce de Louis XI. Paris, Lecaudey, 1837, in-8 de 16 pag. [1 fr. 25 c.].

XI. Entrée [l'] de Henri IV dans Paris, pièce couronnée. Paris, Trouvé, 1828, in-8 de 16 pag.

XII. Poésies. Cambrai, Hurez; Paris, Louis Janet, 1828, in-18 [5 fr. 50 c.].

XIII. Épître à quelques ennemis des lumières, sur la découverte de l'imprimerie, qui a obtenu l'accessit, au jugement de l'Académie française, dans la séance publique du 25 août 1829. Paris, Vezard, 1829, in-8 de 16 p. [1 fr. 25 c.].

XIV. Iliade [l'] [d'*Homère*], traduite en vers français, précédée d'un Essai sur l'Épopée homérique. Paris, Belin-Mandar, 1830, 2 vol. in-8. — Deuxième édition, entièrement revue et corrigée. Paris, Hachette; Brunot-Labbe, 1833, 2 vol. in-8 [12 fr.].

XV. Epître à un jeune romantique sur la gloire littéraire de la France; pièce qui a remporté le prix de poésie décerné par l'Académie française dans sa séance publique du 9 aout 1831. Paris, de l'impr. de F. Didot, 1831, in-4 de 12 pag.

XVI. Mélodies françaises. Paris, Mme veuve Charles-Béchet; Renduel, 1833, 2 vol. in-18, plus deux vignettes [7 fr.].

XVII. Sermon au curé de mon village sur la comète de Halley. [En vers]. Paris, Werdet, 1835, in-8 de 16 p. [1 fr.].

XVIII. Épître à Cuvier et conseils à un novateur. Pièces qui ont obtenu le prix et l'accessit à l'Académie française, dans sa séance publique du 27 août 1835. Paris, de l'impr. de Baudouin, 1835, in-8 de 16 pag.

Extrait de la « France littéraire » de M. Ch. Malo.

XIX. Arc [l'] de triomphe de l'Étoile, ou la Revue impériale. Pièce qui a obtenu l'accessit au jugement de l'Académie française, dans le concours de 1837. Paris, de l'impr. de Ducessois, 1837, in-8 de 16 pag.

XX. Académiques. Paris, Rossignol, 1837, in-18 de 234 pag. [5 fr.].

XXI. Essai sur l'influence morale de la poésie. Paris, Delaunay, 1838, in-8 [6 fr.].

XXII. Napoléon en Russie, poëme en six chants. Paris, Delaunay, 1839, in-8 [4 fr.].

XXIII. Monument [le] de saint Louis à Tunis. Ode qui a obtenu l'accessit au jugement de l'Académie française, concours de 1841. Paris, Delaunay, 1841, in-8 de 16 pag.

La pièce qui a obtenu le prix est celle de M. Alfred Des Essarts, intitulée : « Influence de la civilisation chrétienne en Orient. »

II. *Romans.*

XXIV. Ermite [l'] des Alpes, nouvelle. Paris, Mongie aîné, 1827, in-18 [3 fr. 50 c.].

XXV. Échafaud [l']. [En prose]. Paris, madame veuve Charles Béchet, 1832, in-8 [7 fr. 50 c.].

XXVI. Une fantaisie de Louis XIV. Paris, madame veuve Charles-Béchet, 1833, 2 vol. in-8 [15 fr.].

« M. Bignan ne nous a pas voulu faire de

Louis-le-Grand un monarque guerrier ; quoiqu'il prétende que pour le représenter il faudrait lui mettre une épée d'une main et une truelle de l'autre, il sait bien que Louis faisait de la gloire par ses généraux, comme des bâtisses par ses architectes, et ce sont ses exploits amoureux que chante le romancier. Je dis chante, parce que M. Bignan est poète, et fait même de beaux vers, qu'il doit nous pardonner d'avoir trouvé dernièrement trop académiques. La prose de M. Bignan a peut-être un peu de ce défaut; mais c'est de l'histoire que ce roman, et l'auteur a voulu la traiter avec quelque gravité ; puis son Louis XIV, à dessein ou non, est un vrai roi de parade, un conquérant de grand-opéra, et le style s'en ressent. Il y a bien au début une espèce de présage romantique, un rayon de lune intercepté, au moment où deux amoureux cherchent le groupe de l'Hymen et de l'Amour parmi les statues de Versailles; mais cette velléité de prêter aux objets matériels des sentiments sympathiques pour notre pauvre humanité ne dure pas. Au contraire, M. Bignan a une tendance à matérialiser les sentiments humains ; l'amour, chez les femmes de M. Bignan, n'est que coquetterie ou ambition ; chez les hommes un désir à satisfaire ou un regret à consoler. La fantaisie de Louis XIV est le règne passager de la duchesse de Fontange ; nous voyons Louis XIV aimé par ambition, n'aimer lui-même que par vanité. Quand Angélique d'Escoraille lui cède, il s'opère en elle, dit l'auteur, *une révolution physique et morale ;* quand Louis XIV triomphe et brave, dans un chapitre un peu scabreux, l'axiôme du Code pénal *non bis in idem*, il n'a du cœur que par une potion d'apothicaire, et un pauvre petit garde-du-corps, qui seul nous est donné pour un tendre chevalier, est d'une mollesse à justifier la coquette qui lui préfère Sa Majesté le roi de France.

[*Revue de Paris*, t. XLIX, p. 252.]

XXVII. Louis XV et le cardinal Fleury. 1736. Paris, Werdet, 1834, in-8 [6 fr.].

Un jour Louis XV, qui s'exerçait dans sa jeunesse au métier de tourneur, se mit à parler bataille et à passer en revue ses gardes suisses. Fleury, qui ne l'avait point élevé dans le dessein d'en faire un conquérant, imagina, pour changer le cours des idées du monarque, de lui donner une maîtresse. Mais l'exécution d'un pareil projet n'était pas facile; Louis XV aimait sa femme et ne se doutait pas encore qu'il pût exister d'autres plaisirs que ceux qu'il goûtait bourgeoisement avec elle. Voici comment on s'y prit : Marie Leczinska avait la pieuse habitude de se confesser toutes les semaines ; un jour qu'elle était agenouillée aux pieds de son directeur, celui-ci lui ordonna, sous peine de l'enfer, d'interdire un mois entier à son jeune époux les abords de la couche nuptiale. La reine se résigna ; Louis XV s'étonna d'abord, se fâcha ensuite de cette froideur imprévue, et n'eut pas de peine à trouver dans sa cour des femmes qui n'avaient pas fait un pareil vœu de chasteté. Une fois le gant jeté, le cardinal de Fleury fut tranquille pour l'avenir ; le roi eut bien autre chose à faire qu'à lui disputer le pouvoir. Telle est l'anecdote, apocryphe peut-être, sur laquelle est bâti le roman de M. Bignan, auquel on peut reprocher de s'arrêter un peu trop sur certains détails que recouvre à peine le voile de l'allusion.

XXVIII. Dernier [le] des Carlovingiens. Paris, Werdet, 1836, in-8 [7 fr. 50 c.].

En prose, mêlée de quelques pièces de vers.

III. *Théâtre.*

XXIX. Manie [la] de la politique, comédie en cinq actes et en vers. Paris, Amyot, 1840, in-12 [2 fr. 50 c.].

IV. *Biographie.*

XXX. Vies de madame Dacier, de La Rochefoucauld, de Le Sage, etc.

Imprimées dans le « Plutarque français, ou Vies des hommes et des femmes illustres de la France », avec leurs portraits en pied, publié par M. Mennechet.

On doit encore à ce littérateur : 1° la traduction de la Harangue de Démosthène pour la liberté des Rhodiens, insérée dans le deuxième volume de l'édition des Œuvres complètes de Démosthène et d'Eschine, publiées par M. Planche, en 1819. Il a aussi traduit les deux discours de Démosthène et d'Eschine *sur la Couronne*, mais cette traduction est encore inédite jusqu'à ce jour. De la même langue, il a traduit aussi quelques fragments, qui ont été imprimés, en 1839, dans un volume, intitulé : « les Petits poëmes grecs », et qui fait partie du Panthéon littéraire : — 2° plusieurs articles de littérature, dans le Moniteur ; — 3° des Poésies dans le Lycée français, l'Abeille, le Mercure du XIXe siècle, l'Almanach des Muses, etc., etc. ; — 4° des Nouvelles dans plusieurs journaux, dans le Constitutionnel entre autres.

BIGNON [le baron Louis-Pierre-Édouard], l'un des écrivains diplomatiques les plus profonds et les plus distingués de la France au XIXe siècle, ancien envoyé extraordinaire et ministre plénipotentiaire de France à Cassel, à Carlsruhe et à Varsovie, ministre-secrétaire d'état sous l'Empire, député du département de la Seine-Inférieure à la Chambre des représentants, et ministre des affaires étrangères pendant les Cent-Jours ; député, successivement de l'Eure, du Haut-Rhin, de la Seine-Inférieure, etc., depuis 1817 jusqu'à sa nomination à la Chambre des pairs, en 1837, membre de la cinquième classe de l'Institut [Académie des sciences morales et politiques] depuis sa réorganisation, en 1832, naquit à Guerbaville, village près de la Meilleraye [Seine-Inférieure], le 3 janvier 1771 (*), d'un père teinturier de Rouen. Il fut envoyé

(*) Et non à la Meilleraye, comme le disent tous les biographes. Ces derniers renseignements sont puisés au secrétariat de l'Institut.

très-jeune au collége de Lizieux à Paris, et y fit de bonnes études : il se trouvait dans la capitale lors des grands événements de juillet 1789. Les cris de liberté pénétrèrent son jeune cœur, et il jura de consacrer sa vie au maintien des droits que venait de conquérir le peuple français. Le royaume ne tarda pas à être transformé en république, et les républicains mirent en réquisition tous les jeunes gens de dix-huit à vingt-cinq ans pour défendre le sol de la patrie menacé par la coalition des souverains étrangers. Bignon s'engagea : il était simple soldat dans la 128e demi-brigade, lorsque le général Huet, qui commandait, en 1796, les troupes stationnées dans le département de la Seine-Inférieure, et à qui les talents de Bignon n'avaient pas échappé, l'attacha à son état-major, en fit son secrétaire particulier, et lui donna ainsi les moyens de se faire connaître. Les liaisons qui s'établirent dès lors entre Bignon et quelques personnes attachées au département des relations extérieures, lui firent obtenir, successivement, sous le gouvernement directorial, les places de secrétaire de légation auprès des républiques cisalpine et helvetique, c'est-à-dire en Suisse et en Savoie, en 1798. Des observations qu'il fit alors sur le mode administratif de ces pays conquis, furent consignées dans un écrit, le premier qu'ait publié Bignon, qui parut, en 1799, sous ce titre : *Du système adopté par le Directoire exécutif, relativement à la république cisalpine*, in-8. La même année, il fut encore envoyé en qualité de secrétaire de légation à Berlin. Il fut, à la suite de cette dernière mission, revêtu, en 1802, du titre de chargé d'affaires de France à Berlin, et reçut, en cette qualité, du roi de Prusse, mille preuves d'estime et de bienveillance. Dans le cours de l'année suivante, Bignon remplit les hautes fonctions de ministre plénipotentiaire près la cour de l'électeur de Hesse-Cassel. Il essaya en vain, à ce titre, de négocier la paix. L'électeur s'y refusa jusqu'au moment où la bataille d'Iéna détruisit entièrement sa puissance. Pendant son séjour à Hesse-Cassel, Bignon fut, le 14 juin 1804, nommé chevalier de l'Empire et commandeur de la Légion-d'Honneur. Après l'issue de la campagne de 1807, si fatale à la Prusse, Napoléon le créa baron, et le nomma à l'intendance de Berlin, comme tel, chargé de gérer les finances des provinces prussiennes occupées par les armées françaises. Il remplit cette place avec une rare modération, et s'efforça d'adoucir la position des malheureux habitants des pays conquis, sans nuire aux intérêts de sa patrie. Il fut, en 1808, remplacé dans son intendance par le baron Stassart, et devint alors, avec le comte Daru, administrateur-général de l'Autriche, puis ministre de France près le grand-duc de Bade : il occupa ce dernier poste depuis la fin de 1809 jusqu'au 25 décembre 1810, et fut nommé à cette époque, après la paix, résident de France à Varsovie, et chargé de conférer avec les Polonais sur les moyens de réaliser les espérances d'indépendance nationale qu'ils avaient conçues. Il remplit cette mission délicate avec une habileté et une pureté d'intention qui vivront long-temps dans la mémoire des Polonais. L'archevêque de Pradt succéda, pour quelque temps, à Bignon, en 1812, dans l'ambassade de Pologne. Bignon a eu peu à se louer depuis de son remplaçant. De Pradt, dans son « Ambassade à Varsovie », a tracé de Bignon un portrait pour lequel celui-ci lui doit peu de remercîments ; le voici : « Je » trouvai un petit monsieur unique- » ment occupé de petites femmes, de » petits caquets, et qui, dans de petits » rebus dont se composaient ses petites » dépêches, disait familièrement au duc » [de Bassano], en parlant de la certi- » tude d'un éclat entre la France et la » Russie : La Russie amorcera si sou- » vent, couchera la France en joue si » souvent, que la France sera forcée de » faire feu. » Bignon a victorieusement réfuté les faits allégués contre lui par de Pradt ; mais il est moins difficile de répondre à des faits qu'à des ridicules. Nous pensons, sans oser l'affirmer, dans l'opinion où nous sommes, que nul ne se connaissait mieux en ridicules que de Pradt, qu'il y a

(*) Un M. Bignon, artiste et auteur dramatique à Paris, au commencement de ce siècle, et aujourd'hui fort âgé, se dit de la même famille que le baron.

eu au moins une grande exagération dans ceux qu'il a prêtés si généreusement à son prédécesseur. Nous n'irons pas cependant jusqu'à défendre Bignon de tout ce qui résulte de la dernière phrase que nous venons de rapporter. L'allusion « de la Russie qui amorce souvent, qui couche si souvent la France en joue, de la France qui sera forcée de faire feu, » nous paraît d'un goût tellement détestable, que nous ne connaissons guère que certaines phrases de « l'Ambassade de Varsovie » qui puissent lui être comparées. Quoi qu'il en soit :

Non licet inter Eos *tantas componere lites :*

et ces messieurs, dont, sous plus d'un rapport, les opinions et les talents ont droit à nos égards, étaient de force à se défendre ; nous dirons seulement que de Pradt a été le *Scapin* de la pièce. Bignon a fait preuve d'un grand talent diplomatique à Varsovie, comme dans les différentes cours où il a résidé en qualité d'envoyé ou de ministre ; il y a fait preuve de désintéressement et de modération ; son nom est considéré, respecté chez l'étranger comme en France. De Varsovie, Bignon, par un ordre du 1er juillet, fut envoyé, en qualité de commissaire impérial et d'envoyé extraordinaire, près le gouvernement conventionnel de Lithuanie, afin de presser l'insurrection des Polonais contre les Russes. Le succès de cette mission répondit mal aux immenses résultats qu'on s'en était promis. Après la retraite de Moscou, Bignon fut réintégré dans son ancien poste de Varsovie, et y rendit de grands services à l'armée française. Il arrêta le mouvement rétrograde des Autrichiens, et retarda ainsi la marche des Russes et, de près de six mois, l'évacuation du territoire polonais. Cependant, après l'invasion totale de ce pays par les Russes, Bignon fut obligé de quitter Cracovie pour revenir à Dresde, quartier-général de l'armée française. Il fut l'un des plénipotentiaires français envoyés au congrès de Dresde. N'ayant pas eu le temps de se retirer après la fatale bataille de Leipzig, il se trouva enfermé dans Dresde pendant le siége de cette ville. Lorsque les Autrichiens violèrent la capitulation conclue avec les braves assiégés, Bignon fut arrêté par un aide-de-camp du prince Schwartzemberg et retenu prisonnier : il réclama contre son arrestation, avec d'autant plus de droit que, pendant son séjour à Dresde, il avait fait obtenir des passe-ports à des ministres étrangers, et même aux ministres des états dont la défection était connue. Le prince de Schwartzemberg eut honte de pousser aussi loin l'abus de la force ; il envoya un de ses aides-de-camp pour remettre le ministre français à nos avant-postes, à Strasbourg. Bignon revint alors à Paris, où il avertit l'Empereur d'un grand malheur; il lui apprit la défection du roi de Naples : l'Empereur refusa longtemps de croire à cette nouvelle. Après sa chute, et pendant le premier règne des Bourbons, Bignon resta sans emploi, et se retira à la campagne : c'est là, dans l'isolement, que, voulant encore faire tourner au profit de sa patrie les loisirs dont il était accablé, il écrivit son *Exposé comparatif de l'état financier, militaire, politique et moral de la France et des principales puissances de l'Europe*, qu'il publia à la fin de 1814. Après le miraculeux retour de Napoléon de l'île d'Elbe, Bignon revint à Paris. L'Empereur le nomma sous-secrétaire d'état au ministère des affaires étrangères, conjointement avec M. Otto. Le département de la Seine-Inférieure le choisit, en mai, pour membre de la Chambre des représentants. Advint bientôt la seconde abdication de Napoléon, et Bignon fut chargé par la commission du gouvernement, du portefeuille des affaires étrangères, et l'un des membres de la commission spéciale chargée de proposer une convention militaire pour la ville de Paris. Il accompagna en cette qualité, à l'état-major de l'ennemi, le général Guilleminot, chef de l'état-major de l'armée, et le comte de Bondi, préfet de la Seine : il eut le malheur d'être obligé de signer la capitulation du 3 juillet, qui réléguait l'armée française au-delà de la Loire, et ouvrait Paris à l'invasion étrangère, capitulation qui, en sauvant la capitale de l'étranger et peut-être d'elle-même, eût assuré la tranquillité et l'honneur de la France, si elle eut été fidèlement exécutée. Le lendemain, la commission du gouvernement, présidée par Fouché, votait des remercîments aux défenseurs de Paris, et mettait la cocarde tricolore, le drapeau et le pavillon aux trois couleurs nationales sous la sauvegarde spéciale des armées, des gardes nationales et de tous les citoyens. Le 7 juillet, la cocarde blanche encombrait les Tuileries; le drapeau et le pavillon blanc y flottaient, et Fouché était ministre! Dès le lendemain, 8 juillet, Bignon remit son portefeuille aux mains de M. de Talleyrand, et se retira momentanément de la scène politique. Au mois de juin, Bignon, alors ministre des affaires étrangères, avait publié, sans y attacher son nom, et sous le titre de *Précis historique de la situation de la France depuis le mois de mars 1814 jusq'au mois de juin 1815*, un résumé historique des événements politiques qui venaient de s'accomplir, et qui, depuis, ont eu des conséquences si funestes pour la France. Français l'un des plus illustres comme citoyen, administrateur et diplomate, Bignon était appelé à être l'une des gloires de la tribune nationale : le département de l'Eure tint à honneur de le nommer député aux élections de 1817. L'honorable député y vint prendre place au côté gauche, première section, et se montra, dans toutes les circonstances, le zélé défenseur de toutes nos libertés. La première fois qu'il parut à la tribune, il exprima ses vœux pour le rapport des lois d'exception et le prompt départ des troupes étrangères; ce fut lui qui fit entendre dans la Chambre les premières paroles pour le rappel des proscrits : « Que » les étrangers sortent, dit-il, que les » Français rentrent, et la paix régnera » bientôt dans tous les cœurs. » C'était s'annoncer franchement ami des Bourbons et de la charte; il en a constamment défendu les intérêts, et avec un talent supérieur. Dans la discussion du projet de loi sur les journaux et sur les abus de la liberté de la presse, il soutint qu'il fallait instituer l'établissement du jury pour prononcer sur les délits de la presse : il observa que ce n'était que la conscience du jury qui pouvait offrir une garantie suffisante en matière de tels délits : avec un jury on n'a à craindre ni les vices, ni l'incohérence de l'interprétation des lois. « On craint que l'esprit de parti ne » vienne s'associer avec les jurés dans » le temple de la Justice : les ministres » oublient-ils donc que les magistrats » sont aussi des hommes, et qu'ils sont » accessibles à l'esprit de parti? Continuer de laisser juger les délits aux » tribunaux, c'est livrer les magistrats » et les citoyens, les uns à la nécessité, » les autres à l'arbitraire. » Bignon termina ainsi son discours : « Dans un tel » état de choses, après toutes les lumières qu'ont répandues sur les vices du » projet de loi et ses antagonistes et ses » défenseurs, j'aurais peine à comprendre que le ministère s'obstinât à suivre la fausse route où il s'est si imprudemment engagé, si la confidence » expresse d'un de ses orateurs ne nous » eût fait connaître la doctrine ministérielle à l'égard de l'opinion publique; s'il ne nous eût appris qu'aux » yeux du ministère l'existence de l'opinion publique est presque un problème. Dans un gouvernement représentatif, où tout se fait par l'opinion et avec l'opinion, le ministre » semble vous demander : Qu'est-ce » que l'opinion? Malheur au ministère » qui se sépare d'elle, au ministère » qu'elle ne soutient pas! Privé de ce » point d'appui, sa marche est incertaine, son mouvement irrégulier, ses » aberrations désastreuses; c'est une » planète sortie de son orbite, et qu'un » miracle peut seul y faire rentrer. Au » lieu d'attendre du hasard un tel miracle, que le ministère ne le doive » qu'à sa propre sagesse. » En janvier 1818, Bignon défendit le projet de loi sur le recrutement de l'armée; il fit observer que, malgré ses inconvénients, il présentait des avantages dans ses détails; qu'il reposait du moins dans son ensemble sur des bases consacrées par la Charte. Dans la discussion du budget de 1819, Bignon s'éleva aux plus hautes considérations politiques; il prétendit qu'il devait être pour le législateur comme une citadelle qui serve de refuge à nos libertés : « Puisque dans la servitude de la presse, » dit-il, cette tribune est le seul sanctuaire d'où la vérité puisse rendre ses » oracles, c'est à nous, défenseurs des

» droits du peuple, qu'il appartient de » remplir cet auguste sacerdoce ; prê» tres de la vérité, c'est à nous à dé» couvrir les plaies de la patrie; le mal » s'accroît de l'effort même qu'on fait » pour le dissimuler. Ce qu'il y a de » plus fâcheux, peut-être, dans la com» munication du ministère, ce n'est pas » ce qu'il avoue, c'est ce qu'il cache : si » ses déclarations affligent, ses réticen» ces épouvantent. » Puis Bignon examina les causes majeures de l'action qu'exerce sur les finances l'influence politique des États, et produisit la plus vive impression sur toute l'assemblée. Dans la session de 1819, une phrase de son *Opinion sur les pétitions tendant à demander à S. M. le rappel des bannis,* qu'il avait fait imprimer, l'exposa aux invectives des journaux ministériels ou ultra-royalistes; il fut insulté, calomnié. Dans la séance de la Chambre du 9 juin, M. Decazes, alors ministre de l'intérieur, somma Bignon de s'expliquer sur une révélation dont il menaçait le gouvernement. Bignon refusa de répondre à cette interpellation. « Elle a été faite, dit-il, au sujet » d'une opinion que j'ai fait imprimer, » mais que je n'ai point prononcée à » cette tribune, et sur laquelle, par » conséquent, je n'ai point à répondre » dans cette enceinte. J'ai annoncé, » dans cette opinion en faveur des ban» nis, qu'indépendamment des argu» ments connus, il en était un fondé » sur un fait particulier dont j'avais » connaissance, et dont je me réserve » de faire usage dans l'intérêt de ceux » que je voulais défendre, quand le » moment en sera venu. Je déclare au» jourd'hui, dans ma conviction, que » ce moment n'est pas venu : je ferais » la révélation que l'on demande au» jourd'hui, qu'elle ne servirait de rien » à la cause dans laquelle je me pro» pose de la faire valoir. Quand nous » pourrons, dans cette Chambre, pro» poser une adresse au roi pour en » obtenir le rappel des bannis; quand » nous pourrons demander la révoca» tion spéciale des articles 2, 5 et 7 de » la loi du 12 janvier 1816, alors, » comme je pourrai faire valoir avec » succès l'argument que je tiens en ré» serve, je le ferai connaître : jusque» là, je crois devoir le taire; je ne crois » même pas la révélation utile au gou« vernement; jusque-là, dis-je, cette » réserve que je m'impose est un devoir » dans les intérêts de ceux que je veux » défendre; et ce devoir, il n'y a au» cune considération, aucune somma» tion, quelle qu'elle soit, qui puissent » me la faire méconnaître. » C'était faire preuve d'un véritable attachement et d'un grand respect pour le gouvernement. Le noble silence de Bignon n'en fut pas moins diversement expliqué; ses amis pensent qu'il a voulu parler de quelques circonstances particulières de la convention du 5 juillet 1815, et qu'il aurait placé cette convention entre le maréchal Ney et ses juges, si l'on avait voulu l'entendre comme témoin. En même temps que Bignon donnait ces explications à la Chambre, il publiait un écrit intitulé : *Un mot sur deux mois d'injures*, en réponse aux insultes des journaux ultra-royalistes. Ce fut aussi en 1819, et dans l'intérêt de la cause qu'il avait épousée avec tant de chaleur, qu'il mit au jour la première partie de son livre *des Proscriptions*, complété l'année suivante. Lorsque les ultras du pavillon Marsan voulurent profiter du meurtre du duc de Berri pour obtenir des lois restrictives de la liberté individuelle, Bignon monta hardiment sur la brèche et fit entendre d'éloquentes paroles : « Comment, dit-il, les » ministres n'ont-ils pas senti qu'ils » outrageaient en même temps l'hon» neur de la famille royale, comme » l'honneur de la nation française ; » qu'ils outrageaient ce qu'il y a de » plus sacré, la religion du cercueil où » repose une grande infortune, en ai» guisant sur ce cercueil les armes avec » lesquelles ils veulent frapper la li» berté publique? Si la douleur est » respectable jusque dans ses écarts, » la douleur est difficile à expliquer » lorsqu'on la voit si ingénieuse à faire » de son expression même un calcul; » lorsque, sous le voile du deuil, le » génie du despotisme ministériel s'é» lance de son embuscade pour nous » surprendre au milieu des troubles » d'une grande calamité. Mais non, la » liberté ne succombera pas; elle est à » jamais impérissable : on pourra frap» per ses défenseurs; la liberté ne pé-

» rira pas; mais qui peut calculer ce » qui doit résulter de ce dernier com- » bat, ce qui doit y périr, ce qui doit y » survivre? Pour moi, si, comme ci- » toyen, comme Français, comme » homme, je repousse les mesures qu'on » propose, je les repousse comme ami » de l'ordre actuel, comme désirant le » maintien de ce qui existe, l'affermis- « sement du trône constitutionnel. C'est » dans l'intérêt du trône constitution- » nel que je rejette aujourd'hui, comme » je rejetterai demain, toute loi d'excep- » tion. On s'est fortement élevé contre » les principes absolus, et on a pré- » tendu que ces principes absolus » étaient quelquefois la perte de l'État; » pour moi, je ne connais pas dans » l'histoire un seul État qui ait péri » par son attachement aux principes » absolus de la liberté et de l'éternelle » justice; je ne connais que des États » renversés pour avoir violé les saintes » lois de la justice et de la liberté; que » des États renversés par des lois » d'exception, qui sont les principes » absolus du despotisme. » Nous dépasserions les bornes que nous nous sommes posées, si nous suivions Bignon dans le développement et l'expression de ses pensées politiques : bornons-nous à rappeler qu'il monta à la tribune dans toutes les circonstances solennelles, et qu'il y parla toujours avec la même énergie et le même courage. Les talents et le caractère de Bignon trouvèrent une douce et honorable récompense dans la Vendée et en Alsace. Les colléges électoraux du Haut-Rhin et de la Vendée se disputèrent, en 1820, l'honneur de le nommer député : il opta pour le département du Haut-Rhin; il fut réélu par l'arrondissement d'Altkirch après la session d'été de 1822; c'était obtenir sur la brèche le bâton de maréchal. Les ministres ont toujours trouvé en lui le plus vigoureux défenseur des libertés nationales et des institutions constitutionnelles : le département de l'Eure doit s'enorgueillir d'avoir donné à la France deux hommes tels que Bignon et M. Dupont [de l'Eure]. Bignon a été aussi bon orateur qu'excellent publiciste : ses répliques à M. Lainé, en 1822, ont prodigieusement nui à la réputation du député de la Gironde, dont l'éloquence « parlière », comme dit Montaigne, n'était que celle d'un brillant avocat. La chambre n'absorbait pas tellement les instants de Bignon qu'il ne pût de temps en temps écrire de ces livres qui l'ont placé parmi les meilleurs publicistes. En 1821, il avait fait paraître son *Congrès de Troppau*, et sa *Lettre à un ancien ministre d'un état d'Allemagne*, etc. En 1822, il publia *les Cabinets et les Peuples, depuis* 1815 *jusqu'à la fin de* 1822, ouvrage fort remarquable qui obtint presque aussitôt trois éditions, et un autre honneur, non moins grand, celui d'être entièrement annoté de la main de l'illustre général Foy, son collègue à la Chambre. En 1824, les intrigues du ministère déplorable éloignèrent de la Chambre le député-diplomate. Deux ans après, en 1827, lorsque la mort frappa l'honorable Stanislas de Girardin, les électeurs de Rouen, à la majorité de 760 voix sur 967 votants, désignèrent Bignon pour lui succéder à la Chambre des députés. Quoique la session fût très-avancée lorsque Bignon parut à la Chambre, il n'en trouva pas moins l'occasion de payer un juste tribut d'éloges à de Girardin, et d'exposer ses principes et ses sentiments dans un discours fort remarquable, prononcé lors de la discussion du budget des affaires étrangères. « Appelé dans cette Chambre, M. Bi- » gnon, par une de ces pertes qui sont » un deuil pour la patrie, je viens sur » les traces de l'illustre citoyen auquel » je succède, y remplir d'honorables et » difficiles devoirs. La loyauté du ca- » ractère, la finesse et la grâce de l'es- » prit qui distinguaient mon prédéces- » seur, vous avaient, sans acception » d'opinions politiques, inspiré pour sa » personne une estime et une bienveil- » lance méritées. Héritier de ses sen- » timents et de son mandat, sans ap- » porter ici les mêmes talents, je n'au- » rai pour me recommander auprès de » vous que la même droiture dans les » intentions, la même franchise dans le » langage. » Entrant ensuite en matière, Bignon reprocha au ministère de ne pas avoir su tirer parti de la nouvelle position de la France, en lui ralliant les États qui, autant et plus qu'elle, devaient être effrayés de l'excessive prépondérance de quelques cabinets, et cela par l'effet d'une absence totale de système et d'un dénuement absolu de prévoyance. Bignon, après avoir passe en revue toutes les fautes du ministère, s'éleva avec indignation contre la barbare indifférence du gouvernement français dans la cause des Grecs, où la France pouvait prendre la plus glorieuse initiative, tandis qu'elle se traînait en tout à la suite de quelques autres cabinets. Il indiqua ensuite le remède propre à tirer la France de la position où l'avaient placées l'imprévoyance et les tergiversations de ses ministres, dans la politique qu'ils auraient dû suivre. « Vous avez » beau faire, dit encore Bignon, l'es» prit de liberté, combattu partout, » partout invincible, brave le sabre des » gendarmes, et passe inaperçu à tra» vers le fer croisé des baïonnettes. » Plus les gouvernements s'attachent à » rendre sensible la ligne de démarca» tion qui les sépare les uns des au» tres, plus cette ligne s'efface pour les » peuples. » La revolution de juillet paraissait devoir rouvrir pour Bignon la carrière des ambassades ou celle des administrations; il fut d'abord chargé, par la commission municipale de Paris, de diriger provisoirement le ministère des affaires étrangères, qu'il céda presqu'aussitôt au maréchal Jourdan, pour passer à celui de l'instruction publique. C'est en qualité de commissaire provisoire à ce dernier département que, le 5 août, portant la parole au lieutenant-général du royaume, il lui dit : « Pleine de confiance » dans les sentiments de votre altesse » royale, l'Université *attend* le perfec» tionnement de ce qui existe et le » complément de ce qui lui manque. » Elle est d'avance assurée de répondre » à vos intentions en s'occupant sans » relâche à former des hommes probes » et de bons citoyens. » Mais était-ce donc, aurait-on pu dire à Bignon, à l'Université à *attendre* cela; n'était-ce pas au contraire aux hommes que la commission municipale venait d'investir de sa confiance à la justifier en travaillant à créer un plan vaste et bien coordonné pour semer à pleines mains l'instruction sur toute la surface de la France... Quant à Bignon, il ne fit que passer au ministère de l'instruction publique; les doctrinaires ne trouvèrent point en lui un homme complaisant et souple à leur système; il dut leur céder la place. Assis de nouveau sur les bancs de l'assemblée législative, Bignon parut vouloir protéger la royauté nouvelle qu'il avait intronisée, et ménager aux ministres de la quasi-légitimité ces admonestations sévères et énergiques dont il avait souvent été prodigue envers ceux de la royauté « légitime ». On lui reprocha même une sortie vigoureuse contre Napoléon et « l'enfant de Vienne ». Bignon parut avoir oublié ces mots de Napoléon : « Toutes les antipathies et » les sympathies qu'on témoignera pour » mon fils n'auront qu'une faible in» fluence sur son avenir; je lui lègue » mon nom et ma gloire : il n'aura pas » besoin d'autre héritage si on le laisse » vivre. » Il parut mal séant que celui auquel Napoléon mourant avait légué 100,000 fr., reniât ses souvenirs d'affection; un journal lui rappela cette prophétie du proscrit de Sainte-Hélène, que nous avons vu se réaliser pour plus d'un héros de l'Empire : « Que mes » compagnons n'oublient pas que l'in» térêt de leur gloire est d'être fidèle à » ma mémoire et à mon nom; hors de » là, il n'est pour eux que honte et » déshonneur. » L'on remarqua donc, dans Bignon, un penchant à ne pas se brouiller avec ses anciens amis arrivés au pouvoir, et l'on éprouva quelque étonnement à le voir se porter le défenseur du système de paix adopté par la camarilla du château; mais, lorsque la pensée du 13 mars fut mise à nu, le député patriote retrouva toute sa chaleureuse énergie; il flétrit de sa parole brûlante le ministère Périer et ses inconcevables faiblesses. Il démontra plusieurs fois toute l'insuffisance et la faiblesse du parti qui livrait la Belgique à l'Angleterre, et déclara, avec le pays tout entier, qu'il n'est point donné à la diplomatie de faire « dans le cours d'un siècle deux fautes » pareilles à celle-là. Il dit, et tous les patriotes pensaient comme lui, que la conférence de Londres n'était que la continuation de la sainte-alliance, et que nous étions ramenés aux beaux jours de Laybach et de Vérone. Il réclama surtout énergiquement en faveur de la nationalité polonaise. Il demanda, dans l'adresse, une phrase expresse en faveur des héros de la Vistule. Plus tard, il demanda, avec le vénérable Lafayette et le comité polonais, la reconnaissance expresse de la Pologne. Il prit aussi la parole dans la discussion de la pairie, et proposa un amendement en faveur du pouvoir constituant de la Chambre. Les patriotes applaudissaient à cette démarche, qui avait pour elle l'assentiment national, et, de plus, l'assentiment de la logique et de l'équité; mais, pour un motif que nous avons peine à nous expliquer, Bignon, cédant à des considérations qui du moins auraient dû le toucher plus tôt, retira son amendement : déjà Bignon avait donné l'exemple de concessions pareilles : dans l'amendement qu'il avait présenté en faveur de la Pologne, il voulait que l'on déclara que la chambre avait la « certitude » que la nationalité polonaise ne périrait pas. Les ministres, qui sont fort grammairiens, déclarèrent qu'ils préféraient « l'assurance » à la « certitude ». Une grande bataille grammaticale fut engagée. Les champions du ministère vinrent rompre huit ou dix lances, et, pour déterminer le succès, Cas. Périer dut déclarer, avec sa politesse et son urbanité ordinaires, que, si la chambre voulait être « certaine » au lieu d'être « assurée », il allait sur-le-champ, en donnant sa démission, abandonner la France et l'Europe!... Cette pitoyable fanfaronnade réussit au ministre, et Bignon ainsi que la majorité se contentèrent de l'assurance; quant aux patriotes, ils étaient assurés et certains que la majorité n'avait pas plus de pitié pour les peuples que le ministère; et, sur la foi sinistre de M. Sébastiani, ils savaient dès long-temps que la Pologne était un peuple destiné à mourir. Dans les sessions suivantes, et à propos de la discussion du projet de loi concernant les secours aux étrangers réfugiés, Bignon prit la défense de ces martyrs de la liberté, et, comme le ministre exigeait que des secours ne fussent accordés qu'aux réfugiés en dehors de toute amnistie, il prouva que ces amnisties n'avaient aucune valeur, et qu'en Pologne surtout elles ne pouvaient être acceptées même sous la garantie illusoire du juste-milieu. Dans la discussion sur l'emprunt grec, Bignon présenta le tableau de notre situation extérieure. Il montra la France humiliée partout, et partout agissant et payant pour tout le monde. Il prouva le mensonge de cet axiôme ministériel : « L'or et le sang de la France n'appartiennent qu'à la France, » tandis qu'en Belgique, en Italie, en Grèce, de tous côtés enfin, l'or et le sang de la France étaient prodigués dans un intérêt dynastique ou pour le service des rois absolus de l'Europe! Son discours, plein de logique, dicté par une parfaite connaissance des faits et des choses, eût entraîné toute autre assemblée que la Chambre dévouée au système immuable auquel nous obéissons depuis près de douze ans. Il fut enfin constamment opposé aux propositions ministérielles, toutes hostiles aux libertés nationales; mais l'on ne retrouva plus en lui cette énergie de jeunesse qui était le cachet de son talent sous la Restauration. Lorsqu'en octobre 1832, Louis-Philippe, sur le rapport de M. Guizot, alors ministre de l'instruction publique, rétablit l'Académie des sciences morales et politiques, supprimée par Napoléon, par arrêté du 3 pluviôse en XI (24 janvier 1804), Bignon fut appelé à faire partie de cette cinquième classe de l'Institut, dès sa réorganisation; mais il n'entra point dans ce corps savant comme un membre paresseux; car il y lut, en 1833, un mémoire sur une question intéressante, *sur la conciliation progressive de la morale et de la politique,* lequel a été imprimé dans le premier volume de la nouvelle série du recueil de cette classe de l'Institut. A l'ouverture de la session de 1833, membre de la commission pour la rédaction de l'adresse, pièce équivoque qui devait satisfaire tout le monde, puisque son adoption fut revendiquée comme un triomphe par une partie de l'opposition, qui prétendait y voir le blâme du système ministériel, tandis que les partisans du ministère y voyaient au contraire l'approbation de leurs actes, Bignon prit la parole dans la discussion générale. L'orateur, tout en désapprouvant certains actes du pouvoir, en donnant des éloges à quelques-autres, se bornait à poser des principes d'une passive neutralité, et à réclamer le maintien strict des traités de 1815, si humiliants pour l'honneur national. C'était prouver à la fois que son opposition était devenue peu exigente, et que le gouvernement était descendu bien bas. Bignon montra plus de vigueur dans la loi contre les associations. Il accusa la marche impolitique du pouvoir relativement à la situation intérieure et à l'égard des puissances étrangères. Il proposa aux partisans du gouvernement, puisqu'ils étaient si effrayés des associations, de former à leur tour une contre-association composée de tous ceux qui partageaient leur opinion. Il termina en déclarant que la loi proposée était de la nature de celles que l'opposition avait quelquefois frappées d'anathème, et qu'il aurait cru manquer à ses antécédents s'il fût resté muet dans une pareille circonstance. Quelques phrases de ce dernier discours ayant cependant donné prise aux limiers du pouvoir, et M. Martin (du Nord) ayant prétendu s'étayer de l'opinion de Bignon qui, selon lui, trouvait la loi populaire, Bignon donna poliment un démenti à M. Martin, qui avait dénaturé le sens de son discours. « Permettez-moi, » messieurs, dit-il, de vous citer une » opinion de Mirabeau sur les lois in- » applicables, à l'occasion d'une loi pré- » sentée, et qu'il jugeait impraticable » dans son exécution; Mirabeau disait, » en 1791, à la tribune nationale : C'est » une de ces lois contraires au droit » social, et dont on ne peut dire qu'une » chose : Je jure de leur désobéir... » Eh bien! messieurs, craignez qu'une » partie de la France ne fasse entendre » le même langage et n'imite Mira- » beau. » Le traité des 25 millions avec les États-Unis rencontra dans Bignon un habile adversaire. Il présenta un tableau précis et complet, en l'appuyant des considérations les plus décisives. Il prouva que la créance des États-Unis était portée à un taux exagéré, et qu'on voulait faire payer à la France ce qu'elle ne devait pas. Il fit remarquer avec quel soin M. de Broglie s'était plu à exagérer les torts du gouvernement français, et dit avec raison qu'il avait cru entendre non un ministre de France, mais un ministre américain. Il réfuta enfin, en peu de mots, l'interminable discours du ministre des affaires étrangères. Bignon continua les années suivantes d'être l'un des plus rudes adversaires du ministère: heureusement pour ce dernier, la Chambre des députés fut dissoute par ordonnance du roi du 3 octobre 1837, contre-signée Molé; et, dans la crainte que les nouvelles élections ne le renvoyassent à la Chambre, on se hâta de comprendre Bignon dans la fournée de quarante-huit hommes, plus ou moins politiques, qu'une autre ordonnance du même jour reléguait à la Chambre des pairs. Aux termes de la Charte, Bignon avait des droits acquis : il ne protesta point. — Dans son testament, Napoléon, toujours plein du souvenir des services rendus à la patrie, et cherchant encore, du lointain de son rocher solitaire, à exciter une noble émulation parmi les hommes dont il connaissait le cœur et le caractère, a tracé ses mots : « Je lègue au baron Bignon 100,000 fr. » Je l'engage à écrire l'histoire de la » diplomatie française de 1792 à 1815. » Ce souvenir et cette recommandation d'un héros sont un bel éloge en faveur de celui qui en est l'objet. Bignon a accepté le legs et a travaillé avec ardeur dans les dernières années de sa vie à satisfaire l'attente publique. Les deux premières périodes de cette histoire ont déjà vu le jour; mais la mort du diplomate-historien, survenue le 6 janvier 1841 (*), ne lui a pas permis de publier la troisième période qui devait arriver jusqu'en 1815. Espérons que la famille Bignon ne laissera pas incomplet un ouvrage si honorable et si important pour la France, et que d'ailleurs Napoléon avait si généreusement rétribué d'avance. — Voici en quelques mots le portrait du patriote intègre et énergique qui fait l'objet de cet article, tel qu'il a été tracé par plusieurs biographes : M. Bignon était damoi-

(*) Le baron Bignon est mort à Paris : transporté presqu'aussitôt dans ses terres, ni l'un ni l'autre des corps politique et savant auxquels il appartenait n'ont eu à prononcer de discours à ses funérailles. Il a été remplacé à l'Académie des sciences morales et politiques, le 13 mars de la même année, par M. Amédée-Simon-Dominique Thierry.

seau, et presque chevalier-servant dans les salons et dans les boudoirs ; il ressemblait bien plus à un aimable « jeune-premier » qu'à un Cicéron ou à un Démosthène : mais, sorti des salons et des boudoirs du faubourg St-Germain, et placé à la tribune, il devenait le plus vigoureux défenseur de nos libertés et de nos institutions... Tous ses discours sur la liberté individuelle, sur la liberté de la presse, sur les relations de la France avec les puissances étrangères, sur le système électoral, sur la loi des élections, etc., portent l'empreinte du véritable génie en affaires d'État. Comme ces discours étaient le plus bel ornement de la tribune nationale, sa personne formait le plus joli meuble de salon qu'il fût possible de voir.

OUVRAGES DU BARON BIGNON.

I. *Politique.*

I. Système [du] adopté par le Directoire exécutif, relativement à la république cisalpine. Paris, Buisson, 1799, in-8 [1 fr. 20 c.].

II. Exposé comparatif de l'état financier, militaire, politique et moral de la France, et des principales puissances de l'Europe. Paris, Le Normant, 1815, in-8 [6 fr.].

III. * Précis de la situation politique de la France, depuis le mois de mars 1814 jusqu'au mois de juin 1815. Paris, Delaunay, juin 1815, in-8.

IV. Coup-d'œil sur les démêlés des cours de Bavière et de Bade ; précédé de Considérations sur l'utilité de l'intervention de l'opinion publique dans la politique extérieure des états. Paris, Delaunay, 1818, in-8 [2 fr. 50 c.].

V. Un mot sur deux mois d'injures. Paris, de l'impr. de Gratiot, 1819, in-8 de 8 pag.

VI. Proscriptions [des], en cinq livres. Paris, Brissot-Thivars, 1819-20, 3 part. in-8 [18 fr.].

VII. Conspiration [la] des Barbes. Lettre de M. Bignon à M. Méchin. Paris, Brissot-Thivars, 1820, in-8 de 16 pag. [50 c.].

Cet opuscule a eu la même année une seconde édition.

VIII. Congrès [du] de Troppau, ou Examen des prétentions des monarchies absolues à l'égard de la monarchie constitutionnelle. Sec. édit. Paris, F. Didot, 1821, in-8 [4 fr.].

IX. Lettre à un ancien ministre d'un état d'Allemagne, sur les différends de la maison d'Anhalt avec la Prusse. Paris, Béchet aîné, 1821, in-8 [1 fr. 25 c.].

X. Cabinets [les] et les peuples, depuis 1815 jusqu'à la fin de 1822. Paris, Béchet aîné, 1822, in-8.— IIIe édition. Paris, le même, 1823, in-8 [6 fr.].

M. Jacques Laffitte en possède un exemplaire dans sa bibliothèque entièrement surchargé de notes marginales du général Foy, qui a été offert à cet honorable citoyen par la veuve de l'illustre guerrier et orateur.

XI. Mémoire sur la conciliation progressive de la morale et de la politique, lu à l'Académie des sciences morales et politiques, dans la séance du 31 janvier 1835. In-4 de 16 pag.

Imprimé dans le 1er volume du recueil de cette Académie [1837].

II. *Discours et Opinions.*

XII. Discours [son] sur la liberté de la presse, prononcé à la chambre des députés, à la séance du 15 décembre 1817. Paris, de l'impr. de Gratiot, 1817, in-8 de 40 pag.

XIII. Discours sur le recrutement de l'armée, prononcé à la chambre des députés, dans la séance du 17 janvier 1818. Paris, de l'impr. de Gratiot, 1818, in-8 de 52 pag.

XIV. Discours sur la loi générale des finances pour 1818, considérée dans son rapport avec la situation politique et la situation administrative de la France ; prononcé à la chambre des députés, dans la séance du 4 avril 1818. Paris, Delaunay, 1818, in-8.

XV. Opinion [son] sur la résolution de la chambre des pairs relative à la loi des élections. Paris, Delaunay, 1819, in-8 de 16 pag.

XVI. Opinion [son] sur les pétitions tendant à demander à S. M. le rappel des bannis. Paris, Delaunay ; Brissot-Thivars, 1819, in-8 de 20 pag.

XVII. Discours [son] sur le projet de loi relatif aux pensions ecclésiastiques et à l'établissement de douze nouveaux siéges épiscopaux, prononcé dans la séance du 12 mai 1821. Paris, impr. de Firmin Didot, 1821, in-8 de 32 pag. [1 fr. 25 c.].

XVIII. Discours [son] sur le budget du ministère des affaires étrangères.

Séance du 7 juin 1821. Paris, impr. de Baudouin fils, 1821, in-8 de 36 pag.

XIX. Discours [son] sur la loi générale des finances, prononcé à la chambre des députés, dans la séance du 15 juillet 1822. Paris, impr. de F. Didot, 1822, in-8 de 32 pag.

XX. Opinion [son] sur l'emprunt de 100 millions. [Séance du 24 février 1823.] Paris, Baudouin frères, 1823, in-8 de 24 pag.

III. *Histoire.*

XXI. Histoire de France. Première époque. Depuis le 18 brumaire [novembre 1799] jusqu'à la paix de Tilsitt [juillet 1807]. Paris, F. Didot; veuve Charles-Béchet, 1827 et ann. suiv., 6 vol. in-8 [48 fr.].— Deuxième époque. Depuis la paix de Tilsitt [1807] jusqu'en 1812. Paris, les mêmes, 1838, 4 vol. in-8 [24 fr.].

Choisi par l'Empereur qui, dans son testament, lui imposa la tâche d'écrire l'histoire diplomatique de son règne, personne, mieux que M. Bignon, ne pouvait, par sa position et par une série d'événements qui lui ont ouvert les portefeuilles des affaires étrangères, approfondir les secrets de la politique européenne. Ses relations avec les hommes politiques de son époque lui facilitaient sa tâche, et lui ont permis de découvrir la vérité là où elle eût été cachée pour d'autres. Aussi son ouvrage a-t-il obtenu un véritable succès, et il a été traduit plusieurs fois à l'étranger.

La première série est épuisée; la seconde, qui contient le récit de la grande lutte de la France contre l'Angleterre, celle de Napoléon avec le Pape, la guerre d'Espagne, les projets et propositions de la Russie pour le partage de la Turquie, etc., etc., offrent, par la multitude de détails neufs et sur les personnes et sur les choses, une histoire vue sous des rapports tout nouveaux.

La troisième et dernière série devait décrire la grande lutte de 1812 entre la France et la Russie, et s'arrêter en 1815, époque fixée par Napoléon pour l'achèvement de cette histoire.

M. Benjamin-Constant a rendu compte de la première période de cet ouvrage, sous forme de lettres, dans la «Revue de Paris», tome XI, 1830.

BIGOT, du Hâvre, typographe.

I. Étendard [l'] de la liberté, poëme sur la révolution de 1830. Paris, Chaillou, 1830, in-8 de 16 pag.

II. Instruction sur le premier grade maçonique, prononcée le 8e jour du 10e mois 5830 [ère vulgaire 8 décembre 1830], lors de la réception d'anciens militaires rappelés sous les drapeaux dans la resp.·. l.·. du Temple des vertus et des arts, O.·. de Paris. Paris, de l'impr. de Pihan Delaforest Morinval, 1831, in-8 de 20 pag. [50 c.].

III. De la Franche Maçonnerie en Europe, et principalement en France, depuis 5814 jusqu'à nos jours, et réponse aux attaques dirigées contre elle tout nouvellement encore; discours prononcé au Temple des vertus et des arts le 17e jour du 1er m.·. 5831 [ère vulg.·., 17 mars 1831]. Paris, de l'impr. de Pihan Delaforest Morinval, 1831, in-8 de 32 pag.

BIGOT. — Alphabet raisonné, ou Méthode ingénieuse et facile pour montrer et apprendre à lire en peu de temps, etc. Rennes, Vatar, 1840, in-12 de 96 pag.

BIGOT DE MOROGUES [le baron Pierre-Marie-Sébastien], géologue et minéralogiste, agronome distingué et économiste, associé-correspondant de plusieurs académies et sociétés savantes, nationales et étrangères, et, entre autres, des sociétés royale et centrale d'agriculture, philomatique de Paris, des antiquaires de France, d'encouragement pour l'industrie nationale, linnéenne de Paris et du Calvados, d'horticulture de Londres, de minéralogique d'Iéna, de Hanneau, de Trèves, de Nantes, d'Orléans, du Mans, de Caen, d'Angoulême, etc., etc., correspondant de deux classes de l'Institut [l'Académie des sciences, et celles des sciences morales et politiques] (*), etc., pair de France, est né à Orléans [Loiret], le 5 avril 1776, d'une famille noble et ancienne, originaire d'Angleterre, qui vint, vers le XIe ou XIIe siècle, s'établir en France, et particulièrement dans le Berry, où ils avaient acquis la seigneurie de Morogues. Cette propriété sortit de la famille des Bigot à la suite d'une séparation qui eut lieu dans cette dernière. La branche aînée passa en Hollande lors de la révocation de l'édit de Nantes, et s'établit d'une manière brillante à la cour du stathouder. La branche cadette, chargée seule de continuer l'illustre nom de Bigot en France, se fixa

(*) C'est à tort, pensons-nous, que quelques biographes récents présentent le baron Bigot de Morogues comme membre titulaire de la Société centrale d'agriculture et de deux classes de l'Institut; il ne figure, dans les Annuaires de la Société d'agriculture et de l'Institut, pour 1840, que comme associé-correspondant de ces trois sociétés et académies.

près d'Orléans, dans la terre de Latouanne. Une nouvelle subdivision de la famille étant venue à s'opérer, la branche aînée prit le nom de Bigot de Latouanne. A partir de cette époque, l'éclat et l'importance de cette maison marchent en croissant. Les talents éminents, les actions sublimes, les vertus publiques et privées s'y succèdent, s'y multiplient et semblent y devenir héréditaires. Un cadet de cette famille, M. Bigot de Lamotte, est conseiller d'état, intendant-général de la marine et de la province de Bretagne ; c'est sous sa direction que s'établissent les ports de Brest et de Lorient ; c'est lui, le premier, qui entrevoit et signale les véritables éléments de notre puissance maritime ; c'est son nom que l'on trouve dans les rapports et les mémoires du temps chaque fois qu'on y voit cité un administrateur probe, habile, intelligent. Son fils, le vicomte Sébastien-François Bigot de Morogues, cité dans notre « France littéraire », marche dignement sur ses traces : à l'âge où tant d'autres commencent à peine leur carrière, nous le voyons capitaine de vaisseau, commandant « le Magnifique », et faisant partie de l'armée navale sous les ordres de M. de Conflans, lors de la malheureuse bataille donnée par cet inhabile général ; il soutint seul le feu de trois vaisseaux anglais pendant trois heures, donna ainsi à l'arrière-garde le temps de se rallier, par conséquent de sauver toute notre flotte, et rentra ensuite avec son bâtiment dans le port. Plus tard il est lieutenant-général des armées navales, inspecteur-général de l'artillerie de la marine, correspondant de l'Académie des sciences, et membre honoraire de celle de la marine, dont il fut le principal restaurateur. Les connaissances qu'il déploie dans ses nombreux ouvrages sur la tactique navale égalent son talent et sa bravoure de commandant en chef. Jeune il combat et écrit ; courbé sous le poids des années il écrit et combat encore ; tacticien profond, officier incorruptible, il consacre toute sa vie à son pays, et lègue à son petit fils, mort pair de France, afin de perpétuer d'autant plus dignement sa mémoire, ses goûts, ses talents et son amour du travail. Un cousin-germain de ce dernier, Jacques-Adrien-Isaac Bigot, seigneur de Villandry et de Morogues, officier supérieur (*), fait imprimer, à Amsterdam, en 1761, un savant ouvrage militaire, présenté sous le titre modeste « d'Essai de tactique pour l'infanterie », en 2 vol. in-4. Ainsi qu'on le voit, la noblesse de naissance dans la famille de Morogues est surpassée par la noblesse des services. Le baron Pierre-Marie-Sébastien Bigot de Morogues était le second fils de Augustin-Pierre, ce major de vaisseau, connu à la cour de Louis XVI sous le nom de vicomte de Morogues, et dans la marine sous celui de « l'Intrépide major ». Il était bien jeune lorsqu'il perdit son père (**). Sa mère l'envoya à l'école de Vannes, avec l'intention de lui faire suivre la carrière qu'avaient parcourue si dignement son père, son aïeul et son bisaïeul. A part cette considération, la marine dut, ce nous semble, avoir peu d'attrait pour un enfant calme, doux, aimable, et assez faible de santé. Toutefois l'école de Vannes admettant, outre les connaissances spéciales, l'étude des sciences exactes, il s'adonna à ces dernières avec ardeur. Quelque temps après, la Révolution éclata. L'école de Vannes fut supprimée. Rentré dans ses foyers, en 1791, à l'âge de quinze ans, M. de Morogues vit la foudre révolutionnaire frapper une partie de sa famille. Mais déjà loin de ressentir de la haine contre les hommes et les événements, loin de confondre dans sa pieuse douleur les écarts et les bienfaits, loin d'armer son bras d'un fer étranger pour le tourner contre sa patrie, il voulut étudier encore pour être le plus utile possible à ses compatriotes. Le baron Bigot de Morogues entra, en 1794, à l'École des mines de Paris. Son goût pour les mathématiques, la chimie et les sciences naturelles, son amour pour le travail et les conseils de quelques hommes instruits lui firent surmonter les difficultés, et mettre bientôt en relief son esprit à la fois profond et positif. Il fixa l'attention de ses maîtres, Vauquelin et Haüy, et mérita l'estime de ses compagnons d'étude. L'amitié dont il se

(*) Né à Utrecht, en 1709.

(**) Né à Brest, en 1740, mort à Orléans, en 1788.

lia à cette époque avec MM. le comte Tristan, dont il devint plus tard le beau-frère (*), le vicomte Héricart de Thury et le comte de Ferody, fit son bonheur jusqu'à ses derniers jours. Compris dans la réforme que l'École des mines subit en 1795, le baron Bigot de Morogues continua de suivre quelques cours choisis. Le reste de son temps se passait dans le laboratoire de Vauquelin : c'est-à-dire que, quoique ayant quitté l'École des mines, il n'abandonna pas pour cela l'étude de la minéralogie. Le baron ne tarda pas à retourner dans sa ville, et épousa la seconde fille de M. Montaudouin. Peu de temps après son mariage, en 1807, lui et son beau-frère le comte de Tristan firent un voyage dans le Poitou pour affaires de famille. Le « Journal des Mines », les « Annales du Muséum d'histoire naturelle » et autres feuilles de l'époque suivirent presque jour par jour leurs traces en donnant au public des renseignements aussi positifs que curieux sur les productions minéralogiques, physiques et chimiques des pays qu'ils venaient de parcourir. Leur présence dans la Bretagne, dans les Vosges, dans le Jura, dans la Suisse, dans la Savoie, fut constaté par d'autres recherches, d'autres observations dont l'importance croissait en raison de l'étendue et de la variété des terroirs explorés, et de la lumière qu'elles jetaient sur l'art d'appliquer les sciences positives à l'industrie et à l'agriculture nationales. C'est au retour de ce voyage que le baron Bigot de Morogues, guidé par les conseils éclairés de M. le comte de Tristan, se mit à coordonner les notes qu'ils avaient recueillies ensemble. Plusieurs mémoires publiés de la sorte, de 1807 à 1812, furent accueillis avec faveur par l'Académie des sciences : quelques-uns ont été cités avec éloge par MM. Brongniart et Cuvier. Des *Observations minéralogiques et géologiques sur les principales substances des départements du Morbihan, du Finistère et des Côtes-du-Nord*, firent nommer leur auteur correspondant des sociétés philomatique de Paris, d'Iéna, de Trèves et de Hanau. Le plus curieux et peut-être le plus remarquable d'entre ces mémoires, est celui *sur la chute des pierres tombées sur la surface de la terre à diverses époques* [Paris, 1812, in-8] qui était l'un des premiers qui paraissaient sur ce phénomène long-temps méconnu (*); l'Académie des sciences et celle des inscriptions et belles-lettres accueillirent avec faveur ce travail, qui fit ouvrir au baron Bigot de Morogues les portes de l'Académie celtique, depuis Société royale des antiquaires de France. — En 1811, la famille réunie jusqu'alors fit le partage des biens. La « Source » resta au baron. Fixé définitivement dans cette propriété, une des plus vastes de la Sologne, et habitué de longue main à l'étude, au travail, aux sacrifices, le baron Bigot de Morogues trouva, sans trop franchir les limites de son propre domaine, de quoi occuper son esprit et son âme : il se fit agronome, et joignit la pratique à la théorie de l'agriculture et de l'horticulture dans toutes leurs branches, sur cette vaste propriété qu'il a dirigée près de quarante ans. Après les Landes, la Sologne était, il y a trente ans, la contrée la plus misérable de la France. Des champs mal cultivés, des populations pâles, maladives, périssant presque de faim ; des marais exhalant des miasmes pestilentiels, des forêts remplies d'animaux voraces, des bruyères et des taillis sans issue, tel était le spectacle qu'offrait alors ce pays aux regards des voyageurs. La généreuse pensée de l'améliorer et de régénérer ses habitants naquit chez le baron Bigot de Morogues, et il eut le courage d'entreprendre cette grande et belle tâche. Son exemple, ses conseils, sa bourse tout a servi à le faire arriver au but que pendant longues années il a poursuivi avec tant de persévérance. S'il a triomphé des obstacles, ce n'est pas sans avoir eu beaucoup à combattre

(*) Ces deux messieurs épousèrent les filles de M. Montaudouin, ancien capitaine de cavalerie, et propriétaire de la terre de la Source du Loiret, près d'Orléans.

(*) Le premier savant français qui ait observé ce phénomène est M. Biot, de l'Académie des sciences [voy. ce nom], qui, dès 1803, fut chargé, par l'académie à laquelle il appartient, d'aller à l'Aigle pour examiner les météorites qui y étaient tombés en une effrayante pluie. A son retour à Paris, il publia le résultat de ses observations.

l'ignorance, la routine et l'apathie des paysans de la Sologne, qui maintes fois suspectèrent les conseils de l'homme généreux qui s'occupait si activement de leur bien-être. De longues journées d'été passées dans les champs, et de plus longues nuits d'hiver consacrées à l'étude, firent en peu de temps du baron Bigot de Morogues un agronome consommé, et le propagateur de la richesse agricole dans sa contrée, tant par sa propre pratique que par une série d'écrits estimés, lesquels démontraient la possibilité d'améliorer ce pauvre pays. Dans le nombre de ces écrits sont les suivants : ***Essai sur l'appropriation des bois aux divers terrains de la Sologne*** [1811]; ***Essai sur la topographie de la Sologne et sur les principaux moyens d'amélioration qu'elle présente*** [1811]; ***Essai sur les moyens d'améliorer l'agricultare en France, particulièrement dans toutes les provinces les moins riches, et notamment en Sologne*** [1822], ouvrage dont la publication fit immédiatement nommer son auteur correspondant de la Société royale et centrale d'agriculture; ***De la préférence à accorder en Sologne à la culture du pin maritime sur celle des pins d'Ecosse et Laricio*** [1827], et autres écrits que nous rappelons dans la partie bibliographique de cette notice. Il est peu de parties de l'agriculture que n'ait étudiées le baron de Morogues, et sur lesquelles il n'ait jeté quelque lumière, produit de sa longue expérience. L'économie rurale, qui a des rapports si directs avec l'agriculture, fut aussi l'objet des études du baron de Morogues : les différents mémoires qu'il a publiés sur l'œnologie servent de guide dans cette matière et ont eu trois éditions différentes; il en a publié aussi sur la dendrologie, les laines, leurs productions, leur commerce, le moyen de les améliorer; ils ont été insérés dans un grand nombre de recueils scientifiques. C'est surtout dans l'ouvrage dont nous allons parler que le baron de Morogues a montré ses connaissances étendues comme agriculteur et comme économiste, connaissances dont il était redevable à une série d'années d'étude constante et à une expérience journalière. En 1834, les libraires Pourrat conçurent le projet de publication d'un *Cours complet d'agriculture*. Celui de Rozier commençait à vieillir; il avait quarante-cinq ans de date; et, malgré les excellents articles renfermés dans l'édition qu'a publiée Déterville, on en désirait un nouveau. La nécessité d'un ouvrage qui mît la science au courant des découvertes les plus récentes se faisait sentir. Il devait obtenir un brillant succès s'il était bien coordonné. Le baron de Morogues était, de tous les écrivains agronomiques, celui dont les connaissances pouvaient le plus aider cette publication, il abandonna ses autres travaux pour lui consacrer ses soins. Le désir de consigner l'ensemble de ses doctrines lui fit accueillir les offres qui lui furent soumises, et il a non-seulement fourni à ce recueil les articles qui demandaient le plus de recherches et de savoir (*), mais encore il en a revu un grand nombre d'autres qui lui étaient étrangers. Quelques-uns de ses propres articles, d'impression compacte, formeraient à eux seuls des volumes entiers. Nous rappellerons dans la partie bibliographique de cette notice les principaux articles dont le baron de Morogues a enrichi ce Cours, qui a la forme alphabétique. Ainsi qu'on l'a vu, l'agriculture n'était pas, pour le baron de Morogues seulement la science pratique et toute domestique qui se renferme dans l'intérieur d'une exploitation, ou celle qui se borne à répandre plus d'aisance dans une contrée; il la considérait d'un point de vue plus élevé dans ses rapports avec la prospérité du pays tout entier, avec le commerce intérieur et étranger, avec les besoins des diverses classes du peuple; il voulait y trouver un soulagement à toutes les misères, un préservatif à tous les dangers. Il porta sur ces matières l'œil et la méditation du philosophe, et se trouva ainsi conduit naturellement à l'étude de l'économie politique, cette science si vaste, si jeune encore et si peu étudiée, bien qu'elle compte déjà tant de révolutions et tant d'écoles diverses et opposées. Ce fut en 1814, au moment de la chute de l'Empire, que le baron de

(*) M. de Morogues, dans une Lettre aux membres de l'Académie des sciences, en date du 25 octobre 1836, en porte lui-même le nombre à *plus de quarante*.

Morogues se livra à cette nouvelle étude. A cette époque d'ébranlement et de rénovation sociale, les esprits élevés et sérieux, se détachant des passions du moment, se trouvaient poussés vers de graves pensées : le baron de Morogues fut de ce nombre. Il sentait quelle importance la forme et les principes du gouvernement représentatif allaient donner aux études politiques, quelle influence elles exerceraient sur l'avenir de ce gouvernement, et il s'y appliqua avec ardeur. Son premier opuscule sur ces matières parut en 1815 sous ce titre : *De l'Influence de la forme du gouvernement sur la gloire, l'honneur et la tranquillité nationale.* La notice distribuée au moment où M. Bigot de Morogues se portait comme candidat à l'Académie des sciences morales et politiques, dont il est devenu plus tard membre correspondant, prouve qu'il s'était occupé utilement des sciences de ce genre. Aussi, depuis la publication de cet opuscule jusqu'à la fin de sa carrière, a-t-il fait paraître un grand nombre d'ouvages sur les plus importantes questions agitées dans notre société moderne : philosophie, morale, législation, économie politique, qu'il appelle avec justesse *économie sociale*, et politique, sans toutefois cesser de s'occuper de l'agriculture, dans laquelle il s'était fait un beau nom, ainsi que le prouvent les articles des derniers volumes du « Nouveau Cours complet d'agriculture. » Ici l'on ne saurait apprécier le savant sans parler en même temps de l'homme politique ; car ce ne fut jamais la science abstraite que cultiva M. de Morogues, ce ne fut jamais, comme il n'arrive que trop souvent, de simples théories qu'il poursuivit ; il étudiait pour appliquer, il s'instruisait pour agir ; la science, pour lui, c'était le moyen et non le but ; ce qu'il lui demandait, ce n'était pas l'honneur ou le renom de passer pour savant, c'était le pouvoir d'éclairer, c'était la faculté d'être utile. Être utile, faire le bien, telle fut sa passion d'homme public comme sa passsion d'homme privé. De même qu'il avait appliqué ses connaissances agricoles à l'amélioration des pays pauvres, ce fut principalement à l'amélioration des classes pauvres et souffrantes de la société qu'il consacra ses études politiques. Dans son ouvrage intitulé *la Noblesse constitutionnelle, ou Essais sur l'importance politique des honneurs et des distinctions héréditaires*, etc., [1825, in-8], M. Bigot de Morogues a démontré que les honneurs ne peuvent plus être que la récompense du mérite et des services rendus à l'état, et que l'hérédité ne saurait les conserver sans le mérite personnel. Dans sa *Politique religieuse et philosophique, ou Constitution morale du gouvernement* [1827, 4 vol. in-8], après avoir remonté à l'origine des sociétés religieuses et politiques, il a cherché à déduire de leurs progrès les causes de la révolution, la nécessité de ses institutions et les extensions dont elles sont susceptibles. Cet ouvrage et le précédent ont été cités avec éloge par tous les journaux constitutionnels et libéraux du temps où ils ont paru. Beaucoup de vœux que le baron de Morogues émettait en 1827 dans cet ouvrage, plusieurs des améliorations qu'il indiquait comme des développements nécessaires de notre mode de gouvernement ont été réalisés et consacrés par la révolution de 1830. Ce fut pour lui une preuve qu'il avait bien saisi l'esprit de nos institutions et bien apprécié leurs rapports avec les besoins du pays, ce lui fut un nouvel encouragement à se livrer d'une manière plus suivie à ses études sociales. La censure avait empêché l'auteur de développer toutes ses opinions politiques : aussi, en 1834, s'empressa-t-il de les émettre plus librement dans sa *Politique basée sur la morale*, où il propose positivement de rendre nos institutions plus populaires et plus en rapport avec les besoins des grandes masses de la société. Tout en voyant dans le bien-être matériel du peuple une cause d'ordre et de stabilité, il était loin d'y placer, comme quelques-uns, la seule garantie de la tranquillité et de la conservation publiques. Il y demandait une base première plus étendue, plus noble et plus assurée. Cette base, il la trouvait dans la morale et dans l'union de celle-ci avec les principes religieux. La « Politique religieuse et philosophique », et la « Politique basée sur la morale », sont le développement de cette idée. Après avoir montré les principes de religion et de morale, et les affections de famille présidant à l'établissement, à l'accroissement, à la consolidation de toute société, il les fait voir favorisant le développement de l'esprit humain, en assurant la marche progressive, en pacifiant, en affermissant les conquêtes; il les examine dans leurs différents rapports avec l'éducation, le commerce, l'industrie, les associations, l'esprit administratif, et surtout avec les principes du gouvernement. Il s'attache principalement à démontrer combien cette base est nécessaire au gouvernement représentatif si mobile de son essence, si exposé au choc des passions. Partisan de ses souverains légitimes, M. de Morogues ne sollicita aucune faveur de Napoléon. Les services signalés qu'il rendait à son pays le dédommageaient entièrement. La Restauration ne fut pas libérale pour cet honorable savant. Les principes d'un libéralisme aussi prononcé que sage du baron de Morogues devaient le placer à cette époque dans les rangs de l'opposition : il y figura avec cette modération ferme qui faisait le fond de son caractère. Le baron de Morogues se trouvant en évidence en raison de sa richesse et de sa position sociale, et par ces seules raisons seulement, fut nommé membre du conseil d'arrondissement d'Orléans. Il était déjà depuis plusieurs années membre de la Société des sciences physiques, médicales et d'agriculture de la même ville, et maire de la commune de Saint-Cyr-en-Val, modeste fonction qu'il a remplie pendant vingt-cinq ans, et dans laquelle il a eu le bonheur de se faire aimer par ses concitoyens. D'honorables suffrages, à plusieurs reprises, le firent, sous la Restauration, porter comme candidat à la députation par la portion des électeurs qu'on désignait comme libérale. Mais ses opinions tendaient aux progrès : il était du petit nombre de ceux qui tâchaient en vain d'éclairer, sur ses vrais intérêts et sur les vœux du pays, un gouvernement aveuglé; il provoquait avec constance l'établissement de l'enseignement mutuel. Ces divers motifs le firent éloigner par le plus grand nombre, pour qui toute innovavation paraissait dangereuse. Quand éclata la révolution de juillet, sans cacher la compassion qu'il éprouvait pour d'augustes infortunes, le baron de Morogues la salua de ses vœux, et se rallia sur-le-champ à la cause nationale : il soutint le pouvoir qui devenait la condition et la garantie du maintien de l'ordre. Fidèle aux principes de toute sa vie, il fut bientôt du nombre de ceux qui s'unirent pour protéger cette révolution contre l'abus qu'on voulait faire de ses doctrines et pour la maintenir dans les justes bornes où les efforts de ses partisans éclairés et la sagesse de la nation ont su la conserver. On doit faire attention que M. de Morogues n'était point heureusement un homme politique comme on l'entend aujourd'hui, mais un véritable savant et un excellent citoyen qui ne rêvait que le bonheur de ses compatriotes : les opinions de M. de Morogues eussent été républicaines s'il eût cru la république possible dans un vieil État comme la France, où tant d'intérêts différents viennent se compliquer. Dominé par cette pensée, il n'a pourtant jamais cessé de professer les principes constitutionnels et de les propager par ses écrits. Après la révolution de juillet, M. de Morogues fut nommé membre du conseil général du département du Loiret. A la fin de l'année suivante, il entreprit, dans une série de trois opuscules, de démontrer la nécessité du luxe comme moyen de remédier à la misère des ouvriers, et il a signalé avec force comme l'une des plus funestes conséquences de notre civilisation sa tendance à concentrer entre les mains d'un petit nombre les richesses qui devraient être le domaine de tous; il a, avec la chaleur d'un homme de bien, montré ce que fait souffrir le paupérisme à l'Angleterre, et ce que nous avons à craindre de ce fléau qui s'accroît chaque jour chez nous. Les remèdes qu'il propose sont : 1° l'extension de la petite culture et de la petite industrie, et 2° d'occuper les bras désœuvrés en créant pour eux du travail. M. de Morogues, en voyant le nombre des pauvres s'augmenter à mesure que l'industrie s'accroît en Europe, en a conclu que l'industrialisme a produit cet effet. C'est avec une entière raison qu'il revient avec instance sur cette question; qu'il établit les faits et répète aux gouvernements ces vérités dures qu'ils rejettent parce qu'elles n'ont pas encore cette urgence qui appelle et commande de prompts remèdes. Les gouvernements sont aujourd'hui comme les idoles signalées par le prophète : ils ont des yeux sans voir, des oreilles sans entendre. M. de Morogues aura rendu un véritable service à la société, s'il a éveillé ses craintes, s'il parvient à se faire écouter, et s'il renvoie l'explosion à quelques siècles. Remercions donc l'auteur d'avoir trois fois repris cette question avec une précision et un développement remarquables. Presque immédiatement après, en 1832, il publia encore *Trois opuscules sur les moyens de prévenir la misère des ouvriers* [in-8 de 15 p.]; mais ses observations et ses recherches agrandissant de plus en plus la somme de ses lumières sur ces questions, il publia des ouvrages de plus d'étendue qui renferment des convenables développements. Le premier ouvrage qu'il a publié sur ces matières est intitulé : *De la misère des ouvriers et de la marche à suivre pour y remédier*. [Paris, 1832, in-8 de 135 pag.] Il a été cité avec éloge, et l'édition fut épuisée en peu de temps; il paraissait en 1832, époque où la misère se faisait si vivement sentir en France. Le second porte pour titre : *Recherches des causes de la richesse et de la misère de peuples civilisés*, etc. [Paris, 1834, in-4 autographié de 650 pages, dont un tiers en tableaux de statistique]. Le troisième a pour titre : *Du paupérisme, de la mendicité et des moyens d'en prévenir les funestes effets par la formation de plusieurs genres de colonies agricoles*. [Paris, 1834, in-8 de viij et 675 pag.]. Nous parlons de ces trois ouvrages dans la partie bibliographique de cette notice. Les honneurs académiques ont comblé les vœux de M. de Morogues en France et à l'étranger. Il était déjà correspondant d'un grand nombre d'académies et de sociétés savantes françaises et étrangères, et nommément de celles d'Orléans, de Nantes, du Mans, de la Société philomatique de Paris, de celle des Antiquaires de France, d'Iéna, de Trèves, de Hanau, de la Société royale et centrale d'agriculture de Paris, de celle horticulturale de Turin, de la Société agraire de Turin, des académies de Lisbonne et de Porto, lorsque la cinquième classe de l'Institut, l'Académie des sciences morales et politiques, nouvellement réorganisée, le choisit, le 4 janvier 1834, pour l'un de ses correspondants dans la section d'économie politique et de statistique. En 1835, il fut nommé membre du conseil supérieur d'agriculture, et fut fait chevalier de la Légion-d'Honneur. Le gouvernement de juillet cherchant à singer quelquefois en bien, plus souvent en mal, les principes du chef de l'Empire, qui allait chercher le mérite, eût-il résidé dans un grenier, pour le mettre en évidence, le gouvernement de juillet éleva le baron de Morogues à la dignité de pair de France, le 11 septembre de la même année. Il a constamment siégé pendant les sessions de 1835 et 1836. Pendant ce temps, il n'a point cessé de parler en faveur de l'agriculture à la tribune de la chambre des pairs, et quatre des dix discours qu'il y a prononcés en 1836, ont été, à cause de cela, réimprimés dans les « Annales de l'Agriculture française, d'après le vœu que la Société centrale d'agriculture a bien voulu émettre à cet égard. Le « Moniteur » des années 1836 et 1837 renferme plusieurs allocutions et plusieurs discours. Les occasions où il a fixé d'une manière prononcée les regards sur lui ont été rares; mais pourtant il a occupé tous les organes de la presse en signalant sa puissance comme souvent abusive, à l'occasion de la discussion du projet de loi relatif aux dépenses de l'exercice de 1837, et en combattant l'uniformité des moyens d'enseignement supérieur. Le baron Rougier de la Bergerie, correspondant de l'Académie royale des sciences, section d'économie rurale, étant mort en septembre 1836, le baron de Morogues se présenta le mois suivant à l'Institut, comme candidat, pour remplacer le défunt. S'il n'avait déjà été correspondant de l'Institut, il eût pu par ses travaux agricoles ajouter à ses titres celui de membre de l'Académie des sciences, sans que le public en eût été surpris, aucun autre écrivain n'offrant en France une série d'ouvrages aussi complète. Le baron de Morogues échoua dans sa candidature : l'Institut lui préféra M. d'Hombres-Firmas, qui fut élu le 26 décembre de la même année. Dans les dernières années de sa législature, le baron de Morogues a eu raison lorsque, plaidant la cause des ouvriers, il a voulu que dans les faillites le privilége pour leurs salaires s'étendît comme les gages des commis, à six mois; et quand il a soutenu qu'avant de pouvoir exercer les rigueurs de la poursuite contre les gardes nationaux qui ne se déclareraient pas, on devait les mettre en demeure : il s'est ainsi souvenu, au milieu de la chambre des pairs, qu'il y a des pauvres au sein de la société, et que tous ceux qui en font partie doivent y avoir des droits. Le même zèle que le baron de Morogues avait déployé pendant vingt-cinq ans dans les modestes fonctions de maire de la commune de Saint-Cyr-en-Val, la même ardeur qu'il avait montrée au conseil d'arrondissement, et plus tard au conseil général du Loiret, il les apporta à la chambre des pairs. Rien n'aurait pu l'en détourner. Un jeune réfugié Polonais, accueilli par lui (*), l'engageait un jour, au nom de sa santé gravement atteinte, à ne pas se rendre au Luxembourg: « Quand vous aurez votre Pologne, lui répondit-il, vous saurez alors combien il est doux de remplir ses devoirs de citoyen. » Il se fit porter à la chambre, et ce fut pour la dernière fois : ses forces défaillantes ne lui permirent plus d'y retourner. Ramené à Orléans, où l'appelaient les vœux de sa famille, le baron de Morogues a succombé à ses souffrances le 15 juin 1840, à l'âge de soixante-cinq ans. Son éloge a été prononcé au sein de la chambre des pairs par M. le comte Siméon. Il a été remplacé dans sa place de correspondant de l'Académie des sciences morales et politiques, le 23 janvier 1841, par le comte Alban de Villeneuve.— « La vie privée du baron » de Morogues était une vie toute d'é» tude et de famille : c'est là surtout » que ceux qui l'ont vu ont pu appré» cier tout ce qu'il y avait de bonté, de » loyauté et de force dans son carac» tère. Tourmenté sans relâche par la » goutte, et presque toujours aux prises » avec d'horribles souffrances, son hu» meur semblait inaltérable, et il était » d'une sérénité parfaite. Toujours » doux, prévenant, facile, d'une poli» tesse empressée, à quelque moment » qu'on le trouvât, de quelque chose » qu'on vînt l'entretenir, on le voyait » calme, tolérant, impartial; s'il se » souvenait d'un tort qu'on avait pu » avoir envers lui, c'était pour montrer » qu'il avait pardonné; s'il avait quel» que reproche, quelque mot de cen» sure à adresser, c'était avec tant de » bienveillance qu'il le faisait, qu'on » eût plutôt dit qu'il donnait un con» seil. — Rompu au travail, sobre de » paroles, il était ménager du temps; » il n'y avait qu'une occasion où il le » prodiguât volontiers, c'était lorsqu'il » s'agissait d'obliger. Il semblait, pour » rendre service, retrouver la santé et » des forces nouvelles : là, il était infa» tigable; il l'était également dans sa » bienfaisance, noblement secondé, » dans l'exercice de ses vertus, par la » femme si distinguée, à tant de titres, » qu'il avait pu se choisir pour compa» gne. C'est ainsi qu'il a vécu, honoré » de tous, entouré de sa nombreuse fa» mille, dont il était l'exemple et le » lien; c'est ainsi qu'il est mort avec le » calme religieux d'un homme de bien » qui a la conscience d'avoir fourni une » vie utile; emportant l'estime de ses » concitoyens, les regrets de tous les » partisans du bien public, également » pleuré de sa famille, de ses amis et » des malheureux. »

(*) M. Jules Wyslouch, à qui l'on doit une « Notice biographique et historique sur le baron Bigot de Morogues. » [Paris, 1841, in-8 de 50 pag.] dans laquelle ses qualités et ses mérites sont justement appréciés.

OUVRAGES DU BARON BIGOT DE MOROGUES.

1. *Géologie et Minéralogie.*

I. Notice minéralogique et géologique sur quelques substances du département de la Loire-Inférieure, et particulièrement de Nantes. Paris, Bossange et Masson, 1807, in-8 de 30 p.

Extrait du « Journal des Mines ».
Une partie de cette notice, concernant les quartz fétides qu'elle fit connaître, fut insérée la même année dans les « Annales du Muséum d'histoire naturelle », tome IX.

II. Avec M. le comte de *Tristan* : Notice sur un crustacé renfermé dans quelques schistes, et notamment dans ceux de Nantes et d'Angers. Paris, Bossange et Masson, 1808, in-8 de 15 pag.

Extrait du « Journal des Mines ».

III. Remarques sur le disthère. — Impr. dans le « Bulletin des sciences d'Orléans », en 1810.

IV. Essai sur la constitution minéralogique et géologique du sol des environs d'Orléans. [Extrait du Bulletin des sciences d'Orléans]. Orléans, 1810, in-8 de 32 pag.

MM. Cuvier et Brongniart ont mis cet Essai à profit dans leurs ouvrages géologiques, et l'ont cité avec éloge dans leur important ouvrage.

V. Observations minéralogiques et géologiques sur les principales substances des départements du Morbihan, du Finistère et des Côtes-du-Nord. [Extrait du « Journal des Mines »]. Paris, Bossange et Masson, 1810, in-8 de 160 pag.

Les gisements de plusieurs minéraux, alors peu ou point connus, ont été indiqués dans ce long Mémoire qui fit nommer son auteur correspondant des sociétés philomatiques de Paris, d'Iéna, de Trèves et de Hanau.

VI. Note sur des gyrogonites trouvés dans le département de la Sarthe. —Impr. dans le « Bulletin des sciences d'Orléans », ann. 1811.

VII. Mémoire historique et physique sur les chutes des pierres tombées sur la surface de la terre à diverses époques. Orléans, et Paris, Merlin; Allais, 1812, in-8 de 360 pag. [5 fr.].

Cet ouvrage a été favorablement accueilli par l'Académie des sciences, et par celle des inscriptions et belles-lettres. Un extrait de ce Mémoire fut inséré dans le «Bulletin des sciences d'Orléans», juillet 1812; le «Journal des Mines» en publia aussi des extraits. Le Catalogue des chutes de pierres est inséré dans ce dernier recueil. L'académie celtique, depuis Société royale des antiquaires de France, s'adjoignit M. de Morogues comme correspondant.

VIII. Catalogue chronologique des chutes de pierres et des masses que l'on présume tombées sur la terre. [Extrait du « Journal des Mines ».] Paris, Bossange et Masson, 1812, in-8.

Ce catalogue a été aussi inséré la même année dans le «Bulletin des sciences d'Orléans» : il a servi de base, ainsi que le *Mémoire historique et physique sur les chutes des pierres* [Voy. le n° VII], aux divers articles insérés sur ce sujet dans les cours, dictionnaires et journaux.

IX. Notice sur le kaolin de Dignac [Charente]. — Impr. dans le « Journal des Mines », en 1822.

X. Notions géologiques générales sur l'antiquité des couches les plus superficielles de la terre, appliquées à quelques roches des environs d'Angoulême. [Extrait des « Ann. de la Société royale d'Orléans »]. Orléans, Danicourt-Huet, 1824, in-8.

Réimprimées la même année dans les «Annales de la société de la Charente.»

Les ouvrages de minéralogie et de géologie du baron Bigot de Morogues ont fourni beaucoup de documents pour les divers dictionnaires d'histoire naturelle, publiés depuis une trentaine d'années.

II. *Agriculture. — Horticulture. — Économie rurale.*

XI. Essai sur l'appropriation des bois aux divers terrains de la Sologne. [Extrait du « Bulletin des sciences d'Orléans »]. Orléans, 1811, in-8 de 57 pag.

Ce Mémoire ayant démontré le parti que l'on pouvait tirer des semis et plantations en Sologne, les bois y ont été beaucoup plus multipliés depuis sa publication.

XII. Notice sur la caprification, essayée avec succès, pour faire mûrir les figues de seconde saison. — Impr. dans le « Bulletin des sciences d'Orléans », ann. 1813.

XIII. De la meilleure méthode pour opérer économiquement la fermentation vineuse. [Extrait des « Annales de la Société royale d'Orléans »]. Orléans, veuve Huet-Perdoux; et Paris, madame Huzard, 1824, in-8 [1 fr. 50 c.].

Cet opuscule a d'abord été imprimé dans les « Annales de l'agriculture française », janvier 1814 : la réimpression contient de plus des notes et des additions.

Ce Mémoire, destiné à servir de guide aux œnologues, a contribué efficacement à améliorer la méthode de faire les vins dans beaucoup de lieux, et notamment dans les environs d'Orléans. Il a été réimprimé par le libraire Roret dans le «Manuel du Vigneron.»

XIV. Détail d'une expérience œnologique, faite, suivant les procédés de M. le comte Chaptal et Mlle Gervais, au château de la Source, le 15 octobre 1821.— Impr. dans les « Annales de la Société royale d'Orléans », en 1822.

XV. Essai sur les moyens d'améliorer l'agriculture en France, particulièrement dans toutes les provinces les moins riches, et notamment en Sologne. Orléans, de l'impr. de Huet-Perdoux, et se trouve à Paris chez madame Huzard, 1822, 2 vol. in-8 [12 fr.].

Cet ouvrage, qui est un traité méthodique d'agriculture rédigé sur un plan nouveau, a fait immédiatement nommer son auteur correspondant de la Société royale et centrale d'agriculture. Analysé par tous les journaux, il a contribué efficacement à répandre les bonnes méthodes de culture, à exciter les entreprises relatives aux améliorations agricoles; et son effet, sur la Sologne en particulier, a été tel, que beaucoup de capitalistes ont employé leurs fonds pour l'améliorer. Aujourd'hui, un grand nombre d'agriculteurs français et étrangers y consacrent leurs soins, et les terres y ont été triplées ou quadruplées de leur valeur vénale depuis 1822 jusqu'à ce jour, ainsi que les registres de l'enregistrement peuvent le constater.

Cela a été la conséquence de la multiplication des bois, notamment de ceux d'essence résineuse, de la propagation des fourrages, de l'amélioration des races de bestiaux, de la culture des racines nutritives, de l'adoption d'un bon assolement qui a permis de se procurer plus d'engrais et de récoltes, et, à cause de cela, une beaucoup plus grande quantité de céréales.

XVI. Importance des connaissances agricoles pour la prospérité de la France. 1823.

Imprimé dans les « Annales de l'agriculture française », en 1823, et réimprimé dans les « Mémoires de la société de Toulouse ».

Le précédent ouvrage avait pour objet principal de répandre les bonnes méthodes de culture dans les lieux où elles n'étaient pas pratiquées, et de faire connaître les grands avantages que leur adoption y procurerait.

Ce Mémoire, qui en formait comme le complément, a eu pour objet de montrer combien il y avait encore d'amélioration à faire dans la culture des parties de la France les plus riches et les plus fertiles. Plusieurs sociétés savantes, en en reconnaissant l'importance, l'ont réimprimé dans leur recueil.

XVII. Observations générales sur l'influence de la latitude, de l'élévation, de l'exposition et de la nature du sol des vignobles, avec quelques applications particulières à ceux de l'arrondissement d'Orléans et à la répartition de l'impôt sur les vignes. [Extrait des « Annales de la Société royale d'Orléans »]. Orléans, veuve Huet-Perdoux, 1823, in-8 de 34 pag.

Réimprimées dans les « Annales de la société d'agriculture de la Charente », en juillet 1823.

Ces Observations, tirées à part et épuisées, ont pour but de servir de guide aux planteurs de vignes, sur le choix des lieux les plus favorables à leurs entreprises.

Nous avons vu une édition de ces *Observations*, impr. à Arcis, par Blondel, in-18 de 72 pag., sans date.

XVIII. De l'influence des récoltes intercalaires sur les blés qui leur succèdent. [Extrait des « Annales de la Société royale d'Orléans »]. Orléans, veuve Huet-Perdoux, sept. 1824, in-8 de 23 pag.

M. Sierleys de Mayrinhac, alors directeur des haras et de l'agriculture, trouvant que la France agricole produisait trop de grains, proposa aux sociétés agricoles de France la question qui fait l'objet de ce Mémoire, en prétendant que les perfectionnements apportés à la culture, et notamment l'introduction des prairies artificielles, détérioraient la qualité des blés. L'auteur de ce mémoire ne craignant pas que la France pût produire trop de blés, démontra que l'effet des récoltes intercalaires était d'accroître la fécondité du sol et de permettre de récolter des froments là où on ne récolte que des seigles, en sorte que si les blés des pays déjà très-fertiles donnaient une farine moins blanche après les récoltes intercalaires, le cultivateur en était amplement dédommagé par une beaucoup plus grande abondance de grains.

XIX. Recherches théoriques et pratiques de la meilleure méthode pour faire fermenter économiquement le vin, le cidre et les autres liqueurs du même genre. [Extr. des Mém. de la Soc. roy. d'Agriculture]. Paris, madame Huzard, 1825, in-8 de 237 pag. [4 fr.].

Ces Recherches, ainsi que les deux ouvrages sur le même sujet, publiés antérieurement par le baron Bigot de Morogues [Voy. les nos XIII et XIV], ont éclairci d'importantes questions sur la culture de la vigne et sur la fabrication du vin.

Le but de ces *Recherches* fut d'abord de constater l'influence sur la fermentation de l'appareil Gervais, alors très en vogue, et très-vanté par toutes les sociétés savantes. Les expériences les plus exactes, faites sur des cuves renfermant 16 hectolitres de vendange et long-temps réitérées, démontrèrent son inutilité complète, aujourd'hui reconnue; on a profité de ces recherches pour faire un grand nombre d'expériences sur la fermentation des vins et sur celle des cidres, et pour obtenir l'analyse exacte d'une cuve de vendange de 16 hectolitres en fermentation vineuse.

XX. Préférence [de la] à accorder, en Sologne et dans les sols d'alluvions quartzeuses, à la culture du pin maritime sur celle des pins d'Écosse et Laricio. [Extrait des Annales de la Société royale d'Orléans]. Orléans, Danicourt-Huet, 1827, in-8.

XXI. Note sur les plantations d'arbres exotiques faites par MM. de Thury, et sur l'importance de la naturalisation de ces arbres dans la France. Paris, de l'impr. de E. Duverger, s. d., in-8 de 7 pag.

XXII. Bêtes ovines. [Extr. du « Cours complet d'agriculture »]. Paris, s. d., in-8 de 53 pag. à deux colonnes.

Dans cet article, l'auteur examine les différentes races sous les rapports agricoles et industriels; il y indique les plus convenables à chaque localité de la France, les améliorations dont nos races sont susceptibles sous le rapport de la production de la laine et comme devant alimenter nos boucheries; les avantages que l'agriculture peut retirer de ces améliorations, et des croisements de nos races indigènes avec les races exotiques.

A cette liste des ouvrages et opuscules du baron de Morogues sur l'agriculture et l'économie rurale, il faudrait encore ajouter beaucoup d'articles relatifs à l'une et à l'autre de ces parties insérées dans le « Nouveau cours complet d'agriculture », publié par les frères Pourrat, dont le baron de Morogues était un des principaux rédacteurs; mais nous bornerons à rappeler les articles les plus importants, et qui sont ceux-ci : *Accaparements, Appropriation, Bail, Bêtes ovines* (en 55 pages), *Blé* (en 85 pages), *Céréales* (en 33 pages), *Colonies agricoles, commerce et enseignement agricole; Consommateurs et consommation* (en 31 pages), *Culture* (en 28 pages), *Douanes* (en 158 pages), *Économie politique et rurale* (en 60 pages), *Exploitation des biens ruraux* (en 29 pages), *Impôts* (en 50 pages), *Machines, Misère, Revient du blé en France*. Il a été tiré des exemplaires à part de ces principaux articles, et nous en avons cités quelques-uns sous des numéros de la section suivante.

III. *Philosophie. — Morale. — Législation. — Économie politique. — Politique.*

XXIII. Essai sur la topographie de la Sologne et sur les principaux moyens d'amélioration qu'elle présente. [Extr. du « Bulletin des Sciences d'Orléans »]. Orléans, 1811, in-8 de 31 pag.

Ce Mémoire, ainsi que celui cité sous le n° XI, a été une des causes des améliorations faites en Sologne, et qui ont commencé après leur publication. Il a aussi été cité plusieurs fois dans des ouvrages de médecine pour les documents d'hygiène qu'il renferme.

XXIV. De l'Influence de la forme du gouvernement sur la gloire, l'honneur et la tranquillité nationale. Orléans, de l'impr. de Jacob aîné, août 1815, in-8 44 pag.

Opuscule de circonstance, que l'auteur écrivit en peu de jours, pour prouver, lors des élections de 1815, la nécessité de se rallier aux formes constitutionnelles.

XXV. Mémoire sur quelques impôts arbitrairement répartis, présenté au conseil d'arrondissement d'Orléans, dans sa session du 7 avril 1817. Orléans, Monceau; Beaufort-Guyot, 1817, in-8 de 47 pag.

Cet écrit, dont le « Constitutionnel », « l'Indépendant » et la « Quotidienne » rendirent un compte avantageux, détermina les réclamations qui furent faites dans toute la France par les propriétaires riverains de routes, auxquels la loi rendit justice en les déchargeant de l'entretien des fossés.

XXVI. De l'Influence des arts sur l'opinion publique. [Extrait des « Annales de la Société royale d'Orléans »]. Orléans, 1821, in-8 de 32 pag.

Ce Mémoire était destiné à démontrer la nécessité de protéger et de propager les sciences et les arts dans l'intérêt même de la conservation de la tranquillité publique.

XXVII. Considérations sur l'importance de la solidité des roches dans la construction des grands monuments. [Extrait des « Annales de la Société royale d'Orléans »]. Orléans, 1822, in-8.

L'auteur s'est attaché dans cet écrit, ainsi que dans celui intitulé : *De l'influence des arts sur l'opinion publique* [V. n° XXVI], à démontrer l'importance de la culture des arts et des sciences, sous le rapport politique. Plusieurs journaux ont parlé avantageusement de ces deux écrits.

Il est démontré dans les *Considérations* que la France peut tirer de ses départements des roches abondantes aussi belles et aussi solides que celles employées par les Anciens.

XXVIII. Influence des sociétés littéraires, savantes et agricoles sur la prospérité publique. Avec cette épigraphe : « Vidit Deus lucem, quod esset bona. » Orléans, veuve Huet-Perdoux, 1823, in-8.

Ce Mémoire, publié dans un moment où l'on voulait s'opposer aux progrès de la science et à ceux de l'instruction élémentaire, fut tiré à 600 exemplaires et épuisé en huit jours. Tous les journaux en donnèrent des extraits, la « Revue encyclopédique » et le « Mercure du XIXe siècle » le réimprimèrent presque en entier.

XXIX. Mémoire sur l'utilité d'un corps permanent d'ingénieurs agricoles et manufacturiers. [Extrait des « Ann. de l'industrie nationale et étrangère »]. Paris, de l'impr. de Fain, 1823, in-8 de 16 pag. [50 c.].

L'objet de ce Mémoire est de montrer l'utilité dont serait un corps savant destiné à explorer les exploitations agricoles et industrielles de France et de l'étranger, et à répandre partout dans nos départements les pratiques les plus utiles pour perfectionner et accroître la production nationale.

XXX. Noblesse [la] constitutionnelle, ou Essais sur l'importance politique des honneurs et des distinctions héréditaires, appliqués et modifiés conformément aux progrès naturels de la société. Paris, Pélicier, 1825, in-8 de 86 pag. [2 fr.].

Les journaux constitutionnels et indépendants, en rendant compte de cet écrit, ont loué les principes de l'auteur, qui a prétendu démontrer que, dans un gouvernement constitutionnel, il ne peut y avoir d'autre noblesse avouée par l'opinion que celle qui est fondée sur le mérite et sur la vertu.

XXXI. Politique religieuse et philosophique, ou Constitution morale du gouvernement. Paris, Renard, 1827, 4 vol. in-8 [28 fr.].

En développant et appliquant les principes déjà proclamés dans la «Noblesse constitutionnelle», l'auteur a cherché à démontrer que, dans tous les pays où les lumières ont pénétré, il ne peut plus y avoir d'autre bonne politique que celle fondée sur la raison, la justice et la vérité.

Ce long et important ouvrage, imprimé sous les lois restrictives de la presse et dans un moment où l'auteur était fort malade, fut, malgré des incorrections résultant de ces circonstances, cité avec éloge par la plupart des journaux indépendants, tels que le «Courrier français», le «Constitutionnel», le «Pilote», le «Journal du commerce», etc., etc.

Le but de l'auteur fut de remonter à l'origine de la société religieuse, morale et politique, de constater les différentes phases qu'elle a parcourues, de signaler ses progrès, et d'indiquer ceux qui lui restent à faire encore pour que la politique s'accorde avec la morale et puisse se servir d'elle comme de son principal appui. Les progrès faits en civilisation, en religion, en morale et en législation, ont été indiqués dans cet ouvrage ainsi que ceux qui restent à faire. Une grande partie des améliorations législatives qui y sont signalées ont été opérées depuis la révolution de 1830.

Pour obtenir celles que nous attendons encore, les formes représentatives, étendues, mais sagement combinées, jointes à une noblesse ou plutôt à une notabilité du mérite légalement constatée et obligatoire, sont les principaux moyens indiqués par l'auteur, dont le principal but a été de déterminer les bases d'un gouvernement progressif, mais solide et tranquille, dans lequel la morale put s'accorder sans cesse avec la politique, et sous lequel tous les citoyens aient un intérêt positif à concourir au bien général, ainsi qu'au maintien de l'ordre et de la tranquillité publique.

XXXII. Impôts [des] sur les vignes et les vins. Orléans, de l'impr. de Danicourt-Huet, avril 1828, in-8 de 8 p.

Extrait de l'ouvrage intitulé : Essai sur les moyens d'améliorer l'agriculture en France [Voy. le n° XV].

XXXIII. Causes de la stagnation du commerce des laines. [Extrait des «Annales de la Société royale d'Orléans, t. IX]. Orléans, 1829, in-8 de 34 pag.

Le gouvernement ayant demandé à toutes les sociétés savantes des renseignements sur la cause de la stagnation du commerce des laines, ce mémoire fut destiné à montrer que cette stagnation était due au manque de vente à l'intérieur de la France, suites de la pénurie des fermiers, des propriétaires fonciers, et de tous les cultivateurs que la baisse opérée sur leurs produits par la concurrence étrangère avait forcé de restreindre leur dépense. La nécessité de limiter cette concurrence sur nos marchés en est la conclusion, dont l'ouvrage suivant a encore plus démontré la réalité.

XXXIV. Production [de la] nationale, considérée comme base du commerce, et application de ce principe à la solution de la question des laines. [Extrait du tome X des « Annales de la Société royale des sciences, belles-lettres et arts d'Orléans »]. Orléans, de l'impr. de Danicourt-Huet, 1829, in-8 de 176 pag.

Le but de cet ouvrage fut de démontrer par des faits et des calculs positifs la nécessité d'accroître le plus possible la propriété nationale et notamment celle provenant de notre sol, qui doit servir de base essentielle à notre commerce et fournir des salaires et des moyens d'existence à notre population : il y est démontré que tous les produits obtenus par les cultivateurs sont solidaires les uns des autres ; que faire diminuer le revenu provenant de l'un d'eux ou lui faire payer ses fumiers plus chers, c'est le forcer à vendre plus chers ses blés ou à n'en produire que sur les meilleures terres qui demandent le moins d'engrais et le moins de frais de culture ; et conséquemment, établir sur nos marchés la concurrence étrangère entre les produits agricoles de peuples peu civilisés qui ont moins de besoins que nous, et ceux de nos cultivateurs qui ont plus de besoins et plus de charges qu'eux, c'est évidemment forcer ceux-ci à renoncer à produire, ou à mourir de faim au profit momentané des seuls capitalistes et des travailleurs étrangers.

Tous ces raisonnements sont appuyés sur un grand nombre de faits et de documents relatifs à la valeur des laines et des moutons dans divers pays, aux causes de la diversité de ces valeurs, à la nature des produits de chaque race, aux moyens de les propager et de les multiplier en France.

« La Société d'amélioration des laines a » considéré dans son 13e bulletin cet ouvrage » comme ayant éclairé complétement une » question ardue et trop long-temps contro» versée », et elle en a recommandé la lecture aux hommes d'état appelés à concourir aux mesures de protection que réclame l'état de souffrance de l'agriculture française.

XXXV. De la Pairie. [Extrait du «Journal du Loiret», du 8 septembre 1831]. Orléans, de l'impr. de Danicourt-Huet, 1831, in-8 de 8 pag.

Article signé B. D. M.

XXXVI. Note présentée au conseil général du département du Loiret, le 12 novembre 1831. Orléans, 1831, in-8 de 7 pag.

XXXVII. Lettre au rédacteur du « Journal du Loiret », sur l'utilité du luxe et des plaisirs chez les peuples très-avancés en civilisation. Orléans, 5 décembre 1831. Orléans, de l'impr. de Danicourt-Huet, 1831, in-8 de 6 p. — Nécessité du luxe chez les peuples civilisés. «En réponse à l'article du «Journal du Loiret», signé A. L. [Extrait du « Garde national du Loiret », 16 février 1832]. Ibid., 1832, in-8 de 9 p.— Du luxe considéré comme conséquence nécessaire des progrès de la civilisation et de l'industrie. [Extr. du « Journal du Loiret », nos 26, 29 et 31]. Orléans, de l'impr. de Danicourt-Huet, avril 1832, in-8 de 12 pag.

XXXVIII. Trois opuscules sur les moyens de prévenir la misère des ouvriers, où sont démontrés : 1° la nécessité de la protection que la loi doit accorder à nos produits agricoles dans l'intérêt de la France ; 2° l'intérêt que les ouvriers français ont au maintien du prix des denrées nationales, qu'ils produisent par leur travail, contre la concurrence des denrées étrangères, fruit d'un travail étranger attiré sur nos marchés en échange de produits fabriqués provenant du travail fictif des machines ; 3° une note sur l'établissement des colonies agricoles. Orléans, de l'impr. d'Alex. Jacob, 1832, in-8 de 16 pag.

XXXIX. Projet de colonies agricoles libres, fondées par maisons dispersées dans les campagnes qui manquent de bras, en y formant de petites propriétés. Orléans, 1832, in-8 de 8 pag.

XL. De l'Insuffisance des théories des économistes modernes, des fautes qu'elles ont fait commettre au gouvernement, et des moyens d'y remédier, suivis d'une Notice sur le travail, les machines, la richesse et les salaires. Orléans, 1832, in-8 de 16 pag.

XLI. Misère [de la] des ouvriers, et de la marche à suivre pour y remédier. Paris, Mme Huzard, 1832, in-8 de 135 pag. [2 fr. 50 c.].

Les journaux des diverses opinions se sont accordés pour rendre un compte avantageux de cet ouvrage sur lequel M. Villermé a fait un rapport très-favorable à la Société philomatique ; le président fut chargé d'en adresser des remerciments particuliers à l'auteur.

L'auteur y discute : 1° le taux des salaires en France et les moyens de les rendre suffisants ; 2° leur rapport avec le prix des blés ; 3° la communauté d'intérêt entre les producteurs et les consommateurs ; et 4° la nécessité du luxe pour soutenir et accroître les salaires dans nos sociétés modernes, très-différentes des sociétés anciennes où l'ouvrier était esclave et n'avait pas à vaincre la concurrence des machines.

XLII. De la Question des sucres. Orléans, 1833, in-8 de 7 pag.

L'auteur a essayé d'y démontrer la nécessité de protéger la fabrication du sucre de betteraves à cause de ses grands avantages, et pour s'opposer au paupérisme en France.

XLIII. De la Centralisation, de ses motifs et de ses effets. Orléans, 1833, in-8 de 7 pag.

L'auteur y démontre qu'elle seule a donné à la France la force de résister à l'Europe coalisée contre elle pendant la révolution.

XLIV. De l'Utilité des machines, de leurs inconvénients et des moyens d'y remédier en assurant l'extension et les progrès de notre agriculture. Paris, de l'Impr. royale, août 1833, in-4 de 23 pag.

Extrait du tome V des Mémoires des savants étrangers, publiés par l'Académie royale des sciences.

Cet opuscule fut présenté à l'Académie des sciences en 1831, sur le rapport qui lui en fut fait par M. le baron Girard ; elle en ordonna l'impression dans le recueil de ses Mémoires. Elle ordonna aussi l'impression du rapport très-favorable de M. Girard dont elle adopta les conclusions.

L'auteur, après avoir démontré l'utilité des machines, prouve que leur effet a été d'enlever le travail aux ouvriers, et de réduire leurs salaires, d'où il résulte qu'il faut leur procurer de nouveaux moyens de travail à mesure que l'usage des machines s'étend ; l'extension des travaux agricoles peut, en les protégeant suffisamment remplir cet important objet, au moins en très-grande partie.

XLV. Un dernier mot sur les douanes, les machines et le paupérisme. Orléans, de l'impr. d'Alex. Jacob, s. d., in-8 de 8 pag.

XLVI. Recherches des causes de la richesse et de la misère des peuples civilisés. Application des principes de l'économie politique et des calculs de la statistique au gouvernement de l'État, dans le but de trouver les moyens d'assurer sa stabilité et sa force, en assurant le bonheur du peuple et sa tranquillité. Paris, de l'impr. lithog. de Delarue, 1834, in-4 de 630 p. autogr.

Tirées à cent exemplaires seulement pour l'auteur et ses amis.

M. Villermé a fait, à l'Académie des sciences morales et politiques, un rapport fort détaillé sur cet ouvrage (*), et ses conclusions très-honorables pour l'auteur, adoptées par l'Académie, ont été « qu'en combattant plusieurs des opinions de l'auteur, *la lumière que jette cet écrivain sur de hautes et ardues questions d'économie et de morale politique, est trop vive et trop nouvelle pour que l'académie ne lui doive pas des remercîments particuliers.* »

L'auteur de ces recherches a approfondi ce qui est relatif à la formation de la richesse, à

(*) Ce *Rapport verbal* a été non seulement imprimé dans l'un des volumes des Mémoires de la cinquième classe de l'Institut, mais inséré aussi dans la « Revue mensuelle d'économie politique » [juin 1834]. Il y a eu des exemplaires tirés à part de ce rapport. [Paris, de l'impr. de Paul Renouard, in-8 de 30 pag.].

l'application des forces productives, à l'avantage que présentent les travaux agricoles sur ceux de fabrication, surtout par rapport à la condition des ouvriers; il y examine les conséquences de la centralisation, ce qui est relatif à la criminalité, et il en conclut à la nécessité d'accroître le travail réel des bras pour arrêter ses progrès; il approfondit ensuite les effets de l'instruction dans ses divers degrés et ceux de la grande et de la petite industrie relativement au paupérisme; il développe les conséquences de l'expansion de la haute instruction; la funeste influence d'une trop inégale répartition de la richesse à mesure qu'elle est créée par l'industrie, les effets du commerce; en quoi le commerce extérieur nuit aux ouvriers, et comment on peut remédier au mal qu'il leur cause. Passant ensuite à ce qui concerne les effrayants progrès du paupérisme, il en développe les causes, et recherche l'influence que le prix des blés peut exercer sur eux; il soumet au calcul l'influence des diverses professions sur la criminalité; ce qui le conduit à démontrer la supériorité morale des populations agricoles sur les populations industrielles et commerçantes; il prouve la nécessité du luxe pour occuper les populations urbaines, et la mauvaise répartition des populations; il recherche les mouvements des populations en France, et les causes de leur accroissement, ainsi que les conséquences de leur trop grande concentration, la nécessité de répartir celle excédante des villes dans les campagnes, et les moyens d'y parvenir. A la fin de cet ouvrage, se trouve une table alphabétique assez détaillée pour servir de dictionnaire des objets qui y ont été traités.

Le baron de Morogues, qui s'est beaucoup occupé de cette importante question, a laissé trois autres mémoires qu'il avait composés pour l'Académie des sciences morales et politiques:

1° *Causes de la misère des ouvriers;* manuscrit de 112 pag. in-4, renfermant 71 pages de tableaux de statistique remis à l'Académie des sciences, en octobre 1832.

2° *De la nécessité du luxe;* manuscrit de 92 pag. in-4, renfermant cinquante pag. de tableaux statistiques remis à l'Académie des sciences, en octobre 1832.

L'Académie chargea une commission spéciale de lui faire un rapport sur ces deux ouvrages.

3° *Causes et dangers politiques de la misère;* manuscrit de 136 pag. in-4, renfermant 36 pag. de tableaux statistiques remis à l'Académie des sciences morales et politiques, avec la copie des deux précédents mémoires, en décembre 1832.

Ces trois ouvrages ont quelques connexités avec les *Recherches des causes de la richesse et de la misère des peuples civilisés;* mais pourtant ils en diffèrent essentiellement sous plusieurs rapports, et contiennent plusieurs tableaux de statistique différents, entre autres un sur les rapports existants entre l'industrie, les vols, les mises à la loterie et les suicides.

XLVII. Du paupérisme, de la mendicité et des moyens d'en prévenir les funestes effets. Paris, Dondey-Dupré, 1834, in-8 [8 fr.].

L'auteur, après avoir montré combien le paupérisme cause de maux et de dangers dans les états les plus civilisés de l'Europe moderne, et combien il y est progressif, examine ses causes et ses effets, ainsi que son étendue, afin de trouver les moyens d'y remédier. L'extension des travaux agricoles lui semble le meilleur de ces moyens; il propose, pour l'obtenir, l'établissement de colonies agricoles de divers genres, différentes de celles tombées en Belgique et appropriées à l'État et aux besoins des diverses populations souffrantes. Il donne le devis des frais qui résulteraient de ces établissements, et il prouve qu'ils occasionneraient en France une réduction très-considérable sur les dépenses que le paupérisme y cause.

XLVIII. Politique [la] basée sur la morale, et mise en rapport avec les progrès de la Société, ou Constitution morale du gouvernement. Paris, Dondey-Dupré, 1834, in-8 de xij et 568 p. [7 fr. 50 c.].

L'auteur, après avoir jeté un coup-d'œil historique sur la marche et les développements de l'esprit humain par rapport à la religion, à la philosophie et au gouvernement, examine dans les deux premiers livres ce qui a rapport à l'administration sociale dont la morale est la base nécessaire, ce qui le conduit au plan général du gouvernement constitutionnel représentatif; dans le troisième livre, il considère les sentiments naturels à l'homme comme moyens de gouvernement; le quatrième est consacré à ce qui concerne l'éducation publique; dans le cinquième, il examine ce qui concerne la religion et le culte religieux; dans le sixième, ce qui est relatif à l'industrie et au commerce; le septième est consacré aux associations en général et aux associations industrielles en particulier; le huitième renferme tout ce qui est relatif aux notabilités acquises par des services publics; cela le conduit à examiner dans le neuvième livre ce qui est relatif à la pairie ou à l'application politique des notabilités; le dixième livre a pour objet l'organisation politique du pouvoir démocratique; et enfin, dans le onzième et dernier livre, il est traité de l'armée et de l'organisation de la force publique.

XLIX. Céréales. [Extrait du Cours complet d'Agriculture]. Paris, s. d., in-8 de 53 pag. à 2 colon.

Dans l'article *céréales*, M. de Morogues établit, pour les grands États, la nécessité de produire assez de blé pour satisfaire à leurs besoins, et l'impossibilité pour la France et l'Angleterre de trouver ailleurs que sur leurs propres terrains les céréales dont elles ont besoin; il indique les améliorations dont la loi sur les céréales est susceptible pour assurer aux consommateurs leurs subsistances.

L. Des Douanes considérées dans les intérêts de l'Agriculture en France. [Extrait du Cours complet d'Agriculture. Paris, de l'impr. de Rignoux et comp., sans date], in-8 de 156 pag. à 2 colonnes.

M. de Morogues établit dans un long article sur les douanes l'influence qu'elles ont sur l'agriculture; il prouve que le commerce extérieur est bien loin d'être aussi important que l'intérieur, et il regarde le système des droits protecteurs comme indispensable.

LI. Économie politique, ou sociale. [Extrait du Cours complet d'Agriculture. Paris, de l'impr. de Rignoux et comp., sans date], in-8 de 55 pages à 2 colonnes.

L'*Économie politique* est pour M. de Morogues une arène où il se dessine comme adversaire de tous ceux qui, avant lui, ont abordé les questions qui à d'autres ont semblé ardues et insolubles.

Il a reconstruit cette science, et lui a donné pour base les intérêts de la plus grande masse des citoyens; pour but de satisfaire les besoins de tous; aussi veut-il que la législation et l'administration tendent à répartir la richesse le plus également possible entre les diverses classes, plutôt qu'à accumuler les capitaux dans un petit nombre de mains. Il a, comme il le dit lui-même, recherché le bonheur des masses, et l'a préféré à la satiété de quelques individus privilégiés.

LII. De l'Impôt. [Extrait du Cours complet d'Agriculture]. Paris [sans date], in-8 de 57 pages à 2 colonnes.

On a conservé dans ce tiré à part la pagination qu'il occupe dans le volume auquel il appartient [le XIIe.]

L'article *impôt*, hérissé de tableaux de chiffres, est plein de vues nouvelles; mais il ne saurait être compris qu'après une étude approfondie.

LIII. Prix de revient des produits agricoles. Production. [Extr. du Cours complet d'agriculture. Paris, de l'impr. de F. Locquin et comp., sans date], in-8 de 56 pag. à 2 colon.

Dans l'article *blé*, il a particulièrement recherché le prix de *revient* de cette denrée en France et à l'étranger, et il a prouvé qu'avec l'accroissement constant de la population, la production devait suivre la même progression, ce qui ne pouvait avoir lieu qu'avec une augmentation de frais, puisqu'on était réduit à cultiver des terres de plus en plus médiocres.

LIV. Théorie du prix de revient du blé en France; de la nécessité d'en maintenir chez nous le prix vénal à un taux plus élevé que chez les peuples moins riches et moins avancés en civilisation; de la loi des céréales. Paris, Pourrat frères, 1834, in-8 de 125 pag.

Extrait du «Cours complet d'agriculture».

LV. Considérations économiques et politiques sur la grande, la moyenne et la petite culture; lues à l'Académie des sciences morales et politiques, le 11 juin 1836. [Extrait des Annales de l'Agriculture française, avril 1837]. Paris, de l'impr. de madame Huzard, avril 1837, in-8 de 14 pag.

LVI. Comment la Chambre des députés et la Chambre des pairs pourraient être constituées en France. Orléans, de l'impr. de Jacob, 1840, in-8 de 98 pag.

IV. *Principaux discours de tribune.*

LVII. Discours dans la discussion de la pétition des membres de la commission permanente des cultivateurs de la Haute-Garonne, relative à l'introduction des blés étrangers. Séance du 27 avril 1836. Paris, veuve Agasse, 1836, in-8 de 20 pag.

LVIII. Discours dans la discussion du projet de loi sur les chemins vicinaux. Séance du 29 avril 1836. Ibid., 1836, in-8 de 12 pag.

LIX. Discours dans la discussion du projet de loi sur les douanes. Séance du 9 juin 1836. Ibid., 1836, in-8 de 20 p.

LX. Discours dans la discussion du projet de loi relatif aux dépenses pour l'exercice de 1837. Séance du 4 juillet 1836. Ibid., 1836, in-8 de 26 pag.

LXI. Discours dans la discussion du projet de loi portant demande d'un supplément de crédit pour fonds secrets. Séance du 27 mai 1837. Ibid., 1837, in-8 de 8 pag.

LXII. Discours dans la discussion du projet de loi sur les sucres. Séance du 10 juillet 1837. Ibid., 1837, in-8 de 16 pages.

LXIII. Discours dans la discussion d'une pétition des habitants de Bordeaux sur les sucres. Séance du 29 mars 1838. Ibid., 1838, in-8 de 15 pag.

LXIV. Discours dans la discussion du budget des dépenses secrètes pour l'année 1839, sur les causes qui entravent la marche des affaires et qui influent sur l'élévation des dépenses portées au budget, avec l'indication des moyens d'y remédier. Séance du 6 juillet 1838. Ibid., 1838, in-8 de 23 pag.

LXV. Discours contre l'omnipotence parlementaire et le principe de la prépondérance de la chambre élective, etc., etc. Séance du 21 juin 1839. Ibid., 1839, in-8 de 20 pag.

LXVI. Discours dans la discussion du projet de loi relatif au travail des enfants dans les manufactures. Séance du 4 mars 1840. Ibid., 1840, in-8 de 6 pag.

LXVII. Discours dans la discussion du projet de loi relatif à une demande de crédit extraordinaire pour dépenses secrètes. Séance du 14 avril 1840. Ibid., 1840, in-8 de 6 pag.

LXVIII. Discours sur la pétition des bouchers de Paris et sur celle de M. Bugeaud, relatives à l'importation des bestiaux et aux droits d'octroi. [Extrait des Annales de l'Agriculture française, juillet 1840.] Paris, de l'imprim. de Bouchard-Huzard, 1840, in-8.

Ce discours, imprimé après la mort de son auteur, devait être prononcé à la chambre des pairs le 28 mai ; M. de Morogues se trouvant déjà malade ce jour-là, le discours ne fut pas prononcé.

V. *Littérature critique. — Biographie.*

Outre ces divers ouvrages, M. de Morogues est auteur de divers articles signés B. D. M., imprimés dans les premiers volumes de la Biographie universelle publiée par M. Michaud. Il a aussi fourni des notes pour la notice qui le concerne dans la « Biographie des hommes du jour » : écrite d'abord pour former trois feuilles d'impression, elle a été réduite de moitié et retouchée par M. Berthevin, ancien conservateur de l'Imprimerie royale, ami du baron de Morogues, et qui l'avait chargé de ce soin. Il a aussi fait insérer dans divers recueils scientifiques, et notamment dans la Revue encyclopédique (*), dans le Recueil industriel de M. de Mauléon, dans le Cultivateur, dans les Annales de la société d'horticulture, dans le Bulletin et les Annales de la société d'Orléans, dans le « Garde national du Loiret », et dans plusieurs journaux politiques de la capitale, des *articles de science naturelle, de bibliographie, d'économie et de politique*, qui ne sont pas compris dans l'énumération ci-dessus.

Ce savant, dont tous les instants ont été consacrés à des études précieuses pour sa patrie, a laissé plusieurs ouvrages en portefeuille, destinés à voir probablement le jour, et qui ne sont pas d'un moindre intérêt que ceux que nous venons de citer : dans le nombre, se trouve, indépendamment des trois ouvrages inédits, cités sous le n°. XLVI, un ouvrage *Sur les causes et progrès de l'industrie agricole, manufacturière et commerciale*, pouvant former trois vol. in-8, et un autre intitulé : *Recherches théoriques et pratiques sur les causes et les effets de la fermentation*, un vol. in-8.

BIGOT DE MOROGUES [le vicomte Alphonse], neveu et gendre du précédent.

— Souvenirs de la Sicile. Recueil de lithographies par MM. Ferréol, Charles Pensée et Vanderburck, d'après les dessins originaux de M. le vicomte A. de Morogues. Orléans, Gatineau ; et Paris, Gihaut frères, 1836, in-4 de 16 pag., avec planches lithog.

(*) Nous connaissons dans ce recueil [avril 1824] un long article de M. de Morogues, sur les « Réflexions sur l'état agricole et commercial des provinces centrales de la France », par M. le vicomte d'Harcourt, dont il y a des tirés à part [in-8 de 9 pag.].

BIGUELA [de la]. Voy. LA BIGUELA.

BIJEON [J.-M.-H.], employé des douanes, auteur de quelques observations scientifiques insérées dans les « Annales de physique et de chimie », et entre autres de celles-ci : *Note sur la dispersion de la lumière* [t. XXXVII] ; *Note sur la théorie de l'électricité* [t. XXVIII] ; *Note sur quelques expériences galvanométriques* [t. XLVI], etc.

— Ode sur la guerre d'Orient. Paris, de l'impr. de Setier, 1829, in-8 de 8 p.

BILDERBECK [le baron Louis-Benoît-François de], littérateur, écrivant avec non moins d'aisance le français et l'allemand, né le 30 juillet 1766, à Wissembourg [Bas-Rhin] ; il entra d'abord comme chevalier, à la suite du comte de Reuss, devint ensuite maréchal de la cour du prince de Nassau Saarbrück, et enfin chargé d'affaires de la cour princière de Reuss près du gouvernement français, mission qu'il remplit officiellement jusqu'à la chute du Gouvernement impérial, et après la Restauration presque honorairement, quoique ayant encore aujourd'hui le titre de conseiller intime de légation. Le goût de la littérature était né de bonne heure chez le baron de Bilderbeck, puisqu'il avait à peine dix-sept ans lorsque, en 1783, parut sa traduction de l'ouvrage de J.-G. Muller, *le Nouveau Paris*, qui fut bientôt suivie de quelques autres traductions de l'allemand, et notamment de celle d'un ouvrage estimé : le *Tableau de l'Angleterre et de l'Italie*, de *J.-W. Archenholz*. En 1788, il fit imprimer, sous le titre de *Bagatelles littéraires*, un volume de mélanges de sa composition ; et, deux ans plus tard, son roman, intitulé : *Cyane*, qui obtint du succès, et fut contrefait quelques années plus tard à Paris. De 1798 à 1804, le baron de Bilderbeck comptait parmi les romanciers populaires de l'Allemagne. Son goût pour la littérature française prit une recrudescence lorsque, sa mission diplomatique l'ayant conduit à Paris, il se trouva dans la possibilité de fréquenter quelques écrivains dramatiques de la capitale qui avaient obtenu des succès sur nos théâtres secondaires. En 1805 et 1806, M. de Bilderbeck fit jouer aux théâtres de Louvois et de l'Odéon, trois comédies, et au Vaudeville *le Fils du paysan*. En 1807, il donna au théâtre des Variétés étrangères trois imitations de l'allemand; de 1808 à 1824, époque où florissait encore le mélodrame classique, il s'est fait applaudir comme mélodramaturge aux boulevards, où il a successivement donné, seul ou en société, à l'Ambigu-Comique, *les Strélitz*, *Rodolphe*, *Romanowsky*, *l'Auberge des ruines* et *Berthilie*, et à la Gaîté : *les Comtes de Hombourg*, *Achmet*, *le Duc de Craon*, *la Fille du désert*, *le Fils du proscrit*, etc. De 1820 à 1822, trois pièces en un acte et *la Petite Créole*, mélodrame, furent joués à la Porte-Saint-Martin. M. de Bilderbeck a caché son nom pour toutes ces pièces sous celui de Louis. Le drame nouveau ayant détrôné l'ancien, depuis 1824, M. de Bilderbeck, sauf une fois, en 1830, pour son *Jeffries* [avec M. Antier], paraît s'être voué exclusivement à la composition des romans ; aussi en comptons-nous une dixaine de lui depuis cette époque.

OUVRAGES DU BARON L.-B.-F. DE BILDERBECK.

I. Romans.

I. Nouveau [le] Paris, ou la Malice de trois femmes ; nouvelle comique et amusante. [Trad. de l'allemand de *J.-G. Muller*]. Gotha, 1786, in-8.

II. Nœuds [les] enchantés, trad. de l'allem. Lausanne, Mourer, 1787, in-12.

III. * Maurice, trad. de l'allem. de *J.-C.-F. Schulz*, d'après la nouvelle édition. Lausanne, 1789, 2 vol. in-8.

IV. Cyane, ou le Jeu du destin ; imité du grec. Neuwied, 1790, in-8.

Roman qui a été contrefait à Paris sous le titre retourné de : *le Retour à la Vertu par l'amour, ou les Jeux du destin*. Paris, 1798, in-18.

V. Paramythes [les], imités de l'allemand de *J. Gottf. Herder*. Saarbrück, 1794, in-16.

VI. Théodore, ou le Petit Savoyard, trad. de l'allem. de *Chr.-H. Spiess*. Paris, Deroy, 1797, 2 vol. in-12, et 3 vol. in-18. — Autre édition, suivie de Jacques Leroux et sa fille. Paris, A. Eymery, 1822, 3 vol. in-18, fig. [3 fr.].

VII. Lenzheimsjugend [la Jeunesse de Lenzheim, imité de Faublas]. Heidelberg, 1798, 2 vol. in-12.

VIII. Erste liebe [le Premier amour]. Mannheim, Kauffmann, 1799, 2 vol. in-12.

IX. Urne [die] im einsamen Thal. [l'Urne dans la vallée solitaire]. Leipzig, Voss, 1799, 4 vol. in-12.

— Urne [l'] dans la vallée solitaire, par madame de S. W. [*Sartori Wimpfen*]. Paris, Maradan, 1806, 3 vol. in-12.

Madame Sartory prévient dans une note placée au bas de la première page du premier volume que deux nouvelles du baron Bilderbeck : *die Urne im einsamen Thal*, et *der Todtengraeber* débarrassées de quelques longueurs, lui ont fourni la matière des deux premiers tomes : le troisième est de sa composition.

X. Briefe des Ewigen Juden [Lettres du Juif errant]. Offenbach, Brede, 1800, in-12.

XI. Alexandre. [En allemand]. Offenbach, Brede, 1800, in-12.

XII. Todtengraeber [der]. [Le Fossoyeur.] Leipzig, Voss, 1800, 1803, 4 vol. in-12.

Voy. la note du n° IX.

XIII. Wilhelmine von Rosen. [Guillemette de Rosen]. Leipzig, Voss, 1802, 2 vol. in-12.

XIV. Rodolph's Lehrjahren [l'Année d'apprentissage de Rodolphe]. Leipzig, Voss, 1804, 3 vol. in-12.

XV. Brüder [die]. [Les Frères]. Leipzig, Voss, 1804, 4 vol. in-12.

XVI. Grünrock [der]. [l'Habit vert.] Aachen, Meyer, 1823, 2 vol. in-12.

XVII. Jonathan. [En allemand.] Aachen, J.-A. Mayer, 1824, 2 vol. in-12.

XVIII. Sein und Schein. [Être et paraître]. Aachen, J.-A. Mayer, 1827, 4 vol. in-12.

Imitation du roman français de l'auteur, intitulé : *Pauline et Fanchette*.

XIX. * Pauline et Fanchette, ou Mémoires d'un Champenois ; par le baron de B***. Paris, Mame et Delaunay-Vallée, 1829, 4 vol. in-12 [12 fr.].

XX. Petit [le] bossu, chronique du XVIIIe siècle. Paris, Mame et Delaunay-Vallée, 1829, 4 v. in-12 [12 fr.].

XXI. Cour prévotale [la], roman de mœurs. Paris, Pigoreau ; Lecointe et Pougin, 1831, 5 vol. in-12 [15 fr.].

XXII. Manteau [le] vert. Chronique du XVIe siècle. Paris, Lecointe et Pougin; Pigoreau, 1832, 4 vol. in-12 [12 fr.].

Il existe des exemplaires qui portent un nouveau titre : *le Braconnier et son seigneur.*

XXIII. Industriel [l'], ou Noblesse et Roture. Épisode de la régence. Paris, Lachapelle, 1835, 2 v. in-8 [15 fr.].

Une seconde édition de ce roman, en 4 vol. in-12, a été publiée par le même libraire sous le titre de : *le Noble et l'Artisan*, roman de mœurs.

XXIV. Jacques Cœur, argentier de Charles VII. Paris, Lachapelle, 1836, 2 vol. in-8 [15 fr.]; et 4 vol. in-12 [10 fr.].

XXV. Rue [la] de la Fidélité. Roman de mœurs. Paris, Lachapelle, 1838, 2 vol. in-8 [15 fr.].

XXVI. Avec M. *Auguste Ricard* : Jadis et Aujourd'hui. Paris, Lachapelle, 1839, 2 vol. in-8 [15 fr.].

XXVII. Avec M. *E. Guérin* : la Loge et le Salon. Paris, Lachapelle, 1839, 2 vol. in-8 [15 fr.].

XXVIII. Un service d'ami, roman de mœurs. Paris, Lachapelle, 1841, 2 vol. in-8 [15 fr.].

Le libraire Lachapelle a porté sur l'un de ses catalogues un ouvrage intitulé : « les Pilules du Diable », qu'il présente comme étant de MM. Maximilien Perrin et le baron de Bilderbeck; mais c'est une fausse indication : l'un et l'autre sont étrangers à ce livre.

Les adieux de M. de Bilderbeck à la littérature auront lieu par la publication d'un roman, intitulé *Rosine, chronique allemande*, qui doit former 2 vol. in-8 : les médecins et soixante-dix-sept ans accomplis ne lui permettent plus d'écrire.

II. Théâtre.

XXIX. Schauspiele. [OEuvres dramatiques]. Leipzig, Voss, 1801, 2 vol. in-12.

XXX. Avec M. *Pain* : le Portrait du duc, comédie en trois actes et en prose. Paris, B rba, 1805, in-8.

XXXI. Avec *le même* : Augustine, comédie en trois actes et en prose. Paris, Barba, 1806, in-8.

XXXII. Avec M. *Caigniez* : Imposture et Vérité, mélodrame en trois actes. Paris, Barba, 1806, in-8 [1 fr.].

XXXIII. * Petit [le] Cousin, comédie en un acte. Paris, A.-A. Renouard, 1807, in-8 [1 fr. 50 c.].

Dans un avis placé en tête de cette pièce, l'auteur dit que quelques scènes d'une comédie en cinq actes, de Kotzebue, lui ont fourni l'idée de la sienne.

XXXIV. Officier [l'] suédois, comédie en trois actes, imitée de l'allem. de *Kotzebue*. Paris, A.-A. Renouard, 1807, in-8.

XXXV. * Chaises [les] à porteur, comédie en deux actes, imitée de l'allem. de *F.-J. Junger*. Paris, A.-A. Renouard, 1807, in-8

XXXVI. Avec M. *Duperche* : les Strélitz, mélodrame en trois actes. Paris, Barba, 1808, in-8 [1 fr. 50 c].

XXXVII. * [Avec M. *Duperche*] : les Comtes de Hombourg, mélodrame en trois actes. Paris, Barba, 1810, in-8.

XXXVIII. Avec M. Hubert : [*Phil.-Jacq. de Laroche*] : Rodolphe, ou la Tour de Falkenstein, mélodrame en trois actes. Paris, Barba, 1812, in-8 [40 c.].

XXXIX. Avec M. *Duperche* : Romanowsky, ou les Polonais dans la Russie-Blanche, mélodrame en trois actes. Paris, Barba, 1812, in-8 [40 c.].

XL. Avec M. Hubert [*Phil.-Jacq. de Laroche*] : Achmet, ou l'Ambition maternelle, mélodr. en trois actes. Paris, Barba, 1812, in-8 [40 c.].

XLI. Avec M. *Duperche* et *** [M. *Dubois*] : le Duc de Craon, ou le Ministre français, mélodrame en trois actes. Paris, Barba, 1814, in-8 [1 fr.].

XLII. Auberge [l'] des ruines, mélodrame en trois actes. Paris, Gardy, 1814, in-8.

XLIII. Berthilie, mélodr. en trois actes. Paris, Barba, 1814, in-8 [75 c.].

XLIV. Avec M. *Duperche* : la Fille du désert, ou les Germains, mélodr. en trois actes. Paris, Barba, 1816, in-8.

XLV. Avec M. D*** [*Dubois*] : le Mouchoir, ou l'Odalisque volontaire, comédie en un acte. Paris, Barba, 1817, in-8 [75 c.].

XLVI. Fils [le] du proscrit, ou un Jour à Vincennes, mélodrame en trois actes. Paris, Fages, 1819, in-8.

XLVII. Petite [la] Agathe, ou la Sentinelle oubliée, com.-vaud. en un acte. Paris, Fages, 1820, in-8 [75 c.].

XLVIII. Deux [les] portraits, ou l'Héritage, comédie en un acte et en prose. Paris, Quoi, 1821, in-8 [1 fr. 25 c.].

XLIX. Avec M. *Caigniez* : le Mandarin Hoang-Pouf, ou l'Horoscope, folie vaud. en un acte. Paris, Barba, 1821, in-8 [1 fr. 25 c.].

L. * Avec M. *Benjamin* [*Antier*] : Attila et le Troubadour, comédie-vaudeville en un acte et en prose. Paris, madame Huet, 1824, in-8.

LI. * Avec M. *Benjamin* [*Antier*].: le Propriétaire à la porte, comédie-folie en un acte et en prose, traduite de *Kotzebue*. Paris, Quoy, 1824, in-8.

LII. * Avec M. *Benjamin* [*Antier*] : Jeffries, ou le Grand Juge, mélodrame en trois actes. Paris, Quoy, 1830, in-8.

Les *Bagatelles littéraires* de l'auteur (Voy. le n° LIV] renferment quelques autres compositions dramatiques : l'*Amour délicat*, ébauche dramatique en un acte et en prose : *Edgar et Emma*, duo-drame imité de l'allem., en un acte et en prose.

Trois autres pièces de M. de Bilderbeck sont encore citées par les biographes comme ayant été représentées, mais elles ne paraissent pas avoir été imprimées; ce sont celles-ci : *les Deux Annettes*, comédie en un acte; — *le Fils du paysan*, vaudeville en un acte; — *la Petite Créole*, mélodrame en trois actes.

III. Varia.

LIII. Tableau de l'Angleterre et de l'Italie, traduit de l'allem. de *J.-W. Archenholz*. Paris, Volland, et Strasbourg, Treuttel, 1788; — Leipzig, Heinrichs, 1801, 3 vol. in-12 [6 fr.].

LIV. Bagatelles littéraires. Lausanne, Mourer, 1788, in-8; — Strasbourg, 1791, in-8.

Cet écrivain, en outre, a fait insérer dans divers recueils périodiques des articles tant en français qu'en allemand, à différentes époques : on cite particulièrement le recueil intitulé : « Cahier de lectures », dans lequel on trouve plusieurs pièces de poésie et de littérature dont il est auteur. Il a été aussi l'éditeur des « Loisirs d'Euterpe et Polymnie », de Bridel.

BILDERBECK [le baron-Louis-J. de], frère du précédent, né en 1769, à Wissembourg [Bas-Rhin], était chef d'escadron au régiment de Berchegny hussards, lorsqu'éclata la révolution; au commencement de l'Empire, il entra dans l'administration de l'enregistrement et des domaines, sous M. Duchâtel père, et y parvint à une place supérieure; nommé ensuite directeur-général des domaines du grand duché de Francfort, il conserva cette dernière charge jusqu'à la chute de Napoléon. Après sa réforme, il fut assez heureux d'obtenir une pension du roi de Prusse. Le baron de Bilderbeck vit depuis ce temps à Aix-la-Chapelle où il s'est occupé à traduire de l'allemand quelques romans d'auteurs estimés, après s'être fait connaître antérieurement par la composition de deux ouvrages : l'*Enthousiaste corrigée*, et *Sophie de Listenay*. Nous connaissons de lui :

I. Enthousiaste [l'] corrigée. Paris, Ch. Pougens, 1802, 3 vol. in-12 [3 fr.].

II. Sophie de Listenay, ou Aventures et voyages d'une émigrée en Allemagne et en Prusse. Paris, L. Collin, 1807, 4 vol. in-12 [7 fr. 50 c.].

III. Revenant [le], ou les Quatre siècles, roman féerie de *C.-H. Spiess*; traduit de l'allem. Paris, A. Eymery, 1821, 4 vol. in-12 [10 fr.].

IV. Willibald, ou les douze Vierges dormantes. [Légende helvétique]. Trad. de l'allem. de *C.-H. Spiess*. Paris, A. Eymery, 1822, 4 vol. in-12.

V. Belle-Sœur [la], ou la Famille de Sternbourg; trad. de l'allem. d'*Aug. Lafontaine*. Paris, A. Eymery, 1822, 4 vol. in-12 [10 fr.].

VI. Otto de Werterode et Julie d'Espenbach, ou l'Amour et la guerre, roman historique, tiré des Annales du peuple hessois au XVIIe siècle. Trad. de l'allem. de *F.-M. Gilling*. Paris, Pigoreau, 1826, 3 vol. in-12 [7 fr. 50 c.].

BILHARD, avocat du barreau de Toulouse.

I. Traité des référés en France, tant en matière civile qu'en matière de commerce, ou Moyens de prévenir et d'abréger les procès. Toulouse, de l'impr. de Sens, 1832, in-8 [8 fr.].

II. Traité du bénéfice d'inventaire et de l'acceptation des successions. Paris, Delamotte, 1838, in-8 [7 fr. 50 c.].

M. Bilhard a été, avec M. Masson de Saint-Mard, le directeur de « l'Investigateur, journal judiciaire, etc. », années 1838 et suiv.

BILHARD [J.-J.]. — Des effets du gouvernement représentatif en France. Tableau historique des principaux événements qui ont eu lieu depuis la révolution du 14 juillet 1788, sous l'empire, la restauration, la révolution de 1830, et jusqu'au ministère de coalition du 12 mai 1839. Ouvrage dans lequel l'auteur approfondit et résout cette haute question de droit politique et constitutionnel : Qui peut déposer un roi ? Paris, Ledoyen, 1839, in-8 [4 fr. 50 c.].

BILLARD [Joseph] (*), avocat, mem-

(*) Article omis par la « France littéraire ».

bre de la Société roy. académique de Nanci; né le 26 mars 1799.

— Délivrance [la] de Nanci par le duc René II, poème. Nanci, 1824, in-8 de 16 pag.

BILLARD [Charles-Michel], docteur en médecine de la Faculté de Paris, membre de plusieurs sociétés savantes, naquit le 16 juin 1800 au village de Pellouailles, près d'Angers [Maine-et-Loire], de parents qui n'avaient qu'une très-modique fortune. Resté orphelin dès son bas âge, avec un frère plus jeune que lui, il fut adopté par une tante qui prit soin de son éducation. Il commença ses études au collége de Laval, et les termina au lycée d'Angers. Les mathématiques furent la seule science pour laquelle le jeune Billard ne se sentit pas de dispositions naturelles, malgré le caractère sérieux et réfléchi qu'il annonçait déjà. Il s'inscrivit au nombre des élèves de l'école secondaire de médecine d'Angers, au mois de septembre 1819, et presque en même temps il obtint, au concours, une place d'externe dans le service de l'hôpital. En 1821, Billard fut nommé élève interne, et dès lors s'ouvrit devant lui une mine féconde en éléments d'instruction : aussi commença-t-il à se livrer avec un zèle infatigable à l'observation des maladies et à l'étude de l'anatomie normale et pathologique. En 1823, l'Athénée de médecine de Paris proposa pour sujet de prix : « 1° De déterminer, d'après des observations précises, les divers aspects que présente, dans l'état sain, la membrane muqueuse gastro-intestinale; 2° d'indiquer les caractères anatomiques propres à l'inflammation de cette membrane; 3° de distinguer cette inflammation des autres états sains ou morbides, et notamment des congestions avec lesquelles elle pourrait être confondue. » Billard entreprit de répondre à cette question, et adressa à Paris le résultat de son travail. Cependant, comme son ambition ne se bornait plus à obtenir le titre modeste d'officier de santé, il vendit les débris de son patrimoine pour se procurer les moyens de vivre quelque temps dans la capitale, afin d'y compléter ses études. Billard y arriva pour assister à un triomphe qu'il n'avait osé espérer. Son Mémoire fut couronné par l'Athénée de médecine, qui lui décerna en même temps le titre de membre correspondant. Placé désormais sur un théâtre où tout excitait son émulation, Billard redoubla d'activité. La carrière des hôpitaux lui offrait les moyens d'agrandir le cercle de ses études cliniques; le concours venait de s'ouvrir [novembre 1824] : il se met sur les rangs, et est nommé le premier. Nonobstant un service long et pénible au lit des malades, malgré son assiduité à des cours nombreux, Billard trouvait encore le temps de s'occuper de littérature médicale. Il publia la même année [1825] son travail sur la membrane muqueuse gastro-intestinale, en y faisant d'importantes additions; il traduisit de l'anglais, mais en gardant l'anonyme, les « Principes de chimie » de Th. Thomson, travail long et difficile, dans lequel il a rendu avec autant de clarté que de précision tous les détails des expériences délicates du chimiste anglais. En même temps, il consignait dans les « Archives générales de médecine », ses observations sur une paralysie partielle de la face, et sur les altérations de couleur de la substance nerveuse dans l'encéphalite, ainsi que de nombreux extraits de journaux anglais, et surtout des « Transactions philosophiques » de Londres. Billard avait quitté l'école de médecine d'Angers en emportant l'estime de tous ses professeurs; le directeur de cette école, M. Chevreul, lui en donna le témoignage, en le chargeant de publier à Paris une nouvelle édition de son « Précis de l'art des accouchements. » Billard, pour compléter le travail de son maître, y ajouta une *Histoire rapide des monstruosités ou vices de conformation du fœtus*, en la présentant dans un esprit entièrement conforme à celui de l'ouvrage. L'année suivante, Billard obtint la place d'élève interne; son nom fut de nouveau proclamé le premier. Il venait d'étudier à la Salpêtrière les maladies qui accompagnent si souvent la vieillesse, il voulut s'éclairer sur celles qui naissent avec l'homme, ou qui se développent

(*) La première édition, publiée par l'auteur, est de 1782.

pendant la première période de son existence : il entra, au mois de janvier 1826, à l'hospice des Enfants-Trouvés. Là il s'appliqua sans relâche à rassembler tous les faits intéressants qui passaient sous ses yeux, et la collection précieuse de ses observations fut jugée digne de l'un des prix que l'administration des hôpitaux distribue chaque année à ceux des élèves qui se sont le plus distingués dans l'art si difficile de bien observer les maladies. Comme un traité complet sur la pathologie des enfants nouveau-nés manquait en France, Billard tenta cette entreprise difficile. Pendant qu'il rédigeait cet ouvrage, il achevait de se familiariser avec la langue allemande, et recherchait dans les nombreux écrits des médecins du nord, les matériaux qui pouvaient l'aider à compléter son travail; en même temps, il traçait l'état actuel de nos connaissances sur le croup, dans un article remarquable par l'esprit de critique et d'analyse qui préside à sa composition; il prenait la part la plus active à la publication du Dictionnaire de chirurgie pratique de S. Cooper, immense répertoire de faits importants, qui représente la matière de plus de quatre volumes : Billard a traduit les deux tiers de cet ouvrage. Enfin, il écrivait l'histoire anatomique de tous les organes du fœtus, considérés dans l'état sain et dans l'état morbide; il pratiquait et décrivait une série d'expériences délicates sur la docimasie pulmonaire. Ces dernières recherches ont été consignées par le professeur Orfila dans ses « Leçons de médecine légale. » Des travaux aussi nombreux n'avaient pas été profitables seulement à l'instruction et à la réputation de leur auteur, ils lui donnèrent aussi les moyens de satisfaire un désir qu'il entretenait depuis longtemps, celui d'aller visiter les universités d'Angleterre et d'Écosse, et d'y étudier l'organisation des hôpitaux et des établissements publics, élevés à la fois pour le soulagement de l'humanité et le perfectionnement des études médicales. Les observations qu'il a recueillies montrent tout le parti qu'il sut tirer de l'accueil qu'il reçut de la plupart des médecins renommés de la Grande-Bretagne. Le Mémoire qu'il a publié sur les hôpitaux, les établissements de charité et l'instruction médicale en Angleterre, est rempli de documents du plus grand intérêt; il fut justement apprécié par l'administration supérieure des hôpitaux de Paris. De retour dans cette capitale, Billard s'occupa de la publication de son *Traité des Maladies des nouveau-nés,* auquel il a joint un *Atlas* de planches gravées et coloriées, dont il avait lui-même peint les figures avec une grande vérité. Pendant qu'il terminait ce travail, il composait sa *Thèse* pour obtenir le grade de docteur en médecine. Billard retourna enfin à Angers, après avoir parcouru une partie de la Savoie, de la Suisse, et visité les hôpitaux de Genève et de Lyon. Riche de connaissances positives, il voulait y ajouter encore l'expérience que l'on acquiert par la fréquentation des praticiens éclairés; et dans ce second voyage il sut profiter de ses rapports avec MM. Decandolle, Maunoir, Butini, Coindet, Gensoul, comme il l'avait fait en Angleterre avec MM. Lawrence, Wardrop, Duncan, Thompson, etc. Les succès qu'il obtint dans sa pratique achevèrent de justifier la haute opinion qu'on avait conçue de ses talents. Malgré les fatigues inséparables de sa profession, Billard dérobait chaque jour quelques heures à son sommeil pour les consacrer à l'étude. C'est ainsi qu'il acheva la traduction des « Leçons sur les maladies des yeux », de M. Lawrence, et qu'il rédigea le *Précis de l'anatomie pathologique de l'œil*, qu'il a ajouté à l'ouvrage du chirurgien anglais. Il publiait en même temps, dans les journaux de médecine, le résultat de son expérience sur l'emploi du calomélas dans le traitement du croup et des angines pelliculeuses, et une consultation médico-légale sur un cas de supposition de part. Le dernier travail de Billard a pour sujet un exemple aussi rare que remarquable de sueur bleue. Ici s'est terminée sa carrière littéraire. Combien n'est-il pas à regretter que les circonstances au milieu desquelles il fut placé ne lui aient pas permis d'ajouter à ce qu'il a produit toute la maturité d'une plus longue expérience! Billard était membre de la Société de médecine d'Angers, de la Société d'agriculture, sciences et arts de la même ville; membre correspondant de l'Athénée de médecine de Paris et de la la Société médico-philosophique de Wurtzbourg. D'un caractère sévère et enjoué, il se livrait avec une égale aptitude aux sciences sérieuses et à la culture des lettres et de la poésie. Peu de sujets de philosophie et de morale lui étaient étrangers. Il possédait des connaissances étendues en physique et en astronomie. Le nombre des pièces de vers qu'il a composées est considérable, et, quoique la plupart eussent été avouées par plus d'un poète en réputation, aucune de ces productions ne sortit jamais du petit cercle d'amis qui l'entourait. Aux avantages naturels que possédait Billard, se joignait encore une prodigieuse facilité pour l'étude des langues; il était également versé dans la connaissance de l'anglais, de l'allemand et de l'italien : il parlait chacune d'elles avec aisance. Billard avait une élocution brillante et facile; il exposait ses idées avec une méthode et une clarté vraiment remarquables. En un mot, il réunissait toutes les qualités propres à l'enseignement, et s'il eût suivi cette carrière, on l'eût compté au nombre des professeurs distingués de l'école de Paris. Billard avait trop d'indépendance dans les idées et le caractère, pour n'être pas ennemi de tout ce qui pouvait ressembler à l'intrigue; aussi, quoique l'opinion publique l'eût désigné à plus d'une place, il n'en sollicita et n'en occupa aucune. La seule qui lui fut offerte, et à laquelle il avait été nommé peu de temps avant sa mort, fut celle de membre de la commission de surveillance de l'institution des sourds - muets d'Angers. C'était en quelque sorte un hommage rendu aux sentiments généreux qui lui suggérèrent, de concert avec plusieurs citoyens remarquables, la pensée de créer un dépôt de mendicité dans la commune d'Angers. Au moment où ses travaux lui donnaient l'espoir d'une vie plus calme et plus heureuse, il succomba aux suites d'une phthisie pulmonaire, le 31 janvier 1832. Voici la liste des ouvrages qu'il a publiés :

1. *Ouvrages originaux.*

I. Membrane [de la] muqueuse gastro-intestinale dans l'état sain et dans l'état inflammatoire, ou Recherches d'anatomie pathologique sur les divers aspects sains et morbides que peuvent présenter l'estomac et les intestins; ouvrage couronné par l'Athénée de médecine de Paris. Paris, et Montpellier, Gabon et comp., 1825, in-8 [7 fr.].

Traduit en allemand, par J. Urban [Leipzig, 1828, in-8].

II. Dissertation médico-légale sur la viabilité du fœtus, considéré dans ses rapports avec la pathologie des nouveau-nés. Paris, 1828, in-4.

Thèse inaugurale, qui a été réimprimée à la suite du *Traité des maladies des enfants*, 2e édition.

III. Traité des maladies des enfants nouveau-nés et à la mamelle, fondé sur de nouvelles observations cliniques et d'anatomie pathologique, faites à l'hôpital des Enfants-Trouvés de Paris, dans le service de M. Baron. Paris, Baillière, 1828, in-8 [8 fr.]. — Troisième édition, avec une Notice sur la vie et les ouvrages de l'auteur, et augmentée de notes par M. le docteur *Ollivier* [d'Angers]. Paris, le même, 1837, in-8 [9 fr.].

Deux fois traduit en allemand : par F.-L. Meissner [Weimar, 1829, in-8], et l'autre traduction imprimée dans la même année à Leipzig.

Les notes et la notice de M. Ollivier [d'Angers] se trouvent déjà dans la seconde édition de l'original, publiée en 1833.

IV. Atlas d'anatomie pathologique pour servir à l'histoire des maladies des enfants. Paris, Baillière, 1828, in-4 de 4 pag., plus 10 planches exécutées sur les dessins de l'auteur, gravées, imprimées en couleur, et retouchées au pinceau [10 fr.].

V. Précis de l'anatomie pathologique de l'œil. 1830.

Imprimé à la suite de la traduction, par Billard, du « Traité pratique sur les maladies des yeux, etc. », du doct. W. Lawrence.

VI. Coup-d'œil sur les hôpitaux, les établissements de charité, et l'instruction médicale en Angleterre. In-8.

Extrait des « Archives générales de médecine », t. XV, p. 395, et t. XVI, p. 40.

VII. Projet d'association pour l'extinction de la mendicité dans la ville d'Angers. Angers, mars 1831, in-8 de 7 p.

VIII. Rapport sur la souscription destinée à l'établissement d'un dépôt de mendicité dans la ville d'Angers. Mai 1831, in-fol.

joint comme supplément au « Journal de Maine-et-Loire ».

IX. Statuts et réglements pour la maison destinée à l'extinction de la mendicité dans la commune d'Angers. Angers, juin 1831, in-8 de 15 pag.

M. Billard a inséré dans les « Archives générales de médecine » les articles suivants : 1° *Observation d'une luxation du fémur, en arrière et en bas* [t. III, p. 539] : c'est le premier exemple connu de ce genre de luxation ; — 2° *Paralysie partielle de la face, provenant d'une lésion avec perte de substance du tronc du nerf facial* [t. IV, p. 347] ; — 3° *Considérations sur quelques altérations de couleur de la substance corticale du cerveau, suivies d'Observations d'encéphalite* [t. IX, p. 492] ; — 4° *Mémoire sur la chute du cordon ombilical chez l'homme, considérée sous le rapport physiologique et médico-légal*, réimprimé dans le « Traité des maladies des enfants nouveau-nés » [t. XII, p. 370] ; — 5° *De l'état actuel de nos connaissances sur le croup* [t. XII, p. 544] ; — 6° *Mémoire sur l'œdème ou l'induration du tissu cellulaire des nouveau-nés* [t. XIII, p. 201], réimprimé avec quelques modifications dans le « Traité des maladies des enfants nouveau-nés » ; — 7° *Mémoire sur le cri des nouveau-nés, considéré sous le rapport physiologique et séméiologique* [t. XIV, p. 481], réimprimé dans le « Traité des maladies des enfants nouveau-nés ; — 8° *Coup-d'œil sur les hôpitaux, les établissements de charité et l'instruction médicale en Angleterre* [t. XV, p. 395, et t. XVI, p. 40] : un certain nombre d'exemplaires de ce Mémoire ont été tirés à part ; — 9° *Mémoire sur l'emploi du calomélas* [protochlorure de mercure] *dans le traitement du croup et des angines pelliculeuses* [t. XX, p. 491] ; — 10° *Mémoire sur un cas particulier de cyanopathie cutanée, ou Coloration bleue de la peau, causée par une altération de la transpiration* [t. XXVI, p. 453] ; — 11° *Consultation médico-légale sur un cas de supposition de part* [Journal hebdomadaire de médecine, t. IV, p. 410, ann. 1829].

II. *Traductions.*

X. * Principes de la chimie établis par les expériences, ou Essai sur les proportions définies dans la composition des corps ; traduction de l'angl. de *Th. Thomson*, publiée avec l'assentiment de l'auteur. Paris, Crevot, 1825, 2 vol. in-8 [14 fr.].

XI. * Dictionnaire de chirurgie pratique, etc., par *Sam. Cooper* ; traduit de l'anglais sur la 5e édit. Paris, Crevot, 1825-26, 2 vol. in-8 [24 fr.].

M. Billard a traduit les deux tiers de ce Dictionnaire.

XII. Traité pratique sur les maladies des yeux, ou Leçons données à l'infirmerie ophthalmique de Londres en 1825 et 1826, sur l'anatomie, la physiologie et la pathologie des yeux. Par le docteur *W. Lawrence* ; traduit de l'anglais, avec des notes, et suivi d'un Précis de l'anatomie pathologique de l'œil, par le docteur *C. Billard*, d'Angers. Paris, Baillière, 1830, in-8 [7 fr.].

On trouve encore de M. Billard, dans les « Archives générales de médecine », un grand nombre d'articles également traduits de l'anglais d'Abercrombie, Ch. Bell, Brodie, Clark, John Davy, Ev. Home, W. Proust, Shaw, Wardrop, Wollaston, Young.

Ainsi que nous l'avons dit dans la partie biographique de cette notice, M. Billard fut chargé par M. Chevreul, son ancien professeur, de publier une nouvelle édition de son « Précis de l'art des accouchements en faveur des sages-femmes et des élèves de cet art », laquelle parut avec des additions de l'éditeur [Paris, 1825, in-12].

Le « Journal de Maine-et-Loire », du 2 février 1832, contient un Discours du docteur V. Laroche, prononcé sur la tombe de Billard ; l'on trouve dans le 2e numéro des « Mémoires de la Société d'agriculture, sciences et arts d'Angers » une notice biographique publiée sur lui par M. le docteur G. Lachèse ; enfin, M. le docteur Ollivier [d'Angers] en a donné une seconde, fort remarquable, en tête de la seconde édition du « Traité des maladies des enfants nouveau-nés et à la mamelle ». Paris, 1833. C'est de cette dernière notice que celle-ci est extraite.

BILLARD-DEVAUX [Robert-Julien, dit Alexandre], ancien chef de division en l'armée royale de Normandie, commandée par le comte Louis de Frotté, général en chef ; né à Ambrières [Mayenne], en novembre 1775.

I. Titres [ses] et Correspondance. Paris, Dentu, 1825, in-8 de 22 pag.

II. Mémoires [ses], ou Biographie des personnes marquantes de la chouannerie et de la Vendée, pour servir à l'histoire de France, et détourner les habitants de l'Ouest de toute tentative d'insurrection. Paris, Lecointe et Pougin, 1832, 3 vol. in-8 [21 fr.].

Cet ouvrage a obtenu une seconde édition sous le titre suivant : *Bréviaire du Vendéen à l'usage des habitants de l'Ouest. Biographie des hommes marquants de la Vendée et de la chouannerie. La Restauration, ses notabilités, sa politique et ses conséquences depuis* 1792 *inclusivement jusqu'à et compris* 1830. Paris, l'Auteur, rue du Cherche-Midi, n° 76, 1838 et ann. suiv., 3 vol. in-8 [21 fr.].

Cette dernière édition a été publiée par livraisons.

BILLARDIÈRE [H. de La]. Voy. LA BILLARDIÈRE.

BILLAUD [J.]. — Galerie et rotonde Colbert, conduisant de la rue Vivienne au Palais-Royal, plan du rez-de-chaussée, vue perspective de la galerie et de la rotonde, d'après les plans et dessins de J. Billaud. Paris, l'Auteur, rue de l'Échiquier, n. 35; Engelmann; Mantoux, 1828, in-fol. de... planches [15 f.].

BILLAUDEL [Jean-Baptiste-Basilide], ingénieur en chef des ponts-et-chaussées, membre du conseil municipal de Bordeaux et de l'Académie royale des sciences de la même ville, membre du conseil-général du département et député de la Gironde, correspondant de plusieurs sociétés savantes de France, est né à Rethel [Ardennes], le 12 juin 1793. En 1804, il fut nommé, au concours, élève du gouvernement au lycée de Reims. En 1810, admis à l'École polytechnique, il passa, en 1813, élève à l'École des ponts-et-chaussées. A la fin de 1813, M. Billaudel servait dans le département des Landes, et donnait ses soins aux routes de ce pays, devenues si importantes par l'évacuation de l'Espagne et par la retraite des troupes françaises sous le commandement du maréchal Soult. En 1814, il coopéra aux fortifications élevées autour de Paris pour garantir la capitale d'une surprise. Les travaux civils l'appelèrent au port de Bordeaux, à la fin de 1814. Il était à Paris, au 20 mars 1815, quand l'Empereur y fit son entrée à la suite du débarquement de Cannes. Peu de jours après, informé par les feuilles publiques que les commissaires français envoyés pour négocier la paix avec les puissances étrangères n'avaient point été accueillis, et que la France devait recourir aux armes pour maintenir son indépendance, M. Billaudel demanda sur-le-champ au directeur-général des ponts-et-chaussées [c'était alors M. Molé] un congé provisoire, afin de s'enrôler parmi les volontaires du département des Ardennes. On lui délivra une commission d'officier du génie : c'est en cette qualité qu'il servit pendant les cent-jours dans le département de la Moselle, et qu'il fit élever un grand nombre de fortins, répandus sur la zone de nos frontières, pour appuyer l'élan de nos populations. Après les cent-jours, M. Billaudel, rappelé aux fonctions d'ingénieur des ponts-et-chaussées, occupa successivement un arrondissement dans les départements des Basses-Alpes, de la Nièvre et des Ardennes. Appelé dans l'arrondissement dont la ville de Rethel est le chef-lieu, ni les souvenirs d'enfance qui ont tant de charmes, ni l'avantage de vivre au sein de sa famille, ne purent le retenir dans un département qui éprouvait l'humiliation d'être sous la garde d'une armée étrangère. M. Billaudel s'indignait en voyant tous les jours les baïonnettes russes rangées en faisceaux sur la place publique de sa ville natale. Au bout de six mois, il sollicita et obtint son changement de résidence, et il fut envoyé à Bordeaux. Depuis le mois de février 1818 jusqu'au 1er janvier 1838, M. Billaudel s'est consacré tout entier aux grandes entreprises auxquelles M. Deschamps, son beau-père, avait donné l'impulsion dans les départements du sud-ouest de la France, et notamment dans le département de la Gironde. Le nom de M. Deschamps, inspecteur-général des ponts-et-chaussées, est particulièrement attaché à la construction des ponts de Bordeaux et de Libourne ; ce pays lui devra aussi les améliorations projetées dans ces vastes déserts qui portent le nom de Landes de Gascogne. M. Billaudel a publié une *Notice sur la cloche à plonger*, qui a été imprimée dans le compte-rendu de la séance publique de l'Académie royale des sciences et belles-lettres et arts de Bordeaux, du 26 août 1820. Cette notice est très-importante, en ce qu'elle fait bien connaître l'usage de cette machine que M. Deschamps a introduite le premier en France, dans les travaux du pont de Bordeaux, qu'il a dirigés avec autant de zèle que de talent. C'est M. Billaudel [ce fait n'est pas dans la notice], qui, en descendant le premier dans la cloche à plonger, a donné aux ouvriers, qui depuis s'en sont fait un jeu, l'exemple de visiter le fond de la Garonne. Au moyen de cette ingénieuse machine, il est désormais facile de débarrasser le lit de la rivière des bâtiments échoués, qui forment des écueils sur plusieurs points de son cours. En 1821, il écrivit une *Lettre sur le pont de la Garonne*, qui fut imprimée dans le « Moniteur » du 7 mars 1821, et reproduite par extrait dans le tome X de la « Revue encyclopédique ». Cette lettre faisait appel aux grands travaux dirigés par l'association. M. Billaudel a fait plusieurs rapports à l'Académie de Bordeaux ; l'un des plus remarquables est celui dans lequel il a présenté *le Ta-*

bleau des découvertes et des perfectionnements les plus remarquables dans les arts industriels depuis quelques années, non-seulement dans le département de la Gironde, mais encore dans les autres parties de la France. L'auteur a renfermé, dans un court espace, un si grand nombre de faits intéressants, qu'il serait impossible de faire l'analyse de son travail sans le tronquer. A la suite de ce travail, l'Académie, voulant témoigner à l'auteur son estime et sa confiance, l'a nommé, en 1821, son secrétaire-général: depuis lors il a fait beaucoup d'autres rapports qui ne présentent pas moins d'intérêt que celui que nous venons de citer. M. Billaudel fut, en 1825, nommé membre de la Légion-d'Honneur pour la part qu'il avait prise à l'édification du pont de Bordeaux. Ayant étudié la contrée qui forme les Landes de Gascogne avec un soin et une application extraordinaires, il publia, l'année suivante, sur cette contrée intéressante, abandonnée et trop ignorée, un mémoire rempli d'observations qui ont reçu de nombreux témoignages d'approbation de juges éclairés et compétents : il porte pour titre : *les Landes en 1826, ou Esquisse d'un plan général d'amélioration des Landes de Bordeaux*, etc. [Bordeaux, 1826, in-4; — Sec. édit., 1837]. M. Billaudel, par un zèle patriotique autant que par une émulation de famille, s'est voué tout entier, pendant vingt-cinq ans de séjour à Bordeaux, à ces vastes entreprises de canaux, de routes, de ponts, qui ont pour but de répandre les bienfaits de la civilisation, et d'améliorer le sort des populations ouvrières et agricoles. Tandis que M. Billaudel, avec une complète abnégation personnelle et sans aucun encouragement de l'administration, se consacrait à des travaux qui exigeaient le sacrifice de son repos et de sa santé, il continuait à s'associer aux citoyens laborieux qui cultivaient les sciences et les arts dans la ville de Bordeaux. Il devint président de l'Académie royale des sciences de Bordeaux, président de la commission des bateaux à vapeur, président du jury pour la réception des objets d'art destinés aux expositions, membre de la Société linnéenne de la même ville, membre de la Société géologique de France, correspondant de la Société royale et centrale d'agriculture, de celle des Antiquaires de France et de la Société philotechnique à Paris. En 1837, M. Billaudel, ingénieur en chef du département de la Gironde, après avoir été élu membre du conseil municipal de Bordeaux, fut porté candidat à la députation par les électeurs de l'arrondissement du Sud. L'administration, voulant éloigner de la chambre un homme qu'elle ne jugeait pas favorable à ses projets retrogrades, fit jouer ces ressorts dont elle a si souvent éprouvé la puissance sur les âmes faibles. Tandis que la ville de Bordeaux voulait donner à un de ses concitoyens les plus dévoués un témoignage de son estime, M. Legrand, directeur-général des ponts-et-chaussées, ingénieur lui-même, membre de la chambre des députés, écrivait *officiellement* à son ancien camarade une lettre conçue dans des termes artificieux, mais qui faisait savoir au candidat de l'opposition qu'on « lui retirerait son emploi s'il était élu. » Cette notification était une atteinte portée à la charte et à la loi électorale; M. Billaudel n'hésita pas à sacrifier tous ses intérêts pour défendre un droit constitutionnel. Il déclara à M. le directeur-général des ponts-et-chaussées qu'il persistait dans sa candidature, et qu'il attendrait avec calme le jugement des électeurs et la décision de l'administration. Cette déclaration, rendue publique, fut d'abord accueillie par le « Courrier français », dont M. Châtelain était le rédacteur : elle signala à la France ce nouvel exemple du système menteur et perfide qui veut anéantir nos institutions, en attaquant leurs soutiens par les voies honteuses de la corruption et de l'intimidation, système qui a été si audacieusement mis en pratique dans les élections de 1839. M. Billaudel fut mis en disponibilité, et résista à toutes les propositions d'accommodement qui lui paraissaient contraires à la dignité de son mandat et au maintien du droit souverain des électeurs. Fidèle à ses principes pendant la session de 1837, il a combattu, dans les rangs de l'opposition dynastique, le ministère du 15 avril, dont on connaît assez les tendances illibérales. M. Billaudel s'est naturellement trouvé compris dans les 213 députés qui ont voté le projet d'adresse de 1839, et qui a porté le dernier coup au cabinet présidé par M. Molé. Les électeurs de l'arrondissement du Sud, à Bordeaux, approuvant la conduite de leur mandataire, l'ont renvoyé à la chambre le 5 mars 1839. M. Billaudel a été chargé de plusieurs rapports à la chambre, entre autres de celui sur les pétitions relatives à l'emploi des enfants dans les ateliers et à la réduction des droits de navigation sur les canaux. Il s'est montré dans le premier philanthrope éclairé et industriel intelligent; ses études spéciales le rendaient un des députés les plus capables de la rédaction du second. Le rapport sur l'emploi des enfants a été textuellement inséré dans l'important ouvrage du docteur Villermé sur les classes ouvrières.

OUVRAGES DE M. BILLAUDEL.

I. Notice sur la cloche à plonger.

Imprimée dans le compte-rendu de la séance publique de l'Académie de Bordeaux, du 26 août 1820.

II. Lettre sur le pont de la Garonne....

Imprimée dans le « Moniteur » du 7 mars 1821.

III. Notice historique sur le pont de Bordeaux...

Imprimée dans le « Guide de l'étranger à Bordeaux [1824, in-18] ».

IV. Landes [les] en 1826, ou Esquisse d'un plan général d'amélioration des landes de Bordeaux. A joindre au projet de canal proposé par M. Deschamps. Bordeaux, de l'impr. de Coudert, 1826, in-4. — Sec. édit. Ibid., et Paris, Carilian-Gœury, 1838, in-4 de 144 pag.

V. Notice sur un aqueduc antique [sur la grande route de Bordeaux à Langon].

Imprimée dans le tome VIII des Mémoires de la Société royale des Antiquaires de France, page 297 [1829].

VI. Notice sur Nic.-Thom. Bremontier [ingénieur en chef de la Gironde, inventeur de la fixation des dunes].

VII. Notice sur Balguerie [riche et honorable industriel de Bordeaux].

VIII. Notice sur M. de Tourny [intendant de la province de Guienne].

Les Bordelais ont honoré la mémoire de Tourny en donnant à l'une des promenades de leur ville le nom d'Allées de Tourny, et y ont placé sa statue.

Ces trois notices, sur trois bienfaiteurs de Bordeaux, sont imprimées dans les « Portraits et Histoire des hommes utiles », publiés par M. Jarry de Mancy, années 1839, 1841 et 1842.

IX. Bordeaux et les chemins de fer. Bordeaux, de l'impr. de Lafargue, 1837, in-8 de 8 pag.

X. Quelques aperçus sur la théorie des chemins de fer. Bordeaux, de l'impr. de Coudert, 1837, in-8 de 8 p.

Ces deux dernières brochures, imprimées d'abord à Bordeaux, chez Lafargue, et ensuite chez Coudert, constituant une *Théorie des chemins de fer*, on les cite quelquefois sous ce titre.

M. Billaudel est encore auteur de divers *Rapports et Mémoires* insérés dans les recueils des sociétés savantes dont il fait partie : nous citerons entre autres les suivants :

Rapports : 1° sur les fontaines publiques de Bordeaux ; 2° sur les cordages d'égale tension; 3° Essai historique sur l'Académie de Bordeaux. *Mémoires d'histoire naturelle* : 1° sur l'action du vent salé, 2° sur les familles des plantes; 3° sur les ossements fossiles d'hyène et autres animaux antédiluviens de la grotte de Lavison; 4° sur un palyothérium fossile; 5° sur les dents fossiles du rhinocéros; 6° sur la météorologie de Bordeaux. Il a apporté en outre sa collaboration aux recueils de l'Académie royale des sciences de Bordeaux, et aux Actes de la Société linnéenne de la même ville.

BILLAULT [Adolphe-Auguste-Marie], avocat à la Cour royale de Paris, député du département de la Loire-Inférieure, membre du conseil général de ce département, de la Société académique de Nantes, et de la Société industrielle d'Angers, est né à Vannes [Morbihan], le 21 brumaire an XIV [12 novembre 1805]. Reçu avocat à Rennes, en 1825, dès le mois de novembre de la même année, il alla exercer sa profession à Nantes, et devint bientôt un des hommes les plus distingués et les plus occupés du barreau de cette ville. M. Billault prit part aux affaires publiques après la révolution de juillet. Nommé, en 1830, conseiller municipal, il devint, en 1833, membre du conseil général du département de la Loire-Inférieure. En 1837, il se présenta comme candidat à la députation aux électeurs de Nantes et d'Ancenis, fut élu par les deux colléges, et opta pour le dernier. Admis à la Chambre en décembre 1837, M. Billault alla s'asseoir dans les rangs des députés du centre gauche, dont

M. Thiers est le chef; quand ce dernier devint président du conseil des ministres, M. Billault fut nommé sous-secrétaire d'État au département de l'agriculture et du commerce, le 3 mars 1840; mais il donna sa démission de cette fonction dès la fin d'octobre de la même année; bornant son ambition à la profession d'avocat à la Cour royale de Paris, il se fit inscrire au tableau en 1841. En 1840, lorsqu'il était sous-secrétaire d'État, il fut, comme l'un des négociateurs du traité de commerce avec la Hollande, décoré de la Légion-d'Honneur et de l'ordre du Lion néerlandais. M. Billault, homme très-distingué, tant sous le rapport de l'esprit que sous celui du talent, a lutté avec beaucoup d'avantage contre le ministère actuel. Un assez grand nombre de discours prononcés dans d'importantes questions parlementaires et insérés au « Moniteur » doivent faire penser qu'une nouvelle combinaison ministérielle advenant, M. Billault pourrait bien y être compris. Pendant que cet honorable député habitait Nantes, il a publié quelques ouvrages, et nous connaissons de lui :

— De l'Éducation en France, et de ce qu'elle devrait être pour satisfaire aux besoins du pays. Nantes, de l'impr. de Mellinet, 1835, in-8 de 44 pag.

BILLECOCQ [Jean-Baptiste-Louis-Joseph], avocat, ancien bâtonnier de l'ordre, membre de l'Académie de Lyon; né le 31 janvier 1765 à Paris, où il est mort le 15 juillet 1829. Peu d'avocats ont parcouru une carrière aussi honorable que Billecocq. Il a, dans plus d'une circonstance, donné des preuves d'un talent distingué et d'une modération qui lui fait le plus grand honneur. Son père, qui avait occupé plusieurs emplois dans la haute finance, et qui est mort régisseur des droits du roi, lui fit faire ses études au collége du Plessis; il y obtint des succès, et y contracta de bonne heure le goût des études littéraires qui ne l'a jamais quitté. Il avait à peine fini son stage lorsque les troubles, qui signalèrent les premiers temps de la révolution, vinrent le détourner du barreau. Il entra dans la carrière administrative, et fut employé au ministère des relations extérieures, d'où il ne tarda pas à être exclu à cause de ses opinions : elles étaient cependant très-modérées. Nommé électeur en 1790 et 1791; Billecocq fut choisi comme député-suppléant de Paris à l'Assemblée législative, mais ne fut point appelé à y siéger. En 1790, il combattit avec force la proposition faite par Danton d'élire Mirabeau comme procureur-syndic de la commune de Paris; et il contribua à la nomination de M. Pastoret, qui appartenait, ainsi que lui, au parti qui se désignait sous le nom de « monarchistes constitutionnels ». Billecocq était alors ce qu'il a été après la restauration de 1814 : et il a le mérite assez rare de ne s'être jamais démenti dans l'intervalle. Persécuté après le 10 août, et jeté dans les prisons de la terreur, il dut la vie au 9 thermidor. Il présidait la section de Saint-Roch au 13 vendémiaire; et se maintint avec courage au bureau, pendant que l'artillerie décidait la question. Après cette journée, il fut mis hors la loi, et obligé de se cacher. Cette proscription ayant cessé, il fut administrateur municipal, puis destitué au 18 fructidor. Pendant tous ces temps d'orage, il remplit sa vie par divers travaux littéraires, et partie pour reposer son imagination fatiguée des maux auxquels sa patrie était en proie! et plus encore pour le soutient de sa famille, ruinée par la révolution, et particulièrement sa mère, qu'il conserva chez lui jusqu'à l'âge de plus de 84 ans, et qu'il fit jouir constamment d'une aisance qui lui manqua pendant long-temps à lui-même; sans cependant la mettre jamais dans le secret des privations qu'il savait s'imposer pour elle. C'est de cette époque que datent cinq ou six traductions de l'anglais, ainsi qu'une du latin, la « Conjuration de Catilina », de Salluste, et une nouvelle édition de la « Pharsale de Lucain », de la traduction de Brébeuf. Ces deux ouvrages renfermaient les plus utiles leçons que l'on pût donner alors; l'un, en présentant les factieux punis de leurs attentats; l'autre, inspirant en vers énergiques l'horreur de ces guerres plus que civiles (*bella plus quàm civilia*), qui avaient désolé la république romaine, et courbé la liberté sur le despotisme des Césars.

A la fin de 1797, les temps étant devenus meilleurs, Billecocq rentra au barreau, où la richesse de ses connaissances littéraires, sa haute réputation de probité, son désintéressement, son attention scrupuleuse dans l'examen et l'étude des intérêts qui lui étaient confiés, le placèrent bientôt à un rang très-distingué. Sa diction naturellement persuasive, animée par la chaleur d'une âme ardente et sincère, s'est fait remarquer par son élévation et son entraînement toutes les fois qu'il a fallu traiter des questions liées à de grandes considérations morales. Sa première cause d'un grand éclat fut la défense du marquis de Rivière, qui, dans le célèbre procès de Georges Cadoudal, fut accusé d'avoir voulu attenter aux jours du premier consul. Lorsque MM. Jules de Polignac et Charles-François de Rivière furent condamnés, malgré les efforts de son éloquence, Billecocq, suivi de leurs familles éplorées, vint se jeter aux pieds de Napoléon, à sa sortie de la chapelle de Saint-Cloud, et fit tant, par ses prières et ses larmes, qu'il obtint leur grâce. Une autre cause, celle de Tonniges, ancien négociant, accusé d'avoir participé à un faux testament, et dans laquelle Billecocq montra aussi beaucoup de talent, le mit dans la nécessité, ainsi que cela était déjà arrivé dans la précédente cause, de se recrier contre ces interruptions homicides, que l'accusation n'appelle que trop souvent à son secours, quand elle se défie du succès. Le procureur-général, irrité par la marche du débat et de la discussion, provoqua l'interdiction de l'avocat, invoquant pour grief qu'il avait avancé que la complication des formes exigées pour les testamens mystiques était telle, qu'un notaire ne pouvait jamais être certain de ne pas commettre de nullité dans un pareil testament, à moins d'avoir le texte du Code civil constamment ouvert sous ses yeux. Billecocq se défendit lui-même contre cette demande en interdiction avec beaucoup de nerf; et un arrêt de la Cour, honorablement justificatif, fit immédiatement justice de la légèreté de l'accusation : Tonniges avait été acquitté. Depuis ces causes d'éclat, le nom de Billecocq a figuré dans un grand nombre d'affaires importantes, et entre autres dans celle contre M. Berryer père en faveur des enfants de la veuve du duc de Montebello. Le gouvernement impérial n'avait pas les sympathies de Billecocq; aussi traversa-t-il cette époque en se renfermant dans les affaires du barreau, et, pour faire un peu de diversion à ses graves occupations, en cultivant la poésie latine. Avec la Restauration, Billecocq retrouva ses véritables maîtres; mais on ne le vit point profiter de cette époque pour se faire un mérite des opinions pour lesquelles il avait autrefois encouru la proscription, ou pour se déclarer le persécuteur de ceux qui avaient professé des opinions contraires aux siennes. Modéré par caractère, et l'on peut dire par tempérament, il fut du nombre de ceux qui ne virent, pour la France, dans l'apparition des Bourbons, que le retour de *quelques français de plus*, qui espérèrent la paix, conseillèrent l'union et l'oubli, et qui crurent de bonne foi au bonheur public et au maintien comme au développement de nos institutions. Homme pieux, sujet fidèle, bon Français, avocat intègre, Billecocq continua, dans sa vie publique comme dans sa vie privée, l'exemple d'une douce et vertueuse philantropie. En 1814, il reçut la décoration de la Légion-d'Honneur, bien due à son mérite, quand même elle ne lui aurait pas été acquise par ses services. A la même époque, il accepta aussi, parce qu'elles ne l'obligeaient point à quitter sa profession, les fonctions de maître des requêtes au conseil de *Monsieur*, qu'il n'a cessé de remplir qu'à l'avénement de ce prince à la couronne. Ami sincère des Bourbons, Billecocq chercha par ses écrits à leur faire des partisans. Un de ses premiers écrits politiques, intitulé *un Français à l'honorable lord Wellington sur la lettre du 23 septembre dernier à lord Castlereagh*, respire les plus nobles sentiments. Cette lettre fut écrite au sujet de la spoliation du Musée de Paris, ordonnée par Wellington, au mépris de sa parole et de la convention du 3 juillet 1815. Dans l'affaire du testament du prince d'Hanin, trouvé dans un peloton de fil, Billecocq ayant dit que les Riquet-Caraman avaient sollicité des grâces de Napoléon, le comte de Caraman l'obligea à le prouver. Billecocq justifia cette assertion en faisant insérer une lettre dans les journaux d'avril 1816. En 1819, Billecocq fut créé chevalier de l'ordre de Saint-Michel. Il a été le seul avocat que l'on ait admis à faire partie du conseil des prisons, composé exclusivement de fonctionnaires publics : il fut nommé, en 1821, bâtonnier de l'ordre des avocats, et il fut continué, l'année suivante, dans cette fonction. Arrivé à un âge assez mûr pour que les affaires actives du barreau ne deviennent pas fatigues, et d'ailleurs d'une santé trop délicate, Billecocq, depuis cette époque, se restreignit à donner des consultations, et il écrivit davantage. Il a publié plusieurs écrits politiques, et on doit lui accorder un éloge que peu d'écrivains ont mérité en pareille matière : qu'il a toujours écrit sans aigreur et sans partialité, *sine irâ et studio*. Ses opinions, très-religieuses et très-monarchiques, sont toujours modérées et généreuses ; et lors même qu'on ne partage pas ses sentiments, et que l'on serait disposé à contester quelques-unes de ses déductions politiques, on ne peut du moins s'empêcher de respecter un auteur qui sait si bien se respecter lui-même, et garder pour les autres de justes ménagements. Dans la série des ouvrages publiés par Billecocq en faveur de la Restauration, et que nous rappelons plus bas, dans la partie bibliographique de cette notice, deux ont obtenu l'honneur d'une troisième édition : le premier est celui intitulé : *De la Religion chrétienne relativement à l'État, aux familles et aux individus* [1821, in-8], et le second sa *Notice historique sur M. Bellart* [1826, in-8], dans laquelle on retrouve la passion de l'époque. « La vie de Bellart se divise en deux parties. La première fut remplie par les devoirs de la profession d'avocat, et entourée d'une considération non contestée. Des causes célèbres, notamment celle d'Adélaïde de Cicé, mirent en lumière la capacité du jurisconsulte et lui valurent une assez grande réputation de talent. Néanmoins, ce talent lui-même a été contesté, depuis que l'influence du gouvernement représentatif sur le barreau a produit dans cette agrégation de jurisconsultes une régénération à laquelle l'esprit peu étendu de Bellart n'était point propre à participer. La seconde partie de la carrière de Bellart, entourée d'honneurs éclatants et abreuvée de cuisantes amertumes, appartient essentiellement à l'histoire politique de notre temps. Nous n'hésitons pas à dire qu'elle mérite de graves reproches. Ce n'est point ici le lieu de les expliquer ; mais le dernier réquisitoire de Bellart, dirigé contre la liberté de la presse, la plus chère de toutes les libertés publiques menacées, est assez présent à la mémoire pour que nous soyons dispensé d'entrer dans de pénibles développements. Cet acte d'hostilité contre les idées libérales fut aussi un chef-d'œuvre de mauvais goût. Billecocq, préoccupé par le sentiment honorable d'une vieille amitié pour Bellart, n'a rien vu qu'à louer dans toute la carrière de ce magistrat. Aussi, la biographie de Bellart reste encore à faire, quoique son collègue du barreau en ait préparé consciencieusement quelques-uns des principaux matériaux. » Billecocq mourut à temps pour n'avoir pas la douleur de voir le peuple sévir une seconde fois contre ses parjures maîtres et leurs criminels conseillers.

(*) Revue encycl., tome XXXIII, p. 242, art. signé A. M. [Alph. Mahul.]

OUVRAGES DE BILLECOCQ.

I. *Barreau.*

I. Discours sur la profession d'avocat. Paris, de l'impr. de Gueffier, 1812, in-8.

Ce Discours fut prononcé à l'ouverture d'une conférence de jeunes avocats, et a pour objet la profession d'avocat considérée sous le rapport des encouragements successifs qu'elle offre à ceux qui l'exercent.

II. Discours sur la confiance que les jeunes avocats doivent avoir dans les anciens. Paris, de l'impr. de Delaguette, 1821, broch. in-8.

Discours prononcé pour la reprise des conférences de la bibliothèque des avocats à la Cour royale de Paris, le mardi 13 novembre 1821.

Ces deux *Discours* ont été réimprimés dans

les « Annales du barreau français : barreau moderne », t. IV. [Voy. la dernière note de cette section].

III. Discours sur l'alliance de la magistrature et du barreau. Paris, de l'impr. de Delaguette, 1822, in-8.

IV. Discours prononcé.... le 20 juin 1822, sur la tombe de M. Delahaye, ancien avocat à la Cour royale et bâtonnier de l'ordre, etc. Paris, Lamy, 1822, in-12 de 12 pag.

V. Notice historique sur M. Bellart, ancien avocat au parlement de Paris et à la cour royale de la même ville, décédé procureur-général du roi près de cette cour, etc. Sec. édition. Paris, Delaunay; Ch. Gosselin, [nov.] 1826, in-8 de 128 pag. [2 fr. 50 c.]. — IIIe édit. Paris, Brière, 1827, in-8 de 144 pag.

La première édition, qui parut un mois auparavant, n'a pas été mise dans le commerce; une partie du produit de la seconde fut destinée à la Maison de refuge, qui comptait M. Bellart au nombre de ses fondateurs. Cette notice a été réimprimée, avec des additions, en tête des Œuvres de Bellart.

Et de plus, dans cette section, de nombreux *Mémoires*, des *Plaidoyers* et des *Consultations*, dont un choix précédé d'une notice sur Billecocq, par M. Dupin aîné, (*) a été imprimé dans les « Annales du barreau français : barreau moderne », t. IV [1825]. Les pièces que ce choix renferment sont les suivantes :

1° *Éclaircissements nécessaires sur la mort du citoyen Cochart-Deservolus*, donnés au tribunal de cassation, par Lucile Cochart-Deservolus Devarville, et Augustine Cochart-Deservolus Lecomte, ses filles:

2° *Plaidoyer pour Charles-François de Rivière*, prévenu de conspiration contre la personne du premier consul.

3° *Plaidoyer pour Jean-Frédéric de Tonniges*, ancien négociant de Dantzick, conseiller intime de commerce de S. M. le roi de Prusse, contre M. le procureur impérial.

4° *Réplique* [renfermant la justification personnelle de M. Billecocq].

Ces deux dernières pièces ont été aussi imprimées dans le « Barreau français », publié par M. Panckoucke, partie moderne, t. III [1822].

5° *Plaidoyer pour MM. de Lachèze-Murel et Sirieys de Marynhac*, ex-députés du département du Lot à la Chambre des députés des départements, élus en 1815.

6° *Discours sur la profession d'avocat*, 1812.

7° *Discours prononcé pour la reprise des conférences* de la bibliothèque des avocats à la Cour royale de Paris en 1821.

Imprimé aussi dans le « Barreau français », publié par M. Panckoucke, dans le volume déjà cité.

II. *Morale.* — *Politique.*

VI. Quelques considérations sur les tyrannies diverses qui ont précédé la Restauration; sur le gouvernement royal et sur la dernière tyrannie impériale. Paris, Nicolle, 1815, in-8 de 136 pag. [4 fr.].

VII. Un Français à l'honorable lord Wellington, sur sa lettre du 23 septembre dernier à lord Castlereagh. Paris, Gueffier, 1815, in-8 de 48 pag. [1 fr. 25 c.].

VIII. De la religion chrétienne, relativement à l'État, aux familles et aux individus. Paris, H. Nicolle, 1821, in-8 de 240 pag. [4 fr.]. — IIIe édit., revue et augm. Paris, Ch. Gosselin, 1824, in-8 de 320 pag. [5 fr.].

On trouve à la fin de la IIIe édition la réimpression du poëme latin du même auteur : *In religionem apud Gallos perpetuò triumphantem.*

C'est l'ouvrage le plus important sorti de la plume vertueuse de Billecocq. Toutes les personnes qui l'ont approché savent que sa piété était aussi sincère qu'elle était vive. Il n'était pas de ceux qui de nos jours, comme au temps de Molière,

Font de dévotion métier et marchandise,

et une preuve non équivoque de sa bonne foi, c'est qu'il portait à l'excès l'indulgence pour les autres et la sévérité pour lui-même.

IX. * Du changement de ministère en décembre 1821; par un royaliste. Paris, Gueffier, 1821, in-8 de 52 pag.

Cette brochure, à laquelle l'auteur à jugé convenable de ne pas mettre son nom, contient un éloge du ministère disgracié, et des regrets donnés à sa retraite : genre d'apologie rare en tous temps, et surtout dans celui où nous vivons.

X. De l'influence de la guerre d'Espagne sur l'affermissement de la dynastie légitime et de la monarchie constitutionnelle en France. Paris, Ch. Gosselin, 1823, in-8 de 78 pag. [1 fr. 50 c.].

XI. Coup-d'œil sur l'état moral et politique de la France, à l'avénement du roi Charles X. Paris, Ch. Gosselin, 1824, in-8 de 56 pag. [1 fr. 50 c.].

L'optimisme politique de l'auteur se montre dans cette brochure et dans la précédente, encore plus que dans ses autres écrits; ce qui ne l'empêche pas de donner aux dépositaires du pouvoir des conseils dictés par un amour sincère de la justice et du bien public.

XII. Mémoire sur les effets désastreux, pour les colonies françaises, du système de fiscalité appliqué à leur commerce. Paris, Ch. Gosselin, 1825, in-8 de 44 pag. [1 fr. 25 c.].

XIII. Du Clergé en 1825. Paris, Ch. Gosselin, 1825, in-8 de 132 pag. [2 fr. 50 c.].

(*) D'où nous avons tiré celle-ci.

XIV. De la Charte et des garanties de sa durée. Paris, Pihan-Delaforest, 1828, in 8 de 64 pag.

XV. Un catholique aux catholiques. Sur les ordonnances du 16 juin dernier. Paris, Pihan-Delaforest, 1828, in-8 de 40 pag.

III. *Littérature : Poésie.*

XVI. Plessæi gymnasii Encomium, carmen. Parisiis, ex typogr. Gueffier, 1809, in-4.

XVII. In annuam Parisinorum ad Clodoaldinum pagum peregrinationem, carmen. Parisiis, ex typogr. Gueffier, 1809, in-4.

XVIII. In annuum Surenæ Rosariæ festum, carmen. Parisiis, ex typogr. Gueffier, 1811, in-4.

XIX. Diversæ Feriarum Forensium tempore peregrationes, carmen. Parisiis, ex typogr. Gueffier, 1811, in-4.

XX. Tempore Forensium Feriarum spes, adversæ vices et solatia, carmen. Parisiis, ex typogr. Gueffier, 1812, in-4.

XXI. In religionem apud Gallos perpetuò triumphantem, carmen. Parisiis, ex typogr. Gueffier, 1816, in-4 de 16 p.

Réimprimé à la suite de la III• édition de l'ouvrage de l'auteur, intitulé : *De la Religion chrétienne.....* [Voy. le n° VIII].

XXII. Une Soirée du Vieux-Châtel, ou le Dévouement de Malesherbes ; pièce qui n'a pas concouru pour le prix.... de l'Académie française. Paris, de l'impr. de Gueffier, 1821, in-8 de 16 pag.

Comme éditeur, Billecocq a donné une nouvelle édition de la Pharsale de Lucain, traduction en vers français par Brébeuf, accompagnée du texte conféré sur les meilleures éditions. Nouv. édit., avec la vie des deux poetes, et des réflexions critiques sur leurs ouvrages, par l'éditeur. [Paris, de l'impr. de Crapelet, an IV-1796, 2 vol. in-8].

IV. *Traductions.*

XXIII. Voyages chez les différentes nations sauvages de l'Amérique septentrionale.....; traduits de l'angl. de *J. Long*, trafiquant anglais, avec des notes et des additions intéressantes par le traducteur, et ornés d'une carte des pays situés à l'ouest du Canada, gravée par Tardieu. Paris, Prault aîné, 1794, in-8 [5 fr. 60 c.].

Voy. la *France littér.*, V, 345.

XXIV. Voyage de la Chine à la côte nord-ouest d'Amérique, fait dans les années 1788 et 1789, précédé de la Relation d'un autre voyage exécuté en 1786...., d'un Recueil d'observations sur la probabilité d'un passage N.-O., et d'un Traité abrégé du commerce entre la côte nord-ouest de Chine. Par *John Meares*, capitaine anglais de marine marchande. Traduit de l'angl. Paris, Buisson, an III [1795], 3 vol. in-8, et Atlas in-4, composé de 28 cartes géogr., vues maritimes, plans et portraits [25 fr.].

XXV. Conjuration de Catilina contre la République romaine, par *Salluste ;* traduction nouvelle avec un Discours préliminaire et des notes littéraires et politiques. Paris, Crapelet. — Maradan, an III [1795], in-16 de 159 pag.

M. Billecocq a laissé inédite la traduction de la *Guerre de Jugurtha.*

XXVI. Voyage de M. *Bogle* à Boutan. Trad. de l'angl. Paris, Hautbout aîné, an IV [1796], in-18.

XXVII. Avec *J.-P. Parraud :* Voyages au Thibet, faits en 1625 et 1626, par le P. *d'Andrada*; en 1774, 1784 et 1785, par *Bogle*, *Turner* et *Pourungin*. Trad. de l'angl. Paris, Hautbout aîné, 1797, in-18 avec grav.

XXVIII. Voyages chez les sauvages habitants du nord de l'Amérique [les Cherokees], par *H. Timberlake*. Paris, Hautbout aîné, 1797, in-18, fig.

XXIX. Voyage de Néarque, des bouches de l'Indus jusqu'à l'Euphrate, ou Journal de l'expédition de la flotte d'Alexandre, rédigé sur le journal original de Néarque, qui nous a été conservé par Arrien, et à l'aide des éclaircissements puisés dans les écrits ou relations des auteurs géographes ou voyageurs, tant anciens que modernes ; contenant l'histoire de la première navigation qui ait été tentée par des Européens dans la mer des Indes. Trad. de l'angl. du docteur *William Vincent*, et publié par ordre du gouvernement. Paris, Crapelet. — Maradan, an VIII [1800], gr. in-4, avec cartes et un portrait [21 fr.], ou 3 vol. in-8, avec cartes [15 fr.].

M. Billecocq a encore traduit un écrit de *Bryan Edwards* qui a été inséré dans le volume intitulé : « Mémoires historiques et géographiques sur le pays situé entre la mer Noire et la mer Caspienne » [1798] ; il a eu part à la traduction du « Cultivateur anglais », d'*Arthur Young*; et, avec Langlès, à la nouvelle édition des Voyages du professeur Pallas, pour les deux derniers volumes.

BILLEQUIN [Ad.].— Table vicennale du Journal des huissiers. Paris, Durand, 1840, in-8 [6 fr.].

BILLEREY [François] (*), docteur en médecine de la Faculté de Paris, médecin en chef de l'hôpital de Grenoble, directeur et professeur à l'école de médecine de la même ville, inspecteur des eaux minérales du département de l'Isère; né à Pontcharra [Isère], mort à sa campagne de Briey, près Grenoble, le 27 octobre 1839. Nous connaissons de lui :

I. Série de propositions sur l'épidémie catarrhale qui a régné à Paris pendant l'hiver de l'an XI. Paris, an XII [1804], in-8.

II. Mémoire historique, scientifique et polémique sur un nouvel hydro-caléfacteur à la vapeur d'eau, par l'intermédiaire d'un récipient condensateur, placé au milieu d'un réservoir rempli de ce liquide. Grenoble, Durand aîné ; Falcon ; et Paris, Gabon, 1826, in-8 de 96 pag.

III. Discours prononcé à l'ouverture de l'école secondaire de médecine de Grenoble, le 7 novembre 1831. Grenoble, de l'impr. d'Allier, 1832, in-8 de 20 pag.

IV. Contagion [la] du choléra-morbus de l'Inde dénoncée et démontrée par les faits et le raisonnement, ou Opinion d'un médecin de province sur la nature de cette maladie et sur les mesures à prendre pour en réprimer promptement le cours, avec l'indication des moyens curatifs les plus rationnels et les plus expérimentés. Grenoble, Prudhomme, 1832, in-8. — Post-scriptum de la Contagion du choléra asiatique. In-8 de 28 pag.

BILLET [J.-L.]. — Choix de lectures instructives et amusantes. Salins, de l'impr. de Considérant, 1833, in-18 de 108 pag. — Deuxième édition. Ibid., 1837, in-18.

(*) La *France littér.*, par suite d'une erreur du Journal de la librairie, 1826, n° 3274, a consacré deux articles à ce médecin, l'un sous le prénom de *François*, l'autre sous celui de *T.*

BILLET, avocat à Arras, et membre du conseil-général du Pas-de-Calais.

I. Sur le partage des biens communaux. Arras, de l'impr. de Souquet, 1832, in-8 de 8 pag.

II. Conseil général du Pas-de-Calais. Session de 1834. Séance du 18 juillet. Contribution foncière [2,977,239 f.]. Rapport sur la sous-répartition de 1835 entre les arrondissements du département du Pas-de-Calais. Arras, de l'impr. de Degeorge, 1834, in-8 de 12 pag.

III. Essai sur la destruction de la mendicité dans le département du Pas-de-Calais. Boulogne, de l'impr. de Leroy-Mabille, 1835, in-8 de 32 pag.

BILLIARD [François-Jacques-Marie-Auguste], avocat et publiciste, ancien préfet, né le 5 octobre 1788 à Courtomer [Orne], entra au ministère de l'intérieur en 1810. Il concourut, en 1813, comme chef de bureau, à l'organisation des gardes nationales sédentaires. Successivement sous-préfet à Yvetot, et à Lannion, de 1814 à 1815, il cessa ces fonctions au retour de Napoléon de l'île d'Elbe pour exercer celles de secrétaire-général du gouvernement de la Loire, confié au général Lamarque. M. Billiard prit part ensuite, comme administrateur civil des 12ᵉ, 13ᵉ et 22ᵉ divisions militaires, aux conférences qui avaient pour objet la pacification de la Vendée, et à la rédaction des articles supplémentaires du traité proposé par le duc d'Otrante. Obligé de quitter la France en 1816, il se rendit à l'île de Bourbon, d'où il revint en 1820 comme premier candidat à la députation de cette colonie, auprès de la métropole ; mais le gouvernement lui préféra un de ses compétiteurs. Peu de temps après son retour en France, il publia son *Voyage aux colonies orientales, ou Lettres écrites des îles de France et de Bourbon, pendant les années* 1817-20, etc. [1822, in-8, avec plan et carte]. Cet ouvrage n'est, à proprement parler, qu'un voyage à l'île Bourbon, mais rempli de détails curieux sur l'agriculture, le commerce, les mœurs, l'histoire et les institutions judiciaires et administratives de la colonie, ainsi que sur ses rapports politiques avec la métropole. Dans ce voyage se trouvent, en outre, une foule de vues utiles sur le parti que la

France pourrait tirer de Madagascar ou de l'île de France, dans le cas de rétrocession. Quoique la forme épistolaire et le désir de soutenir l'intérêt n'aient pas permis à l'auteur de suivre le plan méthodique dont serait susceptible un traité sur les colonies, il est facile de faire soi-même la division des matières. Ainsi, on peut distinguer, dans cet ouvrage, la physionomie locale, les institutions et les mœurs de la colonie de Bourbon, chaque partie se composant de notions positives et de réflexions critiques; enfin, les améliorations dont est susceptible l'état de choses actuel (*). L'auteur a traité dans son livre 1° de la physionomie locale; 2° des institutions de la colonie; 3° des mœurs, et 4° des améliorations. L'année suivante, M. Billiard fit paraître une *Lettre adressée par un négociant de la Bretagne, etc.* [in-8 de 37 pag.] MM. de Vaublanc et de Saint-Cricq, auxquels cette Lettre est adressée, pouvaient avoir tort, quant au fond; l'auteur de la brochure a eu tort, quant à la forme : une ironie trop prolongée pêche essentiellement contre le goût, même lorsqu'elle est associée à la raison. Nous ne dirons rien de plus sur cette lettre; car, en général, on ne doit pas s'arrêter sur les écrits d'une polémique passagère qui ne contribuent ni au progrès, ni à la propagation des connaissances. Après son retour de l'île de Bourbon, M Billiard ne remplit aucune fonction publique jusqu'à la révolution de 1830. A cette époque, il était un des principaux rédacteurs du journal le « Temps ». Il signa la protestation contre les ordonnances de juillet. Le 1er août suivant il rentra au ministère de l'intérieur, dont il fut nommé secrétaire général, avec la direction des gardes nationales du royaume. Il quitta volontairement ces fonctions, à la fin de 1830, pour prendre celles de préfet du Finistère, qu'il exerça jusqu'en juin 1831. Révoqué à raison de ses opinions politiques très-avancées, il n'a voulu depuis accepter aucune fonction publique. Il s'est fait écrivain, et. qui plus est, écrivain indépendant. M. Billiard a concouru à la publication de plusieurs ouvrages importants de géographie, d'histoire et de politique; il a participé à la rédaction de la « Revue française », fondée par M. Guizot, à celle de la « Revue française et étrangère », et à celle du « Progrès ». Il est un des principaux collaborateurs du « Dictionnaire politique ». Nous connaissons de lui, indépendamment de ces travaux :

I. Voyage aux colonies orientales, ou Lettres écrites des îles de France et de Bourbon, pendant les années 1817-20, à M. le comte de Montalivet. Paris, Ladvocat, 1822, in-8, avec un plan du port Louis, et une carte très-bien gravée de l'île Bourbon [6 fr.].

II. Lettre adressée par un négociant de Bretagne à MM. de Saint-Cricq et de Vaublanc. Paris, Ladvocat, 1823, in-8 de 37 pag. [1 fr.].

III. Abolition de la traite et de l'esclavage dans les colonies françaises. Paris, Brière; Delaunay, 1827, in-8 [3 fr.].

IV. Graves erreurs de M. Thomas dans son « Essai de statistique sur l'île de Bourbon. Note nécessaire aux colons, aux négociants et aux administrateurs des colonies. Paris, F. Didot, 1828, in-8 de 24 pag.

V. Vrais [les] principes sur la question des sucres français et étrangers, ou nouvelles Observations en faveur des colonies, présentées à MM. les membres de la commission d'enquête. Paris, de l'impr. de Doyen, 1829, in-8 de 24 p.

VI. Projet de Code noir pour les colonies françaises, présenté à S. E. le le ministre de la marine. Paris, Brière, 1829, in-4.

Cette brochure a partagé le prix proposé par la Société de la morale chrétienne.

VII. Qu'avons-nous fait, que devons-nous faire pour l'organisation des institutions républicaines de la monarchie? Paris, Mesnier, 1831, in-8 de 24 p.

VIII. Essai sur l'organisation démocratique de la France. Paris, Ollivier, 1837, in-8 [7 fr.].

L'auteur s'occupe d'une nouvelle édition de ce dernier ouvrage, le plus important de ceux qu'il a publiés jusqu'à ce jour : il veut que cet *Essai* présente encore plus de valeur réelle pour le public qu'il n'en a tel que nous le possédons.

BILLIET [Claudius], connu en littérature sous le pseudonyme de *Rénal* (*),

---

(*) Revue encyclop., t. XIII, 439.

(*) Qu'il faut se garder de confondre avec

né en 1804, à Lyon, d'une famille d'honorables commerçants, doit être le jeune frère de M. Billiet fils aîné, qui, en 1825, obtint une médaille d'or, décernée par l'Académie de Lyon, dans la séance du 31 août de la même année (*). De très-bonne heure, M. Claudius Billiet eut le goût de la littérature et surtout de la poésie ; une foule de romances et de chansons, des *Stances sur la mort du général Foy* [1826, in-8], ainsi qu'un poëme sur *Missolonghi* [1826, in-8], le firent recevoir, avant l'âge de vingt-trois ans, membre du cercle littéraire de Lyon et du Caveau lyonnais. Un choix de ses diverses compositions fut publié en deux volumes : l'un sous le titre de *Chansons et Romances* [Lyon, 1829, in-18], et l'autre sous celui de *nouveaux Mélanges, Discours, Anecdotes, Poésies* [Ibid., 1829, in-18], et trois ans plus tard de *nouvelles Esquisses poétiques* [Paris, 1832, gr. in-18]. Jusqu'alors le nom de M. Billiet, quoique celui d'un poète agréable, n'avait guère dépassé les limites de son département, et le jeune écrivain ambitionnait qu'il fût connu de la capitale : il changea le genre de ses écrits, et se fit imprimer à Paris ; mais il conserva le pseudonyme sous lequel il s'était d'abord caché. C'est sous ce nom qu'il a publié alternativement quelques petits ouvrages de morale pour l'enfance, des *Nouvelles et Légendes* [Paris, 1836, in-8] ; enfin deux romans : *Émany*, et *la Roberouge*. Nous connaissons de lui, sous les pseudonymes « d'Antony Claudius » et de « C. Antony Rénal », les ouvrages suivants :

I. * Stances sur la mort du général Foy ; par un Lyonnais. Lyon, de l'impr. de Brunet, 1826, in-8 de 4 pag.

II. * Missolonghi, poëme ; par M. Claudius B***. Paris, Ponthieu ; et Lyon, Faverio, 1826, in-8 de 16 pag.

Réimprimé dans les *Nouv. Mélanges* de l'auteur.

III. Chansons et Romances. Paris, Brissot-Thivars ; Lyon, Laforgue, 1829, in-18 de x et 123 pag.— Sec. édition. Paris, Souverain, 1836, in-18.

Publiées sous le pseudonyme d'*Antony Claudius*.

IV. Mélanges (nouveaux), Discours, Anecdotes, Poésies. Lyon, de l'impr. de Perrin, 1829, gr. in-18 de 211 pag.

Publiés sous le même pseudonyme.

En tête du volume on trouve un long morceau en prose intitulé : *Un mot sur la Grèce, ou des Motifs qui devraient intéresser tous les peuples de la chrétienté à embrasser la cause des Grecs* ; un autre intitulé : *Des Changemens* ; la traduction d'un fragment des Lettres de deux Arabes, par le colonel Jose Cadalso, sous le titre : *De l'Éducation de la Jeunesse ; Un Bal masqué ; Missolonghi*, poëme ; un fragment d'*Éloge du major-général Martin*, bienfaiteur de Lyon [en vers]. L'autre moitié du volume est remplie par des poésies diverses.

V. Esquisses [nouvelles] poétiques. Paris, Dauthereau, 1832, gr. in-18 de xvj et 219 pag.

Publiées sous le pseudonyme de *C. Antony Rénal*.

Ce volume renferme trente-huit morceaux.

VI. Encouragements [les] du premier âge, ou Historiettes instructives et amusantes. Paris, Le Huby, 1835, in-18, avec 4 grav. [1 fr.].

VII. Veillées [les] des jeunes enfants, ou Historiettes instructives et amusantes. Paris, Le Huby, 1835, in-18, avec une grav. [1 fr.].

VIII. Nouvelles et Légendes [en vers et en prose]. Paris, Souverain ; Le Huby, 1836, in-8 [7 fr. 50 c.].

IX. Lectures en famille, ou les Soirées d'hiver. Paris, Le Huby, 1836, in-18 avec 4 grav. [1 fr.].

X. Emany. Roman. Épisode de la Restauration. Paris, Souverain, 1837, in-8 [7 fr. 50 c.].

XI. Berquin [le] du hameau, ou le Conteur des bords du Rhône, scènes historiques, etc. Paris, Le Huby, 1838, in-12, avec 3 grav. [3 fr.].

En même temps que les petits ouvrages de morale de M. Billiet justifiaient de la bonne volonté de l'auteur, ils trahissaient l'homme de lettres, peu exercé dans ce genre de com-

---

un quasi homonyme, Hippolyte Raynal [Voy. ce nom], qui, en 1834, eut à répondre devant les tribunaux des suites d'une faute où la faim l'avait entraîné.

(*) Pour un mémoire intitulé : *Du Commerce des douanes, et du système des prohibitions, considéré dans ses rapports avec les intérêts respectifs des nations*. [Paris, Renard, 1825, in-8.] Ne serait-ce pas ce dernier, qui sous le nom de BILLIET-MICHOUD, trésorier de l'administration des prisons civiles de Lyon, est auteur d'un *Compte administratif des prisons civiles de Lyon*, pour le 4e trimestre de 1830 et l'année 1831, présenté à la commission administrative. Première année. [Lyon, de l'impr. de Rossary, 1832, in-4 oblong de 28 p., plus 19 tableaux.]

position; aussi le libraire-éditeur a-t-il dû faire remanier ces divers ouvrages.

XII. Robe [la] rouge. Paris, Souverain, 1838, 2 vol. in-8 [15 fr.].

XIII. Père [le], ou l'Immortalité, poëme; par *Joseph Rigaldi*. Trad. de l'italien [en prose, avec le texte en regard]. Lyon, de l'impr. de Boitel, 1840, in-8 de 32 pag.

Ces huit derniers ouvrages ont été publiés sous le pseudonyme de *Rénal*.

BILLING [le baron de]. — Essai historique sur la succession d'Espagne; par le docteur *Henri Zopfl*, professeur de droit à l'Université de Heidelberg. Traduit de l'allemand, accompagné de notes et commentaires. Paris, Amyot, 1839, in-8 [3 fr.].

BILLION [Camille], juge de paix à Lyon, sa patrie; né le 6 mai 1761, mort le 24 octobre 1833.

I. * Observations sur les justices de paix de Lyon; par un juge de paix de Lyon. Lyon, 1811, in-8.

II. Juges [des] de paix en France; ce qu'ils devraient être. Lyon, Barret, 1824, in-8 de 127 pag.

Des juges de paix comme les conçoit M. Billion, disait feu Lanjuinais, de l'Institut (*), deviendraient des agents de domination trop immédiate, conséquemment insupportable. Il ne nous semblerait pas impossible que cet ouvrage, où l'on trouve certainement des vues utiles, eût pour but de préparer les esprits à une révolution sur les juges de paix, à une loi qui aurait pour effet, contre les intentions très-pures de l'auteur, de mettre tous les Français dans la dépendance journalière et absolue d'un officier destituable, qui peut être choisi pour sa docile complaisance; et même de conférer à une certaine classe, sur tout le peuple, une grande portion de puissance la plus commode pour des ministres, mais en elle-même la plus abusive et la plus capable de nous replonger par ses excès dans de nouveaux troubles.

On trouve une courte notice sur Cam. Billion dans le « Courrier de Lyon », du 30 octobre 1835.

BILLIOUX, l'un des auteurs des « Français peints par eux-mêmes » : il a fourni au tome II le *garçon de bureau*.

BILLOIN [C.]. — Musée moderne, tableaux et dessins choisis des artistes belges contemporains. Bruxelles, 1838, petit in-fol.

En société avec M. P. Lauters.

En 1838, il paraissait les liv. I et II, chacune de 5 pl. [Prix de la livr. 5 fr.].

(*) Revue encycl., t. XXIV, p. 771.

BILLOT [Albini], littérateur.

I. Périclès, tragédie en trois actes et en vers. Paris, de l'impr. de Belin, 1830, in-8 de 56 pag.

II. Lettre d'un poète à l'un de ses confrères [M. Casimir Delavigne]. En prose. Paris, de l'impr. de Chassaignon, 1832, in-8 de 36 pag. [1 fr. 25 c.]. — A M. Casimir Delavigne. In-8 de 2 pag.

Le dernier opuscule porte en tête ces mots : « Ceci est destiné à servir de préface ou de post-scriptum à une lettre imprimée sous ce titre il y a quelques jours : Lettre d'un poète à l'un de ses confrères [M. Casimir Delavigne] »

III. A MM. les membres de l'Académie française. Paris, de l'impr. de madame veuve Thuau, 1833, in-8 de 24 p.

IV. Stances patriotiques. Paris, de l'impr. de madame veuve Thuau, 1833, in-8 de 2 pag.

V. Poésies patriotiques. Paris, de l'impr. de Saintin, 1834, in-8 de 24 p.

BILLOT [G.-P.]. — Recherches psychologiques sur la cause des phénomènes extraordinaires observés chez les modernes voyants, improprement dits somnambules magnétiques, ou Correspondance sur le magnétisme vital entre un solitaire et M. Deleuze, bibliothécaire du Muséum à Paris. Paris, Albanel et Martin, 1839, 2 v. in-8 [12 fr.].

BILLOTEY [Mlle Élisa], de Dieppe, morte vers 1836.

I. Quoi.....? Tout ce qu'il vous plaira. Dieppe, Delevoye-Barbier, 1834, in-12 [2 fr.].

II. Agent [l'] de change. Esquisse de mœurs. [Ouvrage posthume. Publié avec une préface par M. *Aug. Luchet*]. Dieppe, veuve Marais; Abbema, 1837, in-8 [5 fr.].

BINARD [Félix], médecin belge, médecin de bataillon, attaché au 12e de ligne.

Il est auteur d'observations insérées dans les recueils belges, et entre autres d'une *Observation d'abcès enkysté dans le lobe moyen de l'hémisphère gauche du cerveau chez un individu atteint de pneumonie*, impr. dans l'Encyclographie des sciences médicales, deuxième série, n° 4.

BINEAU [Jean-Martial], ingénieur en chef des mines pour la partie métallurgique, et député de Maine-et-Loire, est né à Gennes [Maine-et-Loire], le 29 floréal an XIII [19 mai 1805]. Il fut admis à l'École des mines le 15 novembre 1826, passa ingénieur le 4 juillet 1830, et ingénieur en chef en 1840. Ses connaissances en métallurgie l'ont fait choisir pour diriger la partie des chemins de fer près du ministère des travaux publics, spécialité que, quelques années auparavant, il avait été étudier en Angleterre pour le compte de sociétés industrielles. M. Bineau obtint le 19 juin 1841 les suffrages des électeurs du collége d'Angers [deuxième arrondissement] pour remplacer M. Robineau comme député de Maine-et-Loire. Son élection présentait néanmoins quelque irrégularité, car il ne fut admis à la chambre que le 14 janvier 1842. M. Bineau est auteur de quelques savants Mémoires dont M. Chevreul, de l'Institut, a parlé avec éloge dans le Journal des savants. En voici les titres :

I. Rapport sur l'emploi de la tourbe pour le puddlage de la fonte et le travail du fer au four à reverbère dans les forges d'Ichoux [Landes] en deux parties ; avec une planche. — Imprimé dans les Annales des mines, 5ᵉ série, tome VII [1835].

II. Mémoire sur les divers procédés mis en usage pour remplacer, dans les hauts-fourneaux et les feux d'affinerie, le charbon de bois par le bois vert, desséché ou torréfié. Paris, Carilian-Gœury, 1838, in-8, plus une pl.—Extr. des Ann. des min., 5ᵉ série, t. XIII. 1838.

III. Chemins de fer d'Angleterre. Leur état actuel; législation qui les régit; conditions d'art de leur tracé; leur mode et leur frais d'établissement; leur système et leurs frais d'exploitation; leur circulation; leurs tarifs et leurs produits. Application à la France des résultats de l'expérience de l'Angleterre et de la Belgique. Paris, Carilian-Gœury, 1840, in-8, plus une pl. [7 fr.].

IV. Chemins de fer. Extrait d'un Rapport sur les divers procédés qui ont été imaginés pour franchir à grande vitesse les courbes de petit rayon. — Impr. dans les Annales des ponts-et-chaussées, septembre et octobre 1841.

BINEAU [Amand], chimiste, professeur de chimie à la Faculté des sciences de Lyon, né vers 1810, a fait ses études en chimie à l'École centrale des arts et manufactures, et il y était chef du laboratoire d'analyse lorsque le baron Thénard, qui lui avait reconnu des capacités, l'employa près de lui. Peu de temps après, vers 1835, le baron Thénard fit de M. Bineau son préparateur, et celui de M. Dumas au collége de France ; c'est à la même protection que ce jeune savant doit d'être aujourd'hui professeur de chimie à Lyon. M. Bineau, jusqu'à présent, a peu écrit : nous ne connaissons de lui que deux mémoires et une thèse.

I. Sur quelques combinaisons ammoniacales et sur le rôle que joue l'ammoniaque dans les réactions chimiques. — Impr. dans les Ann. de chimie et de physique, t. LXVII, p. 225-51 [1838].

II. Recherches sur les densités des vapeurs, thèse de physique présentée le 25 octobre 1837 à la Faculté des sciences de Paris, pour obtenir le grade de docteur ès-sciences. — Impr. dans les Annales de chimie et de physique, t. LXVIII, p. 416-41 [1838].

III. Nouvelles Recherches sur les compositions ammoniacales. — Impr. dans les Ann. de chimie et de physique, t. LXX, p. 251-72 [1839].

Les « Leçons sur la philosophie chimique », professée au Collége de France, par M. DUMAS, sont présentées comme recueillies par M. Bineau [1837, in-8]; nous avons lieu de penser que c'est à tort, et que le professeur lui-même a rédigé et édité son livre. Il est plus certain que M. Bineau a aidé M. le baron Thénard pour le Vᵉ volume de la sixième édition de son « Traité de chimie », volume renfermant la philosophie chimique : déjà M. A. Baudrimont, autre chimiste, avait coopéré à la réimpression des quatre premiers.

BINET [Jacques-Philippe-Marie], mathématicien et astronome, professeur d'astronomie au collége de France, ex-inspecteur-général des études à l'École polytechnique, né à Rennes [Ille-et-Vilaine], en 1786. Il entra comme élève à l'École polytechnique, en 1804, et fut admis au premier rang de la promotion des élèves de l'école des ponts-et-chaussées, en 1806. Depuis cette époque, il a occupé successivement à l'École polytechnique les fonctions de répétiteur, d'examinateur, de professeur de mécanique et d'inspecteur-général des études jusqu'en 1830. M. Binet est un homme dont la modestie est égale à son grand mérite; il a peu brigué les honneurs académiques, quoiqu'il y eut plus de droits acquis que beaucoup d'autres. Nous ne lui connaissons aujourd'hui que le titre de membre de la

Société philomatique, où il fut admis, le 21 mars 1812, et encore n'en décore-t-il pas ses ouvrages. La Restauration avait beaucoup fait pour M. Binet, très-religieux et très-monarchique : la reconnaissance fit de lui un optimiste politique trop prononcé et trop dévoué : le gouvernement de juillet l'en châtia en le destituant de ses fonctions d'inspecteur-général des études de l'École polytechnique; mais on lui laissa sa chaire d'astronomie au Collége de France qu'il avait obtenue, en 1823, en remplacement de Delambre, mort en août 1822. Nous ne connaissons de ce savant aucun livre proprement dit, et, néanmoins, on a de lui des travaux non-seulement importants, mais encore d'une grande étendue. Les ouvrages de M. Binet consistent en « Mémoires » sur des parties élevées des mathématiques et de l'astronomie. Ces recherches ont été imprimées, pour la plupart, dans le « Journal de l'École polytechnique », ainsi que dans le « Journal des mathématiques », publié depuis 1836 par M. Liouville. Diverses « Notes » de M. Binet ont été insérées dans la « Correspondance sur l'École polytechnique » ; dans les « Bulletins de la Société philomatique de Paris », et dans les Comptes-rendus de l'Académie des sciences. Voici les titres des principaux Mémoires de M. Binet :

I. Mémoire sur la théorie des axes conjugués et des moments d'inertie des corps. [Journ. de l'École polytechn., t. IX, 1813.]

II. Mémoire sur un système de formules analytiques et leur application à des considérations géométriques ; présenté à l'Institut, en 1813. [Ibid.].

L'introduction, purement géométrique, de ce mémoire serait elle-même un mémoire intéressant.

III. Sur la détermination analytique d'une sphère tangente à quatre autres sphères. [T. X, 1815, p. 113 à 128].

IV. Mémoire sur la composition des forces et sur la composition des moments. [Ibid., p. 321-48].

V. Mémoire sur l'expression analytique de l'élasticité et de la roideur des courbes à doubles courbures. [Ibid., p. 418 à 436].

VI. Mémoire sur les principes généraux de dynamique, et en particulier sur un nouveau principe de mécanique générale. [Ibid., t. XII, 1823].

VII. Mémoire sur la détermination des orbites des planètes et des comètes. [Ibid., t. XIII (ou 20e cah., février 1831), p. 249-88].

VIII. Mémoire sur la résolution des équations indéterminées du premier degré des nombres entiers. [Ibid., p. 289-96].

IX. Mémoire sur les intégrales définies Eulériennes, et sur leur application à la théorie des suites, ainsi qu'à l'évaluation des fonctions de grands nombres Paris, de l'impr. de Bachelier, 1840, in-4 de 224 pag. — Extrait du Journal de l'École polytechnique, tome XVI [ou 27e cah.], 1839, p. 123 à 343.

X Mémoire sur la variation des constantes arbitraires dans les équations de la dynamique et dans les formules plus étendues. [Ibid., t. XVII].

XI. Mémoire sur le développement de la fonction dont dépend le calcul des perturbations des planètes.

Ce Mémoire, très-étendu, présenté à l'Institut, dès 1813, doit être imprimé dans le prochain volume du Recueil des savants étrangers de l'Académie des sciences.

XII. Mémoire sur les inégalités séculaires des orbites des planètes.— Imprimé dans le Journal des mathématiques, t. V.

XIII. Mémoire sur la théorie des nombres. [Ibid., t. VI].

M. Binet a eu part à la publication de la nouvelle édition de la « Mécanique analytique » de Lagrange, imprimée en 1816.

BINET, fils aîné, d'Amiens.— I. Annuaire du commerce du département de la Somme, pour 1826. Amiens, Caron-Isnard, 1825, in-8 [1 fr. 50 c.].

II. Annuaire statistique du département de la Somme pour les années 1826 et 1827. Amiens, Caron-Duquenne; Paris, l'Auteur, rue Aubry-le-Boucher, 33, 1826-27, 2 part. in-8.

III. Indicateur [l'] général, 1833; continué par Binet. Paris, le même, 1832, in-fol. d'une feuille. — Année 1833, in-fol. d'une feuille.

BINET [J.-B.]. — Nouvelle Méthode pour faire les opérations du change de Paris et de Lille avec la Hollande. Lille, de l'impr. de Blocquel, 1829, in-18 de 88 pag.

BINETÉAU [Pierre], ingénieur-géographe, impr.-lithogr., successeur de H. Selves, lithographe de l'Université, né à Paris, en 1795, membre de la Société de géographie et de plusieurs autres, est auteur de beaucoup de cartes dans l'Atlas dressé sous la direction du Conseil de l'Instruction publique, de beaucoup de cartes particulières, de divers rapports, de quelques poésies, etc.

BINGHAM-YOUNG. — Traité de l'art de fabriquer la bière, renfermant des procédés nouveaux sur cette importante opération, etc. Lille, de l'impr. de Danel, 1839, in-12 de 96 pag.

BINS DE SAINT-VICTOR. V. SAINT-VICTOR.

BIOCHE [Charles-Jules-Armand], docteur en droit, avocat à la Cour royale de Paris; né à Paris, le 25 juillet 1805.

I. Avec M. *Goujet:* Dictionnaire de procédure civile et commerciale, contenant la jurisprudence, l'opinion des auteurs, les usages du palais, le timbre et l'enregistrement des actes, leur tarif, leurs formules; et terminé par un recueil de toutes les lois spéciales qui complètent ou modifient le Code de procédure, et par une table de concordance du Dictionnaire avec les articles de ce Code et les lois spéciales. Paris, Videcoq, 1834-35, 4 vol. in-8 [30 fr.]. — Deuxième édition, revue, corrigée et augmentée. Paris, le même, 1839-41, 5 vol. in-8 [40 fr.]. — Supplément. Paris, le même, 1841, in-8 [6 fr.].

Les frontispices de ce Dictionnaire indiqueraient que M. Bioche a eu d'autres collaborateurs que M. Goujet; car, après leurs deux noms, on lit : *Et plusieurs magistrats et jurisconsultes.*

Le supplément complète le Dictionnaire de M. Bioche; il renferme le commentaire sur les lois nouvelles publiées dans la session de 1840-1841, c'est-à-dire le commentaire : 1° sur les ventes faites par suite d'expropriation pour cause d'utilité publique (loi du 3 mai 1841); 2° sur les ventes judiciaires de biens immeubles (loi du 2 juin 1841), ventes d'immeubles sur saisie, ventes d'immeubles sur conversion après saisie, sur licitation; ventes d'immeubles appartenant à des mineurs et autres incapables, ventes de biens dépendant d'une succession bénéficiaire, et ventes des biens dotaux; 3° sur les ventes des marchandises neuves (loi du 25 juin 1841); 4° sur les ventes des offices (loi du 25 juin 1841).

Chacune de ces matières est traitée sous un article spécial dont la réunion complète le mot *Vente* du Dictionnaire. Un dernier article est particulièrement consacré aux diverses ventes faites par suite de surenchère. Chacun de ces articles est terminé par des modèles d'actes. Le Dictionnaire de M. Bioche, qui est le meilleur ouvrage usuel sur la procédure que nous ayons, se trouve ainsi mis au courant de la législation la plus nouvelle. L'auteur a suivi dans son Supplément le même ordre méthodique qui se retrouve dans le Dictionnaire, et chacun des articles est traité avec tout le soin et tout le talent qui ont assuré le succès du Dictionnaire, dont la seconde édition a suivi la première, pour ainsi dire sans intervalle. Pour donner un nouveau prix à son œuvre, M. Bioche a joint à ce volume supplémentaire la collection des *lois sur la procédure*, comprenant le texte même des lois nouvelles, quelques explications sur le tarif, suivies de modèles d'états de frais, et une nouvelle table de concordance entre les articles des Codes relatifs à la procédure.

II. Journal de procédure civile et commerciale. Recueil mensuel de législation, de jurisprudence et de doctrine; spécialement destiné à MM. les avoués, agréés, juges de paix, greffiers, huissiers, etc. Par M. Bioche et plusieurs jurisconsultes. Paris, l'Auteur, rue de l'Éperon, n° 5, janvier 1835 à décembre 1841, 7 vol. in-8 [70 fr.].

Ce journal se continue. Prix de l'abonnement annuel : 10 fr.

III. Formulaire de procédure civile et commerciale. Paris, Videcoq, 1841, gr. in-12 [6 fr.].

BION-MARLAVAGNE [H.]. — Histoire d'Irlande. Par *Th. Moore;* traduite de l'anglais. Tome Ier [et unique]. Paris, Périsse frères, 1835, in-8 [4 fr.].

BIOT [Jean-Baptiste], géomètre, astronome et physicien, l'un des professeurs les plus habiles et des savants les plus distingués dont la France s'honore, professeur d'astronomie à la Faculté des sciences, membre de la Société philomatique, de l'Académie royale des sciences, section de géométrie; académicien libre de celle des Inscriptions et Belles-Lettres, de la Société royale de Londres, et membre de plusieurs autres sociétés savantes françaises et étrangères, chevalier de la Légion-d'Honneur et de l'ordre de Saint-Michel, est né à Paris, le 21 avril 1774. Il fit de brillantes études au collége Louis-le-Grand, et entra fort jeune dans l'artillerie. Il renonça bientôt à cette carrière, et montra un goût décidé pour les sciences. Il fut admis à l'École polytechnique, où il ne tarda pas à se faire remarquer par son aptitude, son zèle et sa facilité à s'emparer de toutes les connaissances qui y sont enseignées. Ses progrès furent tels qu'il fut nommé professeur à l'École centrale de Beauvais ; il y remplit les fonctions de cette place avec la plus grande distinction. En 1800, il revint à Paris, et obtint la chaire de physique mathématique au collége de France. Dès ce moment, il marqua sa place au premier rang des savants de notre époque. Les mathématiques, la physique, la chimie et l'astronomie, lui devinrent également familières. L'année qui suivit sa nomination de professeur de physique, il fit paraître une *Analyse de la Mécanique céleste de M. Laplace*, et en 1802, son *Traité analytique des courbes et des surfaces du second degré*, ouvrage qui est parvenu, en 1834, à sa huitième édition. Dans tous les ouvrages qu'il a publiés depuis sur les sciences exactes, il a montré les plus vastes connaissances. En 1803, M. Biot se présenta à l'Institut [classe des sciences mathématiques et physiques], et y fut reçu, quoique à peine âgé de trente ans, en remplacement du célèbre Delambre. Des biographes de M. Biot ont donné à entendre que son admission fut due au crédit de Laplace : ceci est inexact. Il peut être vrai que Laplace, bon appréciateur des connaissances de M. Biot, ait engagé celui-ci à se présenter à l'Institut, et ait même cherché à faire réussir sa candidature ; mais déjà à cette époque les travaux de M. Biot étaient une assez bonne recommandation. Avant son admission, il avait lu treize mémoires à l'Institut, et quatre d'entre eux avaient été jugés dignes d'être imprimés dans les recueils publiés par ce corps savant ; il avait publié son *Analyse de la Mécanique céleste de Laplace*, et surtout, en 1802, son *Traité analytique des courbes et des surfaces du second dégré ;* de plus, il était d'une société savante, qui comptait un grand nombre de membres de l'Institut dans son sein, la Société philomatique, où il avait été admis, dès le 13 pluviôse an IX [2 février 1802]. A son entrée à l'Institut national, M. Biot en devint un des membres les plus influents. Dans l'année de son admission, M. Biot fit paraître trois nouveaux ouvrages : un *Essai sur l'histoire générale des sciences pendant la révolution*, qui, non seulement ajouta à sa réputation de savant, mais lui fit prendre rang, comme littérateur, parmi les écrivains de l'époque ; des *Recherches sur l'intégration des équations différentielles partielles, et sur les vibrations des surfaces*, qui furent imprimées dans un des volumes du recueil de l'Institut ; et la *Relation d'un voyage fait dans le département de l'Orne pour constater la réalité d'un météore observé à l'Aigle le 26 floréal an* XI (*). Cette publication appela sur M. Biot l'attention générale ; car ce phénomène avait intéressé la France entière, depuis les savants jusqu'aux badauds. Nous avons dit que, dès son entrée à l'Académie des sciences, M. Biot devint un des membres les plus influents de ce corps savant. L'occasion de le prouver se présenta lorsque le premier consul fut élevé à la dignité impériale. De concert

(*) Il s'agissait de la chute d'*aérolithes* (ou *bolides* de quelques minéralogistes), vulgairement appelées *pierres de la lune*, *pierres du ciel*, qu'il conviendrait de nommer *météorites*, mot qui rappelle simplement le phénomène incontestable de la chute de ces pierres, sans rien préjuger, ni sur leur origine, ni sur la route qu'elles ont dû suivre pour arriver jusqu'à nous.

Le 26 avril 1803, vers une heure après midi, il tomba une pluie effrayante de *météorites*, à l'Aigle et dans les environs. Ce phénomène appela l'attention des savants et des gens du monde ; chacun prit intérêt aux météorites ; l'on s'en occupa sérieusement. Le peuple voulut en parler aussi ; l'on chanta les *pierres de la lune ;* l'on montra ces pierres pour de l'argent dans les jardins publics. Alors M. Chaptal, ministre de l'intérieur et membre de l'Institut, proposa à ses collègues d'envoyer un commissaire sur les lieux, afin d'y constater la vérité des faits : M. Biot accepta cette mission, et fit à son retour un rapport tellement circonstancié, tellement fort de vérité et de conviction, qu'il entraina tous les savants ; qu'il mit tous les physiciens et tous les naturalistes de son bord, et que depuis cette époque mémorable dans les annales des sciences, il ne s'est plus élevé aucun doute imposant à ce sujet.

Des catalogues et des ouvrages *ad hoc* furent publiés par des hommes du premier mérite, à la tête desquels on doit placer M. Chladni, physicien allemand, et en France, MM. Yzarn et Bigot de Morogues, qui traitèrent ce sujet dans des mémoires du plus haut intérêt. Nous renvoyons à ces divers écrits pour la liste chronologique des chutes de pierres rapportées depuis 1478 ans avant notre ère jusqu'à nos jours, et qui s'élève maintenant à près de deux cents exemples avérés. (Voir le Dictionnaire des sciences naturelles, publié par Levrault, article *Météorite.*)

avec Camus, M. Biot, se fondant sur ce que l'Institut n'était pas un corps politique, pensa qu'il ne devait pas voter l'élévation du consul au trône impérial. Ces deux académiciens entraînèrent à eux la majorité de l'assemblée, et la séance fut levée ; mais le lendemain l'assemblée prit une autre décision, conforme aux vœux de celui qui faisait alors fléchir toutes les volontés. Au mois d'août 1804, sous le ministère de M. Chaptal, M. Biot fit, avec M. Gay-Lussac, une ascension aérostatique : ces savants devaient, à une grande hauteur, faire une série d'expériences qui intéressaient la physique et la chimie. Ils ne purent s'élever qu'à trois mille quatre cents mètres, et, quelques jours après, il fallut recommencer ; mais cette fois, M. Gay-Lussac monta seul [voyez Gay-Lussac] pour pouvoir s'élever plus haut. De 1804 à 1805, parurent du savant académicien quelques Mémoires *sur la propagation du son*, *sur les expériences de Volta*, *sur les équations aux différences mêlées*, qui furent imprimés dans le Bulletin des sciences de la Société philomatique, le Journal des mines et dans le recueil de l'Institut ; mais surtout son *Traité élémentaire d'astronomie physique*, en 2 vol. in 8, qui est resté classique, et est aujourd'hui à sa troisième édition, publiée en 1841. M. Biot, nommé, en 1806, membre adjoint du bureau des longitudes, se rendit en Espagne avec M. Arago, secrétaire de ce bureau. Ils partirent, le 2 septembre, avec la mission de continuer l'opération géodésique destinée à prolonger la méridienne de France jusqu'aux îles Baléares, et continuer les travaux interrompus par la mort de Méchain. Dès le mois de décembre de la même année, ils commencèrent l'observation du grand triangle qui devait joindre l'île d'Yviza à la côte d'Espagne. A proprement parler, Yviza et Formentera ne sont point comprises dans les îles Baléares ; elles font partie des groupes de petites îles que l'on nomme Pithiuses. Les Baléares ne comprennent que Mayorque, Minorque et Cabréra. On a préféré, avec raison, les Pithiuses, et particulièrement Formentera, parce qu'elles sont plus australes. A Formentera, petite île au sud d'Yviza, M. Biot mesura la hauteur du pôle, la longueur du pendule et les azimuts du point le plus austral des triangles qu'il a conduits jusqu'à cette île depuis Tortose, où la mort de Méchain les avait fait suspendre. MM. Chaix, Rodriguez et surtout Arago prirent la part la plus active à cette grande et difficile opération, qui est devenue un complément bien intéressant à la description de la méridienne de Dunkerque et de Barcelonne. Ils triomphèrent heureusement de tous les obstacles, par leur constance à braver le froid le plus rigoureux, la neige, les vents, les chaleurs et les orages, et parvinrent enfin à lier, par deux grands triangles, les îles d'Yviza et de Formentera aux côtes du royaume de Valence. Ce qui restait à faire pour ajouter près de trois degrés à la grande méridienne était beaucoup plus facile, et le succès en était assuré, puisqu'il ne dépendait plus désormais que des soins, de l'exactitude des connaissances géométriques et physiques dont nos astronomes étaient doués, autant que de zèle et de courage. C'est à Formentera que, dans ses moments de loisirs, M. Biot composa son *Mémoire sur la nature de l'air contenu dans la vessie natatoire des poissons*, imprimé en 1807. En 1808, M. Biot, accompagné de M. Mathieu, alla observer la longueur du pendule sur le 45 parallèle, à Bordeaux, Figeac et Clermont. En 1809, MM. Biot et Mathieu firent la même observation à Dunkerque. A son retour de ce troisième voyage scientifique, M. Biot fut nommé professeur d'astronomie à la Faculté des sciences [1809]. L'année suivante, il fit, à l'Institut, dans une séance publique de 1810, le rapport sur les trois missions, dans lesquelles il avait pris une part si active. Tout en remplissant les vues du bureau des longitudes, M. Biot ne négligeait point l'Institut : de loin il envoyait des mémoires ; à Paris momentanément, il les lisait lui-même. De 1806 à 1814, l'Institut a entendu la lecture d'une série de Mémoires de lui, d'une grande importance scientifique, et dont s'enrichirent divers recueils consacrés aux sciences. Nous parlerons ici de quelques-uns d'eux, de ceux qui ont fait le plus de sensation dans le monde savant, et dont la lecture remonte aux dernières années de l'Empire. Après les recherches sur la théorie des ondes, par Newton, le marquis de Laplace, Lagrange, Brémontier et Poisson, M. Biot a fait aussi des expériences sur le mouvement imprimé aux fluides par l'immersion de différents solides de révolution et même de cônes et de cylindres : il en a conclu que la vitesse des ondes ne dépend ni de la figure de ces corps, ni de la quantité dont ils sont enfoncés dans le fluide, mais qu'elle varie avec le rayon de leur section *à fleur d'eau*, ce qui est conforme à la théorie développée par Poisson, dans un mémoire sur la théorie des ondes, lu à l'Académie des sciences les 2 octobre et 18 décembre 1815. Vinrent ensuite deux Mémoires *sur la nature des forces qui produisent la double réfraction*, dans lesquels M. Biot prouve que l'une de ces forces est attractive et l'autre répulsive, ce qui présente les lois de la physique sous un point de vue plus général et plus simple, en étendant à la lumière l'analogie qu'on avait déjà observée entre l'électricité et le magnétisme ; enfin un troisième mémoire *sur l'utilité des lois de la polarisation de la lumière*, pour reconnaître l'état de cristallisation et de combinaison, dans un grand nombre de cas où le système de cristallisation ne peut être observé immédiatement. Entrons dans quelques détails au sujet de ce mémoire. La réfraction de la lumière est un effet mécanique produit par une force chimique. L'énergie relative de cette force dépend de la nature des corps qui agissent sur la lumière, et la direction des rayons réfractés est déterminée par leur direction et leur vitesse primitive, par le nombre, l'énergie et la direction des nouvelles impulsions qu'ils éprouvent. Ainsi, les modifications de la lumière, par les corps transparents qu'elle traverse, peuvent varier de deux manières et par deux causes différentes : elles peuvent donc servir à reconnaître ces causes de variation ; et quand on aura découvert la loi de leur dépendance mutuelle, on saura les soumettre au calcul. Mais la forme cristalline n'est-elle pas une indication aussi sûre et plus immédiate de la composition des corps ? Ne peut-on pas affirmer que tous les corps dont les cristaux affectent la même figure, sont composés des mêmes éléments, en même proportion et combinés de la même manière ? M. Biot traite cette question avec toute l'étendue que son importance exige ; et, en la discutant, il est conduit à cette autre question non moins importante : Comment distinguer, dans tous les cas, une véritable combinaison d'un simple mélange ? Comment fixer, dans les substances minérales, la limite entre les quantités *accidentelles* de quelques-uns de leurs principes, et les quantités qui sont essentielles ? Une combinaison est nécessairement homogène ; et tout mélange, quelque intime qu'on le suppose, est hétérogène. Or, l'arrangement régulier qui produit les cristaux ne peut être que l'effet d'une cause régulière et unique ; ainsi, lorsqu'un mélange est cristallisé, la forme cristalline n'appartient qu'à l'une des substances mélangées. Quelques-uns de ces mélanges naturels ou artificiels montrent à découvert le mode de la cristallisation qu'ils affectent ; mais il en est d'autres sur lesquels les moyens ordinaires d'observation et d'analyse ne peuvent rien. C'est à quelques-uns de ces cas, difficiles et douteux, que M. Biot applique les lois de la polarisation de la lumière. En effet, la réfraction extraordinaire et la polarisation dépendent de la position respective des molécules des corps, au lieu que la réfraction ordinaire est due à l'action simultanée de ces molécules, indépendamment de leur situation. Il y a donc une connexion nécessaire entre l'état cristallin d'un corps et les phénomènes de la polarisation de la lumière qui le traversent. M. Biot indique ceux de ces phénomènes qui caractérisent un simple mélange, et ceux qui doivent faire croire que les principes constituants des corps sont dans l'état de combinaison. Il applique ensuite ces nouveaux caractères distinctifs à une espèce minérale dont la cristallisation n'est pas entièrement connue, le mica. Secondé par le zèle des minéralogistes, qui ont mis à sa disposition les morceaux les plus rares et les plus précieux de leurs collections, il a soumis aux épreuves optiques plus de trente variétés de mica, tandis que M.

Vauquelin les analysait par les procédés chimiques. Toutes les observations et toutes les analyses ont constaté ce résultat important, que des changements, même très-légers, dans les effets optiques, répondent à des changements analogues dans le nombre ou dans les proportions des principes constituants. Ainsi, à mesure que les faits se multiplient, les anneaux de la chaîne toujours plus rapprochés font mieux apercevoir l'union de toutes les parties des sciences. Aujourd'hui l'électricité, le magnétisme et la lumière sont des agents chimiques et, en quelque sorte, des instruments entre les mains du minéralogiste. Les sciences mathématiques s'emparent aussi de quelques faits sur lesquels elles répandent une lumière subite : l'application de la mesure aux effets physiques donne aux observations le plus haut degré de certitude qu'elles puissent atteindre. Ces progrès réels, incontestables, seraient-ils donc un signe de décadence, un symptôme de corruption morale? Pour en venir au point où nous sommes, il a fallu trouver les bonnes méthodes de recherches et d'instruction; mais ce n'était pas encore assez; car, pour appliquer ces méthodes avec succès, il faut une âme saine et un esprit droit. Les détracteurs de notre siècle peuvent avoir raison sur quelques maux qu'ils voient et qu'ils signalent; mais ils se trompent sur la cause, et ils pourraient bien se tromper aussi sur le remède (*). La partie bibliographique de cette notice rappelle jusqu'à dix-sept mémoires lus par M. Biot de 1806 à 1814, parmi lesquels plusieurs n'ont pas moins de valeur scientifique que ceux dont nous venons de parler Tous ont été imprimés dans les recueils de l'Institut, dans le Journal de l'École polytechnique et dans celui des Mines, et de plus des *Tables barométriques portatives* [1811, in-8], et des *Recherches expérimentales et mathématiques sur les mouvements des molécules de la lumière autour de leur centre de gravité* [1814, in-8]. Il concourut aussi, en 1812, pour l'*Éloge de Montaigne*, et obtint une mention honorable de l'Académie française. Ses concurrents dans ce concours étaient M. Villemain, qui obtint le prix, et M. Jay, qui eut l'accessit. En 1814, M. Biot fut nommé professeur de physique générale et mathématique au Collége de France. Il passe pour constant qu'en 1815, lors de la sanction demandée à l'acte additionnel, le vote de M. Biot fut négatif. Ce vote serait en rapport avec ses antécédents. A cette époque, la Société royale de Londres l'admit au nombre de ses membres associés. Louis XVIII répara l'oubli, peut-être volontaire, de Napoléon envers M. Biot, en le décorant du ruban de la Légion-d'Honneur. Cet acte de justice fut d'autant mieux accueilli que celui qui en fut l'objet ne l'avait point sollicité, et qu'il ne fit jamais le sacrifice de ses opinions politiques. Voué tout entier à la science, et infatigable, en même temps qu'il était l'un des lecteurs les plus assidus de l'Académie des sciences, qu'il rédigeait les articles de physique pour le « Nouveau Dictionnaire d'histoire naturelle, etc. » [Paris, Déterville, 1816 et ann. suiv.], et des Notices sur des physiciens célèbres pour la « Biographie universelle » des frères Michaud, il mettait la dernière main à son *Traité de physique expérimentale et mathématique* qu'il publia, en 1816, en 4 vol. in-8, dont il donna, l'année suivante, un Précis ou Abrégé à l'usage des écoles. Cet ouvrage a rendu un immense service à la science, mais moins pourtant que si l'auteur l'avait mis à la portée d'un plus grand nombre d'intelligences Peu après sa publication, M. Biot fut désigné comme l'un des rédacteurs du « Journal des savants », en ce qui concerne les mathématiques. C'est en 1817 que parut son *Précis de physique expérimentale*, en 2 vol. in-8, dans lequel l'auteur s'est attaché à faire disparaître l'inconvénient que présente son grand ouvrage, de n'être pas assez élémentaire, mais sans y avoir complétement réussi. Il fut presque aussitôt traduit en allemand et publié par le libraire Voss à Berlin, en 1819. Un journal allemand imprimé à Berlin [« der Freymuethige »], disait, en rendant compte de cette traduction : « Aucun ouvrage » ne mérite plus que celui-ci le titre » de classique. Nous n'avons en Alle-

(1) M. Ferry, Revue encycl., t. II, 1819.

» magne aucun livre élémentaire digne » d'être comparé à cette production. » M. Francœur, collègue de M. Biot à la Faculté des sciences, en rendant compte dans la « Revue encyclopédique » (*) de la seconde édition de ce livre important pour l'instruction élémentaire, s'exprimait ainsi : « Dans un *Traité mathématique*, M. Biot avait exposé les parties qui composent la physique, en s'aidant des ressources que lui offrait l'analyse algébrique qu'il manie avec tant de facilité. Mais les cours publics de la Faculté des sciences ne comportant pas l'emploi des calculs, l'auteur avait été forcé de s'y renfermer dans un cercle plus étroit. C'est à ces circonstances qu'on doit la publication de son « Traité élémentaire de physique expérimentale », imprimé pour la première fois en 1817, réimprimé en 1821, et de nouveau en 1823, toujours avec de nouvelles additions considérables. La science s'enrichit chaque jour de faits nouveaux, et M. Biot ne pouvait oublier de parler des découvertes récentes sur le magnétisme et l'action électrique, découvertes qu'on doit aux travaux de MM. OErsted, Hausteen, Arago, Ampère, et auxquelles M. Biot lui-même a contribué. On sait que M. Biot écrit avec élégance et clarté ; son Traité de physique est peut être moins facile à concevoir que celui de son estimable collègue, M. Haüy ; on y reconnaît partout le géomètre qui veut atteindre sans calcul à la rigueur des calculs mêmes : il est plus profond et plus savant ; et la lecture de ces deux ouvrages satisfera tout lecteur intelligent, parce qu'il trouvera dans l'un l'explication des faits qu'il n'aura pas bien compris dans l'autre ; et, se rendant maître de son sujet, il s'élèvera à la hauteur qui est indispensable pour concevoir les doctrines diverses qui constituent la science. Si vous assistez à des leçons faites sur le même sujet par deux professeurs habiles, comme chacun est distingué par des qualités personnelles, vous pourrez profiter à la fois dans cette double étude. Ce ne seront ni les mêmes discours, ni les mêmes formes logiques; souvent il y aura aussi diversité dans la méthode, ou dans les conceptions générales ; et cependant vous entendrez avec fruit et intérêt. C'est l'impression que doit produire la lecture des Traités de physique de MM. Haüy et Biot. On ne saurait trop recommander ces estimables ouvrages, où sont exposés avec talent les diverses branches de la physique». En 1817 aussi, le bureau des longitudes chargea notre académicien d'une mission scientifique aux îles Shetland. On connaît les grands travaux des Français pour mesurer un arc du méridien depuis Dunkerque jusqu'à Barcelonne, première opération exécutée par MM. Delambre et Méchain ; et depuis Barcelone jusqu'aux îles Pithiuses par MM. Arago et Biot. La configuration du continent européen n'a pas permis aux Français de pousser plus loin vers le Nord la mesure méridienne de la terre. Mais depuis plusieurs années les Anglais, pour dresser une grande carte de leur pays, avaient entrepris de très-belles opérations astronomiques et géométriques. Ces opérations, commencées par le Sud de l'Angleterre, sous la direction du général Roy. furent continuées jusqu'en Ecosse et aux îles Shetland, sous la direction du colonel Mudge, correspondant de l'Académie des sciences pour la section d'astronomie. On a senti combien il serait important de comparer les moyens d'observation des astronomes anglais et français, et de lier les deux systèmes d'opération, pour en former comme une mesure unique et continue. Telles sont les raisons qui, dans l'été de 1817, ont fait envoyer M. Biot en Écosse pour y observer la longueur du pendule, suivant l'ingénieux appareil de Borda, d'abord à Édimbourg, ensuite aux îles Shetland. Telles sont aussi les raisons qui, dans l'automne de 1818, ont fait envoyer MM. Arago et Biot à Dunkerque pour y combiner leurs observations avec celles du colonel Mudge et de ses collaborateurs, MM. Colby et Gardner. Les Anglais apportèrent leur magnifique secteur, exécuté par Ramsden. Les Français apportèrent leur cercle répétiteur, exécuté par Fortin : l'industrie et la science des deux nations se trouvèrent en présence. Le prix de la lutte dut être partagé entre

(1) Tome XI, 1821.

les combattants des deux nations. Les observations furent faites séparément et d'une manière parfaitement indépendante, puis calculées par des méthodes spéciales. Les résultats s'accordèrent avec une étonnante précision; et non-seulement les observations simultanées donnèrent pour Dunkerque la même latitude, mais ces déterminations nouvelles s'accordèrent également bien avec celles que Delambre avait faites vingt cinq ans auparavant. Le capitaine Kater, peu après, a mis à l'épreuve un pendule ingénieux dont il est l'inventeur. Ses observations, faites aux lieux mêmes où M. Biot avait opéré, dans la Grande-Bretagne, ont donné les mêmes résultats. Tels sont les avantages et les garanties que présente une science éminemment perfectionnée (*) ». Dans la séance publique annuelle de l'Académie des sciences, tenue le 29 mars 1819, M. Biot lut la relation de ces deux voyages scientifiques, rendit compte de la continuation des travaux entrepris pour déterminer la figure de la terre, et des résultats des observations du pendule, faites, en 1817, aux îles Shetland, lecture qui fut écoutée avec une attention soutenue, parce que M. Biot sait toujours se faire entendre du public avec intérêt, parce qu'il décrit, avec une grande clarté et une gradation qui excite et soutient l'attention, les instruments, les opérations et les moyens de la science et des arts. De l'excursion scientifique, faite en société de M. Arago, en Espagne, en 1806, et des deux autres de M. Biot seul en 1817 et 1818, il est résulté la publication d'un ouvrage savamment et longuement élaboré par MM. Biot et Arago, qui a paru sous le titre de *Recueil d'observations géodésiques, astronomiques et physiques, exécutées par ordre du bureau des longitudes de France, etc.* [1821, in-4]. A la séance publique annuelle des quatre académies, le lundi 24 avril 1820, M. Biot lut des Considérations sur la nature et les causes de l'*aurore boréale*. En 1823, il fit paraître des *Recherches sur plusieurs points de l'astronomie égyptienne, appliquées aux monuments astronomiques trouvés en Égypte* [in-8 avec planches], sujet qu'il a complété depuis par la lecture, à l'Académie des sciences, le 30 juin 1834, d'un mémoire plein d'intérêt, de recherches savantes et curieuses *sur quelques déterminations d'astronomie ancienne, étudiées comparativement chez les Égyptiens, les Chaldéens et les Chinois*. En 1824, M. Biot fut chargé par le bureau des longitudes d'une nouvelle mission scientifique en Italie, et sur divers points de la Méditerranée. Il observa la longueur du pendule à Milan, Padoue, Fiume, points placés sur le parallèle de Bordeaux, et mesura, à Fiume, l'azimuth du dernier côté de la triangulation exécutée sur ce parallèle par les travaux combinés des ingénieurs français et autrichiens. Il se rendit ensuite, en 1825, dans l'île de Lipari, sur la côte de Sicile, observa le pendule, dans ce pays depuis long-temps agité par de fortes éruptions volcaniques. Delà, il se transporta à l'île de Formentera, comprise dans le groupe des îles Pithiuses, et point extrême de l'arc de méridien mesuré depuis Dunkerque. Il se plaça à la même station où, près de vingt ans auparavant, il avait observé avec M. Arago, et y observa de nouveau la longueur du pendule. Il refit également de nouvelles séries d'observations de la latitude de ce point, dont la vérification avait paru utile au bureau des longitudes. M. Biot se rendit ensuite à Barcelone, placé également sur le méridien de Dunkerque, et y observa la longueur du pendule. Il fut aidé par son fils dans ce voyage scientifique. A son retour, à la fin de 1825, il calcula les principaux résultats de ses observations, et les communiqua, le 5 décembre 1827, à l'Académie des sciences dans un *Mémoire sur la figure de la terre*. Les observations de l'auteur, confirmant les résultats auxquels étaient déjà arrivés plusieurs observateurs, l'ont conduit à reconnaître que l'action de la pesanteur n'est pas la même sur tous les points d'un même parallèle, et ne varie pas uniformément le long d'un même méridien. Il a découvert qu'à Paris, en particulier, la variation annuelle est assez forte pour déterminer une différence de cinq secondes par jour sur la marche des horloges.

(*) Le baron Ch. DUPIN, Rev. encycl., t. II, p. 183.

M. Biot pense qu'on peut trouver dans la variation de l'action de la pesanteur sur un même parallèle la cause des différentes mesures données de l'aplatissement de la terre. Il indique la manière dont il convient désormais de diriger les observations sur la longueur du pendule pour les rendre aussi utiles que possible. Toute observation isolée serait désormais, selon lui, peu importante, à moins que par un hasard sur lequel on ne peut guère compter, elle ne se trouva faite sur un point où l'action de la pesanteur serait un *maximum* ou un *minimum*. En général, on doit désormais s'attacher à répéter les observations, soit le long des mêmes parallèles, soit sur un même méridien, afin d'arriver à connaître les lois [en cas qu'il en existe] suivant lesquelles ont lieu les variations dont l'existence ne peut plus être contestée. L'auteur termine son mémoire en faisant remarquer que les Anglais ont eu tort de prendre la longueur du pendule pour base de leur système métrique, cette longueur pouvant varier suivant les causes qui ne dépendent en aucune manière de la position topographique, et qui peuvent ne pas rester constantes pour un même point dans le cours des siècles. Sous ce rapport, la base du système métrique français n'offre pas le même inconvénient au même degré (*). » En 1828, M. Biot publia des *Notions élémentaires de statique, destinées aux jeunes gens qui se préparent pour l'École polytechnique* [in-8 avec pl.]. Ces Notions, et des *Lettres sur l'approvisionnement de Paris, etc.* [1835, in-8], sont les derniers ouvrages que le savant académicien a publiés comme livres ; mais nous comptons jusqu'à dix-sept Mémoires de lui imprimés depuis cette époque, et encore est-ce bien loin de compte de ceux qui ont été lus à l'Académie, et qui n'ont pas encore été imprimés. La liste des ouvrages de M. Biot prouvera que, tout entier aux sciences, son zèle est infatigable quand il s'agit d'en accroître les richesses et d'en reculer les limites ; car, en général, on peut dire des travaux de M. Biot qu'ils sont plus scientifiques que d'application ; cependant M. Biot, en 1830, a repris une série d'expériences, depuis long-temps commencées par lui, sur la *polarisation circulaire*, et en a fait, dans plusieurs mémoires, une application très-importante à l'examen de la construction moléculaire de substances transparentes (Voy. ses derniers Mémoires plus bas). En 1841, la Société royale de Londres lui a décerné, pour ce genre de recherches, la médaille de Rumford. C'est dans les Mémoires qu'il a lus à l'Institut sur la polarisation circulaire [séances du 7 et du 14 janvier 1833] que M. Biot a fait preuve d'une noble impartialité en proclamant, à plusieurs reprises, l'exactitude des travaux et des recherches de M. Raspail, à l'égard duquel l'Académie des sciences s'était laissé aller à des préventions injustes. Nous ne saurions donner ici la nomenclature bien exacte des nombreux Mémoires que M. Biot a fait imprimer depuis 1803 jusqu'à ce jour ; elle serait, du reste, incessamment incomplète, car l'âge ne ralentit pas son activité ; néanmoins nous avons essayé, dans la partie bibliographique de cette notice, d'en rappeler les principaux, parmi ceux qui ont été imprimés (*). Nous avons dit que M. Biot écrit avec élégance et clarté : son « Éloge de Montaigne », ses Notices de la « Biographie universelle », et ses articles de critique scientifique du « Mercure », du « Moniteur » et du « Journal des savants » sont d'un littérateur distingué. Aussi, en 1841, obtint-il un deuxième fleuron académique, en remplaçant à l'Académie royale des inscriptions et belles-lettres, comme académicien libre, le comte Miot de Mélito, traducteur d'Homère, mort peu de temps auparavant.

OUVRAGES DE M. J.-B. BIOT.

I. *Mathématiques pures et appliquées.*

I. Mémoire sur les équations aux différences mêlées, avec une planche. Lu à l'Institut, le 1er brumaire an VIII

(*) Revue encycl., t. XXXVI, p. 815 [1827].

(*) Quoique déjà très-étendue, notre Notice des travaux de M. Biot ne doit pas être complète : il nous a été impossible de découvrir tous les recueils où il a fait imprimer quelque chose. A ceux dont nous avons fait le dépouillement nous eussions dû ajouter ceux-ci : le Journal de physique, la Connaissance de temps, les Compte-rendus de l'Académie des sciences, depuis 1835 jusqu'à ce jour, etc., etc.

[23 octobre 1799]. — Impr. dans le t. Ier du recueil des Savants étrangers de l'Institut, 1805.

II. Recherches sur l'intégration des équations différentielles partielles, et sur les vibrations des surfaces ; lues à l'Institut, le 1er prairial an VIII [21 mai 1800]. Paris, veuve Courcier, 1803, in-4 [4 fr.].

Extrait, à petit nombre, du tome IV des « Mémoires de l'Institut », section des sciences mathématiques et physiques.

III. Considérations sur les intégrales des équations aux différences finies, présentées à l'Institut en ventôse an VIII [mars 1800]. — Impr. dans le t. IV du Journal de l'École polytechnique, 1810.

La classe nomma deux commissaires pour lui faire un rapport sur ce mémoire : MM. Laplace et Prony : le rapport de ce dernier porte la date du 6 frimaire an VIII [27 novembre 1799]. L'Académie décida que, ou ce Rapport serait imprimé dans la partie historique de ses travaux, ou le Mémoire dans le recueil de ses Savants étrangers. — Le Rapport de M. Prony ayant été imprimé, le Mémoire de M. Biot ne le fut pas alors.

IV. Mémoire sur les axes de suspension synchronés. — Imprimé dans le tome VI du Journal de l'École polytechnique [avril 1806].

V. Recherches sur le calcul aux différentielles partielles, et sur les attractions des sphéroïdes ; lues à l'Institut, le 27 prairial an X [16 juin 1802]. — Impr. dans le tome VI des Mémoires de l'Institut, section des sciences mathématiques et physiques, 1806.

VI. Nouvelles démonstrations des principaux théorèmes relatifs à l'attraction qu'exercent les sphéroïdes ; lu à l'Institut en 1802.

Cité par le Magas. encyclop.

VII. Traité analytique des courbes et des surfaces du second degré. Paris, veuve Courcier, 1802, in-8.

Cet ouvrage, très-estimé, a été réimprimé depuis sous le titre d'*Essai de géométrie analytique appliquée aux courbes et aux surfaces du second ordre*. La dernière édition est la VIIIe. Paris, Bachelier, 1834, in-8 [6 fr. 50 c.].

VIII. Tables barométriques portatives, donnant les différences de niveau par une simple soustraction, contenant l'histoire de la formule barométrique, et sa démonstration complète par les simples éléments de l'algèbre, à l'usage des ingénieurs, etc. Paris, Klostermann fils, 1811, in-8 de 65 pag. [1 fr. 50 c.].

IX. Sur l'attraction des sphéroïdes ; lu à la Soc. philom. — Nouv. Bullet. des sciences, mars 1812.

X. Lettre aux rédacteurs des Annales de chimie et de physique, sur le rapport du mètre au pied anglais. — Impr. dans les Ann. de phys. et de chimie, t. VII, 1817.

XI. Rapport fait aux Académies des sciences et des beaux-arts, sur le Mémoire de M. Félix Savart, sur la construction des instruments à cordes et à archets.

Impr. à la suite du Mémoire de M. Savart, dans le tome XII des Annales de physique et de chimie.

XII. Notions élémentaires de statique, destinées aux jeunes gens qui se préparent pour l'École polytechnique. Paris, Bachelier, 1828, in-8, avec 8 planch. [3 fr. 75 c.].

II. *Astronomie. — Géodésie.*

XIII. Analyse de la Mécanique céleste de M. Laplace ; par M. *J.-B. Biot* ; suivie de l'Analyse du travail de MM. Borda et Delambre, par *Van Swinden*. Paris, Duprat, 1801, in-8 [1 fr. 50 c.].

Imprimée aussi dans le tome XVIII du « Journal des Mines », 1804.

XIV. Traité élémentaire d'astronomie physique, par *J.-B. Biot*, accompagné d'un Traité d'astronomie, par *Rossel*. Paris, Courcier, 1805, 3 vol. in-8, avec planches. — IIIe édit., corr. et augmentée. Paris, Bachelier, 1841, 3 vol. in-8, avec 41 planch. [25 fr.].

XV. Antiquité [l'] de l'empire de la Chine, prouvée par les observations astronomiques. — Impr. dans le Mag. encycl., en 1809, t. III, p. 309 à 335, avec 5 planches.

A l'occasion du manuscrit d'un ouvrage intitulé : Recherches astronomiques du R. P. Gaubil, sur les constellations et les catalogues chinois des étoiles fixes, sur le cycle des jours, sur les solstices et sur les ombres méridiennes du gnomon observées à la Chine. Ce manuscrit, envoyé de Pékin, est écrit de la main du P. Gaubil lui-même.

XVI. Notice sur les opérations faites en Espagne pour prolonger la méridienne de France jusqu'aux îles Baléares ; lue à la séance publique de la classe des sciences mathématiques et physiques en 1810. — Impr. dans le Magasin encycl., ann. 1810, t. Ier, pag. 168 à 197.

XVII. Notice sur les voyages entrepris pour mesurer la courbure de la terre et la variation de la pesanteur terrestre, sur l'axe méridien compris entre les îles Pithiuses et les îles de Shetland [l'une lue dans la séance publique de 1810, et l'autre au commencement de 1818]. — Imprimées dans le t. III des Mémoires de l'Académie des sciences [1820].

XVIII. Sur la longueur du pendule à secondes, observée à Unst, la plus boréale des îles Shetland. — Nouv. Bulletin des sciences, février 1819.

XIX. Sur la mesure du pendule à différentes latitudes. — Nouv. Bullet. des sc., mai 1820.

XX. Avec M. *Arago:* Recueil d'observations géodésiques, astronomiques et physiques, exécutées, par ordre du bureau des longitudes de France, en Espagne et en Écosse, pour déterminer la variation de la pesanteur des degrés terrestres sur le prolongement du méridien de Paris. [Ouvrage formant le IVe volume des Bases du système métrique]. Paris, veuve Courcier, 1821, in-4, avec deux planches [21 fr.].

XXI. Recherches sur plusieurs points de l'astronomie égyptienne, appliquée aux monuments astronomiques trouvés en Égypte. Paris, F. Didot, 1823, in-8 de xj et 518 pag., avec 4 pl. lithogr. [10 fr.].

M. Letronne a donné un compte-rendu très-étendu de cet ouvrage dans le « Journal des des savants », avril 1824.

XXII. Mémoire sur la figure de la terre, avec une planche ; lu à l'Académie des sciences, le 5 décembre 1827. — Impr. dans le recueil de l'Académie royale des sciences. tome VIII, 1829.

XXIII. Recherches sur l'année vague des Égyptiens ; lues à l'Académie des inscriptions, le 30 mars, et à l'Académie des sciences, le 4 avril 1831.

Ce Mémoire a été impr. dans le tome XIII du recueil de l'Académie royale des sciences, année 1831, vol. composé de cv et de 707 pag., et publié en 1835. Les *Recherches* de M. Biot remplissent les pages 547 à 707 de ce volume.

XXIV. Recherches sur l'ancienne astronomie chinoise, publiées à l'occasion d'un Mémoire de M. Ideler sur la chronologie des Chinois [en allemand. Berlin, 1836, in-4]. Paris, de l'impr. royale, 1840, in-4.

Extrait du « Journal des savants », où ces *Recherches* ont été imprimées en six articles, de décembre 1839 à mai 1840 inclusivement.

XXV. Mémoire sur l'existence d'une condition physique qui assigne à l'atmosphère terrestre une limite supérieure d'élévation qu'elle ne peut dépasser. Lu à l'Académie des sciences le 28 janvier 1839. — Impr. dans le tome XVII du recueil de l'Académie royale des sciences, 1840.

XXVI. Mémoire sur la vraie constitution de l'atmosphère terrestre, déduite de l'expérience, etc. [Extrait de la Connaissance des temps]. Paris, Bachelier, 1841, in-8 de 112 pag. avec 2 pl. [5 fr.].

III. *Météorologie.*

XXVII. Relation d'un voyage fait dans le département de l'Orne, pour constater la réalité d'un météore observé à L'Aigle, le 26 floréal an XI ; lu à l'Institut, le 29 messidor an XI [18 juillet 1803]. Paris, Baudouin, 1803, in-4, fig. [1 fr. 50 c.].

Imprimée la même année dans le XIVe vol. du « Journal des Mines », et aussi, en 1806, dans le t. VI des « Mémoires de l'Institut », section des sciences mathématiques et physiques.

Il s'agissait de la chute de quelques aérolithes, ou pierres tombées de l'atmosphère. Depuis la relation de M. Biot, personne ne doute plus de la réalité de ce surprenant phénomène qui est aujourd'hui un fait incontestable, mais non encore suffisamment expliqué. Un ancien élève de Vauquelin et de Haüy, le baron Bigot de Morogues [voy. ce nom], a publié, en 1812, un Mémoire historique, très-étendu, sur la chute de ces pierres.

XXVIII. Copie d'une Lettre adressée au ministre de l'intérieur sur son voyage à la recherche des pierres tombées du ciel. 1er thermidor an XI [20 juillet 1803]. — Impr. dans le Magasin encyclopédique, an XI, t. II, p. 408-13.

XXIX. Considérations sur la nature et les causes de l'aurore boréale, lues à la séance publique des quatre académies, le 24 avril 1820. — Journal des savants, juin, juillet et août 1820, et dans le Journ. de phys, juillet et août 1821 [tome xciij, p. 5 à 19, et 98 à 115.

IV. *Physique et Chimie.*

XXX. Sur la Théorie du comte Rumford, relativement à la propagation de la chaleur dans les fluides; lu à la Société philomatique. — Impr. dans le Bullet. des sciences de la Soc. philom., thermidor an IX [juillet 1801], p. 36.

XXXI. Avec *Cuvier :* Sur quelques propriétés de l'appareil galvanique ; lu à l'Institut.—Bullet. de la Société philomatique, thermidor an IX [août 1801].

XXXII. Sur le fluide galvanique ; lu à l'Institut. — Bullet. des sc., fructidor an IX [sept. 1801].

XXXIII. Rapport sur les expériences de Volta ; lu à l'Institut, le 11 frimaire an X [2 décembre 1801].— Impr. dans le tome V des Mémoires de l'Institut, section des sciences mathématiques et physiques, 1804.

Voy. le Magas. encycl., ann. 1801, t. V. p. 124.

XXXIV. Extrait des Recherches du c. Bénédict Prévost et de quelques autres physiciens, sur les mouvements des substances odorantes placées dans l'eau. — Impr. dans le Mag. encycl., ann. 1801, t. III, p. 364-72, et dans le t. III du Bulletin de la Soc. philomat., p. 42 [1811].

XXXV. Sur de nouvelles expériences galvaniques.

XXXVI. Avec *Volta :* Sur les propriétés électriques des métaux.

Deux Mémoires dont parle le Magasin encyclopédique, ann. 1801 : du premier, t. III, p. 397, et du second, t. V, p. 127.

XXXVII. Théorie mathématique de la propagation du son ; lue à l'Institut. — Bulletin des sc., prairial an X [mai 1802].

XXXVIII. Rapport fait au nom de la commission chargée de s'occuper des moyens de remplir les intentions du premier consul, qui s'est proposé de fonder un prix pour une découverte importante relativement à l'électricité ou au galvanisme; fait à l'Institut national, en séance publique, le 17 messidor an X [6 juillet 1802].

XXXIX. Remarques sur la différence entre la vitesse du son, déduite de la théorie, et celle que donne l'observation; lues à l'Institut, dans la même année.

Deux Mémoires cités par le Magasin encyclopédique.

XL. Remarques sur les courbes tautochrones ; lues à l'Institut. — Bulletin des sciences, germinal an XI [avril 1803].

XLI. Notice sur l'état actuel des connaissances relatives au galvanisme ; lue à l'Institut, en séance publique, le 1er messidor an XI [20 juin 1803]. — Imprimée dans le Magas. encycl., an IX, t. II, p. 399-403.

XLII. Recherches sur cette question : Quelle est l'influence de l'oxydation sur les effets de la colonne électrique de Volta? Lues à l'Institut. — Bulletin des sciences, messidor an XI [juillet 1803].

XLIII. Sur la loi mathématique de la chaleur dans les corps environnants; lu à l'Institut.— Bulletin des sciences, messidor an XII [juin 1804].

XLIV. Mémoire sur la propagation de la chaleur, et sur un moyen simple et exact de mesurer les hautes températures. — Impr. dans le Journal des Mines, t. XVIII, 1804.

XLV. Note sur la formation de l'eau, par la seule compression, et sur la nature de l'étincelle électrique; lue à la Société philomatique. — Bulletin des sciences, frimaire an XIII [décembre 1804].

XLVI. Mémoire sur le magnétisme de la terre; lu dans la séance publique de l'Institut, le 5 messidor an XIII [24 juin 1805].

Mémoire cité par le Magasin encyclopédique.

XLVII. Avec M. *Arago* : Mémoire sur les affinités des corps pour la lumière, et particulièrement sur les forces réfringentes de différents gaz ; lu à l'Institut, le 24 mars 1806. — Impr. dans le tome VI des Mémoires de l'Institut, section des sciences mathém. et phys., 1806.

XLVIII. Sur le théorème d'Huygens.

XLIX. Mémoire sur la réfraction de la lumière ; lu à la séance publique de l'Institut, le 7 juillet 1806.

Mémoires cités l'un et l'autre par le Magasin encyclopédique.

L. Mémoire sur l'influence de l'humidité et de la chaleur dans les réfractions atmosphériques; lu à l'Institut, le 31 août 1807. — Impr. dans le t. VIII du recueil de l'Institut, section des sciences mathém. et phys., 1807.

LI. Sur la déclinaison et l'inclinaison de la boussole, et l'intensité des forces magnétiques ; lu à l'Institut, en 1807.

Cité par le Magasin encyclopédique.

LII. Avec M. *Thénard :* Mémoire sur l'analyse comparée de l'arragonite et du carbonate de chaux rhomboïdal ;

lu à l'Institut, le 14 septembre 1807. — Nouv. Bull. des sciences, octobre 1807.

LIII. Expériences sur la production du son dans les vapeurs; lu à l'Institut, le 12 octobre 1807. — Impr. dans les Mémoires de la Société d'Arcueil, t. II, 94-103 [1809].

LIV. Mémoire sur la nature de l'air contenu dans la vessie natatoire des poissons. — Impr. dans les Mémoires de phys. et de chim. de la Société d'Arcueil, t. I, p. 252-81 [1807]. — Addition à ce Mémoire. — Ibid., t. II, 487-91, 1809.

LV. Recherches sur les réfractions extraordinaires qui s'observent très-près de l'horizon, lu à l'Institut, le 8 août 1808. Paris, 1810, in-4.

Impr. dans le tome X des « Mémoires de l'Institut », section des sciences mathém. et phys., 1810.

LVI. Expériences sur la propagation du son à travers les corps solides et à travers l'air, dans les tuyaux cylindriques très-allongés; lu à l'Institut, le 7 novembre 1808. — Impr. dans le Journal des mines, t. XXIV, 1808, et dans les Mémoires de la Société d'Arcueil, t. II, p. 405 et suiv. [1809].

LVII. Expériences sur la mesure du pendule à secondes, sur différents points de l'arc du méridien compris entre Dunkerque et l'île de Formentera. — Nouv. Bullet. des sciences, déc. 1808.

LVIII. Avec M. *Thénard :* Analyses comparatives de la chaux carbonatée et de l'arragonite. — Imprimées dans le t. XXIII du Journal des Mines, 1808.

LIX. Rapport de M. Biot à l'Institut sur les résultats de la fabrication du flint-glass bon pour l'optique [de M. d'Artigues].

Impr. à la suite de l'ouvrage de M. d'Artigues sur l'art de fabriquer le flint-glass. Paris, 1811, in-8.

LX. Mémoire sur de nouveaux rapports qui existent entre la réflexion et la polarisation de la lumière par les corps cristallisés; lu à l'Institut, le 1er juin 1812. — Mémoire de 146 pag., avec 2 pl., imprimé dans le t. XII des Mémoires de l'Institut, section des sciences math. et phys., 1812.

LXI. Mémoire sur un nouveau genre d'oscillation qu'éprouvent les molécules de la lumière en traversant certains cristaux; lu à l'Institut, le 30 novembre 1812. — Mémoire de 371 pag., impr. dans le t. XIII des Mémoires de l'Institut, section des sciences math. et phys., 1812.

LXII. Suite des nouveaux rapports entre la réflexion et la polarisation de la lumière; lue à l'Institut en juin, novembre et décembre 1812.

Impr. par extrait dans l'Analyse des travaux de la classe, et dans le nouv. Bullet. des sciences, févr. 1813.

LXIII. Mémoire sur plusieurs propriétés physiques nouvellement découvertes dans les molécules de la lumière; lu à la séance publique de l'Institut, du 4 janvier 1813. — Impr. dans le Magasin encycl., ann. 1813, t. II, p. 294 à 314.

LXIV. Sur une manière d'imiter artificiellement les phénomènes des couleurs produites par l'action des lames minces de mica sur des rayons polarisés [échange des forces répulsives de divers cristaux]; lue à la Société d'Arcueil, le 29 mai 1813. — Impr. dans les Mémoires de la Société d'Arcueil, t. III, 106-21 [1813].

LXV. Sur une loi remarquable qui s'observe dans les oscillations des particules lumineuses, lorsqu'elles traversent obliquement des lames minces de chaux sulfatée ou de cristal de roche, taillées parallèlement à l'axe de cristallisation; lu à l'Institut, le 28 juin 1813. — Impr. dans les Mém. de la Société d'Arcueil, t. III, 132-147 [1813], et dans le nouv. Bullet. des sciences, sept. 1813.

LXVI. Recherches sur les lois de la dilatation des liquides à toutes les températures: lues à la Société d'Arcueil, le 18 août 1813. — Impr. dans les Mém. de la Société d'Arcueil, t. III, p. 191-261, y compris une Addition à ce Mémoire, lue à l'Institut, le 13 du même mois.

LXVII. Notice sur un nouveau genre de besicles inventé par M. Wollaston. — Impr. dans le nouv. Bulletin des sciences, en octobre 1813, et dans le tom. XXXV du Journal des mines, 1814.

LXVIII. Examen comparé de l'intensité d'action que la force répulsive extraordinoire du spath d'Islande exerce sur les molécules lumineuses de diverses couleurs; lu à la Société d'Arcueil, le 7 novembre 1813. — Impr. dans les Mém. de la Société d'Arcueil, t. III, 371-84 [1813.]

L'auteur désigne ici, pour abréger, chaque espèce de molécules lumineuses, par la sensation particulière qu'elle produit sur nos organes, quoiqu'elles ne soient en elles-mêmes ni violettes, ni rouges, puisque ce que nous appelons la couleur n'est que l'expression du mode suivant, lequel notre œil est affecté.

Depuis l'époque où l'auteur a lu ce Mémoire, il est parvenu à atténuer assez l'épaisseur et la force répulsive du spath d'Islande et de l'Arragonite, pour y rendre aussi les oscillations sensibles par les sens de polarisation des faisceaux ; ce résultat qui étend à tous les cristaux les lois qu'il avait constatées sur les forces répulsives les plus faibles, conduit pour le sparth d'Islande aux mêmes conséquences qu'il établissait ici par induction.

LXIX. Mémoire sur une nouvelle application de la théorie des oscillations de la lumière, avec 3 pl. Lu à l'Institut, le 27 décembre 1813. — Mémoire de 38 pag., impr. dans le XIIIe vol. des Mémoires de l'Institut.

LXX. Découverte d'une différence physique dans la nature des forces polarisantes de certains cristaux, lu à l'Institut, le 25 avril 1814.

Impr. dans l'Analyse des travaux de la classe, et dans le Nouv. bullet. des sciences, décembre 1814.

LXXI. Sur les propriétés physiques que les molécules lumineuses acquièrent en traversant les cristaux doués de la double réfraction ; lu à l'Institut, le 22 mai 1814.

Impr. par extrait dans l'Analyse des travaux de la classe, et dans le Nouv. bullet. des sciences, décembre 1814.

LXXII. Recherches expérimentales et mathématiques sur les mouvements des molécules de la lumière autour de leur centre de gravité. Paris, F. Didot, 1814, in-4 [21 fr.].

LXXIII. Observations sur la nature des forces qui partagent les rayons volumineux dans les cristaux doués de la double réfraction, lues à l'Institut, le 2 janvier 1815. — Imprimé dans le tome XIV du recueil de l'Institut [1813-15].

LXXIV. Phénomènes de polarisation successive observés dans des fluides homogènes, lus à l'Institut, le 23 octobre 1815. — Impr. dans le t. XXXVIII du Journal des mines [1815].

LXXV. Sur une nouvelle méthode d'imiter artificiellement les phénomènes des couleurs produites par l'action des lames minces de mica sur des rayons polarisés ; lu à la Société d'Arcueil, le 29 mai 1815.

Ce mémoire avait été imprimé dès 1813 dans le tome III du Recueil de la société d'Arcueil; il a été réimprimé, en 1815, dans le Nouveau bulletin des sciences, en octobre; et dans le tome XXXVIII du « Journal des Mines ».

LXXVI. Expériences de MM. Brewster et Biot sur les larmes bataviques, lues à la Société philom. en avril 1815. — Nouv. Bullet. des sciences, août 1815.

LXXVII. Sur la cause de la coloration des corps. — Impr. d'abord dans le nouv. Bulletin des sciences, en octobre 1815, et réimpr. dans le Journal des mines, t. XXXVIII [1815].

LXXVIII. Découverte de deux sortes de double réfraction, attractive et répulsive.

LXXIX. Détermination des lois suivant lesquelles la lumière se polarise à la surface des métaux.

LXXX. Note sur une espèce d'anneaux colorés qui s'observent dans les plaques de spath d'Islande, taillés perpendiculairement à l'axe de cristallisation, lu à l'Institut, le 15 nov. 1815.

Il est fait mention de ces trois derniers Mémoires dans l'Analyse des travaux de la classe des sciences mathématiques et physiques de l'Institut, pendant l'année 1815.

LXXXI. Sur la loi de Newton, relative à la communication de la chaleur, lu à la Soc. philom., le 28 décembre 1815. — Nouv. Bullet. des sc., février 1816.

LXXXII. Sur un mode particulier de polarisation qui s'observe dans la tourmaline ; lu à l'Institut, en janvier 1815. — Nouv. Bullet. des sciences, février 1815.

LXXXIII. Extrait d'un Rapport fait par M. Biot sur un Mémoire de MM. Dulong et Petit, relatif aux lois de la dilatation des solides, des liquides et des fluides élastiques à de hautes températures.

Imprimés l'un et l'autre dans le t. XXXVII du « Journal des Mines », 1815.

LXXXIV. Avec M. *Pouillet* : Recherches sur les diffractions de la lumière ; lues à l'Institut, les 18 et 25 mars 1816.

Impr. par extrait dans l'Analyse des travaux de la classe, et dans le Nouv. bulletin des sciences, avril 1816.

LXXXV. Nouvelles Épreuves sur la vitesse inégale avec laquelle l'électricité circule dans divers appareils électro-moteurs. — Nouv. Bullet. des sc., juillet 1816.

LXXXVI. Sur le jeu des anches; lu à l'Académie des sciences. — Nouv. Bullet. des sciences, juillet 1816.

LXXXVII. Comparaison du sucre et de la gomme arabique, leur action sur la lumière polarisée; lue à la Société philom. — Nouv. Bullet. des sc., août 1816.

LXXXVIII. Construction d'un colorigrade; lu à l'Institut, le 2 septembre 1816. — Nouv. Bulletin des sc., septembre 1816.

LXXXIX. Observations qui prouvent l'indépendance absolue des forces polarisantes qui font osciller la lumière, et de celles qui la font tourner. — Nouv. Bullet. des sc., octobre 1816.

XC. Remarques sur les sons que rend un même tuyau d'orgue rempli successivement de différents gaz. — Nouv. Bullet. des sc., novembre 1816.

XCI. Sur la réunion de la lépidolithe avec l'espèce de mica, prouvée par la comparaison des forces polarisantes. — Nouv. Bullet. des sciences, nov. 1816.

XCII. Traité de physique expérimentale et mathématique. Paris, Déterville, 1816, 4 vol. in-8, avec 22 pl. [40 fr.].

Cet ouvrage, un des meilleurs qui aient été écrits sur la Physique, est très-important, surtout pour l'application du calcul aux phénomènes et aux expériences. Ce livre a rendu l'étude et l'enseignement des diverses parties de la science beaucoup plus faciles.

XCIII. Nouvelles Expériences sur le développement des forces polarisantes par la compression dans tous les sens des cristaux, lues à l'Institut, le 13 janvier 1817. — Impr. dans le tome III des Annales de chimie et de physique, 1817, et dans le nouv. Bulletin des sciences, février 1817.

XCIV. Précis élémentaire de physique expérimentale. Paris, Déterville, 1817. — IIIe édit. Paris, le même, 1823, 2 vol. in-8, avec planches [16 fr.].

Ouvrage destiné à l'enseignement public, par arrêté de la commission de l'instruction publique, en date du 22 février 1817.

XCV. Résumé des procédés découverts par M. Davy, pour prévenir les explosions dans les mines de houille et pour éclairer les mineurs; extrait des Transactions philosophiques et des journaux scientifiques de l'Angleterre. — Impr. dans le Journal des savants, mai 1817.

XCVI. Expériences de M. Biot sur les sons des tuyaux cylindriques qui contiennent deux gaz superposés, comparées à la théorie d'un mémoire de M. Poisson. — Impr. dans les Annales de phys. et de chimie, t. VII, p. 299 [1817].

XCVII. Mémoire sur l'utilité des lois sur la polarisation de la lumière pour connaître l'état de cristallisation et de combinaison dans un grand nombre de cas où le système cristallin n'est pas observable; lu à l'Académie des sciences, le 22 juin 1818. — Impr. dans le t. 1er du recueil de l'Académie royale des sciences [1818].

XCVIII. Note sur la cristallisation du mica. — Nouv. Bullet. des sc., février 1818.

XCIX. Note sur la cristallisation du sucre de cannes. — Nouv. Bullet. des sciences, mars 1818.

C. Note sur un perfectionnement du colorigrade; lu à l'Acad. des sciences le 15 juin 1818. — Nouv. Bullet. des sciences, juin 1818.

CI. Mémoire sur les rotations que certaines substances impriment aux axes de polarisation des rayons lumineux, avec 4 planches. Lu à l'Académie des sciences, le 22 septembre 1818. — Impr. dans le tome II du recueil de l'Académie royale des sciences [1819].

Réimpr. par extraits dans les tomes IX et X des « Annales de chimie et de physique », 1819.

CII. Nouveaux faits sur la polarisation de la lumière. — Nouv. Bullet. des sciences, septembre 1818.

CIII. Sur quelques résultats scientifiques déduits des observations faites dans l'expédition anglaise au pôle nord. — Nouv. Bullet. des sciences, sept. 1818.

CIV. Mémoire sur les lois générales de la double réfraction et de la polarisation dans les corps régulièrement cristallisés, avec six planches; lu à l'Académie des sciences, le 29 mars 1819. — Impr. dans le t. III du recueil de l'Acad. des sciences [1820].

CV. De l'Influence que la réfraction

ordinaire et la réfraction extraordinaire exercent sur l'absorption des rayons lumineux, dans leur passage à travers certains corps cristallisés. — Nouveau Bulletin des sciences, juillet 1819.

CVI. Sur la diversité des couleurs qu'offrent certains minéraux lorsque les rayons lumineux les traversent en différens sens. — Nouv. Bullet. des sc., septembre 1819.

CVII. Sur une nouvelle propriété physique qu'acquièrent les lames de verre quand elles exécutent des vibrations longitudinales, lu à l'Académie des sciences, le 17 janvier 1820.

Impr. d'abord dans le « Bulletin des sciences », nov. 1819, et réimpr. dans le t. XIII des « Annales de chimie et de phys. », p. 151, 1820.

CVIII. Note sur la double réfraction de l'euclase et de la topase jaune du Brésil. — Nouv. Bullet. des sc., janvier 1820.

CIX. Examen optique de la structure cristalline du Kannelstein [essonite de M. Haüy]. — Nouv. Bullet. des sc., mai 1820.

CX. Sur la longueur absolue du pendule à secondes, mesurée en Angleterre et en Écosse par le procédé de Borda, avec des remarques sur le degré d'exactitude que ce procédé comporte. — Nouv. Bullet. des sciences, mai 1820.

CXI. Sur la structure de la substance verte qui se trouve dans les cavités de la masse de fer natif découverte en Sibérie par Pallas. — Nouv. Bullet. des sc., juin 1820.

CXII. Note sur l'Apophyllite. — Nouv. Bullet. des sc., juillet 1820.

CXIII. Sur les propriétés optiques de la chaux carbonatée magnésifère, vulgairement nommée Bitterspath. — Impr. dans les Ann. de chimie et de phys., t. XIV, p. 192, 1820.

CXIV. Sur l'aimantation imprimée aux métaux par l'électricité en mouvement; lu à la séance publique de l'Académie des sciences, le 2 avril 1821. — Journal des savants, avril 1821.

CXV. Remarques de M. Biot sur un Rapport lu, le 4 juin 1821, à l'Académie des sciences, par MM. Arago et Ampère. — Impr. dans le t. XVII, p. 225 des Annales de chimie et de physique, 1821.

CXVI. Sur les diverses amplitudes d'excursion que les variations diurnes peuvent acquérir quand on les observe dans un système de corps aimantés réagissant les uns sur les autres. — Impr. dans les Ann. de chimie et de phys., t. XXIV, p. 140, 1823.

CXVII. Mémoire sur la polarisation circulaire et sur ses applications à la chimie organique; lu à l'Académie des sciences, le 5 novembre 1832. — Impr. dans le recueil de l'Acad. des sciences, t. XIII [1835].

CXVIII. Sur l'inflammation de la fraxinelle [*dictamus alba*]. — Impr. dans les Ann. de chimie et de phys., t. L, p. 386 [1832].

CXIX. Avec M. *Persoz* : Mémoire sur les modifications que la fécule et la gomme subissent sous l'influence des acides; lu à l'Académie des sciences, le 14 janvier 1833. — Impr. dans le recueil de l'Acad. des sciences, t. XIII [1835], et dans le vol. LIIe des Ann. de physique et de chimie, en 1836.

CXX. Sur un caractère optique à l'aide duquel on reconnaît immédiatement les sucs végétaux qui peuvent donner du sucre analogue au sucre de cannes, et ceux qui ne peuvent donner que du sucre semblable au sucre de raisin. — Ibid., t. LII, p. 58 [1833].

CXXI. Rapport fait à l'Académie des sciences sur les expériences de M. Melloni, relatives à la chaleur rayonnante. — Impr. dans le XIVe vol. des Mémoires de l'Académie royale des sciences [1838].

CXXII. Méthodes mathématiques et expérimentales pour discerner les mélanges et les combinaisons chimiques définies ou non définies qui agissent sur la lumière polarisée; suivies d'applications aux combinaisons de l'acide tartrique avec l'eau, l'alcool et l'esprit de bois. Présentées le 11 janvier 1836. — Impr. dans le t. XV du même recueil [1838].

CXXIII. Mémoire sur plusieurs points fondamentaux de mécanique chimique. Présenté le 27 novembre 1837. — Impr. dans le t. XVI du même recueil [1838].

CXXIV. Sur l'emploi de la lumière polarisée pour manifester les différences des combinaisons isomériques. — Impr. dans les Annales de chimie et de phys., t. LXIX, p. 22 [1838].

CXXV. Note sur des matières pierreuses employées à la Chine dans les temps de famine, sous le nom de farine de pierre. — Ibid., t. LXXII, p. 215 [1839].

CXXVI. Sur la construction des appareils destinés à conserver le pouvoir rotatoire des liquides. — Ibid., t. LXXIV, p. 481 [1840].

CXXVII. Sur les effets chimiques des radiations et sur l'emploi qu'en a fait M. Daguerre pour obtenir des images persistantes dans la chambre noire. — Impr. dans le Journal des savants, en mars et avril 1839.

CXXVIII. Mémoire sur la polarisation lamellaire, lu à l'Académie des sciences le 31 mai 1841 et séances suivantes. — Impr. dans le tome XVIII du recueil de l'Académie des sciences [1842].

Mémoire de 190 pages, avec 5 planches dont 3 coloriées.

V. *Économie politique.*

CXXIX. Sur le mode d'éducation du peuple en Écosse, et particulièrement du genre d'éducation très-influent appelé Écoles paroissiales. — Journal des savants, mars 1822.

CXXX. Lettres sur l'approvisionnement de Paris, et sur le commerce des grains. Paris, Bachelier, 1835, in-8 de 116 pag. [5 fr.].

Les deux premières avaient été imprimées, sans nom d'auteur, dès 1828, dans la « Revue britannique », sous le titre de *Lettres à M. Saulnier fils, directeur de la Revue britannique, sur les approvisionnements de Paris.* Il fut tiré à part des exemplaires de l'une et de l'autre : la première de 16 pages, et la deuxième de 32.

Indépendamment des ouvrages et des mémoires du plus haut intérêt que nous venons de citer, M. Biot a encore fourni d'excellents articles plus ou moins étendus au « Cours complet d'agriculture théorique et pratique », tomes XI et XII; à la nouvelle édition du « nouveau Dictionnaire d'histoire naturelle », pour les articles de physique; à la « Connaissance des temps », etc., etc.

M. Biot a aussi publié la traduction, par Mme Biot, de la « Physique mécanique » de E.-G. Fischer, avec des notes et un Appendice sur les anneaux colorés, sur la double réfraction et sur la polarisation de la lumière [Paris, 1806; 4e édit., 1829, in-8].

VI. *Critique scientifique.*

M. Biot est auteur d'un grand nombre d'articles de critique scientifique, et sur les sciences mathématiques en particulier, qui ont été imprimés dans le « Moniteur », le « Mercure », et le « Journal des savants », depuis septembre 1816. Nous connaissons de lui, dans ce dernier recueil, ceux des articles dont suit l'indication, sur des ouvrages français et étrangers.

1° Traité sur les bateaux à vapeur, par Buchanan. Glascow, 1816, in-8 de 187 p. avec 16 pl. [sept. 1816].

2° Voyage de M. de Buch en Norwège et en Laponie, trad. de l'allem. par M. Eyriès. 1816, 2 vol. in-8 [novembre 1816].

3° Traité de l'éclairage par le gaz inflammable, etc., par Fréd. Accum [janv. 1817].

4° Mémoires de la classe des sciences mathématiques et physiques de l'Institut de France, année 1814; seconde partie. 1816, in-4 [mars 1817].

5° Experimental outliness for a new theory of colours, light and vision, etc.; by Jos. Reade. London, 1816, in-8 de 313 pag., avec une pl. color. [avril 1817].

6° Voyage [a] round the World, from 1806 to 1812, etc.; by Arch. Campbell. Edimburgh, 1816, in-8 de 288 pag. avec une carte [juin 1817].

7° Traité d'économie politique, par J.-B. Say. 3e édit., 1817, 2 vol. in-8 [juillet 1817].

8° Histoire de l'astronomie ancienne; par Delambre. 1817, 3 vol. in-4, fig. [avril 1819].

9° Mission envoyée du fort du Cape-Coast, dans le pays des Ashantees, etc.; par T. Ed. Bowdich. [En anglais]. Londres, 1819, in-4 [août et sept. 1819].

10° Traité des parafoudres et des paragrêles en corde de paille; par M. Lapostolle, 1820, in-8 [mai 1821].

11° Exposé d'expériences pour déterminer la figure de la terre par les vibrations d'un pendule à secondes à diverses latitudes, etc.; par Ed. Sabine. [En anglais]. Londres, 1824, in-4 de 506 pag., avec 2 cartes [novemb. 1825; janv. 1826; et avril 1829].

12° Histoire de l'astronomie au XVIIIe siècle, par M. Delambre; publiée par M. Mathieu [avril 1828].

13° Reflexions on the decline of science in England, etc.; by Ch. Babbage [janvier 1831].

14° Memoirs of the astronomical society of London, 1822—1830, sept demi-volumes in-4 [août, octobre et novembre; février et mars 1832].

15° Mécanique céleste; par Mme Sommerville. Londres, 1831, in-8 [janvier 1832].

16° The Life of sir Isaac Newton; by David Brewster. London, 1832, in-16 [avril, mai et juin, 1832].

17° Cours de botanique; par M. de Candolle, 1827—1832, 5 vol. in-8 [avril 1833].

18° Christ. Hugenii, aliorumque seculi XVII virorum celebrium exercitationes mathematicæ et philosophicæ, edente P.-J. Uylenbroek. Hagæ-Comitum, 1833, 2 vol. in-4 [mai 1834].

19° Memoirs of John Napier of Merchiston, etc. Edimburgh, 1834, in-4 [mars et mai 1835].

20° Analyse et restitution de l'ouvrage original de Napier, intitulé : « Mirifici logarithmorum canonis constructio » [juin 1835].

21° An account of John Flamsteed; by Baily. London, 1835, in-4 [mars, avril, octobre, novembre et décembre 1836].

22° Address delivered at the anniversary meeting of the royal Society, 30 novemb. 1836 [février 1837].

23° Astoria, or Enterprise beyond the Rocky Mountains, etc.; by Washington Irving, 1836, in-8 [mars, avril 1837; février et mars 1838].

24° Résumé des principaux traités chinois sur la culture des mûriers et l'éducation des vers à soie; trad. par Stan. Julien, 1837, in-8 [août 1837; janvier et février 1838].

25° Stellarum duplicium et multiplicium mensuræ micrometricæ, a F.-G.-W. Struve. St-Petersbourg, 1837, in-fol. [mai 1837].

26° L'Irlande sociale, politique et religieuse; par M. Gustave de Beaumont. 3e édit., 1839, 2 vol. in-8 [décembre 1839].

27° Chine [la], son état actuel et son avenir sous le point de vue spécial de la propagation de l'Évangile; avec des détails sur l'antiquité, l'étendue, la population, la civilisation, la littérature et la religion de l'Empire chinois; par W.-H. Madhurst, de la société des missions de Londres. [En anglais]. Londres, 1840, in-8 de 592 pag., avec 7 pl. grav. [mai 1841].

28° Traité des instruments astronomiques des Arabes; par Aboul-Hassan; trad. par MM. Sédillot père et fils. Paris, de l'impr. roy., 2 vol. in-4 [sept., oct., et nov. 1841], trois articles.

VII. *Histoire des sciences.*

CXXXI. Essai sur l'histoire générale des sciences pendant la révolution. Paris, Duprat; Fuchs, 1803, in-8 [1 fr. 50 c.].

CXXXII. De l'Influence des sciences sur les préjugés populaires, lu dans la séance solennelle de l'Institut, le 6 janvier 1813.

CXXXIII. Discours sur l'esprit d'invention et de recherche dans les sciences, lu dans la séance publique de l'Institut, le 3 janvier 1814.

Ces deux Mémoires sont cités par le Magasin encyclopédique, mais nous ne saurions dire dans quel recueil ils ont été imprimés: il est vraisemblable que c'est dans le Mercure ou dans le Moniteur.

VIII. *Biographie.*

CXXXIV. * Montaigne, discours qui a obtenu une mention au jugement de l'Institut. Paris, Michaud, 1812, in-8 [1 fr. 80 c.].

CXXXV. Notice historique sur Petit; lue à la Société philomatique, le 15 février 1821. Paris, de l'impr. de Plassan, 1821, in-4 de 8 pag.

Imprimée aussi la même année dans le tome XVI des Annales de chimie et de physique, pages 327 et suiv.; et, par extrait, dans le tome X de la Revue encyclopédique, 1821.

CXXXVI. Avec M. *Poisson*: Académie royale des sciences. Funérailles de M. le marquis de Laplace. Discours. Paris, de l'impr. de F. Didot, 1827, in-4 de 10 pag.

CXXXVII. Notice sur John Flamsteed. Paris, 1827, in-8.

Ces Notices ne sont pas les seuls morceaux de biographie que l'on doive à ce savant: il a fourni à la «Biographie universelle» des notices sur *Descartes*, *Franklin*, *Galilée*, *Newton*, et autres physiciens célèbres. Il y a eu des exemplaires tirés à part de chacune de ces dernières, sous les titres de *Notice historique sur la vie et les travaux de* ...... Ce sont d'excellents morceaux de biographie, et tout récemment un savant très-distingué, M. Libri, en rendant compte dans le «Journal des savants» de septembre 1840, d'une «Life of Galileo», publiée quelques années auparavant à Londres, a fait, à cette occasion, un bel éloge de l'une des notices de M. Biot. «Parmi les différentes notices qui ont paru en France sur Galilée, celle qui, à notre avis, contient l'appréciation la plus juste et la plus élevée des travaux de Galilée et de son influence, a été insérée dans la «Biographie universelle»; elle est due à M. Biot. Cependant, lorsque parut cet écrit, les ouvrages de Nelli et de Venturi, qui renferment les documents les plus importants et les renseignements les plus exacts sur Galilée, n'avaient pas encore été publiés, et le savant auteur s'est vu par là privé d'un secours qui lui aurait permis de donner encore plus de force à ses arguments. D'ailleurs, resserré dans d'étroites limites, M. Biot n'a guère pu donner de développements à son travail. Plus tard, Delambre, dans son Histoire de l'Astronomie moderne [Paris, 1821, 2 vol. in-4], a parlé assez longuement de Galilée et de ses travaux; mais, bien qu'il ait pu consulter les ouvrages qui avaient manqué à M. Biot, et qu'il ait eu surtout à sa disposition le *Procès original* de l'inquisition que personne n'avait jamais vu, et qu'on n'a pas retrouvé depuis, il n'a pas su faire usage des précieux documents qu'il avait entre les mains, et, se perdant dans des détails inutiles, négligeant les faits les plus importants et se trompant dans les choses les plus simples [il fait naître Galilée à Florence], il a écrit un grand nombre de pages dont la lecture est bien moins profitable que le court article inséré dans la «Biographie universelle». — M. Biot a fourni quelques autres articles au Supplément au même ouvrage, et entre autres celui de *Barn. Brisson*, son beau-frère.

BIOT [madame], née BRISSON (*), épouse du précédent.

— * Physique mécanique, traduite de l'allem. de *E.-G. Fischer*; avec des notes et un appendice.... par M. *Biot*. Paris, 1806. — IVe édit. Paris, Bachelier, 1829, in-8, avec 10 pl. [6 fr.].

On doit à cette dame quelques autres travaux, qui n'ont pas paru sous son nom.

(*) Mme Biot est la fille d'Antoine-François Brisson, ancien inspecteur général du commerce et des manufactures, né à Paris, le 25 octobre 1728, mort en 1796. Brisson n'était pas étranger aux lettres: on a de lui des *Mémoires historiques et économiques sur le Beaujolais*. Lyon, Réguillat, 1770, in-8. Il était de l'Académie de Villefranche, de la Société économique de Berne, et des Sociétés d'agriculture de Beauvais et de Lyon: il avait été admis à cette dernière en 1771, et il y a fait un grand nombre de lectures; la dernière est de 1787. — Le frère de Mme Biot était Barnabé Brisson (voyez ce nom), né le 12 octobre 1777, mort inspecteur divisionnaire des ponts-et-chaussées, à Nevers, le 25 septembre 1828.

BIOT [Édouard-Constant], fils des deux précédents, sinologue, membre du conseil de la Société asiatique de Paris, est né à Paris, le 2 juillet 1803. Après avoir terminé ses études avec distinction au collége Louis-le-Grand, il fut reçu, en 1822, à l'École polytechnique. En 1824 et 1825, il accompagna son père dans une mission scientifique en Italie et sur divers points de la Méditerranée. A son retour, M. Ed. Biot s'associa à MM. Seguin frères d'Annonay, pour la construction du chemin de fer de Saint-Étienne à Lyon : il fut l'un de ceux qui les premiers, en France, démontrèrent l'énorme avantage que l'on devait retirer de cette moderne voie de rapide communication, et qui nous familiarisèrent avec les moyens de leur exécution. Dès avril et août 1826, M. Biot publiait dans le « Journal des savants », l'analyse de trois ouvrages sur cette matière : ceux de Wood, Tredgold et Gray ; plus tard il traduisit l'important ouvrage de Ch. Babbage, sous le titre de *Traité sur l'économie des machines et des manufactures* (1833, in-8), dont il donnait en même temps l'analyse au journal précédemmment cité. L'année suivante, il fit paraître, sous le titre de *Manuel du constructeur des chemins de fer* [1834, in-18], un livre élémentaire tendant à populariser leur mécanisme. En 1835, M. Ed. Biot commença à étudier la langue chinoise aux leçons de M. Stanislas Julien, professeur au collége de France, et dirigea spécialement ses recherches sur l'histoire et la géographie de la Chine. Le premier écrit qu'on ait de lui sur ce vaste empire est une *Notice sur quelques procédés industriels connus en Chine au XVIIe siècle de notre ère*, qui a été imprimée dans le « Journal asiatique », 3e série, tome XVI, en 1833. Depuis cette époque jusqu'en 1842, M. Biot, l'un des membres les plus zélés de la Société asiatique, où il a été admis en 1833, a fait dans le sein de cette Société la lecture d'une série de Mémoires intéressants, dont seize que nous rappelons plus bas ont été insérés dans le journal qu'elle publie. En 1840, M. Biot, sortant une fois de ses travaux favoris, a publié sur une question du plus haut intérêt un ouvrage intitulé : *De l'abolition de l'Esclavage ancien en Occident*, etc., qui valut à son auteur une médaille d'or que lui décerna la cinquième classe de l'Institut ; mais il est de suite redevenu sinologue, et comme tel a augmenté son budget littéraire de plusieurs ouvrages et mémoires importants.

I. Traité sur l'économie des machines et des manufactures, par *Ch. Babbage*, professeur à l'Université de Cambridge, etc. ; traduit de l'anglais sur la troisième édition. Paris, Bachelier, 1833, in-8 [7 fr. 50 c].

Cet ouvrage renferme l'exposition générale des principes qui dirigent l'application des machines aux différents arts, ainsi qu'aux procédés de fabrication. L'auteur, familier avec l'administration des grandes manufactures de tous genres qui couvrent le sol de l'Angleterre, et profondément versé dans la connaissance de tous les mécanismes qui y sont employés, explique les règles de cette grande application avec une simplicité qui naît de la généralité des vues, et en même temps avec une richesse d'exemples qui résulte de l'intelligence complète des détails mécaniques ; il lie cette sorte d'enquête industrielle avec l'examen des conséquences politiques et morales que le perfectionnement des moyens de travail produit pour la société.

II. Manuel du constructeur des chemins de fer, ou Essai sur les principes généraux de l'art de construire les chemins de fer. Paris, Roret, 1834, in-18 [3 fr.].

III. Note sur le triangle arithmétique, d'après un traité chinois. — Impr. dans le « Journal des savants » [année 1835].

IV. Notice sur quelques procédés industriels connus en Chine au XVIe siècle. — « Journal asiatique », IIe sér., t. XVI, p. 130 à 154 [1835].

V. Mémoire sur la population de la Chine et ses variations, depuis l'an 2400 ans avant J.-C. jusqu'au XIIIe siècle de notre ère. — Ibid., IIIe sér., t. Ier, p. 369 à 394, 448 à 474 [1836].

VI. Mémoire sur la condition des esclaves et des serviteurs gagés en Chine. — Ibid., t. III, p. 246 à 299 [1837].

VII. Mémoire sur le système monétaire des Chinois, en quatre articles. — Ibid., tomes III et IV.

VIII. Mémoire sur les recensements des terres consignées dans l'histoire chinoise et l'usage qu'on en peut faire pour évaluer la population totale de la Chine. — Ibid., t. V, p. 303 à 331 [1838].

IX. Mémoire sur la condition territoriale en Chine depuis les temps anciens. — Ibid., t. VI, p. 233 à 336.

X. Détails sur l'état de l'instruction primaire en Chine, extraits en partie de divers numéros du « Chinese Repository », de mai 1834 à mai 1836. — Impr. dans le « Journal des savants » [mai 1838].

XI. Table et Analyse d'un Traité chinois de mathématiques appliquées, intitulé « Fouan-fa-Tong-Tsong. » — Journal asiatique, IIIe sér., t. VII [1839].

XII. Mémoire sur divers minéraux chinois appartenant à la collection du Jardin du Roi. — Ibid., t. VIII, p. 206 à 230 [1839].

XIII. Note sur la connaissance que les Chinois ont eue de la valeur de position des chiffres. — Ibid., pag. 497 à 502.

XIV. Recherches sur la hauteur de quelques points remarquables du territoire chinois. — Ibid., t. IX [1840].

XV. Recherches sur la température ancienne de la Chine, avec une traduction du Hia-siao-Tching. — Ibid., t. X [1840].

XVI. Études sur les montagnes et cavernes de la Chine. — Ib., t. X [1840].

XVII. De l'abolition de l'esclavage ancien en Occident. Examen des causes principales qui ont concouru à l'extinction de l'esclavage ancien dans l'Europe occidentale, et de l'époque à laquelle ce grand fait historique a été définitivement accompli. Ouvrage auquel une médaille d'or a été décernée par l'Académie des sciences morales et politiques. Paris, J. Renouard, 1840, in-8 de 449 pag. [7 fr. 50 c.].

M. Naudet, de l'Institut, en a rendu compte dans le « Journal des savants », juin 1841.

XVIII. Traduction d'un ancien ouvrage astronomique chinois, intitulé « Tcheou-pei ». — Journal asiatique, IIIe série, t. XI [1841].

XIX. Traduction du « Tchou-chou-ki-nien », ancienne chronique chinoise. — Ibid., tomes XII et XIII [1841].

Il y a eu de cette traduction des exemplaires tirés à part, sous ce titre : *Tchou-chou-ki-nien, tablettes chronologiques du livre écrit sur bambou, ouvrage traduit du chinois, avec des notes*. Paris, Benj. Duprat, 1842, in-8.

XX. Catalogue général des tremblements de terre et affaissements des montagnes observés en Chine. — Impr. dans les Annales de chimie [juillet 1841].

XXI. Note sur la condition des esclaves au Mexique avant l'invasion des Espagnols. — Impr. dans le Journal de la morale chrétienne, t. XX [1841].

XXII. Mémoire sur la géographie ancienne de la Chine. — Journal asiatique, IIIe série, tome XIV [1842].

XXIII. Dictionnaire des noms anciens et modernes des villes et arrondissements de l'Empire chinois. Paris, de l'Imprimerie royale.

Cet ouvrage, qui n'existe pas en Chine, s'imprime actuellement, et paraîtra encore cette année [1842].

Ainsi que son père, M. Édouard Biot a fourni des articles au « Journal des savants », et nous y avons remarqué ceux-ci sur des ouvrages anglais : 1° Traité pratique sur les chemins de fer et sur les communications intérieures en général, etc. ; par Nic. Wood ; — 2° Traité pratique sur les chemins de fer et les chariots, etc. ; par Thom. Tredgold ; — 3° Observations sur un chemin de fer général, etc. ; par Thom. Gray [avril et août 1826] ; — 4° Of the economy of machinery and manufactures, by Ch. Babbage, etc. London, 1832 [ibid., 1834], ouvrage que M. Éd. Biot a lui-même traduit [voy. le n° I].

BIOUT [le capitaine]. Voy. **RAFFET**.

BIRD-SUMMER [John], évêque de Chester.

— Leçons explicatives et pratiques sur l'Évangile selon saint Jean, pour servir au culte de famille. Traduites de l'anglais par madame *Henri de Bracebridge*. Toulouse, de l'impr. de Cadaux, 1838, in-8.

BIRET [Aimé-Charles-Louis-Modeste], ancien magistrat, jurisconsulte très-laborieux, né au Champ-Saint-Père [Vendée], le 5 janvier 1767, était, dès les premières années de ce siècle, juge de paix à La Rochelle. Il avait déjà fait imprimer dans cette ville, en 1810, un *Essai en forme de commentaire sur la législation de simple police* [in-8], ouvrage qui eut du succès, puisqu'il a obtenu une troisième édition en 1825, lorsque le goût des études morales porta son auteur à déserter un genre dans lequel il était appelé à réussir, pour échouer dans un autre. Les fruits de ses nouvelles études furent résumés dans la publication de deux ouvrages qui trahissaient un zèle plus ardent qu'éclairé chez leur auteur. Le premier est intitulé : le *Christianisme en harmonie avec les plus douces affections de l'homme* [1815, 2 vol. in-12], qui fit peu de sensation dans le public; et le second une inhabile épuration de « l'Émile » de Rousseau, après toutes celles qui avaient déjà été tentées non moins malheureusement. Ce dernier ouvrage, qui parut sous ce titre : *De l'Éducation, ou Émile corrigé* [1816, 2 vol. in-12], fut attaqué immédiatement après son apparition par le « Journal de Paris »; l'auteur répliqua à son censeur, dans la même année, par un *Essai sur la critique et les critiques* [in-12 de 24 pag.]. Cinq ans plus tard on imprimait encore, à La Rochelle même, une réfutation du livre de Biret, sous ce titre : « Émile vengé, ou Réponse à M. Biret sur son ouvrage intitulé Émile corrigé », [par M. Al. Boutet, mort le 8 juin 1822 à Montpellier [in-12 de xj et 254 pag.]. Biret prit le seul parti qu'il avait à prendre, il se tut, et revint aux travaux en droit. Versé dans la jurisprudence et les attributions des justices de paix, il composa plusieurs ouvrages qui devinrent d'une utilité journalière, tels que son *Formulaire* [1819, in-8], qui, successivement refondu et augmenté, est parvenu, en 1834, à sa troisième édition; sa *Procédure complète et méthodique des justices de paix en France* [1820, in-8], qui, en 1834 aussi, a obtenu une quatrième édition, double de matières que la première. Ébloui par le succès qu'obtenaient les ouvrages sur la spécialité qu'il connaissait à fond, il s'essaya sur des titres du Code civil et se fourvoya. Biret était très-laborieux, sa plume extraordinairement féconde. Il faisait vite et beaucoup : lui était-il possible de faire toujours bien? On doit l'avouer, ses compositions se ressentent de la précipitation qu'il y apportait; il eût pu mieux faire s'il eût muri davantage ses productions. Dans les divers traités sur les titres du Code civil qu'il a publiés, il n'a fait qu'effleurer son sujet; il discute peu; il compile; il laisse beaucoup à désirer sous le rapport de la doctrine. Biret quitta La Rochelle vers 1822 pour venir s'établir à Paris : c'est dans cette dernière ville qu'il a composé cinq de ses ouvrages qui ont donné le plus de prise à la critique : le *Traité des nullités* [1821, 2 vol. in-8]; le *Traité de l'absence et de ses effets* [1824, in-8]; les *Applications au Code civil des Institutes et des cinquante livres du Digeste* [1824, 2 vol. in-8]; le *Code rural* [1824, in-8]; enfin le *Traité du contrat de mariage* [1825, in-8.] En 1825, M. Pailliet s'adjoignit Biret comme son collaborateur pour le « Dictionnaire universel de droit français », dont il entreprenait la publication, mais qui est resté suspendu à la lettre B. En 1826, Biret fonda et rédigea seul un journal sous le titre de : le *Correspondant des juges de paix*, qui a existé jusqu'à la fin de 1828. Depuis cette dernière époque, Biret ayant dépassé la soixantaine, ne travailla plus que pour les libraires; il enrichit la collection des Manuels-Roret ! Il est mort à Paris, en octobre 1839. Indépendamment des ouvrages dont nous allons donner la nomenclature, Biret en avait composé d'autres qui sont restés inédits. En 1827, il possédait en portefeuille un *Traité de la propriété* devant former un vol. in-8, et un *Commentaire universel sur le Code civil*, qui eût formé 4 vol. in-4. Ces deux ouvrages étaient achevés.

OUVRAGES DE A.-C.-L.-M. BIRET.

I. *Jurisprudence.*

I. Essai en forme de commentaire sur la législation de police simple. La Rochelle, 1810, in-8. — IIIe édition, considérablement augmentée, notamment de la jurisprudence de la Cour de cassation jusqu'à ce jour. Paris, Arthus Bertrand, 1825, in-8 [5 fr.].

II. Formulaire complet et méthodique des justices de paix de France. La Rochelle, 1819, in-8.

Cet ouvrage a eu une seconde édition, très-augmentée, sous le titre de *Recueil général et raisonné de la jurisprudence et des attributs des justices de paix de France*. Paris, Arth. Bertrand, 1823, 2 vol. in-8 [12 fr.]. — IIIe édition, entièrement refondue, sous ce titre : *Recueil général et raisonné des compétences, attributions et jurisprudence des justices de paix, contenant sommairement les lois, ordonnances et règlements de la matière, les avis du conseil d'état, etc.* Paris, Arth. Bertrand; Roret, 1834, et IVe édit., 1839, 2 v. in-8 [14 fr.].

III. Procédure complète et méthodique des justices de paix de France, etc. La Rochelle, 1820, in-8. — IVe édit. Paris, l'Auteur; Decourchant, 1830, gros in-12 [6 fr.].

IV. Traité des nullités de tous genres, substantielles et de procédures, admises en matière civile par les nouveaux codes, et la jurisprudence des cours, avec l'esprit de l'ancien droit. Paris, Arth. Bertrand, 1820-21, 2 vol. in-8 [12 fr.].

V. Traité de l'absence et de ses effets. Paris, Arth. Bertrand; Deschamps, 1824, in-8 [5 fr.].

M. Biret a réuni dans ce volume tous les éléments qui composent notre droit actuel sur l'absence. Il en expose les principes avec autant de précision que de clarté; il explique le texte par la discussion qui eut lieu au conseil d'État; il retrace avec soin les dispositions du petit nombre de lois intermédiaires auxquelles le Code civil n'a point dérogé, et qui sont encore observées; et il indique, sous une forme analytique, les questions importantes qui ont été soumises à la décision des cours sur cette matière entièrement neuve. Son livre présente un ensemble coordonné avec méthode, sur lequel il répand assez souvent les lumières d'une doctrine judicieuse et saine. Néanmoins, il est un reproche que nous nous croyons fondés à lui adresser : il apporte, en général, trop de laconisme dans sa manière de traiter les questions qu'il examine. Il ne suffit pas toujours d'indiquer les difficultés et de signaler succinctement les moyens à l'aide desquels elles peuvent être aplanies; il importe de donner un certain développement à la théorie systématique que l'on adopte; l'esprit du lecteur veut être convaincu par la force des raisons sur laquelle est fondée cette théorie. — Toutefois, nous ne pouvons nous empêcher de reconnaître que l'ouvrage, tel qu'il est, atteint le but que l'auteur s'est proposé; le succès mérité qu'il a obtenu ne peut qu'augmenter avec le temps. » *Revue encycl.*, t. XXV, p. 781, art. de M. Crivelli [1825].

VI. Applications au Code civil des Institutes et des cinquante livres du Digeste, avec la traduction en regard. Paris, Arth. Bertrand, 1824, 2 vol. in-8 [14 fr.].

« Dans ce moment où le droit romain est étudié avec plus d'ardeur que jamais dans nos écoles publiques, ce livre peut être fort utile aux élèves. L'auteur a placé, au-dessous de chaque article du Code civil, un texte des Institutes ou du Digeste qui y correspond. Cette méthode est simple; mais elle a le désavantage de ne rien offrir de complet. Effectivement, chacun des articles du Code civil est lié par une succession d'idées qui ne peuvent se rencontrer dans le travail de M. Biret sur le droit romain. Nous pourrions justifier par des exemples l'opinion que nous énonçons ici; mais notre cadre ne le permet pas. Nous recommandons cet ouvrage aux étudiants, parce qu'ils y puiseront des connaissances utiles et qu'il ne tiendra qu'à eux de compléter une tâche qui leur aura été indiquée par M. Biret. » *Revue encycl.*, t. XXIV, p. 453 [1824].

VII. Code rural, ou Analyse raisonnée des lois, ordonnances, réglements, avis du conseil d'État et arrêts anciens et modernes rendus en matière de police rurale. Paris, Arth. Bertrand, 1824, in-8 de 330 p. [6 fr.].

« Depuis la publication du Code rural officiel, le livre de M. Biret a beaucoup perdu de son utilité. Ce livre est, comme l'était celui de Fournel, un recueil des diverses dispositions relatives aux lois rurales, tant anciennes que modernes, mais qui est beaucoup moins complet que celui de Fournel.

VIII. Traité du contrat de mariage. Paris, Arth. Bertrand, 1825, in-8 [7 fr.].

Dans ce livre, Biret traite du mariage considéré comme acte civil; des qualités et des conditions qui y sont requises; des formalités qui doivent l'accompagner, et de ses effets. Il le considère aussi comme contrat destiné à régir l'association conjugale; il donne des notions du régime de la communauté et du régime dotal. Ces matières, dont la division est naturellement indiquée, et paraissaient devoir être traitées les unes dans la première partie du livre, et les autres dans la seconde, y sont distribuées dans un ordre différent. On y trouve des unes et des autres, dans l'une et l'autre partie. L'auteur a, sans doute, eu pour cela des raisons qu'il ne nous fait pas connaître; mais cette méthode nuit à l'ensemble de sa composition qui se trouve morcelée, et le lecteur en est peu satisfait. Lorsque M. Biret énonce son opinion particulière, il le fait d'une manière sèche et tranchante. Il ne suffit cependant pas d'être convaincu soi-même des propositions que l'on établit; elles ont ordinairement besoin d'être justifiées par le raisonnement si l'on veut convaincre les autres; cette forme convient surtout dans un traité. Ses décisions nous ont paru quelquefois hasardées, et il nous permettra de n'être pas de son avis, par exemple, lorsqu'il dit que l'impuissance naturelle peut être admise comme une erreur dans la personne capable d'opérer la nullité du mariage. Un pareil principe ne saurait avoir son fondement dans notre législation actuelle; ses effets blesseraient la délicatesse de nos mœurs, puisqu'il faudrait recourir à des investigations toujours scandaleuses, et dont les résultats sont le plus souvent incertains. Nous lui reprocherons aussi une erreur grave qu'il lui importerait de rectifier, s'il pouvait en être temps encore. Il dit, p. 168, qu'*autrefois le régime dotal existait de plein droit, et sans stipulation spéciale*, dans la partie de la France qui était régie par le droit écrit. S'il avait pris la peine de consulter les auteurs qui ont traité de la dot, il y aurait lu qu'à la vérité la loi romaine accordait aux filles une action contre leurs pères pour les contraindre à les doter : mais alors, comme aujourd'hui, la dot devait être constituée par le contrat de mariage; et, lorsqu'il n'avait pas été passé de contrat entre les époux, au lieu d'être soumis au régime dotal, tous les biens de la femme étaient *paraphernaux* (les biens qu'une femme se réserve, qui ne font point partie de sa dot, et dont le mari n'a pas l'administration), elle prenait la qualité de femme libre dans l'exercice de ses droits et actions. Il faut pourtant rendre au livre de M. Biret la justice qu'il mérite. On y trouvera des citations faites à propos des lois anciennes, dont il établit les rapports avec la loi nouvelle. Il éclaire les difficultés que peut présenter le texte du Code par les discussions qui eurent lieu au conseil d'État, par la doctrine comparée des auteurs qui ont écrit avant lui, et par la jurisprudence des arrêts. Sous ce rapport, son ouvrage a un degré d'utilité incontestable (*). » — Néanmoins, un *Traité* complet *du contrat de mariage* reste encore à faire, et l'ouvrage de M. Biret, dont nous sommes loin de contester l'utilité, ne diminuera pas l'impatience avec laquelle les personnes qui s'occupent de la science du droit attendent la suite des travaux du savant et respectable M. Toullier, dont le 12e volume doit bientôt combler cette importante lacune.

IX. Code des justices de paix, annoté. Paris, Tournachon-Molin, 1825, in-8 [7 fr.].

X. Vocabulaire des cinq codes, ou Définitions simplifiées des termes de droit et de jurisprudence exprimés dans ces codes, avec des annotations des arrêts sur chaque terme. Paris, Tournachon-Molin, 1826, in-8 [7 fr.].

XI. Manuel de tous les actes sous signatures privées, en matières civiles, commerciales, etc., résultant des codes français. Paris, Roret, 1836, in-18 [2 fr. 50 c.].

XII Nouveau Manuel des législation et jurisprudence sur l'enregistrement et le timbre; divisé en deux parties. Paris, Roret, 1836, in-18 [3 fr. 50 c.].

XIII. Nouveau Manuel complet, analytique et raisonné de la législation des octrois et des autres contributions indirectes. Paris, Roret, 1837, in-18 [3 fr. 50 c.].

Ce jurisconsulte a fourni aux trois premiers volumes du Dictionnaire universel de droit français, par M. Pailliet et plusieurs publicistes et jurisconsultes [1825-27], les articles: *Action en général*, *Action personnelle*, *Action pétitoire*, *Action possessoire*, *Action mixte*, *Action rédhibitoire*, *Action réelle*, *Aveu en matières civiles*, *Avis de parents*, *Bans de vendanges et de moissons*, *Biens en général*, *Biens des communes*, *Brevets d'invention*, *etc.*, *etc.* M. Biret a été directeur et rédacteur en chef du journal de jurisprudence, qui a commencé à paraître en 1826, sous le titre du *Correspondant des juges de paix:* il a donné, comme éditeur, le Système municipal et communal en harmonie avec la charte, de DU MIRAL, et la IVe édition du Nouveau Manuel complet des officiers de l'état civil, de A.-E. LEMOLT [1840, in-18].

II. *Philosophie. — Morale. — Littérature.*

XIV. Christianisme [le] en harmonie avec les plus douces affections de l'homme. Paris, Arth. Bertrand, 1815, 2 vol in-12 [6 fr.].

XV. De l'Éducation, ou Émile corrigé, suivi d'un Éloge historique de Louis XVI. Paris, le même, 1816, 2 vol. in-12 [5 fr.].

XVI. Essai sur la critique et les critiques. [La Rochelle, de l'impr. de Vinc. Cappon], 1816, in-12 de 24 pag.

Opuscule composé à l'occasion d'un article du « Journal de Paris », sur l'Émile corrigé, signé V.

BIRNBAUM [J.-M.-F.], jurisconsulte distingué, dont le nom néanmoins n'a pas été connu des biographes ses compatriotes, car on ne le trouve ni dans la huitième édition du Conversations-Lexicon, imprimée de 1833 à 1837, ni dans la continuation, publiée de 1838 à 1841, bien que M. Birnbaum soit Allemand, ainsi que son nom l'indique; ni dans la Galerie historique des contemporains, publiée en Belgique, 8 vol. in-8; ni dans la Biographie du royaume des Pays-Bas, ancien et moderne, etc., par M. Delzenne père [Liége, 1828, 2 vol. in-8], quoique M. Birnbaum ait été, et soit encore, pensons-nous, l'une des gloires de l'instruction publique de la Belgique. C'est donc à nous Français de faire ressortir un nom que les gens au milieu desquels il est né, et au milieu desquels il a vécu, paraissent avoir ignoré. M. Birnbaum est né à Giessen, chef-lieu de la province de la Hesse-Supérieure [grand-duché de Hesse-Darmstadt]. Lorsque Napoléon eut soumis à sa puissance presque tout l'Occident, bien des existences furent déplacées : celle de M. Birnbaum fut du nombre. Il était dans les dernières années de l'Empire de Napoléon, conseiller à la cour impériale de Trèves, alors chef-lieu du département de la Sarre. C'est dans cette ville qu'il commença, en 1811, la publication d'un recueil d'arrêts, sous le titre de *Jurisprudence de la Cour impériale de Trèves, et des tribunaux de son ressort*, in-8, recueil qui fut continué jusqu'à l'invasion de la France et la restitution des pays

(*) Revue encycl., t. XXVII, p. 506 et 507, art. de M. Crivelli.

conquis. M. Birnbaum, après ces événements, devint professeur en droit de l'Université de Louvain, et plus tard son recteur, fonction qu'il a déposée, en octobre 1827, pour inaugurer le Collége philosophique de la même ville (*). Outre le recueil d'arrêts que nous avons cité, et quelques opuscules que nous rappelons plus bas, M. Birnbaum a fourni des articles remarquables à la « Thémis belge », et il en fournit encore aujourd'hui à un recueil allemand intitulé « Archiv des Criminalrechts » [Archives du droit criminel] et dans lequel écrivent MM. Abegg, Mittermayer, Heffter, Zachariæ, etc.

OUVRAGES DE M. BIRNBAUM.

I. Commentaire sur le décret impérial du 17 mars 1808. Coblentz, Pauli et comp., 1809, in-8 [4 fr.].

II. Dissertation sur la validité des testaments faits avant, et ouverts sous l'empire du Code Napoléon. Coblentz, les mêmes, 1809, broch. in-8 [1 fr.].

III. Jurisprudence de la Cour impériale de Trèves et des tribunaux de son ressort, sur le nouveau droit et la nouvelle procédure en matière civile et de commerce. Trèves, de l'impr. de Hetzrodt, 1811 et ann. suiv., 3 ou 4 vol. in-8.

Le Journal de la librairie de 1812 a annoncé la première livraison du tome III, portant la date du 1er octobre 1812.

IV. Notice sur les dispositions du droit anglais relatives aux délits de la presse. Bruxelles, C.-J. Demat, 1829, in-8 [1 fr. 57 c.].

Extrait de la « Thémis belge », tiré à 50 exemplaires seulement.

V. De peculiari ætatis nostræ jus criminale reformandi studio, et legum latoris in eâ re conficienda, proprio numere, etc. [Discours sur le zèle déployé dans notre époque pour la réforme des lois criminelles, et sur les devoirs du législateur en cette circonstance, prononcé à Louvain le 17 octobre 1825.] Avec des notes et des observations. Louvain, Vanlinthout et Vandenzande, 1828, in-8 de 158 pag.

Il ne faut pas s'imaginer que les discours prononcés dans les solennités académiques des universités d'Allemagne et des Pays-Bas, et dont les réglements sont une obligation, soient toujours des lieux communs. Souvent, au contraire, le professeur y traite une question intéressante qui se rattache à l'objet de ses cours, et il cherche à épuiser la matière, sinon dans le texte, du moins dans les notes qui servent de complément à son travail. On doit appliquer cette observation au discours de M. Birnbaum, qui, faisant à chaque nation sa part avec autant de finesse que d'impartialité, apprécie nettement la législation criminelle des divers pays, et indique même ce qu'il faudrait faire pour parvenir à un système dont la raison et l'humanité eussent à s'applaudir. L'auteur appartient à l'école historique, et ne veut pas que les antécédents d'un peuple soient comptés pour rien par ses législateurs. Inaccessible à tout préjugé, il ne se laisse point éblouir par les illusions d'une philantropie louable dans ses motifs, mais quelquefois dangereuse dans l'application de ses vues. Ainsi, tout en s'efforçant de restreindre beaucoup les cas où la peine de mort sera employée, il n'en propose point l'abolition absolue. On lira avec intérêt, dans l'appendice qui suit son discours, un résumé exact et précis des opinions professées pour et contre son opinion, dans tous les temps et dans tous les lieux, et on se convaincra que la plupart des autorités dont s'entourent les adversaires de la peine de mort, ont été invoquées légèrement sur la foi d'autrui, ou d'après des recherches et des lectures précipitées et incomplètes. Par exemple, on a affirmé dernièrement que la privation de la vie n'était plus admise par les lois pénales du Hanovre, du grand-duché de Bade et du Valais, tandis qu'il n'a pas même été question de cette réforme dans ces trois pays. Des assertions si erronées ont droit de surprendre dans des ouvrages universellement célèbres. M. Birnbaum, tout en leur rendant justice, rétablit les faits; les armes qu'il emploie sont des *armes courtoises*, et, dans une discussion de doctrine, on n'en doit jamais employer d'autres. *Revue encycl.*, t. XXXVIII, art. du bar. de Reiffenberg [1828].

BIS [Hippolyte], poète dramatique, chef de division aux contributions indirectes [2e sous-division] est né à Douai [Nord]. Il était bien jeune lorsque ses goûts le portèrent à s'occuper de compositions dramatiques, et à les appliquer à la tragédie nationale. Sa première, *Lothaire*, tragédie en trois actes, composée en société de M. F. Hay, était bien faible d'intérêt, puisque les auteurs ne purent parvenir à la faire représenter; mais deux autres qui l'ont suivie avaient fait concevoir d'heureuses espérances, dont le découragement du poète est venu arrêter la réalisation. M. Bis fit représenter sur le second Théâtre-Français, le 26 avril 1822, *Attila*, tragédie en cinq actes, dont le titre aurait dû plutôt être : « la France délivrée d'Attila ». Était-ce

(*) M. Birnbaum est passé depuis à l'Université d'Utrecht; il est aujourd'hui professeur à celle de Giessen, sa ville natale.

l'ardeur de la jeunesse qui avait porté M. Bis à entreprendre ce que la vieillesse de Corneille avait mal exécuté? Et pourtant Corneille, ce peintre sublime des caractères, a représenté le subtil Attila bien différemment que M. Bis dans une tragédie où il n'est inférieur qu'à lui-même. Au théâtre, comme à la guerre, le succès justifie tout, et le poète, aussi bien que le guerrier, peut essuyer d'honorables revers. Voyons si la pièce de M. Bis a mérité l'accueil favorable qu'elle a reçu. L'auteur n'a pris dans l'histoire que des noms et quelques traits des personnages qu'il met en scène : tout le reste est d'invention, il n'emprunte rien aux auteurs qui ont traité le même sujet, pas même à Corneille; mais il ne dédaigne pas d'imiter quelques scènes et quelques situations de deux tragédies modernes. Attila, poursuivant ses conquêtes, a pénétré dans les Gaules; il est campé sur les bords de la Marne. Vigilius, ambassadeur des Romains, vient le trouver au nom de son maître, et s'acquitte d'une mission ostensible; mais sa mission réelle est d'assassiner le roi des Huns. Ce lâche complot échoue, par un suite de circonstances peu liées entre elles, et surtout par la générosité de Mérovée qu'Attila tient prisonnier, ainsi que son épouse Elphège, et une autre femme non moins remarquable par sa beauté, son noble caractère, sa piété, qui la met en communication avec le ciel et l'élève au rang des prophètes : c'est Geneviève. L'amour d'Attila pour Elphège, ses fureurs lorsqu'il se voit repoussé, les dangers que courent le roi et la reine des Francs et les prophéties de Geneviève font une action et, à l'aide de quelques développements, formeraient une tragédie. Le complot de Vigilius est une autre action tout à fait indépendante de la première : enfin la rivalité, le combat et la réconciliation de Marcomir et de Mérovée ne tiennent pas plus à la pièce que les deux premières actions ne tiennent l'une à l'autre. Mais ces défauts essentiels sont rachetés, autant qu'il est possible, par de belles pensées exprimées en beaux vers. Voici quelques-uns de ceux qui ont attiré le plus d'applaudissements. Attila dit à son confident :

Juge pour les Français si ma haine est profonde:
Ils osent conspirer la liberté du monde!

Geneviève sépare Mérovée et Marcomir qui ont tiré l'épée l'un contre l'autre, et les ramène au sentiment de la patrie et du devoir :

L'honneur, votre pays, la gloire, tout vous crie :
Soyez, soyez Français..... (1)

La même année, M. Bis fit paraître un petit poëme lyrique, intitulé le *Cimetière*. Une juste et noble indignation a inspiré ce poëme à M. Bis. Un cimetière, situé près de Douai, a reçu, pendant un quart de siècle, les dépouilles des compatriotes de l'auteur : c'est là que repose sa mère. On vient de décider que ce terrain, comblé tout entier depuis cinq ans, serait rendu à l'agriculture. Quelle providence, dit M. Bis, pour les greniers publics! La préface et les notes mêmes sont pleines de chaleur et d'éloquence. Le poëme se recommande surtout par l'éclat et l'énergie du style : nous citerons un passage dans lequel l'auteur peint la joie d'un sauvage à la vue d'une cabane qu'il vient d'incendier.

L'ouragan et la nuit viennent de leur haleine
Engourdir ses membres nerveux.
Une cabane est dans la plaine,
Il y court, il l'embrâse, et s'arrête joyeux.
Il est joyeux, aux cris des femmes,
Des vieillards, des enfants que dévorent les flammes;
Son oreille se plaît au fracas des décombres:
Et, brandissant sa torche, il chasse au loin les ombres,
Et danse à la clarté des feux.

On pourrait néanmoins reprendre quelques détails de mauvais goût, des expressions forcées, quelques strophes terminées par un petit vers sec et sans harmonie; par exemple :

L'air fait silence, et l'arbre au frémissant ombrage
Se tait.

Blanche d'Aquitaine, ou le Dernier des Carlovingiens, tragédie en cinq actes, fut représentée sur le Théâtre-Français le 29 octobre 1827. C'est une grande époque de notre histoire que celle où cette dynastie de Charlemagne s'éteint, non faute de rois, mais faute d'hommes dignes de porter la cou-

---

(1) Revue encycl., t. XIV, p. 448.— M. A. Métral, auteur d'une « Conjuration d'Attila » [1821, in-8], a donné au même recueil, t. XV, p. 295 à 309, un examen critique de cette tragédie en la comparant à celle de Corneille. Tout en rendant justice au talent de M. Bis comme poète, il n'en considère pas moins Attila comme une tragédie imparfaite dans son plan, manquant d'unité, de caractères bien tracés, et s'éloignant trop des traditions de l'histoire, et encore, quelle histoire?.... l'histoire nationale!

ronne; où les grands feudataires, unis au clergé, donnent à la France une organisation nouvelle, et font régner la féodalité jeune et forte sur les débris d'un régime qui tombe de vétusté. Cette grande révolution, que l'histoire nous apprend plutôt par les résultats que par les événements qui l'accompagnèrent, et qui sont restés fort obscurs, aurait pu offrir à un pinceau énergique et profond une vaste composition historique; le poète s'est borné à peindre une scène d'intérieur. Ce n'est point ce peuple prêt à changer de destinée; c'est le roi de Laon [car les Carlovingiens étaient réduits à ce petit domaine], c'est cette famille de princes obscurs qu'il a voulu ressusciter sur la scène; c'est donc à nous de ne demander à son pinceau que ce qu'il a promis, tout en regrettant qu'il n'ait osé davantage. Jeune et faible héritier du nom de Charlemagne, Louis V ne porte plus qu'un triste débris de la couronne de ses pères, et jusque dans sa petite cour, Charles, son oncle, duc de Lorraine, et Hugues Capet, comte de Paris, lui disputent encore ce lambeau de bandeau royal. L'un veut régner à sa place et l'autre en son nom. A ces grands débats se joignent des intrigues domestiques : Blanche d'Aquitaine, épouse de Louis V, déteste l'ombre de mari qu'on lui a donné, et confie à sa sœur Isabelle l'amour adultère qui porte tous ses vœux vers le comte de Paris. On voit qu'elle ne reculerait pas devant un crime qui mettrait Hugues sur le trône et dans son lit. Mais le comte de Paris n'est point amoureux de Blanche, et ne consentirait pas à porter une couronne sanglante. Toutefois, les intrigues du duc Charles et du ministre Gontran remplissent de soupçons et de ferments de haine la cour du jeune Carlovingien; Louis, convaincu que Hugues Capet est l'amant de la reine, s'emporte à des violences qui ne font qu'irriter le caractère de cette épouse coupable en espérance. Outre la passion qui la dévore, Blanche a, pour s'enhardir au crime, des exemples domestiques. Émine, mère de Louis, a empoisonné Lothaire, son époux. La jeune reine a surpris cet affreux secret dans une scène de somnambulisme, dont elle a été témoin, un jour que les remords de la reine-mère l'avaient arrachée de son lit pour la traîner sur le tombeau de l'époux qu'elle a tué. Mais trop bien éclairée par sa propre expérience, Émine pénètre les secrets desseins de Blanche, et veille sur les jours de son fils. C'est dans cette situation que les deux reines ont une entrevue. Émine ne dissimule pas ses soupçons, et Blanche y répond par de terribles allusions à la mort de Lothaire. Émine, confondue, laisse échapper l'aveu de son crime; le spectacle de sa profonde douleur et de ses remords déchirants émeut le cœur de Blanche, qui abjure ses sinistres desseins et va se réconcilier avec son époux. Le duc de Lorraine n'a pas de peine à jeter des nuages sur cette réconciliation; il réveille les soupçons du roi, et lui conseille d'offrir la main d'Isabelle au comte de Paris. C'est Blanche que le roi charge de cette pénible mission; et les refus de Hugues Capet font naître une joie secrète dans l'âme de Blanche, et de nouveaux soupçons dans celle de Louis. Ce prince, pour connaître enfin la vérité, imagine un moyen dans les mœurs du temps; il veut que, le jour même, sa femme approche avec lui de la sainte table : si le tribunal de la pénitence lui interdit cette terrible épreuve, tous les doutes du roi seront éclaircis, et le crime de Blanche sera prouvé à ses yeux. Mais celle-ci triomphe de toutes les peines de l'enfer; elle ment au tribunal de la pénitence, elle profane le plus saint des mystères de sa religion, et en communiant avec le roi, elle mêle du poison au vin consacré. Cependant, au moment où Louis est convaincu de l'innocence de Blanche et de celle de Hugues, qui vient de refuser la couronne que lui offraient les vassaux révoltés, il commence à ressentir les atteintes du poison, il expire dans des douleurs qui lui rappellent la mort de son père. Blanche, dédaignée par le comte de Paris, se poignarde, et le poète nous laisse entrevoir que Hugues Capet va recueillir ce sanglant héritage. Nous l'avons déjà dit, toutes les grandes questions politiques sont négligées, et l'auteur n'a pas prétendu peindre la révolution nationale de l'époque; c'est une intrigue de famille qu'il a retracée, et sa pièce ressemble à beaucoup d'autres ouvrages du même genre; ce n'est pas avec cette timidité qu'on fera faire à l'art des progrès que la génération actuelle réclame. L'ouvrage a d'ailleurs le malheur de n'inspirer qu'un faible intérêt; il offre cependant des parties qui annoncent un talent distingué : l'incident de la communion est tragique et empreint des couleurs du temps; il ne faut sans doute s'en prendre qu'aux entraves dont notre système théâtral est embarrassé, si l'auteur n'en a pas tiré un plus grand effet. La scène entre les deux reines est fort belle; elle a paru aussi neuve que dramatique, et elle a déterminé le succès de la pièce que l'on a vu pendant quelque temps avec plaisir; elle a ajouté aux espérances qu'avait déjà données l'auteur « d'Attila » (*). Deux ans plus tard, M. Bis s'essaya dans un autre genre. En société avec M. de Jouy, il donna à l'Académie royale de musique un opéra en quatre actes, intitulé *Guillaume Tell*, dans lequel les auteurs n'ont pas manqué de mettre en scène cette éternelle fable de la pomme que les écrivains ont faussement attribuée à Gessler. Depuis plus de onze ans, M. Bis est resté étranger à la littérature : les devoirs administratifs semblent absorber tous ses moments.

I. Avec M. *F. Hay* : Lothaire, tragédie en trois actes. Paris, Pillet, 1817, in-8 [1 fr. 50 c.].

Pièce qui n'a pas été représentée.

II. Attila, tragédie en cinq actes, représentée sur le second Théâtre-Français, le 26 avril 1822. Paris, Béchet aîné; et Lille, Leleux, 1822, in-8 de 88 pag. [3 fr. 50 c.].

A quelques semaines de distance, il fut publié une seconde édition de cette pièce : elle a 96 pages.

III. Cimetière [le], poëme lyrique. Lille, Leleux; et Paris, Béchet aîné, 1822, in-8 de 56 pag.

IV. Blanche d'Aquitaine, ou le Dernier des Carlovingiens, tragédie en cinq actes, représentée sur le Théâtre-Français, le 29 octobre 1827. Paris, de l'impr. de J. Didot aîné. — L. Tenré, 1827, in-8.

V. Avec M. *de Jouy* : Guillaume Tell, opéra en quatre actes; représenté à Paris sur le théâtre de l'Académie roy. de musique, le 3 août 1829. Paris, Roullet; Aimé André, 1829, in-8.

VI. Marseillaise [la] du Nord, chantée le 6 décembre 1830 dans un banquet des gardes nationaux de Lille et de Douai, après la réception des drapeaux donnés par le roi des Français Louis-Philippe Ier. Paris, de l'impr. de Tastu, 1830, in-8 de 4 pag.

(*) Revue encycl., t. XXXVI, p. 821.

BISCARAT [Félix], professeur.

I. Avec madame la comtesse [*Beaufort*] *d'Hautpoul* : Manuel complet du style épistolaire, ou Choix de lettres puisées dans les meilleurs auteurs, précédé d'Instructions sur l'art épistolaire, et de Notices biographiques. Paris, Roret, 1829, in-18 [3 fr.]. — Nouvelle édit. Paris, le même, 1841, in-18.

II. Nouveau Manuel de la pureté du langage, ou Dictionnaire des difficultés de la langue française, etc. Revu et augmenté par *A. Boniface*. Paris, Roret, 1835, in-18 [2 fr. 50 c.]

M. Biscarat a coopéré à la rédaction du « Conservateur littéraire » [1820-21, 3 vol. in-8], et ses articles y sont signés de la lettre S.

BISELX, chanoine suisse. — Actes de la Société helvétique des sciences naturelles; XVe réunion annuelle à l'hospice du grand Saint-Bernard, en juillet 1829. Lausanne, 1830.

BISMARK [le comte Frédéric-Guillaume de], lieutenant-général, commandant supérieur de la cavalerie wurtembergeoise.

I. Tactique de la cavalerie, suivie d'Éléments de manœuvres pour un régiment de cavalerie; trad. de l'allem. par *Max. de Schauenbourg*, chef d'escadron. Strasbourg, et Paris, Levrault, 1821, in-8, avec 27 pl. [7 fr. 50 c.].

II. Des forces militaires de l'empire Russe en l'année 1835, ou mon Voyage à Saint-Pétersbourg. Traduit de l'allemand par un officier-général [le général *A. Durfort*]. Paris, de l'impr. de Bourgogne, 1836, in-8 de 100 p. avec une pl.

Extrait à 100 ex. du Spect. milit., t. XXI et XXII.

On doit au comte de Bismark plusieurs autres ouvrages qui n'ont pas été traduits en français. Le VIIIe volume de la « Revue encyclopédique », page 585, offre l'analyse d'un de ceux qui se trouvent dans ce cas : « le Chef d'armée, d'après le modèle des anciens ».

Tome VI, 1re partie, p. 24, de leur « Biographie des Hommes du jour », MM. Sarrut et St-Edme ont consacré une courte notice à ce général.

BISSETTE [Cyrille-Charles-Auguste], homme de couleur de la Martinique, né au Fort-Royal [Martinique], le 9 juillet 1795, a beaucoup écrit en faveur de la classe noire des colonies. Indépendamment d'une quinzaine d'opuscules que nous avons sous son nom, il a fourni depuis 1827 jusqu'à 1833 un grand nombre d'articles sur les colonies aux journaux de Paris, et notamment au « Courrier français », au « Constitutionnel », au « Commerce », et à la « Tribune des départements » ; mais voulant rendre encore des services plus efficaces à la cause à laquelle il s'est dévoué tout entier, il fonda, à Paris, en 1834, la « Revue des colonies », recueil mensuel, qui continue à paraître grand in-8, dont il est le directeur, et dans lequel il écrit. Nous connaissons de M. Bissette les opuscules suivants :

I. Avec M. *Fabien* fils : Dénonciation contre M. le comte de Peyronnet, ancien ministre de la justice, pour détention prolongée pendant vingt un mois, par suite de rétention frauduleuse et de mauvaise foi, de pièces à lui adressées par les hommes de couleur de la Martinique, pour être transmise à la Cour de cassation. Paris, de l'impr. de Duverger, 1828, in-8 de 16 pag.

II. A un colon, sur l'émancipation civile et politique appliquée aux colonies françaises. Paris, Ledoyen, 1830, in-8 de 32 pag.

III. A mes compatriotes. Paris, de l'impr. de Mie, 1831, in-8 de 4 pag.

IV. Avec M. *Fabien* : deux Réponses à MM. de Lacharrière et Foignet, de la Guadeloupe. Paris, de l'impr. de Mie, 1831, in-8 de 8 pag.

V. Avec M. *Fabien* : Demande en grâce pour Adèle, jeune esclave de la Martinique condamnée à la peine du fouet pour avoir chanté la Parisienne. Paris, de l'impr. de Mie, 1831, in-8 de 4 pag.

VI. Mémoire au ministre de la marine et des colonies et à la commission de législation coloniale, sur les améliorations législatives et organiques à apporter au régime des colonies françaises. Paris, de l'impr. de Mie, 1831, in-8 de 48 pag.

VII. Lettre de M. *Foignet*, délégué des colons de la Guadeloupe, au rédacteur du « Journal du Hâvre », en réponse à MM. Bissette et Fabien. Paris, de l'impr. de Mie, 1831, in-8 de 4 pag.

Est suivie d'une réponse de MM. Bissette et Fabien.

VIII. Lettre au ministre de la marine et des colonies, sur la nécessité d'arrêter la réaction aux Antilles françaises. Paris, de l'impr. de Mie, 1831, in-8 de 16 pag.

A l'occasion de cette lettre, deux colons de la Martinique provoquèrent M. Bissette en duel au nom de la classe blanche des colonies. Une rencontre eut lieu avec l'un de ces colons. M. Bissette fut blessé d'un coup d'épée.

IX. Réponse à la brochure de M. Fleuriau, délégué des colons de la Martinique. Paris, de l'impr. de Mie, 1831, in-8 de 24 pag.

X. Calomnies devenues vérités, ou Réponse au pamphlet de MM. Lacharière et Foignet, délégués des colons de la Guadeloupe. Paris, de l'impr. de Mie, 1831, in-8 de 24 pag.

XI. Observations sur les projets de lois coloniales, présentées à la chambre des députés. Paris, de l'impr. de Mie, 1832, in-8 de 56 pag.

M. Bissette fut entendu dans ses observations à la chambre des pairs et à la chambre des députés, c'est-à-dire dans les commissions chargées d'examiner ces projets de loi à la chambre des pairs et à la chambre des députés.

XII. Avec MM. *Fabien* et *Mondésir Richard* : Pétition à la chambre des députés, relative à l'amélioration du sort des esclaves aux colonies. Paris, de l'impr. de Dupont, 1833, in-8 de 12 pag.

XIII. Examen rapide des deux projets de loi relatifs aux colonies, adressé à la chambre des députés. Paris, de l'impr. d'Everat, 1833, in-8 de 16 pag. — Notes sur le projet de loi relatif au régime législatif des colonies. In-8 de 8 pag.

XIV. Lettre à maître L. Cicéron, avocat à Saint-Pierre [Martinique]. Paris, de l'impr. d'Auffray, 1833, in-8 de 8 pag.

M. Bissette fut poursuivi à la requête de M. Artaud, oncle de M. Cicéron, qui obtint une condamnation de 25 fr. contre M. Bissette; et une rencontre eut lieu entre MM. Cicéron et Bissette : M. Cicéron fut blessé.

XV. Polémique sur les événements de la Grand'Anse. Paris, de l'impr. de Cordier, 1834, in 8 de 12 pag.

La Grand'Anse est une commune de la Martinique.

BISSON [E.]. — Mémoire sur l'emploi de l'Agaric blanc [*boletus laricis*] contre les sueurs dans la phthisie pulmonaire. Paris, Baillière, 1832, in-8 de 32 p.

BISSON-PÆSSCHIERS [A.]. — Prise de la citadelle d'Anvers. [En vers]. Paris, de l'impr. de Gœtschy, 1833, in-8 de 12 pag.

BISTON [Valentin]. — I. Avec M. *Janvier*, officier au corps royal de la marine : Manuel du mécanicien-fontainier-plombier, contenant, etc. Paris, Roret, 1828, in-18. — Nouv. édit. Paris, le même, 1840, in-18, avec 3 pl. [3 fr.].

II. Avec M. *P.-A. Hanus* : Nouveau Manuel complet du charpentier, ou Traité simplifié de cet art. Nouvelle édition, revue, corrigée et considérablement augmentée. Paris, Roret, 1837, in-18 [3 fr. 50 c.].

BITRY [N.-J.], directeur de la Bibliothèque de la conversation [1839, in-8].

BIU [Mlle Anaïs]. — I. Chute [la] de l'ange. Poésie. Lyon, de l'impr. de Boitel, 1839, in-8 de 8 pag.

Pièce de vers à l'occasion de la « Chute d'un Ange, » de M. de Lamartine.

II. * Chansons, Romances et Poésies; par Mme Anaïs B... Lyon, de l'impr. de Boursy, 1841, in-12 de 24 pag.

BIVORT [J.-B.], écrivain montois (*).

I. Répertoire [le] administratif du Hainaut, par *J.-B. Bivort*, et précédé d'une Introduction par *C.-H. Delecourt*. Mons, Leroux, 1839, gr. in-8 [10 fr.].

II. Avec M. *A. Winkell* : Géographie de la Belgique. Mons, Manceaux-Hoyois, 1839, in-12.

BIXIO [Alexandre], D. M. P., né à Chiavari [état de Gênes], directeur du Journal d'agriculture pratique, de jardinage et d'économie domestique, commencé en 1837, ainsi que de la Maison rustique du XIXe siècle, deux recueils dans lesquels il écrit.

(*) Un autre M. Bivort, BIVORT-NEFFE, vraisemblablement de la famille du précédent, et non mentionné dans la « France littéraire », est auteur d'une pièce de théâtre intitulée : *l'Agitateur, ou Bernardin garde national, drame en deux actes, en prose, dédié aux peuples belge et liégeois*. Sans nom de ville, ni d'impr., 1793, in-8.

BJERNING [W.]. — Recueil de morceaux en prose, à l'usage des classes moyennes des écoles. Copenhague, Reitzel, 1838, gr. in 8.

BLACAS [le duc Pierre-Louis de], pair de France, chevalier des ordres du roi, ministre d'État, ambassadeur de France, né le 12 janvier 1771 au château de Vérignon, près d'Aulps, d'une des familles les plus nobles et les plus pauvres de la Provence, mort ambassadeur de France à la cour de Vienne, le 17 novembre 1839. Le duc de Blacas était un protecteur éclairé des sciences et des arts; il avait formé une riche collection de monuments musulmans dont M. Reinaud, de l'Institut [voyez ce nom], a publié la description, en 1828. Huit ans auparavant, le même orientaliste avait déjà fait imprimer une Lettre à M. le baron Silvestre de Sacy [in-8 de 16 pag.]. On trouve des notices sur le duc de Blacas dans toutes les biographies des contemporains : une particulière, par M. le vicomte de La Boulaye, a paru, en 1840, à Paris, chez Ad. Leclère [in-8 de 56 pag.].

BLACHE [J.-B.], chorégraphe, d'abord maître de ballet à l'Opéra, et ensuite au Grand-Théâtre de Bordeaux; mort à Toulouse en janvier 1834. Il est auteur des ballets suivants :

I. Dansomanie [la], ou la Fête de M. Balloné, ballet en deux actes [de *Gardel*, avec des changements de Blache]. Lyon, Pelzin et Drevon, 1801, in-8.

Le ballet de Gardel est de 1800.

II. Scylla et Glaucus, grand ballet d'action en trois actes. Lyon, Pelzin et Drevon, an XII [1804], in-8; — ou Bordeaux, Lawalle, 1823, in-8.

III. Amours [les] d'automne, ou les Vendangeurs, ballet villageois en un acte. Paris, 1805, in-8.

IV. Haroun-al-Raschid et Zobéide, ou Encore un Calife de Bagdad, grand ballet d'action en trois actes. Lyon, Pelzin et Drevon, 1805, in-8. — Autre édition, sous ce titre : Haroun-al-Raschid et Zobéide, ou le Calife généreux, pantomime en trois actes. Paris, Dentu, 1817, in-8.

V. * Almaviva et Rosine, pantomime en trois actes, mêlée de danses. Paris, J.-N. Barba, 1817, in-8.

VI. * Amour [l'] et la Folie, pantamime [en deux actes], mêlée de danses. [Paris, de l'impr. de Smith], sans date [1817], in-8.

VII. * Moulin [le] d'André, ou les Meuniers et les Meunières, pantomime comique en deux actes, mêlée de danses. Paris, Hocquet, 1817, in-8.

VIII. Lisbeth et Muller, ou la Fille soldat, pantomime en trois actes. Paris, Fages, 1818, in-8.

IX. Braconnier [le], ou la Clémence paternelle, ballet pantomime en deux actes. Marseille, Ant. Ricard, 1819, in-8.

X. Mars et Vénus, ou les Filets de Vulcain, ballet-pantomime en quatre actes. Paris, Roullet, 1826, in-8.

Ce ballet n'a été dansé à l'Académie roy. de musique que le 29 mai de l'année de son impression, il y obtint un succès de vogue. Jamais l'Opéra n'a offert un spectacle plus magnifique et plus gracieux à la fois. Mais ce ballet avait été long-temps auparavant exécuté, avec succès, sur le grand théâtre de Bordeaux.

Il existe une édition qui porte pour titre : les Filets de Vulcain, ballet pantomime en trois actes. Marseille, Ant. Ricard, 1820, in-8.

XI. Famille [la] fugitive, ou la Laitière polonaise, trait historique tiré d'une ancienne chronique de Pologne, pantomime en trois actes. Bordeaux, Teycheney, 1824, in-8.

Une édition de 1825 est intitulée : la Laitière polonaise, ou la Famille fugitive. Lyon, Pelzin, 1825, in-8.

Les biographes citent de Blache père un autre ballet en trois actes, intitulé *la Chaste Suzanne;* mais il ne parait pas avoir été imprimé.

BLACHE [A.], fils du précédent, et comme lui chorégraphe.

I. Polichinel Vampire, ballet-pantomime et divertissement burlesque en un acte. Paris, Pollet, 1823, in-8.

II. Lauriers [les] d'Ibérie, ou la France victorieuse, ballet de circonstance en un acte. Bordeaux, de l'impr. de Pinard, 1824, in-8.

III. Meuniers [les], ou les Rendez-vous nocturnes, folie-ballet-pantomime en deux actes. Paris, Quoy; Barba, 1824, in-8.

IV. Avec M. *Mazuyer* : Jean-Jean, ou les Bonnes d'enfants, ballet-pantomime en deux actes. Paris, Bezou, 1824, in-8.

Cette pièce avait été jouée et imprimée dans le même mois [août 1824], en trois actes. La première édition est anonyme.

V. Chasse [la] aux oiseaux, ou les Deux volières, ballet en un acte. [Explication.] Bordeaux, de l'impr. de Coudert, 1824, in-8 de 8 pag.

VI. Milon de Crotone, ou les deux Athlètes, pantomime historique en deux actes. Paris, Bezou, 1825, in-8.

VII. Malek-Adhel, ou les Croisés, ballet en trois actes. Bordeaux, de l'impr. de Péletingeas fils, 1827, in-8 de 32 pag. [50 c.].

VIII. Grecs [les], ballet-pantomime en deux actes. Bordeaux, Teycheney, 1828, in-8 de 16 pag.

IX. Cocambo, ou l'Ambassade à Smyrne, divertissement-pantomime en deux actes. Paris, boulevard Saint-Martin, 2, 1829, in-8 de 16 pag.

X. Gustave Wasa, ou la Suède délivrée, ballet-pantomime en trois époques. Bordeaux, de l'impr. de Suwerinck, 1830, in-8 de 16 pag.

XI. Nouveau [le] Robinson, tableau comique en un acte. Paris, Breauté, 1834, in-8 de 16 pag.

M. Blache, en outre, a remis au théâtre et fait imprimer, en 1824, le ballet de d'Auberval, intitulé « le Déserteur », auquel il a fait quelques changements.

BLACHE [Jean-Gaston-Marie], médecin de l'hôpital Cochin à Paris, né à Senlis [Oise] en 1799, est auteur d'un *Mémoire sur la coqueluche* qui a obtenu le prix proposé par la Société de médecine de Lyon, en 1822; et l'un des collaborateurs des « Archives générales de médecine », et de la deuxième édition du « Dictionnaire de médecine, ou Répertoire général des sciences médicales. »

BLACQUE [Alexandre], négociant.

— Pétition du sieur Alex. Blacque, négociant français, cautionné auprès de la chambre du commerce de Marseille, premier député du commerce français à Smyrne, contre le sieur Auguste Castagne, consul, gérant le consulat général de France à Smyrne, à MM. les membres de la chambre des députés à Paris. Paris, de l'impr. de Trouvé, 1828, in-4 de 36 pag.

BLAGNY [Denis], docteur en médecine de la faculté de Paris, médecin novateur, né le 13 juillet 1790, à Saint-Julien [Côte-d'Or], d'un honorable commerçant. Il n'avait encore que douze ans que déjà, par la mort de son père, il fut privé du meilleur conseiller dans le choix d'un état : aussi la carrière du jeune Blagny fut-elle fixée assez tard. Il avait passé ses jeunes années dans des occupations agricoles. Après la mort de son père, sa mère occupa ses loisirs à l'étude des mathématiques, qui seules ne suffisent pas à former un homme. Le jeune Blagny fut plus tard à Dijon, s'occupa de langues, étudia le droit et travailla chez un notaire; mais n'ayant pas plus de velléités pour le notariat que pour les occupations de procureur, il se décida à embrasser le commerce, comme étant encore la profession qui lui paraissait plus en rapport avec la liberté de penser, d'agir, et déjà il s'était rendu à Lyon, pour mettre son projet à exécution, lorsque, à son arrivée, une circonstance vint changer sa résolution. Il alla un jour à l'École vétérinaire de Lyon, et y vit disséquer quelques cadavres. Une pensée prophétique l'inspira, et de ce moment un violent désir s'empara de lui, et ce désir fut tellement dominateur, que toute considération dut céder devant ses exigences. Le même jour il fut élève. Après trois ans passés à Lyon à l'étude de l'anatomie, de la pathologie, de la physiologie, il comprit qu'il devait faire d'autres études et que le séjour de Paris lui devenait nécessaire pour s'y livrer avec fruit. A l'époque où il arrivait à Paris, c'était l'époque où brillait le météore de l'art : la France, l'Europe, tout retentissait du nom fameux du novateur Broussais [voy. ce nom]. M. Blagny, enthousiaste de tout ce qu'il y a de grand, suivit les cours de ce professeur, assista à ses cliniques et à ses ouvertures cadavériques, et cours et cliniques et ouvertures cadavériques du Val-de-Grâce furent mis en parallèle avec les mêmes travaux de ses antagonistes, les professeurs éclectiques; et les vérités proclamées par le novateur ne parurent réformatrices à M. Blagny que quant à l'essence des affections dites alors *fièvres essentielles*. Quoique Broussais ait été précédé dans sa découverte par Thomassini, qui, en Italie, prêchait le même principe réformateur, l'auteur des *Phlegmasies chroniques* a cependant la gloire d'avoir, le premier en France, exposé le diagnostic d'irritation, comme principe des fièvres essentielles. M. Blagny se livrait aux conséquences de ces réflexions, lorsque l'époque arriva de passer sa thèse. Préoccupé de l'idée de produire un sujet qui fût le moins rebattu que possible, il dirigea de nouveau ses méditations vers les travaux de Broussais. M. Blagny fut reçu médecin en 1826, après avoir soutenu une thèse intitulée : *Considérations sur la thérapeutique médicale*, et alla bientôt après exercer son art dans le département qui l'a vu naître. M. Blagny ne s'occupa pas exclusivement de pratique : une nouvelle théorie médicale fermentait dans sa tête, absorbait bien de ses instants. Il fallait, après avoir quitté les bancs de l'École de médecine, observer encore, et beaucoup plus qu'auparavant, pour arriver à faire une application de cette théorie à chaque affection, et à en poser les bases. Les divers écrits publiés par M. Blagny depuis 1833 jusqu'à ce jour, et que nous rappelons plus bas, ont tous pour objet cette théorie que le novateur nomme *Théorie des attractions et répulsions électro-vitales ;* « méthode nouvelle, méthode organique, » méthode coordonnée d'après les principes électro-organiques des attractions et repulsions, se développant » sur chaque sphère en correspondance » à chaque foyer organique ». Dans un pamphlet du docteur Blagny, que nous avons sous les yeux, contre les professeurs de l'école secondaire de Dijon, contre les médecins des hôpitaux et des prisons du département de la Côte-d'Or, etc., et adressé *A Messieurs les conseillers municipaux, etc.*, du même département [Dijon, 1841, in-8], voici comme l'auteur [pag. 3] s'exprime en parlant de nos connaissances actuelles en médecine, pour arriver à démontrer la supériorité d'application de sa théorie sur toutes les méthodes médicales, qui ont été enfantées depuis l'origine de l'art : « Enveloppée des ténèbres des préjugés, la médecine s'est » avancée de quelques pas dans la carrière où ont jeté tant d'éclat les sciences physiques; la description des » causes, les groupes des phénomènes » morbides, l'évaluation, la fixation de » leur siège ont subi une amélioration » très-notable par l'introduction à l'enseignement des beaux travaux des » professeurs Thomassini, Broussais;

» mais la branche la plus importante » de l'art, celle où viennent converger » toutes les découvertes, la thérapeuti- » que est encore dans le berceau des » temps primitifs. La symptomatologie » (description des symptômes) est en- » core dans son enfance, comme » nous nous sommes essayé à le dé- » montrer dans nos analyses. Broussais » comme Bichat, méconnaissant la rela- » tion des tissus généraux, méconnais- » sant la circonscription fonctionnelle » par sphère organique ; la correspon- » dance d'activité par pôles, des plans » adossés aux plans viscéraux, leur des- » cription a dû être incomplète, et » d'autant incomplète, qu'ils ignoraient » la relation incessante des puissances » vitales, aptitude fonctionnelle à l'état » physiologique comme à l'état patho- » logique, avec les manifestations agen- » tielles. » Ailleurs [page 9], il dit : « Ce qui distingue la théorie des attrac- » tions et répulsions électro-vitales de » toute conception médicale, c'est son » unité, et c'est cette unité si palpable, » qui a tellement frappé l'une des plus » belles intelligences médicales, qui, » exprimant son opinion sur la coterie » du jour, dit : Je m'explique parfaite- » ment pourquoi les journalistes n'ont » pas voulu recevoir vos articles, c'est » que votre méthode est par trop com- » plète pour notre époque ». Mais il fallait à la théorie de M. Blagny un champ plus vaste de publicité, pour que le principe novateur, qui en constitue toute l'essence, fût apprécié des hommes de l'art. Cette vérité comprise, il adressa à l'Institut un exemplaire de tous les écrits qu'il avait publiés, pour concourir au prix Montyon, et plus tard à l'Académie royale de Médecine de Paris ; mais de l'un et de l'autre de ces corps savants, ses travaux furent accueillis avec dédain. Indigné, mais non découragé, M. Blagny sollicita de l'Institut historique un rapport sur sa nouvelle doctrine médicale, ce que fit le docteur Bayard, au nom de la troisième classe de cette société scientifique. Nous ne pouvons mieux faire que de le reproduire ici, parce qu'il est une juste appréciation des travaux connus jusqu'à ce jour de M. le docteur Blagny. — « Je » suis chargé de vous faire connaître les » travaux de médecine de M. le docteur » Blagny, qui en a fait hommage à » l'Institut historique, en se présentant » comme candidat à la troisième classe. » Ces travaux se composent de plusieurs » mémoires sur les lois de l'équilibre ap- » pliquée à la médecine et à la critique » des ouvrages de MM. Broussais, Hah- » neman, Rostan, Bouillaud, Lisfranc, » Andral, Louis. Je désirais m'acquitter » complètement de la tâche que j'avais » acceptée, mais j'ai promptement re- » connu que les ouvrages de M. le doc- » teur Blagny sont, par leur spécialité » médicale, tout à fait en dehors du » cercle de nos études historiques. Si » j'étais chargé par une société de mé- » decine de faire un rapport sur le sys- » tème crée par le candidat, j'aurais à » le suivre dans tous les développe- » ments de son œuvre ; je pourrais ana- » lyser, discuter et porter un jugement » sur les idées médicales du novateur. » Ici, messieurs, notre but n'est pas de » faire de la science, mais bien d'étudier » l'histoire. Je dois donc me contenter » de vous citer quelques-unes des opi- » nions de M. Blagny ; sa nouvelle doc- » trine viendra se ranger à la suite des » systèmes qui se sont succédé dans » l'histoire de la médecine. Les diffé- » rents écrits de M. Blagny sont remar- » quables par la verve, la chaleur du » style, le pittoresque de l'expression ; » nous regrettons qu'il se soit laissé » entraîner souvent à des personnalités » toujours nuisibles au succès d'idées » nouvelles. Sa doctrine de l'équilibre » pourrait être le sujet de vives criti- » ques, qui ne détruirait pas cependant » l'originalité des théories ; et si on » leur reprochait d'être plutôt les pro- » duits de l'imagination que d'être ba- » sées sur des faits, on ne pourrait re- » fuser du moins des éloges aux ingé- » nieuses hypothèses de l'auteur ». Nous avons dit que tout ce que M. le docteur Blagny a publié jusqu'à ce jour avait rapport à sa théorie : ce sont autant de chapitres, de fragments d'un grand ouvrage qui s'imprime actuellement, et qui sera publié cette année sous ce titre : *Essai sur la théorie des attractions et répulsions électro-vitales* [*Système d'équilibre par pondération d'action à pondération de réaction*]. Cet ouvrage, qui doit former 4 vol. in-8, paraîtra par propositions, et chaque proposition sera annotée des œuvres des auteurs qui ont traité des matières analogues à celles qui seront traitées.

OUVRAGES DU DOCTEUR BLAGNY.

I. Considérations sur la thérapeutique médicale; suivies d'une proposition de modification à apporter au bandage de corps. Paris, de l'impr. de Fain, 1826, in-4 de 64 pag.

II. Méthode de l'équilibre, appliquée à l'analyse des œuvres de M. Broussais. Dijon, de l'impr. de Carion, 1833, in-8 de 80 pag.

S'est vendu en faveur des Polonais.

III. Essai sur les lois de l'équilibre. Dijon, de l'impr. de Carion, 1834, in-8.

IV. Application de la méthode de l'équilibre à la note hygiénique du docteur Salgues. Dijon, de l'impr. de Simonnot-Carion, 1835, in-8 de 12 p.

V. Novateur [le], journal médical. Mars 1836. [N. 1]. Dijon, Decailly, 1836, in-8 de 72 pag.

VI. Réponse aux auteurs du journal homœopathique. Dijon, de l'impr. de Mme ve Brugnot, 1836, in-8 de 28 p

VII. Application de la méthode de l'équilibre au compte-rendu des séances de la Société médicale de Dijon. Dijon, de l'impr. de Mme veuve Brugnot, 1836, in-8 de 56 pag.

VIII. Réponse aux articles du docteur Salgues insérés dans le feuilleton du Spectateur. Dijon, de l'impr. de Mme ve Brugnot, 1837, in-8 de 28 p.

IX. Quelques mots sur quelques productions nouvelles. Dijon, de l'imprimerie de madame Brugnot, 1839, in-8 de 20 pag.

X. Introduction à la théorie des attractions et répulsions vitales [système de l'équilibre]. Section seconde. Pratique dijonnaise. Auxonne, de l'impr. de Saunié, 1840, in-8 de 80 pag.

XI. A MM. les conseillers municipaux, à MM. les administrateurs des hôpitaux du département de la Côte-d'Or. Dijon, typogr. de madame Brugnot, 1841, in-8 de 24 pag.

BLAIN [J.-F.], de Saint-Aubin, près de Rennes [Ille-et-Vilaine].

I. Méditations sur le dernier asile de l'humanité. [En vers]. Paris, de l'impr. de Vrayet de Surcy, 1840, in-8 de 8 pag.

II. Aux cendres de Napoléon. [La Rennoise]. Aux Batignolles, l'Auteur, 1840, in-4 de 4 pag.

Pièce de vers.

III. A l'ami d'une liberté sage sans despotisme et sans licence, et d'une piété vraie sans fanatisme. [Pièces en vers]. Paris, de l'impr. de Fournier, 1840, in-8 de 16 pag.

IV. Ode à Victor Hugo; suivie d'une Ode aux défenseurs de Mazagran. Les Batignolles, de l'impr. de Desrez, 1840, in-12 de 12 pag.

V. Délire de Napoléon. Paris, de l'impr. de Fournier, 1840, in-8 de 8 pages.

VI. Rennoise [la], hymne patriotique et de circonstance, et le Ménénius français; appel à la fusion des partis contre l'étranger. Aux Batignolles, l'Auteur, 1840, in-8 de 16 pag.

L'auteur annonçait la publication, *quand une souscription aurait assuré les frais*, de 2 volumes, chacun du prix de 20 fr., contenant des traductions, en vers, des Psaumes, des OEuvres de Perse, des morceaux d'Horace et de Juvénal, et autres pièces.

BLAINVILLE [Henri-Marie DUCROTAY DE], médecin et naturaliste, l'un des plus profonds zoologistes de France, membre de l'Académie royale des sciences, section d'anatomie et de zoologie, membre et ancien secrétaire de la Société philomatique de Paris, membre de la Société royale de Londres, de la Société Wernerienne d'histoire naturelle d'Édimbourg, de la Société d'histoire naturelle de Dublin, de la Société royale vétérinaire de Copenhague, de la Société philosophique américaine de Philadelphie, de la Société prussienne des sciences physiques et médicales du Rhin-Inférieur, de la Société impériale des curieux de la nature, de la Société impériale des naturalistes de Moscou, de l'Académie des sciences naturelles de Philadelphie, de Stockholm, de Bruxelles, et de beaucoup d'autres compagnies savantes, nationales et étrangères. M. de Blainville est né à Arques, près de Dieppe [Seine-Inférieure], le 12 septembre 1778. Il vint assez jeune à Paris, où il se livra à l'étude de la médecine et des sciences naturelles. En 1810, il se fit recevoir docteur en médecine. Les écrits et les leçons du professeur Cuvier lui avaient inspiré le goût le plus vif pour l'histoire naturelle et pour l'anatomie comparée. Ses premiers essais furent couronnés de succès ; les talents et les connaissances dont il fit preuve ne tardèrent pas à le faire nommer suppléant de G. Cuvier au Jardin des Plantes et au Collége de France. En 1812, M. de Blainville fut nommé, par concours, professeur-adjoint de zoologie, d'anatomie et de physiologie comparées à la Faculté des sciences; il était en même temps professeur d'histoire naturelle à l'Athénée de Paris. Ce savant distingué est aussi laborieux qu'il est habile ; il a disséqué et étudié avec soin un grand nombre d'animaux de toutes les classes; il les a examinés sous leurs différents rapports, a fait connaître beaucoup de faits nouveaux, et a donné, comme résultats de ses recherches, plusieurs classifications méthodiques, auxquelles il a joint des considérations générales aussi profondes qu'ingénieuses. Il a continué plusieurs travaux commencés par Vicq d'Azir, et a donné du développement à plusieurs idées de ce grand homme, auquel l'anatomie comparée est plus redevable qu'on ne le croit généralement. Le nombre des mémoires publiés depuis 1809 jusqu'à 1842 par M. de Blainville sur différents sujets de zoologie et d'anatomie, est des plus considérables; tous annoncent des vues profondes, quelquefois des idées hardies, peut-être même un peu hypothétiques, mais toujours propres à imprimer un bon mouvement à la science et à lui faire faire des progrès rapides. Tous ces mémoires ont paru dans le « Journal de physique », dont M. de Blainville a été le principal rédacteur, de 1817 jusqu'à son extinction en 1825; dans le Bulletin de la Société philomatique, dans les recueils consacrés à l'histoire naturelle publiés par les professeurs du Jardin du Roi; dans les Comptes-rendus de l'Académie des sciences, les Annales françaises et étrangères d'anatomie et de physiologie. Il y a aussi quelques bonnes notices de M. de Blainville dans l'Écho du monde savant, dans le journal l'Institut. Nous avons essayé, dans la partie bibliographique de cette notice, de rappeler parmi les nombreux mémoires de M. de Blainville ceux au moins qui sont imprimés. Des différents travaux de notre célèbre zoologiste sur un grand nombre d'animaux, choisis dans un certain nombre de classes, est résulté le *Prodrome d'une nouvelle distribution systématique du règne animal*, publié en 1816 dans le « Journal de physique ». En 1816 aussi commença à paraître le « Nouveau Dictionnaire d'histoire naturelle », publié par le libraire Déterville. M. de Blainville, qui était au nombre des auteurs, a fourni à ce Dictionnaire beaucoup d'articles importants en anatomie, physiologie, zoologie, et notamment sur les sujets suivants : sur la composition vertébrale de la tête, analogue à celle de la colonne vertébrale, déduite de la similitude du système nerveux qui est contenu dans les deux parties du canal vertébral ; — sur la disposition générale des pièces du squelette, divisées en pièces centrales supérieures ou inférieures au canal intestinal, et en pièces appartenant à des appendices ou latérales au canal intestinal ; — sur la comparaison des membres antérieurs et des membres postérieurs dans les os, les muscles, les vaisseaux et les nerfs ; — sur la disposition générale des muscles, qui suit celle des os, et qui a également pour point de départ le canal intestinal ; — une longue Dissertation sur les dents considérées d'une manière toute nouvelle ; — les articles estomacs et intestins ; — sur les espèces de dauphins, art. extrait d'un Mémoire plus étendu sur ce sujet ; — Dissertation sur les restes que la classe des poissons a laissés dans le sein de la terre à l'état fossile, impr. par extrait à l'art. Ichthyolithe. En 1820, parut la première livraison de la *Faune française, ou Histoire naturelle générale et particulière des animaux qui se trouvent en France constamment et passagèrement*. M. de Blainville avait été sollicité de prendre place parmi les auteurs de ce nouvel ouvrage; mais la direction fut bientôt abandonnée à lui seul. Outre la *Description des espèces de poissons de France*, qui forme la première livraison de cette Faune, M. de Blainville est l'auteur des parties : Poissons; — Vers; — Mollusques et Zoophytes. Vers 1823, le « Dictionnaire des sciences naturelles », repris en 1816, après plusieurs années d'interruption, compta aussi M. de Blainville au nombre de ses auteurs, et, à partir de cette époque jusqu'à la fin de l'ouvrage, il a fourni, sous forme d'articles, des mémoires et traités importants et d'une assez grande étendue sur les parties Conchyliologie, Mollusques, Vers et Zoophytes. Dans la partie bibliographique de cette Notice, nous en avons rappelé les principaux, dont plusieurs ont formé plus tard des ouvrages [voy. les numéros 89, 113, 122, 124, 126]. Outre les différents Mémoires, et sa part dans les trois ouvrages que nous venons citer, on doit encore à M. de Blainville : *De l'organisation des animaux, ou Principes d'anatomie comparée* [Paris, 1822, in-8]; cet ouvrage, d'une profondeur extrême, est le résultat de quinze années de travaux assidus; il est conçu sur un plan tout-à-fait nouveau et exécuté avec des matériaux qui, pour la plupart, sont entièrement propres à l'auteur. Le premier volume seul a paru. *Manuel de malacologie et de conchyliologie* [Paris, 1825, un vol. in-8, avec plus de 100 planches, d'une exécution parfaite]; c'est un traité complet dans lequel l'auteur a exposé, dans des articles séparés, l'histoire de la science, l'anatomie, la physiologie, enfin les caractères spécifiques des animaux de cette classe; les matériaux essentiels ont été extraits des articles malacologiques insérés par l'auteur dans le « Dictionnaire des sciences naturelles ». *Notes et Additions à la traduction du Traité des vers intestinaux, de Bremser*, par M. Grundler [1824, et 1837, in-8, avec atlas in-4 de 12 pl.], dans lesquelles M. de Blainville propose sa nouvelle classification de vers intestinaux, basée sur l'ensemble de leur organisation, sans avoir égard ni au séjour, ni à l'établissement de plusieurs genres entièrement nouveaux, comme ceux des Dibothiorhynques et de Bothridies, etc.; divers articles pour la partie Zoologique du « Voyage autour du monde », du capitaine Freycinet [1824 et ann. suiv.], ce sont : une « Description extérieure et quelquefois intérieure de plusieurs animaux mollusques, et entre autres du Cône de Banda, du Ptérocère, de la Porcelaine argus, de l'Ovule œuf, etc. » Le comte de Lacépède ayant succombé à la petite-vérole le 6 octobre 1825, l'Académie des sciences, dont il était l'une des gloires, dut songer à le remplacer. M. de Blainville se présenta comme candidat, et fit imprimer, ainsi que cela se pratique dans cette circonstance, une *Notice analytique sur ses travaux anatomiques, physiologiques et zoologiques* [novembre 1825, in-4 de 27 pag.] (*); l'Académie lui trouva assez de titres pour l'instituer l'héritier du fauteuil du savant Lacépède. Ce dernier ne pouvait être plus dignement remplacé. Bien qu'arrivé à l'Académie des sciences, M. de Blainville n'a pas fait comme plusieurs de ses confrères, il ne s'est pas reposé sur ses lauriers; loin de là, son activité semble avoir repris de la recrudescence; aussi, depuis 1825 a-t-il enrichi les recueils des professeurs du Jardin du Roi de nouveaux Mémoires, et surtout a-t-il publié deux ouvrages importants : son *Manuel d'actinologie et de zoophytologie* [1834-37, in-8, avec 100 pl.], et son *Ostéographie, ou Description iconographique comparée du squelete et du système dentaire des cinq classes d'animaux vertébrés récents et fossiles*, etc. [1839 et années suiv., in-4. Les abus extrêmement graves, dans une foule de conséquences importantes, auxquels la paléontologie, souvent aussi mal conçue que mal présentée, a conduit plusieurs géologues dans un assez grand nombre de cas, ont déterminé l'auteur à entreprendre cet ouvrage. Son but, comme l'indique le titre, est donc d'abord de fournir aux ostéographes, et surtout aux paléontologistes, trop rarement naturalistes et encore moins anatomistes, les moyens de reconnaître dans une pièce solide, récente ou fossile, telle ou telle partie de l'organisation d'un animal vertébré, et, par suite, de pouvoir s'assurer, pour peu que la pièce soit un peu caractéristique, à quelle classe, à quel ordre, à quelle famille, à quel genre a appartenu l'animal dont elle a fait partie, et, par suite, à quelle espèce, et si

(*) Nous avons beaucoup profité de cette *Notice*. L'auteur y a compris un grand nombre de *Mémoires* lus par lui, soit à l'Académie des sciences, ou à la Société philomatique, et qui n'ont pas encore été tous imprimés.

cette espèce différerait ou non de celles que nous connaissons aujourd'hui à l'état vivant; en un mot, c'est une ostéographie à l'usage des paléontologistes que M. de Blainville s'est proposé de publier, ouvrage différant, dans le plan comme dans l'exécution, de ceux de MM. G. Cuvier, Parkinson, Pander et d'Alton, et qui lui paraît manquer à la science, quoique depuis long-temps il ait été l'objet des vœux d'Esper. Son but n'est cependant pas entièrement borné à cela, et même on peut dire qu'il est bien plus élevé. L'auteur a pensé, en effet, que la distinction des espèces animales et leur disposition sériale ayant encore besoin d'être établies sur des principes évidents, afin de pouvoir être démontrées, une ostéographie et une odontographie comparées dans les cinq classes d'animaux vertébrés, à l'état récent comme à l'état fossile, seraient le seul moyen d'y parvenir et de convaincre les plus incrédules. Enfin il lui a semblé aussi qu'une ostéographie présentée d'une manière convenable pourrait servir de base à l'ostéologie comparée, dont on a cru mieux exprimer la nature en la désignant sous le titre de « Signification du squelette », et sur laquelle l'auteur a fait un cours spécial au Muséum d'histoire naturelle en 1835. D'après cela, on voit que, pour l'exécution de cet ouvrage, on a dû chercher dans l'iconographie un puissant auxiliaire de la description, et que l'une et l'autre devaient être calculées, combinées d'une manière particulière pour atteindre le but plus sûrement et plus promptement. Dès lors, à la première, M. de Blainville a demandé des figures de grandes dimensions, dont les proportions seraient assurées par l'emploi du diagraphe, et qui seraient disposées, combinées de telle sorte que la comparaison fût plus facile, plus concluante en portant sur les parties essentielles : ce qu'il pense avoir obtenu, d'abord en choisissant un iconographe aussi exact que consciencieux [M. Werner], dès long temps exercé dans ces sortes de travaux, et ensuite en formant cinq séries de planches, 1° pour le squelette entier; 2° pour les têtes entières; 3° pour les parties caractéristiques choisies convenablement; 4° pour le système dentaire comprenant les racines des dents et leurs alvéoles, ce qui n'a jamais été fait jusqu'ici; 5° enfin pour les ossements fossiles et pour les figures d'animaux laissées par les anciens. La partie descriptive devait aussi avoir pour direction d'être la plus brève possible, et cependant de ne négliger aucun des points essentiels de comparaison et de les indiquer nettement : pour cela, l'auteur a choisi, dans chaque grand genre linnéen, une espèce type qui en occupât le milieu; il en a décrit le squelette et le système dentaire, *in extensum;* puis toutes les autres espèces lui ont été comparées en remontant la série ou en la descendant, l'auteur insistant toujours sur les points les plus importants. De plus, et en même temps pour donner à son ouvrage un caractère moins aride, et par conséquent le rendre plus intéressant pour un plus grand nombre de lecteurs, M. de Blainville a ajouté, à cette partie purement descriptive, une partie historique et critique dans laquelle il s'est proposé, avant de décrire les ossements fossiles de chaque groupe, s'il y en a, de montrer comment les zoologistes l'ont classé, les principes de la classification des espèces qui le constituent, leur distribution géographique actuelle, et enfin comment et depuis quel temps elles sont connues dans l'histoire des hommes, de quelque manière que leur connaissance nous soit parvenue. Sans doute, cet ouvrage sera considérable et de longue haleine; mais M. de Blainville se trouve dans la position la plus favorable et presque unique pour l'exécuter dans le moins de temps possible, ayant à sa disposition la collection de squelettes du Muséum d'histoire naturelle de Paris, la plus riche de toute l'Europe; celle des ossements fossiles décrits par G. Cuvier, presque doublée depuis par le nombre considérable de ceux recueillis par M. l'abbé Croizet, en Auvergne, et M. Lartet, aux environs d'Auch, outre de bons modèles en plâtre de tous ceux qui ont été découverts dans l'Inde, en Amérique et en Allemagne dans ces dernières années. Ce grand ouvrage peut être considéré comme une suite de Mémoires dont un assez grand nombre déjà rédigé a été lu à l'Académie des sciences, et dont presque tous sont au moins préparés depuis assez long-temps ; l'histoire des corps organisés fossiles ayant été le sujet d'un cours spécial fait par M. de Blainville au Collége de France, il y a plus de vingt ans, on ne doit donc pas craindre qu'il reste incomplet. De ce grand et magnifique ouvrage l'auteur a déjà publié, en dix livraisons, quatre familles complètes de mammifères : les « Primates », les « Paresseux », les « Insectivores » et les « Carnassiers. » Enfin, pour donner une idée de la prodigieuse activité de M. de Blainville, nous ajouterons qu'il s'est engagé à fournir au libraire Roret, pour ses « Suites à Buffon », l'*Histoire naturelle des Mollusques* ; mais jusqu'à ce jour il n'y a pas eu de commencement d'exécution. — M. de Blainville a été nommé, en 1832, professeur d'anatomie comparée au Muséum d'histoire naturelle, en remplacement du baron G. Cuvier. Peu de professeurs ont rendu l'enseignement oral aussi profitable et aussi agréable que lui ; il parle avec une abondance d'idées fort rare, et rend encore sa pensée plus lucide en appelant à son secours l'art du dessin, dont il se sert avec une extrême facilité ; aussi ses leçons sont-elles suivies par de nombreux auditeurs. Ce savant est d'un caractère noble, ferme et d'une parfaite indépendance. — Plusieurs des cours de M. de Blainville ont été publiés par fragments. On attend actuellement la rédaction complète, par l'abbé Maupied, du cours que ce savant professeur a fait à la Faculté des sciences sur les *Principes fondamentaux de zoologie démontrés par l'histoire critique de cette science*. Ses idées élevées en anatomie, en physiologie et en zoologie, ont été rendues populaires par plusieurs de ses élèves les plus intelligents, qui les ont reproduites dans leurs ouvrages élémentaires ou dans leurs cours. MM. Hollard, Pouchet et Laurent [v. ces noms], méritent surtout d'être cités à cet égard. Beaucoup d'autres élèves de M. de Blainville ont aussi contribué à l'illustration de leur excellent maître, en se guidant d'après ses principes dans leurs nouvelles recherches scientifiques et en les soumettant ainsi à une épreuve qui leur a toujours été favorable en les confirmant de nouveau.

OUVRAGES DE M. DUCROTAY DE BLAINVILLE.

I. Zoologie, Anatomie et Physiologies générales.

Zoologie.

I. Prodrome d'une nouvelle distribution systématique du règne animal, de 12 pag. — Bull. de la Soc. philom., 1816, et dans le Journal de physique.

Travail important qui donne des classifications nouvelles pour les mammifères, les oiseaux, les reptiles et les entomozoaires.

II. Faune française, ou Histoire naturelle, générale et particulière des animaux qui se trouvent en France, constamment et passagèrement, à la surface du sol, dans les eaux qui le baignent ou dans le littoral des mers qui le bornent. Par M. P. Vieillot, A.-G. Desmarest, de Blainville, C. Prévost, A. Serville, et Lepelletier de Saint-Fargeau. Paris, Rapet, plus tard Levrault, 1821-30, in-8, avec des figures soigneusement faites d'après nature, par MM. Prêtre et Meunier.

L'ouvrage a été primitivement annoncé en 35 à 40 livraisons, puis, plus tard, en 90 livraisons, composées de dix planches et quatre-vingt pages de texte, qui eussent formés ensemble cinq tomes, chaque tome divisé en volumes, qui eux-mêmes devaient être subdivisés en parties, de manière à ce que chacune d'elles soit indépendante des autres. Mais l'ouvrage a été interrompu indéfiniment en 1830, à la 29ᵉ livraison. Sur ce nombre, M. Vieillot a rédigé le texte de 16 livraisons [les 2ᵉ à 17ᵉ] et M. de Blainville celui de 12 [la première, et les 18ᵉ à 29ᵉ livraisons].

Ce qui appartient en propre à M. de Blainville, est une partie de la *Description des espèces de poissons de France*, formant la première partie de l'ouvrage ; l'histoire des *Mollusques* céphalopodes et de quelques genres de gastéropodes, des planches de crustacés, d'annelides et de zoophytes, ainsi qu'une partie de celles des poissons et coquilles.

Les prix primitifs de chaque livraison, texte et planches, étaient de 8 fr., fig. noires, et de 18 fr., fig. color. [réduits plus tard à 4 et 10 fr.], et in-4, sur pap. vélin, fig. noires 15 fr. et fig. noires avant la lettre, et fig. color. tiré à dix exempl. 50 fr. [réduit plus tard à 20 fr.].

Il en a été tiré un exemplaire, avec les dessins originaux, sur peau de vélin, in-4.

Cet ouvrage doit être incessamment repris, et l'on ne saurait trop en désirer l'exécution complète, notre pays étant peut-être le seul en Europe dont on n'ait pas encore achevé la Faune, quoique tentée à diverses époques.

III. Observations sur la chaire d'histoire naturelle du Collége de France. Paris, de l'impr. de Tilliard, 1832, in-8 de 16 pag.

IV. Rapport sur les résultats zoologiques du voyage de M. Alcide d'Orbigny dans l'Amérique du Sud, pendant les années 1826 à 1833. — Nouv. Ann. du Muséum, t. III, p. 84 [1834].

V. Instructions pour le voyage de « la Bonite », relatives à la zoologie. — Comptes-rendus de l'Acad. des sciences, t. I, p. 573 [1835].

VI. Instruction pour le voyage de « l'Astrolabe » et de la « Zélée », partie relative à la zoologie. — Comptes-rendus de l'Acad. des sciences, t. IV, p. 142 [1837].

VII. Rapport sur les résultats scientifiques du voyage de circumnavigation de « la Bonite », partie concernant la zoologie.— Comptes-rendus de l'Acad. des sciences, t. VI, p. 445 [1838].

VIII. Rapport sur les observations relatives à l'histoire naturelle faites pendant le voyage de « la Vénus », sous le commandement de M. le capitaine du Petit-Thouars, et sur les collections de plantes et d'animaux faites dans le cours de l'expédition. — Ibid., t. XI, p. 339 [1840].

IX. Rapport sur les collections d'histoire naturelle formées pendant un voyage aux Indes-Orientales, par M. Ad. Delessert. — Ibid., t. XI, p. 385 et 389 [1840].

X. Considérations générales sur les animaux. Paris, Pitois, 1840, in-8.

C'est l'article *Animal* du Supplément au Dictionnaire des sciences naturelles dont il y a des tirés à part sous le titre que nous venons de donner.

M. de Blainville y donne l'exposé le plus complet qu'il ait encore publié sur les animaux, envisagés méthodiquement.

XI. Rapport sur les résultats scientifiques du voyage de « l'Astrolabe » et de la « Zélée », concernant la zoologie. — Comptes-rendus de l'Acad. des sc., t. XII, p. 659 et 691 [1841].

Anatomie.

XII. Mémoire sur les organes de la génération, considérés dans la série des animaux. — Impr. dans le « Bulletin de la Société philom. », ann. 1818.

XIII. Tableau des tissus ou systèmes, et des substances qui entrent dans la composition des animaux. — Journ. de phys., 1822.

XIV. Organisation [de l'] des animaux, ou Principes d'anatomie comparée. Tome Ier [Morphologie et Aistésologie]. Paris et Strasbourg, Levrault, 1822, in 8 [8 fr.].

Cet ouvrage est le développement d'une partie du cours d'anatomie et de physiologie comparées, envisagées comme servant de base à la zoologie, que M. de Blainville faisait déjà depuis près de dix ans à la Faculté des sciences de Paris, et dont le plan a été conçu pour l'enseignement de l'École normale. Il devait être composé de quatre forts volumes in-8, de 5 à 600 pages chacun; mais le premier seulement a paru : il ne traite que de l'enveloppe extérieure comme servant à limiter l'animal dans l'espace, à lui donner une forme, et comme lui faisant apercevoir les corps extérieurs aux moyens des organes des sens. En conséquence, l'auteur traite successivement de la peau, de l'appareil du tact, de l'organe et de l'appareil du goût, de ceux de l'odorat, de la vue et de l'ouïe; il considère chacun de ces sens dans la série de tous les animaux, depuis le plus composé jusqu'au plus simple, et il arrive, au moyen de cette étude comparative, à des idées générales et très-complètes sur telle ou telle de ces fonctions. Le second volume devait être consacré à la description de l'appareil de la locomotion, ou de la modification d'une partie de l'enveloppe extérieure, susceptible de se contracter à la volonté de l'animal. Dans le troisième volume, l'auteur se proposait d'envisager l'enveloppe externe ou externo-interne, comme agissant sur les corps extérieurs pour les observer à l'état liquide et aériforme, et de donner la description de l'appareil de nutrition, c'est-à-dire des organes de la digestion, de la respiration, de la circulation et des fluides employés à la composition de l'animal. Enfin, le quatrième volume devait être divisé en deux parties : la première qui eût contenu la considération de l'enveloppe externe ou externo-interne, dans ses fonctions d'exhalation ou de décomposition, et par conséquent la description des appareils de la dépuration urinaire, de la génération et du produit de la génération; la seconde devait être entièrement remplie par l'examen descriptif de l'appareil d'incitation intérieure ou du système nerveux. Il est à regretter que M. de Blainville ait depuis vingt ans abandonné cet ouvrage.

XV. Rapport sur un Mémoire de M. Foville concernant la structure du cerveau et ses rapports avec le crâne. — Comptes-rendus de l'Acad. des sc., t. X, p. 734.

XVI. Rapport sur un Mémoire de M. Bazin concernant la structure interne des poumons chez les vertébrés. — Ibid, t. IX, p. 234.

Physiologie.

XVII. Thèse inaugurale, soutenue à l'École de médecine en 1812, sur les effets de la section de la huitième paire de nerfs dans les animaux vertébrés. Paris, 1812, in-4.

On trouve dans cette thèse un extrait d'un grand travail présenté par l'auteur, en 1810, à l'École de médecine, *Sur la respiration consi-*

dérée physiquement et chimiquement dans la série des corps organisés.

Dans cette thèse, dont le sujet est tiré d'un Mémoire lu par M. de Blainville à l'Académie des sciences, et imprimé, en 1808, sous le titre de *Proposition sur la respiration et l'influence de la 8e paire de nerfs* [in-4], l'auteur attaque les résultats de M. Dupuytren. M. de Blainville a observé, comme Haller et d'autres, à la suite de la section de la huitième paire, des dérangements dans les fonctions de l'estomac, qui lui ont paru contribuer à la mort des animaux, au moins autant que ceux des fonctions pulmonaires. Il a même jugé, d'après ses expériences, qu'il n'y avait point d'interruption dans la conversion du sang veineux ou artériel [*Mag. encycl.*, 1811, t. I, p. 137].

XVIII. Considérations générales sur le système nerveux. — Impr. dans le Bulletin de la Société philomat., ann. 1821, et reproduites, en 1839, dans les Ann. d'anat. et de physiol., t. III, p. 349.

XIX. Cours de physiologie générale et comparée, professé à la Faculté des sciences de Paris, publié par les soins du docteur Hollard, et revu par l'auteur. Paris, rue de l'École-de-Médecine, n. 13, 1829 et ann. suivantes, ou avec de nouveaux titres portant la date de 1833, 3 vol. in-8 [18 fr.].

Ce *Cours*, qui devait être très-volumineux et qui est resté inachevé, a été publié primitivement par leçons [ou livraisons] de 32 p. Le prix de souscription, à 20 leçons, était de 14 fr. Il avait été publié précédemment un *Plan du cours de physiologie générale et comparée, fait à la Faculté des sciences de Paris.* Une feuille, 1 franc. Ce Plan a été reproduit, en 1839, dans les Annales d'anat. et de physiol., t. III, p. 89.

II. Animaux vertébrés.

1° En général.

XX. Mémoire sur la dégradation du cœur et des gros vaisseaux dans les Ostéozoaires, ou animaux vertébrés. — Bulletin de la Soc. philom., ann. 1819.

XXI. Sur l'analogie du peigne des oiseaux, dans les reptiles et les poissons. — Impr. dans le Journal de phys., tome XLV, 1824.

XXII. Ostéographie, ou Description iconographique comparée du squelette et du système dentaire des cinq classes d'animaux vertébrés récents et fossiles, pour servir de base à la zoologie et à la géologie. Ouvrage accompagné de planches, lithographiées sous la direction de l'auteur par M. J.-C. Werner. Paris, Arthus-Bertrand, 1839 et ann. suiv., in-4.

Cet ouvrage, tiré seulement à 350 exempl., se composera de 5 à 600 planches environ et d'autant de feuilles de texte. Il est publié par fascicule. Chaque fascicule, complet en lui-même, est entièrement consacré à un grand genre linnéen, tant sous le rapport iconographique que sous le rapport littéraire. Ce mode de publication a été adopté, non-seulement dans l'intérêt de la science, mais encore pour rassurer les personnes qui pourraient craindre que cet ouvrage, arrêté pendant le cours de sa publication par une circonstance quelconque, restât incomplet pour ce qu'il en serait paru.

Les fascicules se succèdent de six semaines en six semaines, ou, au plus tard, de deux mois en deux mois. Le texte est toujours livré broché à MM. les souscripteurs, afin de leur éviter l'inconvénient des feuilles détachées, et les planches sont renfermées dans des couvertures imprimées.

Les planches, format demi-jésus vélin superfin satiné, sont toutes dessinées et lithographiées par M. Werner, peintre du Muséum d'histoire naturelle. Le talent et la réputation de cet artiste sont la meilleure garantie que les éditeurs peuvent donner du fini, du soin et de l'exactitude qui sont apportés à leur confection. Le texte, format grand in-4, est tiré sur papier grand raisin vélin satiné.

Le prix de chaque fascicule, ne pouvant être fixé à l'avance, est indiqué sur les couvertures; il est établi d'après le nombre de planches et de feuilles de texte qu'il contient, à raison de 2 fr. 35 c. la planche et la feuille de texte : ainsi un fascicule de 10 planches et de 10 feuilles de texte est du prix de 23 fr. 50 c.

Il paraissait, à la fin de mai 1842, dix fascicules de cet ouvrage, renfermant les ordres et les genres suivants :

1° Mammifères : *Primates* : [Pithecus, Cebus, Lemur, Fossiles] 4 livraisons de texte et 3 de planches, ensemble de trente-sept feuilles de texte et 31 planches [81 fr. 50 c.].

2° *Paresseux* [Bradypus], de huit feuilles de texte et 6 planches [17 fr. 50 c.].

3° *Insectivores* [Talpa, Sorex, Erinaceus], de quatorze feuilles et demi de texte et 11 planch. [31 fr. 50 c.].

4° *Carnassiers*, fascicules 1 à 5 [Vespertilio, Phoca, Ursus, Subursus, Mustela], ensemble de soixante-huit feuilles de texte et 74 pl. [171 fr.].

Pour compléter ce dernier ordre, il reste à publier les genres Viverras, Felis, Canis et Hyaena, en quatre fascicules.

XXIII. Sur la forme des extrémités articulaires des vertèbres, avec une planche. — Annales franç. et étrang. d'anat. et de phys., t. Ier, p. 158 [1837].

XXIV. Rapport ou Réponse à une lettre de M. le ministre de l'instruction publique concernant l'opportunité qu'il y aurait de faire de nouvelles fouilles dans la caverne à ossements de Fouvent-le-Bas. — Comptes-rendus de l'Acad. des sciences, t. VII, p. 1014 [1838].

2° En particulier.

Mammifères.

XXV. Dissertation sur la place que la famille des Ornithorhynques et des

Echidnés doit occuper dans les séries naturelles. Paris, Lebègue, 1812, in-4 de 122 pag.

Thèse soutenue par l'auteur devant la Faculté des sciences de Paris, pour la chaire de professeur-adjoint de zoologie et de physiologie.

XXVI. Note sur une nouvelle espèce d'ours de l'Amérique du Nord « Ursus griseus ». — Impr. dans le Bullet. de la Société philom., ann. 1817.

XXVII. Note sur le Wapiti, espèce de cerf de l'Amérique septentrionale. — Ibid., 1817.

XXVIII. Note sur la structure et l'usage de l'espèce d'ergot qui arme la jambe de l'Ornithorhynque. — Ibid., 1817.

XXIX. Sur la Vénus hottentote. — Ibid., ann. 1819.

XXX. Sur le Paresseux pentadactyle de Shaw. — Ibid., 1819.

XXXI. Sur un nouveau caractère ostéologique servant à distinguer les animaux mammifères ongulés en deux sections. — Ibid., ann. 1819.

XXXII. Sur les organes de la génération dans les animaux didelphes. — Ibid., ann. 1819.

XXXIII. Sur le système dentaire du « Sorex aquaticus ».—Ibid., ann. 1820.

XXXIV. Description de l'écureuil à bandes. —Ibid., ann. 1820.

XXXV. Mémoire sur les caractères distinctifs des espèces de cerfs. — Journ. de phys., 1822.

XXXVI. Sur l'appareil sternal de l'Agami « Psophica agami », Linné. — Impr. dans le Bulletin de la Société philomatique, 1825.

XXXVII. Note sur quelques crânes d'hommes trouvés en Allemagne, et Description d'une tête de momie. — Journ. de phys., 1825.

XXXVIII. Mémoire sur la nature du produit femelle de la génération dans l'Ornithorhynque.— Nouv. Ann. du Muséum, t. II, p. 369, pl. 12 [1833].

XXXIX. Mémoire sur les ossements fossiles attribués au prétendu géant Theutobochus, roi des Cimbres. — Nouv. Ann. du Muséum, t. IV, p. 37, pl. 5 [1835], et Comptes-rendus de l'Acad. des sciences, t. IV, p. 633 [1837].

XL. Sur quelques espèces de singes confondues sous le nom d'Orang-outang. — Comptes-rendus de l'Acad. des sciences, t. II, p. 73 [1836].

XLI. Note sur de prétendues empreintes de piéds de quadrupèdes dans le grès bizarré de Hilburghausen en Saxe. — Ibid., t. II [1836].

XLII. Sur le chameau fossile et sur le sivatherium des Sovi-Himalaias méridionaux. — Ibid, t. IV, p. 71 et 166 [1837].

XLIII. Note sur la tête de Dinotherium giganteum, apportée à Paris par MM. Kaup et Klepstein. — Ibid., t. IV, p. 421 et 427 [1837].

XLIV. Rapport sur la découverte d'ossements fossiles de quadrumanes dans le dépôt tertiaire de Sansan, près d'Auch, découverte due à M. Lartet. — Ibid., t. IV, p. 981 [1837].

XLV. Doutes sur l'existence de singes vivant à l'état libre dans la montagne de Gibraltar. — Ibid., t. V, p. 45 [1837].

XLVI. Rapport sur des ossements fossiles trouvés dans le département du Gers par M. Azema. — Ibid., t. V, p. 524 [1837].

XLVII. Rapport sur un nouvel envoi de fossiles provenant du dépôt de Sansan. — Ibid., t. V, p. 407; t. VI, p. 889, et t. VII, p. 100 [1857-58].

XLVIII. Rapport sur un Mémoire de M. Jourdan, concernant deux nouveaux mammifères de l'Inde, voisins des Paradovurus.— Ibid., t. V, p 588; et dans les Ann. des sciences natur., nouv. série [1837].

XLIX. Recherches sur l'ancienneté des chiroptères ou animaux de la famille des chauve-souris à la surface de la terre, précédées de l'Histoire de la science à leur sujet, des principes de leur classification et de leur distribution géographique actuelle.—Comptes-rendus de l'Acad. des sciences, t. V, p. 807 [1837].

L. Sur quelques anomalies du système dentaire dans les mammifères, avec deux planches. — Ann. d'anat. et de phys., t. I, p. 287 [1837].

LI. Doutes sur le prétendu didelphe de Stonesfield. — Comptes-rendus de l'Acad. des sciences, t. V, p. 402 et 489 [1838].

LII. Rapport sur des ossements d'éléphant provenant d'un terrain attenant à l'hospice Necker. — Ibid., t. VII, p. 1051 [1838].

LIII. Recherches sur l'ancienneté des mammifères insectivores à la surface de la terre, précédées de l'Histoire de la science à ce sujet, des principes de leur classification et de leur distribution géographique actuelle, avec une planche. — Ann. d'anat et de phys., t. II, p. 186 [1838], et dans les Comptes-rendus de l'Acad. des sciences, t. VI, p. 738.

LIV. Sur les cachalots; avec une planche. — Ann. d'anat. et de phys., t. II, p. 335 [1838].

LV. Sur la distribution géographique des Primates.— Ibid., t. II, p. 358 [1838].

LVI. Questions sur quelques points de l'histoire des Cetacés, voyage en Islande et au Groenland sous la direction de M. P. Gaimard. — Histoire du Voyage, t. I, p. 500 [1838].

LVII. Sur l'Hyœnodon leptorhynchus [de MM. Delaiser et de Parien], nouveau genre de carnassiers fossiles d'Auvergne, avec deux planches. — Ann. d'anat. et de phys., t. III, p. 17 [1839], et dans les Comptes-rendus de l'Acad. des sciences, t. VII, p. 1004.

LVIII. Note sur les vertèbres cervicales de l'Aï. — Ann. d'anat. et de phys., t. III, p. 237 [1839], et dans les Comptes-rendus de l'Acad. des sc., t. IX, p. 762.

LIX. Nouvelle classification du Tableau d'une série de mammifères. — Ann. d'anat. et de phys., t. III, p. 268 [1839].

LX. Mémoire sur l'ancienneté des mammifères du sous-ordre des édentés terrestres à la surface de la terre. — Comptes-rendus de l'Acad. des sc., t. VIII, p. 46, 65, et 159 [1839].

LXI. Rapport sur plusieurs Mémoires de paléontologie; présentés, l'un par M. Jourdan, les autres par MM. de Laiser et de Parien. — Ibid., t. X, p. 925 [1840].

LXII. Rapport sur deux Mémoires de M. Puel, concernant des ossements fossiles de rennes et de divers autres animaux provenant d'une caverne des environs de Figeac. — Ibid. [1840].

LXIII. Rapport sur des fossiles de mammifères, présentés par M. D'Hombrès-Firmas.—Ibid., t. XI, p. 13 [1840].

LXIV. Rapport sur un Mémoire de M. Christol, concernant le Metaxytherium, espèce fossile de cétacé. — Ibid., t. XI, p. 235 [1841].

Oiseaux.

LXV. Mémoire sur l'emploi de la forme du sternum et de ses annexes dans les oiseaux, pour la confirmation ou l'établissement des familles naturelles dans cette classe d'animaux; lu à l'Académie des sciences, en décembre 1812. — Impr. dans le Journal de physique, en mars 1821.

Comme cet os [le sternum], ou plutôt cette grande surface osseuse, résultant [ainsi que l'a fait voir M. Geoffroy] de la réunion de cinq os différents, donne attache aux principaux muscles du vol, plus il est solide et étendu, plus il fournit à ses muscles un point d'appui solide, et plus il doit contribuer à rendre le vol puissant. Il doit donc influer sur l'économie entière des oiseaux, et donner des indications utiles sur leurs rapports de classification. M. de Blainville tire ces indications des échancrures ou des espaces simplement membraneux, et plus ou moins étendus, qui remplacent la substance osseuse dans une partie du sternum. Il y ajoute la considération de la fourchette et de quelques organes attenants, et dans beaucoup de cas il trouve un grand accord entre les dispositions de ces parties et les familles naturelles. Cependant il existe aussi des exceptions tellement manifestes, que l'on ne peut s'en rapporter entièrement à ce nouveau moyen de classification [*Mag. encycl.*, 1813, t. I, p. 298].

LXVI. Sur la structure de la plaque dorso-céphalique des Remoras, « Écheneis », Lin. — Ibid., 1824.

LXVII. Sur l'existence de véritables ongles à l'aile de certains oiseaux. — Bull. de la Société philom., ann. 1824.

LXVIII. Mémoire sur le Dodo, autrement Dronte [Didus ineptus, L.], avec 4 planches — Nouv. Ann. du Muséum, t. IV [1835].

LXIX. Mémoire sur le Chiosis ou bec en fourreau, et sur la place qu'il doit occuper dans le système ornithologique.— Comptes-rendus de l'Acad. des sciences, t. III, p. 155 [1836].

LXX. Sur la cause organique de la ponte du coucou dans un nid étranger. — Ann. d'anat. et de phys., t. I, p. 249 [1837].

LXXI. Sur les espèces du genre Cygne. — Comptes-rendus de l'Acad. des sciences, t. VII, p. 1022 [1838].

LXXII. Remarques zoologiques et anatomiques sur le Chiosis et sur la place qu'il doit occuper dans la série ornithologique, avec une planche. — Voyage autour du monde de « la Bonite » ; zoologie, t. I, p. 107 [1841]

Reptiles.

LXXIII. Note sur la vipère galonnée, « Coluber lemniscatus », Linn.— Bull. de la Société philom., 1823.

LXXIV. Note sur le crocodile vivant à Paris dans l'hiver de 1823. — Impr. dans le « Journ. de phys. », t. XCVI, 1823.

LXXV. Observations sur plusieurs serpents du genre Python, vivants à Paris dans les mois de janvier et février 1823. — Ibid., 1823.

LXXVI. Description de quelques espèces de reptiles de la Californie, précédée de l'analyse d'un système général d'erpétologie et d'amphibiologie. — Nouv. Ann. du Muséum t. IV, pag 233 [1835].

LXXVII. Remarques à l'occasion du Mémoire de M. Duméril, sur les Cecilius.— Comptes-rendus de l'Acad. des sciences, t. IX, p. 663 [1839].

Poissons.

LXXVIII. Mémoire sur le squale pélerin ; avec une planche. — Impr. dans les Ann. du Muséum d'hist. natur., t. XVIII, 1811.

LXXIX. Mémoire sur l'opercule des poissons, sur son analogue dans les autres animaux vertébrés, et sur l'emploi qu'on en peut faire dans la classification méthodique des poissons. — Impr. par extrait dans le Bull. de la Société philom., ann. 1814.

LXXX. Sur l'existence des nerfs ou lobes olfactifs dans le Dauphin, et, par analogie, dans les autres cétacés. — Ibid., ann. 1815.

LXXXI. Note sur une nouvelle espèce de Dauphin échoué au Havre en septembre 1825. — Ibid., 1825.

III. *Animaux articulés et Vers.*

LXXXII. Mémoire sur la classe d'animaux articulés nommés par M. de Blainville « Chetopodes », vers à sang rouge de M. Cuvier, annélides de M. de Lamarck. — Bull. de la Société philom., 1817.

LXXXIII. Considérations générales sur les animaux articulés. — Impr. dans le Journ. de phys., ann. 1819.

LXXXIV. Sur la concordance des anneaux du corps des entomozoaires adultes. — Bull. de la Société philom., ann. 1820.

LXXXV. Mémoire sur l'organe appelé « galette » dans les Orthoptères. — Ibid., ann. 1820.

LXXXVI. Mémoire sur les Lernées. — Journ. de phys., 1824.

LXXXVII. Notes et Additions à la traduction du « Traité des vers intestinaux », de M. Bremer, par M. Grundler [Paris, 1824. et 1837, in-8, avec atlas de 12 planches].

LXXXVIII. Rapport fait à l'Institut, en octobre 1834, sur le ciron de la Gabe [*acarus scabiei*], à l'occasion des communications faites par MM. Baude, Renucci et Sédillot. — Nouv. Ann. du muséum, t. IV, p. 213 [1834].

LXXXIX. Essai d'une monographie de la famille des Hirudinés [sangsues]. [Extrait du t. XLVII du Dict. des sciences natur.]. Paris, Pitois, 1827, in-8 de 71 pag., avec 4 planches.

Voy. aussi le n° II.

IV. *Mollusques.*

XC. Mémoire sur la classification des animaux mollusques.— Impr. dans le Bulletin de la Société philom., ann. 1814.

XCI. Mémoire sur les animaux mollusques de l'ordre des Ptéropodes. — Ibid., ann. 1816.

XCII. Mémoire sur les animaux mollusques de l'ordre des Polybranches. — Ibid., ann. 1816.

XCIII. Mémoire sur les animaux mollusques de l'ordre des Cyclobranches. — Ibid., ann. 1816.

CXIV. Mémoire sur quelques Mollusques pulmobranches. — Impr. dans le Journal de phys., t. LXXXV, 1817.

XCV. Mémoire sur le genre Cryptotosme, nouveau genre de mollusques. — Bulletin de la Société philom., ann. 1818.

XCVI. Mémoire sur l'animal de l'Argonaute. — Journal de phys., ann. 1819.

XCVII. Mémoire sur l'animal de la Patelle chinoise « Patella ombracula. » Impr. dans le Bullet. de la Soc. philomatique, ann. 1819.

XCVIII. Sur la « Patella distorta » de Montaigu. — Ibid., ann. 1819.

XCXIX. Note sur l'existence des reins dans les Malacozoaires. — Impr. dans le Journal de physique, décembre 1820.

C. Mémoire sur le genre Hyale; lu à la Société philomatique, au mois de juin 1821. — Impr. dans le Dictionnaire des sciences naturelles, t. XXII, 1821.

CI. Notice sur l'animal du genre « Scarabeus » de Denys de Montfort. — Impr. dans le Journ. de phys., t XCIII, 1821.

CII. Observations sur les différences d'individus de sexes différents dans les mollusques céphalés. — Ibid., tome XCIV, 1822.

CIII. Mémoire sur l'organisation de la Navicelle et sur sa place dans la série. — Impr. dans le Bullet. de la Soc. philom., 1824.

CIV. Mémoire sur les animaux mollusques de l'ordre des Polybranches et sur le genre Glaucus en particulier. — Impr. dans le « Dictionn. des sciences natur., t. XXXII, 1824.

CV. Mémoire sur la Bursatelle, nouveau genre de mollusque. — Suppl. à l'Encycl. britann., t. V [1824], et dans le Suppl. au t. V du Dict. des sciences natur., publié après 1824.

CVI. Mémoire sur l'emploi de l'opercule dans l'établissement ou la confirmation des genres parmi les mollusques céphalés. — Bull. de la Soc. philom., 1825.

CVII. Recherches sur les organes de la génération des Unios et des anadontes. — Ibid., 1825.

CVIII. Mémoire sur les espèces du genre Calmar, « Loligo » de Lamarck. — Journal de phys., 1825.

CIX. Mémoire sur une espèce de mollusque nu de la famille des Limacinés. — Ibid., 1825.

CX. Monographie du genre Aplysie. — Ibid., 1825.

CXI. Mémoire sur la conchyliologie, considérée d'une manière générale et nouvelle. — Impr. dans le Dictionn. des sciences natur., t XXXVI, 1825.

CXII. Mémoire sur l'organisation des Oscabrions, sur leur place dans la série, et sur la distinction des espèces de ce genre. — Impr. dans le Dictionn. des sciences natur., t. XXXVI, 1825.

Travail très-étendu.

CXIII. Manuel de malacologie et de conchyliologie, contenant : 1° une histoire abrégée de cette partie de la zoologie; des Considérations générales sur l'anatomie, la physiologie et l'histoire naturelle des Malacozoaires, avec un catalogue des principaux auteurs qui s'en sont occupés ; 2° des Principes de conchyliologie, avec une histoire abrégée de cet art, et un catalogue raisonné des auteurs principaux qui en traitent ; 3° un Système général de malacologie tiré à la fois de l'animal et de sa coquille dans une dépendance réciproque ; avec la figure d'une espèce de chaque genre. Strasbourg, Levrault, 1825-27, 2 vol. in-8, dont un de 109 planch., dessinées par M. Prêtre, et gravées en taille-douce avec le plus grand soin sous la direction de M. Turpin. [Prix : 40 fr., fig. noires, et 100 fr. figures coloriées.

Formé, en très-grande partie, des articles *Mollusques*, du Supplément à l'Encyclopédie britann. [en anglais], t. V, 1824, in-4, et du Dict. des sciences natur., t. XXXII, p. 1 à 392 [1824].

L'auteur a donné, en 1827, de *Nouvelles additions et corrections*, formant 20 pages. Il est bon de s'assurer si elles se trouvent jointes à l'ouvrage.

La partie de l'histoire naturelle qui a pour objet les *Coquilles* et les *Mollusques*, est peut-être celle pour l'étude de laquelle le besoin de livres élémentaires se fait le plus sentir. Les traités qui existent sont d'ailleurs trop volumineux pour être portatifs, ou ils ne contiennent pas le nombre suffisant de figures pour faciliter la reconnaissance des genres et des espèces : le Manuel de malacologie et de Conchyliologie de M. DE BLAINVILLE ne laisse rien à désirer à tout égard.

CXIV. Rapport sur un Mémoire de M. Jacobson, intitulé : Observation sur le développement prétendu des œufs des moulettes ou unios, et des anodontes dans leurs branchies. Paris, 1827, in-4 de 40 pag.

CXV. Mémoire sur les Bélemnites, considérés zoologiquement et géologiquement. Strasbourg et Paris, Levrault, 1827, in-4 de 144 pag. avec 5 planch. [12 fr.].

CXVI. Disposition méthodique des espèces récentes et fossiles des genres Pourpre, Ricinule, Licorne et Concholépas de M. de Lamarck. Description des espèces nouvelles ou peu connues faisant partie de la collection du Muséum d'histoire naturelle de Paris. Avec 3 planches. — Nouv. Ann. du Muséum, t. I, p. 190 [1832].

CXVII. Anatomie des coquilles polythalames siphonées récentes, pour éclaircir la structure des espèces fossiles, avec 2 planches. — Nouv. Ann. du Muséum, t. III [1834].

CXVIII. Rapport sur un Mémoire de M. Deshayes, intitulé : Observations générales sur les Belemnites.—Comptes-rendus de l'Acad. des sciences, t. III, p. 690 [1836].

CXIX. Sur le poulpe de l'Argonaute. —Ann. d'anatom. et de physiol., t. Ier, p. 188 [1837].

CXX. Rapport sur une note de M. Rang, concernant le poulpe de l'Argonaute. — Comptes-rendus de l'Acad. des sciences, t. IV, pag. 602 [1837].

CXXI. Quelques Observations sur l'animal de la spirule et sur l'usage du siphon des coquilles polythalames. — Ann. d'anat., et de physiol., tomes I, p. 369, et III, p. 82, avec planches [1837 et 1839].

CXXII. Rapport sur un Mémoire de M. Duso, concernant les mollusques marins, fluviatiles et terrestres des îles de Séchelles et Amirantes.—Comptes-rendus de l'Acad. des sciences, t. X, p. 392 [1840].

CXXIII. Prodrome d'une monographie des Ammonites. Paris, Pitois, 1840, in-8.

C'est l'article *Ammonites* du Supplément au Dictionnaire des sciences naturelles, dont il y a eu des exemplaires tirés à part sous le titre que nous venons de donner.

CXXIV. Belemnites [Article extrait du Supplément au Dictionnaire des sciences naturelles]. Paris, Pitois, 1842, in-8.

Voy. aussi le n° II.

V. *Zoophites et Radiaires.*

CXXV. Mémoire sur l'organisation Oursins, et sur la distinction des espèces de ce genre.—Impr. dans le « Dictionn. des sciences natur., t. XXXVI, 1825.

CXXVI. Manuel d'actinologie et de zoophytologie, contenant : 1° une Histoire abrégée de cette partie de la zoologie, avec des Considérations générales sur l'anatomie, la physiologie, les mœurs, les habitudes et les usages des Actinozoaires; 2° un Système général d'actinologie, tiré à la fois des animaux et de leurs parties solides ou polypiers; 3° un Catalogue des principaux auteurs qui ont écrit sur ce sujet, avec un atlas de 100 planches représentant une espèce de chaque genre ou sous-genre. Paris, Levrault, 1834-37, in-8, avec 100 planches, dessinées par M. Prêtre, et gravées en taille-douce avec le plus grand soin [en noir, 40 fr. ; planches coloriées, 100 fr.].

Ouvrage formé, en très-grande partie, de l'article *Zoophytes*, du t. LX du Dictionnaire des sciences natur., lequel article ne remplit pas moins de 516 pag. dans ce volume.

On doit s'assurer si les Nouvelles additions et corrections, ainsi que la table et un errata, publiés en 1837, se trouvent dans le volume.

En 1826, il a été publié un ouvrage intitulé : De la nutrition considérée anatomiquement et physiologiquement dans la série des animaux d'après les idées de M. Ducrotay de Blainville, par Ch. d'Heré, D. M. Strasbourg, et Paris, G. Levrault, 1826, in-8 [3 fr. 50 c.].

VI. *Histoire et Biographie.*

CXXVII. Notice historique sur la vie et les écrits de J.-C. Delamétherie. — Journal de phys., 1817.

CXXVIII. Résumé des principaux travaux dans les différentes sciences physiques publiés pendant les années 1817-1819. — Ibid., 1818-20.

BLAISOT [B.]. Voy. Fabr. LABROUSSE.

BLAIZE [Ad.], des Vosges, écrivain économiste, rédacteur principal du « Mémorial du Commerce et de l'Industrie », l'un des rédacteurs de la « Revue du progrès », et du journal intitulé « le Dix neuvième siècle ».

I Exposition des produits de l'industrie nationale en 1839, compte-rendu par le comité d'examen du Mémorial du commerce et de l'industrie, rédigé par Ad. Blaize [des Vosges]. Paris, rue Coquillière, 33, 1840, in-8 [3 fr.].

Sur le même sujet, et sous le même titre, M. A. Blaize avait déjà fait paraître un écrit dans le tome Ier de la « Revue du progrès ». Le deuxième volume du même recueil renferme un autre écrit intitulé : *Retour à l'exposition des produits de l'industrie.*

II. Nécessité [la] de remplacer la banque de France par une banque nationale. Pétition déposée sur le bureau de la chambre des députés, dans la séance du 11 mars 1840, par M. Doublot, député des Vosges. Corbeil, de l'impr. de Crété, 1840, in-8 de 16 pag.

BLAMPIGNON [J.-N.-A.], D.-M.
— Mémoire sur le choléra morbus épidémique de Troyes en 1832. Troyes, de l'impr. de Sainton, 1833, in-8 de 48 pag.

BLANADET. — Commission des LL.·. unies de Paris. Rapport fait à la commission des LL.·. pour un projet de caisse centrale maçonnique; par le F.·. Blanadet, O.·. de la L.·. de la Tolérance, le 9 avril 1835 [E.·. Vul.·.]. Paris, de l'impr. de Grégoire, 1835, in-4 de 16 p.

BLANC [Honoré], quelquefois surnommé *du Fugeret*, du nom de son lieu natal, poëte, ancien professeur de belles-lettres; né au Fugeret [Basses-Alpes], en 1766.

I. Okygraphie, ou l'Art de fixer par écrit tous les sons de la parole, adaptée à la langue française et applicable à tous les idiômes, présentant des moyens d'entretenir une correspondance secrète. Paris, 1801. — IIIe édition. Paris, Davi et Locard, 1818, in-8, avec 16 planches [4 fr.].

II. Guide [le] des dîneurs, ou Statistique des principaux restaurants de Paris, etc. Paris, les march. de nouv., 1814, in-18 [2 fr.].

Réimprimé en 1815.

III. Glands [les], les marrons et les truffes, ou Tableau de l'âge d'or, boutade, pour cause de récidive, à l'occasion du remplacement d'une dinde aux truffes par une dinde aux marrons. Paris, de l'impr. de Lefèvre, 1824, in-8 de 8 pag.

IV. Rayoles [les], le mortier et la sauce de noix, hommage à mes compatriotes. [En vers]. Paris, de l'impr. de Lefèvre, 1824, in-8 de 12 pag.

V. Écho [l'] des Alpes, ou Bluettes gastronomiques et sentimentales. Paris, Lefèvre; Rosier, 1825, in-12 [1 fr. 50 c.]. — Sec. édit. Paris, libr. de l'Industrie, 1827, in-12.

On trouve dans ce volume *Phèdre*, tragédie en un acte, parodie de celle de Racine.

VI. Si Dieu le voulait, ou la Nécessité de se résigner; stances philosophiques et religieuses. Paris, chez les principaux libraires, 1827, in-8 de 4 p. [1 fr.].

VII. Mes derniers vers à ma fille et à mes amis. Paris, de l'impr. de Rignoux, 1828, in-12 de 4 pag.

VIII. Imprécation contre les détracteurs des Rayoles; avec deux autres pièces de vers. Paris, de l'impr. de Rignoux, 1828, in-8 de 8 pag.

IX. Poésies légères. Chansons, romances, contes, parodies, stances, épigrammes. Paris, Delaunay; Paulin, 1834, in-8 [5 fr.].

X. M'aimeras-tu toujours? romance à ma fille. Paris, de l'impr. de Mme v[e] Lefèvre, 1834, in-8 de 2 p.

XI. Ibrahim, ou l'Orient et l'Occident. [En vers]. Paris, de l'impr. de Vrayet de Surcy, 1840, in-8 de 8 pag.

On cite aussi de M. Honoré Blanc deux ouvrages dramatiques intitulés : *le Triple engagement*, et *le Collin-Maillard*.

BLANC [Étienne] (*), ancien inspecteur des vivres de l'armée d'Italie, maire de Gap et juge au tribunal civil de cette ville; né le 8 juillet 1756, à Gap [Hautes-Alpes], où il est mort, le 29 juillet 1836.

— Mémoire justificatif pour M. Blanc, maire de la ville de Gap, contre M. de Ladoucette, préfet du département des Hautes Alpes. Paris, de l'impr. de Rougeron, 1807, in-4 de 49 p.

Mémoire satiriquement spirituel, rédigé sur les données de Blanc, par MM. Pils, Radet, Geoffroy et Desfontaines. Il est devenu fort rare. M. le préfet des Hautes-Alpes n'y répondit pas.

BLANC [le chevalier Joseph-Marie], connu aussi sous le nom de *Blanc Saint-Bonnet,* du lieu qui l'a vu naître, avocat à la Cour royale de Lyon et maire de la commune de Chevinay, près de Lyon, chevalier de la Légion d'Honneur, et de l'ordre royal hospitalier-militaire du Saint-Sépulcre de Jérusalem, né le 25 novembre 1785 à Saint-Bonnet-le-Froid [Rhône] (**), fut

(*) Blanc était le beau-père de Colomb [voy. ce nom], successivement député et 1er avocat-général de la Cour royale de Paris, sous la Restauration, et conséquemment le grand-père de M. le vicomte Paul Colomb de Batines, bibliophile, que la passion des livres a récemment conduit à se faire libraire à Paris.

(**) Et non à Lyon, comme nous l'avons dit par erreur dans notre « France littéraire » par suite d'un renseignement autographe du 20 juillet 1827, qui nous indiquait cette dernière ville comme le lieu natal de Bonnet.

secrétaire de M. le comte d'Albon, maire de Lyon, en 1814; Blanc joua, dans les événements de 1814 et 1815, un rôle tout à fait royaliste, suivant la « Biographie des hommes vivants » qui, dans son supplément, semble rétracter tout ce qu'elle avait dit à ce sujet. Nous croyons qu'il importe peu à nos lecteurs de savoir la vérité à cet égard. Au reste, Blanc est auteur de plusieurs pamphlets, entre autres : *Questions à M. le colonel Fabvier* [Lyon, 1818, in-8], et il passe aussi pour avoir coopéré à la rédaction du Mémoire justificatif en réponse à la brochure du même, intitulée : « Lyon en 1817 ». Blanc a publié depuis quelques ouvrages de législation, à savoir : un *Manuel des chasseurs* [Paris, 1822, in-8], et un *Code des brevets d'invention, de perfectionnement et d'importation* [Paris, 1823, in-8]. En 1822, il prit part à la rédaction de deux journaux paraissant à Lyon: la « Gazette universelle, courrier du Midi », et le « Précurseur ». Sa collaboration ne se prolongea pas au-delà de cette année. L'année suivante, il publia les *Sœurs de Sainte-Camille, etc.* [Paris, 1823, in-12]. Depuis cette époque, ce jurisconsulte a partagé ses occupations entre Thémis et les Muses. On a dû retrouver à sa mort, arrivée le 28 décembre 1841, à Lyon, les manuscrits des cinq ouvrages suivants : *De l'institution des juges et conseillers-auditeurs en France; — Maria*, nouvelle; — *Marthe et Bélino*, nouvelle; — *Louise Venoni, ou la Belle Piémontaise; — Histoire de deux frères*. Tous ces ouvrages étaient déjà terminés en 1827. Depuis cette époque jusqu'à sa mort, il a pu en composer d'autres.

OUVRAGES IMPRIMÉS DE JOS.-MAR. BLANC.

I. Questions à M. le colonel Fabvier, ayant rempli les fonctions de chef de l'état-major de la 19e division militaire, sur son écrit intitulé : « Lyon en 1817 ». Lyon, 1818, in-8.

II. Manuel des chasseurs, ou Code de la chasse. Paris, A. Eymery, 1820. — Sec. édition, revue et augmentée. Paris, le même, 1821, in-8 [3 fr.].

III. Sœurs [les] de Sainte-Camille, ou Lettres de Julie à Sophie. Paris, J.-M.-V. Audin, 1823, in-12 [3 fr.].

IV. Code des brevets d'invention, de perfectionnement et d'importation. Paris, le même, 1823, in-8 [7 fr.].

V. Pétition sur la législation des brevets d'invention, de perfectionnement et d'importation, présentée à MM. les députés des départements. Lyon, de l'impr. de L. Perrin, 1826, in-8.

VI. Tarif des oblations pour les curés et les desservants du diocèse de Lyon. Lyon, de l'impr. de Perrin, 1831, in-8 de 16 pag.

VII. Pétition à la chambre des députés sur la suppression des sous-préfets et secrétaires-généraux de préfecture. 25 septembre 1832. Lyon, de l'impr. de Brunet, 1832, in-8 de 16 pag.

VIII. Illégalité et abus administratifs. Préfecture du Rhône. Lyon, de l'impr. de Charvin, 1832, in 8 de 8 pag. — Deuxième article, in-8 de 4 pag.

Extrait du « Précurseur ».

Si l'on a attribué au chevalier Blanc Saint-Bonnet : « Pétition Clavet [Lyon, 1829, in-8 de 24 pag.], c'est parce que son nom ne figurait pas dans ce pamphlet où sont signalés les usurpateurs de noms et de particules, inscrits sur les listes électorales du département du Rhône.

BLANC [Antoine], fils du précédent, jeune philosophe, disciple de l'abbé Noirot, et appartenant à l'école de M. Ballanche; né à Lyon, vers 1816.

— De l'Union spirituelle, ou de la Société et de son but au-delà des temps. Paris, C. Bertrand, 1841, 3 vol. gr. in-8 [24 fr.].

L'auteur avait préludé à cette grave publication en en faisant imprimer, l'année précédente, un fragment qui a paru sous ce titre : *Notion de l'homme tirée de la notion de Dieu. Fragment du livre de l'Unité spirituelle, ou Démonstration philosophique de la théorie de la société*, qui doit paraître à Paris. Paris, Pitois-Levrault, 1840, in-8 de 80 pag.

BLANC [Édouard], éditeur des OEuvres choisies de *Tronson Du Coudray*, avocat au parlement, défenseur de la reine Marie-Antoinette, etc.; précédées d'une Notice biographique, par l'éditeur [Paris, Pélicier, 1829, in-8, avec un portrait.]

BLANC [Adolphe-Edmond], né à Paris, le 12 vendémiaire an VIII [3 octobre 1779], successivement avocat à la Cour royale, député par le collége électoral de Saint-Junien [Haute-Vienne] depuis novembre 1832 jusqu'en 1838 inclusivement, et secrétaire-général du ministère de l'intérieur, en 1837, fonction qu'il ne remplit pas sans exciter la clameur publique qui l'accusa de honteux tripotages; enfin inspecteur-général de la liste civile, depuis 1840 jusqu'à ce jour.

— Avec M. *Vivien* : Traité de la législation des théâtres, ou Exposé complet et méthodique des lois et de la jurisprudence relativement aux théâtres et aux spectacles publics. Paris, Brissot-Thivars; madame veuve Charles-Béchet, 1830, in-8 [7 fr. 50 c.].

BLANC [Jean-Pierre]. — Notice sur la construction de l'hospice Saint-Louis de Bédarieux, à laquelle on a joint les dessins des plans, coupes et élévations dudit hospice. Montpellier, Seguin, 1830, in-4 de 4 pag., plus 4 pl.

BLANC [Basile-Michel-Augustin], adjoint à la mairie de Grenoble, et l'un des administrateurs de la bibliothèque de cette ville; mort à Grenoble, le 3 octobre 1839, à l'âge de 38 ans. Il a été l'un des rédacteurs du Catalogue de la bibliothèque publique de Grenoble [Grenoble, Baratier, 1831-39, 3 vol. in-8]. Peu de jours après sa mort, il fut publié à Grenoble, chez Baratier, une Notice biographique sur Blanc, petit in-4 de 3 pag. C. DE B.

BLANC [André], pasteur (*), président du consistoire de Mens [Isère], né le 14 mai 1790 aux Mourandes, hameau du Grand-Villar [Hautes-Alpes], fut consacré au ministère évangélique le 11 septembre 1810. Ayant obtenu une dispense d'âge, il fut, par décret impérial du 8 mars 1811, nommé pasteur de la Motte-Daigues [Vaucluse], où il resta jusqu'à ce qu'une ordonnance royale, en date du 14 mai 1817, le transporta à Mens. M. le pasteur Blanc adressa, en mars 1833, un mémoire sur l'instruction primaire au ministre de l'instruction publique. Par sa lettre du 8 avril suivant, le ministre lui fit l'honneur de lui dire : « J'ai lu avec » intérêt votre travail qui se recom» mande par les vues les plus utiles et » par un amour sincère du bien pu» blic. Je tiendrai un compte tout par» ticulier des observations qu'il ren» ferme en faveur de l'éducation popu» laire. » Ce mémoire, de huit pages, a été imprimé à Grenoble, en 1833. M. le pasteur Blanc a été créé chevalier de la Légion-d'Honneur, par ordonnance royale du 27 avril 1833. Nous connaissons de lui :

I. * Quelques observations d'un pasteur de campagne sur l'instruction primaire dans les communes rurales. Grenoble, Baratier, 1833, in-8 de 8 pag.

C'est le Mémoire dont nous venons de parler.

II. De la prétendue primauté du Pape et du séjour de saint Pierre à Rome, en réponse à M. l'abbé Tabardel. Paris, Risler, 1838, in-8 de 44 p.

Précédemment le pasteur Blanc avait fait imprimer, en 1816, dans les « Archives du Christianisme », un opuscule qui tend à prouver que saint Pierre n'est jamais allé à Rome. Cet opuscule, intitulé : *Du séjour de saint Pierre à Rome*, dont il y a des exemplaires tirés à part [Paris, Servier, 1826, in-8 de 8 p.], amena une polémique qui donna naissance aux écrits suivants :

1° Réponse à M. Blanc, pasteur de l'Église protestante, sur son écrit intitulé : Du séjour de saint Pierre à Rome. [Par le vicomte de T......]. Paris, de l'impr. de Farcy, 1827, in-8 de 8 pag.

M. Blanc répliqua par un

2° Deuxième article sur le même sujet, qui parut dans les « Archives du Christianisme », en juillet 1827.

Qui valut à son auteur :

3° Réponse à M. André Blanc..... [par l'abbé TABARDEL, vicaire à Mens]. Grenoble, Baratier, 1838, in-12 de 24 pag.

A laquelle M. Blanc répliqua par l'écrit intitulé :

4° *De la prétendue primauté du Pape, etc.* [Voy. le n° II].

5° Prétendue [la] réforme convaincue de s'être révoltée contre le vicaire de Jésus-Christ, ou Réplique à M. André Blanc, ministre, président du consistoire de Mens; par l'abbé Tabardel, vicaire à Mens. Grenoble, Carus, 1839, in-18 de 232 pages.

La polémique n'a pas été plus loin.

Dans ses polémiques avec MM. les abbés Tabardel, Guyon, Desmoulins, etc. M. A. Blanc a trouvé un excellent auxiliaire dans le pasteur Bonifas, qui lui-même avait été controversé par les adversaires de son collègue.

III. Lettre à M. l'abbé Desmoulins, faisant suite à la lettre de M. l'abbé Guyon, et en réponse aux calomnies dirigées contre les réformateurs et contre quelques principes de la religion chrétienne réformée. Grenoble, de l'impr. de Prudhomme, 1838, in-8 de 72 pag.

Réimprimée dans la même année.

Cette Lettre donna lieu à une polémique

(*) Un autre pasteur de ce nom, M. Louis BLANC, omis par la « France littéraire », est auteur d'un livre de religion, intitulé : *la Sagesse du fils de Dieu, considérée dans les paraboles de l'Évangile.* Lausanne, 1820, in-8.

entre l'auteur et l'abbé Desmoulins ; celui-ci publia :

1° Rome et Genève, ou Réponse à M. André Blanc ; par l'abbé DESMOULINS. Grenoble, Baratier, 1839, in-8 de 76 pag.

M. Blanc répliqua par son ouvrage intitulé :

2° *Un ministre protestant, etc.* [Voy. plus bas].

Auquel M. l'abbé Desmoulins répondit par sa brochure intitulée :

3° Age [l'] du protestantisme, extrait des registres de l'Ecriture sainte et de la Tradition, ou Réponse à la dernière brochure de M. le pasteur Blanc. Grenoble, Baratier ; Carus, 1840, in-8 de 84 pag.

M. Blanc continua la polémique par des traités séparés : *la Confession auriculaire est une dangereuse folie, le Culte des saints, et Du Purgatoire.*

IV. Un ministre protestant aux prises avec un prêtre catholique-romain, ou Réponse à la brochure de M. l'abbé Desmoulins, intitulée : Rome et Genève, etc. Grenoble, de l'impr. d'Allier, 1839, in-8 de 116 pages.

V. Confession [la] auriculaire est une dangereuse folie. Grenoble, Allier, 1840, in-8 de 40 pag. — Sec. édition. Lyon, Denis, 1841, in-8.

M. Henri, curé à la Mure [Isère], et M. Guillois, curé au Mans [Sarthe], ayant répondu à cet ouvrage, M. Blanc les réfuta dans des notes placées à la fin de la seconde édition de son livre.

VI. Culte des saints. Grenoble, Allier, 1841, in-8 de 42 pag.

VII. Du Purgatoire. Grenoble, Allier, 1842, broch. in-8.

M. A. Blanc a, en outre, fourni quelques articles aux « Archives du Christianisme » sur divers sujets de théologie, ou de controverse avec l'Église romaine.

BLANC [Eugène], officier de santé.

I. Guérison radicale des maladies cutanées. Châlon-sur-Saône, de l'impr. de Duchesne, 1835, in-8 de 32 pag.

II. Mémoire sur une découverte reconnue propre à opérer promptement et radicalement la guérison de toutes sortes de maladies cutanées ou autres affections morbides de la peau, et à rétablir la chevelure dans les cas de teignes. Paris, de l'impr. de Boudon, 1835, in-8 de 56 p.

III. Travail, loyauté, persévérance. Mémoire adressé à l'Académie de médecine sur la découverte de moyens très-prompts pour guérir radicalement les maladies cutanées, telles que dartres, teignes, etc., et les affections scrofuleuses. Paris, de l'impr. de Mme Delacombe, 1837, in-8 de 40 p.

M. Blanc est le réviseur du « Manuel portatif des officiers de santé des hôpitaux militaires et des corps de troupe », par A. DORAT. [Paris, Rosier, 1833, in-32 de 192 pag., plus 4 tabl.]

BLANC [Jean-Joseph-Louis], publiciste, appartient à une famille honorable du Rouergue. A l'époque où la fortune et le mérite étaient de suffisants motifs pour faire peser la proscription sur les têtes, les grand-père et père de M. Louis Blanc furent les objets d'une terrible distinction, et, par suite, jetés en prison comme suspects. Cette époque de terreur eut aussi ses moments bouffons, dont les victimes désignées purent quelquefois tirer parti. Dans le temps de l'incarcération de ces deux messieurs, M. Monseignat, avocat du pays, fut assez heureux pour faire acquitter devant les tribunaux un véritable *bravo*. La reconnaissance de celui-ci fut très-grande, et il vint offrir à son défenseur de le débarrasser de ceux qui pourraient lui déplaire. M. Monseignat dirigea les dispositions de cet homme vers un but honorable, et lui demanda de débarrasser la prison de de MM. Blanc père et fils. M. Géraldy, père d'un de nos grands artistes d'aujourd'hui, et ami de MM. Blanc, amena cet homme sous les murs de la prison, et lui fit dresser des échelles de corde, de manière à ce que le père et le fils pussent fuir ; mais le fils profita seul de ce secours inattendu : le père refusa, disant que leur arrestation n'étant que la suite d'une méprise, on les relaxerait sitôt qu'elle serait reconnue ; il trouva plus sage de rester prisonnier : malheureusement ses prévisions ne se réalisèrent pas : le grand père de M. Louis Blanc fut transféré à Paris, parut devant le tribunal révolutionnaire, et finit par porter sa tête sur l'échafaud. Le père de l'écrivain à qui cette notice est consacrée, plus heureux que son père, traversa ces temps d'horreurs sans avoir d'autres démêlés avec les révolutionnaires : homme de mérite (*), il fut attaché à l'administration, et y fit son chemin. Le père de M. Louis Blanc, de Saint-Afrique [Avéyron], était dans les dernières années du gouvernement impérial, inspecteur-général des finances près la cour du roi Joseph Bonaparte ; sa femme, née

(*) Il a composé, par délassements, une grande quantité de vers, sans avoir jamais voulu en laisser imprimer un seul.

Pozzo di Borgo, de Corse, l'avait accompagné à Madrid, et c'est là que naquit M. Louis Blanc, le 28 octobre 1813. Lorsque croulèrent les trônes que Napoléon avait élevés pour ses frères, M. Blanc père revint en France avec sa famille et se fixa à Paris. Son fils Louis fit ses études au collége royal de Rodez en même temps qu'un jeune homme que la Bibliothèque royale a compté pendant quelques années au nombre de ses employés les plus intelligents, M. Foisy [voy. ce nom.]. De très-bonne heure les idées généreuses de M. Blanc le portèrent à s'occuper de la question d'amélioration sociale. Il vint à Paris en 1830. M. J.-F. Dupont, avocat, auquel il avait été recommandé, le présenta aux journalistes et aux éditeurs, et, quoique à peine âgé de dix-neuf ans, M. Blanc ne tarda pas à essayer ses premières armes d'écrivain radical dans les colonnes des journaux quotidiens. A la même époque, il adressa à l'Académie d'Arras pour les concours qu'elle avait proposés, trois pièces dans lesquelles le talent se trouve uni au patriotisme : elles furent couronnées et imprimées dans le recueil de cette académie ; la première est une pièce en vers *sur l'Hôtel des Invalides ;* la seconde, *Mirabeau*, poëme en quatre cent vingt-trois vers libres ; et la troisième, l'*Éloge de Manuel*, en prose : les deux dernières ont été imprimées dans le volume qui renferme la séance publique du 25 octobre 1834 et qui a paru en mars 1835. Les succès qu'obtinrent ces trois pièces facilitèrent encore à M. Louis Blanc son accès près des journaux démocratiques. Indépendamment du « National », auquel il fournissait toujours quelques articles, en 1834 il prit part à la rédaction de la « Revue républicaine, journal des doctrines et des intérêts démocratiques », recueil dont le premier numéro parut le 10 avril, et que tuèrent les lois de septembre 1835. La collection de cette Revue forme cinq volumes. Les articles principaux que M. Louis Blanc y a fournis sont : l'*Influence de la société sur la littérature* [t. Ier]; *de la Vertu considérée comme moyen de gouvernement* [t. II]; une *Appréciation de Mirabeau*, à l'occasion des mémoires de cet homme fameux, qui venaient de paraître [t. III]; — *Ugo Foscolo*, la première notice écrite en France sur la vie et les ouvrages de ce poëte [t. IV], et *de la Démocratie en Amérique*, à l'occasion du livre de M. A. de Tocqueville, qui porte ce titre [t. V]. L'année suivante, en 1835, M. Louis Blanc donna aussi des articles à la « Nouvelle Minerve », qui venait d'être fondée, et que rédigeait en chef M. Sarrans jeune. Il a fourni à ce recueil, entre autres articles, un compte-rendu du « Voyage en Orient » de M. de Lamartine, et un morceau très-remarquable sur A. Carrel, à l'occasion d'un écrit lui-même très-remarquable de ce dernier, intitulé : « Extrait du dossier d'un prévenu de complicité morale dans l'attentat du 28 juillet », écrit publié en août 1835, et formant 66 pages. A la fin de 1835, il donna au « National », à l'occasion du livre de M. Claudon, intitulé « le Baron d'Holbach » un autre article fort remarquable : c'est une *Appréciation du* XVIIIe *siècle.* L'auteur y a établi que les doctrines philosophiques de Voltaire ne sont point démocratiques ; qu'elles sont au contraire, favorables à la bourgeoisie. Le « National » ayant jusqu'alors suivi la ligne philosophique de Voltaire, l'article de M. Louis Blanc ne tendait à rien moins qu'à pousser le « National » à en adopter une autre plus en harmonie avec les besoins de notre temps. A cette époque, M. Louis Blanc avait déjà donné assez de preuves de connaissances et de talents pour prétendre devenir journaliste en chef; il n'attendit pas long-temps: il n'avait pas encore vingt-trois ans accomplis quand la rédaction en chef du « Bon Sens » lui fut confiée le 1er janvier 1836, rédaction qu'il conserva jusqu'au 10 août 1838, pour s'occuper de l'organisation d'un recueil politique et littéraire radical, dont le premier numéro parut le 15 janvier suivant : nous voulons parler de la *Revue du progrès politique, social et littéraire*, recueil qu'il faut bien se garder de confondre avec une autre « Revue du progrès social », rédigée par d'autres hommes et dans un autre esprit, et qui, du reste, est née et morte dans la même année, 1834. M. Louis Blanc fut le rédacteur en chef de la Revue qu'il avait fondée, et l'est encore aujourd'hui. Dans une série d'une trentaine d'écrits qu'il y a déjà fournis, et qui formeraient plusieurs volumes à eux seuls, il est peu de questions présentant de l'intérêt pour notre société actuelle, qu'il n'ait abordées, et toujours avec talent. On se rappelle qu'en 1839, un de ses articles, son compte-rendu des « Idées napoléoniennes », du prince Napoléon-Louis Bonaparte, fit une grande sensation. Quelques jours après l'apparition de cet article dans le n° du 15 août, article dont les journaux avaient reproduit des fragments, M. Louis Blanc, en rentrant un soir à son domicile, rue Louis-le-Grand, fut accosté par un individu qui le guettait. Assommé et laissé pour mort, l'écrivain, par suite des graves blessures qu'il avait reçues, fut obligé de garder le lit une vingtaine de jours. Les journaux cherchèrent à rejeter le blâme de cet ignoble attentat sur un parti qui ne procède point ainsi; la vérité est restée inconnue jusqu'à ce jour. Un des écrits de la « Revue du progrès », l'*Organisation du travail*, a été réimprimé à part. [Paris, 1840, in-32], et a obtenu une seconde édition qui contient 1° le développement de la première; 2° son application au problème de la propriété littéraire; 3° une réfutation des objections diverses soulevées dans les journaux. Mais l'ouvrage le plus important de M. Louis Blanc, et qui, comme le disait il y a peu de jours une feuille quotidienne, obtient un succès *scandaleux*, est l'*Histoire de Dix ans*, 1830-40, dont deux volumes, sur quatre ou cinq, ont déjà vu le jour. Les journaux de toutes les nuances de l'opposition se sont empressés d'en reproduire de longs fragments aussitôt l'apparition de chaque nouveau volume, comme le meilleur éloge qu'ils en pussent faire (*). « Un peuple déchaîné, victorieux et maître de lui; trois » générations de rois fuyant sur les » mers; la bourgeoisie apaisant la foule, l'éconduisant, se donnant un chef; » les nations qui s'agitent trompées » dans leur espoir et regardant du côté » de la France, immobile sous un roi » nouveau; l'esprit révolutionnaire » flatté d'abord, comprimé ensuite, et » finissant par éclater en efforts prodi» gieux ou en scènes terribles; des » complots, des conspirations, des égor» gements; trois cents républicains » livrant bataille dans Paris à toute une » armée; la propriété attaquée par de » hardis sectaires; Lyon soulevé deux » fois et inondé de sang; la duchesse » de Berri ressuscitant le fanatisme de » la Vendée, et flétrie par ceux de sa » famille; des procès inouïs; le choléra » décimant la nation; au dehors, la » paix incertaine, quoique poursuivie » avec une obstination ruineuse; l'A» frique dévastée au hasard, l'Orient » abandonné; au dedans, nulle sécu» rité; des révoltes fameuses par leur » audace; l'anarchie industrielle à son » comble, le scandale des spéculations » aboutissant à la ruine; le pouvoir dé» crié; cinq tentatives de régicide; le » peuple sourdement poussé à de vastes » désirs; des sociétés secrètes; les ri» ches inquiets, irrités, et à l'impa» tience du mal joignant la peur d'en » sortir. » Tel est le tableau que M. Louis Blanc trace lui-même au commencement du second volume de « l'Histoire de dix ans », pour en indiquer le sujet. Ce livre intéressant a été fait avec bonne foi et courage; l'auteur n'ignorait pas qu'en l'écrivant il allait soulever contre lui des inimitiés sans nombre. Il n'a point hésité cependant; M. Louis Blanc avait prévu toutes les difficultés de son sujet, aussi a-t-il mis le plus grand soin à les surmonter. Placé dans une position qui le mettait naturellement en rapport avec les personnages influents de tous les partis, il n'a négligé aucun témoignage. Républicains, légitimistes, constitutionnels, ouvriers, bourgeois, grands-seigneurs, il a interrogé tous ceux qui ont pris une part active aux événements, soit dans une humble sphère, soit dans une sphère élevée. Il a recueilli des confidences précieuses, et s'est mis à même de bien comprendre le sens des faits qu'il devait publier. Ce livre est donc le fruit de longues et laborieuses recherches. Car les témoignages étaient nombreux, ils étaient confus, ils étaient divers sug-

(*) Presque aussitôt l'apparition du premier volume, un compte-rendu, signé Cuvillier-Fleury, parut dans le Journal des Débats! et, le plus singulier, c'est que l'auteur de cet article y fait un grand éloge de M. Louis Blanc et de son livre...; ses opinions seulement y sont controversées.

tout; et il a fallu démêler la vérité dans un immense chaos d'assertions contraires et d'appréciations opposées. Quant à l'esprit de l'ouvrage, il se révèle dès les premières pages. M. Louis Blanc ne s'est pas attaché à être impartial, mais à être sincère. Il n'a jamais sacrifié la vérité à ses sympathies; mais ces sympathies, il les laisse percer volontiers, également éloigné de ce froid pyrrhonisme qui ne cherche qu'un spectacle dans l'histoire et de cet entêtement superstitieux qui la plie avec violence au triomphe d'un système arbitraire. Le livre de M. Louis Blanc s'ouvre par un parallèle de la destinée finale de Napoléon et d'Alexandre de Russie, l'un mourant prisonnier à Sainte Hélène, vaincu par une coalition d'hommes inférieurs secondés par une série d'accidents de toute nature, et devenant un grand écrivain parce qu'il ne lui restait plus que ce moyen de remuer le monde et d'imposer l'admiration aux hommes; l'autre, effrayé d'une victoire plus grande que son courage, le cœur et l'esprit également troublés, se fuyant lui-même à travers son vaste empire et trouvant à Tangarock, après douze ans de succès inouis, une mort mystérieuse et sans gloire. Le rapprochement de ces deux destinées inspire à l'auteur cette courte réflexion : « Le peu que pèsent ces grands distributeurs d'empires se voit à leurs prospérités mieux encore qu'à leurs revers. » Nous citons à dessein cette phrase un peu ambitieuse parce qu'elle caractérise assez la manière de M. Louis Blanc quand il vise à la profondeur philosophique. C'est dans l'exposition, la narration, les portraits qu'éclate le talent de l'auteur de « l'Histoire de dix ans ». Son style a du nerf, de l'éclat, de la rapidité; il saisit le lecteur et le mène au but sans lui laisser le temps de se reconnaître. Aussi quand on est arrivé se sent-on l'envie de revenir pour examiner la route où l'on a passé en subissant une espèce de mirage que M. Louis Blanc excelle à produire. Brillante, vive, droite, flexible, « l'Histoire de dix ans » de M. Louis Blanc éclaire, elle émeut, elle attache; l'auteur est aussi fort habile dans le portrait. Malheureusement, son crayon devient dur parfois jusqu'à lui faire manquer la plus facile ressemblance, et dans ses meilleurs moments il a de la tendance à exagérer le défaut de la physionomie qu'il retrace. La jeunesse est sévère, parce qu'elle n'a que peu à se pardonner à elle-même. Mais à présent que M. Louis Blanc, par esprit de système, a blessé dans son livre bien des susceptibilités légitimes, le souvenir de cette faute l'amènera un jour à l'indulgence, souvent plus voisine de la justice que la rigueur. Son beau talent ne perdra certainement rien à cette modification (*).

OUVRAGES DE M. LOUIS BLANC.

I. Revue du progrès politique, social et littéraire. Paris, 15 janvier 1839-42, in-8.

Les écrits qui, dans cette Revue, appartiennent en propre à M. Louis Blanc, sont les suivants :

Tome Ier. Introduction, en deux articles; — un Meeting à Manchester; — Avenir littéraire, en deux articles; — la Royauté en France; — la Société. Où elle était, où elle est, où elle va; — la Pairie en France; — M. de Talleyrand.

Tome II. Vices de notre ordre social. Question des sucres [pag. 49 à 66]; — Sur les Idées napoléoniennes, du prince Napoléon-Louis Bonaparte [p. 97 à 112]; — Réforme électorale [p. 289-308]; — Travaux publics. Question des chemins de fer [p. 341-68]; — Organisation du crédit. Question des banques [p. 437-59]; — Sur le Livre du compagnonnage [p. 485-95]; — De la décadence de l'Angleterre [p. 533-46].

Tome III. De l'abolition de l'esclavage aux colonies [p. 3 à 17]; — Dette publique; — Du remboursement des rentes [p. 49 à 66]; — la Chambre en lutte avec la royauté [p. 145-63]; — la Prusse et les institutions prussiennes [297-309]; — La Famille. Question du divorce [589-608].

Tome IV. Organisation du travail [p. 1 à 30]; — De l'embastillement de Paris [p. 160 à 171]; — Sur le Dictionnaire politique [p. 275 à 284].

Tome V. La Commune [p. 46-66]; — De la propriété littéraire [p. 174-96]; — De la rive gauche du Rhin [p. 403 à 412].

Tome VI. Sur les Fragments historiques du prince Louis-Napoléon Bonaparte [p. 16-28]; — Organisation du travail, suite [p. 129-47]; — Tableau de la situation de l'Europe en 1830 [p. 326-43].

Tome VII. Essai sur l'histoire de la bourgeoisie en France [p. 1 à 23; 85 à 111; 154 à 172].

II. Organisation du travail. [Extr.

(*) Extrait du compte-rendu de cet ouvrage donné par « le Siècle » dans son numéro du 12 mai 1842, signé L..., et dans lequel l'auteur a surtout eu en vue d'essayer de justifier la bourgeoisie de l'accusation portée par M. Louis Blanc contre elle, d'avoir, en 1814, plus pensé à sa propre affaire qu'à protéger la France de l'invasion étrangère.

de la « Revue du progrès »]. Paris, Prevot; Pagnerre, 1840, in 32. — Sec. édit., sous ce titre : Organisation du travail. — Association universelle. — Chefs d'ateliers. — Hommes de lettres. Paris, à l'administration de la librairie, 1841, in-12 [2 fr.].

III. Histoire de dix ans. 1830-1840. Tomes I et II. Paris, Pagnerre, 1841-42, 2 vol. in-8 [8 fr.].

L'ouvrage formera quatre ou cinq volumes. Le libraire-éditeur publie la seconde édition du premier volume par livraison de 32 pages à 25 c.

BLANC [Charles], frère cadet du précédent, artiste graveur, né à Castres [Tarn], est auteur de plusieurs comptes-rendus de salons et d'articles de beaux-arts insérés d'abord dans le « Bon Sens », lorsque son frère en était rédacteur en chef, et plus tard dans la « Revue du progrès. » Nous connaissons de lui dans ce dernier recueil : un article Beaux-Arts, Gravure, et un Examen du Salon de 1839, en trois articles [t. Ier]; Études sur les peintres français : Moïse Valentin [t. II, p. 496 à 506]; — sur les portraits de MM. Guizot et Molé, dessinés et gravés par Calamatta [t. III, p. 179, 506]; — Salon de 1840, en trois articles [Ibid., p. 217, 279, 556]; — sur la Stratonice de M. Ingres [t. IV, p. 285-93]; — sur le portrait de George Sand, dessiné et gravé par Calamatta [t. V, p. 210]; — Peintres modernes : Ch. de Laberge [t. VII, p. 176-82]. M. Ch. Blanc a inséré plusieurs articles sur la gravure dans le « Courrier français » et dans « l'Artiste »; il a fait en huit articles, dans le « Journal de Rouen », le Salon de cette ville, en juillet 1840; enfin, il a été, depuis le 1er novembre 1840 jusqu'au 23 décembre 1841, le rédacteur en chef du « Propagateur de l'Aube »; mais il a abandonné cette rédaction pour s'occuper d'un ouvrage sur la peinture, et plus particulièrement d'*Études sur les peintres français*.

BLANC [Étienne], avocat à la Cour royale de Paris; né à Lyon [Rhône], le 11 mars 1805.

I. Traité de la contrefaçon et de sa poursuite en justice, concernant les brevets d'invention, de perfectionnement et d'importation; les marques de fabriques, les noms de commerçants, les désignations de marchandises, les enseignes, la propriété littéraire, les œuvres dramatiques, les œuvres musicales, la peinture, gravure et sculpture; les dessins de fabriques en tous genres; avec le texte des lois, décrets, arrêtés, ordonnances, et les principaux monuments de la jurisprudence sur la matière; suivi d'une table alphabétique. Paris, l'Auteur, 1837, in-8 [8 fr. 50 c.].

II. Observations adressées par les artistes à la chambre des députés, sur la nouvelle loi relative à la propriété intellectuelle. Paris, de l'impr. de Terzuolo, 1839, in-8 de 8 pag.

III. Examen du projet de loi sur la propriété des ouvrages d'art en ce qui concerne le droit de reproduction. Paris, de l'impr. de Gratiot, 1841, in-8 de 24 pag.

IV. Propriétés des ouvrages d'art. Droit de reproduction. Réfutation du rapport de la commission sur l'art. 15. Paris, 1841, in-8 de 8 pag.

M. Et. Blanc est, en outre, l'un des rédacteurs du Journal le Droit.

BLANC [l'abbé]. — Catéchisme du cardinal *Bellarmin*, de la compagnie de Jésus, ouvrage traduit de l'italien d'après l'exemplaire de Rome. Paris, Debécourt, 1839, in-12.

BLANC [L.]. — Méthode d'orthographie. Laval, Feillé-Grandpré, et Paris, Hachette, 1840, in-18.

BLANC DE JAUNAGE [le docteur]. — Homœopathie [l']; nouvelle méthode en médecine, exposée aux hommes progressifs, aux capacités et aux notabilités sociales. Paris, Baillière, 1836, in-8 de 32 pag.

BLANC DU FUGERET. Voyez Honoré BLANC.

BLANC SAINT-BONNET. Voy. Jos.-Mar. BLANC.

BLANCARD [E.]. — Préparation à l'analyse grammaticale [approuvée et recommandée par M. le recteur de l'Académie d'Aix]. Marseille, de l'impr. de Feissat, 1829, in-8 de 52 pag.

BLANCHARD [Pierre], homme de lettres, successivement soldat, libraire et chef d'institution à Paris. La vie d'un homme de lettres, même très-laborieux, n'offre que peu d'incidents, à moins qu'il n'ait embrassé le parti de la chatoyante politique, qu'il ne se soit laissé aller aux séductions du pouvoir. L'écrivain, chez qui la destination de l'homme de lettres est bien sentie, ne fabrique pas des livres pour en trafiquer sur la place publique, comme d'un produit plus ou moins lucratif. Sa plume appartient à la société : il ne prête point son appui au fort contre le faible; car l'homme de lettres a aussi son apostolat, le plus noble de tous : l'amélioration, l'instruction et la défense des peuples qui peuvent le lire. M. Blanchard est du petit nombre des hommes de lettres qui ont exercé cet apostolat avec le plus de ferveur, véritable courage civil, de tous les instants, le plus modeste d'entre les courages, le moins honoré, et peut-être le plus honorable. Il ne s'en est pas rebuté. Cette existence, toute d'abnégation, est peu engageante! aussi les rangs des honnêtes gens littéraires s'éclaircissent-ils de plus en plus. Déshonorer et son caractère et sa plume, voilà la tactique la plus ordinaire de la gent qui écrit aujourd'hui, parce que, dans notre société actuelle, l'argent vaut plus que l'intelligence, et tient lieu de qualités estimables et de vertus. Quand un biographe est assez heureux de rencontrer par exception, un nom comme celui de M. P. Blanchard, il doit le signaler à l'admiration de ses concitoyens. Mœurs, belle âme, compositions estimables, presque toutes consacrées à l'éducation, voilà des titres qui avaient déjà acquis à M. Blanchard, au commencement de ce siècle, une place distinguée parmi les écrivains moraux. — M. Blanchard naquit le 20 décembre 1772 à Dampmartin-sur-le-Morin [Seine-et Marne]. Ses parents le confièrent, encore enfant, à un homme assez extraordinaire. C'était un ancien ouvrier maçon qu'un désespoir d'amour avait conduit à se faire ermite dans la forêt de Crécy; il était le dernier de ces cénobites dont la France a été autrefois couverte. Ce fut de cet homme, d'une instruction très-bornée, que M. Blanchard reçut les premiers éléments de lecture et d'écriture. Son abécédaire à lui furent quelques volumes dépareillés des « Vies des pères du desert », et quelques livres ascétiques, dont se composait la bibliothèque de l'ancien maçon, qui avait fini par oublier son amour en s'adonnant tout entier aux pratiques de dévotion. Cette vie de désert et de mysticisme, dans un âge si tendre, dut laisser de profondes impressions dans l'esprit du jeune Blanchard. A l'âge de seize ans, il fut envoyé, à Paris, au collége de Lizieux, et s'y distingua par de bonnes études. Elles étaient à peine terminées, que la précocité du goût de M. Blanchard pour la littérature s'était déjà révélée. Mais alors nous étions en 1793, et la première réquisition enleva le futur écrivain à ses paisibles occupations. Il quitta la carrière des armes en 1796, reprit aussitôt sa plume, et commença à se faire connaître, dès la fin du siècle dernier et dans les premières années de celui-ci; par la publication de plusieurs petits romans moraux, qu'on pourrait nommer *idylliaques;* par une traduction de Longus et quelques pièces jouées sur les boulevards. De ses romans, aujourd'hui oubliés, quelques-uns obtinrent néanmoins plusieurs éditions : *Félix et Pauline*, le premier qu'il publia, en 1793, étant à peine âgé de vingt-et-un ans, au moment où la réquisition l'enlevait, est parvenu, en 1824, à une sixième édition. « L'idée de cet ouvrage a été inspirée à l'auteur par la lecture de « Paul et Virginie ». Il se trouvait, dans cette imitation, du naturel, une sensibilité vraie, cette confiance sans bornes dans la vertu, qui se communique si facilement à l'âme des jeunes lecteurs, aussi l'ouvrage eut il cinq éditions successives. Il manquait depuis long-temps dans le commerce de la librairie, parce que l'auteur, devenu, avec l'âge, plus difficile sur ses propres compositions, désirant en revoir le style un peu négligé, avait arrêté le cours de ses publications, en le rachetant du libraire qui en avait acquis la propriété. Nous allons laisser parler M. Blanchard lui-même sur les changements qu'il a fait subir à son livre, et qu'il indique dans un avertissement où respire un ton de modestie et de bonhomie qui fait aimer l'auteur : « Je reproduis aujourd'hui le seul livre que j'aie écrit avec plaisir, je dirai même avec amour : j'y ai beaucoup » refait, peut-être trop; c'est maintenant, à peu de chose près, un nouvel » ouvrage. La partie descriptive était

» imaginaire, et ne donnait aucune idée » des montagnes du Jura ; elle a été re- » fondue entièrement ; je n'en ai pas » gardé une page : ce n'est plus le père » de la jeune fille qui fait le récit, c'est » l'aïeul des deux jeunes gens : la for- » tune de la famille ne se compose » plus de quelques chèvres et de deux » mauvaises chaumières ; je la gratifie » d'un domaine et de grands troupeaux ; » j'en fais une famille de patriarches : » Félix ne s'y donne plus la mort ; » comme le berger de « l'Aminte », en » se précipitant du haut d'un rocher. » J'ai été bien aise de pouvoir changer » cette catastrophe qui blessait les lois » de la morale. J'ai aussi changé le » nom de la jeune fille : elle ne s'ap- » pelle plus *Pauline*, mais *Félicie;* et » pourquoi ce nom plutôt que l'autre? » me demanderez-vous? Un triste sou- » venir me l'a fait préférer : si celle qui le » portait vivait encore, je serais le plus » heureux des pères. » Les personnes qui connaissent une des premières éditions de cet ouvrage sont donc assurées de goûter un nouveau plaisir en le relisant tel que l'auteur l'a corrigé; quant à celles qui, comme nous, le liraient pour la première fois, nous pouvons les assurer qu'elles y trouveront cet intérêt doux et touchant qu'on éprouve dans la société d'un homme de bien qui joint l'esprit à l'amabilité (*) ». Cependant, la nature du vrai talent de M. Blanchard ne se révéla pas à lui, dès son debut, comme écrivain. Ce ne fut que deux ans plus tard qu'il fit paraître sa *Petite Bibliothèque des enfants* [1795, in-12], ouvrage dont le succès le porta à se vouer exclusivement à la littérature juvénile. M. Blanchard ne tarda pas à placer son nom sur la même ligne que celle de Berquin, en France, Campe, en Allemagne, miss Edgeworth, en Angleterre, et à devenir l'écrivain favori non-seulement des enfants de sa patrie, mais encore de ceux de l'étranger; car ses ouvrages étaient traduits dans toutes les langues aussitôt leur apparition. Ce furent les succès qu'il obtint qui séduisirent plus tard plusieurs dames, et leur donna l'idée de suivre la même route : dans le nombre on doit citer plus particulièrement mesdames de Renneville, Dufrenoy, Delafaye-Bréhier, et dans ces derniers temps Mlle Ulliac-Trémadeure, mesdames Voiart, Tastu et quelques autres qui se sont partagé la gloire d'orner l'esprit et le cœur de nos enfants. Au commencement du siècle, le *bas bleu* était à peine connu, et les ouvrages de M. Blanchard, auxquels on s'accorde à reconnaître en eux la plus pure morale, de n'être dépourvus ni de grace ni d'élégance, quoique parfois le style en soit incorrect, obtinrent un succès de vogue. Presque tous ont procuré à leur auteur un honneur qui n'est pas très-fréquent dans ce genre de littérature : c'est d'avoir été réimprimés un grand nombre de fois de son vivant : l'un d'entre eux, le *Trésor des Enfants*, a obtenu près de quarante éditions authentiques! On peut, du reste, le vérifier par la notice bibliographique de cet article. Mais quand deux idées fatales à nos mœurs, le romantisme et le saint-simonisme, en disparaissant d'au milieu de nous, nous eurent laissé un fruit de leur monstrueuse union, quand le « bas-bleu » naquit, l'impudique, comme un moyen de ressources, se mit moraliste, et M. Blanchard, qui trônait à peu près seul dans les premières années de ce siècle, fut obligé, plus tard, de partager sa gloire avec des femmes plus poétiques et plus romantiques que lui, mais qui n'avaient de vertus qu'au bout de leurs plumes : dès lors à côté du très-moral M. Blanchard vinrent se placer le dévergondage et même l'adultère, érigés en précepteurs des enfants des deux sexes ! Si M. Blanchard, au commencement de ce siècle, ne fit pas la fortune de son éditeur, Leprieur, au moins y contribua-t-il beaucoup, tandis que lui vivait de cette vie d'homme de lettres exploité par un libraire. Il s'en lassa, et, pour améliorer le sort de sa famille, il ouvrit, en 1808, une librairie au Palais-Royal, galerie de Bois, à l'enseigne du « Sage Franklin », et en même temps rue Mazarine, n° 30 ; vers cette époque, il eut la malheureuse idée de s'associer avec M. Alex. Eymery [voy. ce nom], ancien chef au ministère de la justice, son ancien collaborateur pour le théâtre, dix ans aupara-

(*) Edme HÉREAU, Revue encyclop., t. XXIV p. 215.

vant. Cette association ne fut pas de longue durée. M. Blanchard fut obligé de quitter peu de temps après le principal siége de son établissement, et depuis nous l'avons vu libraire successivement rue de Montesquieu et quai de l'École. En 1832, M. Blanchard quitta le commerce, après un exercice honorable de près de vingt-cinq ans, pour prendre, à Chaillot, une institution, à laquelle il donna le nom de «Élysée des enfants»; mais il ne tarda pas à apprendre que le savoir n'est rien aujourd'hui près du savoir-faire qui en tient lieu, et que son âge lui avait retiré cette activité dont les jeunes hommes tirent tant de profits. Il succomba alors, mais ne tarda pas à transporter son établissement faubourg du Roule, près la barrière, et là il fut plus heureux. Depuis quelques années, M. Blanchard a cédé cet établissement à son fils, jeune homme plein d'avenir, et digne héritier des belles qualités de son père. M. Blanchard n'a point encore renoncé aux lettres, et pour oublier, autant qu'il est possible, les incommodités de son âge, il occupe ses loisirs, dit-on, à la composition d'un dernier ouvrage, intitulé les *Aventures d'Homère*, qui présentent, sous la forme allégorique, le portrait d'un véritable homme de lettres. Pour tout autre que M. Blanchard ce sujet serait assez difficile à traiter d'une manière satisfaisante; mais lui, il a un si bon modèle en lui-même! L'auteur donne beaucoup de soins à cette dernière composition, parce qu'il croit que ce livre sera le seul qui lui survivra.

OUVRAGES DE M. PIERRE BLANCHARD.

I. *Ouvrages pour l'éducation et l'amusement de la jeunesse.*

I. Bibliothèque [petite] des enfants, etc. Paris, 1793, 2 part. in-12. — XIVe édit. Paris, Belin-Leprieur, 1840, in-12, fig. [3 fr.].

Voyez la note du no XLI.

II. Buffon [le] de la jeunesse, ou Abrégé d'histoire naturelle. Paris, Leprieur, 1801, 4 vol. in-12. — VIe édition, revue et corr. Paris, Belin-Leprieur, 1833, 4 vol. in-12, avec grav. [12 fr.].

III. Mythologie [la] de la jeunesse, ouvrage élémentaire, par demandes et réponses. Paris, Leprieur, 1801, in-12, avec 125 fig. — XIIIe édition. Paris, le même, 1828, in-12, fig. [4 fr.].

Cette Mythologie, divisée en sept parties, contient l'histoire des grands dieux, celle des dieux du second ordre, celle des demi-dieux et des héros, les fables qui tiennent peu au système mythologique, les divinités allégoriques, l'origine des principales fables, une idée du culte, des jeux allégoriques, etc.

IV. Mythologie élémentaire, abrégée de la précédente. Paris, Leprieur, 1801. — VIIIe édition. Paris, le même, 1823, in-12, avec 16 fig. [2 fr. 50 c.].

V. Trésor [le] des enfants, divisé en trois parties : la morale, la vertu, la civilité. Paris, Leprieur, 1802, in-12, fig. [2 fr.].

— Le même ouvrage, en espagnol, sous ce titre : el Tesoro de los Ninos, trad. al espan. de la trigesima edicion del frances, por *C. A.* Bordeaux, Lawalle jeune, et Paris, Werdet et Lequien, 1826, in-12, orné de fig. [6 fr.].

On a imprimé, par erreur, sur le titre de ce volume : *trad. de la trigesima* (30e) *edic.*; c'est *trecena* (13e) qu'il faut lire. — Réimprimé en 1840.

— Le même, en italien, sous ce titre : il Tesoro de' fanciulli, diviso in tre parti. Bastia, della stamp. di Fabiani, 1831, in-18.

— Le même, en portugais, sous ce titre : Thesouro de meninos, obra classica composta ene frances...., vertida em portugez por *Mattheus Jose de Costa.* — IVa ediçao, etc. Paris, della impr. de Pillet, 1836, in-18.

VI. Plutarque [le] de la jeunesse, ou Abrégé des vies des hommes de toutes les nations, depuis les temps les plus reculés jusqu'à nos jours, au nombre de 212, et ornées de leurs portraits. Ouvrage élémentaire. Paris, Leprieur, 1803, 4 vol. in-12, avec 54 pl. — VIIIe édition. Paris, Belin-Leprieur; Leprieur, 1833, 3 vol. in-12, avec grav. [12 fr.].

VII. Voyageur de la jeunesse dans les quatre parties du monde. Paris, 1804, 6 vol. in-12, avec 64 fig. — Ve édit. Paris, P. Blanchard, 1819, 6 vol. in-12, fig. [24 fr.].

VIII. Découverte [la] de l'Amérique, par *Campe*, ouvrage propre à l'instruction et à l'amusement de la jeunesse [trad. de l'allem. par un anonyme].

Revu et corrigé par P. Blanchard. Paris, Léprieur, 1804, 3 vol. in-12, avec 31 grav. et 2 cartes [6 fr.]. — IVe édit. Paris, le même, 1817, 3 vol. in-12 [10 fr.].

IX. Vies des hommes célèbres de toutes les nations, faisant suite au « Plutarque de la jeunesse » [du même auteur]. Paris, Leprieur, 1805, 2 vol. in-12, avec portraits. — IIIe édit. Paris, le même, 1818, 2 vol. in-12, avec portr. [6 fr.].

X. Délassements [les] de l'enfance, ou Lectures instructives et amusantes. Paris, l'Auteur; Leprieur, 1807, 12 cahiers formant 6 vol. in-18, avec 24 grav.

L'auteur a, depuis la publication de cette troisième édition, retouché cet ouvrage, et en a fait deux distincts : le premier a paru sous le titre de « Délassements de l'enfance ». Paris, l'Auteur, 1825, 2 vol. in-12, avec fig.— VIe édit. [3e sous cette forme]. Paris, Lehuby, 1834, 2 vol. in-12, avec 8 grav. [6 fr.].— Le second, sous le titre de « Délassements de la jeunesse ». VIe édit. [2e sous cette forme]. Paris, Lehuby, 1834, 2 vol. in-12, avec 8 grav. [6 fr.].

XI. Premières connaissances à l'usage des enfants qui commencent à lire. Paris, vers 1808, in-18. — XVe édit. Paris, Lehuby, 1837, in-18, avec 5 grav. [1 fr. 25 c.].

XII. Modèles des enfants, ou Traits d'humanité, de piété filiale, d'amour maternel, et progrès extraordinaires de la part des enfants de six à douze ans. Ouvrage amusant et moral. Paris, vers 1809, in-18. — XVe édit. Paris, Lehuby, 1837, in-18 [1 fr. 25 c.].

XIII. Beautés de l'histoire de France, ou Époques intéressantes, traits remarquables, etc., depuis la fondation de la monarchie jusqu'en 1790. Paris, 1809, in-12, fig. —XVe édit., revue et corr. Paris, Lehuby, 1833, in-12, avec 8 grav. [3 fr.].

XIV. Abrégé des antiquités romaines pour l'utilité des jeunes gens qui étudient les auteurs latins et l'histoire de Rome; par *Nic. Théru*. Nouv. édition, revue et augmentée de plusieurs articles sur les mœurs et les usages; par *P. Blanchard*. Paris, P. Blanchard et comp., 1810, in-12, orné d'un titre gravé et d'une planche représentant 24 costumes romains, gravée au trait [1 fr. 25 c.].

Ce n'est qu'une nouvelle édition, augmentée de l'ouvrage de Nic. Théru.

XV. La Fontaine [le] des enfants, ou Choix de fables de *La Fontaine* les plus simples et les plus morales, avec des explications à la portée de l'enfance. Paris, Blanchard, 1813, in-18, avec 6 grav. — VIIIe édit. Paris, Lehuby, 1836, in-18, fig. [1 fr. 25 c.].

XVI. Aventures [les] les plus curieuses des voyageurs, extraites des relations anciennes et modernes. Paris, Leprieur, 1810, 4 vol. in-12. — IIIe édition. Paris, le même, 1822, 4 vol. in-12 [12 fr.].

XVII. * Cabinet [le] des enfants, etc. Nouv. édition. Paris, P. Blanchard, 1813, in-18.

La première édition a dû paraître vers 1811; car dès 1812 il existait une traduction hollandaise de ce petit ouvrage.

Il existe sous ce titre un autre petit volume in-18 qui a eu plusieurs éditions, mais qui est traduit de l'anglais, et porte pour second titre : « le Marchand de joujoux moraliste ».

XVIII. Modèles des jeunes personnes, ou Traits remarquables, actions vertueuses, exemples de bonne conduite, et Morceaux extraits des meilleurs écrivains qui se sont occupés de l'éducation des filles. Paris, Blanchard et comp., 1811, in-12, avec 6 fig.

XIX. Ami [l'] des petits enfants, ou les Contes les plus simples de *Berquin*, *Campe* et *P. Blanchard*. Paris, A. Eymery, 1812, 2 vol. in 18.— Ve édition. Paris, P. Blanchard, 1828, 2 vol. in-18 [2 fr. 50 c.].

XX. Avec madame *de Renneville* : les Amusements de l'adolescence. Paris, Buisson; Nepveu, 1812, 2 vol. in-18 [5 fr.].

XXI. Tableaux de la nature et des bienfaits de la Providence, par *Fénélon*, *Bossuet*, *Buffon*, *J.-J. Rousseau*, *Barthélemy*, etc. Paris, P. Blanchard, 1812, in-12.—VIIe édit. Paris, Lehuby, 1841, in-12, fig. [3 fr.].

XXII. Voyage [petit] autour du Monde, ouvrage amusant, propre à préparer les enfants à l'étude de la géographie. Paris, 1812, in-12, avec 6 grav. — XIe édition. Paris, Lehuby, 1836, in-12, avec 6 grav. [2 fr. 50 c.].

Le succès de ce petit volume a donné lieu à une particularité qui n'est pas ordinaire. Un Anglais a traduit en sa langue le petit Voyage autour du monde, en y faisant toutefois quelques additions et suppressions; mais il a, soit involontairement ou à dessein, omis de faire mention de son auteur : il en résulte que M. René Périn a fait de cette version anglaise une traduction française qui a été publiée sous ce titre : « le Voyageur anglais autour du monde habitable; nouvelle méthode, amusante et instructive pour étudier la géographie ». Paris, A. Eymery, 1826, in-8 oblong, orné de 16 grav.

XXIII. Accidents [les] de l'enfance; présentés dans de petites historiettes propres à détourner les enfants des actions qui leur seraient nuisibles. Paris, Blanchard, 1813, in-18.—XVIe édition. Paris, Lehuby, 1838, in-18 [1 fr. 25 c.].

XXIV. Jeunes [les] enfants, contes. Paris, P. Blanchard, 1816, in-12, fig. — VIIIe édit. Paris, Lehuby, 1833, in-12, avec 3 grav. [2 fr.].

XXV. Ésope [l'] des enfants, ou Fables nouvelles en prose, composées pour l'instruction morale de l'enfance, livre de lecture pour le premier âge. Paris, Lehuby, 1827, in 12, fig.— Sec. édit., revue et corrigée. Paris, le même, 1833, in-12, avec 3 grav.

XXVI. Premières Leçons d'histoire de France, ou Précis de cette histoire depuis l'origine de la monarchie jusqu'au règne de Charles X. Paris, P. Blanchard, 1830, in-12. — Sec. édition, continuée jusqu'au règne de Louis-Philippe Ier. Paris, Lehuby, 1833, 1836, in-12, avec 3 grav. [3 fr.].

XXVII Nouvelliste [le] de la jeunesse. Paris, P. Blanchard, 1832, in-12. — Autre édition. Paris, Lehuby, 1836, in-12, avec 4 grav. [3 fr.].

C'était, dans l'origine, un journal décadaire, dont le premier numéro porte la date du 10 janvier 1832. On a, plus tard, formé un volume des numéros qui avaient paru.

XXVIII. Robinson [le] suisse, ou Récit d'un père de famille jeté par un naufrage dans une île déserte avec sa femme et ses enfants. Traduction nouvelle [par M. *Paquis*], contenant la suite donnée par l'auteur allemand M. *Wyss*, revue et corrigée par *P. Blanchard*. Paris, Lehuby, 1836, 2 vol. in-12, avec 9 grav. [7 fr.].

II. *Romans.*

XXIX. Félix et Pauline, ou le Tombeau au pied du mont Jura. Paris, 1793, 2 vol. in-18.

Ce roman a obtenu cinq éditions : en 1824, l'auteur en a publié une sixième sous le titre de *Félix et Félicie, ou les Pasteurs du Jura*. Paris, P. Blanchard, 1824, in-18 gr. raisin, avec planches gravées d'après Déveria [3 fr.].

XXX. Rêveur [le] sentimental. Paris, 1796, 2 vol. in-18 [3 fr.].

XXXI. Simplicie, ou les Voluptés de l'amour. Paris, 1796, in-8. — Sec. édit. Paris, Leprieur, 1800, in-18 avec fig. [75 c.].

XXXII. Félicie de Vilmard. Paris, Leprieur, 1797, 3 v. in-12, avec fig. [3 fr.].

XXXIII. Rose, ou la Bergère des bords du Morin, suivie de la Chaumière du vieux marin. Paris, 1797. — Sec. édit. Paris, Leprieur, 1797, 2 vol. in-12, avec fig. [3 fr.].

XXXIV. Laurence de Sainte-Beuve, nouvelle. Paris, Moller; Dentu, 1798, in-12, avec fig. et musique [1 fr. 50 c.].

XXXV. * Amours [les] pastorales de Daphnis et Chloé, par *Longus*, traduction nouvelle, par *Pierre B**** [ou plutôt, celle d'Amyot rajeunie], avec 4 jolies figures dessinées par Monsiau. Paris, Maradan, et Desenne, an v [1798], pet. in-12.

XXXVI. Enfants [les] de la nature. Paris, Cailleau; Devaux, 1800, in-12, avec fig. [1 fr. 50 c.].

XXXVII. Philétas, roman pastoral. Paris, Cailleau, 1800, in-12, avec 2 fig. [1 fr. 50 c.]

XXXVIII.* Rosebelle, historiette du XIIIe siècle; par P.-B., de Dampmartin. Paris, Leprieur, an VIII [1800], in-12, avec fig. [1 fr. 50 c.].

M. Blanchard a eu part à la nouvelle Bibliothèque des romans, et a été le réviseur du roman de M. Alexis Eymery [voy. ce nom], intitulé « l'Heureux parisien », etc. [1809, 4 vol. in-12], qu'il a purgé d'un assez bon nombre d'obscénités.

III. *Théâtre.*

XXXIX. Petit [le] Chaperon rouge, vaudeville en 1 acte. Paris, 1800, in-8.

XL. Richardet, ou le Jeune Aventurier, drame en 4 actes. Paris, Fages, 1801, in-8 [75 c.].

XLI. Avec M. *Alex. Eymery* : l'Enfant sauvage, mélodrame en 3 actes. Paris, Fages, an x [1802], in-8.

Une quatrième pièce de théâtre, mais composée pour les enfants, intitulée *les Bons enfants, ou la Cabane dans les bois*, en trois actes et en prose, mêlée de chants, a été imprimée dans « la Petite bibliothèque des enfants ». [Voy. le n° I].

IV. *Varia.*

XLII. Catéchisme de la nature, 1793, in-18. — Nouvelle [3e] édition. Paris, 1796, in-18 [75 c.].

XLIII. Vérité [la] à ceux qui gouvernent, ou Manuel moral de l'homme public. Paris, Cailleau; Duchesne, 1799, in-8.

XLIV. Avec *H. Lemaire* et autres: Histoire des batailles, siéges et combats français, depuis 1792 jusqu'en 1815 [c'est-à-dire l'affaire de Quiévrain, le 28 avril 1792, jusqu'à la bataille de Mont-Saint-Jean, le 28 avril 1815], où l'on a soigneusement recueilli les traits particuliers de bravoure, les mots heureux de nos officiers et de nos soldats, et tout ce qui, dans nos armées, a contribué à la gloire française. Par une société de militaires et de gens de lettres; et publiée par P. Blanchard. Paris, Blanchard, 1818-19, 4 vol. in-8 [24 fr.].

BLANCHARD [Antoine-Louis], homme de lettres, membre de la Société linnéenne et philomatique de Bordeaux, de la Société de statistique universelle, de l'Académie Tibérine et de celle des Arcades de Rome; né à Gap [Hautes-Alpes], mort fou à Paris en 1834.

I. Printemps [le] et les Fleurs, essai poétique, lu à la séance publique de la distribution des prix de botanique, au jardin des plantes de Bordeaux, le 4 septembre 1824. Bordeaux, de l'impr. de Lafargue, 1826, in-8 de 40 pag., avec une grav.

II. Liberté [la] reconquise, dithyrambe. Paris, de l'impr. de Fournier, 1830, in-8 de 16 pag.

Il en a été tiré quelques exemplaires sur grand papier vélin.

III. Hector Fieramosca, ou le Défi de Barletta, roman historique, par d'*Azeglio*, gendre de Manzoni; traduit de l'italien, avec une Notice sur ces deux écrivains, par *A.-L. Blanchard;* précédé d'un Essai sur les romans historiques du moyen-âge; par *Paulin Pâris*. Paris, Hippolyte Souverain, 1833, 2 vol. in-8 [7 fr. 50 c.].

Cette traduction a été jugée inférieure à celle publiée la même année par le libraire Fournier.

Blanchard a été un des rédacteurs du « Kaleidoscope, journal littéraire de Bordeaux », du Journal d'agriculture de la Gironde, publié sous le titre de « l'Ami des champs », de « l'Opinion, journal républicain » [1831], mort après une courte existence, et enfin du « Rénovateur, journal légitimiste ». Il a signé, comme fondateur et futur rédacteur en chef, le prospectus d'un autre journal qui devait paraître sous le titre du « Phare de la liberté et de l'ordre public ». [Paris, de l'impr. de Moreau, 1830, in-4 de 4 pages].

Il a laissé en manuscrit une traduction de *la Philosophie de la statistique* de Melchior Gioja, qui lui valut, par suite d'un Rapport fait à la séance annuelle de la Société centrale d'agriculture de Paris, le 18 avril 1830, la grande médaille d'or. C. de B.

BLANCHARD [N.] (*).— Igor, poëme héroïque, traduit du russe; suivi de Ballades et Poésies diverses. Moscou, Loguinof, 1823, grand in-8 de iij et 14 pages.

Ce poëme, que le traducteur a puisé dans le *Recueil des antiquités russes* de feu *Moussin Pouschkin* (**) est un précieux reste de l'ancienne poésie russe. Composé vers la fin du XIIe siècle, il a pour sujet les hauts faits d'Igor de Novogorod, prince de Seversky, contre les Polovtsis, qui avaient fait une invasion sur son territoire, en 1185, au temps où la Russie fut partagée en apanages, que l'on a voulu célébrer dans ce poëme, qui passe pour un des plus anciens monuments littéraires de la nation russe. Dans ce poëme, Igor, pour punir les Polovtsis, avait rassemblé une armée, et était allé à leur rencontre, suivi de ses frères Usévolod et Vladimir. Arrivé sur les bords du Donetz, d'épaisses ténèbres, produites par une éclipse de soleil, effrayèrent les plus braves, qui furent sur le point de l'abandonner. Son courage et sa présence d'esprit ayant triomphé de leurs craintes, il attaqua l'ennemi, qu'il défit complétement le premier jour; mais le lendemain un renfort étant arrivé aux Polovtsis, la chance du combat tourna entièrement contre les Russes, dont le plus grand nombre périrent ou furent faits prisonniers. Igor, s'étant trouvé au milieu de ces derniers, parvint à tromper la vigilance de ses gardes, et revint dans ses États. Une invocation à *Boyane*, surnommé *le rossignol des temps anciens;* la description de l'éclipse; les plaintes d'Iaraslavna, femme d'Igor, au soleil et aux flots du Dniéper; les félicitations que le fleuve Donetz, personnifié par l'auteur, adresse à ce prince sur son retour parmi ses sujets, sont les ornements de ce poëme, conçu, comme on le voit, à la manière des anciens.

M. Blanchard avait d'abord fait une traduction en prose de ce poëme; mais, en ayant mis, dit-il, une partie en vers avec assez de facilité, il voulut achever l'entreprise. Malheureusement sa poésie est beaucoup trop *facile*, et fera regretter aux lecteurs français qu'il ne se soit pas borné à publier sa première version, qui se rapprochait sans doute davantage du texte.

Deux autres imitations en vers de Joukovsky, la *Harpe d'Éole* et *Achille*, suivent ce poëme, et le volume est terminé par quelques poésies

(*) Article omis par la *France littér.*

(**) Le comte Moussin Pouschkin, mort en 1817, a employé une grande partie de sa vie à recueillir les antiquités de son pays. On lui doit, entre autres la découverte du *Chant ou Récit de la campagne du prince Igor contre les Polovtsis*, publié par ses soins en 1800, et deux éditions du code russe, *Rouskaïa pravda*, données l'une à Saint-Pétersbourg en 1792, et l'autre à Moscou, en 1799.

originales, parmi lesquelles nous avons distingué la pièce suivante :

A UNE FONTAINE.

Fontaine, ô toi dont l'onde inaltérable et pure
Des nymphes de ces lieux rafraîchit la beauté,
Et dont les flots, caressant la verdure,
Emportent le parfum du jasmin humecté;
Soit que Philis sur ton aimable rive
Vienne ou rêver ou cueillir une fleur;
Soit que du jour défiant la chaleur,
Elle entoure son sein de ton eau fugitive,
Fontaine, écoute-moi : Conserve pour toujours
L'image de Philis peinte en ton heureux cours.
Tu cesseras alors d'envier à la terre
Le vif émail des fleurs, aux cieux l'éclat d'Iris,
Au soleil ses rayons, à Phébé sa lumière,
Tu posséderas tout dans les traits de Philis.

Ces vers ont de la grâce, et ne seraient pas répudiés par nos poëtes érotiques, quoiqu'ils aient été inspirés sous un ciel dont la rigueur habituelle contraste avec leur sujet.

E. HÉREAU.

[*Rev. encycl.*, t. XL, p. 140.]

BLANCHARD [Henri-Louis], musicien et littérateur, né le 7 février 1787, à Bordeaux [Gironde], reçut de son père des leçons de violon, sur lequel il acquit un talent remarquable ; plus tard, il en reçut de Kreutzer. M. Blanchard vint fort jeune à Paris, la capitale des beaux arts, et s'y fixa. Il étudia sous les auspices de Walter, élève de Haydn, puis de Méhul et de Reicha, la fugue et le contrepoint. Les capacités de cet esprit multiple se développèrent de la façon la plus singulière : tour à tour violoniste, chef d'orchestre, compositeur de musique, directeur de théâtre, auteur dramatique, critique et biographe, c'est ainsi qu'il a parcouru toutes les branches de la vie artistique, nous pourrions dire d'une manière aussi vagabonde que l'a fait avant lui Hoffmann le fantastique, avec lequel il a, dans sa vie, plusieurs points de ressemblance. M. Blanchard a été de 1824 à 1829 chef d'orchestre du théâtre des Variétés ; pendant cette période il a composé pour les théâtres secondaires, tels que le Gymnase, le Vaudeville et les Variétés, environ trois cents airs charmants de vaudevilles et mélodies qui sont devenus populaires, et que nous entendons jouer tous les jours par l'orgue de Barbarie. Les poésies de Bérenger offraient aussi à l'artiste l'étoffe de charmantes mélodies, et il en mit un certain nombre en musique, dont une partie a été gravée. Ces petits essais de musique légère furent bientôt suivis de plus grands : *Diana de Vernon*, opéra en un acte, paroles de MM. Adolphe de Leuven et Deforges, qu'il composa en 1831, eut du succès. M. Blanchard a fait la musique de quelques autres opéras, qui n'ont pas encore été représentés, tels qu'un *Arioste*, en deux actes, un autre fait d'après une comédie de Molière, « les Précieuses ridicules » : un trio comique de ce dernier, chanté au Conservatoire par l'auteur, Mme Damoreau et Mlle Moncel a été vivement applaudi. — Quoique le compositeur ait recherché la mignardise et l'élégance, il n'a aucunement négligé de donner de la profondeur à sa musique. Parmi ses compositions les plus légères, on découvre des parties qui prouvent clairement ses profondes études, et des intentions plus sérieuses, plus importantes. Ainsi, par exemple, M. Blanchard a trouvé l'occasion d'intercaler dans l'ouverture d'un vaudeville de M. Scribe, intitulé la « Campagne », le motif d'une ancienne chanson française : « Nous n'irons plus au bois, les lauriers sont coupés », qui justifie notre précédente assertion : ce chant, présenté comme une fugue, est travaillé avec une grande habileté, et connaissance de cette partie de l'art. Outre cela, M. Blanchard a composé la musique de romances de salons, de canons pour quatre, six et huit voix, lesquels sont, pour la plupart, sur des textes politiques ; puis des duos pour violon ; des quatuors pour alto principal ; des concertini pour violon ; une fugue de trois sujets pour deux violons, alto et basse, puis des airs variés pour le violon, une fantaisie pour violon et harpe, un quatuor pour quatre violons, et un autre grand quatuor dont le final est une fugue à quatre sujets. M. Blanchard a développé, comme littérateur, une facilité non moins grande. Il a beaucoup écrit avant de rien faire imprimer. *La Pandore*, petit journal qui commença à paraître le 1er janvier 1828, est le premier recueil où l'on trouve de lui des articles. M. Blanchard obtint, après la révolution de juillet, la direction du petit théâtre Molière, et se mit presque aussitôt à composer des pièces pour son théâtre, tandis que d'un autre côté il en faisait recevoir une sur une scène plus élevée. Le 18 mai 1831, il donna au Théâtre-Français, en société avec

M. J. Mallian : *Camille Desmoulins, ou les Partis en* 1794, drame historique en cinq actes et en prose. « Camille Desmoulins » était annoncé comme le *va-tout* de la Comédie-Française. Les sociétaires avaient fondé sur lui l'espoir d'un succès propre à les réhabiliter dans l'opinion des hommes de goût, en même temps qu'il les réconcilierait avec leurs créanciers. L'illusion a été complète : la partie a été perdue tout-à fait, et je suis encore à me demander comment un comité de lecture formé de littérateurs de talent, habitués à juger toute espèce de compositions dramatiques, a pu se méprendre aussi lourdement sur le mérite d'une pièce. « Camille Desmoulins » n'eût point été déplacé sur la scène de la Gaité ou de l'Ambigu, ou, pour mieux dire, ces deux théâtres étaient les seuls qui lui convinssent. On trouve dans l'œuvre de MM. Blanchard et Mallian ce luxe exorbitant de soupirs, d'exclamations et de cris, ces tirades vides, sonores, retentissantes qui font tant d'impression au boulevard. Je ne dirai rien de la vérité historique, de la peinture des caractères, de la progression de l'intérêt : on ne travaille aujourd'hui que pour le présent; le temps est loin où l'on aspirait à des succès durables. Il faut des succès d'argent, il en faut à tout prix, même au prix du sens commun et de la vraisemblance. Pour y arriver, nos auteurs s'efforcent d'éveiller des sympathies, d'exciter les passions, d'aiguillonner l'esprit de parti. Ils fouillent dans les pages de nos annales, et puis ils coupent, ils découpent, ils combinent, mutilant avec une rage cynique les plus beaux passages de notre histoire. Ils tronquent et rapetissent les plus grandes choses, vandales littéraires qui, à loisir et sans pitié, ravagent les monuments de notre civilisation; et nous, par égoïsme, nous les laissons faire, espérant qu'en échange de notre complaisance il nous repaîtront au moins d'émotions fortes. Mais non. Quelle idée votre esprit s'était-il formé de Camille Desmoulins, de Danton et des hommes de leur parti? C'étaient, à votre avis, des républicains stoïques, dédaigneux des moyens, ne voyant qu'un principe grand, sublime, et dont le but embrassait le monde. Quelle taille ne prêtiez-vous pas à ces novateurs audacieux, persévérants, qui luttaient contre vint siècles, contre les préjugés de vingt siècles, contre les haines de vingt siècles? Que pensez-vous aussi de Robespierre, tribun ambitieux, tête froide, systématique, tyran dont le cœur ne brûla jamais d'une étincelle du feu sacré? Eh bien ! allez voir la pièce des Français, et puis dites-moi que vous semblent Danton, Desmoulins et Robespierre? Danton, devant qui M. M. Thiers s'incline avec respect, qu'il entoure d'un culte d'admiration. Danton n'est dans la pièce qu'un temporiseur lent, incertain, peureux, qui n'est pas sûr d'avoir des opinions, encore moins des projets, dont on pourrait faire un député du juste-milieu, taillé sur le patron des doctrinaires. Les auteurs lui prêtent une phrase assez curieuse dans sa bouche : « Me serais-je trompé, s'écrie-t-il comme par une réflexion soudaine, en confiant à la République les destinées de la France? Un trône constitutionnel n'eût-il pas mieux valu? »—Décidément Danton eût voté en 1830 la *Charte-vérité*. Quelle pitoyable parodie ! Quant à Robespierre, c'est un personnage assez nul, sommeillant pendant trois actes, et ne se réveillant que pour discuter avec l'abbé Bérardier sur Tacite et Tite-Live. Camille Desmoulins n'est guère mieux traité que les deux autres, bien qu'il ait donné son nom au drame, ou, ce qui serait plus juste, au mélodrame; c'est un trembleur sentimental, un excellent père de famille, parlant à chaque instant de son « *épouse chérie*, de son *jeune enfant*, etc. Maintenant, vous dirai-je les brouilleries de ménage, les contrariétés domestiques de cet homme sur l'âme duquel la vie privée n'avait point de prise? C'est toute la pièce : jalousie conjugale, amour adultère, causeries, reproches, confidences, voilà les grands moyens dramatiques imaginés par MM. Blanchard et Mallian. Ils avaient sous la main de quoi composer vingt drames, ils n'ont pu en faire un seul. L'horrible, le sublime, débordaient avec une étonnante surabondance, il ne s'agissait que de choisir; reculant devant la difficulté, ils n'ont point choisi, et ils se sont mis à inventer, car c'était plus facile. Ils ont fabriqué une révolution à leur guise, au risque de recevoir un démenti des faits, de l'histoire et même des spectateurs, et ils ont intitulé leur œuvre : *les Partis en* 1794. Malheureux les gens qui croiraient, ayant vu « Camille Desmoulins », avoir une idée des factions qui déchirèrent cette époque monstrueuse et sublime (*). Quoi qu'il en soit de la sévérité de cette critique, le drame de MM. Blanchard et Mallian avait atteint la quarantième représentation, lorsque M. d'Argout, alors ministre du commerce, ayant les théâtres dans ses attributions, s'avisa de le défendre. Tandis qu'au Français on représentait « Camille Desmoulins », au théâtre Molière *l'Homme libre,* drame en cinq actes, de M. Blanchard, succédait à *Don Pédro*, autre drame qui avait obtenu cinquante représentations: « l'Homme libre en obtint soixante. Néanmoins ni l'une, ni l'autre de ces pièces n'ont été imprimées. Un troisième drame de M. Blanchard, intitulé *les Milanais, ou les Carbonari en* 1840 [écrit en 1831], était en répétition à ce théâtre; mais, dénoncé à M. d'Argout, celui-ci intervint, et, par un arrêté, fit fermer le théâtre par suite de ses répétitions. Plusieurs autres grands ouvrages dramatiques de M. Blanchard, parmi lesquels *Philippe, ou la République d'Athènes, Wolfe Tone, ou les Irlandais unis*, pièces en cinq actes, n'ont pu être ni représentées, ni imprimées à cause des fortes allusions politiques qu'elles renfermaient. Deux ans après, M. Blanchard, cédant à l'impulsion qui l'entraînait vers la critique artistique, se plaça sur le terrain qui convenait le mieux à son esprit : il se fit journaliste. Plusieurs journaux de beaux-arts et de littérature, fondes vers cette époque, ont été richement entretenus par lui d'articles critico-artistiques. Ces divers journaux sont : « l'Europe littéraire », dont le premier numéro parut le 1er mars 1833; le « Foyer » qui commença à paraître le 23 décembre de la même année; et exista jusqu'en février 1835. M. Blanchard a fait pour ce petit journal toutes les notices sur les directeurs des théâtres de Paris, et la presque totalite des feuilletons, quoique signés de différentes initiales; la « Gazette musicale de Paris », 1834 et ann. suivantes, « Gazette » qui avait été fondée, en 1827, par M. Fétis, sous le titre de « Revue musicale », qu'il lui conserva pendant sept ans, mais qu'il changea en 1834, lorsqu'il se fut adjoint pour sa rédaction plusieurs écrivains spéciaux, recueil qui enfin commença une nouvelle série avec le 1er janvier 1839, sous le titre de « Revue et Gazette musicale ». La « Gazette musicale », ou, pour parler plus exactement la direction de ce journal, recruta, en 1836, M. Blanchard pour l'un de ses principaux rédacteurs. La part plus ou moins active que cet écrivain a prise depuis 1836 à la rédaction de ce recueil lui fait beaucoup d'honneur et a fondé sa réputation. Nous ne chercherons point à donner ici l'indication de ses nombreux articles, mais nous rappellerons ses esquisses biographiques sur des célébrités musicales contemporaines, les *Notices* qu'il a fournies pour la plus grande partie à la « Gazette musicale », mais encore à « l'Europe littéraire » et à un autre recueil littéraire « le Monde dramatique » dont nous parlerons tout à l'heure. Ces notices sont celles de *Fr. Beck* [« Gaz. mus. »], *H. M. Berton* [« Monde dramat. »], *Chérubini* [« Eur. littér. »], *Cholet* [« Gaz. mus. »], Mme *Damoreau* [« Monde dramat. »], *Garat*, *Eugénie*, et *Pauline Garcia*, *Lablache*, *Romagnesi*, *Rubini*, et *Tamburini*. [Ces sept dernières dans la « Gaz. mus »], *etc.* (*). Quoique la plume de M. Blanchard soit étincelante de sel et de satire, elle n'est pourtant point méchante ni empreinte de sarcasmes amers; elle excite plutôt le rire que l'inimitié de ceux qui sont l'objet de ses plaisanteries. Folâtre, inconstant, épigrammatique et original, tels sont les traits principaux de la vie scientifique et pleine de talents de cet artiste et littérateur. L'épigramme suivante qu'il a faite sur lui-même, donne un portrait de l'homme comme il l'a vu lui-même dans le miroir de son propre cœur :

Dans sa pensée ardente et rapide et féconde
Naissent mille projets à surprendre le monde;

(*) Revue encycl., t. L [1831], article signé C. BALLARD.

(*) Plusieurs de ces notices ont été tirées à part.

Mais l'exécution le trouve sans ardeur;
Ou bien, par éclectisme, indulgent et frondeur,
Enthousiaste, froid, simple, orgueilleux, bizarre,
De caprices jamais ne se montrant avare,
Type du penseur grave et de l'homme inconstant,
Son esprit d'une idée à l'autre va flottant;
Et dans ce drame enfin qu'on appelle la vie,
Son passage, je crois, sera peu remarqué,
Car il aura rempli, sans exciter l'envie,
Le singulier emploi du grand homme manqué.

Aux journaux, auxquels M. Blanchard a participé, et que nous avons précédemment cités, il faut ajouter encore le « Monde dramatique », commencé en 1835. M. Blanchard a coopéré à ce recueil tant qu'il a été sous la direction d'un écrivain connu en littérature sous le nom de Gérard (*), mais qui n'est que le prénom de M. Labrunie de Nerval [voy. ce nom], c'est-à-dire à la première série de ce recueil. Le luxe ruineux, établi pour ce recueil par le fondateur le força bientôt d'y renoncer, et M. Blanchard resta étranger aux autres séries. Cet artiste a fait aussi quelques communications au « Constitutionnel »; ainsi l'on trouve de lui, dans le supplément du n° du dimanche 17 novembre 1839, un article intitulé : *De la Presse et de la critique musicales*, et dans celui du dimanche 4 avril 1841, un compte-rendu, en cent-deux vers, du *Concert de la Gazette musicale*, du 26 mars 1841, véritable tour de force qu'on avait encore exécuté que pour les salons du musée, dont le sujet prête beaucoup plus à la poésie. — Rarement une vie d'activité s'est fait connaître d'une manière aussi variée que celle de M. Blanchard : dans ses différentes sphères comme violoniste, compositeur, chanteur, chef d'orchestre, directeur de théâtre, littérateur, cet homme habile a su réunir d'une manière surprenante l'oisiveté, la paresse à l'activité, l'exactitude à l'indifférentisme apparent. M. Blanchard nous promet des détails sur sa vie artistique, sous le titre de *Souvenirs de ma vie de musicien*, qui doivent bientôt paraître : ils répandront probablement une plus grande lumière sur la vie de cet homme remarquable. M. A. Schindler a récemment publié une brochure allemande, intitulée : « Beethoven à Paris », dans laquelle il rend compte de la littérature musicale à Paris. Comme en général les Allemands ne sont pas prodigues de louanges à l'égard des Français, et que, s'ils en font, c'est que la force de la justice les y oblige, nous ne croyons pouvoir mieux compléter cette courte notice sur M. Blanchard qu'en donnant ici l'opinion de l'artiste allemand sur la littérature musicale à Paris, et sur les journaux qui s'en occupent, parce qu'elle donne en même temps une juste appréciation de la nature du talent de l'artiste et littérateur dont nous nous occupons. « .... Il existe à Paris deux journaux de musique proprement dits : la « Gazette musicale », sous la direction de M. Schlesinger, et la « France musicale », dont les propriétaires sont les frères Escudier; en outre la « Revue des Deux-Mondes », qui consacre des articles de haute critique à la musique, et trois ou quatre autres soi-disant petits journaux qui, du reste, traitent la musique et ses adeptes d'une manière peu digne de la mission qu'ils devraient remplir. La « Gazette musicale », cette publication qui date d'assez long-temps, est sans contredit, par ses rédacteurs tous spéciaux, une des premières de l'Europe, et fort répandue. Ses principaux collaborateurs sont : Henri Blanchard, Berlioz, Kastner, M. Bourget, Paul Smith, A. Specht, qui ont principalement la revue critique en partage. D'autres, comme Anders, Morel, d'Ortigue, R. Wagner, F. Martin, Lafage, etc., sont chargés d'articles qui ne doivent pas rester inconnus au monde musical allemand, étant d'un intérêt assez général et d'une haute tendance, savoir : enseignement et progrès dans le bon, le vrai et le beau dans une manière agréable. Cela me conduirait trop loin d'entrer dans une appréciation détaillée de chacun de ces hommes estimables, et surtout à l'égard des premiers, qui donnent l'impulsion à cette machine intellectuelle. — Ce n'est pas sans une conviction consciencieuse que nous plaçons M. Blanchard à la tête de cet aréopage, et auquel nous donnons M. Berlioz pour vice-président. M. Blanchard, dont la tête, physiquement parlant, a de la ressemblance avec celle de Beethoven, est un musicien savant et expérimenté, un valeureux champion du droit et de la vérité, marchant sans repos ni trêve vers le but qu'il se propose, et ne quittant la lice qu'alors que les saines

(*) Auteur de « Léo Burckardt », et autres ouvrages.

doctrines qu'il professe ont été solidement arborées. C'est pourquoi son style, quand il ne traite même que de matières d'apparitions ordinaires, se soutient toujours à une certaine élévation du sublime et du noble. Quand il envisage le sujet qu'il traite, la facilité, la diversité qu'il sait donner à son expression est admirable, et il n'a jamais besoin d'avoir recours au plagiat. Je ne crois pas que qui que ce soit puisse disputer à cet homme savant la place qu'il occupe, et à laquelle ses éminentes qualités du cœur et de l'esprit lui donnent droit. — M. Hector Berlioz n'est pas moins savant et versé en musique, pas moins un combattant de la vérité et de la justice, mais sans la conséquence et la logique rigide de M. Blanchard. Il n'est pas rare que, dans ses articles, il prenne de trop grands élans ; il aime les déductions historiques, qui ne sont pas toujours bien solides; il perd trop souvent de vue son but, et partant il n'est pas toujours sûr de l'atteindre. Ses articles s'en ressentent, et quoique brillants de style et assez spirituels, ils pourraient être plus concis; alors ils auraient incontestablement une plus grande valeur et seraient mieux goûtés. Mais, ce que nous regrettons le plus, c'est que M. Berlioz n'ait pas reçu son éducation musicale en Allemagne. Comme créateur dans son art, avec tant de savoir, tant de consistance et avec une force de volonté si rare, M. Berlioz aurait pris une tout autre direction : l'estime de tous les meilleurs juges ne lui aurait pas manqué, et ses œuvres seraient allées à la postérité. N'accusons, du reste, que des circonstances indépendantes de la volonté de M. Berlioz si les choses en sont ainsi ; car c'est lui qui a entouré sa vie et son génie des événements romantiques et contrariants qui pesèrent sur lui pendant les années de ses études, et qui portent aujourd'hui des fruits d'une forme étrange et désagréable, et d'un goût bizarre.

OUVRAGES DE M. H.-L. BLANCHARD.

I. Avec M. *J. Mallian :* Camille Desmoulins, ou les Partis en 1794, drame historique en cinq actes [et en prose]. Paris, Barba, 1831, in-8 de 88 p. [3 fr.].

II. Biographie des compositeurs contemporains. Henri Montan Berton, membre de l'Institut. [Extr. du Monde dramatique]. Paris, de l'impr. de Locquin, 1839, in-4 de 8 pag.

BLANCHARD, pharmacien.

— Pharmacie [petite] domestique, contenant, etc. Paris, Audot, 1828, deux cahiers in-18, ensemble de 192 pag. [2 fr.].

La petite Pharmacie domestique de M. Blanchard contient, suivant le titre, « la préparation des médicaments et l'indication des premiers secours à donner aux malades. » L'ouvrage est divisé en trois sections : la première est un vocabulaire indispensable et une table de substances médicamenteuses simples; la seconde traite de la préparation des médicaments composés, et la troisième est un mémorial pharmaceutique où l'auteur devient médecin, et pense que ses lecteurs pourront aussi exercer cet emploi d'humanité dans des cas facilement reconnus, sévèrement limités. Cette confiance ne peut être blâmée comme trop téméraire ; des médecins renommés ont eux-mêmes publié des médecines populaires, et permis de venir au secours des malades, leur livre à la main : il ne peut être qu'utile et louable de propager leurs préceptes et de les seconder dans le bien qu'ils ont voulu faire.

— La même, en espagnol, sous ce titre : Farmacia casera, que contiene, etc., traducida al castellano. Paris, rue du Temple, 69, 1830, 2 vol. in-18, ensemble de 276 pag.

BLANCHARD [Jean-François].—Méthode de danse, du port et du maintien de tout le corps. Paris, Pigoreau, 1829, in-12 [4 fr.].

BLANCHARD [J.-B.], receveur des finances à Brives [Corrèze].

I. Droits [des] sur les boissons, des moyens de les réduire et de supprimer les exercices en assurant au tresor les mêmes produits; observations soumises à S. E. le ministre des finances, le 13 octobre 1829. Paris, de l'impr. de Guiraudet, 1829, in-8 de 16 pag.

II. Cautionnements [des] et de leur conversion en rentes ou en immeubles. Paris, de l'impr. de Moessard, 1830, in-8 de 28 pag.

III. Impôt [de l'] sur les boissons et particulièrement sur les vins. Paris, de l'impr. de Guyot, 1830, in-8 de 36 pag.

BLANCHARD [Maurice]. — Mes Souvenirs, poésies. Saint-Omer, de l'impr. de Vaneslandt, 1832, in-12 de 158 p., plus une lithographie [2 fr.].

BLANCHARD. — De l'Influence de l'ignorance et de la misère sur la santé publique. Montpellier, et Paris, J.-B. Baillière, 1833, in-8 [2 fr. 50 c.].

Non annoncé par la « Bibliographie de la France »:

BLANCHARD [Émile]. — Manuel du coloriste, ou Instruction complète et élémentaire pour l'enluminage, le lavis et la retouche des gravures, images, etc.; par *A.-M. Perrot*; revue et augm. par *E. Blanchard*. Paris, Roret, 1834, in-18, avec 3 planches [2 fr. 50 c.]:

Une autre édition, publiée en 1840, porte pour noms d'auteurs : MM. BLANCHARD, PERROT et THILLAYE.

II. Histoire naturelle des insectes orthoptères, nevroptères, hémiptères, hyménoptères, lépidoptères et diptères; par M. *Em. Blanchard*, avec une Introduction, par M. *Brulé*. Paris, Duménil, 1840-41; 3 vol. in-8, avec 150 planch. [en noir, 26 fr., et fig. coloriées, 46 fr.].

Formant les tomes XIV à XVI d'un « Cours complet d'histoire naturelle ».

BLANCHARD [P.], poëte artisan, ancien tisserand, aujourd'hui cabaretier à Angers; né en 1779 aux Gardes, bourg du département de Maine-et-Loire.

— Fables en vers. Paris, Schwartz et Gagnot, 1836, in-12 [3 fr.].

BLANCHARD, éditeur des Écrits divers de M. *P.-L. Boursaint*, conseiller d'État, membre du conseil d'amirauté, directeur au ministère de la marine et des colonies, etc. Paris, de l'imprimerie de Bourgogne, 1837, in-8.

BLANCHARD.—Avec M. *A. Dauzats*: San Juan de Ulua, ou Relation de l'expédition française au Mexique, sous les ordres de M. le contre-amiral Baudin. Paris, Gide, 1840, in-8 orné de 52 gravures sur bois.

L'ouvrage a paru, divisé en 18 livraisons, à 2 fr. 50 c. l'une.

BLANCHARD DE BONNETABLE [l'abbé]. — Gonzague, ou les Épreuves et le prix de la piété. Histoire chrétienne. Paris, de l'impr. de Decourchant, 1835, in-32 de 64 pag.

BLANCHARD DE LA MUSSE [François-Gabriel-Ursin], poëte, avant la révolution conseiller au parlement de Bretagne, depuis, et successivement, commissaire du pouvoir exécutif près le tribunal de Trèves, juge au tribunal de première instance de Nantes, juge d'instruction d'abord dans la même ville, puis au Mans; l'un des fondateurs de l'Institut départemental de la Loire-Inférieure, plus tard Société royale académique de Nantes, est né à Nantes [Loire-Inférieure] au mois de décembre 1752. Il fit ses études avec le plus grand succès au collége de cette ville, et les termina sous Delisle de Sales, auteur de nombreux ouvrages de littérature et de philosophie [Voy. notre *France littér.*, t. II, p. 456-59]. Le maître et le disciple se convenaient; ils se lièrent d'amitié, et ce mutuel attachement a subsisté sans altération pendant plus d'un demi-siècle, c'est-à-dire jusqu'à la mort de Delisle de Sales. Destiné par le vœu et par les antécédents de sa famille à la magistrature, Blanchard de la Musse alla faire son droit à Rennes, et quelques années plus tard il entra au parlement de Bretagne, où son oncle, le marquis Du Bois de la Musse, avait long-temps siégé en qualité de conseiller. La révolution, après avoir renversé les institutions, attaqua les personnes, et Blanchard de la Musse, malgré son entière soumission aux lois, fut compris dans la proscription en sa double qualité de noble (*) et de membre du parlement. Il parvint bien, pendant quelque temps, à se soustraire aux recherches des agents révolutionnaires; mais enfin il fut arrêté et jeté dans les prisons de Nantes : ses titres suffisaient pour le conduire à l'échafaud : le 9 thermidor le sauva. Rendu à la liberté, il chercha à se procurer un emploi qui pût le préserver des persécutions auxquelles son origine noble le laissait toujours exposé : il réussit en effet à se caser dans une commission de subsistances, et les services qu'il y rendit assurèrent sa tranquillité. L'ordre se rétablissant sous l'influence du Consulat, il songea à rentrer dans la magistrature, et fut nommé commissaire du pouvoir exécutif près le tribunal de Trèves; il exerça ces fonctions pendant un ou deux ans, et contribua beaucoup, par son esprit

(*) Nous avons entendu l'un de ses parents lui donner le titre de comte.

de conciliation, à rallier au gouvernement les autorités de ce pays nouvellement réuni à la France. Ayant appris qu'une place de juge vaquait dans sa ville natale, il la sollicita, l'obtint, et quitta Trèves pour venir siéger au tribunal de première instance de Nantes. En 1798, Blanchard de la Musse fut l'un des fondateurs de l'Institut départemental de la Loire-Inférieure; il fut élu trois fois président et deux fois secrétaire-général de cette société dont il était l'un des membres les plus laborieux; il contribua autant qu'aucun de ses collègues à donner de l'éclat aux séances publiques et à enrichir les recueils de cette société. Lors de la réorganisation judiciaire de 1811, Blanchard de la Musse fut nommé aux fonctions de juge d'instruction, il les remplit avec distinction jusqu'à la fin de 1815, époque à laquelle il fut éliminé comme les autres membres du tribunal, parce qu'ils n'avaient pas abandonné leurs siéges pendant les cent-jours. Les deux chefs de cette compagnie, si recommandables par leurs vertus et leur haute capacité, MM. Gandon, président, et Félix Gédouin, procureur du roi, ne furent pas épargnés. La politique aveugle et ombrageuse de l'époque qui entreprenait de ramener les ténèbres sur notre patrie, d'y faire taire la voix de la science et de la raison, ne s'arrêta pas là pour ce qui regardait la ville de Nantes : la peur d'entendre le langage de la vérité lui fit fermer les portes de l'Institut du département de la Loire-Inférieure, et condamner ses membres au silence. Blanchard de la Musse se retira sans bruit du palais et de l'Académie, ainsi que ses collègues, et chercha dans le commerce des Muses à se consoler de sa disgrâce. Il avait de bonne heure cultivé la poésie (*) et lui est resté fidèle jusqu'à sa mort. La poésie était pour lui le délassement des études graves que lui imposait le devoir. Son goût l'avait porté aux compositions légères, à ce genre moins facile qu'on ne pense, qui semble être d'instinct et sera toujours en honneur chez la nation la plus spirituelle et la plus galante de l'Europe. Les études solides qu'il avait faites préservèrent Blanchard de la Musse du papillonage, du coloris faux et du style prétentieux de l'école de Dorat. Chez lui le rhythme et l'harmonie offrent la même plénitude de sens, la même correction, le même air de facilité, la même clarté que la meilleure prose, avec plus de hardiesse dans les figures et plus d'énergie dans l'expression. Il n'a pas pris le mécanisme de la versification qui n'est que l'instrument de la poésie pour la poésie elle-même. Il savait que la poésie n'est un art que quand toutes les difficultés de ce mécanisme sont surmontées au point de ne pas laisser apercevoir le travail qu'elles ont coûté. La plupart des productions de Blanchard de la Musse brillent par des accents purs et vrais, par la grâce des pensées, la richesse des images, la variété des tours et l'allure aisée d'un style qui semble couler de source et sans aucun effort. Pendant près de cinquante ans ce poëte a alimenté d'un très-grand nombre de pièces de vers « l'Almanach des Muses », le « Chansonnier des Grâces », les journaux littéraires qui se sont publiés pendant la révolution et depuis, les deux recueils de la société dont il avait été l'un des fondateurs et des premiers membres : toutes les pièces que l'on connaît de lui justifient les éloges que nous venons de faire de ses productions, parmi lesquelles on a remarqué plus particulièrement des *Stances* sur l'influence des arts, sur la fatalité, sur les délateurs; des *Épîtres philosophiques* à un très-grand nombre d'hommes de lettres; des *Madrigaux*, des *Chansons*, et, parmi celles-ci, ses couplets *sur les genoux*, *sur les diverses périodes de la vie d'une femme*. Ses *Stances sur l'Influence des arts, sur*

(*) Ersch, tome II, p. 442, de sa France littéraire, cite d'un comte de la Musse un *Stanislas-Auguste*, *drame en trois actes*, qu'il présente comme ayant été imprimé en 1775, in-8. Nous n'avons jamais vu cette pièce, et pourtant nous ne voulons point présenter cette assertion comme erronée. Blanchard de la Musse a-t-il composé un drame sous le titre de *Stanislas-Auguste ?* Voilà ce dont nous doutons. M. Guillet, de Nantes, dans une notice sur son compatriote qu'il a lue à la Société royale académique de Nantes, en 1837, et dont nous avons extrait celle-ci, n'eût pas manqué de rappeler le premier et le plus capital des ouvrages de Blanchard de la Musse, et il n'en a fait aucune mention. Ersch a donc dû nécessairement errer sur l'un ou l'autre point.

le bonheur et la civilisation des hommes, et quelques autres, prouvent qu'il aurait pu facilement prendre un vol plus élevé. Lorsque, en 1816, les passions se calmèrent, le gouvernement sentit la nécessité de rappeler les hommes utiles que l'esprit de parti avait écartés, Blanchard de la Musse fut nommé de nouveau aux mêmes fonctions de juge instructeur près le tribunal du Mans. Il les exerça avec le même zèle qu'il l'avait fait à Nantes. C'est alors aussi que Blanchard de la Musse, n'ayant cessé de joindre ses efforts à ceux de MM. Fouré, Frétaud et autres anciens membres de l'Institut départemental, parvinrent au rétablissement de leur société, sous la dénomination de Société royale académique de Nantes et du département de la Loire-Inférieure. Deux ou trois ans après sa nomination de juge d'instruction au Mans, un commencement de surdité lui faisait un devoir de les abdiquer; il quitta la carrière magistrale qu'il avait parcourue avec honneur jusqu'au moment où les infirmités lui firent un devoir de songer à la retraite. Il menait à Nantes une vie paisible et retirée quand la mort de son épouse le jeta dans un douloureux isolement. L'année suivante, en 1822, il voulut, pour se distraire, revoir la ville de Rennes, où il n'était pas allé depuis long-temps. Il y trouva d'anciens amis qui le déterminèrent à rester près d'eux; il habita successivement la petite ville de Montfort-sur Men et Rennes, où il a terminé sa carrière en mars 1836, à l'âge de quatre-vingt quatre ans. Nous avons dit que jusqu'à sa mort il avait cultivé la poésie : deux mois avant ce triste événement, on lisait à la Société royale académique de Nantes, une pièce de vers qu'il y avait envoyée peu de temps auparavant, intitulée : *Regrets d'un nonagénaire*, vers pleins d'une douce mélancolie, et dans lesquels cet aimable vieillard exprimait les regrets que lui inspiraient un regard jeté sur le passé de sa vie et la revue des amis qu'il avait perdus. Blanchard de la Musse avait été en commerce littéraire et d'amitié avec Florian, Parny, Bertin, Andrieux, Daru, Fontanes, Picard, et avec tous ceux qui, parmi ses compatriotes, ont cultivé les lettres, les sciences et les beaux-arts : il se trouvait malheureux de tant tarder à aller rejoindre ses amis. M. Lorgeril, jeune poète breton, adressa au vieillard, en réponse à ses « Regrets », des Stances dans lesquelles l'auteur cherchait à relever le courage du vieux prêtre d'Apollon, et à ranimer son luth qui menaçait de se taire. Ces deux dernières pièces ont été imprimées dans le recueil de la Société royale académique de Nantes. — Édouard Richer [voyez ce nom], son ami, s'était chargé de faire parmi les œuvres de Blanchard de la Musse, un choix, et d'en surveiller l'impression; mais l'éloignement du poète, qui vivait alors à Rennes, les travaux importants de Richer, et l'état de souffrance où se trouvait continuellement cet estimable écrivain, enlevé si jeune encore à la science et à ses amis, ont empêché l'exécution de ce projet. Nous connaissons de Blanchard de la Musse les opuscules suivants, qui ont été imprimés séparément.

I. Promenades à Carq*** [Carquefous], département de la Loire-Inférieure [en prose et en vers], adressée à madame***. Nantes, sans date, in-8 de 31 pag.

II. De l'Influence des arts sur le bonheur et la civilisation des hommes. Paris, Solvet, 1801, in-8.

III. Notice sur M. Graslin [l'un des bienfaiteurs de la ville de Nantes]. Nantes, 1816, in-8.

BLANCHART [madame Victorine].— Essais poétiques. Paris, Delaunay, 1829, in-8 de 32 pag.

BLANCHE [Esprit], docteur en médecine, propriétaire et directeur d'une maison de santé renommée, à Montmartre, près de Paris (*), né à Rouen [Seine-Inférieure], le 15 mai 1796, a fait ses études à l'Ecole de médecine de

(*) Cette maison a reçu des infortunes de tous les genres. Madame de La Valette, de si touchante mémoire, y reçut long-temps les soins les mieux dirigés. Le malheureux Chauvet, victime, il y a environ vingt ans, d'une erreur judiciaire, y recouvra la santé et y trouva une généreuse hospitalité; le critique L. Béquet, du Journal des Débats, y a été traité; enfin, si Monrose a été rendu quelque temps à la scène française, c'est aux soins du docteur Blanche, son ami, que les arts en sont redevables.

Paris, où il a été reçu docteur, le 15 août 1819. Il paraissait, par sa thèse *sur les anévrismes du cœur*, s'être spécialement attaché à l'étude pathologique de cet organe; toutefois, ses principaux travaux avaient été relatifs à l'aliénation mentale. Il avait été dirigé, dans ses premières observations, par l'exemple et les conseils de son père, médecin de la maison des aliénés du département de la Seine-Inférieure; aussi, dès 1821, fonda-t-il en quelque sorte l'établissement de Montmartre qui, avant de lui appartenir, recevait toute espèce de malades, et qu'il consacra d'une manière absolue aux affections mentales. C'est là que, donnant aux principes de Pinel une extension qu'ils n'avaient encore reçue nulle part, il adopta une méthode de traitement basée toute entière sur cette idée que, si les aliénés doivent être isolés dès le début de leur maladie, cet isolement, considéré sous le point de vue de leur guérison, doit être de courte durée, et avoir pour but non de les plonger dans la tranquillité de la vie solitaire, mais de les placer au sein d'une famille nouvelle dont la sollicitude éclairée et les soins incessants puissent opérer sur leurs idées une révulsion favorable, et conserver en eux cet instinct des habitudes sociales dont la perte est le plus grand malheur qui puisse les frapper. Le succès a fréquemment répondu à l'attente du praticien philantrope, qui, pour compléter son œuvre et assurer le triomphe de sa méthode, eût dû descendre dans l'arène armé de tableaux statistiques, et non de personnalités parfois brutales et offensantes envers un confrère, le docteur Leuret [voy. ce nom], dont il reconnaît le mérite, puisqu'il le combat, et que même il se donne parfois, à son égard, le tort de la provocation : nous faisons allusion à la brochure de M. Blanche sur le *Danger des rigueurs corporelles dans le traitement de la folie*, travail dont nous sommes loin de contester le mérite, mais dans lequel l'auteur semble trop souvent descendre au ton de la dispute, qui ne saurait jamais être celui de la discussion.

La raison qui s'emporte a le tort de l'erreur.

Du reste, l'Académie royale de médecine s'est prononcée en faveur de M. Blanche, en déclarant, par l'organe de MM. Esquirol et Pariset : « qu'adopter, » à l'égard des aliénés, un système de » conduite où domine la rigueur, c'est » se préparer les plus cruels mécomp- » tes. » Animé du même esprit qui lui avait inspiré son premier écrit, M. Blanche a publié, en 1840, un mémoire dans lequel il a esquissé à grands traits l'*État actuel de nos connaissances sur le traitement de la folie*, rendant hommage aux importants travaux de ses devanciers, et désignant avec franchise les points par lesquels ses vues pratiques diffèrent soit des leurs, soit de celles de ses compétiteurs. Néanmoins, cet écrit a encore été publié à l'occasion de l'ouvrage du docteur Leuret, médecin de l'hospice de Bicêtre, intitulé : « Du traitement moral de la folie », et pour combattre le système de ce dernier. En 1834, le docteur Blanche a été nommé chevalier de la Légion-d'Honneur; l'année suivante il fut attaché au service des hôpitaux de Paris [hospice des Incurables, hommes, section des enfants, aliénés]. Nous ne connaissons du docteur Blanche que les deux écrits suivants :

I. Du danger des rigueurs corporelles dans le traitement de la folie. Paris, Gardembas, 1839, in-8 de 64 pag.

II. De l'état actuel du traitement de la folie en France. Paris, Gardembas, 1840, in-8 de 66 pag.

BLANCHET [Augustin], poète, né à Rives [Isère].

I. Voyage à Parménie. Lettre à M*** [en prose et en vers]. Sans lieu d'impression, ni date, in-12 de 11 pag.

II. Peu de chose ou rien, colifichet littéraire. Paris, 1803, in-12.

III. Poésies. Paris, Léopold Collin, 1805, in-12.

Volume qui, présenté au chevalier de Parny, valut à son auteur une réponse flatteuse de cet aimable poète.

IV. *Poésies diverses; par M. A. B. Paris, de l'impr. de Herhan, 1812, in-8 de 48 pag.

V. * Terreur [la] blanche, poëme héroï-comique en cinq chants. 1815 et 1816. Grenoble, de l'impr. de David, 1819, in-8 de 47 pag.

Ce poëme, dirigé contre les royalistes de 1815, a été analysé dans le Journal libre de

Grenoble [30 décembre 1819]. On en trouve un fragment dans l'Écho des Alpes [1819, t. II, p. 45-47].

M. Blanchet a fait insérer quelques morceaux en prose et en vers dans le Journal de Grenoble. Nous citerons les suivants : *Élégie à M. G**** [1801, n° 578] ; — *Sur le Cours de littérature de La Harpe* [1811, n° du 14 août]; — *Hymne dauphinois* [1814, n° du 14 février], etc., etc.

M. A. Blanc passe pour être l'auteur d'une Réponse imprimée du « Domine salvum fac regem », publié, en 1819, par M. Jayet-Fontenay, sous la désignation d'un patriote.

C. DE B.

BLANCHET [P.-H.]. — I. Avec M. *A.-D. Lourmand* : Cours méthodique de géographie élémentaire. Paris, Lourmand ; Dondey-Dupré père et fils ; Bachelier, 1825, in-12 [5 fr.].

II. Compléments de mathématiques spéciales. Méthodes pour la discussion des courbes algébriques de degrés supérieurs, donnés par les équations résolues. Paris, Hachette, 1838, in-8, plus 4 pl. [5 fr.].

BLANCHET, avocat à la Cour royale de Paris.

— Plaidoyer [son] contre le président de la république d'Haïti, devant le tribunal civil du Hâvre, audience du 3 mai 1827, M. Ourcel président. Paris, de l'impr. de Gaultier-Laguionie, 1827, in-8.

BLANCHET [Alp.-J.].— Quatre Marseillaises. Paris, Leroux, 1831, in-8 de 32 pag.

BLANCHET [Hector], de Rives [Isère]. — Saint-Gelin-de-Ras. Mort du dauphin Guignes VIII devant le château de la Perrière. — Impr. dans la Revue du Dauphiné, t. V, pag. 154 à 164 [1839]. Il y en a eu cinquante exemplaires tirés à part.

BLANCHET [S.-A.]. — Code administratif, ou Recueil méthodique des lois et ordonnances, actuellement en vigueur, sur l'administration et le contentieux. Paris, Dupont ; Joubert, 1839, in-8 [8 fr.].

BLANCHETON [André-Antoine], né en 1784, à Clermont-Ferrand [Puy-de-Dôme], et fils d'un chirurgien distingué de cette ville, fit ses premières études sous les yeux de son père, et vint ensuite achever à Paris son éducation médicale. Les succès qu'il obtint dans plusieurs concours furent sanctionnés par la part qu'il eut, chaque année, aux prix décernés par la Faculté. Joignant l'étude de la chimie à celle de la médecine, il obtint, en 1806, le prix accordé à la première de ces deux sciences par le ministre de l'intérieur. Reçu docteur en médecine à vingt-trois ans, il partit en qualité de médecin de première classe pour les armées. Dans la campagne d'Autriche, en 1809, les différents hôpitaux militaires de Znaïm, Krems, Bamberg et Bois-le-Duc, où il eut occasion d'exercer, se trouvant attaqués du typhus contagieux, il put y déployer son zèle et son savoir, et mérita, par l'importance de ses services, l'estime de Masséna, auprès duquel il fut employé, lors de l'expédition de Portugal, en qualité de médecin de son quartier-général. Il fut à même de combattre de nouveau, dans ce pays, les ravages du typhus dans les hôpitaux de Torres-Novas, dont il finit par être atteint lui-même, et reçut la décoration de la Légion-d'Honneur en récompense des services qu'il rendit aux blessés sur le champ de bataille de Bassaco. De retour en France, en 1811, époque où des maladies épidémiques se manifestaient dans diverses communes des environs de Paris, il fut chargé d'en diriger le traitement, et obtint de si heureux résultats qu'il fut nommé, en 1812, l'un des médecins des épidémies du département de la Seine. Ses secours ne se bornèrent pas à des Français, ils s'étendirent aussi à différents officiers russes qu'il traita avec un zèle qui lui mérita, de la part d'Alexandre, la décoration de l'ordre de Saint-Wladimir de 5e classe. Le docteur Blancheton a publié, en 1818, un *Essai sur l'homme considéré dans ses rapports géographiques*. C'est une idée susceptible d'une foule de développements dont il n'avait cessé de s'occuper depuis cette époque : son but était de réunir en un seul tableau tous les faits qui, dans l'étude de l'homme, peuvent se rattacher aux sciences médicales, en le considérant dans le sens de ses races, de leurs variétés, sous le rapport de ses relations avec le milieu qu'il habite, et des agents extérieurs qui développent, altèrent ou modifient son être ; enfin dans les degrés de la civilisation et les diverses conditions sociales qui lui furent imposées par les législateurs ou les nombreuses sectes religieuses qui ont existé ou existent encore. Le docteur Blancheton fut le premier qui donna les secours de son art à l'infortuné duc de Berry, lorsque ce prince eut reçu le coup de poignard que lui porta Louvel. Ce service lui valut d'être nommé médecin consultant du roi, fonctions qui ne tardèrent pas à être purement honoraires, car il eut le malheur de perdre la vue. Mais si son infirmité ne lui permit pas de terminer sa vie dans la pratique de son art, il la termina du moins par une grande publication, très-difficile dans son affligeante position, les *Vues pittoresques des principaux châteaux et des maisons de plaisance des environs de Paris et des départements*. L'ouvrage n'était pas encore fini d'imprimer lorsque la mort le surprit, le 13 août 1830, à Paris. Une des dernières livraisons posthumes parut avec une Notice sur la vie de l'auteur, par son compatriote et son ami M. Breschet. Blancheton souffrait déjà depuis long-temps lorsqu'arriva la révolution de juillet qui détruisit en lui toutes les sources de la vie. Il était très-attaché à la branche aînée des Bourbons; le bruit de l'artillerie dans les trois journées lui fit éprouver une commotion fatale, et dès lors il prévit la fin de ce drame liberticide et populicide. Le chagrin qu'il en ressentit l'acheva.— Outre les ouvrages dont nous avons déjà parlé, le docteur Blancheton avait aussi conçu le plan d'une comédie de caractère et d'une tragédie, et plusieurs actes étaient depuis long-temps achevés; mais sa santé s'altérant de plus en plus, il fut bientôt hors d'état de composer.

OUVRAGES DE ANDRÉ-ANT. BLANCHETON.

I. Essai sur l'homme, considéré dans ses rapports géographiques. Paris, impr. de Didot jeune, 1808, br. in-4.

II. Souvenirs d'un aveugle : l'Illusion et la patrie [deux pièces en vers.] Paris, Ladvocat, 1827, in-8 de 16 pag.

III. Vues pittoresques des principaux châteaux et des maisons de plaisance des environs de Paris et des départements, lithographiées par MM. Bourgeois, Bouton, Bichebois, Cicéri, Daguerre, Deroy, Enfantin, Jouy, Auguste Regnier, Renoux, Villeneuve, etc., avec un texte historique et descriptif, rédigé par A. Blancheton. Paris, de l'impr. de F. Didot; l'Auteur; F. Didot; Motte; Bossange père, 1826-31, 30 livraisons formant 2 vol. gr. in-fol., ensemble de 82 feuilles de texte, de 141 planches et deux frontispices.

Les livraisons, inégales tant dans le nombre de feuilles de texte que dans celui des planches, a coûté aux souscripteurs : sur demi-jésus satiné, 15 fr.; sur papier de Chine, 30 fr., et sur grand format papier de Chine, 60 fr.

BLANCHIN [Jean-Baptiste], ancien oratorien à Lyon, ancien professeur, auteur de plusieurs ouvrages à l'usage des classes, mort, dans un âge très-avancé, à Lagnieu [Ain], le 19 janvier 1836. Nous connaissons de lui :

I. Disciple [le] de Lhomond, ou Recueil des phrases qui ont rapport aux différentes règles contenues dans les Éléments de la grammaire latine de Lhomond. Lyon, Maillet, et Paris, L. Saint-Michel, 1810, 2 vol. in-12. — VIe édit. Lyon, Guyot, 1840, 2 vol. in-12.

La première édition qui parut en 1810 et les trois suivantes, portent pour nom d'auteur : J. B. B., bachelier ès-lettres, ci-devant membre de la congrégation de l'Oratoire. A partir de la Ve édition, revue et corrigée, et publiée en 1832, ce livre porte le nom de son auteur.

— Le même ouvrage, traduit en latin, par l'auteur même. Lyon et Paris, le même, 1823, 2 vol. in-12 [4 fr.].

II. Éléments de géographie, à l'usage de la jeunesse de l'un et de l'autre sexe; par M. J.-B. B***. Lyon, Ét. Savy, 1816, in-12.

III. Petit [le] Élève de Lhomond, ou le petit Frère du Disciple de Lhomond. Lyon, Maillet, 1813, in-12. — VIIIe édition, sous ce titre : le petit Élève de Lhomond, ou nouveau petit Cours de thèmes calqués sur les règles du rudiment de Lhomond [avec un petit Dictionnaire]. A l'usage des élèves de huitième, de septième et de sixième. Paris, J. Delalain, 1839, in-12 [3 fr.].

Les trois ou quatre premières éditions ont été publiées avec les mêmes qualités que sur le Disciple de Lhomond, et les suivantes avec le nom de l'auteur. Dès la IIIe édition, il avait été apporté au titre la modification que nous donnons à la huitième.

IV. Corrigé du petit Élève de Lhomond, par l'auteur même. Paris, le même, 1822, in-12 [3 fr. 50 c.].

V. Nouvelle Cacographie historique,

morale et religieuse. Lyon, et Paris, Périsse frères, 1830, 1834, 1835, in-12.

VI. Corrigé de la nouvelle Cacographie historique, morale et religieuse. Lyon, Périsse frères, 1830, in-12 de 168 pag.

BLANDET [Émile], alors élève externe de la Charité, depuis docteur en médecine. Son père a été attaché à plusieurs hôpitaux de Paris : à la Charité, comme directeur ; à l'Hôtel-Dieu, comme économe : il est aujourd'hui directeur de l'hôpital Saint-Antoine.

— *Romantiade [la], poème lunatique, dédié à MM. les gens de lettres. Signé Satyricon, membre correspondant du défunt Hélicon. [Chant Ier.] Es presses pantagruéliques de feu Alcofribas. A Micromegalopolis, capitale royaume de la lune [Paris, de l'impr. de F. Didot], 1839, in-12 de 24 pag.

C'est ainsi que son titre l'indique, une satire en vers contre les chefs de l'école romantique. L'auteur promettait un second chant, qui n'a pas paru.

BLANDIN [Ph.-Fréd.], chirurgien du roi, professeur de médecine opératoire à la Faculté de médecine de Paris, chef des travaux anatomiques de la même Faculté, médecin-chirurgien de l'Hôtel-Dieu, membre de l'Académie royale de médecine.

I. Traité d'anatomie topographique, ou Anatomie des régions du corps humain, considérée spécialement dans ses rapports avec la chirurgie et la médecine opératoire. Paris, madame Auger-Méquignon, 1826, in-8 avec un atlas de 12 planches et texte [14 fr., et avec les planches sur pap. de Chine, 20 fr.]. — Sec. édit., augmentée. Paris, J.-B. Baillière, 1834, in-8, et Atlas in-fol. de 20 planches [23 fr., et avec les planches color., 40 fr.].

II. Additions à l'Anatomie générale de Bichat, avec celles publiées précédemment par Béclard. Paris, Chaudé, 1830, in-8, avec 8 pl. [7 fr.].

III. Des Plaies d'armes à feu dans les articulations. Paris, 1833, broch. in-4 [1 fr. 25 c.].

IV. Parallèle entre la taille et la lithotritie. Paris, Germer-Baillière, 1834, in-8 [3 fr. 50 c.].

V. Autoplastie, ou Restauration des parties du corps qui ont été détruites, à la faveur d'un emprunt fait à d'autres parties plus ou moins éloignées. Paris, Germer-Baillière, 1836, in-8 [4 fr. 50 c.].

VI. Anatomie du système dentaire, considérée dans l'homme et les animaux. Paris, Baillière, 1836, in-8 [4 fr. 50 c.].

VII. Nouveaux Éléments d'anatomie descriptive. Paris, Baillière, 1837-38, 2 vol. in-8 [16 fr.].

Cet ouvrage a été adopté, pour les dissections, dans les amphithéâtres d'anatomie de l'école pratique de la Faculté de médecine de Paris.

VIII. Des accidents qui peuvent survenir pendant les opérations chirurgicales, et des moyens d'y remédier. Thèse soutenue au concours pour une chaire de médecine opératoire en l'année 1841. Paris, de l'impr. de Locquin, 1841, in-4 de 204 pag.

M. le doct. Blandin est encore auteur d'articles imprimés dans le Dictionnaire de médecine et de chirurgie pratiques, etc.

BLANDIN [Pierre-Philippe], philantrope modeste, dont les services ont été pour la classe malheureuse beaucoup plus réels que ceux de tels grands personnages qui se sont bornés à faire à froid de la philantropie dans leurs écrits, est né à Saint-Pol de Léon, le 20 juin 1795. Il embrassa la carrière des armes à la fin de 1810, et la quitta en 1816, étant déjà sous-lieutenant d'infanterie. M. Blandin a été depuis lieutenant dans l'administration des douanes de 1817 à 1822, commis dans les bureaux de la marine, à Brest, de 1822 à 1824 ; employé au ministère de l'intérieur, sous M. de Corbière, de 1824 à 1828, et enfin secrétaire de la surveillance de la maison du roi et des princes jusqu'en juillet 1830. Pendant les cinq années qui suivirent, M. Blandin s'occupa de l'étude de l'histoire, de la législation sacrée et des langues ; il mûrit la pensée de moraliser la société par le travail, et d'éteindre la mendicité. Mettre les enfants en apprentissage et les surveiller, procurer des ouvriers aux maîtres et des maîtres aux ouvriers ; améliorer les mœurs relâchées dans les ateliers d'hommes et de femmes ; faciliter l'instruction gratuite aux jeunes gens peu fortunés que des dispositions particulières entraînent vers les sciences ; assurer des secours de toute nature aux vieillards et aux malades, secours matériels, secours spirituels, tel est le but que s'est proposé le fondateur de l'œuvre philantropique du concours d'amélioration sociale. Cette création remonte à l'année 1836. Non-seulement M. Blandin y a employé son temps et la fortune qui lui était survenue, mais encore il y a appelé toutes les illustrations européennes qui ont compris les bienfaits d'une institution de ce genre; les hommes religieux se sont montrés les premiers à y solliciter leur agrégation. Ainsi sa correspondance s'étend à l'étranger aussi bien qu'en France; car nous n'avons pu dire qu'une partie du bien que peut assurer l'OEuvre, attendu que tout ce qui touche à la morale et à la bienfaisance lui appartient. — M. Blandin n'a rien écrit, si ce n'est des pièces dans l'intérêt de la prospérité de son association de bienfaisance. — Pourtant, en 1835, il a annoncé la publication d'un livre intitulé : *le Club de Valois présidé par le duc d'Orléans. Son influence sur la révolution de 1789 et celles qui lui ont succédé jusqu'à nos jours; précédé de l'Origine de ces révolutions.* Cette publication devant remuer les passions, l'auteur la suspendit après la deuxième livraison, ensemble de 96 pages. L'ouvrage eut formé 5 volumes in-8 de 400 pag. chacun.

BLANGINI [Joseph-Marc-Marie-Félix], compositeur de musique, chevalier de l'ordre du S. Sépulcre, naquit à Turin, le 8 novembre 1781 *), où il fit ses études musicales sous l'abbé Ottani, maître de chapelle de la cathédrale de cette ville. Il était doué par la nature de toutes les dispositions nécessaires pour devenir un grand musicien. Dès l'âge de treize ans, il était organiste de la cathédrale de Turin; il avait quatorze ans lorsqu'il fit exécuter son premier ouvrage : c'était une messe à grand orchestre. Blangini vint à Paris en 1799, et ne tarda pas à s'y faire connaître par la publication de beaucoup de romances et de nocturnes, qui eurent beaucoup de succès, et s'adonna à l'enseignement du chant et à la composition dramatique; il donna de telles preuves de talent, qu'à dix-neuf ans on le chargea de terminer la *Fausse Duègne*, opéra-comique en trois actes, commencé par Della-Maria, et que la mort l'avait empêché d'achever; il le fit avec tant de succès que sa réputation s'en accrut encore. Dès lors il se livra tout entier à la composition, et fit plusieurs opéras tant pour l'Opéra-Comique que pour l'Académie royale de musique, entre autres *Zélie et Terville*, qui eut peu de succès, *Nephtali*, opéra en trois actes, qui fut joué, en 1806, à l'Académie de musique. Ses concerts, dans lesquels il s'accompagnait en chantant, étaient le rendez-vous de tous les connaisseurs et amateurs de musique. Il publia en même temps des romances françaises, des ariettes italiennes, avec accompagnement de piano, d'une si grande simplicité, qu'en Italie il fut surnommé l'Anacréon de la musique; des symphonies et des pièces fugitives, où la mélodie la plus suave et la plus facile se trouve jointe à une harmonie légère et savante; mais ce qu'il a fait de mieux ce sont ses nocturnes, remplis de charme et de sentiment. La renommée de Blangini s'étendit jusque chez l'étranger, et chaque souverain désirait se l'attacher. Il fut appelé en 1805 à Munich, où il fit représenter un opéra intitulé : *Encore un tour de Kalife*; le roi de Bavière le nomma son maître de chapelle. L'année suivante, la princesse Borghèse, sœur de Napoléon, le nomma directeur de sa musique et de ses concerts; en 1809, après le départ de Reichardt, le roi de Westphalie l'appela à Cassel et le nomma à sa place directeur-général de la musique de sa chapelle, du théâtre et de sa chambre. Blangini composa à la cour de ce prince plusieurs opéras français, ainsi que quelques chants d'église. Après la chute du royaume de Westphalie, en 1814, il retourna à Munich, et y reçut l'ordre de composer pour la cour l'opéra de *Trajano in Dacia*. Peu après, il revint à Paris, en 1815, et y continua ses travaux de composition; il y a successivement obtenu les titres de surintendant honoraire de la musique du roi, de compositeur de la musique particulière de S. M., et de professeur de chant à l'École royale de musique et de déclamation : il fut privé de ce dernier

(*) Et non le 19 novembre 1784, comme le dit la Biographie de Boisjolin.

emploi, en 1827, par un arrêté de M. le vicomte de La Rochefoucault. Ses ouvrages se composent de plus de deux cent *romances* en cinquante recueils; de presque autant de *nocturnes italiens* à deux voix, formant quarante recueils; de vingt recueils de *Canzonnetti* pour une et deux voix; de six *motets*; de quatre *messes* à quatre voix et orchestre, et des opéras suivants : 1° *la Fausse Duègne*, en trois actes, commencé par Della-Maria; 2° *Zélie et Terville*; 3° *le Naufrage comique*; 4° *les Femmes vengées*; 5° *Encore un tour de Kalife* [1805]; 6° *l'Amour philosophe*; 7° *la Fée Urgèle*; 8° *la Princesse de Cachemire*; 9° *la Sourde-Muette* [1815]; 10° *la Comtesse de Lamark*, en trois actes [1818]; 11° *la Fête des Souvenirs* [1818]; 12° *le Jeune Oncle*, en un acte [1820], et quelques petites pièces de circonstances, parmi lesquelles : 13° le *Projet de Pièce*, donné à l'Opéra-Comique, le 4 novembre 1826, pièce mauvaise de tout point, même en ce qui concerne la musique : le poëme était de M. Mely Janin. A l'Académie royale de musique : 14° *Nephtali, ou les Ammonites*, en trois actes [1806], qui a eu du succès; 15° *le Sacrifice d'Abraham*; 16° *Inès de Castro*; 17° *les Fêtes lacédémoniennes*. Ces trois derniers n'ont pas été représentés; 18° *Trajano in Dacia* [1814]; 19° *Marie Thérèse à Presbourg*, grande composition qui a été répétée en 1820, et qui n'a pas été représentée. Il y a eu aussi quelques petits opéras, composés par Blangini, qui ont été représentés au Théâtre des Nouveautés, dans les années 1828 et 1829. C'est vraisemblablement à cette époque qu'appartiennent sept pièces que n'a point citées M. Fétis dans sa Biographie universelle des musiciens : 20° *Chimère et Réalité*; 21° *la Saint-Henri*; 22° *le Duc d'Aquitaine*; 23° *Un premier pas*, opéra-comique en un acte; 24° *les Gondoliers*, opéra-comique en deux actes. Deux des dernières partitions musicales de Blangini ont été données sous le nom de l'artiste, non-seulement comme l'auteur de la musique, mais aussi comme l'un des auteurs des paroles : ces deux pièces sont : 25° avec M. Dartois : *Figaro, ou le Jour des noces*, pièce en trois actes d'après Beaumarchais, Mozart et Rossini [1827]; 26° avec M. Brisset : *Anneau de la Fiancée*, drame lyrique en trois actes [1828]; mais ici c'est, selon toute vraisemblance, une galanterie de la part des auteurs envers l'artiste qui leur prêtait l'appui de son talent. Quant aux *Souvenirs de Blangini*, 1797-1834, dédiés à ses élèves, et publiés par son ami Maxime de Villemarest [1834, in-8], chacun sait que ces Mémoires ont été composés d'après les entretiens et les notes de l'artiste par le prétendu éditeur. La « Gazette musicale », année 1835, n° 23, a donné un assez long examen critique de ces Mémoires qui ne sont pas toujours très-exacts. Blangini est mort à Paris vers la fin de décembre 1841. Peut-être trop tôt oublié, cet artiste méritait qu'on gardât le souvenir de quelques unes de ses compositions. Il y a de la grâce, de l'élégance, de l'expression dans ses nocturnes et dans ses romances. « Nephtali » n'est pas non plus un ouvrage sans mérite. —Blangini avait deux sœurs qui se sont également distinguées dans la composition musicale et comme cantatrices.

BLANQUI [Jean-Dominique], ancien conventionnel, né à Nice en 1757, fut élu député du département des Alpes-Maritimes, à la Convention nationale, lors de la réunion de ce département à la République française. Le 6 juin 1793, il signa la protestation contre la tyrannie de la Montagne, et les journées du 31 mai et suivantes, à la suite desquelles il fut compris parmi les soixante-treize députés décrétés d'arrestation, mais le 8 juillet 1795, il fut réintégré dans tous ses droits, et nommé membre du conseil des Cinq-Cents; il en sortit en 1797. Blanqui fut, au commencement de l'Empire, nommé sous-préfet de Puget-Teniers [Alpes-Maritimes]. Nous ignorons si après il a rempli quelques autres fonctions publiques. Il est mort à Paris en juin 1832, âgé de soixante-quinze ans. On lui doit l'ouvrage suivant :

— Mon angoisse de dix mois. 1794, in-8.

BLANQUI [Jérôme-Adolphe], fils aîné du précédent, économiste distingué, directeur de l'École spéciale du commerce et d'industrie de Paris, professeur d'économie industrielle au Conservatoire royal des arts et métiers, membre de l'Académie des sciences morales et politiques, section d'économie politique et de statistique, est né le 21 (*) novembre 1798, à Nice, alors chef-lieu du département des Alpes-Maritimes. Son père, homme d'un esprit droit et élevé, lui inspira de bonne heure l'amour du travail et d'une sage liberté. Placé en 1809, en qualité de boursier, au Lycée de sa ville natale (**), il y remporta tous les premiers prix de ses classes. Les événements de 1814 ayant obligé sa famille à quitter Nice, il vint à Paris, étant âgé de seize ans, et y termina ses études avec autant d'éclat qu'il les avait commencées. Dès mai 1818, M. Blanqui publia, sous le titre de *Réponse d'un Français catholique au terrible adversaire de M. le comte Lanjuinais* [in-8], une brochure sur le concordat qui annonçait des études fortes et sérieuses. Fils d'un père chargé de dix enfants dont il était lui-même l'aîné, M. Blanqui dut, au sortir du collége, songer avant tout à pourvoir à ses propres besoins. C'est ce qu'il fit en se livrant à la carrière de l'enseignement dans l'institution de M. Massin. Il y demeura plusieurs années, cumulant les fonctions de répétiteur d'humanités et de secrétaire. Malgré les nombreuses occupations de ce double emploi, il trouvait encore le temps d'apprendre plusieurs langues, d'étudier la médecine qu'il se proposait d'exercer un jour, et en même temps la chimie. Ce fut dans cette position qu'il fit connaissance de J.-B. Say, au fils duquel il avait eu, dans son professorat, l'occasion de donner des soins particuliers. Le célèbre économiste, frappé de la justesse de ses idées et de l'extrême facilité qu'il avait à s'assimiler toutes choses, et jaloux sans doute de recruter à la science qu'il professait un adepte intelligent et zélé, l'engagea à lire quelques ouvrages d'économie politique et à lui en donner son avis. Ce nouveau genre de travaux parut à M. Blanqui si plein d'intérêt, qu'il s'y adonna dès-lors avec ardeur. C'est ainsi qu'il fut initié comme par hasard à l'étude d'une science que jusque-là il soupçonnait à peine, et dans laquelle il ne devait pas tarder à se faire un nom. Une difficulté survenue entre lui et le chef de l'établissement auquel il consacrait ses soins, à la suite d'un voyage où, entraîné par le désir de voir, il avait dépassé de quelques jours le congé qui lui avait été accordé, décida de son avenir. Cédant à la fois à ses propres inspirations et aux conseils de Say, dont il s'était concilié l'intérêt et l'amitié, il résolut de renoncer à l'enseignement classique, et d'abandonner ses autres études; et, malgré plusieurs années d'efforts et de travaux sérieux, il les sacrifia au besoin de s'adonner tout entier à sa science de prédilection. Il n'eut pas lieu de se repentir du parti qu'il venait de prendre. Ce qui amena la difficulté entre MM. Massin et Blanqui fut le voyage que ce dernier fit à la fin de 1823, et dont il a publié la relation sous ce titre : *Voyage d'un jeune Français en Angleterre et en Écosse, etc.* [1824, in-8]. M. Blanqui a visité l'Angleterre en curieux qui veut voir beaucoup de choses en peu de temps, et qui n'est nullement jaloux d'en approfondir aucune en particulier. Il était alors de cette classe de voyageurs que les Anglais appellent touristes, gens allant faire un tour, une promenade en pays étranger. Nous avons dédaigné cette expression; les Anglais s'en sont emparés, comme ils ont fait souvent de nos découvertes. Qu'on ne demande donc pas à l'auteur de ce voyage un examen instructif et approfondi de ce qu'il a vu. Son but paraît avoir été seulement de rendre la manière dont il a été affecté, et de promener son lecteur avec lui parmi les hommes et des objets nouveaux. C'est un amateur instruit qui s'adresse aux jeunes gens et les fait voyager sans fatigue et à peu de frais. La « Revue encyclopédique », qui, dans son tome XXIV, a consacré treize pages à l'analyse de ce voyage, la termine ainsi : « Au total, cet ouvrage présente une lecture amusante et qui fait aimer l'auteur; on sent que, s'il n'a pas toujours raison, il est toujours de bonne foi et zélé pour le bien de son pays. » En 1825, sur la recommandation de son honorable pa-

(*) Et non le 4, comme le dit une biographie.

(**) Et non de Die, comme le dit une autre biographie.

tron Say, M. Blanqui obtint la chaire d'histoire et d'économie industrielle à l'Ecole spéciale du commerce, et dès le 2 février il prononça son *Discours d'ouverture du cours d'histoire du commerce* [1825, br. in-8]. La même année, il fut appelé à professer à l'Athénée royal de Paris, où ses leçons attirèrent un nombreux concours d'auditeurs. Les travaux du professorat, les voyages et les publications diverses n'empêchèrent pas M. Blanqui de payer son tribut à la presse périodique. Il fit, en 1825, ses premières armes de journaliste dans le « Journal du commerce », et, la même année, fut attaché à la rédaction du « Courrier français » dont il ne s'est point séparé depuis : ses articles brillent toujours par la forme et se distinguent d'une manière très-nette au milieu de ceux de ses collaborateurs. A la même époque, M. Blanqui, qui avait adopté quelques-unes des idées des saint-simoniens, prêta l'appui de son talent à l'un des journaux de ces novateurs, auquel, du reste, coopéraient aussi Armand Carrel et Aug. Comte, ce journal était intitulé « le Producteur » : le premier numéro porte la date du 1er octobre 1825. M. Blanqui a fourni au tome Ier de ce recueil, qui en forme cinq, huit ou dix articles sérieux où l'on trouve l'exposition de ses premières vues en économie politique. Ces articles sont : *De l'Amérique méridionale dans ses rapports actuels avec le continent européen; — De l'Influence des machines à vapeur sur la prospérité publique; — Considérations sur l'état de l'industrie et du commerce en Égypte; — Esquisse historique de l'origine et des progrès de l'économie politique; — Voyage philosophique et industriel dans le département du Var; — Ouverture du canal de jonction entre le lac Érié et la rivière d'Hudson; — Des États-Unis d'Amérique*, et quelques comptes-rendus de cours publics et d'ouvrages nouveaux (*). Mais peu de personnes savent que le « Figaro » lui dut, en 1829, les esquisses biographiques des députés qui valurent à ce journal un si prodigieux succès (*). Dans cette année 1825 M. Blanqui retrouvait une position supérieure à celle qu'il avait quittée en 1824, et il pouvait enfin, sans être obligé de se trop restreindre, satisfaire son goût pour ces voyages d'observations auxquels il se vanta lui-même de devoir ce qu'il vaut. Aussi n'a-t-il cessé, depuis lors, de prélever sur ses gains de chaque année la somme nécessaire pour subvenir aux frais d'une excursion plus ou moins longue, mais toujours intéressante pour la science. Ce n'est point, disait M. J.-B. Say, en 1825 (**), une vaine dénomination que l'école spéciale du commerce et d'industrie où M. Blanqui est professeur; on y apprend véritablement le commerce, et les élèves nombreux qu'on y envoie de tous les points de la France et des colonies montrent assez quels sont à cet égard les besoins du siècle. Elle remplit dans la vie des jeunes gens cette lacune qui se trouve entre les études classiques et l'exercice d'une profession lucrative; c'est-à-dire à peu près l'espace compris entre les âges de seize à vingt ans. Le directeur de l'école [qui en 1825 était M. Destaillades], ne s'en rapportant pas à ses seules vues pour la direction à donner aux études, s'est placé lui-même sous l'inspection d'un conseil de perfectionnement composé de savants, de jurisconsultes, de négociants, de manufacturiers distingués. M. Blanqui a eu occasion de prononcer, dans les séances publiques annuelles de ce conseil, des discours qui ont été remarqués par leur hardiesse et leur originalité, et qui sont empreints d'une haine profonde contre l'intolérance et le monopole commer-

(*) Les articles de ce genre sont ceux-ci : Sur l'ouverture des cours de chimie appliquée aux arts, de mécanique et d'économie industrielle, au Conservatoire des arts et métiers [n° 9]; — Sur le cours de chimie appliquée aux arts, de M. Clément Desormes [nos 10 à 19]; — Sur l'ouvrage de M. Moreau de Jonnès, intitulé « Du Commerce au XIXe siècle », en trois articles [nos 10, 12 et 20].

(*) Dès cette époque, et pendant vingt-cinq ans, M. Blanqui a retiré du journalisme tout le profit et l'honneur qu'il en voulait retirer; mais aujourd'hui qu'il n'en attend plus rien, que nous sommes arrivés à des temps plus difficiles que jamais, que la réaction gronde sur nos têtes, M. Blanqui demande : *Que signifient les journaux aujourd'hui ?*

(**) Revue encycl., t. XXVII, p. 835.

cial. La réunion de ces discours dont un surtout, consacré au parallèle de la civilisation en Angleterre, en France et en Espagne, produisit un grand effet dans le public, formera un tableau des progrès du commerce et de l'industrie en Europe dans ces derniers temps. Nous dirons successivement quelques mots de chacun des discours principaux de M. Blanqui aux dates où ils ont été prononcés. Le conseil de perfectionnement tint sa première séance le 15 juillet 1825. Le directeur de l'école spéciale du commerce, et ensuite l'inspecteur des études, firent un rapport sur le plan adopté pour l'enseignement, et M. le comte Chaptal, président du conseil, termina la séance par un discours propre à la circonstance ; mais le morceau qui fixa surtout l'assemblée, fut le discours que prononça M. Blanqui en sa qualité de professeur de l'école, *sur l'état actuel du commerce dans les deux mondes*. Dans l'impossibilité où nous sommes, dans une simple annonce, de faire connaitre tout ce que ce discours offre de saillant, nous en citerons au hasard le passage suivant : « Dix ans se sont à peine écoulés depuis le règne de la paix, et déjà l'Europe et l'Amérique ont changé de face. Le calme et le travail ont produit plus de vrais biens que les stériles succès si chèrement achetés par la guerre. Le mouvement imprimé à l'espèce humaine pour détruire, a fait place tout à coup au zèle d'une industrie vivifiante, et déjà les haines des nations ont disparu dans le sentiment d'une bienveillance universelle. Une ère nouvelle commence pour les deux continents : l'ère du travail et de la virilité. Les hommes viennent de s'apercevoir enfin que tous leurs efforts doivent avoir pour but l'amélioration de leur existence, l'accroissement de leurs lumières et de leur dignité. Et, comme si la Providence avait voulu mettre en regard pour notre instruction le châtiment et la récompense, l'époque actuelle nous présente des peuples que leur indolence mène au tombeau et d'autres que le travail relève de la poussière. De toutes parts le génie des sciences agrandit le domaine du commerce, lui ouvre des routes inconnues, ou découvre pour lui des procédés nouveaux. Le gaz éclaire les cités ; des bateaux à vapeur rapprochent les distances ; des canaux fertilisent les provinces, etc. » Le sens général du discours de M. Blanqui est que le bonheur, la civilisation, la véritable gloire sont les fruits de l'industrie, et la barbarie le résultat de l'indolence. L'orateur n'a point négligé d'adresser à ce sujet des exhortations encourageantes à cette nouvelle nation qui s'élève dans notre Europe, les Grecs, et de vouer au mépris du genre humain leurs féroces oppresseurs et ceux qui ne rougissent pas de se rendre leurs auxiliaires (*). En 1826 M. Blanqui publia son *Résumé de l'histoire du commerce et de l'industrie* [in-18], dans lequel il a présenté les grandes révolutions commerciales du globe sous des couleurs vives et animées. Les faits y sont étudiés avec soin et dits avec talent ; c'est le plus substantiel de ses premiers livres : il a été traduit dans plusieurs langues. Presque en même temps parut son *Précis élémentaire d'économie politique* [1826, gr. in-32]. A une époque où l'on s'occupait déjà beaucoup d'économie politique, et où chacun n'était pas à portée d'acquérir les ouvrages d'Adam Smith et de J.-B. Say, qui sont le dépôt des vérités fondamentales de cette science, il dut paraître sans doute agréable au public de pouvoir se procurer une analyse succincte de la doctrine de ces grands maîtres, écrite avec agrément et d'un style familier. Tel est l'avantage qu'on peut rencontrer dans l'ouvrage de M. Blanqui. « Tout ce que ses plus habiles prédécesseurs, dit-il en parlant de ses maîtres, avaient entrevu d'utile, Smith l'a prouvé, il l'a mis au grand jour ; il est parti des faits pour arriver aux principes. » Il caractérise également bien les services que J.-B. Say a rendus à la science. « Dans la théorie des débouchés qu'il a créée en montrant qu'on n'achetait des produits qu'avec des produits, il a, ajoute M. Blanqui, intéressé chaque nation à la prospérité de toutes les autres. Ce principe, en détruisant le germe des

(*) J.-B. Say, Revue encycl., t. XXXVII, p. 835.

» rivalités nationales, exercera une in- » fluence immense sur les destinées du » monde. » Nous n'entreprendrons point de faire un résumé d'un résumé, mais nous remarquerons que ce petit ouvrage, qui touche en passant toutes les grandes questions de l'économie sociale, est très-propre à initier la masse du public à des matières auxquelles il est resté jusqu'à ce jour singulièrement étranger, et qui sont exposées ici avec clarté. La France peut maintenant se vanter d'avoir plus que l'Angleterre de ces petits traités élémentaires qui popularisent toutes les connaissances utiles, même l'économie politique, l'une de celles où elle se croyait supérieure aux autres nations (*). Toutefois, avouons-le, quoi qu'en dise son titre, ce petit ouvrage n'est pas un traité d'économie politique, mais une « chrématistique », un traité des richesses, de leur production, de leur distribution et de leur consommation; le côté moral de la politique, de l'économie politique ou sociale [comme on dit aujourd'hui] n'y est point du tout envisagé. On pourrait même ajouter que tous les écrits de M. Blanqui n'ont pour objet que l'économie industrielle, l'économie « individuelle »: enseigner à produire beaucoup, à produire à bon marché, enseigner à faire de nombreux échanges, prôner les soi-disant bienfaits du « laissez-faire », du « laissez-passer », sans tenir compte du temps, des lieux, des circonstances, ni des intérêts engagés; prôner la vertu des grandes associations industrielles et commerciales, de ces institutions de crédit qui causent la ruine des petites industries et des petits marchands, et font surgir, comme en Angleterre, des légions de pauvres, par suite de l'abaissement de la main-d'œuvre, telle semble être la mission que s'est imposée le professeur d'économie « individuelle » du Conservatoire. — Le besoin d'étudier l'industrie de nos rivaux avait déjà fait faire à M. Blanqui un voyage en Angleterre et en Écosse à la fin de 1825; dans les derniers mois de 1826 il en entreprit un nouveau en Espagne pour y étudier la situation économique du pays; mais signalé par la police jésuitique de Franchet à l'inquisition politique de ce pays, comme un observateur dangereux pour le régime monacal, M. Blanqui éprouva à Madrid des vexations de toute espèce et ne put continuer son voyage. La relation qu'il en a donnée, sous le titre de *Voyage à Madrid* [1826, in-8], contenait les détails les plus récents et les plus effrayants relativement à l'aspect physique et moral de l'Espagne centrale. La police ayant borné la course du voyageur à Madrid, elle l'a privé des observations qu'il aurait pu recueillir à Cadix et sur le littoral de la Méditerranée qu'il se proposait de parcourir; mais telle qu'elle est, sa narration, tracée par un homme instruit, portant l'empreinte de la bonne foi, et décélant toujours les sentiments philantropiques de l'auteur, ne laisse pas d'être excessivement curieuse. Après l'avoir lue, on ne peut faire autrement que de s'écrier : Je ne savais point encore dans quel état de dégradation et de misère la paresse orgueilleuse et le monachisme avaient plongé l'Espagne. On peut regarder le voyage de M. Blanqui comme une confirmation de tout ce qu'on a appris de l'état actuel de l'Espagne. On s'aperçoit qu'il a bien vu, quoiqu'il ait vu rapidement, et l'on sent qu'il rend compte de ses impressions avec sincérité; ses narrations ont à la fois de la naïveté et de l'esprit. Peu de temps après son retour de ce dernier voyage il repartit pour visiter de nouveau l'Angleterre et parcourir la Suisse, la Belgique, la Hollande et une partie de l'Allemagne. Sa chaire de l'École de commerce le fit rentrer en France, et le 13 juillet 1827, dans la troisième séance du conseil de perfectionnement il prononça un discours *sur le progrès des diverses industries en France*. Presque aussitôt parut son *Histoire de l'exposition des produits de l'industrie française en* 1827 [1827, in 8], ouvrage dans lequel l'auteur a traité les hautes questions industrielles avec une grande liberté et une justesse de vues remarquable, mais qui n'est, après tout, que la réunion des articles qu'il avait insérés successivement dans les journaux depuis l'ouverture de l'exposition jusqu'à la fin. C'était une bonne idée : l'auteur a donné ainsi à ses arti-

(*) Revue encycl., t. XXXII, p. 741 [1826].

cles une existence moins fugitive et une plus grande utilité. Ses observations deviendront encore plus profitables aux étrangers qu'à nous-mêmes. Ce livre pourra les instruire à nos dépens, les diriger plus sûrement dans la voie de l'utilité réelle, dégoûter d'un vain étalage de niaiseries, arrêter la profusion des récompenses honorifiques, et par conséquence leur avilissement. Ils y verront aussi les inconvénients de la concentration de l'industrie sur un seul point, dans la capitale : en un mot, il ne tiendra qu'à eux de s'instruire par la révélation de nos fautes; et de plus, ils apprécieront avec assez d'exactitude les progrès de notre industrie, et verront ce qu'ils doivent faire pour soutenir notre concurrence ou pour nous devancer. Les amis des arts, français ou étrangers, ne seront pas toujours de même avis que M. Blanqui : sur un sujet aussi vaste et aussi compliqué, il est impossible de s'accorder sur tous les points; mais on adoptera si souvent l'opinion de l'auteur, qu'on oubliera les sujets de contestation, et que l'on reviendra plus d'une fois à son ouvrage. M. Blanqui croit encore, assez faiblement, il est vrai, à l'utilité des expositions générales. Ses méditations ultérieures ébranleront de plus en plus cette loi chancelante. La question n'est point susceptible d'une analyse rigoureuse qui mettrait à découvert chacune des causes qui concourent à la production de l'effet dont il s'agit. On ne peut trop le redire, les progrès de l'industrie sont le résultat de la concurrence, de l'instruction, de l'importation de procédés, de machines, et même d'ouvriers; des efforts de tous les amis des arts et des sociétés d'encouragement, et enfin des institutions publiques dont les expositions ne sont qu'une partie. Que l'on commence donc par étudier séparément, s'il est possible, la portion d'effet qui appartient à chacune de ces actions diverses; et si l'on ne peut y parvenir, qu'on se résigne franchement à ne rien savoir; que l'on avoue certaines inclinations pour le faste, pour ce qui plaît aux yeux et dispense de raisonner. Malheureusement cette disposition des esprits est très-commune, et la politique sait en profiter (*). Le ministre du commerce fut satisfait du livre de M. Blanqui, et ordonna qu'il fût envoyé dans tous les départements aux frais du gouvernement, conjointement avec le rapport du jury. En 1827, M. Blanqui prit part à la rédaction de la « Revue encyclopédique », et, depuis cette époque jusqu'à la fin de 1829, il y a fourni non-seulement des articles de critique scientifique et littéraire (**), mais encore quelques articles didactiques, que nous rappelons à la partie bibliographique de cette notice. En 1828, M. Blanqui fut chargé de faire à l'Athénée un cours d'*Histoire de la civilisation industrielle des nations européennes*, qui a constamment attiré à l'Athénée royal une foule de nationaux et d'étrangers de distinction. M. Blanqui n'a pas plus fait imprimer ce cours que ceux qui l'ont précédé et suivi, tant à l'école spéciale de commerce qu'à l'Athénée et au Conservatoire des arts et métiers; mais la substance de celui dont nous venons de parler a été, sur des notes du professeur, inséré au tome XXXVIII de la « Revue encyclopédique » sous le titre d'*Essai sur les progrès de la civilisation industrielle des principales nations européennes*. C'est ce cours qui a servi de base première à « l'Histoire de l'économie politique en Europe », publiée dix ans plus tard par l'auteur. Le 12 août de la même année, M. Blanqui eut encore à prononcer un discours dans la séance publique annuelle du conseil de perfectionnement. Son sujet fut le *Tableau de la situation actuelle du commerce et de l'industrie en France*. Le professeur passa rapidement en revue toutes

(*) Revue encycl., t. XXXVII, p. 198.

(**) Articles de critique scientifique et littéraire fournis par M. Blanqui à la Revue encyclopédique : 1° Statistique des hautes écoles de Hongrie [tome XXXIII, p. 853]; — 2° De l'Hygiène des colléges et des maisons d'éducation, par Pavet de Courteille [tome XXXV, p. 162]; — 3° Des Observations de Humbert sur la discipline des colléges [tome XXXVII, p. 510]; — 4° Des Usurpations sacerdotales, par Cerati [tome XXXVIII, p. 755]; — 5° Excursion rapide dans l'ancienne Auvergne et les départements de la Loire et du Rhône [tome XXXIX, p. 774]; — 6° Du Traité de la richesse individuelle et de la richesse publique, par L. Say [tome XL, p. 195]; — 7° Relation d'un voyage dans le midi de la France [Ibid., p. 291].

les branches de nos richesses nationales. Il montra l'agriculture ne recevant qu'avec répugnance et lentement les perfectionnements que d'autres nations emploient avec succès; la culture de la vigne découragée et presque ruinée par l'énormité des droits du fisc, qui ne perdrait rien pourtant à laisser les boissons à l'usage de toutes les classes; l'éducation des bestiaux et le perfectionnement des troupeaux négligés par suite de cette manie de routine que l'instruction pourra seule détruire dans l'esprit de nos habitants de campagne; la culture de la betterave faisant chaque jour d'heureux progrès et livrant annuellement à la consommation près de cinq millions de kilogr. de sucre indigène. Il déplora l'abandon de la culture du mûrier dans plusieurs de nos départements, et exposa les craintes de nous voir enlever, par une nation rivale, la fabrication des soieries, cette reine de nos industries. Il rappela l'état déplorable de nos routes, et les coûteux essais des canaux dont le gouvernement s'était si malheureusement chargé, au lieu de les livrer à l'industrie particulière. Passant à d'autres genres de productions, il signala les progrès de nos usines, de nos machines à vapeur, de nos draps, de la fabrique de Lyon, de nos tissus de fil et de coton, de nos produits chimiques, et, en terminant, M. Blanqui exprima le vif désir de voir notre gouvernement établir des relations diplomatiques et commerciales avec les nouveaux états de l'Amérique du sud, qui pourraient offrir à nos manufactures d'importants débouchés. Nous regrettons de ne pouvoir donner ici qu'une analyse très-incomplète du discours du professeur. Nous ne saurions rendre la lucidité de vue, l'élégance de style, la netteté d'aperçus qui brillent dans ce beau résumé de nos forces commerciales et industrielles. Au reste, ce discours ayant été imprimé avec tous ceux qui ont été prononcés dans la séance, ce que nous pouvons faire de mieux c'est d'y renvoyer nos lecteurs qui nous sauront gré de ce conseil (*). — En 1830, M. Blanqui se mit à la tête de l'École spéciale du commerce, et parvint à donner a cet établissement chancelant un degré de prospérité qu'il n'avait pas encore obtenu. Appelé en 1833 à la chaire d'économie industrielle du Conservatoire des arts et métiers, laissée vacante par la mort de J.-B. Say, il succéda à cet économiste, qui avait été son maître. Ses cours n'ont pas cessé d'attirer une affluence immense d'auditeurs, justifiée par l'indépendance rare avec laquelle ce professeur a su exercer ses fonctions. En 1833, notre économiste prit part à la rédaction du Dictionnaire de l'industrie manufacturière, commerciale et agricole, etc., publié par une société de savants et d'industriels [Paris, J.-B. Baillière, 1833 et ann. suivantes]. En 1834, il a été membre du jury central de l'exposition. De 1835 à 1837, il a publié un livre qui seul suffit pour fonder une réputation durable, nous voulons parler de son *Histoire de l'énomie politique en Europe, depuis les Anciens jusqu'à nos jours* [2 vol in-8], ouvrage plein de recherches curieuses, remarquablement fait, d'une lecture pleine d'intérêt pour les gens du monde, et où les érudits peuvent aussi trouver à apprendre, quoique M. Blanqui n'ait pas eu la prétention d'écrire pour eux. Le premier volume contient vingt-six chapitres, dont les sept premiers exposent les progrès ou les vicissitudes des systèmes économiques chez les Grecs et chez les Romains jusqu'au IVe siècle de l'ère vulgaire. Ses chapitres VIII-XIII conduisent cette histoire jusque vers la fin du XIe siècle: on y remarque des observations sur la législation de Justinien, sur les capitulaires de Charlemagne et sur le régime féodal. Il s'agit dans les chapitres XIV-XIX de l'influence qu'ont exercée sur l'économie politique les croisades, les Juifs, les lettres de change, les monts-de-piété, l'association des villes anséatiques, l'affranchissement des communes, l'organisation des corporations : ce dernier article amène un aperçu du livre des métiers d'Estienne Boylesve. Dans les chapitres XX-XXVI, l'auteur examine les mouvements imprimés au système économique de l'Europe par les républiques italiennes, par les banques, par Charles-Quint, par l'esprit de conquête, par la réformation protestante, par la découverte du Nouveau-Monde, par

(*) Revue encycl., t. XXXIX, p. 520 [1828].

l'administration de Sully et par celle de Colbert. Le second et dernier volume est consacré aux progrès de l'économie publique dans le cours des cent cinquante dernières années. Quelques-unes des opinions de M. Blanqui pourraient être contestées ; mais il a fait une profonde étude du sujet qu'il traite, et il expose avec une précision élégante les résultats de ses observations. Tous les systèmes sont successivement analysés et comparés entre eux, et leur histoire est suivie d'une *Bibliographie générale raisonnée de l'Économie politique* (*), plus complète qu'aucune de celles qui ont paru jusqu'à ce jour. Nous pouvons même avancer que cette dernière partie du travail de M. Blanqui forme un véritable ouvrage digne d'être consulté par tous les économistes, et destiné à leur faciliter ou à leur éviter des recherches souvent fort coûteuses. En 1838, le libraire Guillaumin entreprit la publication d'un ouvrage très-important pour l'industrie, un Dictionnaire du commerce et des marchandises. M. Blanqui se mit au nombre des rédacteurs et fournit à ce Dictionnaire une partie des articles d'économie commerciale et industrielle (**). La classe de l'Académie des sciences morales et politiques [de l'Institut] ayant perdu le 13 juillet 1837 un de ses membres dans la personne de Comte, décédé, « l'Histoire de l'économie politique » à la main, M. Blanqui fut frapper aux portes de l'Institut, et elles lui furent ouvertes le 2 juin 1838. A peine admis dans la section d'économie politique et de statistique de cette académie, M. Blanqui fut chargé par elle d'aller étudier l'état économique de la Corse. Il fit, après un voyage dans cette île, un rapport qui a ouvert la série des améliorations dont elle a été dotée. En 1839, l'Académie envoya M. Blanqui en Afrique pour y constater l'état de la colonisation. On se souvient de l'impression générale produite par son rapport, le premier qui ait fait connaître sans ménagement le véritable état de choses de ce pays. Dans la séance publique des cinq classes de l'Institut du 2 mai 1840, il a lu une *Notice sur le ministre anglais Huskisson et sur sa reforme économique*, notice où se trouvent résumées d'une manière remarquable les opinions de l'auteur. En 1841, M. Blanqui fut de nouveau chargé d'une mission scientifique en Turquie. On écrivait de Vienne, le 4 septembre de cette même année : « M. Blanqui, membre de l'Institut, est arrivé le 25 août à Belgrade. Il a été reçu avec la plus grande distinction par Khiamil-Pacha, gouverneur; par le prince Michel, hospodar régnant, et par toutes les notabilités de la ville. Il s'est présenté partout en costume demi-militaire, avec la casquette rouge de l'armée d'Afrique et la cocarde tricolore. On s'est empressé de lui montrer tout ce qu'il a désiré voir, et il a recueilli les preuves les plus positives de la sympathie et du respect qu'inspire ici le nom français. M. Marey, élève consul, chargé de la gérance du consulat, s'est empressé de prodiguer à M. Blanqui toutes les facilités désirables. M. Blanqui part demain pour Widin, où il va rendre visite au fameux Hussein-Pacha, célèbre par l'extermination des janissaires. Il se rend à Constantinople par la Bulgarie.» Les observations recueillies dans ce dernier voyage ont été consignées dans des *Considérations sur l'état social des populations de la Turquie d'Europe*, paraissant par articles dans un recueil fondé par M. Blanqui, le « Journal des économistes », dont le 1er numéro date de décembre 1841 (*). Enfin il a, par un scrupule honorable, refusé naguère la

(*) Il a été tiré à part un certain nombre d'exemplaires de cette Bibliographie.

(**) Articles fournis, par M. Blanqui, au Dictionnaire du commerce et des marchandises : Argent [numéraire] ; — Balance du commerce ; — Banques [principes généraux] ; — Banques de France, d'Angleterre, d'Amsterdam, de Hambourg ; — Caisses d'épargnes ; — Coalition ; — Colonies ; — Commerce ; — Compagnie des Indes ; — Contrebande ; — Division du travail ; — Douanes, sous le rapport de l'économie politique ; — Écoles de commerce ; — Exposition de l'industrie ; — Primes ; — Prohibition. Dans la série des articles sur les produits naturels ou manufacturés, il a aussi fait, en société avec M. Jos. Garnier, ceux : Bois d'ébénisterie, de tabletterie, de marqueterie, de teinture.

(*) Outre plusieurs articles substantiels que M. Blanqui a déjà fourni à ce recueil, il y fait la bibliographie de l'économie politique, et y rend compte des publications nouvelles dans cette science ; nous y avons déjà remarqué ceux-ci : sur le Budjet, de M. le marquis d'Audiffret [t. Ier] ; — sur les Études politiques, de M. E. Girardin [t. II].

chaire du Collége de France, occupée par M. Michel Chevalier, qui lui était offerte, ne voulant pas qu'on pût l'accuser d'avoir accaparé le haut enseignement de l'économie politique à Paris. — « Comme économiste, M. Blanqui n'appartient à aucune école dogmatique, pas même à celle de J.-B. Say, qui fut son maître. Il serait encore plus injuste de le ranger parmi les sectateurs de l'école anglaise, dont il a plus d'une fois attaqué la logique impitoyable. Sans partager toutes les espérances de M. de Sismondi, il appartient plutôt à cette classe d'économistes qui voudraient amener la science à des tempéraments plus doux pour les classes ouvrières, trop souvent déshéritées de la juste part de profits due à leurs travaux. L'économie politique professée par M. Blanqui se tient à la limite de deux grandes époques. Elle ne repousse rien du passé que ses erreurs; elle n'exclut rien de l'avenir, si ce n'est les utopies impraticables. Il procède de Say pour son zèle infatigable à défendre la liberté du commerce. Cette cause n'a pas d'athlète plus hardi; c'est lui qui a fait valoir en sa faveur les arguments les plus irrésistibles; toujours on le trouve aux prises avec quelques abus lorsqu'il s'agit de ce qui la concerne. Homme d'application avant tout, ce qui ne peut pas se traduire soit en ordonnance royale, soit en projet de loi, est, selon lui, suspect d'utopie. Ses nombreux voyages lui ont permis de comparer l'état économique des divers pays de l'Europe, et de donner à ses travaux un caractère de vérité positive et pratique. Accoutumé à vivre au milieu des faits et à observer au sein des ateliers la marche des questions industrielles, il a combattu avec une égale énergie les prétentions des fabricants qui réclament des tarifs et l'indifférence qui leur permet d'exploiter le travail des enfants. Écrivain et professeur, M. Blanqui a une merveilleuse aptitude pour vulgariser ses idées; sa mémoire, richement pourvue de faits, le sert avec une fidélité rare; sa parole est vive et animée, son débit rapide et saisissant; jamais de trouble, jamais d'hésitation. Sa véhémence et son audace méridionales entraînent et subjuguent son auditoire toujours intéressé. Il est impossible de causer avec plus de charmes d'une science si froide et si sèche en apparence. Jamais, quelle que soit la gravité, l'aridité même du sujet, son enseignement n'est ennuyeux. Il reconnaît avec un tact remarquable les dispositions de ceux qui l'écoutent, le moment d'appeler leur attention sur tel ou tel ordre de faits, et possède le secret de les tenir sans cesse en haleine. Écrivain, le style de M. Blanqui est correct, gracieux, agréable à lire. Sa manière facile a quelque chose de voltairien. Ceux qui n'aiment que la science lourde lui reprochent un peu de légèreté dans la forme; mais tout le monde reconnaît qu'il excelle à poser les questions. Courageux champion de la liberté du commerce, M. Blanqui a rallié à cette doctrine de nombreux partisans, et l'on peut dire que c'est l'homme qui a le plus popularisé l'économie politique en France. Sa place est marquée à la chambre, où ses connaissances spéciales le feront infailliblement s'asseoir avant peu (*) ». Mais quelle nuance politique l'y enverra? Voilà la question. — Quinze jours avant la clôture de la session 1842, et par conséquent avant l'ordonnance de dissolution, « la Presse » recommandait aux électeurs juste-milieu du cinquième arrondissement M. Blanqui comme un candidat qui devait plaire au ministère, le gouvernement n'étant pas certain de la nomination d'un de ses autres candidats, M. Griolet, maire de l'arrondissement; et cela pour contrebalancer la puissance du nom du candidat choisi par toutes les nuances d'opposition, Me Marie, bâtonnier de l'ordre des avocats. Le « Siècle », journal d'opposition dynastique, comme on le sait, fit quelques jours après les sages réflexions suivantes sur la candidature de M. Blanqui, soutenue par la « Presse » : « Ce qui nous surprend et nous afflige, c'est de voir la même feuille [« la Presse »] qui repousse M. Griolet présenter en quel-

(*) Ce dernier paragraphe est copié textuellement de la notice sur M. Blanqui, imprimée dans la « Galerie de la Presse », notice signée Victor Ratier, mais qui est due, vraisemblablement, ainsi que celles de la Biographie de MM. Boisjolin, Rabbe, etc., de celle des Hommes du jour, que nous avons aussi mises à profit, à une plume exercée dans les appréciations d'économistes.

que sorte sous sa garantie une candidature que nous aurions proposée ou appuyée nous-mêmes si elle ne s'élevait contre celle de Me Marie. Personne plus que nous n'est disposé à rendre justice au mérite éminent de M. Blanqui, et nous connaissons assez son caractère pour être convaincus qu'il gardera son indépendance à la chambre comme il l'a conservée quinze ou vingt ans dans la presse. Si le ministère l'appuyait dans le cinquième arrondissement, ce ne serait sans doute que pour écarter l'honorable bâtonnier du barreau de Paris. Celui-ci a accepté la candidature qui lui était offerte par des électeurs de toutes les nuances de l'opposition : lui seul réunira tous les votes dont elle pourra disposer; mais partout ailleurs nous aurions souhaité le succès de M. Blanqui, et nous ne pouvons refuser de reproduire la lettre qu'il a adressée hier au « Courrier français », dont il est le collaborateur depuis plusieurs années : « Quelques feuilles publiques d'opi- » nions opposées m'ont fait l'honneur » de citer mon nom à l'occasion de la » lutte électorale qui ne tardera point » à s'ouvrir dans le cinquième arron- » dissement de Paris et dans le reste » de la France. Je n'ai cru devoir ré- » clamer ni contre les éloges ni contre » les critiques dont ma candidature a » pu être l'objet, parce que la session » n'étant pas close, il m'a semblé con- » venable d'attendre la dissolution de » la chambre pour entamer un sembla- » ble débat. Quand le moment sera » venu de m'expliquer devant MM. les » électeurs, je défendrai avec sincérité » les opinions constitutionnelles que » j'ai professées toute ma vie, et dont » je n'entends dévier, dans mon intérêt » électoral, au profit d'aucun ministère » ni d'aucun parti. J'espère qu'il sortira » des élections prochaines une nouvelle » génération parlementaire, plus occu- » pée de faire les affaires de la France » que les siennes propres, et qui ne » perdra pas son temps à user et à dé- » considérer les hommes, au lieu de » travailler utilement à la prospérité du » pays : c'est à cette génération-là que » j'ai l'ambition d'appartenir. Paris, 29 » mai. » Ce sont là certes des sentiments qui honorent M. Blanqui; mais le sol de la chambre législative est bien glissant. Combien y avons-nous vu arriver d'hommes dans une position plus indépendante que celle du membre de l'Institut, et qui n'en ont pas moins été, comme il le dit lui-même, usés et déconsidérés par le pouvoir : c'est à quoi tendent les hommes qui le tiennent. Nous sommes certains que la corruption ne produira aucun effet sur un caractère comme celui de M. Blanqui ; car le contraire advenant, les sifflets que du « Figaro » il dirigeait en 1829 contre les députés de la Restauration, pourraient bien se retourner contr lui. —Après la dissolution de la Chambre, parut la circulaire de M. Blanqui aux électeurs du cinquième arrondissement. Bien que les déclarations qui y étaient contenues ne fussent pas suffisantes, elles étaient pourtant loin d'autoriser l'injurieuse supposition que firent le Journal des Débats, la Presse, le Globe, et autres journaux ministériels, que M. Blanqui renonçait au parti auquel il appartenait depuis plus de vingt-cinq ans. Cependant, M. Blanqui avait dit, dans sa circulaire : « Aucun des- » cendant des membres de la Con- » vention nationale ne saurait faillir, » sous peine de sacrilége, à la sainte cause » de la liberté. » Et puis, moralement, peut-on serrer la main à celui qui, serait-ce même dans un duel, aurait donné la mort à un frère, ce frère eût-il même été agresseur. Mais M. Blanqui aspirait à la députation.... Au jour définitif, les électeurs du cinquième arrondissement de Paris donnèrent leur voix à Me Marie.

OUVRAGES DE M. A.-J. BLANQUI.

I. Réponse d'un Français catholique au terrible adversaire de M. le comte Lanjuinais. Paris, mai 1818, in-8.

II. Voyage d'un jeune Français en Angleterre et en Écosse, pendant l'automne de 1823; contenant des observations nouvelles relatives aux mœurs, aux usages de ses habitants, à leur industrie manufacturière, aux progrès des arts, des sciences et de la littérature; à l'instruction publique, enfin à tout ce qui mérite l'attention du voyageur ; et orné d'une vue du château de Dunbarton. Paris, Dondey-Dupré et fils, 1824, in-8 de 400 pag., pap. fin satiné [6 fr.].

III. Discours d'ouverture du cours d'histoire du commerce, prononcé le 2 février 1825. Paris, de l'impr. de Dondey-Dupré, 1825, in-8 de 20 pag.

IV. De l'Amérique méridionale dans ses rapports actuels avec le continent européen; en deux articles. — Impr. dans le Producteur, tome 1er, nos 3 et 5 [1825].

V. De l'Influence des machines à vapeur sur la prospérité publique. — Ibid., no 3.

VI. Considérations sur l'état actuel de l'industrie et du commerce en Egypte. — Ibid., no 7.

VII. Esquisse historique de l'origine et des progrès de l'économie politique. — Ibid., no 8.

VIII. Voyage philosophique et industriel dans le département du Var. — Ibid., no 9.

IX. Ouverture du canal de jonction entre le lac Erié et la rivière d'Hudson. — Ibid., no 10.

X. Des Etats-Unis d'Amérique, en deux articles. — Ibid., t. II, nos 17 et 23 [1826].

XI. Résumé de l'Histoire du commerce et de l'industrie. Paris, Lecointe et Durey, 1826, in-18 [2 fr. 50 c.].

XII. Précis élémentaire d'économie politique, précédé d'une Introduction historique, et suivi d'une Biographie des économistes, d'un Catalogue, et d'un Vocabulaire analytique. Paris, au bureau de l'Encycl. portative; Bachelier, 1826, gr. in-32, pap. vél. satiné [3 fr. 50 c.]; — ou Paris, Mairet et Fournier, 1842, in-32.

— Le même ouvrage, en espagnol, sous ce titre : Compendio elemental de economia politica, precedido de una Introduccion historica, y seguido de una Biografia de los economistas, de un Catalogo, y de un Vocabulario analitico. Traducido al castellano por *P. Mata*. Paris, Rosa, 1840, in-18 de 128 pag.

XIII. Voyage à Madrid, en août et septembre 1826. Paris, Dondey-Dupré et fils, 1826, in-8 de 250 pag. [5 fr., et sur pap. vélin, 9 fr.].

XIV. Discours prononcé à la troisième séance du conseil de perfectionnement de l'École spéciale de commerce et d'industrie sous la présidence de M. le comte Chaptal, le 15 juillet 1827. Paris, Renard, 1827, in-8 de 32 pag.

XV. Histoire de l'exposition des produits de l'industrie française en 1827. Paris, Renard, 1827, in-8 de 353 pag. [6 fr.].

XVI. Essai sur les progrès de la civilisation industrielle des principales nations européennes. — Impr. dans la « Revue encyclopédique », juin 1828 [ou t. XXXVIII, p. 598 à 612].

C'est la substance du cours professé par M. Blanqui à l'Athénée, en 1828, en faisant précéder l'ensemble des faits qu'il a retracés des passages les plus remarquables de son discours d'ouverture.

XVII. Considérations sur la réforme commerciale opérée en Angleterre sous les auspices de M. Huskisson, et sur l'enquête instituée en France sous le ministère de M. de Saint-Cricq. — Impr. dans le même recueil, en janvier 1829 [ou t. XLI, p. 31 à 45].

XVIII. Essai sur la révolution commerciale qui se prépare en France. — Impr. dans le même recueil, en avril 1829 [ou t. XLII, p. 34 à 49].

XIX. Histoire de l'Économie politique en Europe, depuis les anciens jusqu'à nos jours; suivie d'une Bibliographie raisonnée des principaux ouvrages d'économie politique. Paris, Guillaumin, 1837-38, ou 1842, 2 vol. in-8 [15 fr.].

Il a été tiré à part, de la deuxième édition, des exemplaires de la *Bibliographie* [Paris, Guillaumin, 1842], 98 pag. in-8. Prix : 5 fr.

XX. Cours d'économie industrielle [fait au Conservatoire des arts et métiers]. 1836-37. Leçons sur les banques, les routes, l'instruction publique, les fers et fontes, la houille, le coton, la soie, la laine, les châles, les toiles, les betteraves, l'industrie parisienne; sur le commerce des ports : Marseille et Bordeaux Recueillies par *Ad. Blaize* [des Vosges] et *Joseph Garnier*. Paris, Angé, [*Hachette] 1837, in-8 [7 fr.]. — Année 1837-38. Leçons sur le capital, l'impôt, la rente, la division du travail, les machines, le paupérisme, la monnaie, le crédit, les banques, l'agriculture, l'industrie, les travaux publics, la conversion des rentes, les sociétés en commandite, les douanes, la statistique, et sur les socialistes modernes St-Simon, Fourier, Owen et leurs disciples. Paris,

Angé [* Hachette], 1838-39, un vol. en deux part. in-8 [12 fr.] — Année 1838-39. Paris, Aug. Mathias, 1839, 4 part. formant un vol. in-8 [7 fr.]

M. Blanqui est resté entièrement étranger à la publication de ces cours. Très-mécontent même de l'inexactitude que les éditeurs ont apportée dans la reproduction de ses leçons, il leur a interdit toute publication ultérieure.

XXI. Rapport sur l'état économique et moral de la Corse, en 1838; lu à l'Académie des sciences morales et politiques, dans les séances des 18 et 27 octobre, 10 et 17 novembre, 8 et 22 décembre 1838. In-4 de 85 pag.

Imprimé dans le 3e volume du recueil de cette Académie [1841].

Réimprimé séparément, sous ce titre : *La Corse. Rapport sur son état économique et moral en* 1838; lu à l'Académie des sciences morales et politiques, dans les séances des 18 et 27 octobre, 10 et 17 novembre, 8 et 22 décembre 1838. Paris, Coquebert, 1840, in-8 de 88 pag. [3 fr. 50 c.]

XXII. Aux ouvriers en bâtiments. Un mot sur la crise actuelle. Sec. édit. Paris; de l'impr. de Dondey-Dupré, oct. 1840, in-8 de 40 pag.

La première édition a paru dans...

XXIII. Algérie. Rapport sur la situation économique de nos possessions dans le nord de l'Afrique; lu à l'Académie des sciences morales et politiques, dans les séances des 16, 23 et 30 novembre, 7 et 15 décembre 1839. Paris, Coquebert, 1840, in-8 de 108 pag. [2 fr. 75 c.].

XXIV. Notice sur le ministre anglais Huskisson et sur sa réforme économique; lue dans la séance publique des cinq académies du 2 mai 1840.

XXV. Notice sur la vie et les travaux de J.-B. Say; lue à l'Académie, en 1840.

Ces deux Notices doivent être imprimées dans le 4e volume du recueil de l'Académie des sciences morales et politiques.

XXVI. Considérations sur l'état social des populations de la Turquie d'Europe. Articles I-III. — Impr. dans les tomes I et II du « Journal des économistes » [janv., février et mai 1842].

XXVII. Du danger du régime prohibitif et de la nécessité d'y remédier. — Impr. dans le même journal, t. Ier, p. 289-99.

XXVIII. Position de la question d'Afrique. — Ibid., t. Ier, p. 390 à 402.

XXIX. Circulaire adressée aux électeurs du cinquième arrondissement de Paris, 17 juin 1842.

Imprimée dans presque tous les journaux de Paris, des 16, 17 et 18 juin.

Indépendamment des ouvrages que nous venons de citer, nous avons rappelé, dans notre notice, que M. Blanqui avait participé à la rédaction de plusieurs autres et de plusieurs journaux, et qui sont : le Producteur; le Journal du commerce; le Courrier français [1825]; la Revue encyclopédique [18.7]; le Figaro [1829]; le Dictionnaire de l'industrie manufacturière, commerciale et agricole [1833 et ann. suiv.]; le Dictionnaire du commerce et des marchandises [1838-39]; le Journal des économistes, commencé en décembre 1841.

—

Les auteurs de la Biographie universelle et portative des contemporains, disaient, en 1834 : « On assure que M. Blanqui s'occupe depuis assez long-temps d'une *Histoire du commerce français, depuis les Croisades jusqu'à nos jours.* » De son côté, le libraire, M. Guillaumin, annonçait, en 1840, sous presse, pour paraître en novembre de la même année, un *Traité d'économie industrielle et des finances*, qui n'a point encore été publié. — Ce sont deux ouvrages que M. Blanqui doit aux économistes; autrement l'axiome, qui dit : Chose promise, chose due, tomberait en désuétude.

BLANQUI jeune [Louis-Auguste], frère du précédent; né à Nice, à la fin de 1805, s'est rendu fameux par ses opinions démagogiques : il est auteur d'un grand nombre de pamphlets politiques dont les titres ne nous sont point connus parce que ces pamphlets paraissaient clandestinement, et n'étaient répandus que parmi les affiliés aux sociétés populaires dont M. L.-A. Blanqui était un des principaux chefs. Tout ce que nous connaissons de ses publications se réduit à une *Défense du citoyen Louis-Auguste Blanqui devant la cour d'assises* [1832, in-8], où le jeune démagogue avait été appelé à répondre de ses opinions émises dans une déclaration faite au nom du comité de la « Société des amis du peuple », datée du 22 janvier, déclaration qui lui valut une condamnation d'une année d'emprisonnement et deux cents francs d'amende. Plus tard, il fit, en société avec M. Hadot Desages, paraître un petit journal, intitulé la *Propagande démocratique*, dont le prospectus fut publié en janvier 1835. Ce petit journal paraissait par livraison de quatre pages, et chacune d'elles coûtait un centime un quart. Nous ignorons le temps de sa durée. Ayant participé à l'attentat des 12 et 13 mai 1839, il fut traduit devant la cour des pairs avec ses co-accusés Barbès et Martin Bernard, et à l'issue du procès condamné à la peine de mort, le 31 janvier 1840. Cette peine fut commuée en celle de la déportation, et M. Blanqui, comme les précédents condamnés politiques, a été, en attendant, envoyé au Mont-Saint-Michel. M. Dupont, avocat, a donné des détails sur M. Blanqui jeune, lors de la détention de ce dernier à la chambre des pairs, dans la « Revue du progrès, t. III, p. 97.

BLAREMBERG [de] (*), conseiller d'état de S. M. l'empereur de toutes les Russies, antiquaire, directeur des musées des antiques des villes d'Odessa et de Kertch, membre de la Société d'histoire et d'archéologie russes de Moscou. M. de Blaremberg est du nombre des savants de cette partie du Nord qui appliquent leurs lumières à découvrir et recueillir les monuments de l'antique Tauride, dont le territoire fait aujourd'hui partie de la petite Russie. On doit en particulier à M. de Blaremberg plusieurs découvertes importantes de cités et de monuments ayant appartenu à des colonies grecques établies dans cette contrée. Le premier ouvrage de ce savant qui soit venu à notre connaissance, c'est sa *Notice sur quelques objets d'antiquités découverts en Tauride dans un* tumulus, *près du site de l'ancienne Panticapée*, qu'il a fait imprimer à Paris en 1822. On appelle « tumulus » une éminence faite de main d'homme, de pierres, de terre, et qui couvre une antique sépulture. On en trouve dans toutes les anciennes possessions grecques, dès le temps de la guerre de Troie, et dans la Gaule, pour les temps antérieurs aux Romains. C'est dans un monument de ce genre, près de l'ancienne Panticapée, en Tauride, qu'ont été recueillis les objets curieux dont la notice contient la description, et qui, par leur prix et leur travail, indiquent le tombeau d'un personnage de distinction, mais non pas de Mithridate, quoiqu'il ait régné dans ces contrées, et que la montagne porte encore son nom; car ce tombeau paraît être d'une époque postérieure à ce roi, comme le prouvent les médailles trouvées, lesquelles portent le nom et l'effigie des rois de Pont et du Bosphore, Colys I, contemporain de l'empereur Claude, et Sauramate II, contemporain de Trajan. C'est à l'époque de ce second empereur que le tumulus peut être vraisemblablement attribué, et le style des divers objets décrits dans la notice ne permettrait pas de l'élever plus haut, et à plus forte raison de l'élever jusqu'au temps de Philippe de Macédoine, où l'art des Grecs procédait différemment, quand on admettrait même, d'après les conjectures de M. Raoul Rochette [Histoire des colonies grecques, tome III, page 389], qu'une colonie milésienne se fût établie dans cette contrée deux siècles avant le règne de Philippe. Ces objets sont 1° un vase mutilé, fait d'une feuille d'argent très-mince, orné d'un bas-relief représentant des oies dans diverses positions, d'oves et de canelures; 2° une amphore en terre cuite, avec l'inscription sur le col Ευαρχος Αριστωνος selon la notice, et Αριστονος selon le vase; 3° une petite statue, d'environ un pouce de hauteur, en « electrum », mélange d'or et d'argent, ordinairement d'un cinquième d'argent [ici il est d'un tiers]; 4° un collier également en « electrum », ayant dix-neuf pouces de diamètre; 5° un petit vase en bronze, et enfin des bracelets en or, et une centaine de pointes de flèches; le fragment d'une poignée d'épée et d'autres débris d'armure, tous en electrum, ou en or battu ou soufflé, mêlé avec des ossements humains. Sauf le prix du métal, c'est toujours des objets analogues qu'on trouve avec les ossements dans les tumulus gaulois de nos contrées méridionales. Les cinq premiers morceaux qui viennent d'être désignés sont représentés sur la planche jointe à la notice que nous analysons, et il faut avouer que le dessin de la petite statue qui en fait partie ne semble pas appuyer l'érudition excessive de l'auteur, qui veut y reconnaître un Hercule scythifié; au premier aspect, on est au contraire tout naturellement porté à y reconnaître un guerrier scythe armé de son carquois et de son arc, qui a la même forme que celui des médailles cimmériennes, et

(*) Article omis par la France littéraire.

surtout de celles d'Héraclium de la Chersonnèse taurique, portant dans sa main droite le rhyton, d'un usage habituel dans cette contrée, même à la guerre, habillé de l'anaxyris, ou pantalon scythe, et enfin tenant dans sa main gauche une arme qui doit être encore la fronde des Scythes, et non pas une massue ou bâton à gros bout. Quelle que soit, du reste, cette divergence dans la manière de qualifier cette petite statue, les objets trouvés dans le tumulus n'en sont pas moins intéressants, et l'on doit de la reconnaissance aux savants russes qui s'empressent de faire connaître les monuments qu'ils arrachent à une contrée célèbre qu'ils sont seuls à portée d'explorer. La même année le savant antiquaire russe fit encore imprimer à Paris, un *Choix de médailles antiques d'Olbiopolis ou Olbia*. M. le conseiller d'état de Blaremberg, habitant à Odessa, s'est adonné à recueillir spécialement les médailles de l'ancienne ville d'Olbia, qui est à sa proximité, fondée, dit-on, au VIIe siècle, avant notre ère, par des Milésiens, appelée d'abord Milétopolis, ensuite ville des Boristhénites, mais toujours Olbiopolis sur ses médailles, dans ses inscriptions, et par Pline lui-même; les ruines de cette ville existent encore sur la rive droite du Boug, l'ancien Hypanis : la première planche de l'ouvrage dont nous parlons en donne la représentation. Des médailles d'Olbiopolis, florissante déjà du temps d'Hérodote, et jusques à la fin du IIIe siècle de l'ère chrétienne, étaient connues des numismatistes]Mionnet, Description I, 1349]; mais le séjour de M. de Blaremberg à la proximité des ruines d'Olbiopolis, lui a fourni l'occasion de rassembler une collection plus nombreuse de ses médailles, et de reconnaître que la plus grande partie de ces pièces était inédite, et que la plupart des autres avaient été décrites avec quelques inexactitudes. Il en résultait de la confusion dans la classification des médailles de cette ville, et, pour la faire cesser, M. de Blaremberg s'est déterminé à publier le résultat de ses soins et de ses recherches. Ainsi, son ouvrage présente une monographie numismatique à peu près complète, et l'on sentira facilement tout ce que les ouvrages semblables offrent d'intérêt et de secours pour l'étude générale des médailles appliquée à l'histoire, surtout lorsqu'il s'agit de contrées qui, telles que celles qui touchent au Pont-Euxin, n'ont pas encore été explorées dans toute leur étendue. Les notions que fournissent les médailles sont des plus certaines, et conséquemment très dignes en tout d'être recueillies, surtout lorsque, pour les reproduire par la gravure, rien n'a été négligé afin que la plus grande fidélité fût alliée à une grande élégance. Tels sont les soins qu'on a pris pour les médailles d'Olbia : elles sont distribuées en médaillons et médailles qui paraissent avoir servi de tessères; en médailles autonomes en or, en electrum, en argent et en bronze; en médailles impériales [romaines], et en médailles des rois barbares Toutes les légendes sont en grec, contiennent le nom de la ville, ceux de quelques magistrats, les têtes de plusieurs divinités; et pour l'époque romaine, celles de Septime-Sévère, Caracalla, Geta, Julia Domna, Alexandre Sévère et Julia-Mammæa; enfin celle d'un roi inconnu, barbue, coiffée d'une espèce d'aile d'oiseau, et le nom d'un autre roi barbare, Sciluros, roi des Tauro-Scythes. Le nombre de ces médailles diverses d'époques et de type, s'élève à deux cent trois. Ce recueil ne laisse donc rien à désirer, et c'est un véritable présent fait par son auteur à la science numismatique. M. Raoul-Rochette, membre de l'Institut, à qui l'on doit l'ouvrage sur les « Antiquités grecques du Bosphore Cimmérien », vrai travail d'écolier, qui fut vivement critiqué par les numismates russes, et dans lequel il avait pourtant avancé qu'il n'existait point de médailles en argent de la ville d'Olbia, tandis que le cabinet des Antiques de la bibliothèque du roi possédait depuis quatre-vingt-dix-ans un superbe médaillon d'Olbie, publié par l'abbé Pellegrin, et depuis par le modeste et savant Mionnet ! M. R. Rochette, disons-nous, a bien voulu soigner l'exécution de celui ci, et y a ajouté plusieurs notes : elles devaient, dit un ami de l'éditeur, le rendre encore plus utile, et les soins qu'il lui a donnés ne pouvaient qu'assurer sa plus parfaite exécution! M. de Blaremberg ayant fait présent à la Société d'histoire et d'archéologie russes, dont il est membre, des planches qui avaient servi à la publication de son ouvrage en français, cette société a fait traduire son mémoire en russe, et l'a publié à ses frais avec une préface de l'auteur [Moscou, 1828]. Outre que cet ouvrage jette un grand jour sur l'ancienne numismatique de la Russie, il acquiert un nouveau degré d'intérêt en ce qu'il renferme plusieurs opinions que M. de Koeppen, dont les travaux sont justement estimés de tous ceux qui les connaissent avait combattues dans la notice qu'il a publiée à Vienne en 1823, et qui n'est que la critique des «Antiquités du Bosphore cimmérien» de M. R. Rochette [1822, 2 vol. in-8]; notice que la même société a fait traduire et joindre à la publication de l'ouvrage de M. de Blaremberg, et dont elle a également fait les frais. — Les recherches actives d'antiquités faites jusqu'alors sur les bords de la mer Noire ont eu des résultats très-satisfaisants, et ont jeté beaucoup de lumière sur l'histoire des colonies grecques qui ont existé dans ces contrées. De tous les ports de cette mer qui appartiennent à la Russie, Odessa seule n'avait encore que faiblement fixé les regards des savants; on pensait bien que l'emplacement de cette ville nouvelle devait avoir été occupée par quelque colonie ancienne; mais ce n'était qu'une conjecture. Le hasard vint prouver assez clairement que les Grecs y ont eu un établissement, et que des recherches plus suivies pourraient procurer des découvertes qui seraient peut-être aussi intéressantes que celles qu'on a faites ailleurs. — Au mois de mars 1823, un ouvrier qui creusait un fossé dans la cour de la maison de M. Vladimir Telesnitzky, située entre le théâtre et le bord escarpé de la mer, découvrit, à environ quatre pieds de profondeur, des ossements humains, recouverts de pierres brutes grossièrement rangées, et à côté un vase en terre cuite, posé à gauche du mort. Ce vase fut tiré de terre presque entier; mais l'ouvrier le brisa comme un objet inutile et de nulle valeur. Le même jour, un amateur d'antiquités se trouvant par hasard sur les lieux où la découverte du vase a été faite, on lui en parla, et il fut curieux d'en voir les débris. Malgré les matières calcaires qui les couvraient, il reconnut qu'ils devaient appartenir à l'antiquité grecque, ce qui l'engagea à recueillir soigneusement les morceaux dispersés dans la cour; après les avoir nettoyés et rajustés autant qu'il était possible, il trouva les formes élégantes d'un vase antique, à deux anses, dans le genre de ceux qu'on appelle ordinairement étrusques, orné de peintures en rouge sur un fond noir. Ces peintures représentent d'un côté un homme et une femme, couverts de longs manteaux, figures qu'on trouve répétées sur beaucoup de vases semblables, et qui font, comme on croit, allusion aux purifications. L'autre côté offre un beau profil de femme, coiffée d'une espèce de bonnet parsemé de fleurs, et en face une figure qui paraît être celle d'un griffon à mi-corps. Cet animal fabuleux a déjà été remarqué sur des vases de même nature, trouvés dans les ruines de Panticapée, et l'on sait qu'il est quelquefois reproduit sur les médailles de cette ville, ainsi que sur celles de la Chersonnèse taurique : allusion au culte d'Apollon, à qui le griffon était consacré, et pour qui les Grecs du Pont-Euxin, originaires en grande partie de Milet où ce dieu avait un temple fameux, devaient avoir une vénération particulière. — Quelques débris grossiers d'amphores en terre cuite, semblables à ceux qu'on trouve si fréquemment dans les ruines d'Olbia et ailleurs, ayant été découverts à Odessa, il y a quelques années, et dans un endroit voisin de celui où le vase décrit plus haut était enterré : M. de Blaremberg a été porté à dire, dans son ouvrage sur les médailles d'Olbia, que l'emplacement actuel d'Odessa pouvait avoir été occupé dans l'antiquité par quelque établissement grec. En combinant les distances, données par les géographes anciens, il a conjecturé que ce ne pouvait être que le port des Istriens, mentionné dans le « Périple d'Arrien » et dans celui de l'anonyme. Le vase découvert dont nous venons de parler, et qui est d'autant plus précieux qu'il est le premier monument de ce genre sorti du sol d'Odessa, confirme donc l'idée de M. de Blaremberg, et ne permet plus de former de doutes sur l'existence d'un ancien établissement grec à l'endroit même où est bâtie la moderne Odessa. — M. de Voronzof, gouverneur-général de la Nouvelle-Russie, avait, lors de son dernier voyage à Pétersbourg, antérieurement à 1825, soumis à l'examen suprême de S. M. l'empereur Alexandre, le projet de fonder deux musées, à Odessa et à Kertch, pour y déposer tous les objets d'antiquité de la Russie méridionale, que l'on pourrait se procurer successivement, tant par des fouilles à effectuer sur divers points, dans la proximité de la mer Noire, que par les dons patriotiques de différents particuliers, livrés à la recherche des antiquités. L'empereur ayant agréé ce projet, et nommé M. le conseiller d'état de Blaremberg directeur de ces nouveaux musées, l'ouverture et l'inauguration de celui d'Odessa eurent lieu le 21 août 1825, en présence de M. le gouverneur-général. M. de Blaremberg fit hommage à cet établissement d'une collection de différentes antiquités égyptiennes, grecques et romaines, tirées de son cabinet, ainsi que d'un choix d'ouvrages historiques et géographiques. Dès lors, les soins de M. de Blaremberg se portèrent exclusivement à l'agrandissement des deux musées confiés à sa direction, et à la recherche d'antiquités. Dans un voyage qu'il fit en 1826 sur les bords de l'ancien Bosphore cimmérien, il reconnut, à quatre werstes de Kertch, près de la batterie Pawlowsky, les vestiges de l'ancienne ville de Nymphée, colonie grecque, qui dans l'antiquité avait appartenu quelque temps aux Athéniens et ensuite aux rois du Bosphore. M. de Blaremberg y retrouva les traces des murs, et de grosses dalles de pierre dure, dispersées sur le rivage du détroit, qui lui indiquèrent l'emplacement de l'ancien port de Nymphée, mentionné par Strabon. Peu de temps après, il découvrit à une werste au sud de la ville de Symphéropol les restes d'un château ancien. On a tiré des décombres qui y sont entassés des bas-reliefs et des inscriptions grecques, dont une porte cette dédicace : *A Jupiter Atabyrius*; sur l'autre on distingue parfaitement le nom du roi Scilurus. C'est probablement ce fameux Scilurus qui fit la guerre aux généraux de Mithridate Eupator, et qui, au rapport de Strabon, possédait, dans l'intérieur de la Tauride, les châteaux de Chavum, de Neapolis et de Palacium. Les vestiges nouvellement découverts peuvent appartenir à l'une de ces trois places. Parmi les bas-reliefs qu'on a déterrés, il s'en trouve un qui représente la figure d'un vieillard ayant une barbe épaisse, et coiffé d'un bonnet singulier. Cette même figure, parfaitement ressemblante, se voit sur une médaille inédite du cabinet de M. de Blaremberg, au revers de laquelle on lit le nom du roi Scilurus. Le bas-relief offre donc indubitablement les traits de ce roi des Tauro-Scythes. Cette découverte est très-importante pour l'iconographie ancienne. Nous ignorons si M. de Blaremberg a publié, en Russie, quelque ouvrage sur toutes ces découvertes et sur celles qu'on a pu depuis lui devoir (*).

OUVRAGES DE M. DE BLAREMBERG.

I. Notice sur quelques objets découverts en Tauride dans un « tumulus », près du site de l'ancienne Panticapée. Paris, de l'impr. de F. Didot, 1822, in-8 de 51 pag., avec une planche.

II. Choix de médailles antiques d'Olbiopolis ou Olbia, faisant partie du cabinet de M. de Blaremberg, à Odessa; accompagné d'une Notice sur la ville d'Olbia, et d'un Plan de l'emplacement où se voient aujourd'hui les ruines de cette ville [le tout publié par M. *R. Rochette*]. Paris, de l'impr. du même, 1822, in-8 de 64 pag. et 22 planches.

Ces deux ouvrages paraissent avoir été imprimés pour la Russie : on n'en trouve pas même l'annonce dans la « Bibliographie de la France ».

BLATIN [Henri], médecin.

I. Essai sur le traitement médical et chirurgical des scrofules. Paris, Germer-Baillière, 1840, in-8 de 84 p. [2 fr.].

II. Des enveloppes du fœtus et des eaux de l'amnios, ou Considérations pratiques sur la rupture prématurée des membranes dans les diverses positions de l'accouchement naturel, et leur rupture artificielle et prématurée. Paris, Germer-Baillière, 1848, in-8 de 56 pag. [2 fr.].

(*) On ne trouve aucune notice sur ce savant ni dans les biographies françaises, ni dans les biographies allemandes.

BLAU [Jean], littérateur estimable et très-érudit, d'abord professeur, plus tard inspecteur de l'Académie universitaire de Nanci, fonctions qu'il remplissait encore il y a peu d'années, et membre de la Société académique de la ville où il est né, en 1767. M. Blau, versé dans la connaissance de plusieurs langues, a lu dans les séances de l'Académie dont il est membre, plusieurs traductions de l'allemand, des mémoires et des éloges qui ont toujours été entendus avec beaucoup d'intérêt. Nous citerons parmi ses lectures : 1° la traduction, en vers français, de deux chants de la bataille d'Hermann de Klopstock, et une Notice sur ce poète et sur la mythologie des anciens Germains; 2° des Recherches sur les manuscrits dans lesquelles l'auteur a examiné l'antiquité des manuscrits opisthographes, l'antiquité de la reliure des manuscrits, et la manière de tenir les manuscrits pendant la lecture; 3° la traduction française d'un ouvrage de métaphysique de Mendelson, intitulé Traité de l'évidence des sciences métaphysiques; 4° celle de la Spiritualité de l'âme, du même; 5° l'Éloge de N. Michel, auteur d'une grammaire générale; 6° des Vers faits à l'occasion du passage de Marie-Louise à Nanci, en 1810; 7° Éloge de P.-J. Coster, premier commis des finances sous Necker [1813]; 8° des Remarques sur quelques difficultés grammaticales, etc. De tous ces ouvrages et opuscules, nous ne connaissons d'imprimés jusqu'à ce jour que les trois suivants :

I. Éloge de M. Michel, auteur d'une Grammaire générale. Nanci, 1808, in-8 de 9 pag.

II. Mémoires sur deux monuments géographiques conservés à la bibliothèque publique de Nanci. [Extrait des Mémoires de la Société royale des sciences, lettres et arts de Nanci]. Nanci, de l'impr. de Mme veuve Hissette, 1837, in-8 de 56 pag.

III. Éloge de M. Coster. Nanci, de l'impr. de Thomas, 1838, in-8 de 20 p.

BLAUD [C.], archéologue, de Beaucaire.

— Antiquités de la ville de Beaucaire. Beaucaire, l'Auteur, 1819, in-4, avec 16 planches.

BLAUD [Pierre], frère du précédent, docteur en médecine de la Faculté de Paris, médecin en chef des hospices de Beaucaire, membre correspondant de l'Académie royale de médecine, et des académies du Gard et de Vaucluse; de la Société linnéenne, de la Société royale de médecine de Marseille, de la Société de médecine de Nîmes, de la Société de médecine pratique de Montpellier, et de l'Athénée de médecine de Paris; né à Nîmes [Gard], en 1774. Reçu docteur en médecine à la Faculté de Paris, en 1803, après avoir soutenu une thèse intitulée *Propositions sur divers points de médecine*, M. Blaud exerça la médecine, et écrivit sur son art. L'ancienne et la nouvelle Bibliothèque médicale, ainsi que la Revue médicale, sont les recueils pour lesquels il a plus particulièrement écrit. Nous connaissons de lui les ouvrages et mémoires suivants :

I. Essai sur les diverses constitutions physiques de l'Homme. — Bibliothèque médicale, t. XXXIV [1811].

II. Observations sur l'efficacité de la compression des carotides dans le cas d'engorgement sanguin du cerveau, et réflexions sur l'emploi de ce moyen. — Ibid., t. LXII [1818].

III. Mémoire sur l'incertitude du pronostic dans les maladies aiguës. — Ibid., t. LXIII, p. 289, et t. LXIV, p. 25 [1818].

IV. Commentaires sur les Aphorismes d'Hippocrate, d'après le texte grec, avec des observations cliniques qui les justifient. — Bibliothèque médicale, t. LXIV à LXXVIII inclusivement [1819 et ann. suiv.].

V. Observations sur le déchirement de la veine cave inférieure. — Ibid., tome LXVII, p. 41 [1819].

VI. Mémoire sur le déchirement sénile du cœur. — Ibid., tome LXVIII, p. 364 [1820].

VII. Observations pour servir à l'histoire des maladies considérées comme moyens thérapeutiques. — Nouvelle Bibl. médicale, t. II, p. 23 [1823].

VIII. Observations sur un cancer des mamelles, qui a exigé trois extirpations, et dont la guérison a été complète et durable. — Ibid., t. III [décembre 1823].

IX. Nouvelles recherches sur la laryngo-trachéite, connue sous le nom de croup. Paris, Gabon et comp., 1823, in-8 de 550 pag. [7 fr.].

« Il n'est point de maladie qui soit mieux connue et plus efficacement traitée que le croup ; les moyens employés pour le guérir sont même devenus populaires, et forment une partie de cette médecine domestique à laquelle les mères de famille ont besoin d'être initiées. En effet, cette maladie est si prompte dans son invasion et dans ses progrès, qu'il faut se hâter de l'arrêter. On doit accueillir tous les livres qui tendent à répandre les connaissances nécessaires pour bien connaître et pour bien traiter cette cruelle maladie, mais M. Blaud a eu l'idée de changer la dénomination reçue, et d'indiquer par une nomenclature grecque, non seulement les diverses parties que cette affection peut envahir, mais encore ses divers caractères. Il est toujours dangereux de créer de nouveaux mots, et il est bien reconnu depuis long-temps qu'on ne peut donner par un seul mot une définition exacte d'une chose un peu compliquée. Ainsi quel est le médecin qui, pour désigner un croup, avec inflammation des bronches, et présentant des caractères muqueux et purulens, consentirait à dire c'est une *broncho-laryngo-trachéite-mixa-pyo-ménynyogène* ? Il n'y a pas de poitrine ni de mémoire qui pût reproduire un mot aussi composé. Néanmoins, l'ouvrage de M. Blaud contient toutes les recherches les plus récentes, soit sur le diagnostic, soit sur le traitement du croup, et ne peut être que fort utile à toutes les personnes qui voudraient le bien connaître (*). »

X. Réponse à M le docteur Desruelles sur sa critique de cet ouvrage. — Journal universel des sciences médicales, avril 1824.

XI. Mémoire sur la nature et le siége des fièvres intermittentes. [Extrait de la Nouv. Biblioth. médic., mars 1824]. Paris, Gabon, 1824, in-8 de 40 p.

XII. Observations de médecine clinique. — Nouv. Biblioth. médic., novembre et décembre 1824.

XIII. Observation de médecine clinique. — Ibid., janvier 1825, t. VII, p. 24 et p. 383.

XIV. Mémoire sur l'influence du système musculaire sur la circulation, et sur les principaux phénomènes physiologiques et pathologiques qui dépendent de cette influence ; lu à l'Académie royale de médecine dans sa séance de janvier 1825. — Nouv. Biblioth. médic , t. VIII, p. 137 et suiv.

XV. Observation de médecine clinique. — Ibid., t. VII, p. 24 et 383; et t. VIII, p. 137 et 418.

Il y est démontré entre autres objets que la pneumonite n'est que la bronchite vésiculaire.

(*) Amédée Dupau, Revue encycl., t. XXI, p. 644.

XVI. Observation de médecine clinique. — Ibid., t. IX, p. 483.

XVII. Mémoire sur la variole. — Ibid., mars 1826.

XVIII. Observations de médecine clinique. Premier fascicule. — Bibl. médicale. Avril 1826. — Deuxième fascicule. — Ibid., septembre 1826; décembre 1827; septembre 1828; décembre 1828; et septembre 1829.

XIX. Comparaison de la diphthérite et du croup, d'où il résulte que ces deux affections sont essentiellement différentes l'une de l'autre. — Nouv. Bibl. médic., avril 1827.

XX. Traité élémentaire de physiologie philosophique, ou Éléments de la science de l'homme, ramenée à ses véritables principes. Paris, Baillière, 1830, 3 vol. in-8, plus 2 tableaux [15 fr.].

XXI. Réponse à M. Isidore Bourdon sur cet ouvrage. — Revue médic., avril 1831.

XXII. Observation de médecine clinique. — Ibid., août 1831.

XXIII. Mémoire sur les maladies chlorotiques. — Ibid., mars 1832.

XXIV. Mémoire sur le choléra épidémique ou asiatique. — Ibid., avril 1832.

XXV. Observation de médecine clinique. — Ibid., juillet 1832.

XXVI. Considérations sur l'ouvrage des six jours. mis en rapport avec les sciences naturelles. — Journal des presbytères, août 1832.

XXVII. Mémoire sur les concrétions fibrineuses du cœur. — Rev. méd., novembre et décembre 1833.

XXVIII. Lettre sur les propriétés de la suie dans certaines affections cutanées. — Bullet. général de thérapeut., 15 mars 1834.

XXIX. Réclamation relativement à mes pilules anti-chlorotiques. — Ibid.

XXX. Réclamation relativement à ma théorie de la chlorose. — Journ. des connaissances médicales pratiques, avril 1834.

XXXI. Mémoire sur la suie considérée comme succédanée de la créosote. — Rev. méd., juin 1834.

XXXII. Réclamation relativement à ce Mémoire. — Journal de médecine et de chirurgie pratiques, octobre ou novembre 1834.

XXXIII. Nouveau Mémoire sur les

propriétés de la suie.—Rev. méd., janvier 1835.

XXXIV. Mémoire sur la coqueluche. — Ibid, mars 1831.

XXXV. Histoire du choléra épidémique qui a régné à Beaucaire dans les mois de juillet, août et septembre 1835. — Rev. méd., mars et août 1835.

XXXVI. De la puissance vitale, considérée dans ses lois pathologiques. — Revue médicale, octobre 1837, août 1838, juillet 1839, septembre 1840, juin 1841, mars 1842.

XXXVII. Nouvelles Observations sur l'efficacité de mes pilules anti-chlorotiques.—Rev. méd., décembre 1838.

XXXVIII. Sur la stérilité et l'amaurose chlorotiques.—Ibid., nov. 1839.

XXXIX. Lettre à M. Devergie sur la mort par suspension, considérée comme l'effet de l'homicide ou du suicide. — Ibid., avril 1841.

La Statistique morale de la France, IVe livraison, contenant le département du Gard, p. 33, a attribué, par erreur, au frère du docteur Blaud, un Mémoire *sur les variétés de l'espèce humaine*, dont l'Académie du Gard, dans son Recueil, a rendu un compte avantageux.

BLAVIER [Édouard], minéralogiste, ingénieur en chef des mines, né le 28 mars 1802, à Paris, d'un père lui-même ingénieur des mines. [Voyez la France littéraire]. M. Ed. Blavier entra à l'École polytechnique en 1819, et en sortit en 1821 pour entrer dans le corps royal des mines. En 1823, il fut nommé ingénieur ordinaire de deuxième classe; le 1er novembre 1833, ingénieur en chef de deuxième classe, fonctions qu'il remplit jusqu'au 7 mai 1840, époque à laquelle il quitta la résidence du Mans, où il était ingénieur ordinaire, pour venir à Douai, où il est aujourd'hui ingénieur en chef. Il a été chargé de lever la carte du département de l'Orne pour l'Atlas géologique de la France. M. Ed. Blavier a publié deux ouvrages de géologie qui ne l'ont pas mis en évidence.

I. Notice statistique et géologique sur les mines et le terrain à anthracite du Maine. [Extrait des Annales des mines, 3e sér., t. VI]. Paris, Carilian-Gœury, 1834, in-8 de 28 pag.

II. Essai de statistique minéralogique et géologique du département de la Mayenne. Le Mans, Deneau-Lagroie, et Paris, Carilian-Gœury, 1837, in-8 [5 fr.].

BLAY, syndic.

— Observations à MM. les membres de la chambre des députés, sur une pétition relative à la profession de courtier de commerce. Paris, de l'impr. d'Éverat, 1838, in-4 de 12 pag.

Cette pétition demandait la suppression des courtiers de commerce.

BLAZE [Henri-Sébastien], successivement avocat à Cavaillon, administrateur du département de Vaucluse après le 9 thermidor, et notaire à Avignon, grand amateur de musique et très-bon pianiste, né à Cavaillon, petite ville du département de Vaucluse, en 1763. H. S. Blaze apprit les premiers principes de l'art musical d'un organiste de sa ville natale, nommé Lapierre. Conduit à Paris pour y finir son éducation, il y arriva pendant la guerre des gluckistes et des piccinistes, ce qui contribua encore à augmenter le goût qu'il avait pour la musique. Aidé des conseils de plusieurs maîtres et des leçons de Séjan, organiste de Saint-Sulpice, il acquit des connaissances dans la composition; mais obligé d'embrasser la profession d'avocat, qu'il quitta plus tard pour celle de notaire, il ne put se livrer à son penchant pour cet art que dans des moments de loisir. Blaze a néanmoins écrit plusieurs messes à grand orchestre, d'autres avec accompagnement d'orgue seulement; un opéra, intitulé l'*Héritage*, qui fut mis à l'étude au théâtre Favart; une *Sémiramis*, dont il avait arrangé le livret d'après le plan de Voltaire, et qui n'a pas été représentée à cause de sa ressemblance avec l'opéra du même titre, dont Catel avait fait la musique, ouvrage reçu par l'administration de l'Opéra avant que Blaze présentât le sien. De retour dans sa province, Blaze alla s'établir à Avignon, et partagea son temps entre l'exercice de sa profession et ses travaux de musicien. Bientôt, troublé dans son état et dans ses plaisirs par le régime de terreur qui pesa sur la France dans les années 1793 et 1794, il fut obligé de se soustraire par la fuite aux poursuites dont il était l'objet. Après la réaction du 9 thermidor, il fut nommé administrateur de son département. En 1799, il fit un second voyage à Paris, et profita de son séjour en cette ville pour y publier quelques-uns de ses ouvrages. Il s'y lia d'amitié avec Méhul et Grétry. Ce dernier, dont il était enthousiaste, le fit recevoir, en 1800, correspondant de la troisième classe de l'Institut, devenue la quatrième [Académie des Beaux-Arts], en remplacement de l'abbé Giroust. Les compositions de Blaze qui ont été gravées, sont: 1° *deux œuvres de sonates pour le piano; 2° un œuvre de duos pour harpe et piano; 3° plusieurs messes en plain-chant; 4° quelques pièces fugitives;* 5° un roman, intitulé *Julien, ou le Prêtre*. Paris, 1805, 2 vol. in-12. Blaze a cessé de vivre à Cavaillon, le 11 mai 1833. [*Fétis, Biogr. des musiciens*].

BLAZE [François-Henri-Joseph, dit CASTIL], fils du précédent, musicien qui passe généralement pour un bon théoricien, mais qui s'est plus fait connaître comme musicien rapsodiste, ou, si l'on veut mieux comme mosaïste et littérateur, né le 1er décembre 1784. M. C. Blaze, qui aime beaucoup à entretenir le public de sa personne, nous a pompeusement décrit le lieu qui l'a vu naître, dans un article de la « Revue de Paris », intitulé le « Piano ». « Il est à Cavail» lon un noble, antique et vaste manoir, » portant créneaux, machicoulis, blasons, » croisées à vitraux plombés; château » flanqué d'une tour très-haute encore, » quoiqu'on ait été forcé de la décapi» ter afin de prévenir sa ruine. Les sal» les de cet immense bâtiment, la cui» sine surtout, attestent la splendeur, » le bon goût du prince de l'Eglise qui » l'a fait construire. Si le chapeau *con* » *fiocchi* figurant dans les sculptures, » n'attestait pas que c'était jadis la de» meure d'un cardinal la tour, signe » caractéristique de la pourpre avignon» naise, suffirait pour le prouver. Do» minant avec orgueil et majesté les » menils des nobles hommes et des vi» lains, la tour signale encore au loin » les châteaux élevés en Avignon, à Ca» vaillon, à l'Isle, par les membres du » sacré collége, pendant le séjour des » papes dans la ville sonnante. C'est » dans cet autre Palais-Cardinal, ha» bité par ma famille depuis des siè» cles... » que M. C. Blaze naquit. Destiné au barreau, il fit dans sa jeunesse les études nécessaires pour la profession d'avocat; mais déjà il montrait plus de goût pour la musique et la littérature que pour l'étude du droit et la profession de son père; il cultiva donc la musique, et ses premières leçons lui furent données par son père. Arrivé à Paris en 1799, pour y suivre les cours de l'École de droit, il les négligea quelquefois pour ceux du Conservatoire. Après avoir achevé l'étude du solfége, il reçut de Perne des leçons d'harmonie, et il se préparait à compléter son éducation musicale, lorsqu'il lui fallut renoncer à ses penchants pour s'occuper exclusivement de son état. Devenu successivement employé, puis chef de bureau à la préfecture du département de Vaucluse (*), inspecteur de la librairie (**), etc., toutes charges impériales, ce qui n'empêcha pas les Bourbons, à leur rentrée en France, de trouver en lui un actif partisan (***). L'accomplissement des devoirs que lui imposaient ces places, laissait peu de temps à M. C. Blaze pour la culture de l'art qu'il aimait avec passion. Cependant il jouait de plusieurs instruments, il avait composé beaucoup de romances et d'autres pièces fugitives qui avaient été publiées; il s'était surtout beaucoup occupé de musique dramatique. Deux routes lui étaient ouvertes pour entrer dans la carrière dramatique: en marchant sur les pas des Molière, des Regnard, des Destouches, ou sur celle des Rameau, des Gluck et des Grétry; mais, plus modeste dans son essor, il a préféré le

(*) M. Fétis, dans sa « Biographie universelle des musiciens », va jusqu'à dire sous-préfet dans le même département.

(**) Il faut que ce soit avant la Restauration, car le nom de M. Castil Blaze ne figure pas sur le tableau des inspecteurs de la librairie dans les départements, publié en janvier 1815.

(***) Après 1820, M. C. Blaze se vantait dans les salons Bertin, et il n'y avait certes de quoi s'en glorifier! d'être parti de chez lui, en société avec son père, les fusils chargés, pour aller au-devant de l'infortuné maréchal Brune, lorsqu'il se rendit dans ce pays de fanatiques, et cela pour éviter à ce dernier d'avoir désormais à chercher une mort glorieuse sur les champs de bataille où la balle ennemie l'avait respecté. C'est à cette démarche, qui heureusement pour la conscience de M. C. Blaze fut sans résultat, que fait allusion l'auteur de l'article de la « Gazette musicale », intitulé « Jean-Jacques Rousseau et M. Castil Blaze », quand il dit: « Qui sait où peut s'arrêter la » manie de rectification qui travaille M. Cas» til Blaze? Il ira jusqu'à nous dire qu'il sait

titre « d'arrangeur » à ceux d'auteur et de compositeur, et s'est traîné de loin sur les traces, perdues jusqu'à lui, des Framery, des Moline et des Dubuisson; car, sans prendre comme eux la peine de traduire des opéras italiens, son travail s'est borné à arranger des comédies françaises sur des partitions allemandes et italiennes, en y faisant des coupures, et en mettant en vers, malheureusement trop médiocres, les passages réservés pour le chant. M. Castil Blaze fit représenter sur le théâtre de Nîmes, le 31 décembre 1818, les *Noces de Figaro*, opéra comique en quatre actes, d'après Beaumarchais, paroles ajustées sur la musique de Mozart [Avignon, 1818. in-8], opéra qui depuis a été joué à Paris, sur le théâtre de l'Odéon, en 1826. Cet opéra de Mozart, joué aussi en quatre actes par les différentes troupes des bouffes italiens, avait paru en 1793, en cinq actes, sur le théâtre de l'Opéra; il n'eut que sept représentations; c'était pourtant toujours la pièce de Beaumarchais et la musique de Mozart; mais on s'occupait alors en France de « déranger » plutôt que « d'arranger »; peut-être aussi que M. Notaris était un arrangeur moins habile que M. Castil Blaze. Le premier succès obtenu à Montpellier en 1818, combla de joie « la pie de Cavaillon » (*), et il prit tout-à-coup la résolution de renoncer au barreau, à la carrière administrative, à tout ce qui pouvait enfin mettre obstacle à ses penchants; confiant dans l'avenir, il prit la route de Paris, avec sa femme et ses enfants, plus soigneux de son bagage de partitions et de manuscrits que du reste de son mobilier. En passant à Lyon, il y fit recevoir son *Barbier de Séville, ou la Précaution inutile*, opéra-comique en quatre actes, d'après Beaumarchais, et le drame italien, paroles ajustées sur la musique de Rossini, qui ne fut représenté que le 19 septembre 1821, et qui a été repris à l'Odéon le 6 mai 1824. Deux projets amenaient M. C. Blaze dans la ville des arts : il voulait y faire représenter le « Don Juan » de Mozart et quelques autres opéras qu'il avait traduits et arrangés pour la scène française, et y publier un livre, espoir de sa future renommée. Ce livre parut sous le titre : *De l'Opéra en France* [Paris, 1820, 2 vol. in-8]. Homme d'esprit, écrivain plein de verve, M. Castil Blaze attaquait avec force dans cet ouvrage certains préjugés qui s'opposaient en France aux progrès de la musique dramatique. Il y signalait les défauts des livrets d'opéras, les vices de l'administration intérieure des théâtres, la mauvaise distribution des rôles, la classification fausse et arbitraire des voix, toutes les causes enfin qui mettaient alors obstacle à la bonne exécution de la musique. Il faisait aussi la guerre au goût passionné des Français pour les chansons, les considérant avec justice comme un obstacle aux progrès de l'art. Enfin, il ne ménageait pas les productions qui lui paraissaient appartenir plutôt au genre du vaudeville qu'à celui du véritable opéra. Ajoutons que la ferveur de son zèle l'avait entraîné jusqu'à l'injustice envers des compositeurs français qui, bien que faibles harmonistes, avaient pourtant fait preuve de mérite par le naturel des mélodies et la vérité dramatique de leurs ouvrages. Est-ce parce qu'on ne lisait guère en France de livres sur la musique à l'époque où M. Castil Blaze publia le sien, ou est-ce que ce livre n'est pas bon? Ce qu'il y a de positif, c'est qu'il n'eut pas de succès, et que six ans après, l'auteur, qui y avait fait de nombreux cartons et y avait ajouté un *Essai sur le drame lyrique et les vers rhythmiques*, le tout formant quarante pages, le reproduisit avec de nouveaux frontispices portant : seconde édition. Néanmoins, tel qu'il est, ce livre fit choisir M. C. Blaze comme rédacteur de la chronique musicale du « Journal des Débats ». Jusqu'au moment où M. C. Blaze commença cette suite d'articles piquants, signés de XXX, qui fondèrent sa réputation, des littérateurs ignorant les premiers éléments de la musique, s'étaient arrogé le droit d'émettre seuls dans les journaux des opinions fausses qu'ils prenaient pour des doctrines, sur un art dont ils ne comprenaient pas même le but : c'est à

» pertinemment et par des renseignements pris
» sur les lieux, dans son propre pays, et peut-
» être dans sa propre famille, que le maréchal
» Brune n'est point mort assassiné, mais qu'il
» s'est suicidé de sa propre main. »

(*) Comme on a dit l'aigle de Meaux, les cygnes de Mantoue, de Cambrai.

cette cause qu'on doit attribuer les préjugés qui régnaient dans la plus grande partie de la population contre l'harmonie, le luxe d'instrumentation, et ce qu'on appelait la musique savante. L'auteur de la chronique musicale sut bientôt se faire remarquer par la spécialité de ses connaissances; il imposa silence au bavardage des gens de lettres, et parvint à la faveur de sa verve méridionale, à initier le public au langage technique dont il se servait. Quels que soient les progrès que puisse faire en France l'art d'écrire sur la musique dans les journaux, on n'oubliera pas que c'est M. C. Blaze qui, le premier, l'a naturalisé dans ce pays. Voyant que les Parisiens allaient à l'Opéra sans s'inquiéter de ce qu'il est, de ce qu'il a été, de ce qu'il sera, et qu'ils écoutaient la musique bonne ou mauvaise sans vouloir en apprendre la théorie, M. C. Blaze a cherché à mettre à profit leur penchant pour les nouveautés bizarres, en publiant, en 1821, un *Dictionnaire de musique moderne* [2 vol. in-8]. Cet ouvrage, formé par la réunion de matériaux que l'auteur avait rassemblés pour son livre *de l'Opéra en France*, offre des notions justes des diverses parties de l'art; cependant la rapidité qui avait présidé à sa rédaction y avait laissé glisser quelques négligences dans plusieurs articles importants; elles ont du être corrigées dans des cartons qui ont fait reproduire l'ouvrage avec de nouveaux frontispices, comme une seconde édition [Paris, 1825, 2 vol. in-8]; mais dans cette prétendue seconde édition l'auteur n'a rien corrigé, rien modifié, ni fait disparaître, ce qui était de toute convenance, après avoir eu le grand tort d'en être fauteur, les attaques contre des compositeurs français du XVIIIe siècle, et plus particulièrement contre J. J. Rousseau, auquel M. C. Blaze a emprunté trois cent quarante-deux articles pour la composition de son Dictionnaire ! Dans son « Dictionnaire de musique moderne », aussi bien que dans la « France musicale », en février 1842, le Dictionnaire du philosophe est de nulle valeur, ce qui prouve que l'auteur de *Pigeon-Vole*, partition provinciale de M. C. Blaze, est très partial dans ses appréciations d'art. Sitôt après le badigeonnage du livre de M. C. Blaze, un homme distingué dans la littérature et les arts, et qui ne faisait métier ni de l'un ni de l'autre, M. Ch. d'Outrepont [voy. ce nom], prit la défense de J.-J. Rousseau contre M. C. Blaze, dans un écrit intitulé : « Jean-Jacques Rousseau à M. C. Blaze » (*), suivi d'un commentaire de l'éditeur plus piquant encore, en quatre notes très-étendues. Le commentateur termine en disant : « Je » me crois obligé de déclarer ici que ce » n'est par aucun sentiment d'animo- » sité personnelle que je viens d'écrire » ce petit commentaire sur la lettre de » Jean-Jacques, car M. Castil Blaze ne » m'a jamais offensé dans mon honneur » ni dans mon amour-propre. Mais ce- » lui-ci ayant parlé quelquefois de Rous- » seau en termes insultants, tout en pro- » fitant des immenses connaissances mu- » sicales de ce grand homme, que l'au- » teur « d'Alceste » et « d'Armide » trou- » vait très-bon à consulter, j'ai cru qu'il » était de mon devoir, puisque j'en » avais les moyens, de défendre le gé- » nie outragé par un artiste dont les » attaques sont d'autant moins à mépri- » ser, qu'il passe généralement pour » un habile théoricien. » Nous ne pouvons résister au désir de donner cette lettre, parce que c'est de l'histoire littéraire, et que d'ailleurs elle est courte. « Des Champs-Élysées. Monsieur, je viens d'apprendre par un artiste arrivé depuis fort peu de temps aux Champs-Élysées, que vous m'avez fait le double honneur de vanter mon éloquence [j'oublie les injures dont vous avez assaisonné tout cela], et de reproduire dans votre Dictionnaire de musique plusieurs articles du mien, sous prétexte qu'un ouvrage de ce genre « n'est pas » une œuvre de génie. » Recevez-en, je vous prie, mes remerciements bien sincères. Je suis flatté d'avoir été utile à un homme de votre mérite. Il me paraît cependant que pour donner plus de poids à mes articles, qui sont devenus les vôtres je ne sais comment, vous auriez dû me ménager un peu, et ne pas traiter si mal ce pauvre « Devin de village » ; car il est de toute évidence

(*) Imprimé à la suite des Dialogues des morts, du même auteur. [Paris, F. Didot, 1825, in-8 de IX et 403 pages].

que, si je ne suis qu'un ignorant, un musicien aussi niais que misérable, comme vous me faites l'honneur de le dire dans votre long ouvrage sur l'Opéra en France (*); on ne doit lire qu'avec une certaine défiance tout ce que vous avez jugé à propos de prendre dans mon livre. Il est bien vrai que vous avez la ressource de me répondre que vous ne me citez jamais; et par conséquent, d'après la réputation que vous avez voulu me donner, certains articles un peu faibles, qui sont de vous, peuvent passer pour être de moi, puisque vous annoncez dans votre préface que vous m'avez mis « çà et là » à contribution. Cette tactique n'est pas sans adresse : reste à savoir si ce qui est adroit est toujours louable. J'abandonne au public la solution de ce problème, car je ne veux pas être juge dans ma propre cause. Je ne vous cacherai pas que de mon temps on n'aurait point osé se dire l'auteur d'un ouvrage composé de pièces et de morceaux, pris à droite et à gauche, et l'on eût bien ri d'une justification semblable à la vôtre. Donnons-nous le plaisir de vous la rappeler textuellement; car occupé autant que vous l'êtes, si l'on en croit la Renommée qui a deux trompettes, comme vous le savez; occupé, dis-je, à faire des opéras avec la musique de Rossini et compagnie, vous avez peut-être oublié, au milieu de vos triomphes, les belles choses que vous avez écrites : « Un dictionnaire n'est pas une œuvre » de génie, dites-vous. On reprochera » au poëte d'avoir volé une tirade, » un quatrain, un trait ingénieux à ses » prédécesseurs; mais voudrait-on ré» clamer une définition, l'exposition » d'un précepte, la description d'un » tuyau ou d'un instrument de musi» que (**)? » Où avez-vous pris, monsieur, qu'un dictionnaire ne puisse pas être un ouvrage de génie? Et s'il est honteux de voler un quatrain, pourquoi serait-il honorable de s'approprier un volume in-octavo, uniquement parce que l'auteur y a exprimé ses idées en suivant l'ordre alphabétique? Quant aux définitions, je crois qu'il n'est pas toujours aisé de les faire d'une manière irréprochable, mais rien de plus facile lorsque nous nous contentons de les prendre dans un ouvrage publié avant le nôtre. « Celui qui a fait mille arti» cles en eût fait onze cents avec d'au» tant plus de facilité, qu'il lui était » permis d'avoir recours aux fragments » qu'il a produits, et de calquer ses arti» cles sur ses œuvres déjà publiées (*). » En usant de ce moyen il ne serait pas difficile d'être auteur de deux cents volumes avec un seul; il suffirait de le faire réimprimer deux cents fois. Mais quoi qu'il en soit, si l'on ne m'a pas trompé, votre dictionnaire contient mille quatre-vingt-cinq articles, et dans ce nombre je puis en réclamer une quantité effrayante pour votre gloire. Les uns sont pris mot pour mot, et les autres, plus ou moins mutilés, raccourcis, allongés, le tout à votre convenance. « S'il a pris çà et là une page, » un alinéa, une phrase, une pensée, » c'est pour donner plus de lustre et » surtout plus de garantie à son ou» vrage, en s'appuyant de l'autorité des » écrivains qui l'ont devancé dans la » même carrière (**). Des écrivains!

(*) La première note a rapport à ce paragraphe : elle donne la nomenclature de 342 articles des deux dictionnaires en question, et prouve l'attention soutenue avec laquelle M. C. Blaze a consulté l'ouvrage de Jean-Jacques, *musicien ignorant*.

(**) Dictionnaire de Musique, préface, p. 10.

(*) Le même ouvrage, p. 10 et 11.

(**) Dans la note deuxième qui a trait à ce paragraphe l'éditeur présente avec assurance quarante articles du Dictionnaire de Rousseau très-supérieurs aux articles correspondants du Dictionnaire de M. C. Blaze. Je ferai seulement remarquer, dit le malin commentateur, que si quelques-uns sont déjà cités dans la note précédente, c'est que M. C. Blaze en a pris tout ce qui était à sa convenance.

M. C. Blaze ayant dit que l'ouvrage de Rousseau ne contenait pas la moitié des mots du vocabulaire musical, je me suis donné la peine de vérifier le fait, et j'ai trouvé effectivement qu'il y a dans le Dictionnaire de M. Castil Blaze quatre cent quatre-vingt-six articles qui ne sont pas dans celui de Rousseau; mais en revanche, l'ouvrage de ce dernier en contient deux cent quarante-huit que l'on chercherait en vain dans le Dictionnaire de son adversaire. Presque tous les articles nouveaux dont celui-ci croit avoir enrichi son livre sont en général de véritables niaiseries qui ne tiennent pas du tout à l'art, et le critique cite quarante exemples. Quant aux articles dont le dictionnaire de Rousseau est plus riche que celui de son adversaire, ils roulent presque tous sur la musique des anciens; et tous sont d'un homme infiniment instruit, qui sait lui-même ce qu'il prétend nous expliquer, quoique M. Blaze dise le contraire.

je ne suis donc pas le seul que vous ayez honoré de tant de faveurs? Et c'est pour vous appuyer d'autorités respectables, que vous n'en citez aucune! *Risum teneatis*. Au surplus, vous avez très-bien fait, car on m'assure que beaucoup de pages de votre livre eussent été couvertes de guillemets ou de lettres italiques, et cela eût été fort désagréable à l'œil. Comme je ne suis qu'un ignorant, qui se croit mélodiste, et que vous êtes un harmoniste, qui se croit musicien, la partie n'est pas égale entre nous, et par conséquent je termine ma lettre pour ne pas m'engager dans une discussion évidemment au-dessus de mes forces. D'ailleurs vous seriez capable de me reprocher de ne pas avoir traité en fugue ce que je vous aurais dit; car je sais que la fugue et le contre-point sont les deux maladies dont vous êtes atteint. Espérons cependant que vous vous en guérirez un jour, et que, complétement rétabli, vous écrirez un de ces mauvais opéras qui, pour me servir de vos expressions spirituellement ironiques, « font passer les moments les plus gais », et sont encore joués, je ne sais pourquoi, cinquante ans après la mort de l'auteur. La personne à qui j'adresse cette lettre vous la fera parvenir franche de port. Elle voudra bien y joindre quelques notes à l'usage de ceux qui vous prennent pour un écrivain tout-à-fait original. Si ces notes ne suffisent pas, je prierai quelques-uns de mes lecteurs d'avoir la complaisance de faire réimprimer, pour l'instruction du public, tous les articles que vous m'avez fait l'honneur de prendre dans mon Dictionnaire, et les vôtres en regard. On verra alors si l'on doit vous croire quand vous dites que vous ne les avez jamais reproduits avec fidélité(*).» L'on a maintenant une idée bien exacte de la façon dont est confectionné le Dictionnaire de musique de M. Blaze, et aussi de l'injustice de son auteur à l'égard de J.-J. Rousseau, auquel il a tant emprunté. Ainsi que nous l'avons dit précédemment, ce Dictionnaire n'obtint pas de succès, ce qui n'empêcha pas M. C. Blaze d'en reproduire, plus tard, les articles dans le «Dictionnaire de la conversation et de la lecture », tels que tels, presque tous, et par conséquent d'en tirer un second lucre. En 1821, *Don Juan, ou le Festin de Pierre*, opéra en quatre actes d'après Molière, et le drame allemand, paroles ajustées sur la musique de Mozart, par M. C. Blaze, fut représenté à Paris, et presque en même temps, le 19 septembre, commençaient à Lyon les représentations du *Barbier de Séville*, reçu quelques années auparavant. M. C. Blaze a rédigé pendant plus de dix ans la Chronique musicale du « Journal des Débats », où ses articles, hérissés de termes techniques, sont signés XXX, ainsi que nous l'avons déjà dit. S'il s'est crû obligé, par la reconnaissance, d'y prodiguer les louanges et les adulations à M. Rossini et aux autres compositeurs italiens et allemands auxquels il doit ses succès, il aurait dû, au moins, respecter les cendres des morts, et ne pas ravaler les talents et la réputation des hommes de génie qui ont soutenu et illustré, depuis plus d'un demi siècle, nos deux théâtres lyriques, de Glück, de Piccini, etc.; de Grétry, surtout, que M. C. Blaze a traité avec plus de mépris que les autres, et auquel cependant M. Blaze, son père devait son titre de membre de l'Institut. M. C. Blaze avait formé le projet de

(*) Dictionnaire de Musique, préface, p. 11. Comme l'auteur du nouveau Dictionnaire de musique a eu la noble franchise d'avertir ses lecteurs, dans la préface de cet ouvrage, qu'il n'avait jamais reproduit les articles de Rousseau avec *fidélité*, il est bon de s'entendre sur ce mot, et en conséquence je vais reproduire avec *fidélité* quelques articles de Rousseau et de M. C. Blaze. Le critique donne comme exemple les articles *Chanson*, *Intense*, *Acteur*, *Croque-note*, qui ne diffèrent pas même par une virgule.

Il est bon d'apprendre au lecteur qu'on lit la phrase suivante dans la préface du Dictionnaire de l'auteur moderne: *Les articles de Rousseau n'étant pas reproduits avec fidélité, je n'ai pas cru devoir les présenter sous son nom.* On lit aussi dans la même préface, *que Rousseau n'avait point étudié l'harmonie, qu'il était jaloux de tout ce qui l'entourait, qu'il détestait Rameau*, etc. Je n'ai pas le courage de répondre à ces injures. Il est probable que si M. Castil Blaze était organisé pour sentir et comprendre Rousseau il en parlerait avec plus de respect.

Voilà donc ce que l'auteur moderne appelle *ne pas reproduire avec fidélité*. Si je ne craignais d'ennuyer le lecteur, je lui mettrais sous les yeux les articles *Goût*, *Renversement*, etc., et il verrait ce que c'est que *l'infidélité* de M. Castil Blaze dans ses rapports littéraires avec Rousseau.

réunir un choix d'articles de sa Chronique musicale du « Journal des Débats » pour en former un livre. La première livraison de ce choix a même été publiée en 1830, mais l'entreprise n'eut pas de suite. La position d'aristarque au « Journal des Débats » ne détournait pas M. C. Blaze d'une occupation plus lucrative pour lui : celle d'arrangeur dramatique. Les succès de la musique de Rossini, à cette époque, le déterminèrent à continuer ses travaux de traduction et de coupure, afin de faire jouir les villes de province du plaisir d'entendre les principaux ouvrages du maître de Pesaro. Voici, indépendamment des trois pièces dont nous avons déjà parlé, la liste de ses œuvres en ce genre, dont il a recueilli plus d'argent que de gloire; car outre ses droits d'arrangeur, il vendait pour son compte les pièces et les partitions, quoiqu'il ne soit auteur ni des unes, ni des autres : la *Pie voleuse*, opéra en trois actes d'après le drame de Caignez et d'Aubigny, et l'opéra italien, paroles ajustées sur la musique de Rossini, joué sur le théâtre de Lille, le 15 octobre 1822, et depuis à Paris, sur ceux du Gymnase et de l'Odéon [Paris, 1822, in-8]; *Otello*, *ou le More de Venise*, opéra en trois actes, d'après les drames anglais, français et italien, ajusté sur la musique de Rossini, et représenté sur le grand théâtre de Lyon, le 1er décembre 1823, et à l'Odéon en 1825 [Paris, 1825, in-8]; *les Folies amoureuses*, opéra-bouffon en trois actes d'après Regnard, ajusté sur la musique de Mozart, Cimarosa, Paër, Rossini, Steibelt, etc., représenté à Lyon le 1er mars 1823, et à Paris, sur le théâtre de l'Odéon, en 1825 [Paris, 1825, in-8]. Au dénouement immoral de cette pièce, l'arrangeur a ajouté le scandale, en plaçant, pour témoins de l'enlèvement, un chœur final de villageois; la *Fausse Agnès*, opéra-buffa en trois actes d'après Destouches, musique de Cimarosa, Rossini, Meyerbeer, etc., représenté à Paris, au Gymnase, le 6 juillet 1824, à Lyon, le 30 août suivant, et depuis à l'Odéon [Paris, 1824, in-8]; *Robin des Bois*, *ou les trois Balles*, opéra-féerie en trois actes, imité du *Freischutz*, traduit de l'allemand par M. Sauvage, et arrangé par M. Blaze sur la musique de Weber [Paris, 1824, in-8]; cet opéra, tombé à sa première représentation à l'Odéon, le 27 décembre 1824, s'est relevé depuis, et a obtenu une vogue non moins extraordinaire qu'en Allemagne, et lorsqu'il a été repris à l'Opéra-Comique, en 1835, le public a montré le même empressement à l'entendre. Il avait été repris à l'Odéon, en 1825, avec l'ajouté des balles qu'on avait supprimées; la *Forêt de Sénart*, *ou la Partie de chasse de Henri IV*. C'est la pièce de Collé réduite à trois actes par la suppression du premier, arrangée sur la musique de divers auteurs allemands et italiens, et représentée à l'Odéon, le 14 janvier 1826 [Paris, 1826, in-8]. On a accusé Durozoy d'avoir assassiné deux fois Henri IV, dans les deux mauvais drames où il l'a mis en scène; M. C. Blaze ne mérite-t-il pas le même reproche, lui, qui, au lieu de laisser reposer le pauvre Henri IV, errant depuis deux heures dans la forêt, a la cruauté de lui faire chanter à perdre haleine : « Charmante Gabrielle, en vain je t'appelle, etc. », idée à laquelle Collé n'avait pas songé (*); l'*Italienne à Alger*, opéra-bouffon en quatre actes, imité de l'italien, musique de Rossini [1830, in-8]; *Euriante*, opéra en trois actes, d'après le livret allemand, musique de Weber [1831, in-8], drame lyrique représenté à l'Opéra en 1831, et qui n'eut pas grand succès, parce que la musique de cet opéra est très-savante et entièrement de mélodie. L'auteur de cet article assistait à la première représentation de l'original à Vienne, et bien que Weber soit venu exprès pour conduire l'orchestre de

(*) M. C. Blaze, au milieu de ces pastiches a aussi inséré quelques morceaux de sa composition, notamment dans les Folies amoureuses et dans la Forêt de Sénart.

D'après une biographie de l'époque, celle de Boisjolin, Rabbe, etc., M. Castil Blaze s'apprêtait encore à disloquer et à défigurer, à castil-blazer enfin *le Médecin malgré lui*, et peut-être les meilleures pièces du Théâtre-Français. Il est fâcheux, disait cette biographie, que des motifs d'intérêt le portent à profaner ses talents par un travail si facile et si peu honorable. Il ne devrait pas être plus permis de travestir ainsi nos chefs-d'œuvre dramatiques, qu'à un barbouilleur de retoucher les tableaux de Poussin et de Lebrun.

son nouvel ouvrage, il ne produisit pas la sensation sur laquelle il comptait : c'est, du reste, le propre des compositions de Weber, de n'être pas bien senties à la première audition. Depuis lors, la traduction de *Don Juan*, retouchée par M. Blaze fils [voyez l'art. suivant] et par M. Émile Deschamps, a obtenu un grand succès à l'Opéra; avec M. Scribe, la *Marquise de Brinvilliers*, drame lyrique en trois actes, pastiche musical, composé d'une réunion de morceaux puisés dans les partitions de plusieurs grands maîtres. En 1832, M. C. Blaze quitta le journal des Débats pour travailler au Constitutionnel. Le motif qui détermina M. C. Blaze à quitter la feuille des MM. Bertin, caractérise trop notre presse actuelle, pour le passer sous silence. On allait donner un certain soir une première représentation à l'Académie royale de musique. M. Bertin dans la matinée donna le mot d'ordre à M. C. Blaze pour en faire l'éloge quand même. L'impartialité du critique musical devait se trouver blessée; et pourtant s'il refusa de se prêter aux exigences de M. Bertin, ce ne fut que parce que ce dernier ne voulut pas consentir à partager la subvention mensuelle de mille francs, que lui comptait l'administration de l'Académie ! On se quitta alors. M. Castil Blaze n'a pas fait long temps les articles de musique du Constitutionnel : la question financière ne permit pas aux propriétaires de s'entendre avec le critique. Il passa de là à la « Revue de Paris », pour laquelle il a rédigé, pendant plusieurs années, la partie musicale, sous les titres de « Chronique musicale » et de « Revue du monde musical », dans laquelle il a rendu compte des pièces jouées sur nos trois premiers théâtres lyriques [l'Académie, les Italiens, l'Opéra Comique]. C'est aussi dans ce recueil qu'il a donné, en 1832, deux ouvrages dont l'un a pour titre : *Chapelle-Musique des rois de France*, et l'autre : la *Danse et les Ballets depuis Bacchus jusqu'à mademoiselle Taglioni*, lesquels ont été imprimés séparément dans la même année. Le premier est une sorte d'histoire, abrégée d'une part, et mêlée de digressions de l'autre, de ce qui concerne la chapelle des rois de France. Les documents authentiques ont manqué à M. C. Blaze pour donner à son livre l'intérêt dont il était susceptible. On trouve beaucoup de choses relatives à la musique dans l'ouvrage sur la danse et les ballets. Pendant la durée de sa coopération à cette Revue, M. C. Blaze y fournit aussi, de 1832 à 1834, parmi les articles les plus remarquables, des notices sur les compositeurs et chanteurs célèbres, notices que nous rappelons dans la partie bibliographique de la nôtre. C'est encore dans ce recueil que, de juin 1835 à octobre 1838, il a publié en une série d'articles, au nombre de onze, une histoire de l'*Académie royale de musique* depuis Cambert, en 1669, jusques à la Restauration y comprise, sujet qui n'avait pas été traité depuis Travenol, dont le livre parut en 1753. Un autre ouvrage de presque autant d'étendue, que nous ne devons pas passer sous silence, est l'historique du *Piano*, que M. C. Blaze a encore donné à la Revue de Paris, en 1839 et 1840, en neuf articles. On a peine à s'expliquer comment ces deux ouvrages n'ont point été réimprimés séparément. En 1834, M. C. Blaze commença à participer à la rédaction du « Ménestrel », journal de musique, dont le prospectus-spécimen porte la date du 1er décembre 1833; à la même époque, il fournissait des articles de musique au « Magasin pittoresque. » Lorsqu'en 1834, M. Fétis s'adjoignit des collaborateurs spéciaux pour sa « Gazette musicale », M. C. Blaze, le critique nomade dans cet art, porta ses pas vers cette nouvelle administration, et y travailla quelque temps. En 1835, il publia *Anne de Boulen*; opéra en trois actes d'après le drame de Romani, musique de Donizetti [in-8], opéra qui ne paraît pas avoir été représenté. Lorsqu'en janvier 1838 s'éleva, en concurrence à la « Revue et Gazette musicale », la « France musicale », M. C. Blaze cessa de participer à la rédaction de la première pour aller s'établir à la dernière, où il comptait sur plus de laissez-aller. Depuis lors, M. C. Blaze est resté fidèle à la rédaction de ce recueil, mais parce qu'il ne s'en est pas créé d'autres dans sa spécialité qui lui offrissent plus d'avantages. Toutefois, il a fait une petite excursion près de la « Galerie des artistes dramatiques de Paris » [1840, in-4]. Le 15 mai 1841, on représenta sur le théâtre de Montpellier, un *Belzébuth, ou les Jeux du roi René*, mélodrame en quatre actes, myrifique partition rapetassée par M. C. Blaze, essayée une fois dans le Midi pour effacer le « Freychutz » du Nord, et jouer pièce au compositeur Berlioz qui avait osé refaire, en 1835, pour l'Opéra-Comique, le chef-d'œuvre que M. C. Blaze regardait comme le sien. Grande avait été l'indignation de l'arrangeur de 1825 ; aussi la manifesta-t-il vivement dans l'un des nombreux journaux à la rédaction desquels il a participé (*). — M. C. Blaze s'est fait connaître comme compositeur par quelques morceaux de musique religieuse, des quatuors de violon gravés à Paris, des trios pour le basson, et un recueil de douze romances, parmi lesquelles on remarque le *Chant des Thermopyles* et la jolie *Chanson du roi René*. Nous avons dit que dans la préface de son Dictionnaire de musique, publié en 1821, M. C. Blaze n'a pas rougi de traiter J.-J. Rousseau de musicien ignorant, tout en prenant au philosophe genevois le tiers de son Dictionnaire. Il paraît que le nom de J.-J. Rousseau est un véritable cauchemar pour « la pie de Cavaillon », et à tout prix il veut l'anéantir. Dans un numéro de février 1842 de la « France musicale », M. C. Blaze est revenu à ses attaques contre J.-J. Rousseau : dans ce dernier écrit, Rousseau n'est plus seulement un musicien ignorant, c'est encore un voleur et un glouton, et, pour le démontrer, il a été exhumer une ancienne calomnie, repoussée depuis long-temps, qui présentait comme le véritable auteur de la musique du « Devin de Village » un musicien Grenier, ou un autre nommé Garnier, dont M. C. Blaze a fait un troisième du nom de Granet. Cette calomnie était l'œuvre de Pierre Rousseau, de Toulouse, contemporain de J. J. Rousseau. Cet homme avait été tour-à-tour élève en chirurgie et abbé, et avait fini par venir chercher fortune à Paris : il s'y fit connaître par sept pièces de théâtre, deux romans et un journal de jurisprudence ; il travaillait aussi au « Journal encyclopédique ». Il était avide de célébrité et jaloux de son presque homonyme. Présomptueux, comme l'est toujours la médiocrité, il ne voulait pas qu'on le confondît ni avec Jean-Baptiste, ni avec Jean-Jacques, il se faisait appeler Rousseau de Toulouse. Cette précaution inutile et ridicule donna lieu à l'épigramme suivante :

Trois auteurs que Rousseau l'on nomme,
Connus de Paris jusqu'à Rome,
Sont différents : voici par où :
Rousseau de Paris fut grand homme ;
Rousseau de Genève est un fou ;
Rousseau de Toulouse, un atome.

Et voilà pourtant la respectable autorité sur laquelle M. C. Blaze s'appuie ! Rousseau de Toulouse émit cette calomnie dans le « Journal encyclopédique » : il voulait amener Jean-Jacques à une réfutation, à une polémique que le philosophe de Genève dédaigna toujours. Le calomniateur persista long-temps, et même après la mort de l'illustre écrivain. Du « Journal encyclopédique », cette calomnie passa dans les « Petites Affiches de Paris » par les soins d'un de ses obscurs rédacteurs, et d'où M. C. Blaze l'a probablement tirée parce qu'elle lui fournissait une nouvelle occasion de salir le nom de ce pauvre Rousseau. Mais, ainsi que lors de la préface du « Dictionnaire de musique moderne », Ch. d'Outrepont s'était trouvé là pour prendre la défense de Rousseau contre M. C. Blaze, il s'est trouvé un artiste, rédacteur habituel de la « Revue et Gazette musicale », dont le nom figure peu avant celui de M. C. Blaze, qui, indigné de cette nouvelle attaque, s'est empressé, sous le pseudonyme d'Émile de Chambrye, de répliquer à M. C. Blaze, dans le numero du 27 février de la « Revue et Gazette musicale » : « C'est le propre des larrons de crier au voleur, dit le réfutateur de M. C. Blaze. Le spoliateur de Molière, de Regnard, de Destouches, de J.-J. Rousseau, de

(*) Dans sa Biographie universelle des musiciens, M. Fétis cite deux autres opéras que M. C. Blaze aurait arrangés avant de venir se fixer à Paris : *la Flûte enchantée*, et *le Mariage secret* ; et une troisième, arrangée postérieurement, *Moïse* ; qui, jointes à l'autre que nous avons citée dans la note précédente, feraient quatre pièces inédites dont M. C. Blaze aura à gratifier tôt ou tard son public.

Beaumarchais, de ce pauvre Caigniez, qui vient de mourir misérable, de Rossini vivant, de Weber et de ses héritiers; celui qui a gagné, dit-il, six cent mille francs avec l'esprit et le génie des autres, M. C. Blaze enfin s'évertue à nous prouver, en ce style de Pantalon et de grimacier qui le caractérise, que J.-J. Rousseau n'était qu'un voleur et un glouton. M. C. Blaze scrupuleux sur les vols artistiques, et s'écriant comme le marquis de Mascarille : « Au voleur! au voleur! » cela ne vous semble-t-il pas joli? C'est en de pareilles circonstances que la répression de la presse par la presse est tout à la fois chose utile et de bon goût, ne fût-ce que pour prouver à ses ennemis et à ses éternels détracteurs que le dévergondage et l'impudeur d'une plume vagabonde et surannée peuvent être neutralisés par une plume honnête et ferme.— Et d'abord, se dit chacun, à propos de quoi ce vieux et pâle mystificateur du temps de l'Empire, s'affublant tour à tour d'un frac de sous-préfet, d'une perruque de notaire, de la robe d'avocat, mais se parant surtout des plumes du paon, vient-il exhumer une assertion calomnieuse réduite depuis long-temps à sa juste valeur, c'est-à-dire à néant. — Lorsqu'on a quelque connaissance en littérature, on doit savoir son XVIIIe siècle et surtout son Rousseau sur le bout du doigt. A quoi bon recommencer Palissot et faire marcher notre philosophe à quatre pattes? Pourquoi ne dites-vous pas aussi que l'abbé de l'Épée n'était qu'un ignoble mime? ou, remontant plus haut, que Vincent de Paul ne faisait de la philanthropie envers l'enfance que par hypocrisie et pour trouver plus tard des domestiques dans les pauvres petits malheureux qu'il arrachait à la mort? Le cynisme de la plume a quelque chose de plus révoltant; de plus intolérable que tous les autres, parce qu'il est réfléchi, calculé. — Sied-il de nous dire que l'un des trois plus grands prosateurs dont la France puisse s'honorer, qui a rappelé les mères à leur premier devoir, qui est mort pauvre, et du regret d'avoir accepté d'un homme riche, comme nous le dit Grétry dans ses « Essais sur la musique », que ce grand écrivain n'était qu'un être vorace et fripon. »— Nous ne suivrons pas plus loin M. de Chambrye dans sa défense de J.-J. Rousseau, parce que chacun peut la lire dans le recueil où elle est imprimée. Nous ajouterons, au grand désespoir de M. C. Blaze, qu'après lui ne survivra pas un de ses ouvrages, et que le nom de J.-J. Rousseau brillera encore pendant plusieurs siècles malgré les efforts que M. C. Blaze aura apportés à le ternir (*).

OUVRAGES DE M. CASTIL BLAZE.

I. *Théâtre.*

I. Noces [les] de Figaro, opéra-comique en quatre actes d'après *Beaumarchais*, paroles ajustées sur la musique de Mozart; par M. Castil Blaze. Représenté pour la première fois par les comédiens du théâtre de Nîmes, sous la direction de M. Singier, le 31 décembre 1818. Avignon, Seguin aîné; et Paris, Barba, 1819, in-8 [2 fr.].

II. Don Juan; ou le Festin de Pierre, opéra en quatre actes d'après *Molière* et le drame allemand, paroles ajustées sur la musique de Mozart. Paris, Vente, 1821, in-8.

III. Barbier [le] de Séville, ou la Précaution inutile, opéra-comique en quatre actes d'après *Beaumarchais* et le drame italien, paroles ajustées sur la musique de Rossini. Représenté pour la première fois à Lyon, le 19 septembre 1821. Paris, Vente, 1821, in-8. — Nouv. édit. Paris, C. Blaze, 1828, in-8 [2 fr. 25 c.].

Cette pièce avait été reprise au théâtre de l'Odéon, le 6 mai 1824.

La première édition de ce *Barbier de Séville* porte au frontispice : *N° 3 du Répertoire de M. Castil Blaze.*

IV. Pie [la] voleuse, opéra en trois actes d'après le drame de *Caigniez* et *d'Aubigny*. Paris, l'Auteur, 1822, in-8 [1 fr. 50 c.].

V. Otello, ou le More de Venise, opéra en trois actes, d'après les drames

(*) Pour que M. Castil Blaze ne nous accuse pas de faire de la biographie d'après le procédé employé par lui pour son Dictionnaire de musique, nous citerons ici les sources où nous avons puisé pour sa notice. Ce sont : la Biographie de Boisjolin, Rabbe et autres; celle de M. Fétis; Jean-Jacques Rousseau à M. Castil Blaze, par d'Outrepont; enfin M. Castil Blaze et Jean-Jacques Rousseau, par M. Em. de Chambrye.

anglais, français et italien. Paris, l'Auteur, 1825, in-8 [1 fr. 50 c.].

VI. Folies [les] amoureuses, opéra bouffon en trois actes, d'après *Regnard*. Paris, l'Auteur, 1825, in-8 [1 fr. 50 c.].

VII. Fausse [la] Agnès, opéra bouffon en trois actes, d'après *Destouches*, paroles ajustées sur la musique de Cimarosa, Rossini, Meyerbeer, Pucitta, Federici, etc. Paris, l'Auteur, 1824, in-8.

VIII. Avec *T. Sauvage* : Robin des bois, ou les trois balles, opéra-féerie en trois actes, imité du Freischütz [de *Fréd. Kind*]. Paris, 1824.— Sec. édit. Paris, Barba; l'Auteur, 1825, in-8 [1 fr. 50 c.].

Réimprimé, en 1835, dans « la France dramatique au XIXe siècle », grand in-8 de 20 pages à deux colonnes.

IX. Forêt [la] de Sénart, ou la Partie de chasse de Henri IV, opéra-comique en trois actes, d'après *Collé*. Paris, l'Auteur, 1826, in-8 [1 fr. 50 c.].

X. M. de Pourceaugnac, opéra-bouffon en trois actes (et en prose), d'après *Molière*, paroles ajustées sur la musique de Rossini, Weber, etc. Paris, Castil Blaze, 1827, in-8.

XI. Italienne [l'] à Alger, opéra-bouffon en quatre actes, imité de l'italien, musique de Rossini. Paris, l'Auteur, 1830, in-8 de 64 pag. [2 fr. 25 c.].

XII. Euriante, opéra en trois actes, musique de Weber. Paris, l'Auteur, 1831, in-8 [2 fr.].

XIII. Avec M. *Scribe* : la Marquise de Brinvilliers, drame lyrique en trois actes. Paris, Barba, 1831, in-8 [5 fr.].

XIV. Anne de Boulen. Opéra en trois actes, paroles de M. C. Blaze, d'après le drame italien de *Romani*, musique de Donizetti. Paris, Aulagnier, 1835, in-8 [2 fr. 25 c.].

Le poëme de cet ouvrage a été arrangé en récitatif par M**, et joué, pour la première fois, sous cette nouvelle forme, sur le théâtre de Bruxelles, le 13 février 1841.

XV. Belzébuth, ou les Jeux du roi René, mélodrame en quatre actes. [Théâtre de Montpellier, le 15 avril 1841]. Paris, l'Auteur, 1841, in-8 de 88 pag. [2 fr. 50 c.].

II. *Technestétique et Historique de la Musique.*

XVI. Opéra [de l'] en France. Paris, Janet et Cotelle [*Sautelet],1820, 2 vol. in-8 [12 fr.; et sur pap. vélin, 24 fr.].

Reproduit, en 1826, comme une seconde édition, avec plusieurs cartons, et un *Essai sur le drame lyrique et sur les vers rhythmiques*, qui paraissait pour la première fois, le tout formant 40 pages.

XVII. Dictionnaire de musique moderne. Paris, rue et passage Vivienne, 6, 1821, 2 vol. in-8, avec 24 pl. de musique [12 fr.].

En 1825, l'auteur a fait faire des titres de seconde édition, et y a ajouté deux pages de musique et une planche.

— Le même ouvrage, précédé d'un Abrégé historique de la musique moderne, et d'une Biographie des théoriciens, compositeurs, chanteurs et musiciens célèbres qui ont illustré l'école flamande et qui sont nés dans les Pays-Bas, par ordre alphabétique, etc.; par M. *Mées*, professeur de musique à Bruxelles. Bruxelles, 1828, in-8.

XVIII. Essai sur le drame lyrique et sur les vers rhythmiques. Voy. le no XVI.

XIX. Chronique musicale du « Journal des Débats ». Tome Ier, 1re livraison. Paris, l'Auteur, 1830, in-8 de 100 pag.

XX. Chapelle-musique des rois de France. [Extrait de la « Revue de Paris »]. Paris, Paulin, 1832, in-12, avec une vignette [3 fr.].

XXI. Danse [la] et les ballets depuis Bacchus jusqu'à mademoiselle Taglioni. Paris, Paulin, 1832, in-12, avec une vignette [3 fr.].

Deux articles qui avaient paru, en 1829, dans les tomes IV et VI de la Revue de Paris.

XXII. Revue musicale; — Chronique musicale; — Revue du monde musical. — Dans la Revue de Paris, jusques vers 1837.

XXIII. Néron, en deux articles. — Revue de Paris, t. XLIX [1833].

XXIV. Frédéric II. — Ibid., t. LIV [1833].

XXV. Musique [la] à Londres. — Ibid., nouv. série, t. XIII [1835].

XXVI. Académie [l'] royale de musique, depuis Cambert, en 1669 [jusques et y compris l'époque de la Restauration].

Imprimé en onze articles dans la Revue de Paris, depuis juin 1835 jusqu'en octobre 1838. Cet historique de l'opéra est divisé par époques : les quatres premières sont l'objet de huit articles; l'époque impériale en remplit deux autres [sept. et octobre 1837] et celle de la Restauration, un seul [octobre 1838].

XXVII. Sur les Huguenots, de Meyerbeer; en deux articles. — Revue de Paris, mars 1836.

XXVIII. Pianos [les] de Pape. — Ibid., avril 1837.

XXIX. Piano [le]. [Histoire de son invention, de ses améliorations successives, et des maîtres qui se sont fait un nom sur cet instrument].

Ouvrage étendu qui n'en est pas moins présenté par son auteur, comme extrait d'un autre intitulé *le Livre des Pianistes*, qui n'a point encore vu le jour. *Le Piano* a fourni à M. C. Blaze matière à neuf articles, imprimés dans la « Revue de Paris », de mars 1839 à juin 1840.

M. C. Blaze, en outre, a fourni beaucoup d'articles didactiques et critiques de musique aux journaux et recueils auxquels il a participé, tels que le Journal des Débats, le Constitutionnel, la Revue de Paris, le Dictionnaire de la conversation et de la lecture, le Magasin pittoresque, le Ménestrel, la Gazette musicale, la France musicale, etc.

XXX. Musiciens [les]. — Imprim. dans le livre des Cent-et-Un, tome II [1831].

XXXI. Une rencontre près d'Asnières. — Impr. dans la Revue de Paris, en juin 1838.

III. *Biographie musicale.*

XXXII. Lablache.— « Revue de Paris », t. XXXIX [1832].

XXXIII. Notice biographique sur Rubini. — Ibid., t. XLV [1832].

XXXIV. Notice biographique sur Marthe le Rochois.— Ibid., t. XLVI [1833].

XXXV. Notice biographique sur Tamburini. — Ibid., t. XLVII [1833].

XXXVI. Notice biographique sur Cherubini, en deux articles. — Ibid., tome LII [1833].

XXXVII. Lulli; en deux articles.— Ibid., nouv. série, t. VIII [1834].

XXXVIII. Méhul; en deux articles. — Ibid., t. XI [1834].

XXXIX. Mme Malibran; en deux articles. — Ibid., oct. 1836.

XL. Stradella. — Ibid., mars 1837.

XLI. Duprez. — Ibid.

XLII. Zingarelli, directeur du conservatoire de Naples. — Ibid., mai 1837.

XLIII. Orlandus de Lassus. — Ib., juillet 1838.

M. C. Blaze rappelle dans cet écrit une notice biographique et littéraire sur ce célèbre musicien montois, due à feu H. Delmotte, son compatriote [Valenciennes, 1835, in-8]. Depuis, un poète montois distingué, M. Adolphe Mathieu [voy. ce nom] a publié, à Mons, en 1840, sous le titre de « Roland de Lattre » un poëme précédé d'une notice biographique et suivi d'amples notes.

XLIV. Paër. — Ibid., octobre 1838.

XLV. Mémoires d'un musicien....

Imprimés dans la France musicale.

C'est, nous assure-t-on, une autobiographie, qui ne peut manquer d'être imprimée séparément, sitôt qu'elle aura été publiée complétement dans le recueil où elle paraît.

La note dernière de la précédente section s'applique aussi à cette section pour les autres biographies artistiques dont M. C. Blaze peut encore être auteur. De plus, son nom figure au nombre des rédacteurs de la « Galerie des artistes dramatiques de Paris. Chaque portrait est accompagné d'une Notice biographique, artistique et littéraire » [Paris, Marchand, 1840, in-4].

BLAZE [Henri], fils du précédent, littérateur de la nouvelle école, l'un des rédacteurs de la Revue des Deux-Mondes, chevalier de l'ordre du Faucon blanc de Saxe-Weimar; né à Cavaillon [Vaucluse], vers 1816. Il vint à Paris, lorsqu'en 1819, sa famille y transporta ses pénates. M. H. Blaze s'adonna de bonne heure à la littérature, aussi a-t-il déjà beaucoup écrit, quoiqu'on ne connaisse que trois ou quatre ouvrages de lui, imprimés comme livres, la majeure partie de ses écrits ayant paru dans divers recueils littéraires, tels que la Revue des Deux-Mondes, depuis 1833; la Revue de Paris, en 1841 et 1842, et d'autres recueils. Enthousiaste de l'école poétique allemande, il s'en est assez bien nourri pour devenir poète mystique, et l'un des romantiques dont pourrait s'honorer la littérature d'au delà du Rhin. Plus ou moins musiciens de père en fils, les MM. Blaze ont écrit sur la musique. C'est par là aussi que M. H. Blaze s'est fait d'abord connaître. Sous le pseudonyme de *Hans Werner*, il fournit, dès 1833, à la Revue des Deux-Mondes, des articles didactiques et de critique musicales, et jusqu'à ce jour il n'a point discontinué. Mais ses études musicales n'ont point absorbé celles du poète, et, en 1834, nous pûmes lire, dans la Revue des Deux-Mondes, encore sous le pseudonyme de *Hans Werner*, le *Souper chez le Commandeur*, drame mystique, espèce de suite du Don Juan de Molière, calquée sur le Faust de Gœthe, pièce où il y a certes de beaux vers et de la poésie, mais néanmoins à laquelle on pourrait appliquer une réflexion, toute militaire, qu'à faite l'oncle de l'auteur, dans sa « Vie militaire sous l'Empire », en parlant de poésie : « Chacun sait que de nos jours on ne fait » plus que du sublime; bien souvent » on n'y comprend goutte; mais ce » n'en est que plus beau (*) » M. H. Blaze continua de fournir à la Revue des Deux-Mondes et à celle de Paris, des petits poëmes dans le même goût. Non content d'étudier les rêveurs allemands dans leurs poésies, il voulut encore les étudier dans leurs personnes et dans leur pays. Il fit plusieurs voyages en Allemagne, et nous avons remarqué dans ses Poésies complètes des pièces datées de Weimar, janvier 1840, Gretz, juin 1841. Admirateur ardent de Gœthe, l'un de ses maîtres, ainsi que M. H. Blaze le dit quelque part, il nous a donné successivement sur ce poëte ou ses ouvrages, des *Études littéraires sur le second Faust*, la *Vie de Gœthe et sa Correspondance* [Revue des Deux-Mondes, en 1839], mais encore, après MM. Ste-Aulaire [dans les Chefs-d'œuvre des théâtres étrangers], Gérard [Labrunie de Nerval] et Stapfer, une quatrième traduction de *Faust*. Les premières conditions d'un traducteur, c'est de rendre, avec élégance et d'après le génie de la langue dans laquelle il traduit, tout en se rapprochant le plus possible de l'original, les ouvrages étrangers dont il donne la version. M. H. Blaze a-t-il été assez heureux pour réunir ce double mérite. Le savant Voss, a donné une traduction d'Homère en vers allemands, faite servilement on pourrait le dire sur l'original, vers par vers, pieds par pieds; il n'en est résulté pour lui que le triomphe d'une difficulté vaincue; les Allemands ont trouvé que sa traduction était aussi pénible à lire que dans la langue d'Homère! En 1840, M. H. Blaze, a donné au théâtre avec M. Em. Deschamps, un opéra de *Don Juan*, qui n'est autre que celui de son père, refait et pour la contexture et pour la versification. En 1841, on a imprimé de lui dans un recueil portant le titre prétentieux de « la Pléïade » *Rosemonde, légende*. Enfin sous l'intitulé de *Poésies complètes*, a paru aussi en 1841, une grande partie de petits poëmes et pièces de différents genres de M. Blaze, qui avait été imprimés çà et là. M. Blaze écrit aussi en prose. La Revue de Paris, et plus encore celle des Deux-Mondes, renferment quelques nouvelles de lui : *Vinetti*, *conte bleu*, la *Vision du père Zacharias*; des portraits littéraires, ceux de *MM. Em. et Ant. Deschamps*, et un ouvrage d'histoire littéraire, intitulé de la *Poésie lyrique en Allemagne*. — M. Bulos, propriétaire de la Revue des Deux-Mondes, a épousé une sœur de M. H. Blaze.

(*) Tome II, p. 128.

OUVRAGES DE M. HENRI BLAZE.

I. BEAUX-ARTS.

I. Études littéraires sur Beethoven. — Revue des Deux-Mondes, deuxième série, t. II [1833].

II. Musique des drames de Shakespeare. — Ibid., quatrième série, t. Ier [1835].

III. Revue musicale. — Ibid., quatrième série, tomes I à XXX [1835 à 1842].

Ces trois numéros ont été imprimés sous le pseudonyme de Hans Werner ou sous les initiales de ce nom.

IV. Poëtes et Musiciens de l'Allemagne : Uhland et M. Dessauer. — Ibid., t. IV [1835]. — Meyerbeer. — Ibid., t. V.

V. De la Musique des femmes. La Esméralda [de Mlle Bertin]. — Ibid., quatrième série, tome VIII [1836].

Impr. sous le pseudon. de Hans Werner.

VI. Galerie espagnole au Louvre. — Ibid., t. X [1837].

VII. Lettres sur les musiciens français : M. Halévy [Guido et Ginevra]. — Ibid., t. XIII. — De l'École fantastique et de M. Berlioz. — Ibid., t. XVI [1838].

VIII. Adolphe Nourrit. — Ibid., t. XVII [1839].

IX. Mlle Sophie Lœve. — Ibid., t. XXV [févr. 1841].

Impr. sous les initiales H. W.

X. Reine [la] de Chypre, musique de M. Halévy. — Ibid, t. XXIX [janv. 1842].

XI Vestale [la], de Mercandante; —

le Stabât de Rossini. — Ibid., tome XXIX [févr. 1842].

II. LITTÉRATURE.

Nouvelles.

XII. Vinetti, conte bleu. — Revue des Deux-Mondes, tome XXV [janv. 1841].

XIII. Vision [la] du père Zacharias. — Rev. de Paris, mars 1841.

Poésies et Théâtre.

XIV. Souper [le] chez le commandeur [ouvrage en prose et en vers, et sous forme de dialogue]. — Rev. des Deux-Mondes, troisième série, t. II [1834].

Imprimé d'abord dans la Revue des Deux-Mondes sous le pseudonyme de HANS WERNER, et plus tard dans les Poésies complètes de l'auteur, dont *le Souper chez le commandeur* forme la première partie.

C'est une espèce de drame mystique, dont le Faust de Gœthe a servi de modèle.

La critique a reproché à l'auteur les développements lyriques, l'action interrompue à divers endroits par de longs récits et des chœurs, enfin le manque absolu d'intérêt dramatique et de situations. M. Henri Blaze a répondu que ce n'était pas une pièce de théâtre qu'il avait voulu écrire. « Cependant, et personne ne l'ignore, à côté de la forme rigoureuse et sévère de la scène, il en est une grande et libre forme, pleine de grâce et de majesté, ample et divin manteau dont Platon a revêtu, pour la Grèce antique, les mythes d'Orient, et que Gœthe a, de nos jours, jeté sur les dernières traditions du moyen-âge. C'est celle-là que j'ai choisie; et je demande pardon à mes augustes maîtres d'avoir pris leur moule où je n'avais pas, comme eux, le métal céleste à répandre (*). »

XV. Ituriel, poëme.—Rev. des Deux-Mondes, troisième série, t. IV [1834].

XVI. Adélaïde, poëme.—Ibid., t. IV [1834].

Ces deux petits poëmes ont été imprimés aussi sous le pseudonyme de HANS WERNER. L'auteur ne les a pas reproduits dans ses « Poésies complètes ».

XVII. Margaritus, poëme. — Ibid., quatrième série, t. III [1835].

Réimpr. dans les « Poésies complètes » de l'auteur, parmi les pièces réunies sous le titre de *Ce que disent les Marguerites*.

XVIII. Fleur [la] de Mars, chanson. — Ibid., t. V [1836].

Non réimprimée dans les « Poésies complètes » de l'auteur.

(*) Préface de l'ouvrage dans les « Poésies complètes » de l'auteur.

XIX. Pâques. — Ibid., quatrième série, t. VI [1836].

XX. Jean Sebastien l'organiste. — Ibid., t. VII [1836].

XXI. Desdemona. — Ibid., t. VIII [1836].

Cette pièce n'a pas été reproduite dans les « Poésies complètes » de l'auteur.

XXII. Deux [les] Muses [la Musique et la Poésie].— Ibid., t. XI [1837].

Réimpr. dans la partie des « Poésies complètes » de l'auteur, qu'il a intitulée *la Voie lactée*.

XXIII. Chanson [la] de mai, avec musique de Giacomo Meyerbeer. — Revue de Paris, juin 1837.

Réimpr. dans la partie des Poésies de l'auteur, intitulée *Eglantines*.

XXIV. Chanson du soir. A Meyerbeer. — Ibid., novembre 1837.

Non réimpr. dans les Poésies de l'auteur.

XXV. Stances à la princesse Marie. — Ibid., t. XVII [1839].

Non réimprimées dans les « Poésies complètes » de l'auteur.

XXVI. Faust [le], de *Gœthe*, traduction complète [en deux parties, et les Paralipomènes, formant la troisième], précédée d'un Essai sur Gœthe, accompagnée de notes et de commentaires, et suivie d'une étude sur le mystique du poëme. Paris, Charpentier, 1840, 1841, in-12 [3 fr. 50 c.].

La première édition forme 29 feuilles, et la deuxième 17 2/3.

XXVII. Avec M. *Emile Deschamps* : Don Juan, opéra en cinq actes, de Mozart, traduction française. [Représenté sur le théâtre de l'Académie royale de musique, le 10 mars 1834, et repris sur le même théâtre, le 14 mars 1841. Paris, Michel frères; Tresse, 1841, in-8 de 28 pag. à 2 colonnes [1 fr.].

C'est la pièce de M. Blaze le père, représentée dès 1821, refaite par MM. H. Blaze et Emile Deschamps : elle n'a pas été, comme le *Souper chez le commandeur*, réimprimée dans les poésies complètes de l'auteur.

XXVIII. Églantines [Poésies].—Revue de Paris, avril 1841.

Et dans les Poésies de l'auteur.

XXIX. Claire, poëme. — Ibid., juillet 1841.

Réimpr. dans la partie des Poésies de l'auteur qui portent pour titre : *Ce que disent les Marguerites*.

XXX. Rosemonde, légende. A M. le comte Alexis de Saint-Priest. Paris,

Curmer, 1841, in-12 de 36 pag., avec un frontispice [1 fr. 25 c.].

Petit poëme qui, dit M. Old Nick, dans l'Histoire de 1841, n'a pu être accepté qu'à titre de pastiche allemand.

Il a été réimprimé dans les « Poésies complètes » de l'auteur, parmi les pièces qu'il a réunies sous le titre : *Ce que disent les Marguerites.*

XXXI. Poésies [ses] complètes. Paris, Charpentier, 1841, in-12 de viij et 348 pag. [3 fr. 50 c.].

« Ces poésies paraissent pour la première fois réunies en un volume, dit l'auteur dans sa préface. Écrites à diverses périodes ; publiées [de 1830 à 1842] à mesure mais sans suite, je les donne ici dans l'ordre de leur éclosion, avec leurs corollaires et leurs rayonnements, complètes, en dégageant l'expression de ce qu'elle peut avoir d'ambitieux. Je laisse leur date aux différents recueils qui composent ce volume ; il m'a semblé plus simple d'user de ce mode, autorisé par de récents exemples, que de me lancer à travers des retouches qui, la plupart du temps, n'ajoutent que surcharges aux défauts. En pareil cas, il faudrait non pas remanier, mais refaire. Est-ce la peine ? et gagnerait-on beaucoup ? comment revenir sur un sentiment ? où retrouver la trace d'une fantaisie ? Mysticisme du cœur et de l'esprit, amour en Dieu, dans la nature, langoureuse aspiration devenue peu à peu moins vague et cherchant à se limiter, que d'imaginations, sans être allemandes, ont parcouru ces phases du lyrisme poétique ! C'est à ces imaginations que je m'adresse ; et s'il m'arrive de leur rendre pour un instant une illusion évanouie, un écho de ces noces d'or d'Oberon et de Titania auxquelles tous les amoureux ont assisté ; si ce livre, pareil à ces coquillages qui rappellent au marin revenu à terre les rumeurs profondes de l'Océan, si ce livre a le don d'exhaler pour elles une vapeur, un souffle de printemps, la moindre nuance, le moindre bruit de mai, je n'en demanderai pas davantage ; j'aurai atteint mon rêve. »

Ce volume est divisé en quatre livres ou parties, qui sont :

I. *Le Souper chez le commandeur.*

II. *La Voie lactée*, recueil de pièces publiées de 1830 à 1835, et dont les principales sont : 1° Matutina, en soixante-neuf strophes ; — 2° la Fille du Centenier, en trois chants ; — 3° le Charpentier de la montagne, mystère ; — 4° Thérèse ; — 5° le Jardin de Marie, fragment ; — 6° Pâques ; — 7° les Deux Muses [la musique et la poésie] ; — 8° Vespertina [en vers de six et deux syllabes].

III. *Ce que disent les Marguerites*, autre recueil de pièces imprimées de 1835 à 1840. Celles qui ont le plus d'étendue sont les suivantes : 1° Margaritus [poëme en trois chants]. A M. le chancelier de Muller ; — 2° Rosemonde, poëme ; — 3° Claire ; — 4° l'Ame en peine, légende ; — 5° les Cloches du printemps ; — 6° le Roi des sons. A M. Meyerbeer ; — 7° les Amours du hanneton et de l'abeille d'or dans la tulipe de feu, etc.

IV. *Églantine. Poésies nouvelles*, plus petites pièces que dans les deux précédents livres, mais parmi lesquelles on trouve néanmoins *le Peuplier du Golgotha*, légende botanique, et *le Roi des aigles*, poëme, qui ont plus d'étendue.

III. HISTOIRE ET CRITIQUE LITTÉRAIRES.

XXXII. Poëtes et musiciens de l'Allemagne : Uhland et M. Dessauer. [Voyez le n° IV].

XXXIII. Études littéraires sur le second Faust de Gœthe, en deux parties. — Revue des Deux-Mondes, t. XVIII [juin et août 1839].

XXXII. Gœthe. Sa vie, sa correspondance. — Ibid., t. XX [octobre 1839].

XXXIII. Poëtes et Romanciers modernes de la France : MM. Emile et Antoni Deschamps. — Ibid., t. XXVII [août 1841].

XXXIV. De la Poésie lyrique en Allemagne. Premier article. Le Lied ; période populaire et période littéraire. Klopstock. Schiller, Gœthe, Uhland, Wilhelm Muller. — Ibid., t. XXVII, sept. 1841. — Deuxième article. Le docteur Justinus Kerner, t. XXX, mai 1842.

BLAZE [Elzear], frère de M. Castil Blaze et oncle du précédent ; l'un des théreuticographes les plus distingués de ce siècle, ancien capitaine de l'Empire et des premières années de la Restauration, né à Cavaillon [Vaucluse], vers 1786. M. Elzear Blaze avait à peine atteint sa dix-huitième année, lorsqu'il s'enrôla. Admis d'abord, vers 1804, dans les Vélites de la garde impériale, il n'y resta que jusqu'à ce qu'il put entrer à l'école militaire de Fontainebleau. Admis à cette école alors que le général Bellavène en était le gouverneur, il s'y fit distinguer par ses études, et en sortit, dès 1806, comme sous-lieutenant d'infanterie ; il fut peu après attaché à un état-major, et fit successivement les campagnes d'Allemagne, de Pologne et d'Espagne avec l'armée impériale. En 1814, il était capitaine, grade dans lequel il fut conservé après la Restauration, et comme tel admis dans le 6e régiment de ligne, alors en garnison à Avignon. Après le retour de Napoléon de l'île d'Elbe, ce régiment hésita long-temps à reconnaître le gouvernement impérial, mais enfin il fallut faire comme l'armée entière, ce que voyant,

M. E. Blaze qui avait été un instant fanatisé par les siens, pour ne point adhérer, disparut de son régiment sans qu'on pût savoir ce qu'il était devenu. On présuma qu'il avait suivi Louis XVIII à Gand, et ce qui le confirma, c'est qu'à la seconde Restauration il fut dès la formation de la garde royale, nommé capitaine dans le premier régiment. Ce régiment se trouvait en garnison à Valenciennes, en novembre 1818, lors de l'évacuation du territoire français par les hordes étrangères. La ville de Valenciennes voulant célébrer cet heureux jour, donna un brillant festival, où les officiers de la garnison furent invités. M. E. Blaze s'y fit remarquer par son esprit, sa voix, et des couplets de circonstance de sa composition qui ont été reproduits dans les journaux du temps(*). Ces couplets renfermaient des idées patriotiques qui n'étaient pas trop du goût de beaucoup d'officiers d'alors, telle que celle-ci : *Il a fallu l'Europe entière pour nous arracher quelques lauriers.* Ils déplurent surtout à un *noble* comte, capitaine au même régiment, ce qui amena une rencontre entre l'ancien capitaine de Napoléon et l'élu du favoritisme légitimiste, dans laquelle ce dernier succomba. Ce festival, nonobstant cette fâcheuse affaire, changea l'avenir de M. Blaze. Dans cette brillante réunion se trouvait une veuve très riche : les avantages personnels du capitaine la charmèrent. Peu de jours après la garnison de Valenciennes rendit aux habitants de la ville l'honnêteté qu'elle en avait reçue. M. Blaze se trouva par hasard placé auprès de la veuve. Dans la conversation, le capitaine se plaignit amèrement de la manière dont la fortune le maltraitait. La dame compatit à ses chagrins. Un mariage avantageux viendra, lui dit-elle, tôt ou tard verser sur vous un baume consolateur. « Je connais une dame, malheureusement d'une cinquantaine d'années, qui serait toute disposée à faire votre sort en vous épousant. » J'y consentirais bien volontiers, dit le capitaine, si cette dame vous ressemblait. M. E. Blaze, quoi qu'il n'eût alors que trente ans, épousa bientôt la riche veuve, sans se faire aucune réserve personnelle, et quitta presqu'aussitôt le service pour venir habiter une belle propriété que sa dame possédait à Chenevières-sur-Marne. M. E. Blaze a été longtemps le maire de cette commune. Indépendant par suite de son mariage, M. E. Blaze put se livrer entièrement à une passion qu'il avait toujours eue : celle de la chasse. Non seulement il chassa, mais il prépara, pour plus tard, des publications qui devaient être accueillies du public avec faveur. Les débuts de M. Blaze en littérature, si nous ne nous trompons, eurent lieu par un morceau imprimé en 1834, dans le tome XV du Livre des Cent-et-Un, intitulé *la Loterie royale.* Deux ans plus tard parut le premier de ses ouvrages sur la chasse, *le Chasseur au chien d'arrêt*, [in-8], qui en quelques années est parvenu à sa quatrième édition. En 1836 aussi, il prit part à la rédaction d'un journal fondé par M. Léon Bertrand [voyez ce nom], le « Journal des Chasseurs, » dont le premier numéro porte la date d'octobre 1836; et en fonda lui-même un, en société avec MM. Guyot et Debacq, l'*Album des théatres.* En 1837 parut la *Vie militaire sous l'Empire* [2 v. in-8]. On aurait tort de considérer ce livre comme un roman : c'est sous une forme agréable un des ouvrages qui font le mieux connaître les mœurs de la vie militaire dans toutes ses phases. Le sommaire des chapitres que nous donnons le prouve suffisamment. — Tome Ier : les Vélites; — l'Ecole militaire de Fontainebleau; — le Bivouac et les maraudeurs; — les Marches; — les Cantinières; — les Logements; — les Maîtres d'armes et les duellistes; — un Jour de bataille. Tome II : les Camps; — les Cantonnements; — les Chirurgiens; — la Garnison; — les Visites de corps; — les Revues; — la Caserne; — les Prisonniers de guerre; — l'Exécution militaire; — la Retraite. L'auteur ayant adressé au duc d'Orléans un exemplaire de cet ouvrage, avec son « Chasseur au chien d'arrêt », le prince l'en remercia, en lui envoyant un nécessaire de chasse renfermant un beau fusil d'honneur, et un permis de chasse pour

(*) M. Blaze a prouvé, par des contes agréables qu'il a insérés dans sa « Vie militaire sous l'Empire », que la lyre lui était aussi familière que l'épée.

l'année dans la forêt de Vincennes. A ces publications ont succédé celles du *Livre du roi Modus*, du *Chasseur aux filets*, de l'*Almanach des chasseurs*, du *Chasseur conteur, etc., etc.* En 1840, M. E. Blaze perdit la femme qu'il avait épousée à Valenciennes; elle avait atteint sa 76e année. La vie de ménage avait plu à notre ex-capitaine, aussi convola-t-il à un second mariage, avec une personne dont l'âge était mieux assorti au sien que celui de sa première. A l'époque de l'érection du monument à Carhaix en l'honneur de Latour-d'Auvergne, M. E. Blaze prit la détermination d'aller se fixer, avec sa femme, à Hennebon; mais les habitudes de chasse ne lui permettant pas, à ce qu'il paraît, de rester long-temps à la même place, il s'ennuya bientôt de la monotonie de la petite ville, et revint à Paris. Lui-même a raconté, non sans rire, que le voiturier chargé habituellement de ses fréquents déménagements, lui ayant conduit son mobilier à Hennebon, lui prédit qu'il se représenterait dans un an pour le déménager de nouveau, et malgré toutes les affirmations du contraire de sa part, le voiturier n'en revint pas moins plusieurs mois avant que l'année fût révolue. Nous possédons un souvenir du court séjour de M. Blaze en Bretagne. Ce sont ses lettres sur la fête de Carhaix, et sur une chasse remarquable qu'il a faite dans la contrée qu'il habitait : ces lettres ont été imprimées en 1841, dans le Constitutionnel, et reproduites par plusieurs journaux. — Après avoir prêté son appui au chasseur des rois, M. Blaze est devenu le roi des chasseurs : il est peu de grandes chasses en France où il n'ait pas été convié, et un prince allemand, sur l'appréciation de ses ouvrages, l'avait engagé, en 1840, à venir chasser dans ses états. M. Blaze s'occupe en ce moment d'une *Histoire du Chien*, considéré et sous le point de vue de l'histoire naturelle, et sous celui de l'instinct de l'animal; c'est assez dire que le chien de chasse occupera une bonne partie du livre. — M. Blaze est possesseur de la plus riche bibliothèque thérenticographique, ou des livres écrits sur la chasse.

OUVRAGES DE M. ELZÉAR BLAZE.

I. Loterie [la] royale. — Imprimé dans le livre des Cent-et-Un, t. XV [décembre 1834].

II. Chasseur [le] au chien d'arrêt, contenant les habitudes, les ruses du gibier; l'art de le chercher et de le tirer; le choix des armes; l'éducation des chiens; leurs maladies, etc. Paris, Moutardier, 1836, in-8 [7 fr. 50 c.]. — IVe édit. Paris, le même, 1840, in-8 [7 fr. 50 c.].

III. Avec MM. *Guyot* et *Debacq*. Album des théâtres. Paris, rue du faubourg Saint-Martin, 1836, in-8.

Cet Album paraissait par livraisons inégales, renfermant l'analyse d'une pièce de théâtre favorablenent accueillie du public, accompagnée de 4 gravures sur bois avec encadrements variés, et un frontispice.

Le prix annuel était de 6 fr., ou l'analyse de chaque pièce 30 cent.

Le Journal de la librairie n'a annoncé que la première livraison, sous le no 5478 de 1836, mais dans cette annonce, et par suite d'une faute typographique, M. E. Blaze est nommé *Bloze*. Nous ignorons s'il en paru un grand nombre de livraisons, mais douze avaient vu le jour dans le courant de 1837, et elles sont rappelées sur les couvertures de *la Vie militaire sous l'Empire* [voyez le no suivant] qui ont été publiées dans cette année. Ces livraisons renferment l'analyse des pièces suivantes : 1° les Huguenots; — 2° Kean; — 3° le Postillon de Lonjumeau; — 4° Marie; — 5° les Puritains; — 6° Léon; — 7° l'Ambassadrice; — 8° la Camaraderie; — 9° le Gamin de Paris; — 10° Robert le Diable; — 11° César, ou le Chien du château; — 12° le Diable boiteux.

IV. Vie [la] militaire sous l'Empire, ou Mœurs de la garnison, du bivouac et de la caserne. Paris, Moutardier, 1837, 2 vol. in-8 [15 fr.].

V. Livre [le] du roi Modus. Nouvelle édition, en caractères gothiques, ornée de 50 gravures, d'après les manuscrits de la Bibliothèque royale, avec une préface; par M. Elzéar Blaze. Paris, Elz. Blaze, 1839, gr. in-8 [30 fr.].

VI. Chasseur [le] aux filets, ou la Chasse des dames, contenant les habitudes, les ruses des petits oiseaux, leurs noms vulgaires et scientifiques, l'art de les prendre, de les nourrir et de les faire chanter en toute saison, la manière de les engraisser et de les tuer, et de les manger. Paris, le même, Barba, 1839, in-8, avec 4 planches [7 fr. 50 c.].

VII. Almanach des chasseurs pour l'année de chasse 1839-40. Paris,

E. Blaze ; Tresse, août 1839, in-32 de 192 pag. [1 fr.].

IX. Chasseur [le] conteur, ou les Chroniques de la chasse, contenant des histoires, des contes, des anecdotes, et par-ci, par-là, quelques hâbleries sur la chasse, depuis Charlemagne jusqu'à nos jours. Paris, Tresse, 1840, in-8 [7 fr. 50 c.].

X. Lettre à M. le préfet de police sur ses ordonnances d'ouverture ou de clôture de la chasse, et sur le commerce du gibier dans Paris pendant que la chasse est prohibée. Paris, Tresse, 1840, in-8 de 16 pag. [50 c.].

XI. Chasseur [le]. Paris, Curmer, 1840, gr. in-8 [fig.].

L'un des types des « Français peints par eux-mêmes ».

BLAZE [Sébastien], frère du précédent, ancien pharmacien d'armée.

— * Mémoires d'un apothicaire sur la guerre d'Espagne pendant les années 1808 à 1814. Paris, Ladvocat, 1828, 2 vol. in-8 [15 fr.].

BLAZY [A.], prêtre.—Questions neuves sur le prêt à usure, les intérêts du prêt, et les décisions romaines du 18 août 1830. Paris, Gaume, 1838, in-12.

BLÉGIER DE PIERREGROSSE [le comte Marie-Charles-Jean-Louis-Casimir de], archéologue et biographe, membre de l'Académie de Vaucluse et de la Société archéologique du midi de la France, naquit le 24 juin 1806, à Dieu-le-Fit [Drôme], bourg distant de six lieues environ de Vaison [Vaucluse], berceau de sa famille, où il fut porté immédiatement après sa naissance et où il a été baptisé et nourri. M. le comte de Blégier a été élevé au collége royal de Tournon. En 1834, il fut attaché au musée d'Avignon, en qualité de conservateur-adjoint. Il quitta ce poste en 1837 en vertu d'un congé illimité, car on ne voulut pas recevoir sa démission, fit plusieurs voyages archéologiques dans le midi de la France, et visita les principales bibliothèques. Fixé momentanément à Toulouse, il partagea pendant un an environ les travaux de la société archéologique de cette ville. Revenu à Avignon en novembre 1838, il fut aussitôt nommé conservateur du musée et bibliothécaire de cette ville. En 1841, les soins de ses propriétés et ses affaires de famille lui imposant des devoirs incompatibles avec les honorables fonctions que ses goûts l'avaient porté à accepter, il les abandonna de nouveau, en se réservant le titre de conservateur-honoraire, qui lui fut conservé par l'autorité supérieure. M. le comte de Blégier de Pierregrosse n'est point jusqu'à ce jour auteur d'ouvrages de grande étendue, ni même auxquels on puisse donner la qualification de livres ; mais combien d'écrits exigus n'ont-ils pas présenté plus d'intérêt et d'instruction plus réelle que les ouvrages volumineux. — Les écrits de M. le comte de Blégier de Pierregrosse ont tous l'archéologie et les hommes d'Avignon et du comtat Venaissin pour objet. Il a successivement fait imprimer plusieurs articles dans le « Messager de Vaucluse » qui a paru à Avignon de 1836 à 1841. Parmi les articles de M. le comte de Blégier que renferme ce recueil, nous citerons particulièrement les suivants : *Siége d'Avignon en 737*. C'est la critique d'un article qui avait paru dans le même journal sur le séjour des Sarrasins à Avignon pendant le VIIIe siècle ; *Notice sur Jean de Tornamira*, médecin du XIVe siècle, doyen de la faculté de Montpellier, et attaché à la cour de Clément VII, à Avignon ; *Notice sur Aubignan*, village du département de Vaucluse. Tous les articles de M. le comte de Blégier, insérés au Messager de Vaucluse, ont paru sous le voile de l'anonyme. En 1839, il fit paraître une *Notice biographique et bibliographique sur Louis de Pérussis*, qui n'a point d'article dans la Biographie universelle [Avignon, in-12], et des *Recherches historiques sur les vicomtes d'Avignon, etc.* [Toulouse, in-4°]. Les auteurs du Journal des savants ont trouvé que ces deux écrits présentaient assez d'intérêt pour en entretenir leurs lecteurs, et ils en ont donné de courtes analyses que nous reproduisons dans la partie bibliographique de notre notice. En 1837, ce savant avait remis à un littérateur fort connu, une *Notice* sur un de ses parents *Antoine de Blégier de la Salle*, poète et astrologue du XVIe siècle, avec autorisation de la publier s'il le trouvait convenable : elle a paru en 1840 dans la Mosaïque du Midi, mais avec plusieurs fautes d'impression, ce qui décida son auteur à confier ce même manuscrit, considérablement augmenté à M. Barjavel, de Carpentras, qui l'a fait entrer, en citant M. le comte de Blégier, dans son Dictionnaire bio-bibliographique du département de Vaucluse [Carpentras, Devillario, 1842]. En 1840 M. le comte de Blégier fit imprimer une *Notice sur l'origine de l'imprimerie à Avignon* [Avignon, in-8], extrait d'un travail plus étendu qu'il avait lu, en 1839, à l'Académie de Vaucluse, et dans lequel il avait été amené par son sujet à parler de l'ancien commerce d'Avignon, si florissant aux XIVe, XVe et XVIe siècles. La même année, il fit paraître dans l'Annuaire de Vaucluse pour 1840, mais sous le voile de l'anonyme, une *Notice sur d'Allemand, ingénieur et architecte de Carpentras ;* et dans l'Album arlésien, journal qui paraît à Arles, depuis 1840, une *Notice sur la vie et les écrits de l'abbé Robert de Briançon,* généalogiste provençal, qui de même que Pérussis, n'est pas mentionné dans la Biographie universelle : elle est signée P., et a paru dans le numéro du journal précité qui porte la date du 19 juillet 1840. — Nous avons donné à entendre précédemment que les travaux littéraires de M. le comte de Blégier se réduisaient à quelques opuscules ; mais il a en portefeuille des ouvrages de plus d'étendue et de plus d'importance, parmi lesquels on cite 1° des *Recherches sur la vie de saint Florent, évêque d'Orange.* En 1835 l'auteur transmit une copie de ce manuscrit à des savants italiens qui le lui avaient fait demander par l'un des vicaires généraux de l'archevêque d'Avignon. Saint Florent n'est pas dans les Bollandistes. 2° *Essai sur l'origine des villages, ou Recherches sur les habitations rurales, leur transformation et leur agglomération au moyen-âge.* L'auteur, dit-on, développe dans ce travail, qui est assez étendu, un système tout à fait nouveau. 3° *Tableaux présentant la nomenclature raisonnée et méthodique de toutes les cités, villa, établissements romains, églises, chapelles, monastères, bourgs, chateaux, villages, etc., de la contrée comprise dans le ci-devant comtat-venaissin, la principauté d'Orange et l'état d'Avignon. Avec un texte et des recherches sur les circonscriptions territoriales dudit pays aux diverses époques de l'Histoire.* Ce manuscrit qui renferme tous les faits qui ont servi à l'auteur pour la théorie intitulée *Essai sur l'origine des villages*, offre aussi l'indication de l'âge des monuments, soit d'après leurs caractères architectoniques, soit d'après les chartes, etc. M. le comte de Blégier n'a pas encore mis la dernière main à ces deux derniers manuscrits. Il a beaucoup d'autres travaux commencés sur le département de Vaucluse, son histoire littéraire et civile, sa noblesse, etc., que nous nous abstenons de citer parce qu'ils ne sont point assez avancés.

ÉCRITS DE M. LE COMTE DE BLÉGIER DE PIERREGROSSE.

I. * Notice biographique et bibliographique sur Louis de Pérussis. Avignon, Jacquet et Jondou, 1839, broch. in-12.

Tiré à 50 exemplaires seulement. L'Annuaire de Vaucluse, 1841-1842, a reproduit cette notice, corrigée et considérablement augmentée par l'auteur.

Louis de Pérussis, viguier d'Avignon, né en 1524, mort en 1584, est connu par un ouvrage assez précieux d'histoire locale, intitulé : « Discours des guerres de la comté de Venaissin et de la Prouvence, » etc. [Avignon, 1564, 2 vol. in-4]. L'auteur de la notice que nous citons publie le résultat de ses recherches sur la vie ou les travaux de cet écrivain, et nous apprend que l'on conserve en manuscrit, dans la Bibliothèque publique de Carpentras et au Musée Calvet d'Avignon, une partie restée inédite de l'ouvrage de Pérussis, sous le titre suivant : « Troisième Discours et Commentaires, ensemble la continuation de la guerre et troubles de ce temps, tant en la comté de Venaissin que Languedoc, Prouvence, Dauphiné, » etc. Le manuscrit de Carpentras, dont celui d'Avignon n'est qu'une copie, provient de la bibliothèque de Peiresc. Fontette l'a décrit inexactement, suivant M. de Blégier, dans la Bibliothèque historique de la France, et le marquis d'Aubais, dans ses Pièces fugitives pour servir à l'histoire de France, en a fait connaître quelques fragments qu'il a traduits en français du XVIIIe siècle. M. de Blégier donne une nouvelle et ample description de ce manuscrit, qui lui paraît être d'un grand intérêt pour l'histoire religieuse du XVIe siècle. [*Journ. des savants,* juillet 1839].

II. Recherches historiques sur les

vicomtes d'Avignon à l'occasion de quatre chartes inédites relatives à ces vicomtes. [Extraites du tome IV des Mémoires de la Société archéologique du midi de la France]. Toulouse, Lavergne, 1839, in-4 de 55 pag.

Tiré à 100 exemplaires.

On sait fort peu de chose sur les vicomtes d'Avignon; et, D. Vaissette, le seul historien qui ait nettement établi leur existence, ne fournit presque aucun renseignement sur leur histoire particulière ni sur leur chronologie. M. de Blégier cherche à suppléer à ce silence des historiens à l'aide des textes qu'il interprète avec sagacité, et qui lui servent à déterminer la suite chronologique des vicomtes d'Avignon, depuis Béranger, en 1033, jusqu'à un autre Béranger sous lequel finit le le pouvoir des vicomtes entre 1177 et 1195. L'auteur donne ensuite le texte des quatre diplômes inédits qui ont plus particulièrement servi de base à sa dissertation, savoir: 1° une charte de Rostang, fils de Béranger, proconsul d'Avignon, en faveur de l'abbaye de Saint-André d'Andaon, donnée à Avignon l'an 1075, indiction XII; 2° un accord, sans date, entre Léger, évêque d'Avignon, et Geoffroy, vicomte de cette ville; 3° un autre accord entre l'évêque Geoffroy et le même vicomte Geoffroy, de l'an 1146; 4° enfin une déclaration des consuls d'Avignon, constatant l'hommage rendu à Rostang, évêque d'Avignon, par Béranger de Ponte, en 1195.

III. Notice sur l'origine de l'imprimerie à Avignon. Avignon, P. Chaillot jeune, sans date [1840], in-8.

Tiré à 100 exemplaires. On avait fait un précédent tirage, aussi de 100 exemplaires, qui offre plusieurs fautes d'impression. Cette Notice a encore été imprimée dans l'Annuaire de Vaucluse pour 1840.

IV*. Notice sur d'Allemand, ingénieur et architecte de Carpentras.

Imprimée dans l'Annuaire de Vaucluse pour 1840.

V. Notice sur Antoine de Blégier de la Salle, poète et astrologue du XVIe siècle.

Imprimée d'abord incorrectement dans « la Mosaïque du Midi », en 1840; puis reproduite plus correctement et avec des additions considérables de l'auteur, dans le Dictionnaire bio-bibliographique du département de Vaucluse [Carpentras, 1842].

VI.* Siége d'Avignon en 737.

VII.* Notice sur Jean de Tornamira, médecin du XIVe siècle, doyen de la Faculté de Montpellier, et attaché à la cour de Clément VII, à Avignon.

VIII.* Notice sur Aubignan [village du département de Vaucluse].

Ces trois derniers écrits ont paru, sous le voile de l'anonyme, dans le « Messager de Vaucluse », journal qui a été publié à Avignon de 1836 à 1841.

IX.* Notice sur la vie et les écrits de l'abbé Robert de Briançon, généalogiste provençal.

Imprimée dans « l'Album arlésien », n° du 19 juillet 1840, sous l'initiale P. – Cette notice a été reproduite, en 1841, mais moins complète et avec des fautes assez grossières, par un journal qui s'imprime à Digne [Basses-Alpes].

BLEIN [le baron François-Ange-Alexandre], ancien officier-général du génie, successivement, chevalier officier et commandeur de la Légion-d'Honneur, chevalier de Saint-Louis, et du mérite de Wurtemberg, est l'une de ces gloires de nos armées sous la République, le Consulat et l'Empire dont les rangs vont chaque jour en s'éclaircissant. M. le baron Blein est né le 25 novembre 1767, à Bourg-lès-Valence [Drôme]. Il entra comme élève à l'École des ponts-et-chaussées, dont l'institution précéda celle de l'École polytechnique. Ses études terminées, il fut nommé, par commission du 1er janvier 1789, sous-ingénieur des ponts-et-chaussées, n'ayant pas encore accompli sa vingt-et-unième année. Vinrent bientôt les guerres de la Révolution, et le jeune ingénieur donna la préférence à la carrière militaire. Le 3 messidor an II [21 juin 1794], il fut admis dans l'arme du génie en qualité de capitaine de quatrième classe, et comme tel il fit partie des armées du Nord et de Sambre-et-Meuse; l'année suivante il assista au siége de Maestricht. En 1798 et 1799 il fit les campagnes du Danube, de Mayence et du Rhin, s'y distingua, et fut promu extraordinairement au grade de chef de bataillon, par arrêté du Directoire exécutif du 17 thermidor an VII [4 août 1799]. Un autre arrêté du premier consul, en date du 7 germinal an VIII [28 mars 1800], le créa sous-directeur des fortifications. M. le baron Blein fit, en 1800 et 1801, partie de l'armée du Rhin, se trouva au combat de Nerlheim, près de Nord-Lingen et au blocus d'Ulm; en 1804 et 1805 il était à l'armée des côtes. Un decret impérial en date du 5 nivôse an XIV [26 décembre 1805] le nomma colonel : il se trouvait à la grande-armée, où il avait été envoyé quelques mois auparavant [en vendémiaire]. M. le baron Blein, de la fin de 1805 à celle de 1807, coopéra aux opérations que nécessitèrent les batailles de Wertingen, d'Austerlitz, d'Iéna; les siéges de Breslau, Brieg, Schweidnitz, Kotel, Nein, Siberberg; il se trouva aussi à l'affaire de Glatz et à la prise du camp retranché. En 1808 il fut envoyé en Espagne, et assista à la bataille de Samosierra; mais il fut renvoyé en Allemagne dans la même année, et partagea les dangers des batailles mémorables qui furent livrées dans ce pays, pendant les années 1808 et 1809 : à Thaun, à Eckmühl, à Essling, et à Wagram : il était au passage du Danube. M. le baron Blein fut blessé à la prise de Ratisbonne et à celle de Landshut. De 1812 à 1814, il ne quitta point la grande-armée. En 1815 il fut promu au grade de général de brigade, par décret impérial du 22 juillet. Après la seconde restauration, M. le baron Blein fut admis à la retraite en exécution de l'ordonnance de Louis XVIII du 1er août 1815 — M. le baron Blein n'a pas été seulement qu'un courageux capitaine, c'est aussi un homme d'érudition et un pianiste distingué. Sa retraite prématurée lui a procuré des loisirs qu'il a su employer utilement. En quittant le service, M. le baron Blein se fixa d'abord à Paris, puis à Choisy-le-Roi, et de nouveau à Paris, où il vit encore, et continue à se livrer à ses études de prédilection, aux mathématiques et à la musique qu'il avait apprise dans sa jeunesse. Il a publié aussi sur l'économie politique et sur l'art militaire divers écrits qui annoncent des connaissances pratiques sur ces matières. Son premier écrit parut en 1818, sous le titre d'*Observations sur divers sujets d'utilité publique*. L'année suivante, il fit paraître une *Notice sur les canaux, et particulièrement sur la concession du canal de l'Essonne* [1819, in-8, avec carte]. On trouve dans cette brochure des considérations sur l'état actuel des connaissances, relativement à la construction des canaux, et sur les moyens d'élever de l'eau par des machines, à telle hauteur que l'on voudra, et en quantité suffisante, pour une navigation annuelle de 2,000 à 10,000 bateaux. L'auteur passe ensuite à l'examen du projet du canal de l'Essonne; puis il fait l'application des principes qu'il vient de poser dans cet examen, à un projet de canal partant d'Orléans, pour se diriger vers Paris par la voie la plus courte, et avec la moindre dépense possible. Après cela, il propose les moyens à employer pour former une société, et lui obtenir la concession du canal d'Orléans à Paris; il indique un mode à suivre pour l'exécution des travaux et l'administration du canal. Le tout est terminé par des notes historiques sur des travaux du même genre entrepris par les anciens et les modernes. Lancé dès lors de la carrière de publiciste, les écrits de M. le baron Blein se succédèrent rapidement les uns aux autres Il a publié depuis une brochure intitulée *Caisse de survivance et d'accroissement. Trois Lettres à M. de Prony*, etc. [1820, in-4]; *Quelques idées sur l'organisation de l'armée française* [1820, in-8]. L'auteur traite, dans ce dernier écrit, des diverses armes dont se compose l'armée, de l'armement et de l'habillement des troupes, du recrutement de l'armée, des écoles militaires, de l'avancement, des engagements militaires, enfin de la solde, des retraites et des récompenses militaires. Il déclare n'avoir en vue que d'améliorer ce qui existe, et d'éclairer sur les moyens d'y parvenir, en appropriant nos institutions à l'esprit de la Charte, à sa lettre même, et en les mettant en harmonie avec le caractère français. En 1825, M. le baron Blein a fait paraître de *Nouvelles vues sur l'amortissement de la dette publique, précédées d'un Examen du projet de finances présenté à la chambre des députés, le 3 janvier* 1825. Cette petite brochure, qui renferme peu de mots inutiles, après avoir fait sentir les abus de notre système financier actuel, qui repose sur des dépenses non contrôlées, des avances toujours offertes par des traitants cupides, des amortissements illusoires de la dette publique, des jeux de bourse profitables seulement aux agents de change et aux hommes de l'administration, qui peuvent seuls influer sur le cours des effets publics, propose un moyen ingénieux d'amortir la dette publique sans fournir de nouveaux développements à l'agiotage. Ce moyen consiste essentiellement à ajouter « un pour cent » du principal à la rente dont jouit le rentier, pour racheter le capital qu'on lui doit. Un calcul fort simple d'intérêts composés, s'élève, au bout de trente-six ans, à la somme entière du capital du rentier. On serait censé lui dire : « Placez tous les six mois cette addition qu'on fait à votre rente, et au bout de trente-six ans le capital se trouvera réintégré entre vos mains. » Ce surcroît de dépense serait de vingt-huit millions par an pour le trésor, qui pourrait en même temps annuler trente-quatre millions de rentes acquises par la caisse actuelle d'amortissement, d'où il résulterait, par conséquent, au lieu d'une nouvelle charge pour l'État, un allégement annuel de six millions. La France, au bout de trente-six ans, se trouverait déchargée de sa dette publique, sans augmenter, et même en diminuant ses contributions actuelles. Cette proposition est tout à fait dans l'intérêt public ; mais est-elle également dans l'intérêt des agents de change et de ceux qui ont l'initiative des lois ? Nous avons dit précédemment que M. le baron Blein avait étudié la musique dès son jeune âge. Depuis qu'il est retiré du service, il s'en est encore plus sérieusement occupé. Après avoir lu quelques traités de composition et d'harmonie, il fut conduit à se demander quels sont les fondements naturels des règles du contrepoint, et ses recherches eurent pour objet de résoudre ce problème. Après beaucoup d'expériences et de calculs, il crut avoir trouvé les lois dont il pressentait l'existence dans les phénomènes de vibration des corps sonores de diverses formes et dimensions. Cinq à six mémoires sur cet objet furent présentés et lus en partie dans les séances de l'Académie des sciences de l'Institut, en 1823, 1824 et 1825, et des commissaires au nombre desquels étaient Lacépède, MM. de Prony et Dulong, furent nommés. Plusieurs circonstances s'opposèrent à ce que le rapport sollicité par M. le baron Blein fût fait ; en 1827, il crut ne devoir plus l'attendre, et il fit paraître un extrait de ses mémoires sous ce titre : *Exposé de quelques principes nouveaux sur l'acoustique et la théorie des vibrations, et leur application à plusieurs phénomènes de la physique*. Ce mémoire a été soumis au jugement de l'Académie ; mais les commissaires chargés de l'examiner n'énoncèrent leur opinion qu'en 1838. En effet, les questions dont M. le baron Blein donne la solution sont tellement spéciales et hors de la voie des recherches de presque tous les savants, que ceux qui en ont fait l'objet de leurs méditations parviennent difficilement à se faire comprendre, et ne peuvent trouver qu'un très-petit nombre de juges compétents. L'auteur embrasse tous les phénomènes de la nature auxquels la théorie des vibrations peut être appliquée ; cette généralité est une difficulté de plus. Il nous serait donc impossible d'exposer en peu de mots des doctrines sur lesquelles il faut que l'attention s'arrête long-temps, et ne considère l'ensemble qu'après s'être assurée que chaque partie est suffisamment connue. Les lecteurs capables de cette mesure d'attention feront très bien de lire le mémoire de M. le baron Blein : la plupart des physiciens paraissant se rapprocher de quelques-unes de ses opinions, c'est un motif de plus pour qu'on les médite. « J'espère, dit M. le baron Blein dans » un avis préliminaire, que l'on ne me » blâmera point d'avoir employé quel- » ques loisirs à des recherches un peu » éloignées de mes anciennes fonctions. » MM. de Lacépède et Prony ont com- » posé des symphonies, des chants et » des chœurs. Le général Bulow, que » j'ai connu, celui-là même qui nous » battit à Dennewitz, m'apprit qu'il avait » composé une messe à grand orches- » tre. De tels exemples suffisent pour » ma justification. » — Les principes exposés par M. le baron Blein dans cet ouvrage, dit M. Fétis dans sa Biographie universelle des musiciens, sont basés d'une part sur le phénomène du troisième son, déjà présenté comme fondement d'une théorie de l'harmonie par Tartini ; de l'autre sur deux phénomènes de résonnance d'un cylindre et d'un plateau métallique carré, qui, selon M. le baron Blein, font entendre, l'un la sixte dérivée de l'accord parfait mineur ; l'autre le *triton* ou *quarte majeure*, intervalle constitutif de l'harmonie dissonante de la dominante, et principe de la tonalité moderne. M. Fétis, analysant le travail de M. le baron Blein, dans le deuxième volume de la « Revue musicale » [p. 49 à 56], a fait remarquer que, les phénomènes observés par ce physicien fussent-ils démontrés, on ne pourrait en conclure, comme le fait l'auteur du mémoire, que sur eux repose la théorie de l'harmonie et de la composition ; car la science de l'harmonie et l'art d'écrire ont moins pour base des accords ou groupes isolés de sons que des lois de succession établies sur des rapports d'affinité ou de répulsion. M. le baron Blein crut devoir adresser au rédacteur de la « Revue musicale » quelques lettres en réponse aux objections qui lui avaient été faites ; elles parurent dans le même volume [p. 135, 224 et 365]. Leur objet principal était de déduire les conséquences des principes émis par l'auteur dans son premier mémoire. M. Troupenas, amateur de musique et mathématicien instruit, attaqua, dans une lettre insérée au même recueil [p. 510-515] et les expériences de M. le baron Blein, et ses calculs, et les résultats qu'il en déduisait. A l'égard des phénomènes produits par la résonnance du cylindre et d'un plateau carré, il faisait voir qu'on n'en peut rien conclure, quant au mode mineur et à l'harmonie du triton, puisque des plateaux hexagones, pentagones et octogones fournissaient d'autres harmonies de sixte, un peu plus fortes que la sixte mineure, et même la sixte majeure, etc. Les calculs de proportions d'intervalle et la construction de la gamme chromatique de M. le baron Blein n'étaient pas plus ménagés dans la lettre de M. Troupenas, à laquelle le général répondit par une autre lettre. [« Revue musicale », p. 362-364] Plus tard, poursuivant l'objet de ses recherches, qui n'était autre que la construction d'une théorie rationnelle de la musique considérée sous le triple rapport de la tonalité, de la mélodie et de l'harmonie, M. le baron Blein travailla à la réforme de la gamme diatonique, et proposa de nouvelles dénominations pour ses divers degrés et une nouvelle manière de l'écrire, dans une lettre insérée en 1828 dans le quatrième volume de la « Revue musicale » [p. 537]. Enfin, résumant tous les faits qu'il considérait comme les principes fondamentaux de l'art et de la science, il rédigea un corps complet de doctrine dont les publications antérieures n'étaient que les prolégomènes, et le fit paraître sous ce titre : *Principes de mélodie et d'harmonie déduits de la théorie des vibrations* [1832, in-8 de cent pages, avec plusieurs planches et tableaux]. La lecture de cet ouvrage met à nu le néant de la théorie de M. le baron Blein sous le double aspect de la mélodie et de l'harmonie. M. Troupenas a fait en 1832, dans la « Revue musicale » [p. 121 et suiv.], une analyse un peu dure, mais juste, des erreurs fondamentales échappées à l'auteur de cette théorie. Le Rapport sur ce dernier ouvrage fait à l'Académie des sciences par les commissaires MM. Savary, et de Prony, rapporteur, se termine ainsi : « En définitive, la commission pense que le Traité de mélodie et d'harmonie de M. le baron Blein doit être distingué de tous les traités du même genre qui ont été publiés par des auteurs français, et sera favorablement accueilli par les personnes qui s'occupent de théorie acoustico-musicale, surtout si l'auteur y fait les améliorations indiquées dans le rapport. » La commission conclut au renvoi de son rapport et de l'ouvrage à l'Académie des beaux-arts. — Depuis 1830, M. le baron Blein a quitté la plume de physicien pour reprendre celle de publiciste, et il a fait paraître : *Examen de la Charte dans ses articles réservés et dans quelques autres exigeant des développements et des modifications* [1830, br. in-8]; — *Examen de la loi électorale* [1831, br. in-8]. — Sur l'invitation du ministre de la guerre, M. le baron Blein vint prendre place parmi les officiers supérieurs qui formaient l'état-major du roi à la revue du 28 juillet 1835 : un projectile y atteignit le général, et il eut un doigt emporté, perte qui lui a été très-sensible, parce qu'elle lui a enlevé sa plus grande jouissance : l'usage de son piano. Peu de jours après la monstrueuse action de Fieschi, on présenta à la Chambre des députés un projet de loi tendant à accorder une récompense nationale aux victimes de cette catastrophe, et M. le baron Blein y fut compris pour une pension annuelle de 3,000 fr. : la loi fut adoptée le 4 septembre. — Aux ouvrages que nous avons précédemment cités, il faut ajouter l'écrit que M. le baron Blein a récemment fait paraître; il est intitulé : *Paris imprenable*, *garanti du bombardement et du blocus* [1841, br. in-8].

OUVRAGES DE M. LE BARON BLEIN.

I. *Économie politique.*

I. Observations sur divers objets d'utilité publique. Paris, de l'impr. de Lottin de St-Germain, 1818, in-8 de 16 p.

II. Notice sur les canaux, et particulièrement sur la concession du canal de l'Essonne. Paris, 1819, in-8 de 90 pages, avec une carte de navigation autour de Paris.

III. Caisse de survivance et d'accroissement. Trois Lettres à M. de Prony, membre de l'Institut, etc. Paris, 1820, in-4 de 23 pag.

IV. Quelques Idées sur l'organisation de l'armée française. Paris, Magimel, Anselin et Pochard, 1820, in-8 de 37 pag.

V. Nouvelles Vues sur l'amortissement de la dette publique, précédées d'un Examen du projet des finances présenté à la chambre des députés, le 3 janvier 1823. Paris, de l'impr. de Rousselon, 1823, in-8 de 24 p. [1 fr.].

VI. Examen de la Charte dans ses articles réservés et dans quelques autres, exigeant des développements et des modifications. Paris, Anselin, 1830, in 8 de 32 pag. [75 c.].

VII. Examen de la loi électorale. Paris, de l'impr. de Barbier, 1831, in-8 de 32 pag.

VIII. Aux électeurs de la France, et en particulier à ceux du département de la Seine. Paris, Dentu, 1840, in-8 de 24 pag.

IX. Paris imprenable, garanti du bombardement et du blocus. Paris, Gaultier-Laguionie, 1841, in-8 de 24 pag., avec une carte [1 fr. 50 c.].

II. *Musique.*

X. Exposé de quelques principes nouveaux sur l'acoustique et la théorie des vibrations, et leur application à plusieurs phénomènes de la physique. Paris, de l'impr. de Pinard, 1827, in-4 de 44 pag., avec une planche et un tableau.—Sec. édit., corr. et augm., sous ce titre : Théorie des vibrations et son application à divers phénomènes de physique. Paris, Bachelier, 1831, in-8 [3 fr.].

La première édition s'est délivrée gratis chez l'éditeur.

XI. Principes de mélodie et d'harmonie, déduits de la théorie des vibrations. Paris, Bachelier; Simon Richault, 1832, in-8 de 112 pag., plus 4 tabl. dont un de musique. — Deuxième édition; précédée du Rapport fait à l'Académie des sciences sur cet ouvrage, par M. le baron de *Prony*. Paris, Bachelier, 1838, in-8, plus 5 tabl. [4 fr.].

BLEIZAC [J.-P.], propriétaire à Valence [Drôme].

— Nouvel exposé de J.-P. Bleizac, propriétaire, de la ville de Valence, à MM. les membres composant le conseil municipal de la même ville. Grenoble, de l'impr. de Baratier, 1829, in-8 de 24 pag.

BLÉONEL [O.]. — Essai sur la possibilité de payer en très-peu de temps les dettes d'un État quelconque et de réaliser la poule au pot du bon roi Henri IV par une circulation de fonds dans laquelle le gouvernement français [les autres à proportion] recevrait en quatre périodes successives de quelques années à peu près quatorze milliards sept cent millions, etc. Pont-à-Mousson, de l'impr. de Thierry, 1826, in-8 de 52 pag., plus 1 planche [1 fr. 50 c.].

BLESSINGTON [la comtesse], dame anglaise d'un esprit très-élevé, que le grand poète Byron tenait à honneur de compter au nombre de ses amis. Peu d'ouvrages de cette dame ont été traduits en français, tandis qu'on en a tant traduit qui leur sont bien inférieurs; mais presque tous ont été réimprimés à Paris en langue originale.

I. Conversations de lord Byron avec la comtesse Blessington, pour faire suite aux Mémoires publiés par Thomas Moore. Traduction de M. *Ch. Le Tellier*. Paris, Fournier, 1833, in-8 de 400 pag., orné du portrait de la comtesse Blessington, d'après sir Thomas Lawrence.

«..... Combien d'aveux naïfs et attachants,
» que de réflexions, que de pensées sublimes
» échappent au poëte confidentiellement in-
» cliné sous la douce influence d'une femme
» qui l'épanouit, comme un souffle du prin-
» temps l'anémone, ou mieux encore, comme

» une brise d'automne la marguerite près de » s'effeuiller. Bien des détails précieux, bien » des incidents curieux, bien des souvenirs » intimes ne sont pas venus sous la plume » de J.-J. Rousseau, dans ses *Confessions*, » écrites en face de lui-même, qui auraient » débordé son cœur et seraient tombés de » ses lèvres en présence d'une femme éle- » vée et sympathique. Byron aussi, le Jean- » Jacques Rousseau de la poésie au XIXe siècle, » avait écrit ces mémoires et les avait légués » au monde, comme une confession, comme » une malédiction peut-être..... Ces pages » mystérieuses ne nous sont venues que la- » cérées. et ses conversations avec lady Bles- » sington, sont d'autant plus curieuses, » qu'elles renferment quelques révélations » sur les *mémoires*, en même temps qu'elles » nous mettent dans la confidence d'une foule » d'aveux échappés dans le feu de la discus- » sion et que Byron s'était peut-être abstenu » de consigner dans ses souvenirs si indigne- » ment détournés ou modifiés! »

Ce Journal de lady Blessington contient en outre deux pièces de vers inédites, et dont l'une est de la plus grande beauté. D'ailleurs les conversations de Byron avec cette dame, d'un esprit si élevé, sont d'autant plus intéressantes, qu'elles roulent sur une foule de sujets divers, et sont autant d'études du cœur humain profondes et variées. On n'aura jamais si bien connu le caractère de Byron, s'il est possible de le connaître, qu'après avoir lu toutes ces esquisses si simples, si légères quelquefois, et souvent si graves, si métaphysiques ou si poétiques. Que de sophismes, que de paradoxes, que d'opinions, que de pensées bizarres et contradictoires dans cet homme extraordinaire qui se faisait un plaisir de déconcerter tous les observateurs!....

Extrait de l'*Introduction* du traducteur, l'un des meilleurs morceaux qu'il ait écrits.

II. Two [the] friends, a novel. Paris, Baudry; Amyot, 1835, in-8 [5 fr.].

III. Confessions [the] of an elderly gentleman. Paris, Baudry; Truchy, 1836, in-8 [5 fr.].

IV. Victims [the] of society. Paris, the same, 1837, in-8 [5 fr.].

V. Idler [the] in Italy. Paris, the same, 1839, in 8 [5 fr.]. — New Series. Paris, Baudry; Stassin and Xavier; Amyot; Truchy; Girard, 1841, in-8 [5 fr.].

VI. Desultory thoughts and Reflections. Paris, Galignani, 1839, in-18 de 108 pag.

— Maximes, Pensées et Réflexions; traduites de l'anglais par *L. Xavier Eyma*. Paris, place de la Bourse, 13, 1840, in-16 de 80 pag.

VII. Governess [the] and the Belle of a Season. Paris, Baudry; Truchy, 1840, in-8 [5 fr.].

VIII. Idler [the] in France. Paris, Baudry; Stassin and Xavier; Amyot; Truchy, 1841, in-8 [5 fr.].

Il existe des exemplaires des mêmes éditions de ces ouvrages anglais qui portent pour nom de vendeur celui de Galignani.

BLESSON [*L.*], major au corps royal des ingénieurs prussiens, l'un des rédacteurs en chef avec le colonel C. de Decker, de deux journaux militaires qui se publient à Berlin chez Mittler, la « Militar-Litteratur Zeitung », et le « Zeitschrift für Kunst, Wissenschaft und Geschichte des Kriegs ».

I. Avec M. *Haenel de Cronenthal* : Histoire de la guerre des alliés contre la France pendant les années 1813 à 1815, servant d'explication aux deux tableaux qui représentent les plans de batailles de ces guerres. Traduite de l'allemand de *Rau*. Berlin, C. Vetter et H. Graeff, 1821 et ann. suiv., 2 vol. in-4 sur pap. collé, avec deux très-beaux tableaux gravés avec soin, et tirés sur pap. vélin [4 ducats].

Il y a des exemplaires de luxe dont le prix est de 8 ducats, et d'autres, avec les tableaux en feuilles et découpés, le tout renfermé dans un étui, à 12 ducats.

II. Traité sur la guerre contre les Turcs; trad. de l'allem. du bar. *Valentini*, général prussien. Berlin, Fincke, 1830, 2 vol. in-8, avec 9 plans, cartes et frontispices gravés [16 fr.].

BLETON [A.-B.], capitaine, plus tard chef de bataillon au 48e de ligne, chevalier de la Légion-d'Honneur; né en Auvergne.

I. Épitre à la France sur la rentrée des officiers à la demi-solde dans les cadres de l'armée. Paris, 1819, in-8.

II. Épitre à mon ancien camarade Béraud, sur son « Départ du poëte ». Paris, Rosa, 1819, in-8 de 16 pag.

III. Épitre aux jeunes Français qui sollicitent l'honneur d'aller à Sainte-Hélène recueillir les cendres de Napoléon, réclamées à l'Angleterre par le roi des Français. [En vers.] Paris, de l'impr. de Selligue, 1830, in-8 de 38 p.

IV. Nécrologie. Combe. Marseille, de l'impr. de Barile, 1838, in-8 de 20 pag.

Combe [Michel], né à Feurs [Loire], vers 1786, fut blessé de deux balles mortelles sur la brèche de Constantine, en 1837. La notice est suivie d'une épître [en vers], signée Bleton, chef de bataillon au 48e de ligne. La notice et l'épître sont de la même plume.

BLETON [Jean-François], depuis plus de vingt-cinq ans vicaire de Saint-Vallier, dans le diocèse de Valence [Drôme], hagiographe et écrivain ascétique, né le 15 octobre 1791, près de Valence. Touché des discours prêchés par le P. Enfantin dans le carême de 1809, il prit la détermination, n'étant pas encore âgé de dix-huit ans, d'embrasser l'état ecclésiastique. Après avoir terminé sa philosophie et sa théologie dans le séminaire de Viviers [Ardèche], il fut appelé par les grands-vicaires de son diocèse pour professer dans le petit séminaire. En 1816, il fut nommé vicaire à Saint-Vallier. Là, occupé sans cesse à la prédication, à la confession et aux fonctions de son ministère, il apprit à connaître le cœur humain; tous ses moments de loisirs étaient employés à l'étude de la théologie, de l'écriture sainte et des matières qui avaient rapport au saint ministère qu'il exerçait. En 1828, sur l'invitation de M. Rusand, imprimeur-libraire de Lyon, il écrivit la *Vie de S. Augustin,* laquelle fut suivie de celles de *S. Louis, roi de France*, de *S. Jean l'Évangéliste*, de *S. Pierre* et de *S. Paul*. Quelques temps après, le souverain pontife Grégoire XVI ayant enrichi le rosaire vivant de grandes indulgences, il tourna toutes ses pensées vers la mère de Dieu; il adressa tous ses ouvrages à la reine des anges, avec une épître dédicatoire aux associés du rosaire vivant de la ville de Lyon, et l'approbation épiscopale. Nous donnons dans la partie bibliographique de cette notice la nomenclature de tous les ouvrages publiés par M. l'abbé Bleton depuis 1828 jusqu'à ce jour. Sa modestie s'est opposée à ce qu'il mît son nom à aucun d'eux : tous portent : *par un prêtre du diocèse de Valence*. En 1830, il fit paraître une *Explication des quinze mystères du Rosaire*, avec le rapport que chaque mystère peut avoir avec la sainte communion, en un volume in-12. Le bien qu'avait produit ce travail fit naître à M. le directeur du Rosaire vivant l'idée de diviser cette explication en quinze parties, autant que de mystères, et de les publier séparément. M. l'abbé Bleton fut alors prié de continuer cette œuvre, qui, imprimée en 1836 et 1837 en quinze livraisons, forme, complète, rois g ros volumes in-12.

OUVRAGES DE M. L'ABBÉ BLETON.

I. *Biographies sacrées.*

I. * Vie de saint Jean l'évangéliste, suivie du petit office du sacré-cœur de Jésus, de celui du très-saint cœur de Marie et de saint Louis de Gonzague; avec des prières pour entendre la sainte messe, les vêpres du dimanche, etc. Lyon, Rusand, 1828, in-18 [1 fr. 25 c.]. — Sec éd. Lyon, Guyot, 1836, in-18.

II. * Vie de S. Augustin, docteur de l'Église, tirée de ses Confessions, suivie d'un examen de conscience. Lyon et Paris, Rusand, 1828, in-18.

III. Vie de S. Louis, roi de France. Lyon et Paris, Rusand, 1828, in-18 [65 c].

IV. * Vie de sainte Marie Madeleine, pécheresse et pénitente, disciple de Jésus-Christ. Lyon, Barret, 1829, in-18.

V. * Vie de sainte Catherine de Sienne, vierge. Lyon, Rusand, 1829, in-18.—Sec. édit. Lyon, Guyot, 1836, in-18 [65 c.].

VI. * Vie de saint François de Paule. Lyon, Barret, 1829, in-18.

VII. * Vie de saint Pierre, prince des apôtres. Lyon, Rusand, 1830, in-18 [70 c.].

VIII. * Vie de saint Paul, apôtre, considéré comme un modèle parfait de charité. Lyon, Barret, 1832, in-18.

II. *Traités religieux.*

IX. * Traité des saints anges. Lyon, Barret, 1829, in-18.

X. * Abrégé des preuves de la religion, mises à la portée de tout le monde. Lyon, François Guyot, 1829, in-18.

Ce petit ouvrage obtint du succès.

XI. * Devoirs des serviteurs, des maîtres, des enfants, des parents, de tous les hommes envers l'Église et l'État. Lyon, Guyot, 1830, in-18.

XII. * Explication des quinze mystères du rosaire, avec le rapport que chaque mystère peut avoir avec la sainte communion. Lyon, 1830, in-12.

XIII. * Mois [le] de Mars, consacré au très-glorieux patriarche saint Joseph, pour obtenir son secours pendant la vie et à l'heure de la mort, avec la messe et les vêpres. Lyon, Guyot, 1833, in-18.

C'est par erreur qu'à l'article de l'abbé Ouddoul, de notre « France littéraire », nous avons cité ce petit ouvrage comme une réimpression de celui de cet abbé portant le même titre.

XIV. * Traité sur le *Pater*, où l'on trouve l'explication de cette prière dans tous les détails, avec un grand nombre d'exemples et de comparaisons analogues à chaque demande. Ouvrage très-utile pour apprendre à bien prier et à former le cœur à la vertu; précédé de deux chapitres qui font connaître la nécessité de la prière, ses avantages et la manière de prier. Lyon, de l'impr. de Barret, 1834, in-18.

XV.* Traité sur la miséricorde de Dieu considérée dans J.-C., pour engager les justes à persévérer et les pécheurs à se convertir. Lyon, Guyot, 1824, in-18.

XVI.* Traité sur l'*Ave Maria*. Lyon, Barret, 1835, in-18.

XVII.*Explication des quinze joyeux, glorieux et douloureux mystères du Rosaire vivant. Lyon, Barret, 1836-37, 3 vol. in-12.

Cet ouvrage a paru en quinze livraisons, chacune contenant un mystère.

XVIII.* Traité sur le *Credo*, ou Explication des douze articles du Symbole des apôtres. Lyon, Guyot, 1838, in-18.

XIX. * Traité sur les sept péchés capitaux. Lyon, Pélagaud, 1839, in-18.

XX. * Motifs de consolations que la religion procure à l'homme dans toutes les positions de la vie. Lyon, Guyot, 1841, in-18.

XXI. * Traité sur différents sujets de morale en forme de dialogue. Lyon, Guyot, 1842, in-18.

Tous ces petits ouvrages portent pour nom d'auteur : Par *un prêtre du diocèse de Valence.*

BLÉTRY, médecin des épidémies de de l'arrondissement de Belfort.

—Instruction abrégée sur les moyens préservatifs contre le choléra. Belfort, de l'impr. de Clerc, 1832, in-8 de 2 p.

BLEUET [J.-A.], habile catalogographe, ancien libraire à Paris, où il s'est fait un nom par la publication d'éditions correctes et jolies ; mort à Paris, vers 1840.

I. * Catalogue des livres de la bibliothèque de feu M. Mar.-Jos. Chénier, de l'Institut de France; précédé d'une Notice historique sur sa vie et ses ouvrages, par M*** [*Daunou*]. Paris, Bleuet, 1811, in-8.

II. Avec M. *L.-F. Gaudefroy* : Catalogue des livres de la bibliothèque de feu M. A.-M.-H. Boulard, notaire honoraire à Paris; précédé d'une Notice sur la vie et les ouvrages de Boulard, par *Duviquet*. Paris, Bleuet, 1828 30, 5 vol. in-8.

FIN DU TOME PREMIER.

www.ingramcontent.com/pod-product-compliance
Lightning Source LLC
LaVergne TN
LVHW010516100826
845148LV00001B/21